Hitlers Tischgespräche
im Führerhauptquartier

Dr. Henry Picker

Hitlers Tischgespräche im Führerhauptquartier

Vollständig überarbeitete und erweiterte Neuausgabe
mit bisher unbekannten Selbstzeugnissen Adolf Hitlers,
Abbildungen, Augenzeugenberichten
und Erläuterungen des Autors:

HITLER, WIE ER WIRKLICH WAR

Seewald Verlag Stuttgart

Dritte vollständig überarbeitete und erweiterte Neuausgabe 1976. Alle Rechte vorbehalten © Seewald Verlag Dr. Heinrich Seewald Stuttgart-Degerloch 1963/1976. Namens- und Sachregister: Irene und Rolf Picker (Assistenz). Nachdruck und Übersetzung sowie die Wiedergabe auf Schallplatte, Tonband, in Film, Funk, Fernsehen und auf der Bühne sind – auch auszugsweise – verboten. Satz und Druck: H. Laupp jr., Tübingen. Gebunden bei Heinr. Koch, Tübingen. Fotos: Zeitgeschichtliches Bildarchiv Heinrich Hoffmann, München, 6; Société d'Histoire Contemporaine, Genf-Vesenaz, 25. ISBN 3 512 00425 3. Printed in Germany.

Inhalt

Technische Erläuterungen zur Neuausgabe

Kurze ergänzende *Hinweise* zur Verdeutlichung der Tischgespräche (z. B. Daten, Orte, Dienstgrade, Dienststellungen usw.) wurden jeweils hinter dem Bezugswort in Klammern eingefügt.

Anmerkungen, die zum Verständnis und zur Erläuterung von Personen, Ereignissen usw. erforderlich waren, wurden als Fußnoten unten auf die zugehörige Seite gestellt und im gesamten Buch durchlaufend numeriert. Auf eine Kommentierung in den Anmerkungen wurde bewußt verzichtet. In diesem Zusammenhang wird auf die wissenschaftlichen Wertungen und die Literaturverweise in den von Professor Dr. Andreas Hillgruber verfaßten Anmerkungen der vorangegangenen Ausgaben verwiesen.

Ausführliche *Erläuterungen* zum besseren Verständnis der Tischgespräche insbesondere für den Leser, der diese Zeit nicht erlebt hat, sowie *Ergänzungen*, die auf der Kenntnis des Autors von bisher unbekannten Quellen, auf den Archivalien des Hitler-Nachlasses und auf Augenzeugenberichten beruhen, sind innerhalb der Tischgespräche jeweils als Absatz eingeschoben und durch Kursivschrift kenntlich gemacht worden. Wo in solchen Einschüben Zitate vorkommen, befinden sich die Belege hierzu im Archiv des Autors.

Der Zusatz F. d. R. bei den Tischgesprächen Nr. 1 bis 36 (Auszüge aus den Originalstenogrammen des Ministerialrats Heim) bedeutet, daß der Autor die Verantwortung für die Richtigkeit übernimmt.

Zur Einführung: Persönlichkeit und Politik Adolf Hitlers und Entstehungsgeschichte der »Tischgespräche« im Führerhauptquartier

Nicht zu rechtfertigen oder zu verurteilen, ist der Sinn dieser Dokumentensammlung. Um Phänomene wie Hitler in ihren geschichtlichen Auswirkungen beurteilen zu können, braucht es viel Zeit und Abstand.

Aufgabe der zeitgenössischen Geschichtswissenschaft, insbesondere in einer so welterschütternden Epoche wie der Hitlers, kann es nur sein, *für die Nachwelt die einwandfreien Unterlagen zu sichern* und so zu überliefern, »wie es wirklich gewesen« ist. Denn am Gewesenen versucht der denkende Mensch das Geschehnis seiner Zeit zu analysieren. Im Rückblick auf das, was vor ihm war, betrachtet er das historische Gelände, aus dem die Ereignisse seiner Gegenwart keimen und existent werden. So ergründet er die Gesetzmäßigkeiten des menschlichen Lebens in den Gemeinschaften und im Zusammenwirken der Völker und Nationen unseres Planeten, gewinnt Vergleichsmaterial für die – in ihrem Ablauf immer wieder einmaligen – geschichtlichen Entwicklungen und erhält Maßstäbe für die Gestaltung der noch in Dunkel gehüllten Zukunft. Er muß sich nur hüten, als »Geschichte« lediglich die sichtbaren Ereignisse zu begreifen, die uns auf der Wanderbühne des irdischen Geschehens vor Augen treten, sondern vor allem jene inneren Antriebe aufspüren, die aus der Sphäre des Geistigen stammen und aus einem schlichten Normalbürger einen Weltveränderer wie Hitler formen, der da meint: »Die Erde ist wie ein Wanderpokal. Sie hat das Bestreben, immer in die Hand des Stärksten zu kommen« (Tischgespräch Nr. 106).

Gibt es bessere Unterlagen hierfür als *die intimsten Unterhaltungen eines Diktators wie Hitler*, zumal wenn sie zu einer Zeit aufgezeichnet wurden, als er als Herrscher Europas vom Nordkap bis zur Sahara und vom Atlantik bis zum Kaukasus über 6,85 Millionen qkm mit 112,5 Millionen Deutschen und 250 Millionen Ausländern regierte und mit seinem Krieg, dem II. Weltkrieg, ein Siebtel der Erdoberfläche überzog? Hinzu kommt, daß Hitlers Tischgespräche von mir nicht erst Jahre später und aus der Erinnerung zu Papier gebracht wurden wie diverse Hitler-Memoiren und die sonst publizierten »Gespräche mit Hitler« zumeist, sondern sofort. Bei jenen drei besonders langen Tischgesprächsaufzeichnungen von mir, die Hitler selbst gelesen hat, hat er zudem anerkannt, daß sie seine Gedanken und Darlegungen absolut präzis und einwandfrei wiedergäben.

Noch nie in der Weltgeschichte ist – wie der die Veröffentlichung dieser Dokumentensammlung 1951 erstmals ermöglichende Bundespräsident, Professor

Theodor Heuss, erklärte – die Schaffung eines solchen, in seiner Art einmaligen Werkes der Geschichtswissenschaft gelungen und von einem Welterschütterer wie Hitler *literarisch* ein gleichsam »*historisches Foto*« eingefangen worden. Und es wird auch kaum ein zweites Mal möglich werden, derartiges Material der Nachwelt zu überliefern, da jeder Staatsmann von Weltgeltung bei Kenntnis dieser Sammlung Selbstenthüllungen von ähnlicher Originalität, Vorbehaltlosigkeit und Vollständigkeit sorgfältigst vermeiden wird. Denn diese Niederschriften halten mit der Unbestechlichkeit des historisch, politisch und juristisch geschulten Beobachters fest, wie Hitler sich im Kreise seiner etwa 26 Mitarbeiter im Führerhauptquartier gab, seine Auffassungen, Entscheidungen und Maßnahmen interpretierte und sich zu den Problemen des Lebens und des Glaubens, des Volkes und der Staatsverwaltung, der Kultur und der Sozialgerechtigkeit, des Krieges und des Friedens stellte. Wenn die Weltpresse dieses Werk daher als »eine unersetzliche Primärquelle« und als »a scientific document of the highest order« bezeichnete, dann sicher deshalb, weil Primärquellen auch bei Hitler Mangelware sind. Sein eigenes programmatisches Werk »Mein Kampf« diente bewußt dem Zweck, seine Person und seine Ideen zu propagieren. »Hitlers Zweites Buch«, 1928 verfaßt, 1961 vom Deutschen Institut für Zeitgeschichte publiziert, war bereits 1929/1930 durch die politische Entwicklung derart überholt, daß Hitler dem Parteiverlag *Eher* die Veröffentlichung verbot und auf die Reinschrift-Korrektur des Manuskripts verzichtete.

Hitlers öffentliche Reden offenbarten von seinen Gedanken und Zielen jeweils nur so viel, beziehungsweise so wenig, wie es die aktuellen Gegebenheiten erforderten; nur der Eingeweihte kann bei ihnen die Spreu vom Weizen trennen. Was Mitarbeiter-Biographien, Tagebuch-Memoiren, Historiker-Interpretationen, Erinnerungsprotokolle und überlieferte Gesprächsbruchstücke über Hitler aussagen, ist jeweils von der Sicht des Autors her subjektiv gefiltert. Ähnliches gilt von den Stenogrammen der Hitlerschen Lagebesprechungen, die – da von Zivil-Stenographen getätigt – von Militärs überarbeitet werden mußten. Mir dagegen ging es bei dieser Dokumentensammlung von vornherein nicht um meine Sicht der Probleme, sondern darum, planmäßig ein ausführliches Selbstzeugnis Hitlers über seine Person, seine Ideen und Ziele zu überliefern.

Da *Hitlers eigenes Memoiren-Fragment* bei einem Flugzeugabschuß am 26. April 1945 verbrannte, sei klargestellt:

Das »*Führerhauptquartier*« war im II. Weltkrieg nicht nur der Name der obersten militärischen Befehlsstelle Deutschlands, sondern darüber hinaus – nicht zuletzt im Hinblick auf Hitlers zivile Funktionen als Staatsoberhaupt, Kanzler und Parteichef – die allgemeine Bezeichnung für Hitlers Aufenthaltsort, ganz gleich, ob es sich dabei um die vom Oberkommando der Wehrmacht betreuten Hauptquartiere »Wolfsschanze« (bei Rastenburg in Ostpreußen), »Werwolf« (bei Winniza in der Ukraine), »Felsennest« (bei Münstereifel), »Wolfsschlucht« (in Bruly de Péche), »Tannenberg« (am Kniebis im Schwarzwald), »Adlerhorst« (auf dem Ziegenberg im Taunus) und »Wolfsschlucht II« (bei Soissons) handelte oder um Hitlers sogenannten »Führersonderzug« (z.B. im Polen-, Jugoslawien- und Griechenlandfeldzug), um Hitlers »Berghof« auf dem Obersalzberg, um den »Führerbau« in München oder um die Reichskanzlei in Berlin.

Das Führerhauptquartier war bei der Totalität der Kriegführung im II. Weltkrieg, die das Politische ebenso wie das Militärische, das Wirtschaftliche ebenso wie das Wissenschaftlich-Technische umfaßte, weder sachlich noch örtlich eine ausschließlich militärische Einrichtung. Es gehörten ihm eine Reihe echter Zivilisten an wie Hitlers Sekretär und Partei-Kanzlei-Leiter (d.h. Stellvertreter in der Parteileitung) Martin Bormann, die persönlichen Adjutanten Julius Schaub und Albert Bormann, der Verbindungsmann des Ostministeriums Dr. Werner Koeppen, der Autor dieses Buches als Repräsentant der Allgemeinen und Inneren Verwaltung und Oberregierungsrat des bäuerlich-demokratischen Landes Oldenburg, der Hauptschriftleiter Heinz Lorenz vom Deutschen Nachrichten-Büro, Hitlers Ärzte Dr. Theodor Morell und Dr. Karl Brandt und andere. Hitler selbst trug dem zivilen Einschlag des Führerhauptquartiers dadurch Rechnung, daß er zur Vermeidung von bürokratischen Auseinandersetzungen mit dem Rechnungshof des Deutschen Reiches alle durch diesen *besonderen* Charakter des Führerhauptquartiers bedingten zusätzlichen Kosten – etwa für seine Teeabende, seine Privattafel, seinen Autopark von rund 120 Fahrzeugen und seine Flugzeugstaffel von 30 bis zu 60 Maschinen – *aus seiner Privatschatulle bezahlte* (Tischgespräch Nr. 167, Mitte). Geld genug hatte er u.a. aus seinem bereits erwähnten *Bestseller »Mein Kampf«,* dessen Auflage bis 1943 in deutscher Sprache fast schon die 10-Millionengrenze erreichte (genau: 9,34 Millionen) und außerdem in Englisch, Amerikanisch, Französisch, Italienisch, Spanisch, Portugiesisch, Dänisch, Holländisch, Schwedisch, Norwegisch, Finnisch, Ungarisch, Japanisch, Chinesisch usw. tantiemeträchtig erschien.

Im Führerhauptquartier unterschieden wir zwischen Hitlers offizieller *»Führertafel«*, der er als Staatsoberhaupt, Kanzler oder Oberkommandierender der Wehrmacht präsidierte, und seiner normalen mittäglichen beziehungsweise abendlichen *»Privattafel«*. Während Hitler an der dienstlichen »Führertafel« mit Rücksicht auf die anwesenden in- und ausländischen Staatsmänner, Militärbefehlshaber und eventuellen Protokollanten jedes Wort und jede Geste auf die Goldwaage legen mußte, war seine »Privattafel« sein Privatissimum, vergleichbar dem Tabakskollegium der Preußen-Könige Friedrich Wilhelm I. und Friedrich der Große. Diese Privattafel mit seinen engsten Mitarbeitern – seiner »famiglia pontificia« – und seinen Gästen (in München und auf dem Berghof gehörten auch Damen seines Bekanntenkreises, insbesondere seine spätere Frau, Eva Braun, dazu) entsprang seinem persönlichsten Menschentum, seinem *Bedürfnis nach Entspannung durch Geselligkeit und Unterhaltung* in außerdienstlicher, privater Atmosphäre! Er selbst bekannte hierzu (Tischgespräch Nr. 35, Schluß), daß er im Gegensatz zu seiner *Jugend*, wo er *ein für sich gehender Sonderling* gewesen sei, jetzt gar nicht mehr allein sein könne, geradezu Gesellschaft brauche und lieber in Begleitung – etwa in einer Gaststätte – esse als allein zu Hause.

Aus diesem Grunde nahm Hitler an Tagen ohne dienstliche »Führertafel« sein Mittagessen und sein Abendessen von Mitte 1941 bis zum Spätsommer 1942 nicht allein in seinem Wohn- und Arbeitsraum ein, sondern an einer 20-Personen-Tafel im Hauptraum des FHQu-Kasinos, und lud sich dazu die ihm erwünschten Tischgäste ein. Dabei lag ihm das persönliche Moment dieser Einladung zu seiner Privattafel so sehr am Herzen, daß er selbst seine engsten Mitarbeiter wie seinen OKW-Chef (also quasi Kriegsminister) Generalfeldmarschall Wilhelm Keitel, seinen strategischen Führungsgehilfen Generaloberst Alfred Jodl, seinen Sekretär Reichsleiter Martin Bormann und seinen Reichspressechef Dr. Otto Dietrich jedesmal durch seine persönliche Adjutantur telefonisch ausdrücklich bitten ließ und die Zu- oder Absage ganz in das Belieben der Gebetenen stellte. Daß er auch mich regelmäßig zu seiner Privattafel laden ließ, hatte seinen Grund darin, daß ich – wie er durch Adjutant Schaub erfuhr – der Sohn des seit 1929 von ihm hochgeschätzten *Wirtschafts-Senators Daniel Picker* aus Wilhelmshaven war. An seine Friedensversicherungen glaubend, hatte mein Vater Hitler schon Jahre vor der Machtübernahme bei der Deutschen Kriegsmarine eingeführt. Die mehrfach vor dem II. Weltkrieg von Hitler in meinem Elternhause genossene Gastfreundschaft veranlaßte ihn, mich zu seinem ständigen Tischgast zu bestimmen und mich auch bei seinen Aufenthalten auf dem Berghof, in München und in Berlin an seine Tafel bitten zu lassen, selbst wenn Eva Braun oder sonstige Damen und Herren seines engsten Bekanntenkreises teilnahmen.

Wer war nun dieser Adolf Hitler, mit dem ich während meiner Abkommandierung zum Führerhauptquartier rund um die Uhr auf engstem Raum zusammenlebte und den ich – über die dienstliche Zusammenarbeit hinaus – mittags und abends bei Tisch eingehend zu seiner Person und zu seinen Problemen Stellung nehmen hörte? In Stichworten sei dazu folgendes vermerkt:

Im österreichischen *Braunau am Inn* wurde Hitler am 20. April 1889 als Sohn eines k. u. k. *Zolloberamtsoffizials*, also eines Zivilbeamten im Majorsrang, geboren. Er stammte väterlicher- und mütterlicherseits von *Kleinbauern* ab, besuchte die Realschule in Linz und in Steyr bis zur »*mittleren Reife*«. Er verlor am 3. Januar 1903 den Vater und am 21. Dezember 1907 die Mutter. Um Künstler zu werden, ging er mit seiner elterlichen Erbschaft und seiner Waisenrente als Beamtenkind nach Wien. Zweimal fiel er bei der Aufnahmeprüfung der »Malschule« der Wiener »Akademie der Bildenden Künste« durch. Zur Aufnahme in die »Architekturschule« der Akademie wurde er mangels Abitur nicht zugelassen. Bis zum 24. Mai 1913 lebte er als *Kunstmaler und Architekturzeichner* in Wien, anschließend bis zum Ausbruch des I. Weltkriegs in München. Für Bilderrahmenhändler, zur Schaufensterdekoration und für den Souvenir-Verkauf zeichnete beziehungsweise aquarellierte er im Schnellverfahren gefällige Städteansichten, für die er fünf bis 30 Kronen erzielte. In seiner Freizeit *bildete er sich autodidaktisch weiter*, und zwar in Fragen der Politik, der Wirtschaft, der

Geschichte, der Geographie, der Kriegskunst, der Wehrtechnik, der Religion, der Wissenschaften und der Kunst.

Seine ganze Liebe galt der Architektur. Seine Architekturskizzen bezeichnete er uns gegenüber deshalb als seinen kostbarsten Besitz, sein Gehirneigentum, auf das er später seine vielen Um- und Neubaupläne als »Führer und Kanzler« des Deutschen Reiches gründete. Daß er allerdings in seiner architektonischen Zielsetzung ab 1930 vom Barock zur Neu-Klassik überwechselte, war das Werk seines architektonischen Mentors in München, des königlich-bayerischen Architektur-Professors Paul Ludwig Troost. Der Entwurf Professor Troosts für den »Führerbau« und den »Verwaltungsbau« am Königlichen Platz in München hing – als Federzeichnung von Christian Hacker – zeitlebens hinter Hitlers Schreibtisch in seinem Arbeitszimmer in seiner Berliner Reichskanzlei-Privatwohnung.

Im I. Weltkrieg war Hitler *ab 16. August 1914 Soldat.* Als Gefreiter des Bayerischen Reserve-Infanterie-Regiments Nr. 16 (List) nahm er an insgesamt *48 Schlachten* in Belgien und Frankreich teil, wurde *zweimal verwundet* und erwarb als Gefechts-Meldegänger das *Eiserne Kreuz I. Klasse* (4.8.1918) und II. Klasse (2.12.1914), das nur »für außergewöhnliche Verdienste« verliehene Bayerische Militärverdienstkreuz III. Klasse mit Schwertern (17.9.1917) und die Dienstauszeichnung III. Klasse (25.8.1918), das Verwundeten-Abzeichen in Schwarz (18.5.1918) und bei Fontaine am 9.5.1918 das Regimentsdiplom für hervorragende Tapferkeit. In der »Großen Armee« der Frontsoldaten erlebte und empfand er, der Früh-Vollwaise, so etwas wie einen Familienersatz: die später von ihm immer wieder berufene »*Volksgemeinschaft*«.

Der Zusammenbruch des Deutschen Kaiserreichs und die nachfolgende kommunistische Räteherrschaft in München bedeuteten für Hitler die Zäsur seines Lebens. Als *Reichswehr-Vertrauensmann* zur Beobachtung der neu sich bildenden politischen Parteien Münchens trat er im September 1919 der »Deutschen Arbeiterpartei (DAP)« bei, wurde ihr Hauptversammlungsredner und ihr Propagandaleiter, benannte sie in »Nationalsozialistische Deutsche Arbeiterpartei« (NSDAP) um und verkündete am 24. Februar 1920 ihr Parteiprogramm. Zu ihrem Symbol erhob er das Hakenkreuz. Es war ihm aus seiner Grundschulzeit im Kloster Lambach (1896-1898) vertraut, zierte es doch Wappen, Ring und Kanzel des von ihm hochverehrten Benediktiner-Abtes. Als Symbol der Sonne, des Guten und des Glücks existierte es schon Jahrtausende vor Christi Geburt. Seine Verbreitung war weltweit (Indien, China, Japan, Persien, Rußland, Amerika). Bei den Germanen war es seit der Bronzezeit bis hin zum Mittelalter vorherrschendes Heilszeichen; nur bei den Semiten war es unbekannt. Das bewog Hitler, das Hakenkreuz für die NSDAP zum Kult-Zeichen eines wiedererweckten Germanentums und zum Abwehr-Symbol gegen alles Jüdische zu kreieren.

Nach seiner Entlassung aus der Reichswehr (31. März 1920) organisierte Hitler Einzel- und Massenversammlungen, vaterländische Kundgebungen und paramilitärische Aufmärsche. Er wurde *am 29. Juli 1921 von den Parteimitgliedern zum Ersten Parteivorsitzenden der NSDAP mit unbeschränkten Vollmachten gewählt.* Im »Völkischen Beobachter« schuf er sich sein Presse-Sprachrohr. Als Basis eines Marsches auf Berlin zur Eroberung der »Weimarer Republik« *versuchte er am 8./9. November 1923 in München den Staatsstreich.* Der Putsch wurde von der Regierung vereitelt und Hitler zu fünf Jahren Festungshaft verurteilt.

Bereits am 20. Dezember 1924 vorzeitig aus der Haft entlassen, ließ er ab 26. Februar 1925 wieder den »Völkischen Beobachter« erscheinen und *gründete am 27. Februar 1925 die NSDAP neu.* Im Dezember 1928 hatte er die ersten 100000 Parteimitglieder beisammen und kommandierte ab 2. September 1930 *die größte Privat-Armee der Welt* mit rund 100000 SA- und SS-Leuten (1934 waren es bereits vier Millionen). Er errang durch Wahlreisen kreuz und quer durch Deutschland per Auto und per Flugzeug am 14. September 1930 von 577 Sitzen 107 Reichstagssitze, am 31. Juli 1932 sogar 230 von 608 Reichstagsmandaten.

Am 30. 4. 1925 auf eigenen Antrag aus der *österreichischen Staatsbürgerschaft entlassen*, wurde er – zwischenzeitlich *staatenlos* – erst am 25. 2. 1932 durch Berufung zum Beamten an der Vertretung Braunschweigs in Berlin *»Deutscher Staatsbürger«*; bei der Reichspräsidentenwahl vom 10. 4. 1932 errang er bereits 13,4 Millionen Stimmen, d. h. 36.8 Prozent.

Von dem – damals mit 19,4 Millionen Stimmen wiedergewählten – Reichspräsidenten Generalfeldmarschall Paul von Beneckendorff und von Hindenburg am 30. Januar 1933 zum Deutschen Reichskanzler ernannt, knüpfte Hitler in seiner Politik an die *deutschen Geschichtstraditionen* an, verkörpert in Karl dem Großen, König Heinrich I., Kaiser Otto I., dem Großen, Friedrich dem Großen, Bismarck und Hindenburg, sowie an den überlieferten *autoritären Obrigkeitsstaat* mit der Berufsbürokratie und der Wehrmacht als staatstragenden Säulen und an die *Glaubenswilligkeit* der deutschen Menschen *(Motto: »Du bist nichts, Dein Volk ist alles!«).*

Hitlers Aufstieg und legale Machtübernahme wären undenkbar gewesen ohne das – den I. Weltkrieg beendende – *Friedensdiktat von Versailles* vom 28. 6. 1919 mit seinen Gebietswegnahmen (Saargebiet, Elsaß-Lothringen, Posen, Westpreußen, Danzig, Memelland, Teile Oberschlesiens, Hultschiner Ländchen, Nordschleswig und sämtliche Kolonien), der Besetzung des Rheinlandes (später auch des Ruhrgebietes), der De-Militarisierung Restdeutschlands (erlaubt blieben nur ein 100000-Mann-Berufsheer ohne Flugzeuge und schwere Waffen und eine 15000-Mann-Marine), der Demontage der deutschen Wirtschaft (Beschlagnahme der deutschen Handelsflotte und aller modernen deutschen Industrie-Ausrüstungen, Enteignung des deutschen Auslandsvermögens) und den – Deutschland völlig auspowernden – Reparationen von 132 Milliarden Goldmark. Die Folgen waren Hungerrevolten und Straßenkämpfe, Verproletarisierung von Mittelstand und Akademikertum, Superverschuldung der Landwirtschaft und der Industrie und vor allem: 6,047 Millionen Arbeitslose mit durchschnittlich mindestens drei weiteren, von ihnen versorgungsmäßig abhängenden Familienangehörigen, sowie fast ebenso viele Kurzarbeiter und Sozialhilfeempfänger. Die Inflation 1919 bis 1923 verringerte den Wert der deutschen Währung auf den billionsten Teil ihrer früheren Kaufkraft und ruinierte damit die deutschen Sparer. Die von den USA ausgehende Weltwirtschaftskrise 1929/1931 brachte der in puncto Rohstoffen, Kapital und Absatz völlig vom Ausland abhängigen deutschen Wirtschaft eine wahre Lawine von Konkursen, Selbstmorden und Zwangsversteigerungen. Und die deutschen Regierungen erwiesen sich bei all diesem Desaster als unfähig, die Weimarer Republik und ihre weitgehenden Freiheiten wirkungsvoll gegen die erklärten »Feinde der Demokratie« zu verteidigen. Das war – politisch gesehen – der Boden, der Hitlers Aufstieg und Machtübernahme erst möglich machte.

Der Reichstagsbrand vom 27. Februar 1933 gab Hitler die Handhabe zur Ausschaltung seines schärfsten weltanschaulichen Gegners, der Kommunisten (KPD). Das Ermächtigungsgesetz vom 24. März 1933 autorisierte ihn zum Aufbau seines *Führer-Staates*, der alle Parteien mit Ausnahme der NSDAP liquidierte, das Parlament entmachtete, die NSDAP als Einheitspartei mit der Regierungskontrolle des Staates und des gesamten öffentlichen Lebens beauftragte und den »*Gehorsam von unten nach oben, sowie das verantwortliche Befehlen von oben nach unten*« zum neuen Staatsprinzip erhob. Die deutschen Länder verloren ihre Souveränität. Die deutschen Gewerkschaften wurden von Hitlers NSDAP-Reichsorganisationsleiter Dr. Robert Ley zu einer NS-Organisation, der »Deutschen Arbeitsfront«, gleichgeschaltet. Alle Jugendbünde wurden von Hitlers Reichsjugendführer Baldur v. Schirach mit der NS-Jugendbewegung, der Hitlerjugend, gleichgeschaltet.

Nur die Wehrmacht bewahrte Hitler auf Hindenburgs ausdrücklichen Befehl hin vor dieser »Gleichschaltung«. Als der SA-Stabschef, Oberstleutnant a. D. Ernst Röhm, sie trotz mehrfacher Warnung versuchte, wurde er erschossen (30. Juni 1934). Alle Beamten und leitenden Angestellten von Staat und Wirtschaft mußten ihre politische Zuverlässigkeit durch Zugehörigkeit zu NS-Organisationen nachweisen; ausgenommen waren nur Geistliche sowie Berufsoffiziere und Berufsunteroffiziere der Wehrmacht. Durch *Vierjahrespläne* von 1933 und 1936 beseitigte Hitler die Arbeitslosigkeit, entschuldete die deutsche Landwirtschaft, modernisierte die deutsche Industrie und schaffte eine weitgehende Autarkie Deutschlands: auf dem Ernährungssektor durch Kultivierungsarbeiten des neu errichteten Reichsarbeitsdienstes (RAD), durch Saatzucht, Ankurbelung des Viehbestandes und landwirtschaftliche Anbauberatung, sowie auf dem Rohstoffsektor durch Ersatzstoffe (Synthetik-, Kohlen-, Benzinkunststoffe aller Art, Ersatzmetalle und Ersatzgummi wie z. B. Buna). Um das *Auto* zum »*Zivilisationsgeschenk für jedermann*« zu machen, aktivierte er besonders die Auto-Industrie (Steuerfreiheit für Neuwagen), baute Autostraßen und legte am 26. Mai 1938 den Grundstein zum *Volkswagen-Werk*. Bei langsam steigenden Löhnen stabilisierte er die Preise durch Preiskommissare.

Am 16. März 1935 führte Hitler die durch das Diktat von Versailles verbotene »*Allgemeine Wehrpflicht*« wieder ein, besetzte – entgegen den Versailler Bestimmungen – am 7. März 1936 mit deutschen Soldaten die sogenannte entmilitarisierte Rheinlandzone und *rüstete seit 1935 auf* (Schaffung einer Luftwaffe und einer Fallschirmjägertruppe, Bau von schweren Geschützen, Panzern und gepanzerten Fahrzeugen, Jagdflugzeugen, Bombenflugzeugen, Raketen, U-Booten usw.). Nach Hindenburgs Tod (2. August 1934) übernahm Hitler außerdem als Deutschlands »Führer und Reichskanzler« mit der *gesamten Staatsführung* de jure den Oberbefehl über die Deutsche Wehrmacht. Am 4. Februar 1938 erlangte er diesen Oberbefehl durch die Ausschaltung des Generalfeldmarschalls Werner v. Blomberg und des Generalobersten Freiherr v. Fritsch auch de facto. Zusätzlich wurde er nach dem Rücktritt des Generalfeldmarschalls Walther v. Brauchitsch am 19. Dezember 1941 noch sein eigener Oberbefehlshaber des Heeres.

Außenpolitisch proklamierte Hitler als sein Ziel die *Rückgewinnung der durch Versailles verlorenen deutschen Gebiete*. Durch die Saarabstimmung (90,76 Prozent der Stimmen für Deutschland) erreichte er am 13. Januar 1935 die Rückkehr der Saar. Durch den Einmarsch in Österreich vom 12. März 1938 gelang ihm der durch Versailles verbotene Anschluß Österreichs an das Deutsche Reich und somit die Schaffung des »*Großdeutschen Reichs*« (10. April 1938; österreichische Ja-Stimmen: 99,73 Prozent). Ab 1. Oktober 1938 besetzte er mit Genehmigung Großbritanniens, Frankreichs und Italiens (Münchener Abkommen vom 30. September 1938) die *sudetendeutschen Gebiete* der Tschechoslowakei und gliederte sie dem Reich ein. Durch Vereinbarung mit Litauen erlangte er am 23. März 1939 auch das Memelland auf friedlichem Wege zurück.

Im übrigen war *Hitlers Außenpolitik* aber ein *Vabanque-Spiel* mit einem horrenden Kriegsrisiko. Zwar hatte er durch die XI. Olympiade in Berlin ein unvorstellbares internationales Ansehen gewonnen. Rund 5000 Ehrenbürgerbriefe aus aller Welt und sonstige Ehrendiplome in seinem Berghofarchiv kündeten davon.

Hitler verspielte dieses Ansehen aber weltweit durch seinen *Rassismus*, d.h. durch seinen Glauben an eine schicksalhafte Bestimmung der menschlichen »Rasse« im Zusammenleben der Völker und Nationen. Sein Antisemitismus war typisch osteuropäisch und fand in der breiten Masse des deutschen Volkes nie rechte Zustimmung (Tischgespräch Nr. 118, Schluß). Hitlers Antisemitismus ging auf seine Erfahrungen im k. u. k. Vorkriegs-Wien zurück, das der Volksmund »Neu-Jerusalem« nannte, weil seine »gehobene Bourgeoisie« – Ärzte, Notare, Bankiers, Rechtsanwälte, Journalisten, Künstler, Gewerkschaftsleute, sozialdemokratische Parteiführer usw. – überwiegend aus Juden bestand. Auch Hitlers einzige in Wien lebende Vollschwester Paula war mit einem Juden verlobt und weigerte sich zu seinem größten Ärger, einen anderen Mann zu ehelichen. Für Hitler war das *Judentum* deshalb eine Gefahr für Deutschland und Europa, weil es seiner Meinung nach »*rassisch härter*« als die einheimische deutsche und europäische Rassenmischung war und deshalb oft schon in der zweiten Generation nach der Einwanderung aus dem Osten im »Gastvolk« führende Positionen der Sozialpyramide eroberte.

Außerdem brachen nach Hitlers Meinung Kulturen und Reiche zusammen, wenn ihre Träger – wie z.B. die Römer – sich mit völlig andersartigen Rassen – z.B. den afrikanischen Negern – mischten. Zwar ging er nicht so weit wie sein Reichsbauernführer und Reichsminister für Ernährung und Landwirtschaft (1933 bis 1942) Walther Darré, der dem einzelnen Menschen nicht mehr den Rang eines »einmaligen geistig-sittlichen Wesens« einräumen, sondern die Erfahrungen der Viehzucht auf die menschliche Fortpflanzung übertragen wollte. Aber Hitler sah in der Blutvermischung zwischen völlig verschiedenen Rassen »die wahre Erbsünde dieser Welt« und begründete dies damit, daß die »Art-Erhaltung« der verschiedenen menschlichen Rassen das Lebensgesetz sei, nach dem wir angetreten seien. Wie dem Tier und der Pflanze habe die Natur – so meinte Hitler – auch dem Menschen dieses Lebensgesetz als »unabdingbar« mit auf den Weg gegeben, so daß mit seiner Mißachtung und dem entsprechenden Verlust der Rassereinheit die Widerstandskraft der Menschen und Völker im ewigen Daseinskampf schwinde.

Mit seinen »Nürnberger Gesetzen« vom 15. September 1935 verbot Hitler deshalb allen Deutschen, Juden zu heiraten, schaltete die Juden aus dem deutschen Staats-, Wirtschafts- und Kulturleben aus und suchte sie durch *kollektive* Partei- und Behördenschikanen zur »freiwilligen« Auswanderung zu zwingen. Mit der – ohne sein Wissen, ja aus außenpolitischen Gründen zu seinem größten Verdruß – von seinen Mitarbeitern Dr. Goebbels und Heinrich Himmler inszenierten »Reichskristallnacht« vom 9. November 1938, der Zerstörung jüdischer Synagogen, Geschäfte und Wohnungen, machte er sich das organisierte *Weltjudentum* mit seinem einzigartigen Einfluß in Staat, Wirtschaft und Presse der USA zum *Feind Nr. 1.* Die Folge davon war, daß dieses organisierte Weltjudentum ihm mit der Unterschrift des Zionistenführers Chaim Weizmann, des späteren ersten Präsidenten des Staates Israel, bereits am 5. September 1939 offiziell den Krieg erklärte (Jewish Chronicle vom 8. September 1939).

Daß Hitler daraufhin der »*Nero des Judentums*« wurde und von dem 13 Millionenvolk der Juden nach den amtlichen Angaben des Staates Israel rund sechs Millionen in seinen Konzentrationslagern (KZ) ermorden ließ, das erfuhren nur die unmittelbar Beteiligten: Himmler, seine – nach seinen eigenen Angaben 89 – Juden-Sachbearbeiter und jene – meist österreichischen und osteuropäischen – Antisemiten, die in SS-Uniform oder als litauische, polnische usw. »Sonderformationen« die (dem deutschen Volk insgesamt erst nach dem II. Weltkrieg bekanntgewordenen) Greuel und Massenexekutionen durchführten. Selbst der Mehrzahl der FHQu (Führerhauptquartier)-Mitarbeiter blieb dieses Massenmorden total verborgen. Ja – wie ich nach dem Krieg erfuhr –: Die KZ-Fotografen waren von Himmler sogar »bei ihrem Kopf« vereidigt worden, alles Gesehene und Fotografierte nicht nur uns, sondern sogar Hitler gegenüber absolut geheimzuhalten. Ich frage mich diesbezüglich: Wollte Himmler Hitler nicht mit den Fakten der brutalen KZ-Wirklichkeit konfrontiert wissen? Oder wollte er ihm die Anonymität des – unserem technisch-industriellen Zeitalter entsprechenden – »Schreibtischmörders« erhalten?

Feind Nr. 2 waren die Briten. Die Briten, die Hitler für seine Außenpolitik der Sammlung aller europäischen Deutschen in einem einzigen »Großdeutschen Reich« und der eventuellen Erlangung »zusätzlichen Lebensraumes« im Osten als tolerierende »Freunde« suchte und die er mit dem Flottenabkommen vom 18. Juni 1935 und durch den Verzicht auf deutsche Übersee-Kolonien zu ködern hoffte, verfeindete er sich durch die vereinbarungswidrige Annexion der Tschechoslowakei (14. bis 16. März 1939). Mochte er von ihr auch nur die strategisch und rüstungsmäßig wichtigen Gebiete Böhmen und Mähren zu einem deutschen »Protektorat« machen und der Slowakei als deutschem Satellitenstaat die Selbständigkeit geben, für die britische Führung war das eine – nicht mehr durch das international anerkannte »Selbstbestimmungsrecht der Völker« gedeckte – imperialistische »*Störung des Europäischen Gleichgewichts*«. Als Hitler daher ein halbes Jahr später, am 1. September 1939, *Polen* angriff, weil es Danzig und die für einen Korridor nach Ostpreußen benötigten Teile Posens und Westpreußens nicht freiwillig zurückgeben wollte, erklärte Großbritannien – und auf seine Interventionen hin auch Frankreich – Deutschland am 3. September 1939 den Krieg.

Hitler hatte Großbritanniens Politik des Europäischen Gleichgewichts gründlichst fehlinterpretiert. Dabei hatte Winston Churchill, Großbritanniens späterer Kriegspremier, in einer – Hitler bekannten – Unterhausrede vom März 1936 die Leitlinien dieser Politik offen dargelegt: »400 Jahre hat die auswärtige Politik Großbritanniens darin bestanden, der stärksten, der aggressivsten und der die Hegemonie Europas anstrebenden Macht des Kontinents sich entgegenzustellen... Zweifellos war stets die Versuchung groß, sich mit dem Starken zu verbünden und die Frucht seiner Eroberungen zu teilen. Wir jedoch schlugen immer den entgegengesetzten Weg ein. Wir verbündeten uns mit den Schwächeren, schufen eine Allianz unter ihnen und beseitigten so den kontinentalen Tyrannen, wer auch immer es war und welcher Nation auch immer er angehörte.«

Damit war der II. Weltkrieg am 1. September 1939 entbrannt. Großbritannien ließ sich in seiner Entscheidung, deren Vorankündigung Hitler für einen politischen Bluff gehalten hatte und deren Realisierung ihn deshalb wie ein Schock traf, *weder* durch Deutschlands Bündnisverträge mit Italien, Japan, Ungarn, Bulgarien, Rumänien und der Slowakei erschüttern *noch* durch Hitlers Stalin-Pakt vom 23. August 1939/28. September 1939 irritieren, durch den Deutschland und die UdSSR sich Polen teilten, *noch* durch geheime Offerten Hitlers beeinflussen, die nicht deutschbesiedelten Teile Zentralpolens mit den Distrikten Warschau, Krakau, Lublin und Radom alsbald wieder zu einem selbständigen polnischen Staat zu erheben. So ging nach der *Niederwerfung*

Polens binnen 27 Tagen Hitlers Friedensangebot an die Westmächte vom 6. Oktober 1939 ins Leere. Ja, er schob sogar das mißglückte Attentat auf ihn vom 8. November 1939 im Münchner Bürgerbräukeller auf das Konto der Alliierten.

In *Blitzkriegen* von wenigen Wochen besetzte Hitler daraufhin *Dänemark und Norwegen* ab 9. April 1940, die *Niederlande, Belgien, Luxemburg und Frankreich* ab 10. Mai 1940 (Waffenstillstand mit Frankreich am 22. Juni 1940), sowie *Jugoslawien und Griechenland* ab 6. April 1941. Da die Verständigung Hitlers mit dem sowjetischen Außenminister Wjatscheslaw M. Molotow über die Abgrenzung der Interessengebiete der UdSSR an der Ostsee (Kattegat/Skagerrak und Finnland), auf dem Balkan (Rumänien, Bulgarien, Dardanellen, Zugang zum Persischen Golf) und am Mittelmeer (Stützpunkte in Saloniki und in Jugoslawien) an Hitlers langfristigem Europa-Verständnis scheiterte, war die *UdSSR* plötzlich *Feind Nr. 3*. Da Hitler einem wohlvorbereiteten Kriegseintritt der UdSSR als »Festlandsdegen Großbritanniens« zuvorkommen wollte und da er die Sowjetunion im damaligen Stadium der Umorganisation und Umrüstung ihrer Roten Armee kurzfristig durch seine Blitzkrieg-Strategie niederzuringen hoffte, begann er den Krieg gegen die UdSSR am 22. Juni 1941 mit 153 Divisionen (etwa drei Millionen Soldaten), rund 2000 Flugzeugen, 3300 Panzern und mit mehr als 7200 Geschützen.

Mit Finnland, Rumänien und Italien als Verbündeten der »ersten« Stunde – später kamen noch Ungarn, die Slowakei, Kroatien und – begrenzt – Spanien hinzu – hoffte Hitler durch den Rußlandkrieg ein *neues Europa* schaffen zu können, dem er den Namen *»Germanisches Reich deutscher Nation«* gab. Für dieses »Germanische Reich«, ein Reich aller europäischen Nationen mit der deutschen als hegemonialem primus inter pares (erster unter gleichen), sollte das europäische Rußland bis zum Ural, zumindest aber auf der ungefähren Linie Archangelsk/Astrachan bis zur Wolga und bis zum Kaukasus (einschließlich), nach dem Beispiel Indiens im seinerzeitigen Britischen Empire, als Lebensmittel-, Öl- und Rohstoffreservoir dienen. Hitler war zutiefst davon überzeugt, daß die *»Einheit Europas«* nicht durch das Einigungsbestreben einer Fülle von – schönen Reden haltenden – Staatsmännern zuwege gebracht werden könne, sondern nur *mit Waffengewalt* durch einen gemeinsamen Krieg als »Schmelztiegel« (Tischgespräch Nr. 159). Und er glaubte fest daran, daß Deutschland sich in der Auseinandersetzung mit der Sowjetunion und ihrem Bolschewismus als »Europas Wall gegen Asien« zu bewähren habe, weil – wie Mussolini ihm 1941 bestätigte – »der Untergang des Abendlandes« durch das Hereinbrausen der hochmotorisierten sowjetischen Militärwalze über Europa und aufgrund der aggressiven Intoleranz des von Moskau geleiteten Weltkommunismus angeblich unmittelbar bevorstand (Tischgespräche Nr. 7, 19, 85 und 186).

Laut deutscher Luftaufklärung hatte *Stalin an der deutsch-russischen Grenze im Juni 1941* bereits erheblich stärkere militärische Kräfte als Deutschland massiert. Ausgemacht wurden 246 sowjetische Divisionen mit *4,7 Millionen Soldaten,*

6000 Flugzeugen, mindestens 6000 Panzern und ungefähr 12000 Geschützen. Ihr Manko war, daß sie sich – wie die gesamte Rote Armee damals – noch im Stadium der Umorganisation und Umrüstung befanden und daher erst nach einem bis eineinhalb Jahren voll offensiv werden konnten.

Nach erfolgreichen *Kesselschlachten* in der West-UdSSR mit Millionen von sowjetischen Kriegsgefangenen und nach der Einschließung Leningrads stoppte der *russische Winter* mit seinem Schlamm, seinem Schnee und seiner Kälte im Dezember 1941 die Eroberung von Moskau und damit die erhoffte schnelle Entscheidung. Hitler konnte im Winter 1941/42 seine – weder waffenmäßig noch in puncto Ausrüstung und Verpflegung auf derartige Schwierigkeiten vorbereitete – Armee nur unter äußerstem Einsatz, hohen Verlusten und teilweisen Frontzurücknahmen stabilisieren. Mit seinen *Frühjahrsoffensiven 1942* im Süden der UdSSR war Hitler dann jedoch wieder so erfolgreich, daß er Ende Juli 1942 den *Doppelvorstoß Stalingrad/Kaukasus* glaubte wagen und damit die wirtschaftlich bedeutsamsten Gebiete der Sowjetunion als europäisches Versorgungsreservoir erobern zu können.

Das ist der Zeitpunkt der hier aufgezeichneten Tischgespräche Hitlers im Führerhauptquartier 1941/42.

In der Auseinandersetzung mit Großbritannien hatte Hitler seinerzeit die im Sommer 1940 begonnene *»Luftschlacht um England«* zwar bereits erfolglos wieder abgebrochen, dafür aber die Versorgung der britischen Insel durch *Versenkungen der Transportschiffe mit der U-Bootwaffe usw.* (8,6 Millionen BRT allein bis Mitte 1942) schwer angeschlagen.

In *Nordafrika* hatte Generalfeldmarschall Erwin Rommel mit seinem Deutschen Afrikakorps den Italienern gegen starke britische Kräfte ihre Kolonien erhalten und war mit ihnen zusammen über El Alamein im Juli 1942 bis nach Ägypten hinein vorgedrungen. Er stand bereits 100 km vor Alexandria.

Nur die *USA* waren damals in Hitlers Sicht noch eine kriegsentscheidende Bedrohung, da sie über eine mit europäischen Maßstäben kaum faßbare, von ihm – Hitler – aber unglaublich unterschätzte Rüstungskapazität und über eine hochtechnisierte Wehrmacht verfügten. Hitler frohlockte deshalb, als er die USA durch Japans Angriff auf die amerikanische Flotte in Pearl Harbor (Hawaii) vom 7. Dezember 1941 in einen Pazifik-Krieg verwickelt sah und sie dadurch für eine zusätzliche Atlantik-Europa-Kriegführung hinreichend geschwächt wähnte.

Er erklärte den USA deshalb in seiner Reichstagsrede vom 11. Dezember 1941 als *Feind Nr. 4 von Weltrang* demonstrativ den Krieg, um künftig offensiv ihrer bisherigen »short of war-Politik« zu begegnen, d.h. ihrer Unterstützung der deutschen Kriegsgegner mit Rohstoffen, Nahrungsmitteln und Rüstungsgütern aufgrund des Leih- und Pachtgesetzes vom 11. März 1941, ihrer Beschlagnahme deutscher Handelsschiffe in USA-Häfen durch Gesetz vom 6. Juni 1941, der Konfiszierung aller deutschen Guthaben in den USA am 14. Juni 1941 und der Schließung aller deutschen Konsulate in den USA am 15. Juni 1941, dem

Transporter-Geleitschutz der USA gegen deutsche Flugzeuge und Kriegsschiffe im Nordatlantik ab 12. August 1941, dem Schießbefehl an die USA-Flotte gegenüber allen deutschen Schiffen vom 11. September 1941, der Bewaffnung der amerikanischen Handelsschiffe zum Kampf gegen deutsche Schiffe ab 13. November 1941 und der Besetzung von Island als Stützpunkt gegen Deutschland im Juli 1941 usw. Insbesondere ging es Hitler darum, künftig die amerikanischen Rüstungsgeleitzüge und Lebensmittel- und Rohstoffkonvois auf der Fahrt nach Großbritannien und nach der UdSSR uneingeschränkt torpedieren zu können. Dafür nahm er sogar in Kauf, daß ihm 1942/1944 fast der ganze Rest der Welt den Krieg erklärte, soweit er nicht schon als britisches oder französisches Kolonialgebiet sowieso auf der Feindseite stand.

Die *»short of war-Politik« der USA* hätte für Hitler bei einer tüchtigen diplomatischen Vertretung in Washington voraussehbar sein können. Abgesehen von der für die USA gravierenden Judenfrage, war der eigentliche Kriegsgrund für ihre Führung die Hitlersche Störung einer funktionsfähigen Weltwirtschaft. Denn der »Aufstand der drei weltpolitischen Habenichtse: Hitler-Deutschland, Japan und Italien« gefährdete in Roosevelts Sicht den weltwirtschaftlichen Status quo und damit den US-amerikanischen modus vivendi. Bei 13 Millionen Arbeitslosen und der Verelendung entsprechend vieler Familien, sowie einer heute kaum mehr vorstellbaren Wirtschaftsflaute waren die USA auf ihren weltweiten Handel existenziell angewiesen.

Dadurch, daß das »faschistische« Hitler-Deutschland und das »faschistische« Japan die USA aus Europa und Asien zu verdrängen suchten (Motto: »Europa den Europäern«; »Asien den Asiaten«) und durch europäisch-asiatische Kooperation eine europäisch-asiatische Autarkie in Rohstoffen, Lebensmitteln und Industrieerzeugnissen aufbauten, gefährdeten sie lebenswichtigste USA-Belange. Dadurch, daß sie mit ihrem »Militarismus« die europäischen beziehungsweise südostasiatischen Nachbarländer unter ihre Hegemonie zwangen, machten sie die Dinge für die USA unhaltbar.

Das also ist in großen Umrissen der Stand der historischen Entwicklung zu der Zeit, als die hier überlieferten Tischgespräche Hitlers stattfanden. Hitlers bisherige politische und militärische Erfolge bewirkten, daß die Mehrheit des deutschen Volkes zu dieser Zeit noch fest an ihn und an *seine »Mission«* glaubte. Hinzu kam, daß er, dem Geld, Besitz, Alkohol, kulinarische Genüsse und sexuelle Ausschweifungen nichts bedeuteten, seine Parole »Gemeinnutz geht vor Eigennutz« weithin sichtbar persönlich vorlebte.

Seine Propaganda nutzte geschickt das Glaubens-Vakuum der Menschen, das aufgrund der neuen wissenschaftlich-technischen Industriekultur die Kirchen mit ihren alt-überlieferten, nicht mehr die Sprache unserer Zeit sprechenden Religionsinterpretationen nicht auszufüllen vermochten. Die Menschen vertrauten Hitler wie einem Idol, daß er seine – von keinem Parlament reell kontrollierte – Führergewalt nicht mißbrauchen werde. Sie waren aufgrund seiner systematischen Gesundheitsfürsorge ab 1933 und aufgrund der intensiven *Le-*

bens- und Wehrertüchtigung in HJ, SA, SS, RAD, Politischem Leiterkorps, Technischem Notdienst, Luftschutz, NSKK und NSFK derart strapazierbar wie Menschen sonst kaum auf der Welt.

Hitler hatte mit seiner *Uniformierung der ganzen Nation* fast schon einen neuen Menschentyp geprägt, der den Willen über den Verstand und Härte und Glauben über den natürlichen Instinkt stellte. Während diese Menschen in gelenkter Aktion (durch Film, Theater, Konzerte, Rundfunk, Kraft-durch-Freude-Veranstaltungen, Kunstausstellungen, Staatsfeiertagen, Partei-Demonstrationen) bald heroisch, bald unterhaltsam »verzaubert« wurden, schürte Hitlers Propagandaminister, Dr. Josef Goebbels, in ihnen zugleich Angst und Haß gegen die Feinde: »die auf Deutschlands Vernichtung abzielenden Juden, gegen die barbarischen, ganz Kontinental-Europa beanspruchenden Sowjet-Bolschewisten und gegen die – Frauen und Kinder mit ihren ›Bombenangriffen auf offene Städte‹ mordenden – Flieger des britischen und amerikanischen Kapitalismus«. Durch *kurze, prägnante Formulierungen und ständige Wiederholungen* ließ Hitler seine Propaganda den jeweiligen aktuellen Gegebenheiten entsprechend in die Gemüter »eintrommeln« und mit Uniformen, Ehrungen, Rängen, Orden und Medaillen die kriegsnotwendige Gloire und jenen, die bürgerliche Moral und den individuellen Egoismus verdrängenden kritiklosen nationalen Idealismus erzeugen, der zu dem von aller Welt verfemten *Supernationalismus* ausartete. Der tief in der deutschen Seele verankerte Nibelungen-Mythos mit seinem Traum von Siegfried, dem Helden, hat – geschickt gefördert – zu seinem Teil dazu beigetragen. Sogar das Christentum wurde von der *NS-Liturgie* mit ihren Fahnen und Standarten, Feiern und Weihe-Riten kopiert.

Dabei wurden *die beiden christlichen Kirchen in Deutschland*, die römisch-katholische und die evangelische, quasi als 5. *Feind von Weltgeltung* attackiert. Mit der nationalsozialistischen *Ersatz-Religiosität* der angeblich »einzig wahren Unsterblichkeit«, der »*Unsterblichkeit von Volk und Rasse*« brachte Hitler den – den militanten Sowjet-Atheismus selbst bekämpfenden und überdies noch ausgesprochen deutschfreundlichen – Papst Pius XII. in schwerste Konflikte. Denn einerseits sollte die katholische Kirche ebenso wie die evangelische Kirche in Deutschland ihren Gläubigen im Kampf gegen den – den militanten Atheismus propagierenden – Sowjetbolschewismus nahe sein. Andererseits konnten die beiden Kirchen von ihrem Bibelverständnis aus ein »braunes Neu-Heidentum«, sei es auch nur in der Form eines »NS-Blut- und Bodenchristentums«, ebensowenig gutheißen wie den Atheismus der UdSSR. Und den Regime-Verfolgten, den Widerstandskämpfern und den Asyl suchenden Juden mußte die römisch-katholische Kirche aus Glaubensgründen ebenso helfen wie die »bekennende« evangelische Kirche in Deutschland und der (damals noch provisorische) Weltkirchenrat in Genf unter seinem Generalsekretär Dr. Visser't Hooft. Allein über eine Million Juden konnten so gerettet werden. Die päpstlichen Hilfswerke Pius' XII. betreuten zu Hitlers größtem Verdruß zeitweise 700000 bis 860000 Juden. Sein Pro-Staatssekretär Giovanni Battista Montini, heute Papst Paul VI., sorgte dafür, daß die Verfolgung und Deportation italienischer Juden generell sabotiert wurde und daß den übrigen europäischen Juden Fluchtwege nach Spanien, Portugal und Latein-Amerika offenstanden.

Der katholischen und evangelischen Kirche Deutschlands gelang es sogar, im Herbst 1941 Hitlers *Euthanasie*-Programm zu stoppen. Wortführer war der Bischof von Münster, Clemens August Kardinal Graf von Galen. Im Rahmen seiner NS-Genetik betrieb Hitler nämlich seit 1935 nicht nur eine *Selektion* aller Nicht-Ehegesunden (Heiratsverbot für nachhaltig Kranke, Sterilisation für Erbkranke, Kastration für Gewalt- und Sittlichkeitsverbrecher). Er befahl darüber hinaus auch durch Erlaß vom 1. September 1939 die *staatliche »Einschläferung«* der etwa 500000 unheilbaren Schwerst-Geisteskranken. Er mußte diese Aktion aber wieder einstellen, nachdem die Tötung der ersten 70273 Schwerst-Geisteskranken ruchbar geworden war, da Bischof von Galen öffentlich Mordanzeige erstattete und Geistliche beider Konfessionen die Euthanasie von den Kanzeln herunter als »verbrecherisch« brandmarkten.

Ausgestattet mit der Kenntnis aller dieser Fakten, sitzt der Leser der »Tischgespräche« gleichsam selbst mit als sachverständiger Zeitgenosse an Hitlers Tafel. Und er erfährt Hitlers Auffassungen, Überlegungen und Eigenarten mit einer Unmittelbarkeit, Vielseitigkeit und Ungezwungenheit, wie sie sich nur in der ganz persönlichen Atmosphäre seiner privaten Tischgespräche offenbarten.

Denn *den wirklichen Hitler zu überliefern,* war das *Ziel meiner Dokumentensammlung.* Ich wollte jenen Hitler in seinem Auftreten, Denken und Fühlen literarisch einfangen, der bei all seinem politisch-weltanschaulichen Fanatismus in seinem Privatbereich geradezu bedürfnislos dahinlebte. Selbst seiner Lebensgefährtin und späteren Ehefrau Eva Braun war sein Erscheinungsbild manchmal gar zu soldatisch schlicht und bescheiden.

Als Siebzehnjährige hatte sich *Eva Braun* 1929 in den 23 Jahre älteren Hitler verliebt; er war für sie der »Mann ihres Lebens«. Seit den letzten Tagen des Jahres 1932 intim mit ihm verbunden, blieb sie ihm in allen Höhen und Tiefen des Schicksals treu und schied ohne Furcht und Tränen gemeinsam mit ihm am 30. April 1945 aus dem Leben (allerdings nicht mit einem Pistolenschuß, sondern mit einer Zyankali-Phiole). Hitler liebte sie sehr. Hatte sie Magenbeschwerden oder erkrankte sie sonstwie, war er wie ein Primaner um sie besorgt, um sie mit seiner Pflege, seinen Zärtlichkeiten, Blumen und Leckereien schnell wieder hochzupäppeln. Viele Hitlersche Tischgespräche über Frauen- und Ehefragen kreisen daher im Grunde genommen nur um »seine Eva«.

Eva Braun war das, was man landläufig eine ausgesprochen schöne und attraktive Frau nennt. Sie war mittelgroß und hatte blonde Haare, blaugraue Augen, ein frisches, ovales Gesicht und eine grazile, durch und durch sportliche Figur. Das Dirndl stand ihr genausogut wie das Hauskleid, das elegante Kostüm oder das Abendkleid. Sie war stets »wie aus dem Ei gepellt«, auch in ihren persönlichen Dingen peinlich sauber, pünktlich und akkurat. Ich empfand sie als das *»menschlichste Element in Hitlers Lebenskreis«.* Sie war Hitler gegenüber von verblüffender Aufrichtigkeit und leugnete im Gespräch mit ihm nicht einmal ihren regelmäßigen Besuch der katholischen Messe. Als Tochter eines Gewerbeoberlehrers meisterte sie die Wirtschaftsführung von Hitlers »Berghof« zu seiner vollsten Zufriedenheit. Dem Personal gegenüber war sie gleichmäßig höflich und korrekt. Da wir bei unserer ersten Begegnung unser gleiches Geburtsdatum feststellten (den 6. Februar 1912), war sie mir gegenüber ein wirklich guter Kamerad, immer freundlich, hilfsbereit und mich warnend, wenn mir Ärger von Hitlers Sekretär Martin Bormann drohte.

Durch eine unveränderte Wort- für-Wort-*Wiedergabe der Hitlerschen Tischäußerungen,* also durch Mitstenographieren oder tonbandartiges Protokollieren, wäre mein Ziel nicht zu erreichen gewesen. Denn Hitlers Mittags-Tafel dauerte mindestens eine Stunde. Abends konnte sie sich bisweilen über mehr als zwei Stunden erstrecken. Die Stenogramme oder Protokolle hätten also Tausende und Abertausende von Seiten gefüllt und dem Leser nicht einen Gesamtüberblick vermittelt, sondern ihn mit ihrem Umfang und ihrer Unübersichtlichkeit erdrückt. Denn Hitler war ein Mensch *rastloser Arbeit.* Von seinem täglichen kurzen Spaziergang mit seiner Schäferhündin »Blondi« abgesehen, fand er nur in der privaten Unterhaltung an seiner Tafelrunde, also in dem Sich-Aussprechen in persönlicher, geselliger Atmosphäre, die notwendige geistig-seelische Entspannung.

Deshalb war es Hitler geradezu ein Bedürfnis, seine Überlegungen von allen Seiten zu beleuchten, so daß seine Ausführungen normalerweise lang wurden und eine Fülle von Nebenthemen mitbehandelten. Schon beim Zuhören mußte ich daher eine Auswahl des Wiederzugebenden auf das Wesentliche treffen. Nach der negativen Seite hin mußte alles das ausgesondert werden, was mit dem Verhallen von Hitlers gesprochenem Wort sowieso vergessen sein konnte, sowie das übliche Kasino-Tages-Kolloquium: allgemein Bekanntes, belanglos Nebensächliches und alles das, was z. B. Moritz Buschs Buch über »Graf Bismarck und seine Leute während des Krieges mit Frankreich« heute – 100 Jahre später – bereits so schwer lesbar macht. Zu verzichten war auch auf Themen von bloßer Augenblicksbedeutung, auf Wiederholungen, auf Nebenargumente und auf Darlegungen, die – wegen ihrer nur auf einzelne Tischgäste abgestellten Übersteigerung oder Abschwächung – nur Verwirrung beim späteren Leser gestiftet hätten. Nach der positiven Seite hin mußte meine Auswahl der konkreten Zielsetzung einer historisch-psychologischen Studie über Hitler entsprechen, also nicht nur das dem Objekt nach historisch interessante Detail überliefern, sondern alles für Hitlers Wesen und Denken Typische: seine Reaktionen auf die aktuellen Geschehnisse der Zeit, sein Abtasten des noch in schicksalhaftes Dunkel gehüllten Zukünftigen, sein Zögern bei Ungewissem und seine Hemmungen vor »letzten Konsequenzen à la Stalin«. *Selbst die intimen, unauffälligen, ja eventuell sogar lächerlichen Charakteristika* habe ich mich bemüht festzuhalten. Denn wenn er sich selbst auch gern als »Proletarier« bezeichnete, der nicht verwinden könne, wie ihn die anglo-amerikanische Kapitalistenpresse unter jüdischem Einfluß seit 1933 als Kriminellen, Kriegstreiber, ja Massenmörder diskriminiert habe, so war sein Lebensstil doch eher kleinbürgerlich.

Selbst *am 30. April 1945,* also an jenem Tage, an dem er seinem Leben mit einem *Pistolenschuß in die rechte Schläfe* ein Ende setzte, rasierte er sich morgens – wie mir Adjutant Günsche berichtete – mit gleicher Sorgfalt wie sonst. Und er vollzog seinen Tageslauf einschließlich des Mittagessens und der Verabschiedung von seinen Mitarbeitern mit dem üblichen Gleichmaß. Hitler, der allen Schmuck für seine Person verabscheute, versäumte bis 1942/1943 nie, mit kleinbürgerlicher Pedanterie morgens bei der Toilette seine Erinnerungsstücke anzulegen: die Manschettenknöpfe mit dem Danziger Wappen; seine vom Vater ererbte silberne Remontoir-Taschenuhr, bei der er regelmäßig das Aufziehen vergaß; seine Brieftasche, in der er Fotos von seinem Vater, seiner Mutter, seiner Schwester und von sich (als Baby, und als Bub mit dem Vater) herumtrug; sein Eisernes Kreuz I. Klasse und sein Verwundetenabzeichen aus dem I. Weltkrieg; sein Goldenes Parteiabzeichen und – wenn er Parteiuniform oder Zivil trug – sein echtgoldenes NSDAP-Hoheitsabzeichen, das er selbst entworfen hatte und dessen Trageberechtigung allein ihm vorbehalten blieb.

Im täglichen Umgang begegnete einem demnach ein ganz anderer Hitler als der, den man aus Presse und Funk, Film und Parteipropaganda, aus seinem programmatischen Werk »Mein Kampf« oder aus Akten und Volksreden kannte: ein bei aller Selbstsicherheit sehr menschlicher Hitler, der sich ein- bis zweimal am Tage duschte, sich vor jedem Essen und vor jeder Besprechung mit »Odol« den Mund spülte und sich x-mal am Tage die Hände wusch. Ein Hitler, der seine Leibwäsche täglich wechselte, manchmal sogar halbtägig, der nachts in altmodischen, flatternden Nachthemden aus Leinen schlief und der sich selbst seinen Ärzten nur, wenn es absolut unvermeidlich war, unbekleidet zeigte.

Dieser Hitler machte in unserer Runde gar keinen Hehl daraus, daß er bei der Erziehung seines 19 Jahre jüngeren Mündels »Geli« (Angela Maria) Raubal, der Tochter seiner früh verwitweten Halbschwester Angelika Raubal (geborene Hitler), restlos am *Generationenproblem gescheitert* war. Wie er uns sagte, hatte er deshalb für seine Jugendbewegung, die Hitlerjugend, den Grundsatz geprägt: *»Jugend muß von Jugend geführt werden.«*

Am 18. September 1931 hatte Geli sich ein paar Stunden nach einem Streit mit dem Onkel erschossen, weil er sie mit seiner altväterlichen Fürsorglichkeit um jede persönliche, finanzielle und zeitliche Freiheit brachte. Natürlich war die strahlend hübsche, lebenslustige, brünette Linzerin mit ihrem Wiener Charme und ihrem schalkhaften Lachen ständig von Verehrern umgeben und brachte Hitler zu seinem Ärger bald einen arbeitslosen Sänger, bald einen angehenden Kunstmaler, bald einen Uhrmacher-Anfänger und bald einen kleinen Parteifunktionär als Heiratskandidaten. Er dagegen wollte Geli, dieses »ewig verliebte Zeiserl«, in kleinbürgerlicher Betulichkeit als Hausfrau für eine finanziell gesicherte Ehe ausbilden lassen, überwachte ihr Musik- und Gesangsstudium auf Schritt und Tritt, »grantelte«, wenn sie sich ausgerechnet in jüdischen Modehäusern unter seiner Adresse ihre neuesten Kleider kaufte, und verlangte – wenn sie auf Reisen ging – x Ehrenwörter von ihr, daß sie sich nicht zu Intimitäten mit ihren Liebhabern hinreißen lassen werde.

Gerade, weil er seine bereits mit 15 Jahren zu ihm gekommene Mündel-Nichte wie ein eigenes Kind geliebt und umsorgt hatte, konnte *er sich mit ihrem Tod zeitlebens nicht abfinden*. Er weinte um sie, wie er nur beim Verlust von Vater und Mutter geweint hatte. Ihr seinerzeitiges möbliertes Zimmer nahm er zu seiner Münchner Privatwohnung am Prinzregentenplatz 16 (zweite Etage) hinzu und ließ alles so, wie er es bei ihrem Tode vorgefunden hatte. In diesem für alle Dritten – also auch für uns – verschlossenen Raum meditierte er vor ihrer, von Professor Ferdinand Liebermann (München) geschaffenen, lebensnahen, ja fast wirklich lebenden Bronze-Büste viele Stunden. Hier verbrachte er, soweit es seine Partei- und Staatsverpflichtungen zuließen, auch 1931 bis 1938 seine Weihnachtsfreizeit. Wenn er, manchmal mit Tränen in den Augen und mit ihrem kleinen Hakenkreuz-Silbermedaillon (mit einem Kleinstfoto von ihr und einem von ihnen beiden) in den Händen, hier seinen Gedanken nachhing, durfte ihn niemand stören. Die einzige Ausnahme war seine Wirtschafterin, Frau Anny Winter-Brunner, die ihm die Fernschreiben und Depeschen hereinreichte, für die regelmäßige Erneuerung des Blumenschmucks sorgte und den Raum in Ordnung hielt.

Schon bei Beginn meines Aufenthalts im FHQu entdeckte ich zu meinem Leidwesen, daß sich niemand – außer auf ausdrücklichen Befehl Hitlers – *von seinen Tischgesprächen Notizen* fertigte. Daß Hitler das *ausdrücklich verboten* hatte, wußte ich nicht. Ich führte das darauf zurück, daß er sich an seiner Privattafel nach Art eines Hausvaters über seine Gedanken und Probleme ungeniert aussprechen wollte, ohne Kritik von außen befürchten zu müssen. Hinzu kam natürlich, daß seine ständigen Tischgäste auf Aufzeichnungen um so lieber verzichteten, als sie aufgrund ihres ständigen dienstlichen und privaten Umgangs mit ihm seine Ansichten längst »in- und auswendig« kannten.

Hitlers nach Art und Inhalt überliefernswerte Tischausführungen lediglich nachträglich – quasi aus der Erinnerung – wieder zusammenzubasteln und aufzuzeichnen, erschien mir als gelerntem Juristen und Historiker bedenklich. Die Authentizität wäre verloren gewesen. Deshalb beschloß ich, mir für ausführliche *Stichwortnotizen* bei Tisch eine Genehmigung zu verschaffen.

Hitlers Sekretär *Martin Bormann* dünkte mich hierfür der richtige Mann zu sein. Von meinem Vorgänger als FHQu-Jurist, dem Ministerialrat Heinrich Heim, hatte er – vor Hitlers ausdrücklichem Verbot – einzelne Stenogramme von Hitlers Tischgesprächen als Nachschlagematerial für sich und seine Parteikanzlei-Mitarbeiter gesammelt. Nach dem Schottlandflug von Hitlers Stellvertreter, Rudolf Heß, zur eigenmächtigen Friedensaktion mit Großbritannien am 10. Mai 1941 *suchte* sich Bormann zäh und zielsicher die *Stellung eines zweiten*

»Stellvertreters des Führers« zu schaffen. Ausgestattet mit einer fast lückenlosen Kenntnis der Dinge und Personen auf der politischen Bühne des Großdeutschen Reichs, wohlinformiert über jede einschlägige Besprechung Hitlers (ausgenommen Wehrmacht, SS und Polizei), jeden Besuch, jede Planung, jede Ambition, ja jede Bewertung Hitlers bezüglich Ideen, Personen, Institutionen und Organisationen, erstrebte er ganz offensichtlich auch das weitestmögliche *Monopol auf »Ohr und Mund« Hitlers.*

Auf einem Spaziergang trug ich deshalb Bormann mein Anliegen vor. Bormann schilderte mir daraufhin, welchen Ärger er mit Heims stenographischen Niederschriften gehabt habe, von denen eine zum Thema »Kirche, Religion und Wissenschaft« (Tischgespräch Nr. 8) sogar wortwörtlich in der Auslandspresse erschienen sei. Hitler sei darüber so aufgebracht gewesen, daß er Heim auf Auslandsmission – und zwar als Kunst-Einkäufer nach Frankreich – entsandt habe. Er – Bormann – könne daher für meine beabsichtigten *Stichwortnotizen* nur insoweit die Verantwortung übernehmen, soweit er Hitlersche Tischäußerungen zu aktuellen Problemen der Politik beziehungsweise der Verwaltung oder in Eilsachen als Antwort auf ihm gestellte Fragen brauche. Wann das der Fall sei, werde er mir durch Kärtchen, Zeichen oder Ordonnanz mitteilen. Denn bei seinem Tischplatz genau gegenüber Hitler sei es ein Unding, wenn er plötzlich Schreibutensilien aus der Tasche hervorkramen und durch Notizen und Papiergeknister Hitlers Unterhaltung stören wollte. In etwa fünf bis zehn Fällen erhielt ich auf diese Weise von Bormann die Genehmigung zum stichwortartigen Mitschreiben. In meinen über 150 übrigen Aufzeichnungen konnte ich mir meine Stichworte daher natürlich nicht offen, sondern nur unauffällig – nach Art der Schulmogelei – auf einigen unter meinen Teller geschobenen Korrespondenzkarten machen. Dabei kam mir aber zustatten, daß ich meist außerhalb des unmittelbaren Blickfeldes Hitlers saß und daß der – mir ob der alten Bekanntschaft mit meinem Vater wohlgewogene – Schaub so tat, als ob er nicht wüßte, wann ich mir nun eigentlich »mit« und wann »ohne« Bormanns Genehmigung den Gang und Inhalt der Hitlerschen Tischausführungen notierte.

So fertigte ich mir monatelang Tag für Tag und Mahlzeit für Mahlzeit meine *Tischgesprächsnotizen* mit gleicher, gerade auch die Kleinigkeiten beachtender Systematik an. Dabei bemühte ich mich schon beim Notieren der Stichworte um die *Kürzung und Straffung* der Hitlerschen Darlegungen auf das wirklich Überliefernswerte, auf das für ihn persönlich in seinem Fühlen und Denken und in seiner politischen sowie menschlichen Schau Bezeichnende und damit auf das für das Erfassen eines Diktators und Weltveränderers von Hitlerschem Ausmaß tatsächlich Interessante.

Meine *Freizeit* benutzte ich dann, um Hitlers Tischgespräche anhand meiner Stichwortnotizen gewissenhaft und in Ruhe zu rekonstruieren, eine Arbeit, die Muße und Ungestörtsein erforderte. Denn ich wollte meinen schriftlichen Text unter Verwendung der besonders charakteristischen Redewendungen Hitlers so formen, daß er Hitlers Gedanken mit der Sorgfalt und Treue historischer, politischer und juristischer Schulung wiedergeben, und daß er zugleich für kommende Generationen unkompliziert und verständlich sein sollte. Eine Vielzahl von Streichungen, Umstellungen und Verbesserungen in meinen Originalen künden von der Mühsal dieser Kleinarbeit. Dabei wählte ich als *Wiedergabeform* die *indirekte Rede*, um den falschen Eindruck zu vermeiden, als ob meine Aufzeichnungen nicht nur den Gedankeninhalt der Hitlerschen Tischgespräche, sondern auch – und zwar bis aufs i-Tüpfelchen genau – ihren Wortlaut überlieferten. Für den Leser, der auch den exakten Wortlaut Hitlerscher Tischgespräche kennenlernen will, habe ich anhand der *Originalstenogramme* Heims, die ich in meinem Schreibtisch im FHQu »Wolfsschanze« vorfand, im ersten Teil meiner Dokumentensammlung 36 dieser vollständigen Texte veröffentlicht. Bormann, dem ich gelegentlich Abschriften einiger meiner nicht genehmigten Aufzeichnungen gab und der mit der Zeit Gefallen an meiner Privatschriftstellerei fand, erklärte sich damals mit dieser späteren Handhabung einverstanden; ebenso Herr Heim. Dabei habe ich natürlich zur Vermeidung von Wiederholungen nur solche Stenogramme Heims ausgewählt, die meine Beobachtungen ergänzten oder inhaltlich abrundeten.

Um auch die *Konturen der damaligen Zeit* festzuhalten, habe ich meine Aufzeichnungen ebenso wie die Heim-Stenogramme schon während meiner FHQu-Tätigkeit mit *Randüberschriften* versehen, die Hitlers Sicht der Dinge entsprachen. Auch das geschah, um den Leser den Ablauf der Hitlerschen Tischgespräche und ihren Inhalt so miterleben zu lassen, als wenn er selber unmittelbar dabei säße.

Denn es war schon makaber, wenn ein Staatsführer von Hitlerscher Herrschaftsmacht die *Politik* nicht als die *»Kunst des Möglichen«* verstand, sondern das *»ewige Naturgesetz des Sieges des Stärkeren«* im Lebenskampf von Mensch, Tier und Pflanze auch auf die Auseinandersetzung der Völker übertrug und dazu erklärte: »Ich bin auch hier eiskalt: Wenn das deutsche Volk nicht bereit ist, für seine Selbsterhaltung sich (bis zum letzten Blutstropfen) einzusetzen, gut dann soll es verschwinden!« (Tischgespräche Nr. 10, 19 und 170.)

Bormann freute sich – wie er mir einmal sagte – über die genaue und manchmal anekdotenhafte Art, mit der ich alles, selbst intime Kleinigkeiten, bei Hitler registrierte. Mit meinem Hinweis auf Hitlers schwarze Uniformhose und ihren Sitz als sicherem »Stimmungsbarometer« errang er bei Hitler sogar einen Lacherfolg und damit günstiges Besprechungsklima, wobei Hitler spontan zugab, daß er in dieser Hinsicht mehr als eigen sei.

Bei meinem Ausscheiden aus dem Führerhauptquartier – die Gründe schildere ich später – bat ich deshalb auch Bormann, mir *Hitlers Genehmigung zur Mitnahme meiner privaten Aufzeichnungen* (drei dicke Schnellhefter und mehrere Notizbücher) zu erwirken. Daß Hitler mir dazu ohne Verzögerung sein Plazet gab, lag daran, daß er in drei Niederschriften, die er gelegentlich der Bormannschen Konzipierung entsprechender »Führerrichtlinien« persönlich durchgelesen hatte, seine Gedankengänge prägnant und einwandfrei wiedergegeben fand und daß ich nicht wörtlich mitstenographiert, sondern lediglich anhand von Stichwortnotizen die m. E. menschlich und historisch interessantesten Gesprächsteile festgehalten hatte. Hitler ermächtigte Bormann, die Kriminalbeamten seines Begleitkommandos, die mein Gepäck routinemäßig bei der Abfahrt zu überprüfen hatten, und den zuständigen Abteilungsleiter der Parteikanzlei, Heinrich Walkenhorst, entsprechend zu verständigen. Soweit ich Bormann Abschriften meiner Aufzeichnungen gegeben hatte, instruierte er Walkenhorst darüber hinaus, daß diese unter Beachtung ihres Pickerschen Privatcharakters ausschließlich als Nachschlagematerial zu verwahren seien. Die mitübersandten fünf bis zehn »dienstlichen« Niederschriften seien durch den Kopf der Skripten »Führerhauptquartier, den...« mit Datum und Diktatzeichen, durch die Überschrift »Betrifft: Führergespräch« und durch seine – Bormanns – Unterschrift ausdrücklich als »amtliche« Ausnahmen gekennzeichnet. Charakteristisch für diese »amtlichen« Skripten war, daß Bormann in ihnen mit Rücksicht auf seine eigenen politischen Überlegungen und Zielsetzungen ungeniert herumkorrigierte, sie teilweise im Sinne einer schärferen Formulierung umdiktierte und sie mitunter sogar mit eigenen Randbemerkungen versah, die seinen Mitarbeitern den von ihm gegenüber den Reichsministern, Reichsleitern, Reichsstatthaltern und Gauleitern gewünschten Kurs klarmachen sollten.

Man muß dazu wissen, daß selbst ein so mächtiger Mann wie der Reichspropagandaminister Dr. Goebbels ab 1942 wichtige Publikationen vor der Veröffentlichung Bormann vorzulegen hatte, damit dieser – wie er es nannte – »Hitlers Einverständnis herbeiführte«.

Für den Charakter der Tischgespräche ist wichtig, daß *Hitler bei seinen Tischäußerungen selbst davon ausging*, daß – unter grundsätzlicher Beachtung seines Mitschreibeverbots – *nur in einzelnen* wenigen, dienstlich bedingten *Ausnahmefällen Aufzeichnungen getätigt* und daß sie vor ihrer dienstlichen Verwendung ihm zur Billigung vorgelegt würden. Selbst Generalfeldmarschall Keitel lehnte es ab, dem Kriegsgeschichtler des OKW, Generalmajor Walther Scherff, seine Rückendeckung für Tischnotizen zu geben, da Hitlers private Sphäre unbedingt zu achten sei. Nach meinem Ausscheiden aus dem aktiven FHQu-Dienst sind in der Zeit *vom 8. September 1942 bis zum 30. April 1945 auch nur mehr zehn Niederschriften* über Hitlersche Tischäußerungen getätigt worden, und selbst diese lediglich als Erinnerungsprotokolle, und zwar zum Teil von meinem Nachfolger und zum Teil von Bormann selbst. Hinzu kam, daß Hitlers Privattafel seit September 1942 nur noch bei Aufenthalten in Berlin, München beziehungsweise am Obersalzberg stattfand. In den vom OKW betreuten Führerhauptquartieren »Wolfsschanze« und »Werwolf« hob Hitler seine private Tafelrunde brüsk auf, als die FHQu-Generalität ihm die Alleinverantwortung für den – von ihm am 23. Juli 1942 befohlenen, aufgrund der gegebenen personellen und waffenmäßigen Kräftelage besonders riskanten – *Doppelvorstoß auf Stalingrad und zum Kaukasus* (Einzelheiten siehe Tischgespräch Nr. 155, und zwar meine in das Tischgespräch eingeschobene Erläuterung) zuschieben wollte und die – angeblich sein Mißlingen heraufbeschwörenden – Fehlentscheidungen der örtlichen Oberbefehlshaber als Folge »unabänderlicher örtlicher Gegebenheiten« zu entschuldigen versuchte. Aufgrund der räumlichen und zeitlichen Ausweitung des Krieges war es Hitlers Ziel, mit Stalingrad eines der wichtigsten sowjetischen Rüstungszentren lahmzulegen und dort zugleich an der Wolga die Weiterleitung der über Persien herantransportierten USA-Hilfslieferungen zu sperren. Der Vorstoß an den Kaukasus sollte ihm das dortige Erdölgebiet bringen und damit die Treibstoffvorräte seiner Wehrmacht bis Kriegsende sicherstellen.

Das Hitlersche Plazet zur Mitnahme meiner Aufzeichnungen hatte für mich noch das Gute, daß Bormann mir für meine anschließende Vertretung des leitenden Beamten des Münchener Führerbaus, des Ministerialdirigenten Dr. Kurt Hanssen, die Schlüssel für einen Panzerschrank aushändigen ließ, in dem sich Hitlersche Dienstkorrespondenz, Hitlersche Notizen und sonstige aufschlußreiche persönliche Unterlagen Hitlers befanden, anhand deren ich die Richtigkeit und sachliche Vollständigkeit meiner Gesprächswiedergaben, Überschriften, Zwischentexte und sonstigen Bemerkungen sorgfältigst überprüfen konnte.

Unter diesem Material befand sich auch *Hitlers Geheimrede vor dem Politischen Führernachwuchs* auf der Ordensburg Sonthofen im Allgäu vom 23. November 1937 über »Deutsche Geschichte und deutsches Schicksal«, von der ich mir von Hitlers Originalmanuskript eine Abschrift nehmen durfte. Diese Rede wurde von mir in diesem Buch aufgenommen, weil sie die idealste Einführung in Hitlers Gedankenwelt darstellt, die man sich denken kann. Wie diese Rede in verblüffender Einfachheit und Geschlossenheit der gedanklichen Diktion das *»Germanische Reich Deutscher Nation«* als die Erfüllung eines zweitausendjährigen Strebens der deutschen Geschichte herausarbeitet, die Nation mit einem neuen Glauben an die Zukunft erfüllt, das ganze Volksleben unter preußisch-militärische Disziplin stellt, die *»Volksgemeinschaft«* zu einer *»Kampfgemeinschaft«* umfunktioniert, in der jeder Mann von der Jugend bis ins hohe Alter Waffenträger ist, und wie sie an den *Idealismus der Menschen* appelliert, das zeigt geradezu einzigartig, auf welche Weise Hitler gute und böse Motive, Positives und Negatives, Edles und Kriminelles, Wahres und Lüge, echten Patriotismus und die üble Großsprecherei eines Herrenmenschen-Nationalismus zu mischen verstand unter der Parole: »Wir wollen unser Volk ganz nach vorne führen! Ob sie uns lieben, das ist uns einerlei, wenn sie uns nur fürchten!«

Nach meiner Rückkehr in den Außendienst der Inneren Verwaltung als Landrat in Norden (Ostfriesland) im September 1942 habe ich im Erstentwurf meine *Schilderung »Ein Tag im Führerhauptquartier«* erstellt, die dieser Einführung folgt. Zur Überprüfung der Zuverlässigkeit dieser meiner FHQu-Milieuschilderung schickte ich sie Hitlers Sekretär Martin Bormann mit der Bitte, mir mit Rücksicht auf die damals aktuell werdende anglo-amerikanische Invasion im Westen nicht nur das Kennenlernen aller früheren, sondern auch der in Frankreich neu aufzubauenden Hauptquartiere zu ermöglichen. Daraufhin erhielt ich den »Führerbefehl«, die *Zivileinrichtungen für die späteren Führerhauptquartiere* bei Tours und bei Soissons *zu betreuen*, mich um die Instandsetzung der alten Führerhauptquartiere im Westen zu kümmern, den Umbau der Zivileinrichtungen im FHQu-»Wolfsschanze« zu überwachen und – last not least – mit Elektrofachleuten zusammen *Hitlers persönliche Telefon- und Fernschreibleitungen* von den Führerhauptquartieren nach Berlin, München und dem Obersalzberg abzusichern.

Dieser Auftrag Hitlers ging auf folgenden Vorgang zurück: In einer Arbeitspause hatte ich mir eines Vormittags die Wehrmachtstelefon-, Fernschreib- und Funkzentrale des FHQu angesehen. Der leitende Offizier, Major Sander, belohnte mein technisches Interesse damit, daß ich bei einem Telefonat Hitlers die Mithörmuschel des Unteroffiziers für kurze Zeit aufsetzen durfte, der das Gespräch nach Berlin durchzustöpseln hatte. So erfuhr ich, daß alle Telefonate und Fernschreiben Hitlers ebenso wie die der FHQu-Generalität mindestens durch zwei Zentralen liefen, wo sie von Unteroffizieren beziehungsweise Wehrmachtshelferinnen zwangsläufig mitgehört wurden: dem FHQu und der OKW-Zentralvermittlung in Berlin, Bendlerstraße. Als Hitler mich ausgerechnet beim Mittagessen dieses Tages als »Jurist« anfrotzelte und zum Gelächter aller wieder einmal die »Weltfremdheit« der Juristen glossierte, konterte ich mit der Erzählung meines Erlebnisses vom Vormittag und schloß: Ich kennte keinen Juristen, der Telefonate für »geheim« halte, wenn ein halbes Dutzend Menschen mithöre, nur »weil er vielleicht beim Telefonat flüstere«, und der Fernschreiben für »geheim« halte, obwohl ein halbes Dutzend Menschen sie bei der Weiterleitung lese, nur weil oben drüber »geheim« geschrieben stehe. Ich würde vorschlagen, dann doch gleich Stalin für unsere Funk-, Telefon- und Fernschreibzentralvermittlung in Berlin Bendlerstraße zu engagieren.

Die Wirkung meiner Erzählung war verblüffend: Die Opportunisten guckten ob meiner Keßheit betreten auf ihre Teller. Marschall Keitel wurde rot vor Ärger. Bormann konnte ein schadenfreudiges Grinsen nur mit Mühe unterdrücken. Und Hitler – sagte nichts, aber begrüßte mich seitdem stets mit Handschlag.

Aufgrund meines auf diesen Vorfall zurückgehenden FHQu-Sonderauftrags blieb ich – obwohl zugleich Landrat in Ostfriesland – *bis zum April 1943 dem Führerhauptquartier attachiert.* Ich hatte dort Hitler, Keitel, Heeresadjutant Gerhard Engel, Schaub und Bormann regelmäßig über den Fortgang meiner Arbeit Bericht zu erstatten.

Auf diese Weise erlebte ich auch im Winter 1942/43 sozusagen am Rande die große Wende des II. Weltkriegs, die Katastrophe von Stalingrad, die Räumung des Kaukasus und den Rückzug des Afrikakorps nach Tunesien, in der Optik des FHQu mit. Während das deutsche Volk die erste Ahnung vom »Anfang eines bösen Endes« spürte, schimpfte Hitler, daß der Befehlshaber von Stalingrad, Generalfeldmarschall Friedrich Paulus, statt sich das Leben zu nehmen, sich in Gefangenschaft begeben hatte: »Was ist schon – ›das Leben‹, –! Das ›Leben‹, das ist das Volk. Der Einzelne muß ja sterben. Was über des Einzelnen Leben hinaus existent bleibt, ist das Volk, in das er hineingeboren ist... Der Mann hatte sich totzuschießen, so wie sich früher die Feldherrn in das Schwert stürzten, wenn sie sahen, daß die Sache verloren war!«

Im April 1943 zum FHQu-»Obersalzberg« letztmalig zur Berichterstattung bestellt, erlebte ich in Schloß Kleßheim bei Salzburg Benito Mussolinis Treffen mit Hitler vier Monate vor seiner (des Duce) Entmachtung und Verhaftung aus nächster Nähe mit. Wie ich hinter vorgehaltener Hand hörte, hatte Mussolini Hitler erklärt: Nachdem die Briten und Amerikaner auf der Konferenz von Casablanca (25. Januar 1943) Deutschlands Bekämpfung bis zur »bedingungslosen Kapitulation« beschlossen hätten, solle er den *Separatfrieden mit den Russen suchen*. Wörtlich hatte Mussolini gesagt: »Ich bin überzeugt, daß die Vernichtung Rußlands wegen der ungeheuren Weite des Landes unmöglich ist... Es ist daher notwendig, das russische Kapitel so oder so zu schließen.« Und Mussolini hatte sogar seine guten Dienste für Separat-Friedensverhandlungen mit Stalin angeboten, da er – via Tokio – noch über einen direkten Kreml-Draht verfügte. Er hatte außerdem hinterher in vertrautem Kreise hinzugefügt: »Wenn wir diesen Krieg verlieren, so ist es der politischen Dummheit jener Deutschen zuzuschreiben, die keinen gesunden Menschenverstand haben, kein Maß kennen und Europa in einen speienden Vulkan verwandeln.«

Von Bormann zur abschließenden Besprechung meiner beabsichtigten späteren Publikation von »Hitlers Tischgesprächen« in sein Haus am Obersalzberg bestellt, nahm ich mir deshalb ein Herz und informierte ihn im Auftrag eines Berliner Freundes, des Generalsekretärs der Internationalen Rechtskammer, Dr. Helmut Pfeiffer, von einem gerade in Stockholm vorliegenden »*Separatfriedensangebot Stalins*«. Bormann fiel aus allen Wolken, so hatte Reichsaußenminister Joachim von Ribbentrop, dessen Rücktritt Stalin verlangte, den Vorgang dem FHQu gegenüber bagatellisiert. Als ehrenamtlicher I. Sekretär der Internationalen Rechtskammer berichtete ich, wie sehr Stalin nach den Stockholmer Informationen aufgrund eines »Wortbruchs« der Anglo-Amerikaner (daß sie die versprochene »Zweite Front« nicht im Westen Deutschlands, also in Frankreich, sondern an der Mittelmeer-Peripherie in Nordafrika aufbauten) Churchill und Roosevelt mißtraue. Stalin nehme sogar an, daß die Anglo-Amerikaner vor einem kriegsentscheidenden Eingreifen ihrerseits die UdSSR ausbluten und in Schutt und Asche sinken lassen wollten, um so die Wiederaufsplitterung der – durch den Bolschewismus geeinten – Sowjetunion in ihre 115 Nationalitäten beziehungsweise ihre 175 Völkerschaften zu erreichen. Im März 1943 habe Stalin deshalb den Europa-Abteilungsleiter seines Auswärtigen Amtes – ich glaube, er hieß Astachow oder so ähnlich – in Stockholm zu dem ihm von früher her befreundeten deutschen stellvertretenden Gesandten Pfleiderer geschickt und einen Kompromißfrieden auf der Basis der deutschen Grenzen vom 21. Juni 1941, dem Tage vor Deutschlands Angriff auf die Sowjetunion, angeboten.

Hitler als Zeichner:
Porträt des Abtes seiner geliebten Klosterschule in Lambach. Als Kind wollte Hitler Benediktiner-Abt werden.

Hitlers Entwurf für einen Dom in Linz.

Hitlers Planung einer neuen Linzer Donau-Brücke.

Eines der – seit seinem Eintritt in die Politik äußerst seltenen – Handschreiben Hitlers (13. September 1927).

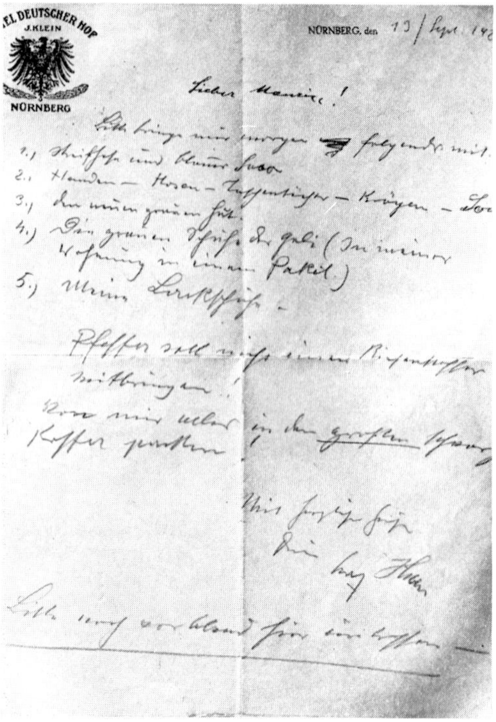
HOTEL DEUTSCHER HOF
J. KLEIN
NÜRNBERG

NÜRNBERG, den 13/Sept 192[illegible]

Lieber Maurice!

Bitte bringe mir morgen folgendes mit:
1.) Steifhose und blauen Sacco
2.) Hemden – Hosen – Taschentücher – Krägen – [illegible]
3.) den neuen grauen Hut
4.) Die grauen Schuhe [illegible] (die in meiner Wohnung in einem Paket)
5.) Meine Lederschuhe.

Pfeffer soll nicht einen Riesenkoffer mitbringen!
Kann mir selber in den großen Koffer packen!

Mit herzlichem Gruß
Dein
Adolf Hitler

Bitte [illegible] für [illegible]

Hitler als staatenloser Österreicher 1925 in München unterwegs zum Neuaufbau der NSDAP. Neben ihm Emil Maurice, der Chef der 1920 gegründeten NS-Ordner-Truppe, der Vorläuferin von SA, SS, NSKK und HJ.

S. S. München

Schutzstaffel der N. S. D. A. P.
Oberleitung

Geschäftsstelle München
Schellingstr. 50

Telefon-Rufnummer
29031

Mitgliedskarte Nr. 186.

Herr ~~Frau~~ Adolf Hitler

in München

Thiersch-Straße/Platz Nr. 41/I

ist mit einem monatlichen Werbe-Beitrag von Mk. 10.– förderndes Mitglied der Schutzstaffeln der N. S. D. A. P.

München, den 1. Apr. 1927 1927

SCHUTZSTAFFELN DER N.S.D.A.P. – OBERLEITUNG –

Reichsführer.

Hitlers SS-Ausweis

Hitler gibt seinem hübschen Mündel Geli Raubal ersten Autounterricht.
Von Verehrern viel umschwärmt, zerbrach Geli am Generationen-Problem und erschoß sich 1931; hier ihr Medaillonbild.
Liebesbrief Gelis mit der Klage über Onkel Addis altmodische Fürsorglichkeit (»x Ehrenwörter« vor jedem Ball).

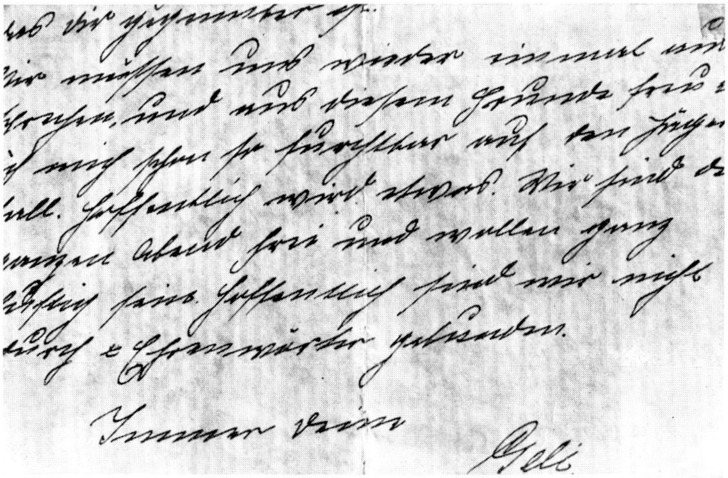

Wir müssen uns wieder einmal um-
…tzen, und aus diesem Grunde freu
ich mich schon so furchtbar auf den Fasch-
ball. Hoffentlich wird etwas. Wir sind d…
ganzen Abend frei und wollen ganz
lustig sein. Hoffentlich sind wir nicht
durch x Ehrenwörter gebunden.

Immer Dein

Geli

Frauen, für die Hitler besonders schwärmte, und deren Bilder er in seiner Privatwohnung, München, Prinzregentenplatz 16, in der Urkundenmappe verwahrte:
Martha Mayerhans, 1930 Münchens Eiskunstlauf-Liebling vom Prinzregenten-Stadion.

Gretl Theimer, zwischen den beiden Weltkriegen eine der schönsten deutschen Filmschauspielerinnen, für Hitler der Inbegriff des »Weaner Tschaperls«.

Berlins 1932 vielumjubelte Operetten-Soubrette Gretl Slezak, die Tochter des Wiener Opern-Tenors und Film-Komikers Leo Slezak. Hier schickt sie ihrem lieben, guten Freund Adolf Hitler ein herzliches Weihnachtsbusserl von »seiner« Gretl.

Inge und Lolo Epp, die als Kunsttänzerinnen Hitler 1928 begeisterten.

Papst Pius XII., damals noch als Nuntius Pacelli in Deutschland, läßt sich von Flugkapitän Baur zu den Oberammergauer Festspielen fliegen. Baur, Lufthansa-Pilot mit 3 Millionen unfallfreien Flugkilometern, wurde nach 1933 Chef der »Führerstaffel« Hitlers mit bis zu 60 Flugzeugen.

In gutem Glauben an Hitlers Friedensbeteuerungen führt Senator Daniel Picker (links) Hitler 1929 in Wilhelmshaven bei Werft und Marine ein. Neben Hitler: Gauleiter Röver, Heinrich Himmler und Rudolf Heß.

Hitler besucht Ende 1933 als deutscher Reichskanzler Wilhelmshaven, um mit Reichswehrminister v. Blomberg (rechts) und mit Marine-Oberbefehlshaber Dr. Raeder (links) das Neubauprogramm für die deutsche Kriegsmarine festzulegen. (Hinter Hitler: Reichskanzleichef Lammers) Von Wilhelmshaven aus hielt Hitler 1939 seine – den Zweiten Weltkrieg provozierende – berühmt-berüchtigte Anti-England-Rede.

Hitler mit der Filmregisseurin Leni Riefenstahl 1934 auf dem Reichsparteitag »Triumph des Willens.« Hitler bewunderte »die« Riefenstahl, die sich als Werkstudentin mit Tanz ihr Kunst- und Filmstudium in Berlin selbst verdient hatte und mit ihren Filmen von den Alpen, von der Olympiade 1936, von der Oper »Tiefland« und vom Reichsparteitag Weltruhm errang.

Hitler 1935 mit der schwedischen Gräfin Mary von Rosen auf Görings Hochzeit im Berliner Hotel Kaiserhof. Hinter ihm Anny Rehbein, Deutschlands Schwimmweltmeisterin mit ihrem Mann, Professor Dr. Karl Brandt, dem Leibarzt Hitlers. Dahinter: Luftfahrt-Staatssekretär Milch. Am linken Bildrand: Generalfeldmarschall v. Mackensen. Daneben (zur Mitte hin): Hitlers Luftwaffen Adjutant, Oberst v. Below, und hinter ihm: der spätere Generalgouverneur Polens, Reichsminister Dr. Frank II im Gespräch mit dem Oberbefehlshaber des Heeres, Freiherrn v. Fritsch.

ADOLF HITLER

Hauptquartier, ~~BERLIN~~, DEN 3. März 1942.

Frau Prof. Gerdy Troost.

Liebe verehrte gnädige Frau!

Nehmen Sie bitte zum heutigen Tag auch meine herzlichsten Glückwünsche entgegen. Ich freue mich schon sehr auf meinen nächsten Besuch in München jetzt, bald, da der Winter nun endlich vorbei ist.

Ansonsten alles Gute mit den besten Grüßen von Ihrem A. Hitler

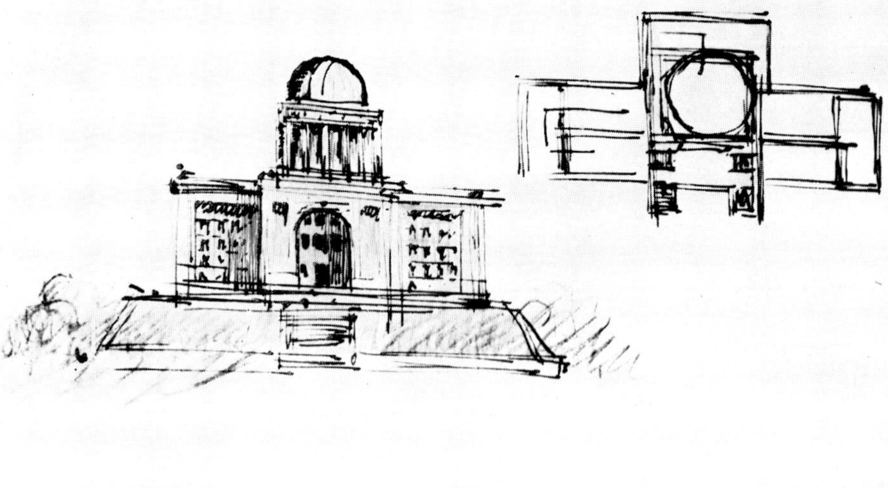

Links oben: Eine der äußerst seltenen handschriftlichen Glückwunschkarten Hitlers, gerichtet an die international hochgeschätzte Innenarchitektin Frau Professor Gerdy Troost. Hitler schrieb »Hauptquartier«, nicht »Führerhauptquartier«. Sein Gruß vom 3. März 1942 spielt mit dem Satz: »Gott sei Dank daß der Winter nun endlich vorbei ist«, an auf seine russische Winter-Malaise 1941/42.

Links unten: Hitlers Entwurf eines Planetariums für Linz mit Sälen für die 3 Weltbilder der menschlichen Geschichte; basiert auf der Neu-Klassik seines architektonischen Mentors, des königlich-bayerischen Architektur-Professors Paul Ludwig Troost, des Gatten von Frau Gerdy Troost.

Im Haus der Deutschen Kunst (München): Hitler als Vermittler zwischen den geistigen, ethischen und künstlerischen Auffassungen der welterfahrenen, selbstsicheren Professorin Gerdy Troost und denen der – mehr dem deutschen Allgemeingeschmack verhafteten – Professoren Heinrich Hoffmann und Woldemar Brinkmann. Rechts der Hausherr: Direktor Kolb.

Hitler nach seiner Geheimrede vom 30. Mai 1942 vor 10000 – »auf den Tod für Führer, Volk und Vaterland eingeschworenen« – deutschen Leutnants. Hinter Hitler: die Adjutanten Schaub und Schulze.

Der Anfang der von Hitler in einem Stück diktierten Geheimrede, geschrieben mit den – wegen seiner Weitsichtigkeit für ihn typischen – 4 mm-Antiqua-Buchstaben und mit 10 mm-Zeilenabstand.

Meine jungen Kameraden!

Ein zutiefst ernster Satz eines grossen Militärphilosophen besagt, dass der Kampf und damit der Krieg der Vater aller Dinge sei. Wer einen Blick in die Natur wirft, wie sie nun einmal ist, wird diesen Satz bestätigt finden als gültig für alle Lebewesen und für alles Geschehen, nicht nur auf dieser Erde, sondern wohl weit darüber hinaus. Das ganze Universum scheint nur von diesem

Hitler als Techniker, Karikaturist und Denkmalbauer:
Hitlers Entwurf für den Volkswagen (»Käfer«.)

Hitlers Selbstkarikatur als »gescheiterter Vabanque-Spieler«.

Hitlers Entwurf für ein National-Denkmal für alle Gefallenen des II. Weltkrieges. Zwischen den Säulen: Das Bronze-Standbild des »Deutschen Heros«. Die Halle links für seinen eigenen Stein-Sarkophag (nur mit Namen, Geburts- und Sterbejahr).

Links oben: Vor dem Berghof: Hitler mit seinem Heeresadjutanten Engel im Gespräch. Dahinter: Hitlers SS-Adjutant Günsche, der 1945 Hitlers Feuerbestattung besorgte. Rechts: SS-Oberstgruppenführer Sepp Dietrich, der Schöpfer und siegreiche Heerführer der Waffen-SS.

Links unten: Im FHQu Wolfsschanze (Ostpreußen): Hitler in seinem Arbeitszimmer mit Adjutant Schaub und den Sekretärinnen Daranowski und Wolf. Als österreichischer Charmeur begrüßte Hitler seine Sekretärinnen stets mit Handkuß.

Hitler mit seiner großen Liebe, Eva Braun, an seinem 54. Geburtstag. Als seine Ehefrau begleitete sie ihn in den Freitod (30. April 1945). Sie war das Menschlichste an seiner Sphäre.

Handschreiben Eva Brauns vom 7. Februar 1945 an Frau Winter, Hitlers Münchner Wirtschafterin, die Eva ihre ersten intimen Rendezvous mit Hitler ermöglicht hatte.

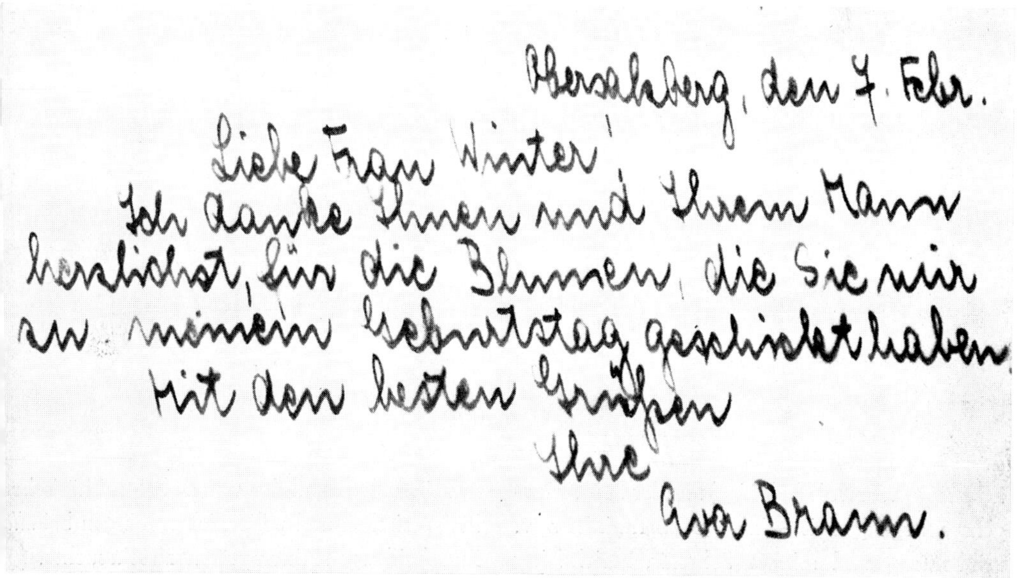

Obersalzberg, den 7. Febr.

Liebe Frau Winter!

Ich danke Ihnen und Ihrem Mann herzlichst, für die Blumen, die Sie mir zu meinem Geburtstag geschickt haben.

Mit den besten Grüßen

Ihre

Eva Braun.

Im FHQu Werwolf (Ukraine): Hitler beim Morgenspaziergang mit seinem Außenminister v. Ribbentrop und seinem Sekretär, Reichsleiter Martin Bormann, der außer bei militärischen künstlerischen und polizeilichen Dingen bei *alle* Entscheidungen Hitlers präsent zu sein suchte.

Da mir Pfleiderer und seine zuständigen Vorgesetzten im deutschen Auswärtigen Amt als absolut honorig bekannt waren, war jeder Zweifel an der Wahrheit des Sachverhalts ausgeschlossen. Bormann zeigte sich äußerst positiv von meinen Mitteilungen angetan, ja , er war begeistert und erklärte mir vertraulich, daß auch Hitler ihm fast Tag für Tag sage, wie er auf einen friedlichen Ausweg aus dem immer mehr ausufernden II. Weltkrieg sänne.

In dieser euphorischen Stimmung besprach er mit Hitler, der ihn in meiner Gegenwart antelefonierte und für ein Treffen mit Mussolini instruierte, meine Bitte um seine – *Hitlers – Publikationsgenehmigung für die Nachkriegsveröffentlichung meiner FHQu-Aufzeichnungen, einschließlich der 36 Original-Stenogramme Heims und seiner, Hitlers, beiden Geheimreden vor dem Parteiführernachwuchs* (vom 23. November 1937) *und vor dem deutschen Offiziersnachwuchs* (vom 30. Mai 1942). Hitler erteilte die Genehmigung mit der Auflage, daß die Veröffentlichung auf seine (wie bereits erwähnt: in den letzten Kriegstagen verlorengegangenen) Memoiren abgestimmt werden müsse und daß sie klarzustellen habe, daß er meine Aufzeichnungen weder veranlaßt noch seinerzeit – bei Abfassung –, von drei Ausnahmen abgesehen, studiert oder gebilligt gehabt habe.

Die *gesetzlichen Erben Hitlers* haben mir in meinem Urheberrechtsprozeß mit Hitlers Nachlaßpfleger diese Publikationsgenehmigung Hitlers, mein alleiniges Veröffentlichungsrecht bezüglich der wiedergegebenen Heim-Stenogramme und der beiden Geheimreden Hitlers, sowie mein eigenes *Urheberrecht* an meinen persönlichen Tischgesprächsaufzeichnungen unter dem 25. Februar 1960 ausdrücklich *anerkannt.* Im Hinblick auf im Ausland aufgetauchte Plagiate sei das klargestellt. Mir kam bezüglich der Anerkennung meiner Rechte und der Originalität meiner Aufzeichnungen zustatten, daß Bormann – damaliger Übung entsprechend – den zuständigen Abteilungsleiter der Parteikanzlei, Walkenhorst, von Hitlers Entscheidung unterrichtet hatte, so daß dieser die Einzelheiten im Mai 1958 als Zeuge vor Gericht bestätigen konnte. Meine Frau und mein Vater bewahrten die Unterlagen zusammen mit meinen sonstigen historischen Archivalien vor den letzten Kriegs- und den ersten Nachkriegswirren, sowie vor SS, Besatzungsmacht und Secret Service, indem sie sie in meinem ostfriesischen Landratsgarten in einem dichtverschlossenen kupfernen Waschkessel unter dem Kompost vergruben.

Ich selbst bekam Ende April 1943 von Bormann den Wink, schleunigst in der 20-Millionen-Armee der deutschen Wehrmacht unterzutauchen. Er hatte sich bei Hitler mit seinem Plädoyer für die Annahme des einzigen realen Separatfriedensangebots des II. Weltkriegs, des Stalin-Kompromiß-Vorschlags vom März 1943, nicht durchgesetzt. Der Reichsführer SS, Heinrich Himmler, dessen Rücktritt als »Massenmörder« Stalin ebenfalls gefordert hatte, hatte zusammen mit Ribbentrop opponiert. Sie hatten Hitler – bar jeder Intimkenntnis sowjetischer Außenpolitik – eingeredet, der »Teufelskerl« Stalin werde trotz friedensvertraglicher Anerkennung der deutschen Grenzen vom 21. Juni 1941 den kriegsbedingten Schwächezustand des Deutschen Reiches ausnutzen, um im

Sinne der kommunistischen Weltrevolutions-Ideologie *ganz* Europa zu satellitisieren. Zu allem Unglück hatte auch noch der Spionagedienst des Admirals Wilhelm Canaris mit fehlgeleiteten Informationen Hitlers Zweifel an der Aufrichtigkeit des Kremls verstärkt. Erst aufgrund der Geheimdienstberichte des SD (Sicherheitsdienstes) von der Teheran-Konferenz (Teilnehmer: Stalin, Churchill, Roosevelt) vom 28. November bis 1. Dezember 1943, auf der Stalin der anglo-amerikanischen Zielsetzung auf »bedingungslose Kapitulation Deutschlands« beitrat, erkannte Hitler, daß er im Fühjahr 1943 seine einzige Chance verpaßt hatte, unter imperialen Einbußen, aber mit einem immer noch mächtigen »Großdeutschen Reich« aus dem II. Weltkrieg herauszukommen.

Ab Mai 1943 war ich Marine-Artillerist, zuletzt Fähnrich am Atlantik. Mein weiterer Kontakt zum FHQu war gleich Null. Himmler hatte mir meine sämtlichen FHQu-Ausweise abnehmen lassen. Er machte mir auch mit sonstigen Schikanen klar, daß sich der »kleine Mann« nicht ungestraft in den Kampf der Großen einmischen darf, auch wenn er aufgrund seiner Jugend patriotische Zivilcourage als selbstverständlich ansieht, seinem Volk eine einzigartige Katastrophe und Europa ein weiteres Morden und Zerstören ersparen möchte.

110 Millionen Soldaten, davon 20 Millionen Deutsche, kämpften auf den Schlachtfeldern des II. Weltkriegs, die fast ein Siebtel der Erdoberfläche umfaßten.
56 Millionen Tote, davon 6,73 Millionen Deutsche,
50 Millionen Flüchtlinge, davon 14,5 Millionen Deutsche,
35 Millionen Kriegsbeschädigte, davon über 2 Millionen Deutsche, und fast
80 000 zerstörte Städte und Dörfer sind die Bilanz des II. Weltkriegs.

Dazu kommt der politische Untergang des »Alten Europa« – einschließlich des Britischen Empire – als des bisherigen Kräftezentrums der Welt zugunsten der politischen newcomers, der siegreichen Supermächte USA und UdSSR. Hitler erzeugte Veränderungen, deren Wellenschlag noch heute über den ganzen Erdball hinweg Erschütterungen, Umbildungen und Zerstörungen hergebrachter politischer Ordnungen auslöst und alte Völker mit hohen Kulturen dem materialistisch-atheistischen Weltbild des Kommunismus ausliefert.

Und um wieviel mehr Tote, Kriegsbeschädigte, Flüchtlinge und Zerstörungen wären zu beklagen gewesen, wenn Hitlers Gegner nicht – wie Churchill sagte – »fünf Minuten vor 12 Uhr« gesiegt gehabt und im Frühjahr 1945 damit *Hitlers* neue *Rundumverteidigung* vereitelt hätten. Denn mit den in Peenemünde entwickelten, auch ihre Ziele in den USA erreichenden »Interglobalraketen« A 9 und mit den kleinkürbisgroßen, im Lichterfelder Forschungsamt der Reichspost nach Mitteilung Schaubs bis zur Prototyp-Reife durchkonstruierten »Uraniumbomben« (mit ihrer Vollzerstörungskraft im 3-km-Radius) hätte Hitler, wenn er diese Waffen de facto noch einsatzbereit bekommen hätte, das Leid, die Grausamkeit, die Härte, die Ausdehnung und die Dauer des II. Weltkriegs mit Sicherheit vervielfacht. So atmete die Welt auf, als er mit einem Pistolenschuß in seinem Berliner Reichskanzleibunker am 30. April 1945 gegen 15.30 Uhr sein ebenso grandioses wie verhängnisvolles Leben beendete.

Wenn meine Aufzeichnungen nur mit Erläuterungen und Ergänzungen, aber ohne fortlaufende Kommentierung veröffentlicht werden – und zwar selbst dort, wo sich eine handfeste Kritik geradezu aufdrängt –, so deshalb, um die unmittelbare Wirkung der Dokumente auf den Leser und damit des *Lesers Urteil* nicht zu beeinträchtigen.

Denn über 50000 NS- und Hitlerbücher, die nach 1945 erschienen sind, haben den Sachverstand des Lesers hinreichend geschärft. Im Interesse einer unbeeinflußten Meinungsbildung der Leser habe ich mich übrigens auch schon bei meinem Aufenthalt im Führerhauptquartier auf die *Reserve des Beobachters* beschränkt und alles getan, um die entscheidenden Eindrücke von Hitlers Auftreten, Fühlen und Denken unverfälscht und ohne subjektiven Filter der Nachwelt zu überliefern. Dabei habe ich allerdings aus den seinerzeit gegebenen Geheimhaltungsgründen statt des Namens »Hitler« oder seiner Amtsbezeichnung »Führer und Reichskanzler« den Ausdruck *»Chef«* gebraucht und damit einer damaligen Gepflogenheit des FHQu entsprochen.

Jeder, der anhand dieser Dokumentensammlung ein Jahr lang den Äußerungen und Überlegungen Hitlers folgt, möge darin das *Urbild eines Diktators* erkennen, wie es in den entscheidenden Zügen geradezu zeitlos allen Diktatoren gemeinsam ist. Daß Mussolini in vielem wie Hitler redete und dachte, habe ich selbst erlebt und ist allgemein bekannt. Von einem Sekretär Stalins, mit dem mich eine Laune des Schicksals einmal für ein paar Stunden zusammenführte, erfuhr ich, daß Stalins Auslassungen in vertrautem Kreise denen Hitlers oft verblüffend ähnelten und daß er sich zu seiner Wesensverwandtschaft und zu gewissen Sympathien für Hitler gern bekannte. Nur in der Sache war er revolutionärer und demzufolge härter und erfolgreicher, wenn er auch die Neuordnung Europas nach Hitlers Tod zu seinem Leidwesen – wie er gern betonte – nicht von Paris aus regeln konnte wie 1814 der »weiße« Zar Alexander I. nach der Besiegung Napoleons, sondern »nur« von Berlin-Potsdam aus (17.7. bis 2.8.1945).

Da die Völker in der Geschichte immer wieder von Diktatoren die Befreiung aus politischen und wirtschaftlichen Nöten und die Verwirklichung ihrer nationalen Träume erhoffen, möge man sich – bei aller Anerkennung der überragenden Fortschrittsmöglichkeiten revolutionärer Tatmenschen für die Menschheitsentwicklung – doch stets eben der Gefahren dieser Diktaturen bewußt sein. Diese Gefahren sind – wie das Beispiel Hitlers zeigt – unausbleiblich, wo immer ein autoritärer, nur sich selbst verantwortlicher Staatsmann in seinem Glauben an seine »höhere« Sendung die *Politik* nicht mehr als *»Kunst des Möglichen«* begreift und betreibt. Nur wo der führende Staatsmann ständig durch *die Stacheln von Kontrolle und Kritik* und durch eine unabhängige Gerichtsbarkeit an die Realitäten des Diesseits gemahnt und an *Wert und Unantastbarkeit von Freiheit, Sozialgerechtigkeit und Menschenwürde* des Einzelnen erinnert wird, läßt sich das Ausarten einer – in ihren Friedensplanungen vielleicht bestechend wirkenden – Diktatur zum Schaden der Menschheit verhindern und ihr Übergleiten ins »Vabanquespiel« und auf die »schwindende Bahn nach den Sternen« bannen.

»Hitlers Tischgespräche« zeigen noch ein weiteres: Bereits beizeiten muß sich das demokratische Selbstbewußtsein der Bevölkerung gemäß dem Römerwort »principiis obsta« (»Wehre den Anfängen«) akzentuieren. Denn wenn ein – zunächst innenpolitisch erfolgreicher – Diktator wie Hitler zugleich ein Meister der freien Rede ist und um die »Zaubermacht der Sprache« gegenüber den Mitmenschen weiß, dann ist eine quasi-Massen-Psychose seines Volkes leicht die Folge. Die zum Schluß dieses Buches wiedergegebene *Geheimrede vor dem deutschen Offiziersnachwuchs* gibt Zeugnis davon. Ich habe es selbst seinerzeit in Berlin miterlebt: Nicht weniger als 10000 junge Leutnants haben sich – patriotisch aufgewühlt von Hitlers Worten – in selbstlosem Idealismus noch am Ort der Kundgebung, dem Berliner Sportpalast, zum Einsatz an die Front gemeldet und ihr Leben damit weitgehend selbst dem sicheren Tod »für Führer, Volk und Vaterland« geopfert.

Die Folge dieser patriotischen Glaubens- und Vertrauenspsychose war ein *Heroismus* der deutschen Frontsoldaten, gleich ob Offizier, Landser, Flieger oder Matrose, der in seinen Kampfleistungen in fünf Jahren Weltkrieg, in seinem Ertragen von körperlichen und seelischen Strapazen und im Durchhalten bis zur völligen physischen und psychischen Erschöpfung an das Unfaßbare grenzte.

Gerade das aber war und ist es, was bei aller Bewunderung den Deutschen im Ausland so beunruhigend suspekt macht. Meine ausländischen Freunde kommentieren das so: »Wir *Normal-Menschen wollen* wie die römisch-katholische Kirche *überleben und nicht für ein ›Alles-oder-Nichts-Vabanque‹, sterben!«*

Auch die Antwort darauf, warum die Deutschen der Hitlerzeit im einzelnen so sehr anders dachten und handelten als ihre Zeitgenossen im Ausland, findet der Leser hier in »Hitlers Tischgesprächen«. Sie totzuschweigen, wäre daher gleichbedeutend mit dem Totschweigen wichtigster Aspekte jüngster deutscher Geschichte. Dafür gilt das Wort: »Wer geschichtslos wird, vegetiert im Niemandsland! Ein Volk kann nicht weiterleben ohne seine Geschichte!«

Schließlich zeigen »Hitlers Tischgespräche« aber mit ihren Fakten und Zusammenhängen, ihren politischen Träumen und militärischen Aktionen, wie wichtig echte *Friedensforschung* für den Fortbestand unserer Menschheit ist. Je mehr Wissenschaft und Technik die Begrenzungen von Raum und Zeit für unseren Planeten »Erde« überwinden, *desto dringlicher* wird *reale Friedensarbeit* gegenüber kriegerischer Gloire!

Zur Orientierung: Ein Tag im Führerhauptquartier

Hitlers Tischgespräche im Führerhauptquartier (FHQu) fanden vom Beginn des Rußlandfeldzuges bis zum 16. Juli 1942 in der »Wolfsschanze« nahe Rastenburg (Ostpreußen) und ab 17. Juli 1942 im »Werwolf« nahe Winniza (Ukraine) statt. War der Ort der Handlung ausnahmsweise die Reichskanzlei Berlin, der Berghof auf dem Obersalzberg oder das Münchener Restaurant »Osteria«, so ist es besonders vermerkt.

Zum 21. März 1942 wurde ich telegrafisch *zum Führerhauptquartier* »Wolfsschanze« *kommandiert.* Das Telegramm erreichte mich auf dem Münchener Hauptbahnhof, als ich gerade in einen Rekruten-Transport der Kriegsmarine verladen werden sollte. Man kann sich meine Überraschung denken, zumal ich als Berufsbeamter der verpönten Gilde der Juristen angehörte, weder Uniformträger der Wehrmacht noch einer feldgrauen Parteigliederung war und meine Berufung lediglich einer *aktenmäßigen Beamtenqualifikation* zuzuschreiben hatte. Hinzu kam, daß ich 1937 wegen meines Eintretens für Regime-Verfolgte von Reichsjugendführer Baldur von Schirach aus der Hitlerjugend »gefeuert« und erst 1942 von seinem Nachfolger, Arthur Axmann, wieder rehabilitiert worden war. Außerdem hatte mich 1938/39 der Reichsführer SS und Chef der Deutschen Polizei, Heinrich Himmler, aus gleichem Grunde ein Jahr lang unter Gestapo-Aufsicht gestellt gehabt, und zwar mit wöchentlicher Meldepflicht auf der Gestapo-Dienststelle Wilhelmshaven und mit Post- und Telefonüberwachung. Aber unter den mehreren tausend Jungjuristen der Allgemeinen und Inneren Verwaltung gehörte ich zu den 36 Doppelprädikatsmännern. Und Hitler schätzte im Interesse der Arbeitsbeschleunigung hochqualifizierte Mitarbeiter, auch wenn sie nicht Opportunisten und deshalb persönlich bisweilen unbequem waren.

Die Motoren der Junkers-Kuriermaschine Ju 52 waren schon angesprungen, als ich mich auf dem Berliner Flugplatz einfand. Eine wahre Schlacht hatte zuvor noch am Telefon geschlagen werden müssen, um binnen weniger Stunden aus meinem blauen Zivilistenanzug eine feldgraue Hitlerjugend-Uniform zu machen, damit ich in dem uniformierten Getriebe des Führerhauptquartiers nicht von vornherein aus dem Rahmen fiel. Beim Abflug kurz nach 12 Uhr mittags zeigte das Außenthermometer trotz der vorgeschrittenen Jahreszeit noch 6 Grad Kälte, und der aus Gründen der Luftüberwachung nur in 300 bis 500 Meter Höhe durchgeführte Flug ging über unendliche Schneemassen auf Ostpreußens Feldern, Flüssen und Wäldern hinweg.

Als wir um 15.30 Uhr vom Rastenburger Flughafen aus im Auto die beiden äußeren *Sperrkreise* und Ausweiskontrollen der *Führerhauptquartiers-Waldungen* passiert hatten, und in der »Wolfsschanze« ankamen, sahen wir nichts als eine verschneite Einsiedelei, unter den kahlen Laubbäumen und Sträuchern circa 50

Zentimeter hohen Schnee diesseits und jenseits schmaler freigeschaufelter Wege, 8 bis 9 eingeschossige graue Eisenbetonbunker, unter Tannen versteckt, und einige wenige Streifenposten in Pelzmonturen. Der Eindruck dieser klösterlichen Weltabgeschiedenheit verband sich mit dem der Beschränkung der Hitlerschen Führungszentrale auf ein Minimum an Mitarbeitern.

Daß Hitlers »Predigt« einer allen Einzelindividualismus überstrahlenden *»Volksgemeinschaft«*, mit der er *Parteienzersplitterung und Klassenkampf* ideologisch überwunden hatte, auch im Führerhauptquartier wirksam war, zeigte die Hilfsbereitschaft und Aufmerksamkeit, mit der man mir – dem Neuling – bewußt auf Schritt und Tritt begegnete. So kam ich auch bereits kurz nach meinem Erscheinen im Kasino in den Genuß eines verspäteten Mittagessens: weißer Bohnensuppe mit zwei Scheiben Knäckebrot, zwei Mandarinen und 1 Tasse Tee.

Außer dem Speisesaal für Hitler und seine Gäste enthielt der *Kasinobunker* zwei weitere Speiseräume für Mitarbeiter und Wachmannschaften. Alle drei Räume waren mit naturfarbenen Eichenmöbeln ausgestattet und bis zur halben Höhe hell getäfelt, hatten Naturholzboden und als Wandbeleuchtung halbe verglaste Laternen. In Hitlers Speiseraum standen 20 helle Eichenholzsessel mit reithbezogenen Rückenlehnen und Sitzflächen um einen großen, blankgescheuerten Eichentisch gruppiert, an dessen Fensterbreitseite Hitler seinen Platz in der Mitte hatte. An den Wänden hingen Holzschnitte von Götz von Berlichingen, Heinrich I., Ulrich von Hutten und so weiter und – Hitlers Platz gegenüber – eine große Landkarte, vor der ein Volksradio (VE 301 Telefunken) auf den Empfang der neuesten Rundfunknachrichten wartete. In der einen Ecke des Raumes befand sich ein kleiner runder Tisch, an dem wir Jüngeren meist saßen. Und ihm schräg gegenüber in der entgegengesetzten Ecke sah man den kleinen Abstelltisch, auf dem Tag und Nacht unbewacht die Flasche mit Hitlers Magenelixier herumstand, ein deutliches Dokument seiner während meiner Führerhauptquartiers-Zeit noch auffallend *geringen Vorsicht vor Attentaten*. Jeder FHQu-Angehörige oder FHQu-Gast hätte Hitler damals ohne Schwierigkeiten umbringen können, wenn er es gewollt hätte. Aber Hitlers seinerzeit noch bestehendes legendäres Ansehen war ein einzigartiger Schutz für ihn.

Den Nachmittag benutzte ich, um mir die Arbeits- und Schlafräume in den Wohnbunkern anzusehen. Die kleinen Arbeitsräume hatten überwiegend Tageslicht, gekalkte Wände, Wandbeleuchtungskörper im Halblaternenstil, Schrank, Tisch, Aktenborde, Gestühl und Hocker in naturfarbenem Holz. Die Schlafräume waren eng und ohne Tageslicht, hatten eingebaute Wasch- und Frischluftvorrichtungen und naturfarbene Möblierung. Auch Hitler war nicht besser untergebracht; nur sein Arbeitszimmer war groß genug, um auch als Besprechungsraum und für dienstliche Essen (die sogenannte »Führertafel«) als Speiseraum dienen zu können. Und er hatte eine Separatdusche mit WC.

Auf dem Weg zum Abendessen traf ich Bormann, der Hitler vom Chefbunker abholen wollte, und erlebte eine »Panne«, als ich die für den Städter herrliche Schneeluft dieser Waldeinsamkeit pries. Warnend machte er mich darauf aufmerksam, daß Hitler beim Anblick des Schnees in Erinnerung an den verhängnisvollen Rückzug vor Moskau (Dezember 1941) geradezu ein körperliches Unbehagen empfinde.

Im Vorraum des Kasinos wartete ich dann mit zwei jüngeren Truppenoffizieren auf die Vorstellung bei Hitler. Draußen war es bereits stockfinster.

Ordonnanz Heinz Linge leuchtete Hitler deshalb mit einer kleinen Taschenlampe den verschneiten Weg vom Chefbunker zum Kasino herauf. *Hitler* – etwa 1,75 m groß und 75 kg schwer – trug unter dem feldgrauen Stoff-Uniformmantel eine *feldgraue* Uniform: Jacke mit Goldenem Parteiabzeichen, dem Eisernen Kreuz I. Klasse und dem Schwarzen Verwundeten-Abzeichen auf der linken Brustseite (untereinander), ein weißes Oberhemd mit Umlegekragen und schwarzem Schlips, eine lange schwarze Uniformhose, schwarze Socken und schwarze Halbschuhe. Schulterstücke oder sonstige Rangabzeichen trug Hitler nicht. Als einziges Zeichen seiner Stellung als »Oberster Befehlshaber der Wehrmacht« hatte er auf dem linken Jacken- und Mantel-Ärmel einen großen, goldgestickten Hoheitsadler. An oder in den Händen hatte er bei Gängen draußen stets seine grauen Militär-Handschuhe aus Wildleder. Bei schlechtem Wetter, Frontbesichtigungen, Kundgebungen usw. zog Hitler statt der langen schwarzen Uniformhose feldgraue Militär-Breeches (eine Art Reithose) an und statt der Halbschuhe Militär-Schaftstiefel, die ihm bis zur oberen Wade gingen, sowie statt des Stoff-Uniformmantels feldgraue Wettermäntel aus Leder, Klepper-Stoff oder Trenchcoat. Hitlers FHQu-Kleidung entsprach somit vollauf seiner Berliner Reichstags-Erklärung bei Beginn des II. Weltkrieges am 1. September 1939: »... Ich will jetzt nichts anderes sein als der erste Soldat des Deutschen Reiches! Ich habe damit wieder jenen Rock angezogen, der mir selbst der heiligste und teuerste war. Ich werde ihn nur ausziehen nach dem Sieg, oder – ich werde dieses Ende nicht erleben! ...«

Als Hitler den Vorraum betrat, wirkte sein Gesicht unter der feldgrauen Mütze mit dem breiten braunen Samtvorstoß und der goldenen Kordel über dem braunen Lederschirm auffallend frisch, von der schneidenden ostpreußischen Abendkälte gerötet. Seine Haltung war straff und souverän, obwohl er in den Schultern ein wenig gebeugt schien. Als er uns drei Neuankömmlinge mit seinen irgendwie zwingenden, auffallend großen blauen Augen musterte, sich nach den militärischen Auszeichnungen eines jeden erkundigte und mit einer gewissen Reserve jedem die Hand gab, spürte man schon in dieser kleinen, belanglosen Zeremonie jenes merkwürdige *Fluidum, das er so beherrschend ausstrahlte*. Später erfuhr ich, daß selbst eigenwillige Persönlichkeiten wie der Großadmiral Dr. Erich Raeder oder der Generalfeldmarschall Hans Günther von Kluge sich verschiedentlich in Besprechungen von einstündiger Dauer durch Hitler von ihren eigenen Auffassungen abbringen und von der Richtigkeit seiner Argumentation überzeugen ließen. Die Kunst der menschlichen Ansprache beherrschte Hitler also in solch einem Ausmaß, daß er mit geradezu hypnotischem Bann bisweilen selbst die besten Gegen- und Abwehrvorstellungen der Berater ausschaltete.

Beim Betreten des Speiseraumes wurde Hitler von seinen Mitarbeitern, die Front zur Tür genommen hatten, mit erhobenem Arm begrüßt, dankte kurz und exakt und nahm dann an der Tischmitte Platz, links und rechts von sich Generaloberst Alfred Jodl, den Chef des Wehrmachtführungsstabes, und Dr. Otto Dietrich, den Reichspressechef, und als Gegenüber Generalfeldmarschall Wilhelm Keitel und Reichsleiter Martin Bormann. Außer ihnen und mir, dem FHQu-Juristen, gehörten zu den ständigen Mitgliedern des Führerhauptquartiers (FHQu) die Angehörigen der »Adjutantur der Wehrmacht beim Führer und Reichskanzler«: Generalmajor Rudolf Schmundt (zugleich Chef des Heerespersonalamtes), Kapitän Karl Jesko von Puttkamer, Major Gerhard Engel und Major der Luftwaffe Nicolaus von Below. Ferner Hitlers Ziviladjutanten: Gruppenführer Schaub und Brigadeführer Albert Bormann, sowie Hitlers Ordonnanzoffiziere, die Waffen-SS-Hauptsturmführer Richard Schulze und Hans Pfeiffer (1944/1945: Otto Günsche), und Hitlers Leibärzte: die Professoren Brandt und Morell. Hinzu kamen die Verbindungsmänner: Gesandter (später: Botschafter) Walter Hewel (Auswärtiges Amt), General Karl Heinrich Bodenschatz (Luftwaffe), SS-General Karl Wolff (SS), General Walter Buhle (Heeres-Organisationsamt), Admiral Theodor Krancke (Marine), Oberst des Generalstabes (später Generalmajor) Walther Scherff (Kriegsgeschichtliche Abteilung des OKW) und Dr. Werner Koeppen (Ostministerium). Als Luftwaffengehilfe von Generaloberst Jodl fungierte Luftwaffenoberst Eckhardt Christian, Vertreter des Deutschen Nachrichtenbüros war der HJ-Bannführer Heinz Lorenz, Adjutant Keitels: Major Gabriel und Nachrichtenoffizier: Hauptmann Kleckel, später Major Sander.

Mit diesen 26 direkten Mitarbeitern lenkte Hitler sein »Germanisches Reich« von 112,5 Millionen Deutschen auf 850209 qkm, mit einem Militärapparat von 20 Millionen Soldaten, einer Partei von 25 Millionen Mitgliedern, einem Rüstungspotential von 36 Millionen in- und ausländischen Arbeitskräften und einem besetzten Gebiet von rund sechs Millionen qkm mit 250 Millionen Menschen.

Während wir die Blumenkohlsuppe und hinterher Brot mit 20 Gramm Butter und etwas Quark aßen, erfuhr ich durch Rückfrage, daß etwas anderes als *Soldatenkost* im Führerhauptquartier nicht zu erwarten war. Die fleischlosen Gerichte und Eintöpfe standen hier genauso pünktlich auf dem Speisezettel wie bei den deutschen Familien und Kompanien draußen. So nahm es mich nicht wunder, daß Hitler sich bei einem Privatbesuch in München – um einen Wunsch für das Mittagsmahl befragt – einmal wieder richtige bayerische Kartoffelklöße ausbat. Zum *Abendessen* wurde Bier in kleinen Gläsern gereicht, während Hitler sich Sprudel sowie sein Gläschen Magenelixier geben ließ. Auch die *Mannschaften* erhielten das gleiche Essen, aus demselben Kochkessel und mit denselben Beilagen, es sei denn, daß sie sich statt Hitlers vegetarischer Gerichte an den sogenannten »Fleischtagen« ein Fleischgericht verabfolgen ließen.

Die *Tischunterhaltung* glich einem halblauten Geflüster und verstummte, sobald Hitler etwas sagte. Die ganze Atmosphäre stand im Zeichen einer Respektierung Hitlers, die selbst ergraute Generäle und Politiker bei seiner Begrüßung bisweilen vor Aufregung Gläser umwerfen ließ.

Man hat diesen *Nimbus* Hitlers mit der Ideenentwicklung des 19. Jahrhunderts zu erklären versucht. Denn sie ließ mit ihrer rasch fortschreitenden Verweltlichung das metaphysische Denken, die religiösen Bindungen, Freiheit und Würde des Einzelmenschen und das Gesetz des sittlichen Gewissens verkümmern und erhob die *Idee der Nation* als Gottheit *auf den Altar des Glaubens*, als deren Personifikation Hitler in Deutschland ebenso erschien wie Stalin in der UdSSR. Ich meine, der Nachwelt gibt es den besten Anhalt, wenn ich einen Teilnehmer der Tischrunde, der nichts mit der NSDAP zu tun hatte, den Berufssoldaten und Generalmajor Scherff, die *damals* »herrschende Auffassung« schildern lasse, und zwar auszugsweise mit mir heute noch schriftlich von ihm vorliegenden Worten aus dem Jahre 1942:

»Hitlers Lebenselement ist gleich Friedrich dem Großen, seinem Vorbild, nicht der Kampf, sondern die kulturschöpfende Tat, die dem deutschen Volke ein sinnvolles, lebensfreudiges und zukunftsicheres Dasein sowie Kunststätten, Sozialeinrichtungen, Verkehrswege und echte Volksgenossenschaft schafft. Hitler ist kein Eroberer mit phantastischen Plänen ohne innere Notwendigkeit, sondern sieht die Unvermeidbarkeit des Kampfes zweier Welten, für die es auf die Dauer kein Nebeneinander gibt. Wenn er den Kampf aufnimmt gegen die riesenhafte Gefahr aus dem Osten, die jede kulturelle Entwicklung Deutschlands und Europas in Frage stellt, so, weil es nach seinen Worten ein Verbrechen wäre, lebensnotwendige Probleme, die man selber lösen kann, einer späteren Generation zu überlassen...

Dem Entschluß zur Tat folgte ein Siegeszug sondergleichen. Aus erbitterten Grenzkämpfen entwickelte sich eine Folge von Umfassungs- und Vernichtungsschlachten, wie sie die Kriegsgeschichte noch nicht gekannt hat. Mit Tradition gepaart, kam revolutionärer Geist zur Wirkung, der alle Erwartungen übertraf. Mehr als einmal ist es im Sommer- und Herbstfeldzug 1941 Hitler gewesen, der dem Verlauf der Operationen seinen persönlichen und eigenwilligen Stempel aufgedrückt hat.

Im Kulminationspunkt des Angriffs trat Anfang Dezember 1941 eine Lage ein, die keinem Feldherrn erspart geblieben ist, der je gezwungen war, alles auf eine Karte zu setzen und Letztes zu wagen. Auf diesen Winter hatte Stalin mit seinen Ratgebern die große Hoffnung gesetzt und für diese Hoffnung hat er – alle Vorteile des eigenen Landes ausnutzend – Blutopfer gebracht, die sich jedem europäischen Vorstellungsvermögen versagen. In einem Willensakt ohnegleichen haben hier 2 Systeme und 2 Völker miteinander gerungen. Schon wurde die Lage (Napoleons) von 1812 beschworen und legte sich lähmend auf Führung und Truppe. Da nahm Hitler die Zügel noch schärfer auf als bisher.

Sein Kraftgefühl, das ihn in dieser schwersten Krise der Wehrmacht vor Moskau am 19. Dezember 1941 die Verantwortung des Oberbefehlshabers des Heeres auf sich nehmen ließ, ist nur erklärlich in dem Sinn, daß er sich des Beistandes und Schutzes einer höheren Macht bewußt war.

Allerdings waren es diesmal nicht strategische Konzeptionen, die zur Geltung gebracht werden mußten. An ihre Stelle trat das »organisatorische Element« mit der Fähigkeit zur Improvisation. Unter höchster Anspannung seines Führungsapparates und mit vollem Einsatz seiner Person hat Hitler Tag und Nacht ... gewirkt, um der Truppe den Kampf zu erleichtern und um der Schwierigkeiten des Raumes und der Gewalt der Natur Herr zu werden ... Kampf bis aufs Messer war sein Befehl. Um seinen Soldaten ein napoleonisches Schicksal zu ersparen, hat er mit unerbittlicher Härte eingegriffen, wo er die nötige Standhaftigkeit vermißte. Und mit hinreißender Überzeugungskraft hat er seinen Glauben dort mitgeteilt, wo man seiner bedurfte, um dem Willen des Gegners wieder mit Angriff zu begegnen.

Inzwischen hat nun die deutsche Wehrmacht das Gesetz des Handelns wieder an sich gerissen. Die Erfolge von Kertsch und Charkow[1] zeigen, daß der deut-

1 Die Kertsch-Offensive vom 8./9. Mai 1942 erbrachte unter Generalfeldmarschall Erich von Manstein 168198 sowjetische Gefangene, 284 sowjetische Panzerkampfwagen und 1398 Geschütze. In der Kesselschlacht bei Charkow vom 9. bis 28. Mai 1942 machte der Generalfeld-

sche Soldat und mit ihm seine tapferen Waffenbrüder an Stoßkraft nichts verloren haben. Was heute geschieht, unterliegt höherem Walten. Durch Not und Kampf zwingt das Schicksal herbei, was Vernunft allein nicht zu meistern vermag: Die *Einigung Europas.*«

Nimbus und Führungskraft Hitlers hatten, wie dieses zeitgenössische Urteil des Jahres 1942 widerspiegelt, letztlich ihre Wurzel in Hitlers unerschütterlichem, fanatischem Glauben an sich und an seine *schicksalhafte »deutsch-europäische Sendung«*, sowie in seiner Fähigkeit, mit diesem Glauben blindes Vertrauen zu seiner Führung und zu seiner Mission als *»Retter Europas vor den kommunistisch-atheistischen Sturzfluten Asiens«*[2] zu wecken. . .

Nach dem Essen ließ Hitler sich regelmäßig von Ordonnanz Heinz Linge oder Hans Junge die goldgerandete Brille geben. Seit 1935 benutzte er zum Lesen eine Brille, deren Gläser nach und nach rechts auf + 4 und links auf + 3 Dioptrien verschärft wurden. Zum Studieren von Karten und Denkschriften gebrauchte er im Dienst übergroße, schwarze, ihm vom OKW zur Verfügung gestellte Wehrmachts-Lupen und zu Hause rechteckige Lese-Lupen. Um in der Öffentlichkeit keine Brille tragen zu müssen, ließ er seine Reden und amtlichen Schriftstücke seit seiner Kanzlerschaft auf Sonderschreibmaschinen schreiben, und zwar mit 4 mm großen Antiqua-Typen und mit 10 mm Zeilenabstand.

Hitler las die ihm vom Pressechef gereichten Depeschen Blatt für Blatt langsam und genau durch und gab sie dann, meist an Keitel oder Bormann, weiter oder erteilte mit gedämpfter Stimme Weisungen, die von seinen Adjutanten notiert oder sofort stillschweigend ausgeführt wurden. Wie bei einem Schulbeispiel für die politischen Kunstregeln des Aristoteles und des Machiavelli, dieser beiden nüchternen Beobachter politischer Wirklichkeit, wußte Hitler über der Tafelrunde so sehr den *familiären Schimmer eines »pater patriae«* auszubreiten, daß der Chronist folgenden bezeichnenden Vorfall nicht verschweigen darf:

Nach einem Abendessen gab es Nüsse. Der ausnahmsweise neben Hitler sitzende Gesandte Hewel hatte bei seinem rheinländisch-munteren Gebaren das Pech, daß beim Aufknacken einer Haselnuß ein Stück der Schale an die rechte Schläfe Hitlers flog. Hitler schaute vom Lesen auf, so etwas schräg rechts über seine großen, goldgefaßten Brillengläser hinweg, und meinte mit leisem Vorwurf: »Werfen's Ihre Nußschale doch in eine andere Richtung, Herr Hewel!« Dann las er, als ob nichts geschehen wäre, weiter.

Aufgrund einer der Depeschen oder eines während des Essens gefallenen Stichwortes oder auch eines ihn zur Zeit beschäftigenden Problems begann Hitler sodann seine Auffassungen darzulegen, um sich selbst schlüssig zu werden oder um seine Gäste zu unterhalten, zu interessieren oder in einer bestimmten Richtung zu beeinflussen. Dabei war das Verblüffende, daß er selbst in den spannungsreichsten Tagen kaum zu aktuellen Kriegsproblemen Stellung nahm, vielmehr – auch dann, wenn in den militärischen Lagebesprechungen vor dem Mittagessen, vor dem Abendessen oder um Mitternacht die Meinungen heftig

marschall Fedor von Bock fast 240000 Gefangene und erbeutete 1247 sowjetische Panzer sowie 2026 sowjetische Geschütze. Beide Operationspläne stammten von Hitler persönlich.

2 So formulierte dies Rumäniens Condukator und Marschall Jon Antonescu.

aufeinandergeplatzt waren – über die Schädlichkeit des Rauchens oder dergleichen zu plaudern verstand. Wenn Hitler redete, kam es *kaum* zu einem *eigentlichen Gespräch*. Denn die ständigen Mitglieder des Führerhauptquartiers schwiegen sich gern aus. Bei dem jahrelangen Zusammenleben in der Weltabgeschiedenheit des Führerhauptquartiers wußte ja schließlich jeder von jedem, was er zum x-ten Male zu diesem oder zu jenem Thema sagen würde. So äußerte Hitler sich meist in *Monologform*, nur hin und wieder von einem der Mitarbeiter mit Beispielen bestätigt oder mit Spezialerfahrungen ergänzt. Doch *konnte* er einem Neuigkeiten berichtenden Gast *ausgiebig zuhören* und ihn zum Erzählen immer neuer Details eines Kampfes, einer Wirtschaftsplanung oder eines Auslandsbesuches anregen. Ein echtes Debattieren allerdings war selten. Nur von Admiral Krancke habe ich heute noch lebhaft in Erinnerung, wie er mit Hitler fast eine Stunde lang über Marine-Themen ebenso zäh wie leidenschaftlich diskutierte.

Wenig bekannt ist auch, daß es Hitler sichtlich *Freude* machte, *wenn jemand* bei Tisch unter Wahrung der Form und *mit guten Argumenten widersprach*. So pflegte er mich, obwohl ich alters- und dienstrangmäßig in der Tischordnung so ziemlich am Schluß rangierte, stets mit Handschlag zu begrüßen, seitdem ich einmal seine Attacke gegen die Juristen – wie in der Einführung geschildert – mit Humor pariert hatte. Wenn er aufgrund seiner Wiener Jugenderlebnisse generell über die Polen schimpfte und ich dahin widersprach, daß ich als HJ-Führer und als I. Sekretär der Internationalen Rechtskammer höchst achtbare polnische Männer und einige geradezu zauberhafte Polinnen kennengelernt hätte, meinte er nur, wir urteilten eben aufgrund unterschiedlicher Erfahrungen. Wenn er sich über die Franzosen mokierte und ich einwarf, daß meine väterlichen Vorfahren aus Amiens stammten und vor der Französischen Revolution offenbar aus Abneigung gegen eine Selbsterprobung der Guillotine Frankreich verlassen hätten, konterte er in näselndem französischem Slang mit einem: »Man höre nur: ›Henry de Pickér‹!«

In seinen Tischmonologen erlebte ich einen anderen Hitler als den, den ich von Bildern, aus Zeitungen und aus Erzählungen kannte. In ihnen offenbarte sich der *Hitler, der er wirklich war*; denn in diesen Tischmonologen sprudelten ihm die Gedanken oft nur so spontan heraus. In ihnen formte er seine Überlegungen mit nachtwandlerischer Sicherheit zu Mosaiksteinen eines Weltbildes von Logik und Geschlossenheit und überraschte durch das Zwingende seiner Vereinfachung aller Probleme.

In ihnen bewies er vielfach jenes ausgeprägte Gefühl für die *Psychologie der Massen*, das ihn – im Bewußtsein der historischen Ignoranz und politischen Urteilsunfähigkeit des modernen Durchschnittsmenschen – auf Großkundgebungen Tausende mit knappen, primitiv-einleuchtenden Urteilen zu Begeisterungsstürmen hinreißen ließ, vor denen das Ausland wie vor einem Rätsel stand.

Mit seiner dumpfen, aber gut verständlichen baritonalen Stimme sprach Hitler zunächst meist langsam, zögernd und überlegend – auch wenn er scherzte. Hatte er sich aber an einem Problem entzündet, so fügte er, mit den *glänzenden Augen eines Fanatikers* über die Anwesenden hinwegschauend, Satz an Satz, Idee an Idee, Bild an Bild und *verstand* es, dabei mit gleichsam magischem Zwang Deutsche wie Ausländer *in seinen Bann* zu ziehen und auch widerstrebende Zuhörer zu seiner Ansicht zu bekehren. Lag das an der Fülle seiner Beispiele oder an seiner erstaunlichen Intelligenz, in der sich Wissensdurst, Auffassungsgabe, Gedächtnis und unbändiger Wille zur Neuformung von Welt und Menschen vereinigten? Lag seine Wirkung in der Unzahl von Detailkenntnissen, mit denen er, der *Autodidakt*, seine Besucher verblüffte und die er ständig durch Lesen zu erweitern bestrebt war, wobei er das für seinen Lebensbereich Wertvolle vom Wertlosen sonderte, »seinem Kopf« einprägte, eingruppierte, einregistrierte? Lag seine Faszination in den *atemberaubenden Visionen seiner Zukunftspläne*, den *»Blicken durch die Seitentür ins Paradies«*, mit denen er gar zu konkreten Fragestellern im Rahmen von »Gesamtüberblicken« das Gefühl von der Richtigkeit seiner »Konzeption« zu vermitteln wußte? Oder lag es an der verblüffenden Phantasie oder an seinem ausgeprägten *Gefühl persönlicher Überlegenheit*? Hatte er doch gegenüber den vier Kriegswarnungen des Auswärtigen Amtes alle vier Male recht behalten; bei der Einführung der allgemeinen Wehrpflicht, beim Rheinlandeinmarsch, bei dem Anschluß Österreichs und in der Sudetenkrise!

Auf jeden Fall war Hitlers Kunst, den Tischgästen etwas darzulegen, so effektvoll, daß die Schärfe seiner Angriffe – besonders gegen ausländische Staatsmänner, Freimaurer, Bürgertum, Kirche, Judentum, Juristen und Diplomaten leicht überhört wurde. Trotzdem ließ ihn sein immer wacher Instinkt auch bei größter Lebhaftigkeit nie die Verschwiegenheit vergessen bei Dingen, für die in seiner Tafelrunde ebenso wie in der breiten Masse unseres Volkes die Resonanz fehlte. Man nehme nur die Judenverfolgung, die er der Tafelrunde gegenüber durch Vorarbeiten für die Einrichtung eines jüdischen Nationalstaates auf der Insel Madagaskar beziehungsweise in Innerafrika vernebelte.

Denn die *meisten Deutschen* waren ebenso wie die meisten FHQu-Mitglieder *gegen* eine *Kollektivverfemung der Juden*. Sie teilten den von Hitler abqualifizierten Standpunkt Churchills, der 1932 zu Hitlers Auslandspressechef Dr. Ernst (Putzi) Hanfstaengl sagte: »Ich kann durchaus verstehen, daß jemand zornig ist auf Juden, die Unrecht begangen haben oder sich gegen sein Land stellen. Ich kann auch begreifen, daß man sich den Juden widersetzt, die versuchen, in einem bestimmten Teil des öffentlichen Lebens alle Macht an sich zu reißen. Aber, was für einen Sinn hat es, gegen einen Menschen zu sein, nur aufgrund seiner Rasse? Was kann der einzelne Mensch dafür, als was er geboren ist?«

Seine *Auseinandersetzung mit den christlichen Kirchen* führte Hitler nach dem Vorbild des Römerkaisers Julian, indem er unter ausdrücklicher Anerkennung der Religion als des dem Menschen von Natur eingegebenen Glaubens an eine schöpferische göttliche Allmacht oder Vorsehung die von den christlichen Konfessionen gepredigten »Lehren und Dogmen« durch Verstandesgründe wegzudemonstrieren und die kirchliche Hierarchie – ungeachtet des Burgfriedens »Staat-Kirche« – zu erschüttern trachtete. Zwar blieb er *bis zu seinem Tode* auf seine Art *religiös*. Und trotz seines Kampfes gegen die in Deutschland zu seiner Zeit bestehenden Kirchen als Institutionen blieb er *Kirchensteuerzahler der römisch-katholischen Kirche*, zwang Bormann zur Rücknahme eines Parteierlasses über die »Unvereinbarkeit von Nationalsozialismus und Christentum« und verspottete in unserer Runde den Partei-Ideologen Alfred Rosenberg und den Reichsführer SS Himmler wegen ihrer selbstgebastelten »Germanen-Mythen« als »spinnerige Jenseitsapostel«. Hitler war aber zutiefst davon überzeugt, daß die *Religion der Zukunft* nur auf einem Gottesbegriff beruhen könne, der dem menschlichen Geist zugänglich und mit den jeweiligen wissenschaftlichen Erkenntnissen einer Zeit in Einklang zu bringen sei und der klar auf den Natur- und Lebensgesetzen basiere.

Christus war für Hitler eine einzigartige religiöse und historische Persönlichkeit und als Galiläer ein »Arier«, der in seiner Ethik und religiösen Verkündung der Menschheit zeitlose Werte gesetzt hatte. Aber die *christlichen Kirchen* hatten nach Hitlers Ansicht in ihrem jeweiligen kirchlichen Eigeninteresse die Lehren Christi uminterpretiert und dadurch »entstellt« überliefert und festgeschrieben. Deshalb meinte Hitler: Das in seinen Dogmen versteinerte Kirchen-Christentum werde dem »in der Art« fundierten *»Ewigkeitsgedanken von Volk und Rasse«* weichen müssen, jenem Ewigkeitsgedanken, bei dem Geist und Seele des Menschen mit dem Tode zwar ebenso wie der menschliche Körper zurückgingen in das Gesamtreservoir der Natur, sich aber durch Fortpflanzung und Lebenskampf zuvor in ihrer »Art« verewigt hätten. Durch *Evolution* werde seines Erachtens die Kirche in ihrer heutigen Form und Aussage überwunden werden; sie werde »abfaulen wie ein brandiges Glied«. Aber nicht Unglaube oder Atheismus dürfe an ihre Stelle treten, sondern nur ein »Glaube, der den Menschen die *Religion als Demut vor der göttlichen Schöpferkraft*« lehre (Tischgespräche Nr. 9, 11 und 30).

Nach dem Abendessen begab sich Hitler wieder in seinen Bunker, es sei denn, daß ihm zur Genehmigung die neueste *Wochenschau* vorgeführt wurde. Für diese Vorführung wurde einmal in der Woche der zweite Kasino-Speiseraum hergerichtet. Hitler ließ sich die einzelnen Filme einmal, bisweilen zweimal vorspielen, übte Kritik, gab Anregungen oder diktierte neue Begleittexte. Nach der Vorführung verabschiedete er sich von seiner Begleitung in unaufdringlicher, reservierter Art, da er es ablehnte, an den nachfolgenden Spielfilmen teilzunehmen. Ebenso wie er seit Kriegsausbruch keine Theatervorstellung mehr besucht hatte, war er der Meinung, sich auch an keinem Spielfilm freuen zu dürfen, solange ein Soldat an der Front auf derartige kulturelle Genüsse verzichten müsse. Die einzigen beiden Ausnahmen waren ein Film gelegentlich eines Duce-Besuches und eine Bayreuther »Götterdämmerung«-Aufführung für Verwundete 1940.

Hitlers einziger Luxus und sein bestes Lebenselixier war *sein nächtliches Telefonat mit Eva Braun*. In ihr hatte er sein Frauenideal gefunden, eine moderne, sportliche, lebensgewandte und dabei doch nicht »intellektuelle« Eva. Ganz offensichtlich liebte er sie zärtlich. Da ich im FHQu seine Bar-Kasse mit ständig 18000 bis 20000 RM zu verwalten hatte (sein Scheckbuch führte Schaub), weiß ich, daß sie ihn nie von sich aus um Geld bat. Um so besorgter war er, daß sie trotz seiner Großzügigkeit finanziell nicht klarkommen könne. Denn Männer, die ihren Frauen gegenüber mit Haushaltsgeld knauserten, verabscheute er in seiner Umgebung ebenso wie die, die in der Ehe auf jede Courtoisie und Ritterlichkeit ihren Ehefrauen gegenüber glaubten verzichten zu dürfen.

Hitler war *Frauen gegenüber ein Charmeur*, beschenkte sie gern mit Blumen, war ein unermüdlicher Bewunderer ihrer Schönheit, ihrer Eleganz und ihres Esprits. Er küßte bei der morgendlichen Begrüßung selbst seinen Sekretärinnen mit alt-österreichischer Grandezza die Hand. Aber obwohl ihm zahllose Frauen Avancen machten, blieb er – wie ich von seiner Wirtschafterin Anny Winter-

Brunner weiß – seiner Eva seit Weihnachten 1932 uneingeschränkt treu. Und Eva Brauns Diskretion über ihr »Privatleben« war einzigartig, obwohl sie das ewige Versteckspielen vor Dritten und vor der Öffentlichkeit sowie das langjährige Fehlen des standesamtlichen Trauscheins manche Träne gekostet haben mag. Auch der von Hitler aus politischen Gründen gewollte Verzicht auf eigene Kinder ist ihr – wie ich von der ihr eng befreundeten Frau Schaub weiß – nicht leichtgefallen. Aber trotzdem ging sie in der Vereinigung ihres Lebens mit dem seinen völlig auf. Um so mehr stutzte er daher, als er im Haus der Deutschen Kunst in der Kunstausstellung 1941 den Halbakt »Sitzende Blondine« von Wilhelm Hempfing (Karlsruhe/München) sah, der seiner Eva verblüffend ähnelte. Hatte sie sich nach dem Beispiel der Napoleon-Schwester Paolina Bonaparte (man denke an Canovas Skulptur in der Gallerie Borghese in Rom) verewigen wollen? Jedenfalls ließ er das Gemälde von Schaub für seine Münchener Wohnung schleunigst aufkaufen, konnte aber nicht mehr verhindern, daß Hoffmann für seine Kunstzeitschrift »Kunst dem Volk« bereits die Vervielfältigungsrechte in Schwarz-Weiß und in Farbfoto erworben und publizistisch verwertet hatte.

Für den Leser, der glaubt, daß Hitler im Sinne der Auslandspresse in seinem persönlichen Umgang durch Allüren eines Räuberhauptmannes gekennzeichnet gewesen sein müsse, mögen meine Aufzeichnungen deutlich machen, daß Hitler seinen unwahrscheinlichen Nimbus im Gegenteil durch betont menschliches Auftreten, größte Selbstbeherrschung, spartanisch einfachste Lebensführung und eine geradezu virtuose Einzel- und Massenbehandlung erlangte.

Selbst bezüglich der um Mitternacht in Hitlers Bunker-Arbeitszimmer stattfindenden Nacht-Lagebesprechung, die sich mit den nächtlichen Feindeinflügen und mit den nächtlichen Frontveränderungen beschäftigte, habe ich nie von etwas anderem als von einer – insbesondere in Krisen – *disziplinierten und ausgeglichenen Haltung Hitlers* gehört. Dabei habe ich nicht die typischen Vertreter der vom nationalen Sturm blind mitgerissenen Massen-Menschen befragt. Denn deren Urteilslosigkeit, fehlende Zivilcourage und mangelnde innere Unabhängigkeit waren mit schuld an Hitlers Menschenverachtung und ließen ihn das *Gros der Menschen* nicht als Individuen, sondern lediglich als *Rohstoff seiner Planungen* betrachten. Erst recht nicht habe ich mich bei jenen militärischen Nur-Spezialisten erkundigt, deren Umschmeicheln Hitlers meines Erachtens schwerlich immer echtes Verantwortungsgefühl für das deutsche Schicksal erkennen ließ. Vielmehr habe ich mich mit meiner Bitte um Auskunft an einen so nüchternen und klarblickenden Soldaten wie General Jodl gewandt, der durchaus nicht gleich Marschall Keitel Hitler als »genialen Feldherrn« apostrophierte, sondern auch in meiner Gegenwart mit seiner sachlich fundierten *Kritik* nicht zurückhielt. Jodl sagte mir:

> Hitlers lebhaftes Vorstellungsvermögen und bildhaftes Denken verwandle Theorien, die ihn berührten, in lebendigen Stoff, so daß er bei den schwierigsten militärischen Problemen stets Parallelen zur Hand habe, die das Neue im Lichte bekannter Tatsachen erscheinen ließen und das Komplizierte bis auf den leicht faßbaren Kern entwirrten oder vereinfachten. Außerdem habe Hitler den furchtbaren Rückschlägen des Winters 1941/1942 zum Trotz *den Glauben an sich selbst keinen Augenblick verloren.* Das habe ihn – Jodl – überzeugt.

Hitlers Morgen begann mit der Entgegennahme der *Meldungen über nächtliche Luftangriffe*. Zwischen 9 und 10 Uhr machte er dann seinen Spaziergang durch das Führerhauptquartiers-Gelände, bei dem jeder von uns, *sogar der letzte Wachsoldat, das Recht hatte*, ihn *mit seinen persönlichen Sorgen anzusprechen*. Als zum Beispiel der Obersteward unseres Kasinos – Vater von sieben Kindern – von Bormann fristlos entlassen worden war, weil er entgegen den Sicherheitsbestimmungen eine Kiste ohne Nachprüfung ihres Inhalts in den Kasinokeller hatte bringen lassen, konnte er noch vor der Abreise Hitler sein Pech klagen. Hitler gab ihm einen Trostposten in der Reichskanzlei, bis sich das Ungewitter verzogen hatte und sich seine Zurückbeorderung aufgrund seiner Geschicklichkeit von selbst empfahl.

Selbstverständlich hätte niemand gewagt, Hitler ohne Not anzusprechen. Denn seine Ärzte ließen immer wieder durchblicken, wie nötig der ungestörte tägliche Spaziergang in der Führerhauptquartiers-Einsiedelei für seine Gesunderhaltung und wie wichtig das Spielen mit seiner Schäferhündin für seine Entspannung waren. Hinzu kam, daß sein schlichtes Auftreten und seine einfache Lebensweise gerade beim kleinen Mann Sympathien wecken mußten, wie auch die arbeitsmäßige *Strapazierung seiner Gesundheit* an Berichte über Cäsar erinnerte, der sich ja auf gleiche Weise gegen Kränklichkeit und Kopfschmerz zu schützen suchte.

Daß Hitler bei seinem Morgenspaziergang *kein Spielverderber* war, wenn wir Jüngeren uns einen Schabernack leisteten, mußten Reichsminister Albert Speer und Generalfeldmarschall Erhard Milch erfahren. Beide hatten – ohne in irgendeiner Form unsere Vorgesetzten zu sein – Hauptmann Schulze und mich im Führerhauptquartier »Werwolf« an einem brennend heißen Tag mit den verschiedensten Bitten und Wünschen hin- und hergeschickt, so daß wir als »Dank« ihre Liegestühle in die stärkste Sonnenstrahlung stellten und sie dadurch zum Ablegen der Uniformröcke, zum Herablassen der Hosenträger und zum Öffnen der Oberhemden verleiteten. Ihren Platz hatten wir so gewählt, daß sie Hitlers Nahen erst bemerken konnten, als es schon zu spät war und sie dann bei der Begrüßung wie »abgetakelte Zirkus-Clowns« vor ihm hochschreckten. Als Hitler uns hernach eilenden Schrittes durchs Gelände flüchten sah, meinte er nur – die Situation durchschauend –: »Ihnen pressiert's wohl recht sehr?!«

Bei meinem ersten Morgen-Rundgang erfuhr ich, daß und wieso der *Tageslauf im Führerhauptquartier* ein anderer war als sonst in Dienststellen üblich. Die Vormittagspost aus Berlin, die Zeitungen und die Akten wurden vom Kurierflugzeug erst nach 10 Uhr im Führerhauptquartier angeliefert, so daß dann auch erst für die Vertreter der nichtmilitärischen Aufgabengebiete die Arbeit auf Hochtouren kommen konnte. Allerdings dauerte sie – obwohl es keinerlei Beschränkung oder Reglement für die Freizeit gab – vielfach bis Mitternacht, da *das unerledigte Hinüberschleppen von Vorgängen von einem Tag in den anderen verpönt* war. Für die älteren Herren, die etwa wie Feldmarschall Keitel Frühaufsteher waren, war das sicher nicht angenehm, zumal alle damit rechnen mußten, in Eilsachen bis Mitternacht zu Hitler zum Vortrag gebeten zu werden. Denn auch Hitler legte sich – wie ich selbst feststellen konnte – nicht eher auf seinem einfachen Feldbett schlafen, als er nicht seine Karten, Pläne, Denkschriften und Akten fertig bearbeitet hatte. Und das war meist nach Mitternacht, oft erst gegen 2 Uhr morgens. Offenbar glaubte er, von der Natur eine Konstitution mitbekommen zu haben, die ihn mit ebensowenig Schlaf auskommen ließ wie Friedrich den Großen, Napoleon oder Bismarck.

Gegen 11.30 Uhr kam Leben in das Gelände des Führerhauptquartiers. Der Generalstabschef Generaloberst Franz Halder (später Generaloberst Kurt Zeitzler) erschien mit seinen Generalen zur *Mittags-Lagebesprechung*, die im Militärbunker stattfand und bei der *bis zum Bataillon* hinunter der Einsatz jeder militärischen Einheit ventiliert wurde. Dabei wurde nach der Stellungnahme eventuell anwesender Oberbefehlshaber von Armeen und Heeresgruppen beziehungsweise zuständiger Frontoffiziere die gesamte Lage sowohl vom Chef des Wehrmachtführungsstabes Jodl als vom Chef des Generalstabes vorgetragen. Diese Lagebesprechungen begannen meist um 12 Uhr und dauerten je nachdem eine Stunde, zwei Stunden oder länger.

Davon, daß Hitler entsprechend den Berichten in der Auslandspresse in diesen Lagebesprechungen »Tobsuchtsanfälle« bekommen hätte, ist mir nichts bekannt. Im Gegenteil hörte ich – an schönen Tagen an Keitels Feldtisch vor den offenen Fenstern des »Lagezimmers« arbeitend – kaum einmal, daß Hitler Halders oder Jodls Ausführungen unterbrach. Regelmäßig wartete er mit seiner Stellungnahme, bis beide ihren Vortrag beendet hatten. Auf eines legte er allerdings entscheidenden Wert, daß nämlich die von der *Front* kommenden Oberbefehlshaber nicht zuerst mit dem Generalstabchef konferierten, sondern ihre Auffassungen in der Lagebesprechung *unbeeinflußt* von denen Halders darlegten.

Daß Hitlers Selbstbeherrschung von den Teilnehmern der Lagebesprechung verschiedentlich durch stundenlanges Hin- und Herdebattieren auf eine harte Probe gestellt wurde, erzählte mir einer der Militäradjutanten. Als die Lagebesprechung einmal wieder gar kein Ende nehmen wollte, meinte er: »Admiral Krancke spreche noch und noch von Luftwaffenangelegenheiten und Göring über Marineprobleme. Auf Hitlers Gesundheit werde überhaupt keine Rücksicht genommen.«

Das Ergebnis war dann, daß der gern als »Quacksalber und medizinischer Geschäftemacher« verschrieene kleine, beleibte Professor Morell mit seinem Medikamentenköfferchen durchs Gelände eilte und *Hitler mit rasch wirkenden Spritzen »aufmöbelte«*, nicht ohne dem Patienten bei der Behandlung – wie man mir sagte – irgendwelche Genehmigungen abgelistet, pharmazeutische Entwicklungs-Zusagen oder medizinische Forschungs-Aufträge erhalten oder zur Sprache gebracht zu haben. Über Morells Spritzen äußerte sich selbst sein Kollege, Professor Brandt, äußerst skeptisch, da gegenüber der extremen Empfindlichkeit eines unter immerwährender Anspannung arbeitenden Organismus wie dem Hitlers *»Eisenbart-Kuren«* auf die Dauer Nerven, Hirn und Herz schwer schädigen müßten. Er sagte mir, daß auf diese Weise von Hitlers gesundheitlicher Substanz *pro Kriegsjahr* nicht *die Lebenskraft* von einem Jahr, sondern *von vier bis fünf Jahren verbraucht* werde. Aber Hitler schwöre – unbelehrbar – auf Morells Medikamente, einschließlich der strychninhaltigen Antigas-Pillen, da er ihnen neben der vegetarischen Kost seine – für jeden FHQu-Mitarbeiter staunenswerte – physische Leistungskraft zuschreibe. Tatsächlich grenze es ja auch an ein »medizinisch-biologisches Wunder«, wie Hitler die russische Winterkatastrophe 1941/42 und die Kaukasus-Stalingradkatastrophe 1942/43 durchgestanden habe. Wo andere ob der psychischen Spannungen und der physischen

Überanstrengungen zusammengebrochen wären, habe er die Nerven, die kühle Überlegung, seinen Einfallsreichtum und seine Führungsenergie behalten.

Der rasante körperliche Verfall des erst 55jährigen Hitler vom Herbst 1944 bis zum Frühjahr 1945 bestätigte Brandts Prognose.

Bei dem an die militärische Lagebesprechung anschließenden Mittagessen liefen die Dinge ähnlich wie bei der vorstehend geschilderten Abendtafel. Wenn Hitler nicht zu besonderen Themen sprach oder sich an den munteren Scherzen erfreute, die Gesandter Hewel und Fotoberichterstatter Hoffmann stets parat hatten, so warf er in die Unterhaltung geschickt dosierte Hinweise auf seine Friedensplanungen ein. Er setzte dann auseinander, was im heraufkommenden »sozialen Zeitalter« für die Verbesserung des allgemeinen Lebensstandards, auf dem Gebiete der Gesundheitspflege, des Wohnungsbaus, des Arbeiterurlaubs, der Ferienfahrten, der Wohnkultur, der Schönheit der Betriebe und der Pflege von Mutter und Kind geschaffen werden müsse. Er sprach vom Recht auf Arbeit, das den Arbeiter vom Sklaven der Maschine zum Herrn der Technik mache und so die Klassenkämpfe der kapitalistischen Epoche ebenso wie das bolschewistische Massenelend überwinde. Dabei zeigte er sich ebenso als *krasser Anti-Kommunist* wie als *krasser Anti-Kapitalist.* Als Antikommunist war er für die *Erhaltung des Privateigentums,* auch an Grund und Boden und an den Produktionsmitteln (allerdings in sozialstaatlich vertretbaren Grenzen) sowie *für das private, eigenverantwortliche Unternehmermanagement* in Industrie und Landwirtschaft (allerdings auf der Basis staatlicher nationalwirtschaftlicher Gesamtplanung).

Als *Anti-Kapitalist* bejahte er das *Recht* jedes Staatsbürgers *auf Arbeit und Gesundheitsfürsorge.* Er war für eine umfassende Bildungs- und Berufsförderung der Arbeitnehmer, für ihre Beteiligung am Gewinn der Unternehmen, für eine staatlich zu lenkende Vermögensbildung unter dem Motto: »Ein *Volksauto* (für 975 RM) und ein *Volkseigenheim* für jedermann!«, sowie für eine Altersversorgung im Sinne einer *Volkspension* für alle Invaliden, alle Frauen über 60 und alle Männer über 65 Jahre. Eine seiner Lieblingsparolen war: »Wer sein Vaterland mit Blut und Leben verteidigen soll, muß von diesem Vaterland ein Stück Grund und Boden sein eigen nennen.«

Gern brachte Hitler Aphorismen über Fragen der *Kunst,* waren diese doch für ihn *das wirksamste Narkotikum seines nie rastenden,* bis ins Grenzenlose tüftelnden *Hirns.* Er betrachtete sich ja auch in seiner Politik gleichsam als Künstler, als Bildhauer, der mit Hilfe des deutschen Volkes als »Hammer« aus Europa, Westrußland, der Ukraine und dem Kaukasus als »Material« ein gigantisches »tausendjähriges Reich« von 362,5 Millionen Menschen und 6,85 Millionen qkm nach seinen Ideen zurechtmeißeln wollte.

Hitler erzählte von den Repräsentativbauten der Antike und der Gegenwart als dem sichtbarsten Ausdruck dessen, daß *Europa nicht nur Erdteil, sondern geschichtlich geprägte Kultureinheit* sei, daß Europa dem amerikanischen und bolschewistischen Einheitsmenschen mit seiner Typisierung die ganze Vielfalt seiner Persönlichkeits-Kultur entgegensetze und daß es auch in diesem europäischen Einigungskrieg den Nationalismus bejahe, weil die »europäische Gemeinschaft« nicht als Völkerbrei denkbar sei, sondern nur als Zusammengehen der geschichtlich gewordenen Volkseinheiten. Was er schaffen wolle, sei daher kein deutscher

Nationalitätenstaat nach Art der österreichischen Donaumonarchie, sondern ein *europäischer* Staat, der die diversen Nationen *zu einem neuen Staatsvolk, dem germanischen Volke,* integriere und deshalb den Namen »Germanisches Reich« erhalte.

Mit Nachdruck versicherte Hitler immer wieder seine *tiefe Abscheu gegen den Krieg,* durch den Millionen so Unendliches zu leiden hätten. Der Krieg sei aber unvermeidbar gewesen, da die alten Weltmächte doch früher oder später gegen die vom Nationalsozialismus heraufgeführte *deutsche Revolution* als dem Quell einer national fundierten *sozialistischen Kultur* und der Schmiede einer wirksamen *europäischen Einigung* hätten reagieren müssen. Eine friedliche Begleichung zwischen Altem und Neuem, zwischen Kapitalismus und Bolschewismus auf der einen Seite und dem Nationalsozialismus auf der anderen, sei nicht denkbar. Ungeachtet der gewaltigen Kraftentfaltung und des Lärms, den die Geschichte nun einmal brauche, um die Menschheitsentwicklung einen kleinen, aber notwendigen Schritt weiterzuführen, habe er den aufrichtigen Wunsch, die gewaltigen Energien des deutschen Volkes in absehbarer Zeit für die friedliche Stabilisierung des Neuen ansetzen zu können. Er sage bewußt: friedliche Stabilisierung.

Denn daß *Europa vereinigt werden müsse, um fortexistieren zu können,* ergebe sich allein schon aus der verkehrsmäßigen Entwicklung der Welt. Beim heutigen verkehrsmäßigen *Zusammenschrumpfen von Raum und Zeit* seien die europäischen Staaten als selbständige Gebilde so *lächerlich klein* geworden, daß man schon in einer einzigen Stunde mit den neuesten deutschen Flugzeugen über sie alle insgesamt hinwegfliegen könne.

Wenn man mit den Mitteln der Gewalt *Europas Einigung* geschmiedet habe, müsse man aber wissen, daß Europa auf die Dauer die *Hegemonie einer Nation wie die Deutschlands nur in der Form des »primus inter pares«* – also ähnlich der Stellung Preußens im Bismarck-Reich – ertrage. Selbst in den am stärksten nach Einheit lechzenden Zeiten des Mittelalters habe Europa nie geduldet, daß eine Nation direkt über alle anderen herrsche, beruhten doch *Europas Kultur und Zivilisation* – also sein ganzes Leben – *auf der freien Konkurrenz aller seiner Nationen.* Auch Napoleon habe sich auf St. Helena in seinen Erinnerungen zu dieser Europa-Schau bekannt. Deshalb habe er für den *»Verbund der europäischen Staaten«* einen übernationalen Begriff, eben den Namen »Germanisches Reich« geprägt (Tischgespräche Nr. 66, Mitte und Nr. 147).

Daß Großbritannien in diesem *»europäischen Einigungskrieg«* Deutschlands gegen die Sowjetunion als Verbündeter fehlte, bedauerte Hitler immer wieder. Er äußerte sich fest davon überzeugt, daß er mit der harten militärischen Führungselite Großbritanniens, seinen zähen Seeleuten und seinen mutigen Fliegern als Bundesgenossen den Sieg über die UdSSR schon zu meiner FHQu-Zeit »in der Tasche« gehabt hätte. Und er machte keinen Hehl daraus, daß er *zu keiner Zeit mit einer britischen Kriegserklärung* gegen Deutschland wirklich ernsthaft gerechnet habe. Deshalb habe er bis zum Kriegsausbruch 1939 deutschfeindlichen Tendenzen in Großbritannien auch mit bloßen politischen Mitteln begegnen zu können geglaubt und Deutschlands Kriegsmarine im wesentlichen mit den von Großadmiral Raeder befürworteten Überwasser-Kriegsschiffen aufgebaut, so daß sie für Großbritannien keinerlei ernsthafte Bedrohung dargestellt und noch nicht einmal die Kampfkraft der französischen Marine erreicht gehabt habe. Anderenfalls wäre er dem Rat Großadmiral Dönitz gefolgt und hätte – unserer damaligen Werftkapazität entsprechend – *monatlich* 29 statt *nur zwei U-Boote* auf Stapel gelegt und das Risiko des vorzeitigen Bekanntwerdens dieser riesigen U-Bootstreitmacht – etwa über die Schulung der U-Bootsbesatzungen – genauso auf sich genommen wie beim Aufbau unserer Luftwaffe, die mit 3834 modernsten und voll einsatzbereiten Kampfmaschinen bei Kriegsausbruch 1939 dank Göring die stärkste Europas gewesen sei.

Nach Beendigung der Mittagstafel absolvierte Hitler seine Besprechungen auf dem zivilen Sektor. Entweder nahm er dazu die zum Vortrag ins Führerhauptquartier gebetenen Minister oder seine »graue Eminenz«, Reichsleiter Martin Bormann, mit in sein Bunker-Arbeitszimmer.

Um 18 Uhr schloß sich die sogenannte *Abend-Lagebesprechung* an, an der ebenso wie an der *Mitternachts-Lagebesprechung* in der Regel nur Herren aus dem Führerhauptquartier teilnahmen und die sich in erster Linie mit den Problemen des Luftkrieges beschäftigte. Wie die Mitternachts-Lagebesprechung fand auch sie meist im Arbeitszimmer Hitlers in seinem Chefbunker statt. Auch von diesen Konferenzen hörte ich immer wieder erstaunte Urteile über sein Detail-Wissen, das ihm auch auf entlegenen Gebieten der Kriegführung die Verständigungsgrundlage mit jedem Berufsmilitär gab und ihn dadurch mit der Gloriole eines Superfachmanns umkleidete. Wie sehr sogar *militär-technische Spezialfragen* ihm geläufig waren, erlebte ich selbst einmal, als ein Generalstäbler ihm bei Tisch über ein neues russisches Geschütz berichtete. Binnen weniger Minuten sah er sich durch Hitlers präzise Nachfragen und sein eigenes drückend-peinliches Schweigen belehrt, daß Hitler sich in den Finessen dieses Spezialgebietes besser auskannte als er. Hitlers ständige Rede war, daß »Rüstungs-Habenichtse« keinen Krieg führen dürften; ohne die »mechanische Überlegenheit« könne auch der ehrenvollste Heroismus der deutschen Soldaten keine positive Entscheidung des II. Weltkriegs erzwingen. Hitlers ganzes Denken und Trachten war deshalb ein Wettlauf mit der Zeit, die nach und nach die Rüstungskapazität der Gegner gegenüber der deutschen verfünffachte. Laufend tüftelte er an militärtechnischen Neuerungen herum: die Aufstellung der Luftlandetruppen, die die Eroberung Rotterdams, Belgiens (man denke an das Fort Eben-Emael) und Kretas möglich machten, ging allein auf ihn zurück. Ähnlich stand es mit den geländegängigen Volkswagen-Kübelautos der Wehrmacht, die im russischen und afrikanischen Klima geradezu unentbehrlich waren. Neue Panzer, Geschütze, Raketen usw. wären ohne seine Initiative undenkbar gewesen. Denn noch im Frankreichfeldzug war die wirkliche Zahl der einsatzfähigen deutschen Panzer so gering, daß Hitler sie nur entweder über die Somme und Aisne mit Ziel Paris zur Erzwingung eines französischen Waffenstillstandes einsetzen oder aber zur Einkesselung und Gefangennahme der halben Million britischer und französischer Soldaten bei Dünkirchen benutzen konnte, was nicht halb so kriegsentscheidend gewesen wäre. Denn ein Teil der – von den feindlichen Spionagediensten »aufgeklärten« – deutschen Panzer waren Sperrholzattrappen, die auf kriegsreklamierten Zivilautos montiert und nach Entwürfen des ehemaligen Bühnenmalervolontärs Hitler besonders wirklichkeitsnah modelliert worden waren. Daß der Schwindel nicht herauskam, lag an

Hitlers Direktive an die echten Panzer: »Nicht kleckern, sondern klotzen«, so daß sie stur im Großverband operierten und sich nicht mit den weiträumig verwendeten Attrappen verhedderten. Was die Militär-Adjutanten allerdings an Hitler immer wieder beklagten, war, daß er aufgrund seiner opernhaften *»Nibelungen-Treue«* noch 1942 Militärs in ihrer Position beließ, deren Können, deren Tatkraft oder deren Verantwortungsfreudigkeit dafür nicht ausreichten, und daß er sie nicht in Stellungen versetzte, in denen sie keinen Schaden stiften konnten.

Bezüglich Halders betonten sie, er habe schon in der Winterschlacht vor Moskau das nationale Pathos, das Hitler im deutschen Volk wiedererweckt hatte, und die Kraftreserven, die er dadurch im Rückhalt wußte, völlig verkannt. Zur Jahreswende 1941/1942 sei Halder dann verblüfft gewesen, was Hitler alles an Menschen, Ausrüstung und Bekleidung aus dem Boden herauszustampfen verstand.

Je länger der Rußlandfeldzug dauerte, desto mehr beklagte Hitler, daß er die Wehrmacht auf Hindenburgs Wunsch hin von der »Nationalen Revolution« weitgehend ausgenommen und daß er auf die Heranbildung eines *»revolutionären« Offiziers- und Generalsnachwuchses* verzichtet hatte, der »improvisieren und politisch denken« konnte. Führungskräfte von dem Einfallsreichtum und dem Organisationstalent eines Großadmirals Raeder und der Generalfeldmarschälle von Manstein, von Kluge und Rommel waren nach seiner Darstellung ebenso knapp wie »Haudegen mit Kopf«, wie etwa der U-Bootkämpfer Großadmiral Dönitz, die Generalfeldmarschälle Küchler, Kesselring und von Richthofen und die Generalobersten Dietl und Sepp Dietrich. Gegenüber *»militärischen Beamten«* wie Halder mit ihrem vorsichtigen Wägen vermißte er *Tatmenschen* wie seinen ehemaligen SA-Stabschef Ernst Röhm, der noch bei seiner Verhaftung gehöhnt hatte: »Soll doch der Adolf mich selber erschießen.« Er wünschte sich als Generale »Kerle«, die für ihr Ziel bedenkenlos das eigene Leben aufs Spiel setzten, und bedauerte, ihre Auslese und Förderung in Friedenszeiten versäumt zu haben.

Als am 17. Juli 1942 das Führerhauptquartier in die Holzblockhäuser der Waldungen von Winniza (Ukraine) übersiedelte, zeigte sich ein erstes deutliches Knistern im Gebälk der militärischen Führung. Für die Beurteilung von Hitlers Gesprächen in dieser Zeit ist das *Starkwerden des Gegensatzes: »Wehrmacht – Partei«* wichtig. »Der Führer, ja! Die Partei, nein!«, war damals das Schlagwort, das plötzlich die Runde machte. Ich erlebte zum ersten Male, daß eine Tischeinladung Hitlers von einem Militär – dem Spionagechef Admiral Wilhelm Canaris – unter dienstlichem Vorwand abgelehnt wurde. *Hitlers Mißtrauen gegenüber den militärischen Beratern wuchs sichtlich,* zumal er sich über einige immer erst auf Befehl von oben wartende Offiziere ebenso zu ärgern hatte wie über erste offensichtliche Sabotagen und über die ständigen Bedenken derjenigen militärischen Fachleute, denen in jeder schwierigen Situation seiner Meinung nach nur Beispiele einfielen, in denen es »danebengegangen war«. Deshalb schickte er einmal sogar kurzerhand den Heeresadjutanten Major Engel im Flugzeug nach vorn, um über eine schwierige Frontlage einen ungefärbten Bericht zu erhalten. Daß Engel, der spätere Sieger von Mogilew und Aachen, dann dank seiner Kontakte, Lagekenntnis, Tatkraft und Umsicht durch die

Einsatzkoppelung von Flugzeugen und Panzern den Einbruch gleich beseitigte, war für Hitler eine allerdings nicht erwartete gute Nachricht.

Natürlich kamen die Spannungen im Führerhauptquartier Winniza nicht sogleich zur Entladung. In den letzten Tagen meines Aufenthaltes dort konnte es noch beim Abendessen passieren, daß Hauptmann Schulze und ich, mit dem Vollschenken unserer Gläser beschäftigt, gar nicht die Aufhebung der Tafel durch Hitler bemerkt hatten und Hitler mit seinem gesamten Stab unter allgemeinem Gelächter wieder Platz nahm mit den Worten: »Unsere beiden jungen Kameraden sind noch nicht fertig.« Aber Marschall *Keitel,* ewig um ein Ausgleichen zwischen Hitler und der Generalität, zwischen der Wehrmacht und der Partei bemüht, war bereits so kribbelig, daß er – als Hitler einmal früher als erwartet zur Mittagstafel erschien – sich persönlich um ein rasches Anrichten und Servieren der Mahlzeit kümmerte und dann mit der Meldung: »Mein Führer, das Essen ist gerichtet!« alle hundertprozentigen Soldaten vor den Kopf stieß.

Um so weniger paßte es Hitler unter diesen Umständen in sein Konzept, daß ich ihn Anfang *August 1942* um seine Genehmigung bat, das FHQu wieder verlassen zu dürfen und – dem Ruf meiner Heimatverwaltung folgend – Landrat in Norden/Ostfriesland zu werden. Hitler mochte damals in seiner nächsten Umgebung *keine neuen Gesichter mehr.* Außerdem waren meine zivile Gemütlichkeit und mein friesischer Humor ein derartiger Kontrast zu seinem sonst so militärischen Lebensbereich, daß er mich aufgrund meines heimatlichen »Mookt wi, mookt wi!« (statt des militärischen: »Jawohl, mein Führer«) eines Tages unter dem Gelächter aller zum »Dr. mookt wi, mookt wi« ernannte.

Durch den Personalchef des Auswärtigen Amtes ließ Hitler mir deshalb die Übernahme aus der Allgemeinen und Inneren Verwaltung in den Auswärtigen Dienst anbieten. Ich sollte die Ausländerbetreuung im FHQu übernehmen, bei der ich dem Gesandten Hewel schon seit Wochen ein wenig zur Hand gegangen war. Aber ich hatte die Rückversetzung bei meiner Heimatverwaltung bereits kurz nach meiner *kriegsmäßigen Abordnung ins FHQu* selbst angeregt, da ich nach Herkunft und Erziehung viel zu demokratisch, zivil, individuell und realistisch eingestellt war, um mich, – trotz allem damaligen FHQu-Nimbus – im Bannkreis eines *Vabanque-Fanatikers* auf die Dauer recht plaziert zu fühlen.

Hitlers Reaktion auf mein Nichtverbleibenwollen im FHQu war, daß er mich tagelang ignorierte, gleichsam als ob ich der erste wäre, der sein *»Nibelungen-Heldenschiff«* aufgrund erahnter Schwierigkeiten noch beizeiten verlassen wollte. Völlig unvermittelt fragte er mich dann plötzlich bei Tisch: »Was hat Ihnen denn bei uns nicht gefallen, daß Sie gehen wollen?« Zum Glück antwortete statt meiner mein Tischnachbar Richard Schulze mit Berliner Schnoddrigkeit: »Ihr Essen, mein Führer! Dr. Picker verträgt die vegetarische Kost nicht!« Alles jubelte. Selbst Hitler lachte Tränen, und zwar nicht nur, weil diese Antwort wegen meines Körperumfangs glaubhaft klang, sondern erst recht, weil es gerade wieder einmal eine gräßliche graue Graupensuppe – mit Knäckebrot und etwas Butter und Gervais-Käse als Nachtisch – gab.

Kurz nach meinem Ausscheiden aus dem aktiven FHQu-Dienst kam es Ende August/Anfang September 1942 zum endgültigen Bruch im FHQu in Gestalt der nie wieder ganz ausgeglichenen Zerwürfnisse zwischen Hitler und seinen militärisch-operativen Beratern, insbesondere General Jodl, wegen des

Doppelvorstoßes Stalingrad/Kaukasus[3] und dessen Mißlingen. Auch die gemeinsamen Mahlzeiten und Tischgespräche fanden damit ihr jähes Ende. Nach dem Motto »Vertrauen ist gut, Kontrolle ist besser« mußten plötzlich zivile *Stenographen* aus Bormanns Parteiführung *bei den militärischen Lagebesprechungen* mitstenographieren. Hitler wollte auf einmal die Verantwortlichkeit seiner militärischen Berater für ihre Erklärungen sichtbar machen und vor der Geschichte festhalten, gerade als ob er im Unterbewußtsein geahnt hätte, daß er den Höhepunkt seines Triumphes und seiner phantastischen Erfolge bereits überschritten hatte und daß Deutschlands Schicksalswagen nunmehr binnen weniger Jahre dem seit Jahrhunderten schrecklichsten Verhängnis entgegenrollte.

Hitler begann den II. Weltkrieg 1939 mit der damals modernsten Wehrmacht der Welt. Trotzdem war sein Unterfangen ein einziges Vabanquespiel. Denn selbst als Kader für seine späteren Feldzüge, insbesondere gegen Rußland, war seine Wehrmacht von 1939 zu klein. Sie bestand lediglich aus 815000 Mann Heer, 278000 Mann Luftwaffe, 50000 Mann Marine, 21850 Geschützen aller Art, 9300 Flak-Geschützen, 3834 Kampfflugzeugen, 3230 Panzern aller Art, 54 Überwasserkriegsschiffen (Kreuzer, Zerstörer, Torpedoboote usw.) und 57 U-Booten. Außerdem fehlte es ihm an einer den USA und der UdSSR gegenüber konkurrenzfähigen Rohstoff- und Rüstungskapazität.

Was von Hitlers *Weltreich von 362,5 Millionen Menschen und 6,85 Millionen qkm* Kontinentaleuropas und Afrikas blieb, waren zwei deutsche Kleinstaaten zwischen Rhein und Oder mit zusammen nur mehr knapp 356500 qkm, deren Existenz mit dem Export ihrer Industrieproduktion steht und fällt.

Als Hitler sich am 30. April 1945 – wenige Tage nach seinem 56. Geburtstag – im Bunker seines letzten FHQu, der Berliner Reichskanzlei, mit dem Schuß aus einer Walther-PPK-Pistole in die rechte Schläfe das Leben nahm, hatten die Truppen von Generalissimus Stalin[4] bereits auf dem Berliner Reichstagsgebäude die Sowjetfahne gehißt.

Nichts war mehr zu spüren von der historischen Mächtigkeit einer Persönlichkeit, die zeitweise *ein Gebiet von fast USA-Größe beherrschte* und das Gesetz ihrer Weltstunde weit über den Erdball hin bestimmte, die einem zwei Jahrzehnte zuvor hart besiegten Volke nationales Pathos von alttestamentarischer Wucht einhämmerte und schöpferische Kräfte in ihm frei machte, die ihn *vorübergehend* bis zur strahlenden *Gloriole des Einigers Europas und seines Beschützers vor dem atheistischen Bolschewismus* der UdSSR emportrugen.

An Hitler bewahrheitete sich das historische Gesetz, das Maßstab jeder Staatskunst ist und das er (Tischgespräch Nr. 71) auch für sich selbst als bindend anerkannte:

»In der Politik gilt nicht der gute Wille, das ›Wenn‹ und ›Hätte‹ und ›Wäre‹. Es gilt nur der weiterwirkende Erfolg.«

3 Einzelheiten Tischgespräch Nr. 155.

4 Am 7. August 1941 übernahm Stalin persönlich mit dem Titel eines »Generalissimus« den Oberbefehl über die gesamten Streitkräfte der Sowjetunion.

Authentizitätsbeweise der FHQu-Mitglieder und Wehrmachtsadjutanten Hitlers: Konteradmiral Karl Jesko von Puttkamer, Oberst Nicolaus von Below und Generalleutnant Gerhard Engel, sowie des Historikers Professor Dr. Walther Mediger

Die Wiedergabe von »Hitlers Tischgesprächen im Führerhauptquartier« durch Herrn Landrat a.D. Dr. Henry Picker entspricht nach meiner Kenntnis dem Sinne nach und in der Formulierung den Ausführungen Hitlers bei unseren gemeinsamen Mahlzeiten im Führerhauptquartier korrekt und zuverlässig.

Ebenso ist Dr. Pickers Schilderung des Lebens und Geschehens im Führerhauptquartier, einschließlich der Persönlichkeiten rund um Hitler, für die fragliche Zeit – 1941/42 – objektiv und zutreffend.

Neuried, den 18. Mai 1964

Karl Jesko von Puttkamer
Adjutant der Wehrmacht (Kriegsmarine)
beim Führer und Reichskanzler von
1935 bis 1938 und von 1939 bis 1945,
zuletzt als Konteradmiral

Nach meinen eigenen Erinnerungen und Kenntnissen aus dem Führerhauptquartier entspricht die Wiedergabe von »Hitlers Tischgesprächen im Führerhauptquartier« durch Herrn Dr. Henry Picker den Worten, Themen und Äußerungen Hitlers bei unseren gemeinsamen Mahlzeiten. Auch ist die Führerhauptquartiers-Atmosphäre von Herrn Dr. Picker zutreffend dargestellt.

Bochum-Weitmar,
den 21. April 1964

Nicolaus von Below
Adjutant der Wehrmacht (Luftwaffe)
beim Führer und Reichskanzler
von 1937 bis 1945, zuletzt als Oberst

Aufgrund meiner Tätigkeit und unter Hinweis auf meine persönlichen Erlebnisse, Erfahrungen und Beobachtungen als Adjutant und Verbindungsoffizier des Heeres im Führerhauptquartier in den Jahren 1941–1943 erkläre ich, daß die Wiedergabe der Hitlerschen Tischgespräche durch Herrn Dr. Henry Picker in bezug auf die behandelten Themen, Probleme, Auffassungen und Meinungsäußerungen ein wahrheitsgetreues Bild anläßlich der Mahlzeiten an Hitlers Mittags- und Abendtisch ergibt.

Oberbolheim, den 20. Mai 1964

Gerhard Engel
Generalleutnant a.D.,
seinerzeit Major und Adjutant
des Heeres beim Obersten Befehlshaber
der Wehrmacht

Vorliegende Schreibmaschinenabschrift habe ich mit den im Besitz des Herrn Dr. jur. Henry Picker in Wilhelmshaven, Herbartstr. 90, befindlichen Originalaufzeichnungen verglichen. Wo es nötig war, habe ich durch Korrekturen die völlige Übereinstimmung des Wortlauts hergestellt.

Hannover, den 18. Oktober 1952

Dr. Walter Mediger
Privatdozent für Geschichte
an der Technischen Hochschule
Hannover

Adolf Hitlers Tischgespräche vom 21. Juli 1941 bis zum 11. März 1942

Nr. 1 bis 36, ausgezogen aus den Originalstenogrammen des Ministerialrates Heinrich Heim von Dr. Henry Picker

1

21.7.1941 nachts
(Wolfsschanze[5])
Aufnahme: Heim. F(ür) d(ie) R(ichtigkeit): Picker

Die revolutionären Sprachschöpfer Dante und Luther. Christentum deutsch-nordischer Schwere und südländischer Ungezwungenheit

Im Grunde müssen wir dem Jesuitismus dankbar sein. Wer weiß, ob wir ohne ihn von der Bauweise der Gotik zu der leichten, offenen und hellen Architektur der Gegenreformation gekommen wären. Gegenüber der Bemühung Luthers, das bereits völlig verweltlichte Kirchenfürstentum zur mystischen Verinnerlichung zurückzuführen, hat der Jesuitismus an die Sinnesfreude appelliert.

Dabei war Luther durchaus nicht darauf aus, die Menschheit an den Buchstaben der Schrift zu binden; es gibt eine ganze Reihe von Äußerungen, in denen er gegen die Schrift Stellung nimmt, indem er feststellt, sie enthielte vieles, was nicht gut ist.

Auch der Protestantismus hat Hexenverbrennungen gekannt, während man sie in Italien so gut wie nicht findet. Der Südländer geht viel leichter an die Dinge des Glaubens heran. Auch der Franzose bewegt sich völlig ungezwungen in der Kirche, während man bei uns schon Gefahr läuft aufzufallen, wenn man nicht niederkniet.

Andererseits: Daß er (Luther) es gewagt hat, sich gegen den Papst und das System der Kirche aufzulehnen! Das war die erste Revolution.

Und mit der Bibelübersetzung hat er an die Stelle unserer Dialekte die deutsche Sprache gesetzt, also Charakter und Geist der Nation in einheitlichen Zeichen verlautbart.

Es ist auffallend, wie verwandt die Entwicklung Deutschlands und Italiens verläuft. Die Sprachschöpfer standen gegen die Universalherrschaft des Papstes: Dante und Luther.

Die Nationen wurden zur Einheit geführt gegen die dynastischen Interessen durch einen Mann. Sie sind zum Volk geworden gegen die Wünsche des Papstes.

Das Liebenswerte am Duce und an den Italienern

Eine ganz besondere Freude ist stets eine Begegnung mit dem Duce; er ist eine ganz große Persönlichkeit. Seltsam, daß er zur gleichen Zeit wie ich als Bauarbeiter in Deutschland tätig war. Gewiß: mein Programm ist entstanden 1919; damals wußte ich nichts von ihm. In den geistigen Fundamenten ruht unsere

5 »Wolfs«namen wählte Hitler für seine Führerhauptquartiere (FHQu) in Erinnerung an sein Pseudonym »Wolf«, mit dem er in der Zeit des Redeverbots (in einigen deutschen Ländern: auch des Parteiverbots) 1925/1927 insgeheim als Parteiführer und Parteisprecher in NS-Mitgliederversammlungen auftrat. Sein damals getragenes stecknadelkopfgroßes Hakenkreuzabzeichen wurde ab 1928 Geheimabzeichen der Nationalsozialisten im Sudetenland.

Lehre in sich; aber jeder Mensch ist das Produkt von eigenen und fremden Gedanken. Und man sage nicht, daß die Vorgänge in Italien ohne Einfluß auf uns waren. Das Braunhemd wäre vielleicht nicht entstanden ohne das Schwarzhemd. Der Marsch auf Rom 1922 war einer der Wendepunkte der Geschichte. Die Tatsache allein, daß man das machen kann, hat uns einen Auftrieb gegeben. (Einige Wochen darauf hat der Minister Schweyer mich empfangen[6]; er hätte das sonst nicht getan.)

Benito Mussolini (1883 bis 1945) – ursprünglich Sozialist und Volksschullehrer – emigrierte von 1902 bis 1904 nach der Schweiz (vorübergehend auch nach Deutschland), war nach der Rückkehr nach Italien Journalist und ab 1912 Chefredakteur des sozialdemokratischen Parteiorgans »Avanti«, wurde 1914 als Befürworter des Kriegseintritts Italiens aus der Sozialdemokratischen Partei ausgeschlossen, gründete im November 1914 seine eigene Zeitung »Popolo d'Italia«, war von 1915 bis 1917 Soldat (zuletzt: Korporal), kehrte 1917 – schwer verwundet – als Chefredakteur seiner Zeitung nach Mailand zurück und gründete, durch die Kriegs- und Nachkriegsereignisse Nationalist geworden, am 23. März 1919 den »FASCIO DI COMBATTIMENTO«, die faschistische Bewegung, die zugleich Einheitspartei und nationaler Wehrverband (Miliz) mit eigener Jugendorganisation war. Nach dem »Marsch auf Rom« mit seinen »Schwarzhemden« (28. Oktober 1922) wurde er Italiens Ministerpräsident und der Duce (Führer) des Faschismus. Durch seine »Getreideschlachten«, einen umfassenden Straßenbau, die Elektrifizierung der Eisenbahn, den Bau neuer Industrien, die Urbarmachung der Pontinischen Sümpfe und die Schaffung moderner Schulen, Universitäten und Krankenhäuser verminderte er die Arbeitslosigkeit und Armut in Italien entscheidend. Im Jahr 1929 erreichte er durch die »Lateran-Verträge« den Ausgleich zwischen dem Italienischen Staat und dem Vatikan-Staat (also dem Papst). 1936 eroberte er mit seinem autoritär aufgebauten Regime Abessinien (Äthiopien) und 1939 Albanien. Er feierte das als den Beginn eines neuen »Imperium Romanum«. Dadurch, daß er entgegen den mündlichen und schriftlichen Warnungen des Papstes Pius XII. und des italienischen Königs am 10. Juni 1940 an Hitlers Seite Italien in den II. Weltkrieg führte, verspielte er sein politisches Werk und wurde am 29. April 1945 von kommunistischen Partisanen erschossen. Im persönlichen Umgang war er betont selbstbewußt, konnte aber sehr freundlich und kameradschaftlich sein, wenn man ihm half (wie ich zum Beispiel beim Wiederauffinden seiner auf dem Berghof am 30. April 1942 hoffnungslos verlegten Uniformmütze). Er sprach und verstand Deutsch recht gut, so daß er sich mit Hitler auch ohne Dolmetscher unterhalten konnte. Hitler verehrte ihn sehr. Als bei Mussolinis Befreiung aus der Königs-Haft auf dem Gran Sasso (12. September 1943) sein Tagebuch in deutsche Hände fiel und manche – für Hitler wenig schmeichelhafte – Auffassung offenlegte, tat Hitler seine Enttäuschung mit der Bemerkung ab: »Auch ein Duce ist nur ein Mensch!«

Würde Mussolini damals vom Marxismus überrannt worden sein, ich weiß nicht, ob wir uns hätten halten können. Der Nationalsozialismus war damals noch ein schwaches Pflänzlein.

Wenn der Duce stürbe, so wäre das ein großes Unglück für Italien. Wer mit ihm durch die Villa Borghese ging und seinen Kopf und die römischen Büsten vor sich hatte, der fühlte: er ist einer der römischen Cäsaren! Irgendwie hat er die Erbmasse eines großen Mannes aus jener Zeit in sich.

Bei ihren Schwächen haben die Italiener doch viele Eigenschaften, die sie für uns liebenswert machen. Italien ist die Heimat der Staatsidee, war doch das

6 Dr. Franz Schweyer war von 1921 bis 1924 bayerischer Innenminister.

römische Weltreich die einzige wirklich große staatspolitische Gestaltung. Die Musikalität des Volkes, ihr Sinn für schöne Verhältnisse und Proportionen, die Schönheit ihrer Menschen! Die Renaissance war doch der Anbruch eines neuen Tages, das Sich-Wiederfinden des arischen Menschen.

Und dann unsere eigene Geschichte auf italienischem Boden! Wer kein Organ für Geschichte hat, ist wie ein Mensch, der kein Gehör oder kein Gesicht hat. Leben kann er auch so, aber was ist das?!

Paris gegenüber dem Zauber italienischer Städte

Der Zauber von Florenz und Rom, Ravenna und Siena oder Perugia, wie schön die Toskana und Umbrien! Jeder Palast in Florenz oder Rom ist mehr wert als das ganze Windsor Castle. Wenn die Engländer Florenz oder Rom zerstören, so ist das ein Verbrechen. Um Moskau ist es nicht schade, und leider wäre es heute auch bei Berlin kein Verlust.

Ich habe Rom und Paris gesehen. Ich muß sagen, Paris hat, abgesehen vielleicht vom Triumphbogen, nichts Großes im Stil des Kolosseums oder der Engelsburg oder auch des Vatikans: Gemeinschaftsarbeiten, die über das Einzelne hinausragen. Irgend etwas ist bei den Pariser Bauten immer bizarr, seien es »Ochsenaugen«[7], unmöglich in den Verhältnissen zum Bauganzen, oder ein Giebel, der die Fassade erdrückt, oder wenn ich das antike Pantheon mit dem Pariser Bau vergleiche: wie schlecht ist dieses konstruiert! Dazu die Plastiken! Was ich auch in Paris gesehen habe, es gleitet an mir ab, Rom dagegen hat mich richtig ergriffen.

Wie wir den Duce bei uns empfingen, dachten wir, es war schön; aber unsere Fahrt durch Italien[8], der Empfang dort – bei allem überholten Zeremoniell –, die Fahrt zum Quirinal, das war doch etwas anderes noch[9].

Neapel, vom Castell abgesehen, hätte das auch Südamerika sein können. Aber dann wieder der Hof des Palastes, wie großartig in den Verhältnissen, alles abgewogen, eins gegen das andere! Ich könnte mir nur wünschen, wie ein unbekannter Maler dort herumstreichen zu können. Statt dessen: hier Gruppen, dort Gruppen, der Duce dazu, der nicht mehr als drei Bilder sehen kann; so sah ich überhaupt nichts an Gemälden.

Auch Sizilien soll wunderbar sein.

2

22.7.1941 nachts
(Wolfsschanze)
Aufgenommen: Heim. F.d.R.: Picker

Deutsch-englische Freundschaft?

Überlegen ist der Engländer dem Deutschen durch sein Selbstbewußtsein. Selbstbewußtsein hat nur, wer befehlen kann.

Überall in der Welt sitzen Deutsche an der Arbeit, ohne daß sie den ihnen dafür gebührenden Lohn erhielten; ihre Leistung wird anerkannt. Aber daß sie nur ihrer Arbeit leben, läßt sie denen, die an ihnen verdienen, nur bedauernswert erscheinen.

7 Runde Dachfenster.
8 Staatsbesuch in Italien v. 2. bis 10. Mai 1938.
9 Noch in der Rückerinnerung war Hitler begeistert von den vormilitärischen Vorführungen der sportlichen italienischen Jugend im Lager von Centorella und im Forum Mussolini, sowie von der Verleihung des goldenen Abzeichens ihrer Organisation (Opera Nazionale Balilla) an ihn.

Woran es liegt, daß der Deutsche in der Zeit bis zum Weltkrieg in der angelsächsischen Welt nicht gern gesehen war?

Um 1870 hatten wir einen ungeheuren Bevölkerungszuwachs. Die Folge war, daß jährlich 200000 bis 300000 Menschen auswandern mußten. Dem konnte man nur abhelfen, wenn man diese Menschen in den Arbeitsprozeß einschaltete. Als Arbeitsprodukt kamen in Frage lediglich Erzeugnisse aus den deutschen Rohstoffen Kohle und Eisen. Der Bedarf an Erzeugnissen aus diesen Stoffen war bis dahin durch England gedeckt worden. Die Engländer pflegten erste Qualität zu verlangen und dafür hohe Preise zu bezahlen. Dem, der unter solchen Umständen ins Geschäft kommen will, bleibt nichts übrig, als den Monopolisten zu unterbieten.

Unser Bienenfleiß hat uns zur Herstellung von Massenartikeln instand gesetzt. Diese waren billig, aber sie konnten nicht die Qualität der englischen Erzeugnisse haben: Wir waren Anfänger und kannten die Produktionsgeheimnisse nicht. So kam es, daß auf einer Weltausstellung in Philadelphia in den achtziger Jahren (1876) die deutsche Produktion das Prädikat »billig und schlecht« erhielt. Mit der Zeit haben sich dann aber drei Produktionsgruppen herausgebildet, in denen unsere Arbeit der englischen an Qualität überlegen war: die chemische Industrie, an der Spitze die Pharmazeutik, die Farbenherstellung und dann vor dem Weltkrieg die Gewinnung von Stickstoff aus der Luft; die Herstellung elektrischer Geräte und die Erzeugung optischer Instrumente. England hat diese Konkurrenz so lebhaft zu spüren bekommen, daß es sich mit aller Macht dagegen wehrte. Aber weder die handelspolitischen Versuche wie der Schutzzoll oder zwischenstaatliche Verträge noch das Prädikat »Made in Germany« halfen.

Für den Engländer bestand das Lebensideal in der Daseinsform des viktorianischen Zeitalters: Dem Engländer waren die ungezählten Millionen des Kolonialreichs und 35 Millionen Menschen im eigenen Land dienstbar. Dazu kam 1 Million bürgerlicher Mittelstand und darüber 1000 Herren, denen der Ertrag aus der Arbeit der anderen mühelos zufloß. Für diese englische Herrenschicht war das Aufkommen Deutschlands das Unglück. Im Grunde war mit unserem wirtschaftlichen Aufstieg das Schicksal Englands bereits besiegelt, und künftig wird sich das englische Reich nur halten können, wenn Deutschland dazusteht.

Ich bin sicher, das Ende des Krieges ist der Anfang der dauernden Freundschaft mit England. Voraussetzung dafür, daß wir mit ihnen in Ruhe leben, ist der Knock-out-Schlag, den der Engländer von dem erwartet, den er achten soll: 1918 muß ausgelöscht sein.

Die »Schlacht um England« (»Battle of Britain«) wurde von Hitler nur mit halbem Herzen geführt, weil er um die vorbereiteten Ausweichmöglichkeiten der britischen Regierung nach Kanada wußte. Sein Ziel war deshalb in erster Linie die Ausschaltung des Wirtschaftspotentials der britischen Inseln. Zwar gab er am 16. Juli 1940 die Weisung zur Vorbereitung einer Landung in Südengland. Aber er ließ die Vorbereitungen so sichtbar treffen, daß dieses sogenannte Unternehmen »Seelöwe« von ihm als Druckmittel gegen Großbritannien in bezug auf die von ihm immer noch erhofften beiderseitigen politischen Verhandlungen benutzt werden konnte. Im Frühjahr 1941 ließ er das Unternehmen abblasen. Voraussetzung wäre eine Verminung der wichtigsten britischen Kriegshäfen und der Flanken des geplanten Operationsraumes gewesen. Zwar war die Wirkung der sogenannten »Teufelseier«, der geheimen deutschen Magnet-Seeminen, horrend; allein in der Themsemündung gingen in wenigen Tagen 67 Handelsschiffe, 3 Zerstörer und 6 Hilfsschiffe durch diese Minen unter. Aber ein Fehlabwurf zweier Minen ins Watt durch ein Marineflugzeug He 59 ließ britische Spezialisten das Geheimnis entschlüsseln. Zweite Voraussetzung einer Invasion der britischen Insel wäre die Beherrschung des britischen Luftraumes gewesen. Göring suchte sie durch den Großeinsatz der Luftflotten der Generalfeldmarschälle Kesselring, Sperrle und des Generalobersten Stumpf mit insgesamt 2355 Flugzeugen zu erringen. Aber die Bomberoffensiven gegen Flugplätze, Flugzeugwerke und Flak-Fabriken sowie gegen den Großraum London – ab 13. August 1940 – scheiterten nach großen Anfangserfolgen an den Royal-Air-Force-Jägern und ihren Attacken in »großen Haufen«. Man hatte deutscherseits versäumt, Jagdflugzeuge wie die im Luftkampf überlegene Focke-Wulf FW 190 A-4 auf Flugzeiten von mehr als eineinhalb Stunden weiterzuentwickeln, da der Hin- und Rückflug zum britischen Einsatz allein schon eine Stunde verbrauchte.

Wenn ich mich frage, ob wir denn gegen die Gefahren des Lebens im Reichtum gewappnet seien, denen England nun zu erliegen droht, so kann man nur antworten:

Ja, dem dient meine Sorge um die Kunst. Drüben ist Kultur wie Sport ausschließlich Sache der Herren, und in keinem Land wird Shakespeare so schlecht gespielt wie in England. Sie lieben die Musik, werden aber nicht geliebt von ihr. Und sie haben auch keine Denker von letztem Format. Was gilt der Masse des Volkes dort die Nationalgalerie? Ihre Reformation ist auch nicht wie die deutsche aus Gewissensnot, sondern aus Staatsüberlegung geboren. In Bayreuth trifft man mehr Franzosen als Engländer. Die Engländer haben keine Oper und kein Theater, an denen gearbeitet wird wie in den Hunderten deutscher Theater.

Trotzdem, ich habe viele Engländer und Engländerinnen kennengelernt, die wir schätzen, wenn auch die, mit denen wir offiziell zu tun hatten, keine Männer waren. Sie sind doch das Volk, mit dem wir uns verbinden können.

3

1.8.1941 nachts
(Wolfsschanze)
Aufgenommen: Heim. F.d.R.: Picker

Bürokratie: Beamtentum ohne Mut zur Verantwortung

Man verlangt immer, ich sollte etwas sagen zum Lob der Bürokratie. Ich kann das gar nicht.

Gewiß, wir haben eine saubere Verwaltung, unbestechlich, peinlich genau. Aber: sie ist überorganisiert, zum Teil überbesetzt. Und dann: man schaut nicht auf den Erfolg, man kennt nicht die Zubilligung einer bestimmten Verantwortlichkeit für bestimmte Funktionen, sondern alles wird abhängig gemacht. Dazu das ewige Kleben an Sitzen. Einen Wehrmachtsteil (gemeint ist das Heer) ausgenommen, haben wir jetzt tatsächlich bei der Wehrmacht eine viel größere Lockerung darin als im zivilen Sektor! Bei doch vielfach unzureichender Besoldung!

In dienstlichen Gesprächen mit mir machte Hitler keinen Hehl daraus, daß lediglich der alte »Berufsbeamten-Apparat« der staatlichen Verwaltung ihm seine vielen innenpolitischen und außenpolitischen Anfangserfolge ermöglicht hatte. Nur gestützt auf seine Parteifunktionäre – also auf eine Art Volksverwaltung mit viel gutem Willen, aber von keiner Sachkenntnis getrübt –, wäre er an diffizilen Problemen kläglich gescheitert. Hin-

zu kam, daß das Berufsbeamtentum ihm gegenüber äußerst loyal war. Es dankte ihm, daß er es durch das Gesetz zur Wiederherstellung des Berufsbeamtentums vom 7. April 1933 von allen Elementen befreit hatte, die ohne die vorgeschriebene Laufbahnvorbildung in ihre Diensstellungen gelangt waren, d. h. von den damals sogenannten Parteibuch-Bonzen. Die »Ministerialbürokratie« mit ihren Zentralisierungsbestrebungen und ihrem geringen Erfolgsdenken war für Hitler aber dennoch ein Alptraum, überall bremste sie seine phantastischen Pläne und zwang ihn, seine Ziele schrittweise zu realisieren. Demgegenüber bewunderte er die von Friedrich dem Großen geschaffene Landratsverwaltung von volljuristischen »Berufs-Landräten«, die ihre Aufgaben mit einem Drittel, bzw. einem Viertel des heutigen Landratsamtspersonals meisterte. »Mit 900 dieser Männer regiere ich ein Weltreich!« sagte er im August 1942 zu mir. Und er tat alles, um diesen von der Pike hochgedienten, vom Staat ernannten Verwaltungsfachleuten mit ihrer Tatkraft, sachlichen Progressivität und finanziellen Sparsamkeit in ihrem Bezirk die Stellung eines karolingischen Gau-Grafen, d.h. einer sachkundigen, realistischen, dabei aber väterlichen Führungsautorität zu schaffen. Und er lachte nur, wenn die Ministerialbürokratie sich via Reichsminister Lammers zum x-ten Male über die Selbstherrlichkeit und Vorgesetzten-Widerborstigkeit dieser Berufs-Landräte beschwerte.

Und dann die fixe Idee: Die Gesetzgebung dürfe stets nur reichseinheitlich sein. Warum nicht eine Vorschrift nur für einen Teil des Reiches? Sie bilden sich ein, Rechtseinheit heiße: besser schlecht und einheitlich als gut und nicht einheitlich. Was sein muß, ist lediglich, daß die Führung einen Überblick über die Tätigkeit der Verwaltung und die Fäden in der Hand behält.

Die Wehrmacht kennt höchste Auszeichnung für den, der – gegen einen Befehl handelnd – aus seiner Einsicht und Entschlußkraft eine Situation gerettet hat. In der Verwaltung kostet Abgehen von der Vorschrift immer den Kopf: die Ausnahme ist ihr ein fremder Begriff. Ihr fehlt deshalb auch der Mut zur großen Verantwortung.

Das Einzige, was gut ist, das ist, daß wir (im Verlauf dieses Krieges) allmählich einen Kontinent zu verwalten kriegen. Da verbietet schon der verschiedene Sonnenstand die »Einheitlichkeit«. Wir sind gezwungen, mit einer Handvoll Leuten Bezirke von 300 auf 500 km Ausdehnung zu regieren. Selbstverständlich wird der Polizei da die Pistole locker sitzen müssen. Die Männer der Partei werden das schon richtig machen.

Ein Lehrgeld wird bezahlt werden müssen: Mißgriffe sind nicht immer vermeidlich. Aber was macht das schon, wenn mir in 10 Jahren gemeldet werden kann: »Danzig, Elsaß, Lothringen sind deutsch, wobei allerdings in Colmar 3 und 4, dort 5 und 10 Mißgriffe vorgekommen sind.« Wir können sie in Kauf nehmen, wenn wir nur die Provinzen nicht verlieren. Nach 10 Jahren haben wir eine Auslese, von der wir sofort wissen: dafür können wir auf den, dafür auf jenen zurückgreifen, wenn bestimmte neue Aufgaben ihre Meister verlangen.

Es wird sich dann ein neuer Typ von Menschen herausschälen, richtige Herrennaturen, die man freilich im Westen nicht einsetzen kann: Vizekönige.

4

2.8.1941 mittags
(Wolfsschanze)
Aufnahme: Heim. F.d.R.: Picker

Des Bürgertums Unverstand: Wegbereiter des Kommunismus

Es ist kein Wunder, daß der Kommunismus in Sachsen sein stärkstes Bollwerk hatte und daß wir die sächsischen Arbeiter nur ganz allmählich gewonnen haben, wie auch, daß sie jetzt zu den Treuesten gehören: das dortige Bürgertum war geradezu von einer blödsinnigen Borniertheit.

In den Augen der sächsischen Wirtschaft waren auch wir Kommunisten. Wer eintritt für eine soziale Gleichstellung der Masse, ist für sie bolschewistisch. Was man an der sächsischen Heimarbeit gesündigt hat, ist unvorstellbar. Es war das eine Plutokratie wie heute in England. In Sachsen war von der Wehrmacht bereits ein allmählicher Zerfall des Volksmaterials festgestellt.

Plutokratie = Geldherrschaft. Zu Hitlers Geldwirtschaft sei folgendes angemerkt:

Die Münzprägungen des »Dritten Reiches« sind numismatisch in vielerlei Hinsicht von besonderem Interesse. Um sich eine nationale Silberreserve von 3,4 tausend t Feinsilber zu schaffen, ließ Hitler die 2-RM-Stücke mit 62,5 Prozent und die 5-RM-Stücke mit 90 Prozent Feinsilber legieren. Die ersten offiziellen Silbermünzen des Dritten Reiches waren das 2-RM- und das 5-RM-Stück mit der Garnisonkirche von Potsdam und dem Datum »21. März 1933« auf der Vorderseite, der Parole »Gemeinnutz geht vor Eigennutz« als Randschrift und je zwei kleinen Hakenkreuzen auf der Münzvorder- und Rückseite. Sie wurden ab 1934 ausgegeben. Nach Hindenburgs Tod ordnete Hitler als neues Staatsoberhaupt eine Veränderung des Münzbildes durch Aufprägung des NS-Hoheitsadlers (mit Hakenkreuz im Eichenkranz) an. Die neuen Münzen kamen ab 1936 zur Ausgabe. 1939 ließ Hitler die Reinnickelmünzen (50 Reichspfennig und 1 RM) gegen Aluminium-50-Pfennigstücke und 1-RM-Papiergeldnoten umtauschen und erlangte so für die Kriegsrüstung eine Nickelreserve von rund 3000 t. Daß die Luther- und Schiller-2-RM und 5-RM-Silbermünzen heute für den Sammler so teuer sind, liegt an der geringen Gesamtprägungszahl. Daß auch die Zink- und Aluminiumkleinmünzen des Dritten Reichs zum Teil einen besonders hohen Numismatikwert haben, hat seinen Grund in der geringen Prägekapazität der Münzanstalten Karlsruhe, Dresden und Hamburg, kenntlich an den Prägezeichen G, E und J. Die Kupfermünzen seiner Zeit – 1-Rpfg, 2-Rpfg, 5-Rpfg und 10-Rpfg – ließ Hitler ab 1939 in 1-Rpfg, 5-Rpfg und 10-Rpfg-Stücke aus Zink umtauschen, da sie 91,5 Prozent Kupfer bei 5- und 10-Rpfg-Stücken und 95 Prozent Kupfer bei 1- und 2-Rpfg-Stücken enthielten. Man schätzt Hitlers so erhaltene Kriegsrüstungskupferreserve auf minimal 10000 t. Banknoten ließ Hitler erst ab 1939 mit dem NS-Hoheitsadler versehen, als sich auch international seine Maxime durchzusetzen begann, daß der Wert des Geldes durch seine Kaufkraft (also durch das Nationalprodukt an Gütern und Dienstleistungen) bestimmt werde.

Ich werfe es keinem von den kleinen Leuten vor, daß er Kommunist war. Vorzuwerfen ist es nur einem Intellektualisten; er wußte, daß die Not ihm Mittel zu einem Zweck war. Betrachtet man dieses Geschmeiß von Bürgertum, dann wird man jetzt noch rot. Die Masse ist den Weg gegangen, der allein möglich ist. Am nationalen Leben hatte der Arbeiter keinen Anteil: Zur Enthüllung eines Bismarck-Denkmals zum Beispiel oder zu einem Stapellauf war nie eine Arbeiterdelegation eingeladen, man sah da nur Zylinder und Uniformen. Für mich ist der Zylinder identisch mit der Bourgeoisie.

Es gibt nichts Schöneres, als die alte »Woche« (vielgelesene, bebilderte Wochenzeitschrift des Scherl-Verlags seit 1889) anzuschauen. Da kann ich nur sagen, das muß man studieren: Beim Stapellauf nur Zylinder, auch noch nach der Revolution; das Volk lediglich Staffage für die Anfahrt der hohen und höchsten Herrschaften.

Der Kaiser hat einmal eine Arbeiterdelegation empfangen; die hat er nur angeschnauzt, er hat sie sofort verwarnt, er würde ihnen die kaiserliche Gnade entziehen. In ihren Bezirksversammlungen brauchten die Delegierten bloß die kaiserliche Rede zu interpretieren. Im Krieg war es dann zu spät.

Andererseits war man aber auch zu feige gewesen und hat nicht gewagt, der Sozialdemokratie den Kopf zu zertreten. Bismarck wollte das; daneben die soziale Gesetzgebung: ein Weg, der bei konsequenter Verfolgung innerhalb von 20 Jahren zum Ziel geführt haben würde.

Thälmann[10], das ist der Typ dieses kleinen Mannes, der nicht anders handeln konnte. Das Schlechte bei ihm ist, daß er nicht so klug war wie zum Beispiel Torgler[11]. Er war der geistig Beschränktere. Deshalb konnte ich Torgler laufenlassen, während ich Thälmann zurückhalten mußte, nicht aus Rache, sondern nur, weil er eine Gefahr bedeutet. Sobald die große Gefahr in Rußland beseitigt ist, kann er hingehen, wohin er will.

Die Sozialdemokraten brauchte ich nicht festzusetzen, weil es keinen ausländischen Staat gab, bei dem sie hätten Schaden stiften können.

Der Pakt mit Rußland hat mich nie bestimmt, der Gefahr im Innern gegenüber eine andere Haltung einzunehmen. Aber an sich sind mir unsere Kommunisten tausendmal sympathischer als zum Beispiel ein Starhemberg[12]. Es waren robuste Naturen, die, wenn sie länger in Rußland gewesen wären, vollkommen geheilt zurückgekommen sein würden.

5

2.8.1941 abends
(Wolfsschanze)
Aufnahme: Heim. F.d.R.: Picker

Eiserner Vorhang?

Wenn man wie Rußland sein Land abschließt, dann nur, um keinen Vergleichsmaßstab zu geben.

Stalin mußte in den baltischen Ländern den Bolschewismus einführen, weil das Leben dort für seine Besatzungsarmee einen unzuträglichen Vergleichsmaßstab bedeutet haben würde. Zunächst wollte er es gar nicht.

Hitler wünschte keinen Export des deutschen National-Sozialismus. Er stand da in krassem Gegensatz zu Lenin, der den Kommunismus entsprechend den Lehren von Karl Marx und Friedrich Engels internationalisieren wollte (Komintern = Kommunistische Internationale). Stalin benutzte die Internationalität des Kommunismus nur noch im sowjetischen Auslands-Interesse und zugunsten des UdSSR-Imperialismus. Schon ab 1924 verkündete er den »Sozialismus in einem Land«, d.h. den National-Kommunismus der UdSSR, mit dem Ziel, den bisherigen Agrarstaat Rußland zum Industriestaat Rußland umzufunktionieren. Für ihn, der 1912 in Wien im Auftrage Lenins die Nationalitäten-Probleme des Vielvölkerstaates Österreich-Ungarn studiert

10 Thälmann war KPD-Vorsitzender von 1925 bis 1933.

11 Torgler war KPD-Fraktionschef im Reichstag 1932/1933.

12 Ernst Rüdiger Fürst von Starhemberg war Teilnehmer des Münchner Hitlerputsches vom Jahr 1923. Später gegen Hitler kämpfend, wurde er ab 1930 Führer der »österreichischen Heimwehren« und Vizekanzler Österreichs von 1934 bis 1936.

und eine Schrift darüber veröffentlicht hatte, erforderte das Nationalitäten-Problem des Vielvölkerstaates UdSSR einen starken sowjetischen Nationalismus als politische Einheitsbasis. Dabei protegierte er unter den 115 Nationalitäten bzw. 175 Völkerschaften der UdSSR eindeutig die Russen, deren klaren Verstand, Geduld und standhaften Charakter er – obwohl selbst Georgier – nachhaltig schätzte. Heute stellen die Russen daher aufgrund der systematischen Stalinschen Bevölkerungspolitik die Hälfte aller Sowjetbürger.

Wir wollen Deutschland so gestalten, daß, wer zu uns kommt, von seinen bisherigen Vorstellungen geheilt ist. Aufzwingen will ich den Nationalsozialismus aber niemandem.
Wenn einer sagt, die anderen bleiben ja doch Demokraten, gut, sie sollen unter allen Umständen liberale Demokraten bleiben. Die Franzosen zum Beispiel sollen ihre Parteien behalten; je mehr sozialrevolutionäre Bewegungen sie besitzen, desto besser für uns. Es ist schon ganz recht, wie wir es jetzt machen: viele Franzosen werden sich nicht danach sehnen, daß wir Paris verlassen. Sie sind ihrer Verbindung mit uns wegen den Vichy-Franzosen verdächtig; wie Vichy umgekehrt vielleicht nicht ungern sieht, daß wir in Paris sitzen, weil man mit revolutionären Bewegungen zu rechnen hat.

Wasser, Wind und Gezeiten, die Energiespender der Zukunft

Bei der endgültigen Gestaltung unserer Wirtschaft werden wir darauf achten müssen, daß die animalischen Bestände an Umfang zunehmen. Sehr wichtig sind ferner 400000 Hektar Gummipflanzen zur Deckung unseres Bedarfs.

Die Ausnutzung der Wasserkräfte ist bei uns aufgrund der Macht der privatkapitalistischen Interessen noch ganz in den Anfängen. Die Großwasserkraft muß sich in erster Linie an die Großabnehmer, die chemische Industrie und so weiter halten. Im übrigen wird aber geradezu prämiiert werden müssen die Gewinnung jeder Pferdekraft im Stil unserer früheren Mühlen-Kraftnutzung: Das Wasser rinnt, man braucht sich nur eine Stufe zu bauen und hat, was man braucht. Während die Kohle eines Tages zu Ende geht, ist das Wasser immer neu da. Das kann man alles ganz anders auswerten als jetzt. Man kann Stufe hinter Stufe bauen und das kleinste Gefälle nutzbar machen. Man erhält dabei einen gleichmäßigen Wasser-Ablauf. Und man kann bombensicher bauen. Das neue Fischersche Verfahren ist eine der genialsten Erfindungen, die je gemacht worden sind.

Das Fischersche Verfahren (genauer: Fischer-Tropsch-Verfahren) wandelte Kohle und Braunkohle in synthetisches Benzin, Parafin, Alkohol, Schmieröl und Motorenöl um, indem die Kohle bzw. Braunkohle unter Druck- und Katalysatoren-Einwirkung mit Wasserstoff hydriert wurde. Man nannte das die Verflüssigung von Kohle und Braunkohle. Da damals die Wärme-Energie für Industrie, Gas- und Elektrizitätswerke sowie Haushaltungen fast ganz aus Kohle, Koks, Braunkohle, Holz und Torf gewonnen wurde, standen die 5 bis 7 Millionen t Jahres-Produktion der Treibstoff-Hydrierwerke (nach dem Fischerschen bzw. Bergius-Verfahren) in Merseburg (Leuna), Gelsenkirchen-Horst, Gelsenkirchen-Scholven, Oberhausen-Holten, Wesseling, im Ruhrgebiet, in Böhmen usw. Hitler weitgehend für seine Kriegführung zur Verfügung. Dabei war entscheidend, daß er – wie er sagte – »als Rohstoff-Habenichts« seine Panzer und Flugzeuge von vornherein treibstoff-sparsam konstruieren ließ. So brauchte z.B. das Me-109-Jagdflugzeug der 100000-RM-Serie 240 Liter, das der 200000-RM-Serie 280 Liter pro Stunde bei 775 km/h Geschwindigkeit, während heute die Triebwerke eines Jumbo-Jets etwa 15 000 Liter pro Stunde benötigen. Seit Mai 1944 wurden Hitlers Hydrier-Treibstoff-Werke von den Anglo-Amerikanern in allen Teilen des Reichs systematisch aus der Luft angegriffen und weitgehend zerbombt.

Norwegen muß für uns einmal eine Elektrizitätszentrale werden für Nordeuropa. Dann haben die Norweger endlich einmal eine europäische Mission zu erfüllen. Wie es in Schweden ist, lasse ich dahingestellt. In Finnland geht es leider nicht.

Wenn alle unsere Städte das Münchner Faulschlamm-Verfahren zur Gasgewinnung ausnutzen würden (12 Prozent vom normalen Gasbedarf werden in München damit gedeckt), so machte das etwas Ungeheures aus. In der Welser Heide kommt das Gas aus der Erde: die Stadt Wels ist davon geheizt. Man braucht sich nicht wundern, wenn dort eines Tages auch Petroleum erschlossen würde.

Aber für die Zukunft sind sicher: Wasser, Winde und Gezeiten. Als Heizkraft wird man wahrscheinlich Wasserstoffgas verwenden.

6 9.8.1941
(Wolfsschanze)
Aufnahme: Heim. F.d.R.: Picker

Grundsätze für die Ehrauffassung des Offizierskorps

Die Grundsätze der Offiziers-Ehrauffassung waren die letzten Tage wiederholt Gegenstand des Tischgesprächs Hitlers und der Generale. Der Oberbefehlshaber des Heeres hat daraufhin die nachstehende Zusammenstellung der für den Offizier gültigen Grundsätze der Ehrauffassung getroffen[13].

Veranlassung dazu hat, wie der Oberbefehlshaber des Heeres (Walther von Brauchitsch) ausführt, die Feststellung gegeben, daß neuerdings innerhalb der Wehrmacht eine Unsicherheit in Fragen der Ehrauffassung zutage getreten sei, die ihren Grund in einer kriegsbedingten Verflachung und Verschiebung von Begriffen, in der starken Vergrößerung des Offizierskorps und in der Verjüngung der Offiziere in Kommandeurstellungen habe. Wenn diese Erscheinungen auch nicht unerwartete seien, so müsse ihnen doch rechtzeitig begegnet werden, damit sie sich nicht zu einem Schaden des gesamten Offizierskorps auswachsen.

[Es wird gebeten, diese für die besonderen Bedürfnisse des Offizierskorps ausgearbeiteten Richtlinien vertraulich zur Kenntnis zu nehmen. Von einer Verwertung dieser Richtlinien für die Parteipolitik ist abzusehen.

(Besprechung Hitler/Keitel, Bormann unterrichtet):

»Der Offizier hat nicht nur seinen Beruf vorbildlich auszufüllen. Er ist darüber hinaus verpflichtet, auch nach außen hin dem ganzen Volke ein Vorbild ehrenhafter Gesinnung und deutscher Lebensart zu sein.

Der höchste sittliche Begriff für den Deutschen ist die Ehre. Daher ist die Wahrung der Ehre die oberste Pflicht des Offiziers. Sein Persönlichkeitswert und die Achtung, die ihm entgegengebracht wird, werden durch die Sicherheit und Unbestechlichkeit seines Ehrgefühls bestimmt. Ziel der erzieherischen Einwirkung muß es sein, diese Erkenntnis zu festigen und zu vertiefen.

Ich fasse hierzu folgende Grundsätze zusammen:

13 Sie wurden anhand der von Hitler persönlich gegebenen Stichworte und Leitgedanken formuliert.

Die Liebe zu Führer, Volk und Vaterland steht über allem. Der Offizier hat sich daher klar von denjenigen zu scheiden, die abseits des deutschen Weges und Kampfes stehen. Er ist verpflichtet, seinen festen Glauben an den Sieg dort einzusetzen, wo jemand schwach und zaghaft wird. Auch seine unmittelbaren Angehörigen müssen die gleichen Auffassungen vertreten. Die Ehre des Offiziers wird zum Beispiel berührt, wenn seine Ehefrau sich zu Äußerungen hinreißen läßt, die eine Bestrafung wegen ›Heimtücke‹[14] zur Folge haben.

1. Deutschbewußtsein

Der Offizier als Vorbild deutschen Führertums hat auch in diesem Kriege bewiesen, daß der Einsatz des Lebens auf dem ›Felde der Ehre‹ für ihn die letzte und höchste Erfüllung seines soldatischen Berufes bedeutet.

2. Tapferkeit

Aber auch die Pflichten des Alltags erfordern oft Tapferkeit, und zuweilen fehlt es dem vor dem Feinde unerschütterlich stehenden Kämpfer an ›Zivilcourage‹. Für eigene Fehler und Versäumnisse einzustehen, unangenehme und selbst beschämende Eröffnungen und Erörterungen nicht zu scheuen, die eigene Ansicht, wo das Interesse der Gemeinschaft oder die Pflicht es erfordern, vor jedem Vorgesetzten bei aller selbstverständlichen Achtung zu vertreten, den als recht erkannten Entschluß beharrlich trotz Hindernissen und Hemmungen durchzuführen und den Kampf mit der eigenen Schwäche und Unzulänglichkeit zu bestehen, heißt auch tapfer sein.

Treue ist Erfüllung der übernommenen Pflichten bis zum letzten.

3. Treue

Treue ist Fürsorge für die Untergebenen. Wer zuerst an die eigene Bequemlichkeit und die eigene Versorgung denkt, wer nicht jederzeit Helfer und Berater seiner Soldaten in allen Nöten und Fragen des täglichen Lebens ist, wer Entbehrungen fordert, die er selbst nicht zu tragen bereit ist, verletzt die Treuepflicht.

Treue ist Kameradschaft. Kameradschaft erschöpft sich nicht in geselligem Beisammensein, sie bewährt sich erst in Not und Gefahr. Kameradschaft ist Uneigennützigkeit und aufopfernde Hilfsbereitschaft vor dem Feinde wie im täglichen Leben.

Treue ist Ehrfurcht vor der Größe unserer Geschichte. Über Vergangenes zu urteilen, steht nur dem zu, der durch eigene Leistungen hierfür den Befähigungsnachweis erbracht hat.

Das Wort des Offiziers soll immer bestehen können. Schon die Selbstachtung gebietet: Ein Mann – ein Wort. Unantastbar muß das Ehrenwort sein.

4. Wahrheit und Offenheit

Unaufrichtigkeit als Zeichen mangelnden Mutes berührt die Ehre. Vor dem Ehrenrat sind Unaufrichtigkeiten und Fahrlässigkeit in den Angaben ehrbelastend. Lüge vor dem Ehrenrat aus Gründen persönlichen Vorteils ist ein Zeichen ehrloser Gesinnung.

Seine Pflicht tun, heißt selbstlos dem Ganzen dienen. Genügsamkeit, Härte gegen sich selbst und ständige Einsatzbereitschaft sind die Voraussetzungen für die Wahrnehmung von Vorrechten aus Rang und Dienststellung. Weil der Offizier Tag und Nacht für seine Truppe sorgen muß, weil er die Verantwortung trägt für das Leben jedes seiner Untergebenen, weil ihm viel zahlreichere und unvergleichlich schwerere Pflichten obliegen, weil er der letzte im Quartier ist und am spätesten zur Ruhe kommt, darum steht ihm zum Beispiel gesondertes Quartier und eine persönliche Bedienung zu.

5. Pflichterfüllung

Unangemessene persönliche Vorteile, welcher Art auch immer sie sein mögen, gehen wider die Ehre und untergraben das Ansehen des Offiziers.

14 »Verordnung zum Schutz von Volk und Staat« vom 28. Februar 1933 und »Verordnung zur Abwehr heimtückischer Angriffe gegen die Regierung der nationalen Erhebung« vom 21. März 1933.

6. Sittliche Untadeligkeit

Jeder Krieg bringt für innerlich nicht gefestigte Menschen die Gefahr, in ein gewisses Landsknechtstum zu verfallen. Hemmungslosigkeit, Selbstsucht, Großsprecherei und Wichtigtuerei treten zutage. Wer sich selbst nicht beherrschen kann, wer nicht maßvoll in seinen persönlichen Ansprüchen ist, wer von eigener Leistung prahlt und anderen Erfolge mißgönnt, wem Anerkennung und Auszeichnung allein Triebfeder seines Handelns bedeuten, wer Gerüchte verbreitet, um sich ›guter Beziehungen‹ rühmen zu können, der verliert die Achtung, die die Umwelt dem innerlich sauberen Menschen zollt. Innere Sauberkeit aber setzt ritterliches Denken und Handeln voraus, das heißt Bescheidenheit, Beherrschtheit, Verschwiegenheit, Freisein von Streberei und Neid. Die Ehre verlangt vom Offizier Bewährung dieser Eigenschaft ganz besonders unter den Einwirkungen des Krieges.

7. Achtung vor Frauenehre und Reinerhaltung der Ehe

Jede Frau hat grundsätzlich Anspruch auf die Achtung ihrer Ehre durch den Mann, es sei denn, daß sie durch unehrenhaftes Benehmen, strafbare Handlungen oder sonstige sittliche Mängel diesen Anspruch selbst verwirkt hat. Mit der Achtung vor Frauenehre ist es nicht vereinbar, Frauen in Fragen ihres persönlichen und privaten Lebens, ganz besonders aber ihres Ehelebens, zu befragen.

Die Ehe als Grundlage der Familie sichert das Leben und die Zukunft des Volkes. Ihre Reinerhaltung ist sittliche Pflicht. Der Offizier, der durch seine Stellung als Führerpersönlichkeit besonders hervorgehoben ist, muß durch vorbildliche Lebensführung diese hohe Auffassung verkörpern und in seiner eigenen Familie durchsetzen. Ehebruch und Einbruch in eine fremde Ehe bedeuten Verletzung der Ehre, Ehebruch gegenüber der eigenen Frau ist im allgemeinen zugleich als Treuebruch zu werten. Eheliche Untreue der Frau verpflichtet den Ehemann, die Ehre seines Hauses gegenüber dem Beleidiger zu verteidigen.

8. Verteidigung der Ehre

Die Ehre ist Angriffen von außen ausgesetzt. Jede Beleidigung und jeder Zweifel an ehrenhafter Gesinnung berührt die Ehre, es sei denn, daß die Ehrenkränkung durch einen seiner Sinne nicht mächtigen oder allgemein als minderwertig bekannten Menschen zugefügt wird.

Tätliche Angriffe hat der Offizier auf der Stelle abzuwehren und ihre weitere Fortsetzung zu verhindern. Darüber hinaus erfolgt gegebenenfalls Strafanzeige und wie bei Beleidigungen, Kränkungen und sonstigen Angriffen gegen die Ehre (zum Beispiel Ehebruch) grundsätzlich sofort Meldung an den Vorgesetzten. Dieser übernimmt damit die Verpflichtung, die Wiederherstellung der Ehre des Beleidigten durch Ausgleichsverhandlungen, falls der Beleidiger nicht selbst Genugtuung bietet, beziehungsweise durch Herbeiführung der Entscheidung im Ehrenwege zu veranlassen.

Herausforderung zum Zweikampf und sonstige Maßnahmen (zum Beispiel Ehescheidung) sind nicht zu fordern.

Offiziersmäßige Haltung

Von dem Begriff ›Wahrung der Ehre‹ ist die Forderung nach offiziersmäßiger Haltung zu unterscheiden. Diese umfaßt ausschließlich die äußere Form des Verhaltens in der Öffentlichkeit (zum Beispiel Benehmen, Auftreten, Wahrung der Disziplin, Anzug). Soldatische Formen sind niemals Nebensächlichkeiten, sie bedürfen daher ständiger erzieherischer Überwachung durch die Vorgesetzten. Verstöße sind im Beurteilungswege disziplinarisch oder strafrechtlich zu ahnden.«]

7 8. und 9.9.1941 nachts und 10.9.1941 mittags, abends und nachts (Wolfsschanze)

Aufnahme: Heim. F.d.R.: Picker

Deutschland, Europas Wall gegen Asien

Die Geburtsstätte des englischen Selbstbewußtseins ist Indien. Vor 400 Jahren hatten die Engländer nichts davon. Die Riesenräume Indiens haben sie gezwungen, mit wenigen Menschen Millionen zu regieren. Mitbestimmend war dabei die Versorgung größerer europäischer Einheiten mit Lebensmitteln und Gebrauchsgegenständen.

Mit dieser Handvoll Leute das Leben der neuen Kontinente reglementieren zu wollen, konnte den Engländern nicht in den Sinn kommen; es hat auch keine anglikanische Missionstätigkeit gegeben. Das hatte das Gute, daß die fremden Kontinente ihre heiligen Güter nicht angetastet sahen.

Der Deutsche hat sich überall in der Welt dadurch verhaßt gemacht, daß, wo er auftrat, er den Lehrer zu spielen anfing. Den Völkern war dadurch nicht der mindeste Dienst erwiesen; denn die ihnen vermittelten Werte waren für sie keine Werte. Der Pflichtbegriff in unserem Sinne existiert in Rußland nicht. Warum den Russen dazu erziehen wollen.

Bei unserer Besiedlung des russischen Raumes soll der »Reichsbauer« in hervorragend schönen Siedlungen hausen. Die deutschen Stellen und Behörden sollen wunderbare Gebäulichkeiten haben, die Gouverneure Paläste. Um die Dienststellen herum baut sich an, was der Aufrechterhaltung des Lebens dient. Und um die Stadt wird auf 30 bis 40 Kilometer ein Ring gelegt von schönen Dörfern, durch die besten Straßen verbunden. Was dann kommt, ist die andere Welt, in der wir die Russen leben lassen wollen, wie sie es wünschen. Nur, daß wir sie beherrschen. Im Falle einer Revolution brauchen wir dann nur ein paar Bomben zu werfen auf deren Städte, und die Sache ist erledigt. Einmal im Jahr wird dann ein Trupp Kirgisen durch die Reichshauptstadt geführt, um ihre Vorstellung mit der Gewalt und Größe ihrer steinernen Denkmale zu erfüllen.

Was für England Indien war, wird für uns der Ostraum sein. Wenn ich dem deutschen Volk nur eingeben könnte, was dieser Raum für die Zukunft bedeutet.

Selbstverständlich sah Hitler seine Eroberung des Ostraums imperialistisch. Als er seine geistreich-schlagfertige – bei besonders schwierigen Diktaten bevorzugte – Sekretärin Christa Schroeder im FHQu-»Wolfsschanze« einmal nachts zur Bunkertür geleitete und diese – wegen der Dunkelheit der Nacht – nach ihrer Taschenlampe suchte, scherzte er: »Ich habe sie fei net gestohlen. Ich bin wohl ein Ländledieb, aber kein Lämplestehler. Und das ist gut so. Denn die Kleinen hängt man. Nur die Großen läßt man laufen!«

Kolonien sind ein fraglicher Besitz. Diese Erde ist uns sicher. Europa ist kein geographischer, sondern ein blutsmäßig bedingter Begriff.

Man versteht jetzt, wie die Chinesen dazu gekommen sind, sich zum Schutz gegen die ewigen Einfälle der Mongolen mit einer Mauer zu umgeben. Und man ist versucht, sich einen Riesenwall[15] zu wünschen, der den neuen Osten gegen die mittelasiatischen Massen schirmt. Aller Geschichte zum Trotz, die

15 Hitler beschäftigte sich zeitweise mit Plänen für einen Ostwallbau auf der ungefähren Linie »Archangelsk-Astrachan«.

lehrt, daß im beschirmten Raum eine Erschlaffung der Kräfte eintritt. Am Ende ist die beste Mauer immer noch ein lebender Wall.

Wenn ein Land zu Evakuierungen ein Recht hat, so sind wir es, weil wir unsere eigenen Menschen wiederholt evakuiert haben: Aus Ostpreußen allein sind 800000 Menschen ausgesiedelt worden. Wie empfindsam wir Deutschen sind, läßt sich daran erkennen daß es uns ein Äußerstes an Brutalität zu sein schien, unser Land von den 600000 Juden[16] zu befreien, während wir die Evakuierung unserer eigenen Menschen widerspruchslos als etwas hingenommen haben, das sein muß.

Wir dürfen von Europa keinen Germanen mehr nach Amerika gehen lassen. Die Norweger, Schweden, Dänen, Niederländer müssen wir alle in die Ostgebiete hereinleiten; das werden Glieder des Reichs. Wir stehen vor der großen Zukunftsaufgabe, planmäßige Rassenpolitik zu treiben. Wir müssen das schon deshalb tun, um der Inzucht zu begegnen, die bei uns Platz greift. Die Schweizer werden wir allerdings nur als Gastwirte verwenden können.

Sümpfe wollen wir nicht bewältigen. Wir nehmen nur die bessere Erde und zunächst nur die allerbesten Gründe. Im Sumpfgebiet können wir einen riesigen Truppenübungsplatz anlegen von 350 auf 400 km, mit Strömen drin und allem Hindernis, das die Natur der Truppe bieten kann.

Es ist keine Frage, daß es für unsere kampfgeübten Divisionen ein kleines wäre, heute über ein englisches Landheer Herr zu werden. England ist schon deshalb unterlegen, weil es im eigenen Land gar keine Übungsmöglichkeiten hat; da müßten zuviel Schlösser verschwinden, wollten sie sich entsprechend große Räume erschließen!

Es hat in der Weltgeschichte bislang nur drei Vernichtungsschlachten gegeben: Cannae, Sedan und Tannenberg. Wir können stolz darauf sein, daß zwei davon von deutschen Heeren erfochten wurden. Dazu kommen jetzt unsere Schlachten in Polen, im Westen und heute im Osten. Alles andere sind Verfolgungsschlachten, auch Waterloo. Von der Schlacht im Teutoburger Wald machen wir uns falsche Vorstellungen; schuld daran ist die Romantik unserer Geschichtsprofessoren: im Wald konnte man damals sowenig wie heute Kämpfe führen.

Was den russischen Feldzug angeht, standen sich zwei Vorstellungen gegenüber. Die eine: Stalin werde die Rückzugstaktik von 1812 wählen; die andere: Wir würden mit erbittertem Widerstand zu rechnen haben.

Mit dieser stand ich ziemlich vereinsamt. Ich sagte mir, daß ein Aufgeben der Industriezentren Petersburg und Charkow einer Selbstaufgabe gleichkommt, daß Rückzug unter diesen Umständen soviel wie Vernichtung ist, und daß der Russe deshalb auf jeden Fall versuchen werde, diese Position zu halten. So ist dann auch der Einsatz unserer Kräfte erfolgt, und die Entwicklung hat mir recht gegeben. Amerika würde – und wenn es vier Jahre wie wahnsinnig arbeiten wollte – das nicht zu ersetzen vermögen, was die russische Armee bis jetzt verloren hat.

16 1933 hatte das Deutsche Reich 502799 Juden, Österreich 191481 und das Sudetenland 27374. Von diesen insgesamt 721654 Juden wurden bis 1939 fast 400000 von Hitler zur »freiwilligen« Auswanderung veranlaßt. Im »Großdeutschen Reich« gab es daher am 15. Mai 1939 überhaupt nur noch 330892 Juden.

Wenn Amerika England Hilfestellung leistet, so geschieht das immer nur in der Erwägung, dem Augenblick näher zu kommen, wo man England zu beerben in der Lage ist.

England – USA

Ich werde es nicht mehr erleben, aber ich freue mich für das deutsche Volk, daß es eines Tages mit ansehen wird, wie England und Deutschland vereint gegen Amerika antreten. Deutschland und England werden wissen, was eins vom anderen zu erwarten hat. Und wir haben dann den rechten Bundesgenossen gefunden: Sie sind von beispielloser Frechheit, aber ich bewundere sie doch; da haben wir noch viel zu lernen.

Wenn einer den Sieg unserer Waffen im Gebet erfleht, so ist es der Schah von Persien[17]: sobald wir bei ihm unten sind, hat er von England nichts mehr zu befürchten.

Das erste wird sein, daß wir mit der Türkei[18] einen Freundschaftsbund auf der Basis schließen, daß ihr der Schutz der Dardanellen überlassen ist. Keine Macht soll dort etwas zu suchen haben.

Was die Planmäßigkeit der Wirtschaft angeht, stehen wir noch ganz in den Anfängen, und ich stelle mir vor, es ist etwas wunderbar Schönes, eine gesamtdeutsche und europäische Wirtschaftsordnung aufzubauen.

Geplante Wirtschaft, geplante Verwaltung. Europa als Wirtschaftsraum

Was würde beispielsweise allein damit gewonnen sein, daß es uns gelingt, die Wasserdämpfe, wie sie heute bei der Gasgewinnung entstehen, aber für die Wärmewirtschaft verlorengehen, zur Beheizung von Gewächshäusern zu verwenden, die unsere Städte den ganzen Winter über mit Frischgemüse und Früchten versehen müßten. Es gibt nichts Schöneres als Gartenwirtschaft. Ich habe bisher immer geglaubt, eine Wehrmacht könnte ohne Fleisch nicht auskommen. Jetzt weiß ich, daß die Heere der Antike sich nur in Zeiten der Ernährungsnot gezwungen gesehen haben, zum Fleisch zu greifen, so daß sich die Heeresverpflegung der Römer fast ganz auf Getreide aufgebaut hat.

Nimmt man zusammen, was im europäischen Raum – Deutschland, England, nordische Länder, Frankreich, Italien – an Kräften zu schöpferischer Gestaltung schlummert, so muß man sich sagen: was sind daneben die amerikanischen Möglichkeiten?

England weist stolz auf die Bereitschaft der Dominions hin, zum Empire zu stehen. Gewiß, eine solche Bereitschaft ist etwas Schönes, aber: sie besteht nur so lange, als eine starke Zentralgewalt in der Lage ist, sie zu erzwingen.

Gewaltig wird sich auswirken, daß es über das ganze neue Reich hinweg nur eine Wehrmacht, eine SS[19], eine Verwaltung gibt!

17 Der Erneuerer des Persischen Staatswesens, Schah Reza Chan Pahlewi, konnte trotz seines weltweiten Ansehens die Besetzung Persiens durch die UdSSR und Großbritannien im August 1941 nicht verhindern, da diese Länder den Zugang zum Persischen Golf zum Transport der USA-Rüstungs- und Versorgungslieferungen brauchten. Am 16. September 1941 dankte er deshalb zugunsten seines Sohnes Mohammed Reza Pahlewi, des heutigen Schahs, ab.

18 Im deutsch-türkischen Freundschaftsvertrag vom 18. Juni 1941 wahrte die Türkei noch ausdrücklich ihre Neutralität. Hitler hoffte aber, daß seine Kriegserfolge im Osten und der sprichwörtliche Russenhaß der Türken die Türkei mit der Zeit zum Bündnisbeitritt bewegen könnten.

19 Hitler war selbst Mitglied der – aus dem »Stoßtrupp Hitler« entwickelten – SS (Schutzstaffel der NSDAP), und zwar seit dem 1. April 1927 unter der Nummer 186 als sogenanntes »förderndes Mitglied«. Im übrigen war er seit dem 2. September 1930 »Oberster Führer« der SS ebenso wie der SA (Sturmabteilung der NSDAP).

Wie die in den Ring ihrer Mauern gezwungene Altstadt andere Baulinien hat als die moderne Stadtrandsiedlung, so werden wir die neuen Räume auf andere Weise als das Altreich regieren. Entscheidend ist nur, daß einheitlich geschieht, was geschehen soll.

Für den Bereich der Ostmark war es das Richtige, den Zentralstaat auf Kosten von Wien zu zerschlagen und die Kronländer wiederherzustellen. Mit einem Schlage ist damit eine Unzahl von Reibungsflächen verschwunden: Jeder der Gaue ist glücklich, sein eigener Herr zu sein.

Die Waffen der Zukunft

Die Waffen der Zukunft? In erster Linie das Landheer, dann die Luftwaffe und erst an dritter Stelle die Seemacht.

Vierhundert Tanks im Sommer 1918, und wir würden den Weltkrieg gewonnen haben. Es war unser Unglück, daß die damalige Führung die Bedeutung der technischen Waffen nicht rechtzeitig erkannt hat. Die Luftwaffe ist die jüngste Waffe. Aber sie hat im Laufe weniger Jahrzehnte die größten Fortschritte gemacht, und noch kann nicht gesagt werden, daß sie auf dem Höhepunkt ihrer Möglichkeiten angelangt ist. Die Marine dagegen hat seit dem Weltkrieg so gut wie keine Veränderung erfahren.

Es ist etwas Tragisches, daß der Schlachtkreuzer, ein Inbegriff menschlicher Leistung in der Bewältigung des Materials, angesichts der Entwicklung der Luftwaffe zur Bedeutungslosigkeit herabgesunken ist. Er ist vergleichbar mit dem technischen Wunder, welches am Ende des Mittelalters ein mit seinem Pferd in prächtiger Rüstung geharnischter Ritter dargestellt hat. Dabei entsprechen im Herstellungsaufwand einem Schlachtschiff 1000 Bomber. Und wieviel Zeit erfordert der Bau eines Schlachtschiffes! Sobald der geräuschlose Torpedo erfunden ist, bedeuten 100 Flugzeuge den Tod des Kreuzers. Und heute schon wird sich im Hafen kein großes Schlachtschiff mehr aufhalten können.

Hitler war ständig bemüht, über den neuesten Stand der möglicherweise militärisch relevanten Wissenschaften unterrichtet zu sein. So beauftragte er mich, das Notwendige zur Unterstützung der Unterwasserexpeditionen des 1919 geborenen österreichischen Zoologen Hans Hass – insbesondere seine uk-Stellung – zu veranlassen und ihn – Hitler – über dessen neueste Forschungsergebnisse zu unterrichten. Immer wieder mußte ihm Material über den Stand der Tiefseeforschung vorgelegt werden. Die Marinefachleute spornte er an, aus dem bis März 1942 erfolgreichen U-Boot als »Tauchboot« ein neues U-Boot als »Unterwasserschiff« zu entwickeln, wie es als Walter-Elektro-Boot im April 1944 im Prototyp zur Ablieferung kam, aber mit 120 Stück erst bei der Kapitulation fronteinsatzbereit war. In der Hochfrequenz verlangte er schon ab 1938 die Entwicklung des Schultes-Geräts (nach seinem Erfinder Dr. Theodor Schultes benannt), das mit kurzwelligen Funkstrahlen (Zentimeterwellen) zur Entfernungsmessung und Objekterkundung bei der Marine erprobt wurde. Als Anfang 1943 in einem über Rotterdam abgeschossenen britischen Bomber ein entsprechendes Klein-Gerät, »Radar«, gefunden wurde, das u.a. der Jagd auf unsere U-Boote diente, stellte sich zu Hitlers Leidwesen heraus, daß Göring die ihm übertragene Weiterentwicklung der deutschen Konstruktion für die Flugzeuge nicht genügend vorangetrieben hatte.

8

24.10.1941 abends
(Wolfsschanze)
Aufnahme: Heim. F.d.R.: Picker

Kirche, Religion und Wissenschaft[20]

Es gibt kein Wesen, keine Substanz, aber auch keine menschliche Institution, die nicht eines Tages altert. Jede Institution muß aber an ihre Unvergänglichkeit glauben, wenn sie sich nicht selbst aufgeben will. Der härteste Stahl wird müde, sämtliche Elemente zersetzen sich. Und so sicher die Erde einmal vergeht, so sicher gehen sämtliche Institutionen eines Tages zugrunde.

Alle diese Erscheinungen gehen wellenförmig, keinen geraden Weg, sondern nach oben oder nach unten. Die Kirche liegt in immerwährendem Streit mit der freien Forschung. Es gab Zeiten, in denen der Widerstand der Kirche so groß war gegen die Forschung, daß Explosionen erfolgten. Darauf hat sich die Kirche zurückgezogen. Und die Wissenschaft hat an Schlagkraft verloren.

Heute wird um 10.00 Uhr in der Religionsstunde die Schöpfungsgeschichte mit den Worten der Bibel erzählt, während in der Naturkundestunde um 11.00 Uhr die Entwicklungstheorie vertreten wird. Beides widerspricht sich absolut. Ich habe als Schuljunge den Widerspruch empfunden und mich darin verbohrt und habe dem Professor der zweiten Stunde vorgehalten, was der der ersten Stunde gesagt hat, so daß die Lehrer in Verzweiflung gerieten! Die Kirche hilft sich damit, daß sie erklärt, die Darstellung der Bibel sei sinnbildlich zu verstehen. Würde einer vor 400 Jahren das behauptet haben, so wäre er unter frommen Gesängen geröstet worden.

Weil sie nunmehr tolerant ist, hat die Kirche gegenüber dem Zustand des vorigen Jahrhunderts wieder an Boden gewonnen. Sie nützt dabei aus, daß es im Wesen der Wissenschaft liegt, grundsätzlich der Wahrheit nachzustreben. Die Wissenschaft ist nichts weiter wie eine Leiter, die man erklimmt. Mit jeder Stufe sieht man ein bißchen weiter. Aber an das Ende der Dinge sieht auch die Wissenschaft nicht. Stellt sich heraus, daß das jüngst für wahr Gehaltene auch nur eine Teilerkenntnis ist, mit welcher das Tor der Ewigkeit nicht aufgerissen ist, so erklärt die Kirche, wir haben es ja gleich gesagt! Aber: die Wissenschaft kann nicht anders. Denn wollte sie dogmatischen Charakter annehmen, so würde sie selbst Kirche. Wenn man sagt, der Blitz wird vom lieben Gott gemacht, so ist das nicht unrichtig. Sicher ist aber, daß der liebe Gott den Blitz nicht so dirigiert, wie es die Kirche behauptet. Die Definition der Kirche ist ein Mißbrauch der Schöpfung für irdische Zwecke. Die wirkliche Frömmigkeit ist dort, wo das tiefste Wissen über die Unzulänglichkeit des Menschlichen wohnt.

Wer Gott nur in einer Eiche oder in einem Tabernakel sieht und nicht im Gesamten, der kann nicht tiefinnerlich fromm sein, er bleibt im Äußeren

20 Die Tischgesprächsaufzeichnungen Nr. 8, 9, 11 und 30 zeigen, wie notwendig die Einberufung des Zweiten Vatikanischen Konzils durch Papst Johannes XXIII. (11. Oktober 1962) war, um der Welt unter Wahrung von Glaubenssubstanz und Tradition ein Christentum zu präsentieren, das die Sprache unserer Zeit spricht. Diese Tischgespräche Hitlers sind zugleich ein Beleg dafür, mit wieviel Recht die römisch-katholische Kirche heute die Heiligsprechung von Papst Johannes XXIII. (25.11.1881 bis 3.6.1963) als eines einzigartigen »Seelsorgers urbi et orbi« und als des Papstes des »Völkerfriedens, der Sozialgerechtigkeit und der Christlichen Einheit« betreibt. In einer Zeit weltweiter Kirchenverdrossenheit mehrte er den Gläubigenbestand Roms in einem nur viereinhalbjährigen Pontifikat (28.10.1958 bis 3.6.1963) um über 46 Prozent von 350 Millionen auf 512 Millionen. Und selbst der Moskauer Kreml flaggte bei seinem Tode halbmast.

stecken, und wenn es blitzt und donnert, so fürchtet er, erschlagen zu werden zur Strafe dafür, daß er das oder jenes Gebot übertreten hat.

Liest man Streitschriften aus dem französischen 17. oder 18. Jahrhundert oder die Unterhaltungen Friedrichs des Großen mit Voltaire, dann muß man sich schämen über den Tiefstand unserer heutigen Gespräche.

Die Wissenschaft ist eben wieder an einem gewaltigen Abschnitt der Frage angelangt, ob überhaupt zwischen dem Organischen und dem Anorganischen in der Natur ein substantieller Unterschied besteht: Man hat Körper vor sich und weiß nicht, soll man sie zum Organischen oder Anorganischen rechnen.

Da wird die Kirche erst schreien, dann hält sie still und lehrt das Ihre neben dem anderen. Neben der gigantischen Gewalt der naturgeschichtlichen Forschung wird aber eines Tages das Dogma verblassen. Es ist das auch logisch. Wenn das menschliche Hirn einen Schritt weiter denkt und das Glück hat, etwas von dem gewaltigen Schleier zu lüften, dann kann es nicht ohne Folgen bleiben. Die zehn Gebote sind Ordnungsgesetze, die absolut lobenswert sind. Da durchdringen sich Kirche und Religion.

Die Kirchen sind dadurch entstanden, daß die Religion eine organisatorische Vertretung erhielt. Was das Unterbewußtsein fühlt, ist so ziemlich bei allen Menschen gleich, es formuliert sich aber bloß verschieden. Der eine merkt das Unzulängliche nur, wenn es ihm an den Kragen geht, der andere sieht es von vornherein, ohne daß Wasser und Feuer oder ein Erdbeben gekommen sind. Im Unterbewußtsein ist in jedem das Gefühl für die Begrenztheit menschlicher Macht vorhanden.

Das Mikroskop zeigt uns, daß die Größenordnung nicht nur nach außen, sondern auch nach innen geht: Mikrokosmos – Makrokosmos. Dazu kommen nun gewisse Erkenntnisse sehr natürlicher Art, zum Beispiel daß das und jenes nicht gesund ist für den Menschen. Daher das Fasten und die vielen Heil-Lehren, die für den Menschen nützlich sind. Es ist kein Zufall, daß die ägyptische Priesterschaft zugleich die Ärzteschaft war. Wenn die moderne Wissenschaft nichts anderes tut, als das zu beseitigen, dann schadet sie. Wenn umgekehrt das kirchlicherseits verwendet wird, um den menschlichen Fortschritt abzuwürgen, so ist das unerträglich, und daran muß eines Tages jede Kirche scheitern.

Bei alternden Menschen sind die Gewebe nicht mehr genügend elastisch. Der normale Mensch sieht ungern dem Sterben des anderen zu. Haben zwei Menschen sich gern, und es spricht eines vom Tode, heißt es: »Geh, hör auf!«

»Sie, haben Sie schon Ihr Testament gemacht?« – das, sagt man, sei eine taktlose Frage. Je jünger man ist, desto weniger denkt man daran. Die Alten aber hängen wahnsinnig am Dasein. Sie sind meistens die Frömmeren. Die Kirche eröffnet ihre Perspektive: Das Aufhören des Lebens sei nicht nur belanglos, sondern es gehe dann noch viel schöner weiter. Da soll einer der Kirche seine Zehntausend nicht vermachen! Im Großen ist das genauso. Gibt es überhaupt eine Kirche, die sich nicht dogmatisch festlegt? Nein, dann wäre sie Wissenschaft. Die Wissenschaft kann nicht erklären, warum die Dinge der Natur so sind, wie sie dem forschenden Auge sich offenbaren. Hier springt die Religion ein und bringt Beruhigung. Indes in der Gestalt der Kirche setzt sie sich in Widerspruch zum Leben. Die Autorität der kirchlichen Oberen beruht darauf, daß ihre Lehre zum Dogma erhoben ist, und die Kirche würde sich selber aufgeben, hielte sie nicht fest an ihrer dogmatisch gebundenen Lehre. Was aber dem Blick nicht mehr gerecht wird, muß sich ändern oder vergehen. Das ist die ewige Wandlung.

Wir brauchen uns nur vor Augen zu halten, daß

1. wir Menschen von heute einen Blick in die Tiefe der Vergangenheit haben, wie er vor eintausend Jahren den Vorfahren nicht gegeben war, und daß

2. wir einen Blick in die Weite besitzen, wie ihn das Altertum nicht gehabt hat.

Bei den zweieinhalb Milliarden Menschen auf der Erde finden wir 170 größere Glaubensbekenntnisse, von denen jedes behauptet, die allein richtige Vorstellung vom Jenseits zu besitzen. 169 davon müssen im Unrecht sein, denn nur eines kann recht haben. Von den Religionen, die wir heute haben, ist dabei keine älter als höchstens 2500 Jahre. Menschen von mindestens dem Rang eines Pavian gibt es auf jeden Fall seit mindestens 300000 Jahren. Der Menschenaffe unterscheidet sich vom niedrigstehenden Menschen weniger als ein solcher Mensch von einem Kopf wie beispielsweise Schopenhauer. Mit dem Blick in solche Tiefen gesehen, sind 2000 Jahre ein ganz kleiner Ausschnitt. Materiell betrachtet, besteht für uns das Universum aus gleichen Stoffen. Mag es sich nun um die Erde, die Sonne oder um andere Sterne handeln. Sich einbilden, daß nur auf einem dieser Sterne organisches Leben ist, ist heute unmöglich geworden!

Ob wissenschaftliche Erkenntnisse den Menschen glücklicher machen? Ich weiß es nicht. Aber mit ganz verschiedenen Bekenntnissen sind die Menschen glücklich. Gut, so muß man eben darin auch tolerant sein.

Töricht ist es, den Menschen glauben zu machen, wie das eine aufdringliche liberale Wissenschaft des vorigen Jahrhunderts getan hat, er sei ein Dirigent: der gleiche Mensch, der, um rascher vorwärts zu kommen, das Pferd, also einen Saurier mit einer ganz kleinen Hirnmasse, besteigt. Das ist das, was ich für das schlimmste halte.

Die Russen durften sich gegen ihre Popen wenden, aber sie durften das nicht umdrehen in einen Kampf gegen die höhere Gewalt. Tatsache ist, daß wir willenlose Geschöpfe sind, daß es eine schöpferische Kraft aber gibt. Das leugnen zu wollen, ist Dummheit.

Der große Oekumenische Patriarch unseres Jahrhunderts, Athenagoras I., (1886 bis 1972), brachte das urchristliche Wissen um die »Schöpferkraft Gottes« und die »Liebe« als Fundament allen religiösen Empfindens wieder zur Geltung. Er stellte die Einheit der orthodoxen Kirchen in der Verkündigung der Gottesoffenbarung, im Glauben und in der Tradition wieder her. Mit der Jerusalemer Begegnung mit Papst Paul VI. von 1964 beseitigte er die Bannflüche zwischen der römisch-katholischen Kirche und der Orthodoxie vom Jahre 1054. In weltweiten Konferenzen mit allen christlichen Konfessionen und mit seiner nachdrücklichen Förderung des Genfer Weltrats der Kirchen führte er in seinem »Dialog der Liebe« die Menschen christlichen Glaubens nach Propheten-Art wieder zurück auf den Weg zur urchristlichen Oekumene.

Wer etwas Falsches glaubt, steht noch höher als der, der überhaupt nichts glaubt. So ein bolschewistischer Professor bildet sich ein, über die Schöpfung zu triumphieren. Solchen Menschen gegenüber werden wir Herr sein. Ob wir nun aus dem Katechismus oder aus der Philosophie schöpfen, wir haben eine

Rückzugsmöglichkeit, während sie mit ihrer nur materialistischen Anschauung sich am Ende noch gegenseitig auffressen!

9

11.11.1941 abends
(Wolfsschanze)
Aufnahme: Heim. F.d.R.: Picker

Überwindung statt Zerstörung der christlichen Kirche

Die Partei tut gut, sich von der Kirche fernzuhalten. Feldgottesdienste hat es bei uns nie gegeben. Lieber – sage ich mir – lasse ich mich eine Zeitlang exkommunizieren oder bannen. Die Freundschaft der Kirche kommt einem teuer zu stehen. Denn habe ich Erfolg, so muß ich mir nachher sagen lassen: durch den Segen der Kirche hast du es erreicht. Da mache ich die Sache schon lieber ohne Segen, und es wird mir keine Rechnung vorgelegt.

Rußland war der bigotteste Staat, den es gibt. Alles war mit religiösen Zeremonien verbunden. Das hat die Russen nicht gehindert, Prügel zu bekommen. Das Gebet der 140 Millionen Russen hat zum Beispiel beim russisch-japanischen Krieg (1904/05) offenbar weniger genützt als das der zahlenmäßig viel kleineren japanischen Nation. Genauso war im ersten Weltkrieg das Gewicht ihrer Gebete geringer als das unserer Gebete. Aber nicht einmal im Innern vermochten die Pfaffen die Erhaltung des bestehenden Zustandes zu sichern. Es kam der Bolschewismus. Ja, die politisch-reaktionären Kreise haben dazu mitgeholfen: Rasputin[21] haben sie beseitigt und damit eine Kraft, welche dem slawischen Element einer gesunden Lebensbejahung Geltung verschafft hätte.

Hätten sich nicht 1919/20 Nationalisten als Freiwillige gefunden, so wäre auch bei uns das Priestertum dem Bolschewismus zum Opfer gefallen. Die Pfaffen werden gefährlich, wenn es einem Staat schlechtgeht. Dann sammeln sie die negativen Kräfte und schaffen damit Unruhe; was haben die Päpste doch den deutschen Kaisern für Schwierigkeiten bereitet! Gern würde ich sämtliche Pfaffen antreten lassen, damit sie dafür sorgen, daß so ein englischer oder russischer Flieger nicht kommt. Aber dem Staat nützt momentan mehr, wer die Pak (Panzerabwehrkanone) macht, als wer mit dem Wedel herumgeht. In den romanischen Ländern ist es immer an der Kippe gewesen, daß der Bolschewismus durch eine Radikalkur beseitigt, was an sich nicht mehr haltbar ist.

Als im Altertum die Plebejer für das Christentum mobilisiert wurden, hatte die Intelligenz mit der antiken Kultur nichts mehr zu tun. Heute kann niemand mehr die Lehre der Kirche ernst nehmen, der mit der Naturforschung vertraut ist: Was im Widerspruch steht zu den Naturgesetzen, kann nicht von Gott sein, und der liebe Gott macht mit dem Blitzstrahl auch vor der Kirche nicht halt. Die ganz wesentlich auf die antiken Anschauungen aufgebaute religiöse Philosophie steht unter dem Niveau der Wissenschaft der heutigen Menschheit. In Italien und Spanien endet das mit dem Gurgelabschneiden.

Das will ich für uns nicht. Was sind wir glücklich, daß der Parthenon noch steht, das Pantheon und die anderen Tempel, obwohl wir mit der religiösen Seite dieser Tempel gar nichts mehr zu tun haben. Wie schön wäre es, wenn

21 Grigorij Rasputin (1871 bis 1916) war ein einflußreicher, betont rustikaler Sekten-Mönch am Hofe des letzten russischen Zaren Nikolaus II., dem von der Zarin und ihrem Anhang suggestive Heilkräfte zugeschrieben wurden und der politisch progressiv wirkte.

wir noch mehr davon hätten! Wir würden deshalb nicht in Gefahr sein, Zeus anzubeten.

Bei uns ist es ähnlich: Wir haben aus dem Mittelalter keine anderen Dokumente großer Art als die der Kirche. Mit einem einzigen Bildersturm beseitige ich alles, was seit dem 5. bis zum 17. Jahrhundert bei uns entstanden ist. Ich schaffe eine Lücke! Und um wie vieles würde die Welt dadurch ärmer!

Ich weiß nichts über das Jenseits und bin ehrlich genug, das zu bekennen. Andere behaupten, davon etwas zu wissen, ohne daß ich ihnen nachweisen kann, es sei anders.

Einem Bauernweiblein will ich meine Philosophie nicht aufzwingen. Die Lehre der Kirche ist auch eine Art der Philosophie, wenn auch nicht nach Wahrheit strebend. Da die Menschen große Dinge nicht mitdenken können, schadet das nichts. Irgendwie mündet das alles in einer Erkenntnis der Hilflosigkeit des Menschen dem ewigen Naturgesetz gegenüber. Das ist nicht schädlich, wenn wir nur zu der Erkenntnis kommen, daß die ganze Rettung des Menschen darin liegt, daß er die göttliche Vorsehung zu begreifen versucht und nicht glaubt, er könne sich gegen das Gesetz aufbäumen. Wenn der Mensch sich also demütig den Gesetzen fügt, so ist das wunderbar.

Nachdem alle Erschütterungen von Übel sind, erachte ich es für das schönste, wenn wir die Einrichtung der Kirche allmählich durch eine geistige Aufklärung überwinden und schmerzlos machen könnten. Das allerletzte könnten Frauenklöster sein.

Eine Verinnerlichung ist für die Menschen etwas ganz Wunderbares. Es handelt sich nur darum, daß man das Giftige herausbringt. In dieser Hinsicht ist in den letzten paar Jahrhunderten schon viel geschehen. Man muß ihnen, den Männern von der Kirche, klarmachen, daß ihr Reich nicht von dieser Welt ist. Wunderbar, wie Friedrich der Große[22] sich gegen ihren Versuch wendet, in den Staat hinein zu regieren. Die Randbemerkungen, die er an Eingaben von Pastoren hinschreibt, das sind zum Teil salomonisch weise Urteile, die vernichtend sind. Jeder General sollte dies in die Hand bekommen. Man schämt sich, wie langsam die Menschheit vorwärts geht. Das Haus Habsburg hat in Joseph II.[23] einen schwachen Nachahmer Friedrichs des Großen hervorgebracht. Wenn ein Haus in Jahrhunderten nur einen Mann wie Friedrich den Großen hervorbringt, so ist es gerechtfertigt vor der Geschichte.

Im Weltkrieg haben wir es erlebt: der Staat, der einzig religiös war, war Deutschland; und gerade der Staat hat verloren. Es ist ja auch so eine widerwärtige Heuchelei, wenn heute dieser Erzfreimaurer[24] Roosevelt vom Christen-

22 Friedrich II., der Große, König von Preußen (auch der »Alte Fritz« genannt), lebte von 1712 bis 1786. Er war Hitlers großes Vorbild.

23 Kaiser Joseph II. (1741 bis 1790), Sohn Maria Theresias und »aufgeklärter« Absolutist, hob die Leibeigenschaft auf, erließ das Toleranzedikt und stellte die römisch-katholische Kirche in Österreich unter staatliche Aufsicht.

24 Die auf die Zeit der Aufklärung zurückgehende *Freimaurerei* (erste Großloge: 1717 in London; deutsche Mitglieder u.a. Friedrich der Große, Fichte, Goethe, Mozart) wurde nach dem Beispiel der römisch-katholischen Kirche sowohl von Hitler für Deutschland als auch von Stalin für die Sowjetunion verboten. In Hitlers Sicht war die – mit insgesamt 6,2 Millionen Mitgliedern in aller Welt, insbesondere aber in den USA, aktive – Freimaurerei ein »stark wirtschaftlich und politisch interessierter *überstaatlicher Zweckverband* unter amerikanisch-jüdischem Einfluß«. Bei Hitlers spektakulärer Schließung der Freimaurerlogen in Deutschland am 17. August 1935 stellte es sich heraus, daß es insgesamt nur etwa 60000 deutsche Freimaurer gab.

tum spricht: Alle Kirchen müßten aufstehen, das zu verbieten, nachdem er doch jeder christlichen Auffassung diametral zuwiderhandelt. Die Zeitwende des Untergangs der Kirche ist gekommen. Es dauert noch einige Jahrhunderte, dann geschieht durch Evolution, was nicht durch Revolution geschieht. Jeder Gelehrte, der etwas entdeckt hat, haut ein Stück von der Basis weg. Es tut einem oft leid, daß man in einer Zeit lebt, in der einem noch nicht bewußt ist, wie die neue Welt aussieht.

10

1.12.1941 nachts
(Wolfsschanze)
Aufnahme: Heim. F.d.R.: Picker

Sein und Vergehen in der Natur. Die Härten der Judengesetzgebung

Es ist die Frage aufgeworfen, ob man recht tut, einer Frau einen Vorwurf daraus zu machen, daß sie sich nach der Machtübernahme nicht entschlossen hat, von ihrem jüdischen Mann sich scheiden zu lassen, und ob nicht vielmehr umgekehrt bisweilen im Scheidungsbegehren sich eine Gesinnungstüchtigkeit offenbart, die menschlich mehr abstößt, als daß sie überzeugt. Es wird auch gesagt, daß man in der Tatsache, daß eine Frau einen Juden überhaupt genommen habe, in jedem Fall einen Mangel an Rasseninstinkt finden müsse, der die Frau außerhalb der Volksgemeinschaft stellt!

Sagen Sie das nicht! Vor zehn Jahren hat unsere ganze intellektuelle Welt noch keine Vorstellung davon gehabt, was ein Jude ist. Mit unserer Rassengesetzgebung sind für den einzelnen große Härten verbunden; gewiß, aber bei ihrer Bewertung darf man vom Einzelschicksal nicht ausgehen: Der Zukunft erspare ich mit ihr unzählige Konflikte!

Ich bin überzeugt, daß es bei uns Juden gegeben hat, die in der Beziehung anständig waren, daß sie sich jeder gegen das Deutschtum gerichteten Maßnahme enthalten haben! Wie viele es waren, ist schwer zu sagen. Keiner aber hat für das Deutschtum gegen seine Rassegenossen den Kampf aufgenommen. Ich erinnere mich einer Jüdin, die im »Bayerischen Kurier« gegen Eisner[25] schrieb; aber nicht um der Erhaltung des Deutschtums wegen war sie seine Gegnerin, sondern aus spekulativer Erwägung. Sie hat gewarnt, die von ihm eingeschlagene Linie weiter zu verfolgen; denn diese Linie könne zu einer Reaktion führen, die dem Judentum schlecht bekommen werde. Wie es im vierten Gebot heißt: »Ehre Vater und Mutter, auf daß es dir gutgehe«, so werden vom Juden die ethischen Forderungen aufgestellt nicht um ihrer selbst willen, sondern um damit etwas zu erreichen!

Das Naturgesetz des ewigen Lebenskampfes

Viele Juden sind sich auch des destruktiven Charakters ihres Daseins nicht bewußt gewesen. Aber wer Leben zerstört, setzt sich dem Tod aus, und etwas anderes geschieht auch ihnen nicht! Wer hat die Schuld, wenn die Katze die Maus frißt? Die Maus, die keiner Katze je etwas zuleid getan hat? Wir wissen nicht, welchen Sinn die Einrichtung hat, daß wir den Juden Völker zerstören sehen. Ist es so, daß ihn die Natur geschaffen hat, damit er durch seine Dekom-

25 Kurt Eisner (1867 bis 1919) rief am 7. November 1918 in München die Revolution aus. Er war jüdischer Abstammung u. 1918/19 Ministerpräsident einer selbsternannten, radikalsozialistischen bayerischen Revolutionsregierung der Arbeiter- und Soldatenräte. Am 21. Februar 1919 wurde er von einem bayerischen Offizier, Graf Arco-Valley, auf offener Straße erschossen.

position andere Völker in Bewegung bringt? Dann sind Paulus[26] und Trotzki[27] die achtungswürdigsten Juden, weil sie dazu am meisten beigetragen haben. Mit ihrer Tätigkeit erzeugen sie die Abwehr. Diese folgt ihrer Tat, wie der Bazillus dem Körper folgt, den er zum Erliegen bringt! Dietrich Eckart hat mir einmal gesagt, er habe nur einen anständigen Juden kennengelernt, den Otto Weininger[28], der sich das Leben genommen hat, als er erkannte, daß der Jude von der Zersetzung anderen Volkstums lebt!

Sonderbar ist, daß sich jüdische Mischlinge in der zweiten, dritten Generation häufig wieder mit Juden verbinden, daß die Natur aber schließlich für die Ausscheidung des Schädlichen sorgt: in der 7., 8. und 9. Generation ist das Jüdische meist ausgemendelt, die Reinheit des Blutes anscheinend wiederhergestellt.

Man kann es schrecklich finden, wie in der Natur eines das andere verzehrt. Die Fliege wird von der Libelle, diese von einem Vogel, der wieder von einem größeren getötet. Das Größte ist, wenn es alt wird, die Beute von Bakterien. Und endlich erreicht in anderer Art auch diese das Schicksal. Wenn wir Vergrößerungsmöglichkeiten in Millionenstärke hätten, würden wir neue Welten entdecken; alles in der Welt ist so groß, wie es klein ist, je nachdem man es in Zusammenhang mit kleineren oder größeren Dingen sieht. Soviel ist sicher: ändern kann man das nicht! Auch wenn man sich das Leben nimmt, fällt man als Stoff wie als Geist und als Seele in die Natur zurück. Die Kröte weiß nicht, was sie vorher war, und wir wissen es nicht von uns! Das einzige ist deshalb, die Gesetze der Natur zu erforschen, damit man sich nicht gegen sie stellt; es hieße das sonst, sich auflehnen gegen ein Firmament! Wenn ich an ein göttliches Gebot glauben will, so kann es nur das sein: die Art zu erhalten!

Geringer Wert des Einzellebens

Man soll auch das Einzelleben gar nicht so hoch bewerten. Wenn sein Bestand vonnöten wäre, würde es nicht untergehen. Eine Fliege legt Millionen Eier, die alle vergehen, aber: die Fliegen bleiben. Was erhalten bleiben muß, ist nicht zunächst die erarbeitete Erkenntnis, sondern die blutsmäßige Substanz, aus der die Erkenntnisse kommen!

Die Freude am Schönen, natürliche Sinnenfreude und christliches Muckertum

Niemand ist gezwungen, das Dasein aus einer Perspektive zu betrachten, in der es nicht begehrenswert erscheint.

Der Mensch hat seine Sinne, um Schönes zu entdecken. Wie reich wird die Welt für den, welcher von seinen Sinnen Gebrauch macht! Dazu kommt, daß die Natur in jeden Menschen den Trieb gelegt hat, alles Schöne, was ihm begegnet, anderen zugänglich zu machen. Das Schöne soll Gewalt haben über die Menschen; es will in seiner Macht bestehen bleiben. Wie anders wäre es zu erklären, daß sich in Zeiten der Not stets Unzählige finden, die bedenkenlos bereit sind, ihr Leben für den Bestand ihres Volkes einzusetzen!

26 Gemeint ist der Apostel Paulus, der zunächst als der jüdische Schriftgelehrte »Saulus« Christenverfolger war und sich dann mit drei Missionsreisen, mit seinem Auftreten auf dem Apostelkonzil (49/50 n. Chr.) und mit seinen 14 im Neuen Testament überlieferten Briefen um die christliche Heidenmission besonders verdient gemacht hat.

27 Lew Davidowitsch Trotzki, jüdischer Mitarbeiter Lenins mit England- und USA-Erfahrung, 1918 sowjetischer Kriegsminister, 1929 von Stalin verbannt und 1940 in Mexiko ermordet, war der fanatischste sowjetische Vorkämpfer einer »kommunistischen Weltrevolution« als Ideologie.

28 Der jüdische Philosoph Otto Weininger (bekannte Werke: »Geschlecht und Charakter« und »Über die letzten Dinge«) nahm sich 1903 das Leben.

Wir haben nur das Unglück, eine Religion zu besitzen, welche die Freude am Schönen ertötet. Ein gewisses evangelisches Muckertum ist da noch schlimmer als die katholische Kirche. Jede der Kirchen hat ihre Bedeutung; aber in dieser Hinsicht ist die evangelische eine nordische Gletschererscheinung, während die katholische, um tausend Jahre Erfahrung reicher und vom jüdischen Intellekt unmittelbar genährt, mit Klugheit zuwege gegangen ist: man läßt den Menschen im Fasching sündigen – man weiß, abbringen läßt er sich davon nicht –, um ihm vom Aschermittwoch an mit der Schilderung der Höllenqual den Beutel zu öffnen zum Wohle der Kirche, bis wieder die Zeit kommt, in der er sich ausleben mag!

11

13.12.1941 mittags
(Wolfsschanze)
Aufnahme: Heim. F.d.R.: Picker

Christentum oder Religion der Rasse

Der Krieg wird ein Ende nehmen. Die letzte große Aufgabe unserer Zeit ist dann darin zu sehen, das Kirchenproblem noch zu klären. Erst dann wird die deutsche Nation ganz gesichert sein.

Seine Kriegs-Weihnachten verbrachte Hitler unter den Soldaten. Vom 23. bis 25. Dezember 1939 besuchte er die Westfront (das Infanterieregiment »Großdeutschland«, die SS-Leibstandarte, eine Gebirgsjägerdivision beim Kloster Montabaur, die 75. Infanteriedivision bei Saarbrücken und die Westwall-Arbeiter der »Organisation Todt« auf den Spicherer Höhen). Weihnachten 1940 war er bei den Jagdfliegern und bei Marineeinheiten bei Boulogne. 1941, 1942, 1943 und 1944 beging er Weihnachten unter seinen Mitarbeitern im FHQu-»Wolfsschanze«. Verschiedentlich versuchte Reichsleiter Bormann, Hitler dabei zu einem Verbot des Absingens von Kirchenliedern in seiner Gegenwart zu veranlassen. Jedesmal erwiderte Hitler dann: Bormann müsse seine – Hitlers – Einstellung zur heutigen Kirchenführung scharf trennen von seiner Einstellung zu dem von den Kirchen überlieferten religiösen Kulturgut. Ein Weihnachtslied wie »Stille Nacht, heilige Nacht« möchte er – Hitler – am Weihnachtsabend überhaupt nicht missen; es sei eines der schönsten Kirchenlieder, die es auf der Welt gebe.

Ich kümmere mich nicht um Glaubenssätze, aber ich dulde auch nicht, daß ein Pfaffe sich um irdische Sachen kümmert. Die organisierte Lüge muß derart gebrochen werden, daß der Staat absoluter Herr ist. In der Jugend stand ich aus dem Standpunkt: Dynamit. Erst später sah ich ein, daß man das nicht übers Knie brechen kann. Es muß abfaulen wie ein brandiges Glied. So weit müßte man es bringen, daß auf der Kanzel nur lauter Deppen stehen und vor ihnen nur alte Weiblein sitzen. Die gesunde Jugend ist bei uns.

Gegen eine absolute Staatskirche, wie sie die Engländer haben, habe ich nichts. Aber es kann nicht wahr sein, daß man auf die Dauer durch eine Lüge die Welt halten kann. Erst im 6., 7. und 8. Jahrhundert ist unseren Völkern durch die Fürsten, die es mit den Pfaffen hielten, das Christentum aufgezwungen worden. Vorher haben sie ohne diese Religion gelebt. Ich habe sechs SS-Divisionen, die vollständig kirchenlos sind und doch mit der größten Seelenruhe sterben.

Christus war ein Arier[29]. Aber Paulus hat seine Lehre benutzt, die Unterwelt

29 Hitler glaubte, der menschliche Vater Jesu sei – wie seinerzeit in Galiläa bei unehelichen Kindern oft – ein römischer Legionär gewesen. Wenigstens behauptete er das uns gegenüber aufgrund einschlägiger Literatur und aufgrund eines Christuskopfes aus dem 1. Jahrhundert, den Mussolini ihm 1938 vorführte und der dem Aussehen eines Römers und nicht dem eines Juden entsprach.

zu mobilisieren und einen Vor-Bolschewismus zu organisieren. Mit dessen Einbruch geht die schöne Klarheit der antiken Welt verloren. Was ist das für ein Gott, der nur Wohlgefallen hat, wenn die Menschen sich vor ihm kasteien?

Ein ganz klares, einfaches Beispiel: Der liebe Gott setzt die Voraussetzung für den Sündenfall. Nachdem es mit Hilfe des Teufels endlich geklappt hat, bedient er sich einer Jungfrau, um einen Menschen zu gebären, der durch seinen Tod die Menschheit erlöst.

Der Mohammedanismus könnte mich noch für den Himmel begeistern. Aber wenn ich mir den faden christlichen Himmel vorstelle! Da hat man einen Richard Wagner auf der Erde gehabt, und drüben hört man nichts als Halleluja und Palmwedeln, Kinder im Säuglingsalter und alte Menschen! Ein Insulaner verehrt wenigstens noch Naturkräfte. Das Christentum lehrt die »Wandlung«, das ist das Tollste, was je ein Menschengehirn in seinem Wahn hervorgebracht hat, eine Verhöhnung von allem Göttlichen. Ein Neger mit seinem Fetisch ist ja einem, der an das Wunder der Wandlung glaubt, turmhoch überlegen. Manchmal verliert man die ganze Achtung vor der Menschheit. Nicht vor der Masse: die hat nie etwas anderes gelernt. Aber daß Parteiminister und Generale überzeugt sind, daß wir ohne den Segen der Kirche nicht siegen können! Dreihundert Jahre kämpfen die Deutschen nun schon, ob man im Abendmahl den lieben Gott in einerlei oder zweierlei Gestalt zu sich nimmt.

Unsere religiöse Ebene ist schon die schmählichste, die es überhaupt gibt. Auch das Christentum der Japaner ist eine in ihre Welt abgewandelte Angelegenheit. Die Japaner tun sich leicht. Sie besitzen eine Religion, die sie auf die Natur zurückführt. Den Jenseitsgedanken der christlichen Religion kann ich nicht ersetzen, weil er nicht haltbar ist. Der Ewigkeitsgedanke aber wird in der Art fundiert. Geist und Seele gehen gewiß wieder zurück in das Gesamtreservoir wie der Körper. Wir düngen damit als Grundstoff den Fundus, aus dem neues Leben entsteht. Über das Warum und Weshalb brauche ich mir nicht den Kopf zu zerbrechen! Ergründen werden wir das Wesen der Seele nicht!

Wenn es einen Gott gibt, dann gibt er nicht nur das Leben, sondern auch die Erkenntnis. Reguliere ich aufgrund der mir von Gott gegebenen Einsicht mein Leben, dann kann ich mich irren, aber ich lüge nicht.

Das körperlich gedachte Jenseits der Kirche scheitert schon daran, daß jeder, der herunterzuschauen gezwungen ist, ein Martyrium hätte: er müßte sich zu Tode ärgern über die Fehler, welche er die Menschen immerfort begehen sieht.

H. St. Chamberlains[30] Fehler war, an das Christentum als an eine geistige Welt zu glauben. Der Mensch legt überall seinen menschlichen Maßstab an: Was größer ist, als er ist, nennt er groß, was kleiner ist, nennt er klein. Fest steht: irgendwo in der Weltskala sitzen wir drin. Die Vorsehung hat den Einzelnen geschaffen in seiner Art, und damit ist viel Freude gegeben. Wir können nichts anderes tun, als uns an dem freuen, was wir schön finden. Ich strebe einen Zustand an, in dem jeder einzelne weiß: er lebt und stirbt für die Erhaltung seiner Art! Die Aufgabe ist, den Menschen zu erziehen, daß er der größten Ver-

30 Houston Stewart Chamberlain (1855 bis 1927) war britischer Kulturphilosoph und Schwiegersohn des Komponisten Richard Wagner. Er versuchte, die Geschichte des Abendlandes (Europas) von der Schöpferkraft der Rassen her zu deuten.

ehrung würdig ist, wenn er Besonderes tut zur Erhaltung des Lebens der Art. Es ist gut, daß ich die Pfaffen nicht hineingelassen habe in die Partei. Am 21. März 1933 – Potsdam – war die Frage: Kirche oder nicht Kirche? Ich hatte den Staat gegen den Fluch der beiden Konfessionen erobert. Wenn ich damals angefangen hätte, mich der Kirche zu bedienen – wir sind an die Gräber gegangen, während die Männer des Staates in der Kirche waren[31] –, so würde ich heute das Schicksal des Duce teilen. Für sich ist er ein Freigeist. Aber er hat mit Konzessionen begonnen, während er sich besser wie ich mehr nach der revolutionären Seite gewandt hätte. Ich würde im Vatikan einmarschieren und die ganze Gesellschaft herausholen. Ich würde dann sagen: »Verzeihung, ich habe mich geirrt!« – Aber sie wären weg!

Immerhin, ich will nicht wünschen, daß die Italiener oder Spanier das Christentum verlieren: Wer es hat, hat stets Bazillen bei sich.

12

18. 1. 1942 abends
(Wolfsschanze)
Aufnahme: Heim. F.d.R.: Picker

Hindenburg und Hitlers Start 1933

Mein ganzes Leben war nichts als ein ständiges Überreden. 1932 hatte ich mit Meißner[32] eine mehrstündige Unterredung im Kaiserhof; er sagte mir, er sei sein Leben lang Demokrat gewesen, aber vielleicht in anderer Richtung, als wir uns das dächten. In Wirklichkeit stünden wir uns gar nicht so fern, und er wolle alles tun, um uns beim Alten Herrn, Hindenburg, zu helfen. Leicht sei das nicht, da der Alte Herr durch seine ganze Auffassung ausgesprochen feindlich gegen uns eingestellt sei.

Ich muß sagen, daß mir Meißner doch als erster das Leben des Alten Herrn in einer sehr überzeugenden Form geschildert hat. Auf wen sollte er sich stützen? Die Deutschnationalen waren unfähig. Gegen die Verfassung geht er nicht. Was soll er machen? Es war ihm eine große Überwindung, mit gewissen Sozialdemokraten und Zentrumsleuten zusammenzuarbeiten. Dazu kam seine Abneigung gegen Hugenberg[33], der ihn 1925 als Landesverräter bezeichnet hatte, schon deshalb, weil er den Meißner behalten hat.

Der Alte Herr hat mich eingeladen: »Herr Hitler, ich will hören, was Sie für Gedanken haben!« Es war wahnsinnig schwer, über solch einen Abgrund hinweg eine Weltanschauung zu vermitteln. Anknüpfen konnte ich nur an militärische Erkenntnisse und Organisationen. Die Brücke zum Soldaten habe ich

31 Hitler und Goebbels gingen an die Gräber der »Alten Kämpfer« der NSDAP auf dem Luisenstädter Friedhof in Berlin statt in die Gottesdienste, die die evangelische und katholische Kirche vor dem Staatsakt in der »Garnisonkirche« und in ihren anderen Potsdamer Kirchen abhielten. Dabei galt Hitler bis 1920 als »gläubiger Katholik« und war nach Auskunft seines Militärpfarrers, Kuratus Kascha, als Soldat ein »andächtiger Kirchgänger«. Seine Rücksichtnahme auf Kirche und Katholizismus in »Mein Kampf« zeigt, daß er bis 1927 Wert darauf legte, in Bayern als katholischer Politiker angesehen zu werden, wenn er auch damals schon dem Staat das »Diesseits« und der Kirche das »Jenseits« zuwies.

32 Dr. Otto Meißner war Chef des Präsidialamtes des Reichspräsidenten bzw. des »Führers« unter Ebert, Hindenburg und Hitler.

33 Alfred Hugenberg, Vorsitzender der Deutschnationalen Volkspartei, war von 1909 bis 1918 Generaldirektor der Krupp-Werke in Essen, wurde später Chef des riesigen Scherl-Presse-, Bild- und Buchverlags sowie des Ufa-Film-Konzerns. Er war 1933 ein halbes Jahr Reichswirtschafts- und Reichslandwirtschaftsminister.

sofort gehabt, aber die Brücke ins Politische zu finden war ein großes Kunststück.

Als ich fertig war, steigerte er sich in Zustimmung hinein. Und dann erinnerte er sich eines Vorgangs aus Ostpreußen: »Aber so dürfen Ihre jungen Leute auch nicht vorgehen! In Tannenberg kürzlich riefen sie: ›Erwache, erwache!‹ – Ja, ich schlafe doch nicht!«

Es waren Leute dagewesen, die den Alten Herren glauben gemacht hatten, das habe sich auf seine Person bezogen, während der Ruf doch »Deutschland, erwache!« gewesen war.

Gleich danach ließ er mich wissen, er werde mich immer hören, wenn es etwas zu entscheiden gäbe. Das war schon viel. Doch der Einfluß der mir feindlichen Kreise blieb noch so stark, daß ich 1933 zuerst nur in Gegenwart v. Papens[34] ihm Vortrag halten durfte. Eines Tages war Papen verreist. Ich ging allein hin. »Wieso ist denn immer der Herr von Papen dabei. Ich will doch Sie sprechen!« Papen hat, wie er zurückkam, bedauert, auf die Reise gegangen zu sein. Der Alte Herr hat ihn für eine Art Windhund gehalten, aber ich glaube, doch ganz gern gehabt. Papen hat ihn sehr geschickt behandelt. Er hat sich auch verdient gemacht. Der erste Anstoß kam von ihm: Er hat den Einbruch in die heilige Verfassung vollzogen. Daß er nicht weiterkonnte[35]...

Rumänische Diktatur

Wenn Antonescu[36] nicht den Weg zum Volk bekommt, ist er verloren. Wer an die Exekutive gebunden ist, kann nicht bestehen. Atatürk[37] hat sich durch seine Volkspartei die Herrschaft gesichert. Ähnlich ist es in Italien. Wenn Antonescu heute etwas passiert, so hat er keinen Faktor, der die Nachfolgeschaft bestimmt. Sofort würden in der Armee die Prätendenten miteinander zu ringen anfangen. Den Horia Sima hätte ich erschießen lassen und die rumänische »Legion« zum Träger der Gewalt gemacht[38].

Ohne politisches Fundament kann weder die Nachfolgerfrage noch die normale politische Verwaltung geregelt werden. Darin sind die Rumänen den Ungarn unterlegen. Der ungarische Staat hat auf der einen Seite – für uns unerträglich – das Parlament, die Exekutive aber hat damit nichts zu tun[39].

Versagen von Papens 1932

Das war das Unglück Papens: Er hatte nichts hinter sich gehabt! Wir waren nicht stark genug, um ihn zu decken. Ich hätte es auch nicht getan, da er dazu nicht auserwählt war.

Wir hatten 5½ Milliarden Jahresdefizit im Reich und in den Ländern. Dazu

34 Franz von Papen (1879 bis 1969), Zentrumspolitiker, war Reichskanzler 1932, Vizekanzler 1933/34, sowie Botschafter in Wien 1934/1938 und in Ankara 1939/1944.

35 Gemeint ist v. Papens Verhandlung mit Hitler im Hause des Bankiers Kurt Freiherr von Schröder in Köln am 4.1.1933.

36 Jon Antonescu war Staatsführer (»Conducator«) und Marschall Rumäniens.

37 Kemal Atatürk, der Schöpfer der modernen Türkei, war türkischer Staatspräsident von 1923 bis 1938.

38 Horia Sima war der Chef der rumänischen faschistischen Legion, der »Eisernen Garde«.

39 Dem am 1. März 1920 zum ungarischen Reichsverweser gewählten letzten österreichischen Flottenchef, Admiral Nikolaus von Horthy von Nagybánya, ließ Hitler bis 1944 innenpolitisch weitestgehende Freiheit. Als Horthys Politik, Ungarn möglichst ohne größere Menschen- und Territorialverluste durch den II. Weltkrieg hindurchzulavieren, zu Separat-Waffenstillstandsverhandlungen mit Moskau führte, ließ er ihn jedoch am 15.10.1944 durch den SS-Sturmbannführer Otto Skorzeny verhaften und zur Abdankung zwingen.

sollten weitere 5 Milliarden als Zahlung an den Feindbund kommen. »Kolossaler Erfolg«, sagte er mir, als er von Genf zurückkam, »gegen die 150 Milliarden, die auf dem Papier standen.« Dabei waren am 30.1.33 nur gerade 83 Millionen in der Reichskasse. Ich sagte: »Mit was wollen Sie bezahlen?« er meinte: »Wir müssen doch bezahlen, sonst werden wir exekutiert.« Ich fragte: »Wieso? Wir haben doch nichts, in das vollstreckt werden könnte.« Wie ich dann 3 Milliarden für die Aufrüstung haben wollte, hat man mir diese Verpflichtung gegenüber dem Ausland entgegengehalten. Ich sagte: »Dem Ausland wollt ihr das geben, dann doch lieber dem Inland!« Dem englischen Botschafter (Sir Horace Rumbold) habe ich dann bei seinem Antrittsbesuch meinen Standpunkt klargemacht. Seine Antwort war: »Sie wollen damit sagen, daß das neue Deutschland die Verpflichtungen, die seine früheren Regierungen eingegangen sind, nicht anerkennt?« »Verträge schon«, erwiderte ich, »aber nicht Erpressungen. Alles, was unter dem Motto ›Versailler Vertrag‹ versprochen wurde, halte ich für erpreßt.« »Großartig«, sagte er, »das werde ich sofort meiner Regierung berichten!«

Nie ist England oder Frankreich einer Zahlung wegen noch an uns herangetreten. Vor den Engländern habe ich in dem Punkt keine Angst gehabt. Aber ich hatte Sorge, die Franzosen könnten das benutzen, um, sagen wir, Mainz zu besetzen.

13

18.1.1942 nachts
(Wolfsschanze)
Aufnahme: Heim. F.d.R.: Picker

Das Parteiprogramm

Wenn jemand sagt: warum ändern Sie nicht Ihr Parteiprogramm? Warum sollte ich es ändern? Es ist Geschichte. Mit diesem Programm wurde die Bewegung am 24.2.1920 gegründet. Wenn sich etwas ändert, so ist es das Leben, das die Modifizierung vornimmt. Der Nationalsozialismus ist ja keine medizinische Wochenzeitschrift oder ein Militärwochenblatt, das jeweils den neuesten Stand der Erkenntnisse darzustellen hat.

Die gedankenlose Masse

Was für ein Glück für die Regierungen, daß die Menschen nicht denken. Denken gibt es nur in der Erteilung oder im Vollzug eines Befehls. Wäre es anders, so könnte die menschliche Gesellschaft nicht bestehen.

Hitler war ein Meister der Massenpsychologie. Selbstverständlich kannte er das gleichnamige Buch von Gustave Le Bon (Psychologie des foules) genau und befolgte seine Direktiven. So gab es bis 1938 aufgrund seiner Friedensreden und Friedensleistungen bereits – wie ich aus Eva Brauns Unterlagen errechnete – 1133 Straßen und Plätze in aller Welt, die mit Hitlers Genehmigung seinen Namen trugen. Ab 1939 nutzte er seine massenpsychologischen Fähigkeiten, um aus der Deutschen Wehrmacht ein Heer von Heroen zu machen. So schuf er ab 20. Dezember 1939 neben den Orden, die ja nur ein geringer Teil seiner zuletzt 20 Millionen Soldaten erhalten konnte, Massenauszeichnungen als sogenannte »Kampfabzeichen« und umgab sie aufgrund der bravourösen Kampf-Verleihungsvoraussetzungen mit einem von der gesamten deutschen Bevölkerung akzeptierten Ansehen: das »Infanterie-Sturmabzeichen« für die Teilnahme an drei Sturmangriffen in vorderster Linie mit der Waffe in der Hand, das »Panzer-Kampfabzeichen«, das allgemeine »Sturmabzeichen«, das »Heeres-Flakabzeichen«, das »U-Boots-Kriegsabzeichen«, das »Zerstörer-Kriegsabzeichen«, das »Kriegsabzeichen für Minensuch-, U-Bootsjagd- und Sicherungsverbände«, das »Kriegsabzeichen für

Hilfskreuzer«, das »Flotten-Kriegsabzeichen«, das »Schnellboot-Kriegsabzeichen«, das »Kriegsabzeichen für die Marineartillerie«, das »Abzeichen für Blokadebrecher«, das »Kampfabzeichen der Flakartillerie« der Luftwaffe, das »Erdkampfabzeichen der Luftwaffe«, die »Frontflugspange« in Bronze (20 Frontflüge), Silber (60 Frontflüge) und Gold (110 Frontflüge) für die Jagdverbände, die Zerstörer- und Schlachtverbände, die Kampf- und Sturzkampfverbände, die Aufklärungsstaffeln, die Luftlandeverbände und die Nachtjagdverbände. Alle Träger dieser Kampfabzeichen galten im Volk – und insbesondere bei Jungen und Mädchen – als »tolle Kerle«, die man bewunderte.

Russischer Winter und die Nöte des Winterkrieges

Das Schwierige unserer Lage ist nicht der Winter an sich, sondern Menschen haben und sie nicht transportieren, Munition haben und sie nicht vorbringen, Waffen haben und sie nicht hinbringen zu können. Wehe der Eisenbahn, wenn sie das das nächste Mal nicht anders macht!

Es ist doch besser, wenn statt Goebbels ich selber am 30. spreche. Es kommt darauf an, die Mitte zu halten in der Aufmunterung zwischen dem Nüchternen und der Phrase. Goebbels hat in einem Aufruf die Front gemahnt, hart und gelassen zu bleiben. Ich hätte das nicht gesagt. Der Soldat ist in dieser Lage nicht gelassen, sondern entschlossen. Das versteht nur der, der das selber mitgemacht hat.

Vorgeschichte

Da wird irgendwo ein Schädel gefunden und alle Welt sagt: So haben unsere Vorfahren ausgesehen. Wer weiß, ob der Neandertaler nicht ein Affe war. Jedenfalls haben dort unsere Vorfahren nicht gesessen in jener Zeit! Unser Land war ein Sauland, durch das sie höchstens durchgezogen sind. Wenn man uns nach unseren Vorfahren fragt, müssen wir immer auf die Griechen hinweisen.

14

19.1.1942 abends
(Wolfsschanze)
Aufnahme: Heim. F.d.R.: Picker

Duelle um Frauen

Ich hatte vor 1933 fortgesetzt Schwierigkeiten, unsere Männer vor Duellen zu bewahren. Ich habe das dann einfach verboten. Einige unserer besten Leute sind mir durch solche Dummheiten zusammengeschossen worden. Und aus was für Gründen!

Einmal waren wir im »Reichsadler« (Münchner Restaurant). Heß war da mit seiner Frau und seiner Schwägerin. Ein halb betrunkener Student kam daher und flegelte die Damen an. Heß bat ihn heraus und sagte ihm die Meinung. Am nächsten Tag kamen zwei solcher Affen und brachten ihm eine Forderung, weil er einem Corpsstudenten eine Belehrung gegeben hätte. Ich verbot ihm, sich darauf einzulassen. Die beiden sollten zu mir kommen. Denen habe ich gesagt: »Das ist ein Mann, der vier Jahre vor dem Feind gestanden hat. Schämen Sie sich nicht?«

Ein unersetzlicher Verlust war Strunck[40], unser einziger Korrespondent von Weltruf. Seine Frau wurde beleidigt, und er wird erschossen. Wo bleibt da die Vernunft?

Es mag Dinge geben, wo zwei Männer in einen Konflikt geraten, der gar

40 Roland Strunck wurde 1936 im Duell von Horst Kristschinna, Adjutant von Reichsjugendführer Baldur von Schirach, erschossen.

nicht von den Gerichten gelöst werden kann. Wenn zwei Widersacher um eine Frau nicht zu Rande kommen, muß das irgendwie entschieden werden. Einer muß weg. Jetzt im Krieg ist aber auch für solche Sachen kein Verständnis und keine Zeit. Der Nation ist damit nicht gedient.

Auseinandersetzungen gegenüber, die in einem Bauerndorf stattfinden, bin ich für Toleranz. Der Junge kann sich im Dorf gar nicht sehen lassen, wenn er nicht um sein Mädchen kämpft. Die Sache ist nicht tragisch. Es kommt auch vor, daß das Gericht einen solchen zum Mörder erklärt, der nur Totschläger ist. Da braucht der Täter nur einmal gesagt zu haben: »Den bringe ich noch um!« – und schon sieht man in der Tat ein »Ausführen mit Überlegung«. Aber wohin kämen wir, wenn alle die als Versuchs-Mörder angesehen würden, die auf dem Land einmal so etwas gesagt haben. In solchen Fällen drücke ich ein Auge zu, wenn ich glaube, daß es sich um anständige Burschen handelt. Die Strafe wird in Gefängnis umgewandelt und nach kurzer Zeit Bewährungsfrist gegeben!

Wer ist bei uns heute noch berechtigt, sich zu wehren? Eine Sonderehre gibt es nicht. Würde also die DAF (Deutsche Arbeitsfront) auch noch das Recht verlangen, sich zu duellieren, blieben nur noch ein paar Unglückselige übrig, die keine Ehre haben. Ich werde Duelle grundsätzlich nur zwischen geistlichen Herren und Juristen erlauben.

Es gäbe ja noch eine viel edlere Art und Weise und vielerlei Möglichkeiten, seine Bedeutung für die Nation zu beweisen. Wir müssen in diesen Dingen einen großen Maßstab anlegen. Je mehr man die großen Ereignisse des Lebens sieht, um so belangloser kommt einem so etwas vor. Und wie viele Familien sind auf diese Weise ins Unglück gestürzt worden! Das Duell beweist ja nichts. Es kann einer tausendmal im Recht sein; entscheidend ist, ob er besser schießt.

15

20.1.1942 mittags
(Wolfsschanze)
Aufnahme: Heim. F.d.R.: Picker

Offiziersauslese

Neben unerhört Gutem war in der alten deutschen Armee unerhört viel Veraltetes. Daraus ist die Sozialdemokratie geboren worden, was nie geschehen wäre, wenn nicht Heer und Marine alles getan hätten, um den Arbeiter dem Volk zu entfremden. Er konnte nichts werden; eine Einrichtung, die sich verheerend auswirken mußte, war die Institution des Feldwebel-Leutnants und des Offizier-Stellvertreters.

Jedes Regiment hat einige Offiziere, auf die man setzt. Wie viele von diesen haben dazu gehört, aber der Weg war ihnen verbaut. Umgekehrt, jeder Lehrer konnte automatisch Offizier werden, und wie viele von ihnen haben dann absolut versagt.

Wenn einer sich bewährt hat, weiß man, er ist führungsfähig, und muß ihm den Rang geben, der mit der Führung des von ihm geleiteten Verbandes verbunden ist. Nur ein Hauptmann soll auf die Dauer eine Kompanie führen. Das ist man schon seiner Autorität schuldig. Es ist vorgekommen, daß Offizier-Stellvertreter zwei Jahre lang eine Kompanie geführt haben oder ein Oberleutnant ein Bataillon. Das aber verdient die Truppe, daß man ihrem Führer den Rang gibt, den er sich verdient hat. Das gleiche gilt für die Regimentsführung. Es darf nicht aus rein formaler Einstellung da ein Major führen, wo dort ein Oberst führt.

Im Frieden kommt man zwangsläufig wieder zu einer bestimmten Ordnung. Skeptisch bin ich gegen alle nach der theoretischen Seite tätigen Offiziere. Es ist noch die Frage, ob sie im entscheidenden Augenblick entsprechend handeln.

Im modernen Gefecht ist der Kompaniechef von mehr als 40 Jahren ein Unding. Kompanieführer muß einer sein mit 26 Jahren, Regimentskommandeur mit Mitte der 30 und Divisionär mit 40 Jahren.

Ein Blick in unsere Generalsliste lehrt: die Männer sind alle überaltert. Man darf sich – Beispiel: England – bei der Entscheidung, wie ein Mann eingesetzt wird, jetzt nicht mehr von der Dienstaltersliste leiten lassen.

16

22.1.1942 mittags
(Wolfsschanze)
Aufnahme: Heim. F.d.R.: Picker

Beherrschung fremder Völker

Es ist nicht ausgeschlossen, daß wir bei einer gleichmäßigen zweihundertjährigen Führung das Nationalitätenproblem gelöst haben. Mit Anbruch des Dreißigjährigen Krieges war es schon soweit.

In den vierziger Jahren des vergangenen Jahrhunderts schämte sich jeder Tscheche, tschechisch zu reden. Sein Stolz war, deutsch zu sprechen, und sein höchster Stolz, für einen Wiener gehalten zu werden. Die Durchführung des allgemeinen, gleichen, geheimen Wahlrechts mußte in Österreich zu einem Zusammenbruch der Deutschen führen. Die Sozialdemokraten sind grundsätzlich mit den Tschechen gegangen, dazu der Hochadel.

Das deutsche Volk ist zu intelligent für den Adel. Er braucht so etwas wie die kleinen Randvölker. Die Tschechen waren besser als die Ungarn, die Rumänen und die Polen. Es hatte sich ein fleißiges Kleinbürgertum gebildet, das seiner Grenzen sich bewußt war. Sie werden auch heute mit Grimm sowohl wie mit einer grenzenlosen Bewunderung zu uns aufblicken: »Wir Böhmen sind zum Regieren nicht bestimmt!«

Nur in der Beherrschung fremder Völker lernt man führen. Ihr Minderwertigkeitsgefühl hätten die Tschechen verloren, wenn sie sich im Laufe der Zeit den übrigen österreichischen Randvölkern überlegen gesehen hätten.

Den Zustand vor dem März 1939 kann man sich nicht mehr vorstellen: Wie war das unmöglich!

Nach Jahrhunderten einer Selbstbeschau müssen wir lernen, aktiv vorzugehen. Das dauert 50 bis 100 Jahre. Wir hatten es gekonnt: andere beherrschen. Österreich ist das beste Beispiel dafür. Hätten sich die Habsburger nicht mit der Gegenseite verbündet, so wären die 9 Millionen Deutschen mit den 50 Millionen anderen fertig geworden! Wenn man sagt, für die Engländer kämpfen Inder, ja: die anderen Völker haben auch für die Deutschen in Österreich gekämpft.

In Niedersachsen ist die Herrschaftsfähigkeit doch sicherlich zu Hause. Die englische Herrenschicht ist von dort ausgegangen! Durch ihre Sammelmethode bringt die SS daraus das Führungsreservoir zusammen, mit dem man in 100 Jahren das Ganze regieren kann, ohne sich groß überlegen zu müssen, wen man wohin setzt.

Entscheidend ist, daß man aus der Beengtheit dieses Kantönli-Geistes herauskommt. Deshalb bin ich froh, daß wir in Norwegen und da und dort sitzen.

Die Schweizer sind nichts als ein mißratener Zweig unseres Volkes. Wir haben Germanen verloren, die als Berber in Nordafrika und als Kurden in Kleinasien sitzen. Einer von ihnen war Kemal Atatürk, ein blauäugiger Mensch, der mit den Türken doch gar nichts zu tun hatte.

17

24.1.1942 abends
(Wolfsschanze)
Aufnahme: Heim. F.d.R.: Picker

England zwischen Europa und Empire

Seine Rüstung muß man schon im Frieden auf den Grundlagen aufbauen, die man auch im Kriege besitzt!

Uns hat 1936 – als der 2. Vierjahresplan entstand – die Not dazu gezwungen, Ausweichstoffe zu finden. Was die Ausrüstung eines Millionenheeres allein an Optik erfordert: man macht sich keinen Begriff!

In England wird eine Richtung stark, die sagt: In Europa können wir nichts gewinnen. 16 Milliarden Schulden haben wir noch aus dem alten Krieg. Neu sind dazu gekommen 200 Milliarden. Die Konservativen werden sagen: Nur wenn man Indien preiszugeben entschlossen ist, würde man – in Nordnorwegen zum Beispiel – einen billigen, schnellen Erfolg erzielen können. Läßt sich Neuseeland und Australien vielleicht retten? Indien muß gehalten werden.

England ist kapitalistisch gesehen das reichste Land der Erde. Das Bürgertum wird heldenmütig, wenn man ihm auf den Geldsack tritt. Es bleiben nur zwei Möglichkeiten: Sie liquidieren Europa und halten den Osten oder umgekehrt: Beides läßt sich nicht halten. Ein Regierungswechsel wird mit dem Entschluß zur Liquidation von Europa verbunden sein. Churchill werden sie im Amt belassen, solange der Wille besteht, diesen Krieg unter allen Umständen weiterzuführen.

Wären sie ganz schlau, so würden sie den Krieg beenden, weil sie Roosevelt damit den ärgsten Schlag versetzen. Sie könnten sagen: England ist nicht mehr in der Lage, den Krieg weiterzuführen: Ihr könnt uns nicht helfen, wir sind dadurch gezwungen, Europa gegenüber eine andere Stellung einzunehmen! Dann kracht die amerikanische Wirtschaft, und dann kracht Roosevelt[41] zusammen; und Amerika hätte aufgehört, für England eine Gefahr zu sein.

18

Nacht vom 25. auf 26.1.1942
(Wolfsschanze)
Aufnahme: Heim. F.d.R.: Picker

Frau oder Geliebte

Es ist ein Glück für manche führenden Persönlichkeiten, daß sie nicht geheiratet haben: Das wäre eine Katastrophe geworden.

41 Franklin Delano Roosevelt (30.1.1882 bis 12.4.1945) wurde 1910 demokratischer USA-Senator und von 1928 bis 1932 Gouverneur des Staates New York. Von 1933 bis 1945 war er dreimal hintereinander Präsident der Vereinigten Staaten. Er versuchte zunächst mit seinem Brain-Trust von überwiegend jüdischen Intellektuellen die schwere Wirtschaftskrise der USA (mit bis zu 13 Millionen Arbeitslosen) mit einer staatssozialistischen Reform-Politik (»New Deal«) zu beheben. Er sah die weltpolitischen und weltwirtschaftlichen Interessen der USA ebenso durch die Aggressions-Politik Japans gegenüber China und anderen fernostasiatischen Ländern unter dem Slogan »Asien den Asiaten«! bedroht wie durch die Expansionspolitik und das Autarkiestreben Hitlers unter dem Motto »Europa den Europäern!« Roosevelt führte die USA durch die siegreiche Bewältigung des II. Weltkrieges zu einer – nur noch durch die UdSSR bedrohbaren – Supermacht empor und wurde zum Initiator der Organisation der Vereinten Nationen, der UNO.

Es gibt einen Punkt, wo die Frau den Mann nie begreift. Das ist, wenn in einer Ehe der Mann die Zeit nicht aufbringt, welche die Frau für sich glaubt beanspruchen zu müssen. Soweit es sich um fremde Männer handelt, ja, da sagen sie alle: Ich begreife die Frau nicht, ich würde nicht so sein! Aber dem eigenen Mann gegenüber ist darin jede Frau gleich unvernünftig. Man muß das verstehen: Eine Frau, die ihren Mann liebt, geht doch ganz auf in ihm; erst wenn sie Kinder hat, erfährt sie, daß es noch etwas anderes für sie gibt; so verlangt sie vom Mann, daß er in gleicher Weise ihr lebt! Der Mann jedoch ist der Sklave seiner Gedanken: seine Aufgaben und Pflichten beherrschen ihn, und es mag Augenblicke geben, wo er wirklich sagen muß: Was schert mich Weib, was schert mich Kind!

Wenn ich denke: während des Jahres 1932 konnte ich doch nur wenige Tage überhaupt zu Hause gewesen sein. Aber auch da wäre ich kaum mein eigener Herr gewesen.

»Du bist ja gar nicht bei mir!« klagt die Frau, wenn die Gedanken unversehens vom Mann Besitz ergriffen haben! Gewiß, man braucht nicht immer beisammen hocken! Auch der Trennungsschmerz bringt der Frau eine Art Wohlgefühl. Dann kommt die Freude, sich wiederzusehen. Und wenn ein Seemann nach Hause kommt, ist es nicht anders, als feierte man von neuem Hochzeit! Nach den Monaten seiner Abwesenheit hat er für einige Wochen völlige Freiheit! So wäre das bei mir nie gewesen. Mir würde die Frau immer mit dem Vorwurf begegnet sein: »Und ich!«

Dazu das Quälende, mit welchem man sich belastet, weil man der Frau doch gerne zu Willen wäre. Für mich hätte es stets nur ein vergrämtes, verkümmertes Gesicht gegeben, oder ich hätte meine Pflicht versäumen müssen!

Drum ist es besser, nicht zu heiraten.

Das ist das Schlimme an der Ehe: sie schafft Rechtsansprüche! Da ist es schon viel richtiger, eine Geliebte zu haben. Die Last fällt weg, und alles bleibt ein Geschenk. Das gilt natürlich nur für hervorragende Männer.

Daß ein Mann wie ich noch heiraten wird, glaube ich nicht. Er hat sich – intellektuell – ein Idealbild geschaffen, in dem er von der einen den Wuchs, von der anderen das Haar, von der dritten den Geist, von einer vierten die Augen genommen hat, und mit dieser Sonde geht er an jedes neue Geschöpf heran. So etwas gibt es aber nicht. Man muß froh sein, wenn ein Mädel etwas Nettes hat! Es gibt doch nichts Schöneres, als sich ein junges Ding zu erziehen: ein Mädel mit 18, 20 Jahren ist biegsam wie Wachs. Einem Mann muß es möglich sein, jedem Mädchen seinen Stempel aufzudrücken. Die Frau will auch nichts anderes!

Die Verlobte Dara[42] von Kempka, meinem Fahrer, ist ein nettes Mädel. Aber ich glaube nicht, daß Kempka und sie glücklich würden. Dazu ist Kempka doch zu sehr nur technisch interessiert und sie zu intelligent.

42 Hitlers Sekretärin Gerda Daranowski kam von einer Kosmetikfirma. Sie war immer guter Laune, elegant angezogen und mit einem besonders aparten Make-up versehen. In ihrer Gegenwart war Hitler daher – auch nach schwerem vorausgegangenem Ärger – schnell wieder ausgeglichen und liebenswürdig. Goebbels frotzelte ihn deshalb damit, daß er in seiner Gegenwart laut hörbar zu Fräulein Daranowski sagte: »Wie hat sich ein so wunderbares Geschöpf wie Sie nur in diesen Klosterbetrieb verirren können. Sprechen Sie mit Ihrem Chef, und ich hole Sie ins Propagandaministerium!«

Was gibt es für schöne Frauen! Wir saßen im Ratskeller in Bremen. Kam da eine Frau herein: Da hat man wirklich geglaubt, der Olymp hat sich aufgetan! Einfach strahlend! Die Gäste haben Messer und Gabel niedergelegt. Und alle Augen haben an dieser Frau gehangen.

Dann später in Braunschweig! Da habe ich mir nachher die bittersten Vorwürfe gemacht! Allen meinen Herren ist es gegangen wie mir: Ein blondes Ding kam auf mich zugesprungen zum Wagen, um mir einen Blumenstrauß zu überreichen. Jeder hat sich des Vorgangs erinnert, aber keiner war auf den Gedanken gekommen, das Mädchen nach seiner Adresse[43] zu fragen, daß ich ihm ein Dankwort hätte schreiben können. Blond und groß und wunderbar! Aber wie das so geht: Volksgedränge um und um. Und eilig war es auch, es tut mir jetzt noch leid.

Im »Bayerischen Hof«[44] war ich einmal bei einer Festlichkeit zugegen, der viele schöne Frauen im Schmuck ihrer Brillanten Glanz gaben. Da trat eine Frau herein, so schön, daß neben ihr alles verschwand, Schmuck trug sie nicht. Es war Frau Hanfstaengl[45]. Bei Erna Hanfstaengl habe ich sie dann einmal mit Mary Stuck zusammen gesehen. Drei Frauen, eine schöner als die andere – das war ein Bild! Auch in meiner Zeit in Wien bin ich vielen schönen Frauen begegnet.

Hitlers Verhältnis zu Frauen war äußerst nuancenreich und durch seine Wiener und Münchner Jahre 1908 bis 1914 programmiert. Während er seinen Linzer Schüler-Schwarm Stefanie, die schlanke, blauäugige, blonde Obersten-Tochter aus Linz-Urfahr, nur »anfernelte«, hinderte ihn nach Aussagen seiner Schwester Paula sein Einzelgängertum keineswegs in Wien und München an Flirts. Da er auf gutes Benehmen, peinlichste Körperhygiene, korrekte Kleidung, gebügelte Hosen, sicheres Auftreten und gewandte Konversation schon früh Wert legte, war es ihm ein leichtes, das Wiener Charmieren mit Handkuß, blumigen Komplimenten und zärtlicher Gefühlsgestik noch dazu zu erlernen. Allerdings verabscheute er »käufliche Liebe«, Straßenbekanntschaften und die – damals in den Wiener Theatern und Konzerthäusern üblichen – Rendezvous-Billetts »reiferer« Damen. Gern hatte er es dagegen, wenn sich gleichaltrige oder jüngere Mädchen nach ihm umschauten oder sein Umschauen erwiderten und man sich dann in einem der vielen kleinen Wiener Kaffees »zusammenhockte«. Auch in den Lokalen der Wiener und Münchner Künstler und Kunststudenten war er ein regelmäßiger Gast und perfektionierte sich in der Kunst des »Anbandelns« so, daß er es von seinen Mitarbeitern später gar nicht verstehen konnte, wenn sie bei der Freundinnen- oder Gattinnenwahl Schwierigkeiten hatten. Aber alle diese Liebeleien blieben mehr oder weniger flüchtige Kontakte und wurden durch den I. Weltkrieg abrupt beendet.

43 Hitlers handschriftlich geführtes ledernes Adressen-Notizbuch blieb als aufschlußreiche historische Quelle erhalten.

44 Hotel mit Restaurant und Festsälen in München.

45 Gemeint sind die Deutsch-Amerikanerin Helen Hanfstaengl, die Frau des seinerzeitigen NSDAP-Auslands-Pressechefs Dr. Ernst (»Putzi«) Hanfstaengl, Dr. Hanfstaengls Schwester Erna Hanfstaengl und die Gattin des Kunstmalers Franz von Stuck, Mary Stuck. Da Hitler ein »Augenmensch« war, hatte er für weibliche Schönheit eine so große Schwäche, daß er schönen Frauen meist die herrlichsten Charaktereigenschaften und Begabungen andichtete. Er war dann zutiefst getroffen, wenn die Ehemänner solcher Frauen sich mit Detail-Schilderungen über dies und jenes beklagten oder wenn hübsche junge Mädchen, die er auf seine Kosten zu Sängerinnen, Tänzerinnen, Künstlerinnen aller Art usw. ausbilden ließ, wegen mangelnder Intelligenz oder wegen nicht zureichenden Fleißes von ihren Ausbildungsstätten wieder »gefeuert« wurden.

Als Hitler Ende 1919 in München »Politiker« geworden war, änderte sich sein Verhalten Frauen gegenüber berufs- und altersbedingt. Sein Wiener Charme und seine männliche Ausstrahlungskraft machten es ihm leicht, junge Frauen, die ihm gefielen, sich so anzulachen, daß sie ihn »gern hatten«. In den Salons seiner »mütterlichen Freundinnen«, der Studiendirektorswitwe Carola Hofmann, der Pianofabrikanten-Gattin Helene Bechstein, der Verlegers-Gattin Elsa Bruckmann, geborene Prinzessin Cantacuzene, lernte er eine Fülle junger Damen von ausgesuchter Anmut und Schönheit kennen wie etwa die Wagner-Sängerin Sabine Offermann. Nebenher hatte er aufgrund seiner Freizeitbesuche in Münchner Künstlerlokalen Flirts mit Film- und Theatersternchen, die sich als Ballett-Tänzerinnen gerade einen Namen machten wie Inge und Lolo Epp, oder solchen, die noch als Aktmodelle an der Münchner Kunstakademie ihr Geld verdienten. In dem Spielwarengeschäft Koller im »Rosenthal« lernte er die attraktive Nichte der Inhaberin, eine Jenny Haug, kennen, die in ihrer schlanken, grazilen Art wie Meißner Porzellan wirkte. Eine in München tätige strahlende, mollert vollschlanke Wienerin, Susi Liptauer, war genauso sein Schwarm wie die Berchtesgadener Modistin »Mizzerl« Maria Reiter-Kubisch, die man mir als besonders fesch und temperamentvoll beschrieben hat. Aber Hitler hielt alle seine Amouren so, daß sie kinderlos blieben und daß sie bei Bekanntwerden seinen – für die Stimme seiner weiblichen Wähler entscheidenden – »moralischen Ruf« nicht kompromittieren konnten.

Dabei war Hitler seinen »Angebeteten« für die ihm geschenkten »schönen Stunden« zeitlebens dankbar. Der »verschwiegene, treue Schaub« mußte sie bei Jubiläen im Namen Hitlers jeweils mit Rosen und dem teuersten Konfekt erfreuen; waren sie in Notlagen, half Hitler diskret und anonym, und zwar ebenfalls über Schaub. Wenn Hitler Mitte Dezember eines Jahres die von Schaub für ihn eingehandelten Weihnachtsgeschenke besichtigte (Goldfüller, goldene Uhren, Silberschalen, Porzellanservice, Gemälde, Bronzebüsten, Porzellan-Skulpturen, Holzschnitzereien, Bücher usw.) und Schaub diktierte, wer was haben sollte, sorgte er stets dafür, daß seine einstigen Lieben ebensowenig vergessen wurden wie seine früheren Zimmervermieterinnen, seine Mitkämpfer aus den Anfangsjahren der Partei und die Familien, die ihm Gastfreundschaft gewährt hatten. Hitlers Junggesellengroßzügigkeit ging so weit, daß er bei Fahrten kreuz und quer durch Deutschland BDM-Gruppen, die er traf und die ihm irgendwie gefielen, sofort zu Kaffee und Kuchen einlud oder mit seinem Reiseproviant an Obst und Schokolade beschenkte. Lernte er auf Reisen, in Versammlungen oder in Gaststätten eine besonders hübsche junge Frau kennen oder bei seinen regelmäßigen KdK-Besuchen (Kameradschaft deutscher Künstler) eine Künstlerin von zauberhaftem Charme und Niveau, so lud er sie zu einem Kaffee-Besuch auf seinen Berghof ein und bewirtete und hofierte sie dann, als ob sie für ihn die Beste und Schönste im ganzen Lande sei. Mit ihnen gewann er so eine Unzahl von Botschafterinnen seiner Person und seiner Politik. Wenn Frauen allerdings hysterisch wurden, ihn mit irgendeiner Referenz oder Autogrammbitte in seiner Münchner Wohnung aufsuchten und ihn dann mit einem Blitz-Striptease zu Intimitäten hinzureißen suchten, ja ein Kind von ihm empfangen wollten, ließ er sie durch seine resolute Wirtschafterin, Frau Anny Winter-Brunner, kurzerhand wieder rausschmeißen.

Selbstverständlich differenzierte Hitler sein Verhalten Frauen gegenüber sehr. Seinen »mütterlichen Freundinnen«, den Damen Hofmann, Bechstein, Bruckmann, Viktoria von Dirksen, Gertrud von Seidlitz usw., begegnete er mit altösterreichischer Grandezza, immer zuvorkommend und im Gespräch von einer fast herzlichen Natürlichkeit. Frauen, die sich mit ihrem Format im Berufsleben durchgesetzt hatten, wie die Herrin von Bayreuth, Frau Winifred Wagner, die Innenarchitektin Frau Professor Gerdy Troost, die Filmregisseurin Leni Riefenstahl und seine NS-Frauenschaftsführerin, Frau Gertrud Scholtz-Klink, bewies er mit Aufmerksamkeiten, beruflichen Hilfen und geduldiger Problemerörterung, daß er sie nicht nur als Partner im Lebenskampf uneingeschränkt akzeptierte, sondern ob ihrer Leistungen von ganzem Herzen bewunderte.

Selbstverständlich lernte er als Parteiführer und später als Reichskanzler unter den vielen anderen Frauen, die ihn mit ihrer Weiblichkeit umschwärmten, auch solche kennen, deren Attraktivität er unter anderen Aspekten nur zu gern erlegen wäre.

Die Aparteste seiner Berliner Favoritinnen war die mecklenburgische Adlige Sigrid von Laffert, eine Verwandte der schon erwähnten Frau von Dirksen, von der die italienischen Diplomaten Außenminister Graf Ciano und Botschafter Dino Alfieri im Jargon Hitlers schwärmten: »Sie hatte zwei klare Augen, ein regelmäßiges Gesicht, einen wundervollen Körper, einen reizenden Busen, zwei lange Beine, den kleinsten Mund der Welt und schminkte sich nie.«

Zwei Selbstmordversuche Eva Brauns holten Hitler aber aus seinen diesbezüglichen Euphorien nachhaltig heraus: einer vom 1. November 1932, als sie ihn auf diversen Fotos ihres Arbeitgebers Foto-Hoffmann mit der berühmten Berliner Soubrette Gretl Slezak posieren sah, und einer vom 28. Mai 1935, als seine Begeisterung für die Schauspielerinnen Gretl Theimer und Betty Bird, für Nachwuchssportlerinnen wie die Eiskunstläuferin Martha Mayerhans und – last not least – für die zwanzigjährige rassig-elegante britische Studentin Lady Unity Valkyrie Mitford ihr auf die Nerven ging.

Danach blieb Hitler Frauen gegenüber zwar der Blumen und Handküsse verschenkende Wiener Charmeur. Aber seine Galanterie war die des Staatschefs, überaus zuvorkommend, aber immer distanziert. Und im Kriege lebte er – die wenigen Zeiten in Berlin und auf dem Berghof ausgenommen – wie jeder Soldat vom Traum von seiner »Eva«. Ihren Besuch in einem der militärischen FHQus »Wolfsschanze«, »Werwolf« usw. hatte er ihr und sich ausdrücklich streng verboten, da er jedes Privilegiertsein anderen Soldaten gegenüber verabscheute.

Vom Schäferhund

Ich bin Tierliebhaber und habe Hunde besonders gern. Aber zu einem Boxer zum Beispiel habe ich kein inneres Verhältnis. Wenn ich überhaupt einen Hund noch haben möchte, dann einen Schäferhund. Am liebsten eine Hündin. Es käme mir wie ein Treubruch vor, wenn ich mir einen anderen Hund zulegen sollte. Was sind das für wunderbare Tiere: Scharf und ihrem Herrn anhänglich, tapfer, kühn und schön. Der Blindenhund ist eine der rührendsten Sachen. Er läßt jeden anderen Hund stehen; nur mit einer Hündin der läufigen Zeit ist nichts zu wollen. Er hängt am Menschen mehr als an seinesgleichen. Er geht zu einer Freundin hin, kehrt aber sofort mit schlechtem Gewissen wieder zurück.

Im Winter 1921/22 hat mir jemand einen Schäferhund angeboten. Der war aber so traurig in der Erinnerung an seinen früheren Herrn und wollte sich gar nicht eingewöhnen. So habe ich mich entschlossen, ihn wieder weiterzugeben. Der neue Herr war kaum hundert Schritte mit ihm gegangen, da hat er sich losgerissen, ist auf mich zugesprungen und hat mir seine Vorderpfoten auf die Schultern gelegt. Nun mußte ich ihn behalten.

Wie ich später von Graf[46] den »Muck« bekommen habe, der hat sich schon viel rascher hereingefunden. Betrübt ist er noch die Treppe herauf, aber wie er oben die »Blondi« gesehen hatte, das war eine Freude den nächsten Tag, nicht zu beschreiben!

Am leichtesten gewöhnt sich der neue Hund, wenn ein anderer Hund schon da ist. Ja, es macht schon viel aus, wenn er nur am Geruch wahrnimmt, daß sein neuer Herr einen Hund hatte.

46 Der Schlachter Ulrich Graf war bis zum Hitlerputsch 1923 Hitlers »ständiger Begleiter«, d. h. Leibwächter. Hitler blieb ihm zeitlebens verbunden, weil er – der dabei schwer verwundet wurde – mit seinem Leib Hitler bei der Schießerei an der Münchner Feldherrnhalle am 9. November 1923 gedeckt hatte.

Der Hund ist doch das älteste Haustier. Seit 30000 Jahren lebt er beim Menschen. Nur will der Mensch in seinem Hochmut nicht sehen, daß zwischen Hund und Hund – auch bei der gleichen Rasse – ein himmelweiter Unterschied sein kann. Es gibt blöde Hunde, und es gibt Hunde, die so gescheit sind, daß es beängstigend ist.

Die Entstehung der Menschen

Ich habe jetzt ein Werk in der Hand gehabt über die Entstehung der Menschenrassen. Früher habe ich viel darüber nachgedacht, und ich muß sagen, wenn man die alten Überlieferungen, die Märchen und die Sagen, die überall auftreten, näher besieht, so kommt man zu ganz sonderbaren Schlüssen.

Es ist erstaunlich, wie klein der Zeitraum ist, den der Mensch zu überblicken vermag. Die ältesten Zeugnisse der Schrift liegen 3000 bis 4000 Jahre zurück. Das Wort Sage kommt von »sagen«. Die Sagen wären nicht auf uns gekommen, wenn die Träger nicht unseres Stils gewesen wären. Woher nehmen wir das Recht zu glauben, der Mensch sei nicht von Uranfängen das gewesen, was er heute ist? Der Blick in die Natur lehrt uns, daß im Bereich der Pflanzen und Tiere Veränderungen und Weiterbildungen vorkommen. Aber nirgends zeigt sich innerhalb einer Gattung eine Entwicklung von der Weite des Sprungs, den der Mensch gemacht haben müßte, sollte er sich aus einem affenartigen Zustand zu dem, was er ist, fortgebildet haben.

Sehen wir auf die Griechen, die auch Germanen waren, so finden wir eine Schönheit, die hoch über dem liegt, was wir heute aufzuweisen haben. Das gilt für die Großartigkeit ihrer Gedankenwelt – nur die Technik war ihnen versagt – wie für das Bild ihrer Erscheinung. Man braucht nur einmal den Kopf des Zeus oder der Athene mit dem eines mittelalterlichen Gekreuzigten oder eines Heiligen zu vergleichen.

Wenn ich nun weiter zurückschaue, die Ägypter in der Epoche vorher, es sind Menschen von der gleichen Hoheit. Seit Christi Geburt sind nur 40 Generationen nacheinander gefolgt. Unser Wissen aber hört auf mit einem Zeitraum, der einige Jahrtausende vor der Zeitenwende liegt.

Nun kann ja die Sage nicht aus dem Nichts gegriffen haben. Der Begriff setzt immer die Erscheinung voraus. Wir sind durch nichts gehindert, ja ich glaube, wir tun gut daran anzunehmen, daß das, was die Mythologie von Gestalten zu berichten weiß, die Erinnerung ist an eine einstige Wirklichkeit.

Gleichzeitig treffen wir in allen Überlieferungen die Erzählungen von einem Himmelssturz. Was die Bibel darüber bringt, ist nicht auf jüdischem Boden gewachsen, sondern sicher übernommen von den Babyloniern und Assyrern. In der nordischen Überlieferung ist es der Kampf zwischen Göttern und Riesen. Ich kann mir das nur so erklären, daß eine der nordischen Naturkatastrophen eine Menschheit ausgelöscht hat, die im Besitz einer höchsten Kultur gewesen ist. Was wir heute auf der Erde finden, mögen Überbleibsel sein, die, dem Bild der Erinnerung nachlebend, allmählich zur Kultur zurückfinden. Wer sagt uns, daß das Steinbeil, welches wir in unseren Zonen finden, eine Erfindung seiner Träger war? Viel richtiger scheint mir anzunehmen, daß man das in Stein nachgebildet hat, was man vordem in anderem Stoff besessen hat. Man weiß im übrigen auch nicht, ob es neben den Steingeräten Metall gab. Die Lebensdauer von Erz und Bronze ist begrenzt. Und daher mag es kommen, daß in gewissen Schichten der Erdrinde sich nur mehr Steingeräte finden.

Welteislehre

Auch ist ja nicht gesagt, daß sich das Kulturleben der Menschheit vor der Katastrophe in unseren Räumen abgespielt hat. Zu dreiviertel ist die Erde mit Wasser bedeckt. Nur ein Achtel der Erdoberfläche ist unserer Forschung zugänglich. Wer weiß, zu was für Entdeckungen wir kämen, wenn wir den Boden, der jetzt vom Wasser überspült wird, durchforschen könnten.

Ich neige der Welteislehre von Hörbiger[47] zu. Vielleicht hat um das Jahr 10000 vor unserer Zeitrechnung ein Einbruch des Mondes stattgefunden. Es ist nicht ausgeschlossen, daß die Erde den Mond damals in seine jetzige Bahn gezwungen hat. Möglich auch, daß das, was der Mond als Atmosphäre um sich hatte, unsere Erde an sich gerissen hat, womit sich die Lebensbedingungen der Menschheit auf der Erde von Grund auf verändert haben. Denkbar ist, daß es damals Wesen gab, die in jeder Höhe und Tiefe haben existieren können, weil es den Zwang des atmosphärischen Druckes nicht gegeben hat. Denkbar ist auch, daß die Erde aufgebrochen ist und daß der Einsturz von Wasser in die Krater zu ungeheuren Explosionen geführt hat und Regengüsse gebracht hat, vor denen sich nur ein Menschenpaar hat retten können, da es in einer höher gelegenen Höhle Unterschlupf gefunden hatte. Ich glaube, diese Fragen werden sich nur lösen, wenn eines Tages ein Mensch intuitiv Zusammenhänge schaut und der exakten Wissenschaft damit den Weg weist. Wir werden sonst nie hinter den Schleier schauen, den die Katastrophe zwischen uns und die Vorwelt hat fallen lassen.

Entwicklung und Zukunft der christlichen Religion

Verfolgt man unsere Religion in ihre Anfänge zurück, so findet man sie menschlicher. Die Religionen sind, glaube ich, dadurch entstanden, daß man Bilder der Erinnerung, die zu Schemen verblaßt waren, begrifflich gefaßt und intellektuell mit den Vorstellungen umgeben hat, die der Kirche dazu dienen, an der Macht zu bleiben. Die Zeit von der Mitte des 3. bis zur Mitte des 17. Jahrhunderts, das ist sicher die grausamste Epoche menschlichen Tiefstandes überhaupt gewesen. Blutdurst, Gemeinheit und Lüge haben diese Zeit beherrscht.

Ich bin nicht der Meinung, daß etwas bleiben muß, was einmal war. Die Vorsehung hat dem Menschen die Einsicht gegeben, damit er nach seiner Einsicht handle. Die Einsicht zeigt mir, daß die Herrschaft der Lüge gebrochen werden will. Sie zeigt mir aber auch, daß man das jetzt nicht kann. Um die Lüge nicht mitmachen zu müssen, habe ich die Pfaffen aus der Partei herausgehalten. Ich schrecke vor dem Kampf nicht zurück, den ich, wenn es darauf ankommt, auszufechten habe, und werde sofort handeln, falls die Prüfung ergibt, daß es geschehen kann.

Politiker wider Willen

Gegen meinen Willen bin ich Politiker geworden. Die Politik ist mir nur ein Mittel zum Zweck. Es gibt Leute, die glauben, es werde mir einmal hart ankommen, nicht mehr wie jetzt tätig zu sein. Nein! Der soll der schönste Tag meines Lebens werden, wenn ich aus dem politischen Leben ausscheide und alle die Kümmernisse, die Plage und den Ärger hinter mir lasse. Ich will das tun,

47 Der österreichische Ingenieur und Erfinder des Stahlplattenventils Hans Hörbiger (Vater der Filmschauspieler Paul und Attila Hörbiger) vertrat seit 1913 die Welteislehre (Glazialkosmogonie), nach der unser Sonnensystem durch die Explosion eines großen Weltkörpers entstanden sein könnte.

sobald ich nach Beendigung des Krieges meine politischen Aufgaben erledigt habe. So 5 bis 10 Jahre möchte ich dann meinen Gedanken nachhängen und sie niederlegen. Kriege kommen und vergehen. Was bleibt, sind einzig die Werte der Kultur.

Daher meine Liebe zur Kunst. Musik, Architektur, sind das nicht Kräfte, die der kommenden Menschheit den Weg weisen? Wenn ich Wagner höre, ist mir, als seien das Rhythmen der Vorwelt!

Hitler kannte Wagners Werk genau. Für ihn war der Aufbau Wagnerscher Musik ein Stück musikalischer Architektur, bei der das Leitmotiv nicht nur am Anfang vorhanden ist, sondern immer wieder durchbricht und – die Gesamtkomposition bestimmend – bis zum Ende präsent bleibt. Zwar spielte Hitler nur etwas Klavier, aber er konnte einem die Leitmotive der bekanntesten Opern und Operetten fast ohne Schwierigkeiten am Klavier angeben. Und er hatte das »absolute Gehör«, so daß ihm kein falscher Ton entging, und er gern mit den Wagner-Dirigenten über ihre Interpretation diskutierte. Im übrigen hatte Richard Wagner für Hitler auch eine geistige Bedeutung. Denn er hatte im Nibelungen-Ring ein mythisches Leitbild für das deutsche Lebensschicksal geschaffen, das Hitler bejahte. Er hatte im Artus-Kreis (Parzifal, Lohengrin) die Möglichkeiten und Ideale menschlicher Ethik gestaltet. Und er hatte im »Rienzi« den römischen Volkstribunen so zeitlos dargestellt, daß Hitler – wie er uns sagte – bei einer Rienzi-Aufführung in Linz erstmals der Gedanke kam, auch so ein Volkstribun oder Politiker zu werden.

19

27. 1. 1942 mittags
(Wolfsschanze)
Aufnahme: Heim. F. d. R.: Picker

Staat und Gesellschaft in Krisenzeiten

Die Masse der Soldaten, die England zur Führung seiner Kriege eingesetzt hat, war deutschen Blutes. Den ersten schweren Aderlaß an eigenem Blut haben für sie die 1,4 Millionen Toten des 1. Weltkrieges bedeutet. Und wie hat sie das getroffen! Um sich wirtschaftlich vor Schaden zu bewahren, würden sie damals von ihrem kapitalistischen System haben abgehen oder die Schuldenlast von 150 Milliarden haben abschütteln müssen. Sie haben dazu einen Versuch gemacht. Aber auf dem regulären Wege, indem sie ihre Rüstung auf ein Minimum zurückschraubten, um den Zinsendienst für die Kriegsschulden aufzubringen. Nach den Napoleonischen Kriegen war das nicht viel anders. Sie sind hinterher ganz schlapp gewesen und erst in der Viktorianischen Zeit wieder zu sich gekommen.

Eine wirkliche Weltherrschaft kann nur auf das eigene Blut gegründet werden. Der römische Staat hat zu Freigelassenen erst gegriffen, wenn sein eigenes Blut völlig erschöpft war. Erst nach dem 3. Punischen Krieg gab es Legionen aus Freigelassenen. Wäre das Christentum nicht gekommen, wer weiß, wie sich die Geschichte Europas gestaltet hätte. Rom würde Europa ganz erobert haben, und der Hunnensturm wäre an den Legionen zerschellt.

Durch das Christentum ist Rom gebrochen worden, nicht durch Germanen und Hunnen.

Was der Bolschewismus heute auf materialistisch-technischer Grundlage in Szene setzt, hat das Christentum auf theoretisch-metaphysischer Grundlage vollbracht.

Wenn die Krone den Thron wackeln sieht, greift sie nach der Unterstützung des Mobs. Man täte besser, von Konstantin dem »Verräter« und Julian dem

»Treuen« zu sprechen, statt den einen den »Großen« und den anderen den »Abtrünnigen« zu nennen. Was das Christentum gegen Julian geschrieben hat, ist dasselbe Wortgeblödel, welches das jüdische Schrifttum über uns ergossen hat, während die Schriften des Julian reine Wahrheiten sind.

Wenn die Menschheit Geschichte studieren würde, was für Konsequenzen würden sich ergeben! Europa vor der Wiederholung einer derartigen Krise bewahrt zu haben, wird einmal als das Verdienst des Faschismus und des Nationalsozialismus gefeiert werden.

England in sozialer Krise

Ich sehe hier eine schwere Gefahr für England. Die Konservativen können furchtbare Sachen erleben, wenn das Massenproletariat Macht bekommt. Wenn die Konservative Partei nach der Rückkehr Chamberlains[48] aus München das Volk befragt hätte, ob Krieg oder Frieden, würde sie eine ungeheure Mehrheit für sich bekommen haben. Als ich in Memel war, hat Chamberlain mir durch einen Mittelsmann sagen lassen, er sehe vollständig ein, daß diese Bereinigung jetzt erfolgen müsse, wenn er das auch offen nicht aussprechen dürfe. Damals wurde er von Churchills Leuten in maßloser Weise angegriffen. Hätte er eine Wahl veranstaltet, dann wäre er gerettet gewesen.

Ich habe bei all diesen großen Momenten immer sofort eine Wahl gemacht. Nach außen und nach innen ist das von größter Wirkung.

Damals erst ist die Arbeiterpartei (Labour-Party) eingesprungen, der Jude hatte die Sache in Fluß gebracht. Wenn heute Hoare[49] zur Macht kommt, braucht er nur die Faschisten freizulassen[50].

Die Engländer müssen gesellschaftliche Probleme, die zur Lösung reif sind, lösen. Jetzt können sie mit Vernunft von oben herunter noch reguliert werden. Wehe aber, wenn das nicht geschieht! Dann macht die kochende Volksseele das. Dann ist das der Wahnsinn, der zur Zerstörung führt. Leute wie Mosley[51] hätten das Problem spielend gelöst, einen Ausgleich zu finden zwischen Konservatismus und Sozialismus, den breiten Massen den Weg (nach oben) zu eröffnen und den Oberen zu erhalten, was sie brauchen. Standesurteile kann man nicht mehr aufrechterhalten in einer Zeit, in welcher das Proletariat über derart hochwertige Menschen verfügt wie heute vielfach.

Jeder vernünftigen Regelung muß von vornherein zum Durchbruch verholfen werden. Durch Schulen – die Adolf-Hitler-Schulen und später die NS-

48 Arthur Neville Chamberlain, Großbritanniens Premierminister 1937 bis 1940, Mitunterzeichner des Münchner Abkommens vom 29. September 1938 bezüglich des Anschlusses des Sudetenlandes an Deutschland, brachte aus München eine von ihm und von Adolf Hitler unterschriebene deutsch-britische Erklärung vom 30. September 1938 mit, die »Peace for our time« vereinbarte und die von der damals noch äußerst kriegsunwilligen britischen Bevölkerung begeistert begrüßt wurde.

49 Sir Samuel Hoare, später Viscount Templewood, war 1940 britischer Minister, sodann britischer Botschafter in Spanien und galt als möglicher Churchill-Nachfolger, falls die Entwicklung des Krieges Verhandlungen mit Deutschland nötig machen sollte.

50 Großbritanniens Regierung hatte 1940 die britischen Faschisten in »Internment-Camps« (Konzentrationslagern) eingesperrt.

51 Sir Oswald Mosley, britischer Faschistenführer, war der am 16. November 1896 geborene Enkel des berühmten Bullenzüchters gleichen Namens aus Staffordshire, der das Urbild der britischen Symbolfigur »John Bull« wurde. Im I. Weltkrieg Offizier, wurde Mosley nach 1918 erst konservativer, dann Labour-Parlamentarier und vereinigte als »Unabhängiger« am 1. Oktober 1932 die diversen britischen Faschisten-Gruppen zur »British Union of Fascists«.

Erziehungsanstalten – will ich es ermöglichen, daß auch der ärmste Junge zu jeder Stellung emporsteigen kann, falls er die Voraussetzungen dazu in sich hat. Zudem sorgt die Partei dafür, daß einer, wenn seine Gesinnung das rechtfertigt, auch außerhalb der normalen Entwicklungsmöglichkeit in der geschäftlichen Welt und in der Beamtenwelt aufzusteigen vermag. Sonst gibt es Aufstände. Der Jude wittert die Spannung und bedient sich ihrer. Da muß eine Bewegung kommen, die beide Seiten zurückstößt: die verblödet Konservativen und die jüdisch-bolschewistischen Anarchisten.

Hitlers »neues« Schulsystem präsentierte sich in den staatlichen »Napolas« (Nationalpolitischen Erziehungsanstalten), den parteiamtlichen »Reichsschulen« und in den parteiamtlichen »Adolf-Hitler-Schulen«. Die »Napolas« waren de facto »höhere Lehranstalten« mit normalem Oberschullehrplan, die mit dem Abitur abschlossen. Ihre Besonderheit war, daß die Schüler in Schulheimen untergebracht wurden und daß sie außer dem normalen Schulsport Boxen, Rudern, Segeln, Segelfliegen, Motorsport, Geländesport einschließlich Reiten und Schießen lernten. Die Ausbildung wurde ergänzt durch zwei Wochenstunden nationalpolitischen Unterrichts, durch sechs Ferienwochen Arbeit in einer Fabrik, durch regelmäßige Deutschland- und Auslandsfahrten sowie durch eine halbjährige Schulzeit an einer ausländischen Schule. Die »Reichsschulen« waren Napolas, die die Partei im II. Weltkrieg im besetzten Ausland für solche Kinder einrichtete, die vom Reichsführer SS den »Deutschblütigen« gleichgestellt wurden. Sie wurden von der Partei finanziert und von Parteifunktionären überwacht. Die »Adolf-Hitler-Schulen« waren Aufbauschulen, die nach sechsjährigem Volksschulbesuch unentgeltlich in weiteren sechs Schuljahren zum Abitur führten, als HJ-Institutionen firmierten und der Schulaufsicht des zuständigen Gauleiters unterstanden. Ihr Lehrplan war vor allem in der »Körperertüchtigung« noch progressiver als der der »Napolas«. Hitler erklärte dazu: »Meine Pädagogik ist hart. Das Schwache muß weggehämmert werden. Stark und schön will ich meine Jugend, herrisch und unerschrocken. Das freie, herrliche Raubtier muß aus ihren Augen blitzen. So merze ich die Jahre der menschlichen Domestikation aus, so habe ich das reine, edle Material der Natur vor mir. So kann ich das Neue schaffen.«

Die Engländer bestehen aus verschiedenen Rassebestandteilen. Daher die Gefahr, daß der Klassenkampf zu einem Rassenkampf wird. Der Rassenkrieg braucht nicht auszubrechen, wenn die Menschen nicht nach dem Äußeren, sondern nach ihrer Bewährung ausgesucht werden.

NS-Sozialpolitik

Aussehen und Veranlagung laufen oft getrennt. Man kann die Auslese nach dem Äußeren und man kann sie – wie es die Partei gemacht hat – nach der Lebensbewährung treffen. Die Gliederung der Berufe muß ich lassen. Es ist aber ein Wahnsinn, einen Menschen Straßen bauen zu lassen, der höchstens fähig ist, Straßen zu kehren, und einen Mann als Straßenkehrer zu verwenden, der Straßen bauen kann.

Der Nationalsozialismus sagt: Mit der bürgerlichen Wertung hat der Beruf nichts zu tun. Das ist das Versöhnliche an ihm. Am wenigsten darf man bei einem Kind danach gehen, welchen Beruf der Vater hat. Es entscheidet da ausschließlich die Veranlagung und die Fähigkeit. Das Kind kann die Fähigkeiten haben, welche die Eltern nicht hatten. Alles ist doch bei uns aus dem Bauerntum herausgekommen. Die Strangulierung des dauernden Emporsteigens muß man verhindern. Wenn man eine bewußte gleichmäßige Auslese nach der Befähigung macht, dann deckt sich irgendwie wieder Aussehen und Begabung.

Am stärksten habe ich das damals beim Stapellauf der »Tirpitz« in Wilhelmshaven (1.4.1939) gesehen: Eine Arbeiterschaft war das von wahrem Adel.

Das Volk hat nun einseitig nach dem Intellektualismus sich weitergezüchtet, und es hat dabei vergessen, was für das Leben der Nation die Tatkraft bedeutet. Zur Erhaltung einer Gesellschaftsordnung ist wichtig, daß man nicht nur einen Kopf, sondern auch eine Faust hat, sonst kommt eines Tages die vom Geist getrennte Kraft und zerschlägt den Kopf. Immer wird der Prozeß Geist gegen Kraft zugunsten der Kraft entschieden. Die Gesellschaftsschicht, die nur Kopf ist, sieht sich durch eine Art schlechtes Gewissen belastet. Wenn wirklich Revolutionen kommen, wagt sie nicht hervorzutreten. Sie setzt auf den Geldsack und ist feige. Ich habe das reine Gewissen gehabt. Man sage mir einen talentierten Jungen, ich werde selber sofort sein Förderer. Ich weiß mir nichts Besseres, als wenn mir einer sagt: Mein Führer, hier ist ein ganz großes Talent, der kann einmal Führer der Nation werden.

Wer sich gegen die Gesellschaftsordnung an sich wendet, den schieße ich rücksichtslos nieder. Die Gesellschaftsordnung, die ich aufbaue, ist der breiten Masse nicht unterlegen. Da können die anderen gegen Granit anrennen. Jeder Versuch, diesen Staat mit Gewalt zu erschüttern, wird mit Blut ertränkt. Aber alles, was man nur tun kann, die anständigen Menschen zu fördern, wird vom Standpunkt einer hohen Verantwortlichkeit dem ganzen Volkskörper gegenüber getan. Die einen sind mehr zur Führung, die anderen mehr zur Ausführung geeignet. Die Führung ohne Menschen zur Ausführung nützt aber nichts. So wie sich der Volksorganismus heute zeigt, ist es notwendig, unsere Kultur zu erhalten.

Es ist ein eiskaltes Vernunftsproblem: Wer ist fähig zu führen? Wer auszuführen? Beide sind absolut notwendig zur Erhaltung des Ganzen. Wer zum Führen die Fähigkeit bewiesen hat, bekommt die Autorität. In keiner Stelle darf die Autorität bei dem liegen, der nicht führen kann. Praktisch gibt es ja doch bei jedem auf der einen Seite Überordnung, auf der anderen Seite Unterordnung.

Bei der Führung liegt die Last der Verantwortung! Wenn die Engländer die 9000 Faschisten loslassen, so schlagen sie den Plutokraten die Knochen entzwei, und damit ist die Frage gelöst.

Persönlich glaube ich, solange sich für eine Idee in einem Staat 9000 Menschen finden, die bereit sind, in die Gefängnisse zu gehen, ist eine Sache nicht verloren. Erst wenn der letzte Mann daran verzweifelt, ist es aus. Ist noch ein Mann da, der gläubigen Herzens eine Fahne hochhält, so ist nichts verloren. Ich bin auch hier eiskalt: Wenn das deutsche Volk nicht bereit ist, für seine Selbsterhaltung sich einzusetzen, gut: dann soll es verschwinden!

20

28.1.1942 mittags
(Wolfsschanze)
Aufnahme: Heim. F.d.R.: Picker

Vorbild: Friedrich der Große

Wenn man sich vor Augen stellt, daß Friedrich der Große einer zwölffachen Übermacht gegenüberstand, kommt man sich wie ein Sch...kerl vor!

Wir haben selbst dieses Mal die Übermacht! Ist es nicht geradezu eine Schande[52]?

21

28.1.1942 nachts im Zuge[53]
Aufnahme: Heim. F.d.R.: Picker

Geburtenbeschränkung: Totengräber der Völker schon in der Antike, Geburtenüberschuß: Erreger nationaler Aktivität

Oft denke ich darüber nach, woran die antike Welt zugrunde gegangen ist. Die Herrenschicht war zu Reichtum gelangt: nun stand ihr der Sinn danach, den Erben ein sorgenfreies Leben zu ermöglichen. Man sagte sich, je mehr Kinder man hat, desto weniger trifft auf das einzelne. So kam man zur Beschränkung der Kinderzahl.

Zu den Gütern, von deren Vorhandensein in Masse die Macht der Herren abhing, gehörte der Bestand an Sklaven. Schließlich stand der Menge der in Abhängigkeit lebenden Menschen eine führende Klasse gegenüber, die zahlenmäßig und was die innere Aktivität angeht so schwach war, daß sie von der Masse aufgesogen wurde in dem Augenblick, in welchem das Christentum die Grenzlinie zwischen den Ständen weggewischt hatte.

Der Gefahr einer zunehmenden Stagnation ist Frankreich ausgeliefert durch das Zwei-Kinder-System. Nicht, daß das Erzeugnis französischer Herkunft an Qualität zu wünschen übrig ließe, aber es fehlen die Impulse, welche Gewähr dafür bieten, daß die Beharrungstendenzen konservativen Lebens nicht die Vormacht gewinnen über das Streben nach Entwicklung neuer technischer Möglichkeiten.

Unsere Rettung wird das Kind sein!

Seit dem 6. September 1933 ließ Hitler einen planmäßigen Kampf gegen den – seit etwa 1890 in Deutschland zu beobachtenden – Geburtenrückgang führen. Er predigte den »Willen zum Kind« als besten Garanten eines gesunden, nicht vergreisten Volkstums. Bereits ab 1. Juni 1933 ließ er »Ehestandshilfen« ausgeben, d.h. unverzinsliche Darlehen, die »abgekindert« werden konnten, bei denen pro Kind ein Viertel des Darlehens rückzahlungsfrei wurde. Diese und andere Maßnahmen (bevorzugte Arbeitsstellenvermittlung, bevorzugte Wohnungszuweisung usw.) erhöhten die Zahl der Eheschließungen bereits 1933 gegenüber 1932 um mehr als 100000. Bis 17. Mai 1939 hatte die Geburtenfreudigkeit so zugenommen, daß die Kinder unter sechs Jahren wieder 9,7 Prozent, also fast 10 Prozent der deutschen Gesamtbevölkerung ausmachten. (1923 bis 1925 waren es nur 3,3 Prozent der Gesamtbevölkerung. Die Geburtenzahl von 1931/32 mit rund 950000 Kindern im Jahresdurchschnitt stieg 1934/1940 auf 1,4 Millionen Lebendgeborene im Jahresdurchschnitt.) Durch Verordnung vom 6. Dezember 1938 schuf Hitler deshalb das »Ehrenkreuz der Deutschen Mutter«, das in Bronze an Mütter mit 4 und 5 Kindern, in Silber an Mütter mit 6 und 7 Kindern und in Gold an Mütter mit 8 und mehr Kindern verliehen wurde. Die Kinder mußten lebend geboren, die Eltern »deutschblütig« und »erbtüchtig« und die Mutter ehrenhaft sein. Das »Mutterkreuz« wurde an einem schmalen, blau-weiß gestreiften Bande am Hals getra-

52 König Friedrich der Große von Preußen, der »Alte Fritz«, war für Hitler Schutzpatron und Durchhaltesymbol zugleich. Deshalb ließ er in der Porzellanmanufaktur der Partei (SS) in Allach bei München 100 weißglasierte Reiterfiguren des »Alten Fritz« herstellen, die er seinen Feldmarschällen und sonstigen führenden Persönlichkeiten schenkte. Das Künstlerwerk stammte von Münchens berühmtestem lebendem Porzellan-Bildhauer, Professor Theodor Kärner, der 1937 auch die »Athene« zum Münchner Tag der Deutschen Kunst in SS-Allach-Porzellan geschaffen hatte.

53 Auf der Fahrt im Führer-Sonderzug vom FHQu »Wolfsschanze« nach Berlin.

gen und bestand aus einem blau emaillierten, weißgerandeten länglichen Kreuz mit Strahlenbündeln in den Kreuzwinkeln und einem weißen Schild mit Hakenkreuz und der Metall-Umschrift »DER DEUTSCHEN MUTTER« vorn, sowie einem weißen Schild mit dem Datum des 16. Dezember 1938 und Hitlers Signatur rückseitig.

Der Außenrand war je nach Ordensstufe golden, silbern oder bronzen. Hitlers Faksimile-Unterschrift auf der Ordensurkunde wurde vom Chef der Präsidialkanzlei (Dr. Meißner) gegengezeichnet. Das Mutterkreuz wurde mit Sonderzuteilung (Tee, Kandis, Obst usw.), mit bevorzugter Abfertigung in Geschäften, Verkehrsmitteln und Behörden und mit allgemeinen Ehrungen honoriert.

Wenn uns dieser Krieg eine Viertel-Million Tote[54] und 100000 Verkrüppelte kostet, sind sie uns in dem Geburtenüberschuß wiedergeschenkt, den das deutsche Volk von der Machtübernahme an aufweisen kann. Sie werden uns in vielfacher Zahl wiedererstehen in den Siedlungen, welche ich dem deutschen Blut im Osten schaffe.

Ich sähe es als ein Verbrechen an, hätte ich das Blut geopfert, lediglich etwa um der Möglichkeit willen, Naturschätze kapitalistisch auswerten zu können. Das Recht auf den Boden steht nach ewigem Naturgesetz dem zu, der ihn erringt, weil die alten Grenzen dem Wachstum des Volkes nicht genug Raum bieten. Dies, daß wir Kinder haben, die leben wollen, rechtfertigt unseren Anspruch auf den neugewonnenen Ostraum.

Daß wir immer Überschuß an Kindern haben, wird unser Glück sein. Denn das schafft uns Not. Und die Not zwingt, sich zu regen. Wir kommen nicht in Gefahr, in einem Zustand der Entwicklung, der uns heute die Überlegenheit gebracht hat, steckenzubleiben. Die Not zwingt uns, uns immer an der Spitze zu halten, was den technischen Fortschritt anbelangt. Sie allein sichert den Vorsprung.

Alles Leben muß mit Blut erkauft werden. Das fängt bei der Geburt an. Wenn einer sagt, ein solches Leben gefällt mir nicht – ja, da kann ich ihm nur raten, sich das Leben zu nehmen. Denn stellt er es darauf ab, so wird er neue Schrecken jeden Tag wahrnehmen. Aber: Warum Pessimist sein? Das Leben hat doch auch so vieles Schöne im gleichen Augenblick. Warum hält er sich nicht daran?

Die schöpferischen Kräfte stellen sich ein beim Optimisten. Vor jeder Leistung aber steht der Glaube.

22

4.2.1942 abends
(Wolfsschanze)
Aufnahme: Heim. F.d.R.: Picker

Der Süden und die deutsche Kaiserpolitik

Karl der Große war einer der größten Menschen der Weltgeschichte, da er es fertiggebracht hat, die deutschen Querschädel zueinander zu bringen.

Karl I., der Große (französisch: Charlemagne), 2. April 742 bis 28. Januar 814, König der Franken und seit 800 Römischer Kaiser, führte sein Fränkisches Reich zur Vorherrschaft im Abendland, er unterwarf die Langobarden, die Sachsen, Teile der Slawen, die Westfalen, die Bayern, Teile der Awaren und Spanien bis zum Ebro und erhob das

54 In Wirklichkeit kostete der II. Weltkrieg Deutschland (nach amtlicher Schätzung) 6,73 Millionen Tote, davon 3,25 Millionen gefallene Soldaten der Deutschen Wehrmacht und 3,48 Millionen Zivilisten. Es gab außerdem noch etwa 2,01 Millionen Kriegsbeschädigte.

Römische Reich zu einer – 812 auch vom Kaiser von Byzanz (Konstantinopel = Ostrom) anerkannten – Weltmacht. Karl der Große sicherte die Grenzen seines Reiches durch Grenzmarken mit weitgehender Autonomie, verwaltete sein Reich im übrigen durch Gaugrafen und Bischöfe und sicherte die Einheit der Reichsmacht durch Königsboten (eine Art Reichsinspekteure), Kirche und Heer. Bei aller Bildungs- und Kulturarbeit Karls des Großen war seine Härte gefürchtet. Allein in Verden ließ er 782 in einer einzigen Aktion 4500 Geiseln hinrichten.

Heute weiß man, warum unsere Vorfahren nicht nach dem Osten, sondern nach dem Süden gezogen sind: Das ganze ostelbische Gebiet war damals nicht um ein Haar anders, als es heute für uns Rußland ist. Umsonst hat es die Römer nicht gegraut, über die Alpen zu steigen, und ohne Grund sind die Germanen da nicht hinunter.

Griechenland war ein einziger Eichen- und Buchenhain, die Oliven sind erst später hinzugekommen. Wenn Oberbayern heute wärmer ist, beruht es darauf, daß Italien keine Wälder mehr hat. Die Vernichtung der südlichen Kulturen hat den Klimawechsel herbeigeführt. Jetzt streichen die warmen Südwinde nach den Alpen und über die Alpen hinweg.

Der Germane mußte nach einem sonnigen Klima, um seine Fähigkeiten entwickeln zu können. In Griechenland und Italien konnte sich der germanische Geist erst entfalten! Im Laufe vieler Jahrhunderte ist er dann dahin gekommen, ein menschenwürdiges Dasein auch im nordischen Klima einzurichten. Das Wissen hat ihm dazu verholfen.

Die Versetzung nach Germanien war für den Römer etwas Ähnliches wie für uns eine Zeitlang die Versetzung nach Posen. Man stelle sich vor: ewige Regenzeiten und das ganze Gebiet in einen Morast verwandelt. Die Externsteine (Sandsteinfelsgruppe im Teutoburger Wald südlich von Detmold) waren sicher nicht Kultstätten, sondern Zufluchtspunkte, auf welche die Leute sich zurückgezogen haben, um aus dem steigenden Schlamm herauszukommen. Kalt, feucht und trübe war dieses Land.

In einer Zeit, wo die anderen schon Steinstraßen besaßen, hat unser Land Zeugnisse einer Kultur nicht aufzuweisen. Zur Kultur haben nur die Seegermanen etwas beigetragen. Die Germanen, die in Holstein geblieben sind, waren nach 2000 Jahren noch Lackel, während ihre Brüder, die nach Griechenland ausgewandert waren, zur Kultur emporstiegen.

Über jede Eigenart hinaus erhält sich der »Fraß«. Die Suppe, die ich in Holstein gefunden habe, ist meines Erachtens die Suppe der Spartaner. Bei allen Funden in unseren Gegenden bin ich skeptisch: Diese Sachen sind oft ganz woanders erzeugt worden. Für ihren Bernstein haben die Germanen der Küste diese Dinge bekommen. Sie waren auf keiner höheren Kulturstufe wie heute die »Maori« (Neuseeländer Negerstamm[55]), wohl aber war das griechische Profil bei ihnen zu Hause wie der römische Cäsarenkopf: Ich glaube, unter unseren Bauern sind mindestens 2000 mit solchen Köpfen zu finden.

Hätte sich Heinrich der Löwe[56] hinter die Kaisergewalt gestellt, so wäre ihm

55 Die Maoris sind keine Neger, sondern Polynesier.

56 Der im Braunschweiger Dom begrabene Welfe und Sachsenherzog Heinrich der Löwe (1129 bis 1195) war seit 1156 auch Herzog von Bayern, unterwarf Holstein und Mecklenburg, gründete Städte wie Lübeck und München und förderte die Ausbreitung des Deutschtums im ostelbischen Slawenland. 1180 wurde er aber von Kaiser Friedrich Barbarossa geächtet und seiner Lehen für verlustig erklärt, weil er die kaiserliche Heerfolge nach Italien verweigert hatte.

der Gedanke an den Osten nicht gekommen. Wäre es nach ihm gegangen, so würde das Slawentum eine germanische Führerschicht bekommen haben, weiter wäre nichts erreicht gewesen. Wieviel deutsches Blut ist so aber slawisiert worden!

Lieber gehe ich zu Fuß nach Flandern als zu Rade nach dem Osten. Nur die Vernunft gebietet uns, nach dem Osten zu gehen. Wie freue ich mich, wenn ich von München weg kann, so im März, um nach dem Rheinland zu fahren. Auf dem Rückweg hört es dann bei der Rauhen Alb wieder auf, gegen Ulm zu kommt dann noch ein freundlicheres Tal, und dann hat sie uns wieder, die kalte Luft der Schwäbisch-Bayrischen Hochebene. Ich bedaure jeden, der verdammt ist, dauernd diese Abhärtung über sich ergehen lassen zu müssen. Aber wir haben die bayrische Hochebene hingekriegt, wir bekommen auch das noch hin.

Im Osten gibt es Eisen, Kohle, Getreide, Holz. Wir bauen schöne Höfe dort und Straßen, und die, welche da aufwachsen, werden ihre Heimat auch wieder lieben und eines Tages wie die Wolgadeutschen an der Landschaft hängen.

Wenn ich heute eine wirkliche Kultur nach dem Norden und Osten verbreiten will, muß ich zunächst dazu die Leute aus dem Süden nehmen. Wollte ich einen stockpreußischen Regierungsbaumeister zur Neugestaltung Berlins heranholen, dann könnte man Berlin nicht bauen.

Eines ist jedenfalls sicher: Wenn wir überhaupt einen Weltanspruch erheben wollen, müssen wir uns auf die deutsche Kaisergeschichte berufen. Alles andere ist etwas so Junges und derart Fragliches und nur bedingt Gelungenes. Die Kaisergeschichte ist das gewaltigste Epos, das – neben dem alten Rom – die Welt je gesehen hat. Diese Kühnheit, wenn man sich vorstellt, wie oft die Kerle über die Alpen geritten sind.

Die Männer haben ein Format gehabt! Von Sizilien aus sogar haben sie regiert! Wir haben nur ein Unglück: daß wir bisher nicht den Dramatiker gefunden haben, der in die deutsche Kaisergeschichte hineingeht. Ausgerechnet Schiller mußte diesen Schweizer Heckenschützen[57] verherrlichen. Die Engländer haben ihren Shakespeare, dabei haben sie in ihrer Geschichte doch nur Wüteriche oder Nullen.

Der deutsche Film hat eine Riesenaufgabe: Die Kaisergeschichte gehört zum Gewaltigsten, was es gibt. 500 Jahre lang war das unbestritten die Herrschaft der Welt.

Wenn mir die Führer der anderen Stämme des germanischen Raums begegnen, so bin ich in einer wunderbaren Lage durch meine Heimat: Ich kann darauf hinweisen, daß sie ein großes mächtiges Reich war mit einer Kaiserstadt – durch 5 Jahrhunderte –, daß ich aber keinen Augenblick gezögert habe, meine Heimat dem Reichsgedanken zu opfern.

Während des Kampfes um die Macht habe ich die Partei so hart gemacht, daß sie ein Magnet geworden ist, der alles Eisen an sich riß, wenn man ihn über das Land zog. In wenigen Jahren mußte ich so alles, was Mann ist, in ihr haben, wobei es auf die Zahlen gar nicht mehr ankam. So müssen wir jetzt auch beim Ausbau des neuen Reichs verfahren: Wo immer germanisches Blut in der Welt

57 Gemeint ist der legendäre Schweizer Freiheitsheld Wilhelm Tell aus Bürglen im Kanton Uri, der 1307 bei Küßnacht am Rigi den Tyrannen und Habsburger Landvogt Geßler erschoß.

sich befindet, nehmen wir das, was gut ist, an uns. Mit dem, was den anderen dann bleibt, werden sie gegen dieses germanische Reich nicht antreten.

23

7.2.1942 abends[58]
(Wolfsschanze)
Aufnahme: Heim. F.d.R.: Picker

Volk und Raum

Ein Volk wächst so lange sehr schnell, als für die zweiten, dritten und vierten Söhne noch Boden da ist. Der Bauer ist daran interessiert, laufend Arbeitskräfte zu haben. Für die Zeit, bis die Kinder erwachsen sind, bedient er sich dazu am liebsten ihrer. Später fallen sie ihm nicht zur Last, wenn sie selber siedeln können. Anders wird es in dem Augenblick, wo er sich gezwungen sieht, die Kinder das ganze Leben durchzuhalten; dann läßt die Kinderzahl sofort nach! Der Osten wird dem deutschen Volk daher endlich wieder Bewegungsfreiheit geben.

Die Begründer der amerikanischen Technik sind fast lauter schwäbisch-alemannische Menschen.

24

8.2.1942 mittags
(Wolfsschanze)
Aufnahme: Heim. F.d.R.: Picker

Justiz und Verbrecher im Kriege

Unsere Justiz ist noch zu wenig elastisch. Sie begreift nicht die jetzige Gefahr, die darin liegt, daß das Verbrechertum sich eine Art Einbruchsstelle öffnet, um in die Gesellschaft in dem Augenblick hineinzuströmen, wenn ihr der Zeitpunkt gekommen erscheint.

Hitlers Strafjustiz war hart und kannte kein Mitleid mit überführten und einwandfrei verurteilten Verbrechern. Die Strafvollstreckung folgte der Rechtskraft des Urteils auf dem Fuße. Die Verbrecherwohnviertel (in Berlin z.B. vom Alexanderplatz bis zum Friedrichshain) wurden von Zeit zu Zeit total abgeriegelt und dann straßenweise von der Polizei auf kriminelle Elemente durchkämmt. Verbrecher-Vereine, die in der Weimarer Zeit offen ihre Jahresbälle veranstalteten, bekannte Großstadtlokale als ihre Stammkneipen frequentierten, eigene Hilfsorganisationen betrieben (Parole: »Sozial ist nicht der Mörder, sondern der Ermordete an der Ermordung schuld!«) und sich eigene Vertragsanwälte leisteten, waren plötzlich wie weggefegt. Unaufgeklärte Kriminalfälle wurden zur Seltenheit. Nach dem Erlaß des Reichsinnenministers vom 14. Dezember 1937 über »Vorbeugende Verbrechensbekämpfung« standen alle – wegen Verbrechen (nicht bloß Vergehen) – Verurteilten nach ihrer Haftentlassung unter polizeilicher Überwachung. Zwar hatten die Arbeitsämter Weisung, sie nach der Haftentlassung durch Vermittlung in geregelte, vollbezahlte Arbeit sozial wiedereinzugliedern und bei Bewährung auch ihr berufliches Weiterkommen zu fördern. Aber wer der geregelten Arbeit fernblieb und – auch bei Verwarnung – Kontakt mit aktiven Kriminellen wiederaufnahm, kam in »polizeiliche Vorbeugehaft«. Da sie meist im Arbeitseinsatz in Lagern für Moorkultivierung, Straßenbau, Ödlanddrainierung usw. mit harten, festgesetzten Arbeitsnormen absolviert werden mußte und allgemein gefürchtet war, ging die Rückfallkriminalität erstaunlich zurück. Ruhe und Ordnung in Stadt und Land waren plötzlich

58 Tischgäste waren u.a. Reichsminister für Bewaffnung und Munition Dr. Fritz Todt, der beim Abflug vom FHQu »Wolfsschanze« am nächsten Tag tödlich verunglückte, und Professor Albert Speer, der sein Nachfolger wurde.

in einem Maße allgegenwärtig, daß die Polizei von ihrer – in der Weimarer Zeit eingeführten – Sonderwaffe, dem »Gummiknüppel«, wieder befreit werden konnte. Die Polizisten erhielten wieder Ansehen; sie bekamen schmucke Uniformen; ihre Offiziere wurden den Wehrmachtsoffizieren gleichgestellt; und ihre Kriminalisten wurden – nach Schulung in Sonderinstituten und an den Universitäten – Berufsbeamte im Range von Verwaltungsfachleuten und Verwaltungsjuristen.

Unzählige Einbrüche werden noch heute mit Zuchthaus bestraft, obwohl es sich um Schwer-Vorbestrafte handelt. Wenn wir geschehen lassen, daß während der Verdunkelung überhaupt etwas geschieht, dann ist in einem halben Jahr alles unsicher. England hat diesen Zustand heute schon. Heute sagt man dort, man müsse endlich zur deutschen Methode übergehen. In manchen Gebieten sind bis zu 40 Prozent aller Waren gestohlenes Gut.

Im Weltkrieg ist ein Deserteur mit einer Art Festung und Versetzung in die zweite Klasse des Soldatenstandes bestraft worden. Was aber hat ein braver Soldat aushalten müssen!

Wenn zu Hause einer mit Erfolg geschoben hat, war er fein heraus. Ist er nicht freigesprochen worden, hatte er im Gefängnis ein wunderbares Leben. Die Bestohlenen aber mußten mit ihrer Hände Arbeit den Verlust wieder wettmachen. So ein Kerl jedoch konnte, was er erbeutet hatte, rentierlich unterbringen.

Jedes Regiment hatte so einen Taugenichts; was war ihm passiert? 3 bis 4 Jahre Gefängnis! Das hat die Front verbittert.

Wenn man sich vorstellt, wie leicht da vorn ein Menschenleben weggeht! Hier wird ein Gauner auf Kosten der Volksgemeinschaft ernährt! Es ist eine solche Diskrepanz!

Nach 10 Jahren Zuchthaus ist der Mensch sowieso für die Volksgemeinschaft verloren. Wer will ihm dann noch Arbeit geben? Solchen Kerl steckt man entweder in ein Konzentrationslager oder tötet ihn. In dieser Zeit ist das letztere wichtiger, um der Abschreckung willen. Um ein Exempel zu statuieren, muß es auch alle Mitläufer treffen!

Statt dessen wühlt die Justiz mit ihrer ganzen Liebe und Sorgfalt in den Akten, um zu einem in der Linie ihrer Friedensübung gerechten Urteil zu kommen. Solche Urteile müssen unter allen Umständen aufgehoben werden.

Die praktische Auswirkung der Gesetzesanwendung faßt der Jurist nicht ins Auge. Aber der Verbrecher kennt die Praxis der Justiz! Auf dieser Sachkenntnis baut er seine Handlungen auf.

Wenn Verbrecher darauf kommen, daß man bei Beraubungen von Zügen allenfalls einige Jahre Zuchthaus erhält, sagen sie sich: Man bekommt ein geregeltes Leben, wenn es schlechtgeht, braucht nicht Soldat zu werden, und alles ist schön hygienisch. Kein Mensch wird einem etwas tun, dafür bürgt der Justizminister. Geht der Krieg verloren, hat man Aussichten auf die höchsten Staatsstellen. Wird er gewonnen, kann man mit Amnestierung rechnen.

Die Justiz muß in solchen Fällen das Volksschädlingsgesetz[59] anwenden; aber nur ein Teil der Richter begreift das, die anderen gehen nicht mit.

59 Die Verordnung gegen Volksschädlinge vom 5. September 1939 sah für Schwerverbrecher (Gewaltverbrecher, Plünderer, Brandstifter, Verdunkelungs-Kriminelle, Landesverräter usw.) während des Krieges ein Schnellverfahren vor sogenannten »Sondergerichten« und die Aburteilung zu alsbald vollstreckbaren Höchststrafen, insbesondere der Todesstrafe, vor.

Der größte Volksschaden sind unsere Pfarrer beider Konfessionen. Ich kann ihnen jetzt die Antwort nicht geben, aber alles kommt in mein großes Notizbuch. Es wird der Augenblick kommen, da ich mit ihnen abrechne ohne langes Federlesen. Ich werde über juristische Zwirnsfäden in solchen Zeiten nicht stolpern. Da entscheiden nur Zweckmäßigkeitsvorstellungen. Ich bin überzeugt, in zehn Jahren wird das ganz anders aussehen. Denn um die grundsätzliche Lösung kommen wir nicht herum. Glaubt man, daß es notwendig ist, die menschliche Gesellschaft auf einer Sache aufzubauen, die man als Unwahrheit erkannt hat, so ist die Gesellschaft gar nicht erhaltenswert. Glaubt man, daß die Wahrheit genügend Fundament sein kann, dann verpflichtet einen das Gewissen, für die Wahrheit einzutreten und die Unwahrheit auszurotten.

Kirchen-Dogmen, der Hexenwahn unseres Jahrhunderts?

Jedes Jahrhundert, das sich mit dieser Kulturschande weiterhin belastet, wird von der Zukunft gar nicht mehr verstanden werden. Wie der Hexenwahn beseitigt werden mußte, so muß auch dieser Rest beseitigt werden! Dazu ist aber ein gewisses Fundament notwendig.

25

17.2.1942 mittags
(Wolfsschanze)
Aufnahme: Heim. F.d.R.: Picker

Echte und falsche Führerschaft und die Gefahr einer Mobilisierung des Mobs

Der wirkliche Faschismus ist deutschfreundlich. Aber vollkommen feindlich steht der germanischen Welt dieser italienische Hofklüngel gegenüber. In Florenz[60] hat mir der Duce einmal gesagt: »Meine Soldaten sind anständige, brave Leute, meinen Offizieren kann ich nicht vertrauen!« Das letzte Mal, als ich mich mit ihm traf[61], klang es noch tragischer.

Mich hat die Erfahrung gelehrt, unter anderem bei von Pfeffer[62]: Wenn gewisse Leute einmal eine bestimmte Mentalität annehmen, dann geht das in Fleisch und Blut über. Das moralische Ethos, der Idealismus, versackt in einem Zweckidealismus, in dem die Grenze zwischen Idealismus und Egoismus verschwimmt.

Wenn jemand ein Spitzel ist, ist er kein erstklassiger Offizier. Dieser Roatta[63] ist ein Spitzel. Er hat den Plan, im Juni 1940 durch das Rheintal einzumarschieren, sabotiert!

Eine positive Auslese wird so lange nicht stattfinden, als diese Maffia der Oberwelt nicht beseitigt wird. Sie ist genauso gemein wie die Maffia einer Unterwelt: eine Verschwörung von Interessenten, die, so dumm sie sind, doch

60 Treffen Hitlers mit Mussolini in Florenz am 28. Oktober 1940.
61 Gemeint ist Mussolinis Besuch an der Ostfront vom 25. bis 29. August 1941 im FHQu »Wolfsschanze«, bei der Heeresgruppe Süd in Lemberg und bei den erfolgreichen deutschen und italienischen Truppen in Uman (Ukraine), wo die Heeresgruppe Süd unter Generalfeldmarschall von Rundstedt 103000 Gefangene gemacht und 317 sowjetische Panzer und 1100 sowjetische Geschütze erbeutet hatte. Mussolini war verärgert, weil seine Soldaten sich ob eines wolkenbruchartigen ukrainischen Platzregens bei der Siegesparade verspätet hatten.
62 Franz Pfeffer von Salomon, Hauptmann a. D., Freikorpsführer, 1924/1925 Gauleiter der Gaue Westfalen und Ruhr, war von 1926 bis 1930 Oberster SA-Führer der NSDAP.
63 Mario Roatta, 1941 italienischer Generalstabschef, »sabotierte« 1940 als Leiter der Operationsabteilung des italienischen Heeres erfolgreich den von Hitler gewünschten Einsatz von 20 italienischen Divisionen »durch das Rheinland gegen Südfrankreich«.

den animalischen Instinkt behalten haben, Talente zu begreifen: Sie sind die impertinentesten Gegner jedes Talents!

Es wird in Italien nicht besser werden, solange sie nicht einen sauberen Führerstaat kriegen! Solche Führerstaaten können viele Jahrhunderte überdauern. Die venezianische Verfassung hat 966 Jahre gedauert. Während all der Zeit haben sie aufgrund des Dogenprinzips das ganze östliche Mittelmeer beherrscht. Bei einer Monarchie wäre das nie möglich gewesen. Nur die Basis war zu klein, um mehr zu erreichen. Aber was herausgeholt werden konnte, hat dieses System herausgeholt!

Auch unsere Hansestädte beweisen es! Nur die kaiserliche Gewalt hat ihnen gefehlt! Man kann auf die Dauer mit 6000 spartanischen Familien nicht 340000 Heloten meistern und Kleinasien und Sizilien dazu beherrschen. Daß das überhaupt einige hundert Jahre gelang, ist ein Beweis für die Großartigkeit dieses Blutes.

Antike Welt und Christentum

Das Phänomen der Antike – der Untergang der antiken Welt – war die Mobilisierung des Mobs unter dem Motto Christentum, wobei dieser Begriff damals mit Religion sowenig zu tun hatte wie der marxistische Sozialismus heute mit der Lösung der sozialen Frage.

Das Juden-Christentum hat die Antike nicht verstanden: Die Antike strebte nach Klarheit, die Forschung war frei. Die Gottesvorstellung war im Brauchtum verankert, aber nicht gebunden. Wir wissen gar nicht, ob über das Weiterleben nach dem Tode eine bestimmte Vorstellung bestand. Es war wohl mehr die Vorstellung von der Unverlierbarkeit der Materie an sich: In den Wesen, die leben, repräsentiert sich das ewige Leben. Es werden ähnliche Gedankengänge gewesen sein, als wir sie bei den Japanern und Chinesen finden in der Zeit, wo das Hakenkreuz bei ihnen auftaucht.

Bei uns ist der Jude gekommen. Er hat diese bestialische Idee gebracht, daß das Leben seine Fortsetzung im Jenseits findet: Man kann das Leben im Diesseits ausrotten, weil es im Jenseits weiterblüht, während in Wirklichkeit der Mensch doch aufhört damit, daß er diese seine Form verliert. Unter dem Motto Religion hat der Jude die Unduldsamkeit dahin gebracht, wo vorher nichts als Toleranz, als wahre Religion war: Eine wunderbare menschliche Einsicht, eine souveräne Haltung einerseits, das demütige Gefühl des Begrenztseins alles menschlichen Könnens und Wissens andererseits, die noch dem unbekannten Gott Altäre bauen! Der gleiche Jude, der damals das Christentum in die antike Welt eingeschmuggelt und diese wunderbare Sache umgebracht hat, er hat nun wieder einen schwachen Punkt gefunden: das angeschlagene Gewissen unserer Mitwelt. Es geschah das unter Änderung des Namens, wie damals von Saulus in Paulus, so heute Mardochai in Marx. In den Spalt des sozialen Gefüges hat er sich hineingezwängt, um ein paar Revolutionen in die Welt zu schleudern.

Ein Friede kann nur kommen über eine natürliche Ordnung. Die Ordnung setzt voraus, daß die Nationen sich so ineinanderfügen, daß die Befähigten führen. Der Unterlegene erhält damit mehr, als er aus eigenem würde erreichen können. Durch das Judentum wird diese Ordnung zerstört. Der Bestie, der Niedertracht, der Dummheit verhilft es zum Sieg. 1400 Jahre hat das Christentum gebraucht, um sich zur letzten Bestialität zu entwickeln. Wir dürfen deshalb nicht sagen, daß der Bolschewismus schon überwunden ist. Je gründlicher aber die Juden herausgeworfen werden, desto rascher ist die Gefahr beseitigt. Der Jude ist der Katalysator, an dem sich die Brennstoffe entzünden. Ein Volk, das keine Juden hat, ist der natürlichen Ordnung zurückgegeben. Ich habe 1925 in »Mein Kampf« und in einer anderen nicht veröffentlichten Schrift[64] geschrieben, daß das Welt-Judentum in Japan den letzten, nicht anfreßbaren Gegner sieht. Bei den Japanern ist das Natur- und Rassebewußtsein derart fest, daß der Jude weiß, von innen kann er das nicht zerstören, da muß es von außen geschehen. Alle Interessen von England und Amerika würden dahin gehen müssen, mit Japan zusammenzukommen, aber der Jude wird versuchen, das zu verhindern. Ich möchte es dahingestellt sein lassen, ob der Jude das aus einem überlegenen Verstand oder einfach aus einem Instinkt macht.

Der instinktlose Akademiker

Die europäisch-intellektuelle Welt, Universitätsprofessoren, höhere Beamte, denen ein Wissen blöde eingetrichtert ist, die haben es nicht kapiert. Auf gewissen Gebieten wirkt jede professorale Wissenschaft verheerend: sie führt vom Instinkt weg. Er wird den Menschen ausgeredet.

Ein Zwerg mit nichts als Wissen fürchtet die Kraft. Statt sich zu sagen, die Basis des Wissens muß ein gesunder Körper sein, lehnt er die Kraft ab. Die Natur paßt sich den Lebensgepflogenheiten an. Und würde die Welt auf einige Jahrhunderte dem deutschen Professor überantwortet, so würden nach einer Million Jahren lauter Kretins bei uns herumwandeln: Riesenköpfe auf einem Nichts von Körper.

26

19.2.1942 nachts
(Wolfsschanze)
Aufnahme: Heim. F.d.R.: Picker

Falsche Kolonialpolitik

Wir kommen kaum in eine Kolonie und haben schon Kindergärten angelegt und Krankenhäuser für die Eingeborenen. Da kann ich die Wut kriegen! Jede weiße Frau wird zum Dienstboten degradiert für Schwarze; dann kommen noch die Pfaffen hinzu mit ihrer Engelmacherei. Die Folge der ganzen Bemutterung ist die Ablehnung der Deutschen. Das ist das Schlimmste! Nach der Auffassung der Eingeborenen ist das eine Drangsalierung. Verstehen tun sie das nicht. Wir werden zum Dank dafür als Pedanten angeschaut, die am Polizeiknüppel Freude haben.

Die Russen werden nicht alt, 50 bis 60 Jahre. Warum sollen wir sie impfen? Man muß da wirklich unseren Juristen und Ärzten Gewalt antun: nicht impfen, nicht waschen! Schnaps sollen sie haben und Tabak, soviel sie wollen. Selbst bei uns hat es Impfgegner gegeben. Im übrigen: dreckig werden die Schwarzen erst, wenn ihnen die Missionare Kleider anziehen. In ihrer Naturkluft sind sie ganz sauber. Für einen Missionar ist der Gestank eines Menschen ein himmlischer Wohlgeruch, sie sind ja selbst Säue. Wenn unsere Schweine-Pfaffen ein siebenjähriges Kind im Beichtstuhl nach Sünden ausfragen: dadurch wird das Kind erst darauf hingewiesen. Genauso ist es, wenn sie die Eingeborenen belehren.

1911 hat im klerikalen Breslau noch ein Bayer 14 Tage Gefängnis bekommen, weil er in kurzer Wichs (Hose) herumgelaufen ist: Erregung öffentlichen

64 Diese Schrift Hitlers von 1928 wurde 1961 vom Münchner Institut für Zeitgeschichte unter dem Titel »Hitlers zweites Buch« publiziert (vergleiche »Zur Einführung«, S. 10).

Ärgernisses! Heute denken sich die Leute nichts, wenn sie in einem gemeinsamen Bad sind. In Rom messen die Pfaffen, ob die Kleider und Ärmel der Mädchen eine vorgeschriebene Länge und ob die Frauen etwas auf dem Kopf haben. Wenn der liebe Gott das nicht so haben wollte wie es ist, hätte er doch den Menschen etwas mitgegeben. Nur die Pfaffen ärgert das, weil sie durch ihre Erziehung pervers sind.

Wenn nicht die Gefahr bestanden hätte, daß der Bolschewismus auf Europa übergreift, hätte ich der Revolution in Spanien keinen Einhalt getan: die Pfaffen wären ausgerottet worden. Würden die Pfaffen bei uns zur Herrschaft kommen, so verfiele Europa wieder in finsterstes Mittelalter.

Theater, Konzerthäuser und Galerien als nationale Notwendigkeiten

Wir haben einen sehr empfindlichen Mangel an Theatergebäuden. Wohl ist seit den siebziger Jahren viel gebaut worden, aber das Theater ist ganz außer Verhältnis zur Volkszahl gekommen.

Für Hitler waren Theater ein unverzichtbarer »Kraftquell der Nation«. Theater hatten der Bevölkerung nicht nur Illusion, Entspannung und Unterhaltung zu schenken, sondern sie darüber hinaus mit dem deutschen und klassischen Kulturgut der Welt vertraut zu machen und der zeitgenössischen Dichtung und Musik Raum zu geben, soweit sie in die innersten Bezirke menschlichen Seins vorstießen. Durch Theater-Neubauten, durch die Wiedereröffnung der in der Weimarer-Zeit eingegangenen Theater, durch die systematische Förderung von Privat- und Freilichttheatern schaffte es Hitler, daß in seinem Großdeutschen Reich neben 4781 Kinos mit 1,8 Millionen Sitzplätzen noch im Kriege – 1941 – insgesamt 497 Theater mit 558606 Sitzplätzen spielten. Es gab an ihnen 39285 festengagierte Sänger, Schauspieler, Tänzer, Techniker usw. Theaterkünstler genossen ein derartiges Ansehen, daß wir FHQu-Mitglieder sie genauso respektvoll zu behandeln hatten wie die Repräsentanten der Generalität, der Staats- und Parteiprominenz und der Bildhauer-, Architekten- und Industriellengilde. Ständig war Hitler besorgt, daß ihre Gagen nicht ausreichend sein könnten oder daß die Sozialeinrichtungen (Versorgungsanstalt der Deutschen Bühnen; Goebbels-Stiftung für Kulturschaffende; Stiftung Künstlerdank; Pensionsanstalt für Bühne, Film und Rundfunk; Emmy-Göring-Stiftung; Marie-Seebach-Stiftung usw.) ihnen bei Krankheit und Alter nicht genügend helfen würden. Allein elf Theater-Museen waren noch 1942 in Betrieb, außerdem 29 Theaterschulen und theaterwissenschaftliche Lehrstühle an den Universitäten Berlin, München, Köln, Kiel, Königsberg und Jena.

Vor hundert Jahren besaß München das Residenztheater, das National- und am Isartor das Volks-Theater: mit einem Fassungsraum für 3500 Menschen bei etwa 50000 Einwohnern. Heute sind bei fast 900000 Einwohnern nur 5000 Plätze vorhanden. Deshalb ist mein Theaterbauprogramm für Linz nicht übertrieben. Berlin hat heute 3 Operntheater, aber 4 Millionen Einwohner. In Dresden kommt 1 Operntheater auf 600000 Menschen. Berlin müßte bequem 4 bis 5 Opernhäuser haben. Wenn das gut verteilt ist, würde alles voll sein. Für Oper, Operette, Schauspiel mag es dann je ein Spitzentheater geben mit hohen Preisen. Aber auch die Berliner Volksoper steht heute schon hoch über einem Theater wie der Oper von Nürnberg.

Schön ist das Schauspiel in Berlin, an der Spitze das Deutsche Theater. Nach dem Ersten Weltkrieg war mein erster Besuch mit Dietrich Eckart[65] im

65 Hitlers einziger Freund, der Theaterdichter und Publizist Dietrich Eckart (1868 bis 1923), Verfasser der meistaufgeführten deutschen Theaterfassung von Ibsens »Peer Gynt«, wurde 1921 erster Chefredakteur der NS-Parteizeitung, des »Völkischen Beobachters«.

staatlichen Schauspielhaus: »Peer Gynt«. Berlin hat immer die Eckartsche Aufführung, während in München lange Zeit eine Judenübersetzung zugrunde gelegen hat. Über das Münchner Schauspiel kann ich kein Urteil abgeben, da ich eine Animosität habe, überhaupt da hereinzugehen. Das Staatliche Schauspiel soll unter Golling [66] viel besser geworden sein. Auch das Volkstheater wird sehr gelobt. Die Kammerspiele haben jetzt wieder einen ganz ungewöhnlichen Erfolg gehabt mit »Othello« (Domin [67]).

Was müßte Berlin an Konzerthäusern haben, wo in Leipzig auf 600000 Einwohner das Gewandhaus trifft! Wenn man es gut pflegt, kann man in einer Kleinstadt ein fabelhaftes Kulturleben haben: nur auf die letzten Spitzen wird man verzichten müssen. In einer Stadt wie Weimar oder Bayreuth könnte ich leben. Die Großstadt ist sehr undankbar. Sie sind dort wie die Kinder: zuerst wird alles angezogen und – kaum kommt etwas anderes – wird es abgeschoben und brachgelegt. Wer wirklich singen will, kommt in der Provinz mehr dazu als in Berlin.

Es ist so schade, daß wir in Dresden keinen Gauleiter haben, der über eine engere Beziehung verfügt zur Kunst. Nach Krauß und Furtwängler wäre der Busch der beste deutsche Dirigent geworden. Aber Mutschmann wollte ihm alte Parteigenossen ins Orchester setzen, um NS-Geist hineinzubringen!

Gemeint sind die von Hitler besonders geschätzten Generalmusikdirektoren Wilhelm Furtwängler, Clemens Krauß und Fritz Busch. Seit seinen Wiener Jugendjahren führte Hitler über Dirigenten, Sänger, Schauspieler und Aufführungen, die ihm besonders gefielen, Buch. Diese Notizen sollen verlorengegangen sein.

Ich will noch eine Galerie zusammenstellen lassen aus deutschen Meistern für Drontheim. So ein Kunstinstitut wie die Galerie in Dresden, München, Wien oder Berlin müßte jährlich mindestens 2 Millionen haben für Neuankäufe zur Ergänzung seiner Sammlungen. Bode [68] hat sich auf andere Weise geholfen. Er besaß eine Geschicklichkeit, in Berlin reiche Leute – meist Juden – zu organisieren, die große Beträge gestiftet haben und vom Kaiser dann geadelt wurden. Es ist das eine Sache, in die ich Ordnung bringen werde. Man muß einem solchen Direktor die Möglichkeit geben, ohne Rechnungshof und schnell zuzugreifen, wenn sonst ein Werk Gefahr läuft, in den Handel zu kommen.

66 Der Münchner Intendant und Schauspieler Walter Golling verstand sein Theaterpublikum Abend für Abend so zu verzaubern, daß er ständig volle Kassen hatte und es ablehnte, für sein »Schauspielhaus« um Subventionen zu »betteln«. Eva Braun, die Hitler über die Münchner Theater- und Filmereignisse auf dem laufenden hielt, mußte ihm stets auch alle Neuigkeiten über den »Theater-Tausendsassa« Golling berichten.

67 Friedrich Domin war ein Charakterdarsteller der Münchner »Kammerspiele« von internationalem Ansehen.

68 Der Kunsthistoriker Wilhelm von Bode (1845 bis 1929) genoß als Generaldirektor der Berliner Museen Weltruf. Noch kurz vor seinem Tode veröffentlichte er sein berühmtes Buch über den »Bildhauer Josef Thorak«.

27

22.2.1942 nachts
(Wolfsschanze)
Aufnahme: Heim. F.d.R.: Picker

Presselenkung und Pressefreiheit

Unser Presseapparat[69] ist schon etwas Wunderbares. Das Pressegesetz hat dafür gesorgt, daß Meinungsverschiedenheiten zwischen Männern der Regierung nicht vor dem Volk mehr ausgekämpft werden. Dazu ist die Presse nicht da.

Für die Wehrmacht und für die Verbindung von Front und Heimat schuf Hitler einen besonderen Apparat, die Propagandakompanien (PK). Diese 1940 bis 1943 aufgestellten Sondereinheiten aller Wehrmachtsteile umfaßten rund 15000 Bildberichterstatter, Filmleute, Zeichner und Journalisten, die beruflich hochqualifiziert und vor dem Feind voller Schneid und Tapferkeit waren. Als Intellektuelle waren sie sicherlich überwiegend keine Nazis. Als deutsche Patrioten leisteten sie aber geschichtlich Einmaliges in bezug auf den Siegeswillen von Heer, Luftwaffe, Marine und Waffen-SS, sowie ebenfalls in bezug auf die Durchhaltemoral der Heimatfront. Die Propagandakompanien zahlten für ihren kühnen Einsatz mit einem hohen Blutzoll.

Wir haben aufgeräumt mit der Vorstellung, als gehöre es zur staatspolitischen Freiheit, daß jeder aussprechen kann, was er Lust hat[70]. Mehr als die Hälfte der deutschen Blätter hat Amann[71] in der Hand. Wenn ich Lorenz rufe und ihm in einigen Sätzen meine Einstellung gebe, so findet man das morgen um ein Uhr in jedem deutschen Blatt.

Körperlich so klein, ist Dr. Dietrich doch ein hervorragend geschickter Fachmann. Er schreibt nicht gut, aber seine Reden sind oft ganz ausgezeichnet. Ich bin stolz darauf, daß es mit diesen paar Mann mir möglich ist, auch einmal – wie es am 22. Juni 1941 geschah – das Steuer um 180 Grad herumzuwerfen. Das macht uns kein Land nach.

Die illustrierten Blätter haben einen schönen Aufschwung genommen. Um mit den angelsächsischen Illustrierten im Ausland zu konkurrieren, müßte die »Leipziger Illustrierte« im Inhalt wieder fesselnder werden. Gut sind die »Berliner«, die »Münchner« und die »Wiener Illustrierte«, vor allem auch der »IB« (Illustrierter Beobachter). Durch die politischen Reportagen aus Archiven hat sich vor etlichen Jahren die »Kölner Illustrierte« hervorgetan. Am ehesten könnte die »Deutsche Illustrierte« entbehrt werden.

Prachtvoll ist die Zeitung »Das Reich«[72]. Im Frieden müssen wir noch eine dem »Reich« entsprechende Sonntagszeitung für das Land bekommen. Sie er-

69 Seit 1921 war Hitler mit der Presse eng verbunden. Von 1921 bis 1933 fungierte er als Herausgeber des »Völkischen Beobachters« und als sein wichtigster Leitartikler. Ab Juli 1926 hatte die NSDAP auch ihre eigene Illustrierte, den »Illustrierten Beobachter«, für den Hitler in der Kampfzeit regelmäßig eine eigene aktuelle politische Wochenübersicht beisteuerte (eine historische Fundgrube ersten Ranges). Im Juli 1939 veröffentlichte er seinen letzten selbstverfaßten und selbstsignierten Zeitungsartikel, und zwar über »Die Reichskanzlei« in der Zeitschrift »Die Kunst im Deutschen Reich« (Ausgabe B/Baukunst). In der Kampfzeit bezeichnete sich Hitler dementsprechend in Ausweisen und Hoteleintragungen beruflich meist als Schriftsteller.

70 Wichtigstes Instrument Hitlers zur Steuerung der Presse als »Aufklärungs- und Erziehungsmittel des Staates« war das Schriftleiter-Gesetz vom 4. Oktober 1933.

71 Max Amann, Hitlers Kompaniefeldwebel im I. Weltkrieg, war seit 1922 Chef des Zentralverlags der NSDAP »Franz Eher Nachfolger, München« und baute mit ihm den größten Presse-Trust der Welt auf (Gesamtauflage: 22,5 Millionen).

72 Die Zeitung »Das Reich« war eine 1940 gegründete Wochenzeitung für die deutsche und ausländische Intelligenz. Ihr wöchentlicher Leitartikel von Dr. Goebbels mußte Hitler vor der Veröffentlichung zur Genehmigung vorgelegt werden.

scheint am Samstag und liegt den Bauern am Sonntag vor. Sie soll viel Bildwerk enthalten, so gesetzt sein, daß sie leicht zu lesen ist, und auch einen Roman bringen, damit die Dirndln was davon haben.

Die Engländer tun sich leicht, was Bild- und Lesestoff angeht: aus aller Welt strömt es ihnen unerschöpflich zu. Aber wir werden jetzt auch weiterkommen.

28

24.2.1942 mittags
(Wolfsschanze)
Aufnahme: Heim. F.d.R.: Picker

Unersetzbarkeit eines Künstlers

Der Sohn vom alten Roller [73] ist gefallen. Es gibt Zehntausende, die ihrem Volk nicht besser dienen können als dadurch, daß sie zur Front gehen. Aber was ist mit einem Künstler da gedient? Schießt so ein russischer Idiot einen solchen Mann über den Haufen.

Wie viele sind unabkömmlich gestellt bei uns, und was macht es da, wenn dazu noch die 500/600 Talente freigestellt werden.

Ein solcher Mann ist nicht zu ersetzen. Wir haben jetzt mit Mühe den Siewert, Benno von Arent und Prätorius als Bühnenbildner [74]. Dazu war in der Ostmark der junge Roller gekommen. Wäre er ein unbeschriebenes Blatt gewesen! Warum hat mir Schirach [75] das nicht berichtet? Ich sah den »Friedenstag« [76] von ihm, er war großartig. Er war ein tapferer Mensch, hat in der Kampfzeit schon fliehen müssen, er hat sich sicher freiwillig gemeldet. Ich hätte ihn zurückgezogen oder anderweitig eingesetzt, wenn er besonderer Umstände wegen in Wien nicht mehr bleiben wollte.

29

26.2.1942 abends
(Wolfsschanze)
Aufnahme: Heim. F.d.R.: Picker

Der Balkan und Deutschland

Rumänien! Wenn heute Antonescu etwas passiert, wer kommt dann? Ich kriege es mit der Angst, wenn ich daran denke! Der König [77] ist eine schmutzige kleine Kröte; der Kerl hilft nicht einmal seiner Mutter aus dem Wagen heraus, weil er fürchtet, daß es seiner königlichen Würde Abbruch tut. Er hat mich ganz erstaunt angeschaut, als ich nicht ihn, sondern seine Mutter rechts genommen habe. Freilich, das Zeremoniell will es anders. Aber das kann man heute nicht mehr aufrechterhalten.

Der rumänische Bauer ist nur ein armseliges Stück Vieh. Das, was sonst in Erscheinung tritt, sind ohne Zweifel nur die miserabelsten Kreise. Der Film »Stadt Anatol« hat das Milieu dieser balkaniden Petroleum-Entwicklung wirk-

73 Gemeint ist der Bühnenbildner Ulrich Roller. Bei seinem Vater, Professor Alfred Roller, dem Direktor des Ausstattungswesens der Wiener Hofoper, arbeitete Hitler in seiner Wiener Zeit vorübergehend als Volontär.

74 Die Professoren Ludwig Siewert, Emil Prätorius und Benno von Arent waren 1942 Deutschlands führende Bühnenbildner.

75 Baldur von Schirach war seit 1940 Reichsstatthalter von Wien.

76 Der »Friedenstag« war eine 1938 in München uraufgeführte heroische Oper von Richard Strauss.

77 Der 1921 geborene König Michael I. besuchte Hitler zusammen mit seiner Mutter Helena am 26. November 1941 in Berlin.

lich gut geschildert. Leute, die bloß, weil unter ihrem Boden zufällig eine Öl-ader läuft, in den Besitz einer fließenden Goldquelle kommen, ohne daß sie eine Arbeit leisten, das ist ganz gegen jede natürliche Ordnung!

Nun baut sich eine Stadt wie Bukarest nur auf Grundstücksspekulation auf. Ähnlich habe ich seinerzeit dem Erzberger eine ganz gemeine Grundstücksschiebung vorwerfen können[78]: Da sollte zwischen Pankow und Berlin parzelliert werden. Der Straßengrund mußte abgelöst werden. Wurde vorzeitig bekannt, daß eine Parzellierung stattfindet, dann sind alle Gründe – auch die öffentlichen – um ein paar hundert Prozent im Preis gestiegen. Wir Nationalsozialisten haben nachgewiesen, daß ein Grundstück, das einen Goldwert hatte von 110- oder 120000,- Mark, von Erzberger, der durch eine Indiskretion von der bevorstehenden Parzellierung Kenntnis bekommen hatte, mit einem Monsignore zusammen für 3,7 Millionen verkauft wurde. Deshalb haben wir in das Parteiprogramm den Punkt gegen die Grundstücksspekulation aufgenommen. Warum sollte den Betreffenden nicht ein kleiner Gewinn gegeben werden? Aber Wucherpreise, nur, weil die Öffentlichkeit eine Maßnahme plant, das gib es nicht!

Bei der Autobahn habe ich kurz ein Enteignungsgesetz erlassen, aufgrund dessen die Bauern angemessen entschädigt worden sind. Alle Militärstraßen sind durch Tyrannen erbaut worden: die römischen, die preußischen, die französischen. Sie gehen kerzengerade, während alle anderen Prozessionswege gehen, so daß man dreimal soviel Zeit braucht.

Die große Masse des Volkes will regiert sein, daher die kolossale Sorge im Volk, wenn etwas passiert. Es war beim Tode Todts[79] zum Beispiel eine so tiefe Erschütterung: Man sieht, das Volk will, daß die besten Köpfe führen.

Da sind die Ungarn den Rumänen überlegen. Ich wollte, die Rumänen lägen anstelle der Kroaten und umgekehrt.

Wir müssen überall hin Straßen bauen, aber wir dürfen es nicht ganz einheitlich machen. Wir dürfen nicht uniformieren, wenn wir heute in das flämische Gebiet oder in die Niederlande kommen. Ihren Charakter sollen diese Gaue behalten. Das muß schon deshalb sein, weil unsere Frauen sonst um das Vergnügen kämen, das es ihnen bereitet, etwas am Leib zu haben, das aus einem anderen Lande kommt. Am schönsten, wenn es eingeschmuggelt wurde! Die Ungarn, das sind die durchkochtesten Nationalisten, die es gibt. Und wie schnell sie das Deutschtum absorbieren! Alle führenden Deutschen nehmen sie in ungarische Stellungen herein. Auf die Dauer ist dort das Deutschtum nur zu halten, wenn wir den Staat unter unsere Gewalt bekommen, oder wir müssen die Deutschen herausholen. Die kleinen deutschen Gruppen gehen an der Inzucht zugrunde, ausgenommen die Siebenbürger. Ich habe das bei den Volkstumsgruppen in Nürnberg gesehen: sie sind rassisch minderwertig. Alles Gute kommt in den

78 Matthias Erzberger, Zentrumspolitiker, war Reichsfinanzminister von 1919 bis zu seinem Rücktritt 1920. Er unterzeichnete am 11. November 1918 in Compiègne für Deutschland den Waffenstillstandsvertrag, auf dem das Versailler Friedensdiktat basierte. Ermordet 26. 8. 1921.

79 Dr. Fritz Todt, Generalinspekteur des deutschen Straßenbaus und Reichsminister für Bewaffnung und Munition, kam am 8. Februar 1942 bei einem Flugzeugabsturz ums Leben. Die Untersuchung ergab, daß irrtümlich der Selbstzerstörer-Automat des benutzten Frontflugzeugs (einer Heinkel-111 Kurier-Maschine) ausgelöst worden war.

ungarischen Staatsdienst. Macht man so eine Auslese durch Jahrhunderte, so bleibt nur ein Rest Dreck übrig.

In den Ostgebieten wollen wir eine großzügige Siedlung vornehmen, indem wir diese Volksgruppen da ansiedeln. Jede Aussiedlung geht zu unseren Lasten. Aber wenn ich einem anderen den Grund und Boden auch wieder abgenommen habe, dann hebt sich das auf. Das Ganze ist ein Problem der staatlichen Gewalt, eine Machtfrage!

Alles in allem genommen bin ich persönlich der Meinung, wir müssen die Deutschen herausnehmen, wenn wir mit den Ungarn zu einem Frieden kommen wollen. Man überlegt es sich hin und her. Es sei denn, wir wollen die Donau ganz wieder zu einem deutschen Fluß machen. Dann müssen wir aber eine andere Politik machen. Eine Lösung wäre, alle Volksdeutschen im Südosten an dic Donau zu ziehen. Versöhnen werden sich die Ungarn und die Rumänen nie, auch dann nicht, wenn sie in Deutschland einen gemeinsamen Gegner sähen. Den Banatern müßte man einen ähnlich guten Boden geben. Wenn ich die 1½ Millionen Volksdeutschen in den Osten kriege, dann muß ich eine eineinhalbtausend Kilometer lange Autobahn bauen, sie besiedeln wie eine Perlenschnur alle 50 bis 100 Kilometer, dazu einige größere Städte. Wenn man von dem Standpunkt es ansieht, kommt man doch dazu, daß der Norden wichtiger ist als der Süden. Aber: die Donau ist die Donau, wir können sie nie ersetzen. An das »Eiserne Tor« muß man sich hinsetzen, damit es nicht abgesperrt werden kann. Leider ist das ein sehr schlechtes Gebiet. Gute Deutsche kriegt man da nicht hin. Aber mit dem Kupferbohrer wird man das Gebiet bevölkern. Es ist eine der größten Möglichkeiten, zu Kupfer[80] zu kommen, zumal wenn wir mit den Jugoslawen nicht in guter Freundschaft leben. Das Mangan, das ich da unten nicht verhütten will, kann ich donauaufwärts schicken. Die Donau gibt die Verbindung mit der Türkei. Weltpolitik kann erst der machen, der den Rücken ganz frei hat.

30 27.2.1942 mittags

Aufnahme: Heim. F.d.R.: Picker

Von Gott, seiner heutigen Mission und der Toleranz der Zukunft

Den Sieg schenkt die Vorsehung immer dem, der das ihm geschenkte Gehirn richtig anwendet. Alle die Rechtsfragen, die von den Juristen erfunden sind, spielen für die Natur keine Rolle. Manches Mal dämmert auch in der Vergangenheit schon eine Erkenntnis durch von der höheren Gesetzmäßigkeit der Welt: Hilf dir selbst, dann hilft dir Gott! Das ist die Ahnung, daß der Mensch der Schmied seines Glückes oder seines Unglücks ist.

Die Schöpfung oder Vorsehung ist doch sicherlich ein Unvergängliches. Der Begriff, welchen sich die Menschen davon machen, ist aber doch etwas sehr Schwankendes. Warum gibt Gott den Menschen nicht die Möglichkeit, alle zur richtigen Vorstellung zu kommen? Horizontal gesehen, wissen die Gebildeten heute, daß die Gottesvorstellung des Katholizismus noch nicht einmal 10 Prozent der Menschheit hinter sich hat: Im gleichen Zeitraum haben die von der gleichen Vorsehung geschaffenen Menschen tausenderlei verschie-

80 1939 betrug die deutsche Hüttenproduktion nur 66000 t Kupfer.

denen Glauben. – Wir sehen die Dinge heute aber auch vertikal: Wir wissen, daß dieses Christentum nur eine ganz kurze Epoche der Menschheit umfaßt.

Gott schafft die Menschen. Zu Menschen wurden wir durch die Todsünde. Die Voraussetzung dazu hat Gott den Menschen gegeben. 500000 Jahre sieht er zu, wie sie da reinrasseln. Da fällt es ihm ein, seinen eingeborenen Sohn zu schicken. Ein Mordsumweg, kolossal beschwerlich der ganze Vorgang.

Die anderen glauben das nicht. Mit Gewalt muß ihnen das aufgezwungen werden. Wenn der liebe Gott an der Erkenntnis ein Interesse hätte, wozu dann die Knieschienen und Daumenschrauben[81].

Nun kommt dazu, daß unter diesen Katholiken der größte Teil das selber gar nicht glaubt. Nur die alten Weiblein gehen in die Kirche: weil sie der irdischen Lust entsagen müssen. Das ist lauter dürres Holz, zu gewinnen ist dabei nichts. In dem Verein ist ein Teil, die katholische Priesterschaft, an der ganzen Geschichte interessiert. Wie gefährlich ist das aber, wenn so ein selbstsüchtiger Verein auf solche Weise die Schöpfung verhöhnt. Wird da nicht der Gott in der frechsten Weise verspottet? Ein Götzendienst, der geradezu entsetzlich ist.

Das, was der Mensch vor dem Tier voraushat, der vielleicht wunderbarste Beweis für die Überlegenheit des Menschen, ist, daß er begriffen hat, daß es eine Schöpferkraft geben muß! Man braucht nur durch ein Teleskop oder durch ein Mikroskop zu sehen: Da erkennt man, daß der Mensch die Fähigkeit hat, diese Gesetze zu begreifen. Da muß man aber doch demütig werden! Wird diese Schöpferkraft mit einem Fetisch identifiziert, dann bricht die Gottesvorstellung zusammen, wenn der Fetisch versagt.

Warum überhaupt kämpfen, wenn es mit Gebet zu machen ist? Im spanischen Konflikt[82] hätte die Kirche sagen müssen, wir verteidigen uns durch die Kraft des Gebets. Sie hat aber die Heiden, die Marokkaner, finanziert, mittels deren die heilige Kirche sich ihr Leben erhalten hat.

Wenn ich ein armer Teufel bin und in der Sterbestunde keine Zeit mehr habe zu bereuen: Aus! Habe ich vorher 10 RM gehabt und die der Kirche vorausbezahlt, dann: Ja! Das soll der Schöpfer der Welt gewollt haben? Wenn ein kleines Bauernweibchen oder ein kleiner Prophet das glaubt, gut, da sage ich gar nichts. Aber wenn Leute, die intelligent sind, einem so satanischen Aberglauben huldigen! Dafür hat man Hunderttausende gefoltert! Und das mit der Heuchelei der Liebe!

Etwas, was eine Lüge ist, hat nicht ewig Bestand. Ich glaube nicht, daß auf die Dauer die Wahrheit unterdrückt werden kann. Sie muß siegen! Ich kann mir vorstellen, daß es auf dem Gebiet ein Zeitalter der absoluten Toleranz geben wird. Ich kann daher nur sagen, es soll jeder nach seiner Façon selig werden! Die antike Zeit hat diese Toleranz gehabt: Zu den einzelnen Göttern hat niemand versucht, einen anderen zu bekehren.

Ich gehe nicht in die Kirche, um den Gottesdienst zu hören. Ich sehe mir nur die Schönheit des Bauwerks an. Ich möchte nicht der Nachwelt überliefert werden als einer von denen, die hier Konzessionen gemacht haben. Ich weiß, daß der Mensch in seiner Fehlerhaftigkeit tausend Dinge falsch machen wird.

81 Knieschienen und Daumenschrauben waren Folterwerkzeuge des mittelalterlichen Inquisitionsprozesses der kirchlichen Gerichte.
82 Spanischer Bürgerkrieg von 1936 bis 1939.

Aber entgegen dem eigenen Wissen etwas falsch tun, das kommt nicht in Frage! Man darf sich persönlich einer solchen Lüge niemals fügen. Nicht weil ich andere ärgern will, sondern weil ich darin eine Verhöhnung der ewigen Vorsehung erkenne. Ich bin froh, wenn ich mit denen keine innere Verbindung habe. Ich fühle mich wohl in der geschichtlichen Gesellschaft, in der ich mich befinde, wenn es einen Olymp gibt. In dem, in den ich eingehe, werden sich die erleuchtetsten Geister aller Zeiten finden.

Wie wir am 21. März 1933 zur Kirche gehen sollten, habe ich mich geweigert. Ich habe mich in der Partei nie darum bekümmert, welcher Konfession meine Umgebung war. Ich möchte auch nicht, wenn ich beerdigt werde, im Umkreis von 10 Kilometern einen Pfaffen sehen. Wenn mir ein solcher helfen könnte, dann würde ich an der Vorsehung verzweifeln. Ich handle entsprechend dem, was ich erkenne und begreife. Ich kann nicht verhindern, daß so einer still betet; aber Fluch dulde ich nicht.

Ich verzichte auf deren Gebet.

Ich bin aufgrund höherer Gewalt da, wenn ich zu etwas nötig bin. Abgesehen davon, daß sie mir zu grausam ist, diese seligmachende Kirche. Ich habe noch nie Gefallen gefunden daran, andere zu schinden, wenn ich auch weiß, daß es ohne Gewalt nicht möglich ist, sich in der Welt zu behaupten.

Es wird nur dem das Leben gegeben, der am stärksten darum ficht. Das Gesetz des Lebens heißt: Verteidige dich!

Die Zeit, in der wir leben, ist die Erscheinung des Zusammenbruchs dieser Sache. Es kann 100 oder 200 Jahre noch dauern. Es tut mir leid, daß ich wie Moses das Gelobte Land nur aus der Ferne sehen kann.

Wir wachsen in eine sonnige, wirklich tolerante Weltanschauung hinein: Der Mensch soll in der Lage sein, die ihm von Gott gegebenen Fähigkeiten zu entwickeln. Wir müssen nur verhindern, daß eine neue, noch größere Lüge entsteht: die jüdisch-bolschewistische Welt. Sie muß ich zerbrechen.

31

Nacht vom 28.2. auf 1.3.1942
(Wolfsschanze)
Aufnahme: Heim. F.d.R.: Picker

1925 hatten mich Bechsteins[83] zu sich eingeladen nach Bayreuth. Sie wohnten in der Lisztstraße – so heißt sie, glaube ich – gleich bei Wahnfried ums Eck herum. Sie haben das wohl heute noch.

In der Wagnerstadt Bayreuth

Ich wollte eigentlich nicht hin. Ich sagte mir, die Schwierigkeiten würden für Siegfried Wagner[84] dadurch nur noch größer werden, er war ein bißchen in der Hand der Juden.

Ich kam in Bayreuth an um 11 Uhr abends. Die Lotte war noch auf, die alten Bechsteins haben schon geschlafen. Am nächsten Morgen früh kam die Frau Wagner und brachte mir ein paar Blumen. Nun war ein Betrieb da! Aus der

83 Der Pianofabrikant Carl Bechstein, Berlin, hatte Wohnungen auch in München, am Obersalzberg und in Bayreuth. Seine Frau Helene gehörte zu Hitlers gesellschaftlichen und finanziellen Förderinnen (»mütterlichen Freundinnen«). Ihre Tochter hieß Lotte.

84 Siegfried Wagner war der Sohn Richard und Cosima Wagners. Er hatte seit 1909 die Gesamtleitung der Bayreuther Festspiele inne und schrieb selbst Opern nach Sagen- und Märchenstoffen (z.B. »Der Bärenhäuter«). Seine Frau Winifred war von Geburt Britin.

Zeit existierten sehr viele Fotografien, die die Lotte Bechstein gemacht hat. Tagsüber bin ich in der kurzen Wichs[85] gegangen, zu den Festspielen im Smoking oder Frack. Die freien Tage waren immer wunderbar. Wir sind ins Fichtelgebirge und in die Fränkische Schweiz gefahren.

Auch im übrigen war es ein fabelhaftes Leben dort. Wenn ich zur »Eule[86]« hin bin, habe ich bei allen Künstlern und Künstlerinnen sofort Kontakt gehabt. Andererseits war ich noch nicht so berühmt, daß ich nicht meine Ruhe gehabt hätte.

Dietrich Eckart war doch früher als Kritiker in Bayreuth gewesen, er hatte mir immer vorgeschwärmt: »Weißt du, die Atmosphäre in Bayreuth ist schon etwas Wunderbares!« Er erzählte, einmal eines Morgens seien sie in der »Eule« aufgebrochen und auf eine Wiese gezogen hinter dem Festspielhaus, um dort den »Karfreitagszauber[87]« zu spielen. Es sei ganz wunderbar gewesen!

Der erste »Parzifal«, den ich dort gehört habe, war noch der Cleving, eine fabelhafte Gestalt und Stimme. Ich kannte den »Parzifal« schon von München her. Dann habe ich den »Ring« gesehen und die »Meistersinger«. Daß dieser Jude Schorr den Wotan gesungen hat, das hat mich so geärgert! Für mich war das Rassenschande! Warum hatten sie sich den Rode nicht geholt aus München? Sie hatten noch einen Mann von ganz besonderer Qualität, den Kammersänger Braun.

Ich bin dann jahrelang nicht mehr hin, was mir an sich sehr leid getan hat. Frau Wagner war ganz unglücklich, hat zwölfmal geschrieben, fünfundzwanzigmal telefoniert. Ich bin so oft durch Bayreuth gekommen, habe dann immer Besuch gemacht. Aber die Frau Wagner hat immerhin Bayreuth – das ist ein großes Verdienst von ihr – mit dem Nationalsozialismus zusammengebracht. Denn Siegfried: persönlich war er mir befreundet, politisch war er passiv. Die Juden hätten ihm das Genick abgedreht, er konnte nicht anders. Jetzt ist der Bann gebrochen: es wird mehr von ihm aufgeführt. Diese Drecks-Juden haben es fertiggebracht, ihn kaputtzumachen. Ich habe den »Bärenhäuter« gehört in meiner Jugend; der »Schmied von Marienburg« soll sein Bestes sein. Man sieht, was man noch alles zum Hören und zum Sehen hat. Ich war einmal in Berlin in einer Jugendoper von Wagner »Die Novize von Palermo«, die blüht von Melodien noch ganz im Mozartschen Stil, nur an ein paar Stellen beginnt so plötzlich ein Neues.

32

1.3.1942 abends
(Wolfsschanze)
Aufnahme: Heim. F.d.R.: Picker

Um die ewige Eva, Frauen- und Ehefragen, das außereheliche Kind

Für eine Frau verliert das schönste Gewand seinen Reiz in dem Augenblick, wo eine andere Frau sich ähnlich trägt. Ich habe einmal eine Frau die Oper verlassen sehen – ich wußte gar nicht, wie mir geschah – nur deshalb, weil sie eine

85 Bayern-Tracht: Offenes Oberhemd, kurze Lederhose mit Gürtel, Wadenstrümpfen und Berg-Halbschuhen.
86 Bayreuther Künstlerlokal.
87 Diese und die anderen hier aufgeführten Opern wurden vom Komponisten Richard Wagner (1813 bis 1883) geschaffen. 1872 wurde sein Festspielhaus in Bayreuth eingeweiht. »Karfreitagszauber« = 3. Akt der Oper »Parzifal«.

andere Frau im gleichen Kleid eine gegenüberliegende Loge hatte betreten sehen: So eine Unverschämtheit! Ich gehe!

Wenn eine Frau sich schön macht, dann wird ihr Eifer oft beflügelt von einer geheimen Freude, eine andere zu ärgern. Die Frauen haben da eine Fähigkeit, die uns Männern abgeht, der Freundin einen Kuß zu geben und sie gleichzeitig mit einer Nadel zu stechen. Es ist ganz zwecklos, die Frauen auf dem Gebiet bessern zu wollen. Lassen wir doch diese kleinen Schwächen! Wenn man damit schon eine Frau glücklich machen kann, ausgezeichnet! Tausendmal besser, eine Frau beschäftigt sich damit, als sie fängt mit metaphysischen Sachen an.

Wenn eine Frau in den Sachen des Daseins zu denken beginnt, das ist schlimm. Ah, da können sie einem auf die Nerven gehen!

Am schlimmsten sind die Malweiber, die gar nichts auf sich geben und nicht auf sich sehen. Es gibt auch Frauen, die sind wahnsinnig auf sich aus, bis sie einen Mann haben. Erst kämpfen sie um halbe Pfunde. Wenn sie ihn haben, macht ein halber Zentner nichts aus!

Jede Frau könnte uns entgegenhalten: Warum rasiert ihr euch? Warum kämmen wir uns? Warum machen wir uns einen Scheitel? Niemand läuft ganz so, wie die Natur ihn geschaffen hat! Ich erinnere mich, vor 40/50 Jahren sind nur Schauspieler und Pfaffen rasiert gewesen. In Leonding [88] hat lediglich einer keinen Bart getragen, er galt als Gigerl! Es gibt Köpfe, die einen Bart trugen und wunderbare Charakterköpfe waren. Aber im großen und ganzen wird das Gesicht besser erkannt ohne Bart. Im übrigen ist es auch nichts als die Fortsetzung einer seit Jahrmillionen sich anbahnenden Entwicklung: Allmählich hat der Mensch die Haare verloren.

Wo mehr Frauen sind als Männer, muß die Frau immer die Rivalin ausstechen: Selbsterhaltungstrieb! Ihm wird alles andere untergeordnet. Die mildeste Frau kann zur Bestie werden, wenn eine andere ihr den Freund oder den Mann wegnimmt. Bei der einen ist der Trieb stark, bei der anderen schwächer entwickelt. Die weiblichsten Frauen haben ihn am stärksten. Man spricht von weiblichen Untugenden. Vielleicht ist es doch eine Tugend!

Wenn es einmal einen Männerstaat gibt, geht es wieder bergab mit der Menschheit. In der Vorzeit gab es sicher mehr Staaten mit dem Mutterrecht: An dem Verlust an Männern stirbt ein Volk nicht aus. Nur, wenn es an Frauen fehlt! Nach dem Dreißigjährigen Krieg wurde weithin die Vielweiberei wieder gestattet: Durch das illegitime Kind ist die Nation wieder in die Höhe gekommen. Gesetzlich kann man das nicht regeln. Aber solange man zweieinhalb Millionen hat, die alte Jungfer werden müssen, darf man das außereheliche Kind nicht ächten!

Ein Mädchen, das ein Kind besitzt und dafür sorgt, ist für mich einer alten Jungfer überlegen. Das gesellschaftliche Vorurteil ist im Weichen begriffen. Die Natur setzt sich wieder durch. Wir sind da schon am besten Wege. Von vielen Mädeln, Kellnerinnen vor allem, habe ich oft erst nachträglich erfahren, daß sie Kinder hatten. Es ist rührend zu sehen, wie es das ganze Glück so eines Mädels ist, für Kinder sorgen zu können. Kriegt ein Mädel kein Kind, so wird

88 In Leonding, einem Bauerndorf bei Linz, sind Hitlers Eltern bestattet. Hier kaufte Hitlers Vater sich 1898 das Haus Michaelsbergstraße 16. Hitler lebte hier von 1899 bis 1905.

es hysterisch oder krank. Auffallend ist, daß fast alle Völker mehr Frauen als Männer haben.

Wenn man nicht soviel gesundes Leben sehen würde um sich herum, müßte man zu einem absoluten Lebensverächter werden. Würde ich nur die »oberen Zehntausend« sehen, so wäre ich es. Daß ich es nicht bin, verdanke ich allein dem Umgang mit der viel gesünderen breiten Masse. Auf dem Lande geht es so weit, daß der Vorwurf gegen einen Pfarrer, daß er »Umgang« (Intimverkehr) hat, auf das Volk gar nicht wirkt... Wenn der mit seiner Kathl einen »Umgang« hat, ist das ganze Dorf beruhigt: Die Kinder, die anderen Frauen haben eine Ruh! Beim Hirn kann er's auch nicht herausschwitzen! sagen die Frauen.

Das Verlogenste sind die »oberen Zehntausend«. Ich habe da die unglaublichsten Sachen erlebt. Leute haben andere beanstandet, weil sie einen nichtehelichen »Umgang« hatten, während sie selbst geschiedene Frauen geheiratet haben! Einen Herrn habe ich, als er ähnlich verfuhr, sogar erst an seine eigene Geschichte erinnert.

Man muß sich vorstellen, wie wenigen die Ehe die Erfüllung dessen ist, was von der Natur gewollt wurde: die Erfüllung der großen Lebenssehnsucht. Das größte Glück ist, daß sich die zwei finden, die von Natur zueinander gehören. Aber es sind so viele Momente, die Leute zusammenführen oder sie hindern zusammenzukommen. Wie viele Mädels stecken im Kloster, weil sie den nicht bekommen haben, den sie haben wollten. Soweit sie nicht »versprochen[89]« sind, werden doch zwei Drittel aller Mädel in unseren Klöstern unglücklich Liebende gewesen sein. Wie wenigen Menschen ist praktisch die Möglichkeit gegeben, ihr Lebensrecht durchzusetzen!

33

3.3.1942 mittags
(Wolfsschanze)
Aufnahme: Heim. F.d.R.: Picker

Methoden der Völkerbeherrschung

Wenn wir je einer der eroberten Provinzen das Recht geben, sich eine eigene Wehrmacht oder Luftwaffe aufzubauen, dann ist es mit unserer Herrschaft aus.

Der Weg der Selbstverwaltung führt zur Selbständigkeit! Mit demokratischen Einrichtungen kann man nicht halten, was man mit Gewalt einst genommen hat.

Ich vertrete da den Standpunkt der britischen Tories[90]: Wenn ich ein freies Land unterwerfe, nur um ihm die Freiheit wiederzugeben, wozu das? Wer Blut vergossen hat, hat auch das Recht, die Herrschaft auszuüben. Die indische Freiheit würde keine 20 Jahre dauern. Die Engländer machen sich heute Vorwürfe, sie hätten das Land falsch regiert, weil das Land keine Begeisterung zeigt. Gemacht haben sie es richtig. Aber es ist ungescheit, Begeisterung zu erwarten. Wenn die Engländer nicht die Herren wären, gäbe es dort keine 380 Millionen Inder. England hat Indien ausgebeutet. Aber die englische Herrschaft hat Indien auch schon genützt.

Wir dürfen vor allem die deutschen Schulmeister nicht loslassen auf die Ostgebiete. Wir verlieren sonst die Eltern und die Kinder. Wir verlieren das ganze Volk, weil ihm das Eingetrichterte nichts nützt. Am besten wäre es, man lehrte

89 Gemeint ist das Versprechen eines Kindes an ein Kloster durch seine Eltern.
90 = Konservative.

sie nur eine Zeichensprache verstehen. Durch den Rundfunk wird der Gemeinde vorgesetzt, was ihr zuträglich ist: Musik unbegrenzt. Nur geistige Arbeit sollen sie nicht lernen. Wir dürfen ja nichts drucken lassen! Wo hat die europäische Kultur sich dort belohnt gesehen? Ein geistiger Anarchismus ist entstanden! Am glücklichsten leben diese Menschen, wenn man sie möglichst in Ruhe läßt. Man züchtet sich sonst die grimmigsten Feinde heran!

Unsere erste Tat wäre, ginge es nach dem Interesse der Schulmeister, in Kiew eine Universität zu errichten.

Man soll überhaupt einem Menschen nicht mehr beibringen, als er nötig hat! Man belastet ihn bloß! Lieber soll man ihm das Schöne zeigen. Ich gehe aus davon, was ein Kind notwendig hat. **Schulbildung**

Das war sicherlich das Ideal in der griechischen Hochblüte, daß man die Menschen zur Schönheit erzogen hat. Heute pfropft man ihnen Wissen ein!

Die Schulbildung soll nur ein allgemeines Wissen geben, auf das man dann das spezielle Wissen aufbaut. Ich muß die Erziehung auf das Große ausrichten. Die Ereignisse wachsen doch. Was für einen Kopf müßte das Kind haben, wenn es die Heimatgeschichte, die Landesgeschichte und dazu die Reichsgeschichte in sich aufnehmen wollte. Was wir so leicht erleben, werden unsere Kinder einmal auswendig pauken müssen. Das Gehirn kann das gar nicht alles aufnehmen. Es gibt nur eines, daß man es wieder abstößt. Das Gemeinsame muß man in wenigen großen Zügen sehen.

Dadurch, daß bereits bis 1937 fast 97 Prozent aller Lehrer – insgesamt 320 000 – dem NS-Lehrerbund als freiwillige Mitglieder beigetreten waren, konnte Hitler sie in den 41 Lagern des NS-Hauptamts für Erzieher in seinem Sinne umschulen lassen. Der Chef dieser Einrichtung, der Bayreuther Gauleiter Fritz Wächtler, ließ die Lehrer in meist vierwöchigen Kursen durch Vorträge, Arbeitsgemeinschaften, Sport, gemeinsames Tag- und Nacht-Lagerleben, NS-Feiern und Kameradschaftsabende mit den NS-Doktrinen vertraut machen. Die Weiterbildung besorgten Spezialinformations- und Schulungsblätter.

Es hat doch gar keinen Sinn, jedem Kind in einer Mittelschule zwei Sprachen beizubringen. 25 Prozent brauchen das doch gar nicht. Es genügt, wenn man eine allgemeine Grundlage gibt, indem man statt 4 Jahren französischen Unterrichts 3 Jahre wartet und im letzten nicht 3, sondern 1 Stunde wöchentlich das Allgemeine lehrt: Jeder Junge wird erkennen, ob das ein Gebiet für ihn ist. Was braucht ein Junge, der Musik üben will, Geometrie, Physik, Chemie? Was weiß er davon später noch? Nichts!

Das ganze Detaillierte soll man lassen. Zu meiner Zeit war es noch so, daß einer – um die Prüfung zu bestehen – in soundso vielen Fächern eine erträgliche Note gehabt haben mußte. Wenn einer nun hochbegabt ist für ein Fach, warum verlangt man dann das andere noch von ihm? Es muß auf dem Gebiet weitergearbeitet werden! Unser Geschichtsunterricht bestand noch vor 40 Jahren nur aus Daten von Herrschern, von Kriegen und von Entdeckungen. Eine Gesamtschau ist dem Einzelnen gar nicht vermittelt worden. Wenn da noch ein wenig begabter Professor am Werk ist, das wird eine Qual! Die kleinen Köpfchen können sich das gar nicht merken!

Es ist widersinnig: Weil einer in einem Fach »Ungenügend« hat, soll er dann das nicht werden können, was er hat werden wollen? Wenn man sich das

Lehrermaterial an den Schulen näher anschaut, muß man sagen, daß ein gewisser Prozentsatz davon irrsinnig war: Sie töteten die Kinderseele. Nur die paar anderen haben Erfolge!

Wenn man sich nun vorstellt, daß so ein Mensch von Lehrer ein ganzes Leben soll abschließen können, dann darf man die Führung einer Nation nicht aufbauen auf der Basis der Schulzeugnisse. Dem Leben muß man die Möglichkeit geben zu korrigieren! Entscheidend ist ausschließlich die Leistung, niemals das Zeugnis!

Deshalb richtete Hitler den jährlichen »Reichsberufswettkampf« ein, in dem jeder deutsche Jugendliche seine Fähigkeiten unter Beweis stellen und sich damit seinen beruflichen und sozialen Aufstieg auch ohne Schulqualifikation erkämpfen konnte. Von den Teilnehmern – 1937 z.B. 1830000 Jungen und Mädel – wurden die Kreis- und Gausieger besonders geehrt und gefördert. Die 50 Reichssieger empfing Hitler persönlich und kümmerte sich über seine Berliner Adjutantur um ihren weiteren Berufsweg und ihre soziale Protegierung.

Wenn ein Bub so viel Mannbarkeit in sich hat, daß er keinen Augenblick ruhig bleiben kann: Unaufmerksam ist er nicht. Aber er will nicht hören. Seine Betätigung ist nur Unfug. Was soll er auch anders machen? Vielleicht wird er später mehr als die braven Schüler leisten. Da gibt es aber Lehrer, die ärgert so ein kleiner Satan. Das ist verständlich. Doch dem Buben muß die Möglichkeit bleiben, sich zu bewähren.

Ich habe im allgemeinen nicht mehr wie 10 Prozent von dem gelernt, das die anderen gelernt haben. Ich war mit meiner Vorbereitung immer sehr rasch fertig. Dennoch, Geschichte habe ich kapiert. Oft habe ich Mitleid mit den Mitschülern gehabt. »Kommst' mit spielen?« – »Nein, ich hab noch zu tun!« Nun büffelt der. Er macht die Prüfung. Er hat es geschafft! Kommt dann einer von der Seite in den Paternoster-Aufzug herein, so ist die Entrüstung groß: Wieso? Wir haben gelernt! – Ja, mein Gott, einer hat es halt in sich, der andere nicht!

Hitler war nicht immer ein »Schul-Tunichtgut«. In die – Lambach benachbarte – einklassige Volksschule Fischlham ging er 1895 mit Begeisterung. Der Lehrer gab ihm in allen Fächern eine »Eins«. Und die Dorfbuben wählten ihn zu ihrem »Rädelsführer«. Der Schulweg entlang dem Dorfbach, einem Wald, vielem Wiesenland und Gärten mit Obstbäumen und Kletterrosen war für ihn und seine Kameraden ein einmaliges Spielgelände. Die Zeugnis-Einser ermöglichten ein Jahr danach seine Aufnahme in die Lambacher Klosterschule. Auch hier fühlte Hitler sich wohl, behielt seine Einser-Noten und wurde dank seiner Redegewandtheit und ob seiner turnerischen Gelenkigkeit der »Rädelsführer« der Gleichaltrigen. Die behagliche Menschlichkeit und Lebensklugheit der Benediktinermönche und die freundliche, sichere Führungsautorität des Abtes imponierten ihm. Er wurde Ministrant und Sängerknabe im Klosterchor. Und sein Lebensziel war es, einmal Abt zu werden und in seinem Wappen dasselbe Hakenkreuz zu führen, wie er es im steinernen Abtwappen über dem Klosterportal täglich sah. Sogar ein Manuskript seiner Schülerzeit »Die Germanische Revolution« versah er deshalb mit dem Hakenkreuz als Einbandsymbol. Abt wurde er nie; aber seinem alten Kampfgefährten, dem Benediktiner-Abt Albanus Schachleiter, hielt er zeitlebens die Treue, besuchte den 76jährigen zum 50. Ordensjubiläum und gab ihm 1938 bei seinem Tode ein Staatsbegräbnis. 1899 mußte Hitler zu seinem Leidwesen weg von Lambach und kam auf die Volksschule in Linz-Leonding. Zwar schaffte er auch hier lauter Einser und sang voll Begeisterung im Kirchenchor. Auch hier hatten ihn die Buben zu ihrem An-

führer im Krieg-Spielen gemacht. Aber die anschließende Realschulzeit ab September 1900 in Linz – und später in Steyr – war für Hitler ein einziges Martyrium. Denn er wollte gar nicht, wie sein Vater es wünschte, Beamter werden, sondern Kunstmaler und Baumeister. Linz mit seiner einzigartigen Atmosphäre hatte ihn gepackt, so daß er lieber den Zauber seiner Waldketten, die Weite seines Hügellandes und den Farbenrausch seiner Sonnenuntergänge genoß, als daheim am Nachmittag die Schularbeiten zu erledigen. Schon in der ersten Realschulklasse blieb Hitler »sitzen«, die anderen drei schaffte er zum Teil nur mit Wiederholungsprüfungen. Auch 32 Stockhiebe seines Vaters brachten keine Besserung; er rekapitulierte nur Karl May und brachte den Vater durch lautes Mitzählen der einzelnen Schläge aus dem Konzept. Seine Schulinteressen prädestinierten ihn wenig zum Anführer der Klasse; so versuchte er es als Nationalist auf Grund des damals schwer sich behauptenden Grenzland-Deutschtums und selektierte die Klassenkameraden in Deutschblütige, Tschechen, Slawen und Juden. Ein schweres Lungenleiden machte seinem Debüt an der staatlichen Oberrealschule in Steyr dann im September 1905 ein Ende.

Hitler hatte – bei einmaligem Sitzenbleiben und mehrfachen Einzelfach-Wiederholungsprüfungen – nur vier der damals für das österreichische Abitur erforderlichen sechs Realschulklassen geschafft. Sein Abschlußzeugnis in Steyr lautete:

Zeichnen und Turnen »vorzüglich«; Geschichte, Geographie, Religion, Gesang und Betragen »befriedigend«; Geometrie, Mathematik, Deutsch, Französisch, Chemie und Physik »genügend«; Fleiß »hinreichend«.

34

7.3.1942 mittags
(Wolfsschanze)
Aufnahme: Heim. F.d.R.: Picker

Sprache, Dichter, Denker

Vergleichen wir die englische Sprache mit der deutschen und die deutsche mit der italienischen, so läßt sich sagen: der englischen Sprache fehlt die Fähigkeit, Gedanken auszudrücken, die über allgemein erwiesene Tatsachen und Vorstellungen hinausgehen.

Hitler konnte Französisch und Englisch und verstand ein wenig Italienisch. Sein Schulfranzösisch hatte er im Kriegseinsatz in Flandern und in Frankreich 1914/18 so perfektioniert, daß er sich als Regimentsmelder mit Kriegsgefangenen ebenso wie mit der ansässigen Bevölkerung einwandfrei verständigen konnte. Englisch hatte er ab 1911 als Autodidakt gelernt. Englische, amerikanische und französische Zeitungen las er original, ebenso englische, amerikanische und französische Bücher, insbesondere Militärschriften. Auch englische, amerikanische und französische Filme sah er sich in der Reichskanzlei bzw. auf dem Berghof mit Originaltext an. Englischen und französischen Unterhaltungen, die nicht allzu schnell geführt wurden, konnte er ohne Schwierigkeiten folgen. Er hielt dies aber geheim, um durch den Einsatz von Dolmetschern Zeit zum Überlegen seiner eigenen Erklärungen zu finden. Denn nur so konnte er – wie er seiner kenntnisreichen Sekretärin Christa Schroeder einmal anvertraute – seine Worte so formulieren, daß sie seinen taktischen Gesprächszielen gerecht wurden.

Die deutsche Sprache hat die Fähigkeit, Erkenntnisse weiter klarzumachen, auch wenn irgendwo die Grenze des Erwiesenen erreicht ist. Das deutsche Volk ist das Volk der Denker, weil unsere Sprache uns die Voraussetzung gibt, in Neuland zu führen.

Immer wieder hämmerte Hitler uns bei Tisch die Wichtigkeit der »Kunst der freien Rede« ein, und zwar mit Formulierungen wie: »Die Macht, die die großen historischen Lawinen religiöser oder politischer Art ins Rollen brachte, war seit urewig die Zauberkraft des gesprochenen Wortes. Die breite Masse eines Volkes unterliegt der Gewalt der Rede. Alle großen Bewegungen sind Volksbewegungen, sind Vulkanausbrüche menschlicher Leidenschaft und seelischer Empfindungen, aufgerührt durch die grausame Göttin der Not oder durch die Brandfackel des unter die Masse geschleuderten Wortes. Völkerschicksale zu gestalten vermag nur ein Sturm von heißer Leidenschaft. Sie allein schenkt dem Erwählten die Worte, die – Hammerschlägen ähnlich – ihm die Tore zum Herzen eines Volkes öffnen.«

Bei mir am Berg (Obersalzberg) hat ein italienischer Kriegsblinder eine Ansprache gehalten: das rollte dahin, phonetisch herrlich, eine Apotheose! Übersetzt war es ein nichtssagendes Zeug, gar kein Gedanke! Die italienische Sprache ist die der Musiker!

Wir sehen uns nicht verleitet, nur der Sprache wegen zu sprechen. Man berauscht bei uns sich nicht am Klang. Aber: wir werden vokalarm und müssen sehen, daß wir nicht abrutschen.

Wir haben keine Dichter heute und suchen dem Mangel durch Wortverbesserung aufzuhelfen. Das Wort ist jedoch immer nur ein Mittel zum Zweck: Auf den Gedanken kommt es an und darauf, die Worte richtig ansetzen zu können. Ließen wir unseren Sprachverbesserern freie Hand, so würde unsere Sprache mit der Zeit den ganzen Wohllaut verlieren und nicht mehr schön sein!

Wir sehen uns leider jetzt schon in der Hauptsache auf die Vokale a, e, i beschränkt. Das macht die Sprache unmusikalisch und arm! Dazu die Zischlaute! Wenn ich sage, Kurzschriftler statt Stenograph: das ist schon polnisch! Dabei ist das Wort ein Quatsch: der Erfinder hätte seine Erfindung selbst so getauft, wenn ihm das gefallen hätte. Ein Kurzschreiber ist ein Mensch, der kurz schreibt! Leute, die solche Verdeutschungen empfehlen, sind die Todfeinde der deutschen Sprache. Ginge es nach ihnen, so würden wir in kurzem Gedanken präzise nicht mehr ausdrücken können, wir würden zugleich in den Lauten immer armseliger und schwächer werden, unsere Sprache würde sich bald anlassen wie das Japanische: Ein reines Gekrächze; ein Gegacker kommt da heraus. Ich kann mir nicht vorstellen, daß man das überhaupt noch singen kann!

Seien wir doch froh, über möglichst viele Ausdrucksmittel zur Nuancierung zu verfügen! Seien wir doch dankbar für die Klangfarben der uns zu Begriffen gewordenen Fremdworte! Man stelle sich vor, wenn wir damit anfingen, Fremdworte auszumerzen, wo sollten wir dann aufhören! Ganz abgesehen von dem Gefahrenmoment, zu irren, was die Sprachwurzel angeht. Die Arbeit vieler Generationen vor uns ginge uns dabei verloren.

Und schließlich müßten wir uns noch all des anderen entäußern, das je von draußen zu uns gekommen ist. Genug des Aberwitzes! Logischerweise müßten wir weiter auch auf die Einrichtung verzichten, die mit dem Begriff von uns übernommen wurde. Es ist ein Gebot der Aufrichtigkeit, mit dem Wort Theater auch die Institution als solche abzulehnen. Eine Gemeinheit wäre es, die Institution zu übernehmen, aber so zu tun, als hätten wir sie erfunden.

Sprachliche Änderungen vorzunehmen sind nur die größten Denker eines Volkes berufen! In der Zeit vor uns wäre ein einziger zuständig gewesen: Schopenhauer[91]! (Hitler zitierte bei Tisch gelegentlich ganze Passagen von Schopenhauer auswendig.)

91 Als erfolgreicher Redner hat Hitler sich mit den Problemen der Sprache und der Rhetorik viel beschäftigt. Ihn grämte nach 1934 seine chronische Heiserkeit deshalb besonders. Denn die Stimme war ja sein wichtigstes Handwerkszeug, um die Massen hinter sich zu »trommeln«.

Inwieweit man einem Gedankenflug mit den vorhandenen Worten noch gerecht wird, das kann nur ein Genie abwägen! Solange ein Volk lebendig ist, fließen ihm fortgesetzt neue Begriffe und Erkenntnisse zu. Unmöglich, sich dagegen wehren zu wollen. Davon haben wir auszugehen!

Hat sich mit einem aus einer fremden Sprache übernommenen Begriff ein Fremdwort eingebürgert und klingt es gut, so kann es uns zur Bereicherung unseres Sprachschatzes nur willkommen sein! Lediglich auf eines haben wir dabei zu achten: daß das Fremdwort nun auch von allen ausgesprochen wird, wie richtig gesprochen es lautet. Zwischen Schriftbild und Aussprache soll keine Diskrepanz entstehen wie heute im Englischen! Wenn man für jeden Laut einen Buchstaben hat, darf die rechte Aussprache nicht abhängig bleiben davon, ob einer die Sprache zu sprechen weiß, der das Wort entstammt: Das Wort muß von uns so geschrieben werden, daß jeder, der es liest, es richtig ausspricht!

35

10.3.1942 nachts
(Wolfsschanze)
Aufnahme: Heim. F.d.R.: Picker

Das Verhältnis der Frau zum Mann. (Liebe, Eifersucht und Spionage)

Alles, was als Erscheinung uns begegnet, hat seine Ursache. Die Eifersucht der Frau ist Selbsterhaltungstrieb: Sie kommt aus der Urzeit, in welcher die Frau auf den Schutz des Mannes völlig angewiesen war, denken wir nur an die Unbeholfenheit der Frau während der Schwangerschaft und daran, wie lange es dauert, bis ein Kind für sich selber eintreten kann. Ohne den Mann war die Frau verloren. Deshalb liebt die Frau den Helden. Er gibt ihr das Gefühl des Geborgenseins. Sie will den heroischen Mann; nur, wenn sie ihn hat, gibt sie ihn ungern wieder her.

Der Mann kennt auch die Eifersucht auf die geliebte Frau. Aber der Bereich der weiblichen Eifersucht ist viel größer: Eine Mutter ist eifersüchtig auf die Schwiegertochter, eine Schwester auf den Bruder. Bezeichnend war eine Szene, die eine verheiratete Frau – Eva Chamberlain[92] – ihrem verheirateten Bruder gemacht hat. Einfach verrückt! Die junge Frau[93] war den Schwestern recht, wie es sich darum gehandelt hat, da zu sein, weil ein Unglück geschehen war. Daß die Frau ihrem Mann vier Kinder geboren hat, das hat man ihr gar nicht

Über seine bisherige Wirkung als Redner sagte mir sein Auslandspressechef, Dr. Hanfstaengl, der als Harvard-Student auch die besten Redner der USA kannte: »Hitlers Bariton hatte Schmelz und Resonanz. Ihm standen Kehltöne zur Verfügung, die einem unter die Haut gingen. Seine Stimmbänder waren unverbraucht und befähigten ihn zu Nuancierungen von einzigartiger Wirkung.«

92 Eva Chamberlain war die Tochter Richard Wagners und die Frau des britischen Kulturphilosophen Houston Stewart Chamberlain.

93 Winifred Wagner, Tochter des britischen Journalisten Williams, früh verwaist und von dem Berliner Musiker Klindworth adoptiert, heiratete 1915 Richard Wagners einzigen Sohn Siegfried Wagner. Mit 18 Jahren eine selbst für Bayreuther Ansprüche »berückend schöne Frau«, brachte sie mit ihrer britischen Unbekümmertheit und Forsche ihren mit Komponisten- und Geldschwierigkeiten kämpfenden Mann wieder zu Schaffenskraft und Selbstvertrauen. Aber sie brauchte lange, bis sie von dem – von Cosima Wagner nach Art eines Matriarchats geführten – »Clan«, d.h. insbesondere von Cosimas Töchtern, anerkannt wurde. Nach Siegfrieds Tod 1930 begann sie mit Wilhelm Furtwängler als Dirigenten, Heinz Tietjen als Regisseur und Emil Prätorius als Bühnenbildner eine neue Ära der Bayreuther Festspiele, die weltweite Anerkennung fand.

angerechnet. Und wie hat sie dem Manne die Treue gehalten, das wollte schon etwas besagen! Man sieht es den Kindern an; wenn irgendwo Kinder ein Gesicht haben, dann ist es hier der Fall!

Von meinen mütterlichen Freundinnen war allein die alte Frau Direktor Hofmann [94] von einer stets nur gütigen Sorglichkeit. Selbst bei Frau Bruckmann ist es mir passiert, daß eine Dame der Münchener Gesellschaft nie mehr mit mir zusammen eingeladen wurde, nachdem die Frau des Hauses einmal einen Blick aufgefangen hatte, mit dem beim Abschied im Salon Bruckmann diese Frau mir begegnet ist, während ich mich noch einmal grüßend zu ihr hin verbeugt hatte. Sie war sehr schön, und ich werde ihr interessant gewesen sein, weiter nichts. Ich kenne eine Frau, deren Stimme vor Aufregung heiser wurde, wenn ich mit einer anderen Frau auch nur ein paar Worte gesprochen habe.

Die Welt des Mannes ist groß, verglichen mit der der Frau. Der Mann gehört seiner Pflicht, und nur ab und zu schweift ein Gedanke zur Frau hinüber.

Die Welt der Frau ist der Mann. An anderes denkt sie nur ab und zu. Das ist ein großer Unterschied.

Die Frau kann viel tiefer lieben als der Mann. Auf den Intellekt kommt es bei einer Frau gar nicht an. Verglichen mit den gebildeten intellektuellen Frauen war meine Mutter ganz gewiß eine ganz kleine Frau. Sie hat ihrem Mann und ihren Kindern gelebt. In der Gesellschaft unserer gebildeten Frauen würde sie sich wohl schwergetan haben, aber: sie hat dem deutschen Volk einen großen Sohn geschenkt!

Hitlers Mutter, Clara Hitler, am 12. August 1860 in Spital geborene Pölzl, stammte wie ihr Mann aus dem Kleinbauerntum des »Waldviertels« an der böhmisch-mährischen Grenze, einem niederösterreichischen Granitplateau, wo man dem kargen Boden nur mit eisernem Fleiß, hartem Willen, Sturheit und persönlicher Anspruchslosigkeit die notwendige Nahrung abringt. Dementsprechend erfüllte sich Clara Hitlers Leben im Dienst für die Familie. Sie war eine stille, fleißige, gutherzige und objektiv denkende Frau, die ihrem – 23 Jahre älteren – Mann in Liebe zugetan war, ihm die Kinder großzog, rührig den Haushalt versah und auch im Bekanntenkreise beliebt war. Am 21. Dezember 1907 starb sie an Krebs.

Ehen, die nur auf der sexuellen Basis ruhen, gehen leicht auseinander: das läßt sich überall ersetzen! Schwer wird die Trennung, wenn eine Kameradschaft da ist und eines im anderen völlig aufgeht.

Daß eine Frau zur Aussage über intime Dinge gezwungen ist, das darf nicht sein. Ich habe das abgeschafft. Überhaupt, die Schnüffelei kann ich nicht ausstehen. Von Friedrich dem Großen wird eine schöne Geschichte erzählt: Er habe eines Tages den Polizeichef kommen lassen, um ihm Vorhaltungen zu machen, daß er viel weniger erfahre, als an den Höfen anderer Mächte bekannt wird. »Ja«, habe der Beamte ihm gesagt, »wenn ich ermächtigt werde, mich der Mittel zu bedienen, die zur Beobachtung anderen Orts benutzt werden!« »Um diesen Preis«, erwiderte Friedrich der Große, »nein! Da verzichte ich!«

Ich habe mich persönlich auch nie eines Nachrichtendienstes bedient und werde nie einen Spion empfangen. Irgend etwas ist dabei abstoßend! Nun gar

94 In den Salons der Münchner Studiendirektorswitwe Carola Hofmann und der Münchner Verlegersfrau Elsa Bruckmann fand Hitler viele für ihn wichtige Kontakte zu Künstlern, Professoren und Militärs. Beide Frauen halfen ihm außerdem bei Wahlen und wichtigen Partei-Projekten mit ihrem Einfluß und mit Geld.

eine Spionin! Nicht nur, daß sie sich prostituiert, sie täuscht einem Manne Gefühle vor, die sie gar nicht hegt, und liefert dann noch den Betrogenen seinem Verderben aus!

In meiner Jugend war ich eher ein für sich gehender Sonderling, als daß ich Gesellschaft gebraucht hätte. Jetzt kann ich gar nicht mehr allein sein und finde es am schönsten, mit einer Frau zu speisen, und ich setze mich lieber an einen Tisch der »Osteria« (Münchener Lokal), als daß ich allein zu Hause esse.

Ab 1943 sah Hitler nur noch selten die berühmten Künstlerinnen, Intendanten, Dirigenten, Sänger und Schauspieler unserer Zeit, die er bis dahin immer wieder gern in Berlin oder München zum Essen oder – vor dem Krieg – zu glanzvollen Empfängen in der Berliner Reichskanzlei eingeladen hatte. Aber auch ab 1943 hielt Hitler noch zu ihnen Kontakt, und zwar nicht nur über Präsente zu ihren Geburtstagen und durch Blumengrüße zu ihren Premieren, sondern auch über den Präsidenten der »Kameradschaft der deutschen Künstler«, Professor Benno von Arent. Als Chef des gesamten Ausstattungswesens der deutschen Bühnen hatte Arent immer wieder Anlaß, Hitler zu Besprechungen im FHQu aufzusuchen; er mußte ihm dann ausführlich über das Geschehen an den deutschen Theatern und über ihre wichtigsten Künstler berichten. Hitler verabschiedete ihn regelmäßig mit einer Vielzahl persönlicher Einzelbestellungen und mit der Erklärung: »Arent, Sie sind für mich die Brücke in eine schönere Welt!«

Europas älteste Zeitung

Ich lese nie einen Roman und fast nie das Feuilleton. Warum soll ich das auch tun, es würde mich ja doch nur ärgern. In der »Augsburger Abendzeitung« (seit 1609) haben wir heute die älteste Zeitung Europas! Wie gut, daß Amann sie hat bestehen lassen, und wie schade, daß die »Fliegenden Blätter« nicht weitergeführt wurden und die »Jugend« so verkümmert ist. Wenn man ein altes und ein junges Unternehmen nebeneinander nicht halten kann, dann bin ich dafür, man gibt das junge auf und erhält richtigerweise das seit alters bestehende.

Hitler suchte bei all seinem Lesen nie die bloße Unterhaltung, sondern stets einen sachlichen Bildungsgewinn. So verdankte er – wie er uns erzählte – seine Vorliebe für Geographie und für das Lesen geographischer Karten dem Schriftsteller Karl May. Er kannte alle 60 Bände des reiselustigen Sachsen, ganz gleich, ob sie bei den Indianerstämmen Nordamerikas (z.B. »Winnetou«) oder im Vorderen Orient (z.B. »Von Bagdad nach Stanbul«) spielten. Wenn er auf Karl Mays Lebens- und Leidensgeschichte zu sprechen kam, verteidigte er seine Verfehlungen als sozialbedingt und seine Verbindung von Reiseromantik und Krimi als liebenswerten Literatentrick.

36

11.3.1942 nachts
(Wolfsschanze)
Aufnahme: Heim. F.d.R.: Picker

Von der Schädlichkeit des Rauchens

Vor dem Hause eines Nürnberger Kaufmanns hat sich ein Schild befunden: Raucher werden gebeten, diesem Haus fernzubleiben. Das habe ich dann bei meiner Wohnung auch so gehalten.

Dem Reichsmarschall habe ich kürzlich gesagt: Göring, glauben Sie, es macht einen guten Eindruck, wenn man Sie mit einer Pfeife abgebildet sieht? Was würden Sie zu einem Denkmal sagen, das Sie mit einer Zigarre im Mund darstellt?

Es ist nicht richtig zu glauben, der Soldat draußen könne nicht leben, ohne zu rauchen. Es war ein Fehler, der auf das Konto der damaligen Heeresführung zu setzen ist, daß wir zu Beginn des Krieges damit angefangen haben, jedem Soldaten täglich soundsoviel Rauchwaren zu geben. Jetzt kann man nicht mehr zurück. Aber sobald Friede ist, soll mir das aufhören. Wir brauchen unsere Devisen zu etwas Besserem als dazu, Gift bei uns einzuführen.

Mit der Jugend will ich anfangen. Man braucht ihr nur zu sagen, nehmt euch kein Beispiel an den Alten, es geht auch so!

Mir ist es doch so schlecht gegangen lange Zeit in Wien! Durch Monate habe ich nicht ein warmes Essen gehabt. Ich habe von Milch und trockenem Brot gelebt. Dreizehn Kreuzer aber habe ich Tag für Tag für Zigaretten ausgegeben, 25 bis 40 habe ich am Tag geraucht. Ein Kreuzer war damals mehr als heute zehn Rpf. (Pfennig). Da ist mir eines Tages der Gedanke gekommen: Wie, wenn du, statt für 13 Kreuzer Zigaretten zu kaufen, dir Butter kaufen würdest für das Brot. Das macht 5 Kreuzer, und du hast noch etwas übrig. Alsbald habe ich meine Zigaretten in die Donau geworfen und nie mehr danach gegriffen.

Ich bin überzeugt, wenn ich Raucher gewesen wäre, nie würde ich den Sorgen standgehalten haben, die mich seit so langer Zeit belasten. Vielleicht verdankt dem das deutsche Volk mit seine Rettung.

So viele hervorragende Männer sind mir an der Tabakvergiftung verlorengegangen. Von meinem Alten Herrn angefangen, dann Dietrich Eckart, Troost! Hoffmann verliere ich auch noch daran.

Hitler verehrte seinen Vater sehr und nannte ihn uns gegenüber einen »hervorragenden« Mann. Sein Vater »Alois Hitler« war unter dem Namen »Alois Schicklgruber« in Strones, Gemeinde Döllersheim, am 7. Juni 1837 als unehelicher Sohn einer 42jährigen Bauerntochter Maria Anna Schicklgruber geboren. Sein mutmaßlicher Erzeuger, der wohlhabende, aber sohnlos verheiratete Bauer Johann Nepomuk Hüttler in Spital veranlaßte seinen von ihm ausgehaltenen Bruder, den meist arbeitslosen Müller Georg Hiedler, »die« Schicklgruber zu heiraten und ihren Sohn noch auf dem Totenbett zu legitimieren. Dabei wurde durch einen Schreibfehler im Kirchenbuch aus dem »Hiedler« (= Hüttler) ein Hitler. Vom 5. bis zum 16. Lebensjahr wuchs Alois bei »Onkel« Nepomuk auf, dann ging er nach Wien, machte dort die Schuhmachergesellenprüfung mit 17 Jahren, absolvierte seinen Militärdienst und meldete sich 1855 über diesen zur k. u. k. Finanzwache, der Zollverwaltung der österreichisch-ungarischen Donaumonarchie. Bereits 1864 hatte er den höchsten Subalterndienstgrad des Zolls erreicht und war Kontroll-Assistent. 1871 kam er in den gehobenen Zolldienst als »Controlör« in Braunau am Inn und 1875 – nachdem er die wohlhabende, aber 14 Jahre ältere Adoptivtochter eines »höheren Zollbeamten« geheiratet hatte – in den höheren Zolldienst als »Zollamtsoffizial«. 1892 wurde er in Passau Zoll-Oberamtsoffizial und 1895 als Leiter der Zollabteilung der Finanzdirektion Linz (mit einer quasi Direktorenpension von jährlich 1100 Gulden) in den Ruhestand versetzt. Er starb am 3. Januar 1903.

Alois Hitler war ein »eiserner Pflichtenmensch«, ein untersetzter, stämmiger Mann mit gesunden Gesichtsfarben und nüchternen Augen, dessen Gesicht der »Kaiser-Franz-Joseph-Bart« eine gewisse Würde verlieh. Intelligenz, Belesenheit und die rasche Aneignung von Spezialkenntnissen machten ihn zur Respektsperson von hohem Ansehen, zum kaisertreuen Patrioten und alldeutschen Freisinnigen! Nach dem kinderlosen Tode seiner ersten Frau 1883 heiratete er eine junge Bauerntochter, mit der er einen außerehelichen Sohn »Alois« hatte und die bald nach der Geburt der Tochter »Angela« an Tuberkulose starb. 1885 heiratete er daraufhin mit kirchlicher Dispens seine Cousine 2. Grades, Onkel Nepomuks Enkelin, die 25jährige Bauerntochter Clara Pölzl aus Spital, mit der er sechs Kinder hatte. Nur »Adolf« und »Paula« blieben am Leben.

Aus der Erbschaft nach »Onkel« Nepomuks Tod kaufte Vater Alois Hitler sich zunächst ein 5000 Gulden-Gut in Wönharts bei Spital, nach dessen Wiederveräußerung das 3,8 ha große Rauscher-Gut in Hafeld bei Lambach und nach der Pensionierung in Linz und dem Wiederverkauf des Rauscher-Gutes das Hausanwesen Linz-Leonding Nr. 61 mit einer 1900 qm großen Wiese, auf der er seine Imkerei, Obstbau und etwas Viehzucht als Altershobby betrieb. Der frohsinnige, energische, rechtlich denkende und leicht einmal »polternde« Vater war für Hitler der Inbegriff der Familienautorität, ja überhaupt des Denkens in Autoritäten und in autoritären Ordnungseinheiten von Volk und Staat. Zudem lehrte er ihn früh den Nimbus der Uniform. Denn wenn er an nationalen Gedenktagen in voller Uniform den üblichen Kirchgang absolvierte, war er ein – zur Freude seines Sohnes – von jung und alt vielbewunderter Staats-Repräsentant. Sein früher Tod bedeutete für den dreizehnjährigen Adolf Hitler den Zusammenbruch einer »heilen« Kindheitswelt.

Berlins Planung als Hauptstadt von Weltformat

Berlin wird als Welthauptstadt nur mit dem alten Ägypten, Babylon oder Rom vergleichbar sein; was ist London, was ist Paris dagegen?

Adolf Hitlers Tischgespräche vom 21. März 1942 bis zum 31. Juli 1942

Nr. 37 bis 200, anhand von Stichwortnotizen bei Tisch unmittelbar nach der Tafel in indirekter Rede fixiert von Dr. Henry Picker

37 — 21.3.1942 abends (Wolfsschanze)[95]

Britische Bomben auf Paris

Der Krieg sei immer an der Peripherie zu halten. Wenn Pariser von englischen Flugzeugen angegriffen würden[96], sei das ihre Sache und besser, als wenn es Berliner seien. In Paris sind von der Flak nur wehrwichtige Fabriken zu schützen. Im übrigen frören die Pariser zur Zeit auch in den Kellern nicht so wie die Berliner, da es dort nicht so kalt sei. Es sei schade, daß man eines besoffenen Kerls (Churchills) wegen Krieg führen müsse, anstatt Friedenswerken, so der Kunst, zu dienen.

Münchener Künstlerhäuser

Die Ausstattung Münchener Künstlerhäuser sei einmalig wertvoll. Schade, daß die Schätze des Kaulbachhauses, in dem Wagner[97] wohnt, heute in alle Welt verstreut sind. Dort befinde sich nur noch ein sehr schöner Teppich. Die schönsten Teppiche, die er je gesehen, habe Ribbentrop, an dessen Wohnung das Fehlen von Gardinen auffalle. Jeder könne so sehen, daß beim Außenminister alles in Ordnung sei. Schön seien auch die deckenlosen, von Professor Troost entworfenen Tische[98]. Schöngeputzte Ahorntischplatten, sehr, sehr fein, finde man oft in deutschen Bauernhäusern. Schade nur, daß Seifen-Reinigungsmittel so knapp seien.

Keitel: In seinem Elternhaus habe man von Strohmatten auf den Tischen gegessen, die mit Sand gesäubert wurden.

38 — 22.3.1942 (Wolfsschanze)

Der militärische Gruß in der Geschichte

Nach einer Vortisch-Äußerung an General Schmundt trägt der Chef[99] sich mit dem Gedanken, den »deutschen Gruß« generell in der Wehrmacht einzu-

95 Auf die bei zahlreichen Pickerschen Aufzeichnungen benutzte Bezeichnung »Vermerk« wurde generell verzichtet.

96 In der Nacht vom 3. zum 4. März 1942 waren die staatlichen Renault-Autofabriken in Billancourt bei Paris von britischen Flugzeugen angegriffen worden.

97 Gemeint ist der Gauleiter Adolf Wagner in München. Er war seit 1933 bayerischer Innenminister und hatte als solcher das Münchner Kaulbachhaus als Dienstwohnung.

98 Hitler schwärmte für die ebenso repräsentativen wie zweckmäßigen Möbel des königlich-bayerischen Architekturprofessors Paul Ludwig Troost (1878 bis 1934). Er lernte Troost auf einem Prominentenabend bei Geheimrat Bruckmann im September 1930 kennen und schätzen. Ihm gefiel die klassisch geprägte, konstruktive Klarheit und Eleganz der Troostschen Möbel derart, daß er sich sofort einen – heute noch erhaltenen – Drei-Etagen-Aktenschrank mit aufliegender Marmorplatte bei ihm bestellte, der in seinem Arbeitszimmer in seiner Münchner Privatwohnung Prinzregentenplatz 16/II Aufstellung fand.

99 Chef = Hitler.

führen, d.h. an die Stelle des Grußes durch »Anlegen der Hand an die Kopfbedeckung« treten zu lassen[100]. Folgende Feststellungen habe ihm der Leiter der Kriegsgeschichtlichen Abteilung des Oberkommandos der Wehrmacht, Oberst Scherff, hierzu vorgelegt:

In der älteren deutschen Geschichte gebe es keine Handgebärde wie heute. Allgemeine Grußformel: »Heil wis!«, d.h. »Mögest du unversehrt sein« (vgl. Prokop in seiner Gotengeschichte ca. 555), ebenso Begrüßung König Rüdigers durch Beowulf im angelsächsischen Beowulf: »Heil dir!«, und zwar als Begrüßung zunächst nach Ablegung der Angriffswaffen. Dem Gruß liege also der Gedanke der persönlichen Wehrlosmachung des Grüßenden zugrunde.

Der Heilzuruf der Wähler nach beendeter Krönungsfeierlichkeit wurde vom Erheben der rechten Hand begleitet. Ähnliche Gruß-Gebärden fänden wir bei den Landsknechten.

Seit dem 12. Jahrhundert fänden wir das Umbiegen des Heilgrußes ins Christliche: »Gott grüße dich!« Späteres Gruß-Zeremoniell bringe noch stärkeres Hervortreten des Gedankens der Wehrlosmachung: Hutabnehmen, Präsentieren, Degengruß, seit Anfang 18. Jahrhundert »Hand an die Kopfbedeckung legen«.

Ein besonderer »römischer Gruß« sei nicht nachzuweisen. Das als Gebetsgeste überlieferte Erheben des Armes dringe in spätrömischer Zeit im Kaiserkult ein. Militärischer Gruß sei damals bei den Römern das »Hand an die Kopfbedeckung legen« gewesen, ähnlich wie heute bei uns.

Aktenvermerk für II B[101]
Betrifft: Ursprung des deutschen Grußes Führerhauptquartier, 11. 5. 1942
Bo/Fu.

Um den Deutschen Gruß

Den Bericht vom 23. 4. 1942 habe ich heute dem Führer vorgelegt. Der Führer betonte, es gäbe noch einen Bericht über die Begrüßung, die Luther seinerzeit beim Betreten oder beim Verlassen des Saales in Worms durch die deutschen Ritter erfahren habe. Den Wortlaut dieses zeitgenössischen Berichts, soweit er auf die Art der Begrüßung eingeht, möchte der Führer noch haben.

gez. M. Bormann

Parteikanzlei-Bericht vom 23. 4. 1942:
Betrifft: Deutschen Gruß

Über die Formen des Grußes in älterer Zeit gibt es nur verhältnismäßig wenig zureichende und eindeutige Quellen. Man nimmt im allgemeinen an, daß der Gruß den Zweck hatte, den Gegrüßten von der friedlichen Absicht des Grüßers zu überzeugen, der ihm seine Unterwerfung anzeigt und ihm durch Ausweisen der offenen Handfläche beweist, daß er keine Waffen verborgen hält. Man reicht sich die Hände, um sich gegenseitig zu binden und in den Schutz des anderen zu begeben. Das gilt allgemein für die Grußformen.

Bei den Orientalen, Arabern, Juden gilt als Grußform das Sichniederwerfen, Sich-

100 Erst am 23. Juli 1944, also nach dem 20.-Juli-Attentat von 1944, wurde der »Deutsche Gruß« allgemein in der Deutschen Wehrmacht als militärischer Gruß eingeführt. Bis dahin war er nur der »Offiziers-Gruß gegenüber dem Führer«.
101 »II B« meint das zuständige Referat der »Staatspolitischen Abteilung« der Parteikanzlei (abgekürzt: P.K.).

beugen und so weiter, die Hände über die Brust kreuzen, keineswegs aber das Handerheben.

Bei den Griechen grüßte man sich mit Handschlag, man faßte sich gegenseitig an der Handwurzel. Das Handerheben war ein Teil des Gebets-Ritus.

Bei den Römern gilt das Ausstrecken der Hand, waagerecht von der Schulter weg, als Gruß und Segen, wenigstens wird eine Augustus-Statue, die diese Gebärde zeigt, so gedeutet. Die Hand wird aber auch beim Schwur erhoben.

Wir besitzen keine Nachrichten über die Form des Grußes bei den Germanen, die auf Handerheben zu deuten wäre. Wohl aber wird uns vom Erheben der rechten Hand bei besonders feierlichen Anlässen berichtet. Widukind von Corvey[102] erzählt, daß bei der Wahl König Heinrichs I. (919) und König Ottos I. (936) die Wähler ihre Zustimmung durch Erhebung der Hände und lautes Rufen zum Ausdruck gebracht hätten. Das gleiche erzählt Thietmar von Merseburg[103] von der Wahl Ottos des Großen, aber auch von der König Heinrichs II. Das wird immer in einer Art erzählt, daß man erkennen kann, daß die Handerhebung bei einem solchen Anlaß den Chronisten als durchaus geläufig vorkommt. Es handelt sich also zweifellos um einen alten Brauch. In einer großen Zahl von sächsischen Urkunden wird das Erheben der rechten Hand als Bekräftigung bis ins 14. Jahrhundert erwähnt. Die sächsische Weltchronik[104] überträgt eine Stelle aus der Kaiserchronik, die lautet: »Romêre racten uf ir hand« (Zeile 1172) mit »se sworen alle und loveden«. Sie setzt also die Handerhebung mit Geloben gleich. 1235 erklärt König Friedrich II. in einer Urkunde dem Papst Gregor X., daß die *elevatio manuum iuxta consuetudinem Germanorum* ein *vinculum iuramenti* sei, das heißt: die Handerhebung wird als Schwurbindung nach der Gewohnheit der Deutschen bezeichnet. Daraus ergibt sich aber auch, daß solches bei den Italienern nicht üblich war; denn sonst wäre es nicht nötig gewesen, diese Erklärung beizufügen. Es handelt sich aber hier immer um mehr als einen bloßen Gruß, es ist ein Gelöbnis der Zustimmung und Treue, das hier zum Ausdruck gebracht wird. Wurde nun dieses Gelöbnis mit der allgemeinen Segensformel »Heil« verbunden und allenfalls noch mit einem bestimmten Namen, dann erhält das Gelöbnis noch einen besonderen Sinn. Man wird es auch mit Recht als eine deutsche Eigenheit bezeichnen dürfen, so wie das Friedrich II. 1235 getan hat. Wenn es auch nicht gerade als normaler Gruß unmittelbar überliefert ist, kann man aber doch das Handerheben als einen besonders feierlichen Gruß, verbunden mit einem Treuegelöbnis, bezeichnen.

Da Dr. Porsche[105] und Speer dem Chef heute neue Panzerwagen vorführen wollten, waren zum Mittagessen zahlreiche Gäste, Generäle, beim Chef.

102 Widukind von Corvey war Mönch im Kloster Corvey und Verfasser der Sachsengeschichte (etwa 925 bis 973).

103 Thietmar war Bischof von Merseburg und Geschichtsschreiber der sächsischen Kaiser (etwa 975 bis 1018).

104 Die »Sächsische Weltchronik« datiert von 1231. Autor war wahrscheinlich Eike von Repgow (etwa 1180 bis 1233).

105 Professor Dr. ing. h. c. Ferdinand Porsche (1875 bis 1951) hatte sich bereits als Rennwagenkonstrukteur einen Namen gemacht, als Hitler ihm 1934 den Auftrag zur Entwicklung eines »Volkswagens« – pflegeleicht, zum Preis eines mittleren Motorrades, mit mäßigem Brennstoffverbrauch und mit luftgekühltem Motor – erteilte. 1938 zeichnete Hitler Professor Porsche nach 2,5 Mill. km gelungener Probefahrten des Volkswagen-Prototyps mit dem »Deutschen Nationalorden für Kunst und Wissenschaft« aus. Im Kriege arbeitete er mit Professor Porsche engstens bei der Entwicklung und Verbesserung der deutschen Militärfahrzeuge, einschließlich der Panzer, zusammen. Hitler, der bereits 1923 das erste – auf die NSDAP zugelassene – Benz-Auto fuhr (den Sechssitzer IIA-2309), war seit dem 1. Januar 1925 selbst Mitglied des Deutschen Automobilclubs ADAC (Nr. 56180), und in puncto Autobau, Autoreparaturen und Auto-Weiterentwicklung äußerst sachverständig.

39 nachmittags (Wolfsschanze)

Hirtenbrief deutscher Bischöfe

Nach dem Essen habe ich ein Fernschreiben des Sicherheitsdienstes geklebt und in Bormanns Auftrag Hitler vorgelegt. Nach ihm lassen die deutschen Bischöfe heute einen Hirtenbrief von allen Kanzeln verlesen, nach dem die nationalsozialistische Regierung den auf der Grundlage des Konkordats selbstverständlichen Kriegs-Burgfrieden breche, obwohl 93 Prozent des deutschen Volkes christlich seien, zahllose glaubenstreue Katholiken aus ihrem Glauben die Kraft zum Heldentum in vorderster Front schöpften und dafür ausgezeichnet worden seien. Es würde verfolgt, wer seinem religiösen Bedürfnis in der Kirche nachkomme; Geistliche würden überwacht, in den Heimschulen (zum Beispiel Nationalpolitischen Erziehungsanstalten) kirchlicher Einfluß nicht zugelassen, religiöse Kindererziehung wird gehindert, das Gebot: »Du sollst nicht töten!« durch regierungsseitig befohlene Tötung unheilbar Kranker[106] und auf der gleichen Ebene liegende Tendenzfilme (»Ich klage an«) verletzt, Eigentum nicht mehr geachtet (Klösterbeschlagnahmen), so daß von der Front heimkehrende Ordensbrüder ihre klösterliche Heimat nicht mehr vorfinden und spätere Angriffe auf das Privateigentum überhaupt zu befürchten sind.

Hitler hat angeordnet, daß nicht gegen den Hirtenbrief polemisiert werden soll, daß die Presse vielmehr die Verbundenheit mit der Ostfront herausstellen möge und durch ehrliche, reale Berichterstattung gegenwirken solle.

40 abends (Wolfsschanze)

Urteile gegen Frauenmörder

Ich saß neben Standartenführer Rattenhuber und Flugkapitän Baur. Dieser erwähnte, daß der Führer über ein mildes Urteil gegen einen Frauenmörder sehr verärgert gewesen sei, da er den Mord an Frauen und Kindern als besonders verwerflich ansehe. Der Chef wolle, wenn weitere solche Urteile bei der Justiz herauskämen, das Justizministerium durch ein Reichstagsgesetz zum Teufel schicken. Baur meinte, es werde offenbar Zeit, daß ein Justizminister daherkomme.

SS-Standartenführer (später Gruppenführer) Hans Rattenhuber war Chef des »Kriminalpolizei-Sicherheits-Begleitkommandos« Hitlers. Wie sein Vertreter, Kriminalrat Peter Högl, und seine sämtlichen weiteren zehn Mitarbeiter kam er aus der Kriminalpolizei. Daneben bestand das – aus Hitlers »Leibstandarte« rekrutierte – »Waffen-SS-Sicherheitsbegleitkommando« unter dem SS-Sturmbannführer Geschke. Vertreter war der SS-Sturmbannführer Schädle. Zu diesem Kommando gehörten 14 bis 18 Waffen-SS-Leute, die den unmittelbaren Wachdienst rund um die Person Hitlers versahen, die Kurierpost entgegennahmen, prüften und verteilten. Sie waren auch für die Betreuung der FHQu-Gäste zuständig. Bis Kriegsende erhöhte sich ihre Zahl bis auf 30. Bei Ausfahrten Hitlers folgten ihm jeweils ein oder zwei Mercedes-Wagen, die je zur Hälfte mit Kriminalpolizei bzw. SS-Sicherheitsdienstlern besetzt waren. Außerdem trug Hitler gewöhnlich eine kleine Walther-PPK-Pistole vom Kaliber 6,35 mm in der

106 Gemeint ist Hitlers Euthanasie-Programm (Geheim-Erlaß vom 1. September 1939), das auf kirchlichen Druck hin ab Herbst 1941 weitgehend abgestoppt wurde.

Gesäßtasche. Trug Hitler den Mantel, so hatte er statt dessen die größere Walther-PPK-Pistole vom Kaliber 7,65 mm bei sich, mit der er sich am 30. April 1945 auch das Leben nahm. Hitler war ein trainierter und in jeder Position sicherer Pistolenschütze; sein Begleitkommando nannte ihn einen »Zwölfer-Schützen«, auf dessen kaltblütige Reaktion im Attentatsfall Verlaß sei.

In der Kampfzeit schützte sich Hitler in den Jahren, in denen ihm jede Waffe verboten war, mit einer Nilpferdpeitsche. Die Wirtin von der Pension Moritz in Berchtesgaden, eine Frau Büchner, hatte sie ihm geschenkt. Außerdem stellte die Partei ihm, als sie Massenversammlungen und Aufmärsche abzuhalten begann, ein bis zwei »ständige Begleiter«, sozusagen als Leibwächter. Im Mai 1923 organisierte Hitlers Privatchauffeur, der nachmalige SS-Brigadeführer Julius Schreck, dann eine spezielle Leibwache Hitlers, den sogenannten »Stoßtrupp Hitler«. Sie bestand aus 40 Mann unter Führung des Oberleutnants a.D. Joseph Berchthold, des späteren (ab 1926) ersten Reichsführers SS (Himmler wurde erst am 6. Januar 1929 Reichsführer SS).

Zur Bemerkung Baur, betr. Justizminister:
Der letzte Reichsjustizminister Dr. Franz Gürtner war bereits im Januar 1941 verstorben und hatte noch keinen Nachfolger.

41

23.3.1942, mittags
(Wolfsschanze)

Napoleon I. und England

Führer: Er habe in der Nacht das Buch von Bouhler über »Napoleon« gelesen. Es habe ihm gut gefallen, es sei stilistisch sehr schön und stelle eine fleißige Arbeit dar.

Philipp Bouhler, Berufsoffizier, studierte nach dem I. Weltkrieg Germanistik und Philosophie, war seit 1922 zweiter Geschäftsführer der NSDAP und wurde 1934 Chef der »Kanzlei des Führers«, die einen Großteil der Hitler-Post, der Petitionen, Gnadensachen, Sonderaufträge usw. bearbeitete, sowie Vorsitzender der »Parteiamtlichen Prüfungskommission zum Schutz des nationalsozialistischen Schrifttums«, die Differenzen weltanschaulicher Art im NS-relevanten Schrifttum zu verhindern hatte.

Gut, daß von der Tendenz ausgegangen wird, wie England Napoleon zum Kriege gebracht habe – genau wie uns. Wenn man diesen Punkt übersehe, werde man Napoleon nicht gerecht.

Eins zeige das Buch auch sehr klar, daß, wenn Napoleon gescheitert sei, dann nicht zuletzt daran, daß seine Mitarbeiter den Anforderungen nicht entsprachen. Man könne ihm den Vorwurf nicht ersparen, daß er sich minderwertige Mitarbeiter ausgesucht habe. »Verwandte sind doch keine Menschen!« (Anspielung des Chefs auf den Film »Verwandte sind auch Menschen«.) Wenn man glaube, Blutsbande seien am stärksten, so sei das eben ein Trugschluß, wie die Geschichte vieler deutscher Fürstenhäuser beweise.

Der Infanterist

Der Infanterist hat doch die Schwere des Kampfes zu tragen. Wo andere motorisierte Fahrzeuge bei sich wissen und deshalb wenigstens immer etwas besser leben, muß er laufen, kann höchstens Eßsachen mitnehmen, die er doch in einem Tage wieder auffrißt. Legt er sich sonst irgendwo irgend etwas zurück, kommt er dort bestimmt nicht wieder hin. Die glücklichste Erfindung ist für ihn die Feldküche – übrigens eine russische Erfindung –, die überhaupt erst den Bewegungskrieg ermöglicht hat, weil sie ihm am Tage wenigstens ein warmes Essen gewährleistet[107].

Hitlers »Infanterie-Programm« steigerte die Monatsproduktion von 1941 bis 1944 an Gewehren von 133000 auf 307000, an Maschinenpistolen von null auf 55000, an Sturmgewehren von null auf 32500, an Maschinengewehren von 7100 auf 28700, an Gewehrgranaten von null auf drei Millionen, an Minen von 79000 auf 3,8 Millionen, an Handgranaten von 1,2 Millionen auf über drei Millionen und an Panzerbüchsen von null auf 1,1 Millionen. Allein 700 Panzer der Roten Armee wurden nach sowjetischen Angaben 1945 beim Endkampf in Berlin von Hitlers neuen Raketenpanzerbüchsen »Panzerfaust« und »Panzerschreck« des infanteristischen »Volkssturms« abgeschossen. Diese wie Ofenrohre aussehenden Panzerbüchsen (Kaliber 8,8 cm) waren auf 50 bzw. 200 m treffsicher und wurden von ein bzw. zwei Mann bedient. Ab 1.11.1942 verlieh Hitler der Infanterie die alte friderizianische Bezeichnung »Grenadierregimenter«.

Stalin und der jüdische Kunsteinfluß

Er habe die verschiedenen Jahrgänge »Die Kunst«[108] mit großem Interesse gelesen. Wenn man das noch 1910 vorhandene Kunstniveau betrachte, müsse man mit Erschrecken feststellen, wie sehr es – etwa 1930 als Gegenzahl – bergab gegangen sei. Der jüdische Einfluß habe insoweit verheerend gewirkt. Man müsse das an Stalin schätzen, daß er »den Juden« an die Kunst nicht heranlasse[109].

Wie Hitler ein Buch liest

Er lese ein Buch immer in der Weise, daß er sich zunächst den Schluß ansehe, dann in der Mitte einige Stellen lese und erst, wenn er dabei einen positiven Eindruck gewonnen habe, das ganze Buch durcharbeite.

42 23.3.1942 Montag, abends (Wolfsschanze)

Martin Bormann, der Parteikanzler

Als der Führer den Speisesaal betrat und alles grüßte, wies er mit den Worten: »Da gibt's Zunder!« lächelnd auf die Telefonzelle neben der Tür, aus der grollend und polternd sehr vernehmlich Bormanns Stimme schallte.

Reichsleiter Bormann genießt bei Hitler außerordentliches Ansehen, vertritt ihm gegenüber den gesamten zivilen Sektor und ist oft und lange bei ihm. Herr Bormann ist ein »eiserner Kanzler« der Partei, von unverwüstlicher Arbeitskraft, verblüffend abgerundeten Entscheidungen und absolut sicherem Auftreten. Nur ist er in seiner Ausdrucksweise und seinem Sprechen überhaupt wesentlich lautstärker als alle anderen hier...

Zunächst erfolgte eine längere Erörterung des Stammwürze- und Alkoholgehalts im Bier. Dann kam der Führer im Anschluß an das Essen und, nachdem er sich die Brille zum Lesen der Presse-Dietrich-Nachrichten hatte bringen lassen, an Hand der einzelnen Meldungen auf Fragen der Rüstung und Krieg-

107 Glyzerin im Doppelboden des Speisekochkessels verhinderte das Anbrennen des Essens in den Feldküchen, die der Volksmund »Gulaschkanonen« nannte.

108 »Die Kunst« war eire Zeitschrift für moderne Kunst des Bruckmann Verlages, München (seit 1899).

109 Hitlers Fotograf, Reichsbildberichterstatter Professor Heinrich Hoffmann (1885 bis 1957), wurde von Stalin am 28. August 1939 ausdrücklich beauftragt, Hitler dies auszurichten.

führung zu sprechen. Besonders freute er sich über eine gereimte U-Boots-Erfolgsmeldung[110].

Der U-Bootkrieg und Roosevelt

Wir wollen diese Versenkungen der amerikanischen Tonnage zusammen mit den Versenkungen der Flieger aus dem englischen Geleitzug nach Malta melden.

Einwurf Bodenschatz': Seesoldaten sind die Engländer ja schon, daß sie gegen eine so überlegene Luftmacht wie die der Italiener und ohne Schlachtschiffe solchen Geleitzug wagen!

Einwurf Hewels: Im Gegensatz zu den Holländern, die auch gute Seeleute, aber keine Seesoldaten sind.

Führer: »mehr sind!« – Nett, einmal eine gereimte U-Boot-Erfolgsmeldung zu senden. 72000 Tonnen versenkt, also mehr, als die Amerikaner in einem Monat bauen können. (Tatsächlich bauten sie damals bereits das Zehnfache.) Sicher werden sie genormte Schiffe künftig bauen. Aber, den Schiffskörper kann man wohl so oder so zusammenkloppen, die Maschinen nicht. Darin liegt das Problem.

Roosevelt ist ja geisteskrank, wie vor Jahren schon ein Professor öffentlich erklärt hat. Er erklärt den Krieg (gemeint ist Roosevelts Schießbefehl auf deutsche Kriegsschiffe vom 11.9.1941) und läßt sich daraufhin nicht nur völlig unvorbereitet aus Ostasien rauswerfen, sondern auch seine Handelsschiffe weiter vor der USA-Küste hin- und herfahren wie im Frieden und – abknallen. Fährt wirr von Washington wegen Fliegergefahr auf sein Gut, zurück nach Washington und so fort. Auch seine Presseerklärungen zeigen, daß der Mann geisteskrank ist. Er macht ja sein ganzes Land hysterisch, wie er es treibt. Wie wäre es sonst möglich, daß in Chikago aufgrund eines Rundfunksketches, daß Marsbewohner dort gelandet seien, unter vernünftigen Menschen eine Panik ausbricht.

Dieser Herr Roosevelt hat auch mit unserer U-Bootwaffe offenbar nicht gerechnet. Das ist ja unser Vorsprung, daß wir uns auf wenige Typen von vornherein festgelegt haben, das Erfordernis jeden U-Bootbaues in Serien. Am einzelnen Boot kann dann zwar dieses und jenes geändert werden, die Grundkonstruktion aber bleibt gleich.

Überhaupt: unsere U-Bootwaffe ist eine der kriegsentscheidenden Waffen[111]. Ja, wenn es Herrn Roosevelt gelungen wäre, Island als den östlichen Umschlagplatz seiner – wie er sich auszudrücken beliebt – westlichen Hemisphäre aus dem Kriege herauszuhalten[112], so daß die Engländer nur das kleine Stück von Island bis zu ihrem Festland zu sichern brauchten! Aber so, wie die Dinge jetzt liegen, ist der ganze Atlantik – also nicht nur die nördliche Englandroute – Kriegsgebiet

110 Im März 1942 versenkten die deutschen U-Boote 446000 BRT Feind-Schiffraum.

111 Die »Rudeltaktik« des U-Boot-Befehlshabers Großadmiral Karl Dönitz brachte bis April 1943 große Erfolge. Ab Mai 1943 versenkten die Alliierten mit einer neuen Technik (Radar in Verbindung mit U-Boot-Torpedoflugzeugen und Wasserbomben) die U-Boote reihenweise (im Mai 1943: 38 von insgesamt 118). Entsprechend neu konstruierte deutsche U-Boote, die nicht nur bei Gefahr tauchen, sondern auf lange Strecken unter Wasser fahren konnten (Walther-Elektro-U-Boote mit Schnorchel) – 120 an der Zahl –, waren erst April 1945 einsatzfähig. Bis dahin wurde mit umgebauten alten U-Booten (mit Schnorchel) weiteroperiert, so daß von 39000 deutschen U-Bootmännern im Einsatz allein 27000 fielen und nur 12000 überlebten.

112 Anfang April 1941 erklärten die USA den 26. Grad westl. Länge (Island, Azoren, Kapverdische Inseln) zur Grenze des US-Interessengebietes.

unserer U-Boote, so daß ihnen die langen 8 bis 10 Stundennächte des Mittelmeeres auch beim Atlantikkrieg zugute kommen.

Kurz darauf begab sich der Führer mit den 24 Herren seines Tisches zum Genehmigen der Wochenschau. Er korrigierte nur, daß der Krieg nicht nur – wie es bei einer Statistik hieß – die Ernährungsfreiheit für Deutschland, sondern für Europa sichere, und freute sich über viele Aufnahmen von begeisterten Kindern.

43

24.3.1942 abends
(Wolfsschanze)

König Boris von Bulgarien

Der Chef war heute abend besonders aufgeräumt. Es ist möglich, daß das auf seine Besprechung mit König Boris von Bulgarien[113] zurückzuführen ist, der heute als Staatsbesuch hier war und allgemein – zumal er auch immer dieselben Mitarbeiter mitbringt und sehr höflich ist – sehr geschätzt wird. Der Chef speiste mittags mit ihm – zusammen mit Keitel und Bormann – im Chefbunker.

Geheimhaltung deutscher Vereinfachungen

Beim Abendessen meinte der Chef heute gelegentlich des Studiums ausländischer Pressemeldungen: Soweit sind die Demokratien heute doch schon, daß, wenn wir – bei denen sie doch alles bekritteln zu müssen glauben – irgendwelche Vereinfachungsmaßnahmen oder dergleichen bekanntgeben, sie sie sofort nachmachen.

Es ist daher nicht mehr ratsam, die Ergebnisse unserer Erfahrungen und die sich aus ihnen ergebenden Vereinfachungsmaßnahmen durch Presseveröffentlichungen oder überhaupt durch Veröffentlichungen zur Kenntnis der Feindmächte zu bringen. Absolutes Stillschweigen ist heute auch insoweit angezeigt.

Hitler ärgerte sich vor allem darüber, daß deutsche Wissenschaftler – sobald sie auf Kosten deutscher Steuergelder irgendwelche Entdeckungen gemacht hatten – sie alsbald in ihren Fachzeitschriften, z.B. der »Zeitung für Naturwissenschaften«, international bekanntgaben. Und das noch nach Ausbruch des II. Weltkrieges. Das galt insbesondere für die Veröffentlichungen auf dem Gebiet der Atomspaltung, mit denen sie den USA den Bau der ersten – zunächst für Berlin bestimmten, dann auf Japan abgeworfenen – einsatzfähigen Atombombe (1945) ermöglichten. Entdecker der Atomspaltung, die dem Atombombenbau zugrunde liegt, war der 1879 geborene deutsche Professor Otto Hahn, dem in Versuchen vom 17. bis 19. Dezember 1938 die Spaltung des Urans durch Neutronenbestrahlung gelang. Hitler hielt die Atomzertrümmerung für einen für Deutschlands Zukunft derart wichtigen wissenschaftlichen Fortschritt, daß er durch wiederholte Aufführung eines einschlägigen Hans Albers-Filmes, »Gold«, das Problem für das ganze deutsche Volk zu popularisieren suchte (allerdings ohne technische Details preiszugeben).

Wehrmachts-Rekrutierung

General Jodl brachte das Wehrmachtsersatzwesen in diesem Kriege und im I. Weltkrieg beim Abendessen zur Sprache: Während im Ersten Weltkriege der Fischer – um einige krasse Beispiele anzuführen – etwa zu den Gebirgsjägern und der Metzger in die Schreibstube gesteckt worden sei, bemühe sich die Wehrmacht heute, den einzelnen Mann nicht aus »erzieherischen Gründen« in ein

113 König Boris III. von Bulgarien ermöglichte Hitler zwar im April 1941 von seinem Gebiet aus den Angriff auf Jugoslawien und auf Griechenland. Er erklärte auch Großbritannien und den USA den Krieg. Einen Kriegseintritt gegen die UdSSR lehnte er aber mit Rücksicht auf die Sympathie der Bulgaren für Rußland und seine Menschen kategorisch ab.

seiner Natur völlig fremdes militärisches Betätigungsfeld zu stecken, sondern ihn seinen Fähigkeiten entsprechend und damit zum größtmöglichen Nutzen der Gesamtwehrmacht einzusetzen.

Der Chef meinte dazu: Über den Rahmen der Wehrmacht hinaus müsse man bei der militärischen Erfassung die Gesamtbelange der Nation ins Auge fassen und das vorhandene Menschenreservoir als nationales Menschenreservoir behandeln. Wenn zum Beispiel ein alter Herr, der im Zivilberuf eine kriegswichtige Tätigkeit ausübe, zur Wehrmachtsdienststelle komme und um seine Einberufung bitte, weil er als Reserveoffizier es satt habe, den ganzen Krieg in der Heimat herumzusitzen und sich von den Leuten darauf angucken zu lassen, so müsse man überlegen: Wird der Mann eingezogen, so sitzt er doch sehr wahrscheinlich für Kriegsdauer in der Verwaltung der Wehrmacht herum, die durch solche alten Herren als Reserveoffiziere nur unnötig aufgebläht wird. Seiner kriegswichtigen Tätigkeit – er, der Führer, habe solch einen praktischen Fall selbst vorliegen – gehe der Mann dann verloren. Es sei deshalb fast besser, sich auf den Standpunkt zu stellen, der Mann mag in irgendeiner Uniform seine kriegswichtige Tätigkeit ziviler Art versehen, als ihn einzuziehen und die militärische Verwaltung mit ihm aufzublähen.

Privateigentum und Sozialisierung

Der Privatbesitz sei als Einzelbesitz unbedingt zu schützen!

Es sei etwas sehr Natürliches und Gesundes, wenn einer einen Teil seines Arbeitsergebnisses zur Anlegung eines Familienbesitzes verwende. Wenn dieser Familienbesitz in einer Fabrik bestehe, so wird diese Fabrik – solange die Familie einen gesunden Erbstamm hat – von einem Familienmitglied sicher besser und damit auch für die gesamte Volksgemeinschaft erfolgreicher geleitet als etwa von einem Staatsbeamten. Insofern könne er nur nachdrücklich die Sicherung der privaten Initiative vertreten.

Ebenso nachdrücklich sei er aber gegen den anonymen Privatbesitz der Aktie. Ohne selbst etwas dazu zu tun, erhalte der Aktionär mehr Dividende, wenn die Arbeiter der Aktiengesellschaft fleißig statt faul seien oder ein genialer Ingenieur an der Spitze des Betriebes stehe oder gar ein Schieber die Geschäfte der Aktiengesellschaft besorge. Wenn der Aktionär gar so schlau sei, in seiner Anonymität an mehreren Aktiengesellschaften beteiligt zu sein, so ziehe er reine Spekulationsgewinne, ohne Verluste – die er nicht auf der anderen Seite wieder ausgleichen könne – befürchten zu müssen.

Dieses mühelose Spekulationseinkommen sei stets von ihm abgelehnt und bekämpft worden. Wenn einem solche Gewinne zuständen, so nur dem gesamten Volke, dessen an den erhöhten Erträgnissen einer Aktiengesellschaft schaffende Arbeiter, Ingenieure sonst nicht ihrer Leistung entsprechend entlohnt würden. Die anonymen Kapitalgesellschaften gehörten deshalb in die Hände des Staates, der für den, der eine wirtschaftliche Anlage für seine Ersparnisse suche, Staatspapiere herausgeben könne, die gleichmäßig honoriert und von Staats wegen mit einer bestimmten Verzinsung ausgestattet würden. So würden Spekulationen und auf sie sich gründende Einkommen ohne Arbeitsleistung – ein Status übrigens, von dem ganz England letzten Endes lebe – vermieden.

Eine derartige Behandlung des anonymen Besitzes mache es auf der anderen Seite erforderlich, den Geldwert und die Preise für alle wichtigen Güter durch alle Schwierigkeiten zu halten. Derjenige, der dann einen Perserteppich statt für 800,– RM für 1000,– RM kaufe, sei ein Rindvieh! Man könne ihn nicht hindern, so blöd zu sein!

Spielbanken und Lotterien

Man könne ja auch keinen hindern, sein Geld in der Lotterie oder in Spielbanken zu verspielen und, wenn er es los sei, sich das Leben zu nehmen. Im Gegenteil, wenn sich jemand absolut das Leben nehmen wolle, der sein Geld verspielt habe, solle man sich überlegen, ob der Staat, der bei seiner Spielerei das beste Geschäft gemacht habe, für ihn nicht die Bestattungskosten übernehmen solle. Denn der Staat verdiene vom Gewinner nicht nur durch die Steuer, sondern auch durch die Gewinnabschöpfung. Von der Spielbank erhalte er die Umsatzsteuer und so weiter. Also mehr als 50 Prozent seien doch Staatsverdienst.

Allerdings hätten die Lotterien, wenn man die Sache als Lebensphilosoph betrachte, auch sonst ihr Gutes. Denn man könne Menschen nicht nur durch Realitäten glücklich machen, man müsse ihnen auch Illusionen lassen. Der größte Teil von Menschen lebe ja von Plänen, und nur ein kleiner könne sie sich erfüllen. Die beste Lotterie sei daher die, die nicht sofort über Gewinn und Verlust etwas verlauten, sondern den Spieler ein Jahr lang warten, ein Jahr lang in Illusionen leben, ein Jahr lang glückliche Pläne schmieden lasse. Da der österreichische Staat das gewußt und geschickt ausgenutzt habe, habe es in ihm auch in den schlechtesten Zeiten so viele glückliche Menschen gegeben.

Die Lotterie sei sicher aus den privaten Spielen – wahrscheinlich zu Beginn des 18. Jahrhunderts – entstanden[114], indem ein Schlaufuchs sich gesagt habe, der Gewinn solle dem Staat statt Privatleuten zufallen. Wenn der Staat das durch sie gewonnene Geld richtig verwende, etwa Krankenhäuser davon baue, erhalte die Geschichte sogar noch einen idealen Anstrich und mache den Spieler nicht nur dadurch glücklich, daß er sich bis zur Ziehung in Illusionen wiegen könne, sondern gebe ihm beim schließlichen Verlieren auch noch das schöne Gefühl, ein gutes Werk getan zu haben. Die Frage der Zulassung der Spielbanken habe er mit Gauleiter Robert Wagner[115] im Falle Baden-Baden eingehend überlegt, da das, was an der Lotterie menschlich sympathisch berühre, bei der Spielbank fortfalle. Wenn man Spielbanken wie in Wiesbaden aber geschlossen hätte, so wären enorme Einnahmen dem Kurbad verlorengegangen. Und die Spieler wären in keiner Weise gebessert worden, hätten vielmehr anderswo – jenseits der deutschen Grenze, also zugunsten der Franzosen – weitergespielt.

Er habe deshalb damals danach gefragt: wieviel Devisen bringt die Spielbank ein? Dann habe er sich überlegt, daß zum Beispiel 100000 RM in Devisen gewiß wenig seien, wenn man sie habe, aber sehr, sehr viel, wenn sie einem fehlten. Daraus habe er die Folgerung gezogen, daß die Spieler an der Spielbank – vor allem die ausländischen – so viel taugten, als sie Geld – insbesondere Devisen – dort verlieren. Die Erfahrung habe die Richtigkeit der Offenhaltung einiger deutscher Spielbanken bestätigt. Sie hätten sich als wahre Fliegenfänger für Devisen bewährt und durch ihre enormen Überschüsse ein Kurbad wie Wiesbaden der deutschen Volksgemeinschaft gerettet. Selbstverständlich sei bei

114 Seit 1703 existierte die Preußische Klassenlotterie.
115 Robert Wagner war seit 1925 Gauleiter und seit 1933 Reichsstatthalter in Baden (vorher war er bis 1924 aktiver Offizier, und zwar hochdekorierter Hauptmann).

solchen Einrichtungen, die nicht aufgrund besonderer Arbeitsleistungen, sondern aufgrund ihrer Monopolstellung enorme Überschüsse abwürfen, daß ihre Erträgnisse nicht in private Taschen, sondern nur in den Staatssäckel fließen dürften.

Monopolbetriebe

Wenn Reichsleiter Bormann der Ansicht sei, daß dieser Grundsatz wohl auch auf die Energiewirtschaft zur Anwendung gebracht werden müsse, so könne er nur sagen: Eben! Das Energiemonopol gehöre dem Staat, der Staatspapiere ausgeben und dadurch die Leute an seinem Monopolunternehmen und damit vor allem an sich selbst interessieren könne. Denn wenn es dann dem Staat wirtschaftlich schlecht gehe, könne sich der Einzelne ein Kreuz auf seine Papiere stecken und werde so zwangsläufig darauf gestoßen, wie eng sein Schicksal mit dem des Staates verknüpft sei.

Heute sei das Gros ja noch so blöd, daß es immer noch nicht die enge Verknüpfung seines persönlichen Wohlergehens mit dem des Staates einsehen wolle.

Was für die Energiewirtschaft gelte, gelte auch für die Bewirtschaftung der anderen lebensentscheidenden Rohstoffe: Erdöl, Kohle, Eisen, sowie für die Wasserkraft. Die kapitalistischen Gesellschaften müßten insoweit beseitigt werden. Den kleinen Mann, der für seinen eigenen Betrieb einen Bach abzweige, um seine Mühle mit Wasserkraft zu betreiben, solle man natürlich nicht hindern.

Wie unsauber die Geschäftsmethoden anonymer Gesellschafter seien, zeige die Tatsache, daß der frühere bayrische Innenminister Schweyer, der lediglich wegen seiner bemerkenswerten Dummheit Minister geworden sei, von dem Bayernwerk 38000,– RM Präsidentenpension bezogen habe. Er, der Chef, habe diesem Mann, der nie ein auch nur annäherndes Arbeitsäquivalent für dieses Geld erbracht habe, trotz aller ihm vorgetragenen juristischen Bedenken diese Pension selbstverständlich sperren lassen. Um sich überhaupt eine Vorstellung von der ganzen Schamlosigkeit der Vereinbarung einer derartigen Pension zu machen, müsse man bedenken, daß der deutsche Reichskanzler nach dem Gesetz 4000,– RM weniger, nämlich 34000,– RM erhalte.

Schon in seiner Jugend habe er sich mit dem Problem des kapitalistischen Monopolbetriebes auseinandergesetzt. Ihm sei damals aufgefallen, daß die k. und k. (kaiserlich-königliche) Donaudampfschiffahrtsgesellschaft 4 Millionen Staatssubventionen erhalte und hiervon ein Viertel sofort wieder an ihre 12 Aufsichtsräte ausschütte. Er habe dann festgestellt, daß jeweils zwei dieser Aufsichtsräte einer jeden der größeren Parteien angehörten. Diese beiden hätten dann jeder seine 80000 Kronen eingesteckt und dann dafür gesorgt, daß seine Partei für die Subventionen stimmte. Dann seien aber die Sozis groß geworden, deren Männer nicht in dem Aufsichtsrat mit dringesessen hätten. Und da sei der Krach dagewesen.

Der Chef meinte: Wie dumm der zuständige Minister gewesen sei und wie wenig er den politischen Wert des Skandals erkannt habe, zeige, daß er den Leiter befristet auf Festung geschickt habe, anstatt sich entweder ihm anzuschließen oder ihn zu zerbrechen. Die Gesellschaft habe auf die Angriffe im Parlament und in der Presse hin ihren Personenbeförderungsbetrieb eingestellt, und da ihre gutbezahlten Aufsichtsräte auch beizeiten dafür gesorgt hätten, daß keine Donau-Uferbahn gebaut worden sei, habe die Bevölkerung den Schaden davon gehabt. Allerdings habe sich die Angelegenheit bald wieder rangieren lassen, indem die Aufsichtsratsposten um zwei vermehrt worden seien und man sie mit den beiden maßgebendsten Sozis besetzt habe.

Weil sich sein ganzes Wirtschaftssystem auf solchem kapitalistischen Denken aufbaue, sei England heute so brüchig. Er, der Führer, habe deshalb beizeiten angeordnet, daß in Deutschland kein Inhaber von Aufsichtsratsposten Mitglied des Reichstags sein dürfe. Da Männer, die Aufsichtsratsposten oder dergleichen Stellungen bekleiden, über viele Dinge unmöglich objektiv denken könnten, habe er weiter angeordnet, daß die Männer der Partei weder privat-kapitalistisch noch industriell, noch wirtschaftlich verpflichtet sein dürften. Auch dem unmittelbaren Staatsdiener, dem Offizier und dem Beamten, könne er erst dann mit reinem Gewissen erlauben, seine Ersparnisse in Wirtschaftspapieren anzulegen, wenn sie Staatspapiere seien und dadurch spekulative und sonstige unreelle Momente ausgeschaltet seien.

44 25.3.1942
(Wolfsschanze)

Mittags aß Hitler in seinem Chefbunker mit Feldmarschall List zusammen[116]. Worüber geschimpft wird

Beim Mittagessen im Casino erhielt ich von der Chef-Ordonnanz einen Vorgang über den Verfall der Stimmung in der Bevölkerung zur Weiterleitung.

Die Bemerkung Hitlers am Rande dieses Vorgangs lautet: »Wenn das maßgebend wäre, was die Leute immer sagen, dann wäre schon längst alles verloren. Die wahre Haltung des Volkes liegt aber doch viel tiefer und ist schon auf einer sehr festen inneren Haltung basiert. Wäre das nicht der Fall, dann wären doch all die Leistungen des Volkes gar nicht zu erklären« (Führer-Vermerk[117]).

Der Rektor einer Volksschule in Planitz in Sachsen hat – wie aus dem heute vorgelegten Vermerk hervorgeht – von seinen Schülern einen Klassenaufsatz über das Thema »Worüber geschimpft wird« verfassen lassen. Der Sachbearbeiter der Dienststelle hält das für unverantwortlich. Der Reichsleiter[118] vermerkt sehr mit Recht: »Wenn ein Lehrer im Großdeutschen Reich einmal ein solches Experiment macht, so ist das noch kein Beinbruch. Freilich wäre es völlig falsch, wenn das Beispiel dieses Lehrers Schule machte. Mit Kindern kann man derartige Dinge nicht besprechen, ihnen muß man immer und immer wieder die Größe unserer Zeit vor Augen führen, und zwar an Hand passender Beispiele. Dabei kann man dann ermessen, wie nichtig die kleinen Erschwerungen des Lebens gemessen am Lebenskampf sind.«

Auffällig ist, daß bei den Schimpfereien, die die Kinder wiedergeben, die Person des Reichsmarschalls Göring immer wieder in die Debatte gezogen

116 Generalfeldmarschall List berichtete über eine Inspektionsreise nach Finnland und Norwegen. Er war von Hitler vorgesehen als Oberbefehlshaber der Offensive vom Don aus gegen den Kaukasus vom 26. Juli 1942 (Heeresgruppe A).

117 Handschriftliche Aktenvermerke Hitlers waren äußerst selten. Auf dem Zivil-Sektor diktierte er meist seinem Sekretär Martin Bormann seine Meinung wie im vorliegenden Fall. Bormann kennzeichnete das Vermerkte dann in seiner Gegenwart mit einem blauen Farbstift als »F« (= Führervermerk). Ähnlich verfuhr Hitler in militärischen Fragen gegenüber Keitel und in Polizei- und SS-Angelegenheiten gegenüber Himmler.

118 »Reichsleiter« ohne Namenszusatz meint immer Hitlers Sekretär Martin Bormann.

wird: »Es gibt in Deutschland überhaupt nichts mehr, insbesondere keine Seife und kein Seifenpulver! Ich möchte nur einmal wissen, womit der Göring seine weiße Jacke wäscht! Ob der Zulage bekommt? Er muß sie doch in der Woche ein paar Mal waschen!« – »Ich habe nun schon drei Tage lang Lindenblütentee geraucht. Kannst dir denken, wie das gestunken hat. Aber der Göring, wenn man den im Kino sieht, er hat immer eine dicke Zigarre in der Gosche. Na ja, die Großen!« – »Die anderen, ihr wißt schon, die Minister, auch der Göring, die kriegen schon ihr Zeug. Aber die Russen, die kriegen ganz wenig zu essen, die armen Hunde. Die haben vor Hunger Gras gefressen!« – »Die Großen haben genug zu essen. Der Hermann Göring würde den Führer um die Ecke bringen, wenn er könnte. Dann würden sie sich nicht mehr um uns kümmern, sondern nur noch für sich sorgen!« – »Wißt ihr, wann der Krieg zu Ende ist? Wenn dem Göring die Hose vom Goebbels paßt!«

Sonst heißt es unter anderem: »Ich fragte einmal eine Frau, ob sie Altmaterial hätte. Sie antwortete: wenn es wahr wäre, daß wir im Osten soviel erobert hätten, brauchten wir kein Altmaterial zu sammeln! Und machte die Tür zu!« – »Mein Mann schreibt nichts Gutes. Am liebsten möchte er seine Knarre an die Wand hauen. Der Magen hängt ihm schon bis zu den Fußzehen, so wenig bekommt er zu essen. Es ist aber auch so, wenn die Munitionsfahrer vorn ankommen, ist schon alles Essen alle.« – »Eine Frau behauptete, daß gerade die Pfarrer zum Heeresdienst eingezogen würden. Der Führer läßt bestimmt das Weihnachtsfest auch noch verbieten. Der frechen Jugend täte es not, auch einmal in die Kirche zu gehen.« – »Mein Großvater sagt immer: Die Verluste, die Verluste! Auf der Post liegen so viele Telegramme, aber es dürfen täglich nur einige davon ausgetragen werden!«

Diese Angaben von Arbeiter- beziehungsweise Angestelltenkindern bedeuten, daß die Leute – wie der Sachbearbeiter sagt – »sich Luft gemacht haben, nicht aber, daß sie etwa ihre Pflicht nicht mehr tun«.

Rüstungsverschuldung

Über meinen ersten auf seinen Wunsch gefertigten Vermerk über die Tisch-Äußerungen des Führers vom 24.3. abends äußerte sich der Reichsleiter sehr anerkennend. Aufgrund einer Rücksprache mit Hitler gab er mir dann folgenden Vermerk zur Weiterleitung:

Führerhauptquartier, 25.3.42
Bo/Kü.

Zu dem heute eingegangenen Schreiben des Parteigenossen Staatssekretär Reinhardt[119] über die niedrig zu haltenden Preise in den besetzten Ostgebieten sei noch folgendes bemerkt:

Seit Wiedereinführung der Wehrpflicht hat unsere Rüstung ungeheure, bisher völlig ungedeckte Beträge verschlungen. Es gibt nun lediglich zwei Wege:

entweder wird diese Steuerschuld doch im Laufe der Zeit auf die deutschen Volksgenossen im Reich abgewälzt,

119 Fritz Reinhardt war der Staatssekretär des Reichsfinanzministeriums (vor 1928 Direktor der Akademie für Wirtschaft und Steuer in Ilmenau und Herausgeber diverser Steuer-Zeitschriften, dann Gauleiter in Oberbayern, ab 1930 Chef der NSDAP-Redner-Schulung).

oder aber sie wird aus den möglichen Gewinnen der besetzten Ostgebiete bezahlt.

Das letztere müßte selbstverständlich sein. Der Führer ist daher auch der Auffassung, die Preise wie Löhne müßten in den besetzten Ostgebieten unbedingt festgehalten werden, selbstverständlich damit auch der Lebensstandard der Bewohner in den besetzten Ostgebieten. Die Gewinne aus den Preisunterschieden zwischen Ostgebieten und Reichsgebieten müßten ausschließlich dem Reich zufließen.

Der Führer betonte ferner, auch die Monopole und damit die Monopolgewinne müßte das Reich in der Hand behalten. Unverständlicherweise sei bereits daran gedacht worden, Herrn Reemtsma (Philipp Reemtsma, Tabakindustrieller in Hamburg) das Tabakmonopol in den besetzten Ostgebieten zu überlassen; der Führer habe das rundweg verboten und betont, das Tabakmonopol könne von vornherein nur für das Reich selbst in Frage kommen. Auch im Reich müßte übrigens, wie er, der Führer, schon lange gefordert habe, baldigst die Tabak-Monopol-Wirtschaft kommen! Tabak-Monopol

Aus gleichen Gründen müßte drüben auch der größte Teil des landwirtschaftlichen Besitzes wie bisher Staatsbesitz bleiben, damit auch die Gewinne aus den landwirtschaftlichen Erträgen dieses riesigen Staatsbesitzes ausschließlich dem Staate zugute kämen und zur Deckung der Kriegsschulden verwandt werden könnten. Ganz abgesehen davon würden die notwendigen Überschüsse an landwirtschaftlichen Produkten lediglich auf dem Großgrundbesitz erzielt. Großgrundbesitz

gez. Bormann

45

25.3.1942 abends
(Wolfsschanze)

Der Chef erzählte: Am Nachmittag habe er das Tollste gesehen, was er bisher überhaupt an Fotos aus den USA zu Gesicht bekommen habe. Die Abbildung eines Girls, das bestimmt sei, dem USA-Reserveoffizierkorps das Benehmen beizubringen. Eine Übersteigerung des Girlkultes, daß man sich nur an den Kopf fassen könne. Aber es sei ja nun einmal so in den USA, daß man drüben Oberst leichter als bei uns Leutnant würde und die Ernennung zu hohen militärischen Rängen oft die reinste Schiebung von Geschäftsleuten sei. Tanzkunst und Tänzerinnen

Der Chef kam dann auf die Tanzkunst zu sprechen und meinte, das müsse man den Amerikanern ja lassen, Tänzerinnen von wirklichem Können hätten sie aufzuweisen wie wir zur Zeit wohl niemanden! Insbesondere denke er da an Myriam Verne, die in ihrem graziösen, eleganten Bühnentanz ein einziger ästhetischer Genuß sei. Es sei jammerschade, daß es nicht gelungen sei, für diese Tänzerin, die nicht nur im Metropoltheater in Berlin, sondern auch auf seinem Bühnenfest in der Reichskanzlei begeistert habe, eine Ausreiseerlaubnis aus den USA zu erwirken. Die Tänzerin, die sehr rasch Deutsch gelernt habe, habe sich stets günstig über ihn – auch nach Kriegsausbruch – in Frankreich und USA geäußert.

Auch die Marion Daniels, die in der Skala und später in München im Gärtnerplatztheater in der »Lustigen Witwe« aufgetreten sei, sei eine Könnerin, wenn ihn persönlich der ästhetische Anblick des graziösen Tanzes auch mehr freue als der des akrobatischen Tanzes, den man nicht als ästhetisch, wohl aber als bewunderungswürdig bezeichnen müsse. Er sagte, er habe sich sehr gefreut, daß diese Künstlerin, als er ihr seine Anerkennung ausgesprochen habe, ihn lediglich um ein Autogramm gebeten habe. Welch hartes Training sei die Voraussetzung solchen Tanzens, ein Training, das bis an die äußerste Grenze der menschlichen Leistungsfähigkeit herangehe, bis an die Zerreißprobe des menschlichen Körpers.

Ähnlich sei es ja bei allen akrobatischen Künsten, insbesondere der Seilkunst. Er habe aber die nervenaufreibenden Attraktionen verbieten lassen; denn was solle das, daß die Nerven der Bevölkerung während des Krieges unnütz durch die Vorstellung beansprucht werden: fällt der Mann nun runter, oder geht es gut?

Aber er könne sich heute noch darüber ärgern, wie schlecht in der Systemzeit die Akrobaten und vor allem die arischen Tänzerinnen, zum Beispiel die phantastischen Tillergirls – deretwegen jeder doch letzten Endes ins Kabarett gegangen sei – bezahlt worden wären, während jüdische Affen als Conferenciers 3000,– RM pro Abend für ihre blöden Bemerkungen eingesteckt hätten. Wie oft hätte er in München die Vorstellungen, wo solche Laffen das Hakenkreuz und sonstige nationale Symbole glaubten verspotten zu können, sprengen lassen. Schade nur, daß das in Berlin nicht möglich gewesen sei, da die Theater-Direktionen ihnen nur höchstens 300 Plätze von 3000 verkauft hätten und diese 300 so verteilt gewesen wären, daß die Grünen (Polizisten) bei einem Pfeifkonzert der SA-Leute sofort eingegriffen hätten.

Die Tanzkunst sei mit der Musik zusammen die primärste Äußerung der Kultur eines Volkes, nicht aber das Gestammel von Witzemachern. Die Tänzerinnen müßten in erster Linie gefühlsmäßig, musisch eingestellt sein, nicht aber intellektuell. Daraus sei es auch verständlich, daß ausgerechnet zwei Berlinerinnen – die Geschwister Höpfner – den schönsten Wiener Walzer tanzten und dabei Figuren zeigten, wie sie auf alten griechischen Vasen nicht schöner zu sehen sein könnten[120]. Von ihrem Walzer abgesehen, sei ihr tänzerisches Auftreten beim Künstlerfest in der Reichskanzlei aber mangels vorheriger Programmabstimmung leider eine Parodie gegenüber den Leistungen der Myriam Verne gewesen. Er habe sich damals deshalb entschlossen, sich jede Vorführung, die er seinen Gästen einmal zeigen wollte, vorher anzusehen. Er habe das auch nicht bereut.

Man habe ihm aufschwätzen wollen, es sei eine Beleidigung Görings, wenn er auf einer seiner Veranstaltungen nur das vom Ballettmeister Kölling nach den Grundsätzen des klassischen griechischen Tanzes geschulte Charlottenburger Städtische Opernballett auftreten lassen wolle und nicht auch das Ballett der Berliner Staatsoper. Er habe es sich, Gott sei Dank, vorher angesehen und festgestellt, daß es sich bei ihm um – von einer hochintellektuellen Frau geleitete – tanzende Philosophen handle. Noch stärker als durch ihren Ausdrucks-

120 Die Bildhauerin Lore Friedrich-Gronau schuf in Rosenthal-Porzellan von den Geschwistern Hedi und Margot Höpfner die Skulptur »Kaiserwalzer«, die 1937 auf der Weltausstellung in Paris den Grand Prix erhielt und in Hitlers Reichskanzlei-Privatwohnung einen Ehrenplatz hatte.

tanz habe er sich durch die Tanzerei der Palucca[121] enttäuscht gesehen, bei der es sich überhaupt nicht mehr um Tanz in seinem wirklichen ästhetischen Sinne, sondern um eine Rumhopserei und um verrenkte Sprünge gehandelt habe. Da habe er sich von Goebbels reinlegen lassen, der ihm mit einer durch Handbewegungen noch besonders unterstrichenen Lebhaftigkeit zum Besuch dieses Programms geraten habe.

Gerade das Tanzen der Myriam Verne, die tanze, als ob sie schwebe, und kaum den Boden mit den Füßen berühre, zeige demgegenüber, daß der Tanz eine Kunst sei und Kunst primär von Können komme.

Hitler erhob sich mit der Bemerkung, er müsse wieder an die Arbeit. Schließlich gehöre er ja zu den Menschen, die arbeitsmäßig am schwersten in Anspruch genommen seien.

46

26. 3. 1942
(Wolfsschanze)

Mittags aßen beim Chef sechs Ritterkreuzträger. Darunter einer, der heute seinen 20. Geburtstag feiert.

abends

Frankreich/
Deutschland

Der Chef kam beim Abendessen auf das deutsch-französische Verhältnis zu sprechen. Er meinte: Es sei doch auffallend, daß die Franzosen im Riom-Prozeß[122] von der naheliegendsten Fragestellung an ihre alten Kriegstreiber abwichen: »Warum habt ihr trotz der ehrlichen Friedensversicherungen und Angebote des deutschen Führers, die dieser bis aufs i-Tüpfelchen genau eingehalten hat, den Krieg vom Zaun gebrochen?« Und wie sie unter völliger Verdrehung der Schuldlage die Frage der mangelnden Kriegsvorbereitung erörterten, ohne Rücksicht darauf, daß sie den greisen Marschall Pétain dadurch in eine absolut schiefe Lage Deutschland gegenüber brächten. Er erkundigte sich dann nach dem Grynszpan-Prozeß, dem Prozeß gegen den jüdischen Mörder des deutschen Gesandtschaftsrats vom Rath in Paris, der »sehr interessant werden würde«.

Das Attentat des 17jährigen polnischen Juden Herschel Grynszpan löste die sogenannte »Reichskristallnacht« aus. Grynszpan war verbittert, daß die deutschen NS-Behörden seinen – vor dem polnischen Antisemitismus geflohenen – Eltern kein Asyl gewährten, sondern sie über die polnische Grenze zurückschickten. Die von Dr. Goebbels und Himmler aufgrund des Grynszpan-Attentats – ohne Information Hitlers, ja sogar zu seinem größten außenpolitischen Ärger – inszenierte »Reichskristallnacht« vom 9. November 1938 brachte die Zerstörung von 267 Synagogen und 815 jüdischen Geschäften, 20000 Juden wurden verhaftet und 36 ermordet. Eine Flut von antijüdischen Maßnahmen, Berufsverboten usw. folgte, darunter die Auferlegung einer »Geldbuße« von 1 Milliarde Reichsmark. Diese Geldbuße sollte die – durch die »Reichskristallnacht« ausgelösten – Versicherungsleistungen abdecken. Wie Göring als Chef des Vierjahresplanes Dr. Goebbels und Heinrich Himmler wütend vorhielt, hatten diese in

121 Gret Palucca gründete 1925 in Dresden die Schule des »modernen mimischen Tanzes«, die heute noch besteht.

122 Der Riom-Prozeß, der eine Krise der Vichy-Regierung auslöste, wurde am 4. April 1942 auf unbestimmte Zeit vertagt.

ihrem »Dilettantismus« völlig übersehen, daß die auf ihren Befehl zerstörten jüdischen Geschäfte, Wohnungen, Synagogen usw. selbstverständlich gegen derlei versichert waren, so daß nicht das »Kollektiv der Juden«, sondern die deutsche Wirtschaft den Schaden bezahlte. Hitler, der sich am nächsten Morgen im Atelier Troost aufhielt, schimpfte ohne Rücksicht auf die Anwesenden: Goebbels und Himmler hätten ihm seine ganze vorsichtige Außenpolitik in puncto Judentum kaputtgemacht; sie seien vorgegangen wie Verrückte aus einem Kindergarten, man könne auch sagen, wie Handgranatenwerfertypen, ohne Sinn und Verstand!

Attentat im Münchener Bürgerbräukeller

Er meinte dann zum Münchener Attentat im Bürgerbräukeller, daß der gefaßte Mann sehr gerissen sei. Er sage genau nur so viel aus, als man bereits anderweit festgestellt habe, wobei doch feststehe, daß damals Otto Strasser[123] in der Schweiz gewesen wäre und bereits ein Interview darüber abgegeben habe, daß Hitler und Ribbentrop ausgelöscht würden. Auch der holländische Ministerpräsident[124] und Herr Eden, Englands Außenminister, hätten von der Sache gewußt, wie sich aus ihm – dem Führer – vorliegendem Material ergebe.

Das Münchener Bürgerbräukeller-Attentat erfolgte am 8. November 1939. Der Attentäter, der Schreiner Georg Elser, wurde bei der Flucht in die Schweiz festgenommen und im April 1945 ohne Prozeß im KZ exekutiert. Himmler führte im FHQu eine Film-Dokumentation über die Aufklärung des Attentats vor. Das Höllenmaschinen-Attentat hatte den Teil des Bürgerbräukellers, wo Hitlers Rednerpult stand, zum Einsturz gebracht. Es gab zahlreiche Tote sowie viele Schwerverletzte, darunter den Vater von Eva Braun. Ein Stück Bronze in Elsers Tasche, das mit der Legierung seiner Höllenmaschine identisch war und die – aus der Schwarzwälder Uhr seiner Münchner Schwester für die Höllenmaschine ausgebauten – Rädchen überführten ihn so eindeutig, daß er gestand, weisungsgemäß ein Doppel seiner Höllenmaschine baute und seinen französischen Geldgeber preisgab. Angeblich handelte dieser im Auftrag des britischen Geheimdienstes; jedenfalls war das Hitlers Version uns gegenüber.

Völkerbund

Der Chef kam sodann auf den Völkerbund zu sprechen. Die Einrichtung des Völkerbundes sei die größte Bauernfängerei gewesen, die man sich dem deutschen Volk gegenüber in der Geschichte geleistet habe. Es habe Millionen Beiträge zahlen können, während die kleinen Staaten, die stets gegen Deutschland gestimmt hätten, ihre Beiträge schuldig geblieben seien. Die der Verwaltung dieser Einrichtung zur Verfügung gestellten Beamten hätten vom Völkerbund ihre Gehälter erhalten, so daß sie ebenso wie die deutschen Rheinbundfürsten und in den letzten hundert Jahren die von England ausgehaltenen Fürsten Indiens ihre Pflichten ihrem eigenen Volke denen dieser Institution gegenüber zurückgestellt hätten. Dann wäre Genf noch ein Fleckchen Erde gewesen, wo Frühling und Sommer nie vom Herbst und Winter abgelöst worden seien, wo sich daher jeder wohl fühle und von der ganzen Atmosphäre eingefangen werde. Als Aufpasser habe er seinerzeit einen ganz radikalen SA-Dichter dorthin geschickt. Aber es habe sich leider gezeigt, daß dieser Dichter eben nicht Denker gewesen sei. Als er – der Führer – den Austritt Deutschlands aus dem Völkerbund (14. 10. 1933) verfügt habe, sei er zu ihm gekommen und habe ihn zu bereden versucht, aus allen möglichen Gründen drin zu bleiben.

123 Otto Strasser war bis Mitte 1930 als Pressemann Mitkämpfer, dann scharfer Gegner Hitlers. Er hatte mit seinem Bruder Gregor Strasser am 1. März 1926 den »Kampfverlag« in Berlin gegründet, in dem sieben (später: acht) NS-Wochenzeitungen erschienen.
124 Dirk Jan de Geer.

Auch der Haager Gerichtshof sei ein absoluter Reinfall gewesen. Wenn Deutschland ganz unzweifelhaft in einer internationalen Streitsache im Recht gewesen sei, sei der Prozeß ad infinitum vertagt worden[125].

Internationaler Gerichtshof in Den Haag

47

27.3.1942 mittags
(Wolfsschanze)

Der Chef äußerte sich heute beim Mittagessen über den Einsatz der Frau in der Politik.

Die Frau in der Politik (Frau Tschiangkaischek)

Er betonte, daß viele geschichtliche Beispiele den eindeutigen Beweis dafür erbringen, daß die Frau – auch wenn sie noch so intelligent sei – in der Politik Dinge des Verstandes und des Gefühls nicht auseinanderhalten könne.

Am gefährlichsten sei der Haß der Frauen, wenn er sich politisch auswirke. So sei ihm berichtet worden, daß die Japaner der Regierung Tschiangkaischek nach der Besetzung der Provinz Shanghai das Angebot gemacht hätten, ihre Truppen vom chinesischen Boden wieder abzuziehen, wenn China bereit sei, ihnen

a) die Unterhaltung einer Militärbesatzung in der internationalen Niederlassung Shanghais und

b) günstige Handelsvertrags-Vereinbarungen zuzugestehen.

Hinter den Kulissen hat Hitler das Projekt eines chinesisch-japanischen Friedensvertrages nachdrücklich unterstützt. Er sah in dem chinesisch-japanischen Konflikt einen Bruderkrieg, vergleichbar mit dem der Athener und Spartaner in der griechischen Antike. Hitler war ein Kenner und Bewunderer der klassischen chinesischen Kultur, ihrer Kunstwerke, ihrer wissenschaftlichen Leistungen und ihrer Literatur. In seiner Privatwohnung in der Reichskanzlei verfügte er sogar über eine kleine Sammlung alter chinesischer Porzellane. 1937/1938 tat Hitler deshalb einiges, um die chinesisch-japanischen Differenzen durch einen beiderseits akzeptablen Kompromiß aus der Welt zu schaffen. Seine Bemühungen scheiterten an den massiven USA-Interventionen, z.B. einer 100-Millionen-Golddollar-Anleihe der USA an Tschiangkaischek zur Weiterführung des Krieges. Erst unter diesen Umständen genehmigte er den Antrag seines – ein Militärbündnis mit Japan ansteuernden – Außenministers Ribbentrop, seinen persönlichen Mittelsmann zu Tschiangkaischek, den deutschen Generalkonsul in Shanghai, Hermann Kriebel, abzuberufen. SA-Obergruppenführer Kriebel war Hitler schon aus den Anfangsjahren der NSDAP eng verbunden. Im Februar 1923 hatte er als ehemaliger Oberstleutnant die »Arbeitsgemeinschaft der Vaterländischen Kampfverbände« geschaffen, deren politischer Führer Hitler wurde (Ausweis Nr. 1 vom 12.7.1923). Er war beim Hitlerputsch dabei und saß mit Hitler zusammen in Landsberg in Festungshaft. Ab 1929 war er Militärberater des chinesischen Generalissimus und Staatspräsidenten Tschiangkaischek. Auf seine Veranlassung schickte Hitler 1934, als Kriebel Generalkonsul in Shanghai wurde, Deutschlands fähigsten militärischen Kopf, Generaloberst Hans von Seeckt, als Militärberater zu Tschiangkaischek. Seeckt war im I. Weltkrieg Generalstabschef bei Generalfeldmarschall von Mackensen gewesen und hatte später 1920/1926 als Chef der deutschen Heeresleitung die neue deutsche Reichswehr aufgebaut. Sein Nachfolger als Tschiangkaischeks Militärberater wurde nach seinem Tode 1936 der Pour-le-mérite-Träger General Alexander von Falkenhausen (bis 1939).

125 Besonders verärgert war Hitler über die Behandlung der deutsch-österreichischen Zollunion vom März 1931 durch den Haager Gerichtshof. Mit acht gegen sieben Stimmen qualifizierte der Gerichtshof mit Urteil vom 5. September 1931 diese Zollunion als deutsch-österreichischen Friedensvertragsbruch ab.

Sämtliche Generäle hätten sich mit diesem japanischen Vorschlag einverstanden erklärt und sich Tschiangkaischek gegenüber entsprechend geäußert. Als dann aber Frau Tschiangkaischek aus ihrem maßlosen Japanhaß heraus zu den chinesischen Generälen gesprochen habe, seien die meisten umgefallen und hätten das japanische, doch wirklich großzügige Angebot abgelehnt.

Die Frau Tschiangkaischeks, Sung Mei Ling, war als Schwägerin des chinesischen Nationalrevolutionärs und ersten republikanisch-chinesischen Staatspräsidenten Sun Yatsen (1866 bis 1925) der Politik ihres Landes eng verbunden. Da sie überdies aus der weltweit einflußreichen Bankiersfamilie Sung aus Shanghai stammte, hatte sie viele USA-Kontakte. So erreichte sie die politische, wirtschaftliche und finanzielle Unterstützung Tschiangkaischeks durch USA-Präsident Roosevelt. Diese »Unterstützung« erfolgte um so bereitwilliger, weil Roosevelt sich für die USA-Industrie den fast unbegrenzt aufnahmefähigen chinesischen Markt sichern und seinem Industriekonkurrenten Japan den Zugang zu den chinesischen Rohstoffbasen verbauen wollte.

Er verweise auch auf den Einfluß der Tänzerin Lola Montez[126] auf Ludwig I. von Bayern[127], der doch wirklich von Haus aus ein sehr vernünftiger und verständiger König gewesen sei. Sie habe ihn aber restlos aus der Bahn geworfen.

Malerausbildung in Akademien oder Ateliers

Der Chef kam beim heutigen Mittagessen darauf zu sprechen, daß er in den letzten Tagen wieder einmal mehrere Bände der Zeitschrift »Die Kunst« durchstudiert habe.

Bis 1910 hätten wir wirklich doch ein außerordentliches Niveau in unseren künstlerischen Leistungen aufzuweisen gehabt. Seitdem sei es leider in immer stärkerem Maße bergab gegangen. Und was seit 1922 dem deutschen Volk als Kunst aufgeschwätzt worden sei, sei auf dem Gebiet der Malerei ein einziges verkrüppeltes Gekleckse. An dem rapiden Verfall der Kunst in der Systemzeit könne man eindeutig feststellen, wie verheerend der Einfluß der Juden sich auf diesem Gebiet ausgewirkt habe. Am besten sei, mit welcher unglaublichen Frechheit der Jude dabei vorgegangen wäre. Durch Kunstkritiken, die ein Jude über den anderen zusammengeschmiert habe, sei dem Volke, das alles glaube, was es schwarz auf weiß lese, eine Kunstauffassung suggeriert worden, die alles, was ausgemachter Kitsch sei, als letzte künstlerische Vollendung ansehe.

Auch die »oberen Zehntausend«, die sonst sich auf ihren Intellekt immer etwas einbilden zu können glaubten, hätten sich restlos einseifen lassen und alles gefressen, was ihnen vorgesetzt worden sei. Das Tollste aber sei, daß die Juden – wie sich jetzt bei der Beschlagnahme jüdischen Vermögens herausstelle – für das Geld, das sie sich mit all diesem Kitsch zusammengegaunert hätten, ausgesprochen gute und kostbare Bilder gekauft hätten. Jeder Bericht, den er über die Beschlagnahme einer größeren jüdischen Wohnung erhalte, spreche von irgendwelchen tatsächlich kostbaren Kunstschätzen, die dort aufgehängt oder aufgestellt seien.

Man könne der Fügung danken, daß 1933 der Nationalsozialismus an die

126 Die schottische Tänzerin Maria Dolores Gilbert wurde von König Ludwig I. von Bayern zur »Gräfin Landsberg« nobliert.

127 König Ludwig I. von Bayern (1786 bis 1868) machte München zur Universitäts- und Kunststadt, baute die Ludwigstraße, die beiden Pinakotheken, die Glyptothek, die Feldherrnhalle, die Propyläen usw. und mußte aufgrund der Lola-Montez-Unruhen 1848 abdanken.

Macht gekommen sei und mit diesem Kitsch ein für allemal Schluß gemacht habe. Bei seinen Gängen durch Kunstausstellungen habe er stets rücksichtslos alles entfernen lassen, was nicht künstlerisch einwandfrei sei. Man werde ihm zugeben müssen, daß man bei einem Besuch heute im »Haus der Deutschen Kunst« kein Bild mehr vorfinde, bei dem man das Gefühl habe, es sei nicht aus ernstem künstlerischem Streben entstanden und könne nicht mit reinem Gewissen hier aufgehängt werden. Auch Bilder von Malern, die von der preußischen Akademie mit Staatspreisen ausgezeichnet worden seien, habe er aus dem »Haus der Deutschen Kunst« entfernen lassen, wenn sie nichts taugten.

Erbaut 1933 bis 1937 nach den Plänen von Professor Paul Ludwig Troost, machte das »Haus der Deutschen Kunst« seinerzeit im In- und Ausland Sensation. Ähnlich dem ionischen Stil suchte Troost die aussagekräftige Wirkung des Bauwerks rein durch die Aufgliederung der Fassade und die verwendeten Steine zu erreichen. Er verabscheute neuklassizistische Stukkaturen und sonstige architektonische Beigaben. Ihre monumentale Wirkung bezog die Neu-Klassik von Professor Troost aus der Harmonie des Bauwerks, der Art der Abstimmung von Türen, Fenstern, Balkonen, Treppen, Säulen usw., und der Geschlossenheit des Gesamtbaus. Fachleute priesen seinerzeit besonders die zweckmäßige Innenaufteilung und die Moderne des technischen Apparats. Hitlers Einstellung zu Professor Troost ergibt sein Schreiben an Frau Professor Troost vom 21. Januar 1944 (Schluß gekürzt): »Was der Professor mir einst persönlich gewesen ist, kann derjenige nicht begreifen, dem das Verständnis für die Sorge, die mich der Verwirklichung meiner künstlerischen Pläne entgegensehen ließ, fehlt. Wenn das Neue Reich mehr sein soll als eine vorübergehende Erscheinung, dann muß es neben seinen machtpolitischen Taten auch kulturelle Werte der Nachwelt vorzuweisen haben. Die schönste Verewigung kann ein staatspolitischer Zustand aber nur durch die Baukunst erfahren.

Es sah in den Jahren vor der Machtübernahme nun gerade auf diesem Gebiet so trostlos aus, daß man an der Zukunft fast verzweifeln konnte. Daß die Vorsehung Ihren Mann geboren und mich ihn kennenlernen ließ, habe ich immer als ein ganz großes Glück empfunden... (Seine) Werke waren für die Entwicklung der neueren deutschen Baukunst bahnbrechend... Der Name Ihres Gatten ist mit einem künstlerischen Umbruch in einer durch und durch verdorbenen, dekadenten Zeit verbunden.«

Es sei bedauerlich, daß die Preußische Akademie der Künste ihren Aufgaben in keiner Weise gewachsen sei. Damit, daß die einzelnen Professoren und Meister der Akademie sich gegenseitig hochlobten, sei ja auch nichts gewonnen. Nur der Kultusminister[128], der der Kunst wie ein ausgewachsenes Nilpferd gegenüberstehe, falle auf derartiges Schreibwerk herein und gebe sich dazu her, für gemalten Dreck Staatspreise zuzuerkennen. Ihn lulle man offenbar genauso ein, wie es die Juden zur Zeit ihrer Kunstherrschaft beim ganzen deutschen Volk mit Erfolg versucht hätten. Es heiße dann, daß solch eine Kleckserei schwer verständlich sei, daß die ganze Tiefe ihres Inhalts nur erfaßt werden könne, wenn man sich ganz in das Bild versenke und so fort. Schon 1905/1906, als er auf die Wiener Akademie gekommen sei, seien Schmierereien mit ähnlichem Wortgeklimper ohne jeden Sinn als Arbeiten »Suchender« lanciert worden.

128 Bernhard Rust, Reichsminister für Wissenschaft, Erziehung und Volksbildung, war im I. Weltkrieg Leutnant der Reserve (Eisernes Kreuz I. Klasse, Ritterkreuz des Hohenzollernordens). Ab 1925 war Rust Gauleiter von Hannover-Braunschweig. Von Beruf war er Studienrat.

Die »Kunst«, also die gestaltende Tätigkeit des schöpferischen Menschengeistes in Bauwerken, Bildhauerei, Malerei, Dichtung, Tanz, Musik usw. mußte nach Ansicht Hitlers in Form und Gehalt das Volkstum zeigen, aus dem sie erwuchs. Eine »Kunst an sich«, die sogenannte »l'art pour l'art«, abstrakt, international, gleichsam in Stil- und Moderichtungen die ganze Menschheit umfassend, anerkannte er nicht. In der in allen deutschen Großstädten 1937 gezeigten Goebbels-Ausstellung »Entartete Kunst« – in München war sie in den Räumen des »Kunstvereins« in der v.-d.-Tannstraße zu sehen – wurden deshalb abstrakte und durch internationale Stile bestimmte Bilder solchen von Geisteskranken mit ähnlichen Motiven gegenübergestellt und das Ganze als »Kulturschande« diffamiert. Hitler zeterte: »... Ich möchte es im Namen des deutschen Volkes verbieten, daß so bedauerliche Unglückliche, die ersichtlich an Sehstörungen leiden, die Ergebnisse ihrer Fehlbetrachtung der Mitwelt mit Gewalt als Wirklichkeit aufzuschwätzen versuchen. Es gibt hier nur zwei Möglichkeiten: Entweder diese sogenannten ›Künstler‹ sehen die Dinge wirklich so, dann wäre zu untersuchen, ob ihre Augenfehler auf mechanische Weise oder durch Vererbung zustande gekommen sind. Oder aber sie glauben selbst nicht an die Wirklichkeit solcher Eindrücke, sondern sie bemühen sich aus anderen Gründen, die Nation mit diesem Humbug zu belästigen, dann fällt so ein Vergehen in das Gebiet der Strafrechtspflege.«

Wie dieses gekürzte Zitat zeigt, war alles »Andersartige« für Hitler »Kulturzerfall«, ja gewissen-, charakter- und instinktloser Kulturbolschewismus. Toleranz, von der er gegenüber den verschiedenen Religionen der Welt so viel sprach, lehnte er auf dem Gebiet der Kunst total ab, selbst wenn es sich um so berühmte Namen wie Oskar Kokoschka, Emil Nolde, Max Beckmann usw. handelte. Daß Goebbels in seinem Übereifer auch Ernst Barlach unter die Verfemten eingereiht hatte, erfuhr Hitler erst bei dessen Tod 1938 und bedauerte es zutiefst.

Er sei überhaupt kein Freund der Akademien; denn die Professoren, die an ihnen tätig seien, seien entweder Künstler, die sich im freien Lebenskampf nicht durchsetzen könnten, oder es seien zwar Künstler von Format, die aber nur höchstens zwei Stunden ihres Tages für die Akademiearbeit opfern könnten oder die Akademiearbeit als reine Altersbeschäftigung ansähen.

Wirkliche Künstler seien nur dadurch herangebildet worden, daß einer vom anderen gelernt habe oder – wie es bei den großen Meistern der Fall gewesen sei – einer in der Werkstatt des anderen ausgebildet worden sei. Maler wie Rembrandt, Rubens und so weiter hätten sich Gehilfen halten müssen, um die Fülle der ihnen erteilten Aufträge ausführen zu können. Von den eingestellten Gehilfen seien als Lehrlinge dann immer nur die geblieben und auf längere Frist beschäftigt worden, die sich das handwerksmäßige technische Können wirklich angeeignet hätten und bei denen Ansätze zu größeren Leistungen eindeutig vorhanden gewesen seien.

Wer nicht hätte arbeiten wollen, sei sehr bald wieder entlassen worden. Es sei ja auch Unsinn, daß den Genies – wie auf den Akademien fälschlich behauptet werde – alles nur so von selbst zufalle. Auch das Genie müsse zunächst eisern lernen und arbeiten, um später produktiv sein zu können. Ohne eine genaue Kenntnis des Farbenmischens und des Grundierens und ohne fleißige Übung im Zeichnen nach der Anatomie gehe es nun einmal nicht. Wie viele Dutzend von Skizzen habe allein so ein gottbegnadeter Künstler wie Menzel gefertigt, als er an seinem Gemälde »Das Flötenkonzert in Sanssouci« gearbeitet habe.

Auch wir müßten wieder dahin kommen, daß die angehenden Künstler ihre erste Ausbildung in den Werkstätten großer Meister erhalten und damit in eine Tradition hineinwüchsen, wie sie mit den Namen Rembrandt, Rubens und so weiter verbunden sei. Bei den Bildern von Rembrandt und Rubens sei es ja auch gerade deshalb so schwer, festzustellen, was der Meister selbst und was seine Lehrlinge an ihnen gemalt hätten, weil auch die Lehrlinge mit dieser Arbeit allmählich zu Meistern herangewachsen seien. Die außerordentlichen Leistungen unserer Graphiker, die ja so gut wie ausschließlich in Werkstätten herangebildet seien, seien ebenfalls ein beredtes Zeugnis für die Güte der Werkstättenausbildung[129].

Ein wahres Unglück sei es gewesen, daß sich eines Tages der Staat der künstlerischen Ausbildung bemächtigt habe, und die Zahl der heute existierenden Akademien müsse unbedingt auf zwei (Düsseldorf und München) oder auf drei (Düsseldorf, München und Wien) zurückgeführt werden. Trotzdem er diese Akademien bestehen lassen wolle, möchte er aber ausdrücklich feststellen, daß die Ausbildung in Werkstätten großer Maler seines Erachtens viel, viel besser sei. Wenn er nach Beendigung des Krieges sein großes Bauprogramm durchführen könne – und er habe die Absicht, Bauten für Milliardenbeträge auszuführen –, werde er nur die wirklichen Könner berücksichtigen und den, der nicht zu diesem Künstlerkreis gehöre, unberücksichtigt lassen, selbst wenn er hundertfach von Akademien empfohlen werde.

48

27.3.1942 nachmittags
(Wolfsschanze)

Hitlers
enge Zusammenarbeit
mit der Presse

Nachmittags habe ich zunächst den Hauptschriftleiter im Deutschen Nachrichten-Büro, Hauptbannführer Lorenz, im Pressebunker besucht, die Fernschreib- und Kurzwellenanlage besichtigt und über seine Tätigkeit gesprochen. Er gibt dem Chef die eingegangenen Meldungen (pro Tag 30 bis 40) über den Tag verteilt. Der Führer war besonders ergriffen von den Meldungen wie »Selbstsprengung des Kreuzers Graf Spee«[130], »Untergang des Schlachtschiffs Bismarck«[131] und »Flug Heß«.

Heß flog am 10. Mai 1941 mit einer Me 210 nach Glasgow in Schottland, wo er dem Herzog von Hamilton aus höchsteigener Initiative einen deutsch-britischen Friedensschluß vorschlug auf der Basis: »Deutschland garantiert Großbritannien sein Weltreich. Dafür gibt Großbritannien Deutschland freie Hand in Kontinentaleuropa.«

Am 26. April 1894 in Alexandria/Ägypten geboren, wurde er im I. Weltkrieg Infanterieoffizier, später dann Jagdflieger. Nach dem Kriege studierte er in München Geschichte und Volkswirtschaft, erhielt wegen seiner Teilnahme am Hitlerputsch als Führer eines NS-Studentenbataillons eineinhalb Jahre Festungshaft und wurde 1925 Hitlers Privatsekretär. Seit 1932 Vorsitzender der »Politischen Zentralkommission der NSDAP« wurde er 1933 »Stellvertreter des Führers« und Reichsminister. Als Sohn eines angesehenen deutschen Importeurs in Ägypten englischsprachig aufgewachsen, glaubte er die britische Empire-Mentalität besser zu verstehen als beispielsweise Adolf Hitler. Er opferte deshalb für den Traum eines deutsch-britischen Bündnisses seine Existenz. Bei der gegebenen Kriegslage betrachtete Churchill die Heß-Aktion ebenso als »verrückt« wie Hitler.

129 Hitler erhielt seine künstlerische Ausbildung 1907/1908 auf Empfehlung von Professor Roller im Atelier des Wiener Bildhauers und Graphikers Panholzer.

130 13. Dezember 1939 im Süd-Atlantik bei Montevideo/Uruguay.

131 27. Mai 1941 im Atlantik westlich des nordfranzösischen Marinehafens Brest.

Englandflug Rudolf Heß'

Vom Flug seines Stellvertreters Heß nach Schottland erfuhr Hitler, als er mit Göring und Ribbentrop am Kamin plauderte und von Lorenz für eine wichtige Meldung herausgebeten wurde. Er diktierte die erste Veröffentlichung Lorenz ins Stenogramm und verfaßte – nachdem er um Mitternacht von der ersten englischen Meldung unterrichtet worden war – nach Rücksprache mit Göring, Bormann, Ribbentrop die ausführliche Montagsmeldung, die den Flug Heß', also des Stellvertreters des Führers, nach England mit einem langwierigen Leiden erklärte, das sich offenbar auf Heß' Geist geschlagen habe. Wie die Dinge in Wirklichkeit liegen, konnte mir auch Lorenz nicht sagen, da Hitlers Gesicht in derartigen Augenblicken viel zu sehr gekonnte Maske sein kann, als daß eindeutige Rückschlüsse möglich wären. Die Russen sind jedenfalls der Auffassung, daß Heß' Englandflug auf des Führers »Traum von einem englisch-deutschen Bündnis« zurückgehe. Und mir fällt auf, daß Versuche, Heß' Familie zur Rechenschaft zu ziehen, von Hitler ebenso abgelehnt wurden wie der Vorschlag, Heß' Briefe aus England nicht an seine Frau auszuhändigen. (Frau Heß hat selbst auf die Briefe aufmerksam gemacht. Bormann kritisiert deshalb heftig die Schlafmützigkeit der Briefzensur, die die Briefe im Postverkehr nicht entdeckt hatte.) Bei meiner Durchsicht dieser Briefe ist das Interessante, daß sie in ihrer Vielfalt guter Einzelmitteilungen nicht die Spur einer geistigen Umnachtung zeigen. Die Haftentlassung der Mitwisser des Heß-Fluges lehnt der Führer, obwohl Bormann die Gesuche der Angehörigen immer wieder vorlegt, stets von neuem ab.

Genehmigung der Goebbels-Aufsätze

Auch Weisungen des Führers für die Pressebearbeitung (zur Zeit vor allem bezüglich der Nachrichten über Indien, etwa englisch-amerikanischer Schacher) übermittelt Lorenz. Goebbels' Aufsätze in der Zeitung »Das Reich« werden dem Führer über Reichsleiter Bormann zur vorherigen Genehmigung vorgelegt.

Das militärische Gehirn des FHQu

Lorenz spricht mit Hochachtung von Keitel, der um 8 Uhr morgens aufsteht und um 9 Uhr mit der Arbeit beginnt, obwohl er als Sechzigjähriger nachts oft nicht vor 12 Uhr zu Bett kommt und nach der Übernahme des Oberbefehls über das Heer durch den Führer auch noch die Heeres-Verwaltung zu besorgen hat. Generalstabschef für das Heer ist Generaloberst Halder, der für den Ostkrieg nach den Befehlen des Chefs die Pläne auszuarbeiten hat. Die Bearbeitung der zusammenfassenden Kriegführung und der Operationen in Afrika sowie auf dem Balkan ist die Sache General Jodls, der außerordentlich elastisch als Fünfzigjähriger sein soll und neben Keitel des Führers besonderes Vertrauen genießt. Er gilt als »Kopf[132]«.

132 Nach dem Rücktritt Halders (24. September 1942) übernahm der neue Generalstabschef Generaloberst Kurt Zeitzler die Allein-Verantwortung für den Ostkriegsschauplatz. Jodl blieb nur zuständig für die OKW-Kriegsschauplätze: Afrika, Italien, Südosteuropa, Westeuropa und Norwegen, sowie Finnland (Einzelheiten vergleiche Ergänzung auf S. 387/388).

49 27.3.1942 abends (Wolfsschanze)

Witze bei Tisch

Mein Abendessen nehme ich wieder mit dem Chef zusammen ein, der so genau weiß, wer mitißt, daß er heute mittag den Adjutanten des Reichsarbeitsführers, der sich nicht vorher bei ihm gemeldet hatte, groß anschaute. Durch zwei Witze des Fotoberichterstatters Hoffmann der Art: »Warum ist der Schwanenhals so lang? Damit der Schwan nicht absäuft!« wurde der Führer sehr erheitert.

Über diese Witze pflegt Hitler, dem alle Zweideutigkeiten und erotischen Humoresken zuwider sind, so herzhaft zu lachen, daß er die Augen mit der Hand verdeckt. So nahm er es auch durchaus von der heiteren Seite auf, als ich die – meine feldgraue Hitlerjugend-Uniform glossierende – Frage General Jodls, »bis zu welchem Alter man eigentlich noch Hitlerjunge werden könne?« mit der Gegenfrage abwehrte, »ob er Ambitionen habe und bei der Hitlerjugend protegiert sein wolle«. Oder wenn berichtet wurde, daß ein kriegsgefangener russischer Militär ein Jahr lang unmittelbar hinter unserer Front treu und ehrlich unsere Nachschublastkraftwagen gefahren hätte, sich nunmehr aber als General ausgewiesen und um ein Avancement gebeten habe, dann entschied Hitler – in das allgemeine Gelächter herzhaft einstimmend –: »Vertrauen Sie dem Mann eine ganze Lastkraftwagenkolonne an.«

Grenzen der Wissenschaft

Aufgrund eines Krankheitsfalles, der ihm vorgetragen wurde, kam Hitler dann auf die Krebskrankheit zu sprechen. Das Radium sei durch eine einzige Erfindung von Strahlen bei der Krebsbehandlung völlig überflüssig geworden, die eine Abart der Röntgenstrahlen darstellten und 10 bis 15 Minuten am Krankheitsherd zum Ansatz gebracht würden. Bezeichnend für die Krebskrankheit sei übrigens, daß Menschen, die im Rauch arbeiten: Teerarbeiter, Raucher (auch ohne Nikotin), besonders von ihr befallen würden. Aber Genaueres wisse man ja leider nicht, wenn auch die Krebserkrankung natürlich keine zufällige sei, sondern auf bestimmte Ursachen zurückzuführen sein müsse. Irgendwie müsse auch sie eine laufende Vergiftung des menschlichen Organismus darstellen, die wahrscheinlich nicht durch äußere Infektion oder durch Infektion vermittels der Atmungsorgane, sondern durch falsche Ernährung hervorgerufen werde. Der Mensch sei ja so dumm, daß er glaube, sich überwiegend von gekochter, das heißt chemisch entlebter Kost ernähren zu können (Hitler lebte seit 1931 als Vegetarier), obwohl doch schon der Genuß geschälten und ungeschälten Reises in seiner verschiedenen Wirkung zu denken gebe. Aber so sei es ja mit unserer Wissenschaft: Über die Herkunft einer lausigen Fistel[133] wisse man nicht Bescheid, die einfachste und weitverbreitetste Krankheit sei nicht erforscht! Aber die Herrlichkeit des Jenseits mit Himmel und Hölle und allen Schikanen sei ergründet.

Konservative und Labours in England

Aufgrund einiger Meldungen über die Lage im britischen Empire und insbesondere in England selbst kam der Führer auf die Stellung des Ministers

133 Da seine Mutter an Krebs gestorben war, fürchtete Hitler, auch selbst krebsanfällig zu sein. Die vermeintlichen Krebsgeschwülste, die der Berliner Professor Dr. Karl von Eicken ihm im Oktober 1938 und im September 1944 herausoperierte, erwiesen sich als »gutartige« Stimmband-Polypen.

Cripps zum Premier Churchill zu sprechen. Eins sei unverkennbar, daß England mit Cripps einen zweiten führenden Staatsmann erhalten habe, der nicht übersehen werden könne und dessen Einfluß sich weithin bemerkbar mache.

Wenn zum Beispiel die englischen Gewerkschaften neuerdings mit einem Programm hervorgetreten seien, das auf die Sozialisierung des Grundbesitzes, des Hausbesitzes, des Industriebesitzes und der Verkehrsunternehmen hinauslaufe, so sei das doch für innerenglische Verhältnisse ein starkes Signal. Allerdings sei kaum anzunehmen, daß sich ein derartiges Programm in England von heute auf morgen verwirklichen lasse und daß ein vernünftiger Engländer damit rechne, zumal die Russen weit mehr als ein Jahrzehnt zur Durchsetzung eines derartigen Experiments gebraucht hätten. Man dürfe es aber vielleicht als ein Krisensignal dahin bewerten, daß die Mißwirtschaft, der Mangel an Organisation auf dem zivilen Sektor, die militärischen Mißerfolge und der Hunger des englischen Bürgers sich nunmehr stimmungsmäßig bemerkbar mache. Interessant sei in diesem Zusammenhang ja auch, daß sogar ein Verwandter des englischen Königs, der Herzog Clou[134], inhaftiert worden sei.

Derartige Krisenzeichen dürfe man heute aber noch nicht überschätzen. Denn wenn der König auch auf die tatsächliche Führung der englischen Politik keinen Einfluß habe, so sei er doch, solange die englische Wehrmacht intakt sei, ein politischer Faktor. Denn die englische Wehrmacht sei monarchistisch und rekrutiere sich aus der konservativen Gesellschaftsschicht Englands, die auch heute noch keine Bereitschaft zu irgendwelchen Konzessionen nach unten zeige. Schon ein Blick in englische illustrierte Zeitschriften mit ihren zahlreichen Bildern aus der aristokratischen Welt beweise dies, da nicht weniger als zwei Drittel der abgebildeten Persönlichkeiten in Uniform fotografiert seien.

Die in der konservativen Partei zusammengefaßten Engländer der führenden, insbesondere aristokratischen Welt seien ja auch keineswegs zu vergleichen mit unserem alten Bürgertum, das sich vor 1933 in der Deutschnationalen Volkspartei oder der Deutschen Volkspartei zusammengefunden habe. Die Konservativen seien vielmehr Repräsentanten des britischen Empire mit einer festgefügten Tradition und Gesellschaftsform, die keinesfalls vor dem Volk zu kapitulieren bereit seien wie die Männer der führenden französischen Gesellschaftsschicht 1789. Im Gegenteil! Mit einer riesenhaften Organisation versuchten sie, ihre Auffassungen ins Volk hineinzutragen und damit auch den Geist des gesunden Engländertums, aus dem sich die vielen tapferen Flieger und Seeleute rekrutierten, der breiten Masse zu vermitteln.

Wenn die Labour-Party sich, nachdem Cripps[135] (als Vertrauensmann Stalins?) sozialistische Tendenzen in England populär gemacht habe, gegen die Konservativen durchsetzen wolle, so müsse sie erst einen Cromwell[136] finden, um

134 Gemeint ist offenbar der Herzog von Buccleuch, der über die Herzogin von Gloucester mit der britischen Königsfamilie verwandt war.

135 Sir Richard Stafford Cripps war 1940 bis 1942 Großbritanniens Botschafter in Moskau und galt als der Schmied des britisch-sowjetischen Kriegsbündnisses. Als Lordsiegelbewahrer bereitete er ab 1942 in Verhandlungen mit Indiens Freiheitskämpfern Gandhi und Nehru die Unabhängigkeit Indiens von 1947 vor. Einen Abbau des »gewaltlosen Widerstandes« der indischen Freiheitskämpfer und damit ein umfassendes Engagement der Inder im II. Weltkrieg zugunsten Großbritanniens erreichte er nicht.

136 Oliver Cromwell entschied als Heerführer 1644/45 den seinerzeitigen Bürgerkrieg in England zugunsten der Parlamentspartei gegen die Royalisten.

Erfolg zu haben. Denn ohne Kampf träten die Konservativen keinesfalls ab.

Hitler witterte in den westlichen Demokratien überall »Vertrauensleute Stalins«. Als Stalin im August 1939 Ribbentrop bei den Verhandlungen über den deutsch-sowjetischen Freundschafts- und Nichtangriffspakt eine politische Unterstützung Deutschlands für den Fall deutsch-französischer und deutsch-britischer Auseinandersetzungen zusicherte, hielt Hitler das für eine Farce. Er war dann verblüfft, wie hilfreich sich Stalins politische Unterstützung für ihn in seinem Frankreich-Blitzkrieg auswirkte. Nachdem Stalin in der »Prawda« vom 30. November 1939 und – durch Walter Ulbricht, den späteren DDR-Staatsratspräsidenten – im Komintern-Zentralorgan »Kommunistische Internationale« die Parole ausgegeben hatte, daß England und Frankreich Deutschland angegriffen und die englischen und französischen Imperialisten die Friedensbemühungen Deutschlands und der Sowjetunion schroff zurückgewiesen hätten, fiel vor allem, wie Hitler uns sagte, die einflußreiche kommunistische Partei Frankreichs über die eigene französische Regierung her, beschimpfte sie als »Kriegshetzer« und animierte die werktätige französische Bevölkerung zu einem mehr oder weniger passiven Widerstand und zu sinnlosen, straßenverstopfenden Flüchtlingsströmen. Die Folge war eine Demoralisierung der französischen Heimatfront, die Hitler seinen damaligen »Freund« Stalin im Mai und Juni 1940 in den höchsten Tönen preisen ließ.

Ihm, dem Chef, sei ein rot abgesunkenes England wesentlich unsympathischer als ein konservatives. Denn ein »sozialistisches« England, eventuell sogar mit sowjetischem Einschlag, sei im europäischen Raum ein dauernder Explosionsherd, da es einer Verelendung entgegengehen würde, die 30 Millionen Engländer als für die Insel »zu viel« erscheinen lasse.

Er hoffe deshalb, daß Cripps an seinem indischen Auftrag, dem schwierigsten Auftrag, den man einem Engländer überhaupt habe erteilen können, kaputtgehe. Nur dann sei auf die Dauer ein Bürgerkrieg in England vermeidbar, wenn die Mobilisierung der Massen durch eine langanhaltende Propaganda im Sinne des neuen Gewerkschaftsprogramms durchaus nicht mehr zu befürchten sei.

Wenn er zu wählen habe zwischen Cripps und Churchill, dann sei ihm ein »charakterloses Schwein« wie Churchill, das 30 Prozent der Tageszeit besoffen sei, doch hundertmal lieber als Cripps; denn von einem Mann wie Churchill, der sich aufgrund seines Alters, seines starken Rauchens und seines starken Trinkens natürlich verschleiße, sei nicht so viel zu befürchten als von einem so typisch intellektuellen Salon-Bolschewisten wie Cripps. Bei Churchill sei es durchaus möglich, daß er in einem hellen Augenblick erkenne, daß das Empire unwiederbringlich der Auflösung verfalle, wenn der Krieg noch 2 bis 3 Jahre weitergeführt werde. Cripps als verlogener, völlig wurzelloser Demagoge würde nie zu der Einsicht kommen, daß es nicht mehr geht, wenn das Empire in allen Fugen kracht. Ebenso wie er sich nicht bemühe, das englische Volk – soweit es sich in der Labour-Party organisiert habe und sich zu den tieferen menschlichen Gesellschaftsschichten rechne – zu sich heraufzuziehen, so würde er auch allen politischen Problemen gegenüber stets innerlich verlogen bleiben.

Wenn man den Cripps und die mit seiner Person verbundenen Gefahren richtig beurteilen wolle, dürfe man nicht übersehen, daß die Tories immer die Träger des Weltreichsgedankens gewesen seien und daß die geheuchelten Sozialprogramme eines Cripps eine unerhörte Diskrepanz zwischen der britischen Insel, den katholischen Kanadiern, Australien und Südafrika aufreißen würden. Es sei deshalb dringend zu hoffen, daß Cripps in Indien scheitere. Er – der Chef – bezweifle, ob Cripps überhaupt noch mit seiner Mission beim indischen Volk genügend Gehör fände. Denn durch das Heranrücken der japanischen Macht an die indischen Grenzen[137], durch den Fall Singapurs[138] und so weiter sei die indische Welt so sehr in Bewegung gekommen, daß der Kompromißler Nehru durch Männer wie Bose[139] als Führer der Inder abgelöst worden sei. Wenn Cripps versuchen sollte, einen indischen Widerstand gegen Japan zu erpressen oder zu erbetteln, dann könne ihm Nehru heute trotz seiner kompromißlerischen Einstellung kaum mehr helfen. Nehru werde es gehen wie 1918 den Mehrheitssozialisten, die in ihrer Bestimmung des politischen Geschehens von den Massen einfach in einer bestimmten Richtung fortgerissen wurden.

Massenpsychologie

Ebert zum Beispiel sei seinerzeit (Januar 1918) durchaus in der Versammlung im Treptower Park erschienen, um gegen den Munitionsstreik zu sprechen. Um sich aber bei den Massen überhaupt Gehör zu verschaffen, mußte er ihnen etwas Angenehmes sagen und wurde dann durch ihren Beifall zu Erklärungen verleitet, die ihn bei einer halbstündigen Rede völlig zum Fürsprecher des Streiks abschlittern ließen. In einer solchen Atmosphäre bestehe für jeden politischen Redner beziehungsweise politischen Unterhändler die gleiche Gefahr. Ein Vorgang in Weimar 1926 habe ihn belehrt, wie klug, wie langsam und wie sehr man als ganz großer Künstler vorgehen müsse, um eine Masse, die das Gegenteil von dem, was man zu sagen habe, erwarte, in der gewünschten Richtung zu dirigieren. Bei der indischen Masse aber stehe fest, daß sie weg wolle von England.

50 — 28.3.1942
(Wolfsschanze)

Hitlers Witterung
(St-Nazaire[140])

Was der Führer bei Tisch ausführt, ist oft so hervorstechend im Aufbau der Gedanken und im Stil, daß man es ohne weiteres als Manuskript verwenden möchte. Man erlebt immer wieder, wie genau er sich alle an ihn herantretenden Probleme unter seinem Blickwinkel durchdacht hat und wie abgerundet das Ergebnis ist, zu dem er bei seinen Überlegungen gekommen ist. Das Rätsel seines Zaubers findet darin zum Wesentlichen mit seine Lösung, daß er bei der ständigen Beschäftigung mit politischen und militärischen Fragen Gedanken-

137 Am 7. März 1942 besetzten die Japaner Rangun, die Hauptstadt Burmas.
138 Singapur wurde von den Japanern am 15. Februar 1942 erobert (60000 Kriegsgefangene).
139 Subhas Chandra Bose, der am 29. Mai 1942 das FHQu »Wolfsschanze« zu Besprechungen mit Hitler besuchte, versuchte ab 1941 von Deutschland und ab 1943 von Japan aus, die Unabhängigkeit Indiens schneller voranzutreiben. Bose, ehemals Oberbürgermeister von Kalkutta, organisierte die Legion »Azad Hind«, die mit ihren zunächst 2000 Indern der Division »Brandenburg«, später dem Panzerkorps »Großdeutschland« angehörte. Diese Inder taten Dienst in deutschen Wehrmachtsuniformen mit indischem Turban. Die Inder bewährten sich in ihren – von der Abwehrorganisation des Admirals Canaris bestimmten – Einsätzen als Einzelkämpfer derart, daß für sie ein eigener Orden, der »Azad Hind«, geschaffen und als Stern (I., II. und III. Klasse) bzw. als Medaille (in Gold, Silber und Bronze) verliehen wurde.
Späterhin bestimmte die SS die Einsätze des indischen Kontingents.
140 Deutscher U-Boot-Hafen an der nordfranzösischen Atlantikküste.

gänge oft bereits mehrfach von allen Seiten überprüft hat, bevor der Partner sie aufgreift.

Daß er auf diese Weise eine fast verblüffende Witterung für politische und militärische Fragen sich angeeignet hat, ist kein Wunder. Vorgestern mittag hatte er noch Verstärkungs-Befehle für einen unserer U-Boot-Standorte an der französischen Küste aus einer plötzlichen Intuition heraus gegeben, den heute früh um 2 Uhr die Engländer mit dem im Wehrmachtsbericht gemeldeten »Erfolg« angriffen. Die Engländer verloren einen Zerstörer, 4 Torpedoboote, 9 Schnellboote und so weiter.

Polemik gegen die USA

Heute veröffentlichen die Korrespondenten folgende Anweisung Hitlers für die Polemik gegen die USA, die er Lorenz gestern bei Tisch diktierte:

»In letzter Zeit ist es wiederholt zu beobachten, daß in der Polemik gegen die USA ungeeignete Argumente angeführt werden. Was wir gegen diese Nation anführen, ist in erster Linie der völlige Kulturmangel. Zum Beispiel zeugt die widerliche Verhimmelung der Filmstars von einem allgemeinen Mangel an wirklich großen Idealen. Die ausgeprägte Sensationshascherei, die selbst vor den ekelhaftesten Darbietungen wie Frauenboxen, vor Ringkämpfen in Schmutz und Schlamm, vor öffentlichen Vorführungen von Mißgeburten, vor Zurschaustellung von Angehörigen besonders niederträchtiger Verbrecher und dergleichen nicht zurückschreckt, ist ein treffender Beweis für die Kulturlosigkeit dieses Landes.

Angesichts dieser Tatsache sprechen wir Herrn Roosevelt das Recht ab, über Deutschland als Richter aufzutreten.

Dieses Argument soll im Vordergrund unserer Abrechnung mit diesem Heuchler stehen. Es ist jedoch völlig falsch, das Streben nach zivilisatorischer Entwicklung der Technik in den Vereinigten Staaten lächerlich zu machen.

Entscheidend ist dagegen, daß die Fortschrittlichkeit nicht in den USA, sondern bei uns im Reich ihre vornehmste Pflegestätte und ihre größten Erfolge erzielt hat.

Die besten Autostraßen der Welt hat Deutschland, die schnellsten Automobile werden bei uns gebaut. Das haben eindeutig die Ergebnisse der großen internationalen Rennen bewiesen.

Deutsche Forscher und Erfinder haben neue Urstoffe geschaffen, die gerade in den USA verächtlich gemacht wurden. Heute, da die Vereinigten Staaten im ostasiatischen Raum ihre Besitzungen und ihre Wirtschaftsbasis verlieren, machen uns diese neuen Werkstoffe unabhängig, während die USA vor der Unzulänglichkeit ihrer bisherigen Wirtschaftsform stehen. Aus diesen Gründen haben wir ein Recht, uns energisch zu verbitten, daß die Vereinigten Staaten sich anmaßen, Vormund über uns und Europa zu sein. Die USA haben nicht bewiesen, daß sie der Welt etwas zu geben haben, weder auf dem Gebiet der fortschrittlichen Entwicklung noch auf dem der geistigen Führung des amerikanischen Volkes.«

51

Da große militärische Besprechungen beim Chef durchgeführt wurden, waren zum Mittag- und Abendessen so viele Gäste da, daß ich im Nebenraum – Saal 2 – essen mußte.

28.3.1942 abends
(Wolfsschanze)

Die störenden Könige von Holland, Belgien, Dänemark und Schweden

Der Chef hat sich nach dem Abendessen darüber ausgelassen, daß er froh sei, daß die holländische Königin Wilhelmina geflüchtet sei und nicht noch wie der Belgier-König Leopold durch ihr Vorhandensein einen Faktor darstelle, auf den man Rücksicht nehmen müsse.

So könne es uns ziemlich egal sein, was die Japaner mit dem holländischen Kolonialreich planen. Insbesondere aber störe sie (Königin Wilhelmine) so den Zusammenschluß der germanischen Welt nicht wie der dänische und schwedische König[141], die sich so pflegten, daß sie uralt würden und alles hemmten.

Bezüglich Dänemark müsse über kurz oder lang eine Lösung in der Person Clausens[142] gesucht werden, zumal sich die Unterstützung Musserts in Holland und Quislings in Norwegen als richtig erwiesen habe.

Wochenschauzensur

Anschließend war die Zensur der Wochenschau durch den Chef. Im Mannschaftsspeiseraum des Casinobunkers läuft die Wochenschau mit den aktuellen Bildern von Front, Heimat und aus aller Welt tonlos. Den vorgesehenen Text verliest ein Ordonnanzoffizier, so daß Hitler verschiedentlich Verbesserungen anbringen kann, die die Dinge auch dem letzten Kinobesucher verständlich machen sollen.

Er freute sich bei der Gelegenheit besonders über die U-Bootbilder, berichtigte aber, daß nicht gesagt werden solle, wöchentlich liefen mehrere vom Stapel, sondern sie liefen in ununterbrochener Folge vom Stapel.

Mit Rücksicht auf das erhoffte Bündnis mit Großbritannien hatte Hitler den Vorkriegsausbau der U-Bootwaffe so minimal gehalten, daß noch 1942 die U-Bootneuproduktion nur mit den U-Bootverlusten Schritt hielt. 1939 existierten lediglich 53 einsatzfähige deutsche U-Boote, und auch diese nur als Tauchboote und nicht als echte Unterwasserschiffe.

52

29.3.1942
(Wolfsschanze)

Luftangriffe

Hitlers Tag beginnt mit den Meldungen über Luftangriffe in der vergangenen Nacht, die ihm von Wehrmacht, Polizei und Partei getrennt zugeleitet werden[143].

In der Nacht zum 29. haben die Engländer Lübeck angegriffen und die 4 Kirchen, den Rüstungssaal vom Rathaus, alte Patrizierhäuser, 80 Prozent der Altstadt, 2 oder 3 Museen mit dem größten Teil der Lübecker Kunstschätze, zum Teil einmaligen Schriften, zerstört. 50 Straßen wurden zerstört, beziehungsweise niedergebrannt. (Der) Führer (ist) sehr von der Meldung mitgenommen, zumal aufgrund der 6000 Brand- und 225 Sprengbomben sowie 2 Luftminen

141 König Christian X. von Dänemark und König Gustav V. von Schweden.

142 Clausen, Mussert und Quisling waren die Führer eigenständiger NS-Bewegungen in Dänemark, Holland und Norwegen.

143 Der britisch-amerikanische Luftkrieg auf »offene« Städte Deutschlands zerstörte mehr als eineinhalb Millionen Wohnhäuser. Allein beim britisch-amerikanischen Luftangriff auf das unverteidigte Dresden (13./14. Februar 1945) verbrannten mindestens 135000 Menschen. Mit den seinerzeit in der Stadt befindlichen Flüchtlingen waren es möglicherweise sogar 235000 Menschen.

über 200 Tote und fast ebensoviel Schwerverwundete zu beklagen sind. Die Flakabwehr reichte für einen derartigen Angriff offenbar nicht aus.

Die Flak-Geschütze (insbesondere die 8,8 cm Flugzeug-Abwehr-Kanonen), von denen 1944 rund 11000 im Einsatz waren, waren gleichzeitig wegen ihrer präzisen Zielgeräte hochbegehrte Panzerabwehrgeschütze an allen Fronten. Die 1942 fertigentwickelte Flugzeug-Abwehr-Rakete »Wasserfall« kam, obwohl 220 Wissenschaftler in Peenemünde an ihrer Serienfertigung arbeiteten, erst 1944 zum allmählichen Einsatz. Acht Meter lang, war diese Boden-Luft-Rakete imstande, mit 300 kg Sprengstoff zielsicher bis auf 1500 m Höhe – über einen Richtstrahl gelenkt – gegnerische Bomber bei jedem Wetter abzuschießen. Aber ihr Einsatz erfolgte in zu geringer Zahl und zu spät. Nur als Prototyp zum Einsatz kam die Tiefflieger-Abwehrrakete »Föhn«, die – nur 5 kg schwer – von Flak-Raketenwerfern mit 6 Rohren (mit je 8 Schuß) abgefeuert wurde.

Neben diesem aktiven militärischen Luftschutz gab es noch den passiven zivilen Luftschutz mit allgemeiner Luftschutzpflicht (Gesetz vom 26. Mai 1935). Dessen Hauptträger war der am 29. April 1933 gegründete Reichsluftschutzbund (RLB), dem Hitler mit dem Mitgliedsausweis Nr. 4605 auch persönlich angehörte.

53 — 29.3.1942 abends (Wolfsschanze)

Juristen und ihre Rechtslehren
Der Schöffenschwindel

Beim Abendessen kam der Chef auf Fragen der Justizpraxis zu sprechen. Er erzählte, daß er seinerzeit seine Hals-Fistel als ernster angesehen habe, als es tatsächlich gerechtfertigt gewesen wäre. Da er sogar an Krebs gedacht hätte, habe er sich hingesetzt und auf einem amtlichen Briefbogen handschriftlich sein Testament niedergeschrieben (2. Mai 1938). Dies sei, wie alle wissen würden, für ihn eine besondere Anstrengung, da er es aufgrund jahrelanger Übung gewohnt sei, seine Gedanken in die Maschine oder ins Stenogramm zu diktieren. Als er sein Testament fertig gehabt habe, sei ihm eine Entscheidung des Kammergerichts bekanntgeworden, in der das Testament einer alten Frau für ungültig erklärt worden war, weil der Ort der Testamentsabfassung vorgedruckt und nicht handschriftlich geschrieben gewesen sei.

Aus der Zeit nach der Neugründung der Partei (1925) existieren kaum handschriftliche Briefe Hitlers, da Hitler sich nicht durch Handgeschriebenes in die Hand von Feinden, politischen Gegnern, Handschriftendeutern usw. geben wollte. Selbst ich sah in all den Jahren nur einen einzigen, voll handgeschriebenen und signierten Brief Hitlers, und zwar an Emil Maurice. Selbst seine handgeschriebenen Stichwortnotizen für Reden in der Kampfzeit und handschriftlichen Weisungen an seinen persönlichen Adjutanten Schaub und an seine Wirtschafterin Frau Winter wollte er hinterher vernichtet wissen. Zum Leidwesen Eva Brauns schrieb er selbst ihr handschriftlich und signiert nur überaus selten und äußerst kurz; und sogar ihr machte er zur Auflage, seine Zeilen an sie noch vor ihrem Tode zu vernichten. Eine Ausnahme erlaubte er sich lediglich bei Kondulationen, Gratulationen und Weihnachtswünschen an Verwandte, Prominente und nahe Mitarbeiter; sie bestanden dann aber regelmäßig nur aus einem oder zwei handschriftlichen Sätzen, die zudem inhaltlich völlig unverbindlich waren, sowie einem Grußwort. Selbst seine wichtigsten politischen und militärischen Stellungnahmen diktierte Hitler. Dementsprechend unterzeichnete er von allen Ernennungsurkunden, Ordensverleihungen, Auszeichnungs-Dokumenten, die seine Unterschrift tragen, nur einen winzigen Bruchteil persönlich. Zu seinem größten Bedauern schaffte er es zeitlich und physisch nicht einmal, alle 6973 Verleihungsurkunden des Ritterkreuzes des Eisernen Kreuzes selbst zu unterschreiben, was er sich an sich fest vorge-

nommen hatte und immer wieder in Partien von 12 bis 20 Stück pro Tag versuchte. Nur die Verleihungsurkunden der drei höchsten Stufen des Ritterkreuzes des Eisernen Kreuzes unterschrieb er alle selbst (178), die des Ritterkreuzes mit Eichenlaub überwiegend (862).

Im übrigen wurden die »Adolf Hitler«-Unterschriften unter den Urkunden von Kalligraphen gefertigt, die Staatsminister Meißner von der Deutschen Reichsdruckerei beschaffte. Bei anderen Urkunden wurde Hitlers Unterschrift in einem besonderen – für den Laien kaum erkennbaren – Verfahren gestempelt und durch die echte Gegenzeichnung eines Ministers, Reichsleiters oder Generalfeldmarschalls legalisiert. Hitlers Unterschriften unter Fotos und Postkarten-Bildnissen wurden – wenn er sie nicht in Gegenwart des Empfängers selbst fertigte – mit einem Tintenstempel gestempelt oder von einem Schreibkünstler seines »persönlichen Dienstes« gefertigt. Nur Hitlers »von Amts wegen« notwendige Unterschriften unter Gesetzen, Partei-Führer-Richtlinien und Wehrmachts-Führerweisungen waren eo ipso echt.

Er habe sich da an den Kopf gefaßt und sich gesagt, ob das denn noch Recht sein könne, wenn noch nicht einmal das Testament des Reichskanzlers den gesetzlichen Vorschriften genüge. Und er sei zu dem Ergebnis gekommen, daß derartige Rechtsauffassungen ein absoluter Rechtsschwindel seien, aus dem man unbedingt wieder herauskommen müsse. Er habe deshalb den Justizminister Gürtner kommen lassen und ihn auf den Sachverhalt aufmerksam gemacht. Es habe aber extra ein Gesetz erlassen werden müssen, um diesen Unsinn zu beseitigen.

Weiter sei ihm aufgefallen, daß er Erbschaften, die ihm ja in großer Zahl vermacht würden, die er aber grundsätzlich für seine Person ausschlage und höchstens einmal der NS-Volkswohlfahrt zuweise, nur in der Weise rechtswirksam ausschlagen könne, daß seine Unterschrift unter der betreffenden Erklärung von einem Advokaten beglaubigt würde. Die Unterschrift des deutschen Reichskanzlers zusammen mit dem Reichssiegel hätte demnach nach Auffassung der Juristen nicht so viel Glaubwürdigkeit wie die eines Advokaten.

Kein vernünftiger Mensch verstehe das! Kein vernünftiger Mensch verstehe überhaupt die Rechtslehren, die die Juristen sich – nicht zuletzt aufgrund des Einflusses von Juden – zurechtgedacht hätten. Letzten Endes sei die ganze heutige Rechtslehre nichts anderes als eine einzige große Systematik der Abwälzung der Verantwortung. Er werde deshalb alles tun, um das Rechtsstudium, das heißt das Studium dieser Rechtsauffassungen, so verächtlich zu machen wie nur irgend möglich. Denn durch dieses Studium würden keine Menschen herangebildet, die fürs Leben paßten und geeignet seien, dem Staat die Aufrechterhaltung seiner natürlichen Rechtsordnung zu garantieren. Dieses Studium sei eine einzige Erziehung zur Verantwortungslosigkeit.

Er werde dafür sorgen, daß aus der Justizverwaltung bis auf 10 Prozent wirklicher Auslese an Richtern alles entfernt werde. Der ganze Schwindel von Schöffen werde beseitigt werden. Er wolle dem ein für allemal einen Riegel vorschieben, daß ein Richter sich von der Verantwortung für seine Entscheidung mit der Ausrede herumdrücke, daß die Schöffen ihn überstimmt hätten oder dergleichen. Er wolle nur Richter von Format haben, die dann aber natürlich auch gut bezahlt werden müßten. Als Richter brauche er Männer, die zutiefst davon überzeugt seien, daß das Recht nicht den Einzelnen dem Staat gegenüber sichern, sondern in erster Linie bewirken solle, daß Deutschland nicht zugrunde gehe.

»Richter von Format« gab es durchweg an den Amtsgerichten. Die meist über 50jährigen Amtsrichter kümmerten sich einen Schmarrn um Parteirichtlinien, gesundes Volksempfinden und den sogenannten Zeitgeist; sie entschieden stur nach Tatbestand, Recht und Gesetz. Als Referendar 1934 bis 1937 im Kammergerichtsbezirk Berlin habe ich diese Männer ebenso bewundert wie später die souveränen Richterpersönlichkeiten unseres heutigen Bundesverfassungsgerichts in Karlsruhe: unabhängige, unbestechliche, unopportunistische und streng dem Recht und dem eigenen Gewissen verhaftete Richter. Demgegenüber erlebten wir Referendare an den Landgerichten, Oberlandesgerichten, Sondergerichten und Staatsanwaltschaften zum Teil Juristen, die uns mit ihrer Kriecherei vor Staat und Partei derart anwiderten, daß wir ihnen ostentativ den Gruß mit Handschlag verweigerten. Wenn das Justizministerium oder sonstige hohe Staats- oder Parteistellen Interesse bekundeten, überschlugen sie sich fast vor Berichtsfreudigkeit und Opportunismus.

Gürtner sei es nicht gelungen, einen derartigen Richtertyp heranzubilden. Auch ihm selbst sei es ja sehr schwer gefallen, vom Juristischen abzukommen, und nur allmählich hätten sich bei ihm vernünftige Auffassungen eingestellt, als er durch Drohungen auf der einen Seite und durch Verächtlichmachung auf der anderen Seite zu Entscheidungen gezwungen worden sei, die den praktischen Lebensbedürfnissen entsprechen mußten.

Davon, daß er Gürtner zum Justizminister gemacht habe, weil er ihn früher als Richter besonders verständnisvoll behandelt hätte, könne keine Rede sein. Er, der Chef, habe sich in vollstem Maße zur Objektivität, ja geradezu zu einer abgeklärten Objektivität durchringen müssen, um den Mann, der ihn seinerzeit eingesperrt habe, zum deutschen Justizminister zu machen. Aber als er die Hirse der für diesen Posten vorhandenen Männer vom Spreu habe aussortieren müssen, da habe er keinen Besseren gefunden. Denn Freisler sei ja in seiner ganzen Art ein Bolschewik, und der andere (er meinte Schlegelberger) sei so, wie er ausschaue, und wenn man ihn nur einmal sähe, so genüge einem das ja für immer.

Der deutschnationale bayerische Justizminister Dr. Franz Gürtner hatte Hitler 1923 vor der Ausweisung nach Österreich bewahrt, ihm im Dezember 1924 die vorzeitige Strafentlassung erwirkt und ihm 1925 die Neugründung der NSDAP sowie die Wiederherausgabe des »Völkischen Beobachters« ermöglicht. Gürtner war Reichsjustizminister von 1932 bis 1941.

Roland Freisler war von 1933 bis 1942 Staatssekretär im Reichsjustizministerium und ab 1942 Präsident des Volksgerichtshofs. Als russischer Kriegsgefangener des I. Weltkriegs brachte er es in der UdSSR zum kommunistischen Parteifunktionär. Zur NSDAP kam er als Rechtsanwalt und Stadtverordneter des völkisch-sozialen Blocks in Kassel.

Dr. Franz Schlegelberger, Staatssekretär im Reichsjustizministerium seit 1931, war Hitler als typischer juristischer Berufsbeamter wegen seiner sturen Rechtlichkeit suspekt. Als Zivil- und Handelsrechtsspezialist hatte er einen international angesehenen Namen. Von kleiner Gestalt, war er Hitler schon rein körperlich nicht repräsentativ genug für einen Reichsjustizminister.

Mit den Juristen habe er, der Chef, beizeiten seine Erfahrungen gemacht. Als er 1920 seine ersten größeren Versammlungen in München durchgeführt habe, habe sich ihm ein Justizrat Wagner als Redner zur Verfügung gestellt. Da er seinerzeit nach jedem Stehkragen als Brücke zur Intelligenzschicht Ausschau gehalten habe, sei er über diesen Mann als Köder für Juristen und so weiter begeistert gewesen. Bevor er ihn allerdings in einer größeren Versammlung habe sprechen lassen, habe er ihn aufgrund der ihm eigenen Vorsicht erst einmal im Sternecker-Bräu seinen Vortrag vor den 20 Mitgliedern halten lassen. Die hätten da nicht schlecht geschaut, als dieser Justizrat mit zitternden Händen und wackelndem Kopf einen neuen Staatsaufbau propagiert habe, bei dem sich auf die Familie die Sippe und auf die Sippe das Geschlecht und auf die Geschlechter die Geschlechtsmutter aufbaue.

Seitdem sei er im Umgang mit Juristen immer besonders vorsichtig gewesen. Nur drei Männer hätten da eine Ausnahme gebildet: Von der Pfordten, Pöhner und Frick.

Von der Pfordten[144] sei das gerade Gegenstück zu Gürtner gewesen: ein Mann mit politisch-revolutionärer Ader.

Pöhner[145] habe sich in erster Linie als Deutscher und in zweiter Linie erst als Beamter gefühlt. Er habe in dem seinerzeitigen Hochverratsprozeß deshalb auch ausdrücklich erklärt: »In erster Linie bin ich Deutscher, und erst in zweiter Linie bin ich Beamter. Eine käufliche Beamtenhure bin ich nie gewesen. Merken Sie sich das! Wenn Sie meine Arbeit gegen die Usurpatoren als Hochverrat bezeichnen wollen, so lassen Sie sich gesagt sein, daß ich mich als Deutscher schon 6 Jahre lang für verpflichtet halte, gegen die Usurpatoren zu kämpfen und damit – wie Sie sich auszudrücken belieben – Hochverrat zu treiben.«

Auch Frick[146] habe sich damals tadellos benommen und als stellvertretender Polizeipräsident mit seinen Fingerzeigen die Parteiarbeit im damaligen Umfang erst ermöglicht. Er habe die Bewegung auch immer gedeckt. Ohne ihn wäre er, der Chef, auch nie aus dem Kittchen (Gefängnis) herausgekommen. Aber nun...

Es gäbe leider Nationalsozialisten, die irgendwann einmal für die Bewegung ganz Außerordentliches geleistet hätten, aber doch nicht über ihren eigenen Schatten springen könnten. Nachdem die Parteiarbeit über das, was sie verstehen könnten oder sich vorgestellt hätten, weit hinausgegangen sei, seien sie davor zurückgeschreckt, nachdem sie einmal A gesagt hätten, nun auch der logischen Entwicklung entsprechend B und C zu sagen.

Ein besonders klares Urteil habe über das Juristentum immer Dietrich Eckart gehabt, der selbst einige Semester Jura studiert gehabt habe. Nach seinen eigenen Äußerungen habe er sein Studium abgebrochen, »um nicht ein vollendeter Trottel zu werden«. Dietrich Eckart habe auch die Art gehabt, den Krebsschaden der heutigen Rechtslehren für das deutsche Volk in völlig unmißverständlicher Weise anzuprangern. Er, der Chef, habe geglaubt, daß es genüge,

144 Theodor von der Pfordten war Rat am Bayerischen Obersten Landesgericht. Er verstarb an den Verletzungen, die er sich beim Hitlerputsch vom 9. November 1923 vor der Münchner Feldherrnhalle zugezogen hatte.

145 Der Oberstlandesgerichtsrat Ernst Pöhner war von 1919 bis 1921 Polizeipräsident von München. Er förderte die NSDAP dienstlich und außerdienstlich; er erhielt wie Hitler für seine Teilnahme am Münchner Putsch vom 9. November 1923 fünf Jahre Festungshaft und 200 Goldmark Geldstrafe.

146 Dr. Wilhelm Frick war z. Zt. des Hitlerputsches vom 9. November 1923 Oberamtmann des Münchner Polizeipräsidiums und Leiter der Politischen Polizei Münchens. Als eines der ersten Mitglieder der NSDAP wurde er im Jahr 1924 Reichstagsabgeordneter, später Führer der Reichstagsfraktion der NSDAP, 1929 erster nationalsozialistischer Minister (in Thüringen) und 1933 Reichsinnenminister. Ab 1943 wurde er Reichsprotektor von Böhmen und Mähren, da Hitler aufgrund der negativen Kriegsentwicklung den progressiveren Himmler auf dem Stuhl des Reichsinnenministers haben wollte.

wenn man den Menschen solche Dinge in verfeinerter Form sage. Erst mit der Zeit sei er darauf gekommen, daß das gar nichts nütze.

Heute erkläre er deshalb klar und eindeutig, daß für ihn jeder, der Jurist sei, entweder von Natur defekt sein müsse oder aber es mit der Zeit werde. Wenn er all die Juristen, die einmal in sein Leben getreten seien, vor allem aber all die Advokaten und Notare, an seinem Auge vorüberziehen lasse, dann könne er nur immer wieder feststellen, wie gesund doch jener Stamm aufrechter, bodenverwurzelter Menschen sei, mit denen er zusammen mit Dietrich Eckart seinerzeit in Bayern seinen politischen Kampf aufgenommen habe.

Die Hanse und die Ehrbarkeit von Handel und Handwerk

Beim Abendessen kam der Chef auf das ehrbare Handwerk und den ehrbaren Handel im Mittelalter zu sprechen. Wenn man die heutigen Verhältnisse mit den damaligen Verhältnissen vergleiche, so könne man erst ermessen, wohin uns das Judentum gebracht habe.

Die Hanse[147] zum Beispiel dürfe man nicht nur als machtpolitischen Faktor werten, sondern müsse sie von ihrer inneren, rechtlichen Seite aus erfassen, wenn man ihrer vollen Bedeutung gerecht werden wolle. Die Hanse habe keine Ware zum Transport übernommen, bei der sie nicht die absolute Garantie für die Richtigkeit des Gewichts und die Güte der Qualität habe übernehmen können. Die Ware, die von der Hanse transportiert worden sei, habe mit dem Stempel des Hansekontors eine im In- und Ausland hochgeschätzte Qualifikation erhalten. Eine Stadt, deren Weber das Hansekontor in Lübeck mit der Versendung eines Leinenballens nach Bergen beauftragt hätten, der nicht den Anforderungen der Hanse voll entsprach, sei mit ihren Warenlieferungen auf 10 Jahre von der gesamten Hanse ausgeschlossen worden. Dabei sei es nicht so gewesen, daß das Kontor in Bergen diesen Ballen moniert habe, sondern das Lübecker Kontor habe bei einer nachträglichen Proben-Überprüfung festgestellt, daß die Quadratelle dieser Lieferung soundso viele Fäden Leinen zuwenig gehabt habe.

Es sei nicht zuletzt das Verdienst der Hanse, wenn der Begriff des ehrbaren Kaufmanns zu dem Ansehen gekommen sei, das heute noch bei einigen Bremer und Hamburger Kaufmannshäusern Tradition sei. Diese Ehrbarkeit habe sie durch ihre barbarischen Strafen erzielt. Denn dadurch, daß sie einen Kaufmann von dem Transport seiner Waren ausschloß, habe sie ihn aufgrund der Bedeutung ihres Stempels in ihren weitverzweigten Handelsbeziehungen auf ein Handelsminimum zurückgedrängt beziehungsweise zum Ruin gebracht.

Das Beispiel der Hanse hat auf das ganze gewerbliche Leben des Mittelalters weitgehende Wirkungen ausgeübt und dazu geführt, daß der Brotpreis beispielsweise vierhundert Jahre lang und der Gerstenpreis und mit ihm der Bierpreis 500 bis 600 Jahre lang durch alle Währungen gehalten werden konnte. Die Ehrbarkeit wurde nicht nur zum tragenden Begriff des Handels, sondern auch des Handwerks und fand durch die Gilden oder Zünfte nachhaltige Pflege.

Ein Bäcker beispielsweise, der bei der Qualität des zu den Brötchen verwand-

147 Die Hanse oder Hansa ist die Gemeinschaft (Genossenschaft) der Import- und Exportkaufleute der norddeutschen Handelsstädte vom 13. bis 17. Jahrhundert. Im 14. Jahrhundert beherrschte sie wirtschaftlich ganz Nordeuropa und insbesondere die Länder rund um die Ostsee.

ten Mehls mogelte, wurde gestäupt, das heißt mehrfach in einem Wasserbehälter so untergetaucht, daß er nur um ein Haar am Ersticken beziehungsweise Ertrinken vorbeikam.

Die Ehrsamkeit als Grundlage der gewerblichen Wirtschaft sei erschüttert worden, je mehr man die Juden aus dem Ghetto herausgelassen habe. Denn das Judentum, dieses verkommenste Zeug, das zusammengeschlagen gehöre, habe die Bestimmung des Preises abhängig gemacht von Angebot und Nachfrage, also von Maßstäben, die mit der Qualität der Ware gar nichts zu tun haben. Durch die Ausbildung des Kaufvertrags habe der Jude eine juristische Form für seine Betrügereien gefunden, die unseren Handel in den letzten beiden Jahrhunderten, von wenigen Ausnahmen abgesehen, auf das Niveau herabgedrückt haben, das wir unbedingt wieder beseitigen müßten. Die Beseitigung des Judentums sei die erste Voraussetzung dazu.

54 30.3.1942 abends (Wolfsschanze)

Der Kölner. Köln und die Reklame

Die Unterhaltung des Abends am Cheftisch drehte sich längere Zeit um das sogenannte »Kölnisch Wasser« und um den Schutz dieser und ähnlicher Bezeichnungen.

Vom Gesandten Hewel, der aus Köln stammt, wurde die Auffassung vertreten, der Schutz der Bezeichnung »Kölnisch Wasser« sei jahrelang vergeblich versucht worden und sei rechtlich nicht möglich.

Wenn dem so sei, erwiderte der Führer, dann werde er den Schutz derartiger Bezeichnungen einführen. Dieser Schutz sei selbstverständlich schon aus Exportgründen notwendig. Jahrelang, betonte der Führer, sei das Münchner Löwenbräubier unser bestes Exportbier gewesen. Wenn nun zum Beispiel eine Berliner Firma ebenfalls ein Löwenbräu anderer oder gar minderer Qualität herstelle, bekäme der Bierabnehmer im Ausland verschiedene Biere gleichen Namens. Und schon dies ziehe auf jeden Fall eine Minderung des Exports nach sich.

Der Führer erklärte deshalb – der Reichsleiter Bormann hat davon sofort Reichsminister Lammers[148] verständigt –, er wünsche, daß hochwertige Qualitätsartikel auf jeden Fall vor Nachahmungen ihrer Bezeichnungen geschützt werden sollen. Und zwar nicht aufgrund eines jahrelangen, sondern aufgrund eines sehr kurzen, klaren und einfachen Verfahrens. Keinesfalls dürfe es zum Beispiel weiter möglich sein, daß eine Berliner Firma »Kölnisch Wasser« herstelle. Die Bezeichnung »Kölnisch Wasser« müsse eindeutig vor Nachahmungen in anderen Städten geschützt werden. Gäbe es außer den beiden Weltruffirmen »Johann Maria Farina gegenüber dem Jülichsplatz« und »4711 (Hausnummer in Köln) Ferdinand Mühlens« keine weiteren Firmen in Köln, die seit langer Zeit »Kölnisch Wasser« herstellen, so müßte den beiden vorgenannten Firmen die Bezeichnung »Kölnisch Wasser« geschützt werden, zumal sie mit ihren Fabri-

148 Reichsminister Dr. Hans-Heinrich Lammers war ab 1933 Chef der Reichskanzlei. Seit 1922 Ministerialrat im Reichsinnenministerium, hatte er sich als juristischer Berufsbeamter und als Verfasser diverser staatsrechtlicher Werke einen im In- und Ausland angesehenen Namen gemacht.

katen als einzigen auf dem Kosmetikmarkt selbst den französischen überlegen seien. Selbst in Köln dürften dann weitere Firmen nicht die Fabrikation von »Kölnisch Wasser« aufnehmen. Diese Anordnung sei notwendig; denn sonst mache eine Berliner Firma ein Zweiggeschäft unter anderem Namen in Köln auf und fabriziere dort »Kölnisch Wasser«.

Über einige Scherze Hewels im Kölner Dialekt und einige witzige Bemerkungen über Hewels Heiratsaussichten beim Hause Mühlens lachte der Führer sehr, sehr herzlich, so daß er mehrfach sogar die Hand vor die Augen nehmen mußte.

Der Chef kam dann auch auf seinen letzten Empfang in Köln (vor Kriegsbeginn) zu sprechen, bei dem ihm mehrere Hunderttausend die größten Ovationen seines Lebens vorm Hotel gebracht hätten. Die ganze Menge habe vor Freude über sein Erscheinen auf dem Balkon des Domhotels jedesmal bei seinem Anblick geschunkelt.

Städte wie Köln interessierten Hitler nicht nur wegen ihrer Bauwerke, sondern auch bezüglich ihrer Menschen und bezüglich der Genealogie ihrer führenden Familien, etwa der bekannten Kölner Bürgermeisters- und Patrizierfamilie »von Cölln«, die in einer tausendjährigen Ahnenfolge der Stadt Köln und den Ländern Westfalen, Mecklenburg, Brandenburg, Holstein und Oldenburg zahllose Prominente (Bürgermeister, Handelsherren, Ritter, Generale, Gutsbesitzer, Kirchenführer, Minister, Gelehrte und Schriftsteller) gestellt hat. Da er aus meiner Personalakte wußte, daß meine Großmutter eine geborene »von Cölln« war, befrotzelte er mein zivilistisches Gehabe gelegentlich mit Hinweisen auf die Militärs unter meinen Vorfahren. Auch bei einem derartigen Gefrotzel hielt er aber Distanz, wurde im Scherz weder bösartig noch kumpelhaft; er verabscheute den Untergebenen gegenüber plumpe Vertraulichkeiten.

Landschaft, Klima und Wein hätten den Kölner ja überhaupt zu einem sehr liebenswürdigen Menschen gemacht, wie ja auch sein Humor liebenswürdig gegenüber dem ätzenden des Berliners und dem groben des Münchners sei.

Das Schönste aber sei der Gesang des Kölner Männergesangvereins, der zur Zeit ja der beste Deutschlands sei, am Ende seiner Kundgebung gewesen. Das »Niederländische Dankgebet« habe er zu Gehör gebracht. Und als er, der Führer, die Rheinlandhalle dann verlassen habe, hätten sämtliche Kölner Glocken geläutet. Wunderbar...

Der Chef erging sich dann über den Wert der Reklame. Die Firma Odol habe fast ein Jahr lang an jeder Litfaßsäule seines Heimatstädtchens ihre Reklame – das Wort »Odol« vielfach und ohne jeden Zusatz – angebracht, so daß jeder sich gefragt habe, was das sei. Dann sei die Flasche mit dem Wort »Odol« auf den Plakaten erschienen, und erst als der Name »Odol« und die Odolflasche für alle ein Begriff gewesen seien, habe es geheißen: »Odol, das beste Mundwasser« und so weiter und sei rasend abgesetzt worden. Solch eine Reklame sei nicht als jüdisch abzutun. Sie erspare beim Durchsetzen eines an sich brauchbaren Artikels lediglich die Arbeit einer ganzen Generation.

Professor Hoffmann entwarf dann für das vom Internisten des Führers, Prof. Morell, erfundene Läusepulver ein Reklamebild: einen Mohren, der eine überdimensionale Laus ersticht, mit dem Wahlspruch: »Die Laus muß schrumpfen!« Als sich das Gelächter gelegt hatte, meinte der Führer: Wenn das Zeugs etwas tauge, sei Morell der Wohltäter aller Soldaten der kommenden Generationen und erhalte von ihm ein überdimensionales Denkmal, das ihn darstelle, wie er mit einem aus einer Pulverdose fließenden Wasserstrahl eine Laus erlege.

Professor Morell entwickelte ein Mittel, das in seiner Synthese frischem Pferdeschweiß gleichkam und angeblich gegen Läuse half. Von Hitler erhielt er dafür das Ritterkreuz des Kriegsverdienstkreuzes, dessen Erstexemplar am 20. Mai 1942 einem Werkmeister aus der Panzerproduktion verliehen wurde. Die Truppe lehnte Morells Läusepulver wegen seines starken Geruchs und seiner geringen Brauchbarkeit weitgehend ab.

55

31.3.1942 mittags
(Wolfsschanze)

Bulgarien und die Türkei

Beim Mittagessen kam der Chef auf das deutsch-bulgarische und das deutsch-türkische Verhältnis zu sprechen (Deutschlands Botschafter in der Türkei, von Papen, wurde von Hitler für den Nachmittag erwartet) und meinte, die Türkei als Bundesgenosse sei für uns wesentlich wertvoller als Bulgarien. Er sei deshalb jederzeit bereit, mit den Türken einen Handelsvertrag auf der Basis zu schließen, daß wir ihnen Waffen liefern und ihre und ihrer Meerengen Unversehrtheit garantieren.

Als Schwarzmeer-Anlieger hätten wir von einem solchen Vertrag den Vorteil, daß wir die Meerengen nicht selber zu bewachen brauchten.

Auch biete das Regime in der Türkei die Gewähr dafür, daß die Türkei ein stabiler Bundesgenosse sei. Denn der Übergang der Staatsgewalt von Kemal Atatürk auf Inönü[149] zeige, daß das autoritäre System in der Türkei hinreichend gefestigt und in der nationalgesinnten türkischen Bevölkerung, insbesondere der Jugend, so fest verankert sei, daß es als stabil angesprochen werden könne.

Auch habe das türkische Regime in seiner religiösen Ausrichtung, im Mohammedanismus, keinen Faktor, der nach Rußland oder einer anderen Großmacht tendiere. Ganz im Gegensatz zu Bulgarien.

Bulgariens Kirche zeige deutliche Tendenzen nach Moskau. Die bulgarische Bevölkerung sei auch heute noch, das heißt in der Zeit des Sowjetsystems, in ihrer Grundeinstellung pan-slawistisch. Wie zum Beispiel der bulgarische Ministerpräsident aus Deutschland von seiner sehr lohnenden Beitrittserklärung Bulgariens zum Dreierpakt[150] zurückgekehrt sei, sei nicht er, sondern eine gleichzeitig auf dem Bahnhof in Sofia ankommende sowjetrussische Fußballmannschaft von der Bevölkerung mit größtem Beifall begrüßt worden. Hinzu komme, daß Bulgarien kein gefestigtes Regime habe und König Boris ständig auf dem Pulverfaß sitze. Es sei deshalb das Idealste: die Weltkriegskonstellation des türkischen Bündnisses. Denn bei einem solchen seien wir gegen ein Abgleiten Bulgariens in das politische Fahrwasser Rußlands immer gesichert.

56

31.3.1942 abends
(Wolfsschanze)

Karl der Große und seine Kaiserpolitik

Zum nachfolgenden Vermerk erhielt ich von Reichsleiter Bormann noch während des Abendessens eine Karte mit der für ihn typischen Weisung: »Diktieren

149 Staatspräsident Ismet Inönü war von 1923 bis 1937 bereits unter Kemal Atatürk türkischer Ministerpräsident, bevor er 1938 – nach Atatürks Tod – Staatspräsident der Türkei wurde.

150 1. März 1941. Es handelte sich um Bulgariens Ministerpräsidenten Bogdan Filoff.

Sie den Vermerk über dieses Gespräch, dessen Wichtigkeit Sie wahrscheinlich gar nicht einsehen, nicht einfach herunter, sondern setzen Sie sich nach dem Essen zunächst an Ihren Schreibtisch und arbeiten Sie den Vermerk genauer aus.«

Diese beleidigende Formulierung Bormanns war der Ausdruck seines Ärgers darüber, daß ich mich als volljuristischer Berufsbeamter weder dienstlich noch privat von der Überheblichkeit mancher Parteifunktionäre – ihn eingeschlossen – beeindrucken ließ und auch in meinem Verhältnis zu Hitler stur den eigenen Intentionen folgte und jeden Byzantinismus vermied.

Die heutige deutsche Ostpolitik – so führte der Chef, angeregt durch eine Bemerkung Bormanns über Heinrich I., beim Abendessen aus – sei ohne geschichtliche Parallele.

Himmler erkor König Heinrich I. (876 bis 936) zum »Schutzpatron« der SS, gestaltete seine Grabstätte, den Dom zu Quedlinburg, zu seiner »Heilstatt«, wollte sein Bronzerelief in allen SS-Führungszentren sehen und gab dazu die – von Hitler gebilligte – Losung: »Er war der Erste unter Gleichen ... und ein Führer vor tausend Jahren.« Heinrich I. schuf die Grundlagen der deutschen Kaisermacht des Mittelalters. Er begann als Sachsenherzog, unterwarf die Schwaben und Bayern, brachte Lothringen zum Reich zurück, ebenso Teile Dänemarks, drang über die Elbe vor, unterstellte die angrenzenden aggressiven Böhmen und Slawen deutscher Oberhoheit und besiegte die Ungarn an der Unstrut.

Zwar habe es an des Reiches Ostgrenzen Kämpfe zu wiederholten Malen und von gewaltigem Ausmaß gegeben. Diese Kämpfe seien aber durch die Völkerschaften des Ostens an die Reichsgrenzen herangetragen worden und hätten ganz einfach zu der Alternative gezwungen, den Kampf aufzunehmen oder unterzugehen, seien also keinesfalls als Ausdruck einer bewußten deutschen Ostpolitik anzusprechen. Auch irrten die Historiker, wenn sie bei Heinrich dem Löwen Ansätze deutscher Ostpolitik feststellen zu können glaubten. Ihn habe lediglich die Erkenntnis getrieben, daß nur noch im Osten für ihn die Möglichkeit gegeben gewesen sei, sich eine Hausmacht zu gründen.

Ein Reichsinteresse am Osten, weitausgreifende Planungen einer Ostkolonisation oder dergleichen seien zur Kaiserzeit nicht zu erkennen. Die Kaiserpolitik sei rassisch-einheitlich und daher südlich orientiert gewesen. Der Osten mit seinen völlig fremdrassigen Völkerschaften, die nur hin und wieder dünne germanische Oberschichten aufzuweisen gehabt hätten, habe ihr ferngelegen. Der Süden dagegen, insonderheit die Lombardei, habe sich in rassischer Hinsicht ohne weiteres dem Gesamtbild des Heiligen Römischen Reiches Deutscher Nation eingefügt und sei daher ein ewig aktuelles Problem der Kaiserpolitik gewesen. Wie weit damals die politische Ideenwelt rassisch bestimmt gewesen sei, zeige die Tatsache, daß noch im 14. Jahrhundert in Florenz eine deutschkaiserliche Partei existiert habe. Und wer wisse, ob die Lombardei nicht heute noch fest in unseren Händen wäre, wenn nicht Lehensfürsten wie Heinrich der Löwe durch ihre Treueidverletzungen dem Kaiser gegenüber immer wieder die Reichspolitik durchkreuzt und den Kaiser gezwungen hätten, von seinem Unternehmen im Süden schleunigst zurückzukehren und zunächst einmal wieder den Brand im eigenen Hause zu löschen. In der Einheitlichkeit der Reichspolitik liege alles an Erfolg begründet.

Es müsse daher den Schwaben, die im Sinne des Kaisergedankens am reichstreuesten gewesen seien, unsere höchste Achtung gelten. Lehensfürsten wie Heinrich den Löwen wegen ihres Ausderreihetanzens zu verherrlichen, halte er nicht für richtig, denn sie hätten »ihre« Politik damals eindeutig gegen das Reich gemacht. Er habe deshalb auch Rosenberg gewarnt, die großen deutschen Kaiser zugunsten von Eidbrüchigen verblassen zu lassen und einen Heroen wie Karl den Großen als Karl den »Sachsenschlächter« zu bezeichnen.

Am 12. Januar 1893 in Reval geboren, studierte Alfred Rosenberg in Riga und Moskau und graduierte als Augenzeuge der Oktober-Revolution in Moskau zum Diplomingenieur-Architekten (1918). Er kam 1919 als Journalist nach München, wurde 1921 Schriftleiter, 1923 Hauptschriftleiter und ab 1938 Herausgeber des »Völkischen Beobachters«, des Zentralorgans der NSDAP. Im Januar 1934 beauftragte Hitler ihn mit der »Überwachung der gesamten geistigen und weltanschaulichen Schulung und Erziehung der NSDAP«, nachdem er ihm 1933 bereits das »Außenpolitische Amt« der NSDAP übertragen und ihn zum Reichsleiter ernannt hatte. Von ihm stammte Hitlers Auffassung, die bolschewistische Revolution sei keine sowjet-russische, sondern eine jüdische Angelegenheit, was selbst Stalin Hitler auf diplomatischen Wegen und durch persönliche Botschaften vergeblich auszureden suchte. 1941 wurde Rosenberg Reichsminister für die besetzten Ostgebiete, da er russisch sprach und sich in der verschiedenartigen Mentalität der 175 Sowjet-Völker auskannte.

Geschichte müsse immer aus ihrer Zeit heraus verstanden werden. Wer garantiere denn, daß nicht nach 1000 Jahren – wenn das Reich aus irgendwelchen Gründen wieder Südpolitik treiben müsse – irgend so ein verrückter Gymnasialprofessor erkläre, »was der Hitler im Osten gemacht habe, sei zwar gut gemeint, aber letzten Endes doch Unsinn gewesen, nach Süden hätte er gehen müssen!« Vielleicht gehe solch ein Einfaltspinsel dann sogar so weit, ihn als »Ostmark-Schlächter« zu bezeichnen, weil er bei der Heimführung des deutschen Österreichs alle habe an die Wand stellen lassen, die das Unternehmen zu hindern versucht hätten. Ohne Gewalt hätte man die deutschen Stämme mit ihren Dickschädeln und ihrer Eigenbrödelei weder zur Zeit Karls des Großen noch zu seiner Zeit zusammengebracht.

Karl der Große war für Hitler der erste Einiger aller germanischen Stämme und der erste Schöpfer eines vereinigten Europas.

Das »Deutsche Reich« sah in Hitlers Einteilung wie folgt aus: Das Erste Reich war das »Heilige Römische Reich Deutscher Nation« von 962 bis 1806; das Zweite Reich war das »Deutsche Reich« Bismarcks von 1871 bis 1918; das Dritte Reich war das »Großdeutsche Reich« Hitlers ab 1933. Die Weimarer Republik zählte bei Hitler höchstens als »Zwischenreich«.

Das deutsche Volk sei auch nicht lediglich als ein Produkt von antiker Idee und Christentum, sondern als ein Produkt von Gewalt, antiker Idee und Christentum entstanden. Nur mit Hilfe der Gewalt habe sich das deutsche Volk im Abglanz alt-römischer Staatenbildungen und auf dem Boden des von einer Universal-Kirche vertretenen Christentums in der Kaiserzeit erstmalig zusammenschweißen lassen.

Ein Mann wie Karl der Große habe sich dabei kaum so sehr von machtpolitischen Erwägungen leiten lassen als vielmehr von dem mit der antiken Idee gegegebenen Streben nach kultureller Entwicklung, nach kulturellem Schaffen. Das größtmögliche Maß kulturellen Schaffens sei aber, wie die Antike zeige, nun einmal nur bei einer straffen Zusammenfassung zu einer staatlichen Organisation zu erreichen. Denn Kulturarbeit sei Zusammenarbeit, Zusammenarbeit aber erfordere Organisation. Was würde wohl aus einer Fabrik werden, wenn sie keine straffe Organisation habe, wenn jeder Arbeiter käme, wann es ihm passe, und sich mit der Arbeit beschäftige, die ihm Spaß mache.

Ohne Organisation, das heißt ohne Zwang, und damit ohne Verzicht für den Einzelnen gehe es nicht. Das ganze Leben sei ja ein fortgesetzter Verzicht auf individuelle Freiheit. Je höher ein Mensch auch steige, desto leichter müsse ihm der Verzicht auch fallen! Denn desto mehr müsse er aufgrund seines erweiterten Überblicks die Notwendigkeit des Verzichts einsehen. Das unterscheide ja den Menschen, der in einem gesunden Staatswesen nach oben komme, von dem Menschen, der immer in der großen Masse bleibe: daß er mit seiner Leistung wachse und seine Einsicht auch mit seiner Leistung reife.

Wenn der Straßenkehrer auf seine Pfeife Tabak oder aber auf sein Bier nicht verzichten könne und wolle, so sage er: »Gut, weil dir die Einsicht in die höhere Notwendigkeit eines solchen Verzichts fehlt, mein Freund, deshalb bist du ja eben auch Straßenkehrer und nicht etwa eine der den Staat führenden Persönlichkeiten geworden!« Daß das so sei, sei recht so, denn auch den Straßenkehrer müsse es geben. Und auch der Straßenkehrer müsse danach geachtet werden, welche Leistung er in und für die Gesamtheit im Rahmen seiner Anlagen und Fähigkeiten erbringe.

Durch eine diesen einfachen, natürlichen Lebensweisheiten entsprechende Zusammenfassung der deutschen Menschen zu einer straffen staatlichen Organisation habe Karl der Große ein Reich geschaffen, das auch – als es nicht mehr existierte – immer noch als Reich bezeichnet worden sei. Er habe diesem Reich so viel von der besten politischen Substanz des alten römischen Imperiums mit auf seinen geschichtlichen Weg gegeben, daß es von den Menschen des gesamten europäischen Kontinents jahrhundertelang als Fortführung des alten römischen Weltreichs empfunden worden sei, als Fortführung dieser Welt an sich, auf deren Erhaltung oder Rekonstruierung alles damalige politische Streben ausgerichtet gewesen sei. Wenn das Deutsche Reich daher damals als »Heiliges« Römisches Reich Deutscher Nation bezeichnet worden sei, so habe das mit der Kirche oder kirchlichen Erwägungen nichts, aber auch gar nichts zu tun.

»Reichskanzler« oder »Führer«

Im Gegensatz zu dem Begriff »Reich« habe der Begriff »Reichskanzler« durch die Jahrhunderte leider abgewirtschaftet und – nachdem er von einem Riesen (Fürst Otto von Bismarck) noch einmal ganz groß erhoben worden sei – durch Krüppel wie Wirth[151], Brüning[152] und so weiter endgültig seinen guten Klang verloren. Bei der autoritären Staatsform, die wir heute zur Grundlage unseres politischen Lebens gemacht hätten, sei er aber auch zu entbehren. Ja, er sei als Bezeichnung des Staatschefs heute sogar unrichtig, da er geschichtlich mit der Vorstellung verbunden sei, daß über dem Kanzler noch irgend jemand den Staat als höchstes Oberhaupt repräsentiere, egal, ob dieser nun Kaiser oder Präsident oder sonstwie heiße.

Für unsere heutige Staatsform sei die Bezeichnung »Führer« für den Staatschef die beste. Sie bringe auch zum Ausdruck, daß der Staatschef das gewählte

151 Joseph Wirth (Zentrumspartei) war Reichskanzler von 1921 bis 1922.
152 Heinrich Brüning (Zentrumspartei) war Reichskanzler von 1930 bis 1932.

Oberhaupt des deutschen Volkes sei. Wenn heute begriffliche Überschneidungen aufträten, es zum Beispiel unter Fotografien heiße: »Neben dem Führer der Oberführer soundso, sein Adjutant« und von Straßenbahnführern, Zugführern und so weiter gesprochen würde, so spiele das keine Rolle, solange er lebe. Wenn er aber einmal nicht mehr sei, müsse man das ändern und den Ausdruck »Führer« zu einem einmaligen Begriff erheben. Schließlich falle es ja auch keinem Menschen ein, den Straßenbahn-Fahrer als Straßenbahn-»Kaiser« zu bezeichnen, und wenn der Führer einer Ortsgruppe Ortsgruppen»leiter« statt Ortsgruppen-»führer« heiße, empfinde kein Mensch das als nicht sachentsprechend.

Seit dem Tode des Reichspräsidenten von Hindenburg und der Übernahme seiner Funktionen als Staatsoberhaupt, d.h. seit dem 2. August 1934, führte Hitler die Dienstbezeichnung »Der Führer und Reichskanzler«. Zur Verdeutlichung seiner einheitlichen Führung von Partei, Wehrmacht, Staat und Volk nahm er durch Erlaß vom 26. Juni 1943 im innerdeutschen Dienstverkehr die Amtsbezeichnung »Der Führer« und im Auslandsverkehr die Amtsbezeichnung »Der Führer des Großdeutschen Reiches« an.

Entsprechend der »Papst-Hymne« hat Hitler ab 1934 eine »Führer-Hymne« eingeführt, die zu seinem amtlichen Erscheinen in der Öffentlichkeit gespielt zu werden hatte, den »Badenweiler Marsch«. Der Regimentsmusikmeister Georg Fürst (verstorben 1936) hatte diesen Marsch komponiert, und zwar als Erinnerung an die deutsche Erstürmung des französischen Vogesenstädtchens Badonviller am 12. August 1914. Außerdem gab es eine »Führer-Standarte«, die bei Hitlers Anwesenheit in öffentlichen Dienstgebäuden wie der Reichskanzlei usw. zu hissen war. Die »Führer-Standarte« wurde von Hitler bei Dienstfahrten auch als Autostander – und zwar an der rechten Vorderseite seines Wagens – geführt. Der Stander war etwa quadratisch und hatte bei Hitlers Mercedeswagen die Größe 29 × 29 cm, bei den Volkswagen 17 × 18,5 cm. Die »Führer-Standarte« war rot und am Außenrand mit einer schwarz-weiß-schwarzen Borte eingefaßt; ihr weißes Mittelfeld zeigte ein schwarzes, von einem goldgestickten Eichenkranz eingerahmtes Hakenkreuz. In den vier Ecken der Standarte befanden sich die Hoheitsadler des Deutschen Reiches und der NSDAP in Goldstickerei, und zwar abwechselnd und mit dem Kopf zum Eichenkranz des Mittelfeldes gerichtet.

Napoleons politische Fehler: Titeländerung. Verstoßung Josephines, kaiserliche Hofhaltung und Vetternwirtschaft

Ganz falsch sei es, an der der Staatsform zugehörigen Bezeichnung des Staatsoberhauptes etwas ändern zu wollen. Es sei neben der Betätigung seines Familiensinns in politischen Dingen der größte Fehler Napoleons gewesen, daß er die Geschmacklosigkeit gehabt habe, den Titel »Erster Konsul« abzulegen und sich »Kaiser« zu nennen. Denn unter dem Titel »Erster Konsul« habe die Revolution, die die Welt erschütterte, ihn, den republikanischen General, über das Direktorium, diese Sterneckerbräu[153]-Versammlung, hinweg an die Spitze des Staates emporgetragen.

Hitler hatte auch Familiensinn. Er spürte eine echte Zuneigung zu seiner fröhlich zupackenden Halbschwester Angela und zu seiner sensiblen Vollschwester Paula. Deshalb setzte er ihnen in seinem Testament vom 2. Mai 1938 eine lebenslängliche Rente von monatlich RM 1000,– für den Fall seines früheren Ablebens aus. In seinem endgültigen Testament vom 29. April 1945 präzisierte er das dahin, daß sie aus seinem Nachlaß so viel bekommen sollten, wie »zur Erhaltung eines kleinen bürgerlichen Lebens not-

153 In diesem Münchner Gasthof lernte Hitler am 12. September 1919 die »Deutsche Arbeiterpartei«, die Vorläuferin der NSDAP, kennen. In einem Nebenzimmer des Gasthofs (München, Tal 54) errichtete er am 1. Januar 1920 die erste Parteigeschäftsstelle.

wendig« sei. Er lehnte es aber ab, ihnen Posten oder Pfründen zuzuschanzen. Für seine Art von Familiensinn typisch war sein Geburtstags-Dankschreiben an seine Schwester Paula vom April 1942: »Liebe Paula! Aus Anlaß meines Geburtstages erhielt ich sehr viel Liebesgaben. Nimm die kleine Kostprobe davon entgegen in dem Wunsch, daß Dir alles gut schmecken möge... Den Speck, der von einer Ortsgruppe aus Spanien stammt, darfst Du mit Rücksicht auf die vielleicht dort nicht sorgfältige Fleischbeschau nur gekocht oder gebraten genießen. Mit herzlichen Grüßen! Adolf Hitler.«

Indem er diesen Titel abgelegt und sich als »Kaiser« bezeichnet habe, habe er die Jakobiner, seine alten Mitstreiter, verleugnet und verloren und zahllose Anhänger im In- und Ausland vor den Kopf gestoßen, die in ihm die Verkörperung der von der Französischen Revolution ausgehenden geistigen Erneuerung sahen. Man brauche sich ja nur – um sich die Wirkung dieser Maßnahme ganz zu verdeutlichen – einmal vorzustellen, wie es auf die Münchener, ja auf die ganze Welt wirken würde, wenn er, der Chef, plötzlich in goldener Kalesche als »Kaiser« durch Münchens Straßen fahren wollte.

Dabei habe Napoleon durch diese Geschmacklosigkeit noch nicht einmal etwas gewonnen. Denn die alten Monarchien hätten ihn selbstverständlich als Emporkömmling abgelehnt. Das Einzige, was er von ihnen erhalten habe, sei die Habsburgerin gewesen, die man ihm aufgehängt habe und mit deren Erscheinen die Franzosen ein für allemal in ihrem ganzen Nationalstolz zutiefst getroffen worden seien. Denn die schöne Josephine[154], die damals zugunsten der Habsburgerin[155] zurücktreten mußte, sei für die Franzosen nun einmal als eine fanatische französische Republikanerin ein Vorbild und darüber hinaus die Frau gewesen, die mit ihm den Weg zur höchsten Staatsstellung gemeinsam emporgeklommen sei.

Die Erschütterung, die die Annahme des Kaisertitels durch Napoleon in Europa ausgelöst habe, werde am besten durch die Tatsache gekennzeichnet, daß Beethoven eine Napoleon gewidmete Symphonie zerrissen, auf ihren Fetzen mit den Füßen getrampelt und ausgerufen habe: »Er ist keine Welterscheinung, er ist doch nur ein Mensch.« (Die Legende meint die »Heroische Symphonie«, die »Eroica« von Ludwig van Beethoven.)

Es sei die ganze Tragik am Schicksal Napoleons, daß er nicht gespürt habe, daß er mit der Annahme des Kaisertitels, mit der Einführung einer kaiserlichen Hofhaltung und eines kaiserlichen Hofzeremoniells sich mit Degeneraten gemein gemacht und sich einen Käfig voller Affen angeschafft habe. Er, der Chef, würde es als Wahnsinn empfinden, wenn man ihm anbieten wolle, sich etwa Herzog zu nennen und sich damit mit den vielen geisteskranken Trägern dieses Prädikats selbst auf eine Stufe zu stellen.

Auch aus Napoleons Protektion von Verwandten spreche eine unglaubliche menschliche Schwäche. Wenn einer eine Stellung wie er bekleide, müsse er seinen Familiensinn ausschalten. Statt dessen habe er Brüder und Schwestern in leitende Positionen gebracht und sie in ihnen belassen, auch als er ihre Un-

154 Joséphine (1763 bis 1814), Tochter des Kapitäns Tascher de la Pagerie, heiratete 1779 den Vicomte de Beauharnais und nach dessen Hinrichtung 1796 Napoleon, der sich – da sie ihm keinen Thronerben gebar – 1809 wieder von ihr scheiden ließ.

155 Marie Louise (1791 bis 1847), Tochter des Kaisers Franz II. von Österreich, heiratete Napoleon 1810 und gebar ihm einen Sohn, den Herzog von Reichstadt (Napoleon II.).

fähigkeit längst erkannt hätte. Nur aus seinem korsischen, dem schottischen ähnlichen Familiensinn heraus sei die Inkonsequenz verständlich, daß er – anstatt das ganze Verwandtenvolk aufgrund seiner offensichtlichen Minderwertigkeit rauszuschmeißen, was das einzig Mögliche gewesen sei – seinen Brüdern und Schwestern monatlich Briefe voller Ermahnungen geschickt habe, daß sie dieses tun und jenes lassen sollten, und geglaubt habe, mit Geldversprechungen oder Geldentziehungen ihre mangelnden Fähigkeiten korrigieren zu können.

Mit der ersten Betätigung dieser Art von Familiensinn habe der Bruch in seinem Leben eingesetzt. Denn Vetternwirtschaft sei die gewaltigste Protektion, die sich denken lasse: die Protektion des eigenen Ichs.

Überall, wo sie im staatlichen Leben auftrete – die Monarchien seien das beste Beispiel dafür –, seien Schwäche und Untergang ihre Folgen. Mit ihrem Erscheinen höre das Leistungsprinzip auf.

Friedrich der Große im Vergleich zu Napoleon

Insofern habe Friedrich der Große sich als härter erwiesen als Napoleon, als er auch bei den schwersten Entschlüssen und in den schwersten Stunden nie die Dauerhaftigkeit einer Sache außer acht gelassen habe. Napoleon aber habe vor solchen Situationen kapituliert. Daraus erkläre sich auch, daß Friedrich der Große sich bei seinem Lebenswerk auf mehr gute Mitarbeiter habe stützen können als Napoleon. Denn, wo Napoleon die Interessen seines Familienklüngels in den Vordergrund gestellt habe, da habe Friedrich der Große sich Männer geholt und zu Könnern herangebildet.

Von Hitlers Bildern von Friedrich dem Großen sind die wertvollsten von Anton Graff, Adolph von Menzel und Franz von Lenbach bisher verschollen. Lediglich von der Tabatiere Friedrichs des Großen, die Hitler ständig auf seinem Berghof-Schreibtisch stehen hatte, konnte der Deckel mit seiner Watteau-Emaille-Miniatur gerettet werden.

Bei aller Genialität Napoleons, der größere Kopf des 18. Jahrhunderts sei Friedrich der Große gewesen. Er habe sich von jeder Inkonsequenz bei der Lösung grundlegender Probleme der Staatsführung freigehalten. Er habe aber ja schließlich auch bei seinem Vater, Friedrich Wilhelm, diesem Bullen an absoluter Haltung, eine ebenso gründliche als auch eiserne Lehre gerade auf diesem Gebiet erhalten.

Peter der Große: Staatssinn statt Familiensinn

Auch Peter der Große habe die Notwendigkeit der Ausschaltung des Familiensinns im staatlichen Leben klar erkannt. In einem Brief an seinen Sohn, den er, der Chef, erst in den letzten Tagen wieder gelesen habe, sage er klar und eindeutig: Er werde ihn enterben und von der Thronfolge ausschließen; er sei ihm zu erbärmlich, einst die Führung Rußlands übergeben zu erhalten, wenn er sich nicht mit eisernem Fleiß auf die Staatsgeschäfte vorbereite, seinen Willen stähle und seine Gesundheit festige!

Zar Peter der Große (1672 bis 1725) beschäftigte Hitler um so mehr, als er 1721 den Titel »Imperator wse rossijkij« (Imperator aller Reußen) annahm und damit erstmals vor der Geschichte Rußlands Anspruch als »europäische« Macht demonstrierte. Aleksej, Sohn Peter des Großen, lebte nur von 1690 bis 1718; er starb im Kerker.

Republik oder Monarchie?

Den Besten an die Staatsführung zu bringen, sei ein großes Problem, bei dem keine Lösung ohne Fehlerquellen zu erkennen sei.

Mache man eine Republik, in der das ganze Volk den Staatschef wähle, so sei es mit Geld, Reklame und so weiter möglich, einen absoluten Hanswursten an die Spitze zu bringen.

Mache man eine Republik, in der ein Klüngel von wenigen Familien das Heft in der Hand habe, so sei sie wie ein Konzern, dessen Teilhaber einen Schwächling zum Leiter wählen, um selbst eine Rolle spielen zu können.

Mache man eine Monarchie und regle die Nachfolge im Sinne des Erbganges, so sei das biologisch falsch, da ein Tatmensch sich regelmäßig mit einer Frau von ausgesprochen weiblichen Eigenschaften kreuze und der Sohn dann die weichliche, passive Art seiner Mutter erbe.

Mache man eine Republik und wähle den Staatschef auf Lebenszeit, so bestehe die Gefahr, daß er egoistische Machtpolitik treibe.

Mache man eine Republik mit einem alle 5 oder 10 Jahre folgenden Wechsel des Staatsoberhauptes, so sei keine Stabilität der Staatsführung gewährleistet, und die Durchführung langfristiger über ein Lebensalter hinausreichender Pläne sei in Frage gestellt.

Stelle man einen abgeklärten Greis an die Spitze des Staates, so könne er ihn nur repräsentieren, und andere Männer führten unter seinem Namen die Regierung.

Durch alle diese Überlegungen sei er zu dem Ergebnis gekommen:

1. Die Chancen, nicht einen totalen Idioten als Staatschef zu bekommen, seien bei der freien Wahl größer als umgekehrt. Die Riesen-Erscheinungen der deutschen Wahlkaiser seien der beste Beweis dafür. Kein einziger vollkommener Trottel sei unter ihnen, während in den Erbmonarchien auf 10 Regenten mindestens 8 kämen, die sich im bürgerlichen Leben noch nicht einmal mit einem Kramladen durchsetzen könnten.

2. Bei der Auswahl des Staatschefs müsse eine Persönlichkeit gesucht werden, die nach menschlichem Ermessen eine gewisse Stabilität der Staatsführung auf längere Dauer verbürge. Das sei nicht nur für eine erfolgreiche Verwaltung des Staates, sondern erst recht für die Durchführung jeder größeren staatlichen Planung Voraussetzung.

3. Es müsse dafür gesorgt werden, daß der führende Mann des Staates von Einflüssen der Wirtschaft unabhängig sei und nicht durch wirtschaftlichen Druck zu irgendwelchen Entscheidungen gezwungen werden könne. Er müsse deshalb von einer politischen Organisation gestützt sein, deren Stärke in ihrer festen Verankerung im Volke liege und die über den wirtschaftlichen Dingen stehe.

Papsttum und Verfassung von Venedig

Zwei Verfassungen hätten sich im Laufe der Geschichte bewährt:

a) Das Papsttum, und zwar trotz vieler Krisen, wobei die ernstesten ausgerechnet durch deutsche Kaiser behoben worden seien, und trotz einer ausgesprochen verrückten geistigen Grundlage lediglich aufgrund der grandiosen Organisation der Kirche.

b) Die Verfassung von Venedig, die den kleinen republikanischen Stadtstaat durch ihre Führungsorganisation zur Beherrschung des gesamten östlichen Mittelmeeres befähigt habe. 960 Jahre habe die Verfassung Venedigs und mit ihr die Republik Venedig Bestand gehabt.

Daß der Führer der Republik Venedig aus nur 300 bis 500 staatstragenden Familien gewählt worden sei, sei kein Schade. Denn so sei aus den Familien, die sich dem Staat am engsten verbunden gefühlt hätten, der Beste zur Führung berufen worden.

Der Unterschied dieses Systems zur Erbmonarchie liege ja auf der Hand. Denn nicht ein Trottel oder gar ein Zwölfjähriger – wie so oft in der Erbmonarchie – habe in ihm die Möglichkeit, Staatsoberhaupt zu werden, sondern nur der, der sich im Leben bereits vielfach bewährt habe.

Anzunehmen, daß ein Zwölfjähriger oder Achtzehnjähriger den Staat führen könne, sei ja auch lächerlich. Die Macht liege, wo ein Minderjähriger Regent sei, selbstverständlich in Händen anderer, eines Regentschaftsrats zum Beispiel. Wenn die Mitglieder dieses Regentschaftsrats sich dann aber nicht einig seien – und im Staatsleben würden sich die Probleme ja dauernd und vor allem um so spürbarer überschneiden, je tüchtiger die Ratgeber seien –, so zeige sich das Fehlen einer Persönlichkeit, die bestimmt, daß es so oder so gemacht wird. Denn eine solche Entscheidung könne kein Achtzehnjähriger treffen, sie müsse sich ja sogar eine reife Persönlichkeit genauestens überlegen. Man denke nur einmal, der König Michael von Rumänien (er war mit 20 Jahren auf den Thron gekommen) wäre ohne den bedeutenden Marschall Antonescu. Der Junge sei doch blitzdumm und restlos verzogen, zumal sein Vater ihn in den Hauptentwicklungsjahren Frauen überlassen habe.

Oder man denke an Peter von Jugoslawien, der, als er zur Macht gekommen sei (König Peter II. war damals 17 Jahre alt), also in der entscheidendsten Stunde seines Lebens, sich in den Keller gesetzt und geflennt habe.

Man müsse sich nur einmal den Entwicklungsgang eines normalen Menschen, der es im Leben zu etwas bringen wolle, und den eines solchen Thronfolgers vor Augen halten, um die horrende Kluft zu sehen. Was müsse der normale Mensch lernen, bis in die Nacht hinein büffeln und mit ungeheurem Ernst und Fleiß immer und immer wieder schaffen, um sich im praktischen Leben durchzusetzen. Angehenden Königen aber glaube man mit Spielerei das Rüstzeug für ihre Lebensaufgabe vermitteln zu können. Ein Drittel ihrer Lehrzeit lasse man sie fremde Sprachen plappern, das zweite Drittel fülle man mit gesellschaftlichen Spielereien, Reiten, Tennis und dergleichen, und ganz zum Schluß komme dann im Ausbildungsplan auch noch die Staatskunde. Statt sie straff anzupacken, verpäppele man sie in der Regel. Jeder Erzieher befürchte, durch Austeilung ein paar wohlverdienter Maulschellen sich die ewige Ungnade der künftigen Monarchen zuzuziehen. Und das Ergebnis seien dann Typen wie Michael von Rumänien und Peter von Jugoslawien.

Die beste deutsche Staatsform: Republik mit Volksvertretung, autoritärem Führer, Senat, und scharfer Trennung von Legislative und Exekutive

Folgende Schlüsse habe er aus all diesen Überlegungen für die deutsche Staatsführung gezogen:

1. Das deutsche Reich müsse Republik sein. Der Führer sei zu wählen. Er sei mit absoluter Autorität auszustatten.

2. Als Kollektivum habe eine Volksvertretung zu bleiben, die den Führer zu stützen habe und, wenn nötig, in die Staatsführung eingreifen könne.

3. Die Wahl des Führers habe nicht durch diese Volksvertretung, sondern durch den Senat[156] zu geschehen. Der Senat sei mit beschränkten Kompetenzen auszustatten. Seine Mitgliedschaft dürfe keine dauernde sein, sondern müsse

an die Inhaberschaft bestimmter höchster Dienststellungen gebunden sein, deren Besetzung ebenfalls zu wechseln habe. Die Mitglieder des Senats müßten aufgrund ihrer Erziehung und ihres Werdeganges davon durchdrungen sein, daß kein Schwächling, sondern der Beste zum Führer zu wählen sei.

4. Die Durchführung der Führerwahl habe nicht vor den Augen des Volkes, sondern hinter verschlossenen Türen zu geschehen. Auch bei der Papstwahl wisse das Volk ja nicht, was hinter den Kulissen vorgehe. Bei den Kardinälen sei es einmal so weit gekommen, daß sie sich geprügelt hätten. Man habe sie daraufhin für die Zeit der Wahlhandlung einfach eingemauert. Grundsatz auch für die Führerwahl müsse es sein, daß während der Wahlhandlung jede Diskussion unter den Wählern unterbunden würde.

5. Binnen 3 Stunden nach Vollzug der Wahl seien die Männer der Partei, der Armee und des Staates auf den neuen Führer zu vereidigen.

6. Die genaueste und schärfste Trennung zwischen Gesetzgebung und Exekutive habe für den neuen Führer oberstes Gebot zu sein. Ebenso wie in der Bewegung SA[157] und SS lediglich das Schwert für die Durchsetzung der politischen Weisungen der Partei seien, so habe die Exekutive sich nicht mit Politik zu beschäftigen, sondern lediglich die von den gesetzgebenden Stellen empfangenen politischen Weisungen – notfalls mit dem Schwert – durchzusetzen.

Wenn eine Staatsform, die diese Grundsätze berücksichtige, auch nicht ewig halten möge, 200 bis 300 Jahre werde sie bestimmt Bestand haben. Denn sie sei auf Erwägungen der Vernunft gegründet, während die tausendjährige Organisation der katholischen Kirche auf Unsinn als Grundlage aufgebaut sei.

57 1.4.1942
(Wolfsschanze)

Der Führer ist gesundheitlich sehr gut auf dem Posten, obwohl er ja sehr viel arbeitet und von der Lübecker Katastrophe stark niedergedrückt war.

Im Frühjahr 1934 und im Januar und Dezember 1940 hatte sich Hitler gründlich ärztlich untersuchen lassen, weil seiner Meinung nach die Kanzlerschaft bzw. die Kriegführung seine generelle körperliche Gesundheit zur Voraussetzung hatte. Alle drei Generaluntersuchungen waren positiv ausgefallen. Hatte er einen anstrengenden Tag hinter sich, nahm er ein heißes Vollbad mit Schwarzwälder Fichtennadeltabletten, massierte Dr. Dralles Birkenwasser in die Haare ein und rieb das Gesicht und die Achselhöhlen mit Kölnisch Wasser Nr. 4711 ab, um sich anschließend wieder pudelwohl zu fühlen. Hinter stets verschlossenen Schlafzimmertüren las er noch im Bett – oft bis zwei Uhr morgens. Natürlich hatte er wie jeder Mensch gelegentlich Kopfschmerzen, Schlafstörungen und akute Wehwehchen. So mußte ihm der Berliner Halsspezialist, Professor von Eicken, 1938 und 1944 Stimmbandpolypen entfernen. Zivilisations-

156 Die Errichtung dieses »Senats« kündigte Hitler in seiner Reichstagsrede vom 1. September 1939 an. Einen Senatssaal hatte Hitler schon Ende 1930 in das »Braune Haus« in München (der Zentrale der Reichsleitung der NSDAP) von Professor Troost einbauen lassen.

157 Die SA (= Sturmabteilung der NSDAP) war im Gegensatz zur SS die Partei-Miliz und Propagandatruppe der NSDAP. Ihre von Röhm, v. Pfeffer u.a. 1923, 1930 und 1933/34 betriebene Umorganisation in einen militärischen Wehrverband hat Hitler jedes Mal wieder rückgängig gemacht. Sie sollte ideologische Kampftruppe bleiben. Erst 1939 wurde ihr, angesichts des beginnenden II. Weltkrieges, die vor- und nachmilitärische Wehrerziehung der deutschen Männer im Soldatenalter übertragen.

bedingt hatte er auch den üblichen Ärger mit den Zähnen. Sein Zahnarzt, Professor Dr. Hugo Blaschke, kam regelmäßig mit seinem Behandlungsauto ins FHQu, um Hitlers Zähne in Ordnung zu bringen, insbesondere sie mit neuen Füllungen, Goldkronen oder Stiftzähnen zu versehen. So hatte er im Oberkiefer neun Zähne aus Gold bzw. Porzellan, im Unterkiefer waren es zehn. Seine Magen- und Darmbeschwerden behandelte Professor Dr. Theodor Morell (ein ehemaliger Schiffsarzt, der seit 1918 am Berliner Kurfürstendamm als vielgefragter Modearzt praktizierte) mit »Mutaflor« und »Dr. Kösters Anti-Gaspillen« (einer Mischung aus Strychnin und Belladonna), sowie gelegentlich mit Progynon-Injektionen, Glyconorm, Glukose, Vitamultin-Calcium und Euflat. Das einzig Bedenkliche an Hitlers Gesamtbefund war, daß sein Blutdruck bei großer Belastung von 140/100 auf 170/100 stieg und daß sich das bei Daueraufregungen auf Herz und Kreislauf negativ auswirken konnte. Mit Coramin, Cardiazol, Coffein und Pervitin suchte Morell bei akuten Beschwerden Abhilfe zu schaffen.

Seit 1942 spritzte er ihm zur Behebung von Herz- und Kreislaufschwierigkeiten auch Sympatol, Prostrophanta und Strophantin in der Art, wie es jeder Internist bei der Behandlung von Managern kennt. Diese Injektionen führte er meist mit Pausen von zwei bis drei Wochen durch.

Erst im Februar 1943 – Hitler befand sich wieder im FHQu »Werwolf« (Ukraine) – erkrankte er ernstlich. Zugleich mit den Katastrophen von Stalingrad und Nordafrika belastete ihn eine schwere Kopfgrippe. Eine leichte Kyphose (Brustwirbelsäulenkrümmung) und Skoliose (seitliche Rückgratverbiegung) traten ein. Wie nach dem mißlungenen Münchener Putsch von 1923 begannen sein linker Arm und sein linkes Bein zu zittern. Die Ärzte rieten ihm zu einem Aufenthalt von drei Monaten auf seinem geliebten Berghof. Schon wenige Wochen dort wirkten Wunder. Am 20. März auf dem Obersalzberg angekommen, machte er bei meinem letzten Vortrag am 9. und 10. April 1943 bereits wieder den Eindruck alter Vitalität und Frische. Selbst Keitel sprach mir gegenüber von einer wiedererwachenden militärischen Leistungskraft und Einfallsstärke Hitlers. Hier erarbeitete Hitler den für den 3. Mai 1943 vorgesehenen Angriffsplan »Zitadelle«, der im Raum Orel, Kursk, Bjelgorod von Norden und Süden ein pilzartiges Vorgehen gegen die – in die deutsche Front eingedrungenen, bzw. gegen sie vordringenden – russischen Armeen (1,3 Millionen Soldaten, 3600 Panzer, 2400 Flugzeuge und rund 20000 Geschütze) vorsah. Von der Pilzspitze aus sollten die Zangen rechts und links ausfahren und die Russen dann einkesseln. Da die Ersatzteile der benötigten Panther-Panzer nicht rechtzeitig kamen, mußte der Angriff um zwei Monate verschoben werden. Er wurde dann am 5. Juli 1943 in einer kleinen, vom Generalstab erarbeiteten Ersatzlösung gestartet. Der Angriff war verraten und scheiterte. Seitdem wollte Hitler von einer operativen Kriegführung in Rußland nichts mehr wissen.

Denn an der nunmehr 2600 km langen Ostfront verfügten die Sowjets über 513 Schützendivisionen, 41 Kavalleriedivisionen und 290 mit 7100 Panzern ausgestatteten Schnellen Brigaden – alle hervorragend ausgebildet und auf das modernste ausgerüstet –, während Hitler dort lediglich 159 deutsche und 22 verbündete Divisionen zur Verfügung hatte.

Das jahrelange Bunker- und Blockhausleben bedrückte Hitler ebenso wie seine eintönige vegetarische Kost und die immer zahlreicher werdenden Rüstungs- und Treibstoffschwierigkeiten.

Im Februar 1944 bewirkte Hitlers nachhaltiger hoher Blutdruck Blutungen in seinem rechten Auge, die Professor Dr. Walter Löhlein mit Homatropin für das rechte und Veritol für das linke Auge wieder behob. Kräfteverfall, die Rückgratverkrümmungen, das linksseitige Zittern von Arm und Bein sowie laufende Magen- und Darmkrämpfe zwangen ihn, ab 16. März 1944 vier Monate (mit Unterbrechungen in Berlin) sich auf seinem Berghof zu entspannen und sich von seiner Eva Braun wieder hochpäppeln zu lassen. Morell spritzte das Sexualhormon Testoviron, ließ ihn Traubenzucker,

Cardiazol, Vitamultin, Mutaflor, Antigastabletten und reinen Sauerstoff nehmen. Und nach und nach wurde Hitler wieder voll arbeitsfähig. Da brachte ihm das Attentat vom 20. Juli 1944 neue Belastungen: Beide Trommelfelle waren verletzt, so daß Hitler auf dem rechten Ohr vorübergehend taub und auf dem linken schwerhörig war. Die etwa 100 Holzsplitter, die ihm Morell aus der Haut entfernen, und die Schrammen und Schnittwunden im Gesicht, die er ihm versorgen mußte, plagten ihn zwar ebensowenig wie der Bluterguß in der linken und die Stauchung in der rechten Hand längerfristig. Aber das vorübergehend durch den Schock behobene linksseitige Zittern trat nach und nach verstärkt auf, dazu kamen Gleichgewichtsstörungen und im August 1944 nachhaltige Kopfschmerzen. Am 18. September 1944 brach Hitler zusammen. Nahezu drei Wochen mußte er fest auf seinem Feldbett liegen. Gelbsucht, Darmkrämpfe, Stirnhöhlenentzündung, kalte Schweißausbrüche, Schwindelanfälle, Appetitlosigkeit, starke Gewichtsabnahme und – am 1. Oktober 1944 – ein Kreislaufkollaps plagten ihn. Kaum wieder auf den Beinen, erarbeitete er die Pläne für die »Ardennen-Offensive« vom 16. Dezember 1944, deren spektakuläre Anfangserfolge ihn wieder weitgehend gesund erscheinen ließen.

Der durch Treibstoffmangel und Luftunterlegenheit bedingte endgültige Mißerfolg wirkte dann ab Februar 1945 doppelt niederschmetternd auf ihn. Während sein Geist zupackend, sein Namens- und Zahlengedächtnis präsent blieben, wurde er körperlich zum Greis. Nur unter Aufbietung aller Kräfte bewegte er sich – aschgrau im Gesicht, mit dicken Tränensäcken unter glanzlosen Augen – fast schleppend durch die Räume seines letzten FHQu, der Berliner Reichskanzlei. Auf seine neuen Waffen, insbesondere die Uranium-Bombe hoffend, stimulierte aber immer noch der Glaube an seine »Mission« ein erstaunliches Durchhaltevermögen bei ihm. Noch am 11. März 1945 besuchte er die Oderfront und bemühte sich, sie mit Durchhalteparolen zum Standhalten zu bringen. Erst als die Rote Armee bereits auf dem Deutschen Reichstagsgebäude in Berlin die Sowjetflagge gesetzt hatte, beschloß er am 27. April 1945 endgültig den Freitod: »In dieser Stadt habe ich das Recht gehabt zu befehlen, jetzt habe ich auch den Befehlen des Schicksals zu gehorchen. Auch wenn ich mich retten könnte, so tue ich dies nicht. Der Kapitän geht auch mit seinem Schiff unter.«

mittags

Klare Ausrichtung der Museen

Beim Mittagessen kam der Chef, wie man mir erzählte, darauf zu sprechen, daß man späteren Generationen das Erlebnis unserer Kampfzeit auch im Bild erhalten müsse. Er habe deshalb die Sammlung Rehse[158] in München 1932 schon aufgekauft, da nur in ihr vom ersten NS-Plakat an alles Material über den Werdegang der Bewegung gesammelt sei. Zusammengelegt mit dem Zentralarchiv der Partei, werde er diese Sammlung unter ihrem alten Namen zum Museum der Partei ausgestalten.

Auch sonst werde er sich bemühen, den deutschen Museen wieder ein Gesicht zu geben und sie vom Charakter bloßer Bilder- oder dergleichen Sammlungen wieder zu befreien. So beabsichtige er, aus der Nationalgalerie in Berlin die Bilder der Spanier und so weiter in das Kaiser-Friedrich-Museum zu überführen, in dem er romanische und ausgesprochen christliche Kunst vereinigen wolle. Die Nationalgalerie solle zukünftig nur noch germanische und deutsche Meister in ihren besten Schöpfungen zeigen. Und die moderne Kunst des

158 Gemeint ist das Münchner »Archiv für Zeitgeschichte und Publizistik Friedrich Josef Maria Rehse«. Die mit dem I. Weltkrieg beginnende Sammlung umfaßte 50 Räume der Münchner Residenz. Rehse war von Beruf Fotograf.

19. und 20. Jahrhunderts wolle er wieder in einer besonderen Galerie für moderne Meister zusammenfassen.

58 1.4.1942 abends (Wolfsschanze)

Deutsch-französische Freundschaft

Beim Abendessen sprach der Chef sich zum Problem Deutschland/Frankreich aus.

Man wolle ihm immer wieder einreden, wir müßten die Franzosen zu uns herüberziehen, sie für uns gewinnen und so weiter. Franzosen seien einzeln unseren Leuten gegenüber liebenswürdig. Aber – drei Franzosen zusammen und schon wäre der Nationalismus und damit die Einstellung gegen Deutschland da.

Am 5.4. beauftragte der Führer Prof. Morell, dafür zu sorgen, daß die Franzosen nicht mehr das in zehnjähriger deutscher Forschungsarbeit hergestellte »Germanin«[159] aufgrund des ihnen über das Versailler Diktat bekanntgewordenen Patentrezepts als »Morallin« oder so vertrieben (Friedensvertragsbestimmung).

Immer wieder habe er sich breitschlagen lassen, Gnade vor Recht ergehen zu lassen und bei der Ermordung deutscher Besatzungssoldaten nicht die angekündigte Zahl Geiseln zu erschießen. Jetzt hätten sie wieder zwei deutsche Offiziere hinterrücks umgebracht. Die Franzosen wüßten einfach nicht, sich einer freundlichen Behandlung durch uns wert zu zeigen.

Auch mit den USA scharwenzelten sie herum, obwohl ihnen seine Auffassung über das französisch-amerikanische Verhältnis genauestens bekannt sei[160]. Aber er werde mit der Regierung in Vichy Fraktur reden, sobald die russische Aktion erledigt sei und er damit den Rücken frei habe.

Solange wolle er warten, und solange sei es Sache der Diplomaten, die Dinge richtig zu beobachten und nach Hause zu melden.

Deutsche Diplomaten

Leider plätscherten unsere Diplomaten aber zu sehr an der Oberfläche herum. Wie wäre es sonst möglich, daß der Botschafter Ott aus Japan über eine gereizte Stimmung der Bevölkerung in Japan berichte, obwohl das japanische Volk gerade jetzt nach 4 Jahren Chinakrieg seine größten weltgeschichtlichen Siege erfechte.

Ein Botschafter dürfe sich heute nicht darauf beschränken, in Diplomatenkreisen und vor allem nicht nur in einigen großen Handelshäusern zu verkehren, da in Japan genau wie bei uns die Krämerseelen alles vom Standpunkt der ihrem Portemonnaie drohenden Gefahren oder Risiken beurteilten.

Ein Botschafter müsse die Mentalität des Volkes studieren, sich einen Einblick in die inneren Regungen des Volkes, ihre Kraftströme, ihre Schichtung (gesundes Bauerntum, feiges Bürgertum, morsches Fürstenvolk und so weiter) verschaffen. Die deutsche Diplomatie sei aber ja so weltfremd, daß sie noch nicht einmal das Deutschtum im Ausland betreut, ausgerichtet und geleitet habe (welchen Auslandsdeutschen helfe ein deutsches Konsulat schon?) und er deshalb

159 Medikament gegen die in West- und Mittelafrika weitverbreitete Schlafkrankheit.

160 Auch nach Kriegsbeginn zwischen Deutschland und den USA hielt die Vichy-Regierung gegen Hitlers Willen diplomatische Beziehungen zu den USA auf Botschafterebene aufrecht.

zum Ärger des Auswärtigen Amtes die Auslandsorganisation[161] habe schaffen müssen.

Anmerkung:

Ribbentrops Stellung zu England, Rußland und Japan

Interessant war, was der Gesandte Hewel mir dazu am 4. des Monats erzählte. Der Außenminister Ribbentrop lege nicht wie der Führer nur auf die Berichte, sondern auch auf die Beeinflussung der Politik des Gastlandes durch den deutschen diplomatischen Vertreter Wert und wolle, daß er aktiv zum Beispiel auf die Presse, durch Ausstellungen auf das Kulturschaffen usw. des Gastvolkes einwirke. Leider seien aber die Köpfe unter unseren circa 50 Diplomaten nur 5 oder 6, so daß die anderen mehr oder minder auf das Niveau von Briefträgern herabsänken. So hätte sich zum Beispiel unser Botschafter in Moskau, v. d. Schulenburg, ja ebenso wie unser dortiger Militärattaché, General Köstring, über die russischen Aufmarschabsichten an unserer Ostgrenze restlos täuschen lassen[162].

Wir könnten von Glück sagen, daß Ribbentrop seine Politik nie auf Rußland als sicheren Bundesgenossen aufgebaut habe, sondern seit seiner Mission als Botschafter in London (1936–1938) ebenso stur, wie er für den Krieg gegen England eingetreten sei, das engste Zusammengehen mit Japan befürwortet und herbeigeführt habe.

Was England angehe, so wisse Ribbentrop, daß das englische Volk aufgrund seiner Lebensform in seinem Empire nicht als so unsympathisch wie zum Beispiel das deutsche empfunden, sondern als durchaus nützlich anerkannt werde. Er wisse weiter und habe das immer vertreten, daß England – ein Volk, das mit 60000 Menschen 300 Millionen Inder leite – sich mit einer zweitrangigen Stellung in der Welt nicht abfinden werde. Wenn Deutschland aus der großen Auseinandersetzung siegreich als die Weltmacht hervorgehe, habe also – wenn der Krieg mit England jetzt nicht durchgestanden würde – unsere nächste Generation ihn auszufechten.

Wie gut der Zeitpunkt jetzt gewählt gewesen sei, zeige ja der mangelhafte Rüstungsstand Frankreichs (Prozeß in Riom), der annehmen lasse, daß der englische nicht viel besser sei, wofür auch die schlappe[163] Durchführung der Flugangriffe der Engländer spreche, obwohl für sie jetzt – wo wir unsere Maschinen fast restlos im Osten und aufgrund der großen Enttäuschung durch die Italiener im Süden hätten – die günstigste Gelegenheit gegeben sei.

Er, Hewel, bedauerte aber, daß Ribbentrop so maßlos mißtrauisch und unter-

161 Die Auslandsorganisation der NSDAP wurde am 1. Mai 1931 geschaffen und am 30. Januar 1937 staatlich im Auswärtigen Amt verankert. Ihr Gauleiter Ernst Willhelm Bohle wurde damals offiziell Staatssekretär im Auswärtigen Amt.

162 Die Warnungen des Botschafters Werner Graf von der Schulenburg und des Militärattachés, General Ernst August Köstring, glaubte Hitler durch die deutsche Luftaufklärung an der deutsch-russischen Grenze Mitte 1941 widerlegt, die einen Aufmarsch von 246 Divisionen der UdSSR feststellte, denen nur 145 deutsche Divisionen gegenüberstanden. Hitler hielt diesen Aufmarsch der Sowjets für »offensiv« und nicht – wie Schulenburg und Köstring – für lediglich »defensiv«.

163 Das änderte sich, als Churchill im Mai 1942 den britischen Geschäftsmann Arthur Harris mit dem Management von Bombenangriffen auf offene Städte betraute und dieser als Luftmarschall am 30./31. Mai mit 1047 Bombern Kölns Innenstadt zerstören ließ.

Zuhilfenahme ihm vom Führer bewilligter öffentlicher Mittel so verschwenderisch sei (dauernd neue Häuser, Wohnungseinrichtungen und so weiter).

59 — 2.4.1942 mittags (Wolfsschanze)

Ein wirklicher König über das politische Attentat

Beim Mittagessen kam der Chef auf die Persönlichkeit des bulgarischen Königs zu sprechen und betonte, daß Boris in seinen Augen doch ein Mann sei. Er habe bei seinem Vater, dem Zaren Ferdinand[164], ja auch eine gute Schule genossen. Denn der Zar Ferdinand sei der klügste Monarch, den er, der Chef, je kennengelernt habe.

Wenn es am Zaren Ferdinand auch unangenehm berühre, daß er schlimmer als ein Jude hinter dem Gelde her sei, so müsse man doch sagen, daß man ihn seiner Kühnheit und seiner Entschlußfreudigkeit wegen bewundern müsse. Wenn wir ihn statt Wilhelm II. auf dem deutschen Kaiserthron gehabt hätten, hätten wir sicher nicht bis 1914 mit dem Weltkrieg gewartet, sondern bereits 1905 zugeschlagen, und ebenso, wie er als schlauer Fuchs bei dem allgemeinen Zusammenbruch 1918 Mittel und Wege gefunden habe, um seinen Thron seinem Sohn zu erhalten, so hätte er sicher auch Mittel und Wege gefunden, um Deutschland vor der Katastrophe zu retten.

Dabei sei er von einer so seltenen Bildung, daß er wohl auf allen Wissensgebieten weit über Durchschnitt beschlagen sei und seit Jahren noch nicht eine einzige Bayreuther Wagner-»Ring«-Aufführung versäumt habe.

Zar Ferdinand habe seinen Sohn Boris im Gegensatz zu dem Verhalten der anderen Monarchen ihren Söhnen gegenüber scharf herangenommen und durch alle Gebiete staatsmännischer und militärischer Arbeit hindurchgehetzt. So sei Boris unter der Fuchtel des Zaren Ferdinand, dieses alten Fuchses, zu einem jungen Füchslein gediehen, das sich auch bei den bewegten Balkan-Verhältnissen zu behaupten wisse, jeden bulgarischen Kampfplatz des Weltkriegs genau kenne und mit allen militärischen und politischen Persönlichkeiten durch Briefaustausch und dergleichen besten Kontakt halte.

Wie Boris 1919 seine Stellung gewahrt habe, indem er sich an der Spitze einer Division nach Sofia begeben habe, so habe er auch 1934 die Staatskrise durch soldatische Haltung gemeistert.

Er selbst habe darüber erzählt, daß er eines Nachts gewarnt worden sei, daß in der Kaserne in Sofia das um 10 Uhr ausgelöschte Licht um 11 Uhr plötzlich wieder angezündet worden sei und um 12 Uhr immer noch gebrannt habe. Auf diese Meldung hin habe er gewußt, daß man ihm ans Leben wolle, und habe sich überlegt, daß die bisher auf dem Balkan üblichen Attentate den zu ermordenden Staatsmann regelmäßig im Nachthemd betroffen hätten. Er habe sich deshalb seine Uniform angezogen, mit dem Degen in der Hand die Attentäter erwartet und ihren Anführer mit den Worten begrüßt: »Sie wollen mich umbringen! Was haben Sie gegen mich? Glauben Sie, daß Sie es besser machen können?« Die Attentäter hätten darauf ganz verstört dreingeschaut und gebeten, sich zur Beratung in die Kaserne zurückbegeben zu dürfen. Er habe daraufhin den An-

164 Am 3. Oktober 1918 verzichtete König (Zar) Ferdinand I. von Bulgarien auf seinen Thron zugunsten seines Sohnes, König Boris III.

führer[165] zurückgehalten und ihm gesagt, er werde ihn jetzt zum Ministerpräsidenten machen; dann könne er ja zeigen, ob er mehr von der Politik verstehe. Selbstverständlich sei dieser Mann dann nach einem Jahr gescheitert.

König Boris habe aber leider keine andere Möglichkeit – seiner Darstellung nach – abbaureife Minister und Generäle abzusetzen, als die, sie erst einmal in Erholungsurlaub zu schicken und sie dann ganz allmählich an den neuen Zustand zu gewöhnen, wobei er sie noch durch Geschenke und so fort gewogen halten müsse.

Boris habe zu dem Attentats-Vorfall abschließend eine sehr kluge Bemerkung gemacht. Er habe nämlich darauf hingewiesen, daß es bei einem solchen Attentatsversuch das gefährlichste sei, die Polizei zu verständigen. Attentäter, die sich durch Geistesgegenwart von ihrem Vorhaben abbringen ließen, würden durch eine unvorsichtige Verständigung der Polizei zur affekthaften Durchführung des Attentats-Plans gebracht.

Mit dem Attentat als politischem Kampfmittel müsse man ja leider auch in der heutigen Zeit nach wie vor rechnen. Das zeige das Attentat auf unseren Botschafter in der Türkei, von Papen. Dies Attentat sei deshalb so aufschlußreich, weil die Verschwörer sich von ihren russischen Hintermännern verraten fühlten. Man habe dem Hauptattentäter[166] zur Erleichterung seiner Flucht einen angeblichen Nebelapparat mitgegeben gehabt, der sich hernach als hochexplosive Sprengladung zur eigenen Vernichtung erwiesen habe. Jetzt sagten die Attentäter ohne jede Rücksichtnahme auf die sowjetischen politischen Belange aus.

Er, der Chef, habe das Attentat als politisches Kampfmittel schon vor der Machtübernahme stets abgelehnt gehabt. Vom Zweckmäßigkeitsstandpunkt sei es auch nur in sehr wenigen Fällen ratsam. Denn es könne nur dann einen größeren politischen Erfolg herbeiführen, wenn es der Beseitigung eines Mannes diene, auf dessen Augen und Schultern die ganze Organisation und Macht des Gegners ruhe. Aber auch in solchen Zweckmäßigkeitsfällen habe er, der Chef, sich nie für ein Attentat hergegeben.

Auf dem Balkan seien die Attentate als politisches Kampfmittel deshalb außerordentlich gefährlich, weil in der Bevölkerung noch heute Gedanken der Blutrache existierten. Kemal Pascha Atatürk habe deshalb klug daran getan, daß er sich sofort nach Übernahme der türkischen Staatsgewalt eine neue Hauptstadt (Ankara, im Innern Kleinasiens) gebaut habe, bei der er den Zuzug jedes einzelnen durch seine Polizei habe kontrollieren können.

60

2.4.1942 abends
(Wolfsschanze)

Die Betreuung von ausländischen Staatsmännern und Staatsbesuchen

Der Chef meinte beim Abendessen, die Abteilung des Auswärtigen Amtes, mit der er am wenigsten einverstanden sei, sei das Protokoll.

Wenn ein Staatsbesuch nach Berlin käme, dann belege ihn das Protokoll von 6 Uhr in der Frühe an bis in die tiefe Nacht hinein mit Beschlag. Balka-

165 Simon Georgieff war bulgarischer Ministerpräsident 1934 und 1944/46.
166 Am 25. 2. 1942 setzte der griechische Attentäter erst das ihm von den Russen gegebene Nebel-»Gerät« in Betrieb, bevor er den Sprengsatz gegen Botschafter von Papen zündete. Er wurde prompt von dem Nebel-»Gerät« zerrissen, da es in Wirklichkeit eine Bombe war.

nesen, die nur Sinn dafür hätten, sich einmal ein lustiges Theaterstück, etwa eine Operette, anzusehen, würden in den »Faust« oder in eine »Tristan«-Aufführung geschickt.

Alte Herren, die, wenn sie im Rahmen des Staatsbesuchs politische Besprechungen durchzuführen hätten, zumindest einen halben Tag Zeit für sich zur Ausspannung benötigten, würden von einem Empfang und einem Essen zum anderen dirigiert, wo sie aber überall dieselben Menschen träfen.

Der Zwang des Protokolls sei für die meisten ein wahres Martyrium. Wenn das Protokoll doch wenigstens so vernünftig wäre, ausländischen Staatsbesuchen grundsätzlich Tischdamen zu geben, die über wirklichen persönlichen Charme verfügten und auch die entsprechende Sprache beherrschten. Gerade in Berlin seien wir doch sehr glücklich daran, als wir unter den Schauspielerinnen Damen dieser Art in Lil Dagover, Olga Tschechowa und Tiana Lemnitz[167] zur Verfügung hätten.

König Boris von Bulgarien habe sich einmal wieder als schlauer Fuchs erwiesen. Als man ihm angeboten habe, ihn in Berlin zu betreuen, habe er gebeten, sich dort ganz inoffiziell aufhalten zu dürfen, er wolle niemandem Mühe machen. In Wahrheit habe er natürlich nur um das Martyrium des Protokolls herumkommen wollen. Er habe sich dann auch nicht den »Faust« oder irgendeine Oper angesehen, sondern sei in den »Bettelstudenten« und in den »Graf von Luxemburg« gegangen und habe sich dabei königlich amüsiert. Gerade bei Balkanfürsten müsse man bedenken, daß sie – wie König Boris ihm ausdrücklich versichert habe – höchstens für 8 Tage ihr Land verlassen dürften, wenn sie nicht inzwischen ihren Thron einbüßen wollten.

Bei der von Attentaten, Revolutionen und dergleichen reichlich geschwängerten politischen Atmosphäre des Balkans seien die maßgeblichen Männer der Balkanstaaten froh, wenn sie sich bei uns einmal ein Stück wie die »Lustige Witwe« ansehen dürften und nicht die ihnen vom Protokoll aufoktroyierten Theatervorstellungen besuchen müßten, in denen sie ganz wie zu Hause blitzende Dolche vorgeführt erhalten.

Der einzige Balkanfürst, der einmal länger als 8 Tage habe außer Landes gehen dürfen, ohne Schwierigkeiten zu erhalten, sei der alte Perser-Schah[168] gewesen, der vor dem Weltkrieg alljährlich seine Auslandsreisen gemacht habe. Er sei aber eine ausgesprochene Ausnahmeerscheinung gewesen.

Wenn das Protokoll ferner meine, jeden Ausländer in soundso viele Museen schleppen und für die Betrachtung eines jeden Bildes eine genaue Zeit festsetzen zu müssen, nach deren Ablauf irgendein Begleiter ohne Rücksicht auf die Wünsche des Gastes mit einem langen Stab mit goldenem Knauf auf den Boden bumse und dadurch zum Weitergehen auffordere, so irre es sich schwer. Solange das Protokoll sein Programm für Staatsbesuche nicht den natürlichsten menschlichen Regungen anpasse, mache es den Gästen das Leben nur sauer.

Wie ganz anders arbeite da das Protokoll des Pariser Außenministeriums. Bei der Ankunft des Staatsbesuchs würde ein großartiger Einzug unter Aufgebot glänzend uniformierter Soldaten und ein Empfang im Elysée arrangiert

167 Schauspielerinnen bzw. Opernsängerinnen von internationalem Rang.

168 Schah Rezā Chān Pahlewi (1878 bis 1944), dessen Tüchtigkeit Hitler bewunderte, war der Vater des heutigen Schahs von Persien.

und dann – habe der Gast 6 Tage Freizeit. Über die Art, wie er diese Freizeit verbringe, wisse die Pariser Presse, die sonst so geschwätzig sei, in einer Weise Diskretion zu wahren, die bei dem ausländischen Gast nur Sympathien auslösen könne.

Ein Balkanese, der auf diese Weise in Paris schöne Tage verbracht habe, sei nach seiner Heimkehr natürlich ständig darauf bedacht, im nächsten Jahr zumindest wieder eine Dienstreise für 8 Tage nach Paris herauszuschinden. Da er für solch eine Dienstreise natürlich auch einen dienstlichen Grund benötige, hätte Frankreich von dieser geschickten Art der Ausländerbehandlung stets die größten Vorteile gehabt.

Unsere Diplomaten sollten sich, bevor sie ihre Diplomatenkünste »spielen« ließen, einmal in die Seele eines solchen Balkan-Staatsmannes hineinversetzen. Die Städte, aus denen er komme, seien meist so groß, daß er jeden Gepäckträger genauestens kenne. Mit seiner Frau sei er ebenso wie die Fürsten Indiens in jugendlichem Alter verkopuliert worden, wie Ochs und Kuh. Solch ein Mann atme ja förmlich auf, wenn er in dem sicheren Gefühl, daß die Presse Diskretion wahre, sich einmal ein nettes Mädchen anlachen könne. Man solle ausländische Besucher deshalb in Wien und Berlin ruhig ein paar Tage sich selbst überlassen. Es bringe gute politische Beziehungen und einen großen Berg Devisen ein.

Nachdem bei seinem eigenen Besuch in Rom der Duce in so verständiger Weise dafür gesorgt hätte, daß er Zeit genug gehabt habe, alle ihn interessierenden Kunstwerke in Ruhe zu besichtigen, habe er stets in besonderem Maße dafür gesorgt, daß italienische Staatsmänner bei uns nur in ganz beschränktem Maße vom Protokoll betreut würden. Das Ergebnis sei verblüffend.

Ein Italiener nach dem anderen finde sich mit größter Begeisterung bei uns zum Besuch ein. Er habe deshalb zu Göring gesagt, sie beide wollten jeder für eine einstündige beziehungsweise eineinhalbstündige Besprechung mit diesen Italienern sich freimachen, damit ihnen der Grund zum Reisen nach Deutschland an die Hand gegeben würde. Die übrige Zeit könnten sie sich dann in die sogenannte Behandlung von Berliner Zahn-, Herz-, Magen- usf. Spezialisten begeben.

61 — 3.4.1942 mittags (Wolfsschanze)

Die Qual der Popularität

Beim Mittagessen wurden überwiegend Späße erzählt, über die der Chef herzlich lachte, indem er sich mehrfach die Hand schräg über die Nase vors Gesicht hielt. Er machte dabei einige persönliche Bemerkungen und erzählte unter anderem, daß er früher sehr gut Ski gefahren sei, daß er es aber aufgegeben habe, je mehr er in das Scheinwerferlicht der Öffentlichkeit getreten sei. Als Führer dürfe man sich nämlich nur noch auf den Gebieten produzieren, auf denen man völlig firm sei, weil sonst alle mißgünstig Gesinnten ein kleines Mißgeschick zum Anlaß nähmen, Verleumdungen auszustreuen.

Popularität sei ja überhaupt eine Qual, man könne sie nur verfluchen. 4 Jahre lang habe er es fertiggebracht, kein Bild von sich in die Öffentlichkeit kommen zu lassen. Einem Italiener, der ihn habe fotografieren wollen, hätten seine SA-Leute den Apparat zusammengeklappt, so daß er sich hernach wegen Bedrohung eines Ausländers habe vor Gericht verantworten müssen. Er habe dem

Richter dann aber erklärt, seine Leute hätten die Aufnahme Uniformierter verhindern wollen, weil jede militärähnliche Organisation uns nach dem Versailler Diktat verboten sei. Wenn er die Verantwortung dafür tragen wolle, daß es nun aus diesem Prozeß staatsrechtliche Scherereien gebe, dann stelle er es ihm anheim. Darauf sei das Verfahren wegen »Nicht-Ermittlung« der Täter eingestellt worden. Der Italiener möge bei diesem Bescheid schön verblüfft geschaut haben.

Auch mit Foto-Hoffmann sei er so bekannt geworden, daß seine Leute ihn an der Aufnahme hätten hindern wollen, was damals deshalb leichter als heute gewesen sei, da es statt der Taschenformat-Kameras nur die Fotografenapparate zum Ausziehen in der Größe kleiner Kisten gegeben habe. Hoffmann habe sich dann aber auf Dietrich Eckart berufen und versprochen, das Foto nicht zu veröffentlichen. Er habe dieses Versprechen auch ehrlich gehalten.

Professor Heinrich Hoffmann lernte im Bayerischen Hof-Fotografenatelier seines Vaters und Onkels, Robert und Heinrich Hoffmann, in Regensburg, arbeitete dann in der Schweiz und in England, u.a. in London bei dem berühmten Kunstfotografen E.O. Hoppé. Hoffmann eröffnete 1909 in München ein eigenes Fotoatelier für politische Reportage, aus dem viele bekannte Bilder des deutschen Kaisers, des britischen Königs und der bayerischen Monarchen hervorgingen. Hitler wurde mit Hoffmann bekannt, als dieser für eine amerikanische Presseagentur eine 1000-Dollaraufnahme von ihm gemacht hatte, aber auf Hitlers Bitte hin wieder vernichtete. Hitler, der seitdem auch in der Familie Hoffmann verkehrte, machte ihn 1925 zum »Reichsbildberichterstatter« der NSDAP und 1934 zu dem des »Führers und Reichskanzlers«, so daß Hoffmann auch im FHQu oft anwesend war. War er selbst in seinen Ateliers in München, Berlin und Wien nicht abkömmlich, schickte er den Junior-Chef seiner Firma, Heinrich Hoffmann III, seinen Sohn, der als HJ-Bannführer der Reichsjugendführung angehörte, 1937 sein Examen als Fotoredakteur abgelegt hatte (ab 1940 PK-Mann = Propagandakompaniesoldat) und dessen Können auf dem Fotosektor als Künstler und Manager von Hitler uneingeschränkt anerkannt wurde.

Nach seiner Haftentlassung habe er das Fotografieren nicht mehr hindern können. Seitdem sei es mit seinem Privatleben aus.

Den letzten Rest seines Lebens aber versauere ihm die Polizei, die er seit 1933 ja als notwendiges Übel schlucken müsse, die aber oft erst durch ihre Emsigkeit Attentäter aufmerksam mache. Denn, wenn er irgendwo angemeldet sei, käme der Schutzmann, den im kleinen Nest ja jeder kenne, in Galauniform, mache sich wichtig, »räume« die Straßen schon Stunden vorher, und zum Schluß seien die Straßen dann derart voll von Menschen, daß er mit dem Wagen nur schrittweise vorwärts komme und aus der Angst nicht heraus käme, es könne jemand angefahren und verletzt werden. Außerdem komme er dann zu den Versammlungen oder dergleichen zu spät. Und es heiße dann sofort: »Na, der Führer ist aber auch schlampig!«

Für ihn sei das Autofahren jetzt nur noch auf den Autobahnen möglich, wo den Streckenwärtern das telefonische Alarmieren der Strecke und Nachbardörfer strengstens verboten sei. Sonst könne er sich nur noch durch Fliegen oder Eisenbahnfahrten retten. Aber zum Beispiel einer Dame in München oder sonstwo einen privaten Besuch abzustatten sei restlos unmöglich. Schon 1 Stunde vorher stünden 12 Schupos vor der Haustür, und dahinter drängten sich dann nach und nach die Massen. Er sei glücklich, daß wenigstens die Terrasse des »Hauses der Deutschen Kunst« in München so hoch sei, daß er dort im Sommer mal in Ruhe sitzen könne, ohne daß ihm ständig Hände und Autogrammbitten heraufgereicht werden könnten.

Hitler hatte Eva Braun 1935 eine Dreizimmer-Wohnung in München-Bogenhausen, Widenmayrstraße, zur Verfügung gestellt und ihr 1936 eine kleine, zweigeschossige Villa in München, Wasserburgstraße 12 (heute: Delpstraße), mit 82 qm Wohnfläche pro Etage und einem 800 qm großen Grundstück geschenkt, konnte sie aber dort wegen der »Sicherheitsvorkehrungen der Polizei« und den durch diese provozierten Menschenauflauf nur selten und nur nachts besuchen. Er machte sie deshalb Ende 1936 zu seiner Hausdame (»Chefin«) auf dem Berghof, als seine verwitwete Halbschwester Angela Raubal den Architekturprofessor Hammitzsch heiratete und ihre Berghof-Oberaufsicht wegen Übersiedlung nach Dresden aufgeben mußte. Selbstverständlich wurde Eva Braun von den Frauen der führenden Hitler-Paladine nicht ohne weiteres akzeptiert. Frau Goebbels sagte deshalb bei einem Berghof-Treffen zu Hitler alles das, was »die Kleine nicht zu hören brauchte«, auf französisch. Sie fiel dann aus allen Wolken, als Eva Braun die Unterhaltung auf französisch so weiterführte, daß Frau Goebbels mit ihren Sprachkenntnissen bald am Ende war. Als Hitler merkte, daß Frau Göring und andere bei festlichen Veranstaltungen in ihren Obersalzberghäusern »rein zufällig« Eva Braun einzuladen vergaßen, ließ er sich Göring kommen und erklärte ihm: »Fräulein Braun ist zwar mit ihren 25 Jahren noch zu jung und unerfahren, um die ›First Lady‹ des Dritten Reiches zu sein. Sie ist jedoch die einzige Frau in meinem Leben. Ich werde sie heiraten, wenn ich mich eines Tages nach Linz in den Ruhestand zurückziehe. Ich wünsche, daß das respektiert wird.«

62

3.4.1942 abends
(Wolfsschanze)

Nach dem Abendessen kam der Chef auf das rassische Bild in England und Deutschland zu sprechen.

Dualismus Deutschland/England nötig?

England habe eine wunderbare Menschenauslese in seinen oberen Schichten. Die unteren Schichten aber seien Dreck. Ganz anders als bei uns, wo auch oder gerade der Querschnitt durch die unteren Bevölkerungsschichten erfreulich sei.

Man brauche nur einmal die deutschen Arbeiter auf der Wilhelmshavener Werft und dann die Arbeiter aus allen anderen europäischen Ländern bei der Wilhelmshavener 4. Hafeneinfahrt zu betrachten, um das festzustellen. Auch der Querschnitt unserer Hitlerjugend sei viel besser als der durch die gesamte englische Jugend. Aber der englischen Oberschicht – auch der zähen, drahtigen, aber charmelosen englischen Frau dieser Schicht – sehe man die tausendjährige Auslese an.

Hitler benutzte seine wiederholten Wilhelmshaven-Aufenthalte gern zu Besuchen der Wilhelmshavener Marinewerft, die mit 40000 Mann Belegschaft seinerzeit die bedeutendste Werft Deutschlands war. Anschließend fuhr er mit meinem Vater regelmäßig zu den Hafen-Einfahrts-Neubauten, deren »Raeder-Schleuse« die größte Schleuse der Welt war.

Er hätte deshalb gern diesen Krieg gegen den Bolschewismus mit der englischen Marine und Luftwaffe als Partner geführt.

Dem Schweizer Historiker Burckhardt, Völkerbundskommissar für Danzig (1937 bis 1939) und Präsidenten des Internationalen Roten Kreuzes (1944 bis 1949), sagte er am 11. August 1939 zur Weitergabe an die britische Regierung in London: »Wenn der Westen zu dumm und zu blind ist, um dies zu begreifen, werde ich gezwungen sein, mich mit den Russen zu verständigen, den Westen zu schlagen und dann – nach seiner Niederlage – mich mit meinen gesamten Kräften gegen die Sowjetunion zu wenden.«

Aber die Geschichte gehe ja unerbittlich ihren Gang und richte es immer so ein, daß das Problem des Nebeneinander auch bei Blutsgleichheit so gelöst werde, daß der Stärkere durch Kampf den Schwächeren unter seine Fittiche bringe und ein Dualismus nicht zugelassen würde.

So sei es vor 80 Jahren mit Preußen und Österreich gewesen. Und so sei es heute mit Deutschland und England.

63

4.4.1942 mittags
(Wolfsschanze)

Japanische Staatsphilosophie

Beim heutigen Mittagessen kam der Chef auf die Staatsreligion oder besser Staatsphilosophie der Japaner[169] zu sprechen. Er erklärte, daß die Staatsphilosophie der Japaner, die heute einer der wesentlichsten Ausgangspunkte ihrer Erfolge sei, sich nur deshalb als Lebensgrundlage des japanischen Volkes erhalten habe, weil man sie beizeiten vor dem Gift des Christentums bewahrt habe.

Ebenso wie für den Mohammedanismus sei auch für die japanische Staatsreligion Inhalt des Glaubens kein Terrorismus, sondern die Hoffnung auf die Glückseligkeit. Der Terrorismus sei überhaupt ein von dem Christentum ausgebreiteter jüdischer Glaubenssatz und habe auch bei uns die Gemüter nur verwirrt. Denn alle terroristischen Vorstellungen auf dem Gebiet des Glaubens seien nur geeignet, die Menschen vom Optimismus abzuziehen und sie zu bodenloser Feigheit zu erziehen.

Entartete Kunst in den USA und England

Nachdem es in Deutschland gelungen sei, den Juden und das Christentum bei uns aus dem politischen Leben wieder auszuschalten, sehe man erst an der Entwicklung in England oder in Amerika, wohin diese Elemente ein Volk führen könnten. Nur ein Beispiel: Der ganze verkrüppelte jüdische Kunst-Mist, den er im Rahmen seiner Aktion »Entartete Kunst« in Deutschland ausgemerzt hätte, würde heute in England und den USA zu höchsten Preisen gehandelt. Und die ganze bürgerliche Welt dort mitsamt ihrern Kunstkennern wage nicht, dagegen anzugehen. Da könne man nur sagen: Feigheit, dein Name ist Bürgertum.

Obwohl das Judentum dadurch, daß es in Presse, Film, Rundfunk und Wirtschaft sich maßgebende Machtpositionen geschaffen habe und in den USA außerdem das Untermenschentum, vor allem die Neger, unter seine Organisationsgewalt bringe, dem Bürgertum sowohl in England als auch in den USA die Schlinge bereits um den Hals gelegt habe, zitterten die wackeren Bürger schon vor dem Gedanken, auch nur ein einziges »hartes Wort« über die Juden zu sagen.

Englands König, ein zweiter Wilhelm II.?

Was man heute in England und in den USA sich innerpolitisch entwickeln sehe, sei dasselbe, was wir 1918 bei uns gehabt hätten: Der Jude, der vor Frech-

169 Gemeint ist die japanische Staatsreligion, der Shintoismus, der die Naturkräfte als göttliche Allmacht und die Ahnen und Helden der Japaner als Segenbringer verehrt.

heit nicht mehr wisse, wo er sich überall einmischen wolle; Pfaffen, die versuchten, auf Kosten des Volkes ihre gemeinen Vorteile zurechtzukochen, und über dem Ganzen ein verblendeter König. Der derzeitige englische König (König Georg VI.) sei ja in seiner ganzen Haltung nicht anders wie Wilhelm II., der aus klappernder Angst 1918 vor jedem Entschluß zurückgeschreckt und jederzeit bereit gewesen sei, die Fahne zu strecken.

Unter solch einem Monarchen könne wahrlich der Jude sich ausbreiten und ausdehnen, soviel er wolle, und auch sein geistiges Gift in der bügerlichen Welt ausstreuen. Das Schönste aber sei, daß die Idioten von Spießern in England und in den USA heute genauso wie damals bei uns den Standpunkt vertreten, ohne den Juden gebe es keine Wirtschaft, denn ohne den Juden funktioniere der Geldumlauf nicht. Gerade als ob vor der starken Einschaltung der Juden in unser Wirtschaftsleben keine wirtschaftliche Blüte, zum Beispiel des Mittelalters, vorhanden gewesen sei.

Kindererziehung und hartes Erbrecht

Er, der Chef, stehe deshalb auf dem Standpunkt, daß wir unsere künftige Führerschicht so hart erziehen müßten, daß sie gegen derartige Feigheit ein für allemal gefeit sei.

Hitlers Jugenderziehung war »total«. Er sagte selbst: »Wenn diese Knaben mit 10 Jahren in unsere Organisation hineinkommen und dort – oft zum erstenmal überhaupt – eine ›frische Luft‹ (d. h. Autorität und Gehorsam) fühlen, dann kommen sie vier Jahre später vom Jungvolk in die Hitlerjugend. Dort behalten wir sie wieder vier Jahre. Und dann geben wir sie erst recht nicht zurück in die Hände unserer alten Klassen- und Standeserzeuger, sondern dann nehmen wir sie sofort in die Partei, in die Arbeitsfront, in die SA oder in die SS, in das NSKK usw. Und wenn sie dort zwei Jahre waren, kommen sie in den Reichsarbeitsdienst und werden dort wieder 6 bis 12 Monate geschliffen, alles mit einem Symbol beim Arbeitsdienst: unter dem ›deutschen Spaten‹. Dann übernimmt sie die Wehrmacht zur Behandlung auf zwei Jahre. Und wenn sie von da zurückkehren, dann nehmen wir sie sofort wieder in die SA, SS usw.«

Er sei deshalb für ein absolut hartes Erbrecht der Art, daß ein Kind alles erbe und die anderen ins Leben gestoßen würden und damit gezwungen würden, sich selbst das Geld zu verdienen. Wenn ein Vater sein Kind wirklich liebhabe, dann solle er zusehen, daß er ihm außer einer guten Erbmasse eine gute Erziehung mit auf den Weg gebe[170].

Eine gute Erziehung müsse so bestellt sein, daß sie
a) den Charakter des Kindes zum Guten bilde,
b) ihm ein solides Wissen vermittle,
c) in ihrer Zielsetzung und in ihren Methoden beständig sei.

Wenn der Vater viel Geld habe, solle er außerdem seinem Kind so wenig Geld geben als irgend möglich. Wer sein Kind richtig erziehen wolle, müsse sich immer vor Augen halten, daß die Natur keine Rücksichten kenne.

Soweit diese Erfahrung vom bäuerlichen Erbrecht berücksichtigt worden sei, sei der Bauernstand gesund. Einer habe den Hof geerbt, alle anderen hätten wenig oder nichts erhalten. Genau so habe es ja auch die englische Adelsverfassung gehalten: nur ein Nachkomme erbte den Adelstitel, während alle anderen leer ausgingen.

170 Realisiert im »Anerben« des Hitlerschen Reichserbhofgesetzes vom 29. September 1933.

Nur dadurch, daß man dem jungen Menschen die gebratenen Tauben nicht in den Mund fliegen lasse, bewahre man ihn davor, feige und träge zu werden. Er, der Chef, habe deshalb auch für die Reichsbauernhöfe im Ostland Anweisung gegeben, daß sie unteilbar zu sein hätten. Nur der tüchtigste Sohn dürfe den Reichsbauernhof von seinen Eltern erben; die anderen müßten sich ihren Weg durchs Leben selbst bahnen.

Auch für die Familie sei das gut. Denn auch in der Familie könne nur einer Herr sein, wenn die Familie in allen Gliedern Generationen mit dem erreichten Besitzstand überdauern wolle.

Da man einen Menschen nicht sein Leben lang in Watte packen könne, habe Reichsleiter Bormann recht, wenn er die harte Erziehung unserer Internate als vorbildlich bezeichne (vgl. Erläuterung auf S. 97).

Auslese für Staatsdienst und Staatsführung

Nur mutige, tüchtige Männer könnten im Staatsdienst gebraucht werden. Nur ganz tapfere könnten die Staatsführung erhalten. Denn in den unteren Schichten des Volkes treibe das Leben selbst seine harte Auslese, so daß diese Schichten einer feigen Führerschaft gegenüber von steinharter Rücksichtslosigkeit sein könnten. Nur so sei es zu erklären, wenn die »Bewegung von unten« das morsche Monarchen-Kartenhaus 1918 weggeschwemmt habe.

Wenn nur ein einziger deutscher Monarch so wie der Boris von Bulgarien bei seinen Divisionen geblieben wäre und erklärt hätte, daß er nicht daran denke, zurückzuweichen, dann wäre auch uns der Zusammenbruch erspart geblieben.

Denn das Schicksal sei sehr nachsichtig und milde und lasse nur das zusammenbrechen, was restlos morsch sei. Wenn auch nur ein einziges kräftiges Reis sich zeige, lasse das Schicksal es leben.

Aber die Schwächlinge von deutschen Fürsten hätten in ihrer Angst ja nicht einmal mehr so viel Urteilskraft gehabt, daß sie den Unsinn einer Meldung wie der von der Kapitulation der 2. Gardedivision durchschauten. Wie ähnlich die Dinge in England lägen, wie faul auch dort alles bis in die Knochen sei, das beweise, daß ein englischer Bischof in Canterbury[171] die Sowjetfahne von der Kanzel hänge.

Das Naturgesetz des Lebenskampfes

Man dürfe kein Mitleid mit Leuten haben, denen das Schicksal bestimmt habe, zugrunde zu gehen. Und ebenso wie solch ein verzogener Mensch wie der derzeitige englische König von Juden, Pfaffen und einem feigen Bürgertum in eine absolute Abwärtsentwicklung hineingedrängt werde, so müßten wir froh sein, daß auch unsere morschen Potentaten seinerzeit in eine ähnliche Entwicklung gedrängt worden seien. Mitleid mit unseren früheren Fürstlichkeiten zu haben sei ganz falsch. Im Gegenteil könne man froh sein, daß mit ihnen das stärkste Moment gegen die deutsche Einheit beseitigt worden sei. Mitleid dürfe man überhaupt mit niemandem haben, dem die nötige Lebenshärte fehle. Nur der Musketier draußen oder der ehrlich arbeitende Erfinder, der nirgends Fuß fassen könne, verdiene Mitleid. Auch bei ihnen müsse das Mitleid aber selbstverständlich begrenzt sein und sich auf die Angehörigen der eigenen Nation beschränken.

171 Es handelt sich nicht um den Erzbischof von Canterbury, sondern um den Dekan der Kathedrale von Canterbury, Dr. Jewlett Johnson, der offen mit den Sowjets sympathisierte.

Die Natur sei wie auf allen Gebieten so auch auf dem Gebiet der Auslese die beste Lehrmeisterin. Man könne sich überhaupt keine bessere Konstruktion der Natur denken als den durch sie bedingten Aufstieg der Lebewesen: nur im harten Kampf. Es sei deshalb bezeichnend, daß die oberen Schichten, die sich nie um die Hunderttausende deutscher Auswanderer und ihre Not gekümmert hätten, jetzt bei den Juden Mitleid empfinden wollten, obwohl die Juden in der ganzen Welt ihre Komplizen haben und das klimafesteste Wesen seien, das es gäbe. Juden gediehen überall, sogar in Lappland und Sibirien.

Die ganze Liebe, die sich in Mitleid ausdrücke, dürfe bei einer unverbildeten Führerschicht nur dem eigenen Volksgenossen unteilbar gelten. Das Christentum sei hierin eine gute Lehrmeisterin. Denn in der Ausrichtung der Liebe zu dem »einen« von ihm gewiesenen Gott sei es am fanatischsten, am ausschließlichsten und am unduldsamsten. Gerade so fanatisch, ausschließlich und unduldsam müsse die ganze Zuneigung der führenden Schicht Deutschlands dem tüchtigen deutschen Volksgenossen gelten, der seine Pflicht für die Gesamtheit treu und brav erfülle.

Seine Zuneigung, seine Sympathie gehöre in erster Linie deshalb auch dem deutschen Musketier, der in vorderster Front diesen Winter habe überstehen müssen[172]. Auch bei der Führerauslese solle man bedenken, daß der Krieg auch Leben sei, daß er sogar die stärkste und klassischste Ausprägung des Lebens darstelle und Führer daher nur die werden dürften, die auch in einem Kriege zäh und tapfer ihren Mann stehen. Die Härte des Charakters sei ihm wertvoller als alles andere.

Härte des Charakters

Ein harter Charakter setze sich auch bei nur geringem Wissen durch. Die härtesten, tapfersten, kühnsten, vor allem auch zähesten und ausdauerndsten Männer gehörten in die Führung der Wehrmacht. Aber auch bei der Staatsführung brauche man solche Charaktere. Sonst verderbe die Feder, was das Schwert erkämpft habe.

Man könne fast sagen, daß der Politiker auf seinem Gebiet noch tapferer sein müsse als der Soldat, der aus seinem Schützengraben gegen den Feind vorgehe. Denn ein tapferer Entschluß eines einzigen Politikers könne eine Fülle von Soldatenleben retten. Politiker dürften deshalb niemals Pessimisten sein. Überhaupt wäre es am besten, man könnte alle Pessimisten umbringen. Denn ihr Wissen werde im entscheidenden Augenblick doch stets nur zu negativen Erkenntnissen führen. (Diese Bemerkung ging, wie mein Nachbar mir zuflüsterte, gegen v. Brauchitsch[173] und Halder[174]!)

172 Für den Soldaten der deutschen Ostfront stiftete Hitler am 26. Mai 1942 die – von einem Unteroffizier Ernst Krause entworfene – Ostmedaille »Winterschlacht im Osten 1941/42«. Dieser – wie der Volksmund sagte – »Reichsgefrierfleischorden« wurde nur an diejenigen verliehen, die sich in der russischen Kälte vom 15. November 1941 bis zum 15. April 1942 in Gefechten, bei Feindflügen oder in einem sonstigen Fronteinsatz von 60 Tagen bewährt hatten.

173 Generalfeldmarschall von Brauchitsch, seinerzeit Oberbefehlshaber des Gruppenkommandos Leipzig, wurde am 4. Februar 1938 Oberbefehlshaber des Heeres, weil Hitler sich von ihm eine zeitgemäße Ausbildung und die generelle Motorisierung des Heeres versprach. Im übrigen akzeptierte er das ihm von Hitler aufgezwungene militärische Unterstellungsverhältnis um so eher, als er sich von ihm aus einer Scheidungs-Misere mit einer Beihilfe von angeblich 80000 RM hatte heraushelfen lassen. Bei Meinungsverschiedenheiten mit Hitler resignierte er lieber,

Gerade dieser Winter habe gelehrt, daß ein Mensch schon ein ganz großer Optimist sein müsse, wenn er bei einem umfangreichen Wissen nicht scheitern wolle. Denn den Vielwissern hätten sich gerade in diesem Winter eine solche Fülle von Analogien aufgedrängt, wo es überall schiefgegangen sei, daß man eindeutig feststellen müsse: Vielwisser drehten in der Krise viel zu leicht den Hahn vom Positiven zum Negativen auf und würden dabei von der Volksmeinung in ihrer Wankelmütigkeit regelmäßig noch unterstützt. Dem mutigen und tatkräftigen Optimisten dagegen zeige das Unterbewußtsein oder der gesunde Menschenverstand, auch wenn er nicht über ein so umfangreiches Wissen verfüge, immer noch einen Ausweg.

Hitler veranstaltete im Winter 1941 bei Beginn der Krise sofort eine »Metallspende des deutschen Volkes«, eine »Reichsspinnstoff-Sammlung« und eine »Sammlung von Woll-, Pelz- und Wintersachen für die Front«, die eine breite Welle des nationalen Idealismus auslösten. Außerdem aktivierte er sein »Winterhilfswerk« (WHW) derart, daß die Menschen im Winter 1941/42 allein dafür über eine Milliarde RM spendeten. Das WHW war von Hitler erstmals im Winter 1933/34 als »nationale Kollekten-Sammlung« nach dem Beispiel der katholischen Kirche geschaffen worden und beseitigte nach und nach mit seinem riesigen Aufkommen an Sach- und Geldspenden (bis zum Winter 1941/42 4,019 Milliarden Reichsmark) jegliche Armut in Deutschland. Die Spendenabzeichen des WHW, die bis Winter 1943 an Sammeltagen ausgegeben und sichtbar an der Kleidung getragen wurden, umfaßten die gesamte deutsche Kultur-, Sitten- und Militärgeschichte, ferner die deutschen Metalle, Holzarten, Textilien, Porzellane, Bernsteine, Halbedelsteine, Blumen und Heilkräuter, sowie Hitler-Büchlein und Ritterkreuzträger-Biographien. Es gab z.B. aus Holz ebenso Schaukelpferdchen wie Märchenfiguren, aus Porzellan Vögel und Schmetterlinge, aus Glas Darstellungen von Tieren und deutschen Bauwerken, sowie Glasgemmen mit den Köpfen der berühmtesten Deutschen. Selbst Deckchen aus Plauener Spitzen und gewebte Wappen waren unter den Abzeichen. Entworfen wurden die Abzeichen von Deutschlands damals berühmtesten Künstlern, wie z.B. dem Münchener Professor Richard Klein, der auch Medaillen modellierte und Briefmarken zeichnete. Gefertigt wurden die Abzeichen der WHW-Reichsstraßensammlungen, WHW-Gaustraßensammlungen, des Roten Kreuzes, des VDA (Verein für das Deutschtum im Ausland) usw. von Kunstwerkstätten und Heimarbeitern der verschiedensten deutschen Regionen. Vor allem den Heimarbeitern in den Notstandsgebieten schaffte Hitler mit den Abzeichen-Produktionsaufträgen ab 1933 Beschäftigung für Tausende. Wenn die Abzeichen bei den Straßensammlungen auch nur 20 Rpf. kosteten, so erzeugte Hitler mit ihnen doch ein neues Solidaritätsgefühl der Deutschen, das Gefühl nämlich, »für die Volksgemeinschaft freudig Opfer bringen zu müssen«. Die Abzeichen – insgesamt gab es 478 der verschiedensten Reichsstraßensammlungen und rund 2000 der wichtigsten Gaustraßensammlungen – wurden so populär, daß sie in aller Welt wie Münzen und Briefmarken gesammelt wurden und heute noch zu Höchstpreisen verauktioniert werden. Der letzte

als daß er mit gut vorbereiteten Argumentationen, so wie General Jodl, zäh und eindringlich widersprach.

174 Hitler entließ den Generalobersten Halder als Generalstabschef am 24. September 1942, nachdem sich das beiderseitige Arbeitsverhältnis bereits seit dem Winter 1941 laufend verschlechtert hatte. Anlaß war die verschiedene Beurteilung der Lage an der Kaukasusfront. Hitler verbat sich Belehrungen Halders über die Leistungsmöglichkeiten der Truppe, da er, Halder, zeitlebens – ja auch schon im I. Weltkrieg – nur auf Generalstabsstellen gesessen habe und noch nicht einmal das Verwundetenabzeichen in Schwarz (für ein- bzw. zweimalige Verwundung) besitzen. Im übrigen seien Halders Nerven so verbraucht, daß seine ewigen Bedenken auch an seinen – Hitlers – Nerven zu zehren begännen.

Katalog der Abzeichen stammt von 1939 und erhielt 1942 einen Nachtrag. Komplett erhaltene Originalsammlungen sind äußerst rar.

Gott sei Dank seien die Optimisten in unserem Volk in der Überzahl. Darauf hätte ja auch die Kirche ihr Geschäft aufgebaut. Denn ihre Lehre sei ja letzten Endes nichts anderes als der Hinweis für den Optimisten, daß nach diesem Leben noch ein noch hoffnungsreicheres Leben komme, wenn er sich beizeiten der richtigen Konfession, fast habe er gesagt: Fraktion, verschreibe. Vor allem aber seien Träger des Optimismus gegenüber dem ewigen Objektivismus der Männer die Frauen, die schon in der ersten Woche am Kinde alle möglichen Fähigkeiten erkennten und ihren Glauben nie aufgäben.

64

4.4.1942 abends (Wolfsschanze)

Ostpreußen und Autobahnen nach dem Osten

Beim Abendessen wies der Chef darauf hin, daß man dem deutschen Osten eine Reihe schöner neuer Städte geben müsse; denn es gehe nicht an, daß nur im Westen oder Süden Deutschlands wirklich anziehende Mittelpunkte seien. Wie weit Ostpreußen zum Beispiel noch 1914 im Bewußtsein der west-, mittel- und süddeutschen Bevölkerung weg gewesen wäre, sehe man daran, daß diese Menschen gar nicht die durch den Russeneinfall ausgelöste Krise erfaßt gehabt hätten, ihnen außer dem Sieg bei Tannenberg und so fort nichts bekanntgeworden sei.

Und noch heute sei es so, daß einem die Fahrt München–Berlin nichts ausmache, man aber eine Reise Berlin–Königsberg als eine Pfunds-Reise ansehe.

Man müsse daher den deutschen Osten durch den Bau schöner Autobahnen[175] näher an das Reich heranholen und die Autobahnen so führen, daß am Ende des Weges ansehnliche Ziele wären wie die Baltenstädte Riga, Reval oder wie Nowgorod. Auch müsse es aufhören, daß der Osten für den Offizier und Beamten die Strafversetzungskolonie sei.

65

5.4.1942 mittags (Wolfsschanze)

Patentschutz, Werkspionage und das Sowjet-Spitzelsystem

Beim Mittagessen beauftragte der Chef Prof. Morell, erneut dafür zu sorgen, daß die Franzosen nicht unser in langjähriger Forscherarbeit entwickeltes Germanin unter einem anderen Namen als französisches Fabrikat vertreiben.

Es müsse im Friedensvertrag unbedingt eine Bestimmung aufgenommen werden, die den Franzosen eine weitere Ausnutzung unserer ihnen aufgrund des Versailler Diktats mitgeteilten Patente verbiete. Überhaupt sei es unsinnig, deutsche Patente im Wege des Lizenzverfahrens noch weiterhin dem Ausland bekanntzugeben. Selbst Brasilien, das noch nie besondere eigene Erfindungen hervorgebracht habe, glaube unter den derzeitigen Verhältnissen, den Patentschutz aufheben und unsere Patente nunmehr selbst ausnützen zu dürfen.

Er wünsche deshalb, daß künftig deutsche Patente ein für allemal geheimgehalten werden.

175 Die Autobahnen im Osten wurden mit elf Meter breiten Fahrbahnen (statt wie im Altreich mit nur sieben Meter breiter Fahrbahn) projektiert.

Ihm sei es schon lange aufgefallen, daß verschiedene Völker, zum Beispiel die Russen und die Japaner, die selbst keine vernünftigen Erfindungen hervorbringen, sich – wenn sie ein bestimmtes Fabrikat herstellen wollen – aus Amerika, aus England und aus Deutschland je ein Exemplar dieses Fabrikates, zum Beispiel einer Werkzeugmaschine, kommen ließen, sich womöglich noch die Werkzeichnungen dazu beschafften, und dann – aus den drei Maschinen eine vierte zusammenbauten, die dann natürlich die beste sei.

Hitlers Zusammenarbeit mit den Sowjets

Wie weit die Unverschämtheit auf diesem Gebiet gehen könne, das habe ihm die einjährige Zusammenarbeit mit den Sowjets gezeigt.

Unter rücksichtsloser Ausnutzung seiner schwierigen Lage hätten die Sowjets zuletzt sogar Artillerie-Beobachtungs-Geräte, Kreuzer, ja, ganze Schlachtschiffe mit Plänen zu kaufen verlangt. Da für ihn alles auf Messers Schneide gestanden habe, habe er ihnen auch einen schweren Kreuzer liefern müssen (den schweren Kreuzer »Lützow«).

Hitlers Zusammenarbeit mit Stalin aufgrund des Nichtangriffspakts vom 23. August 1939 und aufgrund des Freundschaftsvertrags vom 28. September 1939 war zunächst betont herzlich. Ribbentrop hatte Hitler berichtet, er habe sich bei den Kreml-Verhandlungen unter Stalins Leuten so wohl gefühlt »wie unter alten Parteigenossen« der NSDAP. Und Fotograf Hoffmann hatte Hitler informiert, daß Stalin die Hitlersche Privateinladung zu einem Berlin-Besuch prinzipiell angenommen habe. So begann Hitler mit Stalin den Austausch von Glückwunschtelegrammen und persönlichen Mitteilungen. Ende 1939 bis Mitte Mai 1940 war Hitlers Stalin- und Rußlandeuphorie so groß, daß er dem Eher-Parteiverlag das Einstampfen allen antisowjetischen Schriftmaterials befahl und im privaten Kreis die Hoffnung aussprach, in einer Art Bismarckscher Rußlandpolitik das großdeutsche und europäische Lebensmittel-, Öl- und sonstige Rohstoffproblem durch Handels- und Wirtschaftsvereinbarungen mit der UdSSR – d.h. ohne Krieg – lösen zu können. Erst als Stalin nach den – von ihm nicht erwarteten – Blitzsiegen Hitlers über Dänemark, Norwegen, Holland, Belgien und Frankreich auf politischen und wirtschaftlichen Kollisionskurs schaltete, gab Hitler sein »Appeasement-Denken« gegenüber der Sowjetunion wieder auf und konterte die im November 1940 ihm von Molotow angemeldeten sowjetischen Ansprüche auf die Ostseezugänge zur Nordsee (Großer Belt, Kleiner Belt, Öresund, Kattegat, Skagerrak), auf Teile Finnlands (Petsamo, Porkkala, Wiborg), Rumäniens, Bulgariens und Griechenlands (Saloniki), auf die Mittelmeerzufahrten der Türkei (Bosporus, Dardanellen) und auf Flottenstützpunkte am Persischen Golf und in Jugoslawien mit einem deutschen »Nein«.

Das Zweckbündnis Hitler/Stalin vom 23. August/28. September 1939 wurde nach Molotows Berlin-Besuch im November 1940 beiderseits auf bloßen Zeitgewinn bei der Verfolgung der beiderseitigen Imperialinteressen umgestellt. Die Sowjetführung saß dabei am »längeren Hebel«. Denn die Handelsvereinbarungen sahen sowjetische Lieferungen der – von Hitler für seine Kriegführung im Westen dringend benötigten – Rohstoffe und Lebensmittel nur Zug um Zug gegen deutsche Gegenlieferungen an Industrie- und Rüstungsgütern vor. Jede Kreditierung war vom Wohlwollen Stalins abhängig. Sie wurde von Stalin nach Molotows Berlin-Fiasko verständlicherweise weidlich als Druckmittel gegen Hitler gehandhabt.

Gott sei Dank sei es ihm aber gelungen, ihnen die Artillerie durch Verzögerung der Einzelteillieferungen vorzuenthalten.

Eine Erfahrung habe er seinerzeit aber machen müssen, die für ihn ein für allemal eine Lehre gewesen sei: Wenn die russischen Fachmänner bei uns erschienen seien, um eine Maschine zu kaufen, und man ihnen in den betreffenden Fabriken alles vorgeführt habe, dann hätten sie erklärt: Sie wollten die in einer bestimmten Ecke einer bestimmten Halle abgestellte Modellmaschine sehen, die sie genau bezeichnet hätten.

Durch die Organisation des Kommunismus hätten sie sich demnach ein Spitzelsystem geschaffen, das auch noch in dieser Zeit hervorragend funktioniert habe.

Der krasseste Fall ereignete sich im Dezember 1939 im Geheimkomplex der Bremer Flugzeugwerke in Lemwerder, wo eine Sowjetkommission statt der ihr angeblich vorgeführten »Ladenhüter« eine von ihnen genau bezeichnete neueste deutsche Schlachtflugzeugkonstruktion zu sehen wünschte. Selbst die Hallennummer, in der der Prototyp stand, war ihnen bekannt. Ferner interessierten sie unbemannte, ferngesteuerte Waffen wie der deutsche Kleinpanzer »Goliath«, der – unempfindlich gegen Infanteriebeschuß – mit rund 90 kg Sprengstoff und fast 20 Kilometer Stundengeschwindigkeit gegen Hindernisse aller Art (Brücken, Bunker, Feldbefestigungen) anraste und sie sprengte. Auch der deutsche sechsmotorige Großraumtransporter Me 323 »Gigant«, der mehrere Panzer, 130 vollausgerüstete Soldaten bzw. ein Flakgeschütz mit Zugmaschine transportieren und mit 16 Maschinengewehren zugleich als Flakkreuzer der Luft eingesetzt werden konnte, fand ihr ungeteiltes Interesse. Am meisten aber ärgerte sich Hitler über das sowjetische Ausspionieren der von General Dornberger (später Peenemünde-Chef) entwickelten deutschen Raketenwerfer für den Erdkampf und zur Panzerbekämpfung mit fünf bis sechs gebündelten Rohren vom Kaliber 15 cm, die mittels elektrischer Zündung 2 Schuß pro Sekunde abgaben und deren Geschosse mit infernalischem Geheul und rotglühenden Pulverschweifen äußerst demoralisierend wirkten. Mit Flammöl geladen, erzeugten die 32 cm-Raketen weite Flächenbrände. Bei Sprengstoffüllung (100 kg) wirkten sie durch den raschen Wechsel von Überdruck und Unterdruck in einem weiten Umkreis tödlich. Obwohl vor dem Kriege als »Nebelwerfer« getarnt, erfaßten die Sowjets das System und brachten es ab Ende 1941 als »Katjuscha« (= Stalinorgeln) zum Großeinsatz.

Beim Mittagessen äußerte sich der Chef sodann über den Heldenkampf der Finnen[176]: Das Heldenvolk der Finnen

Nach ihrem ersten Krieg mit den Russen seien die Finnen zu ihm gekommen und hätten ihm angetragen, deutsches Protektorat zu werden. Er bedauere es nicht, das damals abgelehnt zu haben. Denn die heldenhafte Haltung dieses Volkes, das von 600 Jahren allein 100 Jahre im Krieg zugebracht habe, verdiene höchste Anerkennung.

Es sei viel richtiger, sich solch ein Heldenvolk als Bundesgenossen zu erhalten, als es dem Germanischen Reich einzugliedern zu versuchen, da es dann doch nur zu Schwierigkeiten komme. Die Finnen als unsere eine Flanke und die Türkei als unsere andere Flanke seien für ihn ideale Lösungen unseres politischen Flankensystems überhaupt.

Abgesehen von diesen Erwägungen, eigne sich Karelien und so weiter auch seinem ganzen Klima nach nicht für uns Deutsche. Wenn er, der Chef, dort

176 Der russisch-finnische Krieg vom 30. 11. 1939 bis zum 12. 3. 1940 brachte Hitler zu der Überzeugung, daß die Sowjetarmee zur Zeit noch führungsmäßig zu schwach und technisch zu unmodern sei, um der deutschen Wehrmacht widerstehen zu können. Die von seinem Heeres-Adjutanten Engel über Schweden beschafften Filmaufnahmen des russisch-finnischen Krieges ließen ihn und seine militärischen Mitarbeiter auf die Möglichkeit einer »Blitzkriegführung« auch gegenüber der UdSSR hoffen.

einmal unsere tapferen Soldaten besuchen müßte und von ihnen gefragt würde, was er von diesem unfruchtbaren Land, dessen Besiedlung nicht einmal die Russen versucht hätten, halte, könne er nur in das Klagelied unserer Soldaten einstimmen[177].

Die notwendigste Kultivierungsarbeit in Rußland

Norwegen verdiene eine andere Beurteilung, da es aufgrund des Golfstromes klimatisch günstigere Verhältnisse aufweise. Der Reichsführer der SS brauche sich deshalb keine Hoffnungen zu machen, mit seinen Konzentrationslager-Insassen die russischen Strafkolonien am Murmansk-Kanal ablösen zu müssen. Er, der Chef, brauche die Arbeitskraft dieser Leute viel dringender, um im weiten russischen Raum die erforderlichen Rüstungsfabriken zu bauen.

Im übrigen sei der russische Raum, der unter unsere Hoheit komme, so voll von Problemen, daß wir für die nächsten Jahrhunderte genügend Arbeit hätten.

Im Mittelabschnitt müßten zunächst einmal die unendlichen Sümpfe durch Bepflanzung mit Schilf usw. kultiviert werden, damit die außerordentlichen russischen Kälteeinbrüche für künftige Winter eingedämmt würden. Außerdem seien Plantagen hochgezüchteter Brennesseln anzulegen, da nach den Forschungen einer Hamburger Firma aus den Fasern dieser Nesseln eine Zellwolle herzustellen sei, die an Güte die Baumwolle um ein Vielfaches übertreffe.

Schließlich sei es vordringlich, daß die Ukraine aufgeforstet würde, damit die starken Wolkenbrüche, die dort eine wahre Plage seien, verhindert würden. Er rechne es den Jägern hoch an, daß sie ihrer Jagdleidenschaft zuliebe dafür Sorge getragen hätten, daß 37 Prozent des deutschen Volksbodens mit Forsten bestanden wäre, während man zum Beispiel um das gesamte Mittelmeer herum die Forsten abgebaut habe, ohne sich die Notwendigkeit von Forsten zu überlegen und dieser Notwendigkeit entsprechend vernünftige Forstwirtschaft zu treiben.

Leningrad und die russische Hungersnot 1941/42

Auf die Frage, was aus Leningrad werden solle, erklärte der Chef:

Leningrad müsse verfallen. Wie einer der drei mit dem Eichenlaub zum Ritterkreuz ausgezeichneten heutigen Gäste berichtet habe, sei die Einwohnerzahl Leningrads aufgrund der Hungersnot bereits auf 2 Millionen herabgesunken. Wenn man bedenke, daß es nach dem Bericht des türkischen Gesandten in Rußland selbst in der Diplomatenstadt[178] nichts Gescheites mehr zu essen gäbe, und wenn man weiter bedenke, daß die Russen noch und noch von dem Fleisch krepierter Pferde lebten, so könne man sich ausmalen, wie die Bevölkerung Leningrads weiter schrumpfen würde. Die Zerstörung der Stadt durch Bombenwurf und Artilleriebeschuß habe auch bereits das Ihrige zu dem Vernichtungswerk beigetragen.

Leningrad war am 8. September 1941 auf allen Seiten von deutschen Truppen eingeschlossen. Von den drei Millionen Einwohnern konnten nur etwa 400000 evakuiert werden, 632000 Menschen verhungerten. Hitlers Ziel, die Stadt Leningrad »kaputt

177 Aber er brauchte Karelien wegen der reichen Nickelerzvorkommen von Petsamo (dem seit 1947 sowjetischen Petschenga) am ganzjährig eisfreien Petsamo-Fjord.

178 Kuibyschew an der mittleren Wolga (der sogenannten Wolgaschleife) ist mit etwa 800000 Einwohnern heute Ausgangshafen der Comecon-Öl-Pipeline.

zu hungern und dann dem Erdboden gleichzumachen«, scheiterte an drei Männern: Andrej A. Schdanow, dem örtlichen KPdSU-Chef, der im Sinne einer Levée en masse die Verteidigung organisierte, Alexei N. Kossygin (später UdSSR-Ministerpräsident), der als Stalins jüngster Volkskommissar über eine Ladoga-Eispiste eine funktionsfähige Noternährung und Kinderevakuierung zustande brachte, und dem Metropoliten Alexius (dem späteren Patriarchen von Moskau und Ganz-Rußland), der die Verteidigung Leningrads als einen »heiligen Kampf« proklamierte, mit seiner russisch-orthodoxen Kirche im belagerten Leningrad aktiv blieb, ja sogar verstärkt weiterarbeitete und so die seelische Widerstandskraft der Leningrader in einer – selbst von Hitler nicht für möglich gehaltenen Weise – stabilisierte.

Künftig solle die Newa die Grenze zwischen Finnland und uns sein. Auch die Leningrader Häfen und Werftanlagen möchten verfallen. Denn einer könne nur Herr in der Ostsee als dem deutschen Binnenmeer sein. Und deshalb müsse ein für allemal dafür gesorgt werden, daß kein größerer Hafen an der Peripherie unseres Reiches existent bleibe. Ganz abgesehen davon würde unseren maritimen Bedürfnissen durch einen Ausbau unserer eigenen Häfen und der Häfen im Baltikum vollauf genügt werden, so daß wir den für die Hälfte des Jahres zugefrorenen Leningrader Hafen in keiner Weise benötigten.

66

5.4.1942 abends
(Wolfsschanze)

Friedensdiktate provozieren nur politische Taschenspielereien. Deutsche Abrüstung nach 1919. Hitlers heimliche Aufrüstung

Der Chef sprach sich beim Abendessen sehr abfällig über die Haltung der Zentralbehörden nach dem Zusammenbruch 1918/1919 aus.

Viele Industrielle hätten sich seinerzeit bemüht, Waffen, die in langer harter deutscher Forscherarbeit entwickelt worden seien, nicht zur Kenntnis der Feinde gelangen zu lassen. Die Zentralstellen hätten ihnen dabei aber keinerlei Rückhalt gewährt, ja, sie sogar in die schwierigsten Lagen gebracht und sie dem Vorwurf des Landesverrats ausgesetzt.

Dabei sei es bei der Erfüllung des Versailler Diktats keineswegs nachprüfbar gewesen, ob 50000 oder nur 30000 Kanonen als vorhanden bezeichnet worden wären. Er gäbe zu, daß die Verräterei seinerzeit in Deutschland groß gewesen wäre. Mit Verrätern hätten aber alle Staatsstellen ja so umspringen können, wie es Pöhner und Frick in München getan hätten. Wenn sie durch die im Quartier der feindlichen Abrüstungskommission angebrachten Abhöranlagen festgestellt hätten, daß dort irgendein Verräter den Ausländern seine Weisheit mitzuteilen versucht hätte, hätten sie ihn durch – sich als Franzosen ausgebende – Kriminalbeamte herausbitten und ihn draußen sofort festnehmen lassen.

Wenn man ernstlich die Tendenz der Abrüstung in Deutschland habe beseitigen wollen, habe auch der Versailler Vertrag genügend Möglichkeiten gelassen. Wer hätte uns daran hindern können, Schnellboote in großer Zahl zu bauen, zumal der Bau von Einheiten ihrer Tonnage durch das Diktat nicht begrenzt gewesen sei! Bei allen anderen Kriegsschiffen hätte man die Tonnage um ein Vielfaches größer bauen können, als man offiziell anzugeben genötigt gewesen sei.

Die Reichswehr unter Generaloberst Hans von Seeckt hatte 1926 mit der vom Genfer Völkerbund ebenso wie Deutschland verfemten UdSSR eine geheime deutsche Flieger- und Kampfwagenschule in »Kama« geschaffen, die bis Ende 1933 den Flieger- und

Panzeroffiziernachwuchs der deutschen Reichswehr bzw. Wehrmacht ausbildete. »Kama« war identisch mit dem Kurort Lipezk am Kamafluß bei Kasan. Die Sowjets stellten nicht nur das Gelände und das Kasernement zur Verfügung, sondern zunächst auch die notwendigen Schulungsflugzeuge und Schulungspanzer. Später gestatteten sie im Rahmen des Schulungsbetriebs die Erprobung der von der Reichswehr in Zusammenarbeit mit deutschen Industriewerken entwickelten Jagd- und Kampfflugzeuge, sowie der verschiedenen Panzertypen der deutschen Kraftfahrzeugindustrie. Als Gegenleistung erfuhren Hunderte von sowjetischen Stabsoffizieren ihre Spezialausbildung in Ausbildungskursen und Lehrinstituten der Reichswehr in Deutschland. Hitler und Stalin beendeten die Zusammenarbeit ihrer Streitkräfte Ende 1933, da sie nicht mehr in ihr politisches Konzept paßte und ihnen die erstaunlich gut funktionierende Kameraderie der deutschen und sowjetischen Offiziere nach und nach suspekt wurde.

Daß zum Beispiel seine schweren Kreuzer insbesondere im Tiefgang den offiziellen Maßen in keiner Weise entsprochen hätten, hätte ja auch kein Mensch gemerkt. Ebenso hätte man das 100000-Mann-Heer zu einer reinen Unteroffiziers- und Offiziersschule ausbauen können und durch Herabsetzung der Dienstzeiten auf einige wenige Jahre so viele Menschen durch die Wehrerziehung durchlaufen lassen können, daß man notfalls immer ein Heer von 800000 bis 900000 Mann zur Verfügung gehabt hätte.

Nur Angsthasen hätte man selbstverständlich mit diesen Dingen nicht belasten dürfen. Als er den ersten Auftrag gegeben habe, wieder 21-cm-Geschütze zu bauen, habe irgendein nachgeordneter Angsthase statt der von ihm befohlenen 60 nur 6 in Auftrag gegeben gehabt. Er habe diesen Herrschaften dann erst einmal klarmachen müssen, daß – wenn man schon einmal Vertragsbestimmungen umgehe – es absolut keine Rolle spiele, in welchem Umfang man den Bestimmungen zuwiderhandle. Kein Mensch hätte uns auch daran hindern können, an der deutsch-französischen Grenze Beton-Bunker zu bauen und sie als Keller von Kinderheimen, Krankenhäusern und dergleichen zu tarnen. Bei Ausbruch eines deutsch-französischen Krieges hätte man dann immer ein unserem Westwall ähnliches Bunkersystem zur Verfügung gehabt.

Heute sei es Aufgabe unserer Wehrmachtsstellen, darauf zu achten, daß die Franzosen nicht etwas Ähnliches machten[179]. Ihm sei aufgefallen, daß Admiral Darlan, der französische Vizestaatschef, in seinem Aufruf an die Franzosen unter einer Fülle von Harmlosigkeiten auch das Vorbeugen für die Zukunft als Ziel seiner Politik hingestellt habe.

Leider habe er, der Chef, noch keine Gelegenheit gefunden, ihn einmal nach der Bedeutung dieser geheimnisvollen Erklärung zu befragen. Denn gegebenenfalls hätte er ihn dann darauf hingewiesen, daß er sich offenbar in Gedanken bewege, die er, der Chef, seit Beginn seines Kampfes durchdacht habe. Es sei aber ein unkluges Unterfangen, wenn man mit Taschenspielerstückchen einen

179 Admiral Darlan hatte seine letzte Aussprache mit Hitler am 11. Mai 1941 auf dem Berghof. Als er sich aufgrund der maßlos übertriebenen Forderungen Görings, Himmlers und Ribbentrops von einer französisch-deutschen Kollaboration keinen Gewinn mehr für Frankreich versprach, ging er im November 1942 nach Nordafrika und ermöglichte den Briten und Amerikanern durch Einstellung des bewaffneten Widerstandes der Franzosen in Marokko und Algier die Nordafrika-Landung gegen Deutschland und Italien. Außerdem gab er am 13. November 1942 der französischen Flotte den Befehl, sich den Briten und Amerikanern zu unterstellen bzw. – soweit das nicht durchführbar war – sich selbst zu versenken.

alten langjährigen Taschenspieler übers Ohr hauen wolle. Frankreichs Aufgabe für die nächsten 50 Jahre sei vorerst einmal, die Schuld von Versailles abzuarbeiten.

Beim Abendessen führte der Reichsführer SS aus, daß man mit dem französischen Problem seiner Ansicht nach am ehesten fertig würde, wenn man alljährlich einmal unter der germanischen Bevölkerung Frankreichs einen blutsmäßigen Fischzug durchführe. Man müsse versuchen, die Kinder dieser Bevölkerungsschicht in frühester Jugend in deutsche Internate zu bringen und sie dort von ihrer zufälligen französischen Nationalität abzulenken und sie auf ihr germanisches Blut und damit auf ihre Zugehörigkeit zum großen germanischen Volk hinzuweisen.

Rassenpolitik der blutsmäßigen Fischzüge: Nein

Der Chef meinte dazu, er sei an sich kein besonderer Freund von allen Eindeutschungsversuchen, soweit es nicht gelinge, sie weltanschaulich zu sichern.

Aber bei Frankreich müsse man sich überlegen, daß der militärische Ruf Frankreichs ja nicht auf die geistige Haltung des Gros der Bevölkerung zurückzuführen sei, sondern lediglich darauf, daß die Franzosen ein paar für sie günstige militärische Konstellationen auf dem Kontinent (zum Beispiel im Anschluß an den Dreißigjährigen Krieg) ausgenutzt hätten. Überall, wo ihnen ein selbstbewußtes Deutschtum gegenübergestanden habe, hätten sie Dresche bezogen, zum Beispiel unter Friedrich dem Großen, 1940 und so weiter. Daß sie von einem einmaligen militärischen Genie wie dem Korsen Napoleon zu weltgeschichtlichen Siegen geführt worden seien, könne dabei keine Rolle spielen. Das Gros der Franzosen neige zum Spießertum, so daß es schon ein schwerer Schlag für Frankreich sei, wenn seiner Führungsschicht der germanische Nachwuchs entzogen würde.

Der Reichsführer SS brachte das Gespräch dann auf seine Erfahrungen mit dem holländischen Nationalistenführer Mussert. Ihm sei aufgefallen, daß Mussert versuche, seine Legion zurückzubekommen. Er habe ihm, Himmler, klarmachen wollen, daß er die zur Zeit im Osten stehende Holländische Legion brauche, um seine Machtergreifung in Holland militärisch zu unterbauen. Er, Himmler, habe ihm aber keine Hoffnungen gemacht, ihn vielmehr darauf hingewiesen, daß er nach Beendigung des Krieges für Holland nur so viele Soldaten zugestanden erhalten könne, als jetzt als Legionisten an der Ostfront kämpften. Denn für die Landesverteidigung brauche er kein holländisches Bundesheer, da sie nach dem Kriege ausschließlich unsere Sache bleibe. Die Unterhaltung eines größeren Bundesheeres zu Repräsentationszwecken sei aber ebenfalls nicht nötig.

Europäische Neuordnung durch Schaffung eines Germanischen Reiches unter Einschluß von Holland, Norwegen, Polen und der Tschechei?

Neben dem Anti-Bolschewismus war Männern wie Adriaan Mussert (Holland), Léon Degrelle (Wallonien), Vidkun Quisling (Norwegen) usw. die »germanische Blutsverwandtschaft« das entscheidende Motiv für die Kollaboration mit Deutschland. Deshalb prägte Hitler für sein Europa auch den Begriff »Germanisches Reich«. Die in dem »Germanischen Korps« der Waffen-SS zusammengefaßten Legionen der Holländer, Flamen, Wallonen, Dänen, Norweger, Schweden, Kroaten, Nordfranzosen, Schweizer und Finnen leisteten an der Ostfront militärisch Hervorragendes an Mut, Ausdauer und Energie. Viele ihrer Angehörigen erwarben das Ritterkreuz des Eisernen Kreuzes und andere Auszeichnungen. Insgesamt gab es 200 000 Legionäre.

Der Chef erzählte in diesem Zusammenhang, daß sich Mussert ihm gegenüber bezüglich der Frage der Vereidigung der Legionisten ebenfalls etwas merkwürdig ausgedrückt habe. Er habe Mussert deshalb gefragt, ob er glaube, daß es ihm, dem Chef, leichtgefallen sei, seine Heimat Österreich in viele kleine Gaue aufzuteilen, um sie frei zu machen von separatistischen Tendenzen und sie leichter ins »Germanische Reich« eingliedern zu können. Österreich habe ja schließlich auch eine mehr als 500jährige eigene Geschichte, die nicht ohne wahrlich große Höhepunkte sei.

Man müsse den Holländern und Norwegern gegenüber bei der Auseinandersetzung über diese Fragen natürlich sehr vorsichtig vorgehen. Man müsse sich immer vergegenwärtigen, daß auch Bayern 1871 nie bereit gewesen wäre, zu Preußen zu kommen; es ließ sich von Bismarck lediglich breitschlagen, sich zur Eingliederung in den größeren blutsmäßigen Verband »Deutschland« bereitzufinden. Er, der Chef, habe 1938 den Österreichern auch nicht erklärt, daß er sie nun Deutschland eingemeinden wolle: er habe vielmehr immer darauf hingewiesen, daß er sie mit Deutschland zusammen zum »Großdeutschen Reich« vereinigen wolle. So müsse man auch den Germanen des Nordwestens und Nordens immer wieder vor Augen halten, daß es sich um das Germanische Reich, »das Reich« schlechthin, handle, das in Deutschland lediglich seine stärkste weltanschauliche und militärische Kraftquelle habe.

Hitler nahm diese begriffliche Akzentuierung sehr ernst. Bis zu seinem Tode verwahrte er die vier – ihm zur Vereinigung Österreichs mit Deutschland zum »Großdeutschen Reich« (13. März 1938) – geschenkten Großdeutschlandmedaillen als besonders wertvolle Erinnerungsstücke in seiner Münchner Privatwohnung. Sie stammten vom Bildhauer Hanisch-Concée und zeigten auf der Vorderseite Hitlers Kopf. Auf der Rückseite zeigten drei (Gold, Silber, Bronze) den Reichsapfel und die vierte die Innbrücke von Hitlers Geburtsstadt Braunau (Bronze).

Der Reichsführer SS unterstrich dies mit einer Bemerkung darüber, daß von einem eindeutigen Zusammengehörigkeitsgefühl der heute in Holland vereinigten Menschen keine Rede sein könne. So habe er zum Beispiel bei den holländischen Friesen festgestellt, daß sie sich blutsmäßig keineswegs zu den übrigen Einwohnern Hollands hingezogen fühlen und daß auch ein holländisches Nationalbewußtsein, das sich auf eine überzeugende holländische Staatsidee stütze, bei ihnen nicht festzustellen sei. Seines Erachtens wäre es den holländischen Friesen viel lieber, mit den Friesen jenseits der Ems, zu denen sie auch blutsmäßig gehörten, vereinigt zu sein. Feldmarschall Keitel bestätigte dies aufgrund eigener Erfahrungen und meinte, den Friesen jenseits der Ems sei es nur erwünscht, mit den Friesen diesseits der Ems in einem einheitlichen staatlichen Verwaltungsbezirk zusammengeschlossen zu werden.

Der Chef überlegte sich dies einen Moment lang und erklärte dann, wenn dem so sei, solle man die Friesen diesseits und jenseits der Ems doch zu einer Provinz zusammenschließen. Man müsse das Seyß-Inquart[180] einmal sagen.

180 Dr. Arthur Seyß-Inquart, 1937 österreichischer Staatsrat, 16. 2. 1938 österreichischer Innen- und Sicherheitsminister, 11. 3. 1938 österreichischer Bundeskanzler, wurde nach dem »Anschluß« Österreichs Reichsstatthalter der Ostmark (= Österreich) und am 18. Mai 1940 Reichskommissar für die besetzten Niederlande.

Der Reichsführer SS berichtete sodann von der Schaffung zweier Nationalpolitischer Erziehungsanstalten für Jungen und einer für Mädchen, die unter der vom Führer genehmigten Bezeichnung »Reichsschulen« in Holland eingerichtet würden. Ein Drittel der Schüler solle aus Holländern, zwei Drittel solle aus Deutschen bestehen. Nach einem gewissen Ausbildungszeitraum sollten die Holländer dann auch einmal auf deutsche »Napolas« kommen. Um sicherzustellen, daß die Erziehung der Kinder auf diesen Schulen eindeutig auf den Gedanken des »germanischen Reichs« ausgerichtet sei, habe er, der Reichsführer, es abgelehnt, holländische Gelder für die Einrichtung dieser Schulen in Anspruch zu nehmen, und lasse sie ausschließlich von Reichsschatzmeister Schwarz[181] finanzieren. Für Norwegen plane er die Einrichtung ähnlicher Schulen, die auch vom Reichsschatzmeister der NSDAP ausschließlich finanziert werden sollen. Wenn wir verhindern wollten, daß germanisches Blut in die Führungsschicht der von uns beherrschten Völker gelange und sich dann gegen uns auswirke, müsse man mit der Zeit allen wertvollen germanischen Nachwuchs unter den Einfluß einer derartigen Erziehung bringen.

Der Chef bestätigte die Richtigkeit dieser Auffassung. Man dürfe unter keinen Umständen in den Fehler verfallen, uns wertvoll erscheinende Angehörige anderer Nationen nur in der deutschen Wehrmacht ausbilden zu wollen, wenn nicht zuvor eine einwandfreie weltanschauliche Ausrichtung dieser Elemente auf das »Germanische Reich« gewährleistet sei. Er stehe deshalb auch dem Einsatz der ganzen ausländischen Legionen an unserer Ostfront skeptisch gegenüber. Man müsse sich immer das eine vor Augen halten, daß jeder dieser Legionisten, wenn er nicht von seiner blutsmäßigen Zugehörigkeit zum »Germanischen Reich« als der neu zu schaffenden größeren Einheit »Europa« durchdrungen sei, sich als Verräter an seinem Volk fühlen müsse.

Welche Gefahren das mit sich bringe, zeige der Verfall der Donau-Monarchie. Auch die Donau-Monarchie habe ja geglaubt, sich die anderen Völker, zum Beispiel die Polen, Tschechen und so weiter, gewinnen zu können, wenn sie sie militärisch in der österreichischen Armee schule. Im entscheidenden Augenblick hätte sie dann aber feststellen müssen, daß gerade diese Männer die Fahnenträger gegen sie geworden seien. Es gehe deshalb auch nicht, daß man unter der alten deutschen Fahne das »Germanische Reich« aufzurichten versuche. Ebensowenig wie man unter der Fahne Preußens die Bayern zum Deutschen Reich 1871 habe bringen können, könne man die germanischen Völker unter der schwarz-weiß-roten Fahne des alten Deutschen Reichs einen. Er habe deshalb der NSDAP als der Trägerin des Zusammenschlusses aller Germanen von vornherein ein neues Symbol gegeben, das auch das Symbol aller Germanen werde, die Hakenkreuzfahne.

Insbesondere warnte der Chef dann vor größeren Eindeutschungen von Tschechen und Polen.

Der Reichsführer SS berichtete hierzu, daß er das Polentum als das geschichtlich zäheste Volkstum in der Weise mattzusetzen suche, daß er es in eine eiserne

181 Franz Xaver Schwarz, seit 1925 Reichsschatzmeister der NSDAP, war mit Hitler und Eva Braun auch familiär befreundet und daher entsprechend einflußreich.

Zange deutschen Volkstums nehme. Er habe mit Frank[182], dem Generalgouverneur des besetzten Polens, abgesprochen, daß der Bezirk Krakau mit seiner gleichnamigen reindeutschen Hauptstadt und der Bezirk Lublin deutsch besiedelt werden sollten. Von diesen beiden Ausgangsstellungen aus werde man das Polentum langsam zusammendrängen.

Der Chef meinte dazu, daß eine nachsichtige Behandlung des Polentums auch keinesfalls angebracht sei. Man mache sonst dieselben Erfahrungen, die man im Anschluß an die Teilungen Polens in der Geschichte immer wieder gemacht habe. Das Polentum sei ja dadurch am Leben geblieben, daß es den Russen als Herrscher nicht habe ernst zu nehmen brauchen und daß es ihm gelungen sei, sich bei den Deutschen in eine politische Stellung hineinzumanövrieren, die es zu einem vor allem vom politischen Katholizismus umworbenen, für die deutsche Innenpolitik maßgebenden Faktor gemacht habe.

Vor allem müsse man aber darauf sehen, daß Deutsche sich nicht mit Polen vermischten und damit der polnischen Führungsschicht neues germanisches Blut zugeführt würde. Der Reichsführer SS habe ganz recht, wenn er meine, daß fast ausschließlich deutschblütige Generale 1939 auf polnischer Seite wirklich ernsten Widerstand geleistet hätten. Es sei nämlich eine alte Erfahrung, daß gerade die wertvollsten deutschen Abkömmlinge in die Führungsschicht des Gastlandes hineindrängten und ihrem Deutschtum verlorengingen, während sich in den verbleibenden deutschen Volksgruppen nur das Minderwertige sammle und sich nach wie vor zum Deutschtum bekenne.

Uns nannte Hitler als Beispiel u.a. den Verteidiger der polnischen Küstenbefestigungen, den Admiral Josef von Unruh, der am Ende des I. Weltkriegs von der deutschen zur polnischen Kriegsmarine übergetreten war. Hitlers Blitzkrieg gegen Polen vom 1. September 1939 bis 6. Oktober 1939 kostete Deutschland 10572 Gefallene. Dagegen fielen 700000 polnische Soldaten als Kriegsgefangene in deutsche Hand.

Ebenso vorsichtig wie mit den Polen müsse man übrigens mit den Tschechen sein, die bereits über halbtausendjährige Erfahrungen verfügten, wie man am besten den Untertanen spiele, ohne Mißtrauen zu erregen. Wie viele Tschechen hätten sich in seiner Jugend in Wien herumgetrieben, dort sehr bald den Wiener Dialekt erlernt und sich dann geschickt in maßgebliche Positionen des Staates, der Wirtschaft und so weiter hineingeschlängelt.

Hitler sagte uns, die Tschechen seien so große Meister im »Unterwandern« der sie beherrschenden Völker, daß zu seiner Zeit von 1800 k. u. k. Hofbeamten der österreichisch-ungarischen Donaumonarchie 1630 Tschechen und nur noch 170 Deutsche gewesen seien.

Man dürfe nie außer acht lassen, daß dieser Krieg im Frieden nur gewonnen würde, wenn man das »Reich« rassisch hoch und rein erhalte. Denn unsere Stärke beispielsweise gegenüber den nur um wenige Einwohner größeren USA sei ja, daß unser germanischer Rassekern erheblich größer sei, und zwar zu $^4/_5$ Germanen umfasse.

182 Dr. Hans Frank II, Hitlers Münchner Rechtsanwalt in der Kampfzeit, Gründer des NS-Rechtswahrerbundes (11. Oktober 1928), wurde am 19. Dezember 1934 Reichsminister und Reichsjuristenführer. Im Oktober 1939 wurde Hans Frank Generalgouverneur für die besetzten polnischen Gebiete.

67 6.4.1942 mittags (Wolfsschanze)

Konsuln, Titel und Orden

Der Chef beklagte sich beim Mittagessen über die mangelhafte Auswahl unserer Konsuln.

Meist habe man mit der Wahrnehmung deutscher Interessen im Ausland Wahlkonsuln beauftragt, die lediglich an dem Titel und an bestimmten Geschäften interessiert seien, aber sich keineswegs um deutsche Belange oder um die Betreuung der Deutschen im Ausland kümmerten.

Nach dem Kriege müßten wir unseren Auslandsapparat deshalb völlig umbauen und weitgehend von dem System der Wahlkonsuln abgehen. Wenn es auch kostspieliger sei, dem englischen Beispiel entsprechend in ausländischen Staaten tadellos besetzte diplomatische Außenstellen mit gutbezahlten tüchtigen Beamten einzurichten, so lohne dies doch der Erfolg. Denn die Aufgabe des Diplomaten sei ja, die deutschen Interessen zu dem Gastland in richtige Beziehung zu setzen und durch entsprechende Berichte die eigene Führung zu den erforderlichen Maßnahmen instandzusetzen. Man brauche, wenn die diplomatischen Außenstellen insoweit funktionierten, auch keinen großen Zentralapparat in Berlin, sondern könne dort mit einigen wenigen Männern auskommen.

Er erkundigte sich dann, ob die Verleihung deutscher Orden an Ausländer sich besonders bewährt habe. Da der Gesandte Hewel dies nicht uneingeschränkt bejahte, meinte er, er habe sich das Problem seinerzeit reiflich überlegt. Aber schließlich sei es ja so, daß Orden – von denen mit Brillanten abgesehen – im Gegensatz zu den bisher von uns verschenkten goldenen Zigaretten-Etuis, die 670,– RM kosteten, nur 2,50 bis 25,– RM wert seien. Diese Unkosten kämen bei den durch Ordensverleihungen erzielten Erfolgen auf jeden Fall wieder heraus. Denn genau so wie die Menschen nach Titeln drängten, wären sie ja auch sehr hinter Orden her. Auch wenn einem das nicht recht sei, müsse man dem Rechnung tragen.

Anläßlich der XI. Olympiade in Berlin stiftete Hitler am 4. Februar 1936 das »Deutsche Olympia-Ehrenzeichen«. Die Nachfrage, insbesondere aus dem Ausland, war so groß, daß die Erste Klasse an 767, die Zweite Klasse an 3364 und die Dritte Klasse (Medaille) an 54915 Personen verliehen wurde. Ob dieses Erfolges schuf Hitler am 1. Mai 1937 einen reinen Ausländerorden, den »Verdienstorden vom Deutschen Adler« (abgekürzt: »Deutscher Adlerorden«), den der Münchner Bildhauer Professor Richard Klein nach Hitlers eigenen Intentionen modellierte. Der Orden umfaßte fünf Stufen: das Großkreuz mit Schulterband und Bruststern, den Halsorden mit Bruststern, den Halsorden allein, das Steckkreuz und den Schnallenorden (in Gold bzw. Silber), sowie eine Sonderstufe für Staatschefs in Gold, die Mussolini sogar in Brillanten erhielt. Ausländer, die sich um das Deutsche Reich militärisch verdient gemacht hatten wie Finnlands Feldmarschall Freiherr von Mannerheim, erhielten den Orden mit Schwertern. Der Orden war mit seinem achtspitzigen, goldgefaßten und weißemaillierten Kreuz mit je einem goldenen Reichs-Hoheitsadler in den Kreuzwinkeln und mit dem weißgoldenen bzw. silbernen acht- bzw. sechsspitzigen Bruststern so repräsentativ, daß ich ausländische Prominente bei der Verleihungszeremonie Tränen in die Augen bekommen sah, wenn ich das Etui öffnete und ihnen das strahlende Ordenskleinod entgegenfunkelte.

Allerdings sei er kein Freund davon, mit Titeln Geschäfte zu machen und zu sagen, für 100000,– Mark wird man Vizekonsul, für 500000,– Mark Konsul und für 1 Million Generalkonsul. Das kaiserliche Deutschland habe geglaubt, sich auf diese Weise mit dem Kommerzienratstitel zusätzliche Einnahmen verschaffen zu müssen.

Auch mit Titeln und Orden müsse man aber sehr vorsichtig umgehen, wenn man ihren Wert erhalten wolle. So würde der Alte Fritz schön in den preußischen Staatsrat[183], dieses Produkt eines kümmerlichen Versuchs einer preußischen Renaissance, hineinfahren, wenn er dieses tatenlose Gremium erleben müßte.

68 7.4.1942
(Wolfsschanze)

Hitlers Verzicht auf eigene Kinder

...Gestern mittag ist Reichsleiter Bormann nach Berchtesgaden geflogen, da seine Frau[184] ein 9. Kind – einen Jungen – bekommen hat. Der Chef erteilte ihm Urlaub mit den Worten, »da müsse er (Bormann) aber doch gratulieren fahren!« Eine verstohlene Träne in seinem Auge zeigte, wie schwer ihn der Verzicht auf das Glück des Familienvaters ankommt.

Hitler behauptete uns gegenüber, daß eine Ehe, eine Familie und ein Kind für ihn ob seiner »historischen Mission« untragbar seien. Sie zwängen ihn zu einer Verzettelung seiner geistigen, seelischen und körperlichen Kräfte. Und sie hinderten ihn daran, sein Leben physisch und psychisch ganz für seine weltpolitischen Ziele »aufzuopfern«.

Überhaupt sind über Ostern eine ganze Reihe von Herren weggefahren und, vom Außenminister abgesehen, haben wir auch keine besonderen Gäste dagehabt. Mit dem Außenminister aber hat der Chef in seinem Bunker gestern abend allein gespeist...

abends

Revolutionen und ihre Niederschlagung

Beim Abendessen brachte der Chef die Sprache auf die Revolution 1918/1919.

Wenn man sich mit dieser Revolution einmal genauer befasse, müsse man feststellen, daß sie in keiner Weise von weltanschaulichen Gesichtspunkten getragen war, sondern überwiegend von Gesindel geführt wurde, das erst kurz vorher irgendwelche Gefängnisse oder Strafanstalten verlassen hatte.

Ob man Berichte über den Verlauf der Revolution in Köln oder in Hamburg oder in einer sonstigen Stadt nachlese, immer wieder müsse man feststellen, daß die ganze sogenannte Volksbewegung in eine ganz gewöhnliche, ganz gemeine Dieberei und Plünderei ausgewachsen sei. Man könne daher nur Verachtung für die Schwächlinge haben, die vor diesem Gesocks ausgerissen seien.

Wenn heute irgendwo im Reich eine Meuterei ausbreche, so würde er sie mit Sofortmaßnahmen beantworten. Als erstes würde er:

183 Der Preußische Staatsrat war eine von Göring in seiner Eigenschaft als Preußischer Ministerpräsident am 8. Juli 1933 geschaffene Institution, der Würdenträger aus Staat, Partei, Wirtschaft und Kunst angehörten. So z.B. auch Generalfeldmarschall August von Mackensen.

184 Gerda Bormann, geborene Buch, war die Tochter des Vorsitzenden des Obersten Parteigerichts und Reichsleiters Major a.D. Walter Buch. Nach der Heirat mit ihr (2. September 1929) holte Hitler, der die Familie Buch sehr hochschätzte, Bormann in die Innere Führung der NSDAP (1930 wurde er Leiter der Hilfskasse der NSDAP, 1933 Stabsleiter des »Stellvertreters des Führers«).

a) noch am Tage der ersten Meldung alle leitenden Männer gegnerischer Strömungen, und zwar auch die des politischen Katholizismus, aus ihren Wohnungen heraus verhaften und exekutieren lassen;

b) alle Insassen von Konzentrationslagern würde er innerhalb von drei Tagen erschießen lassen;

c) alle kriminellen Elemente, gleichgültig, ob sie zur Zeit in Gefängnissen wären oder sich in Freiheit befänden, würde er aufgrund der vorhandenen Listen ebenfalls binnen drei Tagen zur Exekution sammeln und erschießen lassen.

Die Erschießung dieses einige hunderttausend Menschen umfassenden »Gesocks« lasse weitere Maßnahmen als überflüssig erscheinen, da damit die Meuterei aus Mangel an meuternden Elementen und Mitläufern von selbst zusammenbrechen würde.

Als deutsche Truppen sich Ende November, Anfang Dezember 1941 Moskau auf etwa 20 km bis zum Kreml – d.h. bis zu den ersten städtischen Bus-Stationen – näherten, und in der Stadt es zu Unruhen kam, liquidierten die sowjetischen Sicherheitspolizeiverbände – NKWD zur Wiederherstellung der Stadtverteidigung tatsächlich kurzerhand alle Meuterer, die KPD-Parteibuchverbrenner und das Gros der Gefängnisinsassen.

Die sittliche Rechtfertigung dieser Erschießungen leite er aus der Tatsache ab, daß alle deutschen Idealisten entweder an der Front ihr Leben einsetzten oder aber in den Rüstungsfabriken beziehungsweise ihren sonstigen Heimat-Arbeitsplätzen ihre ganze Kraft für den Sieg Deutschlands hergäben.

»Jedes Pfäfflein dünkt sich doch wahrlich ein Papst zu sein.«
Kirche und Staat

Beim Abendessen bemerkte der Chef, daß es eigentlich ein Skandal sei, daß die Kirchen vom Deutschen Reich im Gegensatz zu allen ausgesprochen katholischen Ländern – Spanien ausgenommen – außerordentlich hohe Staatszuschüsse erhalten.

1934 betrugen die staatlichen Kirchenzuwendungen: 170 Millionen, 1935: 250 Millionen, 1936: 320 Millionen, 1937: 400 Millionen, 1938: 500 Millionen. Im Kriege stiegen die Staatszuschüsse des Reichs, d.h. der Kirchensteuern, für die Kirchen auf über 600 Millionen an. Dazu kamen jährliche Zuschüsse von Ländern und Gemeinden von 92 Millionen und Jahreseinnahmen aus land- und forstwirtschaftlichem Besitz der Kirchen von über 300 Millionen. Schenkungen und Vermächtnisse an die Kirchen waren unter dem NS-Regime steuerfrei, ebenso die Kirchensammlungen (Kollekten). Hitler verstand daher nicht, daß die Kirchen trotz dieser goldenen Fesseln den Nationalsozialismus in aller Öffentlichkeit als »religionsfeindlich« zu bekämpfen wagten (siehe auch Erläuterung im Tischgespräch 168, Seite 417).

Wenn er sich nicht irre, bekämen die Kirchen auch heute noch 900 Millionen RM. Dabei bestehe ein Hauptteil der Pfaffenarbeit im Unterminieren der nationalsozialistischen Politik, wie ja die katholische Kirche auch stets versucht habe, sich in Zeiten nationaler Anspannung auf Kosten der deutschen Allgemeinheit rücksichtslos machtmäßige Positionen zu erwerben.

Die Not der deutschen Kaiser und des Reiches sei für die Pfaffen nie ein Anlaß gewesen, ihre deutsche Gesinnung unter Beweis zu stellen, sondern stets nur, ihre egoistischen Geschäfte zu betreiben. Es sei deshalb wirklich zu bedauern, daß ein so gewaltiger Mann wie Luther, der die katholische Kirche so stark in ihren Grundfesten erschüttert habe, nur Epigonen als Nachfolger gefunden hätte. Andernfalls wäre es niemals möglich gewesen, die katholische Kirche in Deutschland noch einmal auf eine wenigstens einigermaßen solide Basis zurückzuführen und damit ihren Bestand bis in die heutige Zeit hinein zu sichern.

Er überlege sich ernstlich, ob man die bisher der Kirche gezahlten Millionen nicht zum größten Teil benutzen solle, um im Osten Wehrbauernhöfe einzurichten. Himmler habe ihm gesagt, daß solch ein Hof sich für 23 000,– RM herrichten und mit dem nötigen Inventar ausstatten lasse. Mehr als 3 000 Höfe mit Inventar und allem könne man auf diese Weise schuldenfrei in die Hand von Militäranwärtern überführen, die sich nach Ablauf ihrer 12jährigen Dienstzeit dem Beruf des Bauern zuwenden wollten. Man müsse diese Militäranwärter nur von vornherein anhalten, Bauerntöchter oder sonstige Mädchen vom Lande zu heiraten. Ferner müsse man sie in ihrem 12. Dienstjahr auf eine Bauernschule in dem Gebiet schicken, wo sie angesiedelt werden sollten, und sie dort gründlich ausbilden. Die Einrichtung einer Großzahl von Bauernschulen lasse sich bei Schaffung von Wehrbauernhöfen nicht vermeiden, da im kommenden »Reich« die landwirtschaftlichen Verhältnisse in den einzelnen Teilen doch so verschieden seien, daß dem künftigen Wehrbauern nur eine Schulung in dem Gebiet, in dem er auch angesiedelt werden solle, tatsächlich etwas nützen könne.

Der katholischen Kirche möchte er eigentlich nur einen Höchstbetrag von 50 Millionen zuwenden. Dieser sei am besten an die Kirchenfürsten zu zahlen, denen man die Verteilung anheimstellen könne, da eine »gerechte« Verteilung bei der Kirche ja »offiziell« wohl als verbürgt angesehen werden dürfe. Mit diesen 50 Millionen würde man mehr erreichen als mit den bisher gezahlten 900 Millionen. Denn: Da die Kirchenfürsten über sie nach eigenem Gutdünken verfügen dürften, würden sie nach den geschichtlichen Erfahrungen ihm dieses Betrages wegen die Stiefel ablecken. Und wenn man sich die Kirchenfürsten mit Geld kaufen könne, solle man es ja tun. Er stehe auch auf dem Standpunkt, daß man jeden Kirchenfürsten, der sein Leben genießen wolle, um Gottes willen nicht stören solle. Gefährlich seien nur die hohläugigen fanatischen Asketen.

Nach diesem Kriege werde er Maßnahmen treffen, die der katholischen Kirche die Nachwuchsgewinnung außerordentlich erschweren würden. Er würde nämlich nicht mehr zulassen, daß Kinder sich bereits mit 10 Jahren für den Eintritt in geistliche Orden entscheiden, wo sie noch gar nicht wissen, was sie mit dem Zölibat und so weiter alles auf sich nehmen. Nach dem Kriege würde nur der sich zum geistlichen Beruf entschließen können, der das 24. Lebensjahr vollendet und Arbeitsdienst und Wehrdienst hinter sich habe. Wer dann noch das Zölibat auf sich nehmen wolle, der möge mit Gott Priester werden. Es gäbe ja auch Verrückte, die ihm für die Parteiführerschaft den Unsinn des Zölibats vorgeschlagen hätten.

Interessant sei in diesem Zusammenhang zu wissen, wie sich die Klöster bisher gefüllt haben. Für Frauen gelten ja besondere Momente überwiegend gefühlsmäßiger Art als Anlaß zum Eintritt in ein Kloster. Bei den Männern hingegen seien es überwiegend nicht Gründe des Gefühls oder der Vernunft gewesen, sondern äußere Notlage und so weiter.

Bei den Klosterprozessen habe er in vielen Fällen feststellen müssen, daß Arbeitslose in ihrer Not in die Klöster eingetreten seien und, wenn sie später versucht hätten, aus den Klöstern wieder zu entkommen, von den Pfaffen wieder eingefangen und zurückgebracht worden seien. Es sei deshalb erfreulich, daß man durch Auflösung der Klöster manchem arbeitsfähigen und arbeitswilligen Mann seine persönliche Freiheit zurückgeben könne. Die Auflösung der Klöster mache, da die Klöster überwiegend eigene Rechtspersönlichkeit hätten und daher durch private Verträge mit dem Prior liquidiert werden könnten, keine großen Schwierigkeiten. Man setze einfach dem Prior eine monatliche Rente von 500,– RM und seinen engsten Mitarbeitern monatliche Renten von 200,– RM oder 100,– RM aus, und schon seien sie in vielen Fällen zur Aufgabe ihres klösterlichen Daseins bereit. Im früheren Österreich habe man auf diese Weise an die 1000 Klöster aufgelöst.

Bei den rund 7000 Prozessen gegen katholische Geistliche und Mönche wegen angeblicher Sittlichkeits- und Devisenvergehen handelte es sich um Hitlers »Geheimwaffe« gegen den Vatikan, da dieser öffentliche Gerichtsverhandlungen bei den staatlichen Manipulationsmöglichkeiten fürchten mußte. Hitler legte die Prozesse auf Eis, nachdem 58 Prozesse mit außerordentlichem Prestigeverlust für die katholische Kirche stattgefunden hatten. Er winkte mit der Drohung ihrer Weiterführung, wenn der Vatikan sich zu sehr in innerdeutsche Verhältnisse einmischte, z.B. Papst Pius XII. den jungen deutschen Klerus warnte, sich nicht zu einer neudeutschen Blut- und Boden-Mystik verführen zu lassen, oder wenn er außenpolitisch gegen Deutschland agierte. Z.B. warnte Papst Pius XII. Mussolini mündlich und schriftlich nachdrücklichst vor einem italienischen Kriegseintritt.

Zu bedauern sei, daß in der Auseinandersetzung mit der Katholischen Kirche die Evangelische Kirche nicht als Gegner von Format gewertet werden könne.

Heute bestimmt nicht mehr Gegnerschaft, sondern Kooperation das Verhältnis zwischen der Evangelischen und der Römisch-Katholischen Kirche. Zwar wird keine Einheit in Struktur- und Organisationsfragen erstrebt, wohl aber die Einheit in der Evangeliumsverkündung und der Sakramentsverwaltung. Die erfolgreichsten deutschen Lutheraner als Vorkämpfer dieser Einheit waren die Präsidenten des Lutherischen Weltbundes und des Weltkirchenrates, die Bischöfe Otto Dibelius und Hanns Lilje, sowie der Generalsekretär des Lutherischen Weltbundes, Landessuperintendent Dr. Kurt Schmidt-Clausen.

Schon Äußerlichkeiten beim alljährlichen Diplomatenempfang hätten ihm das gezeigt.

Der Nuntius und der ihn begleitende Bischof seien so prächtig gekleidet gewesen, daß sie die Katholische Kirche wahrhaft würdevoll repräsentiert hätten.

Die Vertreter der Evangelischen Kirche hätten unsaubere Kragen und dreckige Gehröcke angehabt und in diesem Aufzug das ganze Bild so gestört, daß er ihnen habe mitteilen lassen, daß er bereit sei, ihnen auf Staatskosten zum nächsten Diplomatenempfang eine anständige Bekleidung zur Verfügung zu stellen.

Ihre Vertreter seien derartige Spießer, daß sie seinerzeit den Reichsbischof[185] sogar bei ihm madig zu machen versucht hätten mit der Mitteilung, daß er sich

185 Reichsbischof der Deutschen Evangelischen Kirche wurde 1933 der frühere Wehrmachtspfarrer in Wilhelmshaven und Königsberg, Dr. Ludwig Müller. Er war gleichzeitig Führer der »Deutschen Christen« und endete 1945 durch Selbstmord.

für 1400,– RM ein neues Schlaf- und Wartezimmer angeschafft habe. Er habe den Herren darauf nur erwidern können, wenn sie einen Anschaffungspreis von 30000,– RM beim Reichsbischof als dem Papst der Evangelischen Kirche beanstandet hätten, hätte er nichts dagegen einzuwenden gehabt und die Kosten auf den Staat übernommen. So aber sprächen sie sich selbst ihr Urteil.

Diese Art Männer habe gar nicht das Format, um die Evangelische Kirche zu einem nicht zu unterschätzenden Gegner der Katholischen Kirche zu machen. Sie seien noch nicht einmal ehrlich. So habe Reichsmarschall Göring seinerzeit, als der Kampf um die Absetzung des Reichsbischofs im Gange war, ein Telefonat des Pfarrers Niemöller[186] mitschreiben lassen, in dem im Hinblick auf eine Besprechung bei Hindenburg gesagt wurde: »Dem Alten haben wir eine letzte Ölung gegeben. Wir haben ihn so eingeschmiert, daß er den Hurenbock jetzt endgültig raussetzt.« Als Niemöller bei einer Vorsprache am selben Tage mit heuchlerischen Worten und vielen Bibelzitaten ihn, den Führer, zu einem Eingreifen gegen den Reichsbischof habe bestimmen wollen, habe er den Inhalt dieses Telefonats durch Göring verlesen lassen. Göring habe dabei dagestanden wie weiland Bismarck bei der Kaiserproklamation in Versailles, mit breitgestellten Beinen. Die Abgesandten der Evangelischen Kirche seien daraufhin vor Schreck so in sich zusammengerutscht, daß sie fast nicht mehr dagewesen seien.

Reichspräsident von Hindenburg, dem er anschließend über diesen Vorfall Bericht erstattet habe, habe daraufhin unter diese ganzen Auseinandersetzungen mit der Bemerkung einen Strich gezogen: »Jedes Pfäfflein dünkt sich doch wahrlich ein Papst zu sein.«

69 — 8.4.1942 mittags (Wolfsschanze)

Tricks im Kampf um den Wähler. Aus der Kampfzeit der NSDAP

Beim heutigen Mittagessen erzählte der Chef von seinem politischen Kampf. An den Anfang seiner politischen Arbeit habe er die Parole gestellt, daß es nicht darauf ankomme, das – sich ausschließlich nach Ruhe und Ordnung sehnende und in seiner politischen Haltung feige – Bürgertum zu gewinnen, sondern die Arbeiterschaft für seine Gedankenwelt zu begeistern. Die ganzen ersten Jahre der Kampfzeit seien daher darauf abgestellt gewesen, den Arbeiter für die NSDAP zu gewinnen.

Laut Organisationsbuch der NSDAP (1943) lauteten die von Hitler diktierten Gebote der Partei für ihre eingeschriebenen Mitglieder:
»Der Führer hat immer recht!
Verletze nie die Disziplin!
Vergeude nie Deine Zeit in Schwätzereien, in selbstgefälliger Kritik, sondern fasse an und schaffe!
Sei stolz, aber nicht dünkelhaft!

186 Martin Niemöller, U-Bootkommandant des I. Weltkriegs, seit 1931 Pfarrer in Berlin-Dahlem, gründete 1933 die »Bekennende Kirche«, mit der auch Hindenburg sympathisierte. Niemöller war von 1937 bis 1945 in den Konzentrationslagern Sachsenhausen und Dachau, wurde 1947 Kirchenpräsident in Hessen und 1961 einer der sechs Präsidenten des Weltrats der Kirchen in Genf.

Das Programm sei Dir Dogma; es fordert von Dir äußerste Hingabe an die Bewegung!
Du bist Repräsentant der Partei, danach richte Dein Betragen und Auftreten! Nationalsozialist sein, heißt Vorbild sein!
Treue und Selbstlosigkeit sei Dir höchstes Gebot!
Übe treue Kameradschaft, dann bist Du ein wahrer Sozialist!
Behandle Deine Volksgenossen so, wie Du behandelt zu werden wünschst!
Im Kampfe sei zäh und verschwiegen!
Mut ist nicht Rüpelhaftigkeit!
Recht ist, was der Bewegung und damit Deutschland, d.h. Deinem Volke, nützt!«

Am 1.12.1940 hatte die NSDAP 30521 Ortsgruppen. Jeder Ortsgruppenleiter hatte für die »Betreuung« der Bevölkerung 15 bis 20 Blockleiter zur Verfügung. Ein Blockleiter »betreute« 40 bis 60 Haushaltungen. Je vier bis acht Blockleiter unterstanden einem Zellenleiter als unmittelbarer Dienstaufsicht und Repräsentanten des Ortsgruppenleiters. Über die von den Blockleitern überwachten Haushaltungen, d.h. Wohngemeinschaften eines Hauses, hatte die NSDAP so de facto eine lückenlose Kontrolle über jeden Staatsbürger. Untermieter wurden doppelt erfaßt, also sowohl an ihrem Heimatwohnsitz als auch an ihrem möblierten Wohnsitz. Demzufolge war die Festnahme der Mitglieder einer Spionageorganisation wie der sowjetischen »Roten Kapelle« oder die Ausforschung der Widerständler vom 20. Juli 1944 für NS-Organe wie den SD und die von ihm beherrschte Gestapo kein Problem. Nur bei den industriell eingesetzten und barackenmäßig untergebrachten Fremdarbeitern versagte die Überwachung oft.

Folgender Mittel habe man sich dabei bedient:

1. Ebenso wie die marxistischen Parteien habe er politische Plakate in schreiendstem Rot verbreitet.

2. Er habe Lastkraftwagen-Propaganda betrieben, wobei die Lastkraftwagen über und über mit knallroten Plakaten beklebt, roten Fahnen ausgestattet und mit Sprechchören besetzt waren.

3. Er habe dafür gesorgt, daß alle Anhänger der Bewegung in die Versammlungen ohne Schlips und Kragen und – ohne sich fein gemacht zu haben – gekommen wären und dadurch Vertrauen bei der handarbeitenden Bevölkerung erweckt hätten.

4. Er habe bürgerliche Elemente, die sich – ohne wahre Fanatiker zu sein – der NSDAP anschließen wollten, durch schreiende Propaganda, die inkorrekte Bekleidung der Versammlungsteilnehmer und dergleichen abzuschrecken versucht, um auf diese Weise die Reihen der Bewegung von vornherein von Angsthasen freizuhalten.

5. Er habe politische Gegner durch Saalschutz stets so unsanft hinausbefördern lassen, daß die gegnerische Presse – die die Versammlungen sonst totgeschwiegen hätte – über die Körperverletzungen bei unseren Versammlungen berichtete und dadurch auf die Versammlungen der NSDAP aufmerksam machte.

6. Er habe einige Redner in die Rednerschulungskurse der anderen Parteien geschickt, um auf diese Weise die Themen für die Diskussionsredner zu erfahren und ihnen, wenn sie dann in unseren Versammlungen mit diesen Themen auftraten, entsprechende Abfuhren zu erteilen. Er habe zur Diskussion sprechende Frauen aus dem marxistischen Lager stets in der Weise abgefertigt, daß er sie durch den Hinweis auf Löcher in den Strümpfen oder durch die Behauptung,

ihre Kinder seien verlaust oder dergleichen, lächerlich gemacht habe. Da man Frauen nicht mit Vernunft-Argumenten überzeugen, sie andererseits aber auch nicht – ohne eine Gegenstimmung der Versammlung gegen sich zu erzeugen – durch den Saalschutz entfernen lassen könne, sei dies die beste Behandlungsmethode.

7. Er habe vor allem, wenn er zur Diskussion gesprochen habe, stets frei gesprochen und durch Parteiangehörige Zwischenrufe machen lassen, die – als Meinung der Zuhörerschaft frisiert – seine Ausführungen bekräftigt hätten.

8. Er habe beim Eintreffen von Räumkommandos der Polizei die Polizeibeamten durch Frauen auf einige am Eingang des Saals befindliche Gegner oder sogar auf Unbekannte aufmerksam machen lassen, da die Polizei wie ein losgelassener Schlächterhund in solch einem Fall ohne Sinn und Verstand daraufloshandle und man sie auf diese Weise am bequemsten ablenken oder gar loswerden könne.

9. Er habe Versammlungen anderer Parteien in der Weise sprengen lassen, daß Parteiangehörige sich dort als Ruhestifter betätigten und in dieser Maske Raufereien angezettelt hätten und so weiter.

Mit diesen Mitteln sei es ihm gelungen, so viele gute Elemente der Arbeiterbevölkerung für die Bewegung zu gewinnen, daß er bei einem der letzten Wahlkämpfe vor der Machtübernahme nicht weniger als 180000 Versammlungen habe durchführen lassen können.

Um das Gewinnen der Arbeiterschaft für die Bewegung habe sich besondere Verdienste Julius Streicher erworben. Ihm müsse man heute noch hoch anrechnen, daß er die Hochburg des Marxismus, Nürnberg, erobert habe, obwohl die Bevölkerung – soweit sie sich politisch interessiere – nur aus Juden und Arbeitern bestanden habe, die in der SPD oder KPD organisiert gewesen seien. Dadurch, daß Streicher ganz stur immer auf dem Juden herumgeschimpft habe, sei es ihm gelungen, die Arbeiterschaft von ihrer jüdischen Führerschaft zu trennen, obwohl die Nürnberger Arbeiterschaft überwiegend aus Metallarbeitern, das heißt durchaus nicht unintelligenten und zäh am Marxismus festhaltenden Menschen, bestanden habe. Diese Verdienste Streichers dürfe man ihm nie vergessen.

Von Julius Streicher stammte das – später bei jeder NSDAP-Versammlung verwandte – Schlagwort »Die Juden sind unser Unglück«. Er war Volksschullehrer, Gründer der deutsch-sozialistischen Partei, die er am 8. Oktober 1922 in die NSDAP überführte, Teilnehmer am Hitlerputsch 1923 und Gauleiter von Franken 1925 bis 1940. Seit 1923 gab er das in aller Welt berüchtigte antisemitische Hetzblatt »Der Stürmer« heraus. Hitler entließ ihn, als er angeblich Kriegsspendengold für seine Geliebte, eine Tänzerin, verwandt hatte.

Streicher sei auch ein Meister der Versammlungstaktik gewesen, indem er zur Diskussion sprechende Gewerkschaftssekretäre nicht nur lächerlich und madig, sondern geradezu unmöglich gemacht habe, während er zur Diskussion sprechende Arbeiter zu überzeugen versucht hätte.

70 9.4.1942
(Wolfsschanze)

Endlich taut es. Der Chef kann den ewigen Schnee ja nicht mehr sehen und meinte gelegentlich, nach Kriegsende werde er für den Winter Mussolini um ein Plätzchen in der Wüste bitten, wo es warm sei und er dann sein Zelt aufschlagen könne. Das heutige Mittagessen leitete der Chef mit der Bemerkung ein: »Meine Herren, es wird Frühling!« Er zeigte sich ob dieser Tatsache bester Laune. (Vor Moskau waren im Dezember 1941 die Temperaturen auf 40 bis 50 Grad unter Null gefallen!)

9.4.1942 mittags

Motorisierung, Ausdruck unserer Zeit

Der Chef bemerkte beim Mittagessen, daß dieser Krieg uns ebenso wie der I. Weltkrieg auf technischem Gebiet eine weitgehende Normung gebracht habe. Ebenso wie in der Zeit nach dem Ersten Weltkrieg würde auch nach diesem Krieg die Gefahr entstehen, daß diese Normung wieder beseitigt würde. Das sei sowohl aus wirtschaftlichen als auch aus militärischen Gründen unerwünscht.

In wirtschaftlicher Hinsicht brauche man nur auf das Beispiel der Vereinigten Staaten von Amerika zu verweisen. Dort seien von den großen Autofabriken einige wenige Typen herausgebracht und durch weitgehende Normung so verbilligt worden, daß sich Fabrikarbeiter aus eigenen Ersparnissen Wagen hätten kaufen können.

Wir dagegen hätten einen Typ nach dem anderen entwickelt und durch ständige Konzessionen an die augenblickliche Nachfrage auf dem Automobilmarkt unsere vorhandenen Typen wieder abgeändert. So komme es auch, daß wir eine Fülle verschiedenster Ersatzteile für dieselben Motorteile der verschiedenen Autotypen benötigten, während in den USA diese Ersatzteile weitgehend normiert seien.

Aus militärischen Gründen sei eine Beschränkung der deutschen Autoproduktion auf 10 bis 12 Typen nach dem Kriege erforderlich, um das Genie unserer Erfinder auf eine weitgehende Motorvereinfachung hinzulenken. Die Motorsteigerung dürfe nach dem Kriege nicht mehr durch den Bau verschiedenartiger Zylinder, sondern müsse durch die Vermehrung der normierten Zylinder erreicht werden.

Auch bei den Schaltbrettern sei eine weitgehende Vereinfachung anzustreben. Das wichtigste aber sei, daß man einen Einheitsmotor schaffe, den man sowohl in Feldküchen als in Krankenwagen, ferner in Aufklärungsfahrzeugen, Schleppern und Zugmaschinen für schwere Infanteriegeschütze einbauen könne. Der 28-PS-Motor des Volkswagens würde für diese militärischen Zwecke durchaus ausreichen.

Gerade dieser Krieg sei der beste Beweis dafür, daß man im Kriege mit Höchstgeschwindigkeiten nichts anfangen könne. Von der ganzen Autoraserei müßten wir deshalb unbedingt wieder loskommen. Wenn die angeführten Militärfahrzeuge, also die Feldküchen, Krankenwagen und so weiter ein Tempo von 10 bis 20 Stundenkilometern hätten, genüge das vollkommen.

Der anzustrebende Einheitsmotor müsse zwei Bedingungen erfüllen:

1. er müsse luftgekühlt sein,
2. er müsse leicht auswechselbar sein.

Die leichte Auswechselbarkeit sei erforderlich, da – wie dieser Krieg lehre –

die Beschaffung von Ersatzteilen mehr Schwierigkeiten mache, als aus einem Fahrzeug, bei dem lediglich das Chassis kaputt sei, den intakt gebliebenen Motor zu übernehmen.

Daß bei der Herstellung dieses Einheitsmotors auch eine weitgehende Vereinfachung der Fabrikationsmethoden anzustreben sei, sei selbstverständlich.

Die grüne Freimaurerei der Jäger

Der Chef berührte auch kurz das Kapitel Jägerei. Die Jagdleidenschaft sei eine Leidenschaft, die die Jäger wie eine moderne Freimaurerei engstens verbinde. Industriebetriebe hätten sich bereits große Jagden zugelegt, um so mit maßgebenden Politikern, die leidenschaftliche Jäger sind, besser ins Geschäft zu kommen. Denn – wie der frühere Wiener Oberbürgermeister Neubacher einmal bekannt habe – sei von Jägern, die das Jagdfieber aufgrund der Aussicht auf ein kapitales Stück Wild richtig gepackt habe, alles zu bekommen.

71

9.4.1942 abends (Wolfsschanze)

Das Wörtchen »wenn« in der Politik

Auf eine Bemerkung des Gesandten Hewel, daß man in Berlin den Botschafter Alfieri[187] nicht für besonders tüchtig halte, meinte der Chef, man müsse die einmaligen Verdienste dieses Mannes um die deutsch-italienische Freundschaft so hoch werten, daß seine Schwächen demgegenüber keine Rolle spielten.

In der kritischen Zeit, als der nationalsozialistische Aufstand[188] 1934 in Österreich Mussolini zu dem einzigen politisch falschen Entschluß seines Lebens, der Mobilmachung gegen Deutschland, gebracht habe, habe Alfieri für Deutschland optiert. Es sei damals Sache einiger ganz weniger Männer gewesen, Mussolini vor der trügerischen Freundschaft und den Ränken der Franzosen und ihrer italienischen Freunde zu warnen und ihn von ernsteren Maßnahmen abzubringen[189]. Er habe damit nicht nur Italien, sondern auch Deutschland einen unschätzbaren Dienst erwiesen. Denn das abgerüstete Deutschland hätte damals für die vereinten militärischen Kräfte Italiens, Frankreichs und Englands ein Schlachtfeld dargestellt, das nach Beendigung der Auseinandersetzungen dem des Dreißigjährigen Krieges in nichts nachgestanden hätte.

Der Politiker müsse deshalb jeden anderen Politiker in erster Linie nach seinen positiven Werten eingruppieren und auf die gegebenen Verdienste sehen.

Man könne ja in der Politik immer nur von den realen Geschehnissen selbst ausgehen und niemals sagen, daß dieses so und jenes anders gekommen wäre, »wenn« die Entscheidung der maßgebenden Männer oder eines Krieges anders ausgefallen wäre.

187 Dino Alfieri, Altfaschist und enger Vertrauter Mussolinis, wurde als Botschafter Italiens in Berlin 1940 bis Juli 1943 zum Befürworter des italienischen Kriegseintritts.

188 Der Aufstand der österreichischen Nationalsozialisten im Juli 1934 erfolgte gegen Hitlers Weisungen. Von den Verantwortlichen wurden 73 zum Tode verurteilt und 13 Nationalsozialisten Österreichs gehängt, ohne daß Hitler intervenierte.

189 Anläßlich der Ermordung des ihm befreundeten und politisch nahestehenden österreichischen Bundeskanzlers Dr. Engelbert Dollfuß alarmierte Benito Mussolini zwei Armeekorps und ließ sie an der österreichisch-italienischen Grenze sich bereitstellen. Er wollte mit dieser Geste zum Ausdruck bringen, daß er nicht gewillt sei, einen »Anschluß« Österreichs an Deutschland hinzunehmen.

Wenn zum Beispiel die Schlacht auf den Katalaunischen Feldern (451 n. Chr.) nicht einen Sieg Roms über die Hunnen gebracht hätte, wäre der kulturelle Aufschwung des Abendlandes niemals möglich gewesen und es wäre der damaligen Kulturwelt ein Untergang beschieden gewesen, wie er uns von seiten der Sowjets bevorstand.

Den Gebrauch des Wörtchens »Wenn« müsse man sich in der Politik überhaupt abgewöhnen. Denn wo wären wir heute, »wenn« die Tschechen mit etwas Phantasie begabt wären und die Polen etwas Sinn fürs Reale und etwas mehr Gewissenhaftigkeit in ihrer Arbeit besäßen. Eben daß der Pole ein Phantast und der Tscheche ein ausschließlich in Realitäten denkender Mensch sei, habe uns die schnelle Neuregelung der Verhältnisse in der früheren Tschechei und im früheren Polen ermöglicht.

Es wäre ja auch gar nicht auszudenken gewesen, »wenn« die italienische Front in Albanien[190] nicht durch das Eingreifen Mussolinis hätte zum Stehen gebracht werden können. Es wäre dann in einem Zeitpunkt, in dem unser Aufmarsch noch nicht im Südosten genügend fortgeschritten gewesen sei, der ganze Balkan in Feuer aufgegangen. Das Schlimmste sei dabei gewesen, daß man den russischen Freundschaftsversicherungen nicht habe trauen dürfen. Wahrscheinlich wäre es dann nicht einmal gelungen, den bulgarischen König zum Einlaß deutscher Zivilkommandos[191] zur Vorbereitung des deutschen Aufmarsches zu bestimmen, da er ja seinem ganzen Wesen nach kein Wolf, sondern ein Fuchs sei und sich deshalb ungern einer solchen Riesengefahr ausgesetzt habe. Der Fuchs wähle ja bekanntlich immer am liebsten Wege, bei denen er notfalls seine Fußspuren wieder beseitigen könne.

Erschießungen, das einzige Mittel gegen Massenflucht

Gelegentlich der Schwierigkeiten an der albanischen Front habe auch er sich seinerzeit überlegt, was zu tun sei, wenn militärische Einheiten ohne Befehl zurückgingen und nicht zum Stehen zu bringen seien. Er sei zu dem Ergebnis gekommen, daß es gar keinen anderen Weg gebe, als mit Erschießungen durchzugreifen. Zu erschießen sei aber nicht der kleine Infanterist, dieser arme Wurm, der die ganze Last des Krieges zu tragen habe und sich außerdem noch mit Verpflegungsschwierigkeiten, mit der Läuseplage und so weiter abfinden müsse. Zu erschießen sei vielmehr der jeweils höchste Führer der zurückgehenden Einheit, wobei man selbst bei der Person des höchsten Generals nicht haltmachen dürfe[192].

Wer stützt die Moral eines Volkes?

Beim Abendessen bemerkte der Führer, daß es doch eigentlich eigenartig sei, daß so christliche Völker wie die Engländer und Amerikaner trotz all ihrer

190 Gemeint ist der italienische Rückzug nach Albanien, nachdem Mussolinis – mit Hitler nicht abgestimmte – Offensive gegen Griechenland (vom 28. Oktober 1940) von den Griechen blutig zurückgeschlagen worden war.

191 Von König Boris III. Ende Januar 1941 genehmigte deutsche Vorkommandos in Zivil ermöglichten ab 2. März 1941 den Einmarsch deutscher Truppen für die Griechenlandoffensive nach Bulgarien. Der Durchbruch der von Bulgarien und Rumänien aus operierenden Truppen Hitlers durch Griechenlands Nord-Ost-Befestigungen (Metaxaslinie) gelang am 9. April 1941.

192 Hitlers »Vorbild« war insoweit Stalin, der fast alle verantwortlichen höheren Offiziere seiner – vom deutschen Vormarsch bei Bialystok eingekesselten – Heeresgruppe »West« des Generalobersten Dimitri Pawlow einschließlich ihres Chefs standrechtlich erschießen ließ.

Gebete so starke Schläge von den Japanern als ausgesprochenen Heiden erhielten. Offenbar sei der Kirchengott doch nicht so sehr mit den Betschwestern in England und den USA, sondern mit den japanischen Helden.

Es sei ja auch kein Wunder, daß die Japaner aus ihrer religiösen Einstellung heraus größere Erfolge erzielten als die christlichen Engländer und Amerikaner. Denn bei ihnen gelte die höchste Verehrung des ganzen Volkes den »Helden«, die mit ihrem Leben den höchsten Einsatz für das Dasein und die Größe ihrer Nation bringen. In den christlichen Kirchen dagegen gelte die höchste Verehrung sogenannten »Heiligen«, zum Beispiel Leuten, die es eine Anzahl von Jahren fertiggebracht hätten, auf einem Bein zu stehen, oder die, statt sich in ihrem Leben hübsche Mädchen anzulachen, auf Dornen schliefen. Hier stimme, wie in so vielem bei der Kirche, offenbar die Rechnung nicht.

Es sei auch kein Wunder, da das von der Katholischen Kirche verbreitete Christentum nicht den Optimismus, sondern den Pessimismus predige und die Menschen im Gegensatz zu der japanischen Staatsphilosophie nicht durch den dauernden Hinweis auf die Glückseligkeit im Jenseits hochreiße, sondern durch das ständige Ausmalen von Höllenqualen bedrücke.

Zur neuen zeitgemäßen Verkündung der Christlichen Glaubenssubstanz sei verwiesen auf:
Papst Johannes XXIII.: »Geistliches Tagebuch«, herausgegeben von seinem Privatsekretär Erzbischof Loris F. Capovilla.
Dr. Visser't Hooft, Präsident des Weltkirchenrats in Genf: »Unter dem einen Ruf (Eine Theologie der Ökumenischen Bewegung)«.
Jan Kardinal Willebrands, Präsident des Einheitssekretariats der Römisch-Katholischen Kirche in Rom: »Oecuménisme et problèmes actuels«.
Metropolit Emilianos Timiadis, seit 1959 Vertreter des Ökumenischen Patriarchen beim Weltkirchenrat in Genf und beim Papst in Rom: »Lebendige Orthodoxie«.

Schon bei einem Kind könne man im Alter von 3 Jahren Angstvorstellungen erzeugen, die es im Leben nicht wieder verliere. Wieviel Leute hätten als Erwachsene eine gewisse Scheu vor dunklen Räumen oder überhaupt vor der Dunkelheit, da sie als kleine Kinder durch die Vorstellung, daß in dunklen Räumen ein Bumann, ein Dieb oder dergleichen sei, geängstigt worden seien.

Ebenso wie derartige Angstgefühle schwer aus den Menschen wieder herauszubekommen seien, sei es auch schwer, einen Menschen von all den Qualvorstellungen wieder zu befreien, die die Katholische Kirche in jungen Jahren in ihn hineingehämmert habe. Dabei müsse jeder vernünftige Mensch, der der Sache einmal auf den Grund gehe, feststellen, daß diese ganzen Kirchenlehren ein einziger großer Blödsinn seien. Denn wie sei es möglich, daß der Mensch in der Hölle gestochen, gebraten und sonstwie schikaniert werde, obwohl doch der Körper an einer Auferstehung allein schon aufgrund des ganz natürlichen Verwesungsvorganges unmittelbar nicht teilhaben könne. Was sei es weiter für ein Unsinn, den Himmel als erstrebenswert hinzustellen, wenn in ihn nach Ansicht der Kirche nur diejenigen hineinkämen, die sich im Leben nicht bewährt hätten, zum Beispiel geistig zurückgeblieben seien oder dergleichen. Es könne doch wirklich kein Vergnügen sein, dort alle die anzutreffen, über deren Dummheit man sich trotz des Bibelwortes »Selig sind, die da geistig arm sind« schon zu Lebzeiten geärgert habe. Und wie könne es einen Menschen reizen, im Himmel nur unansehnliche und geistig fade Frauen zu finden.

Dann heiße es, daß nur der in den Himmel komme, der möglichst wenig Sünden auf dem Kerbholz habe. Obwohl die Sündenzahl sich, je älter man werde, desto stärker vermehre, sei aber kein Geistlicher bereit, schon in jungen Jahren aus dem Leben zu scheiden, sondern selbst die 60jährigen Kardinäle versuchten noch, ihr diesseitiges Leben soweit als irgend möglich zu verlängern.

Man müsse bei dem ganzen katholischen Kirchenglauben doch feststellen, daß es eine unglaublich schlaue Mischung von Heuchelei und Geschäft unter Ausnutzung der menschlichen Anklammerung an die überkommene Gewohnheit sei. Denn ein gebildeter Geistlicher könne doch unmöglich den Unsinn glauben, den die Kirche verzapfe. Der beste Beweis dafür sei ja, daß die katholische Kirche heute den ganzen Ablaß-Schwindel und dergleichen nicht mehr wahrhaben wolle beziehungsweise totzuschweigen suche.

Viele vernünftige Menschen hielten heute an der Kirche nur deshalb fest, weil sie auf dem Standpunkt ständen, der Mensch brauche einen Halt im Leben und – bevor kein Ersatz für die Kirche da sei – sei die Kirche trotz aller ihrer Mängel doch immer noch besser als gar nichts. Menschen, die diese Überlegung anstellten, vergäßen leider, daß die Moral nicht durch die erzieherische Arbeit der Kirche in der Bevölkerung durchgesetzt werde, sondern durch den machtmäßigen Einfluß. Wenn die Kirche, dem Gesetz der Liebe folgend, nur Liebe gepredigt hätte, um ihre sittlichen Auffassungen zu verwirklichen, wäre sie sicher nicht weit gekommen. Sie hätte deshalb auch nach dem alten Kirchengrundsatz, daß die Linke nicht wissen möge, was die Rechte tue, ihre Sittengesetze durch größte Brutalität – unter anderem durch Tausende von Verbrennungen wertvoller Menschen – durchgesetzt. Wir seien heute viel menschlicher als die Kirche.

Das Gebot: »Du sollst nicht töten!« setzten wir durch, indem wir den Mörder hinrichten, während die Kirche, solange sie die Exekutivgewalt hatte, ihn in der gräßlichsten Weise zu Tode marterte, ihn vierteilte und dergleichen mehr.

Die Moral eines Volkes zu erhalten, sei eine Aufgabe, die der Staatsmann ebenso gut wie jede Kirche lösen könne. Er müsse nur die dem Volk in seiner gesündesten Schicht innewohnenden sittlichen Auffassungen zu Gesetzen erheben und hinter diese Gesetze klar und eindeutig die Macht stellen.

72

10.4.1942 mittags
(Wolfsschanze)

Musik als Köder in der Propaganda

Beim Mittagessen erläuterte der Chef die Unterschiede, die man bei der Behandlung der Inlands- und Auslandspropaganda machen müsse.

Rundfunksendungen, die für England bestimmt seien, müßten viele musikalische Darbietungen enthalten, die dem englischen Geschmack entsprächen, damit die Engländer sich in immer stärkerem Maße daran gewöhnten, wenn sie auf ihren eigenen Sendern keine musikalischen Darbietungen nach Wunsch bekommen könnten, unsere Sender anzustellen. Der Nachrichtenteil unserer England-Sendungen dürfe nur Tatsachen wiedergeben und müsse sich aller Werturteile enthalten.

Zum Beispiel müßten Meldungen über die geschäftlichen Interessen der englischen Hochfinanz an gewissen Rüstungsarbeiten, an der Kriegführung an sich und an der Art der Kriegführung so gebracht werden, daß die Schlußfolgerungen aus diesen Meldungen vom englischen Rundfunkhörer selbst zu ziehen wären.

Reine Tatsachenmeldungen würden nach dem Motto »Steter Tropfen höhlt den Stein« ihre Wirkung nicht verfehlen.

Dem eigenen Volk gegenüber müsse man selbstverständlich in den Rundfunknachrichten nicht nur Tatsachen mitteilen, sondern im Sinne einer verständigen Aufklärung auch eine eindeutige Bewertung der Tatsachen nahebringen. Denn das eigene Volk könne man propagandistisch am besten durch eindeutige, treffende Werturteile zu Höchstleistungen emporreißen. Er empfehle daher, in unserem eigenen Nachrichtendienst immer wieder vom »Säufer Churchill« und vom »Verbrecher Roosevelt« zu sprechen.

Die Kunst des Staatsmannes, »zu reden, ohne etwas zu sagen«

Heute nahm ich nur am Mittagstisch des Chefs teil. An Hand der Depeschen stellte er fest, daß Cripps mit seiner Mission in Indien nun tatsächlich – wie er immer erwartet habe und wie Cripps' englische Gegner immer gewünscht hätten – insofern gescheitert sei, daß der »Allindische Kongreß« seine Vorschläge abgelehnt habe. Interessant sei die Rede, die Cripps daraufhin gehalten und in der er sich als Meister in der Kunst »zu reden, ohne etwas zu sagen« erwiesen habe, einer Kunst, die man nur jedem Politiker dringend anempfehlen könne.

Reichtum nicht sozialschädlich

Wenn Indien England mit der Zeit verlorengehe, müßten die englischen Plutokraten den Gürtel auch enger schnallen.

Man möge diese Feststellung nicht dahin mißverstehen, daß er grundsätzlich etwas gegen reiche Menschen habe. Wenn man ihren politischen Einfluß in vernünftigen Grenzen halte, seien sie in ihrem Vorhandensein durchaus nicht zu verneinen. Denn da ein Reicher nicht das Zehnfache von dem essen könne, was ein Armer verzehre, werde die Ernährungsdecke eines Volkes in schweren Zeiten durch 100000 Reiche auf 70 Millionen Menschen nicht so angespannt, als wenn alle Armen plötzlich wohlhabende Mittelständler wären und nun das Dreifache ihres bisherigen Nahrungsmittelkonsums verbrauchen würden. Der Reiche sei also keine sozial-schädliche Erscheinung an sich.

Höflichkeit gegenüber Ausländerinnen

Auf eine kleine Erzählung des Gesandten Hewel, daß er eine niedliche Amerikanerin, die in 14 Tagen Europa besichtigt habe, auf der Kuppel der Peterskirche in Rom habe stehenlassen, weil ihr von da oben nur auffiel, daß Roms Straßen enger und schmutziger als die Washingtons seien, meinte der Chef:

Damit habe er dem deutschen Ansehen im Ausland aber keinen guten Dienst erwiesen. Der Deutsche müsse offenbar noch lernen, Ausländerinnen stets höflich zu behandeln. Auch dürfe er von einer schönen Frau – von Ausnahmen abgesehen – nicht Interesse für geistreiche Gespräche erwarten, sondern lediglich den brennenden Wunsch, von allen sympathischen Männern bewundert zu werden.

73

10.4.1942 abends (Wolfsschanze)

Die längste Periode der deutschen Eintracht

Am Abend hat der Chef – wie mir berichtet wurde – sich über die deutsche Kleinstaaterei ausgelassen. Die Einrichtung der Länderparlamente habe kleinstaatliche

Interessen noch mehr gefördert als das Vorhandensein von Landesfürsten. Denn nun sei nicht mehr das persönliche Interesse »eines« Menschen, sondern das von »vielen« – (Diäten) – mit der Existenz der kleinen Staaten verbunden gewesen. Dadurch, daß er die Parlamente in den Ländern abgeschafft habe[193], sei eine – im Deutschen Reich noch nie dagewesene – bisher 9 Jahre dauernde Periode deutscher Eintracht herbeigeführt worden.

74

11.4.1942 abends
(Wolfsschanze)

Rosenbergs »Mythus«

Beim Abendessen betonte der Chef, daß Rosenbergs »Mythus«[194] nicht als ein parteiamtliches Werk angesehen werden könne. Er, der Chef, habe es seinerzeit ausdrücklich abgelehnt, diesem Buch parteipäpstlichen Charakter zu geben, da schon sein Titel schief sei. Denn man könne nicht sagen, daß man den »Mythus des 20. Jahrhunderts«, also etwas Mystisches, gegen die Geistesauffassungen des 19. Jahrhunderts stellen wolle, sondern müsse als Nationalsozialist sagen, daß man den Glauben und das Wissen des 20. Jahrhunderts gegen den Mythus des 19. Jahrhunderts stelle.

Bemerkenswert sei, daß die Hauptleserschaft dieses Rosenbergschen Werkes nicht unter den Altparteigenossen zu suchen sei. Man habe in der ersten Zeit nach dem Erscheinen sogar die größten Schwierigkeiten gehabt, um überhaupt die Erstlingsauflage absetzen zu können. Erst als das Werk in einem Hirtenbrief erwähnt worden sei, sei es gelungen, die ersten 10000 Exemplare loszuwerden. Daß der Münchner Kardinal Faulhaber[195] so dumm gewesen sei, auf einer Bischofskonferenz Zitate aus dem »Mythus« anzuführen und anzugreifen, habe erst die zweite Auflage ermöglicht. Als das Buch dann auf den Index[196] gekommen sei, da man eine Häresie der Partei unterstellt habe, sei die Nachfrage nach dem Buch weiter gestiegen. Und als dann von der Katholischen Kirche all die Kampfschriften gegen die Rosenbergschen Gedankengänge mit all ihren Erwiderungen herausgekommen seien, sei die Auflagenziffer auf 170000 beziehungsweise 200000 hinaufgeklettert.

Er, der Chef, freue sich immer, wenn er feststellen müsse, daß eigentlich nur unsere Gegner in dem Buch richtig Bescheid wüßten. Ebenso wie viele Gauleiter habe auch er es nämlich nur zum geringen Teil gelesen, da es seines Erachtens auch zu schwer verständlich geschrieben sei.

Stalin und die individuelle Freiheit

Beim Abendessen führte der Chef aus, daß nicht die individuelle Freiheit ein Zeichen einer besonders hohen Kulturstufe sei, sondern die Beschränkung der individuellen Freiheit durch eine möglichst viele gleichrassige Individuen umfassende Organisation.

193 Die deutschen Länderparlamente wurden aufgelöst am 12. November 1933 und völlig abgeschafft durch das Gesetz über den »Neuaufbau des Reiches« vom 30. Januar 1934.

194 Gemeint ist Rosenbergs auch innerhalb der Partei umstrittenes Buch »Der Mythus des 20. Jahrhunderts – Eine Wertung der seelisch-geistigen Gestaltungskämpfe unserer Zeit« (München 1930).

195 Kardinal Michael von Faulhaber, von 1917 bis 1952 Erzbischof von München, war einer der energischsten Gegner des Nationalsozialismus als »Weltanschauung und Ersatzreligion«.

196 »Index der verbotenen Bücher« der römisch-katholischen Kirche von 1934.

Wenn man den Menschen ihre individuelle Freiheit lasse, so benähmen sie sich wie die Affen. Keiner wolle dulden, daß der andere mehr habe als er. Und je näher sie zusammenwohnten, desto größer sei die Feindschaft unter ihnen. Je mehr man die straffen Zügel der staatlichen Organisation lockere und der individuellen Freiheit Raum gebe, desto mehr lenke man die Geschicke des Volkes in die Bahnen kulturellen Rückschritts.

Über die ewige Rederei von Gemeinschaft könne er nur lächeln, da die großen Schwätzer meinten, Gemeinschaft lasse sich zusammenreden. Wenn in seiner Heimat die Bauernjungens und Bauernknechte von den umliegenden Gehöften im Krug zusammengekommen seien, sei dieser Ausdruck des Geselligkeitsgefühls mit zunehmendem Alkoholgenuß in eine immer stärkere Rauferei und Messerstecherei ausgeartet. Erst das Erscheinen des Gendarms habe die ganze Gesellschaft zu einer einzigen großen Gemeinschaft zusammengeschweißt.

Gemeinschaft lasse sich eben nur durch Gewalt schaffen und erhalten.

Man dürfe deshalb Karl den Großen nicht verurteilen, wenn er die – von ihm für das deutsche Volk für erforderlich gehaltene – staatliche Organisation durch Gewalt zusammengebracht hätte.

Und wenn Stalin beim russischen Volk in den vergangenen Jahren Methoden angewandt habe, wie sie damals Karl der Große beim deutschen Volk angewandt hätte, so dürfe man mit Rücksicht auf den derzeitigen kulturellen Stand der Russen nicht den Stab darüber brechen. Auch Stalin habe aus der Erkenntnis heraus gehandelt, daß man die Russen zu einer straffen staatlichen Organisation zusammenfassen müsse, wenn man den Daseinskampf der gesamten in der UdSSR vereinigten Völkerschaften politisch sichern und Leistungen für den einzelnen ermöglichen wolle, die er aus eigener Kraft – wie zum Beispiel Erkenntnisse der medizinischen Wissenschaft – nicht schaffen könne.

Für die Beherrschung der von uns im Osten des Reichs unterworfenen Völker müsse es deshalb oberster Grundsatz sein, den Wünschen nach individueller Freiheit weitgehendst zu entsprechen, jede staatliche Organisation zu vermeiden und die Angehörigen dieser Völkerschaften dadurch auf einem möglichst niedrigen Kulturniveau zu halten.

Man müsse stets davon ausgehen, daß diese Völker uns gegenüber in erster Linie die Aufgabe haben, uns wirtschaftlich zu dienen. Es müsse daher unser Bestreben sein, mit allen Mitteln wirtschaftlich aus den besetzten russischen Gebieten herauszuholen, was sich herausholen lasse. Einen Anreiz zur Ablieferung ihrer landwirtschaftlichen Erzeugnisse und zur Zurverfügungstellung ihrer Arbeitskraft im Bergbau und in der Rüstungsfabrikation könne man dadurch für sie in ausreichendem Maße schaffen, daß man ihnen Industrieprodukte usw. nach Wunsch in Verkaufsmagazinen zum Kauf bereithalte.

Wenn man sich darüber hinaus um das Wohl jedes einzelnen kümmern wolle, so würde man ohne eine Staatsorganisation nach dem Muster unserer staatlichen Verwaltung nicht auskommen und lediglich Haß gegen uns erzeugen. Denn je primitiver die Menschen seien, desto stärker empfänden sie jede Einschränkung ihrer persönlichen Freiheit als Zwang. Hinzu komme, daß man ihnen mit einer staatlichen Verwaltungsorganisation eine Möglichkeit an die Hand gebe, sich zu einer großen Einheit zusammenzufinden und diese Organisation eventuell sogar gegen uns zum Einsatz zu bringen. Das höchste, was man ihnen an Verwaltungsorganisation zugestehen könne, sei deshalb die Gemeindeverwaltung, und auch die nur insoweit, als es zur Erhaltung der Arbeitskraft, das heißt zur Sicherstellung der täglichen Bedürfnisse des einzelnen, erforderlich sei.

Auch die Bildung von Dorfgemeinschaften müsse man aber so gestalten, daß sich keine Gemeinsamkeiten zwischen benachbarten Dorfgemeinschaften herausbilden könnten. Auf jeden Fall sei deshalb die Schaffung einheitlicher Kirchen für größere russische Gebietsteile zu verhindern. In unserem Interesse könne es lediglich liegen, wenn jedes Dorf seine eigene Sekte habe, die ihre eigenen Gottesvorstellungen entwickle. Selbst wenn sich auf diese Weise in einzelnen Dörfern Zauberkulte, wie bei den Negern und Indianern, bilden sollten, könnten wir das nur begrüßen, weil es die Zahl der trennenden Momente im russischen Raum nur vermehre.

Hitler verzeichnete es mit besonderem Ärger, daß die russisch-orthodoxe Kirche sich geschlossen und mit Nachdruck für die Verteidigung des »Heiligen Russischen Vaterlandes« einsetzte, überall an der Front und in der Heimat den Widerstandsgeist anspornte, die wenigen mit Deutschland kollaborierenden Bischöfe sofort absetzte und exkommunizierte und der atheistischen Sowjetführung sogar aus Kirchenmitteln eine Panzerbrigade (»Alexander Newskij«) schenkte. Eine »Nationalkirche« nach Art der russisch-orthodoxen Kirche hätte Hitler sich auch für sein Deutschland gewünscht.

Wenn er vorhin gesagt habe, daß jeder Aufbau einer großen Staatsverwaltung zu unterbleiben habe und unsere Kommissare sich dort lediglich mit der Beaufsichtigung und Wirtschaftslenkung zu befassen hätten, so sei damit selbstverständlich auch jede andere Organisationsform für die unterworfenen Völker verneint.

Es solle daher ja kein Lehrer daherkommen und plötzlich den Schulzwang für die unterworfenen Völker verkünden wollen. Kenntnisse der Russen, Ukrainer, Kirgisen und so weiter im Lesen und Schreiben könnten uns nur schaden. Denn sie ermöglichten es helleren Köpfen, sich ein gewisses Geschichtswissen zu erarbeiten und damit zu politischen Gedankengängen zu kommen, die irgendwie immer ihre Spitze gegen uns haben müßten.

Es sei viel besser, in jedem Dorf einen Radiolautsprecher aufzustellen, um den Menschen auf diese Weise Neuigkeiten zu erzählen und Unterhaltungsstoff zu bieten, als sie zur selbständigen Erlangung politischer, wissenschaftlicher und so weiter Erkenntnisse zu befähigen. Man solle es sich daher auch ja nicht einfallen lassen, den unterworfenen Völkern im Radio Dinge über ihre Vorgeschichte zu erzählen, man müsse ihnen vielmehr durch den Rundfunk Musik und noch einmal Musik vermitteln. Denn lustige Musik fördere die Arbeitsfreude. Und wenn die Leute viel tanzen könnten, so werde auch das nach unseren Erfahrungen in der Systemzeit allgemein begrüßt werden.

Das einzige, was in den besetzten russischen Gebieten organisiert werden müsse, sei der Verkehr. Denn die verkehrsmäßige Aufschließung des Landes sei eine der wesentlichsten Vorbedingungen zu seiner Beherrschung und wirtschaftlichen Ausnutzung. Das Verkehrspunkt-System müßten deshalb auch die Unterworfenen lernen. Das sei aber auch das einzige Gebiet, auf dem man sie von uns aus »bilden« müsse.

Was die Hygiene der unterworfenen Bevölkerung angehe, so könnten wir kein Interesse daran haben, ihnen unsere Erkenntnisse zu vermitteln und dadurch ihnen eine von ihnen absolut nicht gewünschte Basis für einen ungeheuren Bevölkerungszuwachs zu geben. Er verbiete deshalb, für diese Gebiete Sauberkeitsaktionen unserer Art durchzuführen. Auch der Impfzwang dürfe in ihnen nur für Deutsche gelten. Deutsche Ärzte seien nur für die Behandlung Deutscher in den deutschen Siedlungen einzusetzen. Auch sei es Unsinn, die unterworfenen Völkerschaften mit unserem Wissen auf dem Gebiet der Zahnheilkunde beglücken zu wollen. Man müsse dabei aber vorsichtig zu Werke gehen, damit unsere Tendenz nicht auffalle. Wenn also ein Zahnkranker absolut von einem Arzt behandelt sein wolle, gut, dann müsse man auch einmal eine Ausnahme machen.

Der größte Unsinn, den man in den besetzten Ostgebieten machen könne, sei der, den unterworfenen Völkern Waffen zu geben. Die Geschichte lehre, daß alle Herrenvölker untergegangen seien, nachdem sie den von ihnen unterworfenen Völkern Waffen bewilligt hätten.

Ja, man könne geradezu sagen, daß die Auslieferung von Waffen an die unterworfenen Völker eine Conditio sine qua non für den Untergang der Herrenvölker sei. Es sei deshalb nötig, daß wir die Aufrechterhaltung der Sicherheit und Ordnung durch eigene Truppen im gesamten besetzten russischen Raum gewährleisten. Die besetzten Ostgebiete müßten deshalb von einem Netz von Militärstützpunkten durchzogen sein. Alle Deutschen, die in diesem Raum leben, müßten persönlichen Kontakt mit ihnen haben, das heißt, sich persönlich mit ihnen verbunden fühlen. Im übrigen müßten sie so straff organisiert sein, daß eine auf weite Sicht hinaus geplante deutsche Siedlungspolitik einen immer stärker werdenden deutschen Volkstumskeil in den von uns unterworfenen Raum vortreiben könne.

75 — 12.4.1942 mittags (Wolfsschanze)

Wie Wallenstein: Alles auf eine Karte

Beim Mittagessen erzählte der Chef vom Bau des Olympischen Stadions.

Die XI. Olympischen Spiele in Berlin 1936 wurden zu einem beispiellosen sportlichen und propagandistischen Erfolg Deutschlands und Hitlers persönlich. Deutschland gewann – vor den USA – mit 33 Gold-, 26 Silber- und 30 Bronzemedaillen. Auf der Kunst-Olympiade kaufte Hitler unter mehreren überragenden Ausstellungsstücken die Bronzeskulptur des französischen Bildhauers A. Boucher »Die drei Läufer«, die bald unter dem Scherzwort »Die drei letzten Steuerzahler verlassen Berlin« bekannt wurde.

Wie die Olympischen Spiele in Deutschland hätten abgehalten werden sollen, seien ihm vom Reichsinnenministerium zwei Projekte für den Ausbau eines Berliner Stadions vorgelegt worden, von denen das eine 1,1 Millionen und das andere 1,4 Millionen gekostet hätte. Keinem der Sachbearbeiter sei also aufgegangen, daß es sich bei der Durchführung der Olympischen Spiele um eine einmalige Möglichkeit für uns handelte, Devisen zu bekommen und unser Auslandsansehen zu erhöhen. Noch heute müsse er über die sprachlosen Gesichter lächeln, als er den Männern verkündet habe, er setze für den Entwurf eines neuen Olympia-Stadions als erste Zahlung 28 Millionen aus. Das Stadion habe dann insgesamt 77 Millionen gekostet und uns $^1/_2$ Milliarde Devisen eingebracht.

Gerade dieses Beispiel zeige, daß wir Deutsche lernen müßten, uns von Halbheiten frei zu machen und stets an dem größtmöglichen Erfolg orientierte, ganze Lösungen zu suchen. Wallenstein habe recht behalten, als er die ihm aufgegebene Bildung eines Heeres von 5000 Mann mit der Bemerkung abgelehnt habe, er könne nur ein Heer von 50000 Mann aufstellen. Es sei heller Wahnsinn, nur einen einzigen Pfennig für ein Heer auszugeben, das nicht stark genug sei, gegebenenfalls auch zu kämpfen und zu siegen.

Gerade für die Führung eines Krieges sei es entscheidend, daß man bereits die Friedensrüstung ausschließlich auf die erforderlichen Kriegsleistungen und den anzustrebenden militärischen Erfolg abstelle. Das habe leider ein Mann wie Schacht völlig verkannt und ihm, dem Chef, seine Aufrüstungsarbeit dadurch außerordentlich erschwert. Schacht sei immer wieder zu ihm gekommen mit der Behauptung, daß sich aus der deutschen Wirtschaft höchstens Beträge von jährlich 1½ Milliarden für Aufrüstungszwecke herausziehen ließen, wenn die Wirtschaft nicht zusammenbrechen solle.

Heute, nachdem man der Wirtschaft das Hundertfache entzogen habe, arbeite sie nach wie vor auf Hochtourenzahl.

Gerade bei diesem Krieg müsse man sich immer wieder vor Augen halten, daß bei einem Verlust sowieso alles im Buddel sei. Wir müßten deshalb alle unsere Bemühungen rücksichtslos an die Parole »Sieg« setzen. Wenn wir siegten, spielten die für Wehrmachtszwecke ausgegebenen Milliarden überhaupt keine Rolle. Denn sie würden allein schon durch die Erzvorräte abgegolten, die im russischen Raum im letzten Jahr in unsere Hand gefallen seien.

Hitler, der die britische Kriegserklärung vom 3. September 1939 keineswegs wirklich erwartet hatte, wandte sich im ersten Schock an seinen für die mißlungene England-Politik verantwortlichen Reichsaußenminister von Ribbentrop mit der Frage: »Was nun?« Er bewies damit seine völlige Fehleinschätzung der britischen Politik des »Europäischen Gleichgewichts«. Als Göring ihn daraufhin mit den Worten ansprach: »Wir wollen doch das Vabanque-Spiel lassen«, und ihm riet, in der Polenfrage zurückzustecken und Großbritanniens Ultimatum anzunehmen, antwortete Hitler ihm jedoch: »Ich habe in meinem Leben immer Vabanque gespielt!«

Die Schullehrer

Der Chef kam beim Mittagessen auf die Schulerziehung zu sprechen. Lehrer werde leider nur ein bestimmter Typ von Menschen, der sich für den Kampf in freien Lebensberufen nicht eigne. Menschen, die das Zeug in sich fühlten, aus eigener Kraft etwas zu leisten und zu gestalten, würden nicht Lehrer, zumindest nicht Volksschullehrer.

An die Lehrer, die durch seine Jugend gegangen seien, habe er überwiegend unerfreuliche Erinnerungen. Schon in ihrem Äußeren seien sie schmutzig gewesen und durch dreckige Kragen, ungepflegte Bärte und dergleichen aufgefallen.

Im Zwischenreich (gemeint ist die Weimarer Republik von 1919 bis 1933 – auch »Weimarer System- bzw. Systemzeit« genannt) habe sich die Sozialdemokratie dieser Menschengruppe angenommen und sie durch alle möglichen Sonderkurse zu einem Bildungsdünkel gebracht, der durch nichts gerechtfertigt sei.

Wenn man die Geisteserzeugnisse von Volksschullehrern lese, von ihren politischen Ansichten höre oder ihre Beschwerden zu Gesicht bekomme, dann könne man nur immer wieder feststellen, daß es sich bei ihnen um ein ganz besonders dummes und unselbständiges geistiges Proletariat handele, so richtig dazu geschaffen, eine Säule des, Gott sei Dank, überwundenen Systems darzustellen. Wenn diese Leute sich dann noch einbildeten, nicht gut genug vom Staat bezahlt zu werden, dann müsse man ihnen entgegenhalten, daß jeder Feldwebel unserer Wehrmacht bessere Erziehungsarbeit leiste als sie. Denn kleinen Jungen und Mädchen das Abc beizubringen, sei ja wirklich kein Kunststück.

Dabei müsse man sich wundern, daß diese Volksschullehrer es überhaupt aushalten, alljährlich vor ihren Schülern dasselbe zu exerzieren. Für solch ständige Wiederholungen sei sowohl physisch als auch psychisch an sich ja nur die Frau geeignet. Die Frau empfinde es nicht als Belastung, als Mutter ein Kind nach dem anderen auf dieselbe Weise zur Welt zu bringen und großzuziehen. Die Frau finde sich als Stenotypistin mit den ständigen Wiederholungen einer überwiegend mechanischen Arbeit ab. Die Frau sei deshalb auch am ehesten geeignet, den Abc-Schützen in den Schulen die Anfangsgründe des Lesens und Schreibens beizubringen. Man solle deshalb dafür sorgen, daß von den 2 Millionen Frauen, die in Deutschland unverheiratet durchs Leben gingen, möglichst viele die Möglichkeit erhalten, als Lehrerinnen einen ihren mütterlichen Empfindungen entsprechenden Lebensberuf zu erhalten.

Vor einigen Jahren seien die Volksschullehrer auch einmal mit dem Ansuchen an ihn herangetreten, über die Schulerziehung hinaus auch mit der menschenerzieherischen Arbeit betraut zu werden. Wenn man heute die Erfolge der Hitlerjugend betrachte, könne man froh sein, daß er dieses Ansuchen damals rundweg abgelehnt habe. Da die Lehrer es überhaupt nur in sehr wenigen Ausnahmefällen verständen, die Jugend mit absoluter Autorität zu lenken, halte er es für richtig, für die fortgeschritteneren Volksschulklassen Kapitulanten[197] als Lehrer heranzubilden. Da unsere Kapitulanten vor ihrem Eintritt in die Wehrmacht durch die Hitlerjugend und den Arbeitsdienst gegangen seien und daher aus eigener Anschauung die menschenerzieherische Arbeit der Bewegung kennten, gingen sie von vornherein mit der richtigen Einstellung an schulerzieherische Aufgaben heran. Man müsse sie nur in den beiden letzten Jahren ihres zwölfjährigen Militärdienstes auf Präparanden-Anstalten[198] schicken, um ihnen auch ein gutes Schulwissen für eine künftige Lehrertätigkeit mit auf den Weg zu geben. Wenn man so mit den Kapitulanten verfahre und es gelinge, genügend Kapitulanten für eine derartige Tätigkeit zu erwärmen, erhalte man für unsere Volksschulen Erzieher, die nicht nur auf Grund ihrer zwölfjährigen Militärdienstzeit hinreichende Erfahrungen auf dem Gebiet der Heranbildung von Menschen mitbringen, sondern als Persönlichkeiten und nicht als Dreckfinken vor den Schülern ständen.

Ziel der Schulerziehung: körperlich hart, charakterlich fest und geistig elastisch

Die Volksschullehrer hätten einmal für sich mit dem Schlagwort Reklame zu machen versucht, daß der Krieg 1866 durch die Volksschullehrer für Preußen gewonnen worden sei. Das sei barer Unsinn. Daß die Preußen seinerzeit ge-

197 12 Jahre dienende Berufsunteroffiziere.
198 Ausbildungshochschulen für Volksschullehrer.

wonnen hätten, habe an der Überlegenheit des Zündnadelgewehres[199] und anderen Dingen gelegen, die dem Einfluß der Volksschullehrer restlos entzogen gewesen seien. Richtig sei lediglich, daß der deutsche Schulbildungsstand im Vergleich zum Ausland im ganzen letzten Jahrhundert außerordentlich hoch gewesen sei. Wenn man das durch den Hinweis auf die englischen Colleges bestreiten wolle, so mache man einen großen Denkfehler. Denn die Ergebnisse des englischen College-Unterrichts seien dadurch bedingt gewesen, daß die Colleges ihr Schülermaterial nur aus der Herrenschicht des englischen Volkes herausgezogen hätten. Die deutschen Schulen dagegen hätten sich um alle Schichten der Bevölkerung gekümmert, und die Durchschnittsleistungen ihrer Schüler könnten daher keinesfalls in Vergleich gesetzt werden mit den Durchschnittsleistungen der Schülerauslese der Colleges. Trotzdem müsse es gelingen, durch eine Umstellung des deutschen Schulwesens Leistungen auf dem Gebiet der Schulerziehung zu erzielen, die die der englischen Colleges bei weitem übertreffen. Zu diesem Zweck habe er die »Nationalpolitischen Erziehungsanstalten«, die jetzt »Reichsschulen« genannt würden, ins Leben rufen lassen.

Den »Reichsschulen« habe er als Grundsatz die Parole mit auf den Weg gegeben, aus allen Schichten der deutschen Bevölkerung die Auslese an Jungens und Mädels herauszuholen und auszubilden. Ziel dieser Ausbildung müsse sein, daß sie körperlich hart, charakterlich fest und geistig elastisch würden. Dieses Ziel hoffe er durch das Lehrermaterial zu erreichen, das er den »Reichsschulen« habe zur Verfügung stellen lassen. Denn diese Lehrer teilten mit den Jungens auch die härtesten Ausbildungsabschnitte und schlössen sich weder beim Fallschirmspringen noch beim Motor-Exerzieren aus.

Daß man über die Reichsschulen zu einem ganz außerordentlichen Erziehungsergebnis der deutschen Jugend kommen könne, das sei ihm bei dem Ergebnis der Olympischen Spiele in Berlin klargeworden. Während die Engländer trotz ihrer College-Ausbildung nur 8 goldene Medaillen gewonnen hätten, habe die deutsche Sportjugend sich dort 33 Medaillen geholt. Wie würde sich die deutsche Jugend erst sportlich machen, wenn sie durch die »Reichsschulen« ganz allgemein eine Ausbildung erhalte, die den Sportgeist hundertprozentig bejahe!

76 12.4.1942 abends (Wolfsschanze)

Heidelbergs Universität und Auslandswerbung

Beim Durchsehen der neuen bulgarischen Ministerliste (Regierung des Ministerpräsidenten Bogdan Filoff) bemerkte der Führer, daß sehr viele maßgebliche bulgarische Persönlichkeiten in Deutschland den Doktortitel oder den Ingenieurtitel erworben hätten. Er würde es deshalb für zweckmäßig halten, den Erwerb dieser Titel für Ausländer zu erleichtern. Jeder Ausländer, der auf deutschen Universitäten studiere und mit einem in Deutschland erworbenen Doktor- oder Ingenieurprädikat fortgehe, sei in seinem ganzen späteren Leben bemüht, uns nicht zu schaden.

In Zukunft werde es ja sowieso für eine Reihe von Universitätsstädten wie Erlangen, Gießen, vielleicht auch Würzburg schwierig sein, sich über Wasser

199 Das erste – 1838 von Johann Nikolaus von Dreyse hergestellte – Hinterladergewehr.

zu halten. Die Gewinnung ausländischer Studenten könne da nicht schaden. Vor allem aber müsse man sich um die Betreuung ausländischer Studenten in Heidelberg kümmern, da Heidelberg sich in der gesamten angelsächsischen Welt als Universität eines besonders guten Rufes erfreue.

Diskretion und Tarnung

Beim Abendessen bemerkte der Chef, daß man mit seinen Mitteilungen an Verbündete sehr vorsichtig sein müsse. Auch bei den Italienern habe er leider die Feststellung machen müssen, daß sie bezüglich seiner Mitteilungen nicht die genügende Diskretion wahrten, wenn durch den Gegenstand seiner Mitteilungen nicht ihre eigenen Interessen unmittelbar berührt seien. Auch die Italiener hätten in solchen Fällen keine Bedenken gezeigt, selbst in der Presse Andeutungen über Zukunftsplanungen zu machen. Er erzähle Verbündeten deshalb nur Dinge, die sie unbedingt wissen müßten, und diese auch dann erst, wenn sie sie unbedingt wissen müßten[200]. Im übrigen lasse er sie völlig im dunkeln tappen, und, wenn sie ihn durch Fragen auf eine bestimmte Stellungnahme festzulegen suchten, gebe er ausweichende Antworten.

Von den Engländern könne man auf diesem Gebiet lernen, wie man es nicht machen dürfe. Denn es gäbe kaum irgendwo in der Welt eine Presse, die mit ihren Andeutungen aus »gut unterrichteten Kreisen« so viel ausplaudere als die englische. Ja, es gehe in England mit dem Pressegeschwätz sogar so weit, daß die Regierung durch den Einfluß des Pressegeschwätzes auf die öffentliche Meinung zu Unternehmen wie zum Beispiel dem Norwegen-Unternehmen verleitet werde, obwohl sie durchaus nicht mit den Plänen der Gesamtkriegführung Englands harmonieren. Die Russen seien in dieser Hinsicht viel geschickter. Ganz abgesehen davon, daß sie in ihrer Presse nichts von ihren militärischen Plänen bekanntgäben, hätten sie alles, was ihre Wehrmacht angehe, mit einer Riesentarnung umgeben. Der ganze Finnland-Krieg 1940 – ebenso der russische Einmarsch nach Polen, der mit uralten Tanks und Waffen und schlecht uniformierten Soldaten durchgeführt worden sei – sei ein einziges großes Tarnungsmanöver gewesen, da Rußland seinerzeit bereits über eine Rüstung verfügte, die es ausschließlich mit Deutschland und Japan zusammen zur Weltmacht machte.

In Wirklichkeit befand sich die Rote Armee von Ende 1939 bis Frühjahr 1941 in einer grundlegenden Umorganisation mit einer neuen Stabsoffizierausbildung, in einer völligen Umrüstung (z.B. Panzer des Typs T 34 an Stelle veralteter Modelle, Raketengeschütze, sogenannte Stalinorgeln, statt der bisherigen Feldgeschütze) und in einer planmäßigen Modernisierung der Luftwaffe (Allzweck-Kampfflugzeuge IL2 statt der bisherigen Jäger und Bomber).

Aus den – dem FHQu vorliegenden – Gefangenenaussagen eines sowjetischen Luftflotten-Chefingenieurs ergab sich, daß die sowjetische Luftwaffe am 22. Juni 1941 über 12000 Kampfflugzeuge (Deutschland hatte im Osten 1945) und über eine Produktion von monatlich 3000 Kampfflugzeugen verfügte.

Kunst und Künstler. Hitlers Kunst-Ankäufe

Nach dem Abendessen äußerte der Chef, daß er es nur einer Reihe von Zufällen und Glücksumständen zu verdanken habe, wenn er für unser Volk eine Fülle wirklich bedeutender Kunstwerke habe zurückerwerben können. Allein für

200 Nach diesem Grundsatz verfuhr Hitler auch uns gegenüber, sowie gegenüber seinen Marschällen, Ministern und Parteiführern.

das Linzer Museum habe er 1000 Bilder alter Meister erwerben können, vor allem Holländer, Flamen, aber auch einen Leonardo da Vinci, einige Schwind, einen Feuerbach und so fort.

Laut der erhalten gebliebenen handschriftlichen Aufstellung Hitlers hatte er aus seinen privaten Mitteln (Bucheinnahmen, Presseeinnahmen, Reichskanzlergehalt) für Linz 56 Meisterwerke erworben (darunter 4 Lenbach, 8 Spitzweg, 1 Cranach, 1 Canaletto, 1 Schwind, 2 Feuerbach, 1 Kaulbach, 3 Stuck, 1 Breughel, 1 Böcklin, 1 Chodowiecki, 1 Defregger usw.). Die übrigen Meisterwerke kaufte er aus seinem »Briefmarken-Sonderfonds« an, d.h. mit den Honoraren, die ihm die Reichspost für die Verwendung seines Bildes auf Briefmarken und seiner Ideen bei Sonderstempeln zahlte. Die ersten Briefmarken mit Hitlers Kopf erschienen zu seinem Geburtstag 1937 als »Wohltätigkeitsmarken für kulturelle Zwecke« mit der Unterschrift: »Wer ein Volk retten will, muß heroisch denken!« Die Briefmarkensammler in aller Welt – und Hitler hörte auf sie, da er selbst gelegentlich Briefmarken gesammelt hatte – verlangten deutsche Briefmarken mit seinem Kopf. Ihm erschien das deshalb als gute Propaganda. Dagegen lehnte er die Verwendung seines Kopfes auf Banknoten und Münzen ab. Sie waren für ihn kein »Wertfaktor«, auch kein Propagandamittel, sondern nur »Kaufmittler«. Wenn Hitler auch kleinbürgerlich genau in seinem privaten Bereich rechnete, so war seine Grundeinstellung zum Geld doch Verachtung.

Außerdem habe er in einer Zeit, in der kein Mensch an den Kauf von Meistern des 19. Jahrhunderts gedacht habe, diese Bilder aufgekauft, so daß er sie im Linzer Museum immer nach Kunstrichtungen ordnen könne, zum Beispiel einen Hauptraum mit Defregger-Bildern und in den Nebenräumen einige besonders gut geratene Werke seiner Schüler beziehungsweise derjenigen Maler, die in Anlehnung an seine Kunstauffassung gemalt haben. Jeder, der die Malkunst des 19. Jahrhunderts studieren wolle, müsse so später in die Linzer Galerie, weil er nur dort vollständige Sammlungen finde.

Mit dem Aufbau der Linzer Galerie hatte Hitler schon 1939 den Generaldirektor der Dresdener Galerie, Hans Posse, beauftragt. Seinem kunstsachverständigen Urteil zollte er uns gegenüber immer wieder höchstes Lob. Hitlers »Verbindungsmann« zum – meist in jüdischen Händen befindlichen – internationalen Kunsthandel war eine Volljüdin, die angesehene Münchner Kunsthändlerin Frau Aase; sie hatte auf Hitlers persönliche Weisung hin »Sonderstatus«. Bei internationalen Kunstauktionen ließ Hitler sich gern durch seinen Reichsbildberichterstatter, Professor Hoffmann, oder dessen Mitarbeiter vertreten.

Alte Meister habe er überwiegend bei der Beschlagnahme jüdischen Vermögens im Reichsgebiet, beziehungsweise durch Käufe aus jüdischem Besitz erhalten. Auch die Eremitage mit ihren einmaligen Schätzen sei von ihm aus Judenbesitz erworben worden, nachdem sie durch russische Juden aus Moskau nach den USA und durch amerikanische Juden nach Holland verscheuert worden sei. Leider habe sie von 60 Rembrandts aber nur noch 7 enthalten. Er habe sie mit 9 Millionen RM durch Gläubigerabfindung aus einer pleite gegangenen jüdischen Vermögensmasse gekauft.

Zur Devisenbeschaffung verkauften die Sowjets in den zwanziger Jahren Kunstwerke der Eremitage in Leningrad ins Ausland, da die Depots der Eremitage aufgrund der Konfiskationen nach der Oktoberrevolution 1917 übervoll waren. Die wertvollsten Kunstschätze Rußlands behielten die Sowjets aber im Lande, z.B. alle einwandfrei signierten Gemälde »alter Meister«, den Skythenschatz und auch alle historisch bedeutsamen Stücke des Zarenschatzes.

Der jüdische Kunstbesitz sei schwer zu erfassen, da die Juden alles für sich haben und die von ihnen aufgekauften Kunstwerke nicht in Galerien, wie etwa der Schack-Galerie[201], der Allgemeinheit zur Erbauung zur Verfügung stellen wollten. In dem in Deutschland beschlagnahmten Besitz der Juden habe sich aber nicht ein einziges »entartetes« Kunstwerk befunden. Dabei hätten die Juden aber mit ihrer Presse den Kunstgeschmack der übrigen Menschheit so gründlich verdorben, daß er – der Chef – im Ausland mit dem Verkauf der Bilder aus der Ausstellung »Entartete Kunst« Riesengeschäfte gemacht und für ein verkrüppeltes Geklitsche 5 italienische Meisterbilder bekommen habe.

Die Juden hätten aber auch gar nicht so die Kunstschätze in Deutschland aufkaufen können, wenn man den Künstlern früher mehr Verständnis entgegengebracht hätte. Schinkel habe für seine jahrelange Arbeit an Entwürfen für ein Hohenzollernschloß auf der Krim von den Hohenzollern, die nachträglich einen anderen Bau wollten, lediglich eine Tabaksdose erhalten. Der in jahrelanger Arbeit eines anderen Künstlers entstandene Entwurf eines Bismarckdenkmals sei nicht abgenommen worden. Künstler hätten sich so in ihrer Not gezwungen gesehen, ihr gesamtes Kunstschaffen jüdischen Kunsthandlungen vertraglich zuzusichern. Gott sei Dank bringe man dem Künstler heute eine andere Einstellung entgegen. So habe er, der Chef, zum Beispiel dafür gesorgt, daß Arno Breker sein Jahreseinkommen von 1 Million nicht um mehr als 15 Prozent durch Steuern geschmälert wird.

Professor Arno Breker hat ein derartiges Einkommen nie gehabt, da er für die öffentlichen Aufträge des Dritten Reiches nur Kostenvorschüsse erhielt, die eigentliche Honorarabrechnung aber auf das Kriegsende vertagt wurde. Hitler war insoweit falsch unterrichtet. Breker war Hitler 1936 als Silber-Medaillengewinner der Kunst-Olympiade aufgefallen. Er bat ihn, seine Hauptarbeitsstätte von Paris nach Berlin zu verlegen. Denn Brekers Bronze-Portrait-Büsten fand Hitler ebenso wie die französische Kunstwelt einzigartig. Brekers Reliefs, z.B. »Kameraden« (1940) und »Rächer« (1941), wurden als »geniale Schöpfungen« einer neuen Klassik international berühmt. Stalin versuchte Breker deshalb zweimal für Moskau zu gewinnen, scheiterte aber – trotz Brekers Bereitschaft – 1940 an Hitlers »Nein« und 1945 am »No« der Amerikaner. Trotz Brekers Nachkriegsverteufelung in Deutschland werten die französischen Kunstkritiker den am 19. Juli 1900 in Elberfeld als Steinbildhauerssohn geborenen Künstler nach wie vor als den größten gegenständlichen Bildhauer – quasi den »Michelangelo« – unserer Zeit. Diverse Büsten der »40 Unsterblichen« der Académie Française stammen von ihm.

77

13.4.1942 abends
(Wolfsschanze)

Entwicklung der Flugzeugmotoren und Volkswagen

Der Chef hatte heute den Großadmiral Raeder da, so daß das Mittagessen ohne ihn eingenommen wurde und das Abendessen sich bis um 22 Uhr verzögerte.

201 Gemäldesammlung des Grafen Adolf Friedrich von Schack in München mit Bildern von Schwind, Spitzweg, Böcklin u.a.

Beim Abendessen nahm er nur kurz zum Problem Flugzeugbau Stellung und betonte, daß unsere Jäger im Zellenbau den englischen überlegen, im Motorenbau ihnen aber unterlegen seien. Da wir jetzt in der Ukraine (in Nikopol) Manganerze in ausreichender Menge hätten, müsse sich unsere Motoren-Stahl-Legierung so verbessern lassen, daß sie der englischen gleichwertig werde.

Es sei aber Unsinn, nun den englischen 1800-PS-Motor nachzukonstruieren. Man solle vielmehr von vornherein einen 3000-PS-Motor schaffen und diesen in Jahresfrist über die bei jeder Motorenkonstruktion unausbleiblichen Kinderkrankheiten hinwegzubringen suchen. Der große Sprung lohne sich und erspare die umfangreichen Konstruktionsarbeiten an 4 oder 5 Zwischenstufen beim langsamen Hochpäppeln von 1400 auf 1800 PS und so weiter bis zu 3000 PS.

Selbstverständlich brauche bei einem solchen Sprung die Konstruktion des neuen Motors Zeit. Auch die Entwicklung des Volkswagens habe ja 4 Jahre gebraucht, er sei durch Versuchsfahrten über 40000, ja 80000 Kilometer Non-stop unter ständiger Erprobung der Leistungen auch bei Überbeanspruchung überprüft worden, und man werde nach Verwertung der Kriegserfahrungen mit diesem Fahrzeug dem deutschen Volk ein Automobil bescheren, das unübertreffbar sei.

Hitler hatte an der Entwicklung des Volkswagens persönlichsten Anteil genommen. Noch heute existieren einige seiner Entwurfszeichnungen für die Karosserie. Einen der ersten zivilen Volkswagen schenkte er am 6. Februar 1939 Eva Braun zu ihrem 27. Geburtstag. Er selbst benutzte zivile Volkswagen gern für seine nächtlichen Besichtigungen von Baustellen in München, Berlin usw., wenn er ungestört und allein sein wollte. Im II. Weltkrieg wurden vor allem Kübel-Volkswagen für die Wehrmacht gebaut. Der Volkswagen, insbesondere das von Hitler veranlaßte »Käfer-Modell«, war bereits im Februar 1972 mit über 15 Millionen Autos (genau: 15007034) das meistgekaufte Auto der Welt (und zwar noch vor dem Ford-T-Modell der USA). Man nannte das Hauptmodell des Volkswagens »Käfer«, weil Hitler für die Karosserie die Stromlinienform eines Maikäfers befohlen hatte.

Anschließend ließ der Chef sich die Wochenschau vorführen, die er ohne Beanstandungen genehmigte.

17.4.1942
(Wolfsschanze)

Keitel/Jodl. Foto-Hoffmann und die Ergebnisse der staatlichen Künstlerförderung

Wenn ich mich hier im FHQu nicht als aktiver Gesprächspartner, sondern sehr reserviert aufführe, so nicht zuletzt, um ein möglichst geschlossenes Bild des ganzen Lebens hier geistig einzufangen. Denn die Zahl der interessanten Menschen um den Führer ist beachtlich: der repräsentabel aussehende Marschall Keitel, ein Bauer im Generalsrock mit vollendeten Diplomatenmanieren; weiter der Chef des Führungsstabes, General Jodl, der trotz seines anerkannt großen militärischen Könnens ebenso schlicht wie der Führer auftritt und durch seine geistreichen Bemerkungen oft die Unterhaltung würzt; der Gesandte Hewel, ein vergnügter Rheinländer, der schon mit dem Führer auf Festung saß und – bei schlechtem Verhältnis zum Reichsaußenminister – stets eine Fülle netter Späße und Indiengeschichten zu erzählen weiß. Ferner: Professor Hoffmann, der für Hitler die Ausstellungen im »Haus der Deutschen Kunst« arrangiert. Er zeigte mir oft Fotos. Leider schält sich – wie er mir sagte – unter den heutigen Malern trotz aller Förderung noch kein Genie heraus wie Menzel, Kaulbach, Schwind und so fort. Nur unter den Bildhauern finden sich zwei überragende Könner, Arno Breker in Berlin und Thorak in München, die beide Staatsateliers erhalten haben.

Alfred Jodl, der wichtigste operative Berater Hitlers, imponierte uns im FHQu besonders dadurch, daß er Hitler gegenüber in keiner Weise »katzbuckelte«, sondern ihm in seiner klaren bayerischen Mundart bei Meinungsverschiedenheiten mit kluger Argumentation contra gab. Jodl war es auch, der ständig bei Hitler für die Einhaltung der Genfer Konvention und für eine Verbesserung der Zustände in den Lagern für die sowjetischen Kriegsgefangenen eintrat. Denn die vorbereiteten Lager waren für die Massenaufnahme (allein in den ersten 14 Kriegswochen 1941: 2 Millionen Gefangene) einfach nicht ausreichend. Wegen seines angeblichen »Versagens« in der Operation »Kaukasus« 1942 verweigerte Hitler ihm die vielfach verdiente Auszeichnung mit dem »Ritterkreuz des Eisernen Kreuzes«. Jodl erhielt sie erst – und zwar mit Eichenlaub – nach der Kapitulation von Reichspräsident Großadmiral Dönitz, und zwar weil er durch seine Kapitulationsverhandlungen in Reims vom 7. Mai 1945 den Waffenstillstandsbeginn bis zu den Morgenstunden des 9. Mai verzögert hatte. Dönitz konnte so noch Tausende von Frauen, Kindern, Verwundeten und Soldaten vor der Rache der Roten Armee retten. Jodl wurde vom Internationalen Militär-Tribunal 1946 ebenso wie Marschall Keitel zum Tode verurteilt und durch den Strang hingerichtet.

Professor Josef Thorak, ein international bekannter Bildhauer aus Salzburg, hatte bereits in Ankara das türkische Nationaldenkmal Kemal Atatürks, in Warschau die berühmte Portrait-Büste Marschall Pilsudskis und in vielen anderen Städten der Welt Monumentalwerke geschaffen, als Hitler ihn für Deutschland heranzog. Einmalig waren Thoraks kleine Künstlerplastiken von Michelangelo bis zu Goethe und Beethoven und seine lyrischen Werke wie »Zwei Menschen« und »Das Licht«. Hitler nannte ihn uns gegenüber mit größtem Respekt den »Meister der Verinnerlichung«.

78

18.4.1942 abends
(Wolfsschanze)

Englische Heuchelei und die übertriebene deutsche Ehrlichkeit

Beim Abendessen kam der Chef auf England zu sprechen. Er meinte, England sei im Viktorianischen Zeitalter stehengeblieben und finde nicht den politischen Anschluß an die Gegenwart. Der einzige, der vor dem I. Weltkrieg die geschichtlichen Voraussetzungen für die Erhaltung der englischen Weltstellung erkannt habe, sei Cecil Rhodes[202] gewesen. Da man auf seine Vorschläge nicht gehört und das Zusammengehen mit Deutschland abgelehnt habe, sei England zur »Erhaltung seiner Flottenüberlegenheit« in den Weltkrieg eingetreten und habe erreicht, daß es in den USA einen Konkurrenten (10:10) und im Japaner ebenfalls einen starken Flottenbauer (6:10) bekommen habe.

Heute sei der Engländer aus derselben Verbohrtheit wieder in den Krieg mit Deutschland eingetreten, um seine Weltstellung nun endgültig zu verlieren. Dabei habe kein anderes Volk so die Möglichkeit gehabt, sich über das neue Deutschland zu informieren wie das reiselustige englische. Von den 600000 Ausländern, die Bayern vor dem Kriege bereisten, waren drei Viertel Engländer. Es ist daher ein Beweis für die Heuchelei der Engländer, daß sie im Frieden unsere Bayreuther Festspiele, unsere Opern und Theater bevölkerten, wenn sie uns jetzt in der ganzen Welt als Barbaren verleumden. Die Engländer lögen

202 Sir Cecil Rhodes war britischer Staatsmann, Wirtschaftsführer und Kolonialpolitiker (1853 bis 1902), nach ihm wurde im Süden Afrikas der Staat »Rhodesien« benannt.

und heuchelten wie keine andere Rasse der Welt, wenn es um das politische Geschäft gehe. Mit einer Treuherzigkeit ohnegleichen lögen sie in puncto Religiosität, obwohl ihnen die Religion gänzlich wurscht sei und nur wir 900 Millionen jährlich für die Kirchen ausgäben. Sogar ihr Erzbischof von Canterbury sei nicht in erster Linie Gottesdiener, sondern Politiker.

Aber wie sollten die Engländer auch ihr Weltreich mit 50 Millionen Menschen beherrschen können, ohne Meister im Lügen zu sein. Wenn sie den Indern wirklich – wie sie immer erklären – die Freiheit und eine indische Kultur bringen wollten, müßten sie ja aus Indien herausgehen. Wie Goethes »Reineke Fuchs« heuchelten sie bis zur letzten Minute. Den Mut dazu nähmen sie nicht zuletzt aus ihrem unvorstellbaren Selbstbewußtsein, in dem sie ihr englisches Volk als den Steuermann des Weltschiffs betrachteten.

Auch das deutsche Volk müsse man, wenn es eine Weltstellung einnehmen wolle und solle, erst dazu erziehen, nur sich selbst gegenüber ehrlich zu sein, anderen Völkern gegenüber, zum Beispiel den Tschechen, aber ebenso treuherzig zu heucheln wie die Engländer, statt sich durch seine Ehrlichkeit überall unbeliebt zu machen.

Wenn sich bei den englischen Gefangenen, die wir kürzlich beim englischen Vorstoß gegen unseren U-Boot-Stützpunkt St-Nazaire[203] gemacht haben, eine gewisse Uneinigkeit zeige, so sei das nicht eine Meinungsverschiedenheit zwischen den pro-deutsch und den pro-sowjetisch gesinnten Engländern. Der innere Spaltpilz sei vielmehr in der antisemitischen Richtung zu sehen, das heißt in den Leuten, die die Hintergründe dieses Krieges durchschaut und trotzdem geschwiegen und mitgemacht hätten. Hier müsse deshalb unsere Propaganda ansetzen und z. B. darauf hinweisen, daß auch durch den Stammbaum von Minister Cripps Juden »gelatscht« seien.

79 19.4.1942
(Wolfsschanze)

Dadurch, daß Himmler mit seinen Mitarbeitern und Speer mit seinem sogenannten »Begleitkommando« von 10 bis 20 Technikern und Industriellen den Tisch des Chefs »bevölkerten«, gab es wenig Interessantes. Dr. Koeppen erzählt mir auf dem Spaziergang vom Vorspiel des 19. Dezembers 1941: Brauchitsch habe mit einigen Generalen Hitler den Stop auf der Dnjepr-Linie empfohlen und ihm Vorhaltungen über das weitere Vorrücken in Richtung Moskau gemacht. Der Krach sei bis ins Kasino hörbar gewesen, als Hitler demgegenüber auf die großen Erfolge jenseits des Dnjepr verwiesen habe sowie auf seinen Glauben an das Durchhalten des deutschen Soldaten trotz Winterkälte.

v. Brauchitschs Abschied

Da Hitler die Frage der Rüstung seiner Armee für kriegsentscheidend hielt, ernannte er im Februar 1942 nach dem Tode Dr. Todts keinen Rüstungsfachmann zu seinem Nachfolger als Reichsminister für Bewaffnung und Munition, sondern seinen 1905 geborenen, jungen, begabten und tüchtigen Berlin-Architekten Albert Speer. So blieb

203 Dieser Vorstoß – ein sogenanntes Kommando-Unternehmen – vom 28. März 1942 gegen St-Nazaire in Nordfrankreich, nahe Nantes an der Loire-Mündung, diente nicht nur der »Erprobung« der deutschen Wachsamkeit, sondern vielmehr der Inbesitznahme eines neuen elektronischen Geräts zur U-Boot-Ortung und der Zerstörung von Docks und Schleusen.

Hitler selber Chef der Rüstung und hielt selbst den unmittelbaren Kontakt zu den maßgeblichen Rüstungsindustriellen und Wehrwirtschaftsführern. Speer sollte nach Architektenart nur Hitlers Wünsche in Detail-Direktiven umsetzen, die Arbeiten koordinieren und kontrollieren, die verfügbaren Rohstoffe und Arbeitskräfte zum optimalen Einsatz bringen und Hitler die jeweils wichtigsten Zahlen liefern, die er anhand seiner selbst geführten Aufstellungen überprüfte. So kamen, wenn Speer bei uns im FHQu erschien, die maßgebenden Persönlichkeiten aus Staat und Wirtschaft mit, um ihre Probleme in Speers Gegenwart mit Hitler direkt zu besprechen. Wir nannten sie das »Begleitkommando Speer«.

Zum Stop auf der Dnjepr-Linie sei angemerkt: Sie verlief ostwärts des Dnjepr auf der Höhe Rshew – Gshatsk – Juchnow. Hitler aber befahl dagegen »fanatischen Widerstand« in den von den Truppen einmal erreichten Stellungen. Er erhielt sich durch seine nur gelegentliche Frontzurücknahme von örtlichem Ausmaß die Ausgangspositionen für seine Offensive 1942.

Die deutschen Verluste betrugen bereits in den ersten 14 Kriegswochen des Rußlandfeldzuges 1941 rund eine halbe Million an Gefallenen, Vermißten, Verwundeten usw., während die bisherigen Blitzkriege 1939 bis 1941 Deutschland insgesamt nur einen Ausfall von 100 000 Mann gekostet hatten.

80 Mitternacht vom 19./20.4.1942 (Wolfsschanze)

Hitlers Geburtstag. Generals-Bekenntnis zu Hitler als »Feldherrn«

Um Mitternacht Geburtstagsfeier zu Ehren des Chefs. Ich sehe hier zum ersten Male Sekt. Der Chef ist nicht anwesend, er hat sich – nachdem er den ganzen Abend gearbeitet hatte – gegen 23 Uhr zurückgezogen.

Marschall Keitel hielt eine Geburtstagsrede, daß wir alle mit unseren schwachen Kräften den »genialen Feldherrn« unterstützen wollten. Für mich ist das Interessanteste, daß der Generalstäbler und Kriegsgeschichtler des OKW im FHQu, Oberst Scherff, allen ein Buch »Erlebtes Genie« schenkt, eine Zitaten-Sammlung über das Wesen des Genies, also durch die Blume: ein Bekenntnis zu Hitler.

Raeders Rücktrittsgesuch

Kapitän von Puttkamer, Hitlers Marineadjutant, erzählte, daß Raeder (seit 14 Jahren Marine-Oberbefehlshaber) zurücktreten will[204], da man ihm dauernd in das Seetransportwesen hineinpfusche und ihm nicht die Einsetzung eines starken Mannes in der zuständigen Abteilung des Reichsverkehrsministeriums

204 Der 67jährige kränkelnde Großadmiral Dr. h.c. Erich Raeder war nicht nur als Chef der Marineleitung seit 1928 der Schöpfer der neuen deutschen Kriegsmarine. Er war auch der »Vater der Schlachtschiffe«, der schweren Überwasserstreitkräfte (»Deutschland«, »Admiral Graf Spee«, »Admiral Scheer«, »Scharnhorst«, »Gneisenau«, »Prinz Eugen«, »Tirpitz«, »Bismarck« und »Hipper«). Da sie ob ihrer Größe eine leichte Beute feindlicher Torpedoflugzeuge waren, erwiesen sie sich gegenüber dem endlosen Strom von USA-Schiffsgeleitzügen nach Großbritannien, der UdSSR und dem Persischen Golf mit ihren Waffen-, Rüstungs-, Güter- und Lebensmittelsendungen ab 1942 als weitgehend wertlos. Außerdem blockierten sie die Werften, die Hitler für seinen U-Bootbau dringend benötigte. Da Raeder auf den Einsatz der schweren Überwasserstreitkräfte nicht verzichten wollte, bot er seinen Rücktritt an. Hitler, der Raeder schätzte und Sachliches und Persönliches zu trennen wußte, beförderte ihn daraufhin mit Wirkung vom 30. Januar 1943 (dem 10. Jahrestag der Machtübernahme) zum Admiral-Inspekteur (d.h. Repräsentanten) der Deutschen Kriegsmarine. Er übertrug den tatsächlichen Oberbefehl über die Kriegsmarine dem U-Bootbefehlshaber Großadmiral Karl Dönitz unter Beibehalt der U-Boot-Kriegführung.

konzidiere. Man verlasse sich auf unrichtige Berichte eines Mannes wie Direktor Blohm[205] (Einbau neuer Maschinen im Schlachtschiff »Gneisenau«), wolle bald Schiffe im Schwarzen Meer, bald im Ladogasee haben, bezeichne die U-Boot-Versenkungen immer wieder als belanglos, wolle U-Boote auf der Eismeer-Route haben und so weiter. Als Nachfolger seien nur der Draufgänger Admiral Carls und der U-Boot-Befehlshaber Admiral Dönitz in Betracht zu ziehen; dieser könne aber mangels geeigneten Ersatzes nicht von seiner Waffe losgelöst werden.

Selbst bei den Kraftfahrern Kampf um die Sterne

An einem anderen Tisch moserten SS-Untersturmführer von der Kraftwagenkolonne, daß sie im Gegensatz zu anderen bei Beförderungen nicht genügend berücksichtigt würden, obwohl sie zum Beispiel König Boris und dergleichen Persönlichkeiten fahren müßten und daher eine erhöhte Verantwortung zu tragen hätten. Mir imponierte, wie Gruppenführer Schaub – obwohl er bereits einige Gläser getrunken hatte – den Männern auf ihre taktlosen Redereien mit strahlendem Gesicht auseinandersetzte, so könne man Beförderungen auch nicht begründen; jeder Fahrer trage ja die Verantwortung für das Leben der Wageninsassen, und von jedem Fahrer werde als Selbstverständlichkeit erwartet, daß er zu fahren verstehe.

Japan hält Wort

Interessant war, was Schulze (Ordonnanzoffizier Hitlers), Gabriel (Adjutant Keitels) und Lorenz aus der hohen Politik erzählten:

a) Japans früherer Außenminister Matsuoka hat dem Chef bei seinem Berlin-Besuch erklärt, er könne sich auf Japan verlassen.

b) Botschafter Oshima hat durch mehrfache Rücktrittsangebote entscheidend dazu beigetragen, daß Japan am 7.12.1941 – als wir in die Winter- und Russenstürme, das heißt in »die dickste Scheiße« kamen – den Kriegseintritt vollzog und dadurch die Situation erleichterte. Der Chef hat sich bei Überbringung der Nachricht mit den Händen vor Freude auf die Schenkel geschlagen und war so – wie von einer schweren Belastung – gelöst, daß er mit größtem Eifer den Anwesenden die neue Weltlage erklärte.

Josuhe Matsuoka war Persona gratissima bei Hitler, wurde aber am 16. Juli 1941 als Außenminister entlassen, da er sich vergeblich für eine Unterstützung Hitlers in der Kriegführung gegen die UdSSR eingesetzt hatte. Kronrat und Regierung Japans wollten unter allen Umständen einen militärischen Zusammenstoß Japans mit der UdSSR vermeiden.

Für Hitler war Matsuoka der Inbegriff japanischen Humors. Bei seinem Berlinbesuch Ende März 1941 hatte Matsuoka beim Marsch durch Hitlers Reichskanzleivorzimmer in der 220 m langen Marmorgalerie mit ihren glatten Fliesen zu seinen – einen halben Meter größeren – Begleitern, Staatsminister Dr. Otto Meißner u. a., gesagt: »Gehen Sie nur recht vorsichtig, daß Sie nicht ausgleiten. Um meinen Zivilanzug wäre es ja nicht schade. Aber bei all Ihren wunderschönen Uniformen, da könnte es doch dem Gold und Silber schaden!« Hitler freute sich ganz offensichtlich, wenn diese Matsuoka-Anekdote in Gegenwart Görings, Ribbentrops oder der obersten Parteiführer erzählt wurde. Er mochte die Gold- und Silbertressen und -bordüren nicht, mit denen seine Paladine die Uniformen ihrer Zuständigkeitsbereiche schmückten, ja er nannte sie im vertrauten FHQu-Kreis ebenso wie die Bevölkerung »Goldfasanen«.

205 Direktor Blohm war Mitinhaber der weltbekannten Hamburger Werft »Blohm & Voß«.

Matsuokas offizielle Berliner Verhandlungen mit Hitler und Ribbentrop fanden vom 27. bis 29. März 1941 statt und hatten Japans mögliche Kriegführung gegen Großbritannien und die USA zum Gegenstand, die vom japanischen Kronrat – nach diversen Kompromißversuchen mit den USA – am 1. Dezember 1941 beschlossen und am 7. Dezember 1941 durch Angriff auf den US-Hafen Pearl Harbor und am 8. Dezember 1941 durch Einmarsch in das britische Malaya begonnen wurde.

Hitler bewunderte die weitgehende Versenkung der US-Pazifikflotte in Pearl Harbor (Hawaii) durch japanische Flieger am 7. Dezember 1941. Bis Ende November 1941 hatte Japan mit seinem schärfsten Industriekonkurrenten in Fern-Ost, den USA, einen Ausgleich durch diplomatische Verhandlungen gesucht. US-Präsident Roosevelt war aber fest entschlossen, die durch Bevölkerungsdruck, Rohstoffmangel und Absatzmarkt-Notwendigkeiten bedingte japanische Expansionspolitik in Fern-Ost zu stoppen. Japans Verhandlungsbemühungen beantwortete Roosevelt daher mit dem Verbot der Belieferung Japans mit Erdöl, Roheisen, Kupfer, Messing, Nickel und Zink, einer weitgehenden Handelssperre für Investitionsgüter und Industrieanlagen, sowie einem »Einfrieren« (also der Beschlagnahme) aller japanischen Guthaben in den USA. Auf diesen von Roosevelt entfachten Wirtschaftskrieg antwortete Japan – wie von Roosevelt erwartet – militärisch. Mit Pearl Harbor hatte Japan den »ersten Schuß« getan, den Roosevelt zur Kriegsmobilisierung der bis dahin überwiegend für Frieden plädierenden US-Bevölkerung brauchte.

Irrenhaus oder Erschießung für Heß

c) Der Chef hat von Lorenz die Nachrichten über Heß' Flug beim Tee am Kamin erhalten und selbst sofort die ersten Meldungen abdiktiert: Er äußere sich heute noch verärgert, daß ihm über die vorhergegangenen eigensinnigen Probeflüge Heß' nichts berichtet worden sei. Der Chef hält Heß' Rückkehr nach Deutschland für ausgeschlossen, da es nur die Alternative »Irrenhaus oder Erschießung« für ihn gebe, so daß Heß sich schon eine neue Existenz im Ausland aufbauen müsse.

81

20.4.1942. Über Tag (Wolfsschanze)

Hitlers Geburtstagsessen und Gratulationscour

Der Tag steht im Zeichen des Chef-Geburtstages. Im Kasino ist auch in den Nebenräumen sehr schön gedeckt mit Tischtüchern und Blumen. Es gibt heute Koteletts, Rotkohl, Kartoffeln und Sauce, hinterher Obstsalat. Dazu auch für die Begleitmannschaften und so fort überall den gleichen Wein (Piesporter Goldtröpfchen) und eine Tasse Bohnenkaffee zu Mittag. Zum Abendessen: Bratkartoffeln mit Schinken und Spargelsalat. Herrlich für alle außer für Hitler, der ja weder Fleisch noch Wein anrührt.

Die Tischordnung und Speisenfolge der offiziellen »Führertafel«, etwa an seinem Geburtstag oder bei Staatsbesuchen, bestimmte Hitler selbst. Die Ordonnanzen Linge und Junge und der Küchen-Chef (Intendant Kannenberg in der Berliner Reichskanzlei, Frau Margarete Mittelstrasser auf dem Berghof und Mitropa-Chefkoch Günter im FHQu »Wolfsschanze« bzw. »Werwolf«) mußten mit ihren Vorschlägen bei Hitler persönlich erscheinen und das Für und Wider in allen Einzelheiten mit ihm erörtern. Er schätzte keine Pannen. In der Berliner Reichskanzlei bestimmte er sogar das Tischdekor selbst. Auf dem Berghof nahm ihm diese Arbeit Eva Braun ab, die darin ein besonderes Geschick bewies. Es imponierte Hitler sehr, als er von Stalin erfuhr, daß dieser sich bei Staatsessen in gleicher Weise um alle Details kümmerte. Hitler verlangte u.a., daß die Suppe stets heiß in vorgewärmten Tellern serviert wurde, daß nur

»biologisch gezüchtete« Salate und Gemüse auf den Tisch kamen und daß die Speisen und das Obst so angerichtet waren, daß sie trotz »friderizianischer Einfachheit« für die Augen einen Genuß boten. Hitler selbst aß nur mäßig. Selbst bei den geliebten Wiener Mehlspeisen und Salzburger Nockerln ging er mit Rücksicht auf seine Arbeits-Vitalität und auf seine Figur nie über sein gewohntes Maß hinaus.

Die einzige Ausnahme von seinem Vegetariertum war die bayerische »Leberknödel-Suppe«. Als er auch gegen sie aufbegehrte, hatte seine resolute Münchner Wirtschafterin, Frau Anny Winter-Brunner, ihm den Suppentopf mit den Leberknödeln und den Worten auf den Tisch geknallt: »Die wird gegessen! Basta!« Am liebsten aß Hitler einfache Soldatenkost: Bohnensuppe, gelbe Erbsen mit Kartoffeln, Linsen, grüne Erbsensuppe und Eintopfgerichte.

Hitler trank meist die äußerst erfrischenden deutschen Mineralwasser, insbesondere »Fachinger«, und gelegentlich ein Glas Gesundheits-Bier, das eine kleine urbayerische Spezialfirma in Holzkirchen extra für ihn mit einem Alkoholgehalt von nur 2 Prozent, aber hervorragendem Geschmack braute. Mußte Hitler Sekt trinken, verzog er regelmäßig das Gesicht, als habe er Essigwasser im Munde. Die einzige Ausnahme war ein deutscher Trockenbeerenauslese-Sekt, wie ihn nur Sektfabrikanten trinken, der ihm bis 1944 regelmäßig in wenigen Flaschen von einem Verehrer zum ausschließlich persönlichen Genuß zu Weihnachten geschickt wurde. Bei Wein »sündigte« er nur indirekt. So erbat er sich von meiner Mutter bei Besuchen in Wilhelmshaven als Nachtisch stets »Berliner Luft«, einen Weißwein-Creme-Pudding aus geschlagenen Eiern, mit weißer Gelatine gesteift und mit hausgemachtem Himbeersaft serviert. Bei Erkältungswetter tat Hitler sich Cognak in den Tee. Regelmäßig nahm er nach gekochten Mahlzeiten einen deutschen »Magenbitter« als Magen- und Darm-Elixier. Kaffee trank Hitler nur, wenn er mußte. Meist trank er schwachen Tee mit Zitrone. War er in festlicher Stimmung, trank er auch wohl den kräftigen ostfriesischen Tee mit weißem Kandis-Zucker und frischer Sahne, zubereitet auf einem Stövchen. An Fruchtsäften trank er am liebsten Apfelmost aus der »biologisch gedüngten« Obstplantage seines Berghofs.

Als Hitler morgens aus seinem Bunker herauskam, hatten sich die Herren seiner Begleitung zu beiden Seiten des Eingangs aufgestellt, um ihm zu gratulieren. Dann kamen Kinder aus der Nachbargegend, die sich durch alle Absperrungen durchgeschlängelt hatten mit ihren Blumensträußen: eine Riesenfreude für Hitler, in all die strahlenden Augen zu schauen. Die Kinder, die schon früh gekommen und auf Weisung Schulzes in einem Panzerwagen zum Zeitvertreib hin- und hergefahren worden waren, damit sie das Gelände mit ihrer Wißbegierde nicht unsicher machten, sausten – als sie Hitler entdeckten – mit so viel Vehemenz hin, daß die Kleinsten sich an seinen Hosenbeinen festhalten mußten, um bei der Rennerei nicht hinzufallen. Sie wollten ihn gar nicht wieder freigeben, so lebhaft erzählten sie ihm ihre Puppen- und Jungengeschichten.

Göring, Raeder, Ribbentrop, Lammers und so fort erschienen zum Gratulieren, ebenso einige Pimpfe und Jungmädel, die mit ihrer strammen Meldung und ihren Blumengrüßen – von Schulze geführt – den besten Eindruck machten.

Abends genehmigte der Chef die Wochenschau, die erstmalig U-Boot-Bunker bringt.

82 22.4.1942
(Wolfsschanze)

Gerade in puncto »innere Unabhängigkeit« ist meine Tätigkeit hier sehr interessant. Schon bei den Fahrern fängt das Rennen um die Sterne, um die finanzielle Aufbesserung und so weiter an.

Männer um Hitler: Die militärischen Adjutanten

Ein paar Worte zur wirklich ausgezeichneten Besetzung der Wehrmachtadjutantur des Führers. Ihr Chef, Generalmajor Schmundt, ist sicher einer der jüngsten deutschen Generale, ein Mann von Geist, dem man die Schule des Generalstabs anmerkt. Dabei ein Mensch, der durch seine Liebenswürdigkeit anspricht und sicher ein idealer Erzieher unseres Offiziernachwuchses wäre.

Der 1896 geborene Generalmajor Rudolf Schmundt war seit dem 28.1.1938 Chefadjutant der Wehrmacht bei Hitler. Er starb am 1. Oktober 1944 an den Folgen des Attentats vom 20. Juli 1944. Hitler schätzte ihn als Idealisten und tüchtigen Militärfachmann. Schmundt war es, der Hitler im August 1941 auf den Hit des Soldatensenders Belgrad »Lili Marleen« aufmerksam machte, gesungen von einer Lale Andersen (mit bürgerlichem Namen Liselott Wilke, geborene Bunterberg). Hitler war so begeistert, daß Schmundt ihm umgehend die Schallplatte mit dem von Hans Leip gedichteten und von Norbert Schultze komponierten Song besorgen mußte. Da Hitler von der »Zauberkraft einer Melodie« genauso überzeugt war wie von der »Zauberkraft der Sprache«, dankte er Schmundt mit dem Bemerken: »Schmundt, der Schlager wird nicht nur den deutschen Landser begeistern, sondern möglicherweise uns alle überdauern.«

Schmundts Aufgabe ist es, die Person des Führers auch den Wehrmachtskreisen nahezubringen, die dem Nationalsozialismus nach Herkunft und Erziehung passiv gegenüberstehen. Zusammen mit General Jodl hat General Schmundt Hitler sein Offizierswort verpfändet, daß Generalität und Stabsoffizierkorps trotz politischer Passivität loyal ihre Soldatenpflicht tun werden[206]*. So ist die Wehrmacht vor Säuberungsaktionen à la Stalin bewahrt geblieben trotz Hitlers Skepsis und trotz laufend von Sicherheitsdienst und Partei eingehender negativer Meldungen, von denen eine über den Chef des Ersatzheeres, General Fromm, also den wichtigsten Mitarbeiter Keitels, mich besonders stutzig machte.*

Beim Angriff auf Moskau haperte es am Nachschub von Frostschutzmitteln, Treibstoff, Ersatzteilen und Munition für die Panzer, sowie an winterfester Mannschaftsausrüstung und an winterfester Verpflegung. Der SD gab dem Generalobersten Friedrich Fromm einen wesentlichen Teil der Schuld, weil er der Chef des Ersatzheeres und auch Chef der Heeresrüstung im Oberkommando der Wehrmacht war. Als solcher wurde er dann durch Speer als Generalbevollmächtigten für Rüstungsaufgaben im OKW-Rüstungsamt ersetzt.

Kapitän v. Puttkamer und Major der Flieger v. Below sind schon seit mehr als 5 Jahren beim Führer. Bei ihrem ruhigen Wesen, sicheren, aber zurückhaltenden Auftreten und ihrem offenbar sehr guten Durchblick durch die Verhältnisse ihres Waffensektors kein

206 Der – nicht von Hitler, sondern von der Wehrmachtführung unter ihrem seinerzeitigen Reichswehrminister von Blomberg als Dank für die Erledigung der Röhm-Affäre konzipierte – Soldateneid vom 2. August 1934 lautete: »Ich schwöre bei Gott diesen heiligen Eid, daß ich dem Führer des Deutschen Reiches und Volkes Adolf Hitler, dem Oberbefehlshaber der Wehrmacht, unbedingten Gehorsam leisten und als tapferer Soldat bereit sein will, jederzeit für diesen Eid mein Leben einzusetzen.«

Wunder. Wenn die Marine unter Großadmiral Raeder eine so ruhige und erfolgreiche Entwicklung durchmachen konnte, so liegt das sicher nicht zuletzt an Puttkamer, seiner stets gleichbleibenden Sachlichkeit und seinem Vertrauen beim Führer.

Der Dritte im Bunde, Major Engel (Vertreter des Heeres), ist typischer Troupier und hier aufgrund seines kecken, vergnügten Wesens allgemein besonders beliebt. Im Zweifel ist er aber zugleich der Schreck »verkalkter« Generäle, da er über sehr viel gesunden Menschenverstand, praktischen Blick und Tatkraft verfügt und genau weiß, wie er die Dinge zum Vortrag zu bringen hat. Selbst Marschall Keitel, von ihm »Dickerchen« genannt, muß bei Tisch achtgeben, aufgrund seines ewigen Lavierens zwischen der Wehrmacht, Hitler und der Partei von Engel nicht in unverbindlichen Nebensätzen glossiert zu werden. Und General Halder – nach Engel offenbar nur im Theoretischen Könner – bleibt vorsichtshalber nach der Lagebesprechung gar nicht erst zum Essen da.

Vier-Kinder-System

Der Reichsleiter Bormann hat zur Geburt seines 9. Kindes zahlreiche Glückwünsche erhalten, unter anderen auch von dem Vater von 4 stolzen Jungens. Man wird ja überhaupt wieder – wie Hitler sagt – anstreben müssen, daß die Familien mindestens 4 Kinder haben, da uns in keiner Generation der Krieg erspart bleibt und es ja sehr schmerzlich ist, in den Zeitungen immer und immer wieder lesen zu müssen, daß »der einzige Sohn« gefallen ist.

83

22.4.1942 mittags
(Wolfsschanze)

Kulturzusammenbruch in den USA?

Der Chef machte beim heutigen Mittagessen auf den beginnenden Kulturzusammenbruch aufmerksam, der sich nach amerikanischen Pressemeldungen auf allen Gebieten des kulturellen Lebens in den USA abzuzeichnen beginne.

In diesem Zusammenhang wies er unter anderem auf die Schließung der Metropolitan-Oper hin und bemerkte, daß es falsch sei, anzunehmen, die Schließung dieser größten amerikanischen Oper sei lediglich durch finanzielle Gründe veranlaßt. Die eigentliche Ursache für die Schließung dieser Oper sei darin zu suchen, daß ihr ganz einfach die Kräfte zur weiteren Aufrechterhaltung eines ordentlichen Opernspielplans fehlten. Wer sich auf dem Gebiet der Opernkunst auskenne, wisse, daß die Hauptopern deutschen, italienischen oder französischen Ursprungs seien und für ihre Wiedergabe fast nur deutsche und italienische Künstler hinreichend vorgebildet wären. Da deutsche und italienische Sänger zur Zeit ausfielen, sei die amerikanische Kulturverwaltung offenbar nicht mehr in der Lage, mit den noch vorhandenen amerikanischen Sängern ein spielfähiges Ensemble aufrechtzuerhalten.

Er halte es für richtig, daß die Presse sich dieser Angelegenheit besonders annehme, da sie ein Indiz für die Geistesverfassung und die kulturelle Leistungsfähigkeit der USA sei. Kultur sei eben nicht – wie die Amerikaner es erhofften – eine dem Menschen in die Wiege mitgegebene oder doch leicht zu kopierende Sache, sondern das Produkt schöpferischer Menschen, von vielen Generationen erlernt und in mühsamem Streben vervollkommnet; sie sei das Vermächtnis der genialen Männer, gehegt und gepflegt von einer Großzahl Menschen mit Geschmack und Bildung.

Schacht und die Aufrüstung

Beim heutigen Mittagessen äußerte sich der Chef über die finanziellen Schwierigkeiten der deutschen Aufrüstung.

Im Haushaltsjahr 1933/34 betrugen die Gesamtausgaben des Deutschen Reichs 8,1 Milliarden, davon 1,9 Milliarden für die Rüstung; 1934/35 waren es bei 10,4 Milliarden Gesamthaushalt ebenfalls nur 1,9 Milliarden für die Rüstung; 1935/36 wurden es bei einem Gesamthaushalt von 12,8 Milliarden bereits 4 Milliarden für die Rüstung und 1936/37 bei einem Gesamthaushalt von 15,8 Milliarden 5,8 Milliarden Rüstungskosten. Das steigerte sich 1937/38 auf 8,2 Milliarden Rüstungskosten bei einem Gesamthaushalt von 20,1 Milliarden. 1938/39 wuchsen unter Schachts Nachfolger als Reichswirtschaftsminister, Walther Funk, die Rüstungskosten bereits auf 18,4 Milliarden von insgesamt 31,8 Milliarden Reichsausgaben an. Danach wurde – nachdem Funk Schacht auch als Reichsbankpräsident abgelöst hatte – Rüstung ohne Rücksicht auf Etatbelange nach Bedarf produziert, so daß die Reichsschuld von 47,3 Milliarden im Jahre 1939 aufgrund der Gesamt-Kriegsfinanzierung auf 387 Milliarden RM bis zum Kriegsende 1945 anstieg.

Eine seiner ersten Besprechungen auf dem Gebiet der Aufrüstung sei 1933 mit dem damaligen Reichsbankpräsidenten Dr. Luther[207] erfolgt, da ohne Mittel der Reichsbank bei dem Reichshaushalts-Defizit von 2,7 Milliarden und den entsprechenden Länderhaushalts-Defiziten die Inangriffnahme der Aufrüstungsarbeiten völlig unmöglich gewesen sei.

Er habe bei dieser Besprechung Dr. Luther auseinandergesetzt, daß Deutschland ohne eine Aufrüstung, die ihm seine alte Wehrkraft wiedergebe, völlig abgedrosselt werden würde. Nachdem er Dr. Luther dann in einer zweistündigen Unterredung seine Pläne für eine Wiederaufrüstung auseinandergesetzt habe, habe Luther ihm versichert, daß er ihm als national gesinnter Mann helfen wolle und bereit sei, ihm aus Reichsbankmitteln 100 Millionen zur Verfügung zu stellen.

Er habe zunächst geglaubt, falsch gehört zu haben, da er bei einem Finanzmann angenommen habe, einige Kenntnisse auf dem Gebiet der Rüstungskosten voraussetzen zu können. Als ihm Luther dann aber auf nochmalige Rückfrage denselben Betrag genannt habe, habe er den Reichspräsidenten gebeten, seine Ablösung zu veranlassen. Das sei aber nicht ohne weiteres möglich gewesen, da die Deutsche Reichsbank seinerzeit noch internationales Bankinstitut gewesen sei.

Er habe deshalb im Wege einer gütlichen Aussprache Luther erklärt, daß er zwar die rechtliche Möglichkeit habe, sich trotz Mangels jeder Basis einer Zusammenarbeit zwischen ihnen beiden auf dem Posten des Reichsbankpräsidenten zu halten, daß hinter ihm, dem Chef, aber die Macht stünde und er diese, wenn es das Staatsinteresse erfordere, rücksichtslos gegen ihn, Luther, zur Anwendung bringen werde. Dem schlauen Rat Meißners folgend, habe er Luther dann für den Fall seines freiwilligen Rücktritts den Botschafterposten in Washington angeboten, da er dort doch nichts habe verderben können. Nachdem Luther zu seiner Pension eine zusätzliche Rente von 50000 Mark jährlich zugesichert worden sei, habe er sich zur Annahme dieser Lösung breitschlagen lassen und mit frommem Augenaufschlag erklärt, daß er selbstverständlich nur aus reinem Patriotismus den Wünschen des Chefs entspreche.

207 Dr. Hans Luther war 1923 Reichsfinanzminister, 1925/26 Reichskanzler, 1930/33 Reichsbankpräsident und vom April 1933 bis zum März 1937 deutscher Botschafter in Washington.

Er, der Chef, habe sich so mit Geld die Möglichkeit erkauft, eine Persönlichkeit von internationalem Rang auf den Posten des Reichsbankpräsidenten zu setzen. Diese Persönlichkeit sei Schacht gewesen[208].

Schacht habe erkannt, daß ohne Milliardenbeträge jeder Versuch einer deutschen Aufrüstung lächerlich sei. Er habe daher auch bei Summen bis zu 8 Milliarden mitgezogen, selbst wenn bei Nennung dieser Zahlen dem Reichsfinanzminister Schwerin-Krosigk[209] Bedenken gekommen wären. Leider sei der damalige Generaloberst Blomberg dann aber so unklug gewesen, herauszuschwätzen, daß man für die erste Stufe der Aufrüstung über die 8 Milliarden hinaus noch weitere 12 Milliarden benötige. Er habe Blomberg über diese Geschwätzigkeit Vorwürfe gemacht. Wo es sich bei den Finanzsachverständigen doch letzten Endes um Spitzbuben handele, habe ja nicht die geringste Veranlassung bestanden, in den Angaben ihnen gegenüber restlos aufrichtig zu sein. Im Gegenteil hätte man ihnen die Beschaffung weiterer Milliarden nur erleichtert, wenn man sie jeweils lediglich um Teilbeträge angegangen hätte. Denn sie hätten sich dann vor sich selbst und – für den Fall, daß es schiefgegangen wäre – vor der Öffentlichkeit damit herausreden können, daß sie belogen worden seien.

Für die Persönlichkeit Schachts sei bemerkenswert, daß er von den 8 Milliarden eine halbe Milliarde von vornherein als Zins einbehalten hätte. Er sei ein unerhört intelligenter Mensch im »Bescheißen[210]«. Aber eben wegen seiner Großartigkeit im Beschwindeln anderer Leute sei er seinerzeit nicht zu entbehren gewesen. Vor jeder Konferenz der Internationalen Bank in Basel habe sich die halbe Bankwelt erkundigt, ob Schacht an der Tagung teilnehmen werde. Und erst wenn das festgestanden habe, seien die Bankjuden aus aller Welt angereist gekommen. Dabei hätten gerade die Taschenspielerkunststücke von Schacht gezeigt, daß ein intelligenter Arier auch auf diesem Gebiet dem Juden überlegen sein könne.

Von Schacht stamme der später durchgeführte Plan, die im Ausland gehandelten beziehungsweise als Reparationsleistungen ins Ausland verbrachten deutschen Aktienwerte zu entwerten, diese Papiere dann durch Mittelsmänner zu einem Kurs von 12 bis 18 Prozent im Ausland aufkaufen zu lassen, sie dann der deutschen Industrie zum Pari-Kurs zum Rückkauf aufzuzwingen und mit den auf diese Weise verdienten 80 und mehr Prozent ein Exportdumping durchzuführen, das uns mehr als drei Viertel Milliarden Devisen eingebracht habe.

Er rechne es Schacht hoch an, daß er über die Schaffung dieses Devisenfonds gegenüber jedermann geschwiegen habe. Denn es seien verschiedentlich Situa-

208 Horace G. Hjalmar Schacht war 1923 deutscher Reichswährungskommissar und stabilisierte die deutsche Mark auf Rentenbasis. Von 1924 bis 1929 und vom 16. März 1933 bis zum 20. Januar 1939 war Schacht Reichsbankpräsident, außerdem von 1934 bis 1937 Reichswirtschaftsminister. 1939 wurde er Reichsminister für besondere Aufgaben und kam – nachdem er sich der Opposition gegen Hitler angeschlossen hatte – von Ende 1944 bis Frühjahr 1945 ins Konzentrationslager.

209 Lutz Graf Schwerin von Krosigk, der Rechts- und Staatswissenschaften u.a. in Lausanne und Oxford studiert hatte, gehörte seit 1920 dem Reichsfinanzministerium an und war vom 2. Juni 1932 bis zum April 1945 Reichsfinanzminister. Nach Hitlers Tod wurde er Außenminister in der Regierung Dönitz.

210 Hierzu und zum folgenden existiert eine Gegenstellungnahme Schachts von 1951, abgedruckt bei Athenäum (1951) »Hitlers Tischgespräche S. 144/145«, nach der Hitler mangels banktechnischem »Know-how« die Dinge laienhaft fehlgedeutet bzw. mißverstanden habe.

tionen aufgetreten, in denen bei Bekanntwerden dieses Fonds alle Hebel in Bewegung gesetzt worden wären, ihn anzugreifen. Er denke nur an die Zeiten, wo man nicht gewußt habe, wie man die Beamtengehälter noch bezahlen sollte, oder an jene Situation, in der der absolute Gummimangel nach irgendwelcher Abhilfe förmlich geschrien habe. Das Vorhandensein dieses Fonds sei erst 1938 von ihm selbst bekanntgegeben worden, als die Notwendigkeit dieses Krieges festgestanden habe. Denn in diesem Augenblick sei es ihm klar gewesen, daß alle künftigen Kriegsmächte auf dem Weltmarkt aufzukaufen versuchen würden, was nur irgendwie zu bekommen sei. Auch ein Devisen- oder Goldbestand mußte damit zwangsläufig für den, der ihn nicht zuerst in Aufrüstungsgüter umsetzte, zu wertlosem Papier oder Metall werden. Er habe Funk deshalb den Auftrag gegeben, mit diesen Devisen nunmehr sofort aufzukaufen, was uns an heimischen Rüstungsrohstoffen fehle.

Walther Funk, seit 1916 Redakteur, seit 1922 Chefredakteur der »Berliner Börsen-Zeitung«, wurde 1930 Hitlers Wirtschaftsbeauftragter und bei der Machtübernahme Pressechef der Reichsregierung (als Staatssekretär im Reichspropagandaministerium). Ab November 1937 bis April 1945 war er Reichswirtschaftsminister, ab Januar 1939 bis Kriegsende außerdem Reichsbankpräsident.

Schacht habe er hierzu trotz seiner großen Verdienste nicht mehr gebrauchen können, da er bei seiner Freude über jeden Hundertmarkschein, den er durch das Beschwindeln eines anderen ergattere, seine Freimaurermethoden zuletzt auch auf ihn, den Chef, angewandt und offenbar auch ihn mit seinen Freimaurern verwechselt habe.

Daß der Chef Schacht für Auslandsverhandlungen in der Rückhand behält, zeigt die Tatsache, daß er ihn 1939 – wie er erzählte – nach Verabfolgung einiger »Spritzen« mit dem amerikanischen Staatssekretär Sumner Welles[211] bei dessen Deutschlandbesuch verhandeln ließ. Übrigens schreibt Schacht als einziger an ihn: »Sehr geehrter Herr Hitler« statt »Mein Führer« und »mit bestem Gruß, Ihr ergebener Schacht« statt des sonst allgemein üblichen »Heil Hitler« oder »Mit deutschem Gruß«.

84

23.4.1942 mittags
(Wolfsschanze)

Blutauffrischung durch Elitetruppen

Der Reichsführer SS brachte beim Mittagessen das Gespräch auf den vor 2 Jahren von ihm herausgegebenen SS-Befehl, nach dem jeder gesunde SS-Mann gehalten sei, an die Erhaltung seines Blutes zu denken.

In Anbetracht der Verluste, die die SS gerade an jungen, noch unverheirateten SS-Männern in diesem Krieg gehabt habe, sei er sehr zufrieden, seinerzeit diesen Befehl herausgegeben zu haben. Auf diese Weise sei das Blut dieser Menschen wenigstens in einem Kinde erhalten.

Der Chef äußerte hierzu, daß sich der blutauffrischende Einfluß der SS auch

211 Nicht 1939, sondern vom 1. bis 3. März 1940 war Roosevelts Vertrauter, Unterstaatssekretär Sumner Welles, in Deutschland. Seine angeblichen Friedensbemühungen dienten – wie sich schnell herausstellte – in erster Linie der innenpolitischen Propaganda in den USA, um die dritte Wahl Franklin Delano Roosevelts zum US-Präsidenten vom 5. November 1940 abzusichern. Er erklärte von vornherein: »Ich habe keine Vorschläge zu machen, ich habe nur zu hören.«

in Berchtesgaden in anerkennenswerter Weise bemerkbar mache. Aufgrund der starken Abwanderung der guten Bevölkerungselemente dieser Gegend habe er seinerzeit beim Ausbau seines Berghofs einen Bevölkerungsmischmasch vorgefunden, dessen Auffrischung ihm dringend am Herzen gelegen habe. Es sei ein Verdienst der Leibstandarte, wenn heute in der Gegend wieder eine Fülle kräftiger und gesunder Kinder herumliefe. Man müsse deshalb überhaupt überall dorthin, wo die Zusammensetzung der Bevölkerung blutsmäßig schlecht sei, Elitetruppen zur Auffrischung hinbringen. Schon in 10 bis 20 Jahren wirke sich das segensreich aus. Er freue sich deshalb, daß gerade SS-Elitetruppen wie die Leibstandarte, ihre Verpflichtung, Kinder in die Welt zu setzen, als völkische Verpflichtung betrachten.

Gerade heute, wo wir so mit unserem wertvollen Blut geizen müßten, müsse uns die Erhaltung der »Art« besonders am Herzen liegen. Auch das Masurenland und der Bayerische Wald sollten deshalb ruhig einmal mit Elitetruppen belegt werden.

Hitler schnappte nicht ein, sondern lachte mit, wenn man solchen Erzählungen mit einem Witz ihren »feierlichen Ernst« nahm. So erzählte ich, von Professor Brandt nach meiner Juristenmeinung zu dem Thema befragt, zu seiner und der ganzen Tafelrunde größter Heiterkeit die neueste Interpretation der NS-Abkürzungen BDM (Bund Deutscher Mädchen), WHW (Winterhilfswerk) und NSV (NS-Volkswohlfahrt): »Bin Deutsche Mutter. Wie Hitler Will. Nun Suche Vater.«

Kämpfertum und bedingungslose Liebe

Beim Mittagessen führte der Chef aus, daß das deutsche Volk, wenn es sich in der Geschichte behaupten wolle, ein ausgesprochenes Soldatenvolk bleiben müsse.

Wenn auf diese Weise der Wirtschaft zu viele Arbeitskräfte entzogen würden, so müsse man eben aus den vom deutschen Volk beherrschten Ländern Arbeitskräfte herausholen und für uns arbeiten lassen.

Dem deutschen Manne müsse man eine ganz harte Erziehung mitgeben, gleichzeitig aber eine gesunde Lebensfreude ermöglichen. Wenn der deutsche Mann als Soldat bereit sein solle, bedingungslos zu sterben, dann müsse er auch die Freiheit haben, bedingungslos zu lieben.

Kampf und Liebe gehörten nun einmal zusammen. Der Spießer, der daran herumnörgle, solle froh sein, wenn er das bekomme, was übrigbleibe. Mit der kirchlichen Doktrin der Entsagung auf dem Gebiet der Liebe dürfe man dem Soldaten nicht kommen, wenn man ihn kampftüchtig erhalten wolle. Ein vernünftiger Mensch könne ja auch sowieso nur lächeln, wenn ein Heiliger der Katholischen Kirche wie St. Antonius die Möglichkeit der höchsten Freude dem Menschen durch »Selbst-Kasteiung mit Hundepeitschen« nehmen wolle.

Gegen die »gleichgeschlechtliche Liebe« (Homosexualität) hatte Hitler eine geradezu physische Aversion. Sie war für ihn hochgradige Dekadenz. Sie zuzulassen, bedeutete für ihn den Anfang des Verfalls eines Volkes. Vor allem in Gnadensachen bei gleichgeschlechtlichem Verkehr zwischen Männern bzw. zwischen Männern und Jungen kannte er kein Pardon. Bei den »Nationalpolitischen Erziehungsanstalten« und anderen Internatsschulen ordnete er deshalb grundsätzlich »Koedukation« von Jungen und Mädchen an, damit die Geschlechter von frühester Jugend an zueinanderfänden.

Ferner müsse man bedenken, daß das deutsche Volk, wenn es sich als Soldatenvolk erhalten wolle, den Menschen der von ihm eroberten oder besetzten

Gebiete keine Waffen in die Hand geben dürfe. Es sei das Geheimnis der Stärke des alten Roms, daß der römische Bürger allein im ganzen römischen Imperium Waffenträger gewesen sei. Wie sehr Waffentragen zu einer stolzen Lebenshaltung erziehe, sehe man ja schon bei einer Betrachtung der Tschechen vor 1938 und heute, wo sie die personifizierte Unterwürfigkeit zeigten.

Deutsche und englische Geschichte

Wenn England heute in Indien scheitere, so liege das ganz allein daran, daß England heute nicht mehr die Kraft habe, wie ein Eroberervolk zu herrschen. Die Engländer hätten ihre Geschichte in den letzten Jahrzehnten aber ja auch zu sehr überschätzt und sich so von einer strikten Befolgung der Weisheiten geschichtlicher Glanzzeiten abbringen lassen. Wie er die US-Amerikaner als Parvenüs ansehen müsse, wenn sie in der Welt mit ihrer Geschichte herumzuprahlen suchten, so müsse er auch die Engländer als aufgeblasene Pinscher bezeichnen, wenn sie glaubten, aufgrund der 300 Jahre, in der sie in der Geschichte Beachtung finden, auf das 1000jährige Deutsche Reich und seine Geschichte herabblicken zu dürfen.

Unsere Geschichte gehe auf Armin[212], zumindest aber auf Theoderich[213] zurück und habe in den deutschen Kaisern Persönlichkeiten größten Formats hervorgebracht. Obwohl diese Kaiser Träger des deutschen Einheitsgedankens gewesen seien, sei die Überlieferung von ihnen zum Teil verschüttet, da alte deutsche Staatsgeschichte seit dem 15. Jahrhundert fast ausschließlich nur mehr in Österreich gelehrt worden sei. In allen anderen Ländern sei die Lehre der deutschen Geschichte mit dem 15. Jahrhundert bewußt zugunsten der Geschichte einzelner Dynastien und ihrer Landesinteressen der Vergessenheit anheimgegeben worden. Es sei daher Aufgabe der deutschen Geschichtsschreibung, die deutschen Kaiser unserem Volk zunächst einmal wieder lebendig zu machen und sie dazu am besten – etwa in ihrem Kampf gegen die Päpste – dramatisch zu schildern.

Was für eine überragende Persönlichkeit sei zum Beispiel Rudolf von Habsburg[214], mit dem seine Wähler einen ausgesprochenen Schwächling auf den Thron erhoben zu haben glaubten. Wenn er, um sich die Kirche zu gewinnen, einem Pfaffen symbolisch aufs Pferd geholfen habe, so sei dies ein propagandistischer Schachzug gewesen, der ihm alle Ehre mache. Denn nachdem seine Wahl gesichert war, habe er mit eiserner Energie Reichsinteressen vertreten, ohne die Kirchenbelange zu schonen. So habe er

1. sich als Rückhand zunächst einige Erblande gesichert,
2. Ottokar von Böhmen zur Raison gebracht und
3. dem Deutschen Reiche seine Einheit wiedergegeben.

Ebenso wie in ihm habe sich die Katholische Kirche in dem Sizilianer Fried-

212 Arminius (Hermann), der Cherusker, besiegte 9 n. Chr. die Römer unter Varus im Teutoburger Wald.

213 Theoderich der Große, König der Ostgoten und als »Dietrich von Bern« in die deutsche Sage eingegangen, suchte die Germanen-Staaten zu einem starken Germanen-Reich (mit Zentrum in Ravenna, also auf römischem Boden) zusammenzufassen (456 bis 526 n. Chr.).

214 König Rudolf von Habsburg (1218 bis 1291) beendete das »Interregnum« mit seinem Raubritter-Separatismus, besiegte 1278 den Böhmenkönig Ottokar II. auf dem Marchfeld und brachte 1282 Österreich und die Steiermark in habsburgischen Besitz.

rich II. getäuscht, der sich als einundzwanzigjähriger deutscher Kaiser das Reich erobert habe[215].

Unter Bezugnahme auf einen Einwurf bezüglich der katholischen Kirchenlehre meinte der Chef: Wer ganz strenggläubig sei, solle auf irdische Genüsse gar keinen Wert legen, sondern fasten und sich – da die Erde ja ein »Jammertal« sein solle – nur von dem einen Wunsch leiten lassen, möglichst rasch aus ihm zu entkommen. Aber im Gegenteil: die hohe Geistlichkeit bleibe je länger desto lieber in diesem Jammertal.

Derwischwesen und Springprozession

Sie verstehe es ja überhaupt zu lehren, daß man nach ihren Worten, aber nicht nach ihren Taten handeln solle. Bei der luxemburgischen Springprozession zum Beispiel gehe das Pfäfflein gemächlich einher, während seine lieben »Schäflein« unter dem monotonen Gesang »Bim-Bam« hüpfen dürften, bis ihnen der Schaum vorm Munde stehe, es sei denn, daß sie für 10,– Francs einen anderen für sich hüpfen ließen und sich so den Ablaß sicherten.

Während Kemal Atatürk für die Türkei das Derwischwesen verboten habe, wuchere es bei uns – zum Teil unter Abwandlung germanischer Bräuche, zum Beispiel des Flurumganges – unter den Fittichen der Katholischen Kirche nach wie vor.

Sogar zum Ablecken einer Peters-Büste in Linz fänden sich Menschen unseres Jahrhunderts aufgrund katholischer Glaubensvorstellungen bereit, um Ablaß zu erhalten, gleichgültig gegen die Infektionen, die mit solch einer Handlung verbunden seien.

Man müsse offenbar die Pfaffen erst einmal wieder unter dem Krönungsstuhl im Aachener Dom zum Zeichen ihrer Huldigung für den deutschen Führer durchkriechen lassen, daß sie einsähen, daß man die Menschen unseres Jahrhunderts nicht zu derartigen Kinkerlitzchen abrichten sollte.

85

23.4.1942 abends
(Wolfsschanze)

Der Chef brachte beim Abendessen zum Ausdruck, daß er sich ganz besonders freuen würde, einmal den Duce wiederzusehen und mit ihm die verschiedenen aktuellen politischen und militärischen Probleme durchsprechen zu können.

Duce überzeugt vom Untergang des Abendlandes ohne Hitler

Wenn er den Duce so außerordentlich verehre, so vor allem deshalb, weil er ein Staatsmann ohne Vorbild sei. Auf den Trümmern des italienischen Verfalls habe er eine neue Staatsidee propagiert und mit ihr das gesamte Volk gewonnen.

Die Kampfzeit seiner Faschisten zeige unendlich viel Verwandtschaftliches zu unserer eigenen Kampfzeit, habe der Kampf der Faschisten doch allein in Verona 6600 Tote gekostet. Auch die bolschewistische Gefahr habe der Duce wie kein anderer erkannt und für den Osten tatsächlich 3 brauchbare, tüchtige Divisionen abgestellt. Der Duce habe ihm persönlich versichert, daß er sich über die Auswirkungen eines Hereinbrausens der russischen hochmotorisierten Dampfwalze über Europa keinem Zweifel hingebe und fest davon überzeugt sei, daß ohne eine Bannung der russischen Gefahr durch sein – des Chefs – Eingreifen der Untergang des Abendlandes nahe gewesen sei.

215 Kaiser Friedrich II. (1194 bis 1250) stellte die – durch Gegenkönige und das Papsttum erschütterte – Kaisermacht in Deutschland und Italien wieder her.

Für ihn, den Chef, sei es deshalb unerträglich, den Duce in der zweiten Linie zu sehen, wenn er irgendwo in Italien mit ihm zusammentreffe und der ganze italienische Hof dann aufkreuze. Alles was der Duce an freudigen Überraschungen für ihn arrangiere, vergifte das arrogante Heer aristokratischer Nichtstuer durch seine Anwesenheit und sein leeres Getön.

Gräfin Edda Ciano und die Frauen des italienischen Königshofs

Selbst den erfreulichen Anblick einiger bildschöner Schülerinnen der Florenzer Akademie hätten diese »Lackln« ihm zu verderben versucht, indem sie die Tänze dieser Mädels madig gemacht hätten. Er habe ihnen aber eine derartige Abfuhr erteilt, daß die weiteren Darbietungen ungestört hätten ablaufen können.

Schließlich sei es auch für ihn, den Chef, ja kein ausgesprochenes Vergnügen, immer und ewig mit den häßlichen Frauen des italienischen Hofes zusammen zu sitzen, wobei man noch berücksichtigen müsse, daß gerade dieser Hof dem Duce seine Arbeit in den langen Jahren des Faschismus immer wieder erschwert habe und auch heute noch mit England liebäugle. Dabei spreche nichts eine klarere Sprache bezüglich der menschlichen Qualität dieser Aristokraten als die Tatsache, daß beispielsweise die italienische Kronprinzessin (Marie José, geb. Prinzessin von Belgien, war die Schwester König Leopolds III. von Belgien) ihm noch nicht einmal ein warmes Mittagessen vorzusetzen verstanden habe. Die kleinste deutsche Frau, deren Wohnung er einen Besuch abstatte, setze ihren ganzen Ehrgeiz drein, ihm nicht nur das schönste Essen, sondern auch ein richtig temperiertes Essen vorzusetzen. Aber wie diese degenerierten Abkömmlinge uralter Fürstengeschlechter in allen anderen Dingen des praktischen Lebens versagten, so auch hier.

Welch ein Genuß sei es da, sich einmal mit einer so hochgescheiten und ansprechenden Frau wie der Edda Mussolini (Gräfin Ciano. Sie war verheiratet mit Mussolinis Außenminister – von 1939 bis 1943 – Galeazzo Conte Ciano di Cortellazzo) unterhalten zu können! Wie sehr sich eine solche Frau von jenen anderen unterscheide, beweise ja allein schon die Tatsache, daß sie sich freiwillig als Krankenschwester für die im Osten eingesetzten italienischen Divisionen zur Verfügung stellte und bereits dorthin abgereist sei.

86

24.4.1942 mittags
(Wolfsschanze)

Der Wiederaufbau der deutschen Kriegsmarine und die Norwegenbesetzung

Am 24.4. mittags erwähnte der Chef beim Essen, daß er als die entscheidendsten Situationen des bisherigen Krieges die Norwegenbesetzung 1940 und die Abwehrschlacht gegen die Sowjets in diesem Winter (1941/1942) ansehe.

Der Norwegenbesetzung messe er deshalb eine so überragende Bedeutung zu, weil man sich hinterher noch wundern müsse, daß es der großen englischen Flotte nicht gelungen sei, dieses von der kleinen deutschen Kriegsmarine gesicherte Unternehmen zu stören oder zu vereiteln. Wenn das Norwegen-Unternehmen seinerzeit daneben gegangen wäre, so wären damit die Voraussetzungen für einen Großteil unserer U-Boot-Erfolge entfallen. Denn ohne die norwegische Atlantikküste sei die Arbeit unserer U-Boote sowohl den mittelenglischen als auch den nordenglischen Häfen gegenüber unmöglich; an Operationen der U-Boote im Nördlichen Eismeer hätte überhaupt nicht gedacht werden dürfen. Nachdem das Norwegenunternehmen gelungen sei, erkenne man erst, wie wenig draufgängerisch oder weitsichtig die Weltkriegsführung (I. Weltkrieg) auf deutscher Seite gewesen sei. Es mute einen heute ganz merkwürdig an, daß die Hauptseeschlacht des Ersten Weltkrieges am Skagerrak geschlagen worden sei, das für uns heute ein Bindestück des von uns kontrollierten Meer-Gebietes darstelle.

Aufgrund eines von Churchill noch als Marineminister vorgelegten Memorandums vom 29. September 1939 über eine Besetzung von Norwegens Küste faßte der alliierte Kriegsrat in London am 28. März 1940 einen entsprechenden Beschluß. Hitler, der von den britischen Vorbereitungen Kenntnis bekam, ließ am 9. April 1940 deutsche Truppen in Norwegen (von Oslo bis Narvik) landen, und zwar vor allem weil wegen der winterlichen Vereisung des Bottnischen Meerbusens Deutschland das – für seine Rüstung und Kriegführung unentbehrliche – schwedische Erz im Winter nur über Norwegens eisfreien Hafen Narvik verschiffen konnte. Bis zum 1. Mai 1940 zwang Hitler die – später in Norwegen gelandeten – britisch-französischen Truppen ebenso wie die norwegische Armee zur Kapitulation beziehungsweise zum Rückzug. Er baute Norwegens Küste sodann zu einem einzigartigen deutschen Marinestützpunktsystem aus.

Wenn die Kriegführung in dieser Hinsicht im Ersten Weltkrieg versagt habe, so sei das nicht zuletzt darauf zurückzuführen gewesen, daß man den Ausbau der deutschen Kriegsmarine damals nicht hinreichend zur Angelegenheit des gesamten Volkes gemacht habe. Er erinnere sich noch genau, wie schwierig es gewesen sei, 1912 in München ein Buch über die Marine oder die Kolonien zu erhalten.

Er habe deshalb beim Wiederaufbau einer Kriegsmarine nach der Machtübernahme das Erneuerungswerk sofort propagandistisch untermauern lassen. Nur so sei es ihm gelungen, unsere kleine Kriegsmarine zu einer Waffe auszubauen, die das ganze Volk ins Herz geschlossen habe. Damit sei zugleich die beste Gewähr gegeben gewesen, daß die Anfang der zwanziger Jahre von den Schiffsfriedhöfen wieder heruntergeholten alten Linienschiffe durch Neubauten hätten ersetzt werden können, deren Konstruktion sich auf einer klugen Verwertung der modernsten marinetechnischen Erkenntnisse aufgebaut habe und zu deren Bemannung nicht nur die küstenfahrende Bevölkerung, sondern alle deutschen Gaue beigetragen hätten.

Der stolze Weg werde gekennzeichnet durch den Bau der »Emden«, anschließend der ersten modernen 12 Torpedoboote, dann der 3 K-Kreuzer (»Köln«, »Karlsruhe«, »Königsberg«), denen die Schiffe der »Deutschland«-Klasse und schließlich die der »Hochsee«-Klasse gefolgt seien.

87

24.4.1942 abends
(im Führer-Sonderzug von Wolfsschanze – Berlin)

Ehe und Kind. Findelhäuser und Internatsschulen. Die Sorge für das uneheliche Kind

Am 24. kam der Chef beim Abendessen auf der Fahrt vom Hauptquartier nach Berlin im Zuge in seinem Speisewagen auf das Problem der Ehe und des Kindes zu sprechen.

Hitlers rechteckiger, kleiner schwarzer Handkoffer, der ihn auf Fahrten immer begleiten mußte, war typisch für seine persönliche Anspruchslosigkeit. Er faßte nur die notwendigsten Utensilien: seine primitive Bartbürste, seine Wehrmachtskleiderbürste, seinen Kamm nebst Haarbürste, sein Rasier-, Wasch- und Zahnputzzeug, sein

Nachthemd, etwas Leibwäsche und ein Oberhemd zum Wechseln auf der Fahrt, sowie gelegentlich einige geheime Akten.

Hitler führte aus, daß die Geschichte der deutschen Fürstenhöfe der beste Beweis dafür sei, daß nicht die Ehen die besten seien, die aus rein verstandesmäßigen Erwägungen gegründet würden. Wie sich auf allen Lebensgebieten immer das durchsetze, was echt sei, so bewähre sich im Leben auch die Ehe am besten, deren Fundament in der echten Zuneigung der beiden Partner bestehe. Nur solch eine Ehe bürge für eine wirklich einwandfreie Erziehung der Kinder und sei damit eine wertvolle Keimzelle für die deutsche Zukunft.

Er sei deshalb auch kein Freund davon, wenn man den auf eine gewisse Sexualnot zurückgehenden Eheschließungsanträgen mit Ausländerinnen in größerem Umfang entspreche, die von unseren Soldaten immer wieder gestellt würden.

Wenn man davon zutiefst überzeugt sei, daß zu einer gedeihlichen Ehe nur die Menschen zusammenfinden, die sich in ihrer Zuneigung gleichsam zusammenfühlen, so müsse man das Entstehen von Ehen aus einmaligen sexuellen Erlebnissen heraus nach Möglichkeit verhindern. Die Fülle der bei ihm durchgelaufenen Anträge gebe ihm damit hundertprozentig recht. Wenn er die Bilder der antragstellenden Soldaten und die Bilder der Ausländerinnen, mit denen die Ehe nachgesucht würde, vergleiche, so werde er den Gedanken nicht los, daß eine wirkliche deutsche Ehe mit diesen meist schiefen, krummen oder häßlichen Ausländerinnen weder auf die Dauer glücklich werden könne noch vom Standpunkt des deutschen Volkstums aus einmal wertvolle Ergebnisse erwarten lasse. Er sei dann schon mehr dafür, diskrete Seitensprünge zuzulassen als solche aus einer gewissen Schlamperei heraus geborene Ehen.

Selbstverständlich müsse man darauf sehen, daß nur der heirate, der gesund und rassisch einwandfrei sei. Welch außerordentliche Rolle darüber hinaus aber die wirkliche Zuneigung der Kindeseltern untereinander spiele, zeige die Tatsache, daß in einer Zeit, in der Standesinteressen die Heirat von Menschen, die sich wirklich gernhatten, hinderten, eine Fülle großer Männer aus Findelhäusern hervorgegangen sei.

Er halte diese Findelhäuser deshalb für eine außerordentlich segensreiche Einrichtung. Sie gaben der Mutter, die von dem Erzeuger ihres Kindes nicht geheiratet wurde und die deshalb zusammen mit ihrem Kind der Gefahr einer moralischen Ächtung ausgesetzt war, die Möglichkeit, bei Nacht und Nebel ihr Kind in die Aufnahmemulde am Findelhauseingang zu legen und es damit für seine Wachstumsjahre gesichert zu wissen.

Der moralischen Heuchelei des 19. Jahrhunderts sei es vorbehalten geblieben, die Findelhäuser, diese segensreiche Einrichtung des Mittelalters, wieder abzuschaffen und mit der größten Schamlosigkeit über die uneheliche Mutter und ihr Kind auch in den Fällen herzufallen, in denen eine echte Leidenschaft bei der Zeugung Pate gestanden hatte.

Wir könnten von Glück sagen, daß wir in unseren »Reichsschulen«, den mit Internaten verbundenen Nationalpolitischen Erziehungsanstalten, wieder eine Einrichtung zur Verfügung hätten, die es ermögliche, auch rassisch wertvollen Kindern, die unehelich geboren seien, eine ihren Qualitäten entsprechende Erziehung angedeihen zu lassen. Diese »Reichsschulen« seien außerdem auch ideale Heimstätten für alle diejenigen Kinder, die aufgrund schwerer Erschütterungen der Ehe ihrer Eltern bei einem dauernden Zusammensein mit diesen eine Fülle von negativen Jugendeindrücken sammeln würden, die sie in irgendeiner Form das ganze Leben dann mit sich herumschleppen müßten.

Denn nur den Kindern zuliebe schwer erschütterte Ehen aufrechtzuerhalten, sei praktisch nicht durchführbar. Das erlebe er immer wieder bei seinen alten Parteigenossen, die mit den Aufgaben, die er ihnen gestellt habe, langsam zu immer größeren Leistungen herangewachsen und herangereift seien und bei denen die Frauen dann einfach nicht mitgekommen seien. In solchen Ehen löse eine Szene die andere ab, und ein mehr oder minder starkes Auseinanderleben sei unausbleibbar.

Hitler plädierte für eine Scheidung »zerrütteter Ehen«, ohne daß es eines Verschuldens-Nachweises mit allen seinen Peinlichkeiten mehr als conditio sine qua non bedürfen sollte.

Es sei seines Erachtens verständlich, daß der Mann sich nach einer Ergänzung seines Lebens durch eine Frau sehne, die ihm in ihrem Wesen und in ihren Qualitäten so nahe komme, daß sie mit ihm wachse und dadurch tatsächlich zu einer Ergänzung seines Lebens beitrage.

Allgemeine Regeln hierfür aufzustellen sei jedoch unmöglich. Man müsse immer von Fall zu Fall entscheiden. Wenn man bei dem angeführten Beispiel geneigt sei, sich dem Standpunkt des Mannes anzuschließen, so gebe es eine Fülle anderer Fälle, wo man der Frau die Aufrechterhaltung der Ehe nicht zumuten könne. Er habe zum Beispiel kein Verständnis für Ehemänner, die glaubten, ihre Frauen mißhandeln zu dürfen, seelisch schikanieren zu können oder wirtschaftlich sitzenzulassen.

88

25.4.1942 mittags
(Reichskanzlei Berlin)

1 Pfund Kartoffeln = 1 Pfund Fleisch? Vegetarische Lebensweise

Reichsminister Dr. Goebbels warf beim Mittagessen in der Reichskanzlei die Frage auf, ob ein Pfund Kartoffeln denselben Nährwert für den Menschen habe wie ein Pfund Fleisch. Der Chef bejahte diese Frage und führte dazu im einzelnen folgendes aus:

Aus den auf uns überkommenen Berichten über die Ernährung der Soldaten des alten Rom wüßten wir, daß Obst und Brei ihre Hauptbestandteile waren. Fleisch hätten die römischen Soldaten verabscheut, so daß es besonders hervorgehoben wurde, wenn ihnen aufgrund von Nachschubschwierigkeiten der Genuß von Fleisch zugemutet werden mußte. Dabei zeigten uns Abbildungen dieser Soldaten, daß sie über fabelhafte Gebisse verfügten – so daß es doch kaum stimmen könne, daß ein menschliches Gebiß nur beim Genuß von Fleisch gesund bleibe. In den Jahrhunderten habe sich dies auch nicht geändert; denn wenn man heute nach Italien komme, finde man bei den Italienern dieselbe Ernährungsweise und dieselben schönen Gebisse vor.

Wenn man einmal auf die Natur selbst horche, müsse man feststellen, daß kleine Kinder einen außerordentlichen Widersinn gegen den Fleischgenuß hätten. Man sehe weiter, daß die Kinder aus denjenigen Negerstämmen, die sich überwiegend von Pflanzenkost ernähren, gegenüber anderen Negerkindern besonders gut gedeihen, weil sie von ihren Müttern 4 bis 5 Jahre genährt werden. Der Hund als Fleischfresser erbringe nicht bei weitem die Leistung wie das

Pferd als Pflanzenfresser. Auch der sich überwiegend von Fleisch ernährende Löwe schaffe ohne Ermattungserscheinung gerade 2 bis 3 Kilometer, während es bei einem Kamel, also einem Pflanzenfresser, 6 bis 7 Tage dauere, bis ihm die Zunge heraushänge.

Leider mache sich der größte Teil unserer Gelehrten dies noch nicht genügend klar. Dabei sei es doch erwiesen, daß man Krankheiten wie die Beriberi-Krankheit[216] durch vegetarische Nahrung, und zwar durch den Genuß ungekochter Kartoffelschalen, in höchstens 8 Tagen beseitigen könne.

Bei dem Genuß einer überwiegend pflanzlichen Kost müsse der Mensch allerdings bedenken, daß pflanzliche Kost ihren höchsten Nährwert in ungekochtem Zustand besitze. Ebenso wie die Mücke das lebende Blatt fresse und der Frosch die Mücke und der Storch den Frosch, so habe jede wirklich rationelle Ernährung zur Voraussetzung, daß sie sich an den lebenden Rohzustand halte. Allein schon unsere Vitaminlehre zeige ja, daß man bei dem Vorgang des Kochens und so weiter die wertvollsten Bestandteile vernichte. Dabei seien es im Zweifel nicht nur chemische Bestandteile, sondern auch Bakterien, die man damit töte.

Hitlers Frühstück bestand in der Regel aus einem Glas gewärmter (aber nicht gekochter) Milch, einer Scheibe Oldenburger Schwarzbrot (also Roggen-Vollkornbrot), einem Zwieback oder einem Stück dänischen Knäckebrots sowie einem Apfel. Ab 1944 aß er ein Schweizer Müsli aus Milch, Haferflocken, Nüssen, Zitrone, Keimdiät und einem geriebenen Apfel. Honig aß er gern, Butter und Käse wenig, Marmelade kaum. Wie er meinen Eltern versicherte, war Apfelkuchen mit Schlagsahne seine große Leidenschaft. Außerdem aß er gern einen Napf-Biskuitkuchen, den Wiener Gugelhupf, und Bayerischen Stollen mit viel Sukkade und vielen Sultanin-Rosinen.

Wenn heute unsere Kleinkinder wieder wesentlich gesünder seien als die des kaiserlichen Deutschlands und der Systemzeit, so führe er das nicht zuletzt darauf zurück, daß die meisten unserer Mütter sich hätten überzeugen lassen, daß sie zur Gesundheit ihrer Kinder nicht durch Verabreichung gekochter Milch so sehr beitragen könnten als wie durch die Verabreichung roher Wurzeln und dergleichen.

Als Hitler während der sowjetischen Einkesselung Stalingrads (22. November 1942 bis 2. Februar 1943) auf eine Behebung der Ernährungsschwierigkeiten der eingekesselten Truppen durch Lebensmittelkonzentrate kam, führte ihm sein Generalstabschef Zeitzler die Wirkung dieser Ernährungsbeschränkung im Selbstexperiment vor. Da daraufhin bei Zeitzler bereits in wenigen Tagen ein deutlich sichtbarer Kräfteverfall eintrat, verbot Hitler ihm die Weiterführung des Experiments mit den Worten: »Ich sehe, der Mensch braucht auch sein Stroh!« (Mit Stroh meinte er in diesem Zusammenhang die magenfüllenden Lebensmittel.)

Frieden mit den Franzosen und die Rückwirkungen der Flucht General Girauds

Beim Mittagessen in der Reichskanzlei wurde der Chef von Reichsminister Frick auf die in den letzten Tagen erfolgte Flucht des französischen Generals Giraud aus der deutschen Kriegsgefangenschaft angesprochen.

General Henri-Honoré Giraud war als Armee-Oberbefehlshaber im Mai 1940 in deutsche Kriegsgefangenschaft geraten und – entgegen seinem Offiziers-Ehrenwort – aus ihr entflohen. Über Vichy ging er nach Nordafrika. Aber General de Gaulle war – trotz britisch-amerikanischer Fürsprache für Giraud – nicht bereit, die Führung der »Französischen Freiheitsbewegung« mit ihm zu teilen.

216 Ostasiatische Vitamin-B1-Mangelkrankheit.

Der Chef meinte dazu, man müsse alles daran setzen, dieses Mannes wieder habhaft zu werden. Soweit ihm bekannt sei, handle es sich bei dem General um einen an sich sehr tüchtigen Mann, und man könne nicht wissen, ob er nicht – wenn er zur französischen Opposition, den De-Gaulle-Leuten, übergehe – deren führender Kopf würde.

Der französische Panzergeneral de Gaulle (22.11.1890 bis 9.11.1970) organisierte 1940 nach dem deutsch-französischen Waffenstillstand von London aus den weiteren französischen Widerstand (die »Französische Freiheitsbewegung«) und schuf 1942 in Nordafrika eine provisorische französische Exilregierung, deren Truppen am 25. August 1944 Paris unter seiner Führung befreiten. Bis 1946 französisches Staatsoberhaupt, wurde er 1958 erster Präsident der Fünften Republik in Frankreich. Als Militärschriftsteller hatte Charles de Gaulle – in seinem Lande nicht gehört – bereits vor dem II. Weltkrieg Gedanken der Motorisierung und Mechanisierung vertreten, die später von Hitler mit Hilfe seines Inspekteurs der Panzerwaffe, Generaloberst Heinz Guderian, verwirklicht wurden.

Unter den tüchtigen Soldaten der Weltgeschichte gebe es ja nicht nur eine Fülle von Beispielen dafür, daß bereits ein Dreißig- bis Fünfunddreißigjähriger große Leistungen vollbringen könne – man denke nur an Napoleon oder darüber hinaus an den 20jährigen großen Alexander –, sondern auch zahlreiche Männer, die erst als Endsechziger oder in den Siebzigerjahren die großen Taten ihres Lebens vollbracht hätten.

Für ihn sei die Flucht General Girauds, dem man alle möglichen Erleichterungen habe zukommen lassen, ein bezeichnendes Indiz für die wahre Gesinnung der Franzosen.

Man müsse daher den Franzosen gegenüber für die Dauer des Waffenstillstandes und ebenso bei Abschluß des Friedensvertrages den klaren Kopf wahren und aufgrund der geschichtlichen Erfahrungen ohne die durch den Fall Giraud als falsch gekennzeichnete Sentimentalität entscheiden.

Es genüge somit nicht, sich auf die Einbehaltung der Atlantik-Inseln zu beschränken. Wenn wir unsere Vormachtstellung auf dem Kontinent sichern wollten, müßten wir militärische Stützpunkte auch an der früheren französischen Atlantikküste beibehalten. Ferner dürften wir nicht vergessen, daß ein großes Stück deutscher Geschichte im alten Königreich Burgund gespielt habe, daß dieses Land also uralter deutscher Boden sei, den uns die Franzosen in Zeiten der Schwäche geraubt hätten.

Gemeint sind die britischen Inseln Guernsey, Jersey und Alderney, die am 30. Juni 1940 von deutschen Truppen handstreichartig erobert, später im Zuge des Atlantikwalls zu starken Stützpunkten ausgebaut wurden. Sie spielten bei der Invasion – entgegen den in sie gesetzten Erwartungen – kaum eine die Alliierten behindernde Rolle.

89

26.4.1942 mittags
(Reichskanzlei Berlin)

Der erhobene Zeigefinger gegenüber politisierenden Schauspielern

Bei dem kurzen Mittagessen vor der Abfahrt zur Reichstagssitzung erzählt Reichsminister Dr. Goebbels dem Chef von seinen Erfahrungen mit der politischen Haltung der Künstler.

Selbst ein Mann wie der Staatsschauspieler Jannings habe von ihm erst kürzlich wieder darauf hingewiesen werden müssen, daß er sich staatsfeindlicher

Äußerungen zu enthalten habe. Er habe darauf gemeint, daß man sich doch schließlich wohl noch unterhalten könne, und habe erst nach längerem Hin und Her eingesehen, wie leicht seine Äußerungen Anlaß zu staatsfeindlichen Gerüchten oder sonstigem staatsfeindlichen Gerede geben könnten.

Dr. Goebbels zwang den weltbekannten Schauspieler Emil Jannings, im Anti-Englandfilm »Ohm Krüger« die Titelrolle zu spielen und damit einen Film international zu popularisieren, der die Briten des Burenkriegs als die Erfinder der »Konzentrationslager« (KZ oder Internment Camps) anprangerte. Jannings rächte sich zum größten Ärger von Goebbels dadurch, daß er ihn überall aufgrund seiner Beinverkürzung den »Hinkefuß« nannte und in Kleists Lustspiel »Der zerbrochene Krug« den verschlagenen, bauernschlauen und lüsternen Dorfrichter Adam als »Hinkefuß« à la Goebbels darstellte.

Der Chef bestätigte daraufhin, daß auch er immer wieder die Feststellung habe machen müssen, daß Schauspieler und Künstler so sehr Phantasten seien, daß man sie von Zeit zu Zeit immer wieder einmal mit erhobenem Zeigefinger auf den Boden der Wirklichkeit zurückholen müsse.

90 26.4.1942 abends (Reichskanzlei Berlin)

Die Heimstätte der Kunstwerke

Gauleiter Forster brachte beim Abendessen das Gespräch auf die Danziger Kunstwerke, die sich zur Zeit in Krakau befinden. Auf seine Frage, ob es nicht zweckmäßig sei, diese Sachen wieder nach Danzig zu überführen, meinte der Chef:

Er habe dagegen grundsätzliche Bedenken. Wenn man dies in einem Einzelfall anfinge, so würden alle möglichen Stellen und Städte sich darum bemühen, Kunstwerke, die irgend etwas mit ihnen zu tun hätten, für sich zu erhalten.

Bürgermeister Liebel[217] von Nürnberg zum Beispiel sei, als man Frankreich besetzt habe, ebenso prompt wie später nach der Besetzung Serbiens und der russischen Gebiete bei ihm vorstellig geworden, um alle in diesen Räumen befindlichen Kunstwerke Nürnberger Ursprungs für Nürnberg zu erhalten.

Es bestehe, wenn man diesen Bitten entspräche, die Gefahr, daß man Galerien ihres einheitlichen Charakters beraube oder Kunstwerken die Umgebung nähme, in die sie vom Künstler bewußt hineingestellt worden sind, und sie damit eines wesentlichen Teils ihres künstlerischen Wertes beraube.

Auch bei der Besichtigung der Kunstwerke, die bei der Beschlagnahme jüdischen Vermögens in Wien angefallen seien, habe er ganz stur den Standpunkt vertreten, daß alles, was zur Ergänzung der Wiener Galerien beitragen könne, dort verbleiben solle. Ebenso stur habe er aber entgegen den Wiener Wünschen darauf bestanden, daß die anderen Kunstwerke dorthin verbracht werden, wo sie beim Aufbau neuer Galerien dienlich sein können, zum Beispiel Werke von Franz Hals nach Linz für die Galerie moderner Meister, Tiroler Heimatstücke nach Innsbruck und so fort.

Er habe diese Entscheidung, die seinen lieben Wienern durchaus nicht in den Kram gepaßt habe, mit um so leichterem Herzen durchführen können, als in Wien aufgrund des halbtausendjährigen Wirkens des Habsburger Kaiserhauses

217 Oberbürgermeister Willy Liebel.

so viele Kunstschätze zusammengetragen seien, daß allein mit den in den Kellern und auf den Böden abgestellten Sachen 3 weitere Museen voll ausgefüllt werden könnten. Allein an Gobelins seien etwa 1000 wunderbare Handarbeiten in Wiener Lagerhäusern untergebracht, von denen die Öffentlichkeit nun doch wirklich nichts habe.

Dabei seien seine lieben Wiener, die er ja genau kenne, so krampfig, daß sie ihm bei der Besichtigung einiger beschlagnahmter Rembrandtbilder in ihrer gemütvollen Art klarzumachen versucht hätten, daß alle echten Bilder eigentlich in Wien verbleiben müßten, man diejenigen aber, deren Meister unbekannt seien, gerne Galerien in Linz oder Innsbruck zukommen lassen wolle.

Sie hätten dann große Kulleraugen gemacht, wie er entschieden habe, daß auch die echten Sachen, soweit sie nicht Lücken in geschlossenen Galerien in Wien vervollständigten, den Landesmuseen der übrigen Alpen- und Donaugaue zugeführt würden.

Linz, die neue Donau-Perle

Beim Abendessen sprach der Chef Professor Speer auf die Planungen in Linz an.

Er führte hierzu aus, daß heute Budapest die weitaus schönste Donaustadt sei. Es sei deshalb sein Ehrgeiz, eine deutsche Donaustadt in Linz aufzubauen [218], die Budapest weit überrage und den eindeutigen Beweis erbringe, daß der deutsche Geist und daß das deutsche Kunstschaffen dem magyarischen weit überlegen seien.

Er plane, nicht nur die Donauufer großzügig auszugestalten, sondern auch ein vorbildliches Wohnungsbauprogramm in die Tat umzusetzen. An öffentlichen Monumentalbauten solle das Donauufer außer einem großen »Kraft-durch-Freude«-Hotel einen Rathausbau nach Entwürfen von Professor Giesler [219], ein Gauhaus und ein Gemeinschaftshaus der NSDAP nach den Entwürfen des Architekten Fick [220], einen Bau des Generalkommandos, ein Olympia-Stadion und so fort erhalten.

An Brücken plane er als Besonderheit, vor allem im Gegensatz zu Budapest, eine Hängebrücke über die Donau ausführen zu lassen. Außerdem solle auf dem jenseitigen Donauufer ein Gebäude aufgeführt werden, das insbesondere der katholischen Pseudowissenschaft zum Trotz die drei Weltbilder des Ptolemäus, des Kopernikus und der Welteislehre (Hörbigers) enthalten solle; in der Kuppel dieses Gebäudes solle sich ein Planetarium befinden, das nicht nur den Wissensdurst seiner Besucher stillen solle, sondern auch für Forscherarbeiten geeignet sei. Bei der inneren Ausgestaltung beabsichtige er weitgehend auf Anregungen Professor Troosts zurückzugreifen. Es sei deshalb ein eigenartiger Zufall, daß er eine Skizze, die er mit den ihm im Hauptquartier zur Verfügung stehenden Rot-, Blau- und Grünstiften gezeichnet und angemalt habe und die

218 Die Arbeit am Linzer Neubau-Modell war Hitlers liebste Entspannung in den FHQu's. Immer wieder regte er durch eigene Skizzen Verbesserungen an, selbst noch im März 1945, also wenige Wochen vor seinem Freitod.

219 Architekt Hermann Giesler war der Generalbauinspektor für Linz. Daß Hitler trotzdem Linzer Bauprobleme mit dem Generalbauinspektor für Berlin, Professor Speer, besprach, entsprach seinem Führungsstil »divide et impera«. Bewußt erzeugte er so Kompetenzstreitereien unter seinen Paladinen, die sie zu Höchstleistungen und zu einem ständigen Buhlen um seine Gunst zwangen.

220 Professor Roderich Fick, München.

im wesentlichen auf Troostsche Gedanken zurückgehe, durch zufällige Verwechslung zweier Karten mit einem Geburtstagsglückwunsch an Frau Professor Troost versehen und abgeschickt habe.

Die Architektin Frau Professor Gerdy Troost führte nach dem Tode ihres Mannes (1934) dessen Atelier weiter, überwachte die Ausführung der Troost-Bauten (z.B. in München: Haus der Deutschen Kunst, Führerbau, NSDAP-Verwaltungsbau) und besorgte die Innenausstattung dieser Bauten sowie die vom Berghof und von Hitlers Privatwohnung in der Berliner Reichskanzlei. Sie wurde in ihrem Kunsturteil von Hitler außerordentlich hoch geachtet. Wie ihr Mann war sie eine Verfechterin der griechisch orientierten Neu-Klassik. Innenarchitektonisch war und ist sie eine international anerkannte »Meisterin der Farbenharmonie«.

Beim Durcharbeiten der Pläne für das Gauhaus der NSDAP und das Gemeinschaftshaus der Partei habe es ihm eine ganz besondere Freude bereitet, daß Reichsleiter Bormann nach Kenntnisnahme von den Plänen spontan die Zur-Verfügung-Stellung der erforderlichen Mittel angeboten habe. Da der Reichsschatzmeister die Sache aber finanzieren wolle, habe er von diesem Angebot, das er Reichsleiter Bormann hoch anrechne, keinen Gebrauch gemacht.

Bormann verwaltete die »Adolf Hitler-Spende der deutschen Industrie«, die jährlich erneuert wurde. Er kaufte mit ihren Mitteln Hitlers Geburtshaus in Braunau und Hitlers Elternhaus in Leonding (bei Linz) auf und baute von den Spendengeldern die Dienstgebäude und Kasernen am Obersalzberg sowie das heute noch existente »Kehlsteinhaus«, das auch Hitler gelegentlich besucht hat.

In spätestens zehn Jahren nach Kriegsende müsse Linz, die neue Weltstadt an der Donau, stehen. Gerade ihn als Künstler begeistere der Gedanke an diesen Ausbau von Linz immer wieder, da Linz eines habe, was eine noch so großartige Architektur keiner Stadt geben könne: die einmalig schöne Lage. Gerade diese Lage habe ihn, abgesehen von seinen persönlichen Verbindungen zu dieser Gegend, dazu veranlaßt, an einen so großen Ausbau von Linz heranzugehen.

Wenn die Wiener sich daran störten, daß sie dadurch in ihrer Monopolstellung und in den Möglichkeiten zur gouvernantenhaften kulturellen Betreuung der Alpen- und Donaugaue beschränkt würden, so sei das unberechtigt. Wiens Stellung zu schmälern liege ihm, soweit sie auf einer soliden Grundlage aufgebaut sei, völlig fern.

Aber es sei geradezu ein Frevel, trotz der verlockenden Lage von Linz diese Stadt nur den Wienern zuliebe nicht zu »der« Donaustadt auszubauen. Allein schon den Ungarn zuleide, die sich um alle Strapazen und Entbehrungen dieses Krieges so geschickt herumzudrücken verstünden und dafür nach Kriegsende auf den verschiedensten Gebieten die Quittung erhalten würden, müßten alle Kräfte für den denkbar schönsten Ausbau von Linz angesetzt werden.

Hitlers Traum war, seinen Lebensabend mit Eva Braun als Ehefrau als schriftstellernder Altpolitiker und Pensionist im selbstgebauten Haus in Linz verbringen zu können. Denn nicht seine Geburtsstadt Braunau empfand er als seine Heimat, sondern die Stadt seiner Schulzeit: Linz.

Außerdem sei es ja auch – geschichtlich gesehen – eine unverzeihliche Parodie, wenn die Hauptstadt der Nachfahren Etzels und seiner Hunnen die schönste Stadt am Nibelungenstrom wäre.

91 27.4.1942 mittags
(»Osteria« in München)

Die Zukunft der Eisenbahn

Beim Mittagessen im kleinsten Kreis erörterte der Chef mit Professor Giesler und Staatsminister Esser Fragen der verkehrsmäßigen Erschließung des Ostraums. Er führte aus, daß bei der Ausdehnung, die das Eisenbahnnetz durch die erforderlichen Ost-Strecken erfahren würde, Eisenbahnlinien benötigt würden, die mit Maßstäben des Altreiches nicht zu messen wären.

Hermann Esser, einer der ältesten Mitkämpfer Hitlers (DAP-Mitglied seit 1919), proklamierte Hitler 1921 zum »Führer« der NSDAP, war seit 1920 Redaktionsmitglied des »Völkischen Beobachters« und seit 1926 Chefredakteur des »Illustrierten Beobachters«. Er wurde 1933 Vizepräsident des Reichstags und bayerischer Minister für Wirtschaft. Ab 1936 war er Präsident des Reichsfremdenverkehrsverbandes und Staatssekretär im Reichspropagandaministerium.

Ebenso selbstverständlich, wie wir eine rasche Verbindung mit Konstantinopel benötigten, bräuchten wir auch eine rasche Verbindung zwischen Oberschlesien und dem Donezbecken. Er denke daran, für diese Bahnen einen Schnellzugbetrieb auf der Basis von 200 Stundenkilometern vorzusehen.

Bereits bis 1936 hatte Hitler in Deutschland drei Personen-Triebwagenschnellzüge (den »Fliegenden Hamburger«, den »Fliegenden Kölner«, den »Schienen-Zeppelin«) einführen lassen. Sie fuhren mit einer Durchschnittsgeschwindigkeit von 220 km in der Stunde, ihre Höchstgeschwindigkeit betrug 230 Stundenkilometer.

Die zur Zeit in Betrieb befindlichen Schnellzugwagen könne man dazu natürlich nicht benutzen. Man würde breitere Wagen bauen müssen, die man am besten von vornherein zweistöckig einrichte, wobei insbesondere das obere Stockwerk gute Aussichtsmöglichkeiten bieten müsse. Da diese Wagen nicht auf der normalen Gleisspur, sondern nur auf einer stark verbreiterten – etwa von 4 Metern – laufen könnten, empfehle es sich, die Schnellzugsgleisanlagen so einzurichten, daß sie mit einem oder zwei Zusatzgleisen zusammen auch für einen doppelgleisigen Güterverkehr benutzt werden können.

Er gehe dabei von vornherein davon aus, daß die Hauptstrecke, wie zum Beispiel die Strecke zum Donezbecken, viergleisig gebaut werden müsse. Nur so sei es möglich, den Ostraum – insbesondere wirtschaftlich – so zu erschließen, wie es unseren Plänen entspreche.

Wenn die Durchführung dieses Eisenbahnprogramms auch selbstverständlich eine Fülle von Schwierigkeiten enthalte, so dürfe man sich dadurch doch nicht abschrecken lassen. Denn all das Gerede über den Ausbau des Binnenwasserstraßen-Systems sei schon dadurch hinreichend als leeres Geschwätz gekennzeichnet, daß im Osten 7 Monate des Jahres sowieso Winter seien und damit aus Witterungsgründen ein geregelter Binnen-Wasserstraßen-Verkehr ausgeschlossen wäre.

Luftangriffs-Panik in Rostock

Abends dienstfrei, nachdem ich noch Bomben-Meldungen über einen Bombenangriff auf Rostock an Hitler durchgegeben hatte. Zusätzlich ist in Rostock noch eine Panik ausgelöst worden, da einer durch Bedienung einer falschen Sicherung die Luftschutz-Sirene auslöste. Die Menschen mußten durch Militär und Schokolade- und Butterverteilung vom Bahnhof weggeholt werden. Da 40000 Menschen obdachlos sind, muß Rostock weitgehendst evakuiert werden.

Der deutsche Luftangriff auf die britische Stadt Coventry, der mit 449 Bombern gegen die dortige Rüstungsindustrie geflogen wurde (14./15. November 1940) und die Briten 554 Tote und 865 Schwerverletzte kostete, wurde von Dr. Goebbels propagandistisch unter dem Schlagwort »coventrieren« in einen »Vergeltungsschlag mit Tausenden von Toten« umgemünzt. Churchill griff diese Großsprecherei als moralische Basis seines Bombenkrieges gegen »offene« Städte Deutschlands auf. Die britischen Luftangriffe auf Lübeck und Rostock waren ein Auftakt. Am 30./31. Mai 1942 zerstörten 1047 britische Bomber mit 1459 t Bomben praktisch die ganze Innenstadt Kölns.

92

29.4.1942
(Berghof)

Hitlers Berghof

Hier auf dem »Berg«, wie wir sagen, ist alles wundervoll. Nur der Schnee, der ausgerechnet vor 2 Tagen fallen mußte, obwohl in Berlin und München die Sonne lachte und die Ärzte Hitler deshalb zum Berghof-Besuch veranlaßt hatten, enttäuscht. Vom Schnee hat der Führer und haben alle, die mit ihm fühlen, die Nase aufgrund des letzten Winters gründlich voll. Denn der napoleonische Russen-Winter hatte nur eine Höchstkälte von 25 Grad, dieser aber hatte eine von 52 Grad Celsius, also einen Frosteinbruch, wie man ihn nur alle 150 Jahre in Rußland einmal erlebt.

Der Berghof selbst ist von vielen Fotos wenigstens dem Äußeren nach bekannt. Seine Inneneinrichtung steht dem Äußeren jedoch in nichts nach. Die Gesellschaftsräume sind durchweg getäfelt und raffiniert geschmackvoll eingerichtet. Die Möbel sind zwar alle wuchtig gehalten, durch Decken und Kissen aber unauffällig mit einem hochmodernen Anstrich versehen. Kein Raum ist überladen. Im Empfangszimmer mit dem historischen Kachelofen zum Beispiel gibt es nur Wandbänke und nicht einen einzigen Stuhl. Die große Halle, in der wir uns nach dem Mittagessen einen netten Film im Adjutantenkreise ansahen, hat wunderschöne Gobelins, Blumenarrangements und vor allem einen alles überragenden Fernblick in die Berge.

Der Obersalzberg war bekannt als der Flecken Deutschlands mit dem meisten »Schönwetter« im Jahresdurchschnitt. Trotzdem gönnte sich Hitler nur bei völliger Erschöpfung und auf Anraten der Ärzte im Rußlandfeldzug Berghof-Aufenthalte. In den 21 Monaten vom 28. Juli 1941 bis zum 20. März 1943 unterbrach er seine Arbeit in den FHQu's »Wolfsschanze« und »Werwolf« nur viermal mit zusammen 57 Tagen. Ab 20. März 1943 hielt er sich auf ärztliche Weisung zur Ausheilung einer üblen Kopfgrippe drei Monate auf dem Berghof auf. Und ab 16. März 1944 war er – mit Unterbrechungen in Berlin – insgesamt vier Monate auf ärztlichen Rat auf dem Berghof, da bei ihm ein Kräfteverfall eintrat, der sich in einer Rückgratverkrümmung, laufenden Magen- und Darmkrämpfen und in linksseitigem Zittern äußerte. Beschwerden, die er Dritten gegenüber durch soldatische Haltung so gut wie möglich zu verbergen suchte.

30.4.1942
(Berghof)

Eva Braun

Betreut wird der Berghof von einer 30jährigen, grazilen, blonden, blauäugigen Münchnerin, die nicht nur das Personal gut im Zug hat, sondern es auch versteht, alles bis zum letzten i-Tüpfelchen genau so herzurichten, wie der Führer es sich wünscht. Sie heißt Eva Braun.

Der »Berghof« hieß ursprünglich nach der Voreigentümerin, einer Frau Kommerzialrat Winter, geborene Wachenfeld, »Haus Wachenfeld«, und war ein bescheidenes Land-

haus. Hitler mietete es 1925, kaufte es 1929 und baute es 1936 aus seinen Einnahmen aus dem Buch »Mein Kampf« usw. zu einem Herrensitz um und aus, den er »Berghof« nannte. Am Nordosthang des 1000 m hohen Obersalzbergs gelegen, mit dem »Hohen Göll« (einer der markantesten Berge des Berchtesgadener Landes) im Hintergrund, bot der »Berghof« einen einzigartigen Blick auf den »Watzmann«, die »Loferer Steinberge«, das »Lattengebirge« und den »Untersberg« bis hin zur alten Bischofsstadt Salzburg.

Das ist das Bemerkenswerte, wie alles hier so mit dem Führer mitlebt, daß der Berghof wirklich ein Stück Heimat für ihn ist und er – wenn er wie gestern am 29. – gegen 22 Uhr von anstrengenden Besprechungen mit dem Duce zurückkommt (29. und 30.4.1942 in Schloß Kleßheim bei Salzburg), noch 2 Stunden wirklicher Erholung im Beisammensein mit diesen ihn verehrenden Menschen hier findet.

Als seine Hausdame, Fräulein Braun, gestern mittag – übrigens gab es in Hitlers Abwesenheit eine phantastische Gemüseplatte – nach dem Essen von Frau Minister Esser ausgefragt wurde, ob sie wieder mit wegfahre oder hier oben bleibe, da es doch hier oben so schön sei und sie hier alles vorfinde, meinte sie: »Für sie wäre es hier oben doch alles leer, wenn der Führer nicht da sei, und sie verzichte deshalb gern auf alle Annehmlichkeiten hier oben, wenn sie dafür wieder einmal kurz in der Nähe des Führers sein dürfe, ihm ihre Hunde mit kleinen Kunststücken vorführen könne und so weiter. Denn leider nehme der Führer bei der Einteilung seiner Zeit auf private Dinge ja überhaupt keine Rücksicht, sondern richte sich ausschließlich nach seinen dienstlichen Belangen.«

Die Fragerei von Frau Esser, die sich offensichtlich mit Fräulein Braun allein glaubte, war so eindeutig zweideutig, daß ihre Neugier von Takt nicht im mindesten gedämpft schien. Positiv wirkt demgegenüber Fräulein Brauns bewußte Selbstbeschränkung auf die Berghofverwaltung, wie sie vor ihr Hitlers Schwester bis zur Verheiratung wahrgenommen hat. Daß Fräulein Braun Star-Allüren fremd sind, obwohl sie der Typ der grazilmondänen Großstadt-Sekretärin ist, erfuhr ich bei der gestrigen Filmvorführung, als ich selbstvergessen mein Glas auf einen funkelnagelneuen Radioschrank abstellte. »Lassen's das den Bormann nicht sehen, der den Radio hereingegeben, sonst haben's einen unnötigen Ärger!« – Mit diesem herübergeflüsterten Wink bewahrte sie mich, den doch völlig uninteressanten Neuling, vor dem »gefürchteten Donnerwetter«!

Da Bormann und Eva Braun in Berghof-Angelegenheiten vielfach zusammenarbeiten mußten, waren sie beide klug genug, ihre Animositäten hinter sachlicher Korrektheit zu verstecken. Das hinderte Fräulein Braun aber keineswegs, Übergriffe Bormanns auf ihren fraulichen Aufgabenbereich als interne »Chefin des Berghofs« mit weiblichem Geschick auszumanövrieren. Bormann machte seinem Ärger dann Luft, indem er ihre »Marotten« uns gegenüber glossierte. So gehörte ihre besondere Zuneigung, da Hitler ihr gemeinsame Kinder versagte, ihren beiden »Hunderln«, den Scotch-Terriern »Negus« und »Stasi«. Doch diese konnten Hitlers Schäferhündin »Blondi« nicht leiden, attackierten sie ständig und zwangen so Hitler, des lieben Friedens willen, die »Blondi« während seines gemeinsamen Frühstücks mit Eva in den Zwinger zu sperren. Bormann meinte dann, Fräulein Braun tyrannisiere den »Führer« schon wieder mit ihren »Vogelscheuchen«. Eva Braun hatte im übrigen zu Bormanns größtem Verdruß ihre Berghof-Haushaltsbücher stets hundertprozentig in Ordnung. Bormanns gelegentliche Gegenkontrollen blieben so – im Gegensatz zu den bei Hitlers früherem, hochangesehenem Chefadjutanten Brückner, den er damit »stürzte« – völlig ergebnislos. Bormann tröstete dann seine Mitarbeiter mit der Story: Fräulein Braun sei in der Buchhaltung

Foto-Hoffmanns groß geworden und buchhaltere sogar in ihren persönlichen Dingen. So habe sie alle ihre besseren Kleider mit Zeichnung und Stoffprobe in einem Ordner gesammelt, und zwar mit Kaufdatum, Lieferfirma, den dazugehörigen Schuhen, Handschuhen, Taschen und Hüten; sie vermerke sogar, wann und wo sie dies und das angezogen habe.

Verhältnis von Hitler und Mussolini zu ihren Mitarbeitern

Auch das Abendessen nahm ich gestern auf dem Berghof ein. Es war insofern interessant, als Reichspressechef Dietrich und Staatssekretär Esser Vergleiche zwischen dem Führer und dem Duce anstellten und übereinstimmend der Meinung waren, daß der Duce bei weitem nicht zu seinen Mitarbeitern ein so herzliches Verhältnis wie der Führer habe.

93

30.4.1942 abends (Berghof)

Um den Opern-Nachwuchs, Clemens Krauß

Beim Abendessen beanstandete Hitler die Tatsache, daß wir in Deutschland zur Zeit nur zwei Heldentenöre zur Verfügung hätten, die durch Deutschland hin- und hergejagt würden, um bald hier, bald dort zu singen.

Schuld daran seien die Operndirektoren und Generalmusikdirektoren, die sich nicht in genügender Weise um eine sachgemäße Heranbildung des Nachwuchses kümmerten. Durch ihre Faulheit werde der gute Sängernachwuchs gezwungen, sich zunächst sein Brot an Provinzbühnen zu suchen, an denen ihm, je mehr er leiste, desto mehr an Rollen zugemutet werde.

Da ein junger Sänger nun aber unmöglich die verschiedenartigsten Rollen nacheinander singen könne, ohne seine Stimme zu verderben, sei das Ende vom Liede immer das gleiche: Das Zugrundegehen einer an sich entwicklungsfähigen sängerischen Kraft.

Er habe deshalb den Generalmusikdirektor des Münchner Opernhauses gebeten[221], durch verständnisvolle Schulung geeigneten Opernnachwuchses in zwei- bis fünfjähriger Arbeit ein geeignetes Opernensemble für das Theater in Linz heranzubilden. Er sei diesen Weg gegangen, weil er es für besser halte, gute Stimmen durch eine vorsichtige, mehrjährige Ausbildung zu Höchstleistungen zu befähigen, als sie zufälligen Entwicklungsmöglichkeiten zu überlassen.

Es sei ihm um der Sache willen gleich, ob er auf diese Weise einer ganzen Reihe von Sängern Ausbildungszuschüsse für mehrere Jahre zukommen lassen müsse, wenn ihm nur gewährleistet würde, daß sie nur in den Rollen herausgestellt werden, denen sie gewachsen seien.

Wenn eine größere Zahl von Theaterleitern denselben Weg beschreite, den er für die Zusammenstellung des Linzer Ensembles vorgeschrieben habe, so würden wir in einigen Jahren eine Fülle guter Opernkräfte zur Verfügung haben. Die Theaterleiter müßten sich aber immer vor Augen halten, daß sie bei ihrer Auswahl von Sängern und Sängerinnen Menschen suchen müßten, die man auch anschauen könne; denn sonst brauche man ja keine Opern-Aufführungen, sondern könne die Opern einfach vom Blatt absingen lassen.

Vor allen Dingen aber müsse der Unsinn aufhören, daß die Theater glaubten, immer wieder durch Gastspiele etwas Besonderes bieten zu müssen, während

221 Gemeint ist der Generalmusikdirektor des »Bayerischen Nationaltheaters«, Professor Clemens Krauß.

sie durch solche Gastspiele nur ihr eigenes Ensemble ruinierten. Es sei viel besser, daß die Theater ihre eigenen Leute dahin brächten, daß sie abgerundete Leistungen bieten und vor allem nicht – wenn sie über den Durchschnitt hinausgewachsen sind – sich nach Berlin wegengagieren lassen. Denn dort würden sie ja doch nur ewig zweite oder dritte Besetzungen einer Rolle sein.

Es sei aber nicht nur wichtig, daß auf eine gediegene Ausbildung der Sänger Wert gelegt werde, sondern ebenso wichtig sei die Heranbildung der Dirigenten. Wenn genügend gute Dirigenten in der Systemzeit zur Verfügung gestanden hätten, wäre der Bruno-Walter-Schwindel kaum möglich gewesen. Bruno Walter

Bruno Walter[222] sei an der Wiener Oper lediglich als eine absolute Null bekannt gewesen, als die Judenpresse Münchens auf ihn aufmerksam gemacht habe und er durch ein neckisches Hin und Her der Presse in München und Wien plötzlich zu dem »genialsten« Dirigenten Deutschlands hochgelobt worden wäre. Den Schaden habe die Wiener Oper davon gehabt. Denn mit ihrem großartigen Orchester habe er bei seinen Aufführungen mit ganz kurzen Proben lediglich Biermusik zu machen verstanden und so die Oper selbst völlig auf den Hund gebracht.

Als man ihn beim Umbruch abgelöst habe, habe es sich dann herausgestellt, daß ein ungeheurer Mangel an wirklich befähigten Dirigenten bestehe, so daß man Knappertsbusch[223] nach Wien habe holen müssen, der mit seinen blonden Haaren und seinen blauen Augen zwar ein Germane sei, aber nur mit Temperament und ohne jedes musikalische Gehör Musik machen zu können glaube. Sich eine Opernaufführung Knappertsbuschs anzuhören sei eine Strafe. Dadurch, daß er die Sänger durch die Lautstärke seines Orchesters, in dem die Geigen von der Blechmusik völlig übertönt würden, fast tot mache, werde der Operngesang zu einer einzigen Schreierei, bei der die Sänger ausschauten wie die Kaulquappen. Dabei vollführe er selbst eine derartige Fülle von Verrenkungen und dergleichen, daß man ihn gar nicht anschauen könne. Knappertsbusch

Der einzige Dirigent, der die Dirigentenbewegungen nicht als Mätzchen ausführe, sondern aus sich heraus dirigiere, sei Furtwängler. Eine seiner größten Leistungen sei es auch, was er aus dem Berliner philharmonischen Orchester gemacht habe, das die Wiener Philharmoniker trotz wesentlich geringerer staatlicher Subventionen weit übertreffe. Ob dabei eine Rolle spiele, daß – wie behauptet werde – die Berliner Philharmoniker im Gegensatz zu den Wiener Philharmonikern Stradivari-Geigen zur Verfügung hätten, müsse man einmal nachprüfen. Von wesentlicher Bedeutung sei aber, daß die Berliner Philharmoniker zwei ganz besonders bedeutsame Talente als Konzertmeister hätten, von denen der ältere 23 Jahre und der jüngere 19 Jahre alt sei und bei denen es mit Furtwängler

222 Generalmusikdirektor Bruno Walter (Schlesinger), 1876 bis 1962, wurde wegen seiner jüdischen Abstammung von Hitler zur Emigration gezwungen und brachte es in den USA zu einem der bedeutendsten Interpreten europäischer Musik.

223 Generalmusikdirektor Hans Knappertsbusch (1888 bis 1965) war seit 1938 musikalischer Leiter der Staatsoper in Wien und schaffte sich durch seine Neueinstudierung aller Richard Wagner-Opern für Bayreuth einen internationalen Namen. Sein Dirigentenstil wurde mit den Jahren zunehmend zurückhaltend.

dem kristallklaren Ton ihrer Geigen einem förmlich ins Gesicht springe, daß der Geigenstrich eines Zwanzigjährigen eben doch ein besserer sei als der eines Sechzigjährigen.

Generalmusikdirektor Wilhelm Furtwängler (1886 bis 1954), der berühmteste Dirigent seiner Zeit, erreichte durch seine Fürsprache bei Hitler für viele prominente jüdische Künstler einen »Sonderstatus«. Hitler mochte Furtwänglers Besprechungswünschen nicht ausweichen, weil er ihn als Dirigenten über alles verehrte, seine Beethoven-Konzerte für das Nonplusultra unserer musikalischen Welt hielt und deshalb jedes »Fachsimpeln« mit ihm als einzigartige innere Bereicherung empfand. Hatte Hitler über Tag viel Ärger gehabt, hörte er sich auf dem – ihm 1942 von Furtwängler zum Geburtstag geschenkten – Magnetophon-Standgerät Tonbänder mit Beethoven-, Bruckner- bzw. Richard Wagner-Kompositionen an, manchmal auch solche mit Bach, Brahms, Hugo Wolf, Richard Strauss, Johann Strauß (»Fledermaus«) und Franz Lehár (»Lustige Witwe«).

Um für die Linzer Oper einen wirklich guten Dirigenten zu erhalten, habe er ebenfalls Clemens Krauß vom Bayerischen Nationaltheater beauftragt, ihm einen geeigneten Künstler heranzubilden.

Generalmusikdirektor Clemens Krauß (1893 bis 1954), Intendant der Münchner Oper, war in Hitlers Sicht ein einzigartiger Interpret von Mozart, Puccini, Verdi, Bizet und Richard Strauss.

Von den Nachwuchsdirigenten schätzte Hitler am meisten Herbert von Karajan, einen am 5. April 1908 geborenen Schüler Furtwänglers. Ihn freute deshalb besonders ein Dankwort in der Festspielschrift der Römischen Oper vom April 1941, daß er die Römer »bei einem unvergeßlichen Gastspiel mit dem kaum dreißigjährigen, überragend begabten Dirigenten Herbert von Karajan bekannt« gemacht habe. Denn das Urteil der musiksachverständigen Römer hatte für ihn Weltgeltung.

94 — 1. 5. 1942 mittags (Berghof)

Von der Kultur einer Stadt, ihrer Raumgestaltung und ihren Repräsentationsbauten

Hitler führte Frau Minister Speer zu Tisch, die dem Chef trotz ihrer Jugend durch die gleiche frauliche Zurückhaltung imponiert, die er so sehr an der auch im Ausland hoch angesehenen alten Frau Ministerpräsident Siebert (München) schätzt. Prominenten-Frauen, die sich – wie Hitler sagt – wohltuend dadurch auszeichnen, daß sie trotz des Lärms der Zeit und des stets greifbar nahen Rampenlichts der Öffentlichkeit ihren fraulichen Pflichten nachgehen und ein Vorbild tätiger Hilfsbereitschaft geben, ohne je im Gespräch der Leute oder Gazetten zu sein. Links von Hitler saß wie immer als Tischdame Reichsleiter Bormanns: Fräulein Braun.

Der Chef sprach sich heute sehr anerkennend über das von Professor Giesler umgestaltete Schloß Kleßheim aus, das als Gästehaus der Reichsregierung beim Duce-Besuch in Benutzung genommen worden ist. Er wies vor allem darauf hin, daß die Raumaufteilung den Repräsentations-Bedürfnissen einer Großmacht gerecht werde, da hier nicht wie bei kleinen Potentaten alles eng aufeinander klebe, sondern zwischen Portal und Treppe und zwischen Treppe und Saaleingängen immer ein großflächiger Zwischenraum sei.

Hitler wirkte selbst bei den Entwürfen (zum Beispiel für die repräsentative Innentreppe) mit, und zwar mit eigenen Skizzen.

Es sei wichtig, daß unsere Architekten sich dieses großzügige Denken in Fragen der Raumgestaltung angewöhnten. Nur so könne verhindert werden, daß Städte entstünden, in denen die Häuser gruppenweise einfach zusammengeschachtelt und untereinandergebackt worden seien wie Zwickau, Gelsenkirchen, Bitterfeld und dergleichen. Wenn man ihn in eine solche Stadt ohne jede Kultur verbannen würde, so würde ihn das seelisch genauso zugrunde richten, als wenn man ihn außer Landes verbanne.

Es sei deshalb sein fester Entschluß, dafür zu sorgen, daß auch in die kleinste Stadt ein Stückchen Kultur komme und daß dadurch das Bild unserer Städte langsam ein immer höheres Niveau erhalte.

Es sei zwar etwas Richtiges daran, wenn man behaupte, daß die Kultur einer Stadt weitgehend von der Tradition dieser Stadt abhängig sei. Klassische Beispiele dafür seien ja Bayreuth, Weimar und Dresden. Vielleicht sei es auch gar nicht möglich, einer Stadt ein Gesicht zu geben, das unserem kulturellen Empfinden gerecht werde, ohne daß der Atem irgendeines großen Mannes jemals in ihren Mauern gegangen sei.

Wir müßten aber wenigstens versuchen, im Hoheitsträger der Partei auch dem kleinsten Städtchen einen Träger – wie des nationalsozialistischen Hoheitsgedankens – so auch des kulturellen Denkens zu geben. Wenn es auch im Einzelfall nicht möglich sei, in jedem Kreisleiter die geeignete Persönlichkeit hierfür zur Verfügung zu haben, so müsse man doch dann mit Hilfe der Partei und ihrer Gliederungen dafür sorgen, daß der Kreisleiter überall zumindest der Kristallisationspunkt eines gewissen kulturellen Lebens werde. Wenn erst einmal ein solcher Kristallisationspunkt vorhanden sei, sei auch die Möglichkeit gegeben, in kultureller Hinsicht weiterzuwirken.

Es genüge zum Beispiel nicht, daß irgendwo ein Museum vorhanden sei, in das nur die Schüler hineingeschickt würden, sondern unsere Hoheitsträger müßten auch dafür sorgen, daß immer wieder Männer des Reichsarbeitsdienstes und der Wehrmacht in unsere Museen gingen und daß so langsam im ganzen Volk wieder das Interesse und die Liebe zur Kunst geweckt werde. Schon das Auge der Jugend müsse man schulen: vom Großen zum Kleinen! Denn nur so werde sie befähigt, die Schönheiten eines Kunstwerkes nicht nur in seinen großen Zügen, sondern auch in seinen Feinheiten zu erkennen.

95 — 2.5.1942

(Im Zuge auf der Fahrt Berghof – Wolfsschanze)

Meißner, Ribbentrop, Duce

Im Haus Bormann auf dem Berghof lernte ich auch Minister Meißner kennen, der sich als »reizender alter Herr« zu geben versteht und ebenso sehr durch Klugheit wie durch Liebenswürdigkeit brilliert. Im Berghof hatte ich mich auch Minister Ribbentrop vorzustellen. Sein Auftreten ist ausgerechnet soldatisch! Auch Mussolini sah ich im Berghof mehrfach; er schaute trotz seines Cäsaren-Kopfes wesentlich sportlicher und elastischer als sein Schwiegersohn Ciano drein und scheint ein aufrichtiger Freund des Führers zu sein, wenn man aus der Herzlichkeit seines Auftretens Schlüsse ziehen darf. Besonders sympathisch wirkt der italienische Generalstabschef Cavallero, der den Führer übrigens immer als »Mein Führer« ansprach.

Graf Ciano half am 24. Juli 1943 im Großen Faschistischen Rat, seinen Schwiegervater Mussolini zu stürzen. Außerdem knüpfte er als Botschafter am Vatikan Kontakte zu den USA und zu Großbritannien an, um einen Separatfrieden für Italien zu erreichen. Am 25. Juli 1943 ließ der italienische König Mussolini verhaften. Aus der Haft auf dem Gran Sasso (Abruzzen) ließ Hitler Mussolini aber durch SS unter Führung des SS-Sturmbannführers Diplomingenieur Dr. Otto Skorzeny (mit Unterstützung von Fallschirmjägern des Majors Harald Mors) wieder befreien und setzte ihn als Chef einer neuen faschistischen Regierung Italiens mit Sitz in Saló am Gardasee ein. Ein Tribunal dieser Regierung verurteilte Ciano zum Tode. Er wurde erschossen, da Mussolini trotz der inständigsten Bitten seiner Tochter Edda eine Begnadigung nicht auszusprechen wagte. Hitler hatte nämlich von Cianos Separat-Friedensbemühungen, von seinen USA- und Großbritannienkontakten und von seinen vielen antideutschen, z. T. kriegswichtigen Indiskretionen so genaue Kenntnis erhalten, daß er seine Begnadigung als Affront gewertet hätte.

Conte Ugo Cavallero, Marschall von Italien, war von 1940 bis 1943 Chef des italienischen Commando Supremo.

mittags

Der Rundfunk und das Vermächtnis Luthers: Spracherziehung im Sinne einer Überwindung der Dialekte

Nach dem Mittagessen kam der Chef kurz auf die Bedeutung der Lutherischen Bibelübersetzung zu sprechen und wies darauf hin, daß das größte Verdienst dieser Bibelübersetzung das sei, daß sie dem deutschen Volk eine klare einheitliche deutsche Schriftsprache gegeben habe. Denn da die Sprache mit das elementarste Bindemittel der Gemeinschaft sei, so habe sich im Mittelalter der Reichsgedanke im deutschen Volk nicht zuletzt aufgrund der Lutherschen Schöpfung einer klaren deutschen Schriftsprache durchgesetzt.

Eine Feststellung, die uns auch für unsere heutige politische Arbeit richtungweisend sein müsse. Wie damals die Bibelübersetzung Luthers die Verbreitung der deutschen Schriftsprache besorgt habe, so müsse heute der großdeutsche Rundfunk die Aufgabe übernehmen, gewissermaßen das klassische Deutsch zu sprechen und damit zu seinem Teil zur Überwindung der volkstrennenden Erscheinungen auf dem Gebiet der Sprache, also insbesondere zur Überwindung der Dialekte, beizutragen.

Der günstigste Zeitpunkt zur Opposition gegen Friedensdiktate

Der Chef kam ferner kurz auf den günstigsten Zeitpunkt eines Anrennens gegen das Versailler Diktat zu sprechen.

Er meinte, dieser habe gleich nach Abschluß des Diktats gelegen, da Deutschland damals noch genügend ausgebildete Soldaten und genügend Kriegsgerät gehabt habe, während die andere Seite durch absolute Kriegsmüdigkeit gelähmt gewesen sei.

Kritiker als Minister

Schließlich berührte er die Frage, ob es sich empfiehlt, beachtliche Kritiker öffentlicher Zustände in die Ministerien zu holen und mit der Verantwortung zu betrauen. Er verneinte sie nachdrücklichst und wies insbesondere hin auf Oberfinanzrat Dr. Bang[224], den er zum Staatssekretär, und auf Geheimrat Hugenberg, den er zum Wirtschaftsminister gemacht habe, die beide vor lauter »Leisetreten« auf allen Gebieten versagt hätten.

224 Dr. Paul Bang, Staatssekretär im Reichswirtschaftsministerium, deutschnationaler Reichstagsabgeordneter seit 1928, war Verfasser zahlreicher aktueller politischer Bücher und Schriften.

96 2.5.1942 abends

(Im Zuge auf der Fahrt Berghof – Wolfsschanze)

Beim Abendessen betonte der Chef, daß es völlig falsch sei, Züchtervereine aufzulösen oder derartige Vereine in die staatliche Hand nehmen und reglementieren zu wollen. Reglementierung von Vereinen

Aufgrund der qualitäts- und quantitätsmäßig hervorragenden Fleischproduktion der Kaninchen-Zuchtvereine versuchte Hitler, über Zuchtvereine nach 1933 auch die Schafzucht wieder anzukurbeln. Tatsächlich erreichte er mit Hilfe von Schafzuchtvereinen bereits bis 1941 eine Vergrößerung des deutschen Schafbestandes von 12 Millionen auf 18,5 Millionen Stück, so daß die zusätzlichen Mengen an Milch, Wolle und Fleisch im Krieg ohne Bedarfs- und Lebensmittelmarken abgegeben werden konnten. Der Schlager war das ostfriesische Milchschaf.

Ganz abgesehen davon, daß der Staat auf keinen Fall billiger züchte, sondern teurer, nehme eine staatliche Zwangsorganisation den Züchtern allzu leicht die Liebe zur Sache. Auch aus politischen Gründen solle man ruhig eine Anzahl unpolitischer, gänzlich ungefährlicher Vereine bestehen lassen.

97 3.5.1942 mittags

(Wolfsschanze)

Beim Mittagessen wies der Chef darauf hin, daß er bei den beiden Attentaten, die sein Leben wirklich ernsthaft gefährdet hätten, nicht durch die Polizei, sondern durch ausgesprochene Zufälle gerettet worden sei: Die Attentate auf Hitler

Beim Bürgerbräutreffen vom 8.11.1939 sei er nur deshalb 10 Minuten vor der festgesetzten Zeit aufgebrochen und damit dem Attentat entgangen, weil ein dringlicher Besprechungstermin in Berlin seine sofortige Reise nach dort erforderlich gemacht habe.

Mangels geeigneten Flugwetters mußte Hitler, der 1938 noch keinen eigenen Sonderzug hatte, seinen Reichskanzler-Waggon an den fahrplanmäßigen Zug München–Berlin anhängen lassen und sich deshalb an den Normalfahrplan halten.

Bei dem anderen Attentatsversuch sei er mit dem Leben davongekommen, weil der Attentäter, ein Schweizer, der ihm 3 Monate lang auf dem Berghof nachgestellt habe, ihn bei seinen Spaziergängen zeitlich regelmäßig verfehlte und, als er ihm dann in München habe auflauern wollen, vorher von einem Bahnbeamten entlarvt worden sei. Dieser Bahnbeamte habe ihn nämlich, da er mit einer Fahrkarte Berchtesgaden-München über München hinausgefahren sei, nach seinem Reiseziel gefragt, dabei erfahren, daß er sich mehrere Monate, angeblich um dem Führer einen Brief zu überbringen, in Berchtesgaden aufgehalten habe, und ihn – aufgrund dieser Angaben mißtrauisch geworden – festnehmen lassen. Bei der Durchsuchung habe man dann auch bei ihm einen an den Führer adressierten verschlossenen Briefumschlag gefunden, der sei aber ohne Inhalt gewesen, ein Umstand, aufgrund dessen der Attentäter zur Ablegung eines umfassenden Geständnisses gebracht worden sei.

Der Vorfall ist täter-identisch mit dem Attentatsversuch jenes Schweizer Kellners vom 9. November 1937, der Hitler beim Gedenkmarsch zur Feldherrnhalle in München abschießen wollte, sich eine Ehrenkarte für die Zuschauertribüne in der Straße

»Im Tal« besorgt hatte, aber durch die zum »Deutschen Gruß« erhobenen Hände der übrigen Tribünenbesucher am sicheren Zielen gehindert wurde. Er versuchte es 2 Jahre später in Berchtesgaden und wollte sich schließlich in München noch einmal auf die Lauer legen.

Schutz gegen idealistische Attentäter unmöglich; Polizeisicherung geradezu gefährlich

Die Aussagen dieses Schweizers seien für ihn insofern von besonderem Interesse gewesen, als sie seine Auffassung bestätigt hätten, daß gegen einen idealistisch gesinnten Attentäter, der für seinen Plan rücksichtslos sein Leben aufs Spiel setze, kein Kraut gewachsen sei. Es sei ihm daher vollkommen verständlich, warum 90 Prozent der historischen Attentate gelungen seien.

Das einzige, was man vorbeugend tun könne, sei: unregelmäßig zu leben und Spaziergänge, Autofahrten und Reisen völlig unregelmäßig durchzuführen. Aber auch das seien lediglich Vorsichtsmaßregeln und nichts mehr.

Er halte es daher mit all seinen Ausfahrten so, daß er sie überraschend ausführe und die Polizei nicht verständige. Er habe auch dem Leiter seines Sicherheitskommandos, Rattenhuber, und seinem Fahrer Kempka die strikte Anweisung gegeben, seine Fahrten absolut geheimzuhalten, und sie darauf hingewiesen, daß sie diesem Befehl zu gehorchen hätten, auch wenn noch so hohe Vorgesetzte von ihnen sie um Auskunft angingen.

Sobald nämlich etwa die Polizei etwas von seinen Ausfahrten erführe, durchbreche sie die übliche Art der Diensterledigung und wirke allein dadurch schon auf die Menschen alarmierend, ohne dabei zu bedenken, daß alles, was die Regel durchbricht, auffällt.

Die beste Probe aufs Exempel sei beim Umbruch in der Ostmark seine Fahrt nach Wien und nach Preßburg gewesen. Auf der Strecke Wien–Nikolsburg habe die Polizei ebenso wie auf der Strecke nach Preßburg alles alarmiert gehabt, was um so gefährlicher gewesen sei, als sie gar nicht über genügend Kräfte zum Absperren verfügte. Außerdem seien ihre Kriminalbeamten in ein so auffallendes Zivil gekleidet (zum Beispiel Loden-, Klepper-Mäntel oder dergleichen), daß – ebenso wie er – im Zweifel auch jeder Bazi sie auf den ersten Blick erkenne. Nachdem er seinerzeit Weisung gegeben habe, andere als die vorher vereinbarten Wege zu fahren und in den Städten selbst das rote Stoplicht nicht zu überfahren, sei er überall unbehelligt durchgekommen.

Der Schutz der Polizei spiele eine besondere Rolle nur bei Gelegenheiten, wo Zeit, Stunde und Programm genau festliegen. Auch dort zeige sich zwar, daß das Tätigwerden der Polizei alarmierend wirke, Menschenansammlungen und dadurch kolossale Schwierigkeiten auslöse. Aber das müsse man an Tagen wie dem 1. Mai, dem 9. November, dem Bückeberger Erntedanktag[225] mit seinen 700000 Menschen und der Geburtstagsparade in Berlin in Kauf nehmen, da es bei diesen Menschenanhäufungen nicht zu vermeiden sei, daß Idealisten mit Zielfernrohren oder dergleichen ihn aus irgendwelchen Ecken anvisierten und auf ihn schössen. Es sei deshalb erforderlich, daß solche Ecken genau beobachtet würden; vor allem müsse man bei Dunkelheit dafür sorgen, daß sie durch die aufgestellten Polizeischeinwerfer richtig angestrahlt würden und das Scheinwerferlicht nicht, wie es ihm einmal in Hamburg passiert sei, ausschließlich auf seinem Wagen liege. Schmale Straßen solle man bei solchen offiziellen

225 Jährlicher Feiertag zu Ehren der deutschen Bauern mit Staatsakt und gesamtdeutschem Bauerntreffen auf dem Bückeberg bei Hameln in Anwesenheit Hitlers.

Gelegenheiten nach Möglichkeit meiden. So sei zum Beispiel einer der gefährlichsten Brennpunkte Berlins die lediglich 5 Meter breite Anfahrt vor der Krolloper.

Da es gegen den Idealisten unter den Attentätern bei solchen offiziellen Angelegenheiten mit vorher bekanntem Programm keinen hundertprozentigen Schutz gebe, stelle er sich ruhig aufrecht in den Wagen. Auf diese Weise bestätige sich immer wieder das Wort, daß dem Mutigen die Welt gehöre.

Wenn ein idealistischer Attentäter ihn niederschießen oder mit einer Bombe töten wolle, so sei dagegen ja auch im Sitzen keine Abwehr möglich. Allerdings sei die Zahl idealistischer Attentäter, die ihm gefährlich werden könnten, immer gering gewesen. Bei den Bürgerlichen und den Marxisten fänden sich kaum Attentäter, die das Attentat mit dem Vorsatz durchführten, notfalls auch ihr eigenes Leben daranzusetzen.

Gefährlich seien daher nur die von den Schwarzen im Beichtstuhl aufgeputschten Attentäter oder nationalgesinnte Leute aus den von unseren Truppen heute besetzten Ländern. Auch ihnen seien die Möglichkeiten aber dadurch beschnitten, daß er über langjährige Erfahrungen verfüge. Etwa des Nachts, wenn er mit dem Wagen unterwegs sei und sein Wagen in der Kurve liege, aus einem nachfahrenden Wagen ihn oder seinen Fahrer anzuschießen, sei kaum mehr möglich, da er aus den Vorgängen beim Rathenau-Attentat längst die nötigen Folgerungen gezogen und bei seinem Wagen hinten habe einen Rückscheinwerfer einbauen lassen, mit dem er die Fahrer nachkommender Wagen blenden könne.

Außenminister Walther Rathenau wurde am 24. Juni 1922 von Nationalisten erschossen, weil er angeblich im I. Weltkrieg als Chef der deutschen Rohstoffversorgung versagt und nach dem I. Weltkrieg als Hauptvertreter der »Versailler Erfüllungspolitik« Deutschland entscheidend geschadet haben sollte. Eine wesentliche Rolle bei dem Attentat dürfte Rathenaus jüdische Herkunft – also Antisemitismus – gespielt haben.

98

3. 5. 1942 abends
(Wolfsschanze)

Die unbedingte Notwendigkeit der Erhaltung von Rechts- und Besitztiteln. Ludendorffs Testament

Der Chef betonte beim Abendessen, daß er keine Eingriffe in letztwillige Verfügungen wünsche, wenn durch diese nicht Rechte von Staat und Volk in der krassesten Weise verletzt würden.

Wenn man Eingriffe in letztwillige Verfügungen zulasse, so bestehe die Gefahr, daß man damit für später Präzedenzfälle schaffe, die immer größere Auswirkungen nach sich zögen, als zunächst vorauszusehen sei. Er habe sich mit diesem Problem auseinandersetzen müssen, als Ludendorff gestorben sei. Ludendorff habe nämlich in seinem Testament ausdrücklich verfügt, daß er nicht auf dem Invalidenfriedhof in Berlin und auch nicht im Ehrenmal von Tannenberg beigesetzt werden wolle, sondern in Tutzing. So ärgerlich diese letztwillige Verfügung für ihn, den Chef, gewesen sei, so habe er sie mit Rücksicht auf die Gefahr der Präzedenzfälle doch beachtet.

General Erich Ludendorff (1865 bis 1937), Hindenburgs Generalstabschef und späterer Generalquartiermeister im I. Weltkrieg, hatte maßgeblichen Einfluß auf die Gesamt-

kriegführung des I. Weltkriegs, trat im Oktober 1918 von der Obersten Heeresleitung zurück, nahm 1923 am Hitlerputsch in München teil, war 1925 nationalsozialistischer Reichspräsidentschaftskandidat und bis 1928 NSDAP-Reichstagsabgeordneter. Er überwarf sich in der Folgezeit derart mit Hitler, daß er Hindenburg 1933 brieflich vor einer Betreuung Hitlers mit der Reichskanzlerschaft warnte: »Ich prophezeie Ihnen feierlich, daß dieser unselige Mann unser Reich in den Abgrund, unsere Nation in unfaßbares Elend stoßen wird.« Er wurde später nach seinem Tode (20.12.1937) wunschgemäß in Tutzing am Starnberger See – nach vorausgegangenem Staatsakt vor der Feldherrnhalle auf dem Münchner Odeonsplatz – beigesetzt.

Aus demselben Grunde sei er – Hitler – ein unbedingter Vertreter der Auffassung, daß bestimmte Rechts- und Besitztitel der Rechtspersönlichkeiten des Öffentlichen Rechts, also der Gemeinden, Städte, Gaue und Länder unbedingt gewahrt werden müßten. Wenn man an ihnen rüttele, so beseitige man damit eines der wesentlichsten Fundamente menschlichen Fleißes und zerstöre die Arbeit für die Zukunft.

Wenn zum Beispiel eine Gemeinde eine Sammlung von Kunstschätzen zusammenbringe und in Ermangelung von Rechtstiteln, die diese Sammlung der Gemeinde für alle Zeit sichern, nach 100 Jahren ein starker Mann diese Sammlung auflöse und ihre Schätze wieder nach allen Richtungen auseinanderstreue, so wirke das abschreckend auf alle öffentlich-rechtlichen Körperschaften, die sonst einen Teil ihrer finanziellen Mittel zur Schaffung von Kulturstätten verwenden würden.

Städte als Mittelpunkt des Kulturlebens

Leider habe der Reichserziehungsminister (Rust) als der verantwortliche Mann für das deutsche Kulturschaffen wenig Verständnis für diese Dinge. Er habe nicht einmal Bedenken gehabt, ihm, dem Chef, die Verlegung der Bergakademie Leobens nach Linz vorzuschlagen, nachdem für Linz die Gründung einer technischen Hochschule in Aussicht genommen worden sei. Daß die Verlegung der Bergakademie von Leoben – für die übrigens bei Linz noch nicht einmal die natürlichsten Voraussetzungen, das Vorhandensein eines Bergwerks und dergleichen gegeben seien – die Stadt Leoben völlig ruiniere, da das Leben der Einwohner, die Zahl der Wohnungen und so weiter völlig auf den Betrieb der Bergakademie eingestellt seien, sei dem Parteigenossen Rust bei seinen Vorschlägen offenbar völlig entgangen.

Ebenso sei es ein völliger Wahnsinn, wenn das Reichsinnenministerium in seiner ministerialbürokratischen Einseitigkeit einer Stadt wie Lindau die Kreisfreiheit nehme und sie dadurch als kulturelles Zentrum am Bodensee verkümmern lasse. Selbst eine Stadt wie Braunschweig würde völlig auf den Hund kommen, wenn man ihr die Landesregierung ohne entsprechendes Äquivalent wegnähme.

Für den Fall, daß ihm, dem Chef, einmal etwas passiere, habe er es Göring besonders nachdrücklich ans Herz gelegt, sich gerade bei Braunschweig nicht zu einer anderen Regelung als der bisherigen beschwätzen zu lassen. Das Reichsinnenministerium habe leider die Tendenz, alles schematisch zu sehen. Seine Juristen ließen völlig außer acht, daß eine Stadt von 25000 Einwohnern ein großes Bauerndorf sein könne, das am besten durch unmittelbarste Beteiligung des Landrats verwaltet würde, daß sie aber auch eine alte Kulturstätte sein könne, die nach ihren eigenen Bedürfnissen verwaltet werden müsse und daher kreisfreie Selbstverwaltungskörperschaft bleiben müsse.

Hitler hatte Hermann Göring durch Gesetz vom 29. Juni 1941 zu seinem Nachfolger bestimmt. Göring – am 12. Januar 1893 geboren – war im I. Weltkrieg Hauptmann, Pour-le-mérite-Kampfflieger und letzter Kommandeur des Jagdgeschwaders »Richthofen«. 1919 Berater im dänischen Flugwesen, 1920/21 Flug-Chef der »Svenska Luft-Trafik, Stockholm« wurde er 1922 Hitlers erster SA-Führer. Beim Hitler-Putsch 1923 schwer verwundet, arbeitete er bis 1927 in Rom und Stockholm, dann wieder in der Luftfahrt in Deutschland und war ab 1930 Hitlers Beauftragter bei der deutschen Reichsregierung in Berlin. 1932 Reichstagspräsident, 1933 Reichsminister für die Luftfahrt und preußischer Ministerpräsident, wurde er 1935 Oberbefehlshaber der von ihm geschaffenen neuen deutschen Luftwaffe und 1938 Generalfeldmarschall. 1939 zum Vorsitzenden des Ministerrats für die Reichsverteidigung ernannt, beförderte ihn Hitler 1940 zum Reichsmarschall, und zwar in Anerkennung der Luftwaffen-Verdienste um die Blitz-Siege in Polen, Norwegen, Holland, Belgien und insbesondere in Frankreich. Göring, der ab 1936 den »Zweiten Vierjahresplan« managte, der Deutschland in Rohstoffen und Lebensmitteln vom Ausland weitgehend unabhängig machte, war Ende 1942 verbraucht. Bei der kriegsnotwendigen technischen Weiterentwicklung und Vergrößerung der Luftwaffe versagte er trotz z. T. hervorragender Mitarbeiter, Generäle und Konstrukteure, nicht zuletzt, weil er aufgrund seiner schweren Verwundungen im I. Weltkrieg und bei dem Hitler-Putsch immer mehr wetter- und medikamenten-abhängig wurde und an manchen Tagen 20 bis 60 schmerzstillende Tabletten brauchte. Dazu kam der Streß seiner Ämterhäufung und zusätzlicher Hitlerscher Sonderaufträge. Von den Alliierten als Kriegsverbrecher zum Tode verurteilt, vereitelte er 1946 seine Hinrichtung durch Selbstmord mittels einer ins Gefängnis eingeschmuggelten Zyankali-Phiole.

Falscher Zentralismus der Ministerialbürokratie

Auch in dieser Hinsicht könne man von den Römern denkbar viel lernen. Genauso wie sie nur in Notzeiten alle Macht in die Hand von Einzelpersonen gelegt, sie aber sonst auf eine ganze Reihe von Persönlichkeiten verteilt hätten, so hätten sie auch die Anlegung und den Ausbau von Städten stets nur in dem Rahmen durchgeführt, der durch die politischen und kulturellen Notwendigkeiten beziehungsweise Zeitforderungen vorgeschrieben gewesen sei.

Auch wir müßten darauf achten, daß gebietliche Reformen nur nach genauester Prüfung aller einschlägigen Momente durchgeführt würden. Er habe deshalb dem Vorschlag Reichsleiter Bormanns entsprechend die Zusammenlegung von Landkreisen für die Dauer des Krieges verboten.

Er habe auch Vorsorge getroffen, daß nicht eine Stadt wie Berlin versuche, aufgrund der Kriegsverhältnisse und der durch sie bei anderen Städten bedingten Bau- und sonstigen Schwierigkeiten alles an sich zu reißen. Je größer eine Stadt sei, desto stärker sei ihr Bestreben, Metropole in völliger Totalität zu werden und alles an sich zu ziehen. So habe Wien jahrhundertelang alle Kunstschätze in seine Mauern geholt und auf diese Weise die ganzen Alpen- und Donau-Gaue auf dem Gebiet der Kunst ausbluten lassen.

Man müsse vorbeugen, daß beim Ausbau seiner Heimatstadt Linz heute nicht etwas Ähnliches geschehe und ein starker Mann etwa versuche, die Kunststätten in Linz auf Kosten Münchens zu füllen. Er habe deshalb nach Linz nur solche Kunstwerke bringen lassen, die er auf dem freien Markt beschafft hätte und die daher keiner anderen Stadt weggenommen worden seien.

Wenn man nur in einigen wenigen Ausnahmefällen aus dem Wunsch heraus, eine Galerie – etwa in Linz – möglichst vollkommen zu gestalten, Rechts- und Besitztitel einer Gemeinde, eines Reichsgaues oder eines Landes verletze, so komme das ganze rechtliche Gebäude der Rechts- und Besitztitel ins Rutschen, und es gebe kein Halten mehr.

Man brauche ja nur einmal an das Streben des Nürnberger Bürgermeisters Liebel zu denken, alles, was von Nürnberger Künstlern geschaffen sei, nach Nürnberg zurückzuholen, um sich den leicht zu entzündenden Kampf aller gegen alle um die vorhandenen Kunstschätze auszumalen.

Es sei auch völlig falsch, bei einem Kunstwerk sich stur auf den Standpunkt zu stellen, daß es nur dorthin gehöre, wo es geschaffen worden sei. Ein wirkliches Kunstwerk dränge immer aus den Grenzen seiner Vaterstadt hinaus, um Ruhm für seinen Meister und für seine Vaterstadt draußen in der Welt zu schaffen. Mussolini habe das sehr richtig erkannt und ihm deshalb zum Beispiel auch den berühmten Diskuswerfer geschenkt.

Der »Diskuswerfer« des Athener Bildhauers Myron (450 v. Chr.) ist uns in mehreren römischen Marmor-Kopien erhalten. Die italienische Regierung gestattete Hitler, aus dem Besitz der römischen Fürstenfamilie Lancelotti die einzige Kopie mit originalem Kopf käuflich zu erwerben und dem bedeutendsten Antikenmuseum Münchens, der Glyptothek, zu schenken. Die Schriftsteller der griechischen und römischen Antike priesen die Skulptur – wie Hitler uns sagte – als Inbegriff dessen, daß »die Schönheit eine Tugend sei« und »im Menschlichen den Hauch des Göttlichen verspüren lasse« und daß »der sportliche Wettkampf der Leiber nicht minder ruhmvoll sei als der Wettstreit der Geister«.

Die größte Gefahr für die kulturelle Bedeutung unserer Kunststädte sehe er darin, daß die Berliner Ministerialbürokratie noch mehr Einfluß auf sie erhalte, als es heute schon der Fall sei.

Die Berliner Ministerialbürokratie verwechsle nämlich die Aufgaben der Zentralgewalt, die lediglich die Richtung angeben und dort, wo Schäden auftreten, eingreifen solle, mit einem das Leben draußen völlig abtötenden Unitarismus. Es sei deshalb eine besonders große Gefahr, weil die Ministerialbürokratie sich in den letzten 20 Jahren fast ausschließlich aus sich selbst heraus aufgebaut habe, ein Mann wie der Leiter der Kommunalabteilung des Reichsinnenministeriums, Suren, daher nur, weil er eine bestimmte Zeit lang im Reichsinnenministerium Dienst getan habe, Unterstaatssekretär werden solle, obwohl seine Arbeit in zahllosen Fällen mehr geschadet als genützt habe.

Man müsse deshalb sehen, daß man draußen im Lande möglichst viele tüchtige Verwaltungsleute heranziehe und mit ihnen die Ministerialbürokratie durchsetze. Solche Leute, die auch in der Praxis brauchbar seien, könne man aber nur heranbilden, wenn man ihnen die Möglichkeit gebe, ihr Können in eigenen Verwaltungsorganisationen unter Beweis zu stellen. Je dezentralisierter das Reich verwaltet werde, desto leichter ließen sich für die Zentralinstanzen tüchtige Leute finden, die tatsächlich wissen, wo sie der Verwaltung draußen Richtlinien zu geben haben und wo sie eingreifen müssen.

Wenn man es bei dem bisherigen Verfahren der Ministerialbürokratie belasse, so sei die Folge davon in einigen Jahren eine allgemeine Reichsverdrossenheit. Denn Männer, die etwas leisten und mit beiden Beinen in der Wirklichkeit stünden, ließen es sich als Oberbürgermeister und Landräte ständig gefallen, daß über Dinge, die sie mit ihren Mitarbeitern in langer schwieriger Kleinarbeit vorbereitet haben, irgendein Würstchen in einem Berliner Ministerium entscheide und mit einer ablehnenden Entscheidung womöglich ihre ganze Arbeit zunichte mache. Daß die Berliner Ministerien bei ihrer Entscheidung von Einzelfällen einmal das Richtige träfen, sei zwangsläufig selten. Denn den Männern, die in einem Ministerium tätig seien, fehle jede Großzügigkeit, weil sie über eine Fülle kleiner Beamtenstellungen in die für ihre Begriffe große, für Männer von überragenden Leistungen aber lächerliche Ministerial-Referenten-Stellung gekommen seien. Welcher tüchtige Theatermann etwa lasse sich bewegen, für ein Ministerialratsgehalt von RM 700,–/800,– Referent für Theaterfragen im Propagandaministerium zu werden? Das Lebenselement der Ministerialreferenten sei daher ihr kleiner Bürokraten-Egoismus.

Er, der Chef, habe deshalb bei einer Stadt wie Bayreuth die größte Sorge, daß sie nicht einmal darauf angewiesen sein möge, für ihre Kunststätten Gelder der Ministerien in Anspruch zu nehmen und sich damit ministeriellen Weisungen auszuliefern. Er verfolge deshalb mit besonderem Interesse den Werdegang der beiden Söhne der Frau Winifred Wagner und hoffe, daß sie das Lebenswerk ihres Vaters und ihrer Mutter fortsetzen würden. Außerdem werde er aber auch von sich aus alles veranlassen, um noch zu seinen Lebzeiten die Erhaltung der Richard-Wagner-Stadt und ihrer Kunststätten sicherzustellen.

Am besten diene man der Erhaltung unserer großen kulturellen Stätten, wenn man sie in der Obhut der verschiedenen Städte, in der sie sich heute befinden, lasse. So schön auch Berlin sei und so sehr es sich als politische und militärische Metropole – man denke nur an die Parade am jeweiligen Führer-Geburtstag – eigne, so wenig komme es als Kunstmetropole in Betracht. Hierzu fehle ihm allein schon die Atmosphäre.

Er, der Chef, sei auch gegen die Schaffung weiterer Städte vom Ausmaß Berlins. Es genüge für das Reich vollkommen, daß es eine Fünf-Millionenstadt (Berlin), zwei Zwei-Millionenstädte (Wien und Hamburg) und zahlreiche Städte mit einer Million Einwohnern habe. Unsere Großstädte weiter zu vergrößern, um das ganze kulturelle Leben größerer Räume des Deutschen Reichs nach ihnen zu orientieren, sei Unsinn. Er habe es deshalb auch Christian Weber[226] gegenüber als Idiotie bezeichnet, Starnberg[227] nach München eingemeinden zu wollen.

Im Gegenteil, gerade München müsse man so lassen, wie es sei, um ihm tatsächlich seinen Charakter zu erhalten. Er, der Chef, hätte ja seinerzeit auch die Parteitage nach München legen können, wenn er das gewollt hätte.

226 Münchner Pferdehändler, Altparteigenosse, der am 14./15. Oktober 1922 den erfolgreichen Straßenkampf der SA in Coburg organisiert hatte, für dessen Teilnehmer Hitler am 6. November 1932 das auch von ihm des öfteren getragene »Coburger Abzeichen« als Partei-Ehrenzeichen stiftete. Später Stadtrat in München und Inspekteur der SS-Reitschulen, wurde Weber allgemein bekannt als Präsident des Internationalen Kongresses für Vollblutzucht, des Rennvereins München-Riem und des Kuratoriums für das »Braune Band von Deutschland«, dem damals höchstdotierten Ehrenpreis deutscher Pferderennen.

227 Hitler liebte den Starnberger See, auf dem er mit seiner Nichte »Geli« Raubal und mit seinen Mitarbeitern in der Kampfzeit viel Motor- und Segelboot gefahren war. Er schätzte die Stadt Starnberg ebenfalls besonders, und zwar deshalb, weil sie ihm – dem gerade aus der Landsberger Festungshaft Entlassenen – 1925 nach seiner Neugründung der NSDAP die erste neue »Ortsgruppe« der NSDAP zugeführt hatte.

Aber gerade, weil er in Deutschland eine ganze Fülle von kleinen, mittleren und großen Städten schaffen wolle, die Mittelpunkte des deutschen Kulturlebens seien, habe er die Repräsentation der Partei aufgelockert und den Parteitag zum Beispiel nach Nürnberg gelegt, wo er die Stadt für 10 Tage geradezu mit dem Gepränge der alten olympischen Feste umgebe. Aus diesen Erwägungen heraus habe er es auch abgelehnt, das Reichsgericht von Leipzig wegzunehmen, und habe es begrüßt, daß eine Oberste Reichsbehörde, wie das Reichsverwaltungsgericht, nach Wien kommen solle. Nach dem Kriege müsse er sich auch noch einmal mit dem Reichsführer SS Himmler zusammensetzen, um über die künftigen Lehr- und Forschungsstätten der ärztlichen Wissenschaft zu sprechen. Denn daß die ärztliche Wissenschaft nicht aufgesplittert werden könne und dürfe in eine SS-Medizin, eine Kriegsmarine-Medizin, eine Polizei-Medizin, eine Zivil-Medizin und dergleichen, müsse man doch einsehen.

99 4.5.1942 abends (Wolfsschanze)

An Schulden ging noch kein Volk zugrunde

Beim Abendessen führte der Chef aus, daß die Bezahlung der durch den Krieg verursachten Reichsschulden (April 1945: 387 Milliarden RM) kein Problem sei:

1. brächten die durch das deutsche Schwert getätigten Landgewinne, wie er kürzlich bereits einmal ausgeführt habe, eine so bedeutende Vermehrung des Nationalvermögens, daß sie die Kriegskosten um ein Vielfaches aufwögen.

2. brächte die Einschaltung von 20 Millionen billigen ausländischen Arbeitskräften in den deutschen Wirtschaftsprozeß einen Gewinn, der die durch den Krieg entstandenen Reichsschulden bei weitem übertreffe. Man müsse nur einmal errechnen, wieviel dadurch gewonnen würde, daß der ausländische Arbeiter statt – sagen wir – RM 2000 wie der Inlandsarbeiter nur RM 1000 jährlich verdiene.

Es sei jedoch bemerkenswert, daß dies den wenigsten deutschen Wirtschaftsführern bisher aufgefallen sei. Selbst dem Reichswirtschaftsminister Parteigenossen Funk habe er gelegentlich einer Nationalvermögens-Berechnung erst einmal auseinandersetzen müssen, wie wesentlich der Lebensstandard des deutschen Volkes durch die zahlreichen ausländischen Arbeitskräfte und die durch ihre Einschaltung bedingte Verbilligung der Hand-Arbeitskraft (vergleiche die Spanne der Kosten der inlandsdeutschen Arbeitskraft zu den Kosten der auslandsdeutschen Arbeitskraft) gehoben werde.

Schließlich aber lehre die Geschichte, daß an Schulden bisher kein Volk der Welt zugrunde gegangen sei.

Man könne daher auch unserer Wirtschaft nur empfehlen, bei den Rüstungsaufgaben, die der Krieg mit sich bringe [228], in finanzieller Hinsicht sich hundertprozentig optimistisch einzustellen.

228 Kriegsproduktion der deutschen Industrie für Wehrmachtszwecke 1939–44: 120 Milliarden RM.

100 5.5.1942 mittags (Wolfsschanze)

Beim Mittagessen schwärmte der Chef von Bella, seinem neuen Schäferhund, an dem ihm alles, bis auf den Namen, sehr, sehr viel Freude mache. Bei seinen Spaziergängen hätten sie zunächst willensmäßig miteinander ringen müssen. Wenn er sie habe dahin bringen wollen, in einem Satz über eine Bank hinwegzusetzen, sei Bella auf die Sitzfläche geklettert, habe gewartet, bis er – sie heftig tadelnd – herangekommen sei, und sei dann ganz gemächlich über die Lehne abgesprungen. Jetzt habe er sie aber so weit, daß sie auf seinen Zuruf reagiere, ohne zunächst ins Fahrwasser jener Bequemlichkeit auszuweichen, die er so absolut nicht ausstehen könne.

Von den Liebeserklärungen eines Schäferhundes und den einstmaligen Fremdenführungen durch den Berghof

Es wäre gerade so, als ob der Hund eine Uhr im Kopf habe: obwohl es im Bunker doch völlig dunkel sei, veranstalte er jeden Morgen um 9 Uhr ein großes Konzert, stürze sich auf ihn und mache ihm durch kräftiges Schlagen mit den Pfoten die wildesten Liebeserklärungen.

So müsse er morgens früh aufstehen, statt im Liegen noch ein bis zwei Stunden zu lesen. Auch wenn er erst sehr spät in der Nacht zu schlafen komme wie gestern, wo er Petris »Germanisches Volkserbe in Wallonien und Nordfrankreich« (1937 erschienen) gelesen habe. Übrigens habe er aus diesem Buch mit Interesse entnommen, daß es sich nach den Ortsnamen und so weiter bei diesen Gebieten um altes deutsches Land handle, das uns geraubt worden sei und dessen Rückgabe wir mit vollem Recht verlangen könnten. Er habe die beiden Bände in einem Zuge gelesen.

Schließlich ließ sich der Chef noch in humorvoller Weise über die späteren Führungen durch seine Wohnstätten, den Berghof, und die Hauptquartiere aus, wobei er die Art der bayerischen Museumsdiener glossierte.

Von den Bronzebüsten, für die er persönlich Modell gestanden hatte, waren nach Hitlers Meinung die besten die von Professor Ferdinand Liebermann und von den Bildhauern Theodor Linz, Hedwig Maria Ley und Hans Schwegerle. Von den Gemälde-Porträts gefielen ihm besonders das von Franz Triebsch (»Bildnis des Führers«) und das von Professor Conrad Hommel (»Der Führer im Kampfgelände«).

Bemerkenswert war noch eine Unterhaltung mit Hauptmann Kleckel über das Ansehen des Führerhauptquartiers bei den Soldaten an der Front. (Kleckel meinte):

Frontansehen des FHQu

Seitdem Adolf Hitler den Oberbefehl des Heeres im letzten Dezember übernommen habe und die Nachschubmängel – soweit überhaupt menschenmöglich – abgestellt worden seien und klare Befehle kämen, denen die unmittelbare Verbindung von Führerhauptquartier und Front anzumerken sei, sei das Führerhauptquartier im Gegensatz zum kaiserlichen Hauptquartier des Ersten Weltkrieges außerordentlich geachtet, ohne daß es den Mann an der Front interessiere, wo es sich örtlich genau befinde, ob im Frontabschnitt oder weiter hinten. Der Ärmelstreifen oder Brustschild oder Orden mit der Aufschrift »FHQu«, der allen, die ihm länger angehört haben, verliehen werden solle, werde einmal eine besonders hoch geachtete Auszeichnung sein.

101 5.5.1942 abends

Der Wert guter Mitarbeiter

Beim Abendessen brachte Herr Reichsleiter Bormann das Gespräch darauf, daß man bei den Staatsbesuchen des Duce immer wieder neue Gesichter in seiner Begleitung sehe, daß er demnach offenbar doch alle paar Jahre eine Wachablösung vornehme.

Der Chef meinte hierzu, daß der Duce das sicher nur gezwungenermaßen tue, denn der Duce wisse genauso gut wie er, daß man Planungen auf lange Sicht nur mit Männern betreiben könne, die ihre Stellen langfristig innehaben. Wenn der Duce des öfteren zu Wachablösungen genötigt sei, so vor allem deshalb, weil:

a) das Menschenmaterial, das ihm für Führungsstellen zur Verfügung stehe, nicht genügend Könner aufweise, um all diese Männer langfristig auf ihren Posten zu halten,

b) die besten Männer der Partei immer wieder für die Präfektenstellen in Vorschlag gebracht werden müßten, da die Präfekten vom König ernannt würden und dem König so ohne weiteres die Möglichkeit gegeben sei, einen Affront gegen den Duce zu schaffen, falls nicht genügend Faschisten präsentiert würden.

Wie schwer es sei, für alle Führungsstellen die geeigneten Männer zu finden, davon wisse er, der Chef, ein Lied zu singen. Immer wieder müsse er auf dieselben Leute zurückgreifen. Selbst bei der Besetzung der Reichskommissarposten im Osten habe er auf den Einsatz alter Gauleiter wie Lohse und Koch nicht verzichten können. Dabei sei er bestrebt, die führenden Männer möglichst lange in ihren Positionen zu halten, um wirklich gediegene Arbeit mit ihnen zu leisten.

Hinrich Lohse, Kaufmann (Gauleiter von Schleswig-Holstein seit 1925, seit 1933 auch dortiger Oberpräsident), wurde 1941 »Reichskommissar für das Ostland« (Estland, Lettland, Litauen und Weißruthenien).

Erich Koch, Eisenbahner, Gauleiter (seit 1928) und Oberpräsident von Ostpreußen (seit 1933), wurde 1941 »Reichskommissar der Ukraine«. Durch seine rücksichtslose Besatzungspolitik brachte er die Ukrainer gegen unsere – zunächst als »Befreier vom Sowjetjoch« jubelnd begrüßten – deutschen Soldaten auf und wurde dadurch mit schuld an dem – seit 1943 in der Ukraine besonders brutal geführten – sowjetischen Partisanenkrieg gegen die deutsche Wehrmacht und Zivilverwaltung.

Reichsleiter Bormann habe vollkommen recht, wenn er darauf hinweise, daß Männer, denen man kurzfristige Aufträge erteile, nie die Leistungen vollbringen und sich so in ihre Aufgaben hineinleben könnten wie Männer mit langfristigen Aufträgen. Wenn man einem Gauleiter nicht die Gewähr gebe, daß sein Auftrag langfristig sei, so lasse er sich bei all seinen Planungen doch immer von zwei Bedenken beeinflussen:

1. Wie mag der Nachfolger die angefangenen Arbeiten und aufgestellten Planungen fortführen?

2. Wie wird der Nachfolger an dem Plan selbst und der bereits bewerkstelligten Ausführung herumkritisieren? Wird er bei den aufgeführten Bauten nicht eventuell erklären, der Platz sei falsch ausgewählt, Gelder seien unnütz verschleudert und dergleichen mehr?

Wie schwer es sei, für die führenden Stellungen die richtigen Männer zu finden, könne man schon daraus ersehen, daß es ihm – der eine erstklassige

Führung für die SS, das Nationalsozialistische Kraftfahrkorps (NSKK), den Reichsarbeitsdienst (RAD) und so weiter gefunden habe – nicht möglich sei, auch für die SA den richtigen Mann zu entdecken, so daß aus der SA, der Kampftruppe in der Zeit vor der Machtübernahme, heute eine Gliederung geworden sei, die ihre Aufgaben oft nicht rechtzeitig erkenne oder sie nicht richtig anzupacken wisse. Gerade mit Rücksicht auf die Verhältnisse bei der SA sei er besonders froh, für unsere nationalsozialistische Jugendbewegung seinerzeit in Schirach den richtigen Mann gefunden zu haben.

Von 1933 bis 1939 absolvierten den Reichsarbeitsdienst (RAD) 2,5 Millionen junge Männer und 0,3 Millionen junge Mädchen. Der 1875 geborene Reichsarbeitsführer und Staatssekretär im Reichsinnenministerium, Konstantin Hierl, war hochdekorierter Berufsoffizier des I. Weltkriegs (u.a. Generalstabschef des I. Bayerischen Reservekorps). 1924 wurde er von der Reichswehr als Oberst verabschiedet. Da Hierl als Befreier Augsburgs von den Spartakisten in Bayern über hohes Ansehen verfügte, holte Hitler ihn 1929 in die Reichsleitung der NSDAP und ließ ihn 1932 den »Freiwilligen Arbeitsdienst der NSDAP« aufbauen, der 20000 Jugendliche in Lagern als künftige Arbeitsdienstführer ausbildete. Durch Gesetz vom 26. Juni 1935 verpflichtete Hitler die gesamte männliche und weibliche Jugend zu einem halbjährigen (später einjährigen) Arbeitsdienst. 1939 umfaßte der Reichsarbeitsdienst 360000 Arbeitsdienstmänner und 100000 Arbeitsdienstmaiden. (Die Stärke des weiblichen Arbeitsdienstes war geringer, da die Mädchen zwischen 17 und 25 Jahren für den Arbeitsdienst auch Ersatzdienst in der Landhilfe, Vielkinder-Haushaltshilfe, Krankenhaushilfe und in sonstiger Sozialhilfe leisten konnten.) Der Reichsarbeitsdienst leistete an Friedensarbeit z.B. 1936/37: den Hochwasserschutz für 37000 ha Bauernland, die Be- bzw. Entwässerung von 106000 ha, Umlegungsarbeiten für 23000 ha, 1340 km landwirtschaftlichen Wegebau, 9000 ha Ödland-Aufforstung, 11500 ha Wald-Be- und Entwässerung, 15000 ha Wald-Kulturpflege, 34000 ha Bewirtschaftungserschließung von Waldungen. Dazu kamen Katastrophen- und Erntehilfeeinsatz auf dem Lande, Moorkultivierung, Landgewinnung an den Küsten und Flußlaufkorrekturen. Erziehungsziel war die Achtung vor der Handarbeit.

Hitler hatte 20 Reichsleiter als Führungskräfte der NSDAP. Es waren außer seinem Sekretär und Stellvertreter in der Parteileitung Martin Bormann und den Führern von SA, SS, NSKK, RAD und HJ: Dr. Robert Ley (Organisation der NSDAP, Leiter von DAF und KdF), Philipp Bouhler (Kanzlei des Führers, Parteiamtliche Prüfungskommission zum Schutze des NS-Schrifttums), Karl Fiehler (Kommunalpolitisches Amt der NSDAP), Dr. Otto Dietrich (NSDAP-Reichspressechef), Max Amann (Reichsleiter für die Presse und Leiter des Zentralverlags der NSDAP, »Franz Eher Nachfolger, GmbH.« in München), Franz Schwarz (NSDAP-Reichsschatzmeister), Dr. Hans Frank II (NSDAP-Reichsrechtsamt), Walther Darré (Reichsamt für Agrarpolitik), General Franz Ritter von Epp (Kolonialpolitisches Amt), Alfred Rosenberg (Außenpolitisches Amt und Amt für die Überwachung der geistigen und weltanschaulichen Schulung und Erziehung der NSDAP) sowie Walter Buch und Wilhelm Grimm (beide: Oberstes Parteigericht).

Benedikt Baldur von Schirach wurde 1928 Reichsführer des NS-Deutschen Studentenbundes, am 30. Oktober 1931 Reichsjugendführer der NSDAP, durch Gesetz vom 1. Dezember 1936 Jugendführer des Deutschen Reiches und 1940 Gauleiter und Reichsstatthalter von Wien. Schirach (1907 bis 1974) war der Sohn des Generalintendanten des Weimarer Nationaltheaters, der als Deutsch-Amerikaner eine Amerikanerin aus dem Finanz-Clan der Noris geheiratet hatte. Als Student der Germanistik und Kunstgeschichte kam Schirach schon 1925 in näheren Kontakt zu Hitler.

Schirach/Axmann, die Jugendführer

Es gebe keinen Zweifel, daß es Schirachs Verdienst sei, die größte Jugendbewegung der Welt aufgebaut zu haben. Dabei sei Schirach doch als Junge zu ihm gekommen und habe sich in jungen Jahren bereits um den Aufbau der Studentenbewegung verdienstvoll gekümmert. Was für Kerle seien auch seine Mitarbeiter und Nachfolger, zum Beispiel Lauterbacher und Axmann. Dem Einwurf Reichsleiter Bormanns, daß Lauterbacher als Gauleiter in Hannover ganz hervorragend arbeite und daß der Reichsmarschall sich auch über seine Arbeit als Oberpräsident anerkennend geäußert habe, pflichtete der Chef bei. Er wies dann darauf hin, daß Axmann wegen seiner Kriegsbeschädigung noch über die frühere Wertschätzung, die er als der große Idealist bei den Jungens und Mädels gefunden habe, hinaus geradezu als Vorbild der soldatischen Manneshaltung bei der Hitlerjugend gelte.

Die HJ (Hitlerjugend) hatte bereits vor dem II. Weltkrieg sieben Millionen Mitglieder. Sie gliederte sich in das »Deutsche Jungvolk« (10- bis 14jährige Buben), die »Deutschen Jungmädel« (10- bis 14jährige Mädel), die sogenannte »Stamm-HJ« der 14- bis 18jährigen Jungen, den »Bund Deutscher Mädel« der 14- bis 18jährigen Mädel und in das BDM-Werk »Glaube und Schönheit« für 18- bis 21jährige Mädchen.

Hartmann Lauterbacher, HJ-Stabschef Schirachs, war ab 1940 Gauleiter und Oberpräsident der Provinz Hannover.

Arthur Axmann, einer der wenigen Inhaber des höchsten deutschen Ordens, der der »Deutsche Orden« hieß, war der Initiator einer progressiven Sozialgesetzgebung zugunsten der deutschen Jugend sowie der Organisator des Reichsberufswettkampfes. Von 1940 bis 1945 war er selbst Reichsjugendführer.

Der Reichskommissar für die Norweger

Er sei froh, daß er in Gauleiter Terboven [229] auch für eines unserer schwierigsten Reichskommissariate, nämlich für Norwegen, einen geeigneten Leiter gefunden habe. Wie Gauleiter Terboven ihm erst heute wieder dargelegt habe, wisse er, daß er Schwemmsand unter die Füße bekomme, wenn er nicht rücksichtslos zugreife. Deshalb habe er auch den Teil der norwegischen Lehrerschaft, der geglaubt habe, den deutschen Maßnahmen gegenüber Sabotage üben zu sollen, festnehmen und Schanzarbeiten ausführen lassen. Bedauerlich sei nur, daß bei den zuständigen Marineleuten, die den Transport dieser Lehrer durchführen sollten, die deutsche Gutmütigkeit einmal wieder Orgien gefeiert habe. Sie hätten den Seetransport zunächst nämlich abgelehnt, weil für diese Norweger an Bord der in Betracht kommenden Schiffe nicht genügend Schwimmwesten vorhanden seien, anstatt zu bedenken, daß es für diese Norweger doch ein Vergnügen sein müsse, sich von ihren geliebten Engländern torpedieren und auf den Meeresgrund schicken zu lassen.

Wenn er, der Chef, in den meisten führenden Positionen Männer habe, die ihren Aufgaben voll gewachsen seien, dann liege das nicht zuletzt daran, daß sie nicht aufgrund einer juristischen Vorbildung in die Positionen gekommen seien, sondern weil sie mit Erfolg durch die Schule des Lebens gegangen seien.

229 Josef Terboven, Bankbeamter, Gauleiter von Essen, Oberpräsident der Rheinprovinz, wurde 1940 Reichskommissar in Norwegen. Er machte sich dort mit seinen scharfen und psychologisch völlig einfühlungslosen Besatzungsmethoden bei allen Norwegern – sogar bei der Quislingregierung, deren Wirkungsmöglichkeiten durch ihn nicht nur beeinträchtigt, sondern fast unmöglich gemacht wurden – verhaßt. Großadmiral Raeders Ansuchen um eine Entlassung lehnte Hitler jedoch brüsk ab.

Der einzige Jurist, der unter seinen Mitarbeitern wirklich etwas tauge, sei Lammers[230]. Lammers wisse nämlich, daß er dazu da sei, um für die Staatsnotwendigkeiten die juristische Untermauerung zu finden, und verwechsle nicht juristische Abstraktionen mit dem praktischen Leben. Bei Lammers liege das aber daran, daß er sich trotz seiner juristischen Ausbildung den gesunden Menschenverstand erhalten habe. — Lammers

Ohne diese Fülle von guten Mitarbeitern wäre er in seiner politischen Arbeit sicherlich nicht so vorangekommen, wie es tatsächlich der Fall sei.

Wenn einige Menschen nun aber dahergingen und in ihrer Begeisterung über den Wiederaufstieg unseres Volkes ihn mit Gewalt zu einem Propheten, zu einem zweiten Mohammed oder zweiten Messias machen wollten, so könne er demgegenüber nur ganz eindeutig erklären, daß er zum Prophetentum oder zu einem Auftreten als Messias keine Eignung in sich spüre. — Hitler weder Prophet noch Messias

Auf protestantischer Seite waren es die Gründung des »Internationalen Missionsrates« 1910, die Weltkonferenzen für »Praktisches Christentum (Life and Work)« in Stockholm 1925 sowie in Oxford 1937 und die Weltkonferenzen für »Glaube und Kirchenverfassung (Faith and Order)« in Lausanne 1927 und in Edinburgh 1937, die ein zeitgemäßes Handeln der christlichen Kirchen forderten. Schwedens Erzbischof Nathan Söderblom war einer der berühmten Pioniere, die den neuen Weg vom Nur-Gottesdienst zur Erneuerung des liturgischen und sakramentalen Lebens, zur christlichen Verantwortung gegenüber Arbeitslosigkeit und Wirtschaftskrise, in der Sozialethik und in der nationalen sowie internationalen gesellschaftlichen Ordnung und zur christlichen Aktivität gegen Kriege und Hungerblockaden, gegen militärische Totalitarismen und gegen Chaos, gegen Konfessionskämpfe und Kirchenspaltung wiesen. Hitler ließ sich zwar über diese neuen Entwicklungen durch seinen Kirchenminister unterrichten, hielt sich aber persönlich strikt heraus.

102

6.5.1942 mittags (Wolfsschanze)

Aufgrund einer Meldung aus Ankara, nach der eine ganze Reihe jüdischer Agenten von der türkischen Nachrichtenagentur entlassen worden ist, machte der Chef einige Ausführungen über die Beherrschung der öffentlichen Meinung durch Juden sowohl im System-Deutschland als in unseren heutigen Feindstaaten. Alle exponierten Stellen, die irgendwie auf die öffentliche Meinung von Einfluß seien, habe der Jude sich beizeiten erschlichen und sich so eine ungeheure Machtposition gegenüber der Presse, dem Film und den übrigen, die öffentliche Meinung gestaltenden Faktoren geschaffen. Er habe das nicht nur in der Weise betrieben, daß er unmittelbaren Einfluß auf diese Faktoren zu erlangen versucht habe, sondern wirke viel stärker noch über die sogenannten Agenturen aus dem Hintergrund auf sie ein. — Öffentliche Meinung und Geschäft

230 Dr. Heinrich Lammers, seit 1922 Ministerialrat im Reichsinnenministerium und von 1933 bis 1945 Chef der Reichskanzlei (zunächst als Staatssekretär, dann als Reichsminister), imponierte Hitler mit seiner immer gleichbleibenden Sachlichkeit, seinen Verwaltungskenntnissen und seinem Einfallsreichtum derart, daß auch Martin Bormann sich bei Zuständigkeitsdifferenzen mit Lammers stets gütlich zu arrangieren suchte.

Am gefährlichsten seien die Annoncen-Agenturen in Judenhänden, könnten die Juden durch Sperrung der Annoncen eine große Tageszeitung doch völlig ruinieren. Für ihn, den Chef, sei es besonders lehrreich gewesen zu sehen, wie Hugenberg[231] und Lord Rothermere[232] von Versuchen einer selbstbewußt nationalen Politik dadurch wieder abgebracht worden seien, daß die Juden ihnen die Annoncenzuteilung zu entziehen gedroht hätten. Lord Rothermere, der seinerzeit 2 Artikel zugunsten der Mosley-Bewegung in seinen Zeitschriften veröffentlicht habe, habe ihm auf dem Berghof einmal selbst die Art des jüdischen Vorgehens und die Unmöglichkeit, kurzfristig dagegen anzukommen, geschildert.

Unabhängigkeit der NS-Zeitungen auch von Annoncenagenturen

Es sei seine, des Chefs, Stärke gewesen, daß er die Zeitungen der NSDAP im Gegensatz zu allen anderen Zeitungen von Format von vornherein von den jüdischen Annoncen-Agenturen unabhängig aufgezogen[233] und sie dadurch zu einem wirtschaftlich gänzlich unangreifbaren Gebilde gemacht habe. Seine guten Erfahrungen, die er mit dieser Unabhängigkeitsstellung der Partei-Presse gemacht habe, hätten ihn veranlaßt, auch die Partei als Ganzes wirtschaftlich unangreifbar zu machen. Er habe dies um so eher tun können, als er in Reichsschatzmeister Schwarz eine Persönlichkeit gefunden habe, die die Einnahmen der Bewegung aus Beiträgen, Versammlungen und so weiter so geschickt in die einzelnen Ausgabekanäle zu leiten verstanden habe, daß der Bewegung auch die Finanzierung des Schlußkampfes 1932 noch möglich gewesen sei.

Die größten Versammlungseinnahmen habe außer Mutschmann[234] Parteigenosse Ley[235] erzielt. Indem er ihn, den Chef, als ein Ungeheuer allgemein dargestellt habe, habe er die Industriellen und ihre Damen so neugierig auf ihn gemacht, daß sie bis zu RM 200 für einen Platz in einer seiner Kölner Versammlungen gezahlt hätten.

Leider seien die Einnahmen aus den Versammlungen bei den Leyschen Zeitungsunternehmen wieder verlorengegangen. Ley habe nämlich übersehen, daß parteieigene Druckereien der Ruin für parteieigene Zeitungen seien. Denn die parteieigenen Druckereien hätten bei allen Versammlungswellen für den ganzen Gau die Flugblätter drucken müssen, ohne daß die Bezahlung sichergestellt gewesen sei. Ein Mann wie Müller[236], der in eigenem Namen und für eigene Rechnung die Druckerei des »Völkischen Beobachters« betrieb, hätte

231 Erst durch Hugenbergs Zeitungskonzern (»Scherl«), der vom »Berliner Lokalanzeiger« und der »Deutschen Allgemeinen Zeitung« bis zur Provinzpresse reichte, wurde der süddeutsche »Nationalistenführer Hitler« als »nationaler Trommler« in Norddeutschland popularisiert.

232 Lord Harald Sidney Rothermere dirigierte als »britischer Zeitungskönig« 12 Tages-, zwei Sonntags- und zehn Wochenzeitungen. Zu seinem Konzern gehörte auch die einflußreiche »Daily Mail«.

233 Hitler arbeitete mit den unabhängigen Annoncenagenturen des Generaldirektors Erwin Finkenzeller in Berlin und München zusammen.

234 Martin Mutschmann, sächsischer Spitzenfabrikant, war seit 1924 Gauleiter und seit 1933 Reichsstatthalter in Sachsen.

235 Dr. Robert Ley, Chemiker, Reichsorganisationsleiter der NSDAP seit 1932, war vorher – ab 1925 – Gauleiter in Rheinland-Süd (Köln).

236 Der Münchener Druckereibesitzer Adolf Müller, mit dessen Motorboot und lebenslustigen Töchtern Hitler gern auf dem Starnberger See Freizeit machte, ließ sich in seiner Geschäftsführung auch von Hitler nicht von rein kommerziellen Gesichtspunkten abbringen.

Flugblätterbestellungen nur gegen Barzahlung zu übernehmen brauchen und andere Bestellungen mit dem schlichten Hinweis darauf abwimmeln können, daß seine Arbeiter nicht von der Gesinnung, sondern nur von den ihnen bezahlten Löhnen leben könnten. Den parteieigenen Druckereien dagegen sei von den Ortsgruppenleitern an aufwärts ein Idealismus aufoktroyiert worden, der – da er zwangsläufig im diametralen Verhältnis zum Geschäft stehe – mit dem Ruin der Druckerei gleichbedeutend gewesen sei.

Wenn es ihm, dem Chef, gelungen sei, den »Völkischen Beobachter« durch die ganze Kampfzeit sicher hindurchzusteuern, obwohl der »Völkische Beobachter« bei seiner Übernahme durch ihn, den Chef, gerade die dritte Pleite hinter sich gehabt habe, so sei das in erster Linie der Mitarbeit des Reichsleiters Amann zu danken. Amann habe sich als kluger Geschäftsmann bewährt, indem er nie ein Geschäft übernommen habe, das nicht im wahrsten Sinne des Wortes ein Geschäft gewesen sei, beziehungsweise es andernfalls sofort wieder abgebrochen habe. Gerade diese Art der geschäftlichen Behandlung des Zeitungswesens habe es möglich gemacht, daß aus dem Verlag des »Völkischen Beobachters«, dem Eher-Verlag, mit den Jahren der größte Zeitungskonzern der Welt entstanden sei, dem gegenüber sich die Zeitungsunternehmen der USA-Zeitungskönige wie Zwergunternehmen ausnähmen. Man könne diese Leistung auch überhaupt nur dann richtig würdigen, wenn man sich vergegenwärtige, daß er den »Völkischen Beobachter« seinerzeit mit 7000 Abonnenten, ohne Annoncenbestand und mit einer Kasse übernommen habe, die noch nicht einmal zur Bezahlung des erforderlichen Papiers gereicht habe.

Hitler kaufte den »Eher-Verlag« mit dem »Völkischen Beobachter« durch seinen »Nationalsozialistischen Arbeiterverein e. V.« am 17. Dezember 1920 für 120000 Mark. Davon stellte 60000 Mark der damalige Münchener Reichswehroffizier (der spätere Reichsstatthalter Bayerns) Franz Ritter von Epp zur Verfügung (man vermutet: aus einem Reichswehr-Geheimfonds). Einen Teil besorgte Dietrich Eckart, und den Rest finanzierte man mit selbstgedruckten »unverzinslichen Schuldscheinen« über 10 Mark, für die Hitler die Umrandung einschließlich des Bildsockels gezeichnet hatte. Da das der Eigenproduktion von Banknoten gleichkam, wurden die Verantwortlichen in erster Instanz zu je einem Jahr Gefängnis bzw. vier Millionen Mark Geldstrafe verurteilt, mit Hilfe tüchtiger Rechtsanwälte aber in II. und III. Instanz freigesprochen.

Der »Eher-Verlag« publizierte außer dem »Völkischen Beobachter« 36 weitere, über das ganze Reich verbreitete Partei-Organe, dazu diverse sonstige Zeitungen und Zeitschriften mit einer Gesamtauflage von 22,5 Millionen.

Im November 1923 hatte Hitler den »Völkischen Beobachter« bereits auf eine Verkaufsauflage von 30000 Exemplaren gebracht, Ende 1938 auf 600000 Exemplare.

Die Finanzmisere der NSDAP in der zweiten Hälfte des Jahres 1932 war katastrophal. Zwar hatte die NSDAP bei den Reichstagswahlen vom 31. Juli 1932 13779111 Stimmen (34,7 Prozent) gewonnen, nachdem Hitler auf einem Deutschlandflug vom 15. bis 30. Juli in nicht weniger als 50 Städten persönlich gesprochen hatte. Aber bei der Reichstagsneuwahl vom 6. November 1932 verlor die NSDAP zwei Millionen Stimmen und erreichte trotz erneuten Deutschlandfluges Hitlers und Hitler-Reden in wiederum 50 Städten nur 11737391 Stimmen (33,1 Prozent). Das lag nicht nur am Rückgang der Wahlbeteiligung von 84 Prozent auf 80,6 Prozent, sondern auch daran, daß die Bevölkerung des politischen Hick-Hacks müde wurde. Nicht nur Herr »Jedermann« kürzte seine Spenden bei den NSDAP-Versammlungen und NSDAP-Werbe-

aktionen. Auch die Industriellen, die der NSDAP bisher freundlich gegenübergestanden hatten, aber keine Mißerfolgs-Partei finanzieren wollten, waren für NSDAP-Führer auf Geldbettelreisen plötzlich nicht mehr zu sprechen und minimalisierten ihre früheren Förder-Beiträge von 10000 bis 100000 RM auf bloße Nennbeträge von 100 bis 5000 RM. Nur Göring verstand – wie er uns erzählte – bei den Wallstreet-Banken 100000 Dollar locker zu machen, und zwar gegen das Versprechen, »den Franzosen ein wenig einzuheizen, damit ihre Rückzahlungssäumigkeit in puncto Wallstreet-Krediten durch ein bißchen politische Angst behoben würde«. Seine darüber hinaus dem federführenden jüdischen Bankhaus gegebene Zusicherung, in Wallstreet-befürworteten Judenangelegenheiten später großzügig zu verfahren, gab er uns als Grund dafür an, warum er später als Ministerpräsident, Chef des Vierjahresplanes, Luftfahrtminister usw. entgegen allen antisemitischen NS-Gesetzen Ausnahmen nach dem Motto machte: »Wer Jude ist, bestimme ich!« Erst nach der erfolgreichen Besprechung Hitlers mit Hindenburgs Vertrauensmann v.Papen vom 4. Januar 1933 (im Hause des Bankiers Kurt Freiherr von Schröder in Köln) begannen die Geldquellen – wie auf ein heimliches Signal hin – wieder zu sprudeln. Hitler aber hätte seine und der NSDAP Schuldanweisungen nie einlösen können, wenn nicht auf einem Reichstagspräsidenten-Empfang Görings vom 20. Februar 1933 der als künftiger Reichsbankpräsident vorgesehene Dr. Schacht mit einem offenen Hut von den geladenen Repräsentanten von Industrie, Handel und Wirtschaft anschließend an zwei Ansprachen Hitlers und Görings Schecks eingesammelt gehabt hätte, von denen der höchste über eine volle Million RM lautete.

Wenn er, der Chef, etwas von geschäftlichen Dingen verstehe, so danke er das nicht zuletzt den ewigen Sorgen mit der Partei-Presse. Am schlimmsten sei es 1932 gewesen, wo er, um die Presse, die Wahlkämpfe und die gesamte Partei-Arbeit finanziell durchhalten zu können, eine Fülle von Schuldanweisungen habe unterschreiben müssen. Ebenso wie er diese Schuldanweisungen damals für die NSDAP in dem Bewußtsein unterschrieben habe, daß, wenn die Arbeit der NSDAP nicht von Erfolg gekrönt sei, doch alles verloren wäre, so unterschreibe er auch heute die Schuldanweisungen für das Reich im festen Vertrauen auf unseren Sieg und in der Überzeugung, daß – wenn dieser Krieg nicht erfolgreich ausgehe – sowieso alles hin sei und man dann gar nicht genug Schulden im Kampf um den Erfolg gemacht haben könne.

Dieses »Entweder – Oder« war ganz typisch für das politische Vabanque-Spiel Hitlers. So z.B. drohte er am 8. Dezember 1932 im Zusammenhang mit dem Versuch seines früheren NSDAP-Reichsorganisationsleiters Gregor Strasser, in einer Reichsregierung unter der Kanzlerschaft des Generals Kurt Schleicher gegen seinen – Hitlers – Willen Minister zu werden: »Wenn die Partei zerfällt, mache ich in drei Minuten mit der Pistole Schluß!«

103 — 6.5.1942 abends (Wolfsschanze)

Beim Abendessen erzählte der Chef sehr launig von der Findigkeit der Frontsoldaten in puncto Fleisch- und Fischversorgung.

Sozialisierung des Elektrizitätswesens

Nach dem Abendessen kam Minister Speer zu Reichsleiter Bormann und erhielt von ihm Hitlers Zustimmung, das Elektrizitätswesen in einem Reichsunternehmen (wie etwa der Reichsbahn) zusammenzufassen. Wenn das Projekt gelingt, dürfte damit laut Hitlers Randvermerk eine weitere Verklammerung des Reichs geschaffen sein, die noch weitaus stärker wirkt als die der Straßen und der Schienenstränge.

104 — 7.5.1942 (Wolfsschanze)

Mittags aß der Chef mit dem italienischen General Gariboldi[237] (in seinem Bunker) allein.

Abends freute er sich besonders über das aufgesetzte Fleisch von geräuchertem Stör.

Gelegentlich aß Hitler Fisch, vor allem wenn ihm die Angler unter seinen Mitarbeitern – besonders eine so unverwüstliche Rustikalnatur wie Flugkapitän Baur – vom Fisch als ihrem Lebenselixier vorschwärmten. Seit 1941 ließ Hitler sich sogar in regelmäßigen Abständen Ölsardinen servieren, die er von portugiesischen und spanischen Verehrern geschickt bekam. Als Frau Professor Troost erkrankt war, sandte er auch ihr einige Dosen und schrieb ihr dazu am 13. September 1942: »Da ich weiß, daß Sie noch keine reine Vegetarierin geworden sind, sende ich Ihnen zu Ihrer Stärkung ein paar Büchsen Fischkonserven. Fische zu essen, ist – glaube ich – eine etwas kleinere Sünde als sonstige Leichen.«

abends

Der OKW-Bericht 1942

Aufgrund einer Reuter-Meldung über den Untergang des englischen 10000-Tonnen-Kreuzers »Edinburgh«, die ihm nach dem Abendessen vorgelegt wurde, meinte der Chef, diese Bekanntgabe hätten wir den Engländern einmal geschickt herausgelockt. Unser U-Boot-Kommandant, dessen Verdienst die Versenkung sei, habe sich, da die Versenkung nicht beobachtet worden sei, auf die Meldung des Torpedo-Treffers auf die »Edinburgh« beschränkt. Auch der OKW-Bericht habe sich deshalb entsprechend vorsichtig ausgedrückt.

Die Tatsache, daß man aufgrund der Begleitumstände des Torpedo-Treffers der festen Überzeugung gewesen sei, daß das Schiff versenkt sein müsse und man deshalb in halbamtlichen Meldungen entsprechende Behauptungen aufgestellt habe, habe die Engländer zu dem Eingeständnis der Versenkung gebracht.

Zwei Lehren ergäben sich hieraus:

1. Der Deutsche sei mit der Wahrheit sehr genau. Er müsse aber aufpassen, daß er mit der Wahrheit nicht zu pedantisch sei. So gelangten immer wieder Meldungen der Front an ihn, daß die Truppen vorne das Gefühl hätten, daß ihre Leistungen durch die wohlabgewogenen vorsichtigen Erklärungen des OKW-Berichts nicht in ihrem vollen Ausmaß gewürdigt würden.

237 Generaloberst Italo Gariboldi übernahm am 13. Juli 1942 das Oberkommando über Italiens im Osten eingesetzte 8. Armee, die im Zuge der sowjetischen Offensiven an der Südfront 1942/43, insbesondere der Stalingradoffensive, zerschlagen wurde und dadurch die Entsetzung Stalingrads durch die 4. deutsche Panzerarmee des Generalobersten Hermann Hoth unmöglich machte. Durch den völligen Zusammenbruch und Zerfall der 8. italienischen Armee mußten auf Stalingrad angesetzte deutsche Kräfte schleunigst von dort abgedreht werden, damit nicht aus dem praktischen Ausfall der italienischen Armee ein Zusammenbruch der gesamten südlichen deutschen Ostfront wurde.

2. Wenn man von einer Sache überzeugt sei, müsse man sie – egal ob sie auf politischem oder auf militärischem Gebiet liege – im internationalen Verkehr durch Behauptungen herausstellen, sonst könne man solch notorische Heuchler wie die Engländer nie zum Eingeständnis der Wahrheit bringen.

Wie Lorenz mir zeigte, wird jeder OKW-Bericht von Hitler persönlich handschriftlich korrigiert. Hitler hält das Durchfeilen der Wehrmachtsberichte deshalb für so entscheidend, weil – wie er sagt – selbst kleinste Kleinigkeiten durch die Multiplikation groß und von entscheidender Bedeutung werden können.

105 8.5.1942 mittags (Wolfsschanze)

Kreta

Beim Mittagessen bemerkte der Führer, daß ihm nicht daran gelegen sei, aus Kreta einen deutschen Stützpunkt zu machen[238].

Denn ein deutscher Stützpunkt »Kreta« erfordere eine eigene deutsche Mittelmeerflotte und bringe die Gefahr eines ständigen Konfliktstoffes mit der Türkei mit sich. Denn die Insel Kreta in deutschen Händen sei für die Türken praktisch nichts anderes als der Anfang einer Auseinandersetzung über die Dardanellen zwischen Deutschland und der Türkei.

Das einzige Ergebnis unseres Kreta-Einsatzes könne demnach nur die Einrichtung einer KdF-Station auf dieser Insel sein.

106 8.5.1942 abends (Wolfsschanze)

Vom Edelmut der Franzosen und vom Wanderpokal »Erde«

Beim Abendessen kam der Chef nochmals auf die Flucht des französischen Generals Giraud zu sprechen und führte aus, man könnte ihn laufenlassen, wenn er nicht so gefährlich wäre. So müsse man aber entweder seine Auslieferung erzwingen oder seinen moralischen Kredit vernichten. Die Mittel dazu seien gegeben. Denn er habe die ihm in seiner Eigenschaft als kriegsgefangenem General gewährten Freiheiten mißbraucht, und man könne deshalb ohne weiteres Dinge wie den Rücktransport 7000 verletzter französischer Kriegsgefangener absagen. Solch eine Situation sei hervorragend geeignet, sich einmal vorzustellen, wie sich die Franzosen in umgekehrter Lage verhalten haben würden.

Verwundete französische Kriegsgefangene wurden 1942 im Verhältnis 1:3 gegen französische Arbeitskräfte ausgetauscht, die sich freiwillig zum Arbeitseinsatz in Deutschland meldeten, um der Arbeitslosigkeit und Wirtschaftskrise im eigenen Lande zu entgehen.

Die Franzosen hätten ja nach dem I. Weltkrieg uns gegenüber zur Genüge bewiesen, daß ihnen jeder Edelmut fehle. Deutschen, die damals in französische Kriegsgefangenschaft geraten seien, sei das ihnen von Negern gegebene Wasser

238 Hitler war der Meinung, daß Deutschland schon aus klimatischen Gründen bei seinen »Eroberungen« nicht südlicher gehen dürfte als bis zur Krim und bis zum Kaukasus. Schon jetzt hätten – so sagte er dem für einen Ausbau Kretas als deutschen Militärstützpunkt plädierenden Großadmiral Raeder – Hunderte von auf Kreta eingesetzten Gebirgsjägern die »Malaria« (eine Krankheit mit hohem Fieber, Delirien und Anämie).

von sadistischen französischen Krankenschwestern entrissen worden. Wenn man überhaupt einmal das Verhalten der Franzosen in jener Zeit überdenke, so kämen sie einem vor wie Spießer, die, durch eine Reihe von Zufällen groß geworden, mangels jeden Selbstvertrauens versuchten, ihre Macht durch rabiatesten Terror zu halten. Als in Berlin eine französische Fahne in nationaler Erregung zerrissen worden sei, habe man uns gezwungen, das Berliner Wachbataillon unter Kommando des heutigen Generals von Arnim beim Aufziehen einer neuen französischen Flagge zu präsentieren.

Es könne ihm deshalb niemand verdenken, wenn er Frankreich gegenüber sich auf den Standpunkt stelle: Wer hat, hat! Denn wer das, was er habe, wieder weggebe, versündige sich, da er wieder fortgebe, was er sich als der Stärkere von dieser Erde mühsam erobert habe.

Die Erde sei eben wie ein Wanderpokal und habe deshalb das Bestreben, immer in die Hand des Stärksten zu kommen. Seit Jahrzehntausenden werde auf dieser Erde hin- und hergezogen.

Wenn die Menschen in den letzten 300 Jahren auf dem europäischen Kontinent seßhaft gewesen seien, so liege das eben an der Entdeckung Amerikas und dem Verdrängen seiner Einwohner durch Europäer. Wenn wir daher heute zum Beispiel in Rußland, und zwar in der Ukraine, eine neue deutsche Ostmark gründeten, so sei sie geschichtlich mit keinen anderen Maßstäben zu messen wie einstmals die deutsche Ostmark: »Ostelbien«.

Geheimhaltung und Großzügigkeit beim Engländer

Der Chef machte beim Abendessen darauf aufmerksam, daß das englische Parlament jetzt bereits 20 Geheimsitzungen abgehalten habe und bisher aus keiner etwas Positives bekanntgeworden sei. Man möge dies als ein Zeichen dafür werten, wie stark das Zusammengehörigkeitsgefühl der englischen Rasse sei.

Reichsminister Rosenberg ließ sich bei Tisch über das Herrentum der Engländer aus und führte aus, daß es das Wesentliche dieses englischen Herrentums sei, daß sich die von ihm geführten Völker für seine – des Herrenvolkes – Vertreter in Stücke schlagen lassen. Wo der Deutsche etwas durch Schimpfkanonaden zu erreichen suche, machten es die Engländer mit einer geschickt betonten Großzügigkeit (Prämien bei besonderen Anlässen, Urlaubserteilung, Rückreisescheine aus den Kolonien und so weiter) und schafften sich so eine Resonanz, daß selbst die von ihnen nach Strich und Faden ausgebeuteten und belogenen Griechen – lediglich auf dieses äußere Auftreten schauend – sie heute noch verehren.

Von der Kultur einer Frau

Die Ehe – so wie sie Hitler sieht – ist natürlich nicht ein Institut lediglich der gemeinsamen Unterhaltung, des gemeinsamen Vergnügens oder der Korrespondenz, sondern eine Aufgabe, in der der berufliche Kampf Sache des Mannes und die Ordnung des Hauses als der Burg, aus der heraus der Lebenskampf geführt wird, Sache der Frau ist. Diese Ordnung des Hauses versteht sich als Pflege eines gewissen kulturellen Niveaus einerseits und als praktische Haushaltsführung andererseits.

Daß eins so wichtig ist als das andere, betonte Hitler besonders, als er mit viel Humor von einer Frau erzählte, bei der er zu Leberknödeln nach bayrischer Hausmannskost-Art eingeladen war und eine restlos verunglückte Leber-Eier-Flammerie-Geschichte kriegte.

Daß im übrigen nicht die Kultur in einer Ehe bei der Unterhaltung der Ehepartner beginnt, sondern schon bei der Einrichtung, Sauberhaltung und dergleichen der Wohnung und Kleidung und so fort, darüber hat uns abends Reichsleiter Rosenberg in geistreicher Weise belehrt. Lächelnd meinte er, unsere mondänen Frauen glaubten, Kultur zu haben, und dabei brauche man sie nur einmal neben indischen Frauen auf einem indischen Empfang zu sehen, um »sehend« zu werden: Die Europäerin angemalt, aufgedonnert, gestikulierend und die vornehme Inderin ohne falsche Farbe im Gesicht, schlicht, aber stilvoll gekleidet und in ihrer Haltung Inbegriff würdiger Selbstbeherrschung. Die Europäerin beim Tanzen hüpfend, bemüht, aufzufallen und Beifall zu haschen. Die Inderin, vor allem aber die Balinesin, beim Tanzen alle Bewegungen aus der Ruhe-Stand-Stellung ausführend, voller echter Inbrunst und daher Vollkommenheit.

107 — 9.5.1942 abends (Wolfsschanze)

Kollaboration um das Öl des Kaukasus?

Nachdem Reichsminister Rosenberg abgefahren war, brachte einer der Herren das Gespräch beim Abendessen auf die Baumwollpflanzung im Kaukasus. Der Chef bemerkte hierzu, die Baumwollerzeugung müsse in unseren Planungen zurücktreten hinter dem Anbau der neuen Nessel in der Ukraine, da das Gespinst aus dieser Nessel wesentlich besser als die Baumwolle sei.

Hitler meinte die »Indische Nessel« (Ramie), die sich durch Länge der Zellelemente, Feinheit und Festigkeit auszeichnet. Sie war ideal für leinenartige Gewebe, Bettwäsche, Tischdecken und Gardinen geeignet. Ramie-Stoffe sind feiner und leichter als Baumwollstoffe. Trotzdem wollte Hitler nicht auf die bestehenden Baumwollpflanzungen in der Ukraine, bei Asow und im Kaukasus verzichten, sondern sie als Großplantagen weitergeführt wissen.

Der Kaukasus spiele in unseren Erwägungen insofern eine besonders bedeutsame Rolle, als er der große Ölspender sei. Wir müßten den Kaukasus, wenn wir sein Öl erhalten wollten, in straffste Aufsicht nehmen, da sonst in diesem von Blutrache geschwängerten Raum die Feindschaft zwischen den Stämmen jede lohnende Ausbeute unmöglich mache.

Nach dem »Globus-Jahrbuch des Deutschen Verlags (Die Welt und ihre Länder in politischer und wirtschaftlicher Darstellung)«, das Hitler 1942 seinen FHQu-Mitarbeitern als Arbeitsunterlage schenkte, produzierte der Kaukasus bereits 1939 rund 25 Millionen t Erdöl im Jahr (Deutschland und Österreich dagegen zusammen nur etwas über eine halbe Million t, genau 0,647 Millionen t).

Es sei deshalb ganz falsch, wenn das Auswärtige Amt als offizielle Stelle heute bezüglich dieses Raumes irgendwelche Versprechungen mache, die sich hernach nicht einlösen lassen. Da man von offizieller Seite – im Gegensatz zur Flugblattpropaganda – nur versprechen dürfe, was auch zu halten sei, solle auch von Papen mit eventuellen Zusicherungen an die Türkei vorsichtig sein, auch wenn er – der Chef – grundsätzlich zu gewissen Konzessionen bereit sei.

Vor allem solle sich das Auswärtige Amt aber jedes Kollaborations-Geredes enthalten. Wie schwer eine Kollaboration zu verwirklichen sei, zeige das Beispiel Rumäniens und Ungarns, thesaurierten diese beiden Länder doch gerade jetzt, wo wir Öl und Getreide so sehr gebrauchten, diese beiden Produkte, um sie für einen eventuellen Krieg gegeneinander zur Hand zu haben.

Nach dem Prinzip »divide et impera« (»teile und herrsche«) der römischen Kaiser hatte Hitler im Wiener Schiedsspruch vom 30. August 1940 das Land Siebenbürgen so zwischen Rumänien und Ungarn teilen lassen, daß beide eine Korrektur durch bilaterale militärische Maßnahmen konzipierten.

Anschließend kam der Chef auf die Frage der »Besetzung führender Stellen« zu sprechen.

Lammers/Bormann und die innere Verwaltung

Auf solche Stellen gehörten nur Männer von großen Gedanken; denn es komme bei ihnen nicht auf das Maß der bewältigten Kleinarbeit an, sondern auf das richtige Denken. Und da genügten 2 Stunden konzentrierter Arbeit am Tage vollkommen.

Für die Kleinarbeit und ihre Überwachung im Ministerium genüge ein mit entsprechender Autorität ausgestatteter Staatssekretär von Format.

Er sei glücklich, auf dem staatlichen Sektor in Lammers einen Chef der Reichskanzlei gefunden zu haben, der ihm alles mit gesundem Menschenverstand und frei von juristischen Abstraktionen den Staatsnotwendigkeiten entsprechend erledige, so daß er sich so gut wie überhaupt nicht darum zu kümmern brauche.

Ebenso froh sei er, sich nicht um die Vorgänge in den einzelnen Gauen selbst kümmern zu brauchen, da die Gauleiter einheitlich erzogen seien und er in Reichsleiter Bormann einen Mann zur Seite habe, der für ihn die Gauleiter mit den nötigen einheitlichen Weisungen versehe.

108

10. 5. 1942 mittags
(Wolfsschanze)

Beim Mittagessen wurden mit Staatssekretär Backe Fragen aus dem Ernährungssektor behandelt. Der Chef erzählte bei der Gelegenheit, daß Hugenberg es seinerzeit als zuständiger Fachminister abgelehnt habe, eine nationale Getreidereserve von 7½ Millionen Tonnen anzulegen, weil die deutsche Wirtschaft das damit verbundene Brachliegen eines größeren Kapitals nicht vertrage.

Anlage einer Getreidereserve

Herbert Backe, seit 1933 Staatssekretär, 1942 kommissarischer und seit 1944 endgültiger Reichsminister des Reichsernährungsministeriums, wurde 1896 in Batum im Kaukasus geboren, besuchte das Gymnasium in Tiflis, studierte Agrarwissenschaften in Göttingen und wurde Domänenpächter im Kreise Alfeld (Hannover). In Hitlers Augen war er ein »Tausendsassa« in der Ernährung von Zivilbevölkerung und Wehrmacht in Friedens- und Kriegszeiten. Von ihm stammten die ab 1933 an die deutsche Landwirtschaft herausgegebenen Produktionsrichtpläne. Er schloß die deutsche Fettlücke durch Öl-Saatenanbau und durch Walfisch-Margarine. Und er schuf das bis zum Ende des II. Weltkriegs funktionierende System der deutschen Lebensmittelmarken. In seinen großen und kleinen Lebensmittel-Einlagerungs- und Vorratsstellen hortete er seine Reserven – einschließlich der Lieferungen aus der Sowjetunion von 1939 bis 1943 – so dezentralisiert, daß die Gesamtversorgung der Bevölkerung und der Wehrmacht selbst durch die zahllosen Luftangriffe der Briten und Amerikaner nie ernstlich gefährdet wurde.

Leider habe er damals dagegen nichts machen können, da ja sogar darüber, welche Salatblätter angebaut werden sollten, vom Parlament habe abgestimmt werden müssen. Wie ständen wir heute mit einer Getreidereserve von 7½ Millionen Tonnen da, zumal die Jahre 1937 und 1938 uns gute Ernten gebracht hätten! Die beiden Mißernten der vergangenen Jahre könnten uns dann völlig egal sein. So sei er wenigstens froh, den Krieg schon 1939 aufgenommen zu haben und nicht erst heute, wo es dann gleich mit Schwierigkeiten losgegangen wäre.

Vom Weg großer Menschen

Beim Mittagessen meinte der Chef auf einen Einwurf, der Weg von Menschen, die berufen seien, einmal Großes in ihrem Leben zu leisten, sei doch recht seltsam.

Daß ein solcher Mensch schon als Kind als besonderes Talent erkannt worden sei, sei wohl nur bei Mozart der Fall gewesen. Irgendwann auf ihrem Lebensweg schlage das Schicksal plötzlich diese Menschen an und lasse sie ihre besondere Stärke erkennen.

Wie befangen sei er in seiner Wiener Zeit gewesen, obwohl er auf den verschiedensten Gebieten damals schon recht genau Bescheid gewußt habe. An einen großen Mann heranzutreten, habe er ebensowenig gewagt, wie etwa vor 5 Menschen zu reden.

Wenn der Krieg nicht gekommen wäre, wäre er sicher Architekt geworden, vielleicht – ja, wahrscheinlich sogar – einer der ersten Architekten, wenn nicht der erste Architekt Deutschlands, und nicht, wie es heute der Fall sei, der erste Geldbeschaffer für Deutschlands beste Architekten.

Aber plötzlich greife dann das Leben ein und mache den Menschen locker für seine Berufung und lasse sich das Milchgesicht auf einmal im Kampf als unüberwindlichen Feuerkopf entpuppen.

Wenn unsere Schulmeister das angehende oder nachmalige Genie in der Regel nicht erkennten, sondern sogar als untalentiert ablehnten – man denke nur an Bismarck, Wagner, Feuerbach, der von derselben Akademie in Wien, die ihn einmal als untalentiert abgelehnt habe, 10 Jahre später gefeiert und ausgezeichnet worden sei –, so liege das daran, daß sich in ein Genie wohl nur ein Genie ganz hineinversetzen könne.

Beim Kinde, beispielsweise von 10 Jahren, könne der Lehrer wohl die Durchschnittsbegabung konstatieren, viel mehr von seinen geistigen Anlagen aber nicht.

Charakterzüge ließen sich wesentlich leichter erkennen, da der, der in seiner Jugend unkameradschaftlich sei, es bestimmt auch noch im Alter sein werde. Man müsse aber auch insoweit vorsichtig sein, sei doch das Lügen eines Kindes sehr oft nur Ausdruck einer besonders lebhaften Phantasie, wie bei vielen großen Dichtern und Erzählern einwandfrei feststehe.

Das Gefährlichste sei die Einseitigkeit, mit der Erwachsene Kinder oft beurteilten. Der Mathematiklehrer glaube, wenn sein Schüler irgendeine höhere Gleichung nicht fertig bekomme, werde er später auch sein Gehalt nicht zählen können. Wenn ein Schüler beispielsweise musisch begabt sei, für andere Unterrichtsgebiete aber wenig Interesse habe, werde ihm das sofort als bodenlose Verbocktheit, wie er aus eigener Erfahrung wisse, ausgelegt.

Die Eltern machten derlei Fehler noch schlimmer, indem sie das Kind vorzeitig für bestimmte Berufe vorzubereiten suchten und, wenn dann etwas nicht klappe, sofort vom verlorenen oder mißratenen Sohn zu sprechen begännen. Ihn selbst habe man schon mit 13 Jahren für die Beamtenlaufbahn begeistern wollen und ihn zu diesem Zweck in das Linzer Hauptzollamt, einen wahren Staatskäfig, geschleppt, in dem die alten Herren aufeinander gehockt gesessen seien, so dicht wie die Affen. Da man nicht bedacht habe, daß man mit solch einem Anblick in einem jungen Menschen nicht Begeisterung, sondern nur Abscheu oder Haß wecken könne, habe man ihm von vornherein die Beamtenlaufbahn verekelt. Er sei daher ein Feind davon, die Söhne zu früh auf einen bestimmten Beruf festlegen zu wollen, man müsse sie erst von ihrem 18. Lebensjahr an sich nach und nach entscheiden lassen. Was in einem Menschen endgültig stecken könne, zeige ja das Beispiel eines so tüchtigen Gauleiters wie das Hildebrandts, der Landarbeiter gewesen sei, oder Sauckels, den er sogar wegen seiner außerordentlichen Befangenheit verkannt habe.

Friedrich Hildebrandt, seit seinem 16. Lebensjahr Landarbeiter, kam als Kreisvorsitzender seines Landarbeiterbundes zur NSDAP und war seit 1925 Hitlers Gauleiter, seit 1933 sein Reichsstatthalter in Mecklenburg.

Fritz Sauckel hatte sich durch Selbststudium vom Maschinen- und Werkzeugschlosser zum Ingenieur hochgearbeitet. Schon 1921 hatte er als Leiter des Deutschvölkischen Schutz- und Trutzbundes (in Unterfranken) Kontakt zu Hitler. Er wurde 1927 Gauleiter, 1932 Ministerpräsident und 1933 Reichsstatthalter in Thüringen. Seit 1942 Hitlers Generalbevollmächtigter für den Arbeitseinsatz, sollte er aus den – inzwischen von Hitler beherrschten – 250 Millionen Ausländern die von der deutschen Industrie benötigten »Fremdarbeiter« anwerben. Denn Hitler wollte keinesfalls als Ersatz für die zum Wehrdienst einberufenen Männer – wie er sagte – »deutsche Mütter am Fließband der Fabriken sehen«; er erhielt ihnen sogar bis 1943 – in krassem Gegensatz zur Regelung in Großbritannien – ihre 1,4 Millionen Hausgehilfinnen. Insgesamt wurden während des II. Weltkriegs von Sauckel schätzungsweise 7,5 Millionen Ausländer als Arbeitskräfte an die deutsche Wirtschaft vermittelt.

109

10. 5. 1942 nachmittags
(Wolfsschanze)

Beim Nachmittags-Geburtstagstee für General Jodl meinte der Chef, er bedauere die vielen Ausnahmen, die die Wehrmacht bei der Einstellung fünfzigprozentiger Juden-Mischlinge mache. Denn die Erfahrung beweise, daß aus diesen Judennachkommen doch vier, fünf, sechs Generationen lang immer wieder reine Juden ausmendelten. Diese ausgemendelten Juden bedeuteten eine große Gefahr! Er werde jetzt grundsätzlich nur noch in ganz besonderen Fällen Ausnahmen zulassen. Mischlinge

Mit der Wehrmachtseinberufung waren diese Menschen weitgehend den übrigen Deutschen gleichgestellt. Sie konnten auf Antrag mit Wehrmachtsgenehmigung sogar Volldeutsche heiraten und ihre eigene Vollgleichstellung mit Deutschblütigen durchsetzen. »Mischlinge« im Sinne Hitlers gab es entgegen der offiziellen Propaganda in Großdeutschland nur 72738 mit zwei jüdischen Großelternteilen und 48811 mit einem jüdischen Großelternteil. Als prominentester Mischling in der Wehrmacht galt der Generalfeldmarschall Erhard Milch, seit 1926 Vorstand der Deutschen Lufthansa und ab 1933 Staatssekretär für Luftfahrt in Berlin.

10.5.1942 abends
(Wolfsschanze)

Der Idealismus der Heimatfront

Beim Abendessen kam der Chef auf die Leistungen der Heimatfront zu sprechen.

Der Idealismus der Heimat sei so gewaltig, daß er sich entschlossen habe, einem Rüstungsarbeiter das Ritterkreuz des Kriegsverdienstkreuzes überreichen zu lassen.

Der anglo-amerikanische sogenannte »Bombenterror« gegen offene deutsche Städte und ihre Zivilbevölkerung ab 1942 konnte mit seinen 1000-Bomberpulks nicht – wie Churchill und sein Luftmarschall Arthur Harris hofften – die Kriegsmoral des deutschen Volkes erschüttern. Er konnte im Gegenteil die Deutschen nur zum »Totalen Krieg« mobilisieren und sie zu der Überzeugung bringen, daß es den Alliierten entgegen ihrer Propaganda gar nicht um die Beseitigung Hitlers und seiner NS-Paladine ging, sondern ganz allgemein um die Vernichtung Deutschlands und des deutschen Volkes.

In 14-Stunden-Schichten habe die Rüstungsarbeiterschaft die Panzerabwehrkanonen und so weiter für die Front hergestellt, bevor die von ihm – dem Chef – gesetzten Fristen abgelaufen gewesen seien[239].

In der Landwirtschaft zeige sich eine ähnliche Einsatzbereitschaft. Er werde deshalb aus der Ukraine die letzte Kuh wegholen, bevor die Heimat hungern müsse. Gerade aus diesen Erwägungen messe er dem Transportproblem in der Ukraine eine so besondere Bedeutung bei.

Der Reichstagsbrand 1933 und die Notwendigkeit absoluter Strafen im Kriege gegen Saboteure und Verbrecher

Beim Abendessen kam der Chef auf die Machenschaften der Kommunisten nach der Machtübernahme 1933 zu sprechen.

Gott sei Dank sei ihnen ein ganz besonders teuflischer Plan, 10000 Brände zur gleichen Zeit am selben Tage zu legen, mißlungen; denn die Kräfte der Polizei und der Feuerwehren wären auf diese Weise derart zersplittert worden, daß der Schaden und die Folgen gar nicht abzusehen gewesen wären.

Schon der Reichstagsbrand habe uns – zumindest in unserem Ansehen vor der deutschen Öffentlichkeit – schwer schaden können. Er sei deshalb sofort morgens um 2 Uhr in die Redaktion des »Völkischen Beobachters« (VB) gefahren, habe dort aber lediglich den Redakteur vom Dienst angetroffen und im ersten Abzug der VB-Morgenausgabe lediglich eine 10-Zeilen-Notiz über den Brand gefunden. Er habe sich daraufhin sofort mit Goebbels an die Arbeit gemacht und für die Morgenausgabe Artikel, Berichte und so weiter über den Brand, die die ganze erste Seite der Morgenausgabe füllten, abgefaßt und zusammengestellt. Ein schlagender Beweis, daß man in entscheidenden Situationen sehr leicht in die Verlegenheit kommen könne, alles selbst machen zu müssen.

Wenn auch die Polizei entsprechend rasch gehandelt hätte, wäre sicher auch die Aufklärung der Brandlegung ganz anders gelungen. Torgler[240], dieser Häuptling der deutschen Kommunisten, sei vor einem Polizisten, der ihn fest-

239 Erst ab 1943 arbeitete die deutsche Rüstungsindustrie in drei Schichten zu acht Stunden: rund um die Uhr, Tag und Nacht.

240 Ernst Torgler, Fraktionschef der KPD im Reichstag, wurde vom Reichsgericht freigesprochen. Zu seinem Ausschluß aus der KPD 1935 sagte Hitler am 18. September 1941: »Die kommunistische Reichstagsfraktion war ein Treffpunkt von Schwerverbrechern und Kriminellen. Torgler ist in der Fraktion schon unangenehm aufgefallen, da von ihm bekannt war, daß er noch keinen Einbruchsdiebstahl begangen hatte.«

genommen habe, in die Knie gesunken und habe ihn angefleht, ihn nicht zu erschießen. Hätte man ihn angesichts dieser Schockwirkung sofort vernommen, hätte er bestimmt gestanden. Van der Lubbe, der den Brand gelegt habe, habe binnen 3 Tagen gehängt werden müssen, da er, mit einem Paket aus Torglers Haus kommend, am Brandtag gesichtet worden sei.

Bei einem solchen raschen Verfahren habe man auch Material zur Überführung des geistigen Urhebers, des heutigen GPU-Chefs der Sowjetunion, Dimitroff [241], erhalten.

Aber da die Juristen ja leider nur so international wie die Verbrecher, aber nicht so geschickt wie sie seien, habe sich der Prozeß über Wochen hingeschleppt und mit einem lächerlichen Ergebnis geendet. Was ein Richter von Format aus der Sache hätte machen können, zeige allein schon die Tatsache, daß ein kräftiges Ansprechen van der Lubbes [242] durch Gruppenführer Heines [243] (»Kopf hoch«) den Angeklagten zur Änderung seiner Haltung gebracht habe.

Aber die Kommunisten reflektierten geradezu darauf, überall vor vertroddelte Richter zu kommen, und exerzierten überall dieselbe Taktik: dumm stellen, auf Fragen schweigen, von vornherein dadurch Vertagung zu erreichen und Zeit zu gewinnen suchen, daß sie durch ihre Verteidiger bäten, erst einmal – welche Unverschämtheit – das für sie in Betracht kommende Recht zu studieren. So sei es beim Reichstagsbrandprozeß gewesen, so sei es heute beim Papen-Attentatsprozeß in Ankara und so fort.

Man solle sich deshalb hüten, Sabotagefälle in Frankreich durch Juristen aufklären zu wollen. Nicht einen einzigen Geheimsender brächten diese heraus.

Sabotage könne man nur mit derselben Brutalität beantworten, mit der sie ausgeübt werde. Man müsse eben bestimmte Leute, etwa ein ganzes französisches Dorf, dafür haftbar machen, daß den deutschen Transporten auf den Straßen und Eisenbahnschienen in dem betreffenden Gebiet nichts passiere. Um ihren Kopf zu behalten, würden die die Strecken dann schon zur Genüge sichern.

Auch Himmler mache es in seinen Konzentrationslagern ähnlich. So habe er zum Beispiel mit bestem Erfolg einen zur Sicherungsverwahrung [244] überstellten Brandstifter dafür verantwortlich gemacht, und zwar unter Androhung der Erschießung, daß im Lager keine Brände ausbrächen. Keiner brause so wachsam

241 Georgi Dimitroff, ein bulgarischer Kommunist, wurde ebenfalls vom Reichsgericht freigesprochen. Im II. Weltkrieg war er Generalsekretär der von Lenin gegründeten Kommunistischen Internationale (Komintern) und ab 1946 Ministerpräsident der Volksrepublik Bulgarien.

242 Gemeint ist der arbeitslose holländische Rätekommunist Marinus van der Lubbe aus Leiden, der – 1909 geboren und damals im Berliner Obdachlosenasyl lebend – den Proletariern aller Welt ein Fanal gegen den Faschismus geben wollte. Dazu zündete er am Abend des 27. Februar 1933 den Reichstag mit vier Paketen Kohleanzündern an und setzte ihn total in Brand. Vom Reichgericht als allein schuldig festgestellt, wurde er zum Tode verurteilt und am 10. Januar 1934 mit dem Fallbeil hingerichtet.

243 Edmund Heines, ehemaliger Berufsoffizier, Teilnehmer des Hitlerputsches 1923, überführte 1926 die Organisation »Freikorps Roßbach« in die SA, wurde 1931 SA-Führer in Schlesien, 1933 Polizeipräsident in Breslau und 1934 als engster Vertrauter Röhms erschossen.

244 Die 1933 eingeführte »Sicherungsverwahrung« gegen Landesverräter, Gewohnheitsverbrecher, Sittlichkeitskriminelle usw. wurde zwar bis Ende 1937 nur 6852mal verhängt. Sie war aber in den einschlägigen Kreisen genauso gefürchtet wie die Todesstrafe bei den Autofallenräubern.

durch die Gegend wie dieser Bursche, der selbst eine Fülle von Brandstiftungen auf dem Kerbholz habe.

In ähnlicher Weise beschäftigte Himmler seit 1943 die besten deutschen Urkundenfälscher mit der Fälschung britischer Pfundnoten von angeblich insgesamt zwei Milliarden Goldmark. Aus allen deutschen Gefängnissen und Zuchthäusern hatte er sie in einem Sonder-KZ bei Berlin bei besonders günstigen Lebensbedingungen zusammengezogen. Die Leute analysierten nicht nur die Papierzusammenstellung der britischen Noten genau, sondern kopierten auch die Druckfarben, Wasserzeichen und Sicherheitsfaserung so hundertprozentig, daß selbst die Bank von England die 5-, 10- und 100-Pfundnoten aus Himmlers Fabrikation kaum von den eigenen unterscheiden konnte. Zudem hatte Himmler jüdischen Bankiers für sich und ihre Familien »Sonderstatus« eingeräumt, damit sie ihm über ihre internationalen Beziehungen, insbesondere über Schweizer Banken, die Nummern neuer Notenserien der Bank von England besorgten. Da so die richtigen Nummern verwandt wurden (d.h. als Double), konnte mit den gefälschten britischen Pfundnoten nicht nur die deutsche Auslandsspionage, sondern auch der Auslandseinkauf von Rüstungsgütern in den Mittelmeerländern, Südamerika usw. finanziert werden, ohne daß die Sache während des Krieges je aufplatzte. Ich habe mir selbst zwei solcher Banknoten als Erinnerungsstücke aufgehoben.

Man müsse aber immer auf die Tat sofort die Strafe folgen lassen, wenn die Sache wirken solle, also den Verdunkelungs-Verbrecher zum Beispiel sofort nach seiner Festnahme aburteilen und erschießen.

Wenn man erst zuschaue, womöglich über mildernde Umstände berate, gleite einem der Zügel aus der Hand, und es gebe kein Halten mehr. Im Kriege müsse man rücksichtslos darauf drücken, daß keine asozialen Dinge einreißen.

Jeder müsse wissen: Wer draußen an der Front stehe und seine Soldatenpflicht tue, könne fallen – und zwar in Ehre. Wer aber drinnen Schweinereien mache, müsse sterben – und zwar in größter Schande!

Wer draußen als armer Deubel im Felde stehe und sich totschießen lasse, müsse wissen, daß das Paket, das seine Frau ihm als Gruß aus der Heimat schicke, nicht unterwegs gestohlen werde.

Leider sei man im I. Weltkrieg erst 1918 darauf gekommen, als es zu spät gewesen sei. Er habe dagegen die absolute Strafe sofort bei Kriegsbeginn für besonders verwerfliche Straftaten eingeführt, da er mit den absoluten Strafen bei der Bekämpfung der Autofallen und Zugentgleisungen schon im Frieden die besten Erfahrungen gemacht habe. Und die Plünderungen in den englischen Städten, auf die unsere Luftwaffe in den letzten Tagen ihre Vergeltungsangriffe durchgeführt habe, Plünderungen, an denen sich sogar Polizeibeamte und Feuerwehrleute beteiligt hätten, gäben ihm hundertprozentig recht.

Man verliere den Krieg im Innern, wenn man nicht so rasch und brutal durchgreife. Alle Staatsführungen müßten sich so oder so mit diesem Problem abfinden.

111

11.5.1942 mittags
(Wolfsschanze)

Wiedersehen mit einem Saalschlacht-Kämpen

Beim Mittagessen erzählte der Chef von einem überlebensgroßen Münchener mit Bärenkräften. Der sei in der Kampfzeit mehr wert gewesen als Hunderte von Bürgern. Er habe ausgeschaut wie ein waschechter Proletarier und sei im

Sprengen gegnerischer Versammlungen und im Erobern des Fahnentuches der anderen ebenso routiniert gewesen wie in dem Saalschutz bei eigenen Versammlungen[245].

Wie er von ihm nach der Machtübernahme einmal im Kaffeegarten des Cafés Heck[246] angesprochen worden sei und ihn aufgefordert habe, für einen Moment bei ihm in seiner Arbeitskluft Platz zu nehmen, sei er nicht schlecht – ja fast wie ein Ungeheuer – angestaunt worden vom Bürgerpublikum.

112 abends (Wolfsschanze)

Beim Abendessen wies der Chef darauf hin, daß in Deutschland das Zehnfache an Honig gewonnen werden könnte, als jetzt von den Imkern gewonnen wird. Man müsse sich immer vor Augen halten, daß im Altertum und im Mittelalter Bienenhonig der wesentlichste Süßstoff gewesen sei und sogar beim Nachsüßen des Weines Verwendung gefunden habe. Honig, Met und Honigkuchen

Hitlers Vater war ein Imker von großem Rang. Er veröffentlichte verschiedene Fachabhandlungen über die Imkerei in der Tagespresse seiner Zeit. Hitler interessierte deshalb alles, was Bienen anging, besonders. Zum Frühstück ließ er sich auch im Kriege stets Honig servieren und wunderte sich zutiefst über die Unbildung seiner Mitarbeiter, daß sie die Honigsorten nicht nach ihrer Herkunft (Lindenblüten, Heide, Akazien, Orangen usw.) genauso unterscheiden konnten wie die Marmeladen (Erdbeer, Heidelbeer, Kirsch, Johannisbeer, Himbeer usw.).

Auch das altdeutsche Getränk Met, das man in seiner Jugend noch auf der Kirmes ausgeschenkt habe, werde mit Honig bereitet. Ebenso sei der erste Exportkuchen ein Honigkuchen gewesen, und zwar der Nürnberger Honigkuchen.

Beim Abendessen kam der Chef darauf zu sprechen, daß die verschiedensten Dinge zum Kriege führen könnten. So sei es durchaus denkbar, daß wir in 100 Jahren Krieg gegen Italien und Nordafrika führen müßten, wenn das Aufforstungsprogramm des Duce – das in der ersten Etappe allein schon die Anpflanzung von 35 Millionen Bäumen vorsehe – durchgeführt werde. Wie Kriege entstehen

Eine derartige Aufforstung Italiens und Nordafrikas habe nämlich unweigerlich erhebliche klimatische Veränderungen für uns zur Folge. Denn Italien sei dann nicht mehr die Röst-Platte, die ihre Sonnen-Wärme an uns abgebe und uns dadurch warme Regen beschere. Es entstehe für uns sogar die Gefahr, wieder ein regenreiches nebliges Klima zu erhalten, wie es heute Rußland habe.

245 Hitler schuf seine 4-Millionen-Mann-Privatarmee (Stand: 1934) von SA, SS, NSKK aus einer von dem Uhrmacher Emil Maurice in München im Februar 1920 gegründeten Ordnertruppe der NSDAP, die sich »Turn- und Sportabteilung« nannte. Sie umfaßte 46 Mitglieder. Da Hitler seit Juli 1923 politischer Leiter der »Arbeitsgemeinschaft der vaterländischen Kampfverbände« Bayerns war (Ausweis Nr. 1 vom 12. Juli 1923), konnte er geeignete Führungskräfte für seine Partei-Armee aus dem Gesamtreservoir der damals 70000 Angehörigen der nationalen Soldatenverbände gewinnen.

246 Hitler besuchte auch nach 1933 bei seinen Aufenthalten in München gern das – für seine exquisiten Kuchen berühmte – Hofgarten-Café Heck.

Erholung vom 30jährigen Krieg

Ferner erwähnte der Chef als Indiz für die rassische Stärke unseres Volkes, daß die Bevölkerung des Heiligen Römischen Reiches Deutscher Nation im Verlauf des Dreißigjährigen Krieges von 18 ½ Millionen auf 3 ½ Millionen zusammengeschrumpft sei und trotzdem das deutsche Volk heute an die 80 Millionen Menschen zähle.

Münchens mittelalterliches Stadtbild

Schließlich kam Hitler auf den Bau einer U-Bahn in München zu sprechen und erklärte, er verfolge den Bau dieser U-Bahn mit größtem Interesse, rette er doch das schöne mittelalterliche Stadtbild des Münchener Zentrums (Neuhauser-Theatinerstraße), da er die Straßenbahn mit ihrem Leitungsnetz überflüssig mache.

Auch die Ludwigstraße käme wieder in ihrer vollen Schönheit zur Geltung, wenn die Straßenbahn aus ihr aufgrund des U-Bahnbaues verschwinden könne.

Es komme immer darauf an, alle technischen Möglichkeiten auszuschöpfen, um das Gesicht einer Stadt zu prägen oder zu erhalten[247]. Das hätten die Berliner schon 1650 gewußt und damals bei einer Einwohnerzahl von 35000 eine so schöne Straße wie die »Unter den Linden« angelegt.

113 — 12.5.1942 mittags (Wolfsschanze)

Nationale Weihestätten

Beim Mittagessen meinte der Chef, daß es ein selbstverständliches Bestreben eines jeden Volkes sei, seine großen Männer in besonderen nationalen Weihestätten beizusetzen.

Wenn auch Ludendorff seinem eigenen Wunsche entsprechend heute in Tutzing beerdigt liege, so trage er, der Chef, sich doch nach wie vor mit dem Gedanken, Frau Ludendorff zu bewegen, daß sie einer Überführung Ludendorffs in die Neue Soldatenhalle[248] in Berlin ihre Zustimmung gebe. Diese Zustimmung sei selbstverständlich nur zu erreichen, wenn Frau Ludendorff zugesichert werde, daß sie nach ihrem Ableben neben ihrem Mann beigesetzt werde.

Auch die Angehörigen Hindenburgs hätten sich mit der Beisetzung des »Alten Herrn« im Ehrenmal in Tannenberg nur unter der Bedingung einverstanden erklärt, daß auch seine Frau dann dort neben ihm bestattet werde. Diese Voraussetzung entspreche der deutschen Familienauffassung und sei deshalb unbedingt zu beachten.

Denn bei unseren großen Männern sei die eigene Frau meist der einzige Kamerad gewesen, der bis zum Tode immer treu zu ihnen gehalten habe und dadurch, daß sie auch in Krisenzeiten in ihrem Glauben nicht wankelmütig geworden sei, ein unversiegbarer Kraftquell gewesen sei.

247 Für die Stadt-Zentren propagierte Hitler Fußgängerzonen, für den Autoverkehr in der City Straßentunnel.

248 In der von Professor Wilhelm Kreis nach Angaben Hitlers entworfenen neuen »Soldatenhalle« Berlins war außer dem Ehrengrab des »Unbekannten Soldaten« eine Krypta für die Särge aller deutschen Feldmarschälle und Heerführer der Vergangenheit, Gegenwart und Zukunft vorgesehen.

Der Chef kam weiter auf die deutschen Denkmäler zu sprechen und beklagte, daß den Künstlern in der Regel nichts Besseres eingefallen sei, als die Potentaten hoch zu Roß mit wallendem Helmbusch darzustellen.

Denkmäler

Als Ausnahmen, die wirklich imposante Kunstwerke seien, nannte er in Wien Zauners (Franz Anton Edler von Zauner; 1746 bis 1822) Denkmal Josephs II., außerdem das Denkmal Maria Theresias neben dem Wiener Hofmuseum, in Berlin Rauchs (Christian Daniel Rauch; 1777 bis 1857) Denkmal Friedrichs II., des Großen, sowie in München Hildebrands Prinzregentendenkmal[249], aber auch Fernkorns (Anton Dominik Ritter von Fernkorn; 1813 bis 1878) Denkmal des Prinzen Eugen sowie ein Denkmal Kaiser Friedrichs III[250].

Beim Abendessen führte der Chef aufgrund eines Einwurfes aus, daß wir wieder zu einer vernünftigen Nationalwirtschaft kommen müßten, wenn wir alle Ernährungs- und Industrieprobleme in einer unserem Volk in seiner Gesamtheit nützenden Weise lösen wollten.

Das Fettproblem, ein Beweis für die Notwendigkeit einer »National-Wirtschaft«

Diese und die folgende Aufzeichnung brachten mir Ärger mit Bormann, der sie für dienstliche Zwecke verwenden wollte und erbost feststellte, daß ich seine Ausführungen nicht ausführlich mit festgehalten hätte. Ich erklärte ihm, mir sei es lediglich um die einwandfreie Herausarbeitung des Standpunktes Hitlers gegangen. Eine nachträgliche Änderung meiner Aufzeichnung im Sinne der Bormannschen Einwürfe lehnte ich ab.

Leider habe jedes national-wirtschaftliche Denken bei uns aufgehört, als die Nationalökonomen bei unseren Politikern Gehör gefunden hätten.

Wie ständen wir heute allein auf dem Gebiete des Fetts da, wenn man dem Walfang und der Ausnutzung des Wals beizeiten sein Augenmerk zugewandt hätte. Denn das Walöl sei ja nicht nur gut gegen Rachitis, sondern sei das Fett, das sich unbeschränkt halte. Da wir heute Verfahren hätten, mit denen wir den Wal zu 88 Prozent verwerten könnten, zum Beispiel das Fleisch für Konserven, die Haut als Leder, die Fleischfasern als Grundbestandteile eines unzerreißbaren Stoffes, sei die Organisation des Walfangs für uns ein unerhört aktuelles Problem.

Auf eine Bemerkung Gauleiter Forsters[251], daß die Stadt Thorn 1830 eine deutsche Mehrheit gehabt habe, von dieser Mehrheit 1939 aber nur noch kümmerliche Reste vorhanden gewesen seien, meinte der Chef, das liege an der völlig falschen Volkstumspolitik Preußens in den vergangenen 150 Jahren.

Moralismus oder »französischer Realismus« in der Volkstumspolitik im Osten?

Die preußische Regierung habe die deutschen Ostgebiete in diesen anderthalb Jahrhunderten zu einer ausgesprochenen Strafkolonie gemacht, in die

249 Gemeint ist das Denkmal des Prinzregenten Luitpold von Bayern von Adolf von Hildebrand (1847 bis 1921).

250 Das Grabdenkmal Kaiser Friedrichs III., des ersten Habsburgers, der Träger der deutschen Kaiserkrone war und dessen Wahlspruch A.E.I.O.U. (»Alles Erdreich Ist Österreich Unterthan«) in die Geschichte einging, befindet sich im Wiener Stephansdom.

251 Albert Forster war seit 1930 Gauleiter und seit 1939 auch Reichsstatthalter in Danzig-Westpreußen. 1902 geboren, war er von Beruf Bankkaufmann.

Lehrer, Beamte und Offiziere immer dann versetzt worden seien, wenn sie sich etwas hätten zuschulden kommen lassen oder wenn sie aus dienstlichen Gründen hätten abgeschoben werden sollen.

All das, was Preußen auf diesem Gebiet gesündigt habe, müsse – das sei sein fester Entschluß – in zehn Jahren Ost-Arbeit wiedergutgemacht werden. Nach zehn Jahren verlange er von seinen Gauleitern Vollzugsmeldung, daß die Ostgebiete restlos deutsch seien.

Gauleiter Forster versicherte für seinen Gau Danzig-Westpreußen, daß man dies Ziel erreichen werde. Allerdings brauche man dazu die tüchtigsten Leute aus dem Altreich, und zwar möglichst im Lebensalter unter 40, da für die Vierzigjährigen und Älteren das Wort gelte: »Alte Bäume verpflanze man nicht.«

Der Chef betonte, selbstverständlich müßten überwiegend junge Kräfte nach dem Osten. Man müsse den Stolz in ihnen wecken, dort nicht in ein gemachtes Bett zu kommen, sondern die Möglichkeit zu haben, aus eigenem Können Großes zu schaffen. Daß sie bei Bewährung im Osten dann auch wesentlich schneller befördert werden müßten als alle Jahrgangskameraden, die im Altreich herumsäßen und dort einen bereits eingespielten Dienstbetrieb lediglich weiterzuführen hätten, sei selbstverständlich. Nur so erhalte die Berufung nach dem Osten tatsächlich den Charakter einer Auszeichnung.

Das Ziel seiner Ostpolitik sei – auf lange Sicht gesehen –, etwa hundert Millionen germanischen Menschen in diesem Raum ein Siedlungsgebiet zu erschließen. Man müsse alles daransetzen, mit eiserner Zähigkeit eine Million deutscher Menschen nach der anderen dorthin zu bringen. Spätestens in zehn Jahren wünsche er Meldung darüber zu erhalten, daß in den Deutschland bereits wieder eingegliederten beziehungsweise von unseren Truppen besetzten Ostgebieten (Danzig, Westpreußen, Warthegau, Regierungsbezirk Ziechenau und Bezirk Bialystok) mindestens zwanzig Millionen deutsche Menschen lebten. Was sich hier schaffen lasse, um den Menschen auch die nötigen kulturellen Voraussetzungen zu erstellen, zeige die Tatsache, daß es sogar die Polen fertiggebracht hätten, der Innenstadt Gotenhafens (= Gdingen) durch Anlage schöner breiter Straßen ein Gesicht zu geben.

Gauleiter Forster warf hier ein, daß man seines Erachtens auch während des Krieges besonders vordringliche kulturelle Bedürfnisse nicht blindlings ignorieren dürfe. Zum Beispiel gebe es in ganz Gotenhafen nur drei kleine, aber kein einziges großes Kino und keine einzige große Versammlungshalle, so daß man – wenn Kriegsschiffe im Hafen lägen – nicht wisse, wo man mit all den landhungrigen Seeleuten bleiben solle. Er habe nun zwar das Material zur Verfügung, um eine gleichzeitig als Kino verwendbare Versammlungshalle zu bauen, könne den Bau aber nicht ausführen, da ihm aufgrund der Bestimmungen über den totalen Krieg die erforderlichen Bauarbeiter, 60 russische Kriegsgefangene, verweigert würden.

Der Chef bemerkte hierzu, daß man hier die praktische Notwendigkeit nicht an einem vorübergehenden Einsatz von 60 Kriegsgefangenen scheitern lassen solle. Wenn Gauleiter Forster das Baumaterial tatsächlich vollständig zur Verfügung habe, solle man ihm die Kriegsgefangenen für die Bauzeit geben.

Er sei überhaupt der Meinung, daß man gerade bei der Arbeit in den Ostgebieten immer auf das Gebot des praktischen Lebens hören müsse und sich nicht stur an die Weisheiten halten dürfe, die vom grünen Tisch in Berlin kämen. Es sei von der preußischen Regierung in den rückgegliederten Ostgebieten zuviel gesündigt worden, als daß man mit Theorien allzu viel anfangen könne.

Wenn man den Rückgang des deutschen Volkstums in diesen Gebieten untersuche, komme man zu dem Ergebnis, daß er vor allem von zwei Elementen verschuldet sei: der Kirche und dem Adel.

Wie sehr die Katholische Kirche in ihrem politischen Kampf mit dem Polentum gemeinsame Sache gemacht habe, sei ja bekannt. Weniger bekannt sei, daß auch der deutsche Adel in diesen Gebieten es nicht für nötig gefunden habe, engsten Kontakt mit dem deutschen Volkstum zu pflegen und die deutschen Belange allen anderen voranzustellen. Er habe vielmehr geglaubt, in erster Linie zur Nobilität, auch wenn sie polnischen Volkstums gewesen sei, halten zu müssen. Eine Einstellung, die – da habe Gauleiter Forster ganz recht – durch Interessen der Jagd, dieser grünen Freimaurerei, ganz besonders gefördert worden sei. Den Bemühungen zur Erhaltung des deutschen Volkstums habe der deutsche Adel sogar geradezu den Garaus gemacht, als er in immer stärkerem Maße versucht habe, den deutschen Kleinsiedler um sein Land zu bringen und den deutschen Landarbeiter durch polnische Arbeitskräfte zu ersetzen.

Daß es der preußischen Regierung nicht gelungen sei, diesen Bestrebungen entgegenzuwirken, zeige einen bedauerlichen Mangel an geschichtlichen Kenntnissen. Denn die deutschen Kaiser hätten den Südosten des Reichs durchaus nicht zufällig mit einer Fülle kleiner deutscher Siedlungen ausgestattet, sie hätten das bewußt getan, um in diesen Grenzmarken dichtestes deutsches Volkstum anzusetzen.

Wenn man die Fehler des vergangenen Jahrhunderts in den Ostgebieten wiedergutmachen wolle, müsse man radikale deutsche Volkstumspolitik treiben. Ebenso wie der Deutschritterorden sich nicht mit Glacéhandschuhen durchgesetzt, sondern mit der Bibel auch das Schwert mitgebracht habe, so müßten auch unsere nach dem Osten abkommandierten Männer als Glaubenskämpfer der nationalsozialistischen Weltanschauung unsere Volkstumsbelange notfalls mit Brachialgewalt durchsetzen.

Von dem Vorgehen der Franzosen im Elsaß könne man dabei viel lernen. Die Franzosen hätten hier ohne Rücksicht auf die Leiden der lebenden Generation den deutschen Einfluß mit brutaler Gewalt unterdrückt und planmäßig französisches Volkstum und französische Kultur hineingepumpt. Wenn man ebenso verfahre und unter rücksichtsloser Ausmerzung der Zweisprachigkeit und unter Umsiedlung allen Volkstums, das nicht einzudeutschen sei oder eingedeutscht werden wolle, mit einem radikalen Schnitt klare Verhältnisse schaffe, könne schon die zweite, spätestens die dritte Generation der Bevölkerung in diesen Räumen wieder in völliger Ruhe leben.

Wenn wir das Elsaß und Lothringen wieder zu rein deutschen Gebieten machen wollten, müsse jeder, der sich nicht von sich aus zum Deutschtum bekenne, aus diesem Gebiet heraus. Gauleiter Bürckel[252] sei in dieser Hinsicht ja schon

252 Josef Bürckel, Lehrer, seit 1926 Gauleiter der Pfalz, wurde 1933 zugleich Hitlers Gauleiter an der Saar, 1934 Hitlers Beauftragter für die Rückgewinnung des Saargebietes, 1935 Reichskommissar für das Saarland, 1938 Reichskommissar für die Wiedervereinigung Österreichs mit

mit einschneidenden Maßnahmen vorangegangen; aber auch aus dem Elsaß müßten noch eine Viertelmillion Französlinge verschwinden. Ob man sie im Einzelfall nach Frankreich abschiebe oder ob man sie im Osten ansetze, spiele für die grundsätzliche Entscheidung keine Rolle. Die Auffüllung der bei diesem Vorgang entstehenden Bevölkerungslücken sei kein Problem. Allein aus Baden könnten zahllose Bauernsöhne für eine Ansiedlung im Elsaß oder in Lothringen gewonnen werden, da ihr Verbleib in ihrer jetzigen Heimat sowieso ausgeschlossen sei. Denn die meisten Bauernhöfe Badens seien ihres geringen Umfanges wegen heute nicht mehr geeignet, einer deutschen Bauernfamilie das Aufziehen von mehr als zwei Kindern zu ermöglichen.

Auch in den Ostgebieten könne man nur mit einem absolut rigorosen Vorgehen à la Stalin zum Ziele kommen. Er sei aber der festen Überzeugung, daß auch sie, wenn die Partei in ihnen erst fünfzig Jahre Geschichte gemacht habe, ein durch und durch germanisches Gepräge aufweisen würden.

Eindeutschung polnischer Elemente

Gauleiter Forster berichtete dann von den Schwierigkeiten, die bei der Entscheidung der Einzelfälle auftreten. Wenn zum Beispiel ein polnischer Bühnenarbeiter vom Theater in Graudenz seine Eindeutschung nachsuche, weil er unter seinen Vorfahren eine deutsche Großmutter habe, so könne man sein Gesuch nicht einfach ablehnen. Man müsse vielmehr zunächst einmal überlegen, daß sich ein Arbeiter aus dem Altreich kaum bereitfinden werde, als Bühnenarbeiter nach Graudenz zu gehen, daß man also bei der Ablehnung des Gesuchs schwerlich einen Ersatz für den Gesuchsteller erhalte. Ähnlich lägen die Dinge bei katholischen Krankenschwestern, wenn sie auf Seuchenstationen tätig seien, bei einer polnischen Frau, die einem deutschen Schwer-Kriegsbeschädigten den Haushalt führe und so weiter. Er stehe deshalb auf dem Standpunkt, die Entscheidung über die Eindeutschung von Polen müsse man aufgrund des Gesamteindrucks eines Menschen auch dann im positiven Sinne fällen, wenn man seine deutsche Abstammung nicht einwandfrei feststellen könne, er aber in seinem Aussehen, in seiner charakterlichen Haltung und in seiner Intelligenz eindeutig germanische Züge aufweise.

Wenn Professor Günther[253] als Rassenforscher bei einer zehntägigen Fahrt durch den Gau Danzig-Westpreußen festgestellt habe, daß vier Fünftel des Polentums im Norden des Reichsgaues einzudeutschen seien, so halte auch er das durchaus für möglich. Man müsse sich eben bei der Einzelentscheidung immer vor Augen halten, daß das Leben stärker sei als die Theorie, und deshalb das eindeutschen, was nach einer gesunden Lebenserfahrung und Lebensbeurteilung eindeutschenswert sei. Beim Süden beziehungsweise beim Südosten

dem Deutschen Reich und Gauleiter in Wien, 1940 unter Abberufung aus Österreich Gauleiter in Lothringen und Reichsbeauftragter für Lothringens Zivilverwaltung. Chef der Zivilverwaltung im Elsaß wurde der Gauleiter und Reichsstatthalter von Baden, Robert Wagner, ein ehemaliger Berufsoffizier. Bürckel schob 100000 Lothringer – Wagner »nur« 10000 Elsässer – als frankophil ins unbesetzte Vichy-Frankreich ab.

253 Professor Hans Günther, Rassenforscher und Sozial-Anthropologe an den Universitäten Jena, Freiburg und Berlin, schrieb u.a. die »Rassenkunde des deutschen Volkes«, eine »Rassenkunde des jüdischen Volkes« und ein Werk über die »Herkunft und Rassengeschichte der Germanen«. An seiner überfüllten Antrittsvorlesung an der Universität Jena im Jahr 1931 nahm Adolf Hitler teil.

des Gaues Danzig-Westpreußen halte er es allerdings für richtiger, dort erst einmal einige Militärgarnisonen hineinzulegen und das Blut der für eine Eindeutschung in Betracht kommenden Bevölkerungskreise auffrischen zu lassen. Solange in diesem Gebiet nicht klar sei, wie das endgültige volkstumsmäßige Schicksal seiner Bewohner aussehen werde, sei es auch ratsam, sie nicht der »Betreuung« durch katholische Pfarrer aus dem Altreich auszuliefern, sondern ihnen ihre polnischen Pfarrer zu belassen. Denn bei dem Druck, dem sich die polnischen Pfarrer ausgesetzt fühlten, seien sie jeder Einflußnahme zugänglich und erkundigten sich sogar am Ende einer jeden Woche auf dem Landratsamt, worüber sie in der Kirche predigen sollten. Noch besser wäre es natürlich, den polnischen Bischof für einen engen Kontakt zum Gauleiter zu gewinnen, um durch ihn die erwünschten Themen und Weisungen an die einzelnen Pfarrer ergehen zu lassen. So sei es möglich, auch während der ganzen Übergangszeit Ruhe und Ordnung im Lande zu sichern.

Anderer Meinung ist der Chef, da schon ein gewisser Herr »Karl der Große« es restlos ohne Erfolg versucht habe, mit Bischöfen in seinem Stabe die Kirche zu einer »deutschen« Politik zu gewinnen.

Da den Ausführungen Gauleiter Forsters verschiedentlich widersprochen wurde und insbesondere Reichsleiter Bormann darauf hinwies, daß man trotz aller Rücksichtnahme auf praktische Gegebenheiten den Grundsatz festhalten müsse, nicht durch eine zu weitgehende Eindeutschung von Polacken dem deutschen Volkstum Blutströme zuzuführen, die sein Wesen ungünstig beeinflussen könnten, nahm der Chef zum Problem der Eindeutschungsfähigkeit der Slawen ganz allgemein Stellung.

»Pan-Slawismus«, ein russisches Märchen?

Hitler ging dabei davon aus, daß sich über die Eindeutschungsfähigkeit der Slawen nichts Generelles sagen lasse, da der Begriff »Slawen« vom zaristischen Rußland im Rahmen seiner panslawistischen Politik als zusammenfassende Bezeichnung für rassisch völlig verschiedenartige Völkerschaften propagiert und eingebürgert worden sei. Es sei zum Beispiel völliger Unsinn, die Bulgaren als Slawen zu bezeichnen, da sie turkmenischen Ursprungs seien. Auch die Tschechen könne man nicht als Slawen bezeichnen. Man brauche einem Tschechen nur den Schnurrbart einmal nicht zu scheren, um am Herunterwachsen zu erkennen, daß es sich bei ihm um einen Abkömmling mongolider Stämme handle. Bei den sogenannten Südslawen wiederum herrsche ein total dinarischer Einschlag vor. Eine Eindeutschung von Kroaten könne deshalb vom volkstumsmäßigen Standpunkt aus nur begrüßt werden, sie sei ja aber aus politischen Gründen absolut undiskutabel.

Bei allen Eindeutschungsmaßnahmen dürfe man demnach nicht von irgendwelchen abstrakten Sammelbegriffen ausgehen, sondern müsse sich in jedem Einzelfall überlegen, ob der Einzudeutschende einer Rasse angehöre, die verbessernd in unser Volkstum hineinwachsen könne, oder aber ob er Merkmale einer Rasse zeige, die sich bei einer Vermischung mit deutschem Blut ebenso wie die jüdische negativ auswirke. Wenn man nicht die feste Überzeugung habe, daß durch die einzelne Eindeutschung eine Verbesserung unseres Volkstums ermöglicht werden könne, müsse man sie, auch wenn noch so viele Gefühlserwägungen dafür sprächen, unterlassen. Wieviel blonde, blauäugige Juden gebe es, bei denen sich immer wieder Fürsprecher für eine Eindeutschung fänden.

Gerade beim Juden aber sei es klar nachgewiesen, daß, wenn das Aussehen und die charakterliche Veranlagung auch bei einer oder zwei Generationen völlig auseinanderfielen, sie sich bei der nächsten doch wieder ganz klar deckten und in die Erscheinung träten.

Diese Überlegungen hatten Hitler bestimmt, Weihnachten 1932 seinen besonders herzlichen Kontakt zur beliebten Berliner Operetten-Soubrette Gretl Slezak einschlafen zu lassen. Gretl Slezak, die Tochter des berühmten Wiener Heldentenors und späteren deutschen Filmkomikers Leo Slezak, war über die Familie Goebbels mit Hitler bekannt geworden. Sie war blond, blauäugig, eine große Künstlerin, voller Temperament und anschmiegsam wie ein Wiener »Tschapperl«, also eine Partnerin, wie Hitler sie sich erträumte. Aber er kam nicht darüber hinweg, daß sie unter ihren Großeltern eine jüdische Großmutter hatte und das noch nicht einmal zeitgemäß zu kaschieren suchte. Hinzu kam, daß sich Weihnachten 1932 – nicht ohne Zutun seiner Wirtschafterin, Frau Winter-Brunner – sein Verhältnis zu Eva Braun in München zu einer intimen, bleibenden Lebensbeziehung verdichtete.

Aufnordung fremden Blutes

Auf eine weitere interessante Erscheinung, die bei den Eindeutschungsmaßnahmen ebenfalls berücksichtigt werden müsse, habe ihn ein Besuch des Zeughauses in Graz aufmerksam gemacht. Dort seien nämlich an die 1000 Rüstungen ausgestellt, die so klein seien, daß heute bestimmt kein Steiermärker und Kärntner mehr in sie hineinpasse. Es sei das seines Erachtens ein Beweis dafür, daß die Vertreter germanischer Volksstämme, die sich in Steiermark und Kärnten angesiedelt hätten, nicht nur das dortige Blut aufgefrischt, sondern darüber hinaus sich auch mit ihrem rassisch stärkeren Blut durchgesetzt hätten. Er sei deshalb fest entschlossen, in alle Gebiete, in denen das vorhandene Volkstum schlecht sei, rassisch hochwertige Militäreinheiten, wie zum Beispiel Formationen der Waffen-SS, hineinzulegen und durch sie eine Auffrischung des Blutes der Bevölkerung besorgen zu lassen.

Ebenso wie Hitler die »Ehe« und die »Familie« für staatspolitisch unverzichtbar hielt, so lehnte er die »Abtreibung« – von Sondergründen abgesehen – als staatspolitisch unverantwortbar ab. Er unterstützte es deshalb, daß Himmler 1936 die SS-Organisation »Lebensborn e. V.« schuf, die gesunde ledige Mütter vor den Gefahren der illegalen Abtreibung bewahren sollte. Denn Zehntausende deutscher Frauen büßten bislang nach den Schätzungen der Volksgesundheitsämter jährlich durch illegale Abtreibungen von Kurpfuschern, »Engelmacherinnen« und unseriösen Ärzten ihr Leben ein; Hunderttausende gesunder Kinder blieben so ungeboren. Finanziert von Mitgliedsbeiträgen der SS-Führer und aktiver SS-Leute unterhielt die Organisation »Lebensborn e. V.« zunächst sechs, später 12 und im Kriege 22 Entbindungsheime, die zum Teil mit Wöchnerinnenheimen, Mütterheimen und dergleichen gekoppelt waren. Sie hatten eigene Standesämter, Vormundschaftsbehörden usw. zur Verfügung, die den ledigen Müttern zur Verfügung standen, ihnen Arbeitsstellen vermittelten, ihre Kinder ganz oder teilweise betreuten, ihnen auf Wunsch Adoptiv- bzw. Pflegeeltern besorgten und vor allem die Heirat der Kindseltern förderten. Im Kriege unterstellte Hitler die »Lebensborn«-Organisation dem Protektorat seines SS-Leibarztes Professor Dr. Karl Brandt. Insgesamt kamen in den sechs ältesten Lebensborn-Heimen nach meinen Unterlagen 12000 Kinder zur Welt. Für 17000 deutsche Kriegswaisen führten sie Beistandschaften bzw. Vormundschaften durch.

Wenn ihm dabei entgegengehalten werde, daß ein derartiges Vorgehen die Moral des deutschen Volkes ins Wanken bringe, so könne er nur erwidern,

Rassenpolitik und Moral, Liebe und Heirat, Vielweiberei der Türken und preußischer Prinzen

daß höchstens jene verlogene Moral der oberen Zehntausend dadurch lädiert werde, die es dem Türken übelnimmt, wenn er sein ganzes Leben mit vier Frauen in ehelicher Gemeinschaft verbringt, während preußische Prinzen unbeanstandet in ihrem Leben einen Verbrauch von vierzig und mehr Maitressen haben könnten. Die Verlogenheit, die in einer derartigen Auffassung zum Ausdruck komme, könne ihn rasend machen. Denn ein preußischer Prinz, der von den mehreren Dutzend Frauen, zu denen er in intimen Beziehungen stehe, einer nach der anderen den Laufpaß gebe und sie – ihrer überdrüssig geworden – wie tote Gegenstände beiseite werfe, werde von diesen Moralheuchlern als Ehrenmann angesehen, während der anständige deutsche Mann, der die Frau, die ein Kind von ihm erwarte, ohne Rücksicht auf ihren Stand heiraten wolle, von ihnen mit einer Flut von hämischen Bemerkungen bedacht werde. Eine Fülle von Abtreibungen, zahllose Fälle von Kinderlosigkeit gesunder Frauen und so fort gingen auf das Schuldkonto dieser Moralheuchler. Dabei könne es eine schönere Weihe als ein gesundes Baby für die Liebe zweier Menschen doch gar nicht geben. Obwohl dies jedem vernünftigen Menschen einleuchten müsse, da die Natur durch ihr Produkt, das Baby, die Liebe der beiden sichtlich gesegnet habe, glaubten diese lächerlichen Hornochsen, den staatlichen Stempel als das Wesentlichste einer Verbindung zweier Menschen hinstellen und von ihm das Urteil über die Ehrenhaftigkeit oder Unehrenhaftigkeit der Menschen abhängig machen zu können.

Seines Erachtens sei es geradezu das Ideal, daß zwei Menschen sich fänden und aufgrund einer durch ein Kind gesegneten Liebe für immer zusammenblieben. Wie hätten sich wohl unsere Bauernhöfe zum Teil 700 und noch mehr Jahre in einer Familie halten sollen, wenn nicht die Heirat meist erst dann vollzogen worden sei, wenn bereits ein Kind unterwegs gewesen wäre. Die Katholische Kirche habe diesem Umstand auch jahrhundertelang Rechnung getragen, indem sie die sogenannte »Probier« geduldet habe und der Pfarrer dann, wenn die Geburt des Kindes nähergerückt sei, den künftigen Kindesvater auf seine Pflicht zur Heirat hingewiesen habe. Leider habe der Protestantismus mit diesem alten guten Brauch gebrochen und jener Moralheuchelei den Weg geebnet, die durch geschriebene oder ungeschriebene Gesetze eine durch die bevorstehende Geburt eines Kindes veranlaßte Heirat als verwerflich zu diskriminieren suche. Dabei sei es, wenn man ehrlich sein wolle, doch so, daß sogar ein großer Teil des preußischen Adels seine Existenz lediglich den sogenannten »Fehltritten« bürgerlicher Töchter verdanke.

Wie unlogisch unsere Moralheuchler dächten, zeige die Tatsache, daß sie den entgegengesetzten Fall: die Auflösung einer Ehe aufgrund »unüberwindlicher Abneigung« der Ehegatten gesetzlich anerkannt hätten. Ebenso wie es aber falsch sei, eine Einehe aufrechterhalten zu wollen, wenn das Einvernehmen der beiden Ehegatten restlos zerstört sei (Hitler war für eine Ehescheidung nach dem Zerrüttungsprinzip statt nach dem Schuld-Prinzip), so sei es auch falsch, eine Ehe hindern zu wollen, die sich auf ein solches uneingeschränktes Einvernehmen gründe. Je älter er werde und je weniger er deshalb in den Geruch kommen könne, pro domo zu sprechen, desto stärker werde er auf dieses Problem hinweisen. Insbesondere werde er nicht ruhen, bevor er nicht den nordischen Blutskern wieder überall hineingesetzt habe, wo das Volkstum einer Auffrischung bedürfe.

Wenn unser Volkstum von den verschiedenen Völkerströmen, die in der Zeit der Völkerwanderung in unserem Lande hin- und hergezogen seien, von dem einen das dichterische, von dem anderen das grüblerische oder das musikalische Element erhalten habe, so habe der uns in Niedersachsen erhaltene nordische Rassekern doch immer die Klammer gebildet, die alles andere umschlossen habe. Denn in diesem Rassekern liege das imperiale Denken und das eiskalte Konstruktionsvermögen eingeschlossen.

Übrigens freue er sich, in Aufzeichnungen über die Äußerungen des Alten Fritz immer wieder ähnliche Gedankengänge zu finden. Und wenn der Alte Fritz das Angehen gegen eine von ähnlichen Erkenntnissen bestimmte Volkstumspolitik und die Diskriminierung der sich auf ein voreheliches Kind gründenden Heirat als »geistigen Kannibalismus« bezeichnet habe, so könne er ihm dabei nur hundertprozentig recht geben.

Hitlers Schwur auf Rückholung Danzigs

Übrigens brachte Gauleiter Forster auch zwei Entwürfe für das Stadtwappen von Gotenhafen mit. Einmal ein silbriges Segelschiff auf schlichtem blauem Grund und beim anderen ein silbriges Segelschiff auf einem durch silbrige Wellenkämme belebten blauen Grund.

Der Chef entschied sich für die erste Lösung, da ein Wappen als Symbol klar sein soll und deshalb auf alles Gemäldehafte verzichten muß.

Bei der Gelegenheit erzählte Hitler auch, daß er das Danziger Stadtwappen auf seinen Manschettenknöpfen (ein Geschenk der an sich völlig unpolitischen Eva Braun) habe und diese trage, seitdem er einst den Schwur getan, Danzig heimzuholen ins Reich.

115 — 13.5.1942 abends (Wolfsschanze)

Freundschaft mit der Türkei

Beim Abendessen erzählte der Chef, daß er von einem Zivilarbeiter an der Atlantikküste bei einer Besichtigung der dortigen Bauten mit der Bemerkung angesprochen worden sei: »Hier gehen wir doch nicht wieder weg, mein Führer? Das wäre ja doch ewig schade um die viele Arbeit!«

Die Bemerkung dieses Mannes enthalte unendlich viel Lebensweisheit, bestätige sie doch, daß ein Mensch von dem Grund und Boden, in dem der Schweiß seiner Arbeit stecke, unter keinen Umständen wieder weichen wolle. Nichts in der Welt könne uns veranlassen, die durch den Westfeldzug erworbene und durch die Organisation Todt ausgebaute sichere Kanal-Position wieder aufzugeben und uns wieder auf die kleine deutsche Nordseebucht zu beschränken.

Auch die Krim müsse so ausgebaut werden, daß das deutsche Volk auch nach langen Zeiträumen durch nichts zu bewegen sei, das dortige Stück deutscher Arbeit wieder herauszugeben. Deshalb sei es vordringlich, die Häfen auf der Krim auszubauen und starke Forts auf den Halbengen (Landengen von Perekop, Tschongar und Kertsch) der Insel anzulegen. Auch hier müßten wir uns eine so feste Position schaffen, daß unser Arbeiter, der dort tätig sei, selbst die Überzeugung gewinne, daß dagegen keine feindliche Streitmacht ankommen könne. Eine derartige Sicherung halte er aber für die Krim auch für ausreichend, da wir am Schwarzen Meer und damit auch an den Dardanellen kein anderes als ein ausgesprochen wirtschaftliches Interesse hätten. Da uns außerdem das

Mittelmeer nichts angehe, sehe er am Ende dieses Krieges außerordentliche Möglichkeiten, mit der Türkei zu einer eindeutigen Freundschaft zu kommen.

Hitler erschien die Krim als deutscher Flotten- und Luftstützpunkt gegenüber der Türkei notwendig, um für die deutsche Rüstungsindustrie die Chromerze der Türkei zu sichern. Denn ohne die Lieferung der Türkei reichte der Chromvorrat Deutschlands bei einem monatlichen Bedarf der Rüstungsindustrie von 3751 t (Beispiel November 1943) nur etwas über fünfeinhalb Monate. Die Chromerzproduktion und Chromlieferung der Türkei waren für Hitler deshalb fast so kriegsentscheidend wie die Erdöllieferungen Rumäniens und des Kaukasus und mußten deshalb militärisch abgesichert werden.

England und das europäische Gleichgewicht

Beim Abendessen kam der Chef auf die Politik Englands zu sprechen und führte aus: Die Engländer sähen offenbar erst beim vollen Zusammenbruch ein, daß sie die erste Rolle in Europa nicht mehr spielen könnten.

Indem sie stur am politischen Testament ihrer großen Staatsmänner vom »Gleichgewicht in Europa« festhielten, hätten sie restlos verkannt, daß es nicht nur in Europa Gegner für sie geben könne, und deshalb die veränderte weltpolitische Situation mit dem an der Peripherie ihres Weltreichs aufziehenden Ungewitter – Rußland–Japan–USA – gar nicht erfaßt.

Wie völlig verbohrt die heutigen englischen Politiker seien, ergebe sich schon daraus, daß ihm vor wenigen Jahren einer von ihnen in privatem Gespräch in tiefem Ernst gesagt habe, wenn es zum Krieg zwischen England und Deutschland komme, sei Deutschland an seinem Ende englisches Dominion.

Der einzige Engländer, der die politischen Gegebenheiten von heute wirklich erkannt habe, sei der Herzog von Windsor gewesen, der unseren kolonialen Forderungen in der Weise habe entgegenkommen wollen, daß wir den Norden Australiens erhalten und besiedeln und so ein idealer Schild Englands gegen Japan werden sollten. Aber diesen Mann habe man in England fortgeschickt und statt des Ausgleichs mit Deutschland die Bruderschaft mit den USA gesucht, einem Lande, das gar nicht über die nötige Moral verfüge, um den Kampf um die neue Weltordnung zu gewinnen, und nie etwa an unserer Stelle den russischen Winter 1941/42 erfolgreich überstanden hätte. Die Juden, die das große Reich der USA regierten, hätten sich ja schließlich seit der Zeit der Makkabäer[254] auch nur sehr wenig mit militärischen Angelegenheiten beschäftigt, und ihre Rabulistik wirke auch in den USA nur zersetzend.

Der Herzog von Windsor, der abgedankte König Eduard VIII. von Großbritannien, besuchte Hitler am 22. Oktober 1937 auf dem Berghof. Hitler war der Herzog äußerst sympathisch, aber er verstand nicht, wie ein so kenntnisreicher und fortschrittlicher Monarch seinen Thron für die Ehe mit einer zweimal geschiedenen Amerikanerin, Mrs. Wallis Simpson, opfern und wie die – ihn begleitende – ebenso charmante wie intelligente Frau ein derart hochpolitisches Opfer annehmen konnte.

Für die Entwicklung des deutsch-britischen Verhältnisses war – wie Hitler uns sagte – der Rücktritt König Eduards VIII. eine Katastrophe. Denn er hatte bereits im Januar 1936 – kurz nach seiner Thronbesteigung – Hitler durch einen Verwandten, den Herzog von Coburg, sagen lassen, daß er eine Allianz zwischen Großbritannien und Deutschland für politisch notwendig halte, daß daraus sogar ein Militärbündnis unter Einschluß Frankreichs werden könne und daß er dieserhalb Hitler entweder in Großbritannien oder in Deutschland selbst zu sprechen wünsche.

254 Jüdisches Fürsten- und Priestergeschlecht, das das jüdische Volk ab 167 v. Chr. von der Herrschaft der Syrer freikämpfte.

Roosevelt aber besorge seine politischen Geschäfte mit einer Niedertracht, die nicht die eines überlegenen Menschen, sondern die eines geisteskranken Narren sei.

Hitlers Art der Wehrmachtführung

Beim Lesen der Depeschen kam der Chef auch auf seine Art der Wehrmachtführung zu sprechen und meinte: Obwohl die Rußlandfront das dreifache Ausmaß der Frankreichfront habe, gebe es dort kein deutsches Regiment und kein Bataillon, das in seinem Stand nicht dreimal täglich im FHQu hier verfolgt werde[255].

Hitler: Cunctator. Frankreichs Rettung: Marschall Pétains Diplomatie

Beim Abendessen nahm der Chef zur derzeitigen französischen Politik Stellung und wies vor allem darauf hin, daß sich die Franzosen in dem Bestreben, sich auf jeden Stuhl zu setzen, neben sämtliche Stühle setzten. Schuld daran sei, daß die Seele des französischen Volkes völlig zerrissen sei, gebe es doch allein schon in der Vichy-Front 5 und mehr verschiedene Richtungen, nationalistische Antisemiten, klerikale Judenfreunde, Royalisten, Revolutionäre und so weiter. Da Frankreich im Augenblick überdies ein Mann von Energie fehle, werde keine klare politische Entscheidung getroffen, obwohl die beiden einzig gangbaren Wege einer französischen Politik ganz offenkundig seien.

Hitler meinte die Regierung des Marschalls Philippe Pétain, des Siegers von Verdun 1916 (1856 bis 1951). Für Hitler war er ein verehrungswürdiger Held. Außerdem hatte er als französischer Botschafter in Spanien 1939/40 ein gewisses Verständnis für deutsche Angelegenheiten gezeigt. So hoffte Hitler nach Frankreichs Kapitulation vom 22. Juni 1940 über den greisen Marschall Frankreichs Beitritt zum Dreimächtepakt und zum Krieg gegen Großbritannien erreichen zu können. Der inzwischen zum französischen Staatspräsidenten gewählte Marschall lehnte aber bei einem Treffen mit Hitler in Montoire am 24. Oktober 1940 in seiner selbstbewußten, einsilbig wortkargen Soldatenart ab, falls Hitler nicht in einem quasi-Friedensvertrag die sofortige Freilassung der zwei Millionen französischen Kriegsgefangenen und die territoriale Unversehrtheit Frankreichs garantiere. Hitler bedauerte deshalb, Frankreichs Beitritt zum Dreimächtepakt und Frankreichs Kriegserklärung gegen Großbritannien nicht schon seinerzeit in die Kapitulationsbedingungen vom Juni 1940 mit eingearbeitet zu haben. Denn er sah in dem von Pétain nunmehr, vier Monate später, geforderten Preis für eine französische Kollaboration ein Kabinettsstück französischer Diplomatie, nämlich den Versuch, »sich um die Kosten des verlorenen Krieges herumzudrücken und Deutschland obendrein noch seine kriegsnotwendigen Stützpunkte und politisch-wirtschaftlichen Sicherungen in Frankreich und im französischen Kolonialreich zu nehmen«.

Frankreich könne nämlich nur

a) auf sein europäisches Territorium verzichten und unter Verlegung seiner Regierung nach Nordafrika den Krieg mit allen Möglichkeiten seines afrikanischen Kolonialreichs gegen uns weiterführen, oder aber

255 Wie Marschall Keitel mir bei unserem regelmäßigen gemeinsamen Frühaufsteherfrühstück erzählte, studierte Hitler, um sich fit zu halten, nach Aufarbeitung seiner Akten pp des Nachts mit Vorliebe Generalstabswerke von Moltke, Schlieffen, Clausewitz usf. sowie militärtechnische, operative und strategische Abhandlungen. Über die Armeen und Flotten der Großmächte, ihre Organisation, Führung, Ausbildung und Bewaffnung war er daher wie kaum ein Zweiter unterrichtet.

Zum Ausmaß der Front: Die Front von Hitlers Rußlandkrieg umfaßte zwischen dem Weißen Meer und dem Kaukasus rund 3600 km (13. 5. 1942).

b) sich der Politik der Achsenmächte anschließen und dadurch den größten Teil seines europäischen Territoriums retten sowie sich für die bei Friedensschluß unvermeidbaren Gebietsabtretungen an Deutschland, Italien und Spanien durch ein Vorgehen nach Zentralafrika Ersatz verschaffen.

Wenn Frankreich die zweite Alternative wähle, habe es die Chance, sich am Krieg gegen England und die USA aktiv zu beteiligen und dadurch nicht nur in Afrika zu gewinnen, sondern sich auch das Wohlwollen der Achsenmächte zu sichern. Denn bei einem Kriegseintritt Frankreichs sei der Verkehr nach Nordafrika eine reine Spielerei, Spanien werde zum Kriegseintritt veranlaßt und die französische Flotte werde plötzlich zu einem beachtlichen Kriegsfaktor.

Selbstverständlich setze Frankreich mit einer solchen Entscheidung alles auf eine Karte. Wenn es Verständnis für unsere politischen Notwendigkeiten habe, dürfe es sich auch nicht einreden, die von uns gesicherte Kanal-Position zurückzuerhalten, sondern müsse sich darauf einstellen, die deutschen, spanischen und italienischen Gebietsforderungen an seinen europäischen Grenzen sowie in Tunis befriedigen und lediglich durch Kompensationseroberungen in Zentralafrika ausgleichen zu können.

Wenn es aber die erstgenannte Alternative wähle oder in seiner schwankenden Haltung verbleibe, müsse Frankreich sich darüber im klaren sein, daß es den Krieg nach allen Seiten zu bezahlen haben werde. Denn die Amerikaner würden Martinique so oder so einstecken; England denke nicht daran, Madagaskar wieder herauszugeben, und werde immer mit dem Gedanken liebäugeln, sich für seine Verluste in Ostasien aus den noch nicht zu seinen Dominions gehörenden Räumen in Süd- und West-Afrika zu entschädigen. Spanien lasse sich mit seinen Forderungen ebensowenig abweisen wie Italien, und Japan denke nicht daran, das nur noch unter einer französischen Pseudo-Regierung stehende Indochina wieder herauszugeben (d. h. Vietnam, Laos und Kambodscha).

Ein Volk, dessen Zukunft von einer solch einschneidenden politischen Alternative abhänge, brauche einen Mann, der aus der gegebenen politischen Lage eiskalt die Konsequenzen ziehe.

Marschall Pétain sei dieser Mann nicht. Er habe zwar eine außerordentliche Autorität dem gesamten französischen Volk gegenüber, diese Autorität sei aber die des hohen Alters. Bei Entscheidungen, von denen alles, aber auch alles abhänge, seien so hochbejahrte Männer wie Marschall Pétain durch ihre allzu großen Erfahrungen nur belastet.

Schon bei sich selber stelle er, der Chef, ja fest, daß er sich vieles zwei-, dreimal überlege, was er vor zehn Jahren ohne weiteres riskiert habe.

Eine Auseinandersetzung mit Pétain erscheine ihm deshalb bei aller Verehrung für die Geradheit dieses Mannes, der als französischer Botschafter in Spanien während des deutsch-französischen Krieges unseren Botschafter stets ausdrücklich begrüßt und in den Berichten an seine Regierung immer wieder zum Ausgleich mit Deutschland geraten habe, völlig zwecklos.

Ebensogut könne man auch – um einen Vergleich zu bringen – auf der Bühne einen alten Opernsänger in irgendeiner großen Rolle herausstellen und, wenn er sich dann recht und schlecht durch seine Arien hindurchkrächze, sich damit trösten, daß er vor dreißig, vierzig Jahren »das Gold in der Kehle« geradezu gepachtet gehabt habe.

Bedauerlich sei, daß auch unter den Mitarbeitern Pétains keiner über die

Möglichkeiten verfüge, um die notwendigen klaren Entscheidungen fällen zu können. Laval zum Beispiel habe nichts als eine parlamentarische Vergangenheit hinter sich. Die Vichy-Regierung sei daher eine Regierung ohne tatsächliche Macht, und eine solche Regierung sei immer ein sehr gefährliches Phantom. Wenn Frankreich heute vor dem inneren Zerfall und damit vor Mord und Totschlag unter seinen Bürgern behütet werde, so sei das unseren Besatzungstruppen zu danken, die zur Zeit die einzige reale Macht in Frankreich darstellten.

Pierre Laval (1883 bis 1945) war von 1925 bis 1940 verschiedentlich Minister bzw. Ministerpräsident Frankreichs. Trotz seines offenen französischen Patriotismus genoß er aufgrund seiner fairen Regelung der Saarfrage 1935 bei Hitler Vertrauen und wurde ab 1942 Ministerpräsident der Vichy-Regierung. Er versuchte aber stur nur durch eine Politik des »attentisme«, also der Zusammenarbeit auf rein zivilem Gebiet, aus der französischen Niederlage die verbliebene Substanz an Volk, Staat, Territorium, Kultur- und Nationalvermögen zu retten.

Die Stellungnahme des Papstes Pius XII. zum Zweiten Weltkrieg und zur Behauptung des Christentums

Zur persönlichen Kenntnisnahme erhalte ich vom »Deutschen Nachrichten-Büro« (DNB) Lorenz unzensiert die Hitler vorgelegte Rede des Papstes Pius XII. vom Vortag seines 25jährigen Bischofsjubiläums. Hier die wichtigsten Stellen:

Papst Pius XII. war am 13. Mai 1917 in der Sixtina, der päpstlichen Hauskapelle im Vatikan, zum Bischof geweiht worden. Er (Eugenio Pacelli: 1876 bis 1958) wurde nicht als Seelsorger oder Theologe, sondern als Kirchenpolitiker nach 27 Jahren Tätigkeit als päpstlicher Diplomat und nach fast zehnjähriger Arbeit als Kardinalstaatssekretär zum Papst gewählt.

Im turbulenten politischen Geschehen seines Pontifikates (1939 bis 1958) suchte er daher in erster Linie die Substanz der römisch-katholischen Kirche »über die Stürme, die die Menschheit erfaßt hatte, hinwegzuretten«. Er wollte der Kirche in den Wirren der Zeit ihr Recht auf Gottesdienst, Seelsorge, Sakramentenverwaltung, Schule und Erziehung soweit wie möglich international wahren. Das erklärt seine Bemühungen, den von ihm von Anfang an verurteilten »Bruderkrieg« zwischen Deutschland und seinen Verbündeten einerseits und Frankreich, Großbritannien und den USA andererseits durch einen »Verständigungsfrieden« unter Rückgabe aller Eroberungen vorzeitig zu beenden (Dezember 1939, Januar 1943, Herbst 1943). Er wollte – wenn möglich – alle Kräfte der christlich-abendländischen Kultur massieren gegen den bolschewistischen Atheismus, der im UdSSR-Bereich die katholische Kirche mit Stumpf und Stiel ausrottete und die religiösen Reste von der russisch-orthodoxen Kirche absorbieren ließ (z.B. in der Ukraine). Pius XII. hatte sehr konkrete Vorstellungen vom Bolschewismus. 1919 hatte er als Nuntius in München die Radikalität der bolschewistischen Rätediktatur am eigenen Leibe zu spüren bekommen und einen körperlichen Angriff ihrer Beauftragten wohl nur dank seiner persönlichen Zivilcourage lebend überstanden. Sein – bei dem Gerangel lädiertes – Bischofskreuz schenkte er dem New Yorker Kardinal-Erzbischof Francis Joseph Spellman, der 1944 vergeblich den II. Weltkrieg auf seiten der USA in einen »Kreuzzug« gegen die Sowjetunion »umzupolen« suchte.

»Dieser Jubeltag falle in eine Zeit schwersten Drangsals. Kraft und Stärke für eine trotzdem vorhandene gelassene Sicherheit finde man im Gedenken an die Urkirche… Das seelische Profil des jungen Christentums sei mit folgenden Merkmalen charakterisiert:

1. unerschütterliche Siegeszuversicht, begründet in einem starken Glauben,
2. gelassene, zu Hohem und Höchstem entschlossene Opfer- und Leidensbereitschaft,

3. eucharistische Wärme und Innigkeit, verbunden mit der tiefen Überzeugung von der sozialen Wirkkraft eucharistischen Denkens auf allen Pflichtenkreisen menschlichen Zusammenlebens,

4. Wille zu wachsender und unverbrüchlicher Einheit des Geistes und der christlichen Ordnung.

Jeder dieser beherrschenden Charakterzüge der Frühkirche ist ein Weckruf, zugleich aber auch eine Hoffnung und eine Verheißung an die Christenheit unserer Tage. In Wahrheit ist das Christentum von heute kein anderes als das der Frühzeit. Ewig ist die Jugend der Kirche. Sie altert nicht. Sie paßt ihren Schritt auf dem Wege zur ewigen Heimat den Zeitbedingungen an. Aber ihre Jahrhunderte, die sie erlebt und die sie erwartet, zählt sie wie einen Tag.

Wie in der Urkirche und jedenfalls mehr als in manchen anderen Zeiten steht die göttliche Stiftung Christi, ohne vor ihren Gegnern bange zu sein, heute in vielen Orten in heißem Ringen um Sein oder Nichtsein. Ein kämpferischer Atheismus, ein grundsätzliches Antichristentum, eine flache Gleichgültigkeit erheben sich wieder, die vielfach in Form und Auffassung nichts mehr zu tun haben mit den vornehmen Gepflogenheiten geistiger Wettkämpfe, sondern hinabsinken in die Niederungen rohen Zwanges. Wieder einmal findet in manchen Ländern eine öffentliche Gewalt, die ihre sittlichen Bindungen vergißt und Macht mit Recht zu verwechseln geneigt ist, die Christen von heute der gleichen Gesetzwidrigkeit schuldig, welche die Cäsaren der ersten Jahrhunderte bei Petrus und Paulus zu finden vorgaben. Aus keinem anderen Grunde ist auch heute der lebendige Glaube an den Sohn Gottes, die Unterwerfung unter sein Gesetz, die sichtbare Verbundenheit mit seiner Kirche, das Treueverhältnis zu seinen Stellvertretern auf Erden in manchen Orten gleichbedeutend geworden mit einer nicht mehr abreißenden Kette von Verdächtigungen und Verachtung, von Ausschließung und Benachteiligung, von Zurücksetzung trotz Leistung und Verdienst, von Bedrängnis und Leid, von Verarmung und Not, von Schaden und Elend an Leib und Seele...

Auch für die Christenheit der Gegenwart wird nach der Feuerprobe furchtbarer Heimsuchungen die Größe ihres kommenden Sieges der Hochherzigkeit ihrer Opferbereitschaft entsprechen...

Die göttliche Sendung der Kirche hat weder räumliche Grenzen auf Erden noch ist ihrer Tätigkeit in der Zeit eine andere Schranke gesetzt als die Dauer der Menschheit...

Da gerade jetzt die Völker mit banger Sorge neue drohende Kriegsoperationen erwarten, benützen wir die Gelegenheit des heutigen Gedenktages, um wieder unser Wort zu sprechen für den Frieden...

Abgesehen von willkürlichen Gewaltakten und Grausamkeiten, gegen die wir bei früheren Gelegenheiten unsere warnende Stimme erhoben... auch gegenüber Drohungen noch mörderischerer Kriegsmittel, verursacht der Krieg bei der technischen Vervollkommnung der Waffen... den Völkern unerhörte Sorgen, Entbehrungen und Leiden...

Jahrzehntelang hat man mit einem riesigen Aufwand an Eifer, Geist und gutem Willen sich bemüht, eine Lösung der sozialen Fragen zu finden und zu verwirklichen. Heute müssen die Völker zusehen, wie ihr Nationalvermögen, dessen kluge Verwaltung zugunsten des Volkswohls eine der Grundlagen für die Lösung des sozialen Problems bildet, zu Hunderten von Milliarden auf die Vernichtung von Geist und Leben verwandt wird.

Aus der Not der Heimat erhebt sich hinter der Kriegsfront auf der ganzen Welt heute schon eine andere ungeheure Front, die Front des Kummers und der Wunden der Familie... Als Fürsprecher dieser Familienfront... richten wir einen innigen väterlichen Appell an die Staatsmänner: die Dankbarkeit der Menschheit und auch die Zustimmung des eigenen Volkes wird jenen edlen, hochherzigen Staatsmännern nicht versagt sein, die nicht aus Schwäche, sondern aus Verantwortungsbewußtsein Wege der

Mäßigung und der Weisheit beschreiten mit einer gegenseitigen Fühlungnahme, die von dem gleichen Gedanken beseelt ist.«

Zum Stand des Krieges selbst und dem Kräfteverhältnis sagt der Papst in dieser Rede: »Wir wissen, daß formulierten Einzelvorschlägen für einen vernünftigen und gerechten Frieden bei der heutigen Lage der Dinge keine begründete Aussicht auf Erfolg beschieden wäre. Während die einen sich auf die errungenen Erfolge berufen (Deutschland), setzen die anderen ihre Hoffnung auf die noch kommenden Kämpfe. Aber wenn ein Vergleich der Kräfte, Gewinne und Verluste auf politischem und militärischem Gebiet gegenwärtig keine unmittelbar durchführbaren Friedensmöglichkeiten erkennen läßt, so hat der Krieg doch... Trümmermassen angehäuft, daß zu jeder Anstrengung zur Verhütung ihres weiteren Anwachsens aufgerufen wird.« (Auszüge und Zusammenfassung des DNB-Berichtes Nr. 134 vom 14.5.1942.)

Wie berechtigt der Optimismus von Papst Pius XII. war, zeigt der Stand des Christentums Anfang 1976: rund 1,2 Milliarden Menschen bekennen sich heute auf unserem Planeten zum Christentum. Davon gehören schätzungsweise 695 Millionen der römisch-katholischen Kirche an und schätzungsweise 505 Millionen den 286 nicht-römisch-katholischen Kirchen, die Dr. Visser't Hooft seit 1938 beziehungsweise 1948 im Genfer Weltrat der Kirchen vereint hat (Lutheraner, Reformierte, Anglikaner, Orthodoxe, Methodisten, Kopten, Junge Kirchen, Pfingstler usw.). Hinzukommt, daß, seitdem Papst Johannes XXIII. das Päpstliche Sekretariat für die Einheit der Christen schuf (5. Juni 1960), unter Führung der Kardinäle Bea und Willebrands eine echte Kooperation im Sinne des Christus-Wortes »ut omnes unum sint« (auf daß alle Christen eins seien) zwischen Rom und Genf Wirklichkeit geworden ist.

116

14.5.1942 mittags (Wolfsschanze)

Zeremoniell oder Würdelosigkeit. Ranganspruche der Priester

Beim Mittagessen wurde dem Chef von dem von der SS-Schäfer-Expedition aufgenommenen Tibet-Film berichtet.

Der Chef meinte dazu, wenn man einem tibetanischen Priester etwas am Zeuge flicken würde, so würden sogleich die gesamte Katholische Kirche und ebenso die Evangelische Kirche Zeter und Mordio schreien.

Die Priesterschaft sei doch wie ein Weltkonzern, dessen einzelne Glieder nach außen eisern zusammenhielten, sosehr sie sich im Innern auch um die Pfennige streiten möchten.

Um so mehr ärgere es ihn, wenn ihm vom Reichsmarschall berichtet werde, daß Botschafter von Papen und seine Frau als deutsche Menschen dieser Priesterschaft gegenüber keine Würde kennten und rückwärts aus einem Vatikan-Empfang mit vielen Verbeugungen herausgekommen seien. Den Gipfel an Würdelosigkeit aber habe sich der Gesandte in Dublin geleistet, der sich als Protestant nicht gescheut habe, dem katholischen Bischof die Hand zu küssen. Es gebe doch in unserem Auswärtigen Amt schon ein Sammelsurium an Kreaturen.

Als Botschafter in der Türkei hielt von Papen Kontakt zum Apostolischen Delegaten in der Türkei und Griechenland, Erzbischof Angelo Giuseppe Roncalli, der dort von 1934 bis 1944 tätig war. Nuntius Roncalli, der spätere Papst Johannes XXIII., konnte dank dieser Verbindung allein in Griechenland 4000 jüdische Familien mit sogenannten »Schutzbriefen« vor der deutschen Deportation retten und in der Türkei eine Juden-Deportation generell verhindern. Als Nuntius in Paris (1944 bis 1953) revanchierte er sich für diese Hilfe deutscher Nicht-Antisemiten dadurch, daß er nach Deutschlands Kapitulation eine menschenwürdige Behandlung von kriegsgefangenen Waffen-SS-Soldaten in Frankreich durchsetzte, obwohl sie durch eine haßerfüllte Kriegspropaganda als »Barbaren« und »Untermenschen« kollektiv wie Kriminelle verfemt waren und entsprechend drangsaliert wurden.

»Standesgemäße« Offiziers-Ehen

Folgenden Vermerk hat Bormann aufgrund einer Stellungnahme abdiktiert, die uns Hitler vor Tisch zu diesem Thema gab:

Führerhauptquartier, 14.5.1942
Bo/Fu.

Aus Anlaß des Falles Sommer – Verweigerung der Heiratsgenehmigung durch OKM (Oberkommando der Kriegsmarine), da bei Braut Kind unterwegs, Bestrafung durch Ausscheiden aus dem aktiven Wehrdienst und Strafversetzung an die Front! –, wurde vom Führer in verschiedenen Unterhaltungen folgendes betont:

1. Die »ungeschriebenen Gesetze«, von denen der Oberstabsarzt Dr. Bauer an Sommer[256] schrieb, werden vom Nationalsozialismus leidenschaftlich abgelehnt, weil sie auf einer durchaus verlogenen Moral basieren; es sind die Auffassungen einer überlebten, vergangenen Welt.

2. Nach diesen Auffassungen durfte ein Offizier von vornherein nur Mädchen, die bestimmten Ständen angehörten, heiraten; die ehrbare Tochter eines ehrsamen Handwerksmeisters zu heiraten galt als nicht standesgemäß und wurde abgelehnt. Wer dennoch ein solches Mädchen heiraten wollte, mußte aus dem aktiven Dienst ausscheiden.

3. Man verlangte vom Offizier zwar, daß er mit seiner künftigen Ehefrau vor der Heirat nicht geschlechtlich verkehrte, beziehungsweise durfte dies keinesfalls offenkundig werden. Wurde es offenkundig, mußte der Offizier die sogenannten Konsequenzen ziehen und ausscheiden. Daraus ergab sich dann:

a) War die Braut des Offiziers eine in geschlechtlichen Dingen recht erfahrene Person, dann passierten keine sogenannten Dummheiten; Heiraten mit solchen Personen kamen also immer zustande.

b) War hingegen die Braut ein sogenanntes dummes, in geschlechtlichen Angelegenheiten völlig unerfahrenes Ding, dann passierte sehr leicht die berühmte »Dummheit«, mit anderen Worten: das viel anständigere, brave Mädchen durfte nicht geheiratet werden, wohl aber die erfahrene Frau.

4. Vom Offizier wurde früher keinesfalls Enthaltsamkeit vor der Ehe verlangt; man verlangte jedoch, daß ein Offizier jenes Mädchen, mit dem er vor der Ehe geschlechtlich verkehrte, nicht heirate. Keineswegs aber war man der Auffassung, daß die Mädchen durch diesen Verkehr mit Offizieren etwa überhaupt unwürdig zum Heiraten wurden; unwürdig wurden sie lediglich zur Heirat mit Offizieren. Von Angehörigen anderer Stände konnten sie noch ohne weiteres geheiratet werden, selbstverständlich insbesondere, wenn es sich um Angehörige der sogenannten niedrigen Schichten handelte.

256 Gemeint ist der Ministerialdirektor Walter Sommer, der Leiter der Staatspolitischen Abteilung der Parteikanzlei und spätere Präsident des Reichsverwaltungsgerichts in Wien.

5. Das Kernproblem liegt also tatsächlich darin, ob ein solcher geschlechtlicher Verkehr miteinander nicht verheirateter Menschen offenkundig wird oder nicht. Ferner: Frei ist von vornherein der Verkehr von Offizieren mit den Töchtern jener Schichten, die nach den berüchtigten »ungeschriebenen Gesetzen« für eine Heirat nicht in Frage kommen. (Um Mißverständnisse zu vermeiden: Mädchen, die gewohnheitsmäßig mal mit diesem, mal mit jenem laufend Verhältnisse haben, bleiben bei dieser Erörterung von vornherein außer Betracht.)

6. Die Verfechter der völlig verlogenen Moral muß man immer wieder fragen, ob ihnen bekannt ist, wie viele unserer Adelsgeschlechter ihren Adel den Verhältnissen von Fürstlichkeiten mit Bürgerstöchtern verdanken! Man lese nur einmal die Geschichte des preußischen, des Hohenzollern-Hofes nach!

7. Den Verfechtern dieser verlogenen Moral muß man empfehlen, sich einmal die Stammbäume unserer berühmten Deutschen, zum Beispiel der deutschen Heerführer, anzusehen; eine große Anzahl verdankt ihr Leben eigener unehelicher Geburt oder unehelicher Geburt eines der Vorfahren!

8. Notabene: bekanntlich verdanken aber nicht nur viele Geschlechter dem Umgang von Fürstlichkeiten mit irgendwelchen Bürgerstöchtern ihren Adel, sondern ebenso bekannt ist auch, daß in sehr vielen Geschlechtern von Fürstlichkeiten wie des Adels das gutbürgerliche Blut kräftiger Leibkutscher, Diener, Wachtposten und so weiter geflossen ist. Über diese Dinge wird freilich nach Möglichkeit von den Verfechtern der verlogenen Moral der Mantel der christlichen Nächstenliebe gedeckt.

9. Im übrigen sollte man eines nicht vergessen: Wenn auf dem Lande die berüchtigte Moral jener sogenannten »ungeschriebenen Gesetze« nicht die Rolle spielt, dann deswegen, weil der Landmensch eine Frau, die keine Kinder kriegt, nicht heiraten will. Wenn eine Frau Kinder kriegt, dann wird aber geheiratet! Diese Moral steht turmhoch über jener der »ungeschriebenen Gesetze«!

10. Im übrigen gab es noch einen Grund für den unehelichen Verkehr, den man nicht vergessen darf: das jus primae noctis[257]: War es nicht selbstverständlich, daß zum Beispiel ein junger Landarbeiter Wert darauf legte, daß seine Braut ihr erstes Kind von ihm empfing und bereits unter dem Herzen trug? Wenn schon der hohe Herr, dem seine Frau gefügig sein mußte, auf dem »jus primae noctis« bestand, dann aber lieber erst zu einem Zeitpunkt, der keine weiteren Folgen hinterließ!

11. Wenn ein Offizier einem durchaus ehrenhaften Mädchen ein Kind anhängt, dieses Mädchen dann aber sitzenläßt und nicht heiratet, dann ist dieses Handeln nach früherer Auffassung ehrenhaft. Will der Offizier hingegen dieses Mädchen heiraten, muß er ausscheiden.

Treibt das Mädchen das Kind ab, ohne daß dies ruchbar wird, dann ist die Ehre nicht verletzt, dann bestehen gegen die Heirat auch gar keine Einwände!

257 Das aus der Feudalzeit stammende »ius primae noctis« meint das Recht der Rittergutsbesitzer usw., bei Hochzeiten ihrer weiblichen »Untertanen« die Hochzeitsnacht an Stelle des Bräutigams mit der Braut intim zu verbringen.

117 15.4.1942 abends
(Wolfsschanze)

Pressefreiheit staatsgefährlich?

Nach dem Abendessen erzählte der Chef von dem Geheimnis des Ausbaues des »Völkischen Beobachters« von einer kleinen Zeitung mit einigen 1000 Abonnenten zu einem Millionen-Unternehmen[258].

Das Verdienst dieses Auf- und Ausbaues gebühre in erster Linie Reichsleiter Amann, der mit soldatischer Strenge alle Mitarbeiter zu äußersten Leistungen zu bringen verstanden habe und von dem jede Vermanschung von Verwaltungsangelegenheiten mit redaktionellen Dingen und umgekehrt von vornherein unterbunden worden sei. Wie oft habe ihm Amann Mitteilung von der günstigen Entwicklung der Finanzlage des »Völkischen Beobachters« mit dem ausdrücklichen Hinweis gemacht, nicht Hauptschriftleiter Rosenberg und die übrigen Redaktionsmitglieder davon zu verständigen, da dann doch nur höhere Honorare von ihm erpreßt würden!

Und zu welch soldatischer Pünktlichkeit habe Amann mit der ihm eigenen Strenge alle Mitarbeiter des »Völkischen Beobachters» erzogen! Wenn er dabei auch immer so getan habe, als wenn er die Redaktion und ihre Mitglieder lediglich als ein notwendiges Übel ansehe, so habe er damit doch ein großes Stück Erziehungsarbeit geleistet und einen Schriftleitertyp geprägt, wie wir ihn im nationalsozialistischen Staate brauchten. Gerade bei den Schriftleitern komme es ja darauf an, daß es sich nicht um Kreaturen handle, die bei jeder Meinungsäußerung an den eigenen wirtschaftlichen Erfolg oder das für sie bedeutsame finanzielle Ergebnis ihrer Zeitung, ihrer Hintermänner oder dergleichen dächten, sondern um Männer, die sich in ihrer Einflußnahme auf die öffentliche Meinung ihrer Mission als Diener des Staates bewußt seien.

Eine der ersten Aufgaben, die er nach der Machtübernahme angepackt habe, sei die gewesen, diesen Erkenntnissen entsprechend die gesamte deutsche Presse einheitlich auszurichten (ähnlich wie Stalin in der UdSSR).

Laut Schriftleitergesetz vom 4. Oktober 1933 übten die leitenden Männer von Presse und Funk eine »öffentliche Funktion« aus. Das bedeutete ihre Bindung an die deutschen »Arier-Bestimmungen« für das »öffentliche Leben«, an die Instruktionen des Reichspropagandaministeriums, an die Informationen der NS-Pressekonferenzen und an das Gebot absoluter Unabhängigkeit von wirtschaftlichen Einflüssen.

Er sei dabei auch vor einschneidenden Maßnahmen nicht zurückgeschreckt. Denn er sei sich darüber im klaren gewesen, daß ein Staat, der seine Presse einheitlich über die Fülle der Schriftleiter dirigiere und so fest in der Hand habe, über die gewaltigste Macht verfüge, die man sich überhaupt vorstellen könne.

Der Begriff der Pressefreiheit sei die tödlichste Gefahr für jeden Staat. Die Pressefreiheit bedeute nämlich keineswegs Freiheit der Presse, sondern lediglich Freiheit einzelner Subjekte, das zu tun, was sie wollten und was ihren Interessen entspräche. Und dieses selbst dann zu tun, wenn es gegen die Staatsinteressen verstoße.

Dies dem Journalismus klarzumachen und ihn davon zu überzeugen, daß auch er ein dienendes Glied am Ganzen sei, sei im Anfang nicht so einfach gewesen.

258 Der von Amann aufgebaute Pressetrust hatte eine tägliche Gesamtauflage von 20,694 Millionen Zeitungsexemplaren (also Zeitschriften nicht mitgerechnet).

Man habe ihn deshalb immer wieder darauf hinweisen müssen, daß sich letzten Endes die Presse ja selbst widerlege und schädige. Denn wenn zum Beispiel in einer Stadt von 12 Zeitungen jede über denselben Vorgang etwas anderes schreibe, so müsse der Leser ja schließlich zu der Überzeugung kommen, daß alles Quatsch sei. Die öffentliche Meinung laufe dann der Presse aus dem Ruder und sei zum Schluß in keiner Weise mehr mit ihr identisch.

Die Probe aufs Exempel hätten wir in England. Man müsse sich deshalb davor hüten, heute von der englischen Presse auf die Meinung des englischen Volkes schließen zu wollen. Es könne sogar so weit kommen, daß die Presse überhaupt nicht mehr die Meinung des Volkes widerspiegele; ein Beweis dafür sei die Haltung der Wiener Presse zur Zeit des Oberbürgermeisters Lueger vor dem I. Weltkrieg. Obwohl diese Wiener Presse nämlich restlos verjudet und liberal eingestellt gewesen sei, habe Oberbürgermeister Lueger bei den Stadtratswahlen stets eine überwältigende christlich-soziale Mehrheit erhalten, die Einstellung des Volkes habe sich mit der Haltung der Presse also in keiner Weise mehr gedeckt.

Der Rechtsanwalt Karl Lueger machte als wortgewaltiger Volksredner seine »Christlich-Soziale Partei« zu einer führenden Partei Österreichs und wurde 1895, 1896 und 1897 in der damaligen Reichshauptstadt Wien zum Bürgermeister gewählt, der er bis zu seinem Tode im Jahre 1910 blieb. Der österreichische Kaiser bestätigte seine Bürgermeisterwahl erst bei der dritten Wiederholung, weil er als Sohn eines Dieners als »nicht standesgemäß« galt und als Antisemit bei der stark jüdisch beeinflußten österreichischen Presse verständlicherweise Persona non grata war. Lueger war der Liebling des Wiener Kleinbürgertums, dem er über alle wirtschaftlichen und politischen Krisen hinwegzuhelfen wußte. Er machte sich um den Ausbau und die Sanierung Wiens besonders verdient. Hitler verehrte ihn ganz außerordentlich und hatte die kleine Lueger-Medaille in der Kampfzeit als eine Art Talisman immer in seinem Portemonnaie bei sich.

Wenn die Luftwaffe eine militärisch-operative Waffe im höchsten Sinne des Wortes sei, so sei die Presse eine geistig-operative Waffe im höchsten Sinne des Wortes. Manchmal müßten wir im Verlauf von 3 Tagen die Richtung der politischen Darstellung in unseren Zeitungen schlagartig verlassen und eine Wendung von 180 Grad vornehmen. Das sei überhaupt nur möglich, wenn man dieses gewaltige Instrument restlos in der Hand habe. Ein Beispiel dafür sei der 22. Juni 1941 (Einmarsch nach Rußland).

Ein gutes Jahr vorher hätten wir die Umschwenkung vom fanatischen Gegner Rußlands zu unserer deutsch-russischen Abmachung vornehmen müssen, die doch für die Alt-Nationalsozialisten irgendwie einen Schlag ins Gesicht bedeutet habe. Glücklicherweise habe sich dabei unsere Parteigenossenschaft aber als so diszipliniert gezeigt, daß sie solchen Kurswechsel der politischen Führung ohne weiteres verstanden habe.

Am 22. Juni 1941 sei dann völlig überraschend wieder eine totale Umwendung erfolgt, die ohne Vorbereitung eines Morgens schlagartig herauskam. Das könne man nur machen, wenn man die Presse tatsächlich als operative Waffe der geistigen Erziehung und Lenkung eines Volkes vollkommen in der Hand habe.

Eine derartige Auffassung vom Wesen und von den Aufgaben der Presse bringe es mit sich, daß auch der Journalistenberuf selbst zu einer ganz anderen Tätigkeit als früher werde. In früheren Zeiten sei der Journalistenberuf ein innerlich charakterloser gewesen, weil der Journalist in den seltensten Fällen seinem wirklichen Charakter habe nachgehen können. Heute wisse er, daß er nicht irgendein Skribent sei, sondern im Staatsinteresse handle. Dadurch, daß der Journalist durch die Entwicklung nach der Machtübernahme tatsächlich zum Repräsentanten des Staatsgedankens geworden sei, habe auch der Journalistenberuf selbst ein ganz neues Gesicht erhalten.

Will das Volk die »Kritik von unten« der Presse?

Ein paar Grundsätze müßten in diesem Zusammenhang in der Nation mit eiserner Konsequenz durchgeführt werden:

Probleme, über die sich die bedeutendsten Männer eines Volkes den Kopf zerbrächen und über die sie noch nicht zu einer vollkommenen Klarheit gekommen seien, könnten nicht durch eine verschiedenartige Behandlung in der Presse vor das Forum des Volkes gebracht werden; die Presse müsse vielmehr warten, bis die Entscheidung gefallen sei. Vor einem militärischen Einsatz übergebe man ja auch nicht die Befehle hierzu der Truppe, um sie von ihr vor der Ausführung diskutieren zu lassen und sich dann, wenn möglich, danach zu richten, welche Auffassung die Truppe von diesem Einsatz habe. Ein solches Verfahren würde das Preisgeben jeder Verantwortung, Führung und Vernunft bedeuten. Ebenso würde man ja nicht in dem Fall, daß zwei Tankmodelle zur Auswahl zur Verfügung ständen, der Truppe die Entscheidung darüber überlassen, welches Modell nun produziert werden solle.

Wenn die besten Fachleute des Volkes irgendwo nicht ganz klarkämen, müsse die vorgesetzte oberste Führung eine verantwortliche Entscheidung treffen. Denn das Volk wolle geführt sein. Wenn das Volk erst einmal das Gefühl habe, daß die Führung nicht mehr wisse, was sie tun solle, so höre überhaupt jegliche Führung auf. Es gehöre zur Ehre einer Führung, daß sie zugleich auch die Verantwortung übernehme, Entscheidungen zu fällen. Das Volk verzeihe einer Führung eher einen Fehler, den es außerdem in den meisten Fällen gar nicht sehe, als eine gewisse Unsicherheit in der Führung selbst. Denn wenn oben überhaupt keine Entscheidung getroffen werde, werde das Volk unten nervös.

Es gehe infolgedessen nicht an, daß die oberste Führung eine Kritik ihrer Maßnahmen von unten zulasse. Rechte dieser Art wolle auch nicht das Volk an sich, sondern nur der Querulant im Volk.

Volk und Führung

Daß die Masse des Volkes sich der Führung willig unterordne, liege daran, daß sie nicht herrisch, sondern feminin veranlagt sei. Ebenso wie die Frau in ihrer Ehe immer wieder probiere, ob sie nicht aufmucken könne, in Wirklichkeit und in ihrer tiefsten Seele aber gar nicht die Führung in der Ehe übernehmen wolle, so wolle auch das Volk oder – um in dem militärischen Beispiel zu bleiben – die Kompanie nicht, daß der Führer beziehungsweise der Kompaniechef bei jeder Lage seine Leute um ihre Meinung angehe. Nur so sei es erklärlich, daß die Masse einem Schwächling wie Ludwig XVI. den Kopf heruntergeschlagen habe, obwohl sie durch seine Maßnahmen nicht halb so schwer getroffen worden sei wie durch die Napoleons, den sie als Führerpersönlichkeit verehrt habe.

Man müsse sich aber darüber im klaren sein, daß das Volk von der Staatsleitung nicht nur Führung, sondern auch Fürsorge erwarte. Auch die größte Stärke eines Offiziers sei es ja, daß er sich durch die Sorge um das Wohl seiner Leute deren Vertrauen erwerbe. Wenn er sich um ihr Essen, um ihre Schlafmöglichkeit, um ihre Familiensorgen kümmere, könne er noch so herrisch sein, seine Männer gingen für ihn blindlings durchs Feuer. Gerade dieses Beispiel zeige, daß das große Leben ein genauer Abklatsch des Lebens im kleinen sei.

Tod für den »Gemeinschafts-Fremden!«

Auf einen Einwurf Reichsleiter Dietrichs, daß er in einem Tibet-Film mit Interesse gesehen habe, wie die Wildpferde auf den tibetanischen Hochebenen ihren Leitpferden nachliefen, meinte der Führer:

Wie bei den Wildpferden sei es bei jeder Gemeinschaft von Lebewesen, die sich in der Welt behaupten wolle. Wenn der Leithammel fehle, löse, ja atomisiere sich die Gemeinschaft, und damit höre alles auf. Deshalb trampelten die Affen zum Beispiel Außenseiter als gemeinschaftsfremd tot. Und was für die Affen gelte, müsse in erhöhtem Maße für die Menschen gelten. Bismarck habe deshalb vollkommen recht, wenn er erklärt habe, die menschliche Gesellschaft gebe sich selbst auf, wenn sie die Todesstrafe als absoluteste Form der Abwehr des Gemeinschafts-Fremden aus Angst vor eventuellen Justizirrtümern verneine. Das ganze menschliche Leben sei ja ständig von Irrtümern umlauert; wohin werde der einzelne und wohin werde die Gemeinschaft da kommen, wenn sie aus Angst vor Irrtümern entscheidungsmüde würde.

118 — 15.5.1942 mittags (Wolfsschanze)

Das Eiserne Kreuz und andere Orden

Beim Mittagessen kam der Chef auf die Frage der Verleihung von Orden zu sprechen und ging davon aus, daß jeder deutsche Orden erfahrungsgemäß kaputtgehe, wenn er an Ausländer verliehen werde.

Er sei deshalb mit der Verleihung des Eisernen Kreuzes an Ausländer ganz außerordentlich zurückhaltend. Denn das Eiserne Kreuz – dieser von Schinkel entworfene schönste deutsche Orden – sei eine Auszeichnung, die in der ganzen Welt höchstes militärisches Ansehen genieße und daher durch jede Verleihung, die nicht durch wirklich beachtliche militärische Leistungen gerechtfertigt sei, nur entwertet werden könne.

Das »Eiserne Kreuz« des II. Weltkrieges wurde ausschließlich verliehen für »besondere, für das Kriegsgeschehen wichtige Tapferkeit vor dem Feind« und für »hervorragende Verdienste in der Truppenführung«. So wurde bei einer Wehrmacht von insgesamt 20 Millionen Mann die 1. Klasse dieses »Eisernen Kreuzes« lediglich rund 300000 mal verliehen. Das »Ritterkreuz des Eisernen Kreuzes« erhielten nur 6973 Soldaten, und zwar zu 52 Prozent Mannschaften, Unteroffiziere und Leutnante und nur zu sechs Prozent Feldmarschälle und Generale. Das »Großkreuz des Eisernen Kreuzes« verlieh Hitler nur an Reichsmarschall Hermann Göring, und zwar nach dem siegreichen Frankreichfeldzug am 19. Juli 1940. Das »Ritterkreuz des Eisernen Kreuzes mit Goldenem Eichenlaub, Schwertern und Brillanten« wurde nur einmal, und zwar an den Oberst der Sturzkampf (»Stuka«)- und Schlachtflieger Hans Ulrich Rudel am 1. Januar 1945 für den Abschuß von über 500 Sowjetpanzern verliehen. Mit dem – insgesamt 27mal verliehenen – »Ritterkreuz des Eisernen Kreuzes mit Eichenlaub, Schwertern und Brillanten« wurden u.a. ausgezeichnet: General der Jagdflieger Werner Mölders (nach 101 Abschüssen), General der Jagdflieger Adolf Galland (nach 94 Abschüssen), der erfolgreichste Kampfflieger, General Werner Baumbach, sowie die erfolgreichsten U-Boot-Kommandanten, die Fregattenkapitäne Wolfgang Lüth und Albrecht Brandi. Das »Ritterkreuz des Eisernen Kreuzes mit Eichenlaub und Schwertern« wurde insgesamt 150 Soldaten und das »Ritterkreuz des Eisernen Kreuzes mit Eichenlaub« 853

Soldaten verliehen. Die einzige Frau, die das »Eiserne Kreuz 1. Klasse« erhielt, war die Test-Pilotin Hanna Reitsch. Der jüngste Inhaber des »Eisernen Kreuzes« war ein zwölfjähriger Angehöriger des Deutschen Jungvolks.

Hitler schätzte das »Eiserne Kreuz« derart, daß er diesen vom Bildhauer Karl Friedrich Schinkel geschaffenen und von Preußens König Friedrich Wilhelm III. für den Freiheitskrieg gegen Napoleon am 1. März 1813 gestifteten Orden durch Verordnung vom 1. September 1939 erneuerte. Sein eigenes »Eisernes Kreuz 1. Klasse«, das erhalten geblieben ist, trug Hitler zu meiner FHQu-Zeit noch ausnahmslos, wenn er Uniform anhatte. Wie er uns einmal erzählte und wie ich in den mir zugänglichen Unterlagen bestätigt fand, war es ihm am 4. August 1918 als Gefreiten verliehen worden, weil er als Meldegänger vorbildliche Kaltblütigkeit gezeigt, seinen schwerverwundeten Kompaniechef aus der Feuerzone geborgen und durch Handstreich die Gefangennahme von 12 Franzosen mit ihrem Offizier bewerkstelligt hatte.

Selbstverständlich verkenne er nicht, daß die Verleihung von Orden an Ausländer ihren Nutzen haben könne. Denn die Menschen – vor allem die Diplomaten – seien auch im Ausland eitel und könnten daher zu einem Großteil durch die Dekorierung mit einem eindrucksvollen deutschen Orden zu einer mehr oder minder pro-deutschen Haltung veranlaßt werden. Er habe deshalb, um nicht unsere deutschen Orden, die zum Teil nur unter höchstem Lebenseinsatz erworben werden könnten, durch Verleihung an Ausländer billig werden zu lassen, einen Sonder-Orden für Ausländer geschaffen.

Vom »Deutschen Adlerorden« erhielten die kostspielige goldene Sonderstufe, das »Goldene Großkreuz«, nur Italiens Duce Mussolini (mit Brillanten), Spaniens Staatschef Franco, Finnlands Marschall Freiherr von Mannerheim, Rumäniens Staatschef Marschall Antonescu, Bulgariens König Boris III., Ungarns Reichsverweser Admiral von Horthy usw.; insgesamt war die Zahl der Verleihungen dieser Sonderstufe statutenmäßig auf 16 Lebende beschränkt.

Er habe das um so leichteren Herzens getan, als die Herstellung dieses Ordens weniger koste als die eines silbernen oder goldenen Zigarettenetuis, wie das Reich sie früher an Ausländer verschenkt habe. Man laufe bei diesem Orden, von dem eine Prachtausgabe schon für einige zwanzig RM zu haben sei, auch keine Gefahr, daß der Nutzen, der bei seiner Verleihung herausspringe, geringer sei als die Unkosten, selbst wenn er lediglich aufgrund einer einmaligen oder mehrmaligen Teilnahme an einem Frühstück verliehen werde.

Am schwierigsten sei es ihm gewesen, eine geeignete Anerkennung für ganz überragende, geradezu einmalige Verdienste eines Menschen um das Deutsche Reich zu finden.

Bei allem Überlegen sei er aber auf keine andere Lösung gekommen, als auch hier wieder durch einen Orden die Dankbarkeit der Nation zum Ausdruck zu bringen. Er habe aber von vornherein festgelegt, daß dieser Orden unter gar keinen Umständen einem Ausländer zugänglich sein dürfe.

Hitler erwog außer der Auszeichnung durch einen besonders hohen Orden auch die Auszeichnung durch Dotationen. Er erbat entsprechende Vorschläge von Reichsminister Lammers und sah vor, Generalfeldmarschälle durch einen monatlichen steuerfreien Ehrensold von 4000 RM auszuzeichnen. Auch wollte er Anregungen über die Dedikation von Landgütern für ganz besonders hervorstechende Verdienste um das Reich haben, um Marschälle und sonstige Prominente nach dem System der Preußen-Könige eng an die Staatsführung zu binden. Am 26. August 1933 war erstmalig dem Generalfeld-

marschall von Hindenburg für seinen Sieg bei Tannenberg der »Dank der Nation« durch die Schenkung des Preußenwaldes (einschließlich der Domäne Langenau) auf Hitlers Anregung hin abgestattet worden.

Akut sei dieses Problem durch den Tod Minister Todts geworden, habe Todt sich doch nicht nur einmalige militärische Verdienste erworben – man denke nur an die unzähligen Menschenleben, die sein Westwall dem deutschen Volk erhalten habe –, sondern sich auch auf dem zivilen Sektor durch seine Autobahnen und so fort unvergleichlich ausgezeichnet.

Der Staats-Orden, den er im Zusammenhang mit dem Tode Dr. Todts gestiftet und ihm als erstem verliehen habe, sei ausdrücklich und ausschließlich als Anerkennung für die höchsten Leistungen geschaffen worden, die ein einzelner Mensch überhaupt für das Deutsche Reich erbringen könne.

Den nur zehnmal verliehenen »Deutschen Orden« erhielten u.a. der Autobahnerbauer und Rüstungsminister Dr. Fritz Todt, der Reichsjugendführer Arthur Axmann, der Reichsarbeitsdienst-Führer Konstantin Hierl und der NSKK (NS-Kraftfahr-Korps)-Führer Adolf Hühnlein. Entworfen war der Orden ebenso wie das NSDAP-Parteiabzeichen von Hitler persönlich. Gefertigt wurde er von dem bekannten Münchener Meister-Goldschmied Joseph Fuess, der auch die beiden ersten Parteiabzeichen, das eine ohne Umschrift, das andere mit Umschrift, für Hitler modellierte. Das verkleinerte Parteiabzeichen mit goldener Umschrift bildete das Kernstück der Vorderseite des Ordenskreuzes, das in den vier Kreuzwinkeln den Reichs-Hoheits-Adler in Gold führte.

Um den Personenkreis, der Träger dieses Ordens werde, möglichst klein zu halten, habe er von vornherein vorgesehen, daß seine Inhaber zu einem Ordenskapitel ähnlich dem der mittelalterlichen Ritter-Ordens-Gesellschaften zusammengeschlossen würden und in diesem Ordenskapitel außer einem über die Zu- und Aberkennung des Ordens entscheidenden Ordenssenat eine allein schon durch ihr Vorhandensein die Zahl der Ordensinhaber beschränkende Einspruchskommission erhalten.

Die Kriegsreklamierten

Beim Mittagessen bemerkte der Chef, daß das deutsche Volk heute den Kämpfern an der Front ganz anders gegenüberstehe als im Ersten Weltkrieg.

Heute würden Schnellaufgaben der Rüstung von der Arbeiterschaft mit 14-Stunden-Schichten und unter Verzicht auf die Sonntagsruhe gemeistert. Im I. Weltkrieg sei das unvorstellbar gewesen, sonst habe man sich noch 1917/1918 die erforderliche Zahl neuer Panzer herstellen können. Im Ersten Weltkrieg habe man dadurch alles verdorben, daß man nicht nur an der Front Deserteuren gegenüber ein zu laxes Verhalten gezeigt habe, sondern vor allem dadurch, daß man dem Treiben der Schieber mit einer geradezu skandalösen Gleichgültigkeit zugesehen und damit der Zersetzung der Heimat Vorschub geleistet habe.

Die Sammlungen, die – wie die Metallspende, die Wintersachen-Sammlung, die Stiefel-Sammlung – heute durch die Partei bewerkstelligt würden, seien im I. Weltkrieg Gesellschaften übertragen worden, deren einzige Leistung im Registrieren der anfallenden Sachen bestanden habe. Das habe diese Gesellschaften aber nicht gehindert, Glocken, die sie mit Mk 1,60 bis Mk 2,– pro Kilogramm aufkauften, an das Reich wieder für Mk 20,– bis Mk 24,– pro Kilogramm zu verkaufen. Außerdem hätten diese Gesellschaften, wie zum Beispiel die Metallverwertungsgesellschaft, die Lederverwertungsgesellschaft und so weiter, Kriegsdrückebergern in einer Weise Unterschlupfmöglichkeiten geboten, daß General Ludendorff sich gezwungen gesehen habe, 1917 eine allgemeine Zählung der Reklamierten einzuleiten. Leider sei ihm bei dieser Maßnahme die »Frankfurter Zeitung« in die Arme gefallen, ohne daß er aufgrund des damals bereits weit fortgeschrittenen Zersetzungszustandes die Möglichkeit gehabt habe, sie entsprechend abzufertigen. Die »Frankfurter Zeitung«, das heißt die hinter ihr stehenden Juden, hätten nämlich gedroht, für den Fall der Durchführung dieser Zählung eine weitere Zahlung von Kriegsanleihe der Wirtschaft nicht nur nicht mehr empfehlen zu können, sondern sogar von ihr abraten zu müssen.

Die deutsche Bevölkerung zu Hitlers Juden-Transporten

Um eben denselben Juden, der damals diesen Dolchstoß geführt habe, lamentiere heute unser sogenanntes Bürgertum, wenn er nach dem Osten abgeschoben werde. Das Bemerkenswerte daran sei, daß dieses Bürgertum sich seinerzeit aber nicht darum gekümmert habe, daß jährlich 250000 bis 300000 deutsche Menschen aus Deutschland auswanderten und ca. 75 Prozent der deutschen Auswanderer nach Australien bereits auf der Reise starben.

Nach der offiziellen Kriegserklärung des organisierten Welt-Judentums, des Welt-Zionistenkongresses, an Deutschland vom 5. September 1939 (Jewish Chronicle vom 8. September 1939) proklamierte Hitler »die« Juden kollektiv zu »Feinden des Deutschen Reiches«, die nach Völkerrecht zu internieren seien, soweit sie in seinem Herrschaftsbereich angetroffen würden. Über Schacht versuchte er sodann 1940/41 noch einmal wie bei der Evian-Konferenz von 1938, ihre Massenauswanderung nach Madagaskar oder nach einem sonstigen (nicht auf arabischem Gebiet zu errichtenden!) »jüdischen Nationalstaat« zu bewerkstelligen. Als das ergebnislos blieb, weil die jüdisch beeinflußten Weltbanken die Vorfinanzierung und Großbritannien das freie Geleit für die Auswanderer-Schiffe versagten, fand im Interpol-Polizei-Gebäude in Berlin-Wannsee am 20. Januar 1942 unter der Leitung des Chefs des Reichssicherheitshauptamtes, SS-Obergruppenführer Reinhard Heydrich, die berüchtigte »Wannsee-Konferenz« statt, wo erstmals über eine »Endlösung der Judenfrage« im Hitlerschen Herrschaftsbereich im Sinne einer Massendeportation der westeuropäischen Juden nach dem Osten beraten wurde. Denn in Polen hatte man bereits ab Oktober 1939 Groß-Gettos für polnische Juden mit jüdischer Selbstverwaltung errichtet. Auf dieser – ab März 1942 in Gang gesetzten – Massendeportation basierte dann die Massenermordung von Juden in den Himmlerschen Konzentrationslagern (KZs). Sie wurde erst Mitte 1944 von Himmler wieder gestoppt, und zwar mit dem Befehl an das ihm unterstellte Reichssicherheitshauptamt: »Ich verbiete mit sofortiger Wirkung jegliche Vernichtung von Juden und befehle im Gegenteil die Pflege von kranken und schwachen Personen.«

Dieser – zweifellos durch den für Deutschland negativen Kriegsverlauf bedingte – Befehl Himmlers konnte aber die Ermordung von Millionen von Juden durch Hunger, Arbeits-Überstrapazierung, Kälte, Erschießung und Vergasung nicht rückgängig machen. Die Diskussion, ob tatsächlich die vom Staate Israel geltend gemachten sechs Millionen Juden ums Leben gekommen sind oder weniger (angeblich haben ein jüdischer und ein französischer Historiker anhand der amtlichen deutschen Unterlagen von damals »nur« eineinhalb Millionen errechnet) ist irrelevant. Mord bleibt Mord. Völkermord bleibt Völkermord.

Keine Bevölkerungsschicht sei in politischen Dingen blöder als dieses sogenannte Bürgertum. Wenn man von Staats wegen einen ausgesprochenen Volksschädling unschädlich mache, zum Beispiel totschlage, dann schreie das ganze

Bürgertum, der Staat sei ein brachialer Staat. Wenn aber der Jude den deutschen Menschen mit juristischen Spitzfindigkeiten um seine berufliche Existenz bringe, ihm Haus und Hof nehme, ihm seine Familie zerstöre, ihn so schließlich zur Auswanderung treibe, und der deutsche Mensch dann auf der Fahrt nach seinem Auswanderungsziel sein Leben verliere, so nenne das Bürgertum den Staat, in dem das möglich sei, einen Rechtsstaat, weil sich diese ganze Tragödie ja völlig im Rahmen juristischer Paragraphenmöglichkeiten abgespielt habe.

Daß der Jude als Parasit der klimafesteste Mensch der Erde sei und sich im Gegensatz zum Deutschen in Lappland genauso wie in den Tropen einlebe, das bedenke natürlich kein einziger, der seine Krokodilstränen hinter einem nach dem Osten abtransportierten Juden herweine. Dabei handle es sich bei diesem Spießer aber in der Regel um einen Menschen, der sich auf seine Bibelfestigkeit etwas einbilde, trotzdem aber nicht wisse, daß nach den Berichten des Alten Testaments dem Juden weder ein Aufenthalt in der Wüste noch ein Marsch durchs Rote Meer etwas anhaben könne.

Wie so oft in der Geschichte, wenn der Jude übermütig geworden und die Völker, bei denen er sich eingenistet habe, zu sehr von ihm ausgepowert worden seien, erkenne auch jetzt langsam ein Volk nach dem anderen, wieviel Schaden ihm der Jude zugefügt habe. Jedes versuche dann auf seine Weise mit ihm fertig zu werden. Interessant sei, mit welchem Tempo nach einer Depesche die Türkei jetzt gegen die Juden vorgehe.

119 — 16.5.1942 abends (Wolfsschanze)

Kleinstaaten und ihr diplomatischer Glanz. Die Politik der Tschechen

Beim Abendessen ging der Chef in der Unterhaltung wiederum von der Feststellung aus, daß die Unterweisung einer Nation im Waffendienst gleichbedeutend sei mit ihrer Erziehung zur Mannbarkeit.

Wenn die Römer die Germanen nie in ihr Heer geholt hätten, wäre der germanische Bauer kaum der im Waffenhandwerk geübte Soldat geworden, der sie – die Römer – hernach vernichtet habe. Am deutlichsten werde einem das an der Person Armins[259], der Kommandeur der 3. Römischen Legion gewesen sei und seine soldatische Ausbildung und Erfahrung, aufgrund deren er die Römer schlagen konnte, somit von ihnen selbst in jungen Jahren bezogen habe. Auch seine tapfersten Mitstreiter beim Aufstand gegen die Römer seien Germanen gewesen, die irgendwann einmal als Legionäre im römischen Heer Dienst getan hätten.

Gegenüber allen Versuchen der Tschechen, von uns – wenn auch in noch so beschränktem Maße – wieder die Unterhaltung eines Heeres zugestanden zu erhalten, gebe es deshalb nur ein kategorisches »Nein«.

Denn der Tscheche sei in seiner Unterwürfigkeit, solange er waffenlos sei, und in seiner Großmannssucht, sobald man ihm wieder Waffen in die Hand gebe, äußerst gefährlich. Das Schauspiel, das die Tschechoslowakei in zwanzig

259 Armin = Hermann der Cherusker, dessen Denkmal auf der Grotenburg im Teutoburger Wald bei Detmold steht, war als Führer cheruskischer Hilfstruppen von den Römern selbst zum Offizier ausgebildet worden. Er hatte das römische Bürgerrecht und die römische Ritterwürde verliehen erhalten. Näheres: Anmerkung 470, S. 493.

Jahren politischer Selbständigkeit gegeben habe, sei der beste Beweis dafür. Statt durch seinen diplomatischen Apparat die einzig vernünftige Beziehung zu Deutschland anzubahnen, habe der tschechische Staat aus Prag als einer sicher wichtigen Großstadt Europas den »Nabel der Welt« machen wollen. Aus dieser Wichtigtuerei sei dann das Bestreben entstanden, auf zu vielen politischen Stühlen in Europa beziehungsweise der ganzen Welt Platz zu finden. Keiner der tschechischen Staatsmänner habe sich dabei überlegt, daß ein tschechischer Diplomat etwa in Kopenhagen doch zwangsläufig ein ausgemachter Nichtstuer sein müsse, der aus der Artikelsammlung seines Presseattachés alle vierzehn Tage einen Bericht zusammenkritzle und ab und an mit der Zentrale in Prag telefoniere, um überhaupt zu erfahren, was in der tschechischen Politik los sei.

Aber für einen Kleinstaat gebe es ja offenbar nichts Schöneres als den diplomatischen Glanz für seine Hauptstadt und seine mehr oder minder dekadente Gesellschaft in dieser Hauptstadt. Einem Kleinstaat könne man daher keine größere Freude machen als dadurch, daß man eine Gesandtschaft bei ihm zur Botschaft erhebe.

Wie wichtigtuerisch Kleinstaaten in auswärtigen Angelegenheiten aufzutreten pflegten, das habe uns ja die Tätigkeit des Völkerbundes zur Genüge gelehrt. Statt ihre Beiträge zu bezahlen, hätten sie geglaubt, in diesem Gremium in erster Linie Deutschland niederstimmen zu müssen, und seien heute tief betrübt, wenn ihr damaliges Vorgehen von uns nicht so ohne weiteres vergessen werde.

Wirklichkeitsfremde Diplomaten

Aber die diplomatischen Vertreter in Genf seien ja auch schon eine besondere Gruppe von Nichtstuern gewesen, die ihren Lebenszweck im pünktlichen Kassieren von Diäten, im guten Essen, im regelmäßigen Spazierengehen und – last not least – in der freien Liebe gesehen hätten. Ganz wie etwa beim Konzil in Konstanz (1414 bis 1418) anderthalbtausend »gelüstige Fräuleins« zur Unterhaltung der hohen kirchlichen Würdenträger zusammengeströmt seien, hätten sich auch bei den Genfer Tagungen ganze Schwärme von Kurtisanen eingefunden.

Die Typen, die in den Auswärtigen Ämtern der verschiedenen Nationen herumsäßen, seien ja aber auch ganz besonderer Art. Bei unserem Auswärtigen Amt sei ihm aufgefallen, daß er es zwar zum Vollzug des Völkerbunds-Austritts (14. Oktober 1933) förmlich habe zwingen müssen und ein halbes Jahr später immer noch frühere Beamte von ihm in Genf herumgesessen hätten, deren Zurückberufung man offenbar vergessen gehabt habe, daß es aber aus eigenem Antrieb 1936 eine Tropenuniform für seine Diplomaten geschaffen habe, bei der das größte Hoheitszeichen vorgesehen gewesen sei, das er überhaupt jemals an einer Uniform gesehen habe.

Aber er habe sich getröstet, als er die völlig verblödeten Vertreter der Vereinigten Staaten von Amerika kennengelernt habe und als ein ewig angetrunkener Sir Rumbold (1928 bis 1933 Botschafter in Berlin) als Botschafter Englands bei ihm aufgekreuzt sei und hernach durch den restlos vertrottelten Sir Phipps (April 1933 bis Mai 1937 Botschafter in Berlin) abgelöst worden wäre. In dieser Galerie tüchtiger Diplomaten sei der letzte englische Botschafter, Sir Henderson[260], immer noch einer der Besten gewesen.

260 Sir Neville Henderson, Großbritanniens Berliner Botschafter vom Mai 1937 bis Septem-

Wie wirklichkeitsfremd Diplomaten oft seien und wie wenig sie von politischen Dingen verstünden, habe er erst kürzlich wieder feststellen müssen, als man ihn zu einer Proklamation an die Araber habe beschwätzen wollen. Den Herren sei offenbar entgangen, daß solch eine Proklamation – solange wir nicht vor Mossul stünden – Unsinn sei, da die Engländer sonst die Araber, die sich zur Unterstützung unserer Operationen erheben sollten, vorher erschießen würden[261]. (Vgl. Vermerk v. 19.5. über »Indische Phantasmen Ribbentrops«.)

120

17.5.1942 mittags
(Wolfsschanze)

Der Cholm-Ehrenschild

Beim Mittagessen wußte Generalmajor Scherer, der kurz zuvor mit dem Eichenlaub zum Ritterkreuz ausgezeichnete Verteidiger der 3 Monate lang durch russische Panzer restlos abgeschlossenen Stadt Cholm[262], den Chef sehr interessant über die Heldentaten seiner Leute und die Versorgung durch die tapferen Ju-Maschinen[263] zu unterhalten und die Stiftung eines Cholm-Schildes[264] nach der Art des Narvik-Schildes geschickt als Anerkennung für seine Männer anzuregen.

Er – Scherer – wies unter anderem darauf hin, daß die Russen in seinem Abschnitt gut rasiert und mit ordentlichem Haarschnitt versehen seien, daß sie sich uns gegenüber in der Gefangenschaft friedlich und arbeitswillig zeigten und offenbar froh seien, ihren Politruks entkommen zu sein. Im Kampf fürchteten sie übrigens am meisten unsere Sturmgeschütze, unsere Maschinengewehre und Stukas.

Auf Drängen der sowjetischen Generalität schaffte Stalin die politischen Armee-Kommissare, die Politruks, mit Dekret vom 9. Oktober 1942 für die UdSSR wieder ab. Er übertrug im Rahmen der »vaterländischen sowjetischen Gegenoffensive«, die zur Vernichtung der deutschen Stalingradarmee führte, den Truppenkommandeuren die alleinige und ausschließliche Befehlsgewalt.

ber 1939, wurde von Hitler respektiert. Hitler machte deshalb Ribbentrops Rat sowie dessen Fehlbeurteilung der britischen Politik uns gegenüber dafür verantwortlich, daß er Ende August/Anfang September 1939 Hendersons letzten Versuch zur friedlichen Lösung der Danzig-Frage und zur Vermeidung des Polen-Krieges ohne ernsthaftes Verhandeln zurückgewiesen hatte.

261 Hitler lehnte Ribbentrops – von den Japanern initiierten – Vorschlag einer gemeinsamen deutsch-italienisch-japanischen Proklamation zur Befreiung der Araber und Inder ab, weil die Kriegslage vom Frühjahr 1942 den an eine solche Proklamation glaubenden Indern und Arabern unverantwortbare Risiken aufgebürdet hätte.

262 In Cholm am Lowat mußte sich Generalmajor Scherer mit seinen 3500 Mann vom 21. Januar bis 5. Mai 1942 in der eingekesselten Stadt verteidigen, weil Hitler durch Aufrechterhaltung derartiger »Igel-Stellungen« möglichst viele – sonst das Gesamt-Frontgefüge tangierende – Sowjetkräfte binden wollte.

263 Gemeint sind die schier unverwüstlichen Junkers-Allwetter-Ganzmetallflugzeuge Ju 52.

264 Neben den Orden und Ehrenzeichen schuf Hitler im II. Weltkrieg sogenannte »Kampfabzeichen der Wehrmacht«. Es waren Metallschilder, die am linken Oberarm der Uniform (und in Miniatur am linken Jacken-Revers des Zivilanzugs) getragen und »Im Auftrag des Führers« vom Befehlshaber des entsprechenden »heldenmütigen Kampfes« verliehen wurden. Es gab den Narvik-Schild, den Generaloberst Dietl, den Cholm-Schild, den Generalmajor Scherer, und den Krim-Schild, den Generalfeldmarschall von Manstein verlieh. Später kamen noch der »Demjansk-Schild« und der »Kuban-Schild« hinzu.

Der Chef meinte dazu, wenn wir auf die russische Panzerwaffe nicht so geeicht gewesen seien, so liege das daran, daß sie (die Sowjets) uns in einem völlig überlegen gewesen seien: der Spionage, die sie mit Hilfe ihrer kommunistischen Organisationen als Weltanschauungsangelegenheit unendlich geschickt getarnt hätten.

Die Überlegenheit der sowjetischen Spionage

Die deutsche Spionage beschränkte sich zwar vor dem Kriege auf den Einsatz von Einzelagenten, Post- und Telefonkontrolle und die sonstigen traditionellen Mittel der Feind-Aufklärung. Rund 250 deutsche Agenten hatten beispielsweise bis Kriegsbeginn die ganzen Britischen Inseln kartographisch aufgenommen, alle Flugplätze, Rüstungsfabriken, Häfen, Docks, Kasernements, Treibstoff- und Lebensmittellager in Generalstabskarten eingezeichnet und dazu noch erläuternde Fotos gemacht. Aber Spionagechef Admiral Canaris hatte im II. Weltkrieg äußerst effektive neue Methoden entwickelt: die systematische Luftaufklärung, eine sorgfältige Überwachung und Entschlüsselung des gegnerischen Funkverkehrs und die Analysierung und Katalogisierung wichtiger Gefangenenaussagen. Hinzu kam, daß Görings Auslands-Fluidum eines dicken, vertrauensseligen Deutschen den französischen, britischen und amerikanischen Nachrichtendienst getäuscht und Görings rückhaltlose Ausschwätzerei von Zweitrangigem (z.B. Westwallbunker) den Blick für First-class-Neuigkeiten getrübt hatte. Auch die polnische Desinformation bei Beginn des II. Weltkrieges war aufgrund dieses Göring-Tricks so einzigartig, daß sie mit Kavallerie gegen die angeblich »leichten« deutschen Panzer glaubten kämpfen zu können.

Der Chef erzählte dann von einer sehr hübschen Karikatur im »Kladderadatsch« mit der Unterschrift: »Wir halten fest und treu zusammen«, die Stalin an einem Ast über einem Abgrund hängend zeige, wie sich Roosevelt an ihm festhalte und Churchill beide umklammere. Er kam daraufhin auf die Erklärung des USA-Außen-Staatssekretärs Hull[265] zu sprechen, daß er in eine Untersuchung eintreten wolle, ob auch rumänische Truppen mit unseren Soldaten zusammen im Osten kämpften.

Die Macht der Presse

Die USA-Politiker in Roosevelts Stab seien doch ausgemachte Strohköpfe. Offenbar liege das daran, daß die Juden-Presse in den USA einfach keine tüchtigen Politiker zu Worte, geschweige denn ans Ruder kommen lasse, wie sie seinerzeit bei uns ja auch keine ihr nicht hörigen arischen Künstler anerkannt habe. Wie unverfroren Juden dabei zu Werk gingen, zeige die Tatsache, daß der englische Zeitungsmann Lord Rothermere seine beiden Artikel pro-Mosley persönlich mit der Behauptung in einer seiner Zeitungen widerrufen mußte, daß er über Mosleys Bewegung getäuscht worden sei. Andernfalls wären seine gesamten Zeitungen von der Annoncenzuteilung und damit vom Geschäft ausgeschlossen gewesen, ein wirtschaftliches Druckmittel, das stark genug war, ihn – obwohl er das Schicksal des englischen Weltreichs klar voraussah – zu einer den Juden genehmen Schreiberei zu veranlassen.

Sir Oswald Mosley, der Führer der 9000 britischen Faschisten, war in Hitlers Augen ein »Mann von viel gutem Willen«, der sich aber gegenüber den Konservativen nicht durchsetzen konnte. Er heiratete eine Schwester der englischen Hitler-Verehrerin Unity Walkyrie Mitford 1938 in München. Hitler lud die Neuvermählten zum Abend-

265 Cordell Hull, ein persönlicher Freund Roosevelts, war US-Außenminister von 1933 bis 1944.

essen in seine Münchener Privatwohnung am Prinzregentenplatz Nr. 16 ein. Seine Hoffnung, daß Sir Mosley ihm Privatkontakte zu britischen Regierungspersönlichkeiten vermitteln könnte, wurde enttäuscht. Auch Unity Mitford schaffte keine Direktverbindung Hitler/Churchill, obwohl Churchill ihr Onkel war. Da Churchill sich nach 1933 mehr und mehr zum antideutschen Star-Politiker Großbritanniens entwickelt hatte, konnte nicht einmal Unitys Vater, Lord Redesdale, Hitler in dieser Beziehung helfen. Lord Redesdale hatte Hitler während des spanischen Bürgerkriegs in München aufgesucht, weil seine dritte Tochter Jessica von den Franco-Truppen als angebliche Bolschewistin in Spanien festgenommen worden war. Hitler hatte durch Intervention bei Franco ihre Wiederfreilassung erreicht und erhoffte dafür von Lord Redesdale den ersehnten Churchill-Kontakt. Vergeblich.

So dürfe man sich denn auch nicht wundern, wenn ein Norman Davis[266] als amerikanische Wirtschaftskanone angekündigt werde und dann in Gestalt eines kleinen Schiebers auf der Bildfläche erscheine.

121 — 17.5.1942 abends (Wolfsschanze)

Deutschlands Dankesschuld gegenüber Japan und seiner Bündnistreue

Beim Abendessen meinte der Chef, ausländische Journalisten glaubten uns dadurch imponieren zu können, daß sie uns unter Hinweis auf unser Bündnis mit Japan den Verrat an unserer Rassegesetzgebung und das Heraufbeschwören der »Gelben Gefahr« zum Vorwurf machten.

Diesen Würstchen könne man nur entgegenhalten, daß ja gerade England es gewesen sei, das im 1. Weltkrieg den Japaner zu Hilfe geholt habe, um uns den Garaus zu machen. Auch könne man ihnen getrost ins Gesicht schleudern, daß wir bei diesem Kampf um Sein oder Nichtsein uns sogar mit dem Teufel verbünden würden, um zu siegen.

Ganz nüchtern gesehen, habe sich das Bündnis mit Japan allein schon durch die Wahl des Zeitpunktes für den japanischen Kriegseintritt ganz außerordentlich zu unseren Gunsten bewährt. Japans Kriegseintritt sei nämlich erfolgt, als der russische Winter bei unserer Bevölkerung stimmungsmäßig die größte Flaute ausgelöst gehabt habe und auf allen in Deutschland zusätzlich noch das drückende Gefühl gelastet habe, daß die USA über kurz oder lang auch in den Krieg eintreten würden. Die Auslegung, die Japan seinen Bündnisverpflichtungen gegeben habe, indem es in diesem Zeitpunkt in den Krieg eingetreten sei, habe auf das deutsche Volk den tiefsten Eindruck gemacht und müsse Japan hoch angerechnet werden.

Die Mode hindert Frauendenkmäler

Der Chef kam noch kurz auf Denkmäler von Frauen zu sprechen, die deshalb nur selten wirken, da die Frauenkleidung nicht zeitlos ist und die Frauen die Mode, für die sie sich vor 10 Jahren begeistert haben, nunmehr lächerlich finden. Da man Frauendenkmäler auch nicht grundsätzlich in die zeitlose griechische Frauengewandung hüllen könne, bleibe kein anderer Ausweg als der der Frauenbüsten.

266 Den US-Bevollmächtigten für die Genfer Abrüstungskonferenz, Norman Davis, lernte Hitler am 8. April 1933 persönlich kennen.

122 — 18.5.1942 mittags (Wolfsschanze)

Beim Mittagessen äußerte sich der Chef sehr anerkennend über unseren letzten Geschäftsträger in Washington, Botschaftsrat Thomsen, und den Militärbevollmächtigten, General von Boetticher. Diese beiden Männer hätten sich als zwei Diplomaten erwiesen, die sich durch nichts bluffen ließen und Berichte zu liefern wüßten, die ein anschauliches Bild von der gegebenen Sachlage vermittelten. Er beabsichtige daher, diesen beiden Männern nicht nur eine besondere Anerkennung zukommen zu lassen, sondern werde sie auch nach dem Kriege besonders herausheben, indem er Thomsen beispielsweise von vornherein für einen besonders schwierigen diplomatischen Posten in Aussicht nehme.

Gütertransportproblem

Dr. Hans Thomsen war von 1938 bis 1941 deutscher Geschäftsträger in Washington und wurde 1943 deutscher Botschafter und Leiter der Gesandtschaft in Stockholm.

Die Berichte des Generals von Boetticher von 1938 bis 1941 waren zu einem guten Teil schuld an Hitlers völliger Fehl-Einschätzung des US-Rüstungspotentials und der Kampfkraft der hochmotorisierten US-Wehrmacht für ein Kampfgelände West-, Mittel- und Südeuropas mit seiner dichten Besiedelung und seinem erstklassigen Straßennetz. Roosevelt steigerte die Jahres-Rüstungs-Produktion nach Hitlers Kriegserklärung vom 11. Dezember 1941 bereits im Jahr 1942 auf 24000 Panzer und 48000 Flugzeuge. Bis 1944 verdoppelte er sie noch einmal. Insgesamt war die Rüstungskapazität der USA, der UdSSR und Großbritanniens fünfzehnmal so groß wie die deutsche. Nur der deutsche Erfindergeist erwies sich in seiner Konstruktion neuer Waffen (Düsenjäger, Düsenbomber, Raketenjäger, Boden-Luft-Raketen, V1, V2 und USA-Fernraketen [A 9], Elektro-U-Booten, Ein-Mann-U-Booten, schallgesteuerten Marine-Torpedos, Fernsteuerbomben, wärmestrahl-gesteuerten Raketenbomben usw.) als weltweit so überlegen, daß Churchill die Alliierten im Oktober 1944 zum Einsatz »aller Mittel« (notfalls Atombombe und Giftgas) zur Niederringung Kerndeutschlands aufrief, damit man sich nicht ab Frühjahr 1945 mit der Serienfertigung der – von der Fremdarbeiter-Spionage gemeldeten – neuen deutschen Waffen konfrontiert sehe.

Mit Geheimrat Röchling[267] erörterte der Chef dann das russische Transportproblem. Herr Röchling – eine in ihrer Zurückhaltung und Abgeklärtheit besonders eindrucksvolle Industriellen-Persönlichkeit – bemerkte hierzu, daß die Eisenbahnen in den großräumigen USA so eingerichtet seien, daß ein Güterzug 7000 Tonnen befördere, während die Durchschnittsleistung bei uns nur 1000 bis 1100 Tonnen umfasse. Die USA-Eisenbahnen sparten so fast das Siebenfache an Personal, verglichen mit den Verhältnissen bei uns, und außerdem Brennstoff. Bei den Schiffen wären die Dinge ähnlilch. Der Chef bemerkte dazu, auf dem Gebiet des Schiffbaus sei bereits ein 9000-Tonnen-Frachtschiff als Einheitstyp von uns projektiert.

Bunkerbauten bei Frost

Schließlich kam man auf Bunkerbauten zu sprechen, die die Russen in den Wintermonaten bei Kertsch[268] errichtet haben, die unseren Angriffen aber nicht standhielten. Der Chef meinte dazu, sicher sei irgendeinem russischen Architekten der Auftrag zuteil geworden, den Bau trotz der grimmigen Kälte auszuführen, wenn ihm sein Leben lieb sei, und nun habe er den Auftrag – so gut

267 Geheimrat Hermann Röchling war der führende Eisenindustrielle an der Saar.
268 Es handelte sich um die Halbinsel Kertsch im Ostteil der Krim.

es eben gegangen sei – ausgeführt. Auch Todt habe nur bei 5 Grad unter Null noch arbeiten können und bei stärkerer Kälte heizbare Holzhütten über die Bauwerke stellen müssen, um weiterzuarbeiten. Speer meinte allerdings, daß jetzt ein Verfahren gefunden sei, um heißes Wasser so mit Zement zu mischen, daß die Mischung trotz des Frostes noch bei 10 Grad unter Null verbaut werde.

Die Frage des Chefs, ob das Eisen in unseren Eisenbeton-Westwallbauten, die sicher 30 Jahre lang unerreicht seien und vollkommen ihren Dienst tun würden – schade nur, daß sie nicht 500 Kilometer weiter westwärts stünden –, zerfalle, verneinte Geheimrat Röchling. Er verneinte, soweit die Eisenträger und so weiter genügend luftdicht eingelassen seien, da sie dann nicht vom Säuregehalt der Luft angefressen werden könnten. Der Chef betonte, daß ihm das sehr interessant sei; denn in New Yorker Eisenbeton-Wolkenkratzern, die 1900 gebaut und 1910 wieder abgerissen worden seien, sei das Eisen restlos zerstört gewesen.

123 18.5.1942 abends (Wolfsschanze)

Präventiv-Krieg? Stand Stalins Angriffsplan fest?

Beim Abendessen, an dem auch Minister Speer mit Begleitung, unter anderen Staatsrat Schieber[269], Thüringen, teilnahm, bemerkte der Chef, daß gerade unsere Auseinandersetzung mit Rußland am nachdrücklichsten beweise, daß ein Staatschef von sich aus losschlagen müsse, wenn er einen Krieg für unvermeidbar halte.

Ein Brief, der bei dem Sohn Stalins[270] gefunden und von einem seiner Freunde kurz vor unserem Angriff geschrieben gewesen sei, habe wörtlich die Wendung enthalten, daß er »vor dem Spaziergang nach Berlin« seine Anuschka noch einmal sehen wolle.

Wenn er, Hitler, auf seine schlecht informierten Generale gehört und gewartet hätte und die Russen uns, diesen ihren Planungen entsprechend, zuvorgekommen wären, hätte es auf dem wohlausgebauten mitteleuropäischen Straßensystem für ihre Panzer kaum mehr ein Halten gegeben.

Ebenso wie Hitler sah Stalin die Auseinandersetzung »NS-Deutschland contra Sowjetunion« 1941 als unausweichlich an. Aber er wollte erst 1942 losschlagen, wenn die Umrüstung und Umorganisation der Roten Armee abgeschlossen und die Wehrmacht NS-Deutschlands im Kampf mit den Westmächten (Frankreich, Großbritannien usw.) hinreichend ausgeblutet war. (So Stalin selbst in einer Rede vor dem Politbüro der KPdSU am 19. August 1939.)

Er sei auch froh, daß es gelungen sei, die Sowjets bis zum endgültigen Kriegseintritt hinzuhalten und sich mit ihnen über ihre Interessen laufend zu verständigen. Denn wenn es seinerzeit nicht gelungen wäre, die Russen bei ihrem Einmarsch nach Rumänien zu einer Beschränkung auf Bessarabien zu bringen und sie sich damals Rumäniens Ölfelder geholt hätten, hätten sie uns in puncto Brennstoff spätestens in diesem Frühjahr abgedrosselt.

269 Gemeint ist der Gauwirtschaftsberater Walter Schieber.

270 Stalins Sohn Jakob Dschugaschwili geriet im Juli 1941 bei Witebsk in deutsche Gefangenschaft, kam in das Prominentenlager Sachsenhausen und beging 1943 durch das Überklettern des Sperrbereichs Selbstmord.

Hitler entsandte am 12. Oktober 1940 eine Militärmission mit »Lehrtruppen«, Panzern usw. nach Rumänien, um den Ausdehnungsdrang des Stalinschen Sowjetimperialismus vor Erreichen der Erdölfelder von Ploesti mit ihrer – für die deutsche Kriegführung unentbehrlichen – Jahresförderung von damals 6,3 Millionen t Erdöl zu stoppen.

Als Minister Speer sich mit seinen Mitarbeitern verabschiedet hatte, äußerte sich der Chef anerkennend über die langjährige Treue des mit Speer mitgekommenen Gauwirtschaftsberaters Thüringens, Ehrenzeichenträgers Parteigenosse Schieber (Staatsrat).

124

19.5.1942 mittags (Wolfsschanze)

Stalins Glaubenskämpfer und sein Kriegsziel: Deutsche Intelligenz

Beim Mittagessen kam der Chef auf die Wehrmacht im früheren Österreich und in der Tschechei zu sprechen und meinte, die Tschechei habe tatsächlich über ein sauberes und wohlassortiertes Lager an Waffen, Pulver und Munition verfügt, während Österreichs Rüstung lächerlich gewesen sei. Er werde nie vergessen, wie Schuschnigg [271] zusammengerutscht sei, als er ihm erklärt habe, er solle die Sperren an unserer Grenze beseitigen, sonst werde er ein paar Pionierbataillone schicken und den Mist wieder wegräumen.

Später kam der Chef darauf zu sprechen, daß eine Division der Sowjets auf der Halbinsel Kertsch sich besonders wacker schlage, ja bis zum Sterben kämpfe. Offenbar handle es sich bei ihr um eine sogenannte Weltanschauungsdivision. Man könne froh sein, daß diese Divisionen nicht allzu dicht gesät seien, das heißt: daß es Stalin nicht gelungen sei, die kommunistische Anschauung der gesamten Roten Armee einzuimpfen.

Marschall Keitel meinte, dazu sei das Gros der russischen Menschen auch heute wohl noch zu stumpf. Aber Stalin wolle ja – wie die Gefangenen-Vernehmung seines Sohnes und seines Sekretärs ergeben habe – nach seinen eigenen Erklärungen deutsche Intelligenz zur Höherentwicklung seines russischen Menschentums, da Europa und Asien dann unangreifbare Bastion des Bolschewismus werde und seine Weltrevolution damit die Absprungbasis zum Siege erhalte.

Die von Stalin in diesem Zusammenhang gern zitierte Lenin-Parole lautete: »Wer Berlin hat, hat Deutschland. Wer Deutschland hat, hat Europa. Wer Europa hat, hat die Welt.« Was Lenin jedoch ideologisch gemeint hatte, interpretierte Stalin als UdSSR-National-Imperialismus.

125

19.5.1942 abends (Wolfsschanze)

Indische Phantasmen Ribbentrops

Beim Abendessen unterhielt sich der Chef mit dem Außenminister Ribbentrop über die innerpolitische Lage in England.

Auf eine tatkräftige Hilfe der USA habe das Gros der Engländer nie so vertraut wie auf die Kraft des Russen. So habe sich in England auch ein pro-sowje-

271 Dr. Kurt von Schuschnigg, von 1934 bis 1938 österreichischer Bundeskanzler, besuchte Hitler am 12. Februar 1938 auf dem Obersalzberg.

tisches und ein contra-sowjetisches Lager herausgebildet. Ja nachdem, ob die Sowjetarmee auch in diesem Jahr von uns erhebliche Schläge erhalte, fange es in Englands Bevölkerung an zu brodeln.

Daß England durch den Verlust der asiatischen Besitzungen (Singapur, Hongkong, Malaya, Burma usw.) sehr geschwächt sei, daß es durch einen eventuellen Verlust wertvollster Teile Indiens und durch die Loslösung – sprich Verselbständigung – Südafrikas arm werde, trage zu seinem Teil ebenso zu der wachsenden Verschlechterung der Stimmung bei wie die Schiffsverluste aufgrund unserer U-Boot- und Flugzeugtätigkeit.

Schließlich sprach man noch über den Kannibalismus bei den Partisanen und in Leningrad, wo jetzt zirka 15000 Menschen pro Woche sterben sollen.

Ich verfolgte Ribbentrops Ausführungen mit Skepsis, las ich doch kürzlich bei Hewel das Resumé einer Besprechung zwischen ihm (Ribbentrop) und dem japanischen Botschafter Oshima, in dem er den Japanern die Aufrollung des indischen Problems durch unsere – über Persien und Afghanistan hinweg – von Nordwesten und Norden ante portas erscheinenden Truppen in Aussicht stellte. »Schwindler oder Phantast?« Ich glaube, selbst Hewel zweifelt ernstlich an seinen Fähigkeiten.

126

20.5.1942 mittags
(Wolfsschanze)

Eisen- und Bergbau-Arbeit, ideale Schulung für Jungen

Nach dem Mittagessen sprach sich der Chef schärfstens gegen alle Versuche aus, die nationalsozialistische Weltanschauung zu exportieren.

Gerade wenn die anderen Staaten bei ihren demokratischen Systemen verblieben und damit einem sicheren Zerfall entgegengingen, könne uns das nur recht sein, zumal wir auf der Grundlage des Nationalsozialismus langsam, aber sicher zu dem geschlossensten Volkskörper würden, den man sich nur denken könne.

Die Jugend, die in zehn bis zwanzig Jahren den nationalsozialistischen Staat verkörpere, habe nie etwas anderes gekannt als die nationalsozialistische Weltanschauung und sei durch ein Erziehungssystem hindurchgegangen, das sie ebenso diszipliniert wie selbstsicher mache. Wie grundlegend habe sich schon heute die Lehrlings-Ausbildung gewandelt! Derselbe Lehrling, der früher ein »Watschenbaum« gewesen und – wenn Meister oder Geselle sich kratzten – unwillkürlich zusammengezuckt sei, stehe heute schon nach einer halbjährigen Grundausbildung an einem Arbeitsplatz, der seinen Fähigkeiten entspreche und ihn dadurch selbstbewußt mache.

Wenn man bedenke, daß das Tempo der Erziehung unserer Mädels nach nationalsozialistischen Grundsätzen dieselben Fortschritte gemacht habe und unsere weibliche Jugend heute den nationalen Notwendigkeiten entsprechend in der Rüstungsfabrik, im Büro, im Lazarett, bei der Landarbeit und so weiter mithelfe, könne man nur konstatieren: hundert Jahre diese Erziehungsarbeit durchhalten, und das deutsche Volk sei der geschlossenste und kolossalste Machtblock, den es in Europa jemals gegeben habe.

Bei der Erziehung unserer männlichen Jugend dürfe man aber eines nicht außer acht lassen, daß nämlich keine Ausbildung der Jugend einen so aufgeschlossenen Blick und eine so ideale Einstellung zur Handarbeit vermittle als die

Tätigkeit im Hochofenwerk, im Stahlwerk oder im Panzerwerk, also in der Eisenproduktion, ganz egal, ob es sich nun um Waffenherstellung oder um Maschinenbau handle. Wenn er durch die Krupp-Werke in Essen (27. September 1937 zusammen mit Mussolini) gehe, komme ihm dies stets von neuem zum Bewußtsein. Denn die Arbeiter dort seien ihrer äußeren und inneren Haltung nach wahre Herrenerscheinungen. Die gleichen Feststellungen habe er anläßlich des Stapellaufs der »Tirpitz« auf der Wilhelmshavener Marinewerft machen können. Wie viele schöne, stattliche Menschen mit einer souveränen, adligen Haltung und ehrlichem Stolz im Gesicht habe er unter den Arbeitern gesehen, die auf der Werft an diesem großen Werk mitgeschafft hatten und nun zum Stapellauf angetreten waren. Als er nach dem Stapellauf die Arbeiten am Bau der vierten Hafeneinfahrt in Wilhelmshaven besichtigt habe und bei der Gelegenheit an einer Fülle von ausländischen Arbeitern vorbeigekommen sei, sei es ihm geradezu aufgefallen, wie sehr diese Ausländer gegen unsere deutschen Arbeiter abfielen und was für ein Gesocks sie seien.

Am 1. 4. 1939 fand der Stapellauf des Schlachtschiffes statt. Am gleichen Tage hielt Hitler auf dem Rathausplatz in Wilhelmshaven seine »Anti-England«-Rede, mit der er die Polengarantie des britischen Premiers Chamberlain vom 31. März 1939 beantwortete und die britische Politik, die seine jahrelangen Werbungen zurückgewiesen hatte, als neue »deutschfeindliche Einkreisungspolitik« attackierte. Wilhelmshaven wurde von den Briten und Amerikanern im II. Weltkrieg mit nicht weniger als 100 Luftangriffen heimgesucht, von denen bei dem – die gesamte Innenstadt zerstörenden – Bombardement vom 15. Oktober 1944 mit 600 Bombern rund 3000 Sprengbomben und fast 27000 Brandbomben zum Einsatz kamen. SPD und CDU bauten Wilhelmshaven nach dem Krieg aus den Trümmern wieder zum größten Tiefwasserhafen der Welt auf. Gleichzeitig erhielt die Stadt unter ihrem Oberbürgermeister Arthur Grunewald eine einzigartige Industrieansiedlung mit Ölhafen, Ölraffinerie, Kraftwerk, Erzhafen, Werften, Marinearsenal, Büromaschinen-, Kranbau-, Textilfabriken usw.

Was für Arbeiter der eisenverarbeitenden Industrie gelte, gelte in demselben Maße vom Bergmann. Der Bergmann sei und bleibe die Elite der deutschen Arbeiterschaft. Denn er werde äußerlich und innerlich durch einen Beruf geformt, der auch heute noch mit einem erhöhten Risiko verbunden sei und nur für Menschen tauge, die über Härte und Entschlossenheit verfügen und auch zum Überwinden erheblicher Gefahren innerlich bereit seien. Wir müßten daher alles tun, um auch dem Bergmann die ihm gebührende nationale Anerkennung zuteil werden zu lassen. Das bedeute, daß man – sobald wieder Frieden sei – sich ganz besonders um die Verbesserung des Lebensstandards dieser im besonderen Maße staatserhaltenden Schicht unseres Volkes kümmern müsse.

Um auch schon während des Krieges der Arbeiterschaft den Dank der Nation zu bezeigen, habe er für heute nachmittag einen Staatsakt angesetzt, in dem hundert Kriegsverdienstkreuze I. Klasse an Arbeiter zur Verteilung kämen und außerdem ein Ritterkreuz des Kriegsverdienstordens einem Werkmeister aus der Panzer-Fabrikation im Mosaiksaal der Reichskanzlei von einem Ritterkreuzträger des Heeres überreicht werde. Der Ritterkreuzträger, den er mit der Überreichung beauftragt habe, sei ein Gefreiter, der unmittelbar von der Front komme und – allein eine Pak bedienend – 13 Russenpanzer abgeschossen habe.

Das »Kriegsverdienstkreuz« wurde von Hitler am 18. Oktober 1939, dem Gedenktag der Völkerschlacht bei Leipzig, zur Anerkennung solcher Kriegsverdienste gestiftet, die nicht unter die Verleihungsvoraussetzungen des »Eisernen Kreuzes« fielen. Das »Ritterkreuz des Kriegsverdienstkreuzes« verlieh er selbst, das erste dem Werkmeister Franz Hahne. Dieses Ritterkreuz wurde nur 208 mal ausgegeben. Jüngster Träger des »Kriegsverdienstkreuzes« war ein 10jähriger Luftschutzhelfer.

Als erster Angehöriger des Mannschaftsstandes erhielt der Gefreite und Richtschütze der 14. Kompanie des Infanterie-Regiments 25, Hubert Brinkforth, am 7. März 1941 das »Ritterkreuz des Eisernen Kreuzes«.

Pak ist die Abkürzung für Panzerabwehrkanone. An schwerer Pak wurden von 1941 bis 1943 an die Ostfront lediglich etwa 12000 Geschütze ausgeliefert, davon aber nur 1200 mit dem dringend benötigten Kaliber von 8,8 cm. Die als Pak besonders geeignete 8,8 cm Flak (Flugabwehrkanone) kam nur vereinzelt zum Einsatz an der Ostfront, da Göring sie in der Heimat so lange für die Luftabwehr benötigte, bis die Me-262-Düsenjäger und die Me-163-Raketenjäger in größeren Einheiten einsatzbereit waren. Das war erst Anfang 1945 der Fall, also zu spät.

In den Panzern »Tiger I« und »Tiger II«, den Jagdpanzern »Ferdinand«, »Elefant«, »Hornisse«, »Nashorn« und »Jagdpanther« leistete die 8,8-cm-Kanone mit ihrer enormen Geschoß-Anfangsgeschwindigkeit und ihrer supermodernen Mechanik im Erdkampf, insbesondere bei der Panzerbekämpfung, Überragendes.

Es sei eine Freude für ihn gewesen, diesen Gefreiten gestern hier gehabt zu haben, da er ein typischer Vertreter der nationalsozialistischen Jugend sei und, obwohl er wie ein Bub von 17 Jahren ausschaue, so selbstsicher auftrete, als ob ihn die ganze Welt nicht erschüttern könne.

Den in diesem Gefreiten zum Ausdruck kommenden intelligenten, aufgeweckten und hart entschlossenen Typ in unserer Jugend durchzusetzen, werde – wenn einmal nicht mehr der Krieg und damit das Waffenhandwerk ihn in erster Linie in Anspruch nehme – seine vornehmste Aufgabe sein. Den Typen, die die anderen Völker herauszustellen hätten und die meist doch nur Rohlinge oder Schwächlinge oder sonstwie extrem seien, werde er auf diese Weise Männer entgegenstellen wie die, die Narvik oder Cholm gehalten haben.

Nationale Geschlossenheit und nationales Pathos: der Kraftquell eines jeden Volkes!

Genauso wie der Krieg 1870/1871 der Schmelztiegel des Altreichs gewesen sei, so werde das Großdeutsche Reich mit allen seinen Stämmen auf den Schlachtfeldern dieses Krieges zusammengeschmolzen. Es werde auf diese Weise verhindert, daß irgendeiner der deutschen Stämme zum Reich als geprügelter Hund komme; jeder habe das stolze Bewußtsein, mit dem Einsatz des eigenen Blutes am größten Freiheitskampf des deutschen Volkes beteiligt gewesen zu sein.

Da man durch den geschlossenen Einsatz aller Stämme die höchsten Leistungen aus dem deutschen Volk herausholen könne, vertrete er bei seiner Partei-Kanzlei in München den Grundsatz, Männer aus allen Stämmen in ihr zu vereinigen. Auch bei den großen Bauten, bei der Anlage großer Straßen und großer Kanäle, überhaupt bei allem, was nur durch die geschlossene Kraft der Nation geschafft werden könne, komme es auf diesen Einsatz des gesamten Volkes an.

Wenn man überall etwas machen wolle, verplempere man die Kraft der Nation. Ebenso wie man die größten operativen Erfolge durch den geschlossenen sprunghaften Einsatz der Luftwaffe erreiche, müsse man auch bei der Gestaltung des Lebens des deutschen Volkes überall dort, wo Höchstleistungen zu vollbringen seien, die ganze Kraft der Nation geschlossen einsetzen. Einen Münchner Zentralbahnhof von Format könne man nur schaffen, wenn die gesamte Reichsgewalt hinter diesem Bauwerk stehe. Eine vernünftige deutsche Staatsführung müsse sich deshalb bei ihren Planungen so einrichten, daß sie nacheinander Jahr für Jahr irgendeine große Aufgabe anpacke und durchführe.

Bei einem derartigen Einsatz des deutschen Volkes könnten die Rückwirkungen auf den einzelnen deutschen Menschen nicht ausbleiben. Er werde wieder das Gefühl bekommen, daß er alles könne, und werde – ebenso wie heute der junge Engländer seine Lehrjahre in Indien absolviere – sich in seiner Jugend im fernsten Osten des Deutschen Reichs oder in Norwegen oder in einem sonstigen Grenzgebiet des Reiches umsehen. So könne man dem Deutschen mit Hilfe seiner eigenen Erfahrungen das Verständnis dafür beibringen, daß es ohne Rücksicht auf irgendwelche Ränge unter deutschen Menschen nach außen keinen Unterschied geben dürfe. Auch dem letzten Deutschen müsse so als eine absolute Selbstverständlichkeit die Überzeugung anerzogen werden, daß der jüngste deutsche Lehrjunge und kleinste deutsche Fuhrknecht ihm näher stehe als der bedeutendste englische Lord.

Welche Umwälzung gesinnungsmäßiger Art das bedeute, könne man ermessen, wenn man sich daran erinnere, daß früher deutsche Fürsten als Häuptlinge nach den Balkanländern gingen und lieber dort ihr Leben verbrachten, als in Deutschland in einer noch so geringen Position – und sei es als Straßenkehrer – ihr Auskommen zu suchen.

Wenn es gelinge, vor allem die deutsche Jugend zu einem fanatischen Zusammenhalten und zu einer fanatischen Verbundenheit mit dem Reich zu erziehen, dann werde das Deutsche Reich wieder die stärkste Macht in Europa darstellen, wie es schon einmal – tausend Jahre nach dem Zusammenbruch des römischen Imperiums – der Fall gewesen sei.

Damit werde ein für allemal verhütet, daß das Deutsche Reich sich wieder in Kleinstaaten auflöse, die sich untereinander Diplomaten zusenden beziehungsweise bei denen ausländische Diplomaten akkreditiert sind, um – wie der frühere französische Botschafter in München – als Ränkeschmiede die deutsche Einheit zu stören.

Ein Reich, dessen Stämme fanatisch zusammenhielten, finde auch die Kraft, mit dem tschechischen Problem fertig zu werden. Das habe Hacha [272] sehr richtig erkannt. Ihm als Juristen des alten österreichischen Staates sei die Verselbständigung des tschechischen Staates gefühlsmäßig sicher sowieso als ein Abgehen vom Rechtsweg erschienen, da die Tschechen sich in der Geschichte nie zur Durchführung eigener politischer Aufgaben geeignet und sich sogar in ihrer kulturellen Ausrichtung weitgehend an die deutsche Kultur des Habsburger Staates angelehnt hätten. Wenn man daher heute alles Gefährliche in der Tschechei rücksichtslos beseitige und die Tschechen sonst gut behandle, so sei das die richtige und für das Großdeutsche Reich selbstverständliche Taktik den Tschechen gegenüber. Denn so werde die gefühlsmäßige Einstellung Hachas dem gesamten tschechischen Volke zu eigen, so daß es aus Schuldbewußtsein und mit

272 Der 1872 geborene Tscheche Dr. Emil Hacha war bis 1918 österreichischer Justizbeamter in Wien, wurde 1925 Präsident des Obersten Verwaltungsgerichts der Tschechoslowakei in Prag und avancierte im November 1938 zum Staatspräsidenten der Tschechoslowakei. Nach Unterzeichnung des Protektorats-Vertrags vom 15. März 1939, mit dem er das tschechische Volk dem »Schutz des Deutschen Reiches« unterstellte, wurde er Staatspräsident des Protektorats Böhmen und Mähren. Er starb 1945 in einem tschechischen Gefängnis.

Rücksicht auf die große deutsche Umsiedlungsarbeit die eigene Aussiedlung fürchte, wenn es nicht ein eifriger Mitarbeiter des Deutschen Reiches werde. Nur aus dieser inneren Haltung heraus sei es verständlich, daß die Tschechen heute zu unserer größten Zufriedenheit in der Rüstungsindustrie und so weiter schafften und sich bei ihnen immer mehr der Ruf einbürgere: »Alles für unseren Führer Adolf Hitler!«

127 — 20. 5. 1942 abends (Wolfsschanze)

Gesunde Einkommensverhältnisse für die berufstätigen Frauen

Beim Abendessen führte der Chef aus, daß unzählige Arbeiten, die wir Nationalsozialisten seit der Machtübernahme durchgeführt hätten, in der Öffentlichkeit gar nicht in Erscheinung getreten seien. So hätten wir kein Wort darüber verloren, daß Zehntausende von Menschen, die ihr Dasein während der Systemzeit in recht zweifelhafter Weise gefristet hätten, von uns wieder in anständige Existenzen gebracht worden seien.

Von ganz besonderer Bedeutung seien unsere Maßnahmen zur Schaffung gesunder Einkommensverhältnisse für die berufstätigen Frauen, also für die Sekretärinnen, Verkäuferinnen, Künstlerinnen und so weiter. Dadurch, daß wir dafür gesorgt hätten, daß sie statt eines Taschengeldes ein auskömmliches, ihren Arbeitsleistungen entsprechendes Gehalt erhielten, hätten wir sie davon befreit, sich aus existentiellen Gründen von Freunden aushalten lassen zu müssen.

Finanzielle Sicherstellung der Tänzerinnen

Am meisten habe er sich früher immer über die Behandlung der Tänzerinnen geärgert. Während jüdische sogenannte »Humoristen« in Theatern wie dem Berliner Metropol-Theater 3000 bis 4000 Mark pro Monat für fünfzehn Minuten abendliches Dreckgeschwätz erhalten hätten, seien den Tänzerinnen kaum 70 bis 80 Mark gezahlt worden. Dabei müßten sie, um leistungsfähig zu sein, nicht fünfzehn Minuten, sondern den größten Teil des Tages mit Training, Proben und dergleichen verbringen.

Diese unterschiedliche Behandlung sei eine ganz niederträchtige Spekulation gewesen. Man habe die armen Geschöpfe so gezwungen, auf die Straße zu gehen, um existieren zu können, und das Theater sei so zu einem mit einem schönen Namen versehenen Bordell geworden.

Hitler war gegen Bordelle für deutsche Staatsangehörige; sie sollten heiraten. Ab 1936 ließ er deshalb alle registrierten Prostituierten über die Arbeitsämter in offene Arbeitsstellen vermitteln. Für Ausländer dagegen ließ er durch Martin Bormann Bordelle ab 1941 neu errichten, die nur mit Ausländerinnen besetzt sein durften, von sprachgewandten Ausländerinnen geleitet wurden und über einen ausländischen Hausarzt sowie eine Sanitär-Station und Bade-Einrichtungen verfügen mußten. Daneben existierten die ab 1936 vom Reichssicherheitshauptamt etablierten »Salons«, deren »Damen« ob ihrer Sprachgewandtheit, Eleganz, Jugend und Schönheit international gefragt waren. Diese – vom Sicherheitsdienst (SD) überwachten – »Salons« dienten der Förderung politischer und wirtschaftlicher Interessen und – last not least – der Spionage; sie hatten Filialen in fast allen wichtigen Hauptstädten des Hitlerschen Herrschaftsbereichs. Sie waren mit Mikrofon-Anlagen und Infrarot-Kameras ausgerüstet.

Ganz im stillen habe er dafür Sorge getragen, daß unsere Tänzerinnen an den deutschen Bühnen heute ihre 180.– bis 240.– Mark[273] erhielten und dadurch in die Lage versetzt würden, ganz in ihrem künstlerischen Beruf aufzugehen. Damit sei gleichzeitig für die Bühnen die Möglichkeit gegeben:

1. wirklich gut aussehende Tänzerinnen zu engagieren,
2. ihre berufliche Arbeit unter das Motto der weiteren Ausbildung und künstlerischen Verfeinerung zu stellen,
3. auch sonst erzieherisch auf sie einzuwirken und ihnen die Lebensnähe zu erhalten, die sie noch in jungen Jahren heiraten und spätestens vom 34. beziehungsweise 35. Lebensjahr an von der Bühne abtreten lasse.

Der Einschmelztiegel: Krieg

Weiter kam der Chef auf die Wiener zu sprechen und führte aus, daß sie in ihrer konziliant en Art gewisse Dinge besser machten als jeder sonst. Als Diplomaten zum Beispiel seien sie besonders wertvoll. Es sei deshalb für ihn kein Wunder, daß Seyß-Inquart[274] den Holländer Mussert[275] schon heute zur Eidesleistung auf ihn als »Führer aller Germanen« gebracht habe.

Die Art des Wieners, geschichtlich zu denken, sei ebenso bemerkenswert. So habe ihm Seyß-Inquart bezüglich der künftigen Behandlung Belgiens ohne viel Nachdenken gesagt: »Aber es war doch vor 150 Jahren noch unsere Provinz[276].« Und alle Wiener seien davon überzeugt, daß er »das lediglich von ihnen hochgezüchtete Ungarn zurückbringen« müsse, und verstünden nicht, wie er Italien Einfluß auf Kroatien einräumen könne[277].

Bei der Größe des Reichs und der Vielzahl seiner Talente sei es wichtig, den richtigen Mann an den richtigen Fleck zu stellen. Den brutalen dorthin, wo nur ein solcher fertig werden könne, und dorthin, wo auch eine rücksichtsvollere Hand es schaffe, einen Mann dieser Art.

Nach Wien habe damals, um die Auflösung Österreichs in seine Reichsländer (die mit ihren 600 bis 700 Jahren mit die ältesten seien) und deren Rückgliederung ins Reich durchzuführen, ein Mann wie Bürckel gemußt, der selbst auf die Gefahr, sich unbeliebt zu machen, mit radikaler Konsequenz und nicht mit Wiener Gemurksel ans Werk gegangen sei.

Durch die militärische Vorbereitung auf den Krieg in den Jahren 1938/1939 seien die bei den Wienern und so weiter aufgetretenen Überheblichkeits-, beziehungsweise Minderwertigkeitskomplexe kuriert worden (ähnlich wie bei den Bayern in den 4 Jahren 1866–1870). Und der Krieg selbst erweise sich nun als bester Erzieher im großdeutschen Sinne und als bester Tiegel für den Einschmelzungsprozeß.

273 Der Kaufkraftwert der Reichsmark entsprach 1933 bis 1939 ungefähr einer Goldmark; ein Regierungsassessor verdiente als vollakademischer Beamter des höheren Staatsdienstes etwa 250 RM netto monatlich.
274 Dr. Arthur Seyß-Inquart war von 1940 bis 1945 Hitlers Reichskommissar für die besetzten Niederlande.
275 Anton Adrian Mussert war der Führer der niederländischen Faschisten; er wurde im Jahr 1942 als »Leiter des Niederländischen Volkes« vereidigt.
276 Im 18. Jahrhundert (bis 1794) war Belgien unter der Bezeichnung »Österreichische Niederlande« eine Provinz Österreichs.
277 Italien und Deutschland einigten sich 1941 dahin, daß bei der Aufteilung Jugoslawiens Serbien deutsches und Kroatien sowie Montenegro italienisches Interessengebiet wurden. Führende österreichische Nationalsozialisten reklamierten demgegenüber, daß Kroatien seit dem Frieden von Karlowitz von 1699 bis 1918 zur Habsburger Donaumonarchie gehört habe und über ein besonders wertvolles Menschentum verfüge.

Die Engländer, ihr Antisemitismus und Churchill

Die Tatsache, daß in einer der letzten Parlamentssitzungen die englische Armee von dem Juden Hore-Belisha[278] angegriffen wurde, nahm der Chef zum Anlaß, die Stellung des englischen Judentums zur englischen Luftwaffe zu beleuchten.

Die englische Luftwaffe könne als von der jüdischen Propaganda »unangefressen« angesehen werden. Die jüdische Propaganda müsse im Gegenteil die tapferen Männer der englischen Luftwaffe verbittern, da sie auf der einen Seite zu militärisch völlig falschen Maßnahmen hetze, wenn diese dann mit hohen Verlusten und ohne Erfolg durchgeführt seien, sich andererseits auch nicht scheue, die Männer der Royal Air Force als Feiglinge zu bezeichnen.

Es sei verständlich, daß die Judenpropaganda gegen die besten englischen Kräfte in der englischen Luftwaffe die Flieger langsam, aber sicher in das Lager der Antisemiten treibe und sie sich eines Tages fragen lasse, ob es nicht unverantwortlich sei, lediglich der Dreckjuden wegen den Krieg führen zu müssen.

Ebenso wie die Luftwaffe sich von der jüdischen Propaganda nicht zersetzen lasse, da den jüdischen Dreckschweinen dort ein geschlossenes Führerkorps gegenüberstehe, so lasse sich auch die englische Armee und die englische Marine nicht zersetzen. Es sei ganz natürlich, daß gerade die Marine, die von der jüdischen Presse immer wieder in irgendwelche Abenteuer gehetzt und, wenn diese mißlängen, getadelt werde, sich eines Tages dafür bedanke, in dem von ihr nicht gewollten Krieg nun den Prügelknaben zu spielen.

Allerdings glaube er nicht, daß das Anwachsen der antisemitischen Tendenz bei den konservativen Elementen Englands sich bereits über kurz oder lang auf die Kriegführung auswirken werde. Denn die Persönlichkeit Churchills[279] stehe dem entgegen.

Die Engländer sähen in Churchill den einzigen Mann, der für ihre politische Führung geeignet sei. Dabei seien sie sich seiner negativen Seiten durchaus bewußt, empfänden ihn aber offenbar als Prototyp ihres eigenen Charakters. Wenn man den Führer der Engländer im I. Weltkrieg, den Fanatiker Lloyd George[280], Churchill gegenüberstelle, komme man nicht an der Feststellung vorbei, daß das Führungsformat in England erschreckend abgerutscht sei: denn bei einer objektiven Beurteilung sei Churchill doch nichts anderes als eine »ausgemachte Quadratschnauze«, skrupellos, durch nichts in seinem Selbstbewußtsein umzubringen, auch privat kein Gentleman, sondern ein käuflicher Lügner und ein Mann, der sich nicht geniere, in seinen Reden immer denselben Bockmist eines »Schnapssäufers« zu verzapfen.

Wenn man bedenke, wie objektiv und politisch richtig der Bericht des 1938

278 Lord Leslie Hore-Belisha, britischer Kriegsminister von 1937 bis 1940.

279 Sir Winston Churchill (30. 11. 1874 bis 24. 1. 1965) stammte aus dem Haus der Herzöge von Marlborough. Als Sohn eines konservativen britischen Politikers, Lord Randolph Churchill, und einer Amerikanerin, war er zunächst Offizier und Kriegsberichterstatter im Burenkrieg, ab 1900 (mit Unterbrechungen) britischer Parlamentsabgeordneter, im I. Weltkrieg Marine-, Munitions- und Kriegsminister, 1921/22 Kolonialminister, 1924/29 Schatzkanzler und im Jahr 1939 Marineminister. 1940 wurde Churchill britischer Premier. Er verblieb in dieser Funktion bis 1945. Später war er noch einmal von 1951 bis 1955 Premierminister. 1963 wurde er in Anerkennung seiner einmaligen Verdienste um die neue Supermachtstellung der USA Ehrenbürger der USA.

280 David Lloyd George, Großbritanniens Premier im I. Weltkrieg (von 1916 bis 1922), verstand es als liberaler Politiker, alle nationalen Kräfte Großbritanniens für den »Endsieg« 1918/19 über Deutschland zu mobilisieren. Er besuchte Hitler im September 1936 auf dem Obersalzberg.

nach der früheren Tschechoslowakei entsandten englischen Lords Runciman[281] gewesen sei, könne es einem um England nur leid tun, daß es keinen besseren Mann als Churchill in diesem entscheidenden Kampf herauszustellen wisse.

Aber Verlogenheit gälte den Engländern ja offenbar als der Weisheit letzter Schluß bei seinen Staatsmännern. Dem Rat Lord Runcimans, den Tschechen 1938 sofort die Unterstützung zu entziehen, soweit sie als das kulturell minderwertigere Volk den Deutschen nicht sofort völlige Autonomie zugestehen wollten, habe die englische Regierung bereits am 21. des betreffenden Monats mit der Aufforderung an die tschechische Regierung entsprochen, das deutsche Gebiet sofort an Deutschland abzutreten. Trotzdem ihm durch Görings Forschungsinstitut[282] die Telefonate London–Prag bekannt gewesen seien, habe Chamberlain am 22. bei den Besprechungen in Godesberg ein Mordstheater aufgeführt und sogar mit der Abreise gedroht, bevor er sich zu diesem Zugeständnis Deutschland gegenüber bereitfand.

Arthur Neville Chamberlain (1869 bis 1940), ab 1931 britischer Schatzkanzler und von 1937 bis 1940 britischer Premier, suchte wie sein Vater, der britische Kolonialminister Joseph Chamberlain (1836 bis 1914), eine Verständigung mit dem Deutschen Reich. Er schloß mit Hitler am 29. bzw 30. September 1938 das »Münchener Abkommen« über die Abtretung des Sudetenlandes an das Deutsche Reich und den deutsch-britischen Konsultativ-Pakt »Peace for our time«. Als Hitler entgegen diesem Konsultativpakt, also hinter dem Rücken Chamberlains, im März 1939 die Rest-Tschechoslowakei »kassierte«, fühlte Chamberlain sich von ihm betrogen und warnte ihn eindringlichst, daß ein weiterer – das nationale Selbstbestimmungsrecht eines anderen Volkes bedrohender – Schritt Deutschlands, etwa in der Polenfrage, von Großbritannien als »Imperialismus« gewertet und mit Krieg beantwortet werden würde (Birmingham-Rede vom 17. März 1939, Brief an Hitler vom 23.8.1939).

Tschechen über die Angliederung der Tschechei

Übrigens sei es ihm interessant gewesen, letztens aus der Schrift eines Tschechen zu erfahren, daß nach tschechischer Ansicht 1938 für sie zwei Auswege existiert hätten:

a) Angliederung an Polen oder
b) Angliederung an Deutschland.

Hätten die Tschechen eine von diesen Lösungen unter einem großen Staatsmann gewählt, wären wir in eine unangenehme Lage gekommen. Gott sei Dank habe ihnen der große tschechische Staatsmann gefehlt.

Bei der Tschechoslowakei habe es sich eben nicht um ein innerlich zu einem selbständigen Staat gewordenen Gebilde gehandelt; sie sei vielmehr über die kulturelle Anlehnung an deutsche Vorbilder hinaus auch in ihrem Wesen ein alter österreichischer Nationalitätenstaat[283] geblieben. Sonst hätten tschechische

281 Lord Walter Runciman untersuchte als Vorsitzender des Geheimen Rates der britischen Regierung für Premierminister Chamberlain die sudetendeutsche Frage und empfahl mit seiner Denkschrift vom 16. September 1938 die Abtretung des Sudetenlandes an Deutschland und die Neutralisierung der Rest-Tschechoslowakei.

282 Görings internationaler Telefon-Abhördienst war als »Forschungsinstitut« getarnt.

283 Die Tschechoslowakei entstand bei der Auflösung des österreichisch-ungarischen Kaiserreiches nach dem I. Weltkrieg mit Hilfe der westlichen Alliierten am 28.10.1918 aus den Gebieten: Böhmen, Mähren, Österreichisch-Schlesien, Slowakei und Karpato-Ukraine. Ihre Bevölkerung bestand aus 7,2 Millionen Tschechen einerseits und 7,3 Millionen Minderheiten (3,5 Millionen Deutschen, 2,5 Millionen Slowaken, 700000 Ungarn, 500000 Karpato-Ukrainern und 100000 Polen) andererseits.

Offiziere nicht unmittelbar nach unserem Einmarsch und unserer Übernahme der tschechischen Waffenbestände uns ihre Dienste anbieten können.

Sonst hätte auch Hacha nicht wie ein alter österreichischer Beamter die Geschichte der selbständigen Tschechoslowakei empfunden und aus innerster Überzeugung den Weg zu ihm, dem Chef, getan. Sonst wäre unser Einmarsch auch nicht nur vom Weinen, sondern auch von Reaktionen der Tschechen begleitet gewesen und der Übergabebefehl nicht binnen dreiviertel Stunden bis zur kleinsten tschechischen Dienststelle durchgegeben worden. Lediglich die Jugend könne dort als im Sinne des Pan-Slawismus fanatisiert angesehen werden und habe damals anders gedacht.

Hacha habe ihm seinerzeit selbst ausführlich geschildert (in der Nacht vom 14. zum 15. März 1939 in der Berliner Reichskanzlei) – Hacha sei so ausführlich gewesen, daß er (Hitler) wegen des bereits für eine bestimmte Stunde genau erteilten Einmarschbefehls wie auf glühenden Kohlen gesessen habe –, wie fleißig und gewissenhaft das tschechische Volk sei. Er habe auch keinen Hehl daraus gemacht, daß es kein Herrenvolk sei und er die tschechischen Vorfahren, die mit Deutschland hielten und jahrhundertelang mit ihrem Land einen der stärksten Pfeiler Deutschlands darstellten, für klug halte. Erst 1867 sei die nationale Selbständigkeit der Tschechen ein Problem geworden.

Auch Benesch[284] habe ja noch in seiner Doktorarbeit ausgeführt, daß die Tschechen wohl einer Autonomie bedürften, daß sie aber nicht fähig seien, einen eigenen Staat zu führen. Auch Masaryk[285] schreibe irgendwo, daß in seiner Jugend in seiner Familie niemand angesehen gewesen sei, der tschechisch gesprochen habe.

Bei fester Führung des Protektorats müsse es daher gelingen, in 20 Jahren die tschechische Sprache wieder auf die Bedeutung eines Dialekts zurückzudrängen.

Man könne die Tschechen schon jetzt zu fanatischen Anhängern des Reichs machen, wenn man ihnen als Feinschmeckern doppelte Rationen gebe und sie nicht in den Kampf im Osten schicke. Sie würden es dann als moralische Verpflichtung ansehen, in der Rüstungsindustrie und so weiter doppelt zu arbeiten.

128 — 21.5.1942 mittags (Wolfsschanze)

Das Leichentuch des Schnees

Beim Mittagessen erwähnte der Chef, daß ihn kaum zwei Männer in seiner Jugend mehr interessiert hätten als Nansen[286] und Sven Hedin[287].

284 Dr. Eduard Benesch (1884 bis 1948) war Mitbegründer der Tschechoslowakei, von 1918 bis 1935 ihr Außenminister, von 1935 bis 1938 und von 1945 bis 1948 ihr Staatspräsident. Von 1942 bis 1945 war Benesch der Chef der tschechischen Exilregierung in London. Für Hitler war er der Politiker, der 1919 die Sudetendeutschen gegen das nationale Selbstbestimmungsrecht der Völker in den tschechischen Staat hineingezwungen und der 1935 als Freund Stalins die Tschechoslowakei durch seinen Bündnisvertrag mit der UdSSR zum mitteleuropäischen »Flugzeugträger Sowjet-Rußlands gegen das Deutsche Reich« gemacht hatte.

285 Der mit einer Amerikanerin verheiratete Philosophie-Professor Thomas Masaryk (1850 bis 1937) war der erste Staatspräsident der Tschechoslowakei (von 1918 bis 1935).

286 Fridtjof Nansen (1861 bis 1930) war norwegischer Nordpolforscher und Staatsmann. Er leitete 1893/96 die erste Polarfahrt bis 86°4'N. Von 1920 bis 1922 war er in Rußland Leiter des Kriegsgefangenenaustausches sowie Chef der internationalen Hungerhilfe für die Sowjetunion.

Im Erzählen von ihren Forschungsreisen kam er dann auf die Sitte der Japaner und Chinesen, sich zum Zeichen der Trauer weiß zu kleiden. Weiß sei die Farbe des Winters und damit der traurigsten Jahreszeit. Es sei daher ganz ursprünglich empfunden, wenn weiß als Farbe der Trauer angesehen werde. Er freue sich an den Alpen auch erst richtig, wenn die Schneemassen, die »Leichentücher«, herunter seien.

129 21.5.1942 abends

(Auf der Fahrt nach Berlin in Hitlers Sonderzug)

Beim Abendessen kam der Chef noch einmal auf den Winter zu sprechen und erwähnte insbesondere die durch den letzten Winter bedingten Schwierigkeiten und die Verzweiflungsstimmung verschiedener Generale.

Machtübernahme: legal oder durch Staatsstreich?

Wenn ihn diese Schwierigkeiten nicht hätten erschüttern können, so liege das vor allem daran, daß er in der Kampfzeit, insbesondere in den Tagen der Machtübernahme, zwischen ganz anderen Abgründen habe hindurch müssen und mehr als einmal vor der Alternative des Seins oder Nichtseins gestanden habe. Denn er habe mehr als einmal Situationen zu bewältigen gehabt, die ihm den Gedanken des Staatsstreichs nahegelegt hätten. Er habe sich aber immer wieder selbst überwunden, nicht so zu handeln, da die Gefahr, daß ein Einsatz der Macht, die er gehabt habe, eben diese Macht ins Rutschen bringe, das heißt auch einmal zu einem Staatsstreich gegen ihn verleiten könnte, zu groß gewesen sei.

Da die Weimarer Republik Rechtsradikale und Linksradikale – also Mitglieder der NSDAP und KPD – nicht nur im Staatsdienst beließ, sondern sie in ihrer politischen Toleranz sogar bei entsprechendem Qualifikationsnachweis noch neu einstellte, konnten die NSDAP und die KPD ihre Leute gezielt in politisch wichtige Stellungen schleusen. Das begann bei der Polizei, die schließlich derart unterwandert war, daß bei Versammlungen und Kundgebungen, die gesprengt wurden, in vielen Fällen nur noch die Nicht-Träger von NSDAP- und KPD-Abzeichen mit dem »Gummiknüppel« verprügelt wurden. Über wichtige Staatsvorgänge waren Hitler und seine Unterführer genauso rechtzeitig und detailliert unterrichtet wie die KPD-Leitung. Über Nacht wäre ein Staatsstreich von rechts daher genauso ein Kinderspiel gewesen wie ein Staatsstreich von links, wenn nicht die von General von Seeckt aufgebaute, dem Reichspräsidenten direkt unterstellte, jede Parteimitgliedschaft verbietende Reichswehr eine nur der Verfassung verpflichtete, bewaffnete Macht im Staate dargestellt hätte, bei der die Reichswehrführung ihre Berufs-Truppe fest in der Hand hatte.

Da überdies der kürzeste Weg in der deutschen Geschichte die Lösung der uns berührenden Probleme mit dem Schwert sei, habe er den legitimen Weg auch gewählt, um die Kanzlerschaft zu erhalten, ohne damit den Widerspruch der Reichswehr herauszufordern, die er über kurz oder lang dringendst würde brauchen müssen.

287 Sven Hedin (1865 bis 1952) ist der schwedische Erforscher Zentral-Asiens, der dem neuzeitlichen Europa die wichtigsten geographischen Grunderkenntnisse über China, Tibet, das Himalaya-Gebirge usw. vermittelte. Durch seine zahlreichen wissenschaftlichen Werke errang er Weltruhm.

Das Verhältnis Hindenburg/Hitler und die Staatsstreichversuche der Reichswehr, die Wiederbesetzung des Rheinlandes und der Austritt aus dem Völkerbund

Nach dem Abendessen behandelte der Chef auf der Fahrt nach Berlin die letzten Stadien des Weimarer Systems, als Deutschland nach Ordnung lechzte und sie um jeden Preis wiederhergestellt wissen wollte. Über das politische Kulissenspiel anläßlich der Machtübernahme sagte er:

Als er Kompromißlösungen, wie zum Beispiel den Eintritt als Vizekanzler in ein Kabinett von Papen, rundweg abgelehnt habe und als die daraufhin von General Schleicher[288] gestarteten Bemühungen, durch intrigantes Zusammenwirken mit Gregor Strasser[289] die Geschlossenheit der NSDAP zu erschüttern, ergebnislos verlaufen seien, habe sich die politische Lage aufs äußerste zugespitzt. Schleicher habe es nicht nur nicht geschafft, eine Tolerierungsmehrheit im Reichstag zusammenzubringen, sondern im Rahmen der von ihm propagierten Ankurbelung der Wirtschaft sei allein schon in den ersten 14 Tagen seines Regimes die Arbeitslosenziffer um eine weitere Viertelmillion gestiegen. Im Januar 1933, also einen Monat nach Übernahme der Regierung, habe Schleicher keinen anderen Ausweg mehr gewußt als den, den Reichstag aufzulösen und die Regierung mit einem lediglich vom Vertrauen des Reichspräsidenten getragenen Militärkabinett zu führen.

Vor dem Plan einer Militärdiktatur habe es aber der Alte Herr, v. Hindenburg[290], der dem General Schleicher an sich sehr viel Vertrauen entgegengebracht habe, mit der Angst zu tun bekommen. Denn im Grunde seines Herzens sei der Alte Herr ein Gegner davon gewesen, daß Soldaten politisierten; außerdem sei er in der Hergabe von politischen Vollmachten prinzipiell nur so weit gegangen, als es seiner Ansicht nach sein verfassungsmäßiger Eid zugelassen habe.

Aufgrund dieser Zuspitzung der politischen Situation habe der Alte Herr durch Herrn v. Papen mit ihm, dem Chef, Fühlung nehmen und in der be-

288 Generalleutnant Kurt von Schleicher (1882 bis 1934), Regimentskamerad Hindenburgs, im I. Weltkrieg Stabsoffizier in Hindenburgs Oberster Heeresleitung, war ab 1919 Leiter der politischen Abteilung und ab 1929 Chef des Ministeramtes im Reichswehrministerium, 1932 Reichswehrminister und vom 2. Dezember 1932 bis zum 29. Januar 1933 Reichskanzler. Sein Versuch, eine Machtübernahme Hitlers durch ein Bündnis mit den Gewerkschaften und durch eine Spaltung der NSDAP (mit Hilfe ihres Reichsorganisationsleiters Gregor Strasser) zu verhindern, scheiterte. Er wurde im Rahmen der Röhm-Affäre ohne Gerichtsverhandlung erschossen.

289 Gregor Strasser (1892 bis 1934), Apotheker aus Landshut und Oberleutnant a. D., war 1923 Gauleiter und SA-Führer Niederbayerns, nahm am Hitler-Putsch in München teil, organisierte nach der Neugründung der Partei (1925) die NSDAP in Norddeutschland und war als Reichsorganisationsleiter bis Dezember 1932 de facto Hitlers Stellvertreter. Was Hitler ihm nie vergaß, war, daß er sich Ende 1925/Anfang 1926 mit Unterstützung seines damaligen Geschäftsführers Dr. Goebbels redlich bemüht hatte, durch die entscheidenden NSDAP-Gremien Hitler als Parteiführer absetzen zu lassen. Ob seiner – gegen Hitlers ausdrücklichen Befehl aufgenommenen – Zusammenarbeit mit dem Reichskanzler General v. Schleicher mußte er am 8. Dezember 1932 alle seine Partei-Ämter wegen »Partei-Verrats« niederlegen. 1934 wurde er im Rahmen der Röhm-Affäre ohne Gerichtsverhandlung erschossen.

290 Generalfeldmarschall Paul von Beneckendorff und von Hindenburg (2. Oktober 1847 bis 2. August 1934) machte als preußischer Offizier die Kriege von 1866 und 1870/71 mit. Als Oberbefehlshaber der 8. Armee im I. Weltkrieg befreite er durch die Schlachten bei Tannenberg (26./30. August 1914) und bei den Masurischen Seen (1. bis 11. September 1914) Ostpreußen von seiner russischen Besetzung. Ende August 1916 wurde Hindenburg Chef der Obersten Heeresleitung. Nach dem verlorenen I. Weltkrieg führte er die deutschen Front-Armeen ohne größere Verluste in die deutsche Heimat zurück. Vom 26. April 1926 bis zu seinem Tode war er Deutscher Reichspräsident.

kannten Kölner Unterredung[291] gleichsam das Terrain sondieren lassen. Er, der Chef, habe hierbei den Eindruck gewonnen, daß seine Sache durchaus gut stehe. Er habe deshalb keinen Zweifel darüber gelassen, daß er zu Kompromißlösungen keinesfalls bereit sei. Er habe dann den Wahlkampf in Lippe mit ganz besonderer Energie und unter vollstem Einsatz seiner eigenen Person betrieben.

Nachdem der in seiner Bedeutung gar nicht hoch genug zu veranschlagende Wahlsieg in Lippe[292] erkämpft gewesen sei, habe die Umgebung des Alten Herrn erneut mit ihm Fühlung genommen. Im Hause v. Ribbentrops[293] sei eine Zusammenkunft mit dem Sohn Hindenburgs[294] und Herrn v. Papen arrangiert worden. In dieser Aussprache habe er seine Auffassung vom Stand der politischen Entwicklung rückhaltlos dargelegt und offen erklärt, daß jede weitere Woche des Zuwartens seines Erachtens verloren sei. Nur noch eine Zusammenfassung aller Parteien, abgesehen von den sowieso nicht zu gewinnenden bürgerlichen Splitterparteien, könne die Situation noch retten. Diese Zusammenfassung könne von ihm aber nur als Kanzler des Reichs verbürgt werden.

Derartige ihn von der Arbeit in der Bewegung nur abhaltende Besprechungen habe er seinerzeit auf sich genommen, da er den größten Wert auf die legitime Übernahme der Kanzlerschaft, also auf eine gleichsam unter dem Segen des Alten Herrn erfolgende Übernahme, gelegt habe. Nur die Legitimität seiner Kanzlerschaft habe es ihm nämlich ersparen können, vor Beginn jeglicher Aufbauarbeit erst alle anderen politischen Kräfte als Opposition niederkämpfen und ständig mit Schwierigkeiten mit der Reichswehr rechnen zu müssen.

Die Stellung der Wehrmacht zu seiner Kanzlerschaft habe bei diesen Überlegungen eine besondere Rolle gespielt, da die Wehrmacht bei einer nicht legitimen Machtübernahme als Keimzelle von Staatsstreichen von der Art des Röhm-Putsches nicht ungefährlich gewesen sei, andererseits bei einer legitimen Machtübernahme aber so lange auf ihre rein militärischen Aufgaben habe beschränkt gehalten werden können, bis in Durchführung einer allgemeinen Wehrpflicht das Volk als Ganzes und mit ihm nationalsozialistischer Geist in sie einströmte und mit unaufhaltsam wachsender Kraft alle der nationalsozialistischen Bewegung gegenüber oppositionell eingestellten Elemente, insbesondere des Offizierkorps, überwucherte.

Nachdem am 22.1.1933 der Aufmarsch der SA mit Front zum Berliner Karl-Liebknecht-Haus einen ungeheuren Prestige-Verlust der Kommunistischen Partei Deutschlands (KPD) erbracht und ganz Berlin in höchste Aufregung versetzt habe, sei er am 24.1.1933 wiederum von v. Papen um eine Unterredung gebeten worden. Von Papen habe ihm nunmehr eröffnet, daß Schleicher den Alten Herrn offiziell um die Vollmachten für eine Militärdiktatur gebeten habe. Der Alte Herr habe dieses Ansinnen aber abgelehnt und sich nunmehr bereit erklärt, Adolf Hitler auf der Grundlage einer nationalen Front und unter der Bedingung, daß v. Papen Vizekanzler werde, mit der Regierungsbildung zu

291 Im Hause des Kölner Bankiers Kurt Freiherr von Schröder am 4. Januar 1933.

292 Die NSDAP gewann bei der Wahl im Freistaat Lippe gegen die Konkurrenz der vielen anderen Parteien allein 40 Prozent aller Stimmen und bildete daraufhin die Landesregierung.

293 In Berlin-Dahlem am 22. Januar 1933.

294 Generalmajor Oskar von Hindenburg, hochdekorierter Generalstabsoffizier, war Chef-Adjutant seines Vaters, des Reichspräsidenten.

beauftragen und um die Übernahme der Kanzlerschaft zu ersuchen. Er habe diese Mitteilung entgegengenommen, ohne sich auf irgendeine Diskussion von Details einzulassen, und habe als seine Bedingungen vor allem die Auflösung des Reichstags und die Ausschreibung von Neuwahlen genannt. Einer vorsichtigen Anregung bezüglich einer 10-Minuten-Aussprache mit dem Alten Herrn sei er mit der Begründung ausgewichen, daß er am nächsten Tage von Berlin abwesend sei. Nach den Erfahrungen vom Vorjahr habe er nämlich jeden unbegründeten Zweckoptimismus in der Parteigenossenschaft, den Besprechungen beim Alten Herrn regelmäßig auszulösen pflegten, vermeiden wollen.

Die Rücksprache mit Herrn v. Papen habe er zur Veranlassung genommen, die durch Göring eingeleiteten Verhandlungen über eine eventuelle Regierungsbildung zu intensivieren. Am schwierigsten hätten sich diese Verhandlungen mit den Deutschnationalen angelassen, da die Gier des Geheimrats Hugenberg nach Ministersesseln in keinem Verhältnis zu der Stärke seiner Partei gestanden habe und er aus Sorge vor einem Wählerschwund von einer Reichstagsauflösung nichts habe wissen wollen. Als er nach einer vorübergehenden Abwesenheit von Berlin am 27. selbst mit Hugenberg verhandelt habe, habe auch er zu keinem gangbaren Ergebnis kommen können.

Die Vorverhandlungen zur Regierungsbildung seien weiter durch die Kreise um den General Schleicher erschwert worden, die sich in jeder Hinsicht querzulegen versucht hätten. Der engste Mitarbeiter Schleichers und Oberbefehlshaber des Heeres, General von Hammerstein, habe sich nicht einmal entblödet, bei ihm anzurufen und ihm mitzuteilen, daß »die Reichswehr seine Kanzlerschaft unter keinen Umständen billigen könne«.

Wenn die Herren um Schleicher sich allerdings eingebildet gehabt hätten, durch solche Mätzchen seine Entschlüsse erschüttern zu können, so hätten sie sich schwer getäuscht. Seine einzige Reaktion sei die gewesen, daß er Göring besonders eingeschärft habe, als Reichswehrminister nur einen General zu akzeptieren, der, wie der ihm von Ostpreußen her empfohlene General v. Blomberg, sein Vertrauen habe.

General Werner von Blomberg (1876 bis 1946), weltkriegserfahrener Generalstäbler mit Pour le mérite, war u.a. Chef des Truppenamtes (Generalstabs) der Reichswehr (ab 1927), machte vom Reichswehrministerium aus 1928/1930 Studienreisen nach den USA und der UdSSR, war dann Divisionskommandeur und Wehrkreisbefehlshaber in Ostpreußen, führte 1932 die Abrüstungsdelegation der Reichswehr in Genf und wurde am 30. Januar 1933 Reichswehrminister. Nach der Wiedereinführung der allgemeinen Wehrpflicht ernannte Hitler ihn am 21. Mai 1935 zum Reichskriegsminister und nach der Wiederbesetzung des – durch das Versailler Friedens-Diktat entmilitarisierten – Rheinlandes zum Generalfeldmarschall. Blomberg trat am 4. Februar 1938 zurück, weil er in zweiter Ehe unwissentlich eine ehemalige registrierte Berliner Prostituierte, Luise Margarethe (genannt »Eva«) Gruhn aus Berlin-Neukölln, geheiratet hatte. Hitler bedauerte den – von der Generalität geforderten – Rücktritt Blombergs sehr, da er ihn persönlich schätzte. Im Gegensatz zu den meisten Generalen gab er Blomberg bei Begegnungen (z.B. im Restaurant des Hotels »Vierjahreszeiten« in München) stets die Hand und sprach ein paar Worte mit ihm. Da er jedoch bei Blombergs Hochzeit Trauzeuge gewesen war, vergab er ihm die öffentliche Blamage nie. Auch betrieb er zu keiner Zeit Blombergs Reaktivierung, weil Blomberg an das Zustandekommen eines deutsch-britischen Bündnisses zur »Neuordnung Europas« nicht glaubte und vor einem Krieg Deutschlands mit der UdSSR nachdrücklichst warnte, ja im Gegenteil sogar eine be-

grenzte deutsch-russische Kooperation in politischer, militärischer und wirtschaftlicher Hinsicht befürwortete.

Am 28. Januar sei das Weimarer System dann endgültig zusammengebrochen. Schleicher habe seinen Rücktritt erklärt, Papen habe vom Alten Herrn den Auftrag erhalten, bei den Parteien die für eine neue Regierungsbildung gegebenen Möglichkeiten zu sondieren, und er, der Chef, habe selbst zu verstehen gegeben, daß eine Zwischenlösung für ihn nicht mehr in Betracht komme.

Der 29. habe so selbstverständlich eine Fülle von Verhandlungen mit sich gebracht. In deren Verlauf sei es ihm gelungen, Hugenberg gegen Zurverfügungstellung der von ihm verlangten Ministerposten von der Notwendigkeit der Reichstagsauflösung zu überzeugen, da eine Zusammenarbeit mit der derzeitigen Reichstagszusammensetzung ausgeschlossen gewesen sei. Am Nachmittag habe Göring dann die Meldung überbracht, daß er, der Chef, morgen mit der Kanzlerschaft und der Regierungsbildung offiziell vom Alten Herrn beauftragt werden würde.

Am späten Nachmittag sei man durch die Nachricht von einem geradezu tollen Vorhaben der Schleicherclique überrascht worden. Wie man durch den Oberstleutnant v. Alvensleben[295] erfahren habe, hatte der General v. Hammerstein[296] die Potsdamer Garnison alarmiert und mit Schießbefehl versehen. Außerdem beabsichtigte man, den Alten Herrn nach Ostpreußen abzuschieben und dadurch sein Einschreiten gegen die Vereitelung der Machtübernahme der NSDAP durch Mobilmachung der Reichswehr zu verhindern.

Als Maßnahme gegen diesen Putschversuch habe er durch den Berliner SA-Führer Graf Helldorf[297] die gesamte Berliner SA alarmieren lassen. Außerdem sei der als vertrauenswürdig bekannte Polizeimajor Wecke[298] verständigt worden, daß er die nötigen Vorbereitungen für eine schlagartige Besetzung der Wilhelmstraße durch 6 Polizeibataillone treffen möge. Durch Herrn v. Papen habe er den Alten Herrn von dem Vorhaben der Schleicherclique verständigt. Schließlich habe er dem endgültig als Reichswehrminister in Aussicht genommenen General v. Blomberg aufgegeben, sich nach seiner für den 30. Januar gegen 8 Uhr morgens vorgesehenen Ankunft in Berlin sofort zum Alten Herrn zur Vereidigung zu begeben, um als oberster Befehlshaber der Reichswehr eventuelle Putschversuche sofort unterdrücken zu können.

Am 30. 1. 1933 um 11 Uhr habe er dem Alten Herrn melden können, daß das neue Kabinett gebildet und die für die Beauftragung des Kabinetts erforderliche verfassungsmäßige Abgeordnetenmehrheit im Reichstag gegeben sei. Er habe

295 Oberstleutnant a.D. Werner von Alvensleben war Sekretär des »Herrenclubs« in Berlin, in dem die militärische und konservativ-politische Prominenz dieser Zeit, u.a. auch der Reichspräsident von Hindenburg, verkehrte. Prominentester Repräsentant des Herrenclubs war der Reichskanzler (spätere Vizekanzler) Franz von Papen.

296 Generaloberst Kurt Freiherr von Hammerstein-Equord war von 1930 bis 1934 Chef der Heeresleitung der Reichswehr.

297 Graf Wolf Heinrich von Helldorf, Berufsoffizier des I. Weltkriegs, Freikorpskämpfer, seit 1924 NS-Landtagsabgeordneter, später Leiter des Harzburger Gestüts und ab 1931 SA-Führer in Berlin-Brandenburg, wurde im März 1933 Polizeipräsident von Potsdam, im Juli 1935 Polizeipräsident von Berlin und wurde 1944 als Teilnehmer des Attentats vom 20. Juli 1944 hingerichtet.

298 Polizeimajor Walter Wecke, 1933 Chef der »Polizeiabteilung Wecke«, wurde später Kommandeur des Regiments »Hermann Göring«.

daraufhin aus den Händen des Alten Herrn seine Ernennung zum deutschen Reichskanzler erhalten.

Der Anfang seiner Regierungsarbeit mit diesem Kabinett sei aber alles andere als einfach gewesen. Außer Frick habe er zunächst keinen einzigen nationalsozialistischen Minister in der Regierung gehabt. Einige von den übrigen Männern, zum Beispiel Blomberg und Neurath, hätten sich zwar sofort für ihn erklärt, andere hätten aber durchaus nach ihrem eigenen Kopf arbeiten wollen. Der später (am 24.3.1933) wegen Veruntreuung verhaftete und verurteilte Arbeitskommissar Gereke habe sich sogar von vornherein als sein grimmigster Feind gebärdet. Er habe sich deshalb ganz besonders gefreut, als Seldte [299] zu ihm gekommen sei und erklärt habe, die Würfel seien gefallen; sein Verein, der »Stahlhelm«-Bund der Frontsoldaten, solle deshalb der von ihm – dem Chef – gewollten Entwicklung künftig nicht entgegenstehen.

Zu den durch die Zusammensetzung des Kabinetts bedingten Schwierigkeiten sei hinzugekommen, daß der Alte Herr ihn mit der Kanzlerschaft lediglich deshalb beauftragt habe, weil eine andere verfassungsmäßige Lösung der Regierungskrise nicht mehr zu finden gewesen sei. Das sei vor allem darin zum Ausdruck gekommen, daß der Alte Herr seine Beauftragung von vornherein an eine Reihe von Vorbehalten geknüpft habe. So habe er angeordnet, daß alle Angelegenheiten, die die Reichswehr, das Auswärtige Amt und die Besetzung der Auslandsposten beträfen, ausschließlich seiner, des Alten Herrn, Entscheidung vorbehalten blieben. Weiter habe er bestimmt, daß er ihn, den Chef, nur in Gegenwart v. Papens [300] zum Vortrag empfangen werde. Die Unterschrift des Alten Herrn zur Reichstagsauflösung habe er – nachdem er die Order am 31.1.1933 im Kabinett durchgepaukt gehabt habe – nur nach starkem Sträuben durch Vermittlung Meißners erhalten.

Nach 8 bis 10 Tagen habe sich das Verhältnis des Alten Herrn zu ihm aber bereits gewandelt. Der Alte Herr habe ihn da in irgendeiner Sache sprechen wollen, er habe jedoch pflichtgemäß darauf aufmerksam gemacht, daß er ohne Begleitung v. Papens nicht zum Vortrag kommen dürfe und v. Papen zur Zeit nicht in Berlin sei. Der Alte Herr habe daraufhin erklärt, daß er ihn allein haben wolle; die Begleitung von Papens erübrige sich für die Zukunft.

Nach 3 Wochen sei der Alte Herr schon soweit gewonnen gewesen, daß er sich ihm zum ersten Male väterlich zugetan gezeigt und im Hinblick auf den Wahlkampf am 5.3. geäußert habe: »Was machen wir nur, wenn Sie die Mehrheit nicht bekommen, dann haben wir wieder die alte Geschichte!« Als die

299 Franz Seldte (1882 bis 1947), Fabrikant, gründete 1918 als Hauptmann der Reserve in Magdeburg den »Stahlhelm«, Bund der Frontsoldaten, überführte ihn 1934/35 in die SA, deren Obergruppenführer und Chef des Quartiermeisteramtes er wurde. Der »Stahlhelm« hatte 10000 Kreisverbände, 70000 Führungskräfte und weit über eine viertel Million Mitglieder; Ehrenmitglieder waren die Generalfeldmarschälle von Hindenburg und von Mackensen. Seldte war von 1933 bis 1945 Reichsarbeitsminister.

300 Franz von Papen, 1879 geborener Berufsoffizier, 1914 bis 1916 deutscher Militär-Attaché an der Botschaft in Washington und an der Gesandtschaft in Mexiko, 1917/1918 Generalstabschef der 4. osmanischen (türkischen) Armee, ab 1920 bis 1928 und 1930 bis 1932 preußischer Zentrums-Landtagsabgeordneter, wurde 1932 Reichskanzler und Reichskommissar für Preußen. Am 30. Januar 1933 war er Hitlers Vizekanzler. Nach der Röhm-Affäre, zu der ihm Verbindungen nachgesagt wurden, schied er aus Hitlers Regierung aus. Von 1934 bis 1938 war er Gesandter bzw. Botschafter in Wien, von 1939 bis 1944 Botschafter in der Türkei.

ersten Meldungen über die Wahlergebnisse gekommen seien, habe der Alte Herr dann bereits so ehrlich zu ihm gestanden, daß er mit einem befreiend freudigen Unterton in der Stimme erklärt habe: Jetzt wird Hitler gewinnen. Und als die Wahl mit einem Riesensieg der NSDAP geendet habe, habe er offen bekannt, daß ihm der Parlamentsrummel im tiefsten Innern fremd und unsympathisch sei und jetzt ein für allemal mit der Wählerei Schluß sein solle.

Bei der Reichstagswahl vom 5. März 1933 errang die NSDAP rund 17,3 Millionen Stimmen. Das waren damals fast 44 Prozent aller Stimmen. Sie erreichte damit 288 Mandate, zu denen noch 52 Mandate der Deutschnationalen Volkspartei und des »Stahlhelm, Bund der Frontsoldaten« hinzukamen. Für seine Regierungsarbeit hatte Hitler damit 340 von 647 Reichstagsmandaten, also die absolute Mehrheit. Zu dieser Reichstagswahl hatte Hitler erstmals für ein deutsches Parlamentsmandat persönlich kandidiert, um auch auf diese Weise die Bedeutung der Wahl zu unterstreichen. Um seinen Erfolg auszubauen, stellte er am 12. November 1933 seine gesamte Innen- und Außenpolitik zur Volksabstimmung. Er erhielt 40632628 Ja-Stimmen bei 2101191 Nein-Stimmen. Bei der gleichzeitig abgehaltenen Reichstagswahl erhielt die NSDAP-Einheitsliste 39665222 Stimmen, also 92,2 Prozent und 661 Abgeordnetensitze (639 NSDAP-Mitglieder und 22 »Gäste«). Selbst der »Centralverein deutscher Staatsbürger jüdischen Glaubens« hatte seine Mitglieder aufgefordert, einmütig zur Urne zu schreiten, nationalsozialistisch zu wählen und Hitlers Politik ihre Zustimmung zu geben.

Daß der Alte Herr[301] trotz seines Alters auch damals noch ein Mann von Format gewesen sei, habe sich gelegentlich eines Berichts des Botschafters Nadolny[302] über die Abrüstungsverhandlungen in Genf gezeigt. Nadolnys Vorschlag sei dahin gegangen, den Wünschen der Feindmächte auf sofort einzulösende Abrüstungszugeständnisse Deutschlands, denen die Abrüstung der anderen Mächte erst nach einigen Jahren folgen sollte, zu entsprechen. Nachdem er – der Chef – diesen Vorschlag rundweg abgelehnt und den Alten Herrn davon unterrichtet gehabt habe, habe sich Nadolny – ohne ihn davon verständigt zu haben – beim Alten Herrn zum Vortrag gemeldet. Der Alte Herr habe ihn aber wieder rausgeworfen und hinterher darüber erzählt, daß man ja nicht denken solle, daß er aufgrund des Vortrags von Nadolny umgefallen sei; er habe ihn vielmehr mit den Worten: »Sie sind ja für Moskau, scheren Sie sich dahin!« abgefertigt.

Der Vorfall sei übrigens auch bezeichnend für die ganz besondere Art des Alten Herrn, alle Probleme auf einen ganz einfachen Nenner zu bringen. Der Alte Herr habe klar erkannt, welches Ränkespiel man auf der Genfer Abrüstungskonferenz mit uns geplant gehabt habe, daß wir nämlich Forderungen unterschreiben sollten, welche die anderen für sich keinesfalls einzuhalten gedachten. Er habe es daher auch gebilligt, daß am 14. Oktober 1933 um 1 Uhr mittags, wenige Minuten, nachdem Macdonald[303] in Genf in einer Sitzung der Völkerbunds-

301 Hindenburg hatte beispielsweise die von Hitler ins Gespräch gebrachte »Unterstützung« des seinerzeitigen Reichsaußenministers von Neurath durch einen »Botschafter zur besonderen Verwendung von Ribbentrop« mit dem einen Satz erledigt: »Bleiben Sie mir bloß mit diesem Sektvertreter vom Hals!«

302 Botschafter Rudolf Nadolny war 1932/33 Chef der Abrüstungsdelegation des deutschen Auswärtigen Amtes in Genf. Er wurde anschließend Botschafter in Moskau. Dort wurde 1934 Graf Friedrich Werner von der Schulenburg sein Nachfolger.

303 Großbritanniens Premier von 1929 bis 1935; James Ramsay Macdonald war Mitbegründer und Führer der Labour-Partei.

mitglieder die Abrüstungswünsche an Deutschland bekanntgegeben hatte, durch den Reichspressechef Funk der Kabinettsbeschluß der deutschen Reichsregierung über unseren Austritt aus dem Völkerbund der Weltpresse übergeben worden sei. Als das deutsche Volk den Völkerbundsaustritt und damit seine, des Chefs, Politik mit 95 Prozent aller Stimmen, also einem Riesen-»Ja«, bestätigt habe, habe der Alte Herr sich wirklich herzlich gefreut.

Auch in der Beurteilung der Frage der Wiederbesetzung des entmilitarisierten Rheinlands[304] sei der Alte Herr wunderbar gewesen und habe durch seine mannhafte Haltung imponiert. Die Minister dagegen hätten einzeln für den Plan des Einmarsches der Wehrmacht in diese Rheinlandzone gewonnen werden müssen. Papen habe es sogar mit der Angst zu tun bekommen, da die Franzosen für diesen Fall ihrerseits mit Besetzungsmaßnahmen gedroht hätten. Er, der Chef, habe aber auf dem Standpunkt gestanden, daß die Franzosen ruhig Mainz besetzen könnten, wenn wir dadurch die nötige Handlungsfreiheit zurückgewännen, um wenigstens im übrigen Reich nach unserem Belieben schalten und walten und vor allem aufrüsten zu können. Und die Entwicklung habe ihm nachher recht gegeben. Zwar habe er es seinerzeit für richtig gehalten, zur Sicherung der Ruhe im deutschen Volk selbst nach dem Westen zu fahren; das deutsche Volk habe ihm aber durch Zustimmung mit 99 Prozent aller Stimmen bei der Reichstagswahl vom 29. März 1936 gezeigt, daß es ihn voll und ganz verstanden habe.

Es sei durchaus nicht immer leicht gewesen, den Alten Herrn von einer Sache zu überzeugen; wenn es aber gelungen sei, habe er sich voll und ganz für die Sache eingesetzt. So habe er von Maßnahmen gegen die Juden zunächst gar nichts wissen wollen. Als dann aber bei einem Essen in der Schwedischen Gesandtschaft, an dem sie beide teilgenommen hätten, der Schwedenkönig (König Gustav V. von Schweden) Kritik an den deutschen Judenmaßnahmen geübt habe, habe der Alte Herr mit seinem tiefen sonoren Baß diese Äußerungen mit dem Bemerken zurückgewiesen, daß das innerdeutsche Angelegenheiten seien, für deren Entscheidung ausschließlich der deutsche Kanzler zuständig wäre.

Auch von der Notwendigkeit der Maßnahmen zur Einschränkung der Pressefreiheit sei der Alte Herr nicht auf Anhieb zu überzeugen gewesen. Er, der Chef, habe deshalb einen Kunstgriff angewandt und sei dem Alten Herrn militärisch gekommen. Er habe ihn also nicht als Herr Reichspräsident, sondern als Herr Generalfeldmarschall angeredet und damit argumentiert, daß man auch beim Militär keine Kritik von unten nach oben, sondern nur eine solche von oben nach unten zulasse. Denn wohin würde es führen, wenn der Unteroffizier den Hauptmann, der Hauptmann den General und so weiter in seinen Maßnahmen beurteilen, also kritisieren wolle. Das habe der Alte Herr anerkannt und sich daraufhin auch ohne weiteres mit der Übertragung dieser Auffassung auf die Kritik von Regierungsmaßnahmen durch die Presse mit den Worten einverstanden erklärt: »Da habe er ganz recht; kritisieren könne nur der, der vorgesetzt sei.« Damit sei das Schicksal der Pressefreiheit erledigt gewesen.

Wenn der Alte Herr so mitgegangen sei und sich immer wieder bemüht habe, Verständnis für seine, des Chefs, Absichten aufzubringen, so müsse man das besonders hoch anerkennen. Wie sehr er sich dabei nämlich oft von alten An-

304 Realisiert erst am 7. März 1936.

sichten habe frei machen müssen, zeige eine Bemerkung beim Unterschreiben der Ernennung des Gauleiters Hildebrandt zum Reichsstatthalter. Der Alte Herr habe damals vor sich hingebrummt, könne der Mann als früherer Landarbeiter denn nicht froh sein, es zum Reichstagsabgeordneten gebracht zu haben, und nun endlich Ruhe geben?!

In seiner Fürsorge für ihn sei der Alte Herr, nachdem er ihn erst einmal für sich gewonnen gehabt habe, geradezu rührend gewesen. Er habe mehrfach geäußert, daß er einen Kanzler habe, der sich geradezu aufopfere für Deutschland, und daß er nachts oft nicht in den Schlaf kommen könne, weil »sein Kanzler, um das deutsche Volk zu retten, von einem Teil des Reiches zum anderen fliege. Es sei nur ewig schade, daß der Mann bei einer Partei sein müsse!«

130 — 22.5.1942 mittags (Reichskanzlei Berlin)

Die Träger der Spionage. Kriegsrecht gegenüber Spitzbuben

Beim Mittagessen in der Reichskanzlei führte der Chef aus: Es gebe heute zwei Gruppen von Menschen, die sich an der Spionage beteiligen, die sogenannte »gute Gesellschaft« und das »Proletariat«. Der Mittelstand sei in seinen Auffassungen für Spionage-Akte zu solide.

Nach dem Attentat vom 20. Juli 1944 verdächtigte Hitler den Chef der Nachrichtentruppen General Erich Fellgiebel, »alle seine großen Pläne in Rußland« (insbesondere das Unternehmen »Zitadelle« im Raum von Kursk und Orel vom 5. Juli 1943) an die Sowjets verraten zu haben. In Wirklichkeit waren es nach dem derzeitigen Stand der Forschung nicht der Chef, sondern die untersten Mitarbeiter der Nachrichtentruppe, die den Rußland-Verrat begingen: Zwei Fernschreibstenotypistinnen, die der illegalen KPD angehörten und in der OKW-Funk-, Telefon- und Fernschreibzentrale Berlin/Bendlerstraße saßen.

Wenn man die Spionage wirksam bekämpfen wolle, könne man es daher nur so, daß jeder, der Spionage treibe, die Gewißheit erhalte, daß er – wenn er erwischt werde – unter gar keinen Umständen mit dem Leben davonkomme.

Ebenso rücksichtslos müsse man bei einer Reihe anderer durch den Krieg bedingter Vergehen vorgehen, zum Beispiel beim Verdunkelungsdiebstahl. Denn wie wolle man ohne barbarische Mittel im Kriege bei der Verdunkelung Vergehen vermeiden wie Handtaschen-Diebstähle, Vergewaltigungen von Frauen und – bei den offenen Haustüren, Kellerdurchbrüchen und so weiter – Einbrüche aller Art: man müsse daher in all diesen Fällen an der Todesstrafe als absoluter Strafe festhalten, egal, ob der Täter 60 oder 17 Jahre alt sei.

Wenn man Straftaten in der Heimat während des Krieges nicht brutal begegne, ergäben sich zwei Gefahren:

a) greife die Kriminalität um sich und sei schließlich nicht mehr zu halten.

b) entstehe die Diskrepanz, daß der anständige Mann an der Front fällt und der Schweinehund in der Heimat sich durch Straftaten sein Leben sichere, da er – wie er genau wisse – bei dem Vergehen xy nach Paragraph soundsoviel auf begrenzte Zeit ins Gefängnis wandere.

Man müsse sich darüber im klaren sein, daß die Bevölkerung sich im Kriege ganz von selbst in 3 Gruppen aufspalte: die extremen Idealisten, die extremen Egoisten und die Schwankenden.

Lasse man zu, daß der Schweinehund in der Heimat mild behandelt und dadurch konserviert werde, während die Idealisten an der Front in großer Zahl fallen, so ebne man damit einer negativen Auslese den Weg und zeige, daß man die Lehren der Weltkriegsjahre 1917/1918 nicht verstanden habe. Es gebe daher nur eine Alternative: der Mann an der Front kann sterben, der Schweinehund in der Heimat muß sterben. Ein Staat, der nicht die Härte aufbringe, diesen Grundsatz zu verwirklichen, habe nicht die Berechtigung, seine Idealisten in den Tod vorm Feind zu schicken.

Die Wirkung von Hitlers rabiaten Justizmethoden war erstaunlich: Die Zahl der Gewaltdelikte wie Raub und räuberische Erpressung sank schon von 1932 bis 1935 um fast zwei Drittel, die der Tötungsdelikte um knapp ein Drittel, die der Diebstähle um 36 Prozent und die der Betrügereien um 25 Prozent. Die Zahl der rechtskräftigen Verurteilungen verminderte sich von 566042 auf 310000. Besonders kraß sank die Jugend-Kriminalität.

Beim Mittagessen führte der Chef weiter darüber Klage, daß das heutige Richtertum seine Aufgaben nicht erkenne. Da es in der Zeit unserer Gegner eingesetzt sei und ebenso wie der Pfaffenstand sich allen Wandlungen der Zeit gegenüber konserviert gezeigt habe, habe es sich seine liberale seelische Verfassung erhalten. Er sei deshalb gezwungen durchzugreifen und werde jeden Richter, der laufend dem Volkswohl und einer nationalen Haltung widersprechende Urteile fälle, rücksichtslos aus der deutschen Richterschaft ausstoßen.

Denn er persönlich sei verantwortlich dafür, daß sich nicht wieder wie 1918 eine Heimatfront von Spitzbuben aufrichte, während das Heldentum im Kriegseinsatz in den Tod gehe. Da die Disziplin an der Front eiserne Gesetze erfordere, sei es ein Unrecht der Front gegenüber, in der Heimat Milde walten zu lassen.

Hitler war durch Reichstagsbeschluß vom 26. April 1942 »Deutschlands Oberster Gerichtsherr« geworden. Das entsprach der Militärgerichtsbarkeitsfunktion des »Obersten Befehlshabers der Wehrmacht«. In der deutschen Militärgerichtsbarkeit war der – ein Strafurteil bestätigende oder kassierende – »Gerichtsherr« immer der Kommandeur und nicht der juristische Richter; Präsident des Reichskriegsgerichts war deshalb kein Jurist, sondern ein Soldat, der Admiral Max Bastian. Generell gefährlicher war, daß Hitler durch den gleichen Beschluß des Reichstages das Recht erhielt, mißliebige Richter zu versetzen bzw. zu pensionieren. Die »richterliche Unabhängigkeit« – und damit ein Grundelement jeglicher rechtsstaatlicher Rechtsprechung – war damit passé.

»Milde« kannte Hitler als »Oberster Gerichtsherr« nur gegenüber jungen Frontsoldaten und Frontoffizieren, die aus einer Augenblicksreaktion gegen Militärgesetze verstoßen hatten oder bei denen sonst beachtliche Rechtfertigungsgründe gegeben waren. Er ließ die Fälle in der Regel von seinem Marineadjutanten von Puttkamer prüfen und entschied in etwa 75 Prozent derselben zugunsten der Jugendlichen. Allerdings verfügte er stets »Frontbewährung«.

Auch Jugendlichen gegenüber müßten im Kriege andere Mittel angewandt werden als im Frieden und könnten Milderungen nicht Platz greifen. Im Frieden könne man dann natürlich wieder beim 15- bis 17jährigen Delinquenten auf das Einsperren zugunsten einer einprägsamen Tracht Prügel verzichten, da er sonst doch nur – wenn er etwas Ehre im Leibe habe – sich für sein ganzes Leben geschändet fühle und eventuell noch von den alten Zuchthäuslern besondere Verbrechergriffe und -Auffassungen lerne.

So habe seinerzeit zum Beispiel auch ein Sittlichkeitsverbrecher in jungen Jahren ein Gift von anderen Verbrechern erfahren, das tödlich wirke, aber nach 20 Minuten nicht mehr feststellbar sei. Er habe diesen Delinquenten, einen gewissen Seefeld, durch die Gestapo vernehmen lassen, da er ihm mehr Straftaten zugetraut habe, als die paar der Justiz eingestandenen. Nachdem die Gestapo ihn 12 Stunden ohne Wasser an der Heizung habe stehen gelassen, habe er dann auch 107 Fälle von Lustmord an Kindern gebeichtet und den Beamten die Stellen gezeigt, wo er all die Kinderleichen vergraben hatte. Da der Sittlichkeitsverbrecher erfahrungsgemäß in der Regel beim Lustmord ende, müsse er beizeiten unschädlich gemacht werden, selbst wenn er noch jugendlich sei. Er sei deshalb stets für die schärfsten Maßnahmen gegen diese asozialen Elemente eingetreten.

Der Tod Gauleiter Rövers[305] hat Hitler sehr erschüttert, hat er doch mit ihm einen Idealisten verloren, der von seinen Gehältern und Bezügen nur das Lebensnotwendigste verbrauchte und alles andere wohltätigen und allgemeinen Zwecken zuführte. So muß der Führer Frau Röver das Haus, in dem die Gauleiterfamilie wohnt, von Reichs wegen übertragen lassen, damit sie wenigstens ein eigenes Dach über dem Kopf behält.

Trotz dieser Erschütterung ist Hitler aber so sehr Herr seiner selbst, daß er uns vor dem Mittagessen im Empfangssaal mit gewohnter – wenn auch vielleicht etwas maskenhaft wirkender – Freundlichkeit begrüßte, und zwar einen jeden mit Handschlag.

131

27.5.1942
(Wolfsschanze)

Eisenbahn-Erschließung Rußlands

Nachdem ich am 22. am Staatsakt im Mosaiksaal der Reichskanzlei und dann am 23. an den Beisetzungsfeierlichkeiten für Gauleiter Röver in Oldenburg teilgenommen hatte, kam ich heute via Berlin in der Dienststelle (FHQu) wieder an. Bei der Zurückmeldung bei dem diensttuenden persönlichen Adjutanten Hitlers, Gruppenführer Albert Bormann, erfuhr ich, daß sich der Chef am Sonntag mit den Reichsministern Speer und Dorpmüller[306] über die künftigen Strecken nach Moskau, Charkow und nach der Türkei unterhalten hat, die eine Spurweite von 4 Metern erhalten sollen und im Altreich in Berlin – mit Abzweigern nach München und nach dem Ruhrgebiet – zusammenlaufen sollen. Die auf diesen Strecken einzusetzenden Personenwagen sollen auf beiden Seiten Sitzabteile erhalten, die durch einen Mittelgang von 1 Meter Breite getrennt werden. Die Güterwagen sollen so eingerichtet werden, daß ihr Oberkörper[307] durch Hebekräne abgehoben und auf den Unterkörper der Normalspur-Güterwagen aufgesetzt werden kann.

305 Carl Röver, 1889 geborener In- und Auslandskaufmann (Bremen, Oldenburg, Kamerun), war seit 1928 Gauleiter des Gaues Weser-Ems und seit 1933 Reichsstatthalter von Oldenburg und Bremen.

306 Der 1869 geborene Diplomingenieur Dr. Julius Dorpmüller stand seit 1898 im preußischen Eisenbahndienst, war von 1907 bis 1917 Chefingenieur der Chinesischen Staatsbahn, seit 1926 Generaldirektor der Deutschen Reichsbahn und wurde 1937 Reichsverkehrsminister.

307 Hitler war ein eifriger Befürworter des damals neu entwickelten Container-Systems.

132 27.5.1942 mittags

Flugzeugträger

Der Chef sprach beim Mittagessen über den Umbau des zur Zeit auf der Deschimag-Werft in Bremen befindlichen schweren Kreuzers »Seydlitz« in einen Flugzeugträger[308], der den Schlachtschiffen bei Operationen zwischen Norwegen, Island und Schottland mitgegeben werden kann.

133 27.5.1942 abends

Souvenir-Sammler aus den USA und der Zollschmuggel von Frauen

Beim Abendessen kam der Chef auf das Hotel Vierjahreszeiten in München zu sprechen, das mit seinem Aufwand durch die geschmacklose Fassade und durch den Straßenlärm und so weiter entwertet werde. Für die Inhaber, Gebrüder Walterspiel, müsse man ein Luxushotel in München bauen, das in erster Linie auf Ausländerbesuch, das heißt auf die Einnahme von Devisen zugeschnitten werde. Bei ihm müsse man auf dem neuen Hotelstil fußen, der – beeinflußt durch die großen Schiffsbauten und damit in erster Linie durch die Arbeiten Professor Troosts – bereits im Hotel »Zum Elefanten« in Weimar, dem »Kaiser« in Posen, im »Deutschen Hof« in Nürnberg und im »Berchtesgadener Hof« in Berchtesgaden zum Ausdruck gekommen sei.

Er befasse sich in seinen Gedanken besonders gern mit solchen Neuanlagen in München, da kaum jemand so viel menschliches Verständnis für ihn zeige als der Münchner, der dafür sorge, daß er weder im Kaffeehaus noch auf der Terrasse des Hauses der Deutschen Kunst belästigt werde und jeden Aufdringling mit den Worten abwehre: »Laß den Mann, er will auch sei' Ruh' haben!«

Wenn man in München ein solches Luxushotel für Ausländer einrichte, müsse man aber Vorsorge treffen, daß nicht die Erinnerungssammler aus den USA alles nicht Niet- und Nagelfeste mitgehen ließen. Auch ihm hätten Amerikaner, die er einmal gelegentlich der Olympiade bei sich zu Gast gehabt habe, 137 silberne Löffel[309] und sämtliche Bürsten, Kämme und so weiter aus den Toiletten, soweit sie sein Monogramm trugen, entwendet. Es gehe ihnen offenbar wie den Frauen, die auch an gewissen Manien litten. So gebe es ja wohl kaum eine Frau, die nicht versuche, unverzollte Sachen zu ergattern beziehungsweise Taschentücher, Stoffe und dergleichen unverzollt über die Grenze zu schmuggeln. Bei den Frauen wirke sicher der Reiz, der Staatsautorität eins auszuwischen, hierbei entscheidend mit.

Ritterkreuz-Flieger. Vorbilder der Jugend

Beim Abendessen kam der Chef darauf zu sprechen, daß die verdienstvollsten Männer unserer Luftwaffe sich bereits im I. Weltkrieg außerordentlich ausgezeichnet hätten. Auch wir müßten – gerade bei der Luftwaffe als Offensivwaffe – dafür sorgen, daß wir den kommenden Generationen möglichst viele von der Garde unserer Ritterkreuzträger erhielten. Die Autorität, die ein Flieger,

308 Dieser Flugzeugträger wurde bis Kriegsende ebensowenig fertiggestellt wie der in Kiel in Bau befindliche Flugzeugträger »Graf Zeppelin«.

309 Zum Essen im kleinsten Kreise hatte Hitler sich für den Berghof von Frau Professor Gerdy Troost ein Silberbesteck schaffen lassen, das neben seinen Namens-Initialen A und H den Reichshoheitsadler zeigte und als Randmuster den »liegenden Mäander« vom Fries des Parthenon-Tempels in Athen trug. Mit diesem griechischen Ornament auf seinen Löffeln, Messern und Gabeln wollte Hitler seine tiefinnere Verbindung mit der griechischen Antike bekunden, die für ihn die Spenderin »des Lichts der Menschheit«, d.h. der abendländischen Kultur, war.

der das Eichenlaub zum Ritterkreuz verliehen erhalten habe, der Jugend gegenüber besitze, sei gar nicht hoch genug zu werten. Wenn einer 100 Abschüsse erzielt habe, müsse man ihn als einen der Tapfersten deshalb von weiteren Einsätzen zurückhalten.

134 28.5.1942
(Wolfsschanze)

Hitler lacht über Bormanns Mückenfalle

Gestern abend mußte ich, da der Reichsleiter nicht da war, zum erstenmal allein zum Chef, um eine neue Lichtfalle für Insekten vorzuführen, die der nach München gefahrene Reichsleiter Bormann beschafft hatte. Denn die Mückenplage ist hier entsetzlich[310].

Wenn die Angehörigen des Führerhauptquartiers, des Klosterdaseins müde, einmal einen Schabernack entrieren, gehört Hitler zu denen, die herzlich mitlachen. So hatte man die Abwesenheit des Reichsleiters Bormann benutzt, um mich bei ihm als großen Techniker zu empfehlen. Der Hintergedanke war, daß die Mückenfalle, die Bormann gegen die entsetzliche Insektenplage im Rastenburger Gebiet hatte konstruieren lassen und die er gerne selbst vorführen wollte, zum allgemeinen Gaudium von mir in Hitlers Arbeitszimmer eingeweiht werden sollte. Alle meine Beteuerungen, daß ich von technischen Dingen nichts verstünde, halfen nichts, da beim Abendessen verschiedene Herren an der Tafel – nach ihren Handbewegungen zu schließen – heute besonders von Mücken geplagt wurden. So blieb mir nichts anderes übrig, als mir die nach dem Staubsaugersystem entwickelte Maschine zu besorgen, mir von Bormanns Sekretärin das Einschalten und Ausschalten zeigen zu lassen und die Apparatur dann in Hitlers Arbeitszimmer aufzubauen.

Als Hitler erschien und sich noch mit seinem von der Apparatur offensichtlich nicht erbauten Schäferhund beschäftigte, begann der Mechanismus plötzlich mit derartigem Getöse loszubrummen, daß der Schäferhund mit raschen Sprüngen zurückstob. »Und damit wollen Sie die so viel kleineren Mücken anlocken?« fragte mich Hitler und holte seine Brille, um das Kunstwerk näher zu betrachten. Als er dabei Mücken im Fangkanal entdeckte und offensichtlich grübelte, wie sie hineingekommen sein könnten, nahm ich mir nach peinlichem Schweigen ein Herz und gestand, daß »ich als vorsichtiger Jurist mit Rücksicht auf meine mangelhaften technischen Kenntnisse und aus natürlichem Mißtrauen gegen die Maschine bereits auf dem Weg hierher einige Mücken gefangen und in die Apparatur hineingemogelt hätte«. In sein herzliches Gelächter stimmte die ganze Tischgesellschaft ein, die hinter dem Türvorhang die Szene verfolgt hatte und mir nun die Nuß zu knacken ließ, Bormann vom Durchfall seiner Lichtfalle zu unterrichten. Hitler quittierte meine Bemühungen, indem er mir ein zweckmäßigeres Modell für derartige Mückenfang-Maschinen aufzeichnete und mitgab.

310 Urschrift nur in Stichworten. Der Text gibt die Aufzeichnung aus den FHQu-Tagebüchern des Autors wieder.

135 29.5.1942 vor Tisch
(Reichskanzlei, Berlin)

Ludwig I. von Bayern und seine Tänzerin Lola Montez

Reichsminister Dr. Goebbels berichtete vor dem Mittagessen von dem Plan, einen »Lola-Montez«-Film zu drehen. Der Chef begrüßte diesen Gedanken, warnte aber davor, das Schicksal dieser Frau und die Persönlichkeit König Ludwigs I. von Bayern falsch darzustellen.

Bei Lola Montez habe es sich nicht um eine Tänzerin im Sinne unserer modernen Schönheits-Tänzerinnen unter dem Motto des »Röckchen-Fallenlassens« gehandelt, sondern um eine Frau von außerordentlicher Intelligenz und weltweiten Auffassungen[311]. Wie charaktervoll sie gewesen sei, ergebe sich schon daraus, daß sie trotz der ungeheuren Schwierigkeiten, die ihr die Katholische Kirche bereitet habe, sich nicht zu einem Kotau vor der Kirche habe zwingen lassen.

Was die Persönlichkeit Ludwigs I. angehe, so müsse man sich hüten, ihn primär als Schürzenjäger darzustellen. Primär sei er vielmehr ein Mann von ganz großem Format gewesen und der größte Bauherr Europas zu seiner Zeit. Schon die Idee des Walhalla-Baues[312] und ihre Ausführung zeige, daß es sich bei ihm um einen Monarchen gehandelt habe, der über sein Ländchen hinausblickte und deutsche Gesamtinteressen sah. Überdies sei es sein Verdienst, daß er der deutschen Nation in München eine gewaltige Kunstzentrale geschenkt habe.

Wenn er trotzdem einer der am stärksten bekämpften bayerischen Könige sei, so liege das daran, daß immer wieder die Kirche gegen ihn geschürt habe. Wenn man dabei die Tänzerin Lola Montez attackierte, so sei sie lediglich ein Vorwand gewesen. In Wirklichkeit habe man die verstärkt-liberalistische Tendenz des Königs bekämpfen wollen, zu der sie die Triebfeder gewesen und mit der er seiner Zeit zu weit vorausgeeilt sei.

Ludwig I. könne daher nicht dargestellt werden als ein Monarch von wienerischem Charme und in der Art eines Paul Hörbiger, sondern er müsse als ein König von Würde herausgearbeitet werden, und dazu sei am besten Kayßler geeignet[313].

311 Als Tochter eines schottischen Offiziers und einer Kreolin schrieb Lola Montez Essays über berühmte Frauen der Geschichte und über die Frauen-Emanzipation, die auf die damalige Zeit revolutionierend wirkten. Sie starb mit 43 Jahren in einem New Yorker Zirkus als Show-Künstlerin.

312 Die »Walhalla« wurde 1842 als »Tempel deutscher Ehren« am Donauufer bei Donaustauf (nahe Regensburg) eingeweiht. Diese »Deutsche Ruhmes-Halle« enthält über 100 Marmorbüsten berühmter deutscher Männer und Frauen, sowie einen Relieffries der deutschen Geschichte bis zur Einführung des Christentums. Bezeichnend für Hitler war, daß die einzige Büste, die er der Sammlung hinzufügte, die seines heimatlichen Lieblingskomponisten Anton Bruckner (1824 bis 1896) war. Bruckner mit seiner barocken, ländlich-bäuerlichen Kirchenmusik des bayerisch-österreichischen Katholizismus war für Hitler ein Gruß aus der schönsten Zeit seiner Jugend als Schüler/Sänger und Ministrant des Benediktinerklosters Lambach nahe dem Stift St. Florian, wo Bruckner 1848 Domorganist wurde. Hitler bot einer USA-Emigrantin allein 7500 Dollar (damals 31 500 Goldmark) für die Rückveräußerung des Original-Manuskriptes der 3. Symphonie Anton Bruckners nach Deutschland.

313 Die Schauspieler Paul Hörbiger und Friedrich Kayßler wurden von Hitler als einzigartige Charakterdarsteller ebenso geschätzt wie vom deutschen Theater- und Filmpublikum ganz allgemein.

136

29.5.1942 mittags
(Reichskanzlei, Berlin)

Die Katastrophe vor Moskau bei minus 50 Grad Celsius und ihre Überwindung

Beim Mittagessen erwähnte der Chef, daß dieser Winter insofern für uns eine besondere Belastungsprobe dargestellt habe, als die Bekleidung unserer Soldaten, ihre Ausrüstung und ihre Motorisierung den Anforderungen eines Winters mit Temperaturen bis zu minus 50 Grad Celsius nicht gewachsen gewesen seien. Wenn man daher von einer Winterkrise sprechen wolle, so sei diese Krise durch diese Mangelerscheinungen bedingt gewesen.

In Wirklichkeit hatte man zuwenig Vorsorge für die Winterausrüstung der in Rußland eingesetzten Wehrmachtsteile getroffen, da man bereits im Oktober 1941 den vermeintlichen »Blitzkrieg gegen die Sowjetunion« als gewonnen ansah. Laut Vermerk vom 8. Oktober 1941 erklärte der Chef des Wehrmachtführungsstabes, General Jodl, den FHQu-Mitgliedern: »Mit der gelungenen Bildung der drei Kessel nördlich Melitopol, ostwärts Brjansk und westlich Wjasma hätten wir endgültig und ohne Übertreibung diesen Krieg gewonnen.« Daraufhin gab einen Tag später der Reichspressechef Dr. Dietrich der in- und ausländischen Presse bekannt, daß der Rußlandkrieg entschieden und die UdSSR geschlagen sei.

Als Hitler am gleichen 8. Oktober 1941 der UdSSR mit einem 70-Divisionen-Angriff auf Moskau den Todesstoß versetzen wollte, setzte bereits die den Russenwinter eröffnende Schlammperiode ein, die die Bewegungen der deutschen Truppen entscheidend behinderte. Ende November sanken die Temperaturen dann schon auf minus 40°, so daß die Mechanik der deutschen Waffen versagte und die Nichtausrüstung der deutschen Truppen mit wattierten Uniformen und Filzschuhwerk sich bitter rächte. Durch Marschall Georgij Schukow ließ Stalin aus den – in Moskau verbliebenen – Wehrfähigen Milizdivisionen aufstellen und als Infanterie einsetzen. Von den Kriegsschiffen und aus den Marinegarnisonen holte er alle gerade entbehrlichen Matrosen nach Moskau und schickte sie als Marine-Schützen-Brigaden mit winterfester Artillerie in den Kampf. Aus Persien beorderte er sowjetische Besatzungstruppen zurück nach Moskau. Vor allem aber holte er aus dem Fernen Osten – durch den deutschen Zeitungskorrespondenten und sowjetischen Spion Richard Sorge aus Tokio über Japans bevorstehenden Angriff auf die USA und über Japans Nicht-Kriegführung gegenüber der UdSSR informiert – die »Sibiriaken« heran, die auf Kriegführung bei minus 50° Kälte geschult waren, versorgte sie mit winterfesten Panzern und eröffnete mit ihnen eine weitgehend erfolgreiche Gegenoffensive.

Hinzu sei als seelische Belastung gekommen, daß Napoleon am russischen Winter gescheitert sei und daß im Winter 1941/1942 der Temperatursturz zu Kältegraden, wie wir sie in den letzten 150 Jahren auch in Rußland nicht mehr erlebt haben, so plötzlich eingetreten sei.

Daß das deutsche Volk diese Krise überstanden habe, liege daran, daß Front und Heimat diese schwere Zeit gemeinsam zu überstehen getrachtet hätten. Solange diese Haltung im Volk lebendig sei, könne ein Staat nicht zugrunde gehen, wenn harte Männer seine Fahne aufrecht hielten.

Hitlers Härte und außergewöhnliche Tapferkeit im I. Weltkrieg wurde mir von seinem eigenen Zugführer, Leutnant Georg Arnold, bestätigt. Arnold ist ein Mann von internationaler Geltung, er ist identisch mit dem Kunstmaler Professor Arnold-Graboné, der – als unser bedeutendster zeitgenössischer Landschaftsmaler in Spachteltechnik – lange Jahre Rektor der Kunstakademie in Zürich war, nach dem II. Weltkrieg Mal-Lehrer des US-Präsidenten General Eisenhower und des britischen Premierministers Winston Churchill wurde, und dessen Bilder ebenso im Weißen Haus in Washington und im

Buckingham-Palace in London hängen wie im Kaiserpalast in Tokio und im Schah-Palais in Teheran.

Schade sei nur, daß auch dieser Krieg wieder unter den Besten unseres Volkes vernichtende Auslese halte und beispielsweise das Sechseinhalbfache von den im Fronteinsatz stehenden Berliner Parteigenossen gefallen sei im Vergleich zu den an der Front stehenden Berliner Nichtparteigenossen.

Die Winterschlacht vor Moskau in der russischen Wochenschau

Bei den Wochenschau-Vorführungen sahen wir gelegentlich auch ausländische Bildstreifen.

So zum Beispiel die russische Wochenschau von dem sowjetischen Sieg über unsere Truppen vor Moskau im Dezember vorigen Jahres (1941). Eingeleitet von dem Glockengeläut aller Moskauer Kirchen, dem Feuerwerk der sowjetischen Flak gegen unsere Fliegerangriffe, der geheimnisvollen Silhouette des Kremls, der Wirkungsstätte des von Hitler offen als Genie bewunderten Stalin, dem Gang der orthodoxen Priester von Haus zu Haus, von Hütte zu Hütte, um in vollem Ornat und mit erhobenem Kruzifix Mann und Frau, jung und alt zum letzten, äußersten Einsatz für die »heilige russische Erde« aufzubieten. Dann die Formierung der roten Truppen, insbesondere ihrer Kavallerie, die Auswirkungen des ungewöhnlichen Kälteeinbruchs, der in dieser Stärke seit mehr als hundert Jahren unbekannt war und alle zum Anlegen wattierter Kleidung und eines aus Filz verfertigten Schuhwerks zwang. Dann die ersten, später die Scharen deutscher Kriegsgefangener ohne Mäntel, ohne Handschuhe, ohne winterfeste Kleidung, auf dem Boden tanzend vor Kälte, ab und an die Ohren und Nasen reibend mit den sonst zutiefst in den Hosentaschen versenkten Händen; hungrig, einem ungewissen Schicksal entgegensehend! Und trotzdem nicht ein einziges ängstliches Gesicht dabei: unbekannte Soldaten, unbekannte Helden! Schließlich kamen die endlosen Mengen vereister deutscher Panzer, Tanks, Lastkraftwagen, Geschütze: alle liegengeblieben, weil nicht beizeiten winterfester Treibstoff und Winterkleidung von der Obersten Heeresleitung nach vorn geschafft worden waren[314].

Bereits am 22. Juni 1941 proklamierte der damalige Patriarchen-Statthalter der russisch-orthodoxen Kirche, Sergius, den »Großen Vaterländischen Krieg« der Sowjetunion zum »Heiligen Krieg«. Sein Leningrader Metropolit, der spätere Patriarch Alexius, bannte Hitler für alle Russen mit dem Bibel-Fluch, »daß durchs Schwert umkommen muß, wer ohne Not, ohne Gerechtigkeit, aus Gier nach Raub und Versklavung zum Schwerte greift«. Die Fanalwirkung dieser Kirchenaufrufe kann man sich im Westen kaum vorstellen. Allein die Moskauer Kirchen sammelten in wenigen Tagen drei Millionen Goldrubel für Liebesgaben an die Rote Armee. Die Bischöfe ermunterten die Partisanen. Die Metropoliten mahnten die sowjetischen Kriegsgefangenen in Deutschland, zu keiner Zeit »ihre nationale Würde zu vergessen«. Kollaborationsbereite Priester wurden im Schnellverfahren aus der russisch-orthodoxen Kirche ausgeschlossen. Niemand übertraf die orthodoxen Geistlichen an Patriotismus, so daß sie vom Kreml mit den höchsten Kriegsorden der Sowjetunion ausgezeichnet wurden, allen voran der heute noch heiligenmäßige Verehrung genießende, am 17. April 1970 verstorbene Patriarch Alexius, der erklärte: »Unlösbar weiß sich die russisch-orthodoxe Kirche mit dem sowjetischen Volk und seiner Regierung verbunden. Jeder Schlag gegen die

314 Tagebuchaufzeichnung Dr. Pickers.

UdSSR, ob Krieg, Boykott oder Meuchelmord, wird von uns als ein Schlag gegen uns selbst empfunden. Als Orthodoxe wissen wir um unsere Pflicht, Bürger der Sowjetunion zu sein.«

Noch schlimmer kam es im Winter 1942/43 in Stalingrad. Von den 250000 Soldaten der 6. Armee fielen in den Straßenkämpfen bzw. starben vor Kälte oder Hunger rund 112000. Daß Göring den erforderlichen Nachschub an Lebensmitteln und Kriegsgerät nicht mit den versprochenen 300 t täglich einfliegen lassen konnte, sondern nur mit knapp einem Drittel, nämlich 95 t täglich, trug entscheidend dazu bei. Göring hatte bei seiner Zusage den dichten Wolgadunst der Monate November, Dezember und Januar außer acht gelassen, so daß seine Versorgungsflugzeuge im Blindflug in großer Zahl in der Luft zusammenstießen bzw. infolge verratener Rufzeichen auf Feindflughäfen landeten. So konnten von der deutschen Luftwaffe auch nur 30000 Verwundete ausgeflogen werden. In sowjetische Kriegsgefangenschaft gerieten nach sowjetischen Zählungen 16800 + 91000 = 107800 deutsche Soldaten. Nur rund 6000 von ihnen sahen nach zehn und mehr Jahren Gefangenschaft Deutschland wieder.

Wien, seine Kultur, sein Stadtbild, sein Stimmungsrausch: grandios gegenüber Berlin

Der Chef erwähnte beim Mittagessen, daß es eine der wichtigsten Aufgaben des Dritten Reiches sei, in Berlin eine wirklich repräsentative Hauptstadt zu schaffen. Schon der Bahnhof und die Zufahrt der Reichsautobahnen müsse so sein, daß selbst der Wiener überwältigt sei von dem Gefühl: das ist unsere Hauptstadt!

Man könne es dem heute nach Berlin kommenden Wiener nicht verargen, wenn er im Hinblick auf das grandiose Stadtbild seiner eigenen Heimatstadt von Berlin enttäuscht sei. Sogar ihm gegenüber hätten Wiener einmal erklärt, Berlin sei doch keine Hauptstadt; denn kulturell sei ihm Wien sowieso überlegen, und in seinem Stadtbild könne es doch auch nicht an Wien heran.

An dieser Bemerkung sei insofern viel dran, als kaum eine andere Stadt in Deutschland über so zahlreiche kulturelle Schätze verfüge wie Wien. In den anderen früheren Länderhauptstädten seien die Sammlungen und dergleichen durch eine engstirnige Dynastienpolitik und Dynastien-Geschichtsforschung bestimmt gewesen. Wien dagegen habe sich – zumal die Habsburger sich bis 1805 als deutsche Kaiser gefühlt hätten – stets für Reichsgeschichte, das heißt Kaisergeschichte, interessiert.

Die Sammlungen an geschichtlichen Quellen und Unterlagen und dergleichen, die in Wien zusammengetragen seien, seien in ihrer Bedeutung heute noch gar nicht zu übersehen, da sie bisher nicht voll hätten erschlossen werden können.

Aber von den Sammlungen abgesehen, sei Wien auch sonst ein kultureller Mittelpunkt, der ein ungeheuerliches, geradezu kolossales Fluidum ausströme. Wer ein gutes Theater sehen wolle, suche es in Wien. Wer die schönen Künste studieren wolle, gehe an Wiener Kunstinstitute. Die Menschen der Alpen- und Donaugaue hätten sich daran gewöhnt, Technik in Wien zu studieren, Wiener Museen als Stätten ganz besonderen Kunstgenusses zu verehren und so fort. Es sei daher eine ungeheure Aufgabe, Wiens Vormachtstellung auf kulturellem Gebiet in den Alpen- und Donaugauen zu brechen und ihm einmal in Linz eine Konkurrenz erstehen zu lassen und zum anderen Graz so auszubauen, daß seiner von jeher nicht so sehr für Wien begeisterten Bevölkerung in kultureller Hinsicht der Rücken gestärkt werde.

Eines könne man natürlich nicht künstlich erzeugen; das sei der ungewöhnlich eindrucksvolle Stimmungsrausch, den Wien in vergangenen Jahrhunderten ebenso wie heute biete und der wie ein immerwährendes Biedermeier anmute. Denn dieser Stimmungsrausch, den man bei jedem Gang durch die Anlagen von Schönbrunn und so weiter erlebe, sei einmalig.

Sind die Juden Asiaten? Umsiedlung der Juden nach Sibirien oder Afrika?

Beim Mittagessen erwähnte der Chef, daß nach den ihm vorliegenden Berichten in den Gettos die jüdische Polizei auf die Glaubensgenossen in einem Maße einschlage, wie es unsere Polizei selbst in der schwersten Kampfzeit unseren Parteigenossen gegenüber kaum gewagt habe. Es komme da so richtig die ganze Roheit des jüdischen Wesens zum Ausdruck.

Interessant sei weiter, daß sogenannte hochgebildete Juden wie Ärzte, Rechtsanwälte und so weiter, die lange in westeuropäischen Städten tätig gewesen seien, kaum 14 Tage im Getto seien und schon vollkommen gettoisiert in Kaftan und dergleichen herumliefen. Einen klareren Beweis, daß der Jude letzten Endes eben doch Asiat und nicht Europäer sei, könne es kaum geben.

Ganz Westeuropa müsse deshalb nach einer bestimmten Zeit völlig judenfrei sein. Das sei allein schon deshalb erforderlich, als es unter den Juden immer einen gewissen Prozentsatz von Fanatikern gebe, der das Judentum wieder hochzubringen suche. Es empfehle sich deshalb auch nicht, die Juden nach Sibirien abzuschieben, da sie bei ihrer Klimafestigkeit dort nur gesundheitlich noch besonders gehärtet würden. Viel richtiger sei es, sie – da die Araber sie in Palästina nicht haben wollten – nach Afrika zu transportieren und sie damit einem Klima auszusetzen, das jeden Menschen unserer Widerstandsfähigkeit beeinträchtige und damit jede Interessenüberschneidung mit europäischem Menschentum ausschließe.

Schon zur Juden-Auswanderungskonferenz von Evian 1938 am Südufer des Genfer Sees hatte die polnische Regierung, die ihre 2,5 bis 3 Millionen Juden-Minderheit aus dem Lande heraus haben wollte, den europäischen Staaten die Errichtung eines eigenen Juden-Nationalstaates an der ostafrikanischen Küste, und zwar auf der Insel Madagaskar, vorgeschlagen. Die Insel Madagaskar war mit ihren 592000 qkm die viertgrößte Insel der Welt (also doppelt so groß wie Polen und zweiundzwanzigmal so groß wie Palästina) und hatte trotz ihres Reichtums an Bodenschätzen nur 3,8 Millionen Einwohner. Frankreich, zu dessen Kolonial-Imperium die Insel gehörte, hatte 1938 eine wohlwollende Prüfung in Aussicht gestellt, weil weder die nordamerikanischen noch die europäischen Staaten größere Juden-Kontingente bei sich aufnehmen wollten. Die mit der Arbeit von oft vielen Generationen zu Macht und Ansehen gelangten Juden der USA und Westeuropas opponierten gegen eine Massen-Einwanderung von Ostjuden, das ihr eigenes schwer erarbeitetes Image und Sozialprestige mit einem Schlag gefährden konnte. So sperrten sich z.B. die USA gegen eine Juden-Einwanderung von jährlich mehr als 32000 Menschen.

Nach dem siegreichen Ende des Frankreich-Feldzuges griff Hitler den Madagaskar Plan wieder auf und beauftragte seinen Reichsminister zur besonderen Verwendung Schacht damit, ihn in Zusammenarbeit mit dem in Evian geschaffenen »Zwischenstaatlichen Komitee für jüdische Auswanderung« zu realisieren. Schacht tat sein Bestes, um die Dinge zum Erfolg zu führen. Zur Finanzierung schlug er eine internationale Umsiedlungsanleihe vor, die die Überführung der Juden von Europa nach Madagaskar sowie den Aufbau eines Judenstaates dort und den einer lebensfähigen Nationalwirtschaft auf Madagaskar möglich machen sollte. Sein Plan sah vor, daß diese Anleihe vom Deutschen Reich binnen 20 Jahren aus dem in Deutschland beschlagnahmten jüdischen Vermögen verzinst und zurückgezahlt werden sollte. Die Anleihe scheiterte am »No« der angesprochenen jüdischen Weltbanken, die verständlicherweise Milliarden-

Devisen-Anleihen an Hitler ablehnten. Die Juden-Überführung nach Madagaskar scheiterte technisch am »No« der britischen Regierung, die ein »freies Geleit« für die Auswandererschiffe verweigerte, obwohl sich die Schweiz und Schweden auf die entsprechenden Interventionen des (damals noch provisorischen) Genfer Weltkirchenrates als Transferländer zur Verfügung gestellt hatten. Vergeblich intervenierte der Generalsekretär des Weltkirchenrates Dr. Visser't Hooft persönlich in London und über seine amerikanischen Freunde in Washington. Selbst Demarchen des hochangesehenen orthodoxen Erzbischofs beider Amerikas und späteren Oekumenischen Patriarchen Athenagoras I. blieben ohne praktisches Ergebnis. Dabei beschwor Schacht nach dem II. Weltkrieg, daß kein einziger deutscher Jude ums Leben gekommen wäre, wenn man seine Vorschläge zur Massen-Juden-Emigration seinerzeit international akzeptiert gehabt hätte.

Nach einem Hinweis darauf, daß auch Japan darangehe, die Juden, die sich mittels des amerikanischen Handels in Japan eingeschlängelt hätten, wieder auszumerzen, erklärte der Chef, daß der Jude einmal die ganze Welt als Feind gegen sich haben werde. Selbst ein Land wie die Vereinigten Staaten (USA), in dem er sich – um in einem Bilde zu sprechen – durch seine ständigen, alle verblüffenden Purzelbäume halte, werde ihn, wenn er zum Purzelbaumschlagen nicht mehr die nötige Spannkraft habe, bemerken und bekämpfen. Dann werde es auch dort mit der jüdischen Rabulistik jäh zu Ende gehen.

137 30. 5. 1942 mittags
(Berlin, Reichskanzlei)

Kulturpolitik und Künstlerförderung muß Überzeugungssache sein!

Beim Mittagessen kam der Chef in der Reichskanzlei auf künstlerische Fragen zu sprechen. Davon ausgehend, daß die Bruckmannsche Kunstzeitschrift[315] gegenüber der von Professor Hoffmann und der vom Propagandaministerium herausgegebenen abfällt, kam er auf die Bildhauer Kolbe[316] und Klimsch[317] zu sprechen. Er stellte fest, daß Kolbes Arbeiten, je älter der Meister werde, desto mehr an Vollendung abnähmen. Klimsch dagegen werde in seinen Arbeiten immer größer und bedeutender.

Man könne es einem Künstler jedoch nicht zum Vorwurf machen, wenn seine Alters-Arbeiten nicht mehr die Vollkommenheit seiner größten Schöpfungen aufwiesen. Denn mit dem Alter würden auch die Augen schlechter, und gerade der Bildhauer sei doch sehr stark auf die Schärfe seiner Augen angewiesen. Wenn Bildhauer im Alter geradezu über sich selbst hinauswüchsen, so liege das nicht selten daran, daß sie früher kurzsichtig gewesen und mit zunehmender Alters-Weitsichtigkeit wieder normalsichtig geworden seien.

Auch sonst dürfe man es dem Künstler nicht zum Vorwurf machen und beispielsweise den Sänger nicht verurteilen, wenn er im Alter nicht mehr so gut

315 Gemeint ist die Zeitschrift »Die Kunst«.
316 Der Bildhauer Georg Kolbe (1877 bis 1948) galt als Meister der impressionistischen Bewegtheit. Seit 1903 arbeitete er in Berlin.
317 Neben den Professoren Arno Breker und Josef Thorak hatte Professor Fritz Klimsch (1870 bis 1960) ein Staatsatelier des Deutschen Reiches zur Verfügung. Fernab aller Politik schuf er als Verehrer der Bildhauerei des antiken Griechenlands und der Musik Mozarts Frauengestalten von klassischer Schönheit und diesseitsbejahender Lebensfreude. Hitler hatte in seiner Porzellan-Figuren-Sammlung von Klimsch die »Tänzerin«, die auf der Pariser Weltausstellung von 1937 den Grand Prix erhielt, die »Hockende« und die »Kniende«. Er hielt Klimschs Werke für einzigartig zeitlose Kunst.

singe wie früher. Wenn man etwa an den Altersbildern von Lovis Corinth[318] vieles auszusetzen habe, so solle man sich eben an seinen fabelhaften Jugendbildnissen freuen. Im übrigen sei es Aufgabe einer verständigen Kulturpolitik, angehende Talente beizeiten zu entdecken und so zu fördern, daß sie die aufgrund ihrer Anlagen zu erzielenden Höchstleistungen für die Mit- und Nachwelt schaffen könnten.

Als Unterstreichung des Gesagten ließ der Chef eine Brunnengruppe von 3 Frauen von dem Bildhauer Ullmann[319] (Wien) zeigen, der in Wien völlig unbekannt dahingelebt habe und erst von Speer herausgestellt worden sei.

Dieses wichtigste Erfordernis jeder Kulturpolitik sei von den Wienern, die sich auf das kulturelle Niveau ihrer Heimatstadt so viel einbildeten, in den letzten Jahrhunderten in geradezu frevelhafter Weise vernachlässigt worden. So hätten es die Wiener fertiggebracht, ein Genie wie Mozart[320] regelrecht verhungern zu lassen. Selbst seine Bestattung habe man geglaubt als Armenbegräbnis durchführen zu müssen, so daß heute kein Mensch wisse, wo Mozart eigentlich ruhe. Ebenso wie Mozart hätten sie auch Bruckner und Haydn[321] verhungern lassen, wenn diese nicht – der eine im Bischof von Linz, der andere im Fürsten von Esterhazy – Förderer gefunden hätten.

Aus dieser Einstellung der Wiener zu ihren größten Künstlern ergebe sich, daß den Wienern ebenso wie den Münchnern die Kunst durch das Wirken der Herrscherdynastie doch nur aufoktroyiert sei. Nur bestände zwischen den Wienern und den Münchnern in dieser Hinsicht ein fundamentaler Unterschied: Die Münchner zeigten sich ihren bedeutenden Künstlern schon zu Lebzeiten in gewissem Sinne dankbar; die Wiener dagegen erst, wenn der Ruf dieser Künstler bereits in der ganzen Welt widerhalle und sie womöglich schon mehrere Jahrzehnte tot seien.

Für unser kulturpolitisches Schaffen sei daraus die Lehre zu ziehen, daß man den Künstlern, die Gutes leisten, beizeiten die entsprechende Anerkennung zukommen lassen müsse[322]. Er habe deshalb die Kunstausstellung im Haus der Deutschen Kunst in München geschaffen, nicht nur, um den ganz Großen auf diese Weise eine Ausstellungsmöglichkeit zu geben, auf die die ganze Welt

318 Lovis Corinth (1858 bis 1925) war einer der bedeutendsten Maler und Graphiker des deutschen Impressionismus.

319 Es handelte sich um die Brunnengruppe »Die Morgenröte«. Der 1903 geborene Robert Ullmann erwarb sich schon als Schüler der Wiener Kunstgewerbeschule und später als Student der Wiener Kunst-Akademie einen so angesehenen Namen, daß er im Wiener Prater eines der österreichischen Staatsateliers benutzen durfte. Hitler hatte von ihm in seiner Porzellanfiguren-Sammlung die »Schauende«, deren weibliche Anmut, innere Abgeklärtheit und ruhige Harmonie ihm sinnbildhaft für die Ausrichtung seiner BDM-Organisation »Glaube und Schönheit« erschien: sportlich, gesund, naturverbunden, musisch und dem Manne eine lebenstüchtige, selbstbewußte Partnerin.

320 Trotz seiner zahlreichen melodiösen Opern, Sinfonien, Sonaten, Kirchenmusiken, Kammerkonzerte, Märsche und Tänze hungerte Wolfgang Amadeus Mozart (1756 bis 1791) bei seinem kaiserlichen Kammerkomponisten-Salär von 800 Gulden im Jahr derart, daß er schon mit 35 Jahren starb (verhungerte) und in der »allgemeinen Gruben für die Armen« bestattet wurde. Sein Begräbnisplatz war schon nach wenigen Tagen nicht mehr feststellbar.

321 Franz Joseph Haydn (1732 bis 1809) war neben Mozart und Beethoven einer der drei großen Wiener Musik-Klassiker.

322 Von Eugen Henke (München) erwarb Hitler z.B. für den Berghof die – 1938 im Haus der Deutschen Kunst ausgestellte – metergroße Bronze-Plastik »Kopftuchbindendes Mädchen«, deren Entstehung er durch mehrere Atelierbesuche persönlich gefördert hatte.

schaue[323]. Zweck dieser Kunstausstellung sei in noch viel stärkerem Maße, aus dem gesamten deutschen Kunstschaffen das Beste herauszusuchen und die nach bestem Wissen und Gewissen von einer Reihe von Kunstsachverständigen als wirklich gut anerkannten Werke zur Ausstellung und damit an den Käufer zu bringen, auch wenn der Künstler heute noch weiten Kreisen unbekannt sei.

Gleichzeitig gebe man auf diese Weise den Käufern von Kunstwerken, die in dieser Ausstellung gezeigt worden seien, die Garantie, daß sie wirklich etwas Gutes erhalten hätten[324]. Den Wettbewerb unter den Künstlern durch goldene und silberne Medaillen mit der Ansicht des Hauses der Deutschen Kunst – wie Professor Hoffmann es vorschlage – zu steigern, liege ganz in dieser Linie und könne daher nur gebilligt werden.

Das Wiener Kaffeehaus

Der Chef erwähnte weiter auf Vortrag Bürgermeister Liebels (Nürnberg), daß es Unsinn sei, in der Halle des »Deutschen Hofes« (Hotel in Nürnberg) Kabarett-Vorführungen zu veranstalten, da dieser Raum im Leben der Bewegung eine gewisse Rolle spiele und daher von den Leuten nicht, um Kleinkunst zu sehen, aufgesucht werde. Wenn man im Deutschen Hof eine gute Kleinkunstbühne und eine Bar aufmachen wolle, solle man das durch Umbau des alten »Deutschen Hofes« tun.

Ihm sei am liebsten die Wiener Art des Kaffeehauses als Restauration. Denn das Wiener Café sei eine Quelle der Ruhe, Beschaulichkeit und Belehrung.

Schließlich machte Dr. Goebbels insofern einen allgemein belachten Witz, als er einen von dem dünnen Bohnen-Eintopf auf dem Rockkragen des Gesandten Hewel entstandenen Wasserflecken als Fett-Flecken ansprach und flüsternd bat, Herr Hewel möge ihm doch die Quelle verraten.

138

31.5.1942 abends
(Wolfsschanze)

Der neue Richtertyp

Mit Rücksicht auf seine letzte Reichstagsrede (26. April 1942) kam der Chef im FHQu auf die künftige Auswahl der Richter zu sprechen. Er führte aus, daß die Ausbildung der Rechtswahrer, die Richter werden wollten, völlig umgestellt und nach nationalsozialistischen Gesichtspunkten ausgerichtet werden müsse. Da ein Richter über besonders gründliche Kenntnisse des praktischen Lebens verfügen müsse, kämen für den Richterberuf künftig nur noch Leute in Frage, die sich bereits selbst irgendwie im Leben beruflich bewährt und sich im Parteidienst mit unseren Anschauungen und mit den Problemen der Menschenführung eingehend befaßt hätten. Als Mindestalter für die Einsetzung als Richter nannte der Chef das 35. Lebensjahr.

323 Zu Hitlers Souvenir-Sammlung gehörten auch seine Erinnerungsstücke an die Einweihung des Münchener »Hauses der Deutschen Kunst« (18. Juli 1937) und an den dazugehörigen »Tag der Deutschen Kunst« (16. bis 18. Juli 1937), insbesondere seine goldene Ehrenplakette, die große Silbermedaille und die von Professor Theodor Kärner in Allacher Porzellan geschaffene »Athene« (mit Lorbeerzweig und dorischer Säule in den Händen und dem Münchener Stadtwappen am Sockel).

324 Von den 20000 Einsendungen jährlich kamen im »Haus der Deutschen Kunst« nur 1200 bis 1250 zur Ausstellung, die von einer Sachverständigen-Jury ausgesucht und anschließend noch einmal von Hitler persönlich überprüft wurden.

Wilhelms II. Umgangsformen

Beim Abendessen kam der Chef auf die eines Monarchen völlig unwürdigen Umgangsformen Wilhelms II. zu sprechen[325]. Er habe nicht nur geglaubt, die Männer seiner engsten Umgebung ständig anpöbeln, sondern auch seine Gäste mit ironischen Bemerkungen zum Gespött der Anwesenden machen zu können. Auch durch seine plumpen Vertraulichkeiten (Auf-die-Schulter-Klopfen und so weiter) anderen Monarchen gegenüber habe er dem Reich viele Sympathien verscherzt. Ein Monarch müsse eben wissen, daß er Zurückhaltung und Würde im persönlichen Verkehr beobachten müsse.

Vertraulichkeiten Hitlers gegenüber Untergebenen oder Besuchern gab es nicht. Hitler vergaß – wenigstens soweit ich das beobachten konnte – die Würde des Staatsoberhauptes nie. Im Gegensatz zu Wilhelm II. beendete er die Mittags- bzw. Abendtafel auch nicht, wenn er selbst fertig gegessen hatte, sondern erst, wenn der letzte Tischgast das Besteck aus der Hand legte. Dagegen spöttelte er gern mit diesem oder jenem Anwesenden, etwa, wenn er angesichts meiner Vorliebe für rohen geräucherten Oldenburger Schinken erklärte: »Wenn der Picker Schinken sieht, dann geht bei ihm auch jede Ideologie in die Binsen!« Er brachte derlei aber stets mit augenzwinkerndem Humor und nie verletzend oder bösartig.

Das Beispiel Wilhelms II. zeige, wie ein einziger schlechter Monarch eine Dynastie vernichten könne. Wer Geschichte treiben wolle, möge sich darüber hinaus gesagt sein lassen, daß ebenso eine einzige schlechte Generation ein ganzes Volk zugrunde richten könne.

FHQu »Felsennest« (Eifel)

Später kam der Chef auf sein Quartier im FHQu »Felsennest« zu sprechen, in dem ihm schon beim Aufwachen am Morgen die Augen von der ätzenden Luft getränt hätten. Man habe die Einrichtung offenbar so geätzt gehabt, als ob sie ewig halten solle.

Das FHQu »Felsennest« bei Münstereifel (12 km von Euskirchen entfernt) benutzte Hitler vom 10. Mai bis 5. Juni 1940. Dann übersiedelte er in das FHQu »Wolfsschlucht« (Bruly de Péche, neun Kilometer von Rocroi/Belgien entfernt), wo ihn die Mücken noch schlimmer plagten als die Ätzeluft im FHQu »Felsennest«.

139

1.6.1942
(Wolfsschanze)

Hitlers Flugzeug

Bei meinem gestrigen Rückflug ins FHQu bin ich in der Führermaschine, einer sehr geräumigen Focke-Wulf, enorm schnell geflogen. Übrigens ist diese

325 Wilhelm II. (1859 bis 1941) war von 1888 bis 1918 Deutscher Kaiser und König von Preußen. Da er am 10. November 1918, also am Schluß des I. Weltkrieges, aus seinem Großen Hauptquartier nach Holland geflohen war und auf den Thron verzichtet hatte, lehnte Hitler ihn als Soldat ab. Die Entscheidung über sein Gesuch, nach Deutschland zurückkehren zu dürfen, ließ Hitler bis nach Ende des II. Weltkrieges zurückstellen. Diese Einstellung hinderte Hitler aber nicht, bei Besuchen bei meinen Eltern seine Mittagsstunde auf dem Drachen-Sofa der Kaiser-Jacht »Hohenzollern« zu machen. Meine Eltern hatten dieses Sofa bei der Nachkriegs-Verschrottung der Jacht erworben. Es war aus einem chinesischen Kaiserthronsessel gefertigt, und Wilhelm II. hatte es bei Besuch der Jacht regelmäßig zur Mittagsstunde benutzt.

Maschine schlicht und ohne allen Protz eingerichtet. Hitler hat als Besonderheit nur einen Schreibtisch vor seinem Platz[326].

Unsere militärischen Erfolge spiegeln sich in einer allgemein glänzenden Laune.

Gemeint ist die Kesselschlacht bei Charkow vom 28. Mai 1942, die fast 240000 Gefangene, 1247 abgeschossene Panzer und 2026 erbeutete sowjetische Kanonen brachte, darunter viele »Stalin-Orgeln«, die ebenso primitiven wie gefürchteten sowjetischen Raketengeschütze.

2.6.1942 mittags
(Wolfsschanze)

Hitlers Rasseauffassungen wanken

Beim Mittagessen erzählte der Chef, daß sein gestriger Flug nach Poltawa – Besprechung der Lage mit Generalfeldmarschall v. Bock, OB der Heeresgruppe Süd – seine Rasseauffassungen leicht ins Wanken gebracht habe.

Hitler hatte die Gewohnheit, in kritischen Situationen die aktuellen Fragen mit den lokalen Oberbefehlshabern im Rahmen von »Frontbesuchen« an Ort und Stelle selbst zu besprechen. Nach dem Zusammenbruch der Stalingrad-Armee besuchte er z.B. den Generalfeldmarschall von Manstein drei Tage lang in Saporoschje (17. bis 19. Februar 1943) und wäre hier beim Abflug um ein Haar von den Sowjets gefangengenommen worden. Nur aus Treibstoffmangel unterließen die den Flugplatz bereits erreichenden 22 Sowjetpanzer einen Angriff auf die drei Condor-Maschinen von Hitler und seiner Begleitung. Offenbar ahnten sie nicht, daß es Hitlers Maschinen waren, die da aufstiegen. Mansteins Kosaken-Leibwache hatte demnach keinen Mann in ihren Reihen, der Hitlers Präsenz verraten hatte.

Hitlers letzter Frontbesuch erfolgte am 11. März 1945 an der mittleren Oderfront in Schloß Freienwalde bei der 9. Armee. Hitler beschwor den Oberbefehlshaber, General Theodor Busse, und seine Offiziere, den russischen Ansturm auf Berlin wenigstens so lange aufzuhalten, bis seine neuen Waffen einsatzbereit seien. Er verwies auf das Beispiel des Generalfeldmarschalls Ferdinand Schörner, der mit seiner »Heeresgruppe Mitte« Schlesien und den böhmischen Raum mit unverminderter Kampfkraft verteidige. Und er erklärte abschließend: »Jeder Tag und jede Stunde sind kostbar, um die fürchterlichen Waffen fertigzustellen, welche die Wende bringen!«

Mit den »fürchterlichen Waffen« war nach Schaub vor allem die prototypreif durchkonstruierte »Uranium-Bombe« gemeint, die in der Größe eines kleinen Kürbis in einem unterirdischen SS-Werk im Süd-Harz (mit einer Produktionskapazität von 30000 Arbeitskräften) hergestellt werden sollte. Das Werk wurde 1945 nach der bedingungslosen Kapitulation Deutschlands von der Roten Armee nach der UdSSR verlagert. Die gelegentliche Mitteilung des US-Präsidenten über die amerikanische Entwicklung einer Atombombe tat Stalin daher mit absolutem Desinteresse ab.

In Poltawa[327] habe er nämlich so viele blauäugige blonde Frauen gesehen, daß er – wenn er an die ihm bei Heiratsgenehmigungen vorgelegten Bilder von Norwegerinnen oder etwa gar von Holländerinnen denke – am liebsten statt

326 Es handelte sich um Hitlers »Condor«, die ohne Nachtanken bis zu 15 Stunden in der Luft sein konnte und vier Motoren zu je 1000 PS hatte. Sie hatte an Hitlers Platz einen – nur uns bekannten – Notausgang für den Fallschirmabsprung. Mit einem roten Griff konnte in Not-Situationen die quadratmetergroße Absprungplatte unter Hitlers Sitz geöffnet werden.

327 Poltawa, eine Stadt in der Ukraine, hatte rund 150000 Einwohner.

von »Aufnorden« von der Notwendigkeit des »Aufsüdens« unserer europäischen Nordstaaten sprechen möchte.

140 2. 6. 1942 abends (Wolfsschanze)

Theorien zur Bemäntelung von Mißerfolgen

Am Abend kam Hitler auf die russischen Presseveröffentlichungen zur Schlacht von Charkow und darüber hinaus zur Winteroffensive zu sprechen. Die Russen suchten jetzt ihre Mißerfolge durch Theorien zu decken, so wie jeder, dem etwas mißlungen sei, dumme Theorien zur Bemäntelung erfinde. Er erinnere nur an die von uns im I. Weltkrieg nach der Schlacht bei Verdun[328] vertretene Abnutzungstheorie. Solche Redensarten seien immer ein Beweis dafür, daß man nicht den Mut aufgebracht habe, ein nicht mehr Erfolg versprechendes Vorhaben sofort abzubrechen.

Binnenwirtschaft und Kriegführung

Der Chef erwähnte weiter, daß sich die Sowjets außerordentlich damit schadeten, daß sie ihre Binnenwirtschaft und Binnenbevölkerungs-Ernährung zugunsten der Armee in Unordnung brächten. Man könne nicht sagen: ich sorge für die Armee und lasse die Verhältnisse im Binnenland außer acht. Denn dann fressen die Zustände im Binnenland die Armee an.

Übertragen auf unsere Rüstungsproduktion, müßten wir das richtige Verhältnis zwischen der Arbeitsleistung, die wir vom Arbeiter erwarten, und seiner eingeschränkten Ernährung finden. Er stehe da auf dem Standpunkt, daß es besser sei, der Arbeiter arbeite statt 14 nur 8 Stunden und ruhe sich die übrige Zeit aus und wir besetzten unsere Rüstungsbetriebe unter Zuhilfenahme der Kriegsgefangenen, die wir ja sowieso ernähren müßten, mit 3 Schichten.

Das ab 1943 praktizierte 3-Schichten-Verfahren bewährte sich, so daß die deutsche Rüstungsindustrie im Monatsdurchschnitt 1943 herstellte: 2091 Flugzeuge, 1009 Panzer, 10453 Lastwagen usw. und 1416 Zugmaschinen. Noch im Januar 1945 betrug die deutsche Monatsproduktion: 3185 Flugzeuge, 1766 Panzer, 5089 Lastwagen und 916 Zugmaschinen. Der Krieg scheiterte am Treibstoffmangel. Nach dem Verlust der russischen und rumänischen Erdölquellen stand für die Gesamt-Wehrmacht Deutschlands 1945 nur noch ein Dreizehntel der Treibstoffmengen von 1943 zur Verfügung, so daß die Flugzeuge kaum mehr fliegen, die Panzer kaum mehr fahren konnten. Zudem war die synthetische Treibstoffproduktion Deutschlands, die Herstellung des Benzins aus Kohle, Braunkohle und Koks, durch britisch-amerikanische Luftangriffe bis Januar 1945 auf ein Viertel des Standes von 1943 heruntergebombt worden.

Formgebung und Antrieb unseres Schiffbaus überlebt? Neue Wege im Flugzeugbau

Nach dem Abendessen kam der Chef in lebhafter Debatte mit Admiral Krancke auf die Grundprinzipien beim Bau von Verkehrsmitteln zu sprechen.

Ausgehend von der Feststellung, daß die Natur alles vorgemacht habe und es deshalb stets das Richtigste sei, der Natur ihre Gesetze abzusehen, wies er zunächst auf die Vorwärts-Bewegung des Fahrrades hin und verglich sie mit der des Fußgängers. Man brauche sich beim Fahrrad nur einmal Bereifung und Felgen wegzudenken und auf die Speichen zu achten, so habe man dieselbe Art des Vorwärtstretens wie beim Menschen.

328 Die Schlacht von Verdun, einer französischen Stadt an der Maas, fand im I. Weltkrieg statt. Sie dauerte vom 21. Februar bis zum 9. September 1916.

Auch für die Luftfahrt gelte der Grundsatz, daß richtig nur das sei, was den Vorgängen der Natur entspreche. Eine total verrückte Konstruktion sei deshalb der »Zeppelin«. Daß das Prinzip, auf das seine Konstruktion sich gründe, das Prinzip des »leichter als Luft«, falsch sei, beweise allein schon die Tatsache, daß die Natur keinen einzigen Vogel mit einer Blase ausgestattet habe, wie wir sie wohl bei Fischen kennten. Er lehne es deshalb für seine Person ab, jemals im Zeppelin zu fliegen, obwohl er doch in Flugzeugen selbst vor den schwierigsten Gewitter- und Sturmflügen nicht zurückschrecke.

Zum Schiffbau[329] übergehend, meinte der Chef, wenn die Natur die heutige Schiffsform als richtig akzeptiert hätte, hätte sie den Fischen zur Vorwärtsbewegung eine Treibruder-Vorrichtung am Körperende gegeben und nicht die Flossen an der Seite. Sie hätte die Fische auch vorn spitz gemacht, anstatt ihnen einen Kopf von mehr oder weniger ausgeprägter Tropfenform zu geben. Es sei daher eines der zweifelhaftesten Verdienste der »Christlichen Seefahrt«, daß sie beim Bau der auch für unsere heutigen Schiffstypen noch vorbildlichen Schiffe der »Nelson«-Klasse von der Fischform abgegangen sei und die These des »vorne spitz und hinten breit« in die Praxis umgesetzt habe. Gerade beim Schiffbau habe es so nahegelegen, die Form des fallenden Tropfens als die natürlichste nachzuahmen und durch eine ähnliche Verdichtung des Schiffsbugs den Druck vorne gegenüber einem spitzen Bug um soundsoviel Prozent zu vermindern.

Hitler war technisch-naturwissenschaftlich so versiert, daß er neue Waffen- und Flugzeugentwicklungen anhand der Konstruktionszeichnungen selbst durcharbeitete und durch Anregungen sowie durch zusätzliche Material- und Arbeitskraftkontingente förderte. Als 1925 der Neubau des »Deutschen Museums« in München eingeweiht wurde, war Hitler einer der ersten, der eine Jahreskarte (Nr. 23) erwarb, um selbst die ausgestellten Modelle und Techniken, sowie die zugehörige Literatur gründlichst studieren zu können.

Aber auch beim Spaten habe man ja heute erst erkannt, daß die Spitze vorn nicht die ideale Lösung sei.

Wenn man schon bei der Formgebung der Schiffe vom Natürlichen abgewichen sei, sei es kaum zu verwundern, daß man auch den Schiffsantrieb im Gegensatz zu der von der Natur bei den Fischen gewiesenen Lösung am Schiffsende konstruiert habe. Dabei verursache die an einem Körper rückwärts angebrachte Schraube nur Sog und bewirke damit, daß der Körper durch den hinten entstehenden luftleeren Raum festgehalten werde, wobei der sich am Schiffsbug bildende Stau diese Wirkung nur noch verstärke. In der Natur sei es genau umgekehrt: vorn der Sog, das heißt der luftleere Raum mit seiner Anziehungskraft, und hinten der abtreibende, das heißt vorwärtsdrückende Stau. So schiebe sich ja auch der Fisch durch die Arbeit seiner Flossen und durch das Durch-die-Kiemen-Treiben des Wassers vorwärts. Es sei nur zu begrüßen, daß man wenigstens beim Flugzeugbau dieses Naturprinzip verstanden und den Propeller vorn angebracht habe, so daß er das Flugzeug durch den bei seinen Umdrehungen vorn entstehenden Sog vorwärtstreibe.

329 Hitlers Schiffsbaukenntnisse stützten sich auf Weyers »Taschenbuch der Kriegsflotten« Ausgabe 1941/42. Er hatte es neben seinem Brockhaus-Konversationslexikon und einiger Militär-Fachliteratur als Nachschlagewerk in seinem FHQu-Arbeitszimmer immer griffbereit.

Daß die beim Schiffbau vertretenen Prinzipien der Formgebung und des Antriebs überlebt seien, könne seines Erachtens heute nicht mehr geleugnet werden. Denn beim Kriegsschiffbau zeige sich heute schon der Punkt, von dem ab die Zuführung zusätzlicher Kraft nicht mehr die entsprechend gesteigerte Wirkung hervorbringe. Wenn etwa ein Schlachtschiff von über 45000 Tonnen mit 136000 PS 30 Knoten fahre und ein halb so großer Flugzeugträger mit 200000 PS nur 35 Knoten schaffe, so könne die Rechnung nicht stimmen. Denn es sei unmöglich, weil restlos unwirtschaftlich, daß eine Zuführung zusätzlicher Kraft von 75000 PS bei einem Schiffe von halber Schlachtschiff-Tonnage nur eine Schnelligkeitsvermehrung gegenüber dem Schlachtschiff von 5 Knoten erziele. Man müsse deshalb erwarten, daß auch unsere Marinesachverständigen sich endlich davon überzeugen ließen, daß die derzeitigen Schiffbaumethoden als überlebt anzusehen seien.

1943 wurden Hitlers Anregungen von der Marine beim Bau der neuen Walter-Elektro-U-Boote aufgegriffen, die eine Unterwassergeschwindigkeit von 17 bis 19 Seemeilen erreichten. Aufgrund der Werftzerstörungen durch britisch-amerikanische Bombenangriffe waren aber erst 1945 die ersten 120 neuen U-Boote einsatzbereit, obwohl durch Vormontage in anderen Betrieben die eigentliche Werftbauzeit eines U-Boots von 11,5 Monaten auf zwei Monate herabgedrückt worden war. Diese neuen U-Boote waren echte Unterwasserschiffe und stellten damit eine Revolutionierung des U-Bootbaues dar. Denn die bisherigen U-Boote waren Überwasserschiffe mit der Fähigkeit, befristet unter Wasser zu tauchen (System »Wilhelm Bauer«, des von 1822 bis 1875 lebenden deutschen Erfinders des ersten U-Bootes).

Wenn wir beim Flugzeugbau wesentlich weiter seien als im Schiffbau und eine Steigerung der Schnelligkeit gegenüber den zuerst gebauten Flugzeugen lediglich durch eine Änderung der Körperform erzielt hätten, so sei dies ein Verdienst des Professors Junkers, der durch genaues Studium der aerodynamischen Gesetze, das heißt der Natur, diese Steigerungsmöglichkeit erarbeitet habe.

Professor Hugo Junkers (1859–1935) erfand außer der aerodynamischen Flugzeugform den Junkers-Flugzeugmotor (Doppelkolbenmotor), konstruierte das erste Ganzmetallflugzeug (1915) und entwickelte die weltweit bewährte dreimotorige Transport- und Verkehrsmaschine Ju 52 (die sogenannte »Tante Ju«). Auf seine Arbeiten gehen auch die »Stukas« (Sturzkampfbomber) zurück. Mit diesen Stukas (Ju 87 und Ju 88), die mit einer Sturzgeschwindigkeit von 550 km/h kleine und kleinste Ziele mit ihren Bomben treffen, Panzerangriffe mit Bomben und Maschinengewehren vorbereiten und mit ihrem Höllen-Sturzfluglärm ganze feindliche Infanterieeinheiten demoralisieren konnten, revolutionierte Hitler die Kriegführung seiner Zeit. Zentrale der Junkers-Flugzeugwerke war ab 1936 Dessau.

Es sei deshalb völlig unverständlich von der Marine, daß die Erfinder, die neue Wege aufzeigen, ebenso wie Fulton[330] und Ressel[311], von ihr für Idioten erklärt würden, nur weil die Schiffahrt auf diese Weise revolutioniert werden könnte. Er habe deshalb veranlaßt, daß das Fahrzeug des Sachsen mit seinem Vorderantrieb gebaut und in der Praxis erprobt werde. Er habe auch dafür Sorge getragen, daß man von vornherein ins Auge fasse, den Propeller-Antrieb

330 Der Amerikaner Robert Fulton (1765 bis 1815) baute 1807 das erste Dampfschiff, die auf dem Hudson-River fahrende »Cleremont«.

331 Der Österreicher Josef Ressel (1793 bis 1857) erfand 1827 die Schiffsschraube.

auch seitwärts auszuprobieren, da ja die Flossen der Fische ebenfalls seitlich angebracht seien und dadurch zweifellos eine Wendefähigkeit erzielt werde, die sogar ein Drehen auf der Stelle möglich mache[332].

Der Krieg, die große Geburtsstunde der Erfindungen

Er habe sich bei seinen Überlegungen von der Erkenntnis leiten lassen, daß gerade auf dem Gebiet der Technik immer dann, wenn der Mensch nicht mehr weiterkomme, neue Erfindungen nötig seien, die neue Wege wiesen. Auch beim Mikroskop beispielsweise sei der Moment abzusehen, wo man durch ein weiteres Aneinanderschalten von Linsen nicht mehr weiterkomme, da die Vielzahl der Linsen zuviel Licht verschlucke. Auch auf diesem Gebiet werde von diesem Zeitpunkt an eine neue wegweisende Erfindung erforderlich[333]. Leider sei es für solche Erfindungen so unendlich schwer, sich durchzusetzen, da die wenigsten Menschen aufgeschlossen genug seien, das heißt Kraft genug besäßen, ihr eigenes Lebenswerk auf Grund einer neuen Erkenntnis – eventuell noch eines Außenseiters – zu desavouieren.

Wie schwer habe sich im gesamten öffentlichen Leben die Ablösung des ptolemäischen Weltbildes durch das des Kopernikus[334] ausgewirkt! Ein Weltbild sei damit eingestürzt, das die Grundlage alles kirchlichen Denkens gewesen sei. Das Bekenntnis zu Kopernikus habe deshalb seinerzeit von jedem einzelnen höchsten Mut und größte Einsatzbereitschaft erfordert. Denn die Kirche habe in ihrer Abwehrstellung keine Rücksicht gekannt. Verständlicherweise, denn je einseitiger ein Mensch oder eine Organisation denke, desto schwerer falle das Bekenntnis des eigenen Irrtums und damit der Erschütterung der eigenen geistigen Basis durch neue Erkenntnisse.

So sei das Schicksal der Erfinder in der Geschichte in der Regel immer das gleiche. Auch der Posthalter, der die epochemachende Erkenntnis gehabt habe, daß man mit Dampf auf Schienen fahren könne[335], sei seinerzeit von allen Postdirektoren, also von allen Fachleuten, verlacht worden. Die Tragik des Erfinderschicksals sei eben, daß der Erfinder in Dinge einbrechen müsse, die an sich geordnet seien und dadurch für die meisten Menschen den Anschein von etwas Unabänderlichem hätten. Hinzu komme, daß eine Erfindung zunächst immer Unordnung auslöse. Die für die Erfindungen günstigste Zeit sei daher der Krieg, da es in seiner Natur liege, daß er die Dinge schnell in Fluß bringe. Auch die

332 Es handelte sich um die geheimen Voith-Schneider-Boote mit 1 Propeller vorn bzw. mit je 1 Propeller an jeder Seite, die bei den Minensuchern erfolgreich erprobt wurden (vgl. u. a. die heutigen Luftkissenboote).

333 Hitler dachte an das von den deutschen Physikern Knoll, B. von Borries und Ernst August Ruska 1933 entwickelte Elektronenmikroskop, das anstelle von Lichtstrahlen Elektronenstrahlen als Leuchtquelle benutzte. Das von der Firma Siemens gebaute Gerät schaffte bereits 1942 eine Vergrößerung um das eineinhalb Millionenfache. Siemens laborierte damals aber noch an der Erforschung der bestgeeigneten Linsen herum.

334 Nikolaus Kopernikus (1473 bis 1543), Domherr in Frauenburg, wies mit Hilfe selbstgebauter Instrumente nach, daß die Sonne Mittelpunkt unseres Weltsystems ist und daß sich die Erde – genauso wie die anderen Planeten – um die Sonne dreht.

335 1826 baute der Brite George Stephenson (1781 bis 1848) die erste Dampflokomotiven-Schienenbahnlinie von Manchester nach Liverpool. Ab 7. Dezember 1835 fuhr auf der Strecke Nürnberg–Fürth die erste Dampfeisenbahn Deutschlands. Zum hundertjährigen Jubiläum 1935 erhielt Hitler von der Reichsbahn eine Erinnerungsmedaille, die aus einer Schiene dieser ersten deutschen Eisenbahn geprägt war.

Flugzeuge seien ja in dreieinhalb Jahren Krieg weit rascher fortentwickelt worden als in 30 Jahren Frieden. Man brauche sich ja nur einmal zu erinnern, daß 1906 eine Vorschrift erlassen worden sei, daß ein Flugzeug nur Wert habe, wenn es 40 Stundenkilometer fliege.

Professor Willy Messerschmitts Jagdflugzeug Me 109 flog 1939 bereits über 775 km/h, 1941 erreichte sein Raketenjäger Me 163 als erstes Flugzeug der Welt über 1000 km/h (also Überschall-Geschwindigkeit). Als Nobelpreis-Ersatz erhielt Professor Messerschmitt – ebenso wie die Ärzte Professor August Bier und Professor Ferdinand Sauerbruch, der Volkswagen-Konstrukteur Professor Ferdinand Porsche, der Autobahn-Erbauer Dr. Fritz Todt, der Südpol-Erforscher Professor Wilhelm Filchner und der Konstrukteur des ersten Turbinenflugzeugs Professor Ernst Heinrich Heinkel – den am 30. Januar 1937 von Hitler gestifteten »Deutschen Nationalorden für Kunst und Wissenschaft«. Der von dem Bildhauer Müller-Erfurt in Berlin anhand der Anregungen Hitlers entworfene Orden hatte ein 10,5 cm breites, rot-weiß eingefaßtes Schulterband mit einer rot-weißen Rosette mit dem Reichshoheitsadler als Halterung, sowie einen 9,6 cm breiten Platinstern mit dem goldenen Kopf der Pallas Athene auf einer rotemaillierten Mittelplatte, der goldenen Umschrift »FÜR KUNST UND WISSENSCHAFT«, einem Brillantenreif und vier goldenen Reichshoheitsadlern auf dem Strahlenkranz außen.

141 3.6.1942 abends (Wolfsschanze)

Im Gleis des Alltags wird alles einmal unvernünftig

Beim Abendessen wurden dem Chef von Minister Speer Karten-Darstellungen über die »Bewegung der Kartoffeln durch die Eisenbahn« vorgelegt. Es ergab sich aus ihnen, wenn man die Entwicklung von 1913 ab verfolgt, daß die Kartoffeln in steigendem Maße genauso unproduktiv durch Deutschland hin und her geschickt werden wie noch vor kurzem das Bier (zum Beispiel Münchner Bier nach Dortmund und Dortmunder Bier nach München).

Speer war ohne Zweifel ein begabter Architekt, der Hitlers Baupläne, Bauskizzen und Bauentwürfe hervorragend zu realisieren verstand. Er war auch ein tüchtiger Organisator, der bei der Durchsetzung von Hitlers Rüstungsbefehlen sein Bestes gab. Aber er hatte die unglückliche Eigenheit, sich durch Einmischung in die Ressorts anderer bei seinen Minister- bzw. Architekten-Kollegen ohne Sachzwang unbeliebt zu machen. Auch uns FHQu-Angehörigen ging seine selbstüberhebliche Herumnörgelei an Personen und Dingen auf die Nerven. Denn schließlich hatten wir – zumindest soweit wir Berufs-Beamte oder Berufs-Offiziere waren – uns ohne die Protektion eines Hitler oder einer NSDAP von der Pike auf hochgearbeitet und verfügten daher über einen Wissens- und Erfahrungsschatz, der uns über Speers Allround-Dilettanterie ebenso negativ denken ließ wie über die Ribbentrops.

Speer war nach seinen eigenen Angaben allein durch Hitler vom arbeitslosen Architekten zum Generalbauinspektor für Berlin und zum Reichsminister für Rüstungsfragen avanciert. Als Newcomer ohne Resonanz bei seinen eigenen Dienststellen, schien er uns ständig beflissen, für Hitler »der Treueste der Treuen und der Eifrigste der Eifrigen« zu sein. So viel Opportunismus wirkte aber im soldatisch-schlichten Rahmen des FHQu befremdend. Selbst Hitler war jeder Byzantinismus ein Graus. Hinzu kam, daß Speer keinen Humor kannte. Wenn wir z.B. seine elegante braune Uniform – angeblich seine eigene Produktion – mit dem Soldaten-Slang bedachten: »Gott, hat den die Mutti aber wieder schön gemacht!«, so lachte er – wie Schaub berichtete – darüber nicht nur nicht, sondern zeigte sogar Ärger. Dabei ahnte er wahrscheinlich gar nicht, wieviel

Ärger er uns durch seine Sonderheiten bereitete. Denn ich z.B. hatte als FHQu-Jurist nicht nur die üblichen Arbeiten eines juristischen Syndikus einer Zentralstelle zu erledigen und Hitlers Bar-Kasse zu führen. Ich hatte auch zahlreiche Termine Hitlers auf nicht-militärischem und nicht-polizeilichem Sektor aktenmäßig nach Bürovorsteher-Art so vorzubereiten, daß Hitler zur Prüfung der Angelegenheit alle Unterlagen präsent hatte. Hitler wollte grundsätzlich einer Sache nur einmal seine Zeit widmen und wünschte sie deshalb mit der abschließenden Stellungnahme der einschlägigen Fachministerien so vorgelegt zu erhalten, daß er sich in kürzester Frist orientieren konnte und in der Erörterung mit Bormann, Lammers oder dem zuständigen Fachminister dann nur mehr »Ja«, »Nein« oder »Vertagung« zu entscheiden brauchte. Kamen jetzt Speersche »Einmischungen in andere Ressorts« auf den Tisch, startete Hitler in seiner Skepsis sofort eine Rückfrage, und ich mußte ein erneutes Auskunftsersuchen an das zuständige Ministerium herausgeben. Mancher Staatssekretär fragte mich dann telefonisch erbost, ob ich »spinnerig« geworden sei. Ich war deshalb heilfroh, daß Hitler Herrn Speer nur relativ selten ins FHQu befahl.

Bei unserer Knappheit an Güterzug-Frachtraum[336] bleibe uns, so meinte der Chef, gar nichts anderes übrig, als jeden Waggon auf Inhalt und Reiseziel genau zu überholen. Auch der Verkehr sei eine Sache, die mit der Zeit unvernünftig werde und Kreislaufstörungen erhalte.

Es gebe eben keinen Zweifel, daß nach einiger Zeit jede Einrichtung überholt werden müsse. Im Gleise des regen Alltags werde alles allmählich unvernünftig, bekomme Brüche, Schlacken, Rost und so weiter.

Strategie und Technik

Beim Abendessen bemerkte der Chef: Es sei staunenswert, wie weit im Altertum die Technik dem Krieg angepaßt gewesen sei.

Die Siege Hannibals seien ohne seine Elefanten ebenso undenkbar gewesen wie die Alexanders des Großen ohne seine Streitwagen, seine Kavallerie, seine Bogenschützentechnik und so weiter.

Im Kriege erweise sich immer der als der beste, das heißt erfolgreichste Soldat, der die neuartigsten Mittel der Technik – und zwar nicht nur des Angriffs, sondern auch des Verkehrs und des Nachschubs – habe und beherrsche.

Ein Entweder-Oder, entweder Soldat oder Techniker, sei im Kriege das Unmöglichste, was es gebe. Es sei daher auch die Strategie nur wirklich gut, die die Technik und ihre Anwendung zum Höchsten ausbaue.

Englands Schiffsverluste, der amerikanische Schiffbau und das Proletariat der USA

Wie Admiral Krancke dem Chef berichtete, haben die britischen Tonnageverluste nunmehr den Punkt erreicht, wo die Engländer unter Einfuhrmangel zu leiden beginnen und die Lebensmittelrationen heruntersetzen müssen. Statt der 11 Millionen für die britische Einfuhr erforderlichen Tonnage habe England nunmehr nur noch 9 Millionen Bruttoregistertonnen Schiffsraum zur Verfügung.

Da Großbritannien mit seinem jährlichen Einfuhrbedarf von 43 Millionen t von seinen Zufuhren über See abhängig war, war es Hitlers Ziel, eine monatliche Versenkung britischer Schiffe in Höhe von einer Million BRT zu erreichen. Fachleute hatten errechnet, daß ein derartiger Tonnageverlust für Großbritannien auch mit USA-Hilfe nicht auszugleichen sei. Hitler erreichte jedoch erst im November 1942 die erforderliche

336 Tägliche Waggon-Gestellung der Reichsbahn 1943: 139000 Stück (selbst 1945 konnte die Reichsbahn im Januar noch 70000 Stück bereitstellen).

Versenkungsziffer mit 1,035 Millionen BRT, weil sein Vorkriegs-U-Bootbau für ein solches Unternehmen viel zu minimal gewesen war und da sich die – ihm 1939 für den England-Krieg von Stalin großzügigst angebotenen – sowjetischen U-Boote als für deutsche U-Bootbesatzungen zu primitiv und ungewohnt erwiesen. Bereits im Mai 1943 war es mit den horrenden U-Boot-Versenkungsziffern aber schon wieder aus, da die Briten mit einem neu entwickelten Radar-System und mit Torpedoflugzeugen die nunmehr wachsende deutsche U-Boot-Flotte katastrophal dezimierten. Hitlers Kommentar lautete: Bei dem mangelnden Luftschutz der U-Boote und unserer langsamen eigenen Radar-Entwicklung habe er dieses Malheur schon längst vorausgesehen und sich nur gewundert, daß es so lange gut gegangen sei. Er gab dann der Marine den Befehl zum Einbau des »Schnorchels« und funktechnischer Abwehrgeräte bei den alten U-Booten, sowie zum Einsatz der gesamten freien Werftkapazität für den Bau des neuen Walter-Elektro-U-Bootes, dessen lange Strecken unter Wasser fahrender Proto-Typ Ende April 1944 abgeliefert wurde.

Der Chef bemerkte dazu, die Rüstungsindustrie der USA werde nicht in dem erforderlichen Maße zum Ausgleich der Schiffsverluste beitragen. Denn nur dadurch, daß er das deutsche Volk mit Hilfe der nationalsozialistischen Bewegung in einen ausgesprochen idealistischen Zustand versetzt habe, sei es ihm gelungen, die bei der Machtübernahme vorhandenen 7 Millionen Arbeitslosen so in den Produktionsprozeß einzugliedern, daß gleichzeitig der Polizei habe der Gummiknüppel genommen werden können.

Die 13 Millionen Erwerbslosen der USA dagegen seien eine Quelle ständiger Schwierigkeiten für die Regierung und ihre Aufrüstungsarbeit, da sie sich als ein Proletariat fühlten, das einen neuen Stand verkörpere.

142 4.6.1942
(Wolfsschanze)

Hitler und der Sieg von Charkow

Die Schlacht von Charkow ist geschlagen. Hitler hat den zusammenfassenden OKW-Bericht[337] ohne großes Pathos zur Kenntnis genommen.

Helsinki (DNB-Vertreter)
(5.6.1942)

Finnland und Deutschland im Zeichen des Hitler-Besuchs

In Balkenüberschriften, wie sie selten in der finnischen Presse zu sehen sind, und in größter Ausführlichkeit berichten heute die finnischen Morgenzeitungen über den überraschenden Besuch, den der Führer – am 4.6.1942 – Finnland abgestattet hat, um dem Marschall Mannerheim persönlich zu seinem 75. Geburtstag seine und des deutschen Volkes Glückwünsche zu überbringen.

»Die Blätter sehen in dem persönlichen Besuch des Führers mehr als eine Geste der Höflichkeit und schätzen seinen Wert noch um so höher, da Adolf Hitler im Augenblick großer militärischer Entscheidungen sein Hauptquartier verließ, um im fernen Finnland dem großen Freiheitshelden als Gratulant zu begegnen. Weiter sehen die Blätter in der hohen Auszeichnung des Marschalls mit dem Goldenen Großkreuz des deutschen Adlerordens eine ungewöhnlich große Ehrung und Anerkennung seiner Leistungen sowie ein Zeichen der finnisch-deutschen Schicksalsgemeinschaft und Waffenbrüderschaft.

›Uusi Suomi‹ schreibt: Finnland zweifle keinen Augenblick an dem Endergebnis des

337 Berichtigung.

Krieges, als welches nach der Beseitigung der bolschewistischen Gefahr ein neues glückliches Europa auferstehen könne.

›Helsingin Sanomat‹ sieht den Umstand, daß der Führer die Gelegenheit des 75. Geburtstages Mannerheims benutzte, um selbst die erste persönliche Berührung zu schaffen, als die größte Aufmerksamkeit sowohl dem Lebenswerk des Feldmarschalls als auch dem von ihm geführten Kampf Finnlands gegenüber an.

›Hufvudstadsbladet‹ äußert: ... in die Freude über die Aufmerksamkeit ... mischte sich ein Gefühl des Stolzes über die Bedeutung, die dem Lande und seiner Wehrmacht im Kampfe gegen den Bolschewismus beigemessen werde. Die Begegnung zwischen den beiden Persönlichkeiten, die jede auf seine Weise den Volkswillen in seinem Lande vertrete, sei nicht nur eine Versicherung der Festigung der Waffenbrüderschaft, sondern auch das Versprechen einer Zukunft mit einem leichteren Antlitz als die gegenwärtige Zeit.«

Finnlands Marschall Freiherr v. Mannerheim und Finnlands Regierung wichen dem – von Hitler angestrebten – offiziellen Kriegsbündnis-Vertrag »auf Gedeih und Verderb« mit Deutschland aus. Sie trafen statt dessen nur aktuelle Einzel-Vereinbarungen, die es ermöglichten, die Beziehungen zur Sowjetunion wieder zu normalisieren, sobald Finnland die Rückgewinnung der – der UdSSR im Moskauer Frieden von 1940 – abgetretenen Gebiete geschafft hatte. Marschall Mannerheims erklärtes Kriegsziel war deshalb auch nicht die Errichtung eines Groß-Finnlands, sondern – wie mir einer seiner engsten Mitarbeiter bei einem FHQu-Besuch ganz offen auseinandersetzte – lediglich die Sicherung der Souveränität und Unabhängigkeit des erst 1917 aus der russischen Oberherrschaft entlassenen finnischen Nationalstaates.

4.6.1942 abends
(Wolfsschanze)

Der Unfug heroischer Gesten und das Berghof-Attentat

Mit Rücksicht auf das Gelingen des Attentats gegen SS-Obergruppenführer Heydrich erklärte der Chef beim Abendessen, er ordne nunmehr ein für allemal an, daß die besonders gefährdeten Männer die Sicherheitsbestimmungen unbedingt innezuhalten hätten.

Da die Versuchung nicht nur Diebe, sondern auch Attentäter mache, seien heroische Gesten, wie in offenen, ungepanzerten Wagen zu fahren oder in Prag ohne Sicherung zu Fuß durch die Straßen zu gehen, Blödsinn, der der Nation nichts nütze.

Wo es nicht unbedingt sein müsse, daß sich ein so unersetzbarer Mann wie Heydrich der Gefahr aussetze, könne er das nur als Dummheit oder reinen Stumpfsinn verurteilen. Männer vom politischen Format Heydrichs müßten sich darüber im klaren sein, daß ihnen wie einem Wild aufgelauert werde, daß unzählige Leute den Gedanken haben, wie sie ihn umbringen könnten.

Reinhard Heydrich war 1904 in Halle als Sohn eines Konservatoriums-Direktors geboren und nach dem Abitur Marineoffizier geworden. 1928 zum Oberleutnant z. See befördert, wurde er Nachrichtenoffizier der Marinestation der Ostsee. Nach seinem Ausscheiden aus der Kriegsmarine im Jahr 1931 – Vorsitzender des Ehrengerichts in einer Frauensache war der spätere Admiral und OKW-Abwehrchef Canaris – berief ihn Himmler in den Stab des Reichsführers SS. 1932 wurde Heydrich Chef des Sicherheitsdienstes (SD) der Partei, 1933 Leiter der Politischen Polizei Bayerns, 1934 Chef der Geheimen Staatspolizei in Berlin, 1936 Leiter der Sicherheitspolizei des Reichs und 1939 Chef des SS-Reichssicherheitshauptamtes und SS-Obergruppenführer. 1942 zum Stellvertretenden Reichsprotektor von Böhmen und Mähren bestellt, starb er am 4. Juni

1942 an den Folgen eines Attentats. Hitler bezeichnete Heydrich als »unersetzbar« wegen seines Einfallsreichtums in Sicherheitsfragen. So hatte Heydrich – im Einvernehmen mit Hitler, aber ohne Wissen des Reichskriegsministeriums – 1937 Stalin über dessen Freund Benesch, den tschechoslowakischen Staatspräsidenten, gefälschte Dokumente zugespielt, die – vermischt mit harmlosen echten Schreiben – den Generalstabschef der Roten Armee und Stellvertretenden Kriegsminister der Sowjetunion Marschall Michail Nikolajewitsch Tuchatschewski als landesverräterischen »Kollaborateur mit Deutschland« auswiesen. Mit Rücksicht auf die große militärische Anhängerschaft Tuchatschewskis ließ Stalin daraufhin nicht nur ihn, sondern 2 von 4 weiteren Sowjet-Marschällen, 13 von 15 Armee-Generalen, 62 von den 85 Korps-Generalen, 110 von 195 Divisionskommandeuren sowie 35 000 Stabsoffiziere hinrichten. Die Rote Armee war damit bis zum Winterkrieg 1941/42 führungsmäßig mattgesetzt.

Die Polizei könne mit ihrem Nachrichtenapparat keine genügende Sicherung gewährleisten. Bei ihr dauere es ja sogar wer weiß wie lange, bis sie – wenn der Wagen zum Beispiel gegen einen Baum gefahren sei – feststelle, ob überhaupt ein Attentat vorliege. Es sei auch unendlich schwer für Mitfahrer, festzustellen, ob ein Attentat vorliege, wenn der Fahrer angeschossen werde und der Wagen dann gegen einen Baum rase. Denn bei einer Fahrt mit 90 Stundenkilometern sitze der Schuß längst, bevor der Schall der Kugel zu hören sei.

Solange die Verhältnisse im deutschen Lebensraum nicht absolut gefestigt seien und solange das deutsche Volk nicht wieder gründlich von allem ausländischen Gesocks ausgemistet sei, dürfe kein führender Mann die Vorsicht außer acht lassen. Das sei im Interesse der Nation unbedingtes Gebot.

Wenn er – wie man ihm seinerzeit geraten habe – nach Grünwald (bei München) rausgegangen wäre, so wäre er heute längst tot und hätte der Nation einen schlechten Dienst damit erwiesen.

Wie vorsichtig man sein müsse, zeige ja die Geschichte mit dem Schweizer, der ihm auf dem Berg (Berghof) drei Monate aufgelauert, am Königssee sogar Schießübungen veranstaltet habe und ihn sicher getroffen hätte, wenn er nicht immer durch Zufall gerade dann nicht herausgekommen beiziehungsweise in der Nähe dieses Schweizers vorbeigegangen sei, wenn dieser ihn erwartet habe.

Hätte der Schweizer eine Bombe gehabt, hätte er ihn bei einer Veranstaltung, zu der er von uns selbst eine Tribünen-Ehrenkarte erhalten gehabt habe, ebenso sicher erledigt, wie er so nicht zum Schuß gekommen sei.

Zwei Pistolen habe man bei seiner Festnahme gefunden, und hereingerissen habe er sich nur dadurch, daß er einen Moment lang versagt und auf die Frage eines mißtrauischen Eisenbahnbeamten keinen guten Grund für seinen Berchtesgadener Aufenthalt anzugeben gewußt habe, so daß man bei ihm einen Brief an ihn – den Chef – adressiert von Daladier, aber ohne Inhalt, festgestellt habe.

Edouard Daladier war 1933/34 und 1938/40 französischer Ministerpräsident, außerdem zeitweise Kriegsminister und Außenminister Frankreichs. Er trat für die deutsch-französische Entspannung ein und unterzeichnete für Frankreich das Münchener Abkommen vom 29. September 1938 über die Abtretung des Sudetenlandes an Deutschland. Da Hitler ihn beim Austausch gemeinsamer Kriegserfahrungen aus dem I. Weltkrieg schätzengelernt hatte, ließ er Ribbentrop am 6. Dezember 1938 in Paris im Uhrensaal des Quai d'Orsay einen deutsch-französischen Konsultativ- und Nichtangriffspakt unterzeichnen, der künftige friedliche und gutnachbarliche Beziehungen garantieren sollte. Tatsächlich nur auf stärksten britischen Druck hin fand sich Daladier entgegen diesem Pakt im Zusammenhang mit dem Polen-Konflikt zum Kriegseintritt gegen Deutschland bereit. »Mourir pour Danzig?«, soll er kopfschüttelnd die britischen Unterhändler gefragt haben. Mit dem Hitler-Attentat hatte er offensichtlich nichts zu tun.

143

5.6.1942 mittags
(Wolfsschanze)

Wissenschaft und Bibel

Beim Mittagessen kam zur Sprache, daß es in Finnland eine ungewöhnlich große Zahl von Geisteskranken gibt. Als Ursache für diese Anfälligkeit wurde der Einfluß des Nordlichts genannt, außerdem aber auf die bei den Finnen besonders stark ausgeprägte religiöse Grübelei hingewiesen. Da in Finnland die Gehöfte oft 50 bis 100 Kilometer auseinanderlägen, die Menschen daher vor allem im Winter zur Einsamkeit verurteilt seien und dann das Bedürfnis hätten, sich geistig zu beschäftigen, sei die besonders starke Religiosität nicht zu verwundern.

Der Chef bemerkte dazu, daß es nur bedauerlich sei, daß diese Religiosität keine andere geistige Grundlage zur Verfügung habe als die jüdische Rabulistik der Bibel. Denn religiöse Menschen, die in der Einsamkeit eines langen Winters letzte Klarheit in ihren religiösen Vorstellungen suchten und dabei die Bibel zu Hilfe nähmen, müßten geistig verkrüppeln. Denn sie seien gezwungen, in dieses jüdische Machwerk einen Sinn hineinzubringen, obwohl keiner da sei. Infolgedessen bohrten sie sich in irgendwelche Gedankengänge förmlich hinein und verfielen schließlich, wenn sie nicht ganz besonders widerstandsfähig seien, in religiösen Wahn.

Es sei ein Jammer, daß die Bibel ins Deutsche übersetzt und so in ihrer ganzen jüdischen Rabulistik dem Volke zugänglich gemacht worden sei. Solange die Weisheit, insbesondere des Alten Testamentes, lediglich in der lateinischen Kirchensprache überliefert gewesen sei, habe keine Gefahr bestanden, daß vernünftige Leute durch Bibelstudium zu geistigen Störungen kamen. Dadurch, daß die Bibel aber Allgemeingut geworden sei, seien einer Fülle von Menschen religiös aufgemachte Gedankengänge nahegebracht worden, die sie – in Verbindung mit der typisch deutschen Eigenschaft des Grübelns – zu einem Großteil mit der Zeit in religiösen Wahn hätten verfallen lassen. Da bei der katholischen Kirche noch hinzugekommen sei, daß ihre Priester »Wahnsinnige als Heilige« gepriesen hätten, seien Bewegungen wie die der Flagellanten[338] (Geißler) im deutschen Mittelalter unausbleiblich gewesen.

Als vernünftiger Deutscher müsse man sich geradezu an den Kopf fassen, daß deutsche Menschen durch das Judengeschmeiß und Priestergeschwätz zu einem Verhalten hätten gebracht werden können, wie wir es bei den heulenden türkischen Derwischen und bei den Negern belächelten. Dabei müsse es einen besonders erbosen, daß – während in weiten anderen Teilen der Erde religiöse Lehren wie die des Konfuzius, des Buddha und des Mohammed eine unleugbar breite geistige Basis für religiös denkende Menschen geboten hätten – deutsche Menschen auf theologische Darlegungen hereingefallen seien, die jeder ehrlichen Tiefe entbehrten.

338 Papst Clemens VI. hat 1349 die Laien-Bewegung der Flagellanten (= Buß-Geißler) verboten.

Sternwarten als Mittel geistiger Aufklärung

Wenn man Gründe für diese Erscheinung suche, so sei insbesondere darauf hinzuweisen, daß das menschliche Gehirn ganz außerordentlich beeinflußbar sei. Ein Kind zum Beispiel, das man in den ersten Jahren seines Denkens mit dem in dunklen Räumen befindlichen »schwarzen Mann« geängstigt habe, werde oft während seiner gesamten Entwicklungsjahre Angstvorstellungen beim Betreten eines dunklen Zimmers, eines Kellers und dergleichen nicht los. Bei Frauen wirke eine solche Verängstigung in Kindheitstagen oft fürs ganze Leben nach.

Andererseits würden Gefahren, die man dem Menschen nicht ins Bewußtsein bringe, gar nicht von ihm erkannt. Ein Kind, dem man in den bombengefährdeten Gebieten die Gefahren eines Bombardements nicht klarmache, erlebe den feindlichen Fliegerangriff und seine Abwehr als lärmendes Feuerwerk, ohne in der Regel auch nur die geringsten Zeichen von Furcht zu äußern.

Die Quintessenz aus diesen Erkenntnissen sei, daß man alles tun müsse, um für alle Zukunft einer geistigen Verkrüppelung weiter Kreise des deutschen Volkes vorzubeugen, egal, ob diese sich nun als religiöser Wahn oder als sonstige Form der Geistesgestörtheit äußere. Er habe deshalb veranlaßt, daß – soweit nur irgend möglich – in allen größeren Städten Sternwarten errichtet würden, da Sternwarten erfahrungsgemäß das beste Mittel darstellten, um das Weltbild des Menschen zu vergrößern und damit geistigen Verkümmerungen vorzubeugen.

144 — 5. 6. 1942 abends (Wolfsschanze)

Zusammenarbeit mit den Finnen auch im Frieden. Marschall Mannerheim

Beim Abendessen wurde viel vom gestrigen Besuch des Chefs in Finnland gesprochen. Der Chef selbst erwähnte, daß der große finnische Freiheitsheld Marschall Mannerheim[339] sich doch sichtlich über diese Ehrung anläßlich seines 75. Geburtstages gefreut und daß auch der Staatspräsident Ryti[340] in seiner ruhigen, entschlossenen Art Eindruck auf ihn gemacht habe.

Die Finnen seien doch schon ein Heldenvolk. Daß sie sich – sicher auch im Hinblick auf die Schweden – so über seinen Besuch gefreut hätten, sei ihm eine tiefe Befriedigung. Auch wenn wieder Frieden sei, müsse man das Verhältnis zu Finnland so freundschaftlich wie irgend möglich gestalten. Er bedauere es, daß man es vor diesem Krieg nicht fertiggebracht habe, in größerem Maße ins Holzgeschäft mit den Finnen zu kommen. Denn obwohl wir seit der Machtübernahme unserer verschiedenen Vorhaben wegen kolossalen Holz-Raubbau an unseren Beständen hätten treiben müssen, hätten wir vom Ausland nicht so viel hereinbekommen, daß wir mit den gesamten für den Baumarkt zur Ver-

339 Karl Gustav Freiherr von Mannerheim (1867 bis 1951) leitete 1918 den finnischen Unabhängigkeitskampf gegen die UdSSR, war 1918/19 finnischer Reichsverweser, 1939/40 und 1941/44 finnischer Oberbefehlshaber im Krieg gegen die UdSSR und 1944 bis 1946 finnischer Staatspräsident. Als früherer Oberst der Garde des russischen Zaren sprach er perfekt russisch und kannte die russische Mentalität. Im Winterkrieg 1939/40 schlug er eine fünffache sowjetische Übermacht durch sein »Motti«-Kesselkampf-System derart, daß es im März 1940 in Moskau zu einem – die Unabhängigkeit Finnlands bestätigenden – Friedensschluß (allerdings unter Gebietsabtretungen) kam.

340 Rysto Ryti war Finnlands Staatspräsident von 1940 bis zum August 1944. Ihm folgte Marschall Mannerheim. Er schloß am 19. September 1944 in Moskau einen finnischen Separat-Waffenstillstand mit der UdSSR nach vorheriger schriftlicher Unterrichtung Hitlers.

fügung stehenden Hölzern in puncto Wohnungsbau und so weiter ausgekommen seien. Um den Mangel an Balken zu überbrücken, hätten wir deshalb ein neues Drahtspannverfahren im Hausbau schaffen müssen; bei der Papierherstellung hätten wir 6 Millionen Tonnen Holz durch Verarbeitung von Kartoffelkraut ersetzen müssen und so fort.

Ribbentrops Eitelkeit

Der Chef fragte dann etwas ironisch den Gesandten Hewel, wie ihn nach der Rückkehr von Finnland der Außenminister beim Bericht aufgenommen habe, da er – der Außenminister – bei der Durchführung des Besuchs ja in keiner Weise beteiligt gewesen sei[341].

Anschließend kam der Chef auf seine aussichtslose Telefoniererei mit dem Außenminister zu sprechen, der im Gegensatz zum Reichsmarschall immer noch und noch auf die Verbindung habe warten lassen, so daß er dann das ganze Geschwätz in den verschiedenen Vorzimmern mitbekommen habe. Eines Tages sei es ihm aber zu dumm geworden, und er habe ihm den Marsch geblasen. Seitdem klappe es.

Heilige in Spanien

Weiter wurde dem Chef ein Bericht vorgelegt, nach dem der Caudillo Franco durch Gesetz vom 22.9.1941 der Schutzheiligen Fuencisla alle militärischen Ehren eines Feldmarschalls zuschreibt, weil es als eine Wundertat von ihr gewertet wird, daß vor 5 Jahren 3000 nationalspanische Soldaten unter der Führung des jetzigen Kriegsministers Valera[342] die Stadt Segovia gegen den Ansturm von 15000 Roten bewahrten. Dem Chef wurde unter anderem berichtet, daß in Spanien eine andere Heilige zum General ernannt worden sei, weil sie als Schutzpatronin einer Kirche dafür gesorgt haben soll, daß eine durch das Dach dieser Kirche fallende Bombe nicht detoniert sei.

Der Chef meinte dazu, er habe die stärksten Befürchtungen, ob es gutgehen könne, daß man solche Sachen einreißen lasse. Er verfolge die Entwicklung in Spanien sowieso mit größter Skepsis und werde deshalb, auch wenn er nach und nach alle europäischen Staaten besuche, nie nach Spanien fahren.

Aufnahmen von Hitlers Finnlandbesuch

Der Chef ließ sich dann noch die Wochenschau vorführen. Wir sahen Aufnahmen einer finnischen Wochenschau von Hitlers Gratulation zu Feldmarschall Mannerheims 75. Geburtstag. Ein schwankendes Brett führte über den breiten Graben, der die Autostraße von dem Bahngleis mit Marschall Mannerheims Befehlswagen trennte. Hitler schritt als erster mit ruhiger, gelassener Würde hinüber und kam drüben ebenso ohne Schwierigkeiten an wie der ihm folgende Jubilar und finnische Freiheitsheld. Als Marschall Keitel die Mitte des Brettes erreicht hatte und es unter seinem beachtlichen Gewicht bedenklich schwanken fühlte, dann anfing, wie ein Seiltänzer zu balancieren, und die letzten Schritte im Galopp nahm, da mußte er – nunmehr Zuschauer außer Gefahr – selbst in das allgemeine schallende Gelächter der Wochenschau-Gäste miteinstimmen.

341 Nur Generalfeldmarschall Keitel, General Schmundt, Major von Below und Foto-Berichterstatter Heinrich Hoffmann junior begleiteten Hitler zusammen mit Hewel nach Mikkeli ins Hauptquartier Mannerheims.
342 General Enrique Iglesias Valera (1891 bis 1951).

145 7.6.1942 mittags
(Wolfsschanze)

Besuch des ungarischen Ministerpräsidenten Kállay.

Die europäische Grenze nach Auffassung der Ungarn und ihres Reichsverwesers v. Horthy

Endlich scheint die Sonne und trägt ganz allgemein zur Belebung der Gemüter bei. Selbst Reichsleiter Bormann hat durchweg gute Stimmung, wenn er sich auch ab und an über mein eigenmächtiges Handeln bei Dr. Klopfer[343] beschwert[344].

Der Chef erzählte beim Mittagessen, daß ihm der neue ungarische Ministerpräsident Kállay[345] gestern lediglich zwei »kleine Bitten« des Reichsverwesers Horthy übermittelt habe, daß nämlich a) der liebe Gott und b) er, der Chef, ruhig zuschauen möchten, wenn sich die Ungarn mit den Rumänen auseinandersetzten (wegen Siebenbürgen). Für die Ungarn sei diese Auseinandersetzung mit Rumänien ein Kampf mit Asien. Denn für die Ungarn lägen die Grenzen zwischen Asien und Europa dort, wo die orthodoxe Kirche aufhöre; denn nur das Gebiet diesseits dieser Grenze habe an der europäischen kulturellen Entwicklung und all ihren großen Begebenheiten, wie der Reformation, der Renaissance und so weiter Anteil gehabt. Deshalb sei Ungarn auch von jeher ein Feind Rußlands gewesen und habe die Politik des Dritten Reichs nicht verstanden, als es seinerzeit zur Abmachung mit Rußland gekommen sei.

Weiter habe er darauf hingewiesen, daß die Theiß für den Ungarn eine ähnliche Bedeutung habe wie für den Deutschen der Rhein. Ebenso wie der Rhein für den Deutschen sei sie für den Ungarn ein nationaler Strom und nicht eine nationale Grenze[346].

Auf innenpolitischem Gebiet habe Kállay die Notwendigkeit einer ungarischen Bodenreform erwähnt, einer Bodenreform, die sich jedoch in einer Vergrößerung der Kleinstgüter erschöpfe.

Von Horthys Sohn[347] habe Kállay als von einem ausgesprochenen Draufgänger gesprochen und betont, daß die in der deutschen Ostfront mitkämpfenden ungarischen Truppen mit ihm einen Helden erhalten hätten. Der Chef meinte hierzu, daß er das gerne glaube, denn auch der Reichsverweser Horthy sei ein unglaublich tapferer Mann.

Im übrigen meinte der Chef, Horthy habe sich diese Sache recht gut ausgeknobelt. Denn wenn sich sein Sohn in der deutschen Armee die Sporen ver-

343 Ministerialdirektor, später Staatssekretär Dr. Gerhard Klopfer war Leiter der Staatsabteilung der Parteikanzlei, des vormaligen Ministeriums Heß.

344 Reichsleiter Martin Bormann war im FHQu gefürchtet und respektiert, aber nicht beliebt. Als er mich – einen examinierten Berufsbeamten – eines Tages glaubte genauso zusammenschnauzen zu können wie seine Parteifunktionäre, hatte ich hinterher im ganzen FHQu herumerzählt: »Ich nähme das nicht tragisch. Er (Bormann) sei ja bei den Pferden groß geworden!« Da Bormann früher Gutsinspektor gewesen war, hatte sich selbst Hitler, dem Schaub die Sache brühwarm berichtete, herzlich über den Gag amüsiert und ihn sofort in seinen Zitatenschatz aufgenommen. Bormann war mir gegenüber seitdem bemüht, stets korrekt, höflich und sachlich zu sein.

345 Nikolaus von Kállay war von 1942 bis 1944 ungarischer Ministerpräsident und Außenminister. Hitler ließ ihn 1944 verhaften und ins KZ überstellen, als ihm Kállays Londoner Verhandlungen mit den Briten u. Amerikanern über einen Separatfrieden bekanntwurden.

346 Sowohl Ungarn als auch Rumänien beanspruchten nach dem Jugoslawien-Feldzug Hitlers 1941 das serbo-kroatische Banat.

347 Stephan von Horthy, Vizeregent Ungarns, war Offizier der ungarischen Luftstreitkräfte an der Ostfront. Er kam am 20.8.1942 bei einem Flugzeugunglück ums Leben.

diene, könne Deutschland schwerlich etwas dagegen sagen, daß die Ungarn ihn als Stellvertreter des Vaters fungieren ließen und ihn eventuell sogar mit dem Glanz der Stephanskrone ausstatten würden.

Andererseits könnten aber auch die innerungarischen Gegner Horthys an einer derartigen Staatsstellung Horthys junior keinen Anstoß nehmen, wenn er sich im Abwehrkampf gegen den Bolschewismus bewährt habe.

Emigranten, Landesverrat und Staatssicherung

Beim Mittagessen kam das ungeheure Ausmaß des Landesverrats in der Systemzeit[348] zur Sprache, das sogar in öffentlichen Anzeigen und Anfragen über militärische Geheimangelegenheiten im Reichstag, in der Presse und so weiter seinen Ausdruck gefunden hat. Der Chef bemerkte dazu: Als die ausländischen Militär-Kommissionen 1925 aus Deutschland wieder abgereist seien, hätten sie Nachrichtendienste und Spionageorganisationen zurückgelassen, die ihr weiteres Verbleiben völlig erübrigt und nach den Weisungen der Militärattachés in Berlin zu ihrer höchsten Zufriedenheit gearbeitet hätten.

Der Gesinnungsverfall, der den Aufbau dieses riesigen Spionage-Apparates in Deutschland ermöglicht habe und in der unverblümtesten und unverschämtesten Form von Landesverrat zum Ausdruck gekommen sei, habe ihn mehr als einmal in Rage gebracht. Noch heute erinnere er sich eines Falles, daß von einem Reichstagsabgeordneten in öffentlicher Reichstagssitzung gefragt worden sei, ob die Regierung wisse, daß auf der Straße x-y in einem Verband der deutschen Reichswehr vier Panzerwagen gefahren seien, die den Bedingungen des Versailler Diktats offensichtlich nicht entsprochen hätten; was die Regierung dagegen zu tun gedenke? Leider habe er damals nichts anderes tun können, als die listenmäßige Erfassung aller bekannt werdenden landesverräterischen Elemente zu veranlassen, um diese Lumpen wenigstens nach der Machtübernahme durch die nationalsozialistische Bewegung ihrer gerechten Strafe zuzuführen.

Wenn wir dieses Gesocks dann 1933 zum größten Teil ohne unser Zutun losgeworden seien, so liege das daran, daß nicht weniger als 65000 Staatsbürger sofort nach der Machtergreifung emigriert seien. Es habe zwar nicht bei jedem von ihnen festgestanden, was er auf dem Kerbholz habe. Es sei aber sicher gewesen, daß der größte Teil von ihnen durch das eigene schlechte Gewissen veranlaßt worden sei, ins Ausland zu gehen. Hernach hätten es sich dann zwar viele wieder überlegt und Neigung gezeigt, nach Deutschland zurückzukehren. Dem Rückstrom dieser unerwünschten Elemente habe man aber durch Ankündigung der prinzipiellen Verbringung jedes Rückkehrers in ein Konzentrationslager und durch die weitere Androhung der Erschießung für Rückkehrer, denen irgendwelche Vergehen nachzuweisen seien, vorgebeugt. So seien dem Reich Tausende von asozialen Elementen ferngehalten worden, die man sonst nur schwerlich geschnappt beziehungsweise überführt hätte. Dem Rest habe Heydrich mit seinem Sicherheitsdienst das Genick gebrochen, ein Verdienst, das um so höher zu werten sei, als die Justiz sich dieser Aufgabe nicht gewachsen gezeigt habe.

Die Justiz habe ihn mit ihrer Behandlung landesverräterischer Vergehen oft zur Raserei gebracht. So habe sie einmal einen Landesverräter begnadigen wollen, da er »primär« Schmuggel betrieben habe und deshalb auch in erster Linie

348 Gemeint ist die Zeit der Weimarer Republik von 1919 bis 1933.

als Schmuggler anzusehen und zu bestrafen sei. Nur unter größten Schwierigkeiten habe sich Justizminister Dr. Gürtner von der Notwendigkeit eines rücksichtslos harten Vorgehens gegen Landesverräter überzeugen lassen. Sogar als in Ostpreußen Bunkerbauten verraten worden seien, habe Gürtner bei ihm einer milderen Bestrafung das Wort reden wollen, da der angerichtete eigentliche Schaden gering sei. Er habe Gürtner daraufhin bedeutet, daß man solch einen Schaden zur Zeit noch gar nicht beurteilen könne, da man nicht wisse, ob in solch einem verratenen Bunker nicht einmal ein Divisionär mit seiner Befehlsstelle sitze und mit der Erledigung dieses Bunkers daher die Kriegführung selbst in erheblicher Weise beeinflußt werde.

Er habe Gürtner abschließend erklärt, daß es sein unerbittlicher Entschluß sei, jeden Landesverräter für den Fall einer zu milden Bestrafung durch die ordentlichen Gerichte durch ein SS-Kommando abholen und erschießen zu lassen. Denn Landesverrat sei ein Gesinnungsdelikt. Jeder Landesverräter müsse daher ohne Rücksicht auf den Umfang des von ihm angerichteten Schadens exekutiert werden.

Der daraufhin im Rahmen der Justiz geschaffene Volksgerichtshof (errichtet durch Gesetz vom 24. April 1934/18. April 1938) habe in seinen Urteilen den von ihm gewünschten strengen Maßstäben zunächst ebenfalls nicht entsprochen. Ja sogar die Gesetzgebung sei den klaren staatlichen Notwendigkeiten nicht ohne weiteres anzupassen gewesen, da die juristischen Mitglieder des Reichskabinetts sich nur sehr zögernd zur Anerkennung des Landesverrats als Gesinnungsdelikt bereitgefunden hätten.

Bei all den in diesem Zusammenhang geführten Besprechungen habe er immer wieder darauf hinweisen müssen, daß es einen Landesverrat aus idealistischer Gesinnung nicht gebe. Wenn man überhaupt ein auf der Ebene des Landesverrats liegendes Delikt auf gewisse idealistische Hemmungen zurückführen wolle, so nur das der Kriegsdienstverweigerung aus religiösen Motiven. Diesen Elementen, die aus religiöser Überzeugung nicht kämpfen wollten, müsse man aber entgegenhalten, daß sie offenbar aber essen wollten, was andere erkämpfen, daß das im Sinne einer höheren Gerechtigkeit aber nicht angehe und man sie deshalb verhungern lassen müsse. Wenn man davon Abstand genommen und sie, die sogenannten Bibelforscher[349], 130 an der Zahl, erschossen habe, so sei das seiner besonderen Milde zu verdanken. Übrigens hätten sich diese 130 Erschießungen wie ein die Atmosphäre reinigendes Gewitter ausgewirkt. Tausenden ähnlich Gesinnter sei bei der Nachricht von den Erschießungen der Mut vergangen, sich unter Hinweis auf irgendwelche Bibelstellen ebenfalls um den Kriegsdienst herumzudrücken zu suchen.

Wer einen Krieg erfolgreich führen wolle und wer überhaupt ein Volk über schwere Zeiten hinwegbringen wolle, dürfe über eines keinen Zweifel aufkommen lassen: daß in diesen Zeiten jeder, der sich aktiv oder passiv aus der Volksgemeinschaft ausschließe, von der Volksgemeinschaft liquidiert werde.

Wer von diesem klaren Grundsatz aus falsch verstandener Milde abweiche,

349 Gemeint sind die »Zeugen Jehovas«, die mit ihren 640000 Mitgliedern in aller Welt ihren Hauptsitz in den USA (Brooklyn, N.Y.) hatten und u.a. Kriegsdienstverweigerung propagierten. Sie verloren etwa 2000 deutsche Mitglieder durch NS-Repressalien.

könne es nicht hindern, daß eine Auflösung des Staates eintrete, wie wir sie in ihren Anfängen zur Zeit bei einem Lande wie Schweden beobachteten.

Da ich am Haupttisch saß, erlaubte ich mir den Hinweis, daß wir – im Kammergerichtsbezirk Berlin geschulten Jung-Juristen – gegen die Schwarz-Weiß-Beurteilung der geistigen Emigration Bedenken trügen, da wir Mediziner, Juristen (wie den Kriminologen Hans v. Hentig[350]), Dichter, Musiker, Physiker und so weiter von Weltformat erlebt hätten, denen ihr Deutschtum echte Verpflichtung sei, denen die deutsche Luft aber durch Schikanen örtlicher Parteidiktatoren völlig für ihr weiteres geistiges Schaffen vergiftet worden sei. Zu meiner Freude stimmten mir mehrere Herren offen bei.

Spaniens Kirche, Spaniens wirkliche Volksführung

Beim Mittagessen kam das Gespräch über die an der Ostfront eingesetzte spanische sogenannte »Blaue Division« nochmals auf Spaniens innerpolitische Lage. Reichsleiter Bormann machte eine Bemerkung dahin, daß die sich in zunehmendem Maße in Spanien zeigenden monarchistischen Tendenzen seines Erachtens nicht zuletzt von der katholischen Kirche gefördert würden. Der Chef bestätigte dies als durchaus möglich und führte dann aus:

Es sei mit der katholischen Kirche in Spanien nicht anders wie mit der katholischen Kirche bei uns und wie überhaupt mit den meisten Kirchen in den meisten Ländern. Eine Kirche wolle grundsätzlich, wenn sie auf das staatliche Regime Einfluß nehmen könne, nur ein solches Regime unterstützen oder dulden, das keine andere Organisation des Volkes kenne und anerkenne als die Kirche und deshalb zwecks Führung des Volkes auf die Kirche als einzige Führungsorganisation angewiesen sei.

Ohne Verzicht auf dieses jeder politisierenden Kirche immanente Machtstreben könne die katholische Kirche in Spanien das heutige spanische Regime, das sich in der Falange[351] eine eigene Führungsorganisation für das spanische Volk geschaffen habe, nicht bejahen. Es gebe deshalb nur eine einzige Möglichkeit für die Falangisten, mit der katholischen Kirche klarzukommen: ihre Beschränkung auf die Pflege der religiösen, also übersinnlichen Vorstellungen. Wenn man der Kirche nur den geringsten Einfluß auf die Führung des Volkes und die Ausrichtung der Jugend belasse, so wolle sie ihn ganz, und man täusche sich, wenn man glaube, durch Teilmaßnahmen sie sich zum Bundesgenossen gemacht zu haben.

Ihrer ganzen weltlichen Einstellung und ihres damit gegebenen politischen Interesses wegen seien seines Erachtens Ausfälle der katholischen Kirche Spaniens gegen das Franco-System unvermeidbar und damit die Gefahr einer neuen Revolution durchaus in den Bereich der Möglichkeit gerückt. Spanien werde es eventuell schon sehr bald mit seinem Blute zu bezahlen haben, daß Franco die Kirche als Macht im Staate anerkenne und ihm im Gegensatz zu Italien und Deutschland eine wirklich umfassende nationale Revolution leider nicht gelungen sei.

350 Der weltbekannte Kriminologe Hans von Hentig, Professor an den Universitäten Kiel und Bonn, emigrierte 1936 nach Cansas City in die USA und kam erst 1951 nach Deutschland zurück.

351 Die Falange Española Tradicionalista y de las Juntas de Ofensiva Nacional-Sindicalista war die 1933 gegründete, seit 1937 von Caudillo General Franco geleitete Einheitspartei der autoritären spanischen Staatsführung.

Die Technik raffinierter Frauen, Vorbild im politischen Machtkampf

Beim Abendessen wurde dem Chef eine DNB-Meldung vom 6. des Monats bezüglich des Verbots der Falange-Uniform bei der Fronleichnamsprozession in Barcelona vorgelegt.

»DNB-Meldung: Madrid, 6. Juni: Der Gouverneur von Barcelona hat einige Tage vor Corpus Christi [352] folgende Verordnung erlassen: Um den kirchlichen Behörden die größtmögliche Unterstützung zuteil werden zu lassen und die Ordnung auf jeden Fall zu garantieren, wird allen Teilnehmern an der Prozession am Tage von Corpus Christi auf das strengste verboten, die Uniform der Falange oder die der Falange-Milizen oder auch nur ein Stück dieser Uniform zu tragen. Ausgenommen hiervon sind der Gauleiter und sein Ehrengeleit, denen vorher die ausdrückliche Genehmigung dazu erteilt worden ist.«

Aus der Meldung ergibt sich, daß dieses Verbot von den Nationalisten über die kirchlichen Behörden durchgesetzt worden ist, da sie vor wenigen Wochen verschiedentlich Zwischenfälle mit den Anhängern der Falange als der offiziell staatstragenden Partei hatten. Kennzeichnend ist weiter, daß sich die Madrider Zeitung »Arriba« gegen das Uniformverbot mit der Feststellung wendet, daß das ständige Tragen des Blauhemdes eine Ehrenpflicht sei und jeder, der sich dem widersetze, als verabscheuungswürdiger Mensch bezeichnet werden müsse.

Der Chef bemerkte zu der Meldung, man sehe direkt, wie der spanische Staat in neue Katastrophen hineinsause. Ausgerechnet die Pfaffen und die Monarchisten, die auch Todfeinde des deutschen völkischen Aufbruchs seien, hätten sich in Spanien zusammengefunden, um die Führung des Volkes an sich zu reißen. Man brauche sich nicht zu wundern, wenn es eines Tages zu einem neuen Bürgerkrieg komme, in dem die Falangisten mit den Roten zusammengehen müßten, um des Pfaffen- und Monarchisten-Geschmeißes Herr zu werden. Es sei nur bedauerlich, daß die gemeinsamen Blutopfer der Falangisten, der Faschisten und der Nationalsozialisten im vergangenen Bürgerkrieg keine besseren Früchte getragen haben. In Spanien finde sich ja leider immer jemand, der sich bei den politischen Geschäften der Kirche vorspannen lasse. Einer von dieser Sorte sei auch der derzeitige spanische Außenminister Suñer [353], den er von der ersten Zusammenkunft an mit der größten Skepsis beobachtet habe, obwohl unser Botschafter (Botschafter Eberhard von Stohrer) in grenzenloser Verkennung der Dinge ihn immer als den größten Deutschenfreund Spaniens [354] hingestellt hätte.

Wenn dem Faschismus ein zweiter Bürgerkrieg erspart geblieben sei, so liege das nicht zuletzt daran, daß ihm die Einigung der italienischen Nation – ausgehend von Rom – gegen die Kirche gelungen sei. Der Faschismus habe auch

352 Gemeint ist das 1264 von der römisch-katholischen Kirche eingeführte »Fronleichnamsfest« zu Ehren des Altar-Sakraments des »Leibes Christi«.

353 Ramón Serrano Suñer, der Schwager Francos, war von 1940 bis 1942 spanischer Außenminister. Hitler empfing ihn erstmals am 25.9.1940 in Berlin. Obwohl Franco die Entsendung seines Schwagers als Sympathie-Akt gewertet wissen wollte, mißtraute Hitler diesem gewandten Politiker und seiner Deutschfreundlichkeit von Anfang an. Ihm lastete er vor allem den spanischen Nicht-Kriegseintritt an und nannte ihn einen »widerspenstigen Jesuiten«.

354 Da Serrano Suñer in Großbritannien und in den USA pressemäßig als »Deutschenfreund« abgestempelt war, ersetzte Franco ihn am 6. September 1942 – als Hitlers Kriegsglück zweifelhaft zu werden begann – durch den »Neutralisten« General Francisco Gómez Jordana y Souza.

von Anfang an klar geschieden zwischen dem, was der Kirche, und dem, was der Faschistischen Partei ist. Als die Kirche die faschistische Jugendgesetzgebung nicht habe anerkennen wollen, hätten die Faschisten rücksichtslos sämtliche Prozessionen von Rom bis nach Süditalien hin auseinandergeprügelt und auf diese Weise erreicht, daß die Kirche binnen drei Tagen zu Kreuze gekrochen sei.

Die italienische Geschichte lehre überhaupt, daß die Italiener eine wesentlich realistischere Einstellung zur Kirche besäßen als die Spanier und – leider auch viele Deutsche. Es liege schon eine gewisse Tragik darin, daß – wenn die Päpste von den Italienern aus Rom »herausgehauen« worden seien – sich immer wieder deutsche Kaiser bereitgefunden hätten, im Vatikan Ordnung zu schaffen.

Er sei ehrlich genug, zuzugestehen, daß auch er drauf und dran gewesen sei, in kirchlichen Dingen Ordnung zu schaffen. Er habe nämlich versucht, durch Einsetzung eines Reichsbischofs die unklaren Verhältnisse der evangelischen Kirche zu bereinigen. Gerade der Blick auf Spanien lasse ihn heute aber froh sein, daß seine Bemühungen vergeblich gewesen seien und die Vorsehung damit wieder einmal »einen seiner Fehler habe mißlingen« lassen. Denn wer garantiere, daß nicht der Reichsbischof irgendwann mit dem Papst auf Deutschlands Kosten »Schmuli« getrunken hätte?!

Hitler hatte 1933 die 28 evangelischen Landeskirchen zur »Deutschen Evangelischen Kirche« zusammenschließen und am 27. September 1933 den Marine-Pfarrer Ludwig Müller von der Kirchen-National-Synode zum »Reichsbischof« wählen lassen. Müller war im I. Weltkrieg Marinepfarrer der Flotte in Flandern und in der Türkei gewesen. Er war Träger vieler Kriegsauszeichnungen. Nach dem I. Weltkrieg wurde er Marinepfarrer in Wilhelmshaven, ab 1926 Wehrkreispfarrer in Königsberg und als »Führer der Deutschen Christen« 1933 nach Hitlers Machtübernahme »Landesbischof von Preußen«. Als »Reichsbischof« verwirkte er Hitlers Sympathien, weil es ihm nicht gelang, eine nationalbewußte »Deutsche Reichskirche« zu schaffen. Müller, 1883 in Gütersloh (Westfalen) geboren, endete 1945 durch Selbstmord.

Wie geschickt es die Kirche, insbesondere die katholische Kirche, verstehe, sich beim Träger der politischen Macht ein harmloses Ansehen zu geben und sich einzuschmeicheln, das habe er beim ersten Besuch des Bischofs Bertram (Adolf Kardinal Bertram, Erzbischof von Breslau) nach der Machtübernahme erlebt. Bertram habe nämlich in seiner Ansprache in so feierlicher Weise demütige Grüße der Kirche überbracht, daß man, wenn man es nicht am eigenen Leibe erfahren hätte, hätte glauben können, es sei nie ein Nationalsozialist seiner Überzeugung wegen von der Kirche ausgeschlossen, verfolgt oder in seiner Totenruhe beeinträchtigt worden.

Mit solch einem demütigen Getue habe sich die Kirche stets in die Macht eingeschlichen und sich auch bei den deutschen Kaisern, von Karl dem Großen an, eingeschmeichelt. Ihre Technik sei die Technik raffinierter Frauen, die sich zunächst brav stellten, um sich ein gewisses Vertrauen beim Manne zu schaffen, dann die Zügel allmählich anzögen und sie schließlich so straff in die Hand nähmen, daß der Mann ganz nach ihren Wünschen tanzen müsse. Bei einigem diplomatischem Geschick brächten es solche Frauen ja bisweilen bei ihren Männern – ebenso wie die katholische Kirche bei den deutschen Kaisern – sogar fertig, daß diese sich trotz des Nasenringes, an dem sie geführt würden, in ihrem Handeln als Subjekt und nicht als Objekt fühlten.

Vor wenigen Tagen habe die Kirche ein neues Stückchen dieser Art zu entrieren versucht. Das Episkopat Böhmens und Mährens habe nämlich um die Erlaubnis nachgesucht, für SS-Obergruppenführer Heydrich ein Glockengeläut veranstalten und ein Requiem lesen zu dürfen. Er habe den Herren aber bedeutet, daß es besser gewesen wäre, sie hätten beizeiten für die Erhaltung des Lebens des stellvertretenden Reichsprotektors gebetet.

Die Schweiz als Schutzmacht. Papens Quittungskoffer. Diplomaten-Berichte

Folgende Fragen wurden im weiteren Verlauf der Tischunterhaltung angeschnitten:

a) Schweiz: Hitler meinte: obwohl heute unsere Schutzmacht, würde sie als kleinste Macht in diesem Krieg wieder nichts leisten, wenn wir unseren durch sie übermittelten Wünschen nicht durch den Hinweis auf die in unserer Hand befindlichen Kriegsgefangenen Gehör verschaffen könnten.

Wie Hitler am 7. Oktober 1941 bei Tisch berichtete, hatte Churchill ein Hitlersches Angebot abgelehnt, 1100 britische Schwerverwundete Zug um Zug gegen 369 deutsche Schwerverwundete, 66 in Großbritannien internierte Frauen und Kinder und 200 von den Briten in Persien Internierte auszutauschen. Hitler befahl daraufhin, weitere Austauschverhandlungen – etwa der rund 60000 britischen Kriegsgefangenen in Deutschland gegen die 3000 deutschen Kriegsgefangenen in Großbritannien zuzüglich der 15000 britischerseits in aller Welt internierten Deutschen – grundsätzlich zu unterlassen.

b) Chiffrieren: Hitler verwies auf v. Papen. Dadurch, daß von Papen den Quittungskoffer für Geheimtelegramme verlor, habe er in den USA zirka 5000 Agenten an den Strick geliefert.

Als früherer Militärattaché in Washington verlor v. Papen 1916 auf der Rückreise nach Deutschland in britischer Quarantäne den Quittungskoffer, den er zur Belegung seiner Ausgaben in den USA hatte geglaubt mit heimnehmen zu müssen.

c) Diplomaten-Berichte: 1933/1934 waren – so sagte Hitler – die Berichte des Auswärtigen Amtes miserabel und hatten immer die gleiche Quintessenz, daß wir nichts tun dürften. Eines Tages sei ihm die Sache zu dumm geworden, und er habe die Herren einmal gefragt, wie wir denn überhaupt etwas schaffen sollten, wenn wir nichts täten.

Auch sprachlich seien die Berichte unter jeder Kritik gewesen. Dabei sei doch – wie Houston Stewart Chamberlain[355] einmal geäußert habe – die deutsche Sprache die wertvollste und schönste für Denker.

Der Deutschunterricht

d) Deutsche Sprache: Es sei deshalb auch kein Wunder, daß die deutsche Sprache für Ausländer so schwer zu erlernen sei. Das Sprechen eines guten Deutsch sei Gehörsache. Man sage bei Kriegsschiffen zum Beispiel auch lediglich mit Rücksicht auf das Ohr: »Der König« und »Die Bayern«, »Die Deutschland«.

Wenn er an seinen Deutschunterricht in der Schule zurückdenke, so müsse er noch heute über seinen Lehrer schmunzeln, der immer erklärt habe, »er, Hitler, werde nie einen Brief richtig schreiben, nie einen Satz richtig sprechen lernen«. Dabei sei es so gewesen, daß dieser Lehrer ziemlich wahllos in ihren Heften mit

355 Gemeint ist der britische Kulturphilosoph und Schwiegersohn Richard Wagners, Houston Stewart Chamberlain.

roter Tinte herumgekleckst habe. Ihm habe er angestrichen, wenn er einen Satz gebildet habe wie: »Ein Adler kreist über dem Schlachtfeld«, und seinem Kameraden habe er angestrichen, wenn der geschrieben habe: »Über dem Schlachtfeld kreist ein Adler.« Als sie beide nach der Stunde den Lehrer darauf aufmerksam gemacht hätten, habe er sie dann als unverschämte Rangen beschimpft.

Zeremoniell an der »Führer«-Tafel

Als der Chef dann die Depeschen verlangte und Gesandter Hewel eine A.-A.-(Auswärtige-Amts-)Mitteilung aus der Brusttasche seines Uniformrocks zog und ihm über den Tisch zulangte, so daß sie gleichsam über den Tisch »segelte«, meinte der Chef: »In einem republikanisch-demokratischen Staat dürfte sich das wohl kein Regierungsrat seinem Vorgesetzten gegenüber erlauben, was bei uns durchaus möglich sei. Dort müsse solch ein Blatt stets aus einem Aktendeckel und der hinwiederum aus einer Ledertasche herausgeholt werden.«

Gesandter, später Botschafter Walter Hewel (1904 bis 1945) war Teilnehmer am Hitler-Putsch 1923, saß mit Hitler auf der Festung Landsberg, ging dann für zehn Jahre als Kaufmann nach Indonesien und wurde nach seiner Rückkehr 1937 Hitlers Verbindungsmann zum Auswärtigen Amt. Da Hewel erst kurz vor Kriegsende heiratete, waren die angeblichen ständigen Amouren dieses rheinisch-humorigen Junggesellen für Hitler ein geradezu unerschöpflicher Quell der Unterhaltung, Neugier und Heiterkeit.

Nachdem er das Blatt gelesen hatte, warf er es dann schmunzelnd Hewel auf dieselbe Weise wieder zu.

147 8.6. 1942 abends

(Im Führersonderzug. Auf der Fahrt vom FHQu »Wolfsschanze« nach Berlin.)

Eine übernationale Parole, Erfordernis der europäischen Einigung: Germania

Beim Abendessen betrachtete der Chef einige Aufnahmen des Reichsjugendführers Axmann mit Jugendgruppen-Führerinnen und -Führern aus Norwegen, Dänemark, Holland und so weiter. Er führte dabei aus:

Es sei ausgezeichnet, daß Axmann diesen Krieg als Frontsoldat mitgemacht habe. Der Arm, den er dabei verloren habe, könne sein Ansehen als Vorbild bei der Jugend nur erhöhen.

Dieses Front-Ansehen Axmanns und der Idealismus der Hitlerjugend wurden von Hitler, Göring und Goebbels seit der Proklamation des »Totalen Krieges« in unglaublicher Weise mißbraucht. Auf den Reichsparteitagen hatte Hitler der 8-Millionen-Organisation der deutschen Jugend (Stand 1942) die Leitsätze mit auf den Weg gegeben:

»Der deutsche Junge muß schlank und rank sein,
flink wie ein Windhund, zäh wie Leder und hart wie Kruppstahl.
Er muß lernen, Entbehrungen auf sich zu nehmen,
Tadel und Unrecht zu ertragen, zuverlässig, verschwiegen,
gehorsam, anständig und treu zu sein...
Das Ziel der weiblichen Erziehung
hat unverrückbar die kommende deutsche Mutter zu sein...«

In ihrer Einsatzbereitschaft für Volk und Vaterland ließen die Jungen und Mädchen sich demgemäß begeistern für alle Arten körperlicher Ertüchtigung und für jedwede Förderung ihrer seelischen und geistigen Anlagen in den – ihnen von Hitler geschaffenen – Jugendorganisationen. Was aber als bloßes Erziehungsinstrument der Jugend popularisiert worden war, wurde im »Totalen Krieg« zur Wehrersatz-Organisation umfunktioniert. Ab 11. Februar 1943 wurden die Jungen ab 15 Jahren als »Luftwaffenhelfer«

zur Heimat-Flak und zum Katastrophenschutz eingezogen und die gleichaltrigen Mädchen als »Wehrmachts-Helferinnen« für die Bürodienste von Heer, Marine und Luftwaffe. Bis 1945 wurden aus den »Helfern« dann echte Infanteristen, Panzerknacker, Scharfschützen, Kanoniere usw. Selbst zum Fliegereinsatz wurden sie herangebildet: Die »Volksjäger«, die einmotorigen Düsenflugzeuge Heinkel He 162 aus SS-Fertigung, sollten ihnen als Kamikaze-Todesflieger dienen; sie wurden aber erst ab Spätherbst 1944 serienreif. Im Endkampf um Berlin im März und April 1945 scheute Hitler sich nicht einmal, Tausende von Jungen ab 12 Jahren zur Verteidigung des S-Bahnringes einzusetzen und bei seiner Ordensverleihung diesen Kindern noch am 20. März 1945 im Reichskanzleigarten zuzurufen: »Ihr müßt das Zentrum unseres nationalen Widerstandes sein. Dieser Vernichtungskrieg läßt keine bürgerlichen Maßstäbe mehr zu. Es gibt kein Zurück mehr. Es gibt nur Sieg oder Untergang. Trotz aller Schwere der Zeit bin ich davon überzeugt, daß wir bei diesem Kampf den Sieg erringen werden!«

Auch auf die ausländische Jugend werde der Kriegseinsatz Axmanns seinen Eindruck nicht verfehlen.

Er begrüßte es sehr, daß Axmann versuche, die Jugend in den germanischen Ländern immer stärker für den Nationalsozialismus und für den germanischen Gedanken aufzuschließen. Denn wenn die Jugend für eine Idee gewonnen sei, wirke das wie der Sauerteig. Sie werbe und werbe für diese Idee, ohne sich durch die Maßnahmen der Alten beeinflussen zu lassen.

Auch beim dänischen Volk könnten die Alten machen, was sie wollten, die Anhänger des germanischen Gedankens nähmen, da sie sich als Vertreter desselben Rassekerns fühlten, immer stärker zu. Indem er ganz planmäßig auf diese Entwicklung hinwirke, ziehe er dem alten König von Dänemark (König Christian X. von Dänemark) sein Volk langsam unter der Sitzfläche weg, genauso wie er in der Ostmark seinerzeit dem Dollfuß-Schuschnigg-Regime langsam, aber sicher das Volk entfremdet habe.

Wie seinerzeit die Bayern, die Preußen und so weiter von Bismarck immer wieder auf die deutsche Idee hingestoßen worden seien, so müsse man die germanischen Völker Kontinentaleuropas ganz planmäßig auf den germanischen Gedanken hinlenken. Er halte es sogar für gut, dieser Arbeit durch Umbenennung der Reichshauptstadt Berlin in »Germania« einen besonders nachhaltigen Auftrieb zu geben. Denn der Name »Germania« für die Reichshauptstadt in ihrer neuen repräsentativen Form sei geeignet, trotz größter räumlicher Entfernung zwischen jedem Angehörigen des germanischen Rassekerns und dieser Hauptstadt ein Gefühl der Zusammengehörigkeit zu erzeugen.

Daß eine solche Umbenennung Berlins auch technisch keine Schwierigkeiten mache, zeige die Verdeutschung Gdingens in Gotenhafen und die Umbenennung Lodz' in Litzmannstadt.

Schule und Jugendbewegung als Volkserziehungsinstrumente

Beim Abendessen führte der Chef aus, daß die Schule ebenso wie die Presse ein Volkserziehungsinstrument sei. Auf ihre Lenkung und Ausrichtung dürften daher private Eigentumsinteressen keinerlei Einfluß haben.

Als Erziehungsinstrument der Jugend reiche die Schule aber nicht aus. Denn sie stelle in erster Linie auf die Unterrichts-Leistungen der jungen Menschen ab.

Er habe deshalb zusätzlich die Hitlerjugend geschaffen und sie unter das kühne Motto gestellt, daß in ihr die Jugend von Jugend geführt werden solle. Er habe damit erreicht, daß die Jugend schon in frühen Jahren nach denen durchgesichtet werde, die »rädeln«, sich also als kleine Rädelsführer herausschälen. Zu der Beurteilung durch den Lehrer, die mehr oder minder auf das exakte Wissen eines Menschen abstelle, käme so in der Hitlerjugend eine Beurteilung durch die Jugendführung hinzu, die den entscheidenden Wert auf Charaktereigenschaften lege, also auf die kameradschaftliche Haltung, Härte, Mut, Tapferkeit und jugendliche Führungsfähigkeiten.

Die Schlagkraft der Schule und der Hitlerjugend als Erziehungsinstrumente sei eine Frage der Jugenderzieher-Auslese. Bei der Auswahl unseres Jugendführerkorps in der Hitlerjugend und bei der Gestaltung des Lehrkörpers im Schulwesen müsse man davon ausgehen, daß die Jugend vom Hitlerjugend-Führer und vom Lehrer ein Vorbild fürs ganze Leben erwarte, ähnlich wie es für die Jugend des klassischen Griechentums der Lehrer am Gymnasium sowohl in geistiger als auch in körperlicher Hinsicht in vollendetem Maße gewesen sei. Da die Jugend im Alter von 10/12 bis 16/17 Jahren am begeisterungsfähigsten sei und einen überaus stark ausgeprägten Idealismus zeige, bedürfe sie gerade in diesen Jahren im besonderen Maße geeigneter Führerpersönlichkeiten; denn nur sie böten die Gewähr für eine Erziehung, deren Zielsetzung einheitlich klar sei.

Vorbildlich erschienen ihm dafür die Porzellanfiguren des Bildhauers Ottmar Obermaier, die er bei Besuchen der parteiamtlichen – nur von 1937 bis 1945 existenten – SS-Porzellan-Manufaktur Allach bei München bewunderte und von denen er den »Degenfechter« für seine Sammlung ankaufte. Sie war auch sein Präsent für höhere SS-Führer.

Hitler schwebte als Ideal der männlichen Hitlerjugend ein Hitlerjunge vor, wie ihn die Gemeinde Oberammergau dem bayerischen Ministerpräsidenten Siebert 1934 in der Holz-Skulptur »Der Trommler« geschenkt hatte: kein Mini-Soldat und kein Musterschüler, sondern ein gesunder, frischer, idealistischer Typ voll Optimismus, Lebensmut und Tatendrang.

Was das vergangene System an der Jugend gesündigt habe, das sei ihm durch einen Bericht über die Verhältnisse in Baden besonders kraß vor Augen geführt worden: Dort sei bei der Machtübernahme die Zersplitterung der Jugenderziehungsarbeit bereits so weit gegangen, daß es in den Schulen konfessionell getrennte Aborte, also solche für evangelische und solche für katholische Kinder, gegeben habe. Welch einfressendes Gift bei einer derartigen Zersplitterung der Jugenderziehung in das jugendliche Gemüt gelegt worden sei, sei der damaligen Staatsführung offenbar gar nicht zum Bewußtsein gekommen.

Dabei sei das Empfindungsvermögen der Kinder gerade in diesen Entwicklungsjahren am stärksten ausgeprägt. Wie viele führende Parteigenossen seien zuerst von ihren Kindern für die Ideen der nationalsozialistischen Bewegung innerlich aufgeschlossen worden. Gerade Jugendliche hätten in unzähligen Fällen, von dem Gedankengut des Nationalsozialismus begeistert, zunächst die Mutter und mit deren Hilfe schließlich auch den Vater für die NSDAP gewonnen.

Es sei deshalb auf dem Gebiet des Schulwesens besonders wichtig, bei den Lehrern das Verständnis für die Bedürfnisse der Jugend zu wecken und zu stärken. Wenn man sich deshalb Gedanken über den Lehrernachwuchs mache, dürfe man die Menschen nicht übersehen, die aufgrund ihrer Anlagen oder ihrer bisherigen beruflichen Tätigkeit in erster Linie für die Jugenderziehung geeignet seien. Er denke vor allem an die Frau und an die Kapitulanten der Wehrmacht.

Länger dienende Berufssoldaten (mit meist 12jähriger Wehrdienstverpflichtung) hatten Anspruch auf eine Zivilversorgung (d.h. auf eine Zivilbeamtenstellung oder auf ein Anfangskapital für eine freiwirtschaftliche Existenz als Handwerker, Geschäftsmann usw.). Man nannte sie Kapitulanten.

Für den Elementarunterricht auf den Schulen seien weibliche Lehrkräfte und Kapitulanten seines Erachtens ideal. Man dürfe sie aber nicht durch eine übertriebene Ausbildung, also gleichsam übertriebene Gehirnmassage, blödsinnig machen, sondern müsse ihnen nur den Wissensstoff mitgeben, der für den Elementarunterricht unbedingt erforderlich sei. Denn eine akademische Vorbildung brauche kein Lehrer, der sein Leben lang in einem Bauerndorf bleibe.

Wer sich allerdings von diesen Lehrkräften besonders bewähre, verdiene Aufstiegsmöglichkeiten. Man dürfe ja auch einem geistig regen Offizier nicht zumuten, daß er sein ganzes Leben lang Rekruten ausbilde, da er sich sonst aufhängen könne. Ebenso müsse man deshalb bewährten Lehrkräften die Gelegenheit geben, an erweiterte Bildungsmöglichkeiten heranzukommen, und dürfe sie nicht für immer verdammen, Elementarunterricht zu erteilen. Insbesondere der Aufstieg zum Einsatz an Mittelschulen müsse ihnen unter allen Umständen erleichtert werden.

Als Reichsleiter Bormann einwarf, daß es aufgrund des Lehrermangels im Warthe-Gau sich als notwendig erwiesen habe, die Ausbildung der für den Elementarunterricht vorgesehenen Lehrkräfte noch über das in der Ostmark angewandte Maß hinaus zu verkürzen, bestätigte der Chef, daß er dagegen aus den angeführten Gründen keinerlei Bedenken habe. Wer sich von diesen Kräften zu Höherem berufen fühle, werde von sich aus die Freiheit nutzen, um sich weiterzubilden. Wer aber zeige, daß er auch für den Unterricht an Mittel- oder höheren Schulen geeignet sei, solle versichert sein, daß der Staat ihm den Weg zur erweiterten Ausbildung, gegebenenfalls auch zum Studium, ebne.

Politische Organisation oder private Beeinflussung der Presse?

Beim Abendessen kam der Chef auf der Fahrt nach Berlin auf die Doppelarbeit in verschiedenen Dienststellen zu sprechen.

Er betonte, daß es nicht anginge, daß beispielsweise in jedem Ministerium oder in jeder sonstigen obersten Zentralstelle ein eigener Presse- und Propagandaapparat eingerichtet werde. Dafür seien das Propaganda-Ministerium und die Presseabteilung der Reichsregierung da. Er gehe mit seiner Reichskanzlei mit gutem Beispiel voran, indem er auch dort keinen Sonderapparat für Presse- und Propagandaangelegenheiten eingerichtet habe. Trotzdem könne er alles, was er auf diesem Gebiet veranlassen wolle, sofort durchführen. Selbst auf Reisen könne er von jeder Eisenbahnstation aus Anweisungen geben, daß am kommenden Morgen die Öffentlichkeit durch die Presse, den Rundfunk und so weiter auf irgendeinen politischen Gedanken, etwa den einer deutsch-russischen Verständigung, vorbereitet werden solle.

Nur durch die Zusammenfassung des gesamten Presse- und Propagandawesens in einer Dienststelle sei auch eine einheitliche Lenkung der Presse möglich. Eine einheitliche Lenkung der Presse sei aber die Voraussetzung dafür, daß die Presse in der Öffentlichkeit Glauben finde und damit die Schlagkraft eines Volkserziehungsinstruments erhalte. Denn nur einer gelenkten Presse bleibe jene Fülle von Widersprüchen im Nachrichtenmaterial, in der Darstellung von politischen, kulturellen und sonstigen Zusammenhängen erspart, die sie in den Augen der Bevölkerung lächerlich mache, ihr Ansehen als Verkünderin der Wahrheit erschüttere und ihr für die Bildung der öffentlichen Meinung notwendiges Vertrauen verwirke.

Wie wenig Verständnis gerade die sogenannten nationalen Kreise diesen Dingen entgegenbrächten, habe ihm bereits im Jahre 1920 eine Auseinandersetzung mit dem Herausgeber der »Eisernen Blätter«, Pfarrer Traub, gezeigt. Als er diesem Pfarrer Traub [356] klipp und klar nachgewiesen habe, daß die Pressefreiheit zugunsten einer einheitlichen Presselenkung verschwinden müsse, da die Pressefreiheit nichts anderes sei als ein Freibrief für die Verbreitung jüdischer Unverschämtheiten, habe dieser sich vor Bedenken förmlich gekrümmt. Die Geisteshaltung der sogenannten »Nationalen« vom Schlage des Pfarrers Traub sei daher von Dietrich Eckart richtig gekennzeichnet worden, als er erklärt habe, die »Eisernen Blätter« müßten »Blecherne Blätter« heißen, denn sonst müsse man ja auch eine Familienzeitschrift wie die »Gartenlaube« unter einem Titel herausgeben wie »Es braust ein Ruf wie Donnerhall«.

Welch ungeheuer wichtiges Volkserziehungsinstrument die Presse darstelle, sei den sogenannten »Nationalen« niemals klargeworden. Dabei gebe es nur einige ganz wenige Volkserziehungsinstrumente von der Bedeutung der Presse. Er jedenfalls stelle die Presse auf die gleiche Stufe wie beispielsweise das Schulwesen und vertrete daher bezüglich der Presse ebenso wie bezüglich des Schulwesens den Standpunkt, daß privates Eigentumsinteresse für ihre Lenkung und Ausrichtung keinesfalls maßgeblich sein dürfe.

Begegnung mit dänischen Freiwilligen

Von der heutigen Begegnung dänischer Freiwilliger mit unserem Zuge haben – wie »Faedrelandet« meldet – Kopenhagen, DNB-Vertreter, 1.7.42 – diese in Briefen nach Hause ... berichtet (Auszug):

»Es war Zufall, daß wir, das heißt der Front-Transport einer Abteilung des Freikorps Dänemark, auf dem kleinen Bahnhof gerade an der Seite des Führerzuges hielten. Als Hitler hörte, daß wir dänische Freiwillige seien, ließ er uns alle an seinen Wagen herüberrufen, um mit uns zu plaudern. Als ob wir alte Kameraden wären, so sprach er mit uns über alles. Ich habe auch selbst mit ihm geredet. Er ist ungeheuer anziehend. Es war ein sehr großes Erlebnis. Die meisten von uns konnten in der Nacht nicht schlafen, weil sie an das denken und darüber sprechen mußten, was sie erlebt hatten.«

Nach DNB-Vertreter – Kopenhagen, 9.7.42 – erzählt in »Faedrelandet« einer der dänischen Freiwilligen, der jetzt nach Kopenhagen kam, Näheres (Auszug):

»Wir machten, von einem Offizier zum Führerzug gerufen, halt vor dem Abteilfenster, in dem Hitler lächelnd und winkend stand, umgeben von seinem Stab, der sich an den übrigen Fenstern des Wagens gruppiert hatte. Hitler war in strahlender Laune. Die, die ihm vorher begegnet waren, sagten später, daß sie den deutschen Führer niemals besser aussehend erblickt hätten als da, trotz der

356 Pfarrer Gottfried Traub gehörte 1919/20 als Deutschnationaler der Weimarer Nationalversammlung an und war 1920 am Kapp-Putsch beteiligt.

ungeheuren Verantwortung, die auf seinen Schultern ruht. Nach der einleitenden Frage, was wir für Landsleute seien, und auf die Antwort der Freiwilligen, daß wir Dänen seien, sagte ... der Führer: ›Ausgezeichnet, so habe ich ja die germanische Welt vor mir. Ich weiß, daß euer tapferer Führer gefallen ist. Aber ich habe auch gehört, daß das Freikorps Dänemark tapfer und ehrenvoll gekämpft hat. Und ich hoffe, daß ihr das auch tun werdet, zusammen mit euren Kameraden, die draußen liegen.‹ Danach unterhielt sich ... der Führer weiter mit einigen Freiwilligen, die seinem Fenster am nächsten standen. Er fragte nach ihrem Alter, ihren Familiennamen, der Zahl ihrer Kinder, der Dauer ihrer Zugehörigkeit zum Freikorps Dänemark und vielem anderen. Die Unterhaltung dauerte 22 Minuten. Der Führer erzählte, was die Kameraden der Freiwilligen an der Front im Winter geleistet hätten, wie hart ihre Aufgabe gewesen sei, und als das Abfahrtssignal gegeben wurde, schloß er mit dem Wunsch: ›Alles Gute!‹, den die Freiwilligen mit einem donnernden ›Sieg Heil!‹ beantworteten. Das war ... eine historische Begegnung. Wir sprachen mehrere Tage von nichts anderem. Die gute Laune des deutschen Führers und unseres Obersten Befehlshabers hatte uns alle angesteckt und jeden mit dem Gedanken beseelt, das Äußerste im Kampf für diesen Mann und das neue Europa, das er aufbaut, zu leisten. Mit diesem Gedanken setzten wir die Reise zur Front fort.«

Mißglücktes Bahnattentat

Der Aufenthalt des Führerzuges war dadurch entstanden, daß Hitler plötzlich Streckenwechsel befohlen hatte. Offenbar hatte ihn wieder einmal sein »sechster Sinn« gewarnt. Wie ich am 9. vormittags von den Militäradjutanten erfuhr, war die ursprünglich festgelegte Strecke an einer Stelle – wie aus einer eben eingehenden Meldung hervorging – aufgerissen.

Auch das Attentat des Generalstabs-Obersten Claus Graf Schenk von Stauffenberg gegen Hitler vom 20. Juli 1944 scheiterte an Hitlers sogenanntem »sechsten Sinn«. Da der 20. Juli ein heißer Sommertag war, ließ Hitler die Lagebesprechung nicht im »Lage-Bunker«, wo es nur Tote gegeben hätte, sondern in der Gäste-Baracke des FHQu »Wolfsschanze« durchführen, verlegte den Beginn von 13 Uhr auf 12.30 Uhr vor, was den Zeitplan der Attentäter durcheinanderbrachte, und ließ Stauffenbergs Aktentasche, die ihn bei der Arbeit irritierte, in Unkenntnis ihres Inhalts (der Bombe) auf die gegenüberliegende Tischbeinseite hinüberstellen. So war Hitler bei der Explosion der Bombe weder unter den drei Toten noch unter den neun schwerverletzten Besprechungsteilnehmern. Hitler kam mit geplatzten Trommelfellen, Hautwunden usw. und einer zerrissenen Uniform so gut davon, daß er um 15.30 Uhr schon wieder auf dem benachbarten Bahnhof Mussolini empfangen konnte. Auch die gleichzeitig in Berlin geplanten Militäraktionen der Widerständler um Stauffenberg scheiterten, weil Hitler, Keitel und Dr. Goebbels über FHQu-Telefonleitungen, die über das OKW/Berlin-Bendlerstraße liefen, aber von den Attentätern offenbar nicht beachtet worden waren, Gegenmaßnahmen trafen und mit ihnen einen erst vor kurzem nach Berlin versetzten und deshalb von den Attentätern nicht eingeweihten Frontoffizier, den Ritterkreuzträger Major Otto Ernst Remer, beauftragten. Hitler ließ die Verantwortlichen, soweit sie nicht schon am 20. Juli standrechtlich erschossen worden waren, dem Volksgerichtshof zur Aburteilung überstellen. Einschließlich der Mitwisser und Sympathisanten sollen nahezu 5000 Menschen hingerichtet worden sein. Der militärische Kopf der Widerstandsbewegung war der frühere Generalstabschef, Generaloberst Ludwig Beck, der zivile Kopf der frühere Reichspreiskommissar und Leipziger Oberbürgermeister Carl Goerdeler, die beide das

Deutsche Reich noch in letzter Minute vor Hitlers Vabanque retten wollten. Sie wurden unterstützt von Militärs, insbesondere Generalstäblern und Mitarbeitern des Spionage-Chefs, Admiral Canaris, von Geistlichen beider Konfessionen, von verschiedenen Adligen und Diplomaten, von ehemaligen Gewerkschaftlern, von Sozialdemokraten und einigen Intellektuellen. Der Patriotismus aller dieser Männer scheiterte daran, daß Churchill und Roosevelt ihnen in den – seit 1942 laufenden – Verhandlungen für die Beseitigung Hitlers keinen Verständigungsfrieden (statt der bedingungslosen Kapitulation Deutschlands) in Aussicht stellten und sie deshalb keine breitere Anhängerschaft reüssieren konnten. Trotzdem haben sie ein entscheidendes historisches Verdienst: ohne ihre Existenz wäre Rest-Deutschland nach dem II. Weltkrieg nie so schnell in die Völkerfamilie unseres Planeten »Erde« wiederaufgenommen und so rasch wiederaufgebaut worden, wie es tatsächlich geschah.

Interessant war der Aufenthalt auf diesem kleinen Bahnhof im Osten für mich insofern, als der Führer und Reichsleiter Bormann mich beauftragten, in kürzester Frist ihnen Minister Meißner in Berlin ans Zugtelefon zu bringen. Es hat trotz verschiedener Schwierigkeiten noch nicht einmal 5 Minuten gedauert, als der Führer bereits im Arbeitsraum seines Salonwagens mit Meißner telefonierte.

148

9.6.1942 mittags
(Reichskanzlei)

Weekend-Übungen für Etappensoldaten

Hitler freute sich über die Rüstigkeit der beiden alten Herren, die beim Essen links und rechts von ihm saßen und die er verstohlen immer wieder betrachtete: Reichsschatzmeister Schwarz und Reichspostminister Ohnesorge.

Dr. Ohnesorges »Reichspost-Forschungsanstalt« in Berlin-Lichterfelde, wo – parallel zu einem erfolglosen Professoren-Team – tatsächlich ein Prototyp der deutschen »Uranium-Bombe« konstruktionsreif entwickelt wurde, stattete Hitler bei Berlin-Aufenthalten Besuche ab, bei denen Dr. Ohnesorge nicht einmal den Hitler begleitenden Militäradjutanten die Forschungsanlagen mitbesichtigen ließ. Der 1872 geborene Ohnesorge verstand sich auf Geheimhaltung. Er war im I. Weltkrieg Chef der Telegraphendirektion des Großen Hauptquartiers gewesen. Nach dem Kriege an diversen Oberpostdirektionen tätig, wurde er 1929 Präsident des Reichspostzentralamtes in Berlin-Tempelhof und 1933 Staatssekretär, 1937 Reichsminister im Reichspostministerium. Von Haus aus Mathematiker und Physiker, hatte er als Elektro- und Elektronikspezialist zahlreiche, von aller Welt übernommene Erfindungen gemacht (z.B. die der Fernkabel-Telephonie aufgrund der Vierdrahtschaltung).

Hitler, der ihn seit 1920 kannte, bewunderte an dem schweigsamen Mann, daß er aus seinen und seiner Mitarbeiter Erfindungen stets praktisch anwendbare Resultate zu entwickeln verstand. Unter den Mitarbeitern Ohnesorges in der Reichsforschungsanstalt fanden sich u.a. solche Kapazitäten wie der Atomphysiker Baron Manfred von Ardenne. Der Uranbrenner in Kummersdorf fiel 1945 in sowjetische Hände. 1 kg Uran 235 entwickelte die Explosivkraft von 20000 t chemischen Sprengstoffs. Die Amerikaner zündeten den Prototyp ihrer ersten Atombombe am 16. Juli 1945 in New Mexico auf dem Versuchsgelände Alamogordo.

Der Chef erwähnte die Heranziehung aller in Paris lebenden Deutschen zu Weekend-Übungen der Einwohner-Wehr als außerordentlich begrüßenswert. Zahllose Dienststellen, die sich dort überflüssigerweise aufgetan hätten, sähen ihre Aufgaben nunmehr plötzlich als erfüllt an.

Der Chef glossierte dann noch die »Kultur«-Auffassungen der amerikanischen sogenannten Kulturfilme, die es zulassen, daß die First Lady der USA, Frau Roosevelt, als Mannequin auftrete.

149 — 10.6.1942 mittags
München, »Osteria«

Die Höflichkeit der Jugend

Frau Professor Troost beklagte sich, daß die Jugend sich heute in der Straßenbahn wenig galant zeige. Der Chef meinte dazu, es sei nicht von heute auf morgen möglich, die gesamte Jugend so auszurichten, wie er es gern haben möchte. Aber auf den Nationalpolitischen Erziehungsanstalten und Adolf-Hitler-Schulen werde die Jugend in seinen Anschauungen erzogen, und ihre Erziehung werde als Vorbild auf die Erziehung der übrigen Jugend ganz von selbst abfärben.

Im übrigen unterhielt er sich angeregt mit der zweiten Tochter und dem Sohn Wolfgang von Frau Winifred Wagner. Hitler äußerte, der Sohn Wolfgang solle in besonderer Weise geeignet sein, das Erbe des Großvaters Richard Wagners musikalisch zu betreuen, ebenso wie sein Bruder Wieland es in technischer Hinsicht einmal mit Erfolg zu tun verspreche.

150 — 22.6.1942 mittags
(Reichskanzlei Berlin)

Rommels Wüstensiege

Beim Mittagessen brachte Dr. Goebbels das Gespräch auf General Rommel. Er führte aus, daß Generäle wie v. Brauchitsch, Rundstedt[357] und so weiter bei weitem nicht die Popularität genössen wie Rommel und Dietl. Wenn die Presse einmal von Männern wie v. Brauchitsch, Rundstedt und so weiter schweige, so würde auch in der breiten Öffentlichkeit sehr bald schon kaum mehr von ihnen gesprochen. Rommel und Dietl dagegen verfügten über ein Ansehen, das ihre Namen für die Bevölkerung zu Begriffen erfolgreichsten deutschen Soldatentums gemacht habe. Bei Rommel trete das fast noch stärker in Erscheinung als bei Dietl.

Generalfeldmarschall Erwin Rommel (1891 bis 1944) war bei Kriegsbeginn Oberst und Kommandant des FHQu-»Führer-Sonderzuges«. Er war Hitler daher aus der täglichen Zusammenarbeit während des Polenfeldzuges besonders vertraut. Rommels Ansehen im FHQu entsprach seinem Weltruhm. Trotzdem zwang ihn Hitler am 14. Oktober 1944 zum Selbstmord, weil er nicht nur Mitte 1944 nachdrücklich auf eine alsbaldige Kriegsbeendigung gedrängt, sondern – nach unseligerweise in Hitlers Hand geratenen Dokumenten – die »Widerstandsbewegung Beck, Goerdeler, Stauffenberg« protegiert und selbst eine Verhaftung und Vorgerichtstellung Hitlers geplant hatte.

Generaloberst Eduard Dietl (1890 bis 1944) war ein alter Bekannter Hitlers aus der Münchener Kampfzeit. Wie er mit seiner 3. Gebirgsjägerdivision aus 1800 Gebirgsjägern und 3000 Matrosen, deren Schiffe untergegangen waren, mit mangelhafter

357 Generalfeldmarschall Gerd von Rundstedt (1875 bis 1953) war siegreicher Oberbefehlshaber von Heeresgruppen in Polen, Frankreich und Rußland in den Jahren 1939, 1940 und 1941. Am 15. März 1942 ernannte ihn Hitler trotz seines vorgeschrittenen Alters zum Oberbefehlshaber West in Frankreich, um dort einer bereits 1942 erwarteten Invasion der Anglo-Amerikaner vorzubeugen.

Kampfausrüstung gegen 20000 alliierte Soldaten bei Narvik siegte, die dortige Schweden-Erzbahn mit einem Tagesumschlag von 40000 t sicherte und obendrein mit der 20. Gebirgsarmee noch den Schutz des finnischen Petsamo-Nickels und seines Abtransportes nach Deutschland schaffte, das war auch für Hitler eine militärische Glanzleistung ohnegleichen. So wurde Dietl der erste Soldat der deutschen Wehrmacht, der das Eichenlaub zum Ritterkreuz des Eisernen Kreuzes verliehen erhielt. Hitlers Versuch, mit Hilfe der zwei Gebirgsdivisionen Dietls den 100 km von Petsamo entfernt liegenden, aufgrund eines Golfstromausläufers eisfreien Hafen Murmansk (UdSSR) nebst Bahn und Straße Murmansk-Leningrad zu erobern, scheiterte. Nur bis an die Liza (45 km vor Murmansk) konnten sich Dietls Leute in Ermangelung von Stukas, Panzern und schwerer Artillerie gegen die extremen klimatischen Bedingungen (Tundra, einer Mondlandschaft ohne Baum und Strauch gleichend, im Sommer drei Monate brütend heiß, im übrigen Jahr Polarkälte um minus 50 Grad) und gegen die sowjetischen Elitetruppen vorkämpfen. Ab Frühjahr 1942 erstarrte Dietls Polarfront. Murmansk blieb für die amerikanischen Hilfslieferungen an die UdSSR intakt. Allein im ersten Jahr des USA-Rußlandhilfeprogramms landeten dort 19 Geleitzüge 3052 Flugzeuge, 4048 Panzer, 520000 Militärfahrzeuge, also mehr, als bei Beginn des Ostfeldzuges der gesamten deutschen Wehrmacht für den Rußlandkrieg zur Verfügung stand. Daß Finnlands Marschall Mannerheim ab Mitte 1942 erneute Pläne Dietls, Murmansk zu nehmen, auf britisch-amerikanischen Druck hin blockierte, konnte Hitler nicht ändern. Denn nachdem der erwartete deutsche Blitzkrieg gegen die UdSSR zu einem jahrelangen Kampf der Deutschen und Russen ausartete, wollte Mannerheim Finnland unter allen Umständen vor einem endgültigen Bruch mit den USA und Großbritannien bewahren, was Hitler nicht nur auf seinen finnischen Patriotismus, sondern auch auf seine Zugehörigkeit zur Freimaurerei zurückführte. Zu Hitlers größtem Bedauern kam Dietl nach einer Besprechung mit ihm auf dem Berghof auf dem Rückflug von Graz nach Finnland 1944 durch Absturz seines Flugzeugs in den Alpen ums Leben.

Der Chef meinte hierzu, Dietl sei nicht nur bei uns, sondern ganz besonders auch in Finnland populär. Wenn Rommel aber bei uns fast noch mehr als Dietl im Mittelpunkt des öffentlichen Interesses stehe, so habe das unter anderem folgende zwei Gründe:

a) sei das Gros unseres Volkes heute über die Hintergründe des Krieges soweit aufgeklärt, daß es über jeden einzelnen Sieg über England hoch erfreut sei,

b) sei, wie Dr. Goebbels ganz richtig bemerke, für Rommel von den Engländern selbst eine unerhörte Propaganda gemacht worden, da die Engländer hofften, durch Herausstreichen Rommels ihre Niederlagen ihrem eigenen Volk gegenüber leichter erklären zu können.

Außerdem stehe Rommels Können natürlich außer jedem Zweifel. Schon bei Beginn dieser Offensive[358] habe er den Ablauf des Vorstoßes zum Meer und des Angriffes auf Tobruk[359] mit einer fast fotografischen Genauigkeit vorhergesagt. Auch darauf habe er seinerzeit schon hingewiesen, daß die Engländer sicher ihm in die Falle gehen und sich in einem günstig erscheinenden, aber unter deutschem Flakbeschuß liegenden Gebietsdreieck zusammenschießen lassen würden.

Im übrigen seien Rommels Siege dadurch möglich geworden, daß man bei uns beizeiten erkannt habe, daß der Wüstenkrieg ein Krieg von Motoren gegen Motore sein werde.

358 Nordafrika-Offensive der Panzerarmee Rommels vom 26. Mai 1942.
359 Rommels Sieg von Tobruk (Cyrenaika) vom 21. Juni 1942.

Der Volkswagen

Wenn die Gegenseite die Bedingungen des Wüstenkrieges völlig verkannt habe, so deshalb, weil sie sich über die Fortbewegungsmöglichkeiten von Motorfahrzeugen im Wüstengelände falsche Vorstellungen gemacht habe. Wie so oft in der Kriegsgeschichte habe irgendein Generalstäbler – von keiner praktischen Erfahrung getrübt – eine These aufgestellt, die man wie ein Evangelium bedingungslos übernommen habe. Es sei die These: Ein Motorwagen könne im Wüstengelände nur auf der Straße fahren. Da er immer dafür eingetreten sei, derartige Thesen erst in der Praxis auf ihre Richtigkeit zu erproben, habe er mit Volkswagen die erforderlichen Versuche anstellen lassen. Die Volkswagen, die sich heute im afrikanischen Krieg so hervorragend bewährten, hätten ihn dann alsbald von der absoluten Unrichtigkeit dieser These überzeugt.

Der Volkswagen bewährte sich sowohl unter den klimatischen Bedingungen Nordafrikas als auch unter denen Nord-, Mittel- und Südrußlands trotz der dortigen, für westliche Begriffe verheerenden Straßenverhältnisse so hervorragend, daß Marschall Rommel in Afrika ebenso wie Hitlers Marschälle in Rußland bei Fahrten, bei denen es auf Zeit und absolute Zuverlässigkeit des Fahrzeugs ankam, den Volkswagen als Militärgefährt (Kübelwagen) bevorzugten. Die Volkswagen kosteten nur 990 RM ab Werk. Ihr Brennstoffverbrauch betrug 6,5 Liter auf 100 km.

Die Volkswagen seien – das könne man schon aufgrund der bisherigen Kriegserfahrungen mit ihnen sagen – die Wagen der Zukunft. Allein schon die Art und Weise, wie diese Volkswagen den Obersalzberg hinaufsausten und dabei wie die Hummeln seine großen Mercedes-Wagen umschwirrten und überholten, könne einem imponieren. Der Volkswagen werde in einer alle Kriegserfahrungen auswertenden Konstruktion nach dem Kriege der europäische Volkswagen schlechthin sein, zumal er mit seiner Luftkühlung auch im Winter unbeschränkt verwendbar sei. Er könne sich vorstellen, daß der Volkswagen jährliche Lieferzahlen von einer bis eineinhalb Millionen erreiche.

151

22.6.1942 abends
(Reichskanzlei)

Die Räson im besetzten Gebiet

Beim Abendessen in der Reichskanzlei berichtete Dr. Goebbels, daß kaum ein General so von der Wichtigkeit des Propagandaeinsatzes durchdrungen sei wie Rommel. Auch diese Tatsache zeuge dafür, wie sehr er ein geistig aufgeschlossener, moderner General im besten Sinne des Wortes sei. Im Anschluß an den Bericht eines Kriegsberichterstatters Rommels über die Einnahme Tobruks hörte man die Rundfunk-Abendsendung über das Vorgehen unseres Afrikakorps und die Meldung von der Ernennung Rommels zum Generalfeldmarschall. Abschließend meinte der Chef, er glaube nicht, daß man eine Armee wie das englische Afrikakorps hochhalten könne, nachdem es nunmehr 3 Jahre nichts als Niederlagen geerntet habe.

Die Feldmarschälle des Dritten Reiches waren keine Heerführer mit unbeschränkten eigenen Kompetenzen. Sie hatten nur einsatzmäßige Spezial-Vollmachten und waren bezüglich der Generallinie an die – meist sehr detaillierten – Weisungen Hitlers gebunden. Das wirkte sich besonders nachteilig aus, wo immer es auf eine defensive Kriegführung ankam, da Hitler als typischer Repräsentant offensiven Kriegs-Denkens für defensives Kriegshandeln viel zu unflexibel war. Man denke an die britisch-amerikani-

sche Frankreich-Invasion vom 5./6. Juni 1944 und an die sowjetische Großoffensive gegen die Heeresgruppe Mitte unserer Ostfront vom 22. Juni 1944.

Es gab einen Reichsmarschall, der titularmäßig dem »Reichsgeneralfeldmarschall« entsprach, den es in der deutschen Geschichte nur ein einziges Mal in der Person des Türkenbesiegers Prinz Eugen von Savoyen (1663 bis 1736) gegeben hatte. Außerdem kreierte Hitler 20 Generalfeldmarschälle des Heeres und der Luftwaffe. Sie waren damit Inhaber des höchsten und auf Lebenszeit verliehenen deutschen Generalsranges, blieben bis zum letzten Atemzug aktiv und hatten bis zum Tode einen eigenen Adjutanten. Der 1849 geborene und erst 1945 gestorbene Generalfeldmarschall des I. Weltkriegs August von Mackensen ließ sich noch als 90jähriger vom OKW laufend über das Kriegsgeschehen orientieren. Insgesamt wies die deutsche Militärgeschichte vor dem Dritten Reich nur etwa 100 Generalfeldmarschälle auf; als ersten wertet man den »Generaloberst-Feldhauptmann« Herzog Albrecht von Wallenstein (1583 bis 1634). Schließlich gab es noch zwei rangmäßig dem Generalfeldmarschall gleichgestellte Admirale der Kriegsmarine, die »Großadmirale« Raeder und Dönitz.

Die Marschallstäbe der Generalfeldmarschälle, Großadmirale und des Reichsmarschalls waren – nach Entwürfen Hitlers gefertigte – Kleinode deutscher Goldschmiedekunst. Aus Gold, Platin und Brillanten wurden sie von Deutschlands seinerzeit führenden Goldschmiedemeistern gefertigt. Der letzte – nicht mehr ausgehändigte – Marschallstab war der für den Generalfeldmarschall Ferdinand Schörner. Seine Goldknäufe oben und unten waren in Feuergold, der Schaft in purpurrotem Krönungssamt und die Symbole der Germanischen Reichsidee und des deutschen Soldatentums – der Reichsadler auf Eichenkranz mit Hakenkreuz und das Eiserne Kreuz – erhaben in Gold und Platin gearbeitet, die Umrandungen aber mit Brillanten ausgelegt.

Das Gespräch kam dann auf die serbischen Aufstandsbewegungen[360], und der Chef führte dazu aus:

Wo die Bulgaren säßen, die sich mit den Balkanverhältnissen auskennten, sei Ruhe. Auch wo SS-Divisionen oder Polizeitruppen stationiert seien, deren energisches Durchgreifen weit und breit bekannt sei, klappe die Aufrechterhaltung der öffentlichen Sicherheit und Ordnung. Wo allerdings deutscher Landsturm stehe, sei es bereits schlechter bestellt, und wo die Italiener was zu sagen hätten, herrsche völlige Unordnung. Er sehe hierin einen Beweis für seine stets vertretene Auffassung, daß die Räson im aufsässigen Gebiet stets im umgekehrten Verhältnis zur Humanität der Methode stehe.

Wo Zugentgleisungen oder Attentate passierten, wo feindliche Fallschirmagenten (Fall Heydrich-Attentäter) beherbergt würden und so fort, müsse man den Bürgermeister erschießen, die Männer wegführen beziehungsweise in schwereren Fällen ebenfalls erschießen und ihre Frauen in Konzentrationslager überstellen.

Der Reichsführer SS berichtete hierzu, daß man mit derartigen Methoden[361] auch die Mörder Heydrichs in Erfahrung gebracht habe. Die Androhung der Erschießung sämtlicher Angehöriger der Mittäter, also nicht nur ihrer Frauen und Kinder, sondern auch ihrer Eltern, habe zur Auffindung der Schuldigen geführt.

360 Am gefährlichsten waren die kommunistischen serbischen Partisanendivisionen von 120000 bis 150000 Mann unter dem Oberbefehl des ehemaligen k.u.k. Feldwebels und späteren Marschalls Josip Broz Tito, des heutigen Staatspräsidenten Jugoslawiens.

361 Gemeint ist die Zerstörung des Dorfes Lidice bei Kladno am 10. Juni 1942, in dem sich die Attentäter nach der Tat versteckt hatten.

Rasches und scharfes Zugreifen gegenüber Putsch- und Staatsstreichversuchen

Der Chef führte weiter aus: Es sei die unbedingte Pflicht der Staatsgewalt zuzugreifen. Solange die Staatsgewalt zupacke, sei sie stärker als jeder Störenfried. Denn sie habe einen fest organisierten Körper hinter sich. Ein Beleg für die Richtigkeit dieser Auffassung sei die Erledigung des Falles Röhm. Der Putschversuch habe sich austreten lassen wie ein kleines Flämmchen, weil die Putschisten noch nicht einmal die SA fest in der Hand gehabt hätten.

Hauptmann Ernst Röhm (1887 bis 1934) gehörte 1919 zum Freikorps Epp, das München von der kommunistischen Räte-Regierung befreite, wurde als Chef der Abteilung für Versorgung und Ausrüstung in das Gruppenkommando München der deutschen Reichswehr übernommen, unterstützte die DAP und später die NSDAP in ihrem Aufbau nachhaltig mit Wehrmachtsmitteln, nahm 1923 am Hitlerputsch teil, führte 1924 die verbotene SA als Wehrorganisation »Frontbann« weiter und ging 1925 als Militärberater und Oberstleutnant nach Bolivien, da Hitler die neugegründete SA nicht als Wehrorganisation, sondern als Parteiinstitution (also »Weltanschauungstruppe«) aufziehen wollte. Durch ein Telegramm Hitlers 1930 nach Deutschland zurückgerufen, übernahm er unter Hitler als dem »Obersten SA-Führer« als »SA-Stabschef« die De-facto-Leitung der SA. 1933 ließ er die SA-Führer und -Unterführer auf eigenen Schulen als Offiziere und Unteroffiziere ausbilden und begann 1934 mit ihrer systematischen Bewaffnung, um sie als »Volksarmee« die Berufsarmee der deutschen Reichswehr »gleichschalten« zu lassen. Reichswehrminister von Blomberg und die Chefs der Heeres- und der Marineleitung stellten Hitler deshalb im April 1934 direkt und ab Mai 1934 unter Einschaltung des Reichspräsidenten Generalfeldmarschall von Hindenburg ein Ultimatum: die »Gleichschaltung« der Reichswehr durch Röhms SA zu unterbinden und die SA unverzüglich aller militärischen Funktionen wieder zu entheben, andernfalls werde der Reichspräsident den »Ausnahmezustand des Reiches« proklamieren und unter Ausschaltung Hitlers der Reichswehr – wie 1923/24 unter Generaloberst Hans von Seeckt – die »vollziehende Gewalt zur Sicherung des Reiches gegen innere Gefahren« übertragen.

Da Röhm sich in Besprechungen mit Hitler und Goebbels nicht freiwillig von seinem Gleichschaltungsvorhaben gegenüber der Reichswehr abbringen ließ und der Chef der Heeresleitung, Generaloberst Werner Freiherr von Fritsch, ihn aus dem Offiziersverband ausgestoßen und unter dem 25. Juni 1934 das gesamte Heer in Alarmbereitschaft versetzt hatte, verhaftete Hitler Röhm auf der von diesem für den 30. Juni 1934 eigenmächtig in Bad Wiessee angesetzten SA-Führertagung und ließ ihn und seine engsten Mitarbeiter durch – von der Reichswehr nach München transportierte – SS erschießen.

Bezüglich des Röhm-Putsches erzählte mir Wirtschaftsminister Funk eines Abends in seinem Sonderwagen auf der Fahrt Berlin–Osten: Als er, Funk – damals gerade auf der Jagd in der Schorfheide – telefonisch den Auftrag Hitlers erhalten habe, den greisen Feldmarschall und Reichspräsidenten von der Niederschlagung der Röhm-Revolte 1934 zu unterrichten, und ihm dann entsprechend Vortrag gehalten habe, habe die Antwort Hindenburgs in seinem tiefen Baß gelautet: Wer Geschichte machen will, muß auch Blut fließen lassen können.

Invasion und Generalstabstheorien

Als man auf das Problem einer englischen Invasion zu sprechen kam, meinte der Chef:

Drei Möglichkeiten hätten die Engländer hierfür: in Norwegen, in Holland und in Spanien.

Bei einem Unternehmen über Spanien könne es ihnen passieren, daß sie in einen neuen spanischen Bürgerkrieg hineinschlidderten.

Holland dürfte für sie deshalb eine harte Nuß sein, weil der Generalstabschef Rundstedts, General Zeitzler[362], dort – wie auch an der Atlantikküste – wie eine Hummel hin und her brause und dadurch der Gefahr einer Erschlaffung unserer dortigen Truppen mangels Feindberührung vorbeuge.

Norwegen aber müsse man sorgfältigst sichern. Auf die Nachschlagewerk-Thesen, daß dort in den Schären überall nur stark begrenzte Landungsmöglichkeiten gegeben seien, sei kein Verlaß. Das beweise schon die englische Landung seinerzeit in Andalsnes[363].

In Wirklichkeit erfolgte die anglo-amerikanische Invasion erst ab 6. Juni 1944, und zwar in der Normandie in Nordfrankreich. Unter dem Schutz von 14621 Flugzeugen und 2571 Kriegsschiffen wurden 619000 alliierte Soldaten mit 4126 Landungsschiffen und 2316 Transportflugzeugen an der Orne-Mündung, der Calvados-Küste und Cotentin-Halbinsel an Land gesetzt. Sie brachten 95000 Fahrzeuge und 218000 t Kriegsmaterial mit. Der erste Landungsmoment kostete sie zwar 116000 Mann Verluste. Dennoch war die Invasion trotz tapferen Widerstandes der deutschen zwei Abwehrdivisionen und zweier Eingreifdivisionen von vornherein erfolgreich, und zwar vor allem wegen der materiellen Überlegenheit der Alliierten, aber auch wegen der zögernden und unsicheren Befehlsgebung des OKW, das der örtlichen Führung keinerlei Handlungsfreiheit ließ.

Er habe überhaupt einen Horror vor dem Evangelium der Generalstäbler, das praktisch nie ausprobiert sei. Er erinnere nur an die Theorie der Panzerbekämpfung durch geballte Ladungen, entstanden durch das mutige Aufspringen deutscher Soldaten auf die ersten feindlichen Weltkriegstanks und das Ausschütten von Benzinflaschen durch die Tankluken. Daß eine derartige Panzerbekämpfung bei einem 45-Kilometer-Durchschnittstempo der Tanks nur noch in den seltensten Fällen anwendbar sei, sei den meisten Herren offenbar entgangen.

Es käme eben darauf an, daß man Theorien praktisch erprobe und laufend auf ihre Richtigkeit praktisch überprüfe. Gerade beim Kriegshandwerk sei das wichtig.

Denn der Schreck einer Truppe, die sich gegen Angriffsmittel des Feindes machtlos sehe, könne nicht nur lähmen, sondern kaum wieder aus ihr herauszukriegen sein. Deshalb habe er unsere Truppen auch mit neuen Paks (Panzer-Abwehr-Kanonen) und neuen Panzern[364] ausgerüstet, die den Waffen des Feindes absolut überlegen seien.

152

23.6.1942 mittags
(Reichskanzlei Berlin)

Polizei und Kaffeehaus-Püppchen

Beim Mittagessen erzählte Gauleiter Forster, daß die Danziger Cafés nachmittags geradezu überfüllt seien. Da sich vor allem als Püppchen aufgemachte Frauen in auffallend großer Zahl in ihnen befänden, habe bereits die Polizei ver-

362 Generalmajor Kurt Zeitzler (später: Generaloberst) wurde am 24. September 1942 als Nachfolger des Generalobersten Franz Halder Hitlers Generalstabschef des Heeres.
363 Südlich von Drontheim am 18. April 1940.
364 Gemeint sind die nach Hitlers Weisungen entwickelten neuen Panzer »Tiger« und »Panther«, sowie der Panzerkampfwagen »Ferdinand« (68 t Gewicht; 8,8 cm Pak) und der unbemannte, funk- bzw. elektro-gesteuerte Kleinpanzer »Goliath« (362 kg Gewicht; 91 kg Sprengstoff).

sucht, seine Genehmigung für ein Überholen dieser Cafés zu erhalten. Er habe aber Bedenken gehabt.

Mit Recht, meinte der Chef. Man solle den Menschen heute, wo – von verschwindenden Ausnahmen abgesehen – auch die Frauen restlos in den Arbeitsprozeß eingespannt seien, nicht überall die Polizei auf den Nacken setzen. Sonst werde das Leben für die Menschen in der Heimat ja zu einem reinen Zuchthausleben.

Aufgabe der Polizei sei es, die ausgesprochen asozialen Elemente zu überwachen und rücksichtslos auszumerzen. Dazu sei ein Überholen von Cafés aber nicht erforderlich. Denn Frauen, die über gefährliche internationale Beziehungen verfügten, pflegten diese nicht in Cafés, sondern in ihren eigenen sogenannten Salons.

Bei den Frauen in den Cafés dürfe es sich in erster Linie um werktätige Frauen, also Postbeamtinnen, Lehrerinnen, Schwestern und so weiter handeln, die sich nach der Arbeitsschicht noch eine Erholung gönnen wollten. Ferner um Hausfrauen, die wegen des Mangels an Hausgehilfinnen auch mehr Arbeit leisten müßten als im Frieden und denen die Ausspannung deshalb zu gönnen sei. Wenn man schließlich die ausgesprochenen Püppchen aus den Cafés vertreiben würde, würde man dem Landser eine seiner wesentlichsten Urlaubsfreuden nehmen.

Hitler veranlaßte die Gauleiter, die Frauenschaft, das BDM-Werk »Glaube und Schönheit«, die Organisation »Kraft durch Freude« usw., für die Landser im Urlaub Tanzveranstaltungen und sonstige Begegnungsmöglichkeiten mit Mädchen und Frauen in größtmöglichem Umfang zu organisieren. Bis zum 16. Juli 1940 gab es bereits rund 100000 derartiger »Wehrmachtsveranstaltungen« mit etwa 130 Millionen Teilnehmern. Hitler wollte dem Landser damit nicht nur Urlaubsfreuden bescheren, sondern die Zahl der Eheschließungen und Geburten so steigern, daß die Verluste an der Front wieder ausgeglichen wurden. Hitler wünschte, daß sich möglichst jeder Soldat, der fiel, zuvor in einem Kind »verewigt« haben sollte. Die Zahl der deutschen gefallenen Soldaten des II. Weltkriegs belief sich insgesamt auf rund 3,25 Millionen.

Wenn irgendwo irgendwelche Auswüchse aufträten, müßten wir uns überhaupt angewöhnen, weniger sofort nach Polizeimaßnahmen zu schreien, sondern mehr durch Erziehung zu wirken. Schließlich habe die NSDAP ja auch nicht durch Bedrohung mit der Polizei, sondern durch Aufklärung und Erziehung das Volk gewonnen.

Die Nahrungsmittelversorgung im Kriege

Auf das Gebiet der Ernährung übertragen, bedeute das, daß man den Berufsschieber barbarisch bestrafen solle. Man solle aber nicht Züge und Omnibusse anhalten, um die Fahrgäste auf eventuell gehamsterte drei Eier zu durchsuchen. Wenn der Bauer das, was ihm nach ordnungsgemäßer Erfüllung seiner Ablieferungsverpflichtung verbleibe, guten Bekannten verkaufe, so solle man ihn daran nicht mit Polizeimaßnahmen zu hindern suchen. Man zwinge ihn sonst nur, diese Nahrungsmittel selbst zu verbrauchen.

Diejenigen, die das Durchsuchen der Omnibusse und Züge anordneten, gingen bei ihren Überlegungen offenbar von den Verhältnissen beim norddeutschen Großgrundbesitz aus. Sie bedächten aber gar nicht, daß eine Kleinbäuerin oft im Frieden mit einigen wenigen Eiern und 1 bis 2 Kilogramm Butter in die nächste Stadt gepilgert sei, um sie zu Geld zu machen, da sie ihr zum Selbstverzehr zu kostbar waren.

Wenn man der Meinung sei, daß die Klein-Hamsterei zu große Ausmaße annähme und das Preisgefüge dadurch gefährdet werde, so müsse der Staat zum zweitenmal, das heißt außerhalb des Ablieferungsrahmens, als Einkäufer auftreten und versuchen, durch Zahlung begrenzt höherer Preise den Kleinhamsterer zurückzudrängen.

Man müsse auch dabei selbstverständlich vorsichtig zu Werke gehen und dürfe nicht den Grundsatz aus den Augen verlieren, daß der Bauer, der seiner Ablieferungspflicht genügt habe, die übrigen Erzeugnisse weggeben solle, wie er wolle.

Das rege nicht nur seine Schaffensfreude an, sondern sei auch im Interesse der Währung wichtig. Denn das Geld, das dem Bauern zufließe, werde gespart, während der Städter doch gerade in schwierigen Zeiten immer versucht sei, sein Geld in Ware umzusetzen.

Den Vorschlag des Chefs, den Staat bei den über die Ablieferungspflicht hinaus erzeugten Lebensmitteln als Einkäufer mit höheren Preisen auftreten zu lassen, bezeichnete Dr. Goebbels als das »Ei des Kolumbus«. Auf die Frage des Chefs, wann denn endlich mit der Einführung einer entsprechenden Regelung zu rechnen sei, erwiderte Reichsleiter Bormann, daß die erforderlichen Maßnahmen schon vorbereitet seien und in Kürze durchgeführt würden. Man habe ein Prämiensystem ausgearbeitet, das den gegebenen Notwendigkeiten entspreche.

Der Chef betonte in weiteren Ausführungen zu den Versorgungsproblemen, daß man sich immer wieder über den kleinlichen Unsinn ärgern könne, durch den wichtige Verbrauchsgüter unserer Bevölkerung vorenthalten würden und eventuell sogar verdürben. Es habe ihn seinerzeit schon in Rage gebracht, als er von Frankreich hörte, daß es unseren dort stehenden Soldaten verboten sei, in den französischen Geschäften Waren zu kaufen. Darauf, daß für eine Familie, deren Angehörige im Feld stünden, geradezu eine gewisse Anerkennung darin liege, daß die Angehörigen Strümpfe, Schokolade und so weiter schickten, sei offenbar keiner dieser neunmal klugen Herren gekommen. Erst der Reichsmarschall habe dreinfahren müssen, um die maßgebenden Herrschaften zu Verstand zu bringen und das Einkaufsverbot mit sofortiger Wirkung aufheben zu lassen.

Zur Frage der Obst- und Gemüseversorgung berichtete Gauleiter Forster, daß er den Direktverkehr zwischen Verbraucher und Erzeuger zugelassen habe, damit nicht wertvolle Nahrungsmittel auf dem Wege über x Zwischenstellen schlecht würden. Er halte es für völlig verfehlt, die Verbraucher durch Strafandrohungen vom Einkauf von Erdbeeren, Spargel und so weiter beim Erzeuger abhalten zu wollen. Seine Kritik an der Unzulänglichkeit derartiger Maßnahmen des Reichsernährungsministeriums fand allgemein Zustimmung.

Auch der Chef bestätigte die Richtigkeit dieser Kritik sehr nachdrücklich und betonte, solche Idiotien wie die Androhung von Strafen für den Direktverkehr zwischen Erzeuger und Verbraucher bei der Obst- und Gemüseversorgung müsse man den Leuten in den Ministerien ein für allemal austreiben. Auch diese unsinnigen Ansichten seien nur durch den sturen Blick auf die Verhältnisse in norddeutschen Großbetrieben erklärbar. Man möge doch endlich einsehen, daß gerade auf dem Ernährungssektor mit seiner Vielfalt der Verhältnisse generelle Regelungen auf das allernotwendigste Maß beschränkt werden müßten.

Dr. Goebbels machte vom Standpunkt Berlins aus das Bedenken geltend, daß bei der Zulassung eines uneingeschränkten Direktverkehrs zwischen Verbraucher und Erzeuger der Arbeiter das Nachsehen habe. Denn reiche Leute würden dann ihre Hausgehilfinnen aufs Land schicken, und die Beschäftigungslosen würden selbst aufs Land gehen, um Obst und Gemüse aufzukaufen. Der Arbeiter würde dann in den Berliner Gemüsegeschäften und an den Obstständen aber auch nicht ein einziges Pfund mehr erhalten.

Reichsleiter Bormann bemerkte auf Befragen des Chefs hierzu, daß bezüglich der Obst- und Gemüseversorgung der direkte Verkehr zwischen Verbraucher und Erzeuger unter maßgeblicher Einschaltung der Gauleiter je nach Lage der Dinge in den einzelnen Gauen erlaubt oder eingeschränkt worden sei. In einigen westdeutschen Gauen und bei Mutschmann (Gauleiter und Reichsstatthalter von Sachsen) sei er verboten.

Versorgungsgüter-Verkehr

Abschließend betonte der Chef, daß auch das Hin- und Hertransportieren von Obst, Gemüse und so weiter aufhören müsse, da sonst viel zuviel verdürbe. Auch das Hin- und Her-Transportieren von Kartoffeln, über das ihm Speer kürzlich einige aufschlußreiche Kartenskizzen vorgelegt habe, sei völlige Idiotie.

Minister Speer ergänzte dies dahin, daß auch andere Güter und sogar Zigaretten noch immer in einem gewissen Umfange sinn- und nutzlos herumgefahren würden. Auch das müsse seines Erachtens aufhören.

Der Chef bestätigte dies sehr energisch. Es ginge nun einmal nicht an, daß Zigaretten in Dresden hergestellt, dann zur Verteilungsstelle nach Berlin geschafft und schließlich als sächsische Zuteilung nach Dresden zurückgebracht würden. Solche Mätzchen könnten wir uns nicht leisten.

Man möge sich den Versorgungs-Güterverkehr künftig genauestens überlegen. Soweit die Nahrungsmittel nicht in der Erzeugungsgegend selbst verbraucht würden, müsse man sie in benachbarte Versorgungs-Zuschußgebiete schaffen. Die Versorgung großindustrieller Städte müsse man mit Hilfe der nächstgelegenen landwirtschaftlichen Großbetriebe sicherstellen. Man müsse dazu Großbetriebe heranziehen, da diese am leichtesten zu überwachen seien und ein Vielfaches von den Erzeugnissen abliefern könnten, die eine Vielzahl von Kleinbetrieben bei einer gleichen Gesamtgröße zur Verfügung stellen könne. Man müsse sich auch überlegen, in den Großstädten durch noch weitergehende Einführung von Betriebsküchen, Werksküchen und Volksküchen eine bessere Ausnützung der Nahrungsmittel zu ermöglichen und gleichzeitig den Großstädtern Gelegenheit zu geben, ein- oder zweimal in der Woche ohne Hergabe allzu vieler Marken[365] vernünftig zu essen.

Oberster Grundsatz müsse sein, alles, was im deutschen Einflußbereich an landwirtschaftlichen Erzeugnissen anfalle, unter allen Umständen den Verbrauchern zuzuführen. Wenn zum Beispiel Eier in der Ukraine faul würden, weil sie nicht abtransportiert werden könnten, so müsse man eben aus dem dort zur Genüge vorhandenen Stroh Brennstoffziegel pressen und dafür entsprechende Vergasergeneratoren zur Bewältigung des Zubringerverkehrs schaffen. Eisenbahn-Kühlwagen zum weiteren Transport stünden ja, wie Speer ganz richtig bemerkt habe, in den durch das Verbot des Hin- und Hertransportes von Bier frei werdenden Kühlwagen hinreichend zur Verfügung.

365 Gemeint sind die Lebensmittel-Marken, die zum Bezug von Fleisch, Fett usw. berechtigten.

153 — 23.6.1942 abends (Reichskanzlei)

Der Chef betonte, daß die Reichsgaue (auch Mecklenburg, Oldenburg und so weiter) Eigenbesitz brauchen, um ihren kulturellen Verpflichtungen nachkommen und die sonst im öffentlichen Interesse entstehenden Kosten abdecken zu können. Sonst wären sie ja restlos auf die Gnade und Barmherzigkeit Berliner Dienststellen angewiesen.

Starke Reichsklammern ermöglichen weitgehende Dezentralisation und Eingehen auf die Eigenbedürfnisse der Reichsgaue

Die Befürchtung, daß Eigenbesitz der Gaue deren Selbständigkeitsbestrebungen in gefährlichem Maße fördern würde, sei völliger Unsinn. Bei einem Reich, das mit magnetischer Kraft sogar die umliegenden Länder anziehe und demgegenüber Holland, Belgien und so weiter ihre Selbständigkeit nicht bewahren könnten, seien Selbständigkeitsbestrebungen einzelner Reichsgaue so gut wie ausgeschlossen.

Außerdem habe das Reich die Wehrmacht, die Polizei, die Reichspost, die Reichsbahn, die Partei mit ihren Gliederungen und Verbänden, die Wirtschaft, Währung, das Geld und schließe durch seine Verkehrsmittel (Reichs-Spurbahn[366], Autobahnen) das Reich immer fester zusammen. Ein Gauleiter, der demgegenüber seinen Gau verselbständigen wolle, gehöre in die Irrenanstalt.

Daß aus den Gauleitern keine Reichsfürsten werden, dafür sei dadurch vorgesorgt, daß die Gauleiter nicht auf Lebenszeit berufen würden, sondern jederzeit wieder abrufbar und absetzbar seien. Außerdem dürfe sich niemals ein Staatsamt oder Parteiamt vom Vater auf den Sohn vererben.

154 — 24.6.1942 abends (Wolfsschanze)

Beim Abendessen führte der Chef aus, daß er es sich schon bei der Organisation der Partei zum Grundsatz gemacht habe, eine Stelle nur dann zu besetzen, wenn der geeignete Mann dafür gefunden sei.

Personalpolitik in der Volks- und Staatsführung

Auch bei der Besetzung des Berliner Gauleiterpostens habe er es so gehalten. Als ihm die alten Parteigenossen immer wieder mit Klagen über die Berliner Parteiführung gekommen seien, habe er ihnen erst Abhilfe versprochen, als er in Dr. Goebbels den geeigneten Mann gefunden gehabt habe. Denn Dr. Goebbels verfüge über die beiden Dinge, ohne die man die Berliner Verhältnisse nicht habe meistern können: Redegewandtheit und Intellekt. Außerdem verkörpere er den Menschenschlag des Ruhrgebiets, der aufgrund seiner engen Verbindung mit der Eisenbe- und -verarbeitung ein besonders wertvolles Menschenmaterial darstelle.

Dr. Joseph Goebbels (1897 bis 1945) studierte Geschichte, Kunstgeschichte, Literaturgeschichte und Philosophie. Er wurde 1922 NSDAP-Mitglied, 1924 Schriftleiter der NS-Zeitung »Völkische Freiheit« (Elberfeld), 1925 Geschäftsführer des Gaues Rhein-Ruhr mit Sitz in Elberfeld und Herausgeber der programmatischen »Nationalsozialistischen Briefe« sowie Gregor Strassers engster Mitarbeiter beim Aufbau der NSDAP in Norddeutschland. Am 9. November 1926 ernannte Hitler Dr. Goebbels zum Gauleiter von Berlin. Seit 1927 gab er die NS-Zeitung »Der Angriff« heraus, organisierte NS-Versammlungsschlachten und NS-Großkundgebungen und wurde daraufhin 1929 zusätzlich Reichspropagandaleiter der NSDAP. Am 13. März 1933 berief Hitler ihn

366 Siehe Tischgespräch Nr. 131.

zum Reichsminister für Volksaufklärung und Propaganda unter Beibehaltung seiner Parteiämter. Am 25. Juli 1944 ernannte er ihn zum »Reichsbevollmächtigten für den totalen Kriegseinsatz«. Goebbels endete am 1. Mai 1945 sein Leben angesichts der Kapitulation Berlins durch Selbstmord.

Als er Goebbels dann eines Tages gebeten habe, sich die Berliner Parteiorganisation einmal anzusehen, habe er ihm berichtet, daß die Unterführerschaft eindeutig schlecht sei und er deshalb eine Vollmacht benötige, ohne Einschaltung der Uschla (des damaligen Parteigerichts) die Partei von allen unerfreulichen Elementen zu säubern. Es reue ihn nicht, Dr. Goebbels seinerzeit die entsprechenden Generalvollmachten erteilt zu haben. Denn Dr. Goebbels, der nichts Gescheites an politischer Organisation vorfand, als er anfing, habe im wahrsten Sinne des Wortes Berlin erobert. Wie ein Stier habe er gearbeitet ohne Rücksicht auf die zahllosen Nervenproben, die bei der latenten Opposition von Leuten wie Stennes[367] unvermeidbar gewesen seien.

Eine solche Führerauslese, wie die Partei sie in der Kampfzeit erfahren habe, sei heute nicht mehr möglich. Damals hätten sich tatsächlich Idealisten herausgeschält, die fanatisch ihr Letztes zum Einsatz für die Idee gebracht hätten.

Auf einen Einwurf Reichsleiter Bormanns fuhr er fort, Bormann habe ganz recht, wenn er in diesem Zusammenhang auf den Major Dincklage[368], den »Rucksack-Major«, hinweise. Denn Dincklage sei Tag und Nacht unterwegs gewesen, um für die NSDAP zu werben und zu reden. Wenn er einmal heimgekommen sei, habe er sich zu Hause nur so lange aufgehalten, bis sein Rucksack wieder mit einigen Lebensmitteln gefüllt gewesen sei. Und solche Idealisten hätten sich seinerzeit noch und noch herausgeschält.

Wenn er sich seine Gedanken über Fragen der Führer-Auslese mache, müsse er oft an die Entwicklung in Ostpreußen denken. Solange die Parteiführung in Ostpreußen in Händen irgendeines Würstchens gelegen habe, seien die ostpreußischen Grundbesitzer »nachdrücklich« für die NSDAP eingetreten. Da sie die Männer der Bewegung lediglich für Trommler gehalten hätten, hätten sie in ihnen die Wegbereiter für eigene künftige Führer-Stellen gesehen. Als er ihnen dann mit Koch (vgl. Ergänzung zu TG 101) einen Gauleiter vor die Nase gesetzt habe, den auch sie sehr bald als Kopf erkannt hätten, hätten sie sich sofort in die Front der Gegner der NSDAP eingegliedert.

Die Erfahrungen, die er bei der Organisation der Partei in der Kampfzeit gemacht habe, werte er heute bei der Organisation des Reichs aus. Wenn er seinerzeit die Gauleiter gleichsam zu Gau-Königen gemacht habe, die nur die ganz großen Weisungen von oben erhalten, so gebe er heute den einzelnen Reichsstatthaltern[369] weitgehende Freiheit – auch wenn er hierbei auf den Widerspruch des Reichsinnenministeriums stoße.

367 Walter Stennes, seit 1926 Stellvertreter des Obersten SA-Führers »Ost«, d.h. für die ostelbische SA, und später SA-Führer von Berlin, rebellierte am 1. April 1931 gegen die Befehle Hitlers, die den NS-Kampf auf eine »legale« Machtübernahme ausrichteten. Stennes wurde daraufhin von Dr. Goebbels aus der Partei ausgeschlossen. 1934 ging er als Militärberater nach China.

368 Karl Dincklage, Major a.D., war Stellvertreter des Obersten SA-Führers »Nord«, d.h. für Norddeutschland. Er starb am 7. Oktober 1930.

369 In Hitlers »Großdeutschem Reich« gab es 22 Reichsstatthalter. Die Funktionen eines Reichsstatthalters von Preußen nahm Hitler selbst wahr.

Einmal jährlich wurden – meist vom Königlichen Platz in München aus – durch den am 21. April 1933 zum »Stellvertreter des Führers« berufenen Rudolf Heß die neuernannten Amtswalter (Funktionäre) der NSDAP, ihrer Gliederungen und angeschlossenen Verbände durch Rundfunkübertragung auf Hitler vereidigt. 1934 und 1935 waren es je eine Million, 1936 schon 1,25 Millionen, 734000 im Jahre 1937 und 1938 noch 600000 Mann. Seit 1937 erfolgte die Vereidigung unter Handauflegung auf das »Programm der NSDAP« in einer riesigen Luxus-Lederausgabe von 66×46 cm, die im Rahmen des 4. Berufswettkampfes von den Studierenden der Meisterschule für Buchdrucker in München gefertigt worden war. Der Eid lautete: »Ich schwöre Adolf Hitler unverbrüchliche Treue, ihm und den mir von ihm bestimmten Führern unbedingten Gehorsam.«

Die NSDAP war damals die größte Privatorganisation der Welt. Bereits 1937 hatte sie 25 Millionen Mitglieder und drei Millionen Funktionäre, davon 300000 Hoheitsträger (Reichsleiter, Gauleiter, Kreisleiter, Ortsgruppenleiter, Zellenleiter und Blockleiter).

Nur wenn man Gauleitern und Reichsstatthaltern hinreichende eigene Wirkungsmöglichkeiten gebe, lerne man Talente kennen. Andernfalls entwickle sich lediglich eine stupide Bürokratie. Denn nur wenn man dem regionalen Führerkorps Verantwortung gebe, erhalte man verantwortungsfreudige Menschen und damit ein hinreichendes Reservoir fähiger Köpfe für Gesamt-Führungsaufgaben.

Den großen Freiheiten entsprechend, die er den Gauleitern und Reichsstatthaltern eingeräumt habe, habe er von ihnen grundsätzlich unbedingte Disziplin gegenüber den Befehlen der obersten Führung verlangt. Er habe dabei als selbstverständlich vorausgesetzt, daß die oberste Führung sich mit ihrem Befehl nicht in die sogenannte Kleinarbeit einzumischen suche, da die örtlichen Voraussetzungen für diese überall andersartig seien.

Selbstverwaltung

In diesem Zusammenhang wolle er auch eines ganz klar betonen: nichts sei bei der Organisation eines Reiches schädlicher als eine zu starke Beschränkung der Selbstverwaltung. Auf eine derartige Beschränkung der Selbstverwaltung wollten die Juristen immer hinaus. Aber wie Bismarck schon 1871 von Frankreich festgestellt habe, sei auch Frankreich damals an seinem Mangel an Selbstverwaltung zerbrochen. Denn da seine kleinen Departements ohne eigene Führungsmöglichkeiten und daher auch ohne eigene Initiative gewesen seien, hätten sie in allem stur die Weisung aus Paris abgewartet.

Sein Standpunkt sei, daß man der Selbstverwaltung weitesten Raum geben müsse, gleichzeitig aber sicherzustellen habe, daß über die Disziplin nach oben nicht diskutiert werde. Wenn die vorgesetzte Dienststelle eingreife, so müsse ihr Wille entscheidend sein. Dann habe ihrem Willen gegenüber unbedingt Order pariert zu werden.

Exekutive

Neben der aufgegliederten Staatsführung auf der einen Seite habe als starke Klammer des Reichs auf der anderen Seite das absolut gefestigte Instrument der öffentlichen Gewalt, der Exekutive, zu stehen. Die Exekutive, an ihrer Spitze die Wehrmacht, dann die Polizei, der Arbeitsdienst und die Jugenderziehung und so weiter, könnten nur in einer Hand liegen. Wenn das gewährleistet sei, könne dem Reich nichts passieren.

Das Gefährlichste sei, wenn die Exekutive zugleich Staatsführung sei oder sein wolle. Es beginne dann ein Rivalisieren der einzelnen Wehrmachtteile, der Gebietsteile und so fort, an dem schon früher eine große Zahl tüchtigster Staaten zugrunde gegangen sei.

Wahl des Staatsoberhauptes durch Wahlsenat

Zur Frage der Wahl des Staatsoberhauptes übergehend, führte der Chef folgendes aus: Wenn ihm einmal etwas zustoßen solle, so solle man das neue Staatsoberhaupt ebensowenig durch die Masse des gesamten Volkes wählen lassen, wie der Papst durch die Masse der Gläubigen oder der Doge von Venedig von der gesamten venezianischen Bevölkerung gewählt worden seien. Wenn die Masse des Volkes an einer solchen Wahl beteiligt werde, werde die Wahl zu einer Propaganda-Angelegenheit.

Und die Propaganda für oder gegen einzelne Kandidaten reiße das Volk auseinander. Wenn ein kleiner Kreis – er denke an einen Senat – die Wahl vollziehe und die Meinungen dabei aufeinanderplatzten, so sei das völlig ohne Belang. Man müsse nur klug genug sein, die Meinungsverschiedenheiten nicht nach außen bekanntwerden zu lassen. Wenn die Wahl dann vollzogen sei, sei der, der die meisten Stimmen auf sich vereinige, ebenso wie bei der Dogenwahl oder wie bei der Papstwahl trotz aller vorherigen Meinungsverschiedenheiten bei der Wahlvorbereitung, nunmehr das Staatsoberhaupt. Dadurch, daß man binnen drei Stunden nach vollzogener Wahl die Vereidigung von Wehrmacht, Partei und Beamtenschaft auf das neue Staatsoberhaupt durchführe, sei die Ordnung des öffentlichen Lebens absolut gewährleistet.

Als Sinnbild seiner Hoheitsrechte über Staat, Partei und Wehrmacht sollte das jeweilige Staatsoberhaupt das echt »Goldene Hoheitsabzeichen« tragen, das den Reichsadler auf einem Eichenkranz mit Hakenkreuzsymbol zeigt und von Hitler selbst entworfen worden war. Sein alter Münchener Spezi, der Kunst-Goldschmied Otto Gahr, hatte für Hitler davon zehn Exemplare (sieben als Schlipsnadeln, drei als Reversknöpfe) gefertigt. Nur ein Exemplar (Schlipsnadel) hat Hitler je verschenkt, und zwar an Mussolini am 25. September 1937. Die anderen, deren Trageberechtigung ihm – Hitler – allein vorbehalten war, verwahrte er sorgfältigst. Denn er wollte das jeweilige Staatsoberhaupt nur durch ein Minimum an Status-Symbol gekennzeichnet wissen. Im übrigen sollte es durch seine Persönlichkeit und die Inhaberschaft seines Amtes wirken. Die Politischen Leiter der NSDAP hatten als NS-Hoheitsträger das »Hoheitszeichen« in Silber (neben dem Parteiabzeichen) zu tragen. Ebenso wurde es als »Zeichen der Verbundenheit von Partei, Staat und Wehrmacht« in gestickter Form oder als Metall-Emblem auf den Amtstrachten der Richter und Staatsanwälte sowie an den Mützen und Uniformen der Wehrmacht und der Staatsverwaltungsangehörigen geführt.

Er mache sich keine Illusionen darüber, daß bei dieser Wahl des Staatsoberhauptes nicht immer eine unbedingt überragende Führer-Persönlichkeit an die Spitze des Reiches komme. Immer aber werde es ein Mann sein, der sich so weit über dem Durchschnitt bewege, daß von ihm – solange der Gesamtapparat in Ordnung sei – keine Gefahren für das Reich zu befürchten seien.

Das alte deutsche Wahl-Kaisertum sei an sich bereits eine ideale Form der Reichsführung gewesen. Leider sei es daran gescheitert, daß die Kurfürsten erbliche Lehensherren gewesen seien. Da Deutschland jahrhundertelang den Inbegriff der abendländischen Welt dargestellt habe, ohne von außen ernstlich bedroht zu sein, hätten diese erblichen Lehensherren ihren Hausgeschäften zuliebe geglaubt, sich den Luxus eines schwachen Kaisers und damit einer schwächlichen Reichsführung leisten zu können.

Es sei daher ein eiserner Grundsatz des Nationalsozialismus, daß kein Gau-, kein Staats- oder Parteiamt Erbgut sein könne. Gauleiteramt

Jeder Gauleiter (1942 gab es 42 Gauleiter) müsse seines Erachtens einen Stellvertreter haben. Diesem Stellvertreter sei der Anreiz, zu intrigieren, von vornherein genommen, da nach dem Gesetz nationalsozialistischer Führung kein Gauleiter-Stellvertreter hoffen dürfe, beim Ableben des Gauleiters oder bei seiner Entfernung aus anderen Gründen seine Nachfolge antreten zu können.

Das Abschießen von rückwärts kennten wir Nationalsozialisten daher nicht.

Der Gauleiter-Stellvertreter, der sich bewähre, habe die Chance, in einem anderen Gau Gauleiter zu werden. Vorausgesetzt werde allerdings, daß über seine Tätigkeit nicht ein anderer Gauleiter gestürzt worden sei.

Ob ein Gauleiter-Stellvertreter sich bewähre, sei danach zu beurteilen, ob ein Gau gut funktioniere. Denn wenn ein Gau gut funktioniere, so sei das nicht nur auf die Arbeit und die Persönlichkeit des Gauleiters zurückzuführen, sondern auch auf die Arbeit und Persönlichkeit seines Stellvertreters, da auch er seine bestimmten Funktionen habe.

Um auch nach außen eindeutig kundzutun, daß ein Gau niemals Erbgut sein könne, habe er bei den Gauleitern, die sich ihren Gau nicht selbst erobert hätten, das Prinzip der Versetzbarkeit eingeführt. Den Gauleiter von Salzburg zum Beispiel habe er nach Steiermark und einen anderen führenden Parteigenossen, der bisher ganz andere Funktionen gehabt habe, nach Salzburg gesetzt. Ein Mann, von dem er sich noch einmal sehr Großes verspreche, sei Gauleiter in Wien (Baldur von Schirach). Aber nie werde der Sohn den Gauleiter-Posten vom Vater erben. Wenn ein Generalstabschef ausscheide, mache man ja auch nicht seinen achtzehnjährigen Sohn zu seinem Nachfolger. Keine Vererbung von Staats- und Partei-Ämtern

Auf den Einwurf Reichsleiter Bormanns, daß in der Regel der Sohn eines Mathematik-Professors auch nicht zum Nachfolger seines Vaters prädestiniert sei, meinte der Chef abschließend, das sei nicht zu verwundern. Die Charaktereigenschaften der Mutter fänden sich ja meist beim Sohne wieder und nicht die des Vaters. So habe ein ihm bekannter Sohn eines Industriellen es weit von sich gewiesen, in die Geschäftemacherei seines Vaters einzutreten. Den mehr ideellen Auffassungen seiner – übrigens inzwischen anderweitig verheirateten – Mutter entsprechend, habe er sich dafür entschieden, Soldat, und zwar Fallschirmspringer, zu werden.

155

25.6.1942 vormittags
(Wolfsschanze)

Vom heutigen Frühstück ist ein interessantes Gespräch des Chefadjutanten General Schmundt, Kapitän v. Puttkamers und Admiral Kranckes zu vermerken, das Hitlers gestrige Äußerungen zur Neugestaltung der Wehrmachtführung betraf. Sie führten aus, daß ihres Erachtens der Chef völlig recht habe, wenn er sofort nach dem Kriege die Truppenführung von allen Nebenaufgaben der Wehrmacht, insbesondere allen Verwaltungsgeschäften, loslösen wolle. Weltweite Kriege erfordern Neugestaltung der Wehrmachtführung

General Schmundt erläuterte dies dahin, daß man an irgendeiner Stelle der Offizierslaufbahn den Schnitt machen und die ausgesprochenen Truppenführer für diese Sparte bestimmen und alle übrigen in der unter dem OKW und dem Wehrkreiskommandeur als Außenorgan des OKW gebildeten Wehrmachtverwaltung verwenden sollte. Die Offiziere der Truppenführung könne man dann rasch befördern, so daß dem Wunsch des Chefs nach jungen Generalen entsprochen werde. Die anderen dagegen müßten die normale Ochsentour durchmachen.

Admiral Krancke bestätigte die Richtigkeit dieser Auffassung. Es müsse – heeresmäßig gesehen – so sein, daß der Truppenführer nicht wie heute den ganzen Tag Unterschriften leisten müsse, sondern er müsse mit seinen Einheiten von Truppenübungsplatz zu Truppenübungsplatz, von Manöver zu Manöver ziehen. Die erforderlichen Kasernen müsse er sich dann jeweils vom zuständigen Wehrkreiskommandeur zuweisen lassen. Und es dürfe nicht so sein, daß nur Heeresoffiziere dem Sektor, auf dem alle Wehrmachtsaufgaben außer der reinen Truppenführung erledigt würden, zugeteilt werden. In ihm müßten alle Teile der Wehrmacht, also auch Marine und Luftwaffe, vertreten sein. Auch für sie müsse die Möglichkeit gegeben sein, Offiziere, die für den Frontdienst nicht mehr taugten, aber für sonstige aktive Stellungen noch verwendbar seien, dorthin zu überstellen. So bekomme man dann auch beispielsweise als Wehrkreiskommandeure Persönlichkeiten, die über Alter und genügend Ansehen verfügten, um sich jüngeren und aktiven Korpskommandeuren gegenüber durchzusetzen.

Schmundt erwähnte daraufhin, daß man – er habe erst kürzlich mit dem Gauleiter A. Wagner[370] darüber gesprochen – die Wehrmacht von Arbeiten freimachen müsse, die andere Staats- oder Parteistellen besser und mit weniger Kräfteaufwand erledigen könnten. Zum Beispiel sei es ein Unsinn, wenn in den Generalkommandos ganze Abteilungen sich den Kopf über politische Angelegenheiten zerbrächen, obwohl ihre Referenten kaum über einen Bruchteil der Erfahrungen der NSDAP und der zivilen Stellen auf diesem Gebiet verfügen könnten. Auch sonst gebe es eine Fülle von Doppelarbeit, die eine Unmenge von Soldaten für die Front frei machen könne.

Weiter führte General Schmundt unter lebhafter Zustimmung Kranckes aus, daß das OKW tatsächlich Wehrmachtführung werden müsse, und zwar in dem Sinne, daß sie nach dem Führer auch in puncto Truppenführung die Zusammenfassung der Wehrmachtteile darstelle, und zwar sachlich und persönlich. Wenn der heutige Zustand sich nicht negativer auswirke, so liege das daran, daß die Zusammenfassung der Wehrmachtteile bei unseren Feinden noch schlechter klappe als bei uns.

Unter dem Generalfeldmarschall Wilhelm Keitel (1882 bis 1946) war das OKW (Oberkommando der Wehrmacht) de facto nur Kriegsministerium, also zuständig für die Bereitstellung der erforderlichen Soldaten, für die Entwicklung und Beschaffung des

370 Der 1890 in Lothringen (Algringen) geborene Adolf Wagner war hochdekorierter, schwerverwundeter Offizier des I. Weltkrieges. Von 1919 bis 1929 Bergwerksdirektor, wurde er am 1. November 1929 Gauleiter des Gaues München (ab 1930: München-Oberbayern) und 1933 bzw. 1936 bayerischer Innenminister und bayerischer Kultusminister. Zugleich Stellvertreter des bayerischen Ministerpräsidenten war er ab 1939 zusätzlich Reichsverteidigungskommissar der Wehrkreise München und Nürnberg.

notwendigen Kriegsgeräts (einschließlich Munition und Treibstoff, Verpflegung und Truppenausrüstung), für die Spionage, für die Kriegsgefangenen- und Verwundetenbetreuung und für die Wehrmachtverwaltung. Keitel war nicht Feldherr, auch wenn er aufgrund seiner rustikalen Gesundheit als Harzer Gutsbesitzerssohn fast an jeder Lagebesprechung teilnahm und deshalb zu den bestinformierten Militärs Deutschlands zählte. Denn der »Wehrmachtführungsstab« unter Generaloberst Jodl, der allein die »operativen Aufgaben« der Kriegführung wahrnahm, war seinem Einfluß entzogen. Der »Wehrmachtführungsstab« war Hitlers persönlicher »operativer Arbeitsstab«; er erhielt daher Weisungen nur unmittelbar von ihm.

Wenn das Heer das OKW zunächst schon rein personell als Angelegenheit des Heeres aufgezogen habe, so, weil der Generalstab in seiner Ausbildung bisher unerreicht sei. Hinzu komme – wie ihm einer seiner früheren Kommandeure beim Einbau einer bestimmten besonderen Aufgabe in das OKW gesagt habe –, daß man einem Kinde ohne Knochen noch keinen allzu schweren Tornister aufbuckeln dürfe.

Admiral Krancke bemerkte hierzu, daß, je mehr der Krieg an Weltweite zunehme, desto mehr auch die Führungsaufgaben vom OKW bewältigt werden müßten. Das OKW müsse den Kontakt mit den Japanern halten. Wenn Rommel – was man gar nicht habe vorhersehen können – Tobruk nehme, müsse im OKW die Stelle da sein, die dem Führer sofort stichwortartig über die nunmehr dem Engländer in Afrika verbleibenden Möglichkeiten zur Rettung der Mittelmeerherrschaft (zum Beispiel Landung in Westafrika) berichten und zu deren Begegnung Vorschläge machen könne. Aber in einer solchen Situation konstatiere man dann stets, daß nichts da sei. Ebenso wie der Einsatz »Norwegen« nicht vom OKW, sondern vom Führer befohlen worden sei und man daher nicht einmal moderne Norwegen-Karten gehabt habe, da im Frieden im OKW kein Mensch an ein derartiges Unternehmen gedacht habe. Nur durch Zuhilfenahme von Karten 1:100000 von 1890 rum, die in irgendeinem Keller gelagert seien, und ihre Ergänzung durch einen Geologen, der kurz vor Ausbruch des Krieges dort Studien getrieben habe, habe man die Lage wenigstens einigermaßen gerettet. Alle solchen Möglichkeiten müßten aber schon zu Friedenszeiten von einem höchsten Führungsstab so vorbereitet sein, daß die Pläne nur aus der Schublade herausgezogen zu werden brauchten. Andererseits sei eine Angelegenheit wie die Kriegführung in Rußland seines Erachtens reine Heeressache, so daß er sich wundere, daß außer dem Chef des Generalstabes auch General Jodl täglich die Wehrmachtslage vortragen müsse.

Bei der Ablösung des Generalstabschefs des Heeres Generaloberst Franz Halder (24. September 1942) durch den neuen Generalstabschef Generalmajor (später: Generaloberst) Kurt Zeitzler wurde Jodls Zuständigkeit auf die »OKW-Kriegsschauplätze« Nordeuropa, Westeuropa, Italien, Südosteuropa und Nordafrika beschränkt. Hitler hatte Jodl Ende August und Anfang September 1942 zum Generalfeldmarschall List in den Kaukasus geschickt, um ihn nachdrücklichst an seinen, Hitlers, Befehl zu erinnern, über die Küstenstraße von Tuapse in Richtung Sotschi, Suchum und Batum vorzustoßen, nachdem Lists Versuch, den sowjetischen Sperriegel bei Tuapse über die Gebirgsstraßen und Pässe des Kaukasus zu umgehen und Grosnyj zu erobern, am frühen Wettereinbruch in den Bergen gescheitert war. Jodl ließ sich von List überzeugen, daß die Überwindung des sowjetischen Sperriegels bei Tuapse durch den von Hitler befohlenen Einsatz von Fallschirmspringern nur mit demselben hohen Blutzoll zu erreichen war wie 1941 die Besetzung Kretas. Hitler brauchte aber – wie er sagte – den

Durchbruch, damit er deutsche Truppen der Kaukasusfront nach der Besetzung der Ölvorkommen des Kaukasus wieder freibekam: »als Korsettstangen für die sonst durch und durch brüchige Ausländerfront rund um Stalingrad«, wo Italiener, Rumänen und Ungarn die Flanken der Stalingradarmee des Generaloberst (später: Generalfeldmarschall) Paulus deckten und Stalin mit vierfacher Übermacht eine – von der deutschen Luftaufklärung festgestellte – Gegenoffensive vorbereitete. Hitler wollte deshalb Menschenverluste wie z.B. bei Kreta riskieren, um größere Menschenverluste bei Stalingrad zu vermeiden. Als Jodl, der List bei dem Tuapse-Durchbruch mit seinen strategischen Kenntnissen unterstützen sollte, ergebnislos zurückkam, war Hitler so entsetzt, daß er ihn anfauchte: als bloßen Befehlsübermittler hätte er auch einen Briefträger von der Post schicken können. Als Jodl Hitler daraufhin vorwarf, er – Hitler – trage mit seinem Doppelvorstoß Stalingrad-Kaukasus ja selbst die Verantwortung für die vertrackte Situation, kam es zum Bruch zwischen den beiden, der trotz der militärischen Notwendigkeit der weiteren Zusammenarbeit nie wieder geheilt wurde. Hitler fuhr Jodl mit sich fast überschlagender Stimme an: »Und wie wollen Sie, Jodl, diesen Krieg ohne das Kaukasus-Öl gewinnen?«

Schmundt erklärte, der Chef wolle sich vom Generalstab keine Meinungen einsuggerieren lassen. Jodl kenne er aus der langjährigen Zusammenarbeit genau und wisse, was er von ihm zu halten habe. Der Führer wolle ja auch nicht, daß Armeeführer vor ihrem Vortrag bei ihm zunächst beim Chef des Generaltabes Halder vorsprächen.

Hitler fürchtete die »ewigen Bedenken des Generalstabs« und wollte deshalb seine Armeeführer nicht durch Vorbesprechungen mit dem Generalstabschef »negativ« (also pessimistisch) beeinflussen lassen, bevor sie nicht in seiner »Lagebesprechung« die Verhältnisse aus ihrer unbeeinflußten eigenen Sicht vorgetragen hatten.

156

26.6.1942 mittags
(Wolfsschanze)

Jüdische Rechtsanwälte und Journalisten

Beim Lesen der Depeschen über die Auswirkungen des Falles Tobruks in der englischen und amerikanischen Presse bemerkte der Chef:

Die Juden seien zäh wie die Ratten, eine Rasse von Lebewesen, die die ganze Welt durchdrängen und durch ihre bodenlose Frechheit in jedem Klima ihre Geschäfte machten. Wenn man jetzt lese, was die Juden sich bezüglich Tobruks zurechtquatschen: »Die Royal Air Force störe den Vormarsch der Achsenstreitkräfte erfolgreich« und so weiter, so könne man sich nur wundern, auf welch ein blödes Gequatsch die Menschheit hereinfalle. Nur so sei es auch erklärlich, daß jüdische Rechtsanwälte ohne eine Spur von Genialität in Deutschlands schmachvollster Zeit hätten die Oberhand gewinnen können, indem sie gelogen hätten wie gedruckt.

157

27.6.1942 abends
(Wolfsschanze)

Rußland zwischen Indien und Japan

Beim Abendessen kam der Chef nochmals auf den Sieg Rommels zu sprechen. Er betonte, die Einnahme von Tobruk sei ein ganz unvorstellbarer Erfolg, der in der derzeitigen Lage geradezu wie eine günstige Schicksalsfügung für das deutsche Volk anzusehen sei. Ebenso wie seinerzeit der Kriegseintritt Japans in der kritischsten Periode des Ostkampfes erfolgt sei, platze Rommels Schlag gegen das englische Nordafrika-Korps mitten in die spanischen Intrigen hinein, zu deren Kennzeichnung er nur zu erwähnen brauche, daß sich Spaniens Außenminister Suñer unlängst vom Papst sogar durch das Geschenk eines Rosenkranzes habe »ehren« lassen.

Wenn die Besprechungen zwischen Churchill und Roosevelt in Washington 8 Tage gedauert hätten[371], so sei das nicht zuletzt darauf zurückzuführen, daß Rommel Englands Mittelmeerstellung entscheidend erschüttert habe. Denn wenn Leute sich einig seien, seien die Verhandlungen rasch erledigt. Seine Besprechungen mit dem Duce hätten nie länger als eine bis anderthalb Stunden gedauert. Alle übrige Zeit sei mit Essen und dergleichen ausgefüllt worden. Lediglich bei der albanischen Krise hätten sich die Besprechungen über anderthalb Tage hingezogen, da er den Duce wieder habe aufrichten müssen.

Gemeint ist Mussolinis Besuch auf dem Berghof am 18./19. Januar 1941, bei dem Mussolini aufgrund des eigenen militärischen Desasters in Griechenland Hitler die deutsche Mitbestimmung bei der Kriegführung im Mittelmeerraum, seinem »mare nostrum«, konzedieren mußte.

Bei Zugrundelegung dieser Erfahrungen könne man sich leicht vorstellen, für wie groß die Alliierten ihre Schwierigkeiten hielten. Ganz abgesehen davon erfordere es ja auch wahre Akrobatenkünste, einen politischen Konzern mit den USA, den Russen und den Chinesen zu einer einheitlichen Willensbildung zu bringen. Wenn zum Beispiel Litwinow[372] verschiedentlich zu den Besprechungen zwischen Roosevelt und Churchill zugezogen worden sei, so natürlich nicht zuletzt, weil Rußland im Hinblick auf Indien England gegenüber einen ungeheuren Trumpf in der Tasche habe. Denn es könne für England nach dem Verlust Ostasiens keine größere Drohung geben als die der Russen, sich bei einer Störung des russisch-englischen Verhältnisses für ihre Kriegsschäden an Indien schadlos zu halten. Vielleicht sei diese Option auf Indien sogar einer der Gründe, der Rußland bewege, dem Kriegszustand mit Japan unter allen Umständen aus dem Wege zu gehen. Für uns nicht unlieb. Denn eben mit Rücksicht auf Indien werde der Nicht-Kriegszustand zwischen Japan und Rußland für uns ein Plus gegenüber England.

Der »Nicht-Kriegszustand« mit Japan ermöglichte Stalin den Einsatz seiner hervorragend ausgebildeten und modern ausgerüsteten sibirischen Divisionen (»Sibiriaken«) bei der Verteidigung Moskaus im Winter 1941 und bei der Befreiung Stalingrads im Winter 1942/43. Außerdem garantierte ihm der »Nicht-Kriegszustand« mit Japan, daß die japanische Marine und die japanische Luftwaffe die für die Sowjetunion bestimmten amerikanischen Versorgungs-Geleitzüge nach Wladiwostok nicht angriffen. Nachdem beide Prämissen durch Deutschlands bedingungslose Kapitulation vom 7. Mai 1945 weggefallen waren, erklärte Stalin am 8. August 1945 Japan den Krieg.

371 Vom 18. bis 26. Juni 1942 (es ging um die Stalin versprochene Errichtung der »Zweiten Front«: in Italien, auf dem Balkan oder in Frankreich).

372 Maksim M. Litwinow war UdSSR-Botschafter in Washington von 1941 bis 1943. Seit 1921 Außenminister-Stellvertreter und seit 1930 Außenminister der UdSSR, hatte ihn Stalin 1939 mit Rücksicht auf die geplanten Verhandlungen mit Deutschland durch Molotow ersetzt, da Litwinow als Jude offen anglo-amerikanische Sympathien hegte.

Die interessanteste Frage, die es im Augenblick gebe, sei überhaupt die: Was werde England bei der derzeitigen Situation tun? Daß man von ihm, nachdem es sich bereits durch seine Kriegserklärung trotz mangelhafter eigener Rüstung blamiert habe, keine Wunder erwarten dürfe, sei klar. Sie selbst versuchten offenbar durch das Ausstreuen der verschiedenartigsten und widersprechendsten Nachrichten, sich über die derzeitige schwierige Situation hinwegzumogeln. Aufgabe des Auswärtigen Amtes sei es eigentlich, die Lösungen, mit denen es England nunmehr versuchen werde, zu ergründen. Aber diese seien ja wohl kaum anders als durch eine Liebelei mit der Tochter Churchills in Erfahrung zu bringen, und das Auswärtige Amt beziehungsweise seine Herren Diplomaten seien sich ja sicher für das rechtzeitige Anbandeln einer solchen Liebelei zu schade gewesen, obwohl es für den Fall des Erfolges sicher zahlreichen deutschen Offizieren und Soldaten das Leben erhalten hätte.

Diktate für die regierungslosen Kleinstaaten

Beim Abendessen trug Reichspressechef Dr. Dietrich dem Chef vor, daß der Rexistenführer Degrelle[373], der zur Zeit bekanntlich an der Ostfront als Legionär stehe, Beschwerde darüber geführt habe, daß beim Austausch belgischer Kriegsgefangener keine Rexisten zum Zuge kämen. Die belgischen Angehörigen des Austausch-Komitees seien ausgesprochene Reaktionäre, die kein Mittel unversucht ließen, um den Rexisten das Wasser abzugraben.

Der Chef ordnete daraufhin an, daß sofort dafür zu sorgen sei, daß der entscheidende Einfluß für die Auswahl der freizugebenden belgischen Kriegsgefangenen Degrelle eingeräumt werde:

Es habe eine absolute Selbstverständlichkeit zu sein, daß beim Deutschen Reich in erster Linie der Gehör fände, der heute für das Europa von morgen im Osten seinen Bluteinsatz erbringe.

Den belgischen Reaktionären sei man bisher überhaupt viel zu rücksichtsvoll gegenübergetreten. Es sei ein Fehler gewesen, den belgischen König nicht in Gefangenschaft abgeführt, sondern mit Rücksicht auf seine italienischen Fürsprecher[374] dagelassen zu haben. Denn dieser belgische König sei zwar kein Mann von Geist, aber ein Mann von ungeheurer Intrigantenhaftigkeit und ein Kristallisationspunkt reaktionärer Elemente.

Bemerkenswert sei diesen reaktionären Kreisen gegenüber das Verhalten der Flamen an der Ostfront[375]. Die Flamen zeigten sich sogar deutschfreundlicher und kompromißloser als die an der Ostfront stehenden niederländischen Legionäre. Sicher liege das daran, daß die Flamen jahrhundertelang von den Wallonen unterdrückt beziehungsweise in ihren Lebensäußerungen eingeengt worden seien.

Auch dem Duce sei es nicht entgangen, daß die Flamen und Wallonen nicht harmonieren. Wenn er einmal seine Gedanken über das künftige Gesicht Europas geäußert habe, habe er die Flamen und Niederländer stets auf der einen Seite zusammengefaßt, die Wallonen dagegen mit den Franzosen in Verbindung zu bringen versucht.

373 Léon Degrelle war Chef der SS-Sturm-Brigade »Wallonie«, SS-Gruppenführer und Ritterkreuzträger des Eisernen Kreuzes.

374 Leopold III. war der Schwager des italienischen Kronprinzen Umberto.

375 Gemeint ist die SS-Sturm-Brigade »Flandern«.

Bezüglich der künftigen Behandlung der Wallonen sehe der Duce die im europäischen Nordwesten gegebenen politischen Möglichkeiten seines Erachtens allerdings nicht ganz richtig. Lösungen, wie sie ihm bezüglich des kleinen Volksteils der Wallonen vorschwebten, seien im großen »Germanischen Reich« kaum durchführbar. Er, der Chef, begrüße es deshalb, daß sich weder in Belgien noch in den Niederlanden Regierungen[376] befänden, mit denen man zu verhandeln gezwungen sei. So könne man diktieren, was sich als politisch erforderlich erweise und deshalb als zweckmäßig erkannt sei. Das Problem dieser Kleinstaaten werde er mit kurzen, knappen Deklarationen lösen.

Der Straßenbau als Anfang jeder Kultur auch in Rußland

Beim Abendessen führte der Chef aus, daß der Beginn einer jeden Kultur sich im Straßenbau äußere. So wie die Römer unter Cäsar und in den ersten beiden Jahrhunderten nach der Zeitrechnung in den germanischen Landen Sumpf, Moor und Wald durch Anlegung von Straßen und Bohlenwegen erschlossen hätten, so müßten auch wir heute in Rußland zuallererst Straßen bauen.

Wer die Erschließung Rußlands anders, etwa mit dem Bau eines Eisenbahnnetzes, beginnen wolle, zäume das Pferd vom Schwanze auf. Mindestens 750 bis 1000 Kilometer Straßenbau halte er in Rußland allein schon aus militärischen Gründen für erforderlich. Denn ohne einwandfreie Straßen sei der große russische Raum weder militärisch zu säubern noch auf die Dauer zu sichern. Was an Arbeitskraft in den russischen Dörfern und Städten nicht für die Landwirtschaft oder Rüstungsindustrie gebraucht werde, habe daher in allererster Linie für den Bau von Straßen herangezogen zu werden.

Zum Problem der Neuanlegung von Dörfern übergehend, meinte der Chef, daß diese Neuanlegung im russischen Raum nicht nur nach militärischen Gesichtspunkten erfolgen solle, sondern auch zur Auflockerung der Eintönigkeit der riesigen Straßen beitragen müsse.

158

28.6.1942 abends
(Wolfsschanze)
(Zum Mittagessen war der Reichsmarschall bei Hitler).

Faruk, Ägyptens König im Zweiten Weltkrieg

Der Chef beschäftigte sich nach dem Abendessen wiederum mit den Möglichkeiten unseres Afrikakorps nach seinem Eindringen nach Ägypten[377]. Rommel müsse jeden nur gewünschten Nachschub erhalten. Außerdem müsse man – wenn möglich – den ägyptischen König zur Flucht veranlassen, damit die Engländer nicht aus Gründen einer späteren Störpropaganda ihn wegführten. Er sei, falls der König das tue, ohne weiteres bereit, ihn nach der Besetzung Ägyptens durch deutsche Truppen feierlich wieder zu inthronisieren. In solch einem Falle habe er gegen Monarchie gar nichts.

Hinzu komme bei der ägyptischen, daß der ägyptische König die Schönste des Landes – wenn auch die Tochter eines Juristen – sich zur Frau genommen und dadurch schon hinreichend seine gesunden Auffassungen dokumentiert habe.

376 Sie emigrierten am 13. bzw. 28. Mai 1940 nach London.

377 Am 30. Juni 1942 stieß Rommel mit seiner Afrika-Armee westlich von Marsa Matruk bis zum Paß El Alamein in Ägypten vor und stand damit nur noch 100 km von Alexandria entfernt.

Man denke nur einmal an unseren Adel. Da gehe es bei einer Heirat nicht ohnedem, daß schon soundso viele Vorfahren das und das aufzuweisen hätten. Von Pfeffer[378] führe seine Familie bis auf Karl den Großen zurück. Dabei hätten die vielen feudalen Generationen so viel Schlacken zurückgelassen, daß er besser noch »v. Kümmel« geheißen hätte.

Weiter bestätigte der Chef die Ansicht Marschall Keitels, daß die deutsche Einnahme Alexandrias mehr noch als die Aufgabe Singapurs das gesamte englische Volk – an Singapur wären ja nur die Geldleute unmittelbar interessiert – in Wut versetzen und gegen Churchill aufputschen werde. Es sei deshalb nur zu wünschen, daß der USA-Gesandte in Kairo uns durch seine schlecht chiffrierten Kabel weiter so gut über die englischen Militärplanungen unterrichte.

Die Eroberung Alexandrias wurde von Hitler und Mussolini am 22. Juni 1942 als Operationsziel beschlossen. Trotz der Tüchtigkeit Rommels und der Einsatzbereitschaft des Afrikakorps blieb die Offensive aber bei El Alamein in 100 km Entfernung von Alexandria stecken. Der Grund war das Ausbleiben des erforderlichen Nachschubs an Treibstoff, Panzern, Geschützen, Munition und Reparatur-Material (insbesondere Ersatzteilen). Da das deutsch-italienische Oberkommando der – zunächst von Süditalien aus erfolgreich operierenden – Luftflotte II des Generalfeldmarschalls Albert Kesselring von Hitler und Mussolini nicht freie Hand für eine Total-Bombardierung Maltas und dessen Eroberung durch Fallschirmjäger und Luftlandetruppen erhielt, versenkten die von Malta als unzerstörtem Flugzeugträger- und U-Boot-Stützpunkt aus operierenden britischen Torpedoflieger und U-Boote pp deutsch-italienische Versorgungs-Konvois in ungeahnter Zahl. Dazu trug bei, daß in den für die Kriegführung im Mittelmeer und in Nordafrika zuständigen OKW-Abteilungen zwei Secret-Service-Agenten als Referenten saßen, die der britische Geheimdienst schon beim Hitlerschen Wiederaufbau der deutschen Wehrmacht als angebliche »Auslandsdeutsche« aus Südamerika ins Reserve-Offizierkorps Hitlers eingeschmuggelt hatte und die dank der mangelnden Achtsamkeit der verantwortlichen Personalchefs im Kriege 1942/43 Stabsoffiziere im deutschen OKW geworden waren.

159

29.6.1942 mittags
(Wolfsschanze)

Europas Einigung nur mit Waffengewalt oder im Schmelztiegel eines gemeinsamen Krieges möglich?

Beim Mittagessen erwähnte der Chef, daß seine Wiener Landsleute immer wieder fragten, ob wir denn auch diesmal Belgrad[379] wieder aufgeben wollten? »Nachdem wir es nun zum dritten Male hätten erobern müssen, sollten wir's doch endlich behalten!«

Die Wiener hätten mit dieser Auffassung zumindest insoweit recht, als man sich die Grenzziehung in dieser Ecke des Reichs ganz besonders genau über-

378 Franz von Pfeffer von Salomon, Hauptmann des I. Weltkriegs, dann Freikorpskämpfer im Baltikum, in Litauen, in Oberschlesien und an der Ruhr, war ab 1924 NSDAP-Gauleiter von Westfalen, ab 1925 Gauleiter an der Ruhr, vom 1. November 1926 bis zum 29. August 1930 Oberster SA-Führer (OSAF) und von 1932 bis 1941 NS-Reichstagsabgeordneter.

379 Belgrad wurde 1717 im Türkenkrieg vom deutschen Reichsgeneralfeldmarschall Prinz Eugen von Savoyen erobert, im I. Weltkrieg 1915 von deutsch-österreichischen Truppen unter dem Oberbefehl des Generalfeldmarschalls August von Mackensen und im II. Weltkrieg am 12. April 1941 durch die 11. Panzerdivision unter dem Oberbefehl des Generalfeldmarschalls Ewald von Kleist.

legen müsse. Darüber, daß wir auf das sogenannte Eiserne Tor[380] an der Donau unter keinen Umständen verzichten könnten, gebe es ja wohl keinen Zweifel.

Die Donau sei die Wasserstraße, die in das Herz des Kontinents hineinführe und deshalb in einem von uns geeinten Europa als deutscher Strom behandelt und beherrscht werden müsse. Die Regelung des Ost-West-Verkehrs in diesem Großraum stehe und falle mit der Alternative, ob die Donau deutsch sei oder nicht. Jeder Kanalbau erübrige sich, ja sei ein Unsinn, wenn es nicht gelinge, diese Hauptwasserader immer unserem unbeschränkten Einfluß zu erhalten.

Bei der Behandlung der Donau-Probleme müsse unsere Generation daher Sorge tragen, daß nicht alle auftretenden Rechtsfragen in den Friedensverträgen gelöst würden. Ein verantwortlicher Staatsführer müsse seinem Nachfolger eine ganze Schublade von Rechtsansprüchen mehr oder minder klarer Art hinterlassen, damit dieser sie gegebenenfalls als »heilige« Ansprüche zur Fundierung der später einmal notwendigen Auseinandersetzungen heranziehen könne.

Auf den Einwurf des Reichsführers SS, daß auch der Alte Fritz seine Schlesischen Kriege mit nicht ganz klaren Erbansprüchen begonnen und daß Ludwig XIV. bei seiner Politik noch und noch mit »überkommenen« Rechtstiteln gearbeitet habe, betonte der Chef, daß es für die Weisheit eines Staatsoberhauptes zeuge, wenn es derartige Titel seinem Nachfolger auf all den Gebieten hinterlasse, auf denen nach menschlichem Ermessen überhaupt jemals irgendwelche nationalen Probleme akut werden könnten.

Wenn daher die Klosterbrüder von Athos, über deren sittliches Niveau er sich nicht näher auslassen wolle[381], ihn zum Nachfahren der byzantinischen Kaiser erklärt hätten, so sei auch dieses Dokument aufzuheben.

Die autonome Kloster-Republik des – dem orthodoxen Christen heiligen – Berges Athos, die 963 n. Chr. gegründet wurde, untersteht der geistlichen Jurisdiktion des Oekumenischen Patriarchen in Konstantinopel und der staatlichen Souveränität Griechenlands. Aus den Athos-Klöstern sind viele Kirchenführer der Orthodoxie in aller Welt hervorgegangen sowie Bischöfe, Theologie-Professoren, Gelehrte aller Art und Künstler. Da die Athos-Klöster die Tradition der christlichen »Urkirche« weiterführen, bergen ihre Bibliotheken – wie man Hitler berichtete – rund 9000 Original-Handschriften von einzigartigem Aussagewert bezüglich der griechischen Antike und des Urchristentums.

Er wünsche, daß alle schriftlichen Unterlagen über derartige Angelegenheiten nicht vom Auswärtigen Amt aufbewahrt würden und dort in Vergessenheit gerieten, sondern daß sie als Führer-Angelegenheiten der Reichskanzlei zugeleitet und dort in einer Weise aufgehoben würden, daß sich seine Nachfolger stets Einblick in sie verschaffen könnten.

Er spreche bei diesen Überlegungen aufgrund seiner Erfahrungen mit jenem schweren Stück geschichtlicher Arbeit, das er selbst habe meistern müssen. Sicher werde es nach uns Generationen geben, die die zur Zeit sich vollziehende Einigung Europas ebenso gleichmütig hinnähmen wie ein Großteil der derzeit Lebenden das Bismarcksche Reich als etwas absolut Gegebenes ansehe.

380 Das »Eiserne Tor« der Donau ist die 130 km lange Engtalstrecke der Donau im Banat, deren – nach dem II. Weltkrieg gebauten – Staustufen Jugoslawien und Rumänien mit insgesamt zehn Milliarden kwh Strom versorgen.

381 Hitler hielt die strenge Askese und Weltabgeschiedenheit der Athos-Mönche sowie ihre Einstellung zur Frau (keine Frau darf die Klosterrepublik betreten) für nicht mehr zeitgemäß.

Welche Mühe es koste, den Westen, den Norden, die Mitte und den Osten Europas zu einer großen Einheit zusammenzuschweißen, das gerate so schnell in Vergessenheit, daß man auch den Wert solcher Hilfsmittel, wie er sie geschildert habe, erst dann wieder zu schätzen wisse, wenn man brennend auf sie angewiesen sei.

Auf eins möchte er aber auch bei dieser Gelegenheit hinweisen – man könne ja gar nicht oft genug darauf hinweisen –, daß nämlich die Zusammenschweißung Europas nicht durch das Einigungsbestreben einer Fülle von Staatsmännern ermöglicht worden sei, sondern nur mit Waffengewalt zu machen gewesen sei.

Auch die Zusammenschweißung Bayerns, Württembergs, Badens und so weiter mit Preußen zum Deutschen Reich Bismarcks sei ja nicht auf die hochherzige und verständige Gesinnung der Fürsten zurückzuführen gewesen, sondern auf die Bedeutung des preußischen Zündnadelgewehrs [382] für die damalige Zeit. Man denke nur daran, welcher Nachhilfe des Grafen Holnstein [383] es bedurft habe, daß Bayerns König Ludwig II. seinen berühmten Brief an Bismarck geschrieben habe, der mit seinem Angebot der Kaiserwürde für den preußischen König das letzte Glied in der Kette der diplomatischen Aktionen darstellte. Mit den lächerlichsten Mätzchen habe König Ludwig sich dem Unterschreiben dieses Briefes zu entziehen versucht und sich sogar mit angeblichem Zahnweh ins Bett geflüchtet, um den Vorstellungen Holnsteins zu entgehen. Es sei ein wahres Glück gewesen, daß Holnstein nicht zu den Kreaturen gehört habe, die vor einer königlichen Kammertür in Respekt versänken und sie in entscheidenden Situationen sich nicht aufzumachen trauten.

Am Abendessen nahm Speer mit seiner zahlreichen Begleitung – unter anderem Staatsrat Blohm von der Hamburger Werft Blohm & Voss und Staatsrat Schieber und so weiter – teil.

Da Hitler Ministern wie Speer zeitlich nur begrenzt zu Besprechungen zur Verfügung stehen konnte – in dem entscheidenden Jahr der Rüstung 1942 empfing er ihn nach meinen Unterlagen nur 25mal –, da Hitler andererseits aber der Überzeugung war, daß nur mit der besten Waffentechnik ein Krieg wie der II. Weltkrieg zu gewinnen sei, ermächtigte er seinen Luftwaffenadjutanten Major Nicolaus von Below, als ständiger FHQu-Kontaktmann Speers zu fungieren und die Besprechungen Speers, der Rüstungsindustriellen und der Wehrwirtschaftsführer mit ihm – Hitler – vorher abzustimmen.

160 — 30.6.1942 mittags (Wolfsschanze)

Die russische Kampfmoral im Ersten und im Zweiten Weltkrieg

Am Mittagessen nahm der zum Generalfeldmarschall beförderte Meister der Abwehrkämpfe im Abschnitt Nord der Ostfront v. Küchler [384] teil.

Der Chef freute sich sehr über die Art, wie der Marschall mit der Miene eines

382 Das Zündnadel-Gewehr, System Dreyse, wurde 1841 in der preußischen Armee eingeführt. Es trug entscheidend zu Preußens Siegen in den Feldzügen von 1864, 1866 und 1870/71 bei.

383 Max Graf von Holnstein war Oberststallmeister König Ludwigs II. von Bayern.

384 Generalfeldmarschall Georg von Küchler, der sich bereits im Polen- und Frankreichfeldzug als Armeeführer bewährt hatte, hatte am 17. Januar 1942 den Generalfeldmarschall Wilhelm Ritter von Leeb als Oberbefehlshaber der Heeresgruppe Nord abgelöst.

Biedermannes von den schweren, mühsamen Wolchow-Kämpfen[385] erzählte. Bezüglich der gemachten Gefangenen erwähnte er, es seien auch noch 10000 Verwundete da. Sie habe man aber gar nicht erst angegeben, da sie, ohne daß man ihnen in dem Sumpfgelände Hilfe bringen könnte, doch eingingen. Von der russischen Kampfmoral berichtete er, daß auch die Soldaten in den vordersten russischen Linien kein Interesse an der Weiterführung des Kampfes gehabt hätten, sondern nur die eine Sehnsucht »Zurück in die Heimat« kennten. Aber trotzdem kämpften sie wie die Tiere bis zum letzten Atemzug und müßten Mann für Mann erledigt werden.

Erscheinungen wie im Weltkrieg 1916/1917, daß die Russen bei einem Angriff ihre Gewehre umgekehrt in die Gräben steckten und dann die Stellungen räumten, habe man nirgends beobachten können.

161

30. 6. 1942 abends
(Wolfsschanze)

Der wahre Künstler reift nur durch eigenes, starkes Erleben. Freies Kunstschaffen und staatliche Kunstakademien

Beim Abendessen ging der Chef in seiner Unterhaltung von der Feststellung aus, daß dieser Krieg viel stärker an das künstlerische Empfinden appelliere als der letzte. Was von den Künstlern, die er nach ein- oder zweijährigem Kriegsdienst zurückgeholt habe, an Selbsterlebtem dargestellt worden sei, gehöre zu dem Wertvollsten, das an Gegenwartskunst von unseren Ausstellungen zur Zeit überhaupt gezeigt werden könne.

Gerade die Kriegsbilder seien eine eindeutige Bestätigung dafür, daß der wahre Künstler durch die Praxis, durch das eigene starke Erleben reife, nicht aber im Schulbetrieb der Akademie.

Den maßgebenden Männern der Akademien fehlten meist auch Einsicht und Urteilsvermögen, um wirklichen Könnern zum Durchbruch zu verhelfen. Man müsse sich nur einmal vorstellen, daß die schönen Marinebilder von Bock (gemeint ist der Marine-Maler Adolf Bock, Berlin) von der Preußischen Akademie abgelehnt worden seien, obwohl sie zur Zeit fast allein auf weiter Flur eine naturgetreue Wiedergabe der Nordsee brächten. Dieselbe Preußische Akademie, die diese Bilder abgelehnt habe, scheue sich aber nicht, in ihren eigenen Ausstellungen absoluten Dreck an die Wände zu hängen. Auch in seine Ausstellungen im Haus der Deutschen Kunst versuche sie immer wieder die von ihr protegierten Schmierereien hineinzubringen. Aber er sei im Hinauswerfen dieser Machwerke stur.

Seine Auffassung über den Wert der Akademien sei ja bekannt. Man könne auch schwerlich etwas daran ändern, daß in diesen Lehranstalten in ihrer heutigen Form andere Kräfte zum Einsatz kämen als solche, die im praktischen Leben kein Bild loszubringen verständen. Die Alternative für die Auswahl des Lehrkörpers einer Kunstakademie der heutigen Form sei ja ganz einfach die: entweder man erteile fähigen Leuten Lehraufträge an ihr, dann gingen sie für das praktische künstlerische Schaffen verloren; oder aber man beschäftige Nullen an den Akademien, dann seien für den künstlerischen Nachwuchs keine vorbildlichen Erzieher da.

385 Sie endeten am 28. Juni 1942 mit 33000 russischen Gefangenen. Trotzdem griffen die Russen hier in den folgenden Monaten und Jahren immer wieder an, um die deutsche Leningrad-Front aufzubrechen.

Wenn man dieses Problem überdenke, müsse man sich selbst zuallererst die Frage vorlegen und beantworten, ob es nicht letzten Endes im Interesse des künstlerischen Schaffens einer Zeit geradezu begrüßt werden müsse, daß nur die Würstchen in die heutigen Akademien gingen. Wenn etwa in eine Akademie wie die Filmakademie nicht nur ein Herr Weidemann (Filmregisseur Alfred Weidemann), sondern auch unsere größten Filmregisseure gingen, würde unser Filmschaffen dann nicht sofort erheblich abrutschen?

Ein Charakteristikum der Akademien von heute sei ja, daß sie jedes Genie umzubringen versuchten. Sobald ein Genie im Gesichtskreis der mittelmäßigen »Größen« dieser Akademien aufkreuze, sträubten sich diese erfahrungsgemäß sofort mit ihrem ganzen Gefieder dagegen.

Wolle man dem Genie den Weg in die Akademie ebnen und wolle man die Schaffenskraft des Genies dem praktischen Leben trotz der Akademie-Tätigkeit erhalten, so müsse man das Wesen der Akademie völlig ändern. Man müsse sie in eine Reihe von einzelnen Werkstätten auflösen, die den Staatsateliers ähnelten. Dann müsse man an die großen Künstler herantreten und es ihrem freien Ermessen überlassen, ob sie eine dieser in der Akademie zusammengefaßten Werkstätten übernehmen wollten. Erklärten sie sich bereit, müsse man es ihnen freistellen, sich die Schüler auszusuchen, die ihrem Fleiß und ihrem bisherigen Schaffen nach einer Ausbildung durch die größten lebenden Meister würdig seien.

Wenn man die Akademien so aufziehe, höre der Unsinn auf, daß man Malern das Plappern von Sprachen, das Jonglieren mit mathematischen Begriffen und so weiter beibringen wolle. Ein Unsinn, der nur dem Spatzengehirn des Durchschnitts entstammen könne. Oberster Grundsatz der Mal-Akademien werde dann wieder, den Schülern das Malen und noch einmal das Malen und zum dritten das Malen beizubringen.

Überspitzung der Volksschullehrer-Ausbildung und der Volksschul-Lehrpläne

Er könne sich auch immer wieder darüber ärgern, daß man auf den Lehrerbildungsanstalten den künftigen Volksschullehrern eine Unmenge Zeugs einzutrichtern suche, obwohl sie den Kindern hernach doch nur die Anfangsgründe des Rechnens, Lesens und Schreibens beizubringen hätten. Was müsse man denn schon aus allen möglichen Wissensgebieten kennen, um sechsjährigen Kindern die richtige Aussprache des a, a, a, ... b, b, b, ... vorzumachen.

Es sei auch ein wahrer Unsinn, den Kindern in der Schule alles mögliche einpauken zu wollen. Wenn man sie ein oder zwei Jahre nach Verlassen der Schule nach all diesen Dingen frage, wüßten sie ja doch kaum mehr etwas davon. Es sei daher Aufgabe der Schulleitung, den Unterrichtsplan so aufzustellen, daß den Kindern nur das Wissen vermittelt werde, das sie tatsächlich brauchten, um später im Leben ihren Mann zu stehen. Im übrigen sei es viel gescheiter, sie möglichst viel Zeit in der frischen Luft verbringen zu lassen. Denn so bekämen wir einen gesunden Nachwuchs, der auch einmal körperliche Strapazen abkönne, ohne gleich auf der Nase zu liegen.

Sippenhaftung

General Bodenschatz, der Verbindungsoffizier Görings zum FHQu, trug dem Chef beim Mittagessen vor, daß ein Bruder des Fürsten Starhemberg[386] in der deutschen Luftwaffe als Offizier diene. Erst kürzlich habe man erfahren, daß ein weiterer Bruder, der im Heeresdienst gestanden habe, auf Weisung des Chefs entlassen worden sei. Da der zur Luftwaffe gehörende Starhemberg sich einwandfrei bewährt habe und besonders gut beurteilt werde, habe man geglaubt, seine Entlassung nicht vor einem nochmaligen Vortrag beim Chef vollziehen zu sollen.

Der Chef erwiderte, daß Familien von besonders weitgehendem politischen Einfluß auch eine entsprechende Familienverantwortlichkeit hätten. Wenn ein Glied einer solchen Familie diesen politischen Einfluß mißbrauche, wäre es eine ganz natürliche Sache, daß die übrigen Mitglieder der Familie in »Mitleidenschaft« gezogen würden. Es stünde ihnen ja frei, sich beizeiten von dem politischen Schädling zu distanzieren.

Am gefürchtetsten war dabei die Gefipo (Geheime Finanzpolizei = Steuerfahndung). Sie beanstandete die Nicht-Buchung beispielsweise von wenigen tausend Mark, verlangte dafür eine strafrechtliche Unterwerfungsverhandlung für »geschätzte« weitere inkorrekte Buchungen von einigen zehntausend Mark und pfändete, natürlich bevor den Betroffenen überhaupt Steuerbescheide geschickt worden waren, prophylaktisch deren gesamtes Einkommen und Vermögen. Hatten diese dann zehn Jahre prozessiert und recht bekommen, fanden sich opportunistische Richter, die ihnen bei – sagen wir – 60 000 Mark notwendigen Prozeßkosten nur knapp ein Drittel als erstattungsfähig anerkannten. Erst das heutige Bundesverfassungsgericht hatte den Mut, diese unrechtstaatlichen Praktiken gegenüber politisch Mißliebigen 1967 generell zu unterbinden.

Die Japaner verträten das Prinzip der Familienverantwortlichkeit sogar so stark, daß es bei ihnen selbstverständliche Pflicht jeder politisch oder militärisch einflußreichen Familie sei, ihre Angehörigen von Handlungen oder Unterlassungen abzuhalten, die Japan schaden. Gelinge das nicht und werde das nationale Ansehen dieser Familie durch den »mißratenen Sohn« beeinträchtigt, so verübten die erwachsenen männlichen Familienmitglieder Harakiri, um die Familienehre wiederherzustellen.

Von dem Gedanken der Familienverantwortlichkeit müsse man auch bei der Behandlung der Brüder des Verräters Starhemberg ausgehen. Denn die Familie des Fürsten Starhemberg zähle seit Jahrhunderten zu den einflußreichsten in Österreich und hätte sich daher der Verantwortung ihrem Deutschtum gegenüber auch in der Systemzeit bewußt sein müssen. Aber was wolle man sich über Starhemberg ärgern, man möge sich lieber über den Fall Sewastopols freuen.

Einnahme Sewastopols

Als die Rundfunk-Sondermeldung über den Fall Sewastopols auf unserem kleinen Volksempfänger (VE 301w/Telefunken[387]) im Speiseraum durchkam, erhob Hitler und mit ihm die ganze Tischgesellschaft sich, um die anschließend

386 Ernst Rüdiger Fürst von Starhemberg war Nachkomme des gleichnamigen Feldmarschalls und erfolgreichen Verteidigers Wiens gegen die Türken 1683. (Vergleiche Fußnote 12 auf S. 64 zu TG Nr. 4.)
387 Das billigste Modell, der sogenannte »Kleinempfänger«, kostete nur 35 RM.

gespielten Nationalhymnen stehend und mit Deutschem Gruß grüßend anzuhören.

Sieger von Sewastopol war die 11. Armee unter Generalfeldmarschall von Manstein. Sie machte 97000 Gefangene. Sewastopol wurde nicht nur mit äußerstem Mut von seiner Besatzung verteidigt. Als superstarke Krim-Festung konnte Sewastopol auch erst nach Zuziehung der schwersten deutschen Artillerie, des Krupp-Eisenbahngeschützes »Eiserner Gustav« mit seinem 80-cm-Kaliber, und dem Einsatz des VIII. Flieger-Korps unter Generalfeldmarschall von Richthofen genommen werden.

Ägypten, Churchill und seine Opposition

Beim Mittagessen (Depeschenlesen) machte der Chef darauf aufmerksam, daß das sicherste Zeichen für den Zusammenbruch der englischen Herrschaft in Ägypten eine Anweisung des englischen Informationsministeriums an die englische Presse sei, die Bedeutung Alexandrias für das britische Empire zu bagatellisieren. Denn die englische Presselenkung erfolge aufgrund erstklassiger Informationen und arbeite so präzise, daß sie erst, wenn ein Dominion oder ein sonstiges Stück des englischen Empires nach Ansicht der Regierung absolut nicht mehr zu halten sei, mit Bagatellisierungen jongliere und die Volksmeinung für andere Weltreichsprobleme zu interessieren suche.

Im Falle Ägyptens müsse eine derartige Presseweisung allerdings sehr ausführlich sein. Denn während von dem Verlust Hongkongs und Singapurs[388] in erster Linie nur der wohlhabende Engländer betroffen worden sei, sei Ägypten auch für den englischen Mann auf der Straße eine der bedeutendsten Stützen der englischen Wohlfahrt. Bei einem Verlust Ägyptens sei daher von Churchill und seinen Leuten eine ungewöhnliche Verstärkung der Oppositionsstimmung im Volke zu befürchten.

Man dürfe nicht übersehen, daß sich heute bereits einundzwanzig Parlamentsmitglieder nicht mehr scheuten, sich im Unterhaus offen gegen Churchill auszusprechen. Wenn man sie auch durch Einführung des Fraktionszwanges bei den beiden großen Parteien mundtot machen wolle, könne Churchill doch durch derartige Maßnahmen allein seine Stellung nicht halten. Nur wenn es ihm gelinge, durch eine geschickte Behandlung der öffentlichen Meinung das Interesse der Engländer von Ägypten abzulenken und beispielsweise auf Indien zu konzentrieren, werde er einem ungeheuren Anwachsen der Opposition begegnen können.

Einvolkung von Rasse-Mischlingen unmöglich?

Nach dem Mittagessen erzählte der Chef von einem gewissen Freiherrn von Liebig. Dieser Freiherr habe als streng national gegolten und sei deshalb auch in seinen Gesichtskreis gebracht worden. Ihn habe jedoch das ausgesprochen jüdische Aussehen des Mannes abgestoßen. Man habe ihm aber immer wieder versichert, daß nach dem besonders weit zurückreichenden Stammbaum des Freiherrn keinerlei Anzeichen für eine nichtarische Blutbeimischung bei ihm gegeben seien. Nun stelle sich durch Zufall heraus, daß eine Urvorfahre des

388 Die – von Hitler als Soldaten bewunderten und als »Preußen des Ostens« apostrophierten – Japaner besetzten Hongkong am 25. Dezember 1941. Am 15. Februar 1942 eroberten sie Singapur, Großbritanniens militärischen Hauptstützpunkt in Südostasien, worum Hitler am 27. März 1941 Japans damaligen Außenminister Matsuoka besonders gebeten hatte. Die von Hitler davon erhoffte Schwächung der britischen Gesamt-Kriegführung blieb aber aus.

Freiherrn 1616 in Frankfurt am Main als Tochter volljüdischer Eltern zur Welt gekommen sei.

Über 300 Jahre lägen also zwischen der Jüdin und dem heutigen Freiherrn v. Liebig. Und obwohl er außer dieser Jüdin nur Arier zu seinen Vorfahren zähle, zeige er in seinem Aussehen eindeutig die rassischen Merkmale des Juden. Dies bestätige seine schon bezüglich des Engländers Cripps vertretene Auffassung, daß sich bei Mischlingen – selbst wenn der jüdische Bluteinfluß noch so gering ist – im Laufe der Generationen immer wieder ein reinrassiger Jude ausmendle[389]. Das jüdische Volkstum sei eben zäher.

1939 zählte die Statistik im Großdeutschen Reich nur 72738 jüdische Mischlinge I. Grades (mit zwei jüdischen Großeltern) und 42811 jüdische Mischlinge II. Grades (mit einem jüdischen Großelternteil). Aber diese Menschen wurden – auch wenn sie charakterlich höchstes Ansehen genossen und beruflich tüchtig waren – durch Nichtberücksichtigung bei der Besetzung von Vertrauensstellungen, durch Nichtbeförderung, durch Berufsverbote und durch Heiratsgebote derart schikaniert, daß bitterste Tragödien oft die Folge waren. Dabei gab es einen Ausweg, den auch ich bei meinen Bekannten mit Erfolg ging: Man ließ die Betroffenen zur Wehrmacht einziehen und beantragte dann ihre »Gleichstellung mit Deutschblütigen«. Das Mischlingsreferat des FHQu, d.h. Hitlers Heeresadjutant Engel, stempelte im Schnellverfahren fast alle ihm so vorgelegten Wehrmachtfälle als »genehmigt« ab, womit die Belästigungen und Beschränkungen für die Betroffenen schlagartig aufhörten. Hitler murrte natürlich über diese Handhabung des Problems durch Engel und versuchte ihm dienstlich und bei Tisch eine härtere Verfahrensweise beizubringen, ohne ihm einen ausdrücklichen diesbezüglichen Befehl zu erteilen. Denn Engel hätte einen Befehl Hitlers mit Sicherheit mit der Vorlage aller Zweifelsfälle beantwortet und damit Hitlers Zeitplan äußerst strapaziert. Hitlers Hauptargument gegenüber Engel war, daß das orthodoxe Rabbinats-Judentum die Mischlinge damals auch nicht haben wollte und nur das Kind einer jüdischen Mutter als Juden anerkannte, das zu 100 Prozent in die jüdische Glaubensgemeinschaft hineingeboren worden war. Mit OKW-Erlaß vom 25. September 1942, einem absoluten Vorlagestop, ließ Hitler Engels großzügiger Mischlingspraxis ein Ende bereiten. Er vergaß ihm seine Eigenmächtigkeit jedoch keineswegs, sondern schob ihn im Frühjahr 1943 auf ein Frontkommando ab.

Der beste Beleg für die Richtigkeit dieser Auffassung sei ja in der Person Roosevelts gegeben. Roosevelt, der nicht nur in der Behandlung politischer Angelegenheiten, sondern auch in seiner Rabulistik wie ein Jude auftrete, habe sich kürzlich selbst der Beimischung »edlen« jüdischen Blutes gerühmt. Der ausgesprochen negroide Einschlag seiner Frau sei auch auf nichts anderes als darauf zurückzuführen, daß sie ihrer Abstammung nach Halbblut sei und farbige Blutbeimischungen aus dem amerikanischen Osten aufweise.

Unrichtig. Frau Eleanor Roosevelt, eine geborene Roosevelt und direkte Nichte des früheren USA-Präsidenten Theodore Roosevelt, war nach Giselher Wirsings – Hitler damals vorliegendem – Amerika-Buch »Der maßlose Kontinent« nicht Tochter einer Negerin, sondern einer Voll- oder Halbjüdin Rebekka Hall. Die Familie der Roosevelts war bereits im 17. Jahrhundert aus den Niederlanden in die USA eingewandert und im Staate New York ansässig geworden. Sie gehörte zu den führenden Familien in den USA mit einem beachtlichen Vermögen in New York und einem berühmten Land-

389 Ausdruck nach dem Vererbungsforscher Gregor Mendel (1822 bis 1884), der als Mönch durch die Kreuzung von Pflanzen die Gesetzmäßigkeit der Vererbung nachgewiesen hatte.

sitz am Hudson-River (»Hyde Park«). Eleanor Roosevelt war mit ihrem Mann in etwa verwandt; er war ein Neffe 5. Grades des früheren USA-Präsidenten Theodore Roosevelt. Als Präsident berief ihr Mann, Franklin Delano Roosevelt, sich aus politischen Gründen und mit einer gewissen Zielrichtung gegen Hitler gern auf seine »jüdischen Ahnen«. Sie sind auch in seiner eigenen Familie von Heraldikern nachgewiesen, lagen aber Generationen zurück.

Die angeführten Beispiele müßten jedem vernünftig Denkenden die Augen darüber öffnen, welch große Gefahren für beide Seiten das Mischlingswesen in sich berge. Die Rassen seien nun einmal von der Vorsehung verschiedenartig konstruiert. Eine völlige Einvolkung fremdrassigen Blutes sei ausgeschlossen. Der fremdrassige Einschlag komme immer wieder zum Durchbruch.

Unser Volk schade sich daher selbst, wenn es Mischlinge zum Wehrdienst zulasse und ihnen auf diese Weise die Möglichkeiten für eine Gleichstellung mit Deutschblütigen eröffne. Eine weitere Belastung unseres Blutes mit rassisch fremden Elementen sei nicht zu verantworten. Ausnahmegenehmigungen für Mischlinge seien daher auf ein minimalstes Minimum zu beschränken.

Während dieser Ausführungen brachte mir eine Ordonnanz folgende Karte Reichsleiter Bormanns:

»Dr. Picker,
besonders genau u. ausführlich aufschreiben, was der Führer über Behandlung und Gefährlichkeit unserer jüdischen Mischlinge sagte, warum diese Mischlinge nicht in die Wehrmacht und nicht gleichgestellt werden sollen. Bormann«

163 — 1.7.1942 abends (Wolfsschanze)

Realisten wie Churchill hören nur auf Tatsachen

Der Chef betonte beim Abendessen, daß die Wehrmacht sich unter gar keinen Umständen um innerpolitische Dinge kümmern dürfe. Ihre Aufgabe sei es, Schwertträger nach außen zu sein. Ihre Friedensarbeit habe daher auch ausschließlich der Vorbereitung dieses Kampfes nach außen zu dienen.

Hitler ist sich als Politiker mit seiner halb künstlerischen und halb soldatischen Natur nie darüber klargeworden, wie viele Aversionen gegen Deutschlands angeblichen »Militarismus« er in aller Welt schürte, indem er schon in Friedenszeiten immer wieder bei Parteiveranstaltungen, Paraden, Großkundgebungen usw. demonstrativ seine »Militärmaschine« mit ihrer Marschmusik, ihrem Preußendrill und ihrem Parademarsch zur Schau stellte. Dabei hatte er entgegen all diesem Bluff bei Kriegsbeginn nur 102 Divisionen und eine Wehrmachtsausrüstung für vier Monate bereit.

Als dann das Gespräch auf den Fall Sewastopols kam, meinte General Jodl, daß diese Sondermeldung ein einzigartiges Pendant zur englischen Sondermeldung von der Abberufung des englischen Generals Ritchie, des Verlierers von Tobruk, sei.

Großbritanniens Oberkommandierender im Nahen Osten, General Sir Claude Auchinleck, übernahm am 25. Juni 1942 an Stelle des Generals Ritchie vorübergehend selbst den Oberbefehl über die in Tobruk geschlagene 8. britische Armee. Er stabilisierte sie mit neuen Soldaten und 1100 neuen Panzern so, daß sie ab Mitte August 1942 unter der Führung des Generals Sir Bernard Montgomery die Rommel-Armee mit ihren 500 alten, durch Treibstoffmangel und unreparablen Verschleiß behinderten Panzern ab 23. Oktober 1942 in Nordafrika zum Rückzug zwingen konnte.

Vor allem, meinte der Chef, platze unsere Sondermeldung über den Fall Sewastopols wunderbar in die englische Unterhaussitzung hinein, die sich mit den neuesten Ergebnissen der Churchill-Politik auseinandersetzen wolle.

Auf die Bemerkung Reichsleiter Bormanns, daß die Reaktion der Abgeordneten auf unsere Sondermeldung noch heute nacht erfolgen könne, erklärte der Chef, man könne sich vorstellen, wie begeistert die Engländer sein würden, zumal sie sowieso schon behaupteten, Churchill sei »miserabel«; sie hätten aber ja leider keinen anderen führenden Kopf.

Wie »miserabel« Churchill sei, wie sehr er unter anderem auch seine privatkapitalistischen Interessen mit der Politik vermenge, zeige, daß er bei dem Vorgehen gegen Narvik[390] seinen Neffen als Korrespondenten dorthin geschickt habe, um ihm die Einnahmen aus der Beschreibung des englischen Einzuges nach Narvik zuzuschanzen. Solchen Leuten wie Churchill – das sei verständlich – könne man nicht mit Worten, sondern nur mit der klaren Sprache von eisernen Tatsachen kommen.

Die Aufhebung des Befehls, deutschen Kriegsgefangenen in Nordafrika kein Wasser zu geben, habe man daher nur dadurch erwingen können, daß man einen gleichen Befehl für die Behandlung sämtlicher englischer Kriegsgefangenen angekündigt habe, eine Maßnahme, die binnen 12 Stunden die gewünschte Wirkung gehabt habe.

Hitler fühlte sich den Kriegsopfern des I. Weltkriegs, insbesondere den Verwundeten, Kriegshinterbliebenen und langjährig Kriegsgefangenen so verbunden, daß er ihnen zur Durchsetzung ihrer berechtigten Interessen am 3. Juli 1933 eine eigene Organisation, die NSKOV (NS-Kriegsopfer-Versorgung), schuf. Er selbst entwarf das Mitgliedsabzeichen dieses der NSDAP angeschlossenen Verbandes. Und er trug sein eigenes – von Goldschmied Gahr in München modelliertes – Ehrenmitgliedsabzeichen (in Gold mit Signatur) bei allen Treffen mit deutschen und ausländischen Kriegsverletzten, Kriegsgefangenen und vor allem Frontsoldaten. Hitler hoffte aufgrund seiner in Friedenszeiten laufend veranstalteten »Frontsoldaten-Begegnungen« mit Franzosen, Briten, Amerikanern usw. mit Hilfe dieser Veteranen ohne Verzicht auf seine eigenen Ziele den Frieden erhalten und einen II. Weltkrieg vermeiden zu können. Vergeblich.

Auch im 1. Weltkrieg hätten die Engländer deutsche Kriegsgefangene unmittelbar hinter der Front mit Arbeiten beschäftigt und davon erst Abstand genommen, als wir als Gegenmaßnahme englische Kriegsgefangene im Feuer hätten Stellungen ausheben lassen und unter anderen den Sohn Lord Greys[391] dabei sichtbar beschäftigt hätten.

Es sei zu bedauern, daß wir nicht so viele maßgebliche Gefangene englischer Herkunft wie russische hätten.

Als Marschall Keitel erwähnte, daß auch ein Sohn Stalins[392] und ein Neffe

390 Vom 28. Mai bis zum 6. Juni 1940 war der hart umkämpfte norwegische Erzhafen Narvik in britischer Hand.

391 Sir Edward Grey war der – für die britische Einkreisungspolitik gegen Deutschland vor dem I. Weltkrieg verantwortliche – Außenminister Großbritanniens von 1905 bis 1916.

392 Hitler bot 1943 Stalin den Austausch seines Sohnes Jakob Stalin-Dschugaschwili gegen seinen – Hitlers – bei Stalingrad in Gefangenschaft geratenen Neffen, den Pionierleutnant Leo Raubal, an. Stalin lehnte ab, und zwar mit der Begründung: »Krieg ist Krieg!«

Molotows in unseren Händen seien und der Neffe Molotows wegen Erfrierungen an den Füßen habe behandelt werden müssen, erzählte der Chef: Wir hätten uns immer gewundert, daß man auf russischer Seite nichts von Erfrierungen höre. Jetzt habe man aber erfahren, daß die Sowjets ihre Soldaten, die sich Erfrierungen zugezogen hätten, wegen »Selbstverstümmelung« einfach erschossen hätten, um keine Unruhe im Hinterland aufkommen zu lassen.

Stalin lehnte Hitlers wiederholte Angebote auf Austausch verwundeter Kriegsgefangener ebenso wie den deutschen Vorschlag auf Zulassung einer Kriegsgefangenen-Post mit der stereotypen Begründung ab: »Es gibt keine Sowjetsoldaten in deutscher Kriegsgefangenschaft. Der Sowjetsoldat kämpft bis zum Tode. Ein Sowjetsoldat, der dennoch in Kriegsgefangenschaft geraten ist, hat sich damit selbst aus dem Sowjetvolk ausgeschlossen.«

164 — 2.7.1942 mittags (Wolfsschanze)

Überholung der Tanks als Offensiv-Waffe?

Beim Mittagessen sprach der Chef über militärische Fragen. Er führte unter anderem aus, daß ebenso, wie die Verwendung von Elefanten als Offensivwaffe zur Zeit Hannibals am wirkungsvollsten gewesen sei, heute die Tanks die vollendetste und wichtigste Land-Offensivwaffe darstellten. Ebenso wie die Elefanten Hannibals werde aber auch die Bedeutung der Tanks nach diesem Krieg verblassen, von neuen Waffen verdrängt und schließlich ganz abgelöst werden.

Von 1940 bis 1944 verfünffachte Hitler die Panzerproduktion. Insgesamt wurden gebaut: Vom Panzerkampfwagen III 15350 Exemplare, vom Panzerkampfwagen IV 8003 Exemplare und vom Panzerkampfwagen V (Panther) 5508 Exemplare; ihre Geschwindigkeit betrug 30 bis 46 Stundenkilometer; alle hatten außer der übrigen Bewaffnung 7,5-cm-Langrohrkanonen. 8,8-cm-Langrohrkanonen hatten erst die ab Mitte 1943 zum Einsatz gebrachten, fast unverwundbaren Panzerkampfwagen VI (Tiger; bis Kriegsende etwa 2000 Stück), die später als »Königstiger« 10,7- und 12,7-cm-Geschütze trugen und Spitzengeschwindigkeiten bis zu 60 Stundenkilometern fuhren. Die Pläne der Um- und Neukonstruktionen der Panzer arbeitete Hitler höchstpersönlich durch und besprach sie, bevor sie in die Produktion gingen, in allen Einzelheiten auch noch einmal mit dem genialen Volkswagen-Konstrukteur Professor Porsche. In Zweifelsfällen mußte Porsche mit Hitlers Flugkapitän Baur in Hitlers »Führer-Maschine Condor« zu allen größeren Panzereinheiten der Ostfront fliegen, um Hitlers Anregungen auf ihre Fronttauglichkeit zu überprüfen und um die Wünsche und Erfahrungen der Panzerfahrer aus erster Hand zu erkunden. So kam es zu einer enormen Beweglichkeit der Panzer und zu ihrer besonders erfolgreichen kontinuierlichen Funk-Führung.

Bereits 1929 hatte Hitler im »Illustrierten Beobachter« (Heft 39, Seite 490ff.) seine wehrpolitische Auffassung zur Tank-Rüstung veröffentlicht und damals schon die Entwicklung von diversen Tank-Modellen für die jeweils notwendigen Kampfhandlungen propagiert, d.h. Tanks für die Infanterie-Unterstützung, Ein- und Zweimann-Tanks, Artillerie-Tanks mit Langrohrgeschützen bzw. schweren Haubitzen, Transport- und Nachschub-Tanks, wasser- und gasdichte Tanks, Schwimm-Tanks, Flammenwerfer-Tanks, Defensiv-Tanks mit Maschinengewehrbewaffnung, Offensiv-Tanks mit 30 bis 60 km Stundengeschwindigkeit usw.

Hitlers Siege 1939/1942 in Polen, Frankreich, Jugoslawien, Griechenland, Nordafrika und Rußland beruhten weitgehend auf der operativen Zusammenarbeit von Panzer-Großverbänden mit jenen Sturzkampfflugzeugen, die die Junkerswerke unter der

Bezeichnung Ju 87-Stukas entwickelt hatten. Der Einsatz der – getrennt von der Infanterie operierenden – Panzer in Großverbänden brachte deren Kampf- und Feuerkraft zugleich mit ihrer Geschwindigkeit voll zur Entfaltung. Die mit nervenschockierendem Lärm auf ihre Ziele herabstürzenden Stukas (mit einer großen und vier kleinen Bomben) waren gleichzeitig als Tiefflieger verwendbar, um nach einem Bombenangriff im zweiten Anflug mit Maschinengewehren und kleinen Bordgeschützen vollkommene »Tabula rasa« zu machen.

Auslandsdiplomaten von Format (Oshima, Gerede, Großmufti, François-Poncet). Diplomatische Tricks

Beim Mittagessen kam der Chef aufgrund einer Depesche über eine Berufung des türkischen Botschafters in Berlin, Gerede[393], zum türkischen Außenminister auf den Jubel Ankaras über den Fall Sewastopols[394] zu sprechen.

Der Fall Sewastopols habe in Ankara den Haß der Türken auf die Russen so richtig zum Durchbruch gebracht. Wenn Gerede türkischer Außenminister werden sollte, könne das von uns nur begrüßt werden.

Gerede sei zwar kein Diplomat von dem soldatischen Format Oshimas, er sei aber ein Mann, der von der Notwendigkeit eines Zusammengehens zwischen der Türkei und Deutschland unbedingt überzeugt sei.

Mit Botschafter General Hirosho Oshima verhandelte Hitler nicht nur selbst wiederholt direkt, sondern er ließ auch seine engsten Mitarbeiter mit ihm unmittelbar konferieren, wenn Fragen der deutsch-japanischen Zusammenarbeit ohne Zeitverlust geregelt werden sollten. Oshima arbeitete so erfolgreich und verschwiegen, daß Hitler ihn mit der – an sich Regierungschefs vorbehaltenen – Sonderstufe des »Deutschen Adlerordens« auszeichnete, und zwar mit dem »Goldenen Großkreuz mit Schwertern«.

Oshima und Gerede seien zur Zeit wohl die fähigsten ausländischen Diplomaten in Berlin. Wenn Oshima mit größerer Festigkeit auftrete, so liege das nicht zuletzt darin begründet, daß er in der japanischen Wehrmacht eine festgefügte Organisation hinter sich habe, die auch die politischen Angelegenheiten stets in einer Japans nationalem Interesse entsprechenden Weise zu dirigieren verstehe. Auf einen solchen in sich starken Machtfaktor könne Gerede sich nicht stützen. Er habe lediglich eine unpolitische Wehrmacht in seinem Heimatlande und müsse deshalb die politischen Interessen der Türkei mit der Elastizität eines biegsamen Degens durchzusetzen versuchen.

Wenn Gerede türkischer Außenminister sei, bekomme das Problem des Vorderen Orients für uns ein ganz neues Gesicht.

Denn auch der andere Gegenspieler in diesem Gebiet, der Großmufti, sei ein Mann, der bei aller nationalen Leidenschaft die Politik als Angelegenheit realer Interessen der Araber und nicht als Angelegenheit irgendwelcher Phantastereien betrachte. Bei seinen blonden Haaren und blauen Augen mache er trotz seines Spitzmausgesichtes den Eindruck eines Mannes, unter dessen Vorfahren mehr als ein Arier gewesen sei und der vielleicht bestem römischen Blut entstamme.

Mohammed Said Hadschi Amin el Husseini, Großmufti von Jerusalem, verfocht mit Hitlers Hilfe die Befreiung der arabischen Länder (Ägypten, Syrien, Libanon, Irak usw.)

393 Statt Botschafter Gerede wurde Numan Menemencoglu von 1942 bis 1944 türkischer Außenminister.

394 Die seit 1472 türkische Krim wurde erst 1783 von Rußland erobert und erhielt 1784 die – gegen die Türkei gerichtete – besonders starke Marinefestung Sewastopol.

von der britischen und französischen Kolonial-Herrschaft und die Wiederansiedlung der aus Palästina von den Juden verdrängten palästinensischen Araber in ihrem damals unter britischer Oberhoheit stehenden Heimatland Palästina, dem heutigen Israel. Der Großmufti war der geheime Drahtzieher aller Araber-Aufstände vor und während des II. Weltkriegs, entrierte 1940 im Irak einen – vom deutschen Geheimdienst gesteuerten – Offiziersputsch gegen die englandfreundliche Regierung in Bagdad, sorgte ab 1941 von Berlin aus für die Aufstellung mohammedanischer SS-Einheiten aus Albaniern, Bosniern und organisierte ab 1948 von Kairo bzw. von Beirut aus den Kampf der palästinensischen Araber gegen Israel. 1976 gab es bereits fast 1 Milliarde Mohammedaner.

Im Gespräch habe der Großmufti sich als ein eminent schlauer Fuchs entpuppt, der sich – um Zeit zum Überlegen zu gewinnen – einzelne Dinge nicht nur in das Französische, sondern außerdem in das Arabische übersetzen lasse und in seiner Vorsicht oft so weit gehe, bestimmte Dinge gleich niederschreiben zu lassen. Wenn er spreche, wäge er bei jedem Wort förmlich die Gedanken. In seiner überlegenen Klugheit komme er fast den Japanern nahe.

Was für geschickte Diplomaten die Japaner seien, zeige ein kleines Beispiel, bei dem er gestehen müsse, daß er selbst auch auf den Schwindel hereingefallen sei. Irgend jemand habe irgendwann die Theorie aufgebracht, daß die Japaner sich aufgrund irgendwelcher Gleichgewichtsstörungen beim Fliegen absolut nicht zu Flugzeugführern eigneten. Als die maßgeblichen japanischen Staatsmänner gemerkt hätten, daß dieses Geschwätz wegen der Leichtgläubigkeit der Generalstäbler kritiklos von einem Land nach dem anderen übernommen worden sei, hätten sie alles getan, um dem Glauben an diesen Unsinn immer neue Nahrung zu geben. Hinter diesem Tarnschirm hätten sie dann eine Luftwaffe aufgebaut, deren Erfolge bei Pearl Harbor die ganze Welt hätten aufhorchen lassen.

Den alten politischen Grundsatz, Vertreter fremder Mächte, die sich in eine für uns nicht unerwünschte falsche Beurteilung der Lage verrannt hätten, ruhig einmal darin zu belassen, habe auch er mit Erfolg exerziert.

Als er nach der Machtübernahme mit den Aufrüstungsarbeiten begonnen habe, habe er immer mit Gegenmaßnahmen der Westmächte rechnen müssen. Das Geschwätz über Meinungsverschiedenheiten zwischen SA und Reichswehr sei ihm in dieser schwierigen Situation zu Hilfe gekommen. Der im Erfassen der Zusammenhänge sonst durch nichts zu bluffende französische Botschafter François-Poncet[395] habe dieses Gerücht typisch mit dem Ohr des Franzosen aufgesogen, und je mehr man ihm davon zugetragen habe, desto nachdrücklicher habe er nach Paris berichtet, daß sich ein militärisches Einschreiten Frankreichs erübrige, da sich die Spannungen zwischen SA und Reichswehr sowieso zu einem Streit auf Leben und Tod zuspitzten.

Die Sorge der »Gleichschaltung der Reichswehr« durch die SA war 1933/34 ein Dauergesprächsstoff der Generale und Admirale im Bekanntenkreis meines Vaters. Selbst in meiner Gegenwart – ich war damals 21 bzw. 22 Jahre alt – wurde dies Thema ungeniert

395 André François-Poncet war französischer Botschafter in Berlin von 1931 bis 1938, von 1938 bis 1940 in Rom. 1949 wurde er Frankreichs Hoher Kommissar für Westdeutschland und von 1953 bis 1955 Frankreichs Botschafter in Bonn. Von seinem Esprit und seiner Schlagfertigkeit kursierten im FHQu zahlreiche Anekdoten. Daß der II. Weltkrieg nicht schon 1938 im Zusammenhang mit der Sudetenkrise ausbrach, ist zu einem Großteil sein Verdienst, da er Hitler mit kluger Argumentation und überlegener Sachlichkeit zu bremsen verstand.

erörtert. Auf Wunsch des Reichswehrministers von Blomberg warnte Hindenburg Hitler deshalb wiederholt: »Politik ist Ihre Sache. Die Wehrmacht ist die meine. Die Wehrmacht muß der große Garant des Reiches werden. Für sie zu sorgen, sie zu erhalten und sie auszubauen, ist meine größte Aufgabe.« Dabei war allen Eingeweihten klar, daß sich Hindenburgs Formulierungen eindeutig gegen Röhms »Volksarmee-Pläne« richteten.

Als dann der Röhm-Putsch erfolgt sei, habe sich der Pariser Regierung die Lage so dargestellt, als ob die Deutschen sich wie im Mittelalter gegenseitig die Köpfe einzuschlagen begännen und Frankreich daher wieder einmal auf Kosten Deutschlands der lachende Dritte sein könne. So habe der Röhm-Putsch noch großen Nutzen gestiftet und militärische Maßnahmen Frankreichs und darüber hinaus auch Englands so lange hingehalten, bis es für ein Eingreifen dieser Länder wegen des Fortschreitens der deutschen Aufrüstung zu spät gewesen sei.

Hitler fügte hinzu:

Im übrigen aber wäre er froh, wenn er unter unseren Botschaftern einen Mann vom Format François-Poncets hätte; denn dieser Franzose sei mit seinem weltweiten Geist nicht nur überzeugter Repräsentant europäischer Kultur, sondern auch in seiner Konzilianz und Freigebigkeit mit Pralinen und dergleichen ein nicht zu unterschätzender Fechter auf der diplomatischen Bühne. Den Umfang seiner Verbindungen erhelle die Tatsache, daß er sich einmal einen ganzen Waggon Pralinen aus Frankreich habe kommen lassen.

165

2.7.1942 abends
(Wolfsschanze)

Jeanne d'Arcs Tod, eine ewige Lehre

Beim Abendessen sprach der Chef Herrn Reichsleiter Bormann auf Bücher an, die er von ihm zur Durchsicht erhalten hatte. Insbesondere hätten ihn die Zitat-Zusammenstellungen aus Friedrichs des Großen »Briefe über die Religion« und seinen »Theologischen Streitschriften« interessiert. Es sei eine wirklich wertvolle Tat, wenn man diese Schriften allen Deutschen – insbesondere aber allen führenden Leuten, voran Admiralen, Generalen und so weiter – zugänglich mache. Denn aus ihnen ergebe sich, daß er – der Chef – nicht mit »ketzerischen« Gedanken allein dastehe, sondern sich in der besten Gesellschaft eines der größten deutschen Männer befinde.

Es sei bedauerlich, beim Studium von Büchern über das Thema Staat/Kirche immer wieder feststellen zu müssen, daß eine Staatsführung die wahren Interessen des Volkes sehr, sehr leicht zugunsten irgendwelcher Ideologien oder Interessenklüngel preisgebe. Nur so sei es verständlich, daß sogar eine Freiheitsheldin wie die Jeanne d'Arc – Shaw habe das noch viel klarer herausgearbeitet als Schiller – von ihren einflußreichen französischen Zeitgenossen verraten worden sei und als Zauberin habe verbrannt werden können.

Was in solchen Fällen von dem rechtlichen Denken der Gerichte zu halten sei, zeige Ernst Hauggs Abhandlung über das »Deutschlandlied«. Nach ihr hätten es deutsche Gerichte sogar fertiggebracht, die Freiheitslieder eines so bedeutenden Deutschen wie Hoffmann v. Fallersleben[396] als »staatsabgewandt« zu bezeich-

396 Der Dichter und Sprachforscher August Heinrich Hoffmann von Fallersleben verfaßte 1841 das »Deutschlandlied«, die spätere deutsche Nationalhymne. Er wurde daraufhin 1842 als Professor der Universität Breslau fristlos entlassen.

nen, da die Richter hinter den kleinen Belangen der in ihrem Staat herrschenden Dynastie nicht die großen Belange des deutschen Gesamtvolkes gesehen hätten.

Wenn man das wisse, müsse man es der habsburgischen Monarchie hoch anrechnen, daß sie den deutschen Gedanken auch in der Zeit, in der sich das Reich in Einzelstaaten aufgelöst habe und von dynastischen Interessen förmlich auseinandergerissen worden sei, hochgehalten habe.

Besiedlung der Krim

Beim Abendessen erzählte der Chef, daß er eine Denkschrift des Gauleiters Frauenfeld über die Lösung der Südtiroler Frage gelesen habe. Frauenfeld[397] mache den Vorschlag, die Südtiroler geschlossen nach der Krim zu verbringen und dort anzusiedeln. Damit werde das alte Streitobjekt mit Italien ein für allemal begraben.

Er halte den Vorschlag für außerordentlich gut. Denn kaum irgendwo auf der Erde habe sich ein Volkstum durch die Jahrhunderte besser gehalten als auf der Krim. Sowohl die Tataren als auch die Goten seien lebendige Beispiele dafür. Er glaube auch, daß die Krim in klimatischer und landschaftlicher Hinsicht für das Südtiroler Volkstum durchaus geeignet sei. Außerdem sei sie – mit dem jetzigen Siedlungsgebiet der Südtiroler verglichen – ein Land, in dem Milch und Honig fließe.

Die Verbringung der Südtiroler nach der Krim biete weder physisch noch psychisch besondere Schwierigkeiten. Sie brauchten ja nur einen deutschen Strom, die Donau, hinunterzufahren, dann seien sie schon da.

Die Stunde der Freiheit für Ägypten?

Nach dem Abendessen überreichte der Reichspressechef Dr. Dietrich dem Chef einen Bericht, nach dem die Engländer eine Presseanweisung in der vom Chef beim Mittagessen des Vortages skizzierten Weise herausgegeben haben. Die Tendenz dieser Presseanweisung war tatsächlich, daß das englische Weltreich durch einen Verlust Indiens erschüttert werde, daß hingegen die Aufgabe Ägyptens weniger England als vielmehr die deutsche Führung vor Schwierigkeiten stelle. Denn England könne dem deutschen Afrika-Korps durch Hafen- und Straßensprengungen und durch Verminung des Suezkanals die notwendigen Nachschub- und Verkehrsverbindungen ganz entscheidend stören, Deutschland sei damit also geradezu in eine Falle geraten.

Nach Durchsicht des Berichts bemerkte der Chef, daß man ein so rasches Abschreiben Ägyptens durch die Engländer allerdings nicht habe erwarten können. Im übrigen zeige die Lügerei, daß wir – wenn Churchill einmal tot sei – noch sorgen müßten, daß seine durch nichts zu erschütternde Großmäuligkeit nicht weiterlebe.

Es komme nun sehr wesentlich darauf an, daß auch unsere Propaganda sofort in Aktion trete und noch und noch die Parole in die Welt hinausposaune, daß nunmehr für Ägypten die Stunde der Freiheit geschlagen habe. Wenn diese Parole geschickt herausgebracht werde, seien ihre Rückwirkungen auf andere dem britischen Empire unterworfene Länder, insbesondere im Vorderen Orient, außerordentlich.

Wesentlich sei ferner, daß der ägyptische König veranlaßt werde, sich der

397 Der frühere Wiener Gauleiter (1930/34) Alfred Eduard Frauenfeld war Hitlers Generalkommissar für die Krim. Berufsoffizier des I. Weltkriegs, war er nacheinander Bauing., Bankbeamter, Reichsredner, NS-Zeitungsherausgeber u. Geschäftsführer der Reichstheaterkammer.

»Obhut« der Engländer möglichst rasch zu entziehen und sich bis zu einer feierlichen Rückholung und Neu-Inthronisierung durch uns irgendwo versteckt zu halten. Aufgabe des Auswärtigen Amtes sei es, dem ägyptischen König einen entsprechenden Wink zukommen zu lassen. Aber hoffentlich sei er unseren Herren Diplomaten gegenüber nicht zu klug.

166

3.7.1942 abends
(Wolfsschanze)

Schiff und Flugzeug im Luftzeitalter

Als der Chef zum Abendessen erschien, hörte er, wie Flugkapitän Baur und Admiral Krancke sich über die Rentabilität des Flugverkehrs gegenüber dem Schiffsverkehr unterhielten. Der Chef meinte, die größere Schnelligkeit sei dem Luftverkehr ja bereits gesichert. Eine entscheidende Rentabilitätsverbesserung sei bei dem derzeitigen Stand des Flugzeugbaues seines Erachtens nur noch durch die Verwendung von Düsenmotoren bei den Flugzeugen möglich.

Der Lufthansa-Flugkapitän Hans Baur stand bei Hitler in hohem Ansehen, da er ihn nicht nur in der Kampfzeit ohne Rücksicht auf Schlechtwetter-Lagen von Wahlort zu Wahlort geflogen hatte, sondern auch nach 1933 Hitlers Flugzeugstaffel von 30 bis 60 Maschinen hervorragend betreute. Im FHQu wurde mir bestätigt, daß Baur damals bereits drei Millionen Flugkilometer unfallfrei geflogen hatte. In seiner langen Fliegerlaufbahn waren zahllose führende Persönlichkeiten – einschließlich des Nuntius Pacelli, des späteren Papstes Pius XII. – seine Fluggäste gewesen. Den Rang eines Generalleutnants der Schutzpolizei erhielt er, weil Hitlers Flugzeugstaffel (13 Condor-Maschinen, 40 Ju 52 und 7 Fieseler Störche bzw. Siebel-Reisemaschinen) zugleich Regierungsstaffel war und unter polizeilicher Sicherheitsverantwortung die Gäste Hitlers (u.a. Könige, Staatspräsidenten, Regierungschefs) bald hierhin und bald dorthin zu fliegen hatte.

Auf die Bemerkung Kapitän Baurs, daß außerdem die Zahl der von einer Verkehrsmaschine zu transportierenden Gäste auf 60 bis 100 gesteigert werden müsse[398], erklärte der Chef, da könne man unbesorgt sein. Schon die nächsten Jahrzehnte würden uns Passagierflugzeuge von einer Größe bringen, daß selbst ein Bad in ihnen eingebaut sein werde.

Trotzdem werde die Schiffahrt, bemerkte Admiral Krancke, auch bei einer so außerordentlichen Entwicklung der Flugzeuge keine Konkurrenz von ihnen zu befürchten haben. Denn so groß würden sich die Flugzeuge kaum bauen lassen, daß sie statt der Schiffe Kohlen-, Holz- und Eisenladungen transportieren könnten. Das sei ja auch nicht nötig, erwiderte Kapitän Baur. Die Eisenbahn habe der Schiffahrt ja auch den Ziegelstein-Transport belassen.

Der Chef beendete die Auseinandersetzung mit dem Hinweis, daß man die Dinge entwicklungsmäßig sehen müsse. Ebenso wie der Vogel eine höhere Entwicklungsstufe gegenüber dem fliegenden Fisch und dieser hinwiederum gegenüber dem gewöhnlichen Fisch darstelle, sei auch das Schiff ein Vorstadium des Flugzeugs. Dem Flugzeug aber gehöre die Zukunft.

398 Baur meinte »Verkehrsmaschinen« des Normal-Typs wie die Ju 52. Die Do X der Dornier-Werke beförderte schon 1929 210 Passagiere bzw. 52 t Frachtgut.

167 4. 7. 1942
(Wolfsschanze)

General Schmundt über die militärische Entwicklung im Osten

Heute hielt uns gegen 13 Uhr General Schmundt einen Lage-Vortrag, aus dem sich klar ergab, daß »ohne die Härte des Chefs und die Standhaftigkeit des deutschen Soldaten die Front im Osten sich nicht hätte halten lassen«

a) wegen des vorzeitigen Winterausbruchs (Oberbefehlshaber Nord: Generalfeldmarschall Leeb),

b) wegen des völligen Ausgepumptseins der zum Letzten, zur Einnahme Moskaus, eingesetzten Truppen der Heeresgruppe »Mitte«, Generaloberst Guderian.

Generaloberst Heinz Guderian war Oberbefehlshaber der auf Moskau/Süd angesetzten 2. Panzerarmee, später Inspekteur der Panzertruppen und vom Juli 1944 bis März 1945 Generalstabschef des Heeres bei Hitler. Die am 2. Oktober gestartete Moskau-Offensive kam bei Chimki bis an Moskaus Außenbezirke mit ihren Bus-Endstationen heran. Man hatte nur noch knapp 20 km bis zum Kreml. Das Politbüro außer Stalin, die Regierungsstellen, die Diplomaten und über eine Million Bürger Moskaus verließen bereits die Stadt, da stoppte der russische Winter zuerst mit Sturzregen, die alle Straßen und Wege vermorasteten, dann mit Schnee und Eis und schließlich mit Temperaturen bis zu 50° minus den deutschen Angriff. Winterfest ausgerüstete »Sibiriaken« zwangen die deutschen Truppen zur Räumung ihrer Positionen vor Moskau und von Kalinin, des Raumes des beinahe erreichten Tula, der Städte Kaluga und Stalinogorsk sowie zu einer äußerst verlustreichen Rückzugsdefensive. Den deutschen Panzern froren die Motoren ein, den Maschinenwaffen die Schlösser. Die Kessel der Dampflokomotiven platzten, ebenso die Batterien der Funkstellen. Und Nachschub war nur noch mit der Ju 52 und Panjewagen möglich.

Für die Klugheit und Bündnistreue der Japaner spreche, daß sie uns den Kriegseintritt bescherten, als der Russe auf der Südfront verschiedentlich durchgebrochen war und wir Rostow[399] wieder verloren hatten. Die Japaner haben dafür von uns die Zusicherung erhalten, daß wir nicht ohne sie Frieden schließen. Ihnen und ihrem Tenno gebühre aber für immer Dank und Verehrung unseres Volkes. Ihr Einsatz im Winter ermöglichte heute unsere großangelegte Sommer-Offensive.

Kaiser Michino Miya Hirohito, der 1901 geborene 123. Tenno von Japan, hatte als Staatsoberhaupt auf den Kriegseintritt Japans kaum irgendwelchen politischen Einfluß. Er setzte aber am 10. August 1945 mit bewundernswerter Zivilcourage bei seiner Regierung die Kapitulation Japans durch, nachdem die Amerikaner durch den Abwurf von zwei Atombomben am 6. August 1945 Hiroshima zu 80 Prozent (rund 200 000 Tote, 156 500 Verletzte und Vermißte) und am 9. August 1945 die Hafenstadt von Nagasaki total zerstört hatten. Hirohito verstand das als ein Signal, daß die Amerikaner zu jeder Zeit waffentechnisch imstande waren, ohne geeignete japanische Gegenwehr-Möglichkeiten die gesamte japanische Nation bei Fortdauer des Krieges zu vernichten. Und er sagte das nicht nur dem Kronrat, sondern über den Rundfunk dem gesamten japanischen Volke.

4.7.1942 mittags

Görings Hamstern und die deutsche Fettversorgung im Kriege

Am Mittagessen nahm der Reichsmarschall Hermann Göring teil. Die Ruhe, die er ausstrahlt, seine humorvolle Art, seine absolute Überlegenheit – auch in

399 28. November 1941.

der Beherrschung der Tisch-Situation – imponieren. Ebenso seine ehrliche, bedingungslos treue Haltung. Goebbels nannte ihn irgendwo den »Mann mit dem aufgeschlossenen und gläubigen Kinderherzen«.

Hermann Göring war Hitlers Beauftragter für den »Zweiten Vierjahresplan zur Sicherung von Deutschlands wirtschaftlicher Freiheit« (vom 9. September 1936, verlängert auf Kriegsdauer am 18. Oktober 1940). Der »Vierjahresplan« galt der Erringung der Unabhängigkeit Deutschlands vom Ausland in bezug auf Nahrungsmittel und auf alle jene Industrie-Rohstoffe, die durch die deutsche Wissenschaft und Technik ersetzt oder anderweit beschafft werden konnten. Göring erreichte die deutsche Wirtschafts-Autarkie in einem erstaunlichen Ausmaß für »Friedenszeiten«, für den Krieg waren die russischen Rohstoffe, insbesondere das russische Erdöl, jedoch unentbehrlich. Görings FHQu-Ansehen war noch Mitte 1942 beträchtlich. Er verlor es aber ab Ende 1942 durch das Versagen seiner Luftabwehr an der Heimatfront, aufgrund der nicht rechtzeitigen Produktion der Luftabwehr-Raketen (der Boden-Luft-Raketen »Wasserfall«, »Föhn« und der Luft-Luft-Raketen »Orkan«), durch die mangelhafte Luftversorgung der eingekesselten Truppen in Stalingrad und die nicht rechtzeitige Fertigstellung der neu entwickelten Jagd- und Kampfflugzeuge (der Jäger Me 262, des Überschall-Raketen-Jägers Me 163, des Raketen-Abfang-Jägers Bachem Ba 349, des ersten Düsen-Bombers der Welt Arado Ar 234 und des Volksjägers Heinkel He 162 mit nur einem Düsenstrahlwerk), sowie der unbemannten ferngelenkten Feststoff-Flugkörper-Raketen V1 und »Rheintochter«. Auch die Flüssigstoff-Fernrakete »Rheinbote« und die USA-Fernrakete A9 waren erst 1945 einsatzbereit. Der erste »bemannte« Raketenstart der Welt (der Rakete »Natter«) erfolgte im März 1945.

Zunächst drehte sich die Unterhaltung mit Staatssekretär Backe um Versorgungsfragen, insbesondere um die Heranschaffung von afrikanischem Pflanzenöl, das zum Teil bereits als unser Eigentum in Marseille lagert, zum Teil von uns gegen Benzin ertauscht werden kann, da es in Französisch-Nordafrika zum Teil als Brennstoff verfahren wird. Göring erzählte dann, wie er Deutschlands Nahrungsmittelvorräte teils weiß, teils schwarz in der ganzen Welt zusammengehamstert habe und dabei oft seine Rechte nicht habe wissen dürfen, was seine Linke tat.

Hitlers Einkommen und Erben

Der Chef meinte zu Görings Ausführungen, daß er mit seinen Problemen leider nicht so leicht fertig werde. Das fange bei ihm schon bei den Finanzen an. Hätte er nicht die hohen Einnahmen aus seinem Buch »Mein Kampf«[400], das jetzt auch auf japanisch erscheine und nach der Bibel wohl die höchsten Auflageziffern in der Welt habe, wie hätte er seine Stiftungen für Galerien, Museen, für Städte

400 Mit einer deutschen Gesamtauflage von rund zehn Millionen Exemplaren und der lizenzpflichtigen Übersetzung in 16 Sprachen erzielte Hitler mit seinem zweibändigen Werk »Mein Kampf« Millionen-Einnahmen. Hinzu kamen, wie Schaub als Hitlers Bankkontenführer mir als Hitlers Bar-Kassenverwalter einmal mitteilte, Hitlers Tantiemen aus seinen »Rechten am eigenen Bild«, die ihm der Foto-Verlag Heinrich Hoffmann, sonstige Bildverlage, die Filmgesellschaften, die Reichspost usw. zu zahlen hatten. Außerdem hatte er laufende Einnahmen aus dem »Völkischen Beobachter«, dessen Herausgeber er bis 1933 gewesen war, aus dem »Illustrierten Beobachter«, als dessen Leitartikler er in der Kampfzeit fungierte, sowie aus seinen Anteilen am »Eher-Verlag«, die der Generaldirektor des »Eher-Verlags«, Max Amann, zweimal jährlich direkt mit ihm abrechnete. Privat war Hitler also Selfmademan-Millionär, was manches an seinem amerikanerhaften Way of life verständlich macht. Dazu kam, daß Hitler aufgrund seines – fast ausschließlich öffentlichen – Einsatzes seiner privaten Mittel durch Spezialerlaß des Reichsfinanzministers von jeder Steuerzahlung ebenso freigestellt war wie etwa der britische Monarch.

wie Linz und so weiter sich leisten können! Nicht einmal die Kosten des FHQu, die er – um bürokratischen Auseinandersetzungen mit dem Reichsrechnungshof zu begegnen – auf seine Privatschatulle übernommen habe, könnte er dann ja bestreiten. Denn sein einziges Staatssalär, die 36000,– RM Reichskanzlergehalt, mache noch nicht einmal ein Zehntel davon aus. Man verstehe ihn recht: Es tue ihm durchaus nicht leid, sein Geld für derlei Zwecke auszugeben. Denn mit ins Grab nehmen könne er nichts. Leibeserben habe er nicht, und zum Genießen dieser Welt sei er, um ein Wort des Alten Fritzen abzuwandeln, offensichtlich nicht bestimmt, sondern wohl nur zu ihrem Gestalten.

Gegen persönliche und militärische Mätzchen, auch gegen Landung in Amerika

Der Chef erzählte dann von seinen Seereisen, von Seekrankheiten und dergleichen. Außerdem von einer mißglückten Kahnfahrt auf der Donau bei Linz, welche Erzählung er mit der Feststellung schloß: »Was habe er schließlich auch in einem Kahn verloren!« Da er früher sehr dürr gewesen sei, sei er immer ein schlechter Schwimmer gewesen. Und von Kahnpartien, die nicht unbedingt nötig seien, habe er deshalb besser seine Hände zu lassen.

Er reite auch nicht, selbst wenn Hoffmann ihn zu gern einmal hoch zu Roß fotografieren würde. Übrigens würde ihm ein Experiment dieser Art einen wesentlichen Teil seiner Popularität kosten. Denn das Volk kenne ihn in Autos, würde es sich gefallen lassen, daß er in Panzerwagen herumklettere, aber auf einem Pferde – nein!

Er sei überhaupt kein Freund von Mätzchen. Wie leicht sie danebengehen könnten, lehrten Paradeerfahrungen noch und noch. Mit den Pferden passiere doch immer etwas. Einmal habe dem Pauker das Pferd durchgehen wollen, so daß ihm – der sich krampfhaft mit den Beinen erfolgreich oben gehalten habe – die Hose von oben bis unten aufgerissen sei. Wäre er mit seiner Pauke zu Fuß gegangen, wäre das nicht passiert. – Ein Tambourmajor der SS-Leibstandarte, der seinen Tambourstab immer in die Luft geworfen habe, habe ihn plötzlich nicht wieder auffangen können, so daß er den Zuschauern vor die Füße gerollt sei, und so weiter.

Der Reichsmarschall erwähnte dann die prächtigen Uniformen bei den früheren Kaiserparaden, zum Beispiel die der Kürassiere, Ulanen und so fort.

Als man aufgrund einer Depesche auf amerikanische Verhältnisse zu sprechen kam, meinte der Chef, die USA betrieben ihre Politik eben mit Bestechung. Indem sie Brasilien[401] eine Zeitlang kein Gummi abnähmen, führten sie ihm ihre Bedeutung als Gummikäufer eingehendst zu Gemüte. Wenn das gewirkt habe, erklärten sie sich dann gegen politische Gegenleistungen bereit, Brasiliens gesamte Gummiernte abzunehmen.

Der Reichsmarschall bestätigte das; daß die USA mit solchen Großbestechungen so weit kommen könnten, liege an der rassischen Minderwertigkeit der Bevölkerung dieser – bezeichnenderweise deutschfeindlichen – südamerikanischen Staaten.

Die Minderwertigkeit zeige sich ja auch in dem Vorgehen gegen die drüben befindlichen Deutschen, das offenbar seiner ganzen Gemeinheit nach aus dem

401 Am 28. August 1942 erklärte Brasilien Deutschland den Krieg, nachdem es den USA bereits Anfang 1942 See- und Luftstützpunkte eingeräumt und sich ab Mai 1942 an der Jagd auf deutsche U-Boote beteiligt hatte.

niedrigen Instinkt, dem höheren Wesen eins »auszuwischen«, geboren sei. Eigentlich müßten wir drüben einmal landen und solch einem »Mistvolk« unsere Faust unter die Nase halten.

»Um Gottes willen nicht landen!« meinte der Chef. Er sei froh über jeden deutschen Soldaten, den er »zurücklanden« könne.

168 4.7.1942 abends (Wolfsschanze)

Schlachtschiff-benennungen

Beim Abendessen bemerkte der Chef, daß man sich immer wieder wundern müsse, wie fortschrittlich schon Männer wie Ulrich v. Hutten[402] und Götz v. Berlichingen[403] in ihren Auffassungen gewesen seien.

Es sei geradezu zu bedauern, daß hinter ihrem Kampf keine starke, geschlossene Weltanschauung gestanden habe, die ihnen die nötige geistige Schwung- und Durchschlagskraft habe verleihen können. Ihrer absolut deutschen Gesinnung wegen hätten sie es aber verdient, daß ihr Andenken im deutschen Volk gepflegt werde. Er habe deshalb auch angeregt, künftig Schlachtschiffe oder sonstige große Kriegsschiffe nach ihnen zu benennen.

Die Benennung eines Schlachtschiffes nach ihm selbst habe er abgelehnt, weil sonst alles Pech, das dieses Schiff mal haben könne, von abergläubigen Menschen als ungünstiges Omen für seine Tätigkeit gewertet werde. Man stelle sich nur einmal vor, daß ein nach ihm benanntes Schlachtschiff ein halbes Jahr oder noch länger zur Reparatur im Dock liegen müsse. Wie ungünstig wirke zum Beispiel auch eine Meldung wie die von der Zerstörung des Sewastopoler Forts »Stalin« auf die Sowjets.

Bei einem Staat, der auf einer Weltanschauung aufgebaut sei, müsse man mit Schlachtschiff-Benennungen, die auf die wesentlichsten Ereignisse und Träger des Weltanschauungskampfes hinweisen, ganz besonders vorsichtig sein. Die sowjetischen Schiffe »Oktoberrevolution«, »Marat« und »Pariser Kommune« seien ein drastischer Beleg dafür. Er habe deshalb auch angeordnet, daß der Panzerkreuzer »Deutschland«[404] umbenannt werde, da der Verlust eines Kriegsschiffs namens »Deutschland« im ganzen Volk stärkeren Nachhall finden würde als der eines jeden anderen. Aus denselben Gründen habe er es auch nicht gestattet, daß Träger der nationalsozialistischen Weltanschauung ihren Namen für irgendwelche Kriegsschiffe hergäben.

Nach einem Mann wie Götz von Berlichingen dagegen könne ein Schlachtschiff immer wieder benannt werden. Denn Götz v. Berlichingen habe in der Volksauffassung ein Ansehen, daß ein nach ihm benanntes Schlachtschiff x-mal untergehen könne und ein neues nach ihm benanntes Schiff doch immer wieder beifällig begrüßt werde.

402 Ulrich von Hutten war deutscher Reichsritter (1488 bis 1523) und Anhänger der Reformation. Er kämpfte für ein einheitliches, starkes deutsches Kaiserreich.
403 Götz von Berlichingen war fränkischer Ritter (1480 bis 1562) und 1525 Führer eines Bauernheeres im Bauern-Befreiungskrieg. 1542 kämpfte er für das Reich gegen die Türken und 1544 für das Reich gegen Frankreich. Berühmt wurde er durch seine Arm-Prothese, die »eiserne Hand«.
404 Im Herbst 1939 wurde der Panzerkreuzer »Deutschland« in »Lützow« umbenannt.

Hacha, der Retter des tschechischen Volkes

Beim Abendessen erwähnte der Chef anhand einer Depesche, daß die Protektoratsregierung in ganz Böhmen und Mähren die Tschechen in einer riesigen Versammlungswelle zur engsten Zusammenarbeit mit dem Großdeutschen Reich aufgerufen und für die Zukunft jeden, der sich abseits halte, als Verräter am tschechischen Volkstum gebrandmarkt habe.

Die Versammlungswelle sei das Ergebnis einer Aussprache, die er gelegentlich des Staatsaktes für Obergruppenführer Heydrich (9. Juni 1942) mit Staatspräsident Hacha in der Reichskanzlei gehabt habe. Er habe Hacha und den ihn begleitenden tschechischen Regierungsmitgliedern mitgeteilt, daß wir uns weitere schwerwiegende Verletzungen der Reichsinteressen im Protektorat nicht gefallen lassen könnten und gegebenenfalls die Aussiedlung der Tschechen ins Auge fassen würden, die für uns, die wir bereits mehrere Millionen Deutsche umgesiedelt hätten, kein Problem sei. Hacha sei bei dieser Eröffnung förmlich in sich zusammengesackt ebenso seine Mitarbeiter.

Nach einer Pause hätten sie dann gefragt, ob sie – wenigstens teilweise und in entsprechend vorsichtiger Weise – von dieser Mitteilung dem tschechischen Volk gegenüber Gebrauch machen könnten. Da er die Tschechen für fleißige und intelligente Arbeiter halte und ihm die Wiederherstellung der politischen Ruhe in ihrem Volk daher wegen der beiden im Protektorat liegenden besonders großen und wichtigen deutschen Rüstungsfabriken[405] am Herzen liege, habe er einer entsprechenden Aufklärungsaktion der Protektoratsregierung zugestimmt.

Wenn diese Aktion von der Protektoratsregierung mit absolut klarer prodeutscher Tendenz durchgeführt worden sei, so sei das nicht zuletzt auf Staatsminister Meißner zurückzuführen. Nach dem Empfang bei ihm habe dieser nämlich mit den tschechischen Herren noch einen kleinen Rundgang im Garten gemacht und ihnen auf ihre ängstlichen Fragen hin versichert, daß sein – des Chefs – Hinweis auf eine eventuelle Aussiedlung der Tschechen[406] so, wie er ihn kenne, sein letztes Wort in dieser Sache sei.

Das sei von den tschechischen Herren so gut verstanden worden, daß sie ihre künftige Politik eindeutig auf den Grundsatz abgestimmt hätten, daß alle prosowjetischen Benesch-Intrigen und Benesch-Leute ausgerottet werden müßten und daß es im Kampf um die Erhaltung des tschechischen Volkstums auch keine Neutralen mehr geben dürfe, sondern auch der ausgespien werden müsse, der weder heiß noch kalt sei.

Offenbar seien die Männer der Protektoratsregierung froh, ihrem eigenen Volk nunmehr triftige Gründe angeben zu können, um gegen die Benesch-Leute vom Leder zu ziehen. Sie hätten ja bisher auch kaum je eine derart ideale Gelegenheit gehabt, nach der Parole »Wer nicht für mich ist, ist wider mich« zu arbeiten und sich auf diese Weise ihre Gegner vom Halse zu schaffen. Jedenfalls habe er schon bei der Verabschiedung Hachas und seiner Männer den Eindruck gehabt, daß sie erleichtert fortgegangen seien, da er ihnen gestattet habe, ihr Volk über die von ihm angedeuteten Folgen eines reichsschädigenden Verhaltens aufzuklären.

405 Die Skoda-Werke, Pilsen, und die Waffenwerke in Brünn.
406 Himmler, seit 7. Oktober 1939 Reichskommissar für Umsiedlungsfragen, hatte sie ernsthaft vorgeschlagen.

Beim Abendessen erörterte der Chef das Problem der diplomatischen Beziehungen des Deutschen Reichs zum Vatikan.

Die Politik gegenüber dem Vatikan

Er sei durchaus nicht der Meinung, daß wir bei einer Zurruhesetzung unseres derzeitigen Vertreters am Vatikan eine Neubesetzung dieses Botschafterpostens ins Auge fassen müßten[407]. Denn die Beziehungen Deutschlands zum Vatikan gründeten sich auf das Konkordat (vom 20. Juli 1933). Das Konkordat aber sei seinerzeit in Fortsetzung der Länderkonkordate abgeschlossen und daher mit dem Aufgehen der Länder in das Deutsche Reich eigentlich hinfällig geworden. Die Tatsache, daß das Konkordat die Länderkonkordate zur Grundlage habe, sei nämlich nicht integrierender, sondern wesentlicher Bestandteil des Konkordats. Seines Erachtens sei es daher eine absolut selbstverständliche Rechtsfolge der Aufhebung der Länderhoheitsrechte beziehungsweise ihrer Überführung auf das Reich, daß sich die sogenannten auswärtigen Beziehungen des Vatikans zu uns erübrigten.

Nuntius Erzbischof Cesare Orsenigo versuchte, die Interessen der römisch-katholischen Kirche in etwa auf die nationalsozialistische Entwicklung Deutschlands abzustimmen. Am 10. Juli 1940 berichtete er daher z.B. dem Papst: »Ich erlaube mir mitzuteilen..., daß bisher kaum ein katholischer Pfarrer es für notwendig gehalten hat, einen Dankgottesdienst für die vielen und großen Blitzsiege der deutschen Wehrmacht oder einen Gottesdienst für die Gefallenen abzuhalten.« Und am 13. April 1940 schloß er seinen Bericht an den Papst: »Die fast offen feindselige Haltung des Klerus gegenüber dem im Kriegszustand befindlichen Deutschland... weckt nicht nur das Mißfallen der Regierung, sondern allmählich auch das des ganzen deutschen Volkes, da das Volk fast in seiner Gesamtheit für seinen Führer begeistert ist... Deshalb fürchte ich, daß eines Tages eine schmerzliche Reaktion folgen wird, die den Klerus und sogar die Kirche vom Volk isoliert.«

Mit Rücksicht auf den Krieg habe er seine Auffassung noch nicht praktisch verwirklicht. Andererseits habe er aber den Bemühungen des Vatikans gegenüber, das Konkordat auch auf die neuen Reichsgebiete auszudehnen, keinerlei Entgegenkommen gezeigt. Das Saargebiet, das Sudetenland, Böhmen und Mähren, der Reichsgau Danzig-Westpreußen, der Warthegau, ein Großteil Schlesiens sowie das Elsaß und Lothringen hätten heute zur römisch-katholischen Kirche keinerlei staatsvertraglich geregeltes Verhältnis. In ihnen müßten die Kirchenangelegenheiten also rein gebietlich geordnet werden.

Wenn der geschäftige Nuntius des Vatikans beim Auswärtigen Amt vorstellig werde, um durch dessen Vermittlung irgendwelchen Einfluß auf die Kirchenverhältnisse in den neuen Reichsgebieten zu gewinnen, habe man ihn daher abzuweisen. Man müsse ihm auseinandersetzen, daß in Ermangelung eines besonderen Konkordats die Regelung der Kirchenverhältnisse in diesen Gebieten ausschließlich Angelegenheit des örtlichen Vertreters der Staatshoheit, also des Reichsstatthalters, und des örtlich höchsten Chefs der in dem betreffenden Gebiet vorhandenen kirchlichen Vereinigung sei. An sich wäre es natürlich besser gewesen, der Nuntius hätte sich diese Auskunft von Minister Lammers geholt. Leider habe sich aber das Auswärtige Amt in seinem ständigen Drang

407 Tatsächlich entsandte es 1943 – nicht zuletzt wegen der negativen Weiterentwicklung des Krieges – sogar den Staatssekretär des Auswärtigen Amtes, den Freiherrn Ernst von Weizsäcker, als neuen deutschen Botschafter zum Vatikan.

nach neuen Kompetenzen von dem päpstlichen Legaten übertölpeln und einschalten lassen. Nun möge es zusehen, wie es aus der Sache wieder herauskomme.

Konkordate zur Regelung der Verhältnisse von Staat und Kirche

Für die Entwicklung des Verhältnisses zwischen Staat und Kirche sei es von unserem Standpunkt aus durchaus erfreulich, daß fast in der Hälfte des Reichs Regelungen ohne die zentrale Fessel des Konkordats durch die Reichsstatthalter – also gebietlich – vorgenommen werden könnten. Denn reichseinheitliche Regelungen könnten die von uns erstrebte Bereinigung des Verhältnisses Staat/Kirche nur erschweren, da die katholische Kirche immer bemüht sei, unseren schwächsten Punkt, also die Vereinbarung, in der ihren Wünschen am meisten entsprochen worden sei, zur allgemeinen Norm zu machen. Das heißt, bei einer Reichsregelung müßten wir uns nach dem schwächsten Glied unserer Kette, also nach jenen Gebieten richten, die weltanschaulich am weitesten zurückliegen. Bei gebietlicher (gauweiser) Regelung hätten wir nicht diesen Nachteil. Bei gebietlichen Regelungen könnten die Gauleiter ja nach dem Zustand der weltanschaulichen Auflockerung ihrer Gaubevölkerung in unserem Sinne Schritt für Schritt weitergehen.

Wenn er auch sonst von den Amerikanern nicht viel halte, in diesem Zusammenhang müsse er sie doch loben. Ihre Staatsmänner hätten die Arbeit der Kirche wirklich auf eine vernünftige Basis gestellt, indem sie ihr im Rahmen der üblichen Vereinsmöglichkeiten ihren Lebensbereich zugewiesen hätten. Da sie der Kirche außerdem aus Staatsmitteln keinen Pfennig zahlten, kröche die gesamte Geistlichkeit hinter ihnen her und sänge ihr Loblied.

Kein Wunder! Da der Pfaffe leben wolle, durch freiwillige Spenden aber nicht allzuviel hereinbekomme, sei er mehr oder minder stark auf Staatszuwendungen angewiesen. Habe er aber keinen Rechtsanspruch auf sie, so müsse er sie durch ein dem Staat wohlgefälliges Verhalten verdienen.

Wenn wir einmal nicht mehr jährlich eine Milliarde an die Kirchen zahlten, würden unsere Pfaffen ihre Frechheit auch sehr bald ablegen und statt auf uns zu schimpfen und uns unverschämt zu kommen, uns aus der Hand fressen. Mit wesentlich geringeren Zuwendungen könnten wir dann die Geistlichkeit so dirigieren, wie es unseren Wünschen entspreche. Man müsse die Zuwendungen dann nur auf einzelne Pfaffen abstellen. Wenn man einem Bischof nämlich für ihn und die ihm unterstellten Geistlichen eine Million ausschütte, werde er die ersten dreihunderttausend Mark davon sofort für seine Privatschatulle kassieren, sonst wäre er kein rechter Pfaff. Durch die Verteilung des Restes auf die übrigen Geistlichen seines Bezirks würde dann ein niedliches Pfaffengezänk ausgelöst werden, an dem wir unsere helle Freude haben könnten.

In einem müßten wir dann aber stur bleiben: Interventionsgesuche der Pfaffen müßten vom Staat unbedingt und unbesehen abgelehnt werden. Die Begründung für eine derartige Ablehnung liege ja auf der Hand. In Ermangelung der vielen geistlichen Stärkungsmittel der Kirche könne es nach ihren eigenen Lehren profanen Kräften ja niemals so gut gelingen, Ordnung zu schaffen, wie der Geistlichkeit. Wie solle ein armes Staatswürstchen wie er zum Beispiel ein solch schwieriges Werk auch angreifen, wo ihm die nötige Erleuchtung von oben doch fehle.

Die Bestimmung über die Geldzuwendungen an Pfaffen müsse, ebenso wie jede andere Vereinbarung, selbstverständlich ausschließlich Angelegenheit der

Reichsstatthalter sein. Daß die Reichsstatthalter irgendwelche Verträge mit der Kirche abschließen würden, die gegen das Reich gerichtet sind oder dem Reichsinteresse Abbruch tun, brauche man nicht zu befürchten. Denn einmal habe man die einzelnen Gauleiter ja fest in der Hand. Zum anderen seien die meisten Reichsstatthalter in diesen Dingen heute schon schärfer als er.

Die 22 Reichsstatthalter waren die »ständigen Vertreter der Reichsregierung« in den deutschen Ländern bzw. Reichsgauen. Sie hatten die Einhaltung der Richtlinien der Reichsregierung gegenüber sämtlichen Behörden und öffentlich-rechtlichen Körperschaften zu überwachen. Sie waren meist mit den zuständigen Gauleitern der NSDAP identisch. Nur in dem aus mehreren Gauen bestehenden Bayern war es Reichsleiter General Franz Ritter von Epp. Und in Preußen nahm Hitler die Funktion des Reichsstatthalters selbst wahr.

Nach Beendigung des Krieges werde es mit dem Konkordat aus sein. Er werde sich persönlich das Vergnügen machen, der Kirche alle jene Fälle vorzuhalten, in denen sie das Konkordat gebrochen habe. Man denke nur an die enge Zusammenarbeit der Kirche mit den Mördern Heydrichs. Diese hätten ja nicht nur in einer Prager Vorstadtkirche Unterschlupf gefunden, sondern von den mit ihnen durchsteckenden Geistlichen sogar die Möglichkeit erhalten, sich im Altarraum zu verschanzen.

Die Entwicklung des Verhältnisses zwischen Staat und Kirche sei ein lehrreiches Beispiel dafür, wie Unvorsichtigkeiten eines Staatsmannes sich auf Jahrhunderte auswirken könnten. Als Karl der Große Weihnachten 800 in der Peterskirche in Rom im Gebet gehockt habe, habe der Papst ihm – bevor er zum Überlegen der Auswirkungen einer solchen symbolischen Handlung Zeit gehabt habe – schwupp: eine Krone aufs Haupt[408] gesetzt. Dadurch, daß er es geschehen ließ, habe er seine Nachfolger einer Gewalt ausgeliefert, die ein vielhundertjähriges Martyrium über die deutsche Staatsführung und das deutsche Volk gebracht habe.

Da es zu allen Zeiten – also auch heute – maßgebliche Leute gebe, die so unvorsichtig seien, sich von anderer Seite eine goldene Krone aufhängen zu lassen, könne man gar nicht nachdrücklich genug auf die ungeheuren Wirkungen einer solchen, oft fast nebensächlich erscheinenden Geste hinweisen.

Es liege auf derselben Linie und sei ein ebensolcher Unsinn, wenn das Auswärtige Amt glaube, jede Note des Vatikans unbedingt beantworten zu müssen. Dadurch, daß man antworte, anerkenne man ja schon eine Befugnis des Vatikans, sich in innerdeutsche Angelegenheiten – wenn auch auf kirchlichem Gebiet – einzumischen und offiziell mit uns in Verbindung zu setzen.

Was für gerissene Diplomaten die katholische Kirche in ihren maßgeblichen Männern zur Verfügung habe und welche Vorsicht ihnen gegenüber am Platze sei, lehre ja nicht nur die Geschichte, sondern auch die Gegenwart in einer Fülle von Beispielen. Als nach seinem Einzug in Wien unter seinem Fenster ein ungeheures Gepfeife und Gejohle laut geworden sei und er dann erfahren habe, daß dies dem Wiener Kardinalerzbischof Innitzer gelte, der auf dem Wege zu

408 So die Darstellung in Hitlers Lieblings-Geschichtsbuch aus seiner Schulzeit, A.W. Grubes »Charakterbilder aus der Geschichte und Sage für einen propädeutischen Geschichtsunterricht«, Leipzig 1883, Teil II, Seite 126.

ihm sei, habe er ein schuldbeladenes, niedergedrücktes Pfäfflein erwartet. Statt dessen sei ein Mann von selbstbewußtestem Auftreten erschienen, der ihn mit so strahlendem Gesicht angesprochen habe, als ob er während der ganzen österreichischen Systemzeit nie auch nur einem einzigen Nationalsozialisten je ein Härchen gekrümmt gehabt habe.

Theodor Kardinal Innitzer (1875 bis 1955), seit 1932 Erzbischof von Wien, arbeitete vor dem Anschluß eng mit dem Dollfuß-Schuschnigg-Regime gegen Hitler und seine NS-Bewegung zusammen. Er lehnte es sogar ab, Deutschlands Botschafter von Papen zu empfangen. Er unterzeichnete dann zwar die »Erklärung der österreichischen Bischöfe zur Volksabstimmung über die Vereinigung von Österreich mit dem Deutschen Reich« vom 18. März 1938, baute aber mit Hilfe seines Theologen Professor Karl Rahner die katholische Seelsorge in Österreich so umfassend (auch als Jugendseelsorge) ohne Rücksicht auf die nationalsozialistischen Partei- und Staatskompetenzen aus, daß er bei den NSDAP-Führern Persona ingratissima wurde.

Er betone deshalb noch einmal, wenn man sich mit diesen Brüdern ins Gespräch einlasse, erkenne man sie schon an.

Der päpstliche Nuntius, der bei den Neujahrsempfängen in Berlin als Doyen des Diplomatischen Korps die Begrüßungsansprache halte, versuche immer wieder, die Unterhaltung auf die Lage der Katholiken in Deutschland zu bringen. Er gehe dem von vornherein aus dem Wege, indem er sich in der liebenswürdigsten und interessiertesten Weise nach dem Leberleiden des hohen Herrn erkundige und, wenn dieses Thema erschöpft sei, schleunigst die Begrüßung der übrigen Diplomaten beginne. Indem er sich auch sonst von dem päpstlichen Nuntius grundsätzlich nicht sprechen und ihn stets durch Lammers abwimmeln lasse, habe er sich jedem persönlichen Kontakt mit dem Vatikan zu entziehen vermocht.

Rosenberg habe ihm in der Kampfzeit einmal einen Leitartikel vorgelegt, in dem er auf Angriffe der katholischen Kirche geantwortet habe. Er habe ihm die Veröffentlichung dieses Artikels verboten. Daß Rosenberg sich seinerzeit überhaupt auf eine Diskussion mit der Kirche eingelassen habe, habe er immer für falsch gehalten. Denn gewinnen habe Rosenberg dabei sowieso nichts können, da die aufgelockerten Katholiken dem Standpunkt der Kirche von sich aus schon innerlich kritisch gegenübergestanden hätten. Bei den strenggläubigen Katholiken hingegen habe er für seine »ketzerischen« Ausführungen nicht nur kein Verständnis erwarten dürfen, sondern es voraussehen müssen, daß die Gegenpropaganda ihn bei ihnen wegen »fürwitzigen Grübelns in Glaubenssachen« als einen mit einer Todsünde Belasteten mit Erfolg »diskriminieren« werde.

Wenn er – der Chef – in Kirchendingen vor der Öffentlichkeit schweige, so werde das von den schlauen Füchsen der katholischen Kirche durchaus nicht mißverstanden. Er könne es sich daher auch vorstellen, daß ein Mann wie der Bischof von Galen wisse, daß nach Beendigung des Krieges mit ihm auf Heller und Pfennig abgerechnet werde. Wenn es ihm nicht gelinge, sich vorher in das Collegium germanicum nach Rom berufen zu lassen, könne er auch versichert sein, daß ihm bei dieser Abrechnung kein Tüpfelchen vergessen werde.

Clemens August Kardinal Graf von Galen, Bischof von Münster (1878 bis 1946), war nicht nur der kirchliche Vorkämpfer gegen das Euthanasie-Programm Hitlers. Hitler, der 1933 seine Hakenkreuzfahne auf dem höchsten Berg des »Deutschen Reichs«, der Zugspitze, hissen ließ, nach Österreichs Anschluß 1938 auf dem höchsten Berg des

»Großdeutschen Reichs«, dem Großglockner, und am 21. August 1942 auf dem höchsten Berg seines »Germanischen Reichs«, dem Elbrus (Kaukasus), sah in v. Galen auch den Verantwortlichen dafür, daß die Vatikan-Zeitung »Osservatore Romano« Hitlers Hakenkreuz bei seinem Rom-Besuch 1938 als »ein dem christlichen Kreuz feindliches Kreuz« diskriminierte. In v. Galen sah er außerdem den Urheber bzw. Promotor der zahlreichen parteifeindlichen Hirtenbriefe, Kanzel-Abkündigungen und Rundschreiben der deutschen katholischen Bischöfe.

Das Verhalten dieses Bischofs von Galen werde im übrigen ebenfalls ein Grund mit sein, das Konkordat sofort nach dem Kriege aufzuheben, an seine Stelle regionale Regelungen treten zu lassen und die vertraglich zugesicherten Geldmittel der Kirche sofort zu entziehen. Es werde seinen Reichsstatthaltern sicher ein Vergnügen sein, einem Bischof, der sich – vom staatlichen Standpunkt aus gesehen – auf Abwegen befinde, mitzuteilen, daß der Reichsgau wegen momentanen Geldmangels leider zu seinem allergrößten Bedauern die bisher von Fall zu Fall gegebenen Zuwendungen einstellen müsse. Da die Kirche, wenn sie auf Spenden angewiesen sei, keine 3 Prozent des heutigen Reichszuschusses einscheffle, werde jeder Bischof seinem Reichsstatthalter nachkriechen, um nach Beseitigung des Konkordats und damit des rechtlichen Zahlungstitels Geld zu bekommen.

Der NS-Staat zahlte der katholischen und der evangelischen Kirche ab 1938 aus öffentlichen Steuern eine halbe Milliarde RM und mehr im Jahr. Dazu kamen 85 Millionen Zuschüsse der Länder und sieben Millionen Zuschüsse der Gemeinden sowie 300 Millionen RM Jahreseinkünfte aus dem staatlich anerkannten land- und forstwirtschaftlichen Kirchenbesitz (im Wert von zehn Milliarden RM), ferner die Schenkungen, Vermächtnisse und Erbeinsetzungen, für die der NS-Staat Steuerfreiheit gewährte. Auch die Erlöse der Kirchen aus Kollekten und aus Kapital- und Industriebeteiligungen ließ Hitler steuerfrei oder – soweit das gesetzlich nicht zulässig war – zumindest steuerbegünstigt.

Aufgabe des Reichsstatthalters sei es, nach dem Kriege klar erkennen zu lassen, daß er mit der Kirche ebenso wie mit allen anderen örtlichen Genossenschaften oder Vereinigungen verhandle, ohne dabei eine Einschaltung ausländischer Mächte und Kräfte zuzulassen. Der Nuntius könne dann getrost nach Rom zurückkehren, und wir sparten uns die Unkosten für eine Vertretung am Vatikan. Nur das Auswärtige Amt werde sicher dem verlorengegangenen Botschafterposten nachweinen.

169 — 5.7.1942 mittags (Wolfsschanze)

Monarchisten in Spanien und Deutschland. Hitler: »Herzog«?

Beim Mittagessen wurde die Meinung geäußert, daß das starke Hervortreten monarchistischer Tendenzen in Spanien nicht zuletzt darauf zurückzuführen sein könnte, daß Franco hoffe, bei der Wiederaufrichtung eines Thrones auch sich selbst ein Thrönchen schaffen zu können.

Der Chef trat dieser Meinung energisch entgegen. Für so klug halte er Franco unter allen Umständen, daß er wisse, daß ein König ihn und seine Männer als durch einen Bürgerkrieg belastet so bald als möglich kaltstellen oder gar beseitigen werde.

Kaum jemand sei ja so maßlos dumm wie die Könige. Das habe er selbst an einem eigenen Erlebnis konstatieren können. Einer unserer früheren Potentaten, Rupprecht v. Bayern[409], habe ihm ein Jahr nach dem Sieg einen Mittelsmann geschickt und ihm durch diesen sagen lassen, er, der Führer, erkenne sicher die Notwendigkeit, in Deutschland die Monarchie wiederherzustellen, an. Weiter habe der Mittelsmann auftragsgemäß dem Sinne nach geäußert, der Chef könne in dieser Monarchie zwar nicht Kanzler bleiben, da seine Person einer Zusammenfassung des ganzen Volkes entgegenstünde. Man werde sich ihm gegenüber aber großzügig zeigen und ihn durch eine Ernennung zum Herzog entschädigen.

Dieser Mann sei also so blitzdumm gewesen, daß er noch nicht einmal gewußt habe, daß gerade die Fürsten in der deutschen Geschichte immer wieder das Ferment der Zersplitterung gewesen seien und wohl kaum je eine so starke Einheit des deutschen Volkes bestanden habe als unter seiner Führung. Und ihn glaube man dadurch, daß irgendein Würstchen ihn Herzog nenne, von der Führung dieses Volkes wegködern zu können.

Daß unsere Sozialdemokraten dieses Ferment deutscher Zersplitterung beseitigt hätten, habe er ihnen durch Zahlung ihrer Pension – unter anderen an Severing[410] – gedankt. Es hieße ihr geschichtliches Verdienst verschleudern, wollte man der Hohenzollern-»Brut« – jetzt zum Beispiel als Offizieren in der Wehrmacht – wieder Einfluß einräumen.

Hitler hielt die Monarchie in Deutschland für unwiederbringlich passé. Deshalb tat er alles, um politische, wirtschaftliche und soziale Geburts-Privilegien der Nachkommen der ehemals regierenden Fürstenhäuser zu unterbinden. Er wünschte auch nicht, daß der deutsche Hochadel sein Recht, seine am 11. August 1919 legale Titulatur nach der Weimarer Verfassung als neuen »bürgerlichen Namen« zu führen, durch Tätigkeiten im Offizierkorps bzw. im Diplomatischen Dienst mit neuem Glanz erfüllte und auf diese Weise – gleichsam durch die Hintertür – einen neuen deutschen Adel mit vererbbaren Feudalrechten rekonstruierte. Seine Gegnerschaft gegen jede Form von Erbadel hinderte Hitler aber nicht, einzelnen adligen Gefolgsleuten für ihre Person aufgrund ihrer speziellen Verdienste den Aufstieg zu den höchsten Partei- und Staatsämtern freizugeben. So wurde von den »Hohenzollern« Dr. August Wilhelm Prinz von Preußen (genannt: »Auwi«), Regierungs-Assessor und Oberst a.D., von Hitler bis zum SA-Obergruppenführer, Preußischen Staatsrat und Reichstagsabgeordneten befördert, weil er – wie Hitler sagte – als NS-Versammlungsredner und SA-Führer Hervorragendes geleistet habe. In gleicher Weise protegierte Hitler den letzten regierenden Herzog von Sachsen-Coburg, Dr. Carl Eduard Herzog von Coburg, Prinz von Großbritannien und Irland. Diesen General des I. Weltkrieges, Freikorpsführer von 1920 bis 1926, Stahlhelmführer von 1926 bis 1933, ernannte er zum Präsidenten des Deutschen Roten Kreuzes, zum NSKK-Obergruppenführer, zum Fliegerkommodore und zum Präsidenten der Vereinigung Deutscher Frontkämpferverbände, weil er als Mann des Motorsports (Auto und Flugzeug) sowie als Promotor der Internationalen Frontkämpfer-Union sich weltweit einen hochgeachteten Namen geschaffen hatte.

Süditalienische Anspruchslosigkeit, eine Gefahr für die Arbeitslust

Beim Mittagessen kam der Chef auf die außerordentliche Anspruchslosigkeit der Menschen in Süditalien zu sprechen.

409 Kronprinz Rupprecht von Bayern (1869 bis 1955), Sohn König Ludwigs III. von Bayern, war Generalfeldmarschall des I. Weltkriegs und daher 1934 für eine Nachfolge Hindenburgs im Gespräch.

410 Carl Severing (1875 bis 1952) war von 1907 bis 1933 sozialdemokratischer Reichstagsabgeordneter, von 1920 bis 1932 mehrfach Innenminister in Preußen und Reichsinnenminister.

Sicher eine Million Menschen lebe dort vom Fischfang, Baumobst und dergleichen, also von der Hand in den Mund. Eine Hungersnot kennten die süditalienischen Städte, soweit sie am Meer lägen, auch nicht, da das Meer außer Fischen ja auch Seemuscheln, Seespinnen und – wer weiß was sonst noch alles – für Zeugs liefere, das anspruchslosen Menschen für ihre Ernährung vollkommen genüge.

In einer solchen Anspruchslosigkeit liege aber eine große Gefahr. Denn da das Gros der Menschen zur Bequemlichkeit neige, verliere es gar zu leicht die Lust, etwas zu tun, wenn es sehe, daß man auch ohnedem leben könne.

Die zehn- bis fünfzehntausend gewerbsmäßigen Arbeitslosen, die bei der Machtübernahme in Deutschland herumgelungert und auch beim Wiederingangkommen der Wirtschaft keinerlei Neigung zur Aufnahme einer geregelten Arbeit gezeigt hätten, habe er ins Konzentrationslager überstellen lassen. Denn es sei ein Unding, mit regulären Mitteln mit solchem Geschmeiß fertig zu werden. Die Überstellung ins Konzentrationslager aber habe sich weithin abschreckend ausgewirkt und dadurch die Ankurbelung des riesigen Arbeitsprozesses erleichtert, der aus Aufrüstungsgründen nötig gewesen sei.

Volkswirtschaft mit oder ohne staatliche Lenkung

Wenn die deutsche Volkswirtschaft ebenso wie mit diesem Problem auch mit den zahllosen anderen Problemen fertig geworden sei und damit die Durchführung des Rüstungsprogramms sichergestellt habe, so sei das nicht zuletzt darauf zurückzuführen, daß die Lenkung der Volkswirtschaft immer mehr eine staatliche geworden sei. Nur so sei es möglich gewesen, das gesamtnationale Ziel den Interessen einzelner Gruppen gegenüber durchzusetzen[411].

Auch nach dem Kriege würden wir auf eine staatliche Lenkung der Volkswirtschaft nicht verzichten können, da sonst jeder Interessenkreis ausschließlich an die Erfüllung seiner Wünsche denke. Der Küstenbewohner zum Beispiel, der die Dinge so sehe, wie er sie täglich erlebe, halte die Landgewinnung durch Deichbau auch heute noch für der Weisheit letzten Schluß. In Wirklichkeit sei diese Form der Landgewinnung heute natürlich Unsinn, da uns im Osten genügend Land zur Verfügung stehe. Andererseits sei eine Landverbesserung im Altreich selbstverständlich auch heute noch anzustreben und dürfe nicht durch Industrie-Interessen gehindert werden. Nachdem man sich davon überzeugt habe, daß Schlick bei seinem hohen Stickstoffgehalt ein besserer Dung sei als künstlicher Dünger, dem sein Bakterienreichtum fehle, müsse man ihn – selbst wenn unsere Industrie noch so zetere – selbst mit Zügen ausfahren.

Schlick ist ein feinerdiger Nordseeschlamm mit Resten von Seetieren. Bei Hitlers Besuchen in Wilhelmshaven fuhr mein Vater – ein Anhänger der »biologischen Düngung« – regelmäßig mit Hitler ins Jeverland (bis nach Horumersiel), um ihm auf den Höfen meiner dort seit 1593 ansässigen Verwandten (Peters) u.a. die Erfolge der Schlickdüngung vorzuführen. Hitler war so begeistert, daß er auch für seinen eigenen – dem Berghof angeschlossenen – Gutsbetrieb befahl, Obst, Salat und Gemüse künftig nur noch »biologisch« zu düngen. Zusätzlich befahl er, seine Obst-, Salat- und Gemüsekulturen

411 Zivile Arbeitskräfte gab es im Deutschen Reich insgesamt:
1939 – vor Ausbruch des II. Weltkrieges – 39,4 Millionen, davon 0,3 Millionen Ausländer,
1944 – nach der Proklamierung des »totalen Krieges«, also gegen Kriegsende – 35,9 Millionen, davon 7,5 Millionen Ausländer.

in Trockenzeiten nicht mit Leitungswasser, sondern mit Quellwasser zu wässern. Auch die Viehhaltung seines Gutes erfolgte nach »biologischen« Gesichtspunkten, so daß seine Berghofmilch als anerkanntes bayerisches Qualitätserzeugnis fungierte. Gutsverwalter war Hitlers Sekretär Martin Bormann, der als gelernter Landwirt bis 1927 Gutsinspektor bei Parchim in Mecklenburg gewesen war.

Da eben in der großen Masse jeder egoistisch denke, sei ein ordnungsmäßiges Funktionieren der Volkswirtschaft ohne staatliche Lenkung nicht möglich. Welche Erfolge eine solche staatliche Lenkung der Volkswirtschaft haben könne, zeige das Beispiel der Republik Venedig, habe Venedig doch über ein halbes Jahrtausend den Brotpreis stabil gehalten. Erst der Jude mit seinem Ausbeutungsmotto »Freihandel« habe es fertiggebracht, diese Stabilität des Brotpreises zu erschüttern.

170 — 5.7.1942 abends (Wolfsschanze)

Falsche Kriegsnachrichten im Ausland

Anhand einiger völlig falscher Moskauer Wehrmachtsberichte, die ebenso in schwedischen und schweizerischen Zeitungen Abdruck gefunden hatten wie in der englischen und der USA-Presse, erklärte der Chef, diese Wehrmachtsberichte seien doch ein richtiges Juden-Geschwafel. Daß sie – obwohl sie noch nicht einmal konkrete Ortsangaben enthielten – in aller Welt von den Nachrichtenagenturen übernommen würden, läge lediglich daran, daß auch in diesen wieder Juden säßen.

Verspießerung der Schweizer

Leider werde nicht nur in England und Amerika, sondern auch in Stockholm und den Schweizer Städten das Juden-Gewäsch von der Bevölkerung bedingungslos geglaubt. Die Gründe dafür, daß die Juden mit ihrer Rabulistik so viel Glauben fänden, seien am klarsten beim Schweizer Volk erkennbar. Der eine verfolge dort Milch-Interessen, der andere Getreide-Preise, der dritte Uhrengeschäfte und so weiter. Der alte Herr Tell[412] allein könne dabei den militärischen Geist natürlich auch nicht hochhalten. Die Folge davon sei, daß man heute in der Schweiz soldatisch so stark abgewirtschaftet habe, daß der Schweizer Offizier, der diesen Krieg richtig darstelle, seines militärischen Ranges entkleidet werde.

Der Schweizer Oberbefehlshaber von 1939 bis 1945, General Henri Guisan, hielt die Schweiz nicht zuletzt dadurch aus dem II. Weltkrieg heraus, daß er sie wie eine Igel-Stellung militärisch stark machte. Ihre Eroberung hätte daher jeden Angreifer kostbare Divisionen, Panzer und Flugzeuge gekostet ohne entsprechenden militärischen Gegenwert. Als am 17. Juni 1940 das deutsche Panzerkorps des Generals Guderian bei Pontarlier die Schweizer Grenze erreichte, verbot Hitler mit Nachdruck jede Invasion der Schweiz. Uns im FHQu sagte er zu dem Problem »Schweiz«, daß dieses Land als Schutzmacht und als internationaler Knotenpunkt für diplomatische Aktivitäten, Spionage, Devisen-Geschäfte und die Lieferung von Mangelwaren (z.B. an Rüstungsgütern und Rüstungsrohstoffen) unvergleichlich wertvoller sei denn als Satellit.

412 Wilhelm Tell, der legendäre Freiheitsheld der Schweizer Freiheitskämpfe gegen das Haus Habsburg im 14. Jahrhundert.

Beim deutschen Volk sei es in der Hauptsache ein Verdienst der NSDAP, daß sie dem deutschen Volke wieder die Überzeugung von der ewigen Notwendigkeit der militärischen Erziehung der heranwachsenden Generationen eingehämmert habe.

Die bleibende Notwendigkeit militärischer Erziehung

Wenn man diesen Geist für immer hochhalten wolle, müsse man dafür sorgen, daß Kriegsteilnehmer, die sich durch besondere Erfolge und besonders umfassende militärische Erfahrungen auszeichneten, als Vorbilder und Lehrmeister für die militärische Erziehung der kommenden Generationen zur Verfügung gehalten werden. Auch der Stand des Reserve-Offiziers müsse dann unter allen Umständen pfleglich behandelt werden. Denn über die militärische Ausbildung des Einzelnen hinaus habe das Reserve-Offizierstum eine unerhörte militärische Mission dem Gesamtvolk gegenüber, sei es doch einer der ausgeprägtesten Träger soldatischen Geistes. Darüber hinaus müßten die Schule und alle anderen Lehranstalten das bezeichnenderweise auch während der Systemzeit im deutschen Volk wach gebliebene Interesse für militärisch-wissenschaftliche Zusammenhänge unter allen Umständen erhalten.

Er sei ein glühender Verfechter des Glaubens, daß im Kampf der Völker immer der bessere Durchschnitt den Sieg davontrage. Seiner Ansicht nach würde sich die ganze Naturgesetzlichkeit aufheben, wenn das Minderwertige des Stärkeren Herr werden würde.

Der Krieg als Bewährungsprobe

Die Engländer hätten auch nur deshalb 300 Jahre lang ihr Weltherrschaftstheater aufführen können, weil nichts rassen- und intelligenzmäßig Gleichwertiges auf dem Kontinent vorhanden gewesen sei und sich gegen sie gestellt habe.

Napoleon habe ihnen gegenüber kein Gegengewicht bedeuten können, da ihm im Rausch der Französischen Revolution keine tragbare Basis für eine europäische Neuordnung zur Verfügung gestanden habe. Auch sonst sei in Europa seit dem Zerfall des alten Deutschen Reichs kein Staat vorhanden gewesen, der dem Engländer zahlen-, wert- oder repräsentationsmäßig überlegen gewesen sei.

Aufgrund der Entwicklung des nationalsozialistischen Deutschlands sei er des festen Glaubens, daß es uns schon aus rein biologischen Gründen gelingen würde, die Engländer so zu überflügeln, daß wir mit 150 bis 200 Millionen deutschen Menschen die unumschränkten Herren Europas würden.

Ein Wiederaufleben des Problems »Hie Rom – Hie Karthago« in einem »Hie Deutschland – Hie England« sei seines Erachtens unmöglich. Denn das Ergebnis dieses Krieges werde es sein, daß im Gegensatz zu unseren bevölkerungspolitischen Möglichkeiten jede weitere Million Engländer eine Belastung für die Insel darstellen werde. Auch sei eine Rückführung der überwiegend in Städten wohnenden Menschen Englands auf das Land nicht möglich. Sonst müsse zunächst die derzeitige soziale Struktur Englands zerstört werden, und das bedeute den Zerfall des restlichen englischen Weltreiches. Gerade daß man diese Dinge in England nicht beizeiten übersehen und durch entsprechende Entwicklungen im Empire ausgeglichen habe, zeige, daß England nicht durch Denker, sondern durch Juden regiert werde und ebenso wie die Palästina-Politik auch alles andere

Der Zerfall des britischen Weltreichs

politische Machwerk der Juden von den Engländern von heute kritiklos übernommen werde.

Die Oberammergauer Passions-Spiele: Anschauungsunterricht für Rassenunterschiede

Es sei eine unserer wichtigsten Aufgaben, unsere kommenden Geschlechter vor einem gleichen politischen Schicksal wie dem deutschen von 1918 bis 1933 zu bewahren und deshalb das Bewußtsein der jüdischen Gefahr in ihnen wachzuhalten.

Allein schon aus diesem Grund müßten die Oberammergauer Festspiele unbedingt erhalten werden.

Gemeint sind die weltberühmten, seit 1634 in Oberammergau alle zehn Jahre stattfindenden Passions-Spiele, in denen rund 600 Einwohner dieser bayerischen Gemeinde die Leidensgeschichte Christi auf einer riesigen Festspielbühne darstellen. Ihr bekanntester Regisseur war der Holzbildhauer Georg Johann Lang, von dem Hitler in seiner Holzskulpturen-Sammlung den von ihm geschnitzten »Heiligen Ritter Georg im Kampf mit dem Drachen« besaß.

Denn kaum je sei die jüdische Gefahr am Beispiel des antiken römischen Weltreichs so plastisch veranschaulicht worden wie in der Darstellung des Pontius Pilatus bei diesen Festspielen, erscheine dieser doch als ein rassisch und intelligenzmäßig so überlegener Römer, daß er wie ein Fels inmitten des jüdischen Geschmeißes und Gewimmels wirke. In der Anerkennung der ungeheuren Bedeutung dieser Festspiele für die Aufklärung auch aller kommenden Geschlechter sei er ein absoluter Christ.

Aufgabe von Rassegesetzen

Da nur ein klares Rassebewußtsein die Erhaltung unserer Rasse sichern könne, müßten unsere Rassegesetze ganz eindeutig gegen jede rassische Infektion, nicht nur gegen die der Juden, gerichtet sein. In der Aufklärung des deutschen Volkes über seine Rassegesetze müsse immer wieder betont werden, daß die Rassegesetze auch der Verseuchung des deutschen Blutes durch armenisches oder sonstiges nichtarisches Blut vorbeugen sollen.

Wir müßten alles daransetzen, um das Rassebewußtsein unseres Volkes so zu festigen wie das der Römer zur Zeit ihrer geschichtlichen Blüte. Unbewußt habe damals jeder Römer positive Abwehr gegen die Vermischung mit fremdländischem Blut geübt.

Ebenso sei es in Griechenland in seiner Glanzzeit gewesen. Der Markt von Athen hätte sich nach den uns überkommenen Berichten vor Lachen geschüttelt, als Paulus für die Sache der Juden gesprochen habe.

Wenn wir heute so wenige großartige Zeugnisse des Rassebewußtseins der römischen und der griechischen Glanzzeit überliefert vorfänden, so lediglich deshalb, weil die Juden-Christen im 4. Jahrhundert Tempel über Tempel zerstört hätten; auch die Zerstörung der Bibliothek von Alexandria sei ja ein jüdisch-christliches Werk.

171 6.7.1942 mittags
(Wolfsschanze)

Das Deutsche Auswärtige Amt und seine Operetten-Diplomaten

Der Chef betonte, das Auswärtige Amt sei in Deutschland vor Ribbentrops Zeit ein wahrer Schuttplatz der Intelligenz gewesen.

Wer für einen anderen Beruf nicht geeignet gewesen sei, habe dort ebenso ein Unterkommen gefunden wie wahre Heerscharen von Juden. Die Folge davon sei, daß unsere Diplomaten fast in jeder Operette veralbert würden und, wenn man ihnen eine Uniform anziehe, die – zunächst von Männern der Waffen-SS vorgeführt – fabelhaft ausgesehen habe, auch selber operettenhaft ausschauten.

Ribbentrop habe wirklich recht, wenn er auf eine Erneuerung des Auswärtigen Amtes dringe. Jedes im Ausland tätige Mitglied des Auswärtigen Dienstes sei Repräsentant des Deutschen Reichs. Wenn es etwas falsch mache oder auch allein schon, wenn es einen schlechten Eindruck mache oder blödele, schade das dem Reich.

Ein Justizbeamter dagegen könne ruhig verrückt sein und entsprechend mehr oder minder viel Unsinn im Dienste anstellen, kein Hahn krähe danach. Geschweige denn habe das Reich davon einen besonderen, nicht wiedergutzumachenden Schaden.

Die besten Deutschen, die sich beruflich bewährt hätten und auch über ein entsprechendes Auftreten verfügten, seien daher künftig als Diplomaten zu verwenden.

172 6.7.1942 abends
(Wolfsschanze)

Die Weltpresse finanziert Hitlers »Kaiserhof«-Aufenthalte

Beim Abendessen erzählte der Chef von seinen »Kaiserhof«-Aufenthalten[413] in der Kampfzeit.

Da er immer mit einem größeren Stabe von Mitarbeitern gekommen sei, habe er in der Regel eine ganze Etage benötigt und inklusive der Verpflegung seiner Begleitung Rechnungen von ca. 10000 RM pro Woche gehabt. Diese Unkosten habe er vor allem durch Artikel und Interviews für die Auslandspresse wieder hereingebracht, die ihm am Schluß der Kampfzeit oft mit je 2000 bis 3000 Dollar bezahlt worden seien.

Bei der Lancierung dieser Artikel und Interviews in der Auslandspresse habe er aber des öfteren Ärger mit seinem Auslandspressechef Hanfstaengl gehabt, da dieser mehr Geschäftsmann als Politiker gewesen sei und immer nur den Gelderfolg gesehen habe. Als er ihn zum Beispiel beauftragt habe, einen Artikel auf schnellstem Wege in die Presse der ganzen Welt zu jagen, habe er kostbare Zeit mit dem Versuch vertrödelt, möglichst viel Geld aus ihm herauszuschlagen. Nicht weniger als dreimal sei er bei ihm erschienen, um ihn zum Verkauf des Artikels an irgendeine ausländische Korrespondenz zu bewegen, und habe schließlich geglaubt, ihn unter Hinweis auf ein Honorarangebot von 1000 Pfund überreden zu können. Als er ihn dann voll Ärger angeschrien habe: »Hanfstaengl, machen Sie mich nicht rasend mit Ihrem Geiz! Wenn es mir darauf an-

413 Hitler bevorzugte bei seinen Berlin-Aufenthalten das Hotel »Kaiserhof«, weil es gegenüber der deutschen Reichskanzlei lag.

kommt, daß der Artikel morgen in der ganzen Welt gelesen wird, spielen finanzielle Überlegungen doch nicht die geringste Rolle!«, habe sich Hanfstaengl zutiefst gewundert, wie er sich 1000 Pfund entgehen lassen könne.

In seiner Geldgier und seinem Geiz sei Hanfstaengl unausstehlich gewesen. In einer Bauernschenke habe er einmal die ganze Gesellschaft blamiert, weil er wegen des Preises einer Suppe, die er nicht einmal selbst habe bezahlen sollen, einen Riesenkrach gemacht habe. Dabei habe sich der Preis der Suppe auf 30 Pfennig belaufen. Bezeichnend sei weiter für ihn gewesen, daß er sich als großer Gemüseesser aus Ersparnisgründen eine Gemüseplatte nie selbst bestellt habe, sondern hernach immer auf dem ganzen Tisch herumgelauert habe, ob nicht einer der übrigen Herren der Begleitung dieses oder jenes Gemüse stehenlassen würde. Mit den Worten: »Gemüse ist das Gesündeste, was es gibt!« habe er sich dann von allen Platten die Gemüsereste heruntergeholt und auf seinem Teller zusammengeschrabt. Auf ähnliche Weise habe er sich auch abends von allen Käse mit dem Bemerken, Käse sei doch so nahrhaft!, organisiert. Als er ihn einmal beauftragt habe, bei einer plötzlich angesetzten Reise Brote für sämtliche Mitarbeiter zu beschaffen, habe er nicht weniger als zwei Brotbeutel voll Käsestullen besorgt und diese, da die meisten Herren – wie er genau wußte – keine Käseesser gewesen seien, nachher mit dem größten Behagen nach Hause geschleppt.

Reichsleiter Bormann bestätigte die Darstellung des Chefs durch weitere Anekdoten. Eine Bemerkung von General Bodenschatz, die dahinging, daß Hanfstaengl sich nach den Feststellungen des Reichsmarschalls auch bei seinem Auftreten in Zürich und London als Geizkragen entpuppt habe, beendete das Gespräch zu diesem Thema.

Hitlers Sarkasmen gegenüber seinem früheren Auslandspressechef Dr. Ernst Hanfstaengl (genannt »Putzi« Hanfstaengl) sollten selbstverständlich nur die sachlichen Differenzen kaschieren, die zum Bruch zwischen den beiden geführt hatten. Als Halb-Amerikaner, angesehener Harvard-Student und Kommilitone des US-Präsidenten Franklin D. Roosevelt warnte Hanfstaengl seit 1933 ständig vor einer Fehleinschätzung der USA mit ihren riesigen Menschen-, Nahrungsmittel- und Industriekapazitäten. Er plädierte dafür, statt des früheren Reichsbankpräsidenten Luther den besten deutschen Diplomaten als Botschafter in die USA zu entsenden. Er propagierte eine Humanisierung der NS-Judenbehandlung und empfahl, die deutschen Konzentrationslager einer Routine-Kontrolle des Genfer Internationalen Roten Kreuzes zu unterwerfen. Zum Ärger Hitlers emigrierte er 1938 in die Schweiz, von da nach London und von dort über Kanada in die USA. Die Geschichten vom angeblichen »Geiz« Hanfstaengls waren ursprünglich von Goebbels kolportiert worden, um Hanfstaengl bei Hitler und bei der Presse als Auslandspressechef unmöglich zu machen und damit Hanfstaengls Kompetenzen selbst in die Hand zu bekommen. Hanfstaengl hatte im Gegenteil Hitler 1922/23 angeboten, ihn auf seine Kosten nach den USA fahren zu lassen, da ein deutscher Politiker und Antikommunist, der Europa neu formen wolle, den wichtigsten westlichen Industrie- und Agrarstaat der Welt – die USA – aus eigener Anschauung kennen müsse. Er erhielt dabei genauso eine ausweichende, also de facto negative Antwort Hitlers wie im April 1932, als er versuchte, bei einem München-Aufenthalt Churchills ihn mit diesem im Hotel »Continental« zusammenzubringen. Churchill hat Hitler die damalige Zurückweisung nie vergessen, zumal sie von seinem Sohn Randolph und von Hanfstaengl von langer Hand vorbereitet war. Er reagierte auf spätere Versuche Ribbentrops, doch noch ein Treffen Churchill/Hitler zusammenzubringen, mit eisiger Ablehnung.

Beim Abendessen führte der Chef aus, daß er und seine Begleitung durch die Wahlreisen nicht nur das ganze Reich kennengelernt hätten, sondern daß ihnen darüber hinaus der Osten und der Westen ebenso wie der Norden und Süden des Reiches lieb geworden seien.

Der Nürnberger Parteitag

Hitler legte auf seinen Wahl- und Propagandareisen in der Kampfzeit zweieinhalbmal die Entfernung des Erdumfanges im Flugzeug und knapp dreieinhalbmal die Entfernung von der Erde zum Mond im Auto zurück, also rund 100 000 km im Flugzeug und 1,2474 Millionen km im Auto.

Da er zu den Mahlzeiten meist in Familien eingeladen gewesen sei, seien ihm auch die Menschen des ganzen Reiches nahegekommen. Wie oft habe er sich gefreut, bei den Familien, bei denen er zu Gast gewesen sei, feststellen zu können, daß der Vater in der politischen Leitung, die Mutter in der Frauenschaft, der Sohn in der Hitlerjugend, die Tochter im »Bund Deutscher Mädel« und der Bruder in der SA gewesen seien. Dadurch, daß sich einmal im Jahr alles auf dem Parteitag in Nürnberg getroffen habe, sei dieser Tag immer im kleinen wie im großen ein wahrer Familientag gewesen. Auch im großen, da die Partei in der Kampfzeit durch die zahllosen Reisen unserer Redner und der führenden Parteigenossen, durch die gemeinsamen Aktionen und Kampfparolen und so weiter zu einer einzigen großen Familie zusammengeschmolzen sei, die sich auf dem Parteitag ihr Stelldichein gegeben habe.

Der Parteitag sei aber nicht nur ein ganz unerhörtes Ereignis im Leben der NSDAP gewesen, sondern habe auch in mancher Hinsicht wertvolle Vorbereitungsarbeit für den Krieg geleistet. Nicht weniger als viertausend Züge hätten bei jedem Parteitag abgefertigt werden müssen. Da die Züge bei dieser Gelegenheit bis Halle und München gestanden hätten, habe die Eisenbahn durch die Parteitage nicht zu unterschätzende Erfahrungen auf dem Gebiet des Kriegstransportes gesammelt.

Auch für die Zukunft solle die Bedeutung des Reichsparteitages erhalten werden. Er habe deshalb den Ausbau des Parteigeländes in Nürnberg von vornherein darauf abstellen lassen, daß künftig statt bisher 1½ Millionen mindestens 2 Millionen Menschen bei dieser Gelegenheit nach Nürnberg kommen würden. Das Deutsche Stadion, das Nürnberg erhalten habe und das in zwei Bildern von Hirth (Kunstmaler Otto A. Hirth, München) ganz großartig wiedergegeben sei, fasse nicht weniger als 400000 Menschen und habe damit Größenausmaße, wie sie die Welt noch nicht gesehen habe.

Hitler wünschte deshalb, daß die Filmregisseurin Leni Riefenstahl, die durch ihre Bergfilme »Der heilige Berg«, »Die weiße Hölle vom Piz Palü« und »Das blaue Licht« internationalen Ruhm erlangt hatte, einen Dokumentarfilm über den Reichsparteitag 1934 drehen sollte. Leni Riefenstahl lehnte zunächst ab. Erst als Hitler ihr konzedierte, daß sie den Film – ohne jeden Einfluß durch die Partei beziehungsweise durch ihn selbst – mit ihrer eigenen Privatfirma herstellen könne, willigte sie ein. Selbstverständlich brachte ihr diese Unabhängigkeitsgarantie die Feindschaft von Dr. Goebbels ein. Trotzdem wurde der Film – der nach dem Parteitag 1934 den Namen »Triumph des Willens« erhielt – ein großer Erfolg und gewann auf der Weltausstellung in Paris 1937 sogar die Goldmedaille. Hitler verehrte und bewunderte Leni Riefenstahl mit der Begeisterung vieler Zeitgenossen als eine ganz überragende Filmschöpferin. Auch ihr zweiteiliger Film von der XI. Olympiade in Berlin 1936 wurde ein Welterfolg. Hitler bedauerte nur, wie er am 6. November 1941 bei Tisch erwähnte, daß die Künstlerin ihre jeweilige

Aufgabe zu ernst nehme und deshalb nach Beendigung ihrer Arbeit jeweils ein paar Monate wegen totaler Erschöpfung pausieren müsse. Private Amouren, die ihr mit Hitler nachgesagt wurden, waren Gerüchte, die jeder Grundlage entbehrten. In Berlin geboren, hatte Leni Riefenstahl sich von einer Kunsttänzerin und Malstudentin aus eigener Kraft zur weltbekannten Filmregisseurin hochgearbeitet. Im II. Weltkrieg heiratete sie den Narvik-Ritterkreuzträger und Filmregisseur Peter Jacob.

173

7.7.1942 mittags
(Wolfsschanze)

Kulturen in ihrer Abhängigkeit von Klima, Wald- und Wasserwirtschaft

Beim Mittagessen erwähnte der Chef, daß bei den Ausgrabungen von Siedlungsstätten unserer Vorfahren aus vorchristlicher Zeit immer sehr viel Geschrei gemacht werde. Er sei gar kein Freund davon.

In derselben Zeit, in der unsere Vorfahren die Steintröge und Tonkrüge hergestellt hätten, von denen unsere Vorzeitforscher so viel Aufhebens machten, sei in Griechenland eine Akropolis gebaut worden.

Auch mit detaillierten Behauptungen über den Kulturstand unserer Vorfahren im ersten nachchristlichen Jahrtausend müsse man noch sehr vorsichtig sein. Wenn etwa in Ostpreußen eine uralte lateinische Bibel gefunden werde, sei damit durchaus nicht gesagt, daß sie auch in Ostpreußen hergestellt worden sei. Denn wahrscheinlich sei sie lediglich gegen Bernstein aus dem Süden eingetauscht worden.

Die eigentlichen Kulturträger nicht nur in den letzten Jahrtausenden vor Christus, sondern auch im 1. Jahrtausend nach Christi Geburt seien die Mittelmeerländer gewesen. Uns erscheine das manchmal unwahrscheinlich, weil wir die Mittelmeerländer nach dem Zustand beurteilten, den wir heute in ihnen vorfänden. Das sei aber völlig falsch.

Nordafrika sei einmal ein dichtbewaldetes Gebiet gewesen, und auch Griechenland, Italien und Spanien hätten zur Zeit der griechischen Vorherrschaft und zur Zeit des römischen Imperiums dichte Waldungen aufgewiesen. Auch bei unserer Beurteilung der ägyptischen Geschichte müsse man sehr vorsichtig sein.

Ebenso wie Italien und Griechenland sei auch Ägypten in seiner Glanzzeit ein durchaus bewohnbares und klimatisch günstiges Gebiet gewesen. Es sei also mit ein Beweis für den kulturellen Niedergang eines Volkes, wenn seine Menschen die Wälder abholzten, ohne für entsprechende Aufforstungen zu sorgen, und dadurch die weise Wasserwirtschaft der Natur ihrer wesentlichsten Voraussetzungen beraubten.

Alter deutscher Städte

Die zahlreichen in der Bevölkerung umlaufenden falschen Auffassungen über die kulturelle Entwicklung unserer Vorfahren sei nicht zuletzt dadurch bedingt, daß man sich über das Alter unserer Städte unrichtige Vorstellungen mache.

Es gebe ja sogar Städte wie Nürnberg[414], bei denen er selbst verblüfft sei, wenn er erfahre, daß sie erst 700 Jahre alt seien. Wenn über Nürnbergs Entstehungsdatum falsche Vorstellungen umliefen, so sei das allerdings nicht zuletzt auf die Schlauheit der Nürnberger zurückzuführen. Das 700-Jahres-Jubiläum zum Beispiel habe sein Oberbürgermeister Liebel totschweigen lassen, damit –

414 Nürnberg war Reichsstadt seit 1219, vorher – und zwar seit 1050 – Burggrafschaft.

wie er ihm selbst erzählt habe – die vielen Menschen, die es für älter hielten, nicht von ihrer Ansicht abgebracht würden.

Was die Gründung Nürnbergs angehe, so dürfe man als feststehend betrachten, daß Nürnberg seine Entstehung auf eine der salischen Burgen zurückzuführen habe, um die sich mit der Zeit ein Weiler gebildet habe. Die meisten im Mittelalter begründeten Städte seien ja in Anlehnung an solche Trutzburgen herangewachsen. Daraus erkläre sich auch die Zahl von mittelalterlichen Städtegründungen im Osten Deutschlands. Da die Trutzburgen als Schutzstätten für die Landbevölkerung gegen die Stürme vom Osten erforderlich gewesen seien und das Dreckzeug aus dem Osten schon damals immer wieder gegen unsere Grenzen angerannt sei beziehungsweise deutschen Boden überschwemmt habe, sei im Osten ohne sie gar nicht auszukommen gewesen. Selbst in Siebenbürgen, wo Trutzburgen in einer ausreichenden Zahl nicht zur Verfügung gestanden hätten, habe man noch und noch befestigte Werke – unter anderem gegen die Türken – schaffen müssen und habe deshalb die Kirchen zu Befestigungswerken ausgebaut.

174 — 7.7.1942 abends (Wolfsschanze)

Beim Abendessen berichtete General Jodl dem Chef, daß verwundeten Angehörigen der »Blauen Division« nach Überschreiten der spanischen Grenze die Benutzung des Madrider Schnellzuges untersagt worden sei und sie, als sie daraufhin im Gepäckwagen mitzufahren versucht hätten, von einer alarmierten Kompanie spanischer Infanterie auf Befehl eines Militärgouverneurs abgeführt worden seien. Spanien nicht faschistisch!

Feldmarschall Keitel erwähnte hierzu, daß die Angehörigen der »Blauen Division« offenbar schon ihres Namens wegen verpönt seien, da der Begriff »Blau« auf die kirchlich nicht gebundene Ur-Falange zurückgehe, während eine Aufnahme in die heutige Falange ja nur noch mit Genehmigung des zuständigen Ortspfaffen möglich sei.

Der Chef bestätigte, daß die derzeitige Entwicklung in Spanien alles andere als erfreulich sei. Franco habe offenbar nicht das Format, um mit den politischen Problemen Spaniens ohne die Kirche fertig zu werden. Die Ausgangsstellung für seine Arbeit sei an sich ja erheblich einfacher gewesen als seine, des Chefs, und die des Duce. Sowohl der Duce als auch er hätten nach Eroberung des Staates die Wehrmacht zunächst zu sich hinüberziehen müssen, Franco dagegen habe außer der politischen Macht auch die Wehrmacht in der Hand gehabt. Offenbar könne er sich aber von dem Einfluß Suñers nicht frei machen, obwohl Suñer geradezu die Verkörperung der Pfaffenpolitik sei und mit den Achsenmächten ein offensichtlich unaufrichtiges Spiel treibe.

Als 1931 die Monarchie des Königs Alfons XIII. und ihr Militär-Diktator Primo de Rivera gestürzt worden waren, wurde in Spanien die Republik ausgerufen und nach latenten Unruhen 1936 eine Volksfrontregierung aus Kommunisten, Sozialisten, Syndikalisten und Republikanern gebildet. Gegen sie entfesselte der – nach den Kanarischen Inseln strafversetzte – General Francisco Franco Bahamonde in Spanisch-Marokko einen Militärputsch, der sich zum »Spanischen Bürgerkrieg« – 1936 bis 1939 – ausweitete. Aus Sorge, Stalin könnte sich in Spanien festsetzen und so den Ausgang des

Mittelmeeres in den Atlantik unter seine Kontrolle bringen, unterstützte Hitler Franco mit der legendären »Legion Condor«. Dafür half Franco Hitler zwar im Rußlandfeldzug mit der »Blauen Division« aus 15 000 spanischen Freiwilligen unter dem Kommando des Generalkapitäns Augustin Muñoz Grandes. Franco lehnte aber die ihm von Hitler vorgeschlagene Eroberung Gibraltars mit deutschen Fallschirmspringern ab, weil er einen Kriegseintritt gegen Großbritannien (ebenso wie ein Jahr später gegen die USA) im Interesse Spaniens vermeiden wollte. Statt dessen schloß er mit dem Vatikan ein besonders enges Konkordat ab, stellte 1947 die Monarchie in Spanien wieder her und vereinbarte 1953 einen Freundschafts- und Beistandspakt mit den USA. Franco verstarb im Jahr 1975. Als König Juan Carlos I. übernahm der von Franco seit vielen Jahren auf dieses Amt vorbereitete Prinz Juan Carlos den Thron. Damit war de facto und de jure die Monarchie in Spanien wiederhergestellt.

Eigentlich wären die Pfaffen ja blitzdumm. Denn so wie sie über Suñer die spanischen Verhältnisse im Sinne einer Reaktion und einer Wiederherstellung der Monarchie zu dirigieren suchten, könnten sie nur einen neuen Bürgerkrieg hervorrufen. Diesen würden sie selbst jedoch bestimmt nicht überleben.

Auf General Jodls Einwurf, daß das englische Pfund dabei sicher auch eine Rolle spiele und England vielleicht auf diese Weise eine »Zweite Front« aufrichten wolle, wies der Chef darauf hin, daß man das derzeitige System in Spanien keinesfalls mit dem nationalsozialistischen oder mit dem faschistischen gleichsetzen dürfe.

Wie Dr. Todt, der Rotspanier in seinen Arbeitslagern beschäftigt habe, ihm immer wieder berichtet hätte, fühlten sich die Rotspanier durchaus nicht als »Rote« in unserem Sinne. Sie bezeichneten sich selbst als Revolutionäre und zeigten in ihrem Fleiß und ihren Arbeitsleistungen eine durchaus wertvolle Haltung. Wir könnten deshalb nichts Gescheiteres tun, als von ihnen soviel wie möglich, angefangen mit den vierzigtausend in unseren Lagern, für einen eventuell in Spanien ausbrechenden neuen Bürgerkrieg in Rückhand zu behalten. Zusammen mit den Falangisten alter Form seien sie noch am verläßlichsten.

Gesandter Hewel berichtete daraufhin, daß er in Madrid Soldaten ohne Gewehr und Rangabzeichen bei Straßenarbeiten beobachtet habe, die von Soldaten mit Rangabzeichen und Gewehren bewacht worden seien. Er nehme an, daß es sich um Rotspanier gehandelt habe, und stehe auf dem Standpunkt, daß, wenn man sie schon als Strafgefangene zu Straßenarbeiten ansetzen wolle, man das doch zweckmäßigerweise nicht in Uniform tun sollte. Feldmarschall Keitel bestätigte daraufhin, daß man auch bei der spanischen Wehrmacht nicht unsere Maßstäbe anlegen könne. Verheerend sei zum Beispiel der Eindruck der spanischen Garde-Ehrenkompanie beim Treffen des Führers mit General Franco gewesen, hätten die Soldaten doch derart verrostete Gewehre gehabt, daß ohne gründliche Reinigung kein Schuß aus ihnen herauszubringen gewesen sei. Als das Treffen Führer/Franco vereinbart worden sei, habe Admiral Canaris[415] ihn

415 Admiral Wilhelm Canaris war bereits seit 1935 in leitender Position im Spionage-Dienst des OKH tätig. Von 1938 bis 1944 war er Chef der zuständigen OKW-Abteilung »Ausland/Abwehr«. Canaris verfügte daher dienstlich über besonders gute Spanien-Kontakte. Er hatte bei seinen Vorverhandlungen mit Franco aber ebensowenig Erfolg gehabt wie nachher Hitler, da Franco für den Fall einer deutschen Besetzung der Britischen Inseln mit einer britischen Weiterführung des Krieges von Kanada aus rechnete. Als Mitglied der Verschwörung vom 20. Juli 1944 kam er Ende 1944 ins Konzentrationslager Flossenbürg/Oberpfalz, wo er im April 1945 hingerichtet wurde.

bereits davor gewarnt, daß der Führer enttäuscht sein werde, statt eines Heroen einen Lavierer – also einen aufs Lavieren eingeschworenen Diplomaten[416] – zu finden.

Beim Treffen Hitler/Franco vom 23. Oktober 1940 in Hendaye, der französisch-spanischen Grenzstation am Bidassoa-Fluß, verpackte Spaniens Caudillo Franco seine De-facto-Ablehnung eines Kriegseintritts auf deutscher Seite gegen Großbritannien (und 1 Jahr später auch gegen die USA) in die Forderung nach Vorauslieferung mehrerer 100000 t Weizen und einer modernen Kriegsrüstung (insbesondere Flak- und Heeresartillerie) sowie nach einer Voraus-Sicherung der Azoren und der Kanarischen Inseln und nach Gebietszuweisungen aus dem französischen Kolonialbesitz. Alle diese Bedingungen eines »möglichen« Kriegsbeitritts, die Hitler schon wegen seiner Versorgung Italiens mit Kohle, Weizen, Rüstungsgütern usw. gar nicht erfüllen konnte, brachte Franco in einer derart unsoldatischen, zaudernd gedämpften Redeweise und mit einer so sanften eintönigen Sing-Sang-Stimme, daß Hitler das Konferieren mit ihm sichtlich auf die Nerven ging.

»Er habe einen General erwartet«, sagte uns Hitler später einmal über die Hendaye-Zusammenkunft, »und er habe einen marokkanischen Teppichhändler vorgefunden.« Auch in der nachfolgenden diplomatischen Korrespondenz waren Francos Zugeständnisse derart bedingungsbeladen, daß sein einziger Kriegsbeitrag in Wirklichkeit die »Blaue Division« für den Einsatz gegen die UdSSR blieb, mit der sich Franco-Spanien sowieso aus Bürgerkriegszeiten her in einem quasi-Kriegszustand befand. Dem gegen die UdSSR gerichteten Antikominternpakt war Spanien am 27. März 1939 beigetreten.

Der Chef bemerkte dazu, daß die Franco-Leute von Glück sagen könnten, daß sie beim ersten Bürgerkrieg den Beistand des faschistischen Italiens und des nationalsozialistischen Deutschlands gefunden hätten. Denn wie die Rotspanier immer wieder versicherten, seien sie nicht aus weltanschaulichen Gründen, sondern in Ermangelung eines anderen Beistandes zum Zusammengehen mit Sowjet-Rußland gezwungen und dadurch in ein an sich nicht erstrebtes politisches Fahrwasser gedrängt worden.

Fest stehe jedenfalls eines: Wenn man von einem Eingriff des Himmels sprechen wolle, der den Bürgerkrieg zugunsten der Franco-Leute entschieden habe, so sei dieser Eingriff nicht durch die kürzlich mit dem Marschallstab ausgezeichnete Mutter Gottes[417] erfolgt, sondern durch den deutschen General v. Richthofen, der seine Flieger »vom Himmel hoch« auf die sogenannten Roten herabgeschickt habe.

Generalfeldmarschall Wolfram von Richthofen, seinerzeit Chef der im spanischen Bürgerkrieg so erfolgreichen deutschen »Legion Condor«, führte im Rußlandkrieg u.a. das VIII. Fliegerkorps, das wesentlich zur Eroberung Sewastopols beitrug. Es gibt keinen Zweifel, daß Franco den Spanischen Bürgerkrieg ohne den Einsatz der legendären »Legion Condor« nicht gewonnen hätte. Denn sie bestand aus 26200 modernst ausgebildeten und ausgerüsteten Berufssoldaten, und zwar Fliegern, Artilleristen, Panzerführern und Ausbildern.

Als Gesandter Hewel ausführte, daß das beste spanische Menschentum ausgesprochen faul sei und sich obendrein nichts sagen lassen wolle, bemerkte der Chef, daß Gott sei Dank bei den in der Organisation Todt beschäftigten Rot-

416 Tagebuch Dr. Pickers.
417 Gemeint ist die »Gottesmutter von El Pilar«.

spaniern und Falangisten die Disziplin ausgezeichnet sei, so daß wir allen Grund hätten, noch mehr von diesen Leuten für den Dienst bei uns zu gewinnen.

Die für die Bereinigung der spanischen politischen Verhältnisse geeignete spanische Persönlichkeit zu finden sei leider erheblich schwieriger. Denn die Probleme lägen ja nicht so sehr auf militärischem als vielmehr auf innerpolitischem Gebiet. Voran sei die Ernährungsfrage zu lösen, was bei der fast sprichwörtlichen Faulheit eines Großteils der Bevölkerung außerordentlich schwierig sei.

Ob ein General über die erforderlichen politischen Fähigkeiten verfüge, müsse die Zukunft lehren. Jedenfalls wolle man die Popularität des Generals Muñoz Grandes[418] nach Möglichkeit fördern, da er ein energischer Mann sei und deshalb vielleicht am ehesten mit den Dingen fertig zu werden verspreche. Er begrüße es sehr, daß es gelungen sei, die von den Leuten um Suñer betriebene Ablösung dieses Generals von dem Kommando der »Blauen Division« im letzten Moment noch zu verhindern. Denn die »Blaue Division«[419] werde vielleicht noch einmal bei der Erledigung des derzeitigen Pfaffensystems die entscheidende Rolle spielen.

Die Asozialen als ewige Putschisten

Beim Abendessen wurde dem Chef berichtet, daß die bei den serbischen Unruhen gefangengenommenen Putschisten zu 95 Prozent, oft sogar zu 99 Prozent aus Vorbestraften bestünden.

Gemeint sind die kommunistischen Partisanen des späteren Gründers und Staatschefs der »Föderativen Volksrepublik Jugoslawien«, Josip Broz Tito, die echte Widerstandskämpfer waren und mit ihren Einzelaktionen und Nachschub-Störungen das Kriegsgeschehen erheblich beeinflußten. Mit 120000 bis 150000 Mann banden sie laufend mehrere deutsche Divisionen.

Er meinte dazu, daß ihn das nicht nur nicht wundere, sondern seine Auffassungen über Umstürzler, die er sich aufgrund der Erfahrungen 1918/1919 gebildet habe, bestätige.

Wenn man Revolutionen vorbeugen wolle, müsse man daher – sobald die Lage kritisch werde – das ganze asoziale Gezücht totschlagen. Das könne man aber nur, wenn man die asozialen Elemente beizeiten dingfest gemacht und in Konzentrationslagern zusammengefaßt habe.

Das Gerede, daß man den asozialen Menschen so das Familienleben vorenthalte, sei ein wahrer Unsinn. Wenn man ihnen ein Familienleben gewähre, schaffe man damit nur eine Keimzelle weiterer Kriminalität. Kinder, die im Zusammenleben mit asozialen Eltern aufwüchsen, würden selbst zu Gaunern, da asoziale Männer sich erfahrungsgemäß in der Regel ebensolche Weiber nähmen.

Wertvolles Erfahrungsmaterial habe ihm auch insofern die Kampfzeit ge-

418 Generalkapitän Augustin Muñoz Grandes, 1939 Generalsekretär der Falange, 1941 Kommandeur der »Blauen Division«, erhielt 1942 von Hitler als einer der ganz wenigen Ausländer das »Ritterkreuz des Eisernen Kreuzes mit Eichenlaub« für hervorragende Tapferkeit verliehen und im FHQu persönlich überreicht. Ab 1962 war Muñoz Grandes Spaniens Vize-Staatschef.

419 Auf anglo-amerikanischen Druck beorderte Franco die am Wolchow, am Ilmensee und an der Leningrad-Front eingesetzte »Blaue Division« (Division Azul) am 7. Oktober 1943 nach Spanien zurück, so wie Stalin es von den Anglo-Amerikanern ultimativ verlangt hatte.

liefert. Am gemeinsten hätten sich bei SA-Aufmärschen immer die Kommunisten-Weiber aufgeführt, die mit allen möglichen Gegenständen auf unsere Männer geworfen hätten. Wenn sie sich dann zur Wehr gesetzt hätten, hätten diese Weiber ihnen ihre Kinder auf den Armen entgegengehalten und dadurch das Leben ihrer Kinder gefährdet. Der beste Beweis, daß ihnen im Gegensatz zu anderen Eltern an der Sicherheit und Gesundheit ihrer Kinder gar nichts gelegen sei, sie auch insofern ihre asoziale Gesinnung nicht verleugneten.

175 8.7.1942 mittags (Wolfsschanze)

Anregung zur Roosevelt-Karikatur

Beim Mittagessen gab der Chef seiner besonderen Freude darüber Ausdruck, daß der auf der Fahrt nach Archangelsk befindliche englische Geleitzug von 38 Schiffen bis auf 6 Schiffe bereits durch unsere Flugzeuge und U-Boote zum Meeresgrund hinabgeschickt worden sei[420].

Schon am Vortage, als erst knapp zwei Drittel versenkt worden waren, habe er angeregt, diese Versenkungserfolge in einer »Kladderadatsch«-Karikatur Roosevelts zu würdigen. Da überwiegend amerikanisches Kriegsmaterial[421] versenkt worden sei, müsse man Roosevelt darstellen, wie ihm der amerikanische Arbeiter Panzer, Flugzeuge und dergleichen heraufreiche und er die Sachen lächelnd von einem erhöhten Standort ins Meer hinabwerfe. Darunter müsse stehen: »Wir arbeiten nicht für Lohn und Geld, sondern für eine bessere Welt!«

Seine heutigen Betrachtungen über die Auflösung des Geleitzuges schloß der Chef mit der Feststellung, daß jeder, der Besitzer einer Schiffswerft sei, tatsächlich ein Handwerk mit goldenem Boden ergriffen habe.

176 8.7.1942 abends (Wolfsschanze)

Von den Vorzügen der vegetarischen Kost

Beim Abendessen erzählte der Chef davon, daß seine Schäferhündin »Blondi« in gewisser Hinsicht Vegetarier sei und Grasbüschel einer bestimmten Art mit wahrem Wohlbehagen fresse. Interessant sei, daß der Grasgenuß der »Blondi« auch über Koliken hinweghelfe. Wenn man das wisse, müsse man sich eigentlich wundern, wie vernünftig Tiere seien und wie genau sie empfänden, was ihnen zuträglich sei.

Er habe auch einmal einer Katze zugeschaut, wie sie sich angeschickt habe, eine gefangene Maus zu verzehren. Sie habe sie nicht etwa sofort ins Maul geschoben, sondern zunächst mit ihr gespielt und ihr immer wieder die scheinbare Möglichkeit gegeben zu entkommen. Erst als die Maus aufgrund dieses Hin

420 Insgesamt versenkt wurden von dem Nordmeer-Konvoi in der Zeit vom 4. bis 10. Juli 1942: 24 Schiffe mit rund 144000 BRT nebst Ladung (darunter: 3350 Kraftfahrzeuge, 430 Panzer, 210 Flugzeuge und fast 100000 t sonstiges Kriegsgerät).

421 Im II. Weltkrieg lieferten die USA der UdSSR nach dem Pacht- und Leihgesetz vom 11. März 1941 / 13. November 1941, d.h. ohne Bezahlung, für den Kriegseinsatz gegen Deutschland: rund eine halbe Million Militärfahrzeuge, 13303 Panzer, 15631 Geschütz- und Kampffahrzeuge, ferner 14798 Flugzeuge, 6289 schwere Geschütze, 131633 Maschinenpistolen sowie zahlreiche Schiffe, schätzungsweise zwei Millionen t Stahl und Stahlwaren und mindestens drei Millionen t Lebensmittel, Rohstoffe und Ausrüstungsgüter.

und Her in Angstschweiß förmlich gebadet gewesen sei, habe die Katze ihr mit der Tatze einen letzten Schlag versetzt und sie verspeist. Offenbar sei ihr die Maus in diesem Zustande am schmackhaftesten und bekömmlichsten erschienen.

Auf den Einwurf Feldmarschall Keitels, daß ja auch der Mensch Fleisch nicht im Rohzustand verspeise, sondern sogar die Hunnen es zunächst unter dem Sattel weichgeritten hätten, meinte der Chef, er wolle wohl damit sagen, daß dieser Vorgang einem Dünsten im eigenen Saft nahekomme.

Der Chef erwähnte dann, daß auch der Mensch sich bei außerordentlichen körperlichen Anstrengungen durch den dabei unvermeidlichen Schweißverlust verändere. Bei seinen Reden in Großkundgebungen sei er hernach klitschnaß gewesen und habe 4 bis 6 Pfund an Gewicht verloren gehabt. Wenn man bei seinen Reden in Bayern die 2 bis 3 Flaschen Bier, ohne die er in Bayern kaum habe landen können, bei seinen sonstigen Reden die gleiche Menge Sprudel (Mineralwasser, meist »Fachinger«) berücksichtige, die er noch zwischendurch getrunken habe, so könnten es auch bis zu 7 Pfund gewesen sein. Vielleicht sei dieser Gewichtsverlust gar nicht ungesund gewesen. Ihn habe daran nur immer gestört, daß sein einziger blaugefärbter Kriegsanzug seine Leibwäsche bei jeder Versammlung blau gefärbt habe.

Als er später das Fleischessen aufgegeben habe, habe etwa 14 Tage darauf auch das Schwitzen nachgelassen. Auch das Durstgefühl sei erheblich zurückgegangen, so daß er nur noch ab und an einen Schluck Wasser zum Anfeuchten benötigt habe. Die vegetarische Ernährung habe also ganz offensichtlich Vorzüge. Er sei gespannt, ob nicht auch seine Schäferhündin »Bella« mit der Zeit Vorliebe für vegetarische Kost zeigen werde.

177 — 9.7.1942 mittags (Wolfsschanze)

Gegen den Pessimismus der Masse. Ernteerträge der Ukraine

Beim Mittagessen beanstandete der Chef eine Pressenotiz über die Ukraine-Reise des Ostministers Rosenberg, in der der Pressereferent des Ostministers, Major Cranz, die deutsche Zivilbevölkerung vor falschen Hoffnungen auf erhöhte Nahrungsmittelzuteilungen aufgrund der diesjährigen Ukraine-Ernte warne.

Da in einem Volk immer mehr Pessimisten als Optimisten seien, sei es unverantwortlich, durch derartige Presseäußerungen den Menschen schon jetzt die Hoffnung auf eine Entspannung der Ernährungslage zu nehmen und ihnen damit das Leben schwerer zu machen, als unbedingt nötig sei.

Im übrigen seien Presseäußerungen wie die des Major Cranz auch sachlich unrichtig.

Denn Voraussagen darüber, ob die deutsche Zivilbevölkerung durch erhöhte Nahrungsmittelzuteilungen an den Ernteerträgen der Ukraine beteiligt werden könne, seien zur Zeit noch gar nicht zu machen. Es handle sich ja nicht darum, daß die Ernteergebnisse nur ausreichten, um unsere Truppen im Osten zu verproviantieren, sondern darum, die weit darüber hinausgehenden Ernteüberschüsse ins Altreich abzutransportieren.

Hitler löste das Problem, indem er die Soldaten (auch die der »Germanischen SS« angehörenden Dänen, Holländer, Belgier, Franzosen, Schweizer, Norweger und Schweden sowie die in eigenen Verbänden militärisch organisierten Rumänen, Ungarn, Italiener, Spanier, Slowaken und Kroaten) »Führerpakete« mit Mehl, Fett, Öl, Zucker,

Wurst, Speck, Fleischkonserven und Honig mit in den Urlaub nehmen ließ. Diese Pakete wurden in Rußland fertig abgepackt und in den sogenannten »Ost-Urlauber-Abfertigungsstellen« auf den Bahnhöfen und Flugplätzen an die Soldaten ausgegeben.

Es sei also ausschließlich ein Transportproblem zu lösen, um die Ernährungslage der deutschen Heimat aus den Ukraine-Erträgen zu bessern. Selbst wenn es sich aber um ein Ernteproblem handeln sollte und feststünde, daß die Ernte schlecht sei, selbst dann dürfte das Problem nicht vor der Öffentlichkeit behandelt werden, da derartige Betrachtungen dem Pessimismus nur neue Nahrung gäben. Man müsse dann eben all die Maßnahmen anführen, die bereits in die Wege geleitet seien, um die Erzeugung des betreffenden Agrarlandes nach und nach zu steigern, so daß die Heimat mit der Zeit mit einer weitgehenden Beseitigung des Ernährungs-Engpasses rechnen könne.

Ferner müsse man sich davor hüten, Truppeneinheiten dafür verantwortlich zu machen, daß aufgrund ihres unbeschränkten Aufkaufs von Nahrungsmittelvorräten ihr Abtransport in die Heimat verhindert werde. Die Leibstandarte, die sich etwa 5000 Schweine zugelegt habe und einen eigenen Kolchosenbetrieb unterhalte, habe ebenso recht damit wie der Feldmarschall Kluge, der sich selbst beizeiten für seine 4. Armee für Monate ausreichende Lebensmittelvorräte beschafft habe. Denn wenn unsere an der Ostfront stehenden Einheiten im Schlamm steckenblieben und der Nachschub nicht mehr zu ihnen komme, könne ihnen keiner so helfen, als wenn sie selbst beizeiten vorgesorgt hätten.

178 — 9.7.1942 abends (Wolfsschanze)

Ägypten, die Italiener und Rommel. Interessensicherung, Bewässerung und Straßenbau in Ägypten

Beim Abendessen ging der Chef zunächst auf die militärischen Ereignisse in Ägypten ein. Zum Gesandten Hewel gewandt, bemerkte er dann, daß sich das Auswärtige Amt nicht unterstehen solle, bei einer Besetzung Alexandrias oder Kairos einen Residenten nach Ägypten zu schicken. In der Person Rommels befinde sich dort ein Generalissimus, der sich mit so unsterblichem Ruhm bedeckt habe und heute schon so allgemein als eine der schönsten Erscheinungen der Kriegsgeschichte angesehen werde, daß es ein Unding sei, ihm vom Auswärtigen Amt aus in die Dinge hineinreden zu wollen.

Im übrigen stehe er auf dem Standpunkt, daß Ägypten den Italienern zuzusprechen sei. Denn wir persönlich hätten an der ägyptischen Sphinx keinerlei Interesse, für das italienische Imperium dagegen sei sie lebenswichtig. Wenn wir unter diesen Umständen einen Residenten nach Ägypten schicken würden, würden wir die Gefahr der Schaffung von Parallelfällen heraufbeschwören. Aufgrund eines solchen Präjudizes könnten die Italiener selbstverständlich nach einer Eroberung zum Beispiel des Kaukasus auch die Einsetzung eines italienischen Residenten in diesem uns besonders am Herzen liegenden Gebiet verlangen. Es genüge durchaus, wenn ein geeigneter Mann als Vertreter des Operationschefs Rommel zum italienischen Residenten in Ägypten abgestellt werde.

Bezüglich der Gründe befragt, die Rommels ungewöhnliches Ansehen in der Weltöffentlichkeit erklären, wies der Chef vor allem auf die Unterhausreden Churchills hin, in denen dieser Rommel aus taktischen Erwägungen immer wieder als einen General von genialen Fähigkeiten herausstelle. Churchill tue das selbstverständlich, um nicht zugeben zu brauchen, daß die Engländer in Libyen und Ägypten von italienischen Soldaten Prügel beziehen. Vielleicht hoffe er auch, durch die betonte Herausstellung Rommels Unfrieden zwischen den Italienern und uns stiften zu können. Der Duce sei aber viel zu vernünftig, als daß er dieses Manöver nicht durchschaue. Er habe deshalb auch von sich aus die Verdienste Rommels mehrfach vor aller Welt anerkannt. Erreicht sei durch das Vorgehen Churchills und das Parieren des Duce, daß der Name Rommel bei den primitiven Völkern Nordafrikas und des Vorderen Orients zu einem unvorstellbaren Ansehen gelangt sei.

Diese Tatsache zeige, wie gefährlich es sei, einen maßgeblichen Mann des Gegners so herauszustellen, wie es Churchill im Falle Rommels getan habe. Ein Name beginne auf diese Weise plötzlich eine Bedeutung zu erlangen, die dem Wert mehrerer Divisionen gleichkomme. Man stelle sich nur einmal vor, wir würden den russischen Marschall Timoschenko[422] immer und immer wieder herausstellen. Zum Schluß würden selbst unsere Soldaten von seiner ganz besonderen Tüchtigkeit überzeugt sein. Wie wirke da ein Name erst bei primitiveren Völkern. Die Bemerkung unseres in englische Gefangenschaft geratenen Generals Crüwell (Kommandierender General des Afrika-Korps) auf die Frage, wie ihm Shepherd's Touristen-Luxushotel in Alexandria gefalle: »Es sei ein prachtvolles Hauptquartier für Rommel!« – habe alle Islamvölker bis nach Ankara hin durchlaufen.

Zur Frage der künftigen Beherrschung Ägyptens übergehend, äußerte der Chef, die Italiener könnten sich unmöglich an diesem Lande desinteressieren. Allein schon ihrer ostafrikanischen Besitzungen Eritrea und Abessinien wegen sei der Suezkanal für sie lebenswichtig. Er könne aber nur solange von ihnen als gesichert angesehen werden, solange sie in Ägypten ihre Garnisonen hätten. Wenn die Italiener sich politisch und militärisch in Ägypten halten wollten, müßten sie sich davor hüten, der Bevölkerung aus irgendwelchen Minderwertigkeitskomplexen heraus kleinlich entgegenzutreten. Sie müßten sich insoweit die Engländer zum Vorbild nehmen, die sich aufgrund ihrer jahrhundertelangen Kolonialerfahrungen ein Herren-Auftreten angeeignet hätten, das die maßgebenden Einheimischen vergessen mache, daß sie unter fremder Herrschaft arbeiten.

Die Italiener müßten sich ferner hüten, sich in all und jedem den Gewohnheiten des Landes anpassen zu wollen. Rommel könne in dieser Hinsicht ihr Vorbild sein. Er sei während des ganzen Feldzuges auch nicht auf einem Kamel rumgehockt, sondern im Panzer durch die Gegend gefahren, wohl wissend, daß er auf dem Kamel doch nicht so reiten könne wie die Einheimischen, bei einer Fahrt im Panzer ihnen aber erheblich imponiere.

Herrschaftsformen in besetzten Gebieten

Auch wir müßten uns für unsere neuerworbenen Ostgebiete merken, daß es nicht darauf ankomme, die unterworfene Bevölkerung jeden Tag zu striegeln und etwa gar zur deutschen Sauberkeit erziehen zu wollen. Ob sie sich selbst, ihre Häuser und so weiter täglich mit der Wurzelbürste reinigten, könne uns ganz gleich sein. Denn unsere Aufgabe sei es nicht, das Aufsichtsorgan ihres täg-

422 Marschall Semjon K. Timoschenko, 1942 Chef der sowjetischen Südwest-Front, war im Dezember 1941 von Stalin als Befehlshaber der Verteidigung Moskaus durch den General und späteren Marschall Georgij K. Schukow ersetzt worden, der 1945 auch Berlin eroberte.

lichen Lebens zu spielen, sondern ausschließlich unsere Interessen sicherzustellen.

Zu diesem Zweck müsse man das Leben der Deutschen in den zu kolonisierenden Ostgebieten von dem der einheimischen Bevölkerung so weit als irgend möglich scheiden. In die Gasthäuser der Einheimischen, in denen diese in der Gegend herumspuckten, dürften wir Deutsche nicht hineingehen lassen. Für die Deutschen seien eigene Gasthäuser einzurichten, in die die einheimische Bevölkerung keinen Zutritt habe. Dann könne uns deren Spuckerei völlig egal sein.

Indem wir die Einheimischen ganz für sich ließen, stießen wir sie bezüglich ihrer Lebensgewohnheiten nicht unnötig vor den Kopf und schafften uns die besten Voraussetzungen dafür, eigene und geschlossene deutsche Siedlungszentren aufzubauen.

Auch einer Vermischung der Deutschen mit der einheimischen Bevölkerung träten wir am leichtesten entgegen, wenn wir verhinderten, daß sie sich unsere Lebensart aneigne und gleich wie ein Teil von uns ausschaue.

Der Chef kam sodann wieder auf die Zukunftsprobleme Ägyptens zu sprechen. Nachdem die Italiener bisher mit den Mohammedanern äußerst geschickt verfahren seien, wolle man hoffen, daß sie sich auch durch die Ausübung der Oberherrschaft über Ägypten diese Resonanz nicht verscherzten und sich in allem möglichen Alltagskram verlören.

Die vordringlichsten Aufgaben in Ägypten, Bewässerung und Straßenbau, würden die bienenfleißigen Kolonial-Italiener unter Leitung des Duce sicher wunderbar erledigen. Wenn sie zehn Jahre lang Abessinien hätten halten können, würden sie ja als große Straßenbauer auch aus diesem Land ein Kolonialparadies gemacht haben. Bei Ägypten falle das um so leichter, da dieses Land fast zu 100 Prozent autark sei und es ihm – außer an Kohle und Eisen – eigentlich an nichts mangele.

Straßen auf Dämmen, eine Notwendigkeit in Rußland

Ebenso wie in Ägypten sei in den von uns besetzten Ostgebieten, wie er nur immer wieder betonen könne, das allerwichtigste der Straßenbau. Da man im Winter kaum irgendwelche Straßenpflege betreiben könne, müsse man die Straßen von vornherein so anlegen, daß sie nicht unter Schneeverwehungen zu leiden hätten. Man müsse sie deshalb auf Dämme legen; denn der Schnee halte sich nur unter Windschutz, und Dämme seien bei den Winterwinden deshalb immer vom Schnee freigefegt. Das Fundament dieser Dämme müsse allerdings mit Rücksicht auf die Schlamm-Perioden besonders solide ausgeführt werden. Wo man Granit zur Verfügung habe, solle man Granit verwenden; sonst müsse man den Rotstein nehmen, der sich in vielen Flußbetten finde.

179 16.7.1942

Bialystoker Kampfgebiet

Im Flug vom FHQu »Wolfsschanze« zum FHQu »Werwolf« (Winniza, Ukraine) geht es über die russischen Schlachtfelder hinweg. Gerade befinden wir uns über dem Bialystoker Landgebiet. Sand, kaputte Forsten und baumlose Straßen sind das Charakteristikum. Da es heiß ist, kann man sich ein ungefähres Bild davon machen, was unsere Soldaten in der Kesselschlacht von Bialystok an Strapazen zu bestehen gehabt haben[423].

423 Die Kesselschlacht Bialystok-Minsk vom 22. Juni bis 9. Juli 1941 erbrachte 328898 Kriegs-

17.7.1942 mittags
(Werwolf)

Militärische Bevölkerungsgliederung, Ärztestand und Drahtfunk in der Sowjetunion

Beim Mittagessen wurde dem Chef vorgetragen, daß die Bevölkerung in der Ukraine von den Sowjets nicht in Ortschaften, sondern in Brigaden gegliedert worden sei, so daß sie mit militärischer Übersichtlichkeit erfaßt wäre und wir – wie der Chef sagte – nichts Gescheiteres tun könnten, als dieses System zu übernehmen.

Wie weitgehend der Staat alles an sich herangezogen habe, zeige allein schon die Tatsache, daß der gesamte Ärztestand in der Sowjetunion verstaatet gewesen sei. In Städten wie in Winniza bestehe ein Ambulatorium, in dem Kranke, die zur Behandlung gehen könnten, von 8 bis 12 beziehungsweise 13 Uhr vormittags von staatlichen Ärzten und Ärztinnen verarztet worden seien. Nachmittags und abends hätten die Ärzte bei denjenigen Patienten Krankenbesuche machen müssen, die die Notwendigkeit des Besuchs durch Vorlage einer Bescheinigung des zuständigen Orts- oder Kreiskommissars nachgewiesen hätten. Der Lebensstandard der Ärzte sei, an dem Preis eines Anzugs (900 Rubel) gemessen, miserabel gewesen; denn sie hätten nur 550 bis 700 Rubel im Monat verdient, also nach unseren Begriffen 55 bis 70 RM. Wenn auch das Essen in der Ukraine unvorstellbar billig sei, so seien doch Geräte furchtbar teuer. Auf falle nur, daß man trotzdem fast Haus bei Haus ein Drahtfunkgerät vorfinde.

Beim Mittagessen wurde dem Chef berichtet, daß man auch in der Gegend der »Werwolf«-Anlage Haus bei Haus ein Drahtfunkgerät vorgefunden habe. Der Chef bemerkte dazu, daß dies ein Beweis dafür sei, daß die Sowjets nicht nur die Wichtigkeit, sondern auch die Gefahrenpunkte des Rundfunkwesens beizeiten erkannt hätten.

Der Drahtfunk habe dadurch, daß er störungsfrei sei, für den einzelnen Hörer außerordentliche Vorzüge gegenüber unseren selbstempfangenden Rundfunkapparaten, mit denen sich die Vorstellung ständiger Nebengeräusche verbinde. Was ihn darüber hinaus aber vom Standpunkt der Staatsführung aus geradezu als ideal erscheinen lasse, sei, daß er den zuständigen Stellen die Möglichkeit gebe, den Empfang zu regulieren. In der Sowjetunion zum Beispiel habe der Ortskommissar die Sender eingestellt, deren Programm die Ortsbewohner hören sollten; fremdländische Propagandaeinflüsse seien so von vornherein ausgeschaltet worden.

Vor Beginn des Krieges habe auch er unserem Propagandaministerium den Auftrag gegeben, in Deutschland den Drahtfunk einzuführen. Es hätte sich dann der deutsche Rundfunkhörer zwar alle Reichssender und darüber hinaus alle vom Deutschen Reich übernommenen Auslandssendungen einschalten können; er hätte aber nicht ausländische Sender abhören können, die als unerwünscht vom Deutschen Reich nicht übernommen worden wären.

Daß es nicht gelungen sei, diese Maßnahme vor Beginn des Krieges durchzuführen, bedauere er außerordentlich. Es sei dies der größte Versager des Propagandaministeriums. Wenn der Propagandaminister auch hernach die Schuld auf andere Stellen abzuschieben versucht habe, so müsse er doch dafür verantwortlich gemacht werden. Denn gerade, wenn viele Stellen an der Ausführung

gefangene, 3102 erbeutete Geschütze und 3332 abgeschossene Panzer, also so viele, wie das ganze deutsche Ostheer seinerzeit nur insgesamt besaß.

eines Auftrags beteiligt werden müßten, habe, wenn etwas nicht klappe, immer der die Schuld, dem der Auftrag gegeben worden sei.

In Zukunft dürfte die Einführung des Drahtfunks in Deutschland eine absolute Selbstverständlichkeit sein. Denn keine vernünftige Regierung werde sich ihr Volk von einer anderen vergiften lassen. Sonst könne man ja auch gleich 100 oder 1000 Propagandisten einer feindlichen Macht hereinnehmen und öffentlich auftreten lassen, um das deutsche Volk zu zersetzen und gegen seine Führung aufzuputschen.

Hitler setzte bei seinen Drahtfunk-Überlegungen auf ein – den Rundfunk integrierendes – lokal verkabeltes und regulierbares »Fernsehen«. Er dachte an eine Konstruktion von Funk-Fernsehgeräten derart, daß sie nur für den Empfang bestimmter, von der Regierung genehmigter Sender geeignet sein sollten. Jedenfalls gab er sofort nach seiner Machtübernahme den neuen NS-Repräsentanten in Rundfunk und Reichspost den Auftrag, in Zusammenarbeit mit der Industrie ein deutsches Fernsehen zu schaffen. Bekanntlich hatten Paul Nipkow bereits den Bildtaster für die Fernseh-Sendung und Karl Ferdinand Braun die Röhre für die Fernseh-Wiedergabe erfunden. So konnte in Berlin bereits die erste ständige Fernsehsendung der Welt mit Ansage, Nachrichten, Spielfilm usw. am 31. März 1935 erfolgreich starten. Ab 1938 war auch in München Fernsehempfang möglich. Den ersten Fernsehempfänger, den die Industrie Hitler präsentierte, den Fernseh-Volksempfänger E 1 für 650.– RM (Bildgröße 20×23 cm), schenkte er 1939 Eva Braun weiter, und zwar zur Aufstellung in ihrem kleinen Münchner Zwei-Etagen-Häuschen Wasserburger Straße 12.

All diese Dinge müsse man, um sie bereits im Frieden richtig zu behandeln, prinzipiell vom Standpunkt des Krieges aus beurteilen. Denn der Krieg als Kampf auf Leben und Tod habe seine eigenen Gesetze und lasse Gesichtspunkte des Friedens restlos zurücktreten. Wenn aber mit Rücksicht auf einen eventuellen Krieg schon in Friedenszeiten Belastungen wie zwei- oder gar vierjähriger Militärdienst von der Bevölkerung ertragen werden müßten, um wieviel eher müßten sich dann solche geringen Sachen wie die Ablösung des Selbstempfang-Rundfunks durch den Drahtfunk durchführen lassen.

180

17.7.1942 abends
(Werwolf)

Die »Nichtkriegführung« der Italiener

Beim Abendessen kam der Chef auf die Mentalität der Italiener zu sprechen, sich auch ohne besondere Leistungen immer alle möglichen Verdienste zuzurechnen. Seinen typischen Ausdruck habe das unter anderem darin gefunden, daß die Italiener in ihrer Geschichte des Faschismus die Endphase des I. Weltkrieges so darstellten, als ob durch ihr mannhaftes Verhalten der Sieg zugunsten der Alliierten errungen worden sei.

Auf derselben Ebene liege es, wenn sie während des Westfeldzuges immer behauptet hätten, durch ihre »Nichtkriegführung« mindestens 60 französische Divisionen zu binden. Als sie jetzt durch die offiziellen Bekanntgaben der Franzosen bescheinigt bekommen hätten, daß nicht 60, sondern nur 7 Divisionen während des Westfeldzuges an der italienischen Grenze postiert gewesen seien und daß zwischendurch auch von diesen noch 3 Divisionen ohne Schwierigkeit abgezogen worden seien, seien sie sehr traurig gewesen.

Aber sie verwänden das ja schnell. Selbst wenn sie drei Jahre lang Prügel bezögen und nur an einem einzigen Tage einmal einen Sieg errängen, seien die Prügel sofort vergessen und ganz Italien schwelge im Siegesrausch.

Englische Nachrichten-Politik

Im weiteren Verlauf des Gesprächs kam der Chef auf eine Nachricht aus England zu sprechen, nach der SS-Obergruppenführer Dietrich[424] den Oberbefehl unseres Südabschnittes an der Ostfront übernommen haben sollte.

Da die Leibstandarte zur Zeit nach Westen transportiert werde, sei diese Nachricht mit besonderer Vorsicht aufzunehmen. Denn die Judenpresse der Engländer schwindle, selbst wenn sie etwas Wahres erfahre, dieses aber nicht in die Linie ihrer Nachrichtenpolitik hineinpasse, weiter, eindeutig mit dem Grund, den wahren Stand der Dinge zurückzuhalten.

Am 7. Juli 1942 teilte Hitler seine in Rußland stehende Heeresgruppe »Süd« in die Heeresgruppe A des Generalfeldmarschalls Wilhelm List mit dem Operationsziel »Kaukasus« und in die Heeresgruppe B mit dem Operationsziel »Stalingrad«, die nacheinander von den Generalfeldmarschällen Fedor von Bock, Maximilian Freiherr von Weichs und Erich von Lewinski, genannt von Manstein, kommandiert wurde.

Da Hitler im Sommer 1942 bereits mit einer anglo-amerikanischen Landung in Holland/Belgien bzw. Frankreich rechnete, ließ er als Vorsorgemaßnahme die SS-Leibstandarte mit Sepp Dietrich von Rußland nach dem Westen abtransportieren. Er versprach sich von dieser – wie er sagte – »SS-Garde« und ihrem Befehlshaber aufgrund ihrer militärischen Glanzleistungen im Osten und ihrer militärischen Improvisationskunst am ehesten das Stoppen einer eventuellen Invasion.

Der Wehrmachts-Urlauber als Transportmittel

Schließlich streifte der Chef noch das Problem des Abtransports von Lebensmitteln aus der Ukraine. Solange es nicht möglich sei, die Transportlage so zu bessern, daß die Lebensmittel aus der Ukraine in großen Mengen abtransportiert werden könnten, müsse man den Urlauber als ideales und einfachstes Transportmittel ansehen und ihm für seine Angehörigen so viel Lebensmittel mitgeben, als er nur schleppen könne[425].

Wehrmacht – Partei

Als Ausdruck der Spannung Wehrmacht–Partei hat die für die Einrichtung des FHQu »Werwolf« verantwortliche Wehrmachtsstelle Reichsleiter Bormann in Anspielung auf die Farbe der NSDAP »braun« statt der Wasserleitung ein braunes Waschgeschirr in den Schlafraum gestellt. Bormann und Schmundt – beide sehr verärgert – bitten mich, die Sache in Ordnung zu bringen.

Bis 1923 war die Farbe der NSDAP und ihrer Kampftruppe, der SA, feldgrau. Es war das Feldgrau der Frontsoldaten-Uniformen und der Arbeiter-Windjacken. Offiziell mit Rücksicht auf die Schwarzhemden Mussolinis und die Rothemden der Kommunisten verordnete Hitler am 26. Februar 1925 für die NSDAP und ihre SA das »Braunhemd«, weil »braun« die Farbe der Erde sei, somit die Verbundenheit mit dem deutschen Heimatboden symbolisiere, und da die NSDAP aus der Frontsoldaten- und Arbeiterpartei zu einer allen Deutschen offenen »Volkspartei« werden müsse. In Wirklichkeit konnte die NSDAP damals von einer Wehrmachtsabwicklungsstelle günstig einen Restbestand von 13500 Braunhemden erwerben, die zu Tropenuniformen des I. Weltkriegs gehört

424 SS-Oberstgruppenführer (Generaloberst) Sepp Dietrich – Wachtmeister des I. Weltkriegs –, seit 1926 SS-Führer und seit dem 17. März 1933 Kommandeur der »SS-Leibstandarte Adolf Hitler«, war der Schöpfer der »Waffen-SS« als Militärformation. Sie umfaßte im Kriege bis zu 900000 Soldaten.

425 Vergleiche Einfügung zu Tischgespräch Nr. 177.

hatten und für die die Reichswehr keine Verwendung mehr wußte. Hitler sah in diesen 13500 Braunhemden sofort den Anfang der Uniformierung seiner – 1934 vier Millionen Mann umfassenden – Privatarmee.

181 18.7.1942 abends (Werwolf)

Das Rauchen, die Rache des Roten Mannes

Beim Abendessen diskutierte der Chef lebhaft mit Kapitän Baur darüber, ob das Rauchen schädlich sei oder nicht.

Er erklärte dabei unter anderem, Kapitän Baur sollte einmal den Gauleiter Wagner beim kürzlichen Besuch in München gesehen haben, dann wäre auch er erschüttert gewesen, wie ein durch das ewige Rauchen vergifteter Körper zusammenfallen könne. Das Rauchen sei die Rache des Roten Mannes (Indianers) dafür, daß der Weiße ihm den Schnaps gebracht und dadurch ihn zugrunde gerichtet habe.

Wann und wie äußert sich ein Regierungschef öffentlich? (Interview Hitlers zur »Zweiten Front«)

Mit Rücksicht auf die ständigen englischen Pressenotizen über die Aufrichtung einer »Zweiten Front« beauftragte der Chef Reichsleiter Dr. Dietrich, für ihn ein Interview mit einem Auslandsjournalisten vorzubereiten, das Fragen des Ostfeldzuges zum Tenor habe.

Da jeder sich aus einem derartigen Interview das herausfische, was ihm für sich selbst wichtig erscheine, könne man dabei die Frage einer »Zweiten Front« ganz zwischendurch – gleichsam am Rande – behandeln.

Bereits am 18. Juli 1941 hatte Stalin von Churchill eine »Zweite Front« verlangt, die auf einer Invasion Frankreichs basieren sollte. Die von Churchill daraufhin vorgeschlagene anglo-amerikanische Balkan-Invasion sah Stalin als feindseligen Akt gegen die UdSSR an, da er den Balkan als UdSSR-Interessengebiet erachtete. Mit der dann tatsächlich am 7. November 1942 erfolgten britisch-amerikanischen Landung in Nordafrika (Marokko und Algerien) unter dem Oberbefehl des amerikanischen Vier-Sterne-Generals Dwight D. Eisenhower als Basis einer Italien-Invasion (ab 10. Juli 1943) war Stalin ebenfalls nicht zufrieden. Er befürchtete, daß die Anglo-Amerikaner mit diesem Manöver nur den – über eine Frankreich-Invasion um Jahre abkürzbaren – II. Weltkrieg so lange verlängern wollten, bis Deutschland und die UdSSR sich gründlichst aneinander verblutet hätten und die Sowjetunion sich wieder in ihre 115 Nationalitäten oder gar in ihre 175 Völkerschaften aufgelöst haben würde. Wie mir einer der Sekretäre Stalins bei einem zufälligen Nachkriegs-Zusammentreffen versicherte, war das so geweckte Mißtrauen Stalins der Ausgangspunkt seines einzigen, wirklich ernst gemeinten Separat-Friedens-Vorschlags an Hitler vom März 1943.

Er denke daran, dem Sinne nach etwa auszuführen, daß wir bei militärischen Kindsköpfen wie den Engländern selbstverständlich auf alles gefaßt sein müßten und daher selbst das Geschwafel der englischen Juden-Presse nicht übersehen dürften. Ebenso wie wir seinerzeit dem Überfall der Sowjets durch geeignete Abwehrmaßnahmen zuvorgekommen seien, so hätten wir heute alle Vorbereitungen getroffen, um die englischen Soldaten, die von den Nullen in ihrer militärischen Führung zu einer Landung angesetzt würden, in würdiger Weise zu empfangen.

Seine Äußerungen zum Thema »Zweite Front« werde er so formulieren, daß das Interview auf die Engländer wie eine kühle Dusche wirke. Er werde deshalb, um diesen Zweck des Interviews nicht zu gefährden, auch nicht sagen, daß er an die Aufrichtung einer »Zweiten Front« zur Zeit nicht glaube. Er werde vielmehr ausführen, daß es der deutschen militärischen Genauigkeit und Gründlichkeit entspreche, daß man sich auf alle Eventualitäten, auch die einer »Zweiten Front«, vorbereite.

Dem Wunsche des Reichspressechefs entsprechend, solle das Interview einem Auslandskorrespondenten erteilt werden, der die deutsche Pressearbeit bisher besonders unterstützt habe. Ob er Vertreter eines großen oder kleinen, befreundeten oder neutralen Landes sei, spiele dabei keine Rolle; denn abgedruckt – da habe der Reichspressechef ganz recht – werde das Interview sowieso in den Zeitungen der ganzen Welt.

Natürlich könne er seine Gedanken zum Thema »Zweite Front« auch in einer öffentlichen Rede zum Ausdruck bringen. Es sei aber gefährlich, Reden zu halten, ohne daß ein plausibler Grund für sie vorliege. Denn intelligente Menschen fänden sonst sofort das Haar in der Suppe, daß eine solche Rede nur bestimmte Dinge an den Mann bringen solle. Und wenn diese Absicht gar zu deutlich hervortrete, sei die erstrebte Wirkung von vornherein illusorisch. Wenn die Frage der »Zweiten Front« dagegen in einem Interview über Probleme des Ostfeldzuges eingeschaltet werde, könne in ein paar Nebensätzen das Nötige gesagt werden, ohne daß es groß auffalle.

Europas Autobahnsystem der Zukunft

Beim Abendessen kam der Chef auf das Problem der Entfernungen zwischen den Zentren des Altreichs und den wichtigsten Punkten der von unseren Truppen eroberten Ostgebiete zu sprechen.

Wenn wir die Ostgebiete erst durch Autobahnen erschlossen hätten, spielten Entfernungen, die heute noch Schwierigkeiten machten, keine Rolle mehr. Was seien denn schon 1000 Kilometer Fahrt nach der Krim, wenn man durchschnittlich 80 Stundenkilometer fahre? Auf der Autobahn könne man die Strecke bequem in zwei Tagen schaffen.

Es sei sein fester Entschluß, hinter dem Ostwall[426] das gesamte Ostgebiet durch ein von Berlin ausgehendes radiales Autobahnsystem erschließen zu lassen. Die übliche Fahrbahn von 7,50 Meter sei für dieses Autobahn-System aber nicht ausreichend. Er werde vielmehr von vornherein drei Fahrbahnen mit insgesamt 11 Meter vorsehen, damit nicht nur auf zwei Bahnen die Fahrzeuge verkehren, sondern darüber hinaus auch auf einer dritten einander überholen könnten, zum Beispiel, wenn auf einer Außenbahn langsame Lastkraftwagen führen.

Bereits am 1. Juli 1939 waren 3077 km Autobahnen dem Verkehr übergeben und weitere 2095 km im Bau. Insgesamt war ein Autobahnnetz von fast 7000 km allein für das Altreich geplant. Die Autobahnen waren ausschließlich dem Auto (Personen- und Lastkraftwagen) vorbehalten und verbanden als »Schnellstraßen« – ohne Erhebung von Benutzungsgebühren – alle deutschen Großstädte miteinander. Die Trassen wurden durch landschaftlich besonders reizvolle Gegenden geführt, um eine rasche Ermüdung des Autofahrers zu verhindern und um Deutschland als eines der schönsten Länder der

426 Gemeint ist ein Ostwall auf der ungefähren Linie Archangelsk-Astrachan. Dieser von Hitler nach dem Muster des Westwalls geplante Ostwall ist nie gebaut worden. Er ist nicht zu verwechseln mit dem 1943 vom Generalstab vorgeschlagenen Verbund von ausgebauten Defensiv-Stellungen 25 km hinter der deutschen Hauptkampflinie in Rußland mit Anlehnung an den Dnjepr. Erst nach der sowjetischen Winteroffensive 1943/44 begann Speer im Frühjahr 1944 mit entsprechenden Bauarbeiten hierfür im Gebiet weit westlich des Dnjepr.

Erde zu präsentieren. Der Bau der Autobahnen wurde 1933 von Hitler Dr. Fritz Todt als »Generalinspektor für das Deutsche Straßenwesen« mit der Direktive übertragen, generell zwei Fahrbahnen von je 7,5 m Breite und 2,25 m Haltespur vorzusehen, die in der Mitte durch einen 5 m breiten Grünstreifen zu trennen waren. Als erstes Teilstück weihte Adolf Hitler am 19. Mai 1935 die Strecke Frankfurt–Darmstadt ein.

Wenn man bedenke, daß im Altreich bereits mehr als 5000 Kilometer Autobahn geschaffen seien, müsse man sich eigentlich wundern, daß der Film sich dieser großartigen Leistung noch nicht angenommen habe. Im Gegensatz zu England und Frankreich sei es bei uns ja leider so, daß all das, was an Großem geschaffen werde, im Film nicht zum Ausdruck gebracht werde. Die einzige Ausnahme bilde Wien. Wien werde allerdings bis zum Übelwerden im Film zur Darstellung gebracht. Was die Autobahn angehe, so sei ihm nur ein einziger Film bekannt, der sie bisher zum Schauplatz gemacht habe. Es sei ein übler Kitsch-Film, in dem zwei Liebespaare auf der Autobahn hintereinander hergondelten: »IA in Oberbayern«. Aber nicht nur die Handlung des Films sei miserabel, man habe sich auch noch eine der wenigen Strecken der Reichsautobahn herausgesucht, die keinerlei besondere landschaftliche Reize aufweise.

Wenn man erst über die Reichsautobahn von Klagenfurt bis Drontheim[427], von Hamburg bis zur Krim fahren könne, hätten wir damit ein Verkehrsgerippe, das Entfernungen genauso zusammenschrumpfen lasse wie früher für die Auffassungen vergangener Zeiten die Landstraßen.

Aber nicht nur verkehrsmäßig, sondern auch politisch gesehen, hätten sich die Reichsautobahnen schon heute als ungeheuer wertvoll erwiesen. Ihr Verdienst sei es, die innerdeutschen Grenzen endgültig beseitigt und überwunden zu haben, da man auf ihnen überhaupt nicht bemerke, daß man aus einem deutschen Gau in den anderen komme. Wenn man früher auf den Landstraßen durch Deutschland gefahren sei, habe man schon aufgrund der Grenzpfähle, zum mindesten aber aufgrund der verschiedenartigen Pflasterung Bescheid gewußt. Wenn man etwa über die mecklenburgische Grenze gekommen sei, hätten einen schon die Schlaglöcher spüren lassen, wo man sei, habe man da doch kaum zehn oder fünfzehn Stundenkilometer fahren dürfen, ohne der Federung des Wagens Unmögliches zuzumuten.

Auch die Reichsbahn sei selbstverständlich einer der Faktoren, die zur Zusammenfügung des deutschen Volkes beitrügen. Aber im Gegensatz zu den Reichsautobahnen, auf denen man im Volkswagen hinflutschen könne von den Alpen bis zur Nordsee mit nur drei Rast-Stationen, machten sich beim Eisenbahnbetrieb mit der Fülle von Stationen zum Teil heute noch die überkommenen Landesunterschiede bemerkbar. Man werde bei der Eisenbahn immer daran erinnert, daß es einmal eine königlich-bayerische, eine königlich-württembergische und – wie Reichsleiter Bormann ganz richtig bemerke – eine großherzoglich-mecklenburgische Friedrich-Franz-Eisenbahn gegeben habe. Stärker als diese dynastischen Interessen sei die Eisenbahn also nicht gewesen.

427 Drontheim, eine mittelnorwegische Hafenstadt von 60000 Einwohnern, wollte Hitler wegen ihrer idealen Naturhafen-Verhältnisse zum größten deutschen Marinestützpunkt am Nordatlantik mit einer unterirdischen U-Boot-Basis, mit Werften und Dockanlagen sowie mit Wohnungen für 250000 Menschen ausbauen.

Gerade diese Tatsache sei eine weitere Bestätigung dafür, daß es nie möglich gewesen wäre, ein einheitliches Reich zu schaffen, wenn nicht die deutschen Fürsten beseitigt worden wären.

Jeder dieser Fürsten habe die Eisenbahn seines Landes ausschließlich nach seinem Gutdünken auf- und auszubauen gesucht. Demgegenüber gingen die großen Linien der Autostraßen gleichförmig durch das ganze Reich. Jeder, der auf diesen Straßen fahre, könne daher überall – wo er sich auch immer befinden möge – das Gefühl haben, daß er sich in seiner Heimat befinde. Erst wo Deutschland aufhöre – das müsse geradezu berühmt sein –, dürfe das erste Schlagloch beginnen.

Wenn vor ihm keine Reichsautobahnen gebaut worden seien, so wohl in erster Linie deshalb, weil man sich reichsseitig die Frage der Finanzierung nie richtig überlegt habe. Von kleinen Ortschaften habe man beispielsweise verlangt, daß sie den Bau von Ortsstrecken unserer Reichsstraßen finanzieren sollten, und sich dann gewundert, daß nichts Gescheites dabei herausgekommen sei.

Als er die Finanzierung der Reichsautobahnen habe durchdenken müssen, sei er davon ausgegangen, daß er jährlich etwa 1000 Kilometer bauen könne und dafür zirka eine Milliarde von Reichs wegen zur Verfügung stellen müsse.

Lloyd George[428] habe er dann einmal auseinandergesetzt, wie er diese Milliarde beschaffe, nämlich

a) durch das Wieder-in-Arbeit-Bringen von Erwerbslosen beim Bau von Autobahnen, wodurch das Reich jährlich 500 bis 600 Millionen an Arbeitslosenunterstützung eingespart habe, und

b) durch erhöhte Einnahmen an Einkommensteuer und Treibstoffsteuern, die auf 400 bis 500 Millionen beziffert werden könnten. Dem Reich koste der Bau der Reichsautobahnen somit gar nichts.

Bei seiner Unterhaltung mit Lloyd George über die deutschen Autobahnen habe sich dieser schlaue Fuchs übrigens sofort nach der Stärke der Eisenbetondecken der Fahrbahnen erkundigt. Da die amerikanischen Autobahnen mit einer Deckenmächtigkeit von 5 bis 6 Zentimetern gebaut seien, habe er es gar nicht glauben wollen, daß unsere eine Deckenmächtigkeit von 25 bis 30 Zentimeter haben. Wie Kempka[429] ihm später wiedererzählt habe, habe er (Lloyd George) deshalb auch auf einer Fahrt über eine Reichsautobahn einen Zollstock aus dem Anzug geholt und sich durch Nachmessen von der Richtigkeit dieser Angabe überzeugt.

Wenn er die Eisenbetondecke von vornherein so stark habe anfertigen lassen, so vor allem, damit die Leistungswirkung dem Zustand der Autobahnen nicht viel anhaben könne. Der Krieg habe ihm recht gegeben. Selbst Bombeneinschläge hätten kaum größeren Schaden auf der Autobahn gestiftet. Leider habe aber der Krieg das Gesicht der Autobahnen durch das Schwarz-Streichen verändert. Wegen der Fliegersicht hätten sie ihre helle Tönung ja nicht behalten können.

428 Großbritanniens Premier im I. Weltkrieg, Lloyd George, besuchte Hitler am 4. September 1936 auf dem Berghof.

429 Hitlers Chef-Fahrer Kempka hielt nicht nur Hitlers Auto-Park von rund 120 Fahrzeugen einwandfrei in Ordnung, sondern führte besonders gefährliche und politisch wichtige Fahrten selbst aus, um mit seiner technischen Versiertheit und seiner Kaltblütigkeit Risiken und Unfälle von vornherein auszuschalten.

Wer wisse, wie sehr ihm die Autobahnen ans Herz gewachsen seien, könne sich vorstellen, wie schmerzlich es ihn berühre, nicht mehr über die schönen breiten weißen Flächen mit dem Wagen dahinfahren zu können, was er stets als einen ganz besonders auserlesenen Genuß geschätzt habe.

In der ukrainischen Nachbarschaft des FHQu habe ich eine Badewanne für Bormann aufgetrieben, an die FHQu-Wasserleitung angeschlossen und einen derartigen Wirbel darum gemacht, daß die Geschichte mit dem »braunen« Waschgeschirr unter den Tisch gelacht wurde. Trotzdem scheint mir die Sache aber symptomatisch für die Einstellung sehr vieler höchster Offiziere: »Der Führer: jawohl, die Partei: nein!« Wehrmacht und Partei

182 19.7.1942 mittags (Werwolf)

Als Beleg für das kriegsgemäße Essen der Führertafel nahm ich mir einmal eine Speisekarte mit. Ihr Inhalt: Hitlers Speisekarte

Das Adler-Hoheitszeichen
(aus dem Karton herausgepreßt)

19. Juli 1942
Gemüseplatte
–.–
Äpfel
–.–

Auch bei Frontbesuchen verlangte Hitler die normale Soldatenkost. Wurde für ihn speziell gekocht oder wurde ihm das Essen wie im Frieden mit Tischdecke und Blumen serviert, verließ er den Standort, ohne auch nur einen einzigen Bissen angerührt zu haben. Am liebsten aß er mitten unter den Soldaten und »faßte« wie sie sein Essen direkt aus der Gulaschkanone. In Erinnerung an seine Hungerzeiten als Kunstmaler in Wien und als Soldat des I. Weltkriegs in Flandern und Frankreich konnte Hitler es nicht sehen, wenn Nahrungsmittel umkamen. Seine Ordonnanzen durften daher an seiner Tafel den Gästen die Teller erst abservieren, wenn diese alles, was sie sich hatten aufgeben lassen, auch aufgegessen hatten.

Dabei haben wir die modernste Fleischfabrik in Winniza: Bis zu 300 Schweine werden täglich für die Wehrmacht geschlachtet und nach dem amerikanischen Fließbandsystem verarbeitet. Der Leiter verpflegte bislang die in der Fabrik tätigen Arbeiter – meist Frauen –, was bei der Größe des Betriebes keine Rolle spielt und die Leute besonders arbeitsfreudig erhielt, zumal bei nicht genügender Arbeit mit soundso viel Tagen Essensentzug bestraft wurde. Jetzt ist von Berlin her verboten worden, den Leuten das Essen zusätzlich zum Lohn zu geben.

Der Chef äußerte sich über diese kleinliche Bevormundung sehr ärgerlich.

Bei meinem Besuch der Fleischfabrik machten mich die ukrainischen Arbeiter und Arbeiterinnen durch meinen Dolmetscher auf diesen unsinnigen Essensentzug aufmerksam. Als ich Hitler bei Tisch diese »Berliner« Anordnung vortrug, befahl er mir, augenblicklich die Wiederherstellung des alten Zustandes zu veranlassen und die Geschichte verwaltungsjuristisch in Ordnung zu bringen.

Schlachtschiffbau

Beim Mittagessen erörterte der Chef sodann die Problematik der Schlachtschiffe. Er wies insbesondere darauf hin, daß bei der Versenkung eines Schlachtschiffes bis zu 2000 Menschenleben verlorengehen könnten. Wenn man kleine, mit einem Torpedorohr bestückte Schiffe baue und je mit einem Mariner[430] bemanne, würde nur ein Bruchteil dieser Menschenleben verlorengehen und, kampfmäßig gesehen, zweifellos ein weit höherer Erfolg als durch Schlachtschiffe zu erzielen sein.

Graf Luckner, Seemannsgarn, Aberglaube und Horoskope

Er habe den Grafen Luckner[430a] einmal gefragt, warum er seine Weltumsegelungen immer mit verhältnismäßig kleinen Schiffen durchführe. Luckner habe ihm darauf die einleuchtende Antwort gegeben, daß die Leute von den großen Schiffen ja sowieso auf die kleinen überstiegen, wenn den großen etwas passiere; dann könne man ja auch von vornherein mit kleinen Schiffen fahren.

Luckner sei übrigens ein so hervorragender Erzähler, daß auch er ihm einmal ganz ergriffen zugehört habe. Als ihm dann eines Tages irgend jemand erzählt habe, daß die und die Behauptungen Luckners nicht der Wahrheit entsprächen, sei er über den Betreffenden genauso verärgert gewesen, als wenn einem Kinde von irgend jemandem ein Christbaum abgeräumt werde.

In Anspielung auf Luckners »Seemannsgarn« fragte der Chef sodann Admiral Krancke, wie eigentlich der Ausdruck »Seemannsgarn« zu erklären sei. Krancke erläuterte ihn damit, daß die Seeleute auf weiten Fahrten bei eintönigem Essen und immer gleicher See ihre Zeit meist mit Geschichten-Erzählen verbrächten, da die an Bord vorhandenen Bücher bald ausgelesen seien und man beim Erzählen gleichzeitig kleinere Handarbeiten wie Netzflicken, Fischeausnehmen und so weiter erledigen könnte.

Der Chef erzählte darauf von Krause, einem seiner früheren Diener, der auch von Haus aus Seemann gewesen sei. Zu jeder Tages- und Nachtzeit habe dieser ihn mit »Seemannsgarn« zu unterhalten versucht, bei dem selbst der Dümmste gemerkt habe, daß die Geschichten von A bis Z erfunden gewesen seien. Er habe ihm deshalb eines Tages gesagt, im Geschichten-Erzählen kenne er – der Chef – sich schon selbst aus, er möge ihn darin deshalb nicht unbedingt zu übertrumpfen suchen. Als auch dieser Hinweis den Fluß seines Seemannsgarns nicht habe eindämmen können, habe man sich trennen müssen.

Eins sei ihm aber bei Seemanns-Erzählungen immer wieder aufgefallen, daß nämlich der Aberglaube in ihnen eine besonders große Rolle spiele. Den Seeleuten gehe es offenbar so wie den Schauspielern. Sie kämen in eine Fülle von Situationen, deren Ausgang sie nicht vorhersehen könnten und deren Ablauf zu meistern ihnen nicht gegeben sei. Der Seemann wisse nicht, wann ein Sturm oder gar ein Orkan ihm um die Ohren pfeifen werde, ebenso wie der Schauspieler, wenn er abends ins Theater gehe, nicht wisse, ob nicht plötzlich ein orkanartiges Pfeifen des Publikums über ihn hereinbreche. So würden sie dann abergläubisch.

Den Aberglauben halte er übrigens für einen Faktor, mit dem man bei der

430 Die Ein-Mann-Torpedos und Kleinst-U-Boote wurden von Hitler erst 1944 unter dem Kommando des Vize-Admirals Hellmuth Heye zum Einsatz gebracht.

430a Felix Graf von Luckner, Verfasser des bekannten Marine-Buches »Seeteufel«, durchbrach im I. Weltkrieg als Kommandant des Segel-Hilfskreuzers »Seeadler« die britische Blockade und führte im Atlantik auf eigene Faust einen ebenso erfolgreichen wie fairen Handelskrieg.

Menschenführung durchaus rechnen müsse, auch wenn man selbst turmhoch darüber erhaben sei und über ihn lache. Er habe in einem Fall deshalb auch einmal dem Duce abgeraten, eine militärische Aktion – wie beabsichtigt – am 13. des Monats zu beginnen. Er halte es für ebenso falsch, ein Schiff am Freitag auslaufen zu lassen, wenn alle erfahrenen alten Seeleute ein Ausfahren am Freitag für gefährlich hielten. Derartige Sachen seien nun einmal eine unwägbare Macht. Denn Leute, die an dieses Zeugs glaubten, brächten bei der leichtesten Krise sofort Unruhe auf.

Als in diesem Winter die Schwierigkeiten im Ostkrieg ihren Höhepunkt erreicht hätten, habe irgendein Dussel die These aufgestellt, daß Napoleon ebenso wie wir am 22. Juni zu seinem Rußlandfeldzug angetreten sei. Gottseidank habe er sofort durch anerkannte Fachmänner diesem Geschwätz mit der Feststellung entgegentreten können, daß Napoleon in Wirklichkeit erst am 23. Juni zum Vormarsch gegen Rußland aufgebrochen sei.

Auch der Schwindel mit den Horoskopen, an den besonders die Angelsachsen glaubten, sei in seiner Bedeutung nicht zu unterschätzen. Was habe es der englischen militärischen Führung geschadet, als von irgendeinem bekannten Engländer ein Horoskop über diesen Krieg gestellt worden sei, das den Sieg Deutschlands ergeben habe. Noch und noch hätten die englischen Zeitungen nicht eingetretene Horoskope dieses Mannes ausgraben und veröffentlichen müssen, um den stimmungsmäßigen Auswirkungen dieser Nachricht entgegenzutreten.

Bei der Beurteilung aller Fragen, die mit dem Aberglauben zusammenhingen, müsse man davon ausgehen, daß diese Dinge hundertmal nicht zutreffen, ja gar nicht einmal zur Kenntnis der Beteiligten zu kommen brauchten; wenn sie aber nur ein einziges Mal – wie vorher geunkt – einträten, würden sie auf Kind und Kindeskinder vererbt und als unumstößlich feststehendes Faktum geglaubt.

183 — 20.7.1942 mittags (Werwolf)

Kriegerischer Geist der Jugend

Beim Mittagessen ging der Chef in seiner Unterhaltung von dem Gedanken aus, daß in der Jugend immer ein kriegerischer Geist stecke. Auch 1914 habe die Jugend nur eine Sorge gehabt, daß sie zu spät kommen könne.

Diesen »kriegerischen Geist« vermißte Hitler bei vielen altgedienten Reichswehroffizieren, die nunmehr in Stabs- oder Generalsstellungen saßen. Wenn sie ihm bei Besprechungen erklärten, sie seien unpolitisch und versähen ihren Dienst ausschließlich als Berufssoldaten, so ereiferte er sich hinterher uns gegenüber über deren mangelnde weltanschauliche Ausbildung. Durch Befehl vom 22. Dezember 1943 ließ Hitler deshalb im OKW einen NS-Führungsstab errichten, der zwecks nationalsozialistischer Ausrichtung der Wehrmacht bis in die kleinsten Militäreinheiten NS-Führungsoffiziere zu entsenden hatte. Er meinte, die Rückschläge des Rußlandfeldzuges hätten sich bei einer straff weltanschaulich erzogenen Wehrmacht verhindern lassen.

184 — 20.7.1942 abends (Werwolf)

Finanzier für Straßen- und Brückenbau: grundsätzlich auf den Hauptstrecken die Zentralstellen

Beim Abendessen kam der Chef auf die Notwendigkeit zu sprechen, den Straßen- und Brückenbau auf den Hauptstrecken als Reichsangelegenheit zu behandeln. Kommunalverbände gingen beim Bau von Straßen und Brücken doch in erster Linie von den Anforderungen des Wirtschaftslebens aus. Wenn eine Straße und die in ihrem Zuge liegenden Brücken nur 12 Tonnen auszuhalten brauchten, so würden sie – entsprechend den Erfahrungen des Wirtschaftslebens – entsprechend gebaut werden. Das Reich aber sähe die Dinge unter anderen, insbesondere militärischen Gesichtspunkten. Gerade dieser Krieg lehre, daß man künftig damit rechnen müsse, daß Straßen und Brücken Gewichte bis zu 140 Tonnen auszuhalten haben, wenn sie von übergroßen Panzern benutzt werden.

Die »Aufnordung« Frankreichs. Germanen in der Ukraine

Hitler kam dann auf Kriegserinnerungen. Im I. Weltkrieg habe er im Norden Frankreichs, in Flandern, Ypern und so weiter eine Bevölkerung erlebt, die nach unseren Begriffen denkbar schlecht ausgeschaut habe.

Wie er in diesem Krieg durch diese Gebiete gefahren sei, habe er ein Menschenmaterial vorgefunden, das vor allem in seiner Jugend zum Teil beste Auslese dargestellt habe. Deutsche und englische Soldaten hätten hier demnach ein Aufnordungswerk vollbracht, dessen Ergebnisse heute unbestreitbar seien. Wenn man sich das vergegenwärtige, brauche man sich nicht zu wundern, wenn man heute bei der ukrainischen Bevölkerung zum Teil nordische Rassenmerkmale fände. Denn riesige Germanensiedlungen seien dort dereinst ja seßhaft gewesen.

Fremdenlegion

Es wurde dem Chef berichtet, daß die früher zu der französischen Fremdenlegion gehörenden Deutschen, die wegen der Kommunistenverfolgung nicht ins Altreich zurückgeführt worden seien, sich im Verband des Afrika-Korps ausgezeichnet hätten.

Der Chef anerkannte daraufhin die Fremdenlegion als eine durchaus nützliche Einrichtung, da sich in ihr ein Abenteurervolk zusammenfinde, dem der Krieg Lebensinhalt sei. Wenn wir heute im Osten mit Franzosen kämpften und gute Erfahrungen machten, ferner mit Belgiern, Holländern und so weiter im Osten arbeiteten, so wäre es unverständlich, wenn wir nicht auch mit der Einrichtung einer Fremdenlegion im Osten arbeiten würden.

Daß derartige militärische Einheiten unter keinen Umständen gegen Engländer zum Einsatz gebracht werden dürften, deren Einfluß-Sphäre ja doch ihre Soldaten entstammten, sei selbstverständlich.

185

21.7.1942 mittags
(Werwolf)

USA-Soldaten

Am 21. glossierte der Chef die Amerikaner beim Mittagessen anhand einer Karikatur, die er in irgendeiner Illustrierten gesehen hatte, als »die bestbewaffneten Soldaten«, wie sie sich voll Stolz selbst bezeichneten, wenn sie einen Soldaten mit 10, 12, 15, 17, 19 Maschinengewehren behängt abbildeten.

186

21.7.1942 abends
(Werwolf)

Die französische Oberschicht und ihre Verbundenheit mit den Problemen des Landes

Beim Abendessen kam der Chef auf die französische Eigenart zu sprechen, daß sich der wohlhabende Bürger ebenso wie der hohe Offizier, der bedeutende Künstler ebenso wie der prominente Politiker in irgendeinem Dorf – meist seinem Heimatdorf – eine Villa mit einem gepflegten kleinen Park zulege. So finde man fast in jedem französischen Dorf unter den überwiegend unscheinbaren

Häusern eine oder mehrere schöne Villen, die einem Rechtsanwalt, einem Spinnereibesitzer, einem Maler und so weiter gehörten.

Die führende Schicht Frankreichs verfüge, da sie jährlich zwei oder drei Monate in diesen Sommervillen zu verbringen pflege, über eine Verbundenheit mit dem Lande, die politisch nicht zu unterschätzen sei. Denn mit der Zeit lernten die Villenbesitzer ganz von selbst jeden einzelnen Dorfbewohner kennen und kämen mit ihm ins Gespräch. So würden ihnen ohne viel Schwierigkeiten die Sorgen und Freuden auch der einfachsten Bevölkerungsschichten sowie all die kleinen und großen Nöte auf dem Lande bekannt.

Es gäbe in einem Staate kaum einen besseren Schutz gegen Weltfremdheit der führenden Schicht als diesen.

Beim Abendessen des 21. sprach er dann den Wunsch aus, daß die »Militärgirls« von amerikanischen Soldaten bei einer »Zweiten Front« als erste kämen. Die könnten etwas lernen!

Beim Abendessen (21. 7.) gab der Chef weiter die Weisung, in Böhmen und Mähren nur noch die Deutsche Wochenschau zu zeigen, da die Tschechen auf diese Weise noch schneller Deutsch lernten als im obligaten Deutschunterricht der Schulen.

Außerdem gab er nach dem Abendessen des 21. 7. anläßlich eines Vorfalls mit einem kriegsgefangenen General Weisung, daß der letzte deutsche Soldat einem kriegsgefangenen Ausländer – selbst wenn er General sei – vorgehe.

Stalin hatte recht mit der Umbringung Marschall Tuchatschewskis

Zur Entwicklung der Verhältnisse in der UdSSR, insbesondere Stalins großem Aufräumen in der Generalität, bemerkte der Chef, es sei durchaus unklar, ob die Gegensätzlichkeiten zwischen Stalin und Tuchatschewski nebst Anhang nicht doch mit der Zeit so stark geworden wären, daß Stalin von diesem Kreis seine Umbringung habe befürchten müssen.

Stalin, Jossif Wissarionowitsch, mit Geburtsnamen Jussup Dschugaschwili (1879 bis 1953), war seit 1903 Mitglied der Partei der Bolschewisten (der späteren KPdSU) und seit 1912 Mitglied des Zentralkomitees dieser Partei. Wiederholt verhaftet und nach Sibirien verschickt, wurde er als engster Mitarbeiter Lenins einer der Haupt-Organisatoren der Oktober-Revolution 1917, Mitglied des revolutionären Kriegsrats (1920/23), Volkskommissar für die Nationalitäten (1921/23) und 1922 Generalsekretär des Zentralkomitees der KPdSU. Nach dem Tode Lenins 1924 bekämpfte er rücksichtslos alle »Rechts- und Linksabweichler« des »reinen Leninismus« und entwickelte als unumschränkter Diktator mit seinen Fünfjahresplänen die UdSSR aus einem früher feudalistischen Agrarstaat, in dem der Arbeiter vielfach schlechter als ein Tier lebte, durch Sozialisierung und Industrialisierung (auch der Landwirtschaft) zu einer wissenschaftlich und technisch führenden Industrienation und zur Weltmacht. Seit dem 6. Mai 1941 auch Ministerpräsident der UdSSR und seit dem 7. August 1941 Oberbefehlshaber und Generalissimus der Roten Armee, hatte er im II. Weltkrieg wie Hitler alle Befehlsgewalt über Partei, Staat und Wehrmacht direkt in seinen Händen vereinigt. Wie ich von einem seiner Sekretäre weiß, schätzte Stalin Hitler ebenso wie Hitler ihn. So wurde Hitler bei Tisch stets ärgerlich, wenn einer von unserem FHQu-Team Stalin einen ehemaligen »Bankräuber« nannte. Hitler verteidigte Stalin dann sofort mit der Erklärung, Stalin habe seine Bank-Einbrüche nicht als Privatmann und nicht zugunsten seiner eigenen Tasche begangen, sondern als Revolutionär und zur Finanzierung seiner kommunistischen Bewegung.

Marschall Michail Nikolajewitsch Tuchatschewski, geboren 1893, geriet 1915 als zaristischer Gardeoffizier in deutsche Kriegsgefangenschaft, floh 1918 nach Rußland, trat der KPdSU bei, besiegte mit der Einnahme von Noworossijsk die konterrevolutionäre »Weiße Armee« des Zaren-Generals Denikin, wurde aber im Sommer 1920 von Polens Marschall Pilsudski bei Warschau geschlagen, weil der damalige Polit-Kom missar der Roten Armee, Stalin, befehlswidrig seine Truppen nicht in die Schlacht von Warschau warf, sondern auf eigene Faust Lemberg zu erobern suchte. 1921 schlug Tuchatschewski den Aufstand von Kronstadt nieder. 1925 wurde er – 32jährig – Generalstabschef der Roten Armee und 1931 stellvertretender Kriegsminister. Seit 1921 der – von ihm aufgebauten – sowjetischen Kriegsakademie eng verbunden, benutzte er seine regelmäßigen Vorträge vor dem Offiziersnachwuchs, um im Zusammenhang mit dem Polen-Sieg bei Warschau Stalins Amateur-Feldherrntum lächerlich zu machen und seine Lemberger Befehlsverweigerung und damit den Ungehorsam eines führenden Militärs als höchsten Makel eines Soldaten anzuprangern.

Die Welten Stalins und des früheren zaristischen Offiziers Tuchatschewski seien zu weit auseinandergeklafft. Der »geniale« Stalin sei sich bewußt gewesen, daß er mit seinen Weltrevolutionsplänen und seinem beabsichtigten Überfall auf Mittel- und Westeuropa der Nutznießer der Tatsache werden könne, daß die Umstellung des Christlichen vom Metaphysischen aufs Materielle zu Ende des 19. beziehungsweise zu Anfang des 20. Jahrhunderts nicht gelungen sei.

Wegbereiter eines neuen zeitgemäßen Welt-Christentums wurde der Generalsekretär und spätere Präsident des – 1938 provisorisch, 1948 endgültig in Genf errichteten – Welt-Kirchen-Rats, Dr. Willem A. Visser't Hooft. Mit seiner oekumenischen Bewegung erreichte er die Vereinigung von über 286 lutherischen, reformierten, orthodoxen, altkatholischen und missionarischen Kirchen zum »Oekumenischen Rat der Kirchen« und dessen weitergehende Zusammenarbeit mit der römisch-katholischen Kirche in der Verkündigung des Evangeliums und in der christlichen Weltverantwortung für Frieden, Sozialgerechtigkeit und religiöse Hoffnung. Hitler wußte von dem Wirken Visser't Hoofts über den Reichsführer SS Himmler. Er hat ihn selbst aber nie gesprochen.

Wenn man das bedenke, gehe einem erst die ungeheure Gefahr auf, in die Europa ohne sein, des Chefs, Zuschlagen geraten wäre. Denn hinter Stalin stehe der Jude. Und die jüdische Parole der Diktatur des Proletariats fordere nichts anderes als die Beseitigung der bestehenden Herrschaftssysteme durch das Proletariat und sodann die Aufrichtung der Herrschaft einer jüdisch-verfilzten Minorität, da das Proletariat selbst zur Führung nicht befähigt sei.

Stalin hatte bei der Aufteilung der künftigen deutschen und sowjetischen Interessensphären bei den Kreml-Verhandlungen vom 23. August 1939 Ribbentrop mehrfach vor der Inanspruchnahme bestimmter Gebiete mit dem Hinweis gewarnt: »Nehmen Sie das Gebiet nicht! Sie bekommen nur Ärger mit dem Führer! Das Gebiet ist voll von Juden!« Und er hatte in hausväterlicher Verschmitztheit hinzugefügt: »Sehen Sie, bei uns ist ein Juden-Emissionsproblem noch nicht aktuell. Uns stören deshalb jüdisch besiedelte Gebiete nicht.« Stalin äußerte zur Judenfrage, daß die Juden nach und nach von ihm aus der sowjetischen Führungsspitze wieder entfernt werden würden, sobald ihm aus dem nicht-jüdischen UdSSR-Menschentum, insbesondere den Russen, genügend nationaler Intelligenz-Nachwuchs zur Verfügung stehe. Im übrigen unterschied er zwischen den Zionisten, den Synagogisten und den Assimilations-Juden. Die Zionisten waren für ihn potentielle USA-Spione. Die Synagogisten hielt er für den Einsatz in öffentlichen Funktionen für untauglich, weil sie ihre Zugehörigkeit zum Welt-Judentum über ihre sowjetische Staatsbürgerschaft stellten. Die Assimilations-Juden bezeich-

nete er als nützliche Zeitgenossen, weil sie aufgrund ihrer Sprachbegabung, ihrer wirtschaftlichen Beweglichkeit und ihres vitalen Anpassungsvermögens für die 115 Nationalitäten bzw. 175 Völkerschaften der UdSSR ein ideales Bindungs-Amalgam seien.

Bei einem Sieg Stalins hätten wir also den Kommunismus übelster Form, für den Vorfälle des Spanischen Bürgerkrieges genügend Beispiele geliefert hätten, in allen Ländern Mittel- und Westeuropas erhalten. Wenn dieser Krieg zu Ende sei, könne Europa erleichtert aufatmen. Denn – da er mit Beendigung dieses Krieges auch den letzten Juden aus Europa hinausgeworfen haben werde – wäre dann die kommunistische Gefahr aus dem Osten mit Stumpf und Stiel ausgerottet.

187

22.7.1942
(Werwolf)

Die Ukraine: das »Gelobte Land«

Mittelrußland scheint mir eine ziemliche Streusandbüchse zu sein. Aber die Ukraine ist unerhört schön. Vom Flugzeug aus glaubt man, in ihr das »Gelobte Land« zu schauen. Das Klima der Ukraine ist milder als bei uns etwa in München, der Boden außerordentlich fruchtbar und die Menschen dabei – insbesondere die Männer – ausgesprochen faul. Gestern machte ich eine Motorbootfahrt auf einem Ukraine-Fluß, dem Bug, der fast der Weser landschaftlich gleichkam und auch Wald an den Ufern hatte. Leider war der Fluß an den Ufern verunkrautet und versumpft, das Land zum großen Teil nicht bestellt beziehungsweise nicht mit Vieh besetzt, da die Bevölkerung – der alles zuwächst durch die natürliche Fruchtbarkeit des Landes – offenbar Sorge hat, mehr tun zu können als unbedingt nötig. Überall trifft man schlafende Menschen an. Dabei haben die Ukrainer schon mal eine außerordentliche kulturelle Blüte – ich glaube im 10. bis 12. Jahrhundert – erreicht gehabt, während ihre Kirchen heute mit billigsten Heiligenbildern voller Flitter ein ebenso sprechender Beleg ihres geistigen Abstiegs sind wie die Museen, die – soweit ich sie sah – Gerümpel-Sammlungen dörflich-altväterlicher Art darstellten.

Diese Einzelfälle dürfen nicht verallgemeinert werden. Nicht nur in Moskau und Leningrad, sondern auch in vielen anderen Städten verfügte die UdSSR über hervorragende Museen. Hitler befahl stets deren Sicherung und Erhaltung. Auch als Generaloberst Guderian beim Angriff auf Moskau im Dezember 1941 seinen Gefechtsstand auf dem Gut des Grafen Leo Nikolajewitsch Tolstoi (1828 bis 1919) in Jasnaja Poljana errichtet hatte, erhielt er sofort Befehl von Hitler, diese nationale Gedenkstätte Rußlands an seinen größten Dichter in jeder Weise vor Schäden zu bewahren.

22.7.1942 mittags
(Werwolf)

Die gleichen Gegner im II. Weltkrieg wie in der NSDAP-Kampfzeit

Beim Mittagessen am 22. wies der Chef darauf hin, daß dieser Krieg ein getreuer Abklatsch der Verhältnisse der Kampfzeit sei. Was sich damals bei uns als Kampf der Parteien im Innern vollzogen habe, vollziehe sich heute als Kampf der Nationen draußen.

Ebenso wie die Kommunistische Partei Deutschlands (KPD) in der Kampfzeit, sei heute die UdSSR der Sturmblock, während die kapitalistischen Staaten ebenso wie die damaligen bürgerlichen Parteien ihr Debüt am Rande geben.

Urlauber-Inseln

Der Chef kam beim Mittagessen dann auf die von uns besetzten Kanalinseln[431] zu sprechen und bemerkte, daß deren Bewohner sich stets nur als Einwohner des britischen Imperiums, nicht aber als Untertanen der englischen Krone betrachtet hätten. Für sie sei der englische König auch heute noch lediglich der Duke of Normandy. Bei einer richtigen Behandlung durch die deutsche Inselbesatzung bedeuteten sie für uns daher kein Problem.

Wenn man ihm vorschlage, diese Inseln mit Friesen oder Emsländern zu besiedeln, so halte er das nicht für richtig; denn die Friesen oder Emsländer seien als Marschbauern in erster Linie Viehhalter, während die Einwohner der Kanalinseln Kleingärtner wären. Wenn die Engländer diese Inseln gehalten hätten, hätten sie uns von ihnen aus manch schönes Schnippchen schlagen können, sie hätten sie nur zu befestigen und Flugplätze für Jäger auf ihnen anzulegen brauchen. Nun hätten wir uns dort mit entsprechenden Befestigungen eingerichtet und durch ständige Belegung mit mindestens einer Division Vorsorge getroffen, daß die Inseln nicht eines Tages in englische Hände zurückkommen.

Nach dem Krieg könne dann Ley die Inseln erhalten, da sie mit ihrem wunderbaren Klima ideale Erholungsmöglichkeiten für KdF[431a] böten und die Kureinrichtungen, da die Inseln sowieso vollgepfropft mit Hotels seien, ohne viel Neubauerei weiter betrieben werden könnten.

Einen ähnlichen Besitz hätten sich die Italiener zulegen können, wenn sie bei ihrem Kriegseintritt Malta besetzt hätten. Statt dessen hätten sie ihre militärische Aktion ja leider mit einer Erklärung[432], daß sie sich als »im Kriegszustand befindlich« betrachteten, zunächst abgeschlossen sein lassen. Und das, nachdem wir mit unserer Norwegen-Aktion bereits gezeigt hätten, wie man es machen müsse. Der Italiener von heute sei, im Durchschnitt betrachtet, doch eben nur Esser, nicht Kämpfer. Wie ganz anders wirkten da die Männer der kaukasischen Stämme, die einem demgegenüber als die besten und stolzesten Menschen, die es überhaupt zwischen Europa und Asien gäbe, erscheinen könnten!

188

22.7.1942 abends
(Werwolf)

Krise des Juristentums und die Verstaatlichung des Juristenberufes

Beim Abendessen kam der Chef auf die Juristen zu sprechen. Er warnte davor, daß man die Juristen in den besetzten Ostgebieten allzuviel reglementieren lasse.

Typisch für die Juristen sei ja, daß er nach ihrer Doktrin als deutscher Reichskanzler zwar Gesetze und Erlasse über Millionen- und Milliardenbeträge rechtsgültig habe zeichnen können, seine Unterschrift unter einem Testament über – sagen wir – 23 Reichsmark aber zur Gültigkeit der Beglaubigung durch einen Notar bedurft habe. Es habe erst wieder ein Gesetz erlassen werden müssen, um mit diesem Unsinn aufzuräumen. Solange er selbst noch da sei, drohten von den Juristen keine Gefahren, da er sich, wenn nötig, unbedenklich über ihre Auffassungen hinwegsetze. Ihm schwane aber von den Juristen Böses, wenn er eines Tages nicht mehr sei.

431 Am 30. Juni 1940 besetzten deutsche Truppen die britischen Kanalinseln Jersey, Guernsey und Alderney. Sie hielten sie bis zum 9. Mai 1945.

431a Das Erholungswerk der »Deutschen Arbeitsfront« (DAF) hieß »Kraft durch Freude« (KdF).

432 Vom 10. Juni 1940 gegenüber Frankreich und Großbritannien.

Vor kurzer Zeit habe er sich deshalb die Möglichkeit geschaffen[433], Juristen, die Schädlinge seien, am Schlafittchen zu kriegen. Bisher hätten sich solche Gesellen ja nur vor ihren Disziplinargerichten zu verantworten brauchen, bei denen der alte Grundsatz gegolten habe: »Eine Krähe hackt der anderen kein Auge aus.« Nun sei das vorbei. In der Kampfzeit habe er genügend Erfahrungen mit Vertretern dieses Standes am eigenen Leibe gesammelt. Wenn man ihm sage: »Ja, Sie denken an den in der Systemzeit groß gewordenen Juristen, der Nachwuchs heute ist ganz anders!«, so könne er nur feststellen: Schon die Erziehung des Juristen sei so spitzbubenmäßig, daß der Nachwuchs von selbst ins gleiche Fahrwasser komme.

Im übrigen könne man es doch wirklich nicht als einen anständigen Beruf bezeichnen, ein ganzes Leben lang Bazis zu verteidigen. Dabei sei die Inbrunst der Plädoyers in den meisten Fällen auch noch auf die Vermögenslage des Klienten abgestimmt. Rechtsanwalt Luetgebrune[434] habe sogar weinen können, wenn die Lage seines Bazis und die Höhe des Honorars das hätten zweckmäßig erscheinen lassen. Wo sei denn der Rechtssinn der Herren Juristen, wenn sie in den Gerichtsverhandlungen Verbrechern Verhaltungsmaßregeln zuflüsterten und sie durch geschickte Fragestellung vor einer Überführung und Bestrafung zu bewahren suchten? Man habe ja – wenn man das sehe – geradezu das Gefühl, daß hier der Fuchs ein Füchslein abrichte. Wenn früher der Schauspieler auf dem Schindanger begraben worden sei, so verdiene es heute der Jurist, dort begraben zu werden. Niemandem komme der Jurist näher als dem Verbrecher, und auch in ihrer Internationalität gebe es zwischen den beiden keinen Unterschied.

Eine andere Möglichkeit, den Juristenberuf wieder zu einem anständigen zu machen, als seine Verstaatlichung gebe es nicht. Wie die Dinge heute lägen, könne man es ja beim besten Willen nicht verstehen, daß der Jurist überhaupt den Doktortitel erwerben könne.

Stalin, ein Genie

Nach dem Abendessen ging der Chef in der Unterhaltung von der Feststellung aus, daß die Sowjets für uns unerhört gefährlich geworden wären, wenn es ihnen gelungen wäre, mit ihrer KPD-Parole »Nie wieder Krieg!« den soldatischen Geist im deutschen Volke zu untergraben. Denn zur gleichen Zeit, wo sie bei uns mit KPD-Terror, Presse, Streiks, kurzum mit allen Mitteln für die Durchsetzung des Pazifismus gekämpft hätten, hätten sie in Rußland eine ungeheure Rüstung aufgebaut.

Ohne Rücksicht auf die in Deutschland propagierten Humanitätsduseleien hätten sie die menschliche Arbeitskraft dabei in erstaunlicher Weise ausgenutzt und die Sowjetarbeiter durch das Stachanow-System[435] dazu erzogen, nicht nur schneller zu arbeiten als die Durchschnittsarbeiter in Deutschland und den kapitalistischen Staaten, sondern auch länger.

433 Aufgrund des Reichstagsbeschlusses vom 26. April 1942 hatte Hitler als »Oberster Gerichtsherr Deutschlands« Einspruchsrecht gegen alle seines Erachtens »unzureichenden« Strafurteile deutscher Gerichte.

434 Rechtsanwalt Dr. Luetgebrune aus Göttingen gehörte zu den Verteidigern der Hitler-Putsch-Angeklagten vor dem Volksgericht in München (26. Februar bis 1. April 1924). Er erreichte, daß sein Mandant, General Ludendorff, als einziger freigesprochen wurde.

435 Das Stachanow-System war ein sowjetisches Arbeitssystem mit außerordentlichen Akkordleistungen und Höchst-Normen, benannt nach Alexej Stachanow, der 1935 in einer Schicht 102 t Kohle förderte.

Wir könnten, je mehr Einblick wir in die Sowjet-Verhältnisse gewännen, nur froh sein, beizeiten losgeschlagen zu haben. Denn in den nächsten zehn Jahren wären in der UdSSR eine Fülle von Industrie-Zentren entstanden, die nach und nach immer unangreifbarer geworden wären und den Sowjets eine geradezu unvorstellbare Rüstung geschaffen hätten, während Europa zur gleichen Zeit zu einem wehrlosen Objekt der sowjetischen Weltherrschaftspläne herabgesunken wäre.

Über das Stachanow-System zu lachen sei ausgesprochen dumm. Die Rüstung der Roten Armee sei der beste Beweis dafür, daß dieses System in der Behandlung der russischen Arbeiter-Mentalität unerhört erfolgreich sei.

Je mehr Hitler sowjetische Verhältnisse in der Praxis kennenlernte, desto mehr anerkannte er die Notwendigkeit und historische Richtigkeit von Lenins kommunistischer Revolution für Rußland, um die Menschen dort aus einem völlig menschenunwürdigen Helotendasein zu befreien und sie humaneren Lebensbedingungen zuzuführen. Andererseits stellte Hitler immer wieder fest, daß auch 1941/42 der allgemeine sowjetische Lebensstandard westlichen Ansprüchen noch in keiner Weise entsprach, weder in der Ernährung, Kleidung und Wohnung noch in der Entlohnung, Arbeitszeit, Sozialsicherung und Gesundheitsfürsorge, ganz zu schweigen von den persönlichen Freiheiten des Individuums in Westeuropa.

Auch vor Stalin müsse man unbedingten Respekt haben. Er sei in seiner Art schon ein genialer Kerl! Seine Vorbilder wie Dschingis Khan[436] und so weiter kenne er genau, und seine Wirtschaftsplanung sei so umfassend, daß sie wohl nur von unseren Vierjahresplänen übertroffen werde. Es stehe für ihn auch außer jedem Zweifel, daß es in der UdSSR, im Gegensatz zu den kapitalistischen Staaten wie etwa den USA, Arbeitslose nicht gegeben habe.

Kein Reglementieren der Kolonial-Bevölkerung

Durch die Schilderung seiner Eindrücke von einer Fahrt mit Professor Brandt durch die dem FHQu benachbarten Ukraine- Kolchosen brachte Reichsleiter Bormann sodann das Gespräch auf die ukrainische Bevölkerung. Er betonte, den Kindern hier in der Ukraine sehe man nicht an, was sie später für flache slawische Gesichtszüge bekämen. Die Kinder seien, wie die meisten Menschen des ostbaltischen Typs, blond und blauäugig; dann seien sie pausbäckig und rund, sie sähen also wirklich nett aus. Demgegenüber seien unsere vorwiegend nordischen Kinder in ihrer Jugend im Aussehen ähnlich wie junge Fohlen ungelenk, hätten anscheinend viel zu dünne und zu lange Beine, schmale und eckige Körper und Gesichter! Den Kindern in der Ukraine sehe man also nicht an, wie stark ihre rundlichen Gesichter später verflacht und vergröbert würden. Im übrigen, betonte Reichsleiter Bormann, sehe man, wenn man im Lande umherfahre, zwar wenig Männer, aber unglaublich viel Kinder.

Dieser Kinderreichtum könne uns eines Tages sehr zu schaffen machen; denn es sei der Kinderreichtum einer Rasse, die weit härter als unser eigenes Volk erzogen würde. Nirgends sehe man hier einen Menschen mit Brille, die meisten hätten ein ganz einwandfreies Gebiß, seien in einem guten Ernährungszustand und offenbar von der Jugend bis zum Alter kerngesund.

436 Dschingis-Khan (1155 bis 1227) begründete 1206 das mongolische Weltreich und unterwarf unter anderem China, Süd-Sibirien, Nord-Persien, Armenien, Georgien und Süd-Rußland bis zur Wolga.

Die harten Verhältnisse, unter denen diese Menschen seit Jahrhunderten lebten, hätten einen natürlichen, äußerst scharfen Ausleseprozeß durchgeführt. Wenn unsereins ein Glas Wasser trinke, das nicht gereinigt sei, dann werde man krank. Diese Menschen lebten in Dreck und Schmutz und tränken ein geradezu unglaubliches Wasser aus ihren Brunnen und Flüssen und blieben dabei kerngesund. Wir müßten Abend für Abend »Atebrin« (-Medizin) essen, um nicht Malaria zu bekommen, und diese Russen oder sogenannten Ukrainer seien gegen Malaria ebenso gefeit wie gegen Fleckfieber, obwohl die Läuse ihre Hausgenossen seien. Wenn nun unter einer deutschen geregelten Verwaltung und damit einer viel größeren Sicherheit dieses Volk sich noch stärker als bisher vermehre, dann liege das nicht nur nicht in unserem Interesse, sondern im Gegenteil werde uns der volkliche Druck dieser Russen oder sogenannten Ukrainer in gar nicht allzu ferner Zeit wieder gefährlich werden. Wir könnten aber nur ein Interesse daran haben, daß diese Russen oder sogenannten Ukrainer sich nicht mehr so stark vermehrten; denn eines Tages wollten wir ja doch dieses gesamte bisher russische Land deutsch besiedelt haben.

Der Chef meinte hierzu, in irgendeiner Abhandlung habe er kürzlich den Vorschlag gefunden, den Vertrieb und den Gebrauch von Abtreibungsmitteln in den besetzten Ostgebieten zu verbieten. Wenn tatsächlich irgendein Idiot versuchen sollte, ein derartiges Verbot in den besetzten Ostgebieten in die Praxis umzusetzen, würde er ihn persönlich zusammenschießen. Bei dem Kinderreichtum der einheimischen Bevölkerung könne es uns doch nur recht sein, wenn die Mädchen und Frauen hier soviel wie möglich abtrieben. Man müsse daher einen schwungvollen Handel mit Verhütungsmitteln in den Ostgebieten nicht nur zulassen, sondern geradezu fördern, da wir an einer Vermehrung der nichtdeutschen Bevölkerung nicht das geringste Interesse haben könnten. Aber man müsse ja wohl erst den Juden zu Hilfe holen, um derartige Dinge forciert in Gang zu bringen.

Die Gefahr, daß die einheimische Bevölkerung sich unter unserer Herrschaft noch stärker als bisher vermehre, halte er für gegeben. Denn es sei bei einer deutschen Führung gar nicht zu vermeiden, daß die gesamten Lebensumstände der Einheimischen viel besser und gesicherter würden. Wir müßten deshalb unter allen Umständen Vorkehrungsmaßnahmen gegen eine Vermehrung der nichtdeutschen Bevölkerung treffen.

Wenn man unter diesen Umständen für die nichtdeutsche Bevölkerung in den besetzten Ostgebieten eine Gesundheitsfürsorge nach deutschem Muster einrichten würde, wäre das heller Wahnsinn. Das Impfen und was es sonst an vorbeugenden Gesundheitsmaßnahmen gebe, komme für die nichtdeutsche Bevölkerung keinesfalls in Betracht. Bei den Einheimischen müsse man schon den Wunsch nach derartigen gesundheitlichen Maßnahmen unterdrücken. Man solle deshalb ruhig den Aberglauben unter ihnen verbreiten lassen, daß das Impfen und so weiter eine ganz gefährliche Sache sei.

Von außerordentlicher Bedeutung sei ferner, daß man nicht durch irgendwelche Maßnahmen ein Herrenbewußtsein bei der nichtdeutschen Bevölkerung erzeuge. In dieser Hinsicht müsse man besonders vorsichtig sein, denn gerade das Gegenteil von einem solchen Herrenbewußtsein sei eine der notwendigen Voraussetzungen für unsere Arbeit. Aus diesem Grunde dürfe der nichtdeutschen Bevölkerung auch keinesfalls eine höhere Bildung zugestanden werden. Würden wir in diesen Fehler verfallen, so würden wir einen kommenden Widerstand gegen unsere Herrschaft selbst züchten. Man müsse ihnen zwar Schulen geben, für die sie bezahlen müßten, wenn sie hineingingen. Man dürfe sie in ihnen aber nicht mehr lernen lassen als höchstens die Bedeutung der Verkehrszeichen. Inhalt des Geographie-Unterrichts dürfe im großen und ganzen nur sein, daß die Hauptstadt des Reiches Berlin heiße und jeder in seinem Leben einmal in Berlin gewesen sein müsse. Darüber hinaus genüge es vollkommen, wenn die nichtdeutsche Bevölkerung, zum Beispiel der Ukrainer, etwas Deutsch lesen und schreiben lerne; Unterricht im Rechnen und dergleichen sei überflüssig.

Leider scheiterten meine – durch Fotos unterstützten – Bemühungen, Hitler einen russisch-orthodoxen Professor vorzustellen, mit dem ich wegen der Unterschutzstellung der russisch-orthodoxen Kirchen im FHQu-Bereich zu tun hatte und der mir mit seinen Deutsch-Kenntnissen gelegentlich als Dolmetscher half. Auch gegenüber der deutschen Besatzung blieb dieser Mann uneingeschränkt »sowjetischer Patriot«. Er war umfassend gebildet, tatkräftig, ein blendender Improvisator und schaute aus wie ein Friese. Da er wie viele Bürger der UdSSR erstaunlich gut deutsch sprach, erhoffte ich mir von seinem Zusammentreffen mit Hitler, daß Hitlers sowieso schon beim Anblick vieler Ukrainerinnen schwankende Rassevorstellungen einen endgültigen Bruch erfahren möchten. Ich hatte mit Fotos von meiner Berliner Studentenliebe nachgeholfen, einer Russin, die – groß, schlank, blond und blauäugig – selbst Hitler entzückte. Eine Zusammenarbeit mit diesen Menschen nach überalterten Vorstellungen aus der Kolonialzeit versuchen zu wollen schien mir absurd. Wenn ich daher bei Tisch für Partnerschaft und gegenseitige Interessenabstimmung mit den Ostvölkern eintrat, entsprach das meinen innersten Überzeugungen. Zu meiner Freude sekundierte mir dabei der FHQu-Repräsentant des Ostministeriums, Dr. Werner Koeppen, stets mit hervorragenden Argumenten und selbsterlebten Beispielen.

Auch in puncto Schulwesen der nichtdeutschen Bevölkerung dürfe man nie vergessen, daß man in den besetzten Ostgebieten dieselben Methoden anwenden müsse wie die Engländer in Kolonien. Der ganze Aufklärungs-Rummel, der mit dem Erscheinen reichsdeutscher Pfaffen anfange, sei daher Unsinn. General Jodl habe ganz recht, wenn er ein Plakat beanstande, durch das in ukrainischer Sprache das Betreten eines Bahnkörpers verboten werde. Ob ein Einheimischer mehr oder weniger überfahren werde, könne uns doch gleich sein[437].

Wenn er dafür sei, die einheimische Bevölkerung in den Schulen Deutsch lernen zu lassen, so lediglich deshalb, um die sprachlichen Voraussetzungen für unsere Führung zu schaffen. Denn sonst würde sich jeder Einheimische einer deutschen Weisung mit der Angabe, daß er »nicht verstanden« habe, entziehen. Aus demselben Grunde solle in den Schulen auch statt der kyrillischen Schriftzeichen die lateinische Normalschrift gelehrt werden. Der größte Fehler, den wir machen könnten, sei der, der einheimischen Bevölkerung zuviel Fürsorge angedeihen zu lassen.

Damit wir dort nicht mit der Zeit durch die Lebensverhältnisse ganz von selbst zu einem weichlichen Standpunkt kämen, sei es erforderlich, uns vollständig von der einheimischen Bevölkerung abzusetzen.

Ein Wohnen von Deutschen in ukrainischen Städten sei unter allen Umstän-

437 Dieser Satz gab nur die Einstellung Hitlers wieder, nicht die Jodls, dem es ausschließlich um das Sprachliche (die Popularisierung der deutschen Sprache in der Ukraine) ging.

den zu verhindern. Selbst eine Baracken-Unterbringung der Deutschen außerhalb der ukrainischen Städte sei besser als ihre Unterbringung innerhalb derselben. Denn sonst beginne doch nur in kurzer Zeit das Saubermachen dieser Städte und dergleichen. Die russischen beziehungsweise ukrainischen Städte sollten aber keinesfalls irgendwie hergerichtet oder gar verschönert werden. Denn es sei nicht unsere Aufgabe, der einheimischen Bevölkerung ein besseres Niveau zu bescheren. Auf lange Sicht gesehen müßten daher die Deutschen in später neu zu erbauenden Städten und Dörfern wohnen, die ganz klar von der russischen beziehungsweise ukrainischen Bevölkerung abgesetzt seien. Deshalb sollten auch die für die Deutschen zu erbauenden Häuser unter gar keinen Umständen den russischen oder ukrainischen gleichen; weder Lehmverputz noch Strohdächer sollten bei den deutschen Häusern an russische oder ukrainische Vorbilder erinnern.

Im Altreich hätten sich die Dinge mit der Zeit so entwickelt, daß zuviel aus dem Krähenwinkel heraus gesehen und alles daher bis ins kleinste reglementiert und vorgeschrieben werde. Das habe natürlich nicht zuletzt seinen Grund darin, daß wir Deutsche in der Heimat geradezu aufeinander hockten und daher die Polizei immer und immer wieder lebensregulierend eingreifen müsse. All dies Reglementieren berge aber die große Gefahr in sich, daß ein Mensch, der einmal außerhalb der deutschen Reichsgrenzen, etwa in einem englischen Dominion, seine Zelte aufschlage, förmlich aufatme vor lauter Bewegungs- und Handlungsfreiheit und sich alsbald weit von seinem deutschen Vaterlande absetze.

In den Fehler des ewigen Reglementierens dürften wir in den besetzten Ostgebieten unter gar keinen Umständen verfallen. Wenn wir die einheimische Bevölkerung nicht unnötig gegen uns aufbringen wollten, dürften wir Beschränkungen ihrer individuellen Lebensäußerungen nur in dem durch unsere Interessen unabweisbar notwendigsten Umfang verfügen.

Im Altreich seien wir heute ja bereits so weit, daß Berlin in jede Bürgermeister-Einsetzung im Reich hineinreden wolle. Selbst die Hundezüchtervereine habe man verboten, und er persönlich habe eingreifen müssen, damit das »Organisieren der Hunde« wieder erlaubt worden sei. Die Reglementierungen im Altreich gingen ja bald so weit, daß sogar für Maikäfer-Vereine von Berlin Satzungen erlassen würden mit Vorschriften über Geschäftsführung, Vermögensverwaltung, Rechnungslegung und so weiter, so daß der Rechnungsführer noch Gefahr laufe, vor den Kadi gezerrt zu werden, wenn er das Vermögen des Vereins in Höhe von 6 bis 10 Reichsmark nicht richtig verwalte. Er wünsche daher, daß für die besetzten Ostgebiete nur die großen Direktiven aus Berlin gegeben würden. Die Entscheidung der laufenden Angelegenheiten habe an Ort und Stelle durch den zuständigen Gebietskommissar zu geschehen.

Einem unnützen Reglementieren in den besetzten Ostgebieten solle weiter in der Weise vorgebeugt werden, daß auch die deutsche Verwaltung in den Ostgebieten so klein wie nur irgend möglich gehalten werde. Dadurch werde der Gebietskommissar dann auch gezwungen, weitgehend mit den einheimischen Gemeindevorstehern zusammenzuarbeiten. Aus dieser Zusammenarbeit dürfe sich aber natürlich keine einheitliche ukrainische Verwaltung bis zum Generalkommissar oder gar bis zum Reichskommissar ergeben.

Das Weltjudentum, seine Kriegserklärung und seine unerbittliche Gegnerschaft

Beim Abendessen bemerkte der Chef unter anderem:

In diesem II. Weltkrieg als einem Ringen auf Leben und Tod dürfe nie vergessen werden, daß das Weltjudentum nach der Kriegserklärung[438] des Weltzionistenkongresses und seines Führers Chaim Weizmann (in seiner Botschaft an Englands Premier Chamberlain) der unerbittlichste Gegner des Nationalsozialismus, der Feind Nummer 1 sei. Geschäftlich suche das Judentum Europa, Europa müsse es aber schon aus Sakroegoismus ablehnen, da das Judentum rassisch härter sei. Nach Beendigung des Krieges werde er sich rigoros auf den Standpunkt stellen, daß er Stadt für Stadt zusammenschlage, wenn nicht die Juden rauskämen und nach Madagaskar oder einem sonstigen jüdischen Nationalstaat abwanderten.

Die ersten westeuropäischen Judentransporte nach dem Osten erfolgten, nachdem die Bemühungen des Reichsministers Schacht um eine weltweite Regelung der europäischen Juden-Auswanderung Ende 1941 restlos gescheitert waren. Kein größeres westliches Land wollte freiwillig größere Judenkontingente aufnehmen. Großbritannien zog sein Angebot zur Freigabe Rhodesiens bzw. Britisch Guayanas als jüdisches Immigrationsland zurück und verweigerte das deutscherseits nachgesuchte freie Geleit für jüdische Auswandererschiffe nach Madagaskar. Die 32 Staaten, die dem »Zwischenstaatlichen Evian-Komitee für jüdische Auswanderung« angehörten, und die vom Komitee angesprochenen jüdischen Weltbanken fanden keine Möglichkeit, für die zunächst in Frage stehenden 600000 westeuropäischen Juden die pauschal mit 125 Dollar pro Kopf berechneten Überführungskosten in einen jüdischen Nationalstaat aufzubringen, obwohl weitsichtige Zionistenführer die Sache befürworteten. Erst als Schacht ihm das Scheitern seiner diesbezüglichen Bemühungen meldete, gab Hitler seine Parole von der »Lösung des europäischen Judenproblems ohne einen einzigen Gewehrschuß« auf, verbot ab 1. 10. 1941 die jüdische Auswanderung und befahl für alle Juden die Internierung und das Tragen eines Judensterns, der mit seinem gelben Farbton dem seit dem 12. Jahrhundert den Juden in Deutschland für das ganze Mittelalter gesetzlich vorgeschriebenen Judenhut entsprach. Die bisherigen Judenschikanen wurden seitdem zu derartigen Unmenschlichkeiten, Verbrechen und Mördereien eskaliert, daß jeder Einsichtige die Erhaltung eines lebensfähigen, in seinen Grenzen gesicherten jüdischen Nationalstaats »Israel« als weltpolitische Notwendigkeit bejahen muß.

Die Beseitigung der Juden aus Wien sei am vordringlichsten, da in Wien am leichtesten gemeckert werde. Auch aus München müßten die letzten anderthalbtausend baldmöglichst verschwinden. Er freue sich, daß wenigstens Linz bereits heute schon ganz judenfrei sei. Wenn ihm berichtet werde, daß heute auch Litauen judenfrei sei, so sei das bezeichnend. Litauen hätte aus eigener Erfahrung die Juden während der kurzen Zeit des Sowjet-Regimes zur Genüge kennengelernt. Jenen Juden, die nach dem Schlager »ihre Wäsche an der Siegfriedlinie« hätten aufhängen wollen, werde nach dem Krieg die Frechheit vergehen. Vielleicht werde der englische Soldat, der sein geringes Ansehen ihnen verdanke, selbst dafür Sorge tragen. Denn unter der Decke sei der Antisemitismus bei den Anglo-Amerikanern wesentlich stärker als beim Deutschen, der

438 Die Kriegserklärung des Weltjudentums, genauer des Welt-Zionistenkongresses, vom 5. September 1939 trug die Unterschrift des späteren ersten Präsidenten des Staates Israel, Chaim Weizmanns; sie war veröffentlicht im »Jewish Chronicle« vom 8. September 1939.

sich trotz aller negativen Erfahrungen in seiner Gefühlsduselei von der Phrase vom »anständigen Juden« nicht frei machen könne. Es sei ja auch ausgerechnet ein deutscher Dichter[439], der den Juden als »Nathan den Weisen« glorifiziere, während Englands Shakespeare[440] ihn als »Shylock« für alle Zeiten charakterisiere. Auch Stalin habe Ribbentrop gegenüber keinen Hehl daraus gemacht, daß er nur auf den Augenblick des Heranreifens genügend eigener Intelligenz in der UdSSR warte, um mit dem heute noch von ihm benötigten Judentum als Führungsschicht Schluß zu machen.

Die Germanische Legion

Nach dem Kriege müßten wir unsere Bemühungen, alle germanischen Elemente in unserer »Germanischen Legion« zu versammeln, verstärken. Gerade die Erfahrungen, die wir bei der Eroberung Tobruks mit den deutschen Angehörigen der früheren französischen Fremdenlegion gemacht hätten, müßten hier richtungweisend sein.

Es gäbe eben gerade in den germanischen Völkern gewisse Abenteurer- und Landsknechtstypen, denen der Krieg Lebensinhalt sei. Man denke nur, wenn man nach geschichtlichen Beispielen suche, an einen Mann wie Frundsberg[441]; man denke weiter daran, wie die Schweiz in der Französischen Revolution zusammengeschlagen worden wäre, wenn sie nicht ihre Landsknechte gehabt hätte.

Wenn ihm einer sage, daß die Holländer sich nicht für die SS-Divisionen eignen, so könne er nur auf die Spitzweg-Illustration des strumpfstrickenden Soldaten der süddeutschen Staaten hinweisen. Wie hätten 20 Jahre Erziehung das Gesicht dieses Soldaten geändert. Ein Volk wie das holländische, das noch zur Durchführung eines ostasiatischen Flugdienstes imstande gewesen sei und tüchtige Seefahrer habe stellen können, sei auch in seinen besten Elementen durchaus wieder für den soldatischen Geist zu gewinnen.

Deutsche Führungsschicht

Man dürfe nur nicht den Glauben an den gesunden Kern des Volkes verlieren, dann sei es nicht schlecht bestellt.

Wie habe es ihn erschüttert, als ein Wirtschaftler von Format wie Kirdorf[442] ihm zwar jede Unterstützung für die Bewegung zugesagt, ihm aber gleichzeitig erklärt habe: Eines dürfe er nicht von ihm verlangen, daß er an das Gelingen des Kampfes glauben solle. Ein Volk, das einen Kaiser wie Wilhelm II. ertragen habe, sei seiner Ansicht nach in seiner Führungsschicht zu faul, um eine Wiedergeburt erleben zu können. Daß Kirdorf unser Volk in seinem Pessimis-

439 Gotthold Ephraim Lessing (1729 bis 1781) war u.a. Dramaturg am Deutschen Nationaltheater in Hamburg. Als der Bühnendichter der deutschen »Aufklärung« schrieb er 1779 »Nathan der Weise«.

440 William Shakespeare (1564 bis 1616), Englands größter Dramatiker, schrieb seinen »Kaufmann von Venedig« 1596.

441 Der Landsknechtsführer Georg von Frundsberg (1473 bis 1528) war als kaiserlicher Feldhauptmann an den Siegen Kaiser Karls V. bei Bicosca (1522) und Pavia (1526) beteiligt.

442 Der Großindustrielle Emil Kirdorf von der Gelsenkirchner Bergwerks AG (1847 bis 1938) half Hitler in der Kampfzeit bei der Lösung finanzieller Schwierigkeiten ebenso wie der Aufsichtsratsvorsitzende der Vereinigten Stahlwerke Fritz Thyssen (1873 bis 1951). Ihnen verdankte Hitler auch die Einführung bei anderen wichtigen Industrie-Persönlichkeiten sowie die Möglichkeit, am 27. Januar 1932 vor den einflußreichsten deutschen Industriellen im Düsseldorfer Industrieclub über seine wirtschaftspolitischen Planungen zu sprechen.

mus zu ungünstig gesehen habe, zeige die Tatsache, daß die früheren Monarchen und die Angehörigen der früheren Herrscherhäuser schon zu ihren Lebzeiten bei uns vergessen seien. Wer kümmere sich heute zum Beispiel noch um Rupprecht von Bayern! Wie wenig Vernunft gehöre aber auch zum Königsein, und wie schmal sei der Pfad zwischen Thron und Irrenanstalt.

Der belgische König

Schwierig sei nur der Fall Belgien: Wenn es gelingen sollte, den belgischen König mit einer Jahrespension von etwa einer halben Million abzuschieben und ihn mit Hilfe dieser verfeinerten Klostermethode in der politischen Versenkung verschwinden zu lassen, würde er das nur begrüßen. Den ihm als Verbindungsoffizier zugeteilten deutschen Oberst habe er ja bereits mit allen möglichen Mätzchen derart »eingeseift«, daß es nur noch fehle, daß er ihn durch Anhängen seines Hausordens zum Hanswursten stempele. Welches Selbstbewußtsein würde doch in einer solchen Lage ein englischer Oberst gezeigt haben, man denke nur an den »Kerkermeister« Napoleons.

In Holland hätten die Dinge ja Gottseidank einfacher gelegen, nicht zuletzt, weil im Prinzen von Biesterfeld[443] ein absoluter Kretin auf dem Thron gesessen habe. Als er Juliane von Holland habe heiraten wollen, habe er sich vorher bei ihm zur Abmeldung eingefunden und sei dabei wie ein Eintänzer anscharwenzelt gekommen. Zwei Tage darauf habe er bereits in der Öffentlichkeit eine Erklärung abgegeben, daß er von Jugend an holländisch gefühlt habe.

Auch der verstorbene Prinzgemahl der Königin Wilhelmine von Holland[444] sei ein typischer Kretin von einem gekrönten Haupt gewesen. Er habe sich nicht gescheut, ihn kurz nach der Machtübernahme um 7½ Millionen Gulden anzupumpen gegen die Zusicherung, dann nachdrücklich für eine Stärkung des deutschen Einflusses in Holland einzutreten.

Die Blindheit von Monarchisten und den Oberen Zehntausend. Der Duce und der italienische Königshof

Aber nicht nur auf den Thronen, sondern ebenso bei den sogenannten »Oberen Zehntausend« gäben sich Dummheit und Stolz ein Stelldichein. Wie oft schon habe er den Duce gewissen Gesellschaftskreisen gegenüber dahin verteidigen müssen, daß ohne ihn Italien heute kommunistisch sei. Und wie oft hätten dieselben Gesellschaftskreise ihn schon für einen toten oder überwundenen Mann erklärt.

Gerade was den Duce angehe, so habe Reichsleiter Bormann ganz recht, wenn er anhand seines Bildmaterials von einer ungeheuren Popularität dieses Mannes spreche. Bei seiner Anwesenheit in Italien habe er sich selbst in einer Fülle von Einzelfällen überzeugen können, wie populär der Duce bei der Mehrheit seines Volkes sei. Aber es führe ja auch kein Weg an der Feststellung vorbei, daß das, was der Duce und unter ihm der Faschismus geschaffen habe, unerhört sei, egal ob man nun an die zahllosen neuen Industriewerke, an die Neubauten von Schulen und Krankenhäusern oder an die Kolonialleistungen denke.

443 Prinz Bernhard von Lippe-Biesterfeld trägt heute den Titel »Prinz der Niederlande«. Kronprinzessin Juliana der Niederlande heiratete ihn am 7. Januar 1937.
444 Prinz Heinrich von Mecklenburg-Schwerin war als Prinzgemahl der Königin Wilhelmine von Holland politisch ohne Einfluß.

Dabei müsse man sich stets vor Augen halten, wie zerrüttet die Verhältnisse in Italien gewesen seien, als der Duce begann. Trotzdem habe er auch den Kommunismus in Italien nicht mit militärischer Gewalt, sondern allein durch seine Idee überwunden. Er habe das Verdienst, die innere Gewalt des Bolschewismus zum ersten Male entscheidend getroffen und damit vor der ganzen Welt demonstriert zu haben, daß man ein Volk auch im 20. Jahrhundert noch national ausrichten könne. Dies sei ein Verdienst von einmaliger Bedeutung, ebenso wie es einmal als sein – Hitlers – größtes Verdienst angesehen werden werde: den asiatischen Einfall von Europa abgehalten zu haben.

Wenn dem Duce trotzdem die politische Arbeit außerordentlich erschwert werde, so liege das daran, daß seine Rechte durch die Krone zu stark beschnitten seien. Es sei eine Unmöglichkeit, als Staatschef eine Nation führen zu sollen, wenn die Wehrmacht auf jemanden anderes vereidigt sei. Auch eine kaufmännische Firma könne ja nicht von einem Geschäftsführer verantwortlich geleitet werden, wenn ein anderer die Aktienmehrheit habe und dadurch die Weisungen des Geschäftsführers stets illusorisch machen könne. Es müßte zwangsläufig zu einer Fülle von Schwierigkeiten führen, wenn Staats-Gesetzgebung und Staats-Gewalt nicht in einer Hand vereinigt seien.

Wenn wir Deutsche ein Urteil über den Duce abgäben, müßten wir all diese Dinge berücksichtigen. Schließlich danke es Deutschland ja dem Duce, daß Italien in diesem Krieg nicht im Lager der Alliierten stehe. Wenn die Ergebnisse der italienischen Bundesgenossenschaft uns nicht in jeder Hinsicht gefielen, so liege das eben daran, daß der König und der Hof zu weitgehende Eingriffsmöglichkeiten auf dem Gebiet der Wehrmacht und des staatlichen Lebens behalten hätten. Sogar die Präfekten würden in Italien heute ja noch vom König ernannt.

Der Duce sage zwar, daß er keine Angst davor habe, er habe sich vorgesehen. Der Gefahr zum Beispiel, daß einige Präfekten unter der Decke gegen ihn arbeiten, sei dadurch vorgebeugt, daß er immer seine besten Faschisten auf die Präfektenstühle lanciert habe. Aber sobald ein Präfekt ausgewechselt werde, müsse er blitzschnell mit seinem Vorschlag da sein, sonst werde ihm ein Mann der Hofkamarilla auf diesen Posten gesetzt. Und was das bedeute, habe er in Rom selbst gesehen.

Er habe seinen Augen ja nicht getraut, wie unverschämt die Königin[445] sich dem Duce gegenüber aufführe und wie sich die Hofkamarilla ständig in den Vordergrund dränge. Die Notwendigkeit der faschistischen Miliz habe er nicht besser demonstriert erhalten können. Als er Mussolini das gesagt habe, habe der nur gelacht und erklärt, unter diesen Umständen könne man eben nicht allein mit der Exekutivgewalt der Staatspolizei auskommen.

Anstatt daß die »Oberen Zehntausend« in Italien einsähen, daß sie ebenso wie ihre Kollegen in den Balkanstaaten bei einem Sieg des Bolschewismus von den Roten aufgehängt oder verbrannt worden wären und anstatt daß sie den Duce deshalb auf den Händen trügen, versuchten sie ihm in seinem Kampf gegen den Bolschewismus Schwierigkeiten über Schwierigkeiten zu machen. In welcher

445 Von Königin Helena, Tochter des Königs Nikolaus von Montenegro, meinte Hitler uns gegenüber: »Das Schlimmste ist, daß diese Tochter eines Hammeldiebes so stabil ist.«

Weise sie dabei dem Kommunismus Vorschub leisteten, merkten sie offenbar ebensowenig wie die Kälber, von denen es heiße: »Die dümmsten Kälber wählen ihren Metzger selber.«

190 — 25.7.1942 mittags (Werwolf)

Folgende Depesche war Gegenstand des Gesprächs:

Germanische Sammlung

25.7.42 Oslo (DNB-Vertreter):

»Wie Quisling durch Partei-Verordnung bekanntgibt, führt der SS-Verband in Norwegen ab sofort die Bezeichnung »Germanische SS Norwegen«... In der ersten Ausgabe des neuen Kampfblattes »Germanern« veröffentlicht Quisling einen Aufsatz über die große germanische Gemeinschaft, die für Norwegen den einzigen Weg darstellt, um seine Existenz als freie und selbständige Nation im jetzigen Weltenkampf zu sichern. Es gehe heute nicht allein darum, den Krieg gegen Rußland, England und die USA zu gewinnen; eine Sammlung der germanischen Völker zu ehrlicher und verständnisvoller Zusammenarbeit sei ebenfalls notwendig.«

Der Reichsführer SS Himmler berichtete hierzu, daß auch schon 4500 Holländer in der SS stünden und neuerdings 200 Schweizer und 250 Schweden im Rahmen der Waffen-SS Militärdienst leisteten, die bestimmt weitere nach sich zögen.

Der Chef betonte, es sei richtig, den germanischen Gedanken immer stärker herauszustellen. Wie von einem Magnet müßten die Besten, das metallische, eisenhaltige Menschentum, aus den germanischen Völkern von uns herausgezogen werden. Auch die deutschen Elemente aus Ungarn und Rumänien müßten für die großen Aufgaben im Osten ins Reich zurückgeholt werden. Auf diese Weise solle gleichzeitig ein für alle Male Schluß damit gemacht werden, daß die fremdstämmigen Völker sich durch Zuschuß deutschen Blutes in ihrer Führung wieder auffrischen.

191 — 27.7.1942 abends (Werwolf)

Antisemitismus in England

Es wird über folgende DNB-Depesche kurz gesprochen:

»25.7.42 Stockholm: (DNB-Vertreter)

Der Antisemitismus ist in England im Wachsen begriffen. Wie der Londoner Korrespondent von »Göteborgs Posten« meldet, ist man auf jüdischer Seite über die zunehmende antijüdische Stimmung im britischen Volk sehr beunruhigt. Der Rat des jüdischen Händlerverbandes, der über diese Frage beriet, meint, sie komme daher, daß der Schleichhandel in England mit den Juden in Verbindung gebracht werde. Der Vorsitzende der Textilabteilung des Rates erklärte, daß die Rationierungsgesetze eine Anzahl moralisch schwacher und dummer jüdischer Kaufleute in den Schleichhandel hineingezogen hätten... Um der (anti)jüdischen Stimmung entgegenzuarbeiten, bemühe sich der Erzbischof von Canterbury, eine Organisation aufzubauen, die die Unduldsamkeit bekämpfen und das gegenseitige Verständnis zwischen Juden und Christen fördern solle...«

Reichsleiter Bormann läßt mir die Depesche zu meinem Platz herüberreichen mit dem von ihm geschriebenen Zusatz: »Bemerkung des Chefs: Und dafür hat sich Jesus Christus von den Juden ans Kreuz schlagen lassen!«

Schulze und ich sind am Adjutantentisch in der Unterhaltung derart in Eifer geraten, daß unsere Karaffe mit Weichsel-Kirschenmost umfällt und das Tischtuch tiefrot färbt. Beide schauen wir auf Hitler, wie er reagieren wird; aber er schweigt und sieht völlig über unser Malheur hinweg.

Richard Schulze (heute: Schulze-Kossens), Hitlers Ordonnanzoffizier und späterer Adjutant, genoß bei Hitler trotz seiner Jugend besonders hohes Ansehen und erhielt als erster Offizier der Waffen-SS ab Oktober 1942 ständigen Zugang zu den militärischen Lagebesprechungen. Bei seiner Vereidigung machte Hitler ihm zur Pflicht, bei seiner Berichterstattung – insbesondere bei Krisen – stets die Wahrheit zu sagen, da er die häufige Augenwischerei der Wehrmachtgeneralität satt habe. Nur wenn er – Hitler – jederzeit zutreffend unterrichtet werde, könne er in riskanten Situationen für rechtzeitige Abhilfe sorgen. Schulze war der erste Offizier der SS-Leibstandarte, der für »hervorragende Tapferkeit im Feldzug gegen die Sowjetunion« 1941 mit dem Deutschen Kreuz in Gold ausgezeichnet wurde.

Das »Deutsche Kreuz in Gold« war der deutsche Orden für vielfach bewiesene Tapferkeit bzw. außergewöhnliche Truppenführung im II. Weltkrieg und setzte die Inhaberschaft des Eisernen Kreuzes I. Klasse voraus. Der Orden bestand aus einem achtzackigen, dunkelgrauen, silbergeränderten Stern von 65 mm Durchmesser, der in einem goldenen Lorbeerkranz ein – auf der Spitze stehendes – silbergerändertes Hakenkreuz zeigte. Er wurde wie der Ordensstern anderer höchster Auszeichnungen auf der rechten Brustseite getragen. In Silber (d.h. mit silbernem Lorbeerkranz) wurde der Orden für »außergewöhnliche Verdienste in der allgemeinen Kriegführung« verliehen. Der Orden konnte auch in gestickter Ausführung auf dem Kampfanzug getragen werden. Hitler stiftete ihn durch Verordnung vom 28. September 1941.

192 — 26.7.1942 mittags (Werwolf)

Der Chef betonte, daß er die Neuordnung der Energiewirtschaft weder in Form eines Staatssozialismus noch mit zentralistischer Tendenz wolle.

Im NS-Staat greife die Staatsverwaltung ganz selbstverständlich in die Interessen jedes einzelnen ein, wenn dies der Allgemeinheit wegen notwendig sei. Der NS-Staat könne der Privatinitiative deshalb eine viel größere Freiheit lassen, weil eben der Staat sich jederzeit diese Eingriffsrechte vorbehalte. Der Staat solle aber nicht selbst die Privatwirtschaft in die Hand nehmen; denn das würde zu einer entsetzlichen Verbeamtung und damit Erstarrung der bearbeiteten Gebiete führen. Der NS-Staat müsse im Gegenteil soweit als möglich die Privatinitiative fördern. Demgemäß denke er – der Chef – sich folgende Regelung:

Privatinitiative, nicht Staatssozialismus

Grundsätzlich solle sich in Zukunft jeder Bauer, der geeignete Verhältnisse hat, einen Windmotor anschaffen. Liege der Bauernhof an einem Bach, dann solle sich der Bauernhof auch ohne weiteres an den Bach anschließen können, um sich selbst den benötigten Strom zu erzeugen. Die Monopole bestimmter Gesellschaften, die heute die Privatinitiative des einzelnen Volksgenossen auf dem Gebiet der Energieerzeugung weitgehend hemmen, müßten grundsätzlich fallen.

Es sei ferner ohne weiteres möglich, daß die Gemeinden selbst ihren Strom erzeugten, sei es durch Kohle, sei es durch eine ihnen zur Verfügung stehende Wasserkraft. Die Staatsverwaltung müsse sich geradezu freuen, wenn das einzelne Dorf oder die einzelne Stadtgemeinde selbst für ihre Energieerzeugung sorge.

Auch die Gauselbstverwaltungen sollen, wo die Möglichkeiten hierzu vorhanden sind, für die Stromerzeugung ihres eigenen Gebietes sorgen. Soweit die

Gauselbstverwaltungen Energie-Überschüsse haben, geben sie diese Überschüsse an das Reich ab.

Es sei also durchaus unerwünscht, daß möglichst alle kleinen und mittleren Elektrizitätswerke vom Reich und nicht von den Gemeinden oder Gauselbstverwaltungen betrieben würden. Daneben solle es durchaus auch in der Zukunft möglich sein, daß zum Beispiel ein Mühlenbesitzer den Strom für sich und seine Gemeinde erzeuge.

Die Staatsverwaltung selbst solle jene großen Wasser- beziehungsweise Energiewerke, die für die Verbundwirtschaft notwendig seien, übernehmen.

Andernfalls würde man ja geradezu Millionen von Reichsbeamten für die neue Reichsenergieverwaltung benötigen. Denn dann müsse ja sozusagen in jedem Dorf ein Reichskontrolleur oder Reichsinspekteur sitzen. Im Gegenteil müsse das Reich geradezu ein Interesse daran haben, möglichst weitgehend durch Privatinitiative – und hierzu sei die Initiative der Kommunen und sonstigen Selbstverwaltungen zu rechnen – entlastet zu werden.

Er habe die denkbar größten Bedenken gegen den Zentralismus, den Speer beabsichtige.

Wenn dieser Zentralismus, den er beim Reichsinnenministerium seit langem bekämpfe, sich ausbreite, dann werde das Reich bestimmt in 50 oder 100 Jahren bereits wieder zerfallen. Zwangsläufig ersticke nun einmal jeder Zentralismus die Initiative draußen im Lande. Die wirklich brauchbaren Köpfe, die man in der Reichsverwaltung benötige, könnten sich aber nur entwickeln und zeigen, wenn das Reich dem einzelnen – sei er Beamter oder Unternehmer – möglichst weitgehend freie Hand zur Entwicklung eigener Initiative lasse.

Werde ein Arbeitsgebiet bis ins kleinste von Berliner Beamten gegängelt, dann könnten sich in den Gauen unmöglich brauchbare, selbständig denkende und arbeitende Köpfe entwickeln. Auf diese Köpfe sei die Nation aber angewiesen, wenn sie sich behaupten wolle. Nur draußen in den Gauen wüchsen immer wieder die frischen Talente heran, die man pfleglich behandeln, das heißt möglichst selbständig arbeiten lassen müsse, damit sie sich für spätere Reichsaufgaben heranbildeten. Würde ein Arbeitsgebiet ausschließlich von Berlin aus gegängelt, dann schälten sich in der betreffenden Verwaltung keine Talente mehr heraus, dann verfalle alles einer stumpfen Ministerialbürokratie, und das Reich sei auf die Kräfte angewiesen, die sich vielleicht im Ministerialwege herausschälten.

Abschließend betonte der Chef:

1. Ein völliger Preisausgleich im Großdeutschen Reich brauche gar nicht stattzufinden, denn die eine Kommune könne den Strom billiger liefern als die andere, weil diese vielleicht eine höhere Verzinsung zu tragen habe als jene.

2. Die technische Verbundwirtschaft sei ohne weiteres auch dann möglich, wenn die Elektrizitätswerke im allgemeinen in der Hand der Gemeinden oder der Gauselbstverwaltungen lägen.

3. Die Ausnutzung der großen reichswichtigen Wasserkräfte, wie zum Beispiel des »Eisernen Tores«[446], die Ausnutzung der großen Staubecken oder

446 Statt des einen – von Hitler geplanten – Riesenkraftwerks haben Rumänien und Jugoslawien als Donau-Anliegerstaaten am »Eisernen Tor« im Jahr 1964 auf jedem der beiden Ufer ihr eigenes Kraftwerk errichtet. Aber auch in dieser Form erzeugen beide Kraftwerke zusammen jährlich zehn Milliarden kwh Strom.

anderer Energiequellen, etwa Ebbe und Flut, solle das Reich in die Hand nehmen.

4. Die Hauptsache sei, daß die Energiewirtschaft der privatwirtschaftlichen Spekulation entzogen werde. Im übrigen solle man aber einem einzelnen Mühlenbesitzer oder einer einzelnen Fabrik durchaus die Eigenerzeugung von Elektrizität gestatten und darüber hinaus durchaus erlauben, daß Mühle oder Fabrik den überflüssigen Strom, den sie selbst nicht brauchten, an andere Verbraucher abgäben.

193 26.7.1942 abends (Werwolf)

Die Antike als geschichtliches Vorbild des NS-Staates

Beim Abendessen führte der Chef aus, daß wir uns eine ganz neue Geschichtsschau zu eigen machen müßten. Wenn wir die Geschichte in ihren Zusammenhängen erfassen wollten, müßten wir in unserer Geschichtswissenschaft anknüpfen an das römische Weltreich und an die griechische Antike. Wenn schon Parallelen gezogen werden sollten, so also zwischen jenem geschichtlichen Geschehen und unserer Zeit; suche man etwa nach einem Gegenstück für Friedrich Wilhelm I.[447] und seinen Sohn, Friedrich den Großen[448], so sei das beste Alexander der Große[449] und sein Vater Philipp[450].

Wenn man die deutsche Geschichte richtig verstehe, sei das Format der deutschen Kaiser zweifellos ein ganz anderes als das des Kleinsiedlers Heinrich des Löwen. Wenn die deutschen Lehensfürsten zum deutschen Kaisertum gehalten hätten, wäre das Heilige Römische Reich Deutscher Nation ein Riesenreich geworden, sähe man doch heute noch in der Lombardei im dortigen Menschenmaterial eindeutig den starken deutschen Einfluß.

Wenn man sich frage, weshalb die deutschen Kaiser nach Süden gegangen seien, so falle die Antwort leicht. Deutschland sei für die Zeit eines Karl des Großen ähnlich dem gewesen, was für uns heute Mittel- und Nord-Rußland ist: Riesenwaldungen, fast undurchquerbar, Straßen und Wege zum größten Teil des Jahres unpassierbar, Niederschläge in einem Maße, die das Klima rauh und die Erträge des Bodens wenig bedeutend erscheinen ließen und so weiter.

Dagegen seien Italien und Nordafrika bewaldete fruchtbare Gebiete gewesen und hätten Kulturzentren aufgewiesen, die das Leben angenehm erscheinen ließen. Noch zur Zeit Karls des Großen dürfte eine Versetzung eines kaiserlichen Beamten nach Deutschland ebenso gewertet worden sein wie um 1900 die berüchtigte Strafversetzung nach Posen.

447 Friedrich Wilhelm I. von Preußen (1688 bis 1740) schuf als »Soldatenkönig« die preußische Armee, das preußische Beamtentum, die preußische Disziplin, Zucht und Härte und eine stabile preußische Staats- und Finanzordnung, kurz: die preußische Staatsmacht.

448 Sein Sohn Friedrich II., der Große, von Preußen (1712 bis 1786) eroberte mit dieser Staatsmacht Schlesien, Westpreußen, Ermland und das Netzegebiet. Er machte Preußen so zur europäischen Großmacht.

449 Alexander der Große, Sohn Philipps II., König von Makedonien (356 bis 323 v. Chr.), eroberte mit der durch seinen Vater geschaffenen Staatsmacht in Siegen über Persien, in Palästina, Ägypten und Kleinasien bis hin nach Indien sein hellenistisches Großreich.

450 Philipp II., König von Makedonien (382 bis 336 v. Chr.), Vater von Alexander dem Großen, einigte Griechenland unter makedonischer Führung zu einer starken Staatsmacht.

Die Masse will immer ein Idol

Wenn man über die Grundsätze der Staatsführung nachdenke, könne man immer wieder erkennen, daß es mit den Gesetzen der Geheimen Staatspolizei und so weiter allein nicht zu machen sei.

Die breite Masse brauche ein Idol. Wenn man alte Wochenschriften durchblättere, sehe man es ganz deutlich daran, daß sogar Wilhelm II. vorübergehend für die Masse gleißnerisch geschildert worden sei. Auch die Bedeutung des alten Kaisers Franz Joseph sei, da er selbst von politischen Dingen nicht allzuviel verstanden habe, in erster Linie auf die Verehrung zurückzuführen, die ihm als Greis und Staatsoberhaupt entgegengebracht worden sei.

Wenn man sich das vergegenwärtige, könne man erst ermessen, welchen Stoß England sich selbst gegeben habe, indem es seinen König Edward[451] beseitigte. Bezeichnend sei ja auch, daß ausgerechnet ein Moralprediger wie der Erzbischof von Canterbury mit von der Partie gewesen sei.

Kommunismus ohne Maske

Beim Abendessen betonte der Chef, daß es gut sei, daß im Verlauf dieses Krieges Millionen deutscher Männer den Kommunismus in seiner sowjetischen Heimat an Ort und Stelle studieren könnten[452].

Bei Licht besehen verliere der Kommunismus doch ebensoviel von seinem Gesicht wie Frauen, die man nur bei Kerzenlicht und nach 23 Uhr – wenn die Herrenwelt leicht benebelt sei – anschauen dürfe, wenn man sie bewundern wolle.

Auch mit dem Christentum sei es ähnlich. Deshalb habe die römische Kirche durch bunte Ausgestaltung der Fenster, durch Weihrauch und durch Orgelmusik das Stimmungsmoment auch so in den Vordergrund ihres täglichen Lebens gestellt.

Deutschlands und Englands gemeinsame Aufgabe: Schildwacht für Europa

Dieser Krieg bringe es mit sich, daß er mit der Zeit allem den Garaus mache, was uns gefährlich werden könnte.

Auf diese Weise ändere sich auch die Stellung Englands zu Europa völlig. Wenn England überhaupt noch eine europäische Mission habe, so nur die, die europäische Sicherheit ebenso zur See zu garantieren, wie wir sie nach Osten garantierten. Nach dem Geist, der die englische Marine und Luftwaffe heute noch beherrsche, sei das auch durchaus vorstellbar.

Aber es sei fraglich, ob die maßgebenden englischen Politiker erkennen würden, wie wenig das europäische Gleichgewicht eine Rolle für den Mißstand des britischen Imperiums spiele und daß die englischen Kolonien heute nur noch von außereuropäischen Ländern bedroht würden. Denn nicht die Engländer, sondern die Juden machten ja über ihre erkauften Helfer Churchill und Eden die heutige Kriegspolitik. Wie die Engländer in Wirklichkeit zu den Dingen stünden, sähe man, wenn man die Kriegserinnerungen des Oberst Lawrence[453]

451 König Edward VIII. wurde am 11. Dezember 1936 von der britischen Regierung zum Thronverzicht gezwungen, weil er standeswidrig die bürgerliche Amerikanerin Mrs. Wallis W. Simpson heiraten wollte. Der Erzbischof von Canterbury unterstützte die Absetzung, weil Mrs. Simpson ohne kirchliche Dispens zweimal geschieden war.

452 Anspielung auf den für westeuropäische Lebensart damals noch unvergleichlich niedrigen Lebensstandard der Sowjetbürger.

453 Thomas Edward Lawrence (1888 bis 1935), der britische Führer des Araberaufstandes gegen die – mit Deutschland verbündeten – Türken im I. Weltkrieg, schrieb »Revolt in the desert«.

oder des damals noch nicht von Juden gekauften Churchill[454] daraufhin nachlese, mit welcher Bewunderung vor uns die Engländer aus dem Ersten Weltkrieg gegangen sind.

Gerade beim Studium derartiger englischer Kriegserinnerungen erkenne man auch den Selbststolz der Engländer in seinem tiefsten Grund als Voraussetzung jeder imperialen Aufgabe. Wenn man sich in seinen Gedanken einmal mit diesem Selbststolz auseinandersetze, werde einem ganz von selbst klar, daß Wien das Haus Habsburg – unter anderem – nicht gegen Ungarns Selbständigkeitsbestrebungen habe halten können. Denn eine deutsche Regierung, die den Ungarn maßgebliche Herrschaftsbefugnisse über den Gesamtstaat einräumte, konnte nicht damit rechnen, sich den Ungarn gegenüber noch behaupten zu können.

Kein deutsches Interesse an Kolonien über See

Der Chef bemerkte beim Abendessen: Er habe den Ausgleich mit England auf der Basis gesucht, daß Kolonien für uns gar nicht notwendig seien. Allein schon das Problem der Aufrechterhaltung der Verbindung zwischen Großdeutschland und solchen etwa in Afrika gelegenen Kolonien mache Schwierigkeiten.

Denn die Aufrechterhaltung einer solchen Verbindung erfordere Flotten- und noch mehr Flugzeugstützpunkte. In diesem Zeitpunkt sei unsere Lage dafür weltstrategisch denkbar ungünstig.

Die Verbindung nach den besetzten Ostgebieten dagegen sei ohne Schwierigkeiten zu schaffen; denn sie lasse sich allein schon durch den Bau von Straßen und Eisenbahnen hinreichend bewerkstelligen.

Ein unabweisbares Bedürfnis nach Kolonien könne er in Anbetracht der Ostgebiete mit ihren außerordentlichen Rohstoffmöglichkeiten nicht anerkennen. Tee, Gewürze, Gummi könnten wir aus ihnen gewinnen, wobei man allerdings bezüglich der Gewinnung einer klimafesten Gummipflanze ebenso wie seinerzeit bei der Züchtung der Zuckerrübe verfahren müsse. Lediglich des Kaffees wegen Kolonialwege zu erschließen sei unverständig.

Wenn ihm in diesem Zusammenhang der Vorschlag gemacht werde, Island zu besetzen und als Luftbasis auszubauen, dann verzichte er schon lieber auf diese Kolonialverbindungen. Denn auf die Dauer könne er Island doch kaum halten.

Im übrigen müsse man, was England angehe, immer bedenken, daß eine Weltmacht, die auf einer so engen Basis fuße, doch ungeheuer gefährdet sei.

Aus diesem Grunde recherchierte Hitler Oktober/November 1944 noch einmal bei der britischen Regierung bezüglich eines Minimalagreements, das den Briten die Erhaltung ihres Empire und Deutschland die Stabilisierung der Ostfront auf der Linie Memel-Kaschau unter enger Anlehnung an die Flüsse Narew und Weichsel tolerieren sollte. Auf Robert Leys Vorschlag wollte Hitler auf dieser etwa 750 km langen Front zwischen die deutschen und die russischen Truppen einen Giftgas-Vorhang legen. Zur Vorbereitung hatte er bereits für die deutsche Wehrmacht Millionen von Gasmasken produzieren und Gaskriegvorbereitungen befehlen lassen. Für die Giftgaswand wollte Hitler die Kampfstoffe Lost und Tabun verwenden. Seit 1939 hatte er monatlich im Schnitt 3100 t Lost und 1000 t Tabun herstellen lassen. Lost machte mit ihm verseuchte Gebiete längerfristig unbetretbar, da es Nervenstörungen, Sehbehinderungen, Atembeschwerden und Hautverätzungen herbeiführte. Tabun war tödlich selbst bei kleinsten Dosen. Die Gasmasken der Roten Armee waren für beide Gifte in der deutschen Zu-

454 Gemeint ist Churchills vierbändiger Memoiren-Bericht »The world crisis 1911–1918«.

sammensetzung kein ausreichender Schutz. Churchill ließ Hitlers Vorschläge jedoch zurückweisen. Ja, er drohte, Großbritannien werde als Gegenmaßnahme sofort seine gesamten Giftgasvorräte von 32000 t Gelbkreuz- und Phosgengas über Deutschlands Großstädte »abregnen« lassen und damit 2500 qkm deutschen Großstadtraums total lebensvernichtend zerstören. Hitler entnahm daraus, daß Churchill selbst ein Deutschland in den Vorkriegsgrenzen nicht überleben lassen wollte.

Oldenburger Brot

Bei seinen Reisen kreuz und quer durch das Deutsche Reich sei das erste, das ihn in Norddeutschland gepackt habe, das Brot gewesen.

Dieses oldenburgische Roggenbrot habe ihn erinnert an österreichisches Kommißbrot, das ebenso wohlschmeckend gewesen sei. Leider seien die beiden Wiener Herstellungsfirmen in der Systemzeit in jüdische Hände gekommen und damit zu einem sozialdemokratischen Betrieb geworden, in dem das Brot um 2 Pfennig verteuert worden sei, die unmittelbar an die SPD abgeführt worden seien.

Übrigens ißt Hitler fast ausschließlich das Oldenburger Schwarzbrot aus Westerstede.

Operntheater in Paris und Moskau

Beim Abendessen erzählte der Chef schließlich von seinem Besuch in der Pariser Oper (23. Juni 1940).

Die prachtvolle Außenfront habe Außerordentliches versprochen. Als er dann aber die ärmlichen, lediglich durch die Buntheit der Farben auffallenden Bühnendekorationen gesehen habe, habe es ihm wirklich leid getan festzustellen, wie schnell eine Kulturmetropole wie die Pariser Oper aufgrund des Unverständnisses der für sie zuständigen Leute absacken könne.

Da stehe Weimar doch auf einer ganz anderen Höhe.

Selbst die Sowjets hätten Verständnis für diese Dinge und versucht, durch Bessergestaltung der allgemeinen Lebensbedingungen den an ihren bedeutenderen Theatern tätigen Künstlern eine ordnungsgemäße künstlerische Arbeit zu ermöglichen. Künstlerinnen seien so auch die einzigen weiblichen Wesen, die in Rußland nicht nur auf soundso viel Quadratmeter Wohnraum, sondern sogar auf ein eigenes Zimmer Anspruch hätten.

Hitlers erfolgreiche Frühjahrsoffensive 1942

Wie General Schmundt und Oberst Scherff mir am 26. 7. abends erzählten, ist der verblüffend erfolgreiche Angriffsplan dieses Frühjahrs gegen den Don, dessen Beginn die Sowjets bei Rostow, nie aber bei Woronesch vermutet hätten, ausschließlich Hitlers Werk. Wie Keitel einmal schmunzelnd meinte, nach den Lehren der Kriegsakademie ein Fehler und trotzdem oder gerade deshalb: siegreich.

Der 4-Phasen-Operationsplan für die deutsche Frühjahrsoffensive vom 5. April 1942 stammte bis in die Details von Hitler persönlich. Grundgedanke der entsprechenden Führerweisung Nr. 41 war die gestaffelte Abfolge der verschiedenen deutschen Offensiven in Südrußland. Der Erfolg dieses Verfahrens verleitete Hitler zur ergänzenden Führerweisung Nr. 45 vom 23. Juli 1942, mit der er den exzentrischen Angriff auf die beiden großen Kriegsziele Stalingrad und Kaukasus zeitlich gleichgeschaltet befahl. Angesichts der zur Verfügung stehenden geringen Kräfte und immensen Nachschubschwierigkeiten war dieses Unterfangen von Anfang an äußerst riskant.

194 26.7.1942 nach dem Abendessen
(Werwolf)

Keine wirtschaftlichen Bindungen führender Politiker, Offiziere und Beamten

Den nachstehenden Vermerk hat Reichsleiter Bormann zur weiteren Veranlassung sofort Reichsminister Lammers für die Reichskanzlei zugeleitet:

Führerhauptquartier, 26.7.42

Nach dem Abendessen kam der Führer auf das Problem der wirtschaftlichen Bindungen von führenden Männern in Partei, Staat und Wehrmacht zu sprechen und erkundigte sich bei Reichsleiter Bormann, ob nunmehr dafür gesorgt sei, daß kein Reichstagsabgeordneter mehr Aufsichtsratsposten in der Privatwirtschaft bekleide. Reichsleiter Bormann erwiderte, der Befehl sei zunächst nicht durchgeführt, sondern bis Kriegsende zurückgestellt worden. Er schlage vor, daß Dr. Lammers den genauen Sachstand bei seinem nächsten Vortrag darlege. Der Führer, der gar nicht glauben wollte, daß seine diesbezügliche Weisung noch nicht verwirklicht sei, führte daraufhin aus:

Kein Staatsdiener dürfe Inhaber von Aktienpaketen sein. Kein Gauleiter, kein M.d.R. (Mitglied des Reichstages), kein Parteiführer und so weiter solle künftig einem Aufsichtsrat mehr angehören, ganz gleich, ob diese Zugehörigkeit honoriert werde oder nicht. Denn selbst wenn der Betreffende sich trotz einer solchen wirtschaftlichen Bindung überwände, ein reiner Cato[455] zu sein und nur den Staatsinteressen zu dienen und sie zu vertreten, würde ihm das von der Bevölkerung nicht geglaubt werden.

Bei dem früheren Wirtschaftssystem hätten die großen Wirtschaftsunternehmungen ohne staatliche Protegés nicht auskommen können. Sie hätten deshalb Abgeordnete und höhere Staatsbeamte oder Männer mit Adelsnamen in ihre Aufsichtsräte und sonstigen bezahlten Posten hineingenommen und die Beträge, die man diesen Männern in Form von Tantiemen, Direktorengehältern und dergleichen zugeschanzt habe, durch einen oder zwei große Staatsaufträge wieder hereingeholt. Die Donau-Dampfschiffahrts-Gesellschaft zum Beispiel habe den 12 Abgeordneten, die sie sich in ihren Aufsichtsrat geholt habe, jährlich 80000 Kronen pro Mann gezahlt und ein Vielfaches von dieser einen Million Kronen durch die Ausnutzung der damit gewonnenen Verbindungen unter Ausschaltung jedes Konkurrenzkampfes auf Kosten des Staates wieder hereingebracht. Man müsse es deshalb grundsätzlich verhindern, daß Abgeordnete oder Männer der Partei oder Staatsdiener sich für private Wirtschaftsinteressen einspannen ließen.

Das Volk habe für derlei Dinge eine besonders feine Nase. Er sei deshalb froh, sich seinerzeit, als er zwischen dem Erwerb seines heutigen Besitzes in Berchtesgaden und dem eines Gutes in Steingaden zu wählen gehabt habe, für den Berghof (1929) entschieden zu haben. Denn ohne Gefährdung der Rentabilität des Gutes hätte er sich von der berühmten Steingadener Käseproduktion doch nie ausschließen können. Wenn dann aufgrund irgendeines noch so lächerlichen Umstandes der Käsepreis gestiegen wäre, hätte es sofort geheißen: Kein Wunder, der Führer ist ja auch persönlich am Käsepreis interessiert.

Diese Auffassung des Führers wurde noch durch ein Erlebnis unterstrichen, das Feldmarschall Keitel von der Vita-Milch erzählte. Diese Vita-Milch sei von

455 Marcus Porcius Censoris Cato, der Ältere (234 bis 149 v.Chr.), sorgte als Konsul und in anderen Staatsämtern rigoros für die Wiederherstellung altrömischer Zucht und Sittenstrenge.

dem früheren Reichsernährungsminister Hugenberg (30.1. bis 29.6.1933) von Reichs wegen stark gefördert worden. Als die Milchwagen seiner Güter mit entsprechenden Reklameaufschriften versehen dann Vita-Milch zum Verkauf ausgefahren hätten, habe man allgemein abfällige Bemerkungen der Art gehört, daß er durch die Reichsaktion offenbar seinen eigenen Milchverkauf begünstigen wolle.

In seinen weiteren Ausführungen betonte der Führer, daß auch ein Staatsdiener, der aus dem Staatsdienst ausscheide, nicht in die private Wirtschaft, zu der er bisherige dienstliche Beziehungen habe, überwechseln dürfe. Nur seiner Beziehungen, nicht etwa fachlicher Industrie- und Wirtschaftskenntnisse wegen, werde er von der Privatwirtschaft geholt. Wenn dem nicht so wäre, würden dieser Sorte von Direktoren von den privaten Wirtschaftsunternehmern nicht Gehälter von RM 36000,– und mehr gezahlt. Schließlich müsse ein Mensch, der in dem Betrieb selbst groß werde, sein ganzes Leben lang arbeiten, um bei besonderer Befähigung einmal Direktor zu werden und – wenn ihm das Glück besonders hold sei – als alter Mann in den Genuß derartiger Bezüge zu kommen. Schon dadurch werde die ganze Unmoral eines solchen Verfahrens offenkundig.

Die Industrie sei hinter derartigen Beziehungen her wie der Teufel hinter einer Judenseele. Wenn man daher zulasse, daß ein Gauleiter sich als Aktienbesitzer oder Aufsichtsratsmitglied für wirtschaftliche Interessen einspannen lasse, könne man nicht verhindern, daß Kreisleiter und Bürgermeister sich zu einem gleichen Tun verleiten ließen. Der Anfang der Korruption sei damit gegeben.

Aus all diesen Gründen müsse dafür gesorgt werden, daß ein Staatsdiener, der sein Vermögen in Aktienpaketen angelegt habe, es künftig in Staatsrenten anlege. So sei es ja auch – wie der Feldmarschall Keitel ganz richtig erwähne – in der alten Armee gewesen. Auch der Offizier der alten Kaiserlichen Armee habe weder sein Vermögen noch das Aussteuergeld seiner Frau in Industrieobligationen anlegen können, sondern damit an Wertpapieren ausschließlich vom Staat für mündelsicher erklärte Papiere kaufen dürfen. Mit Recht! Denn nur so sei die Gewähr gegeben, daß der Offizier wie jeder andere Staatsdiener in seinen Privatinteressen ausschließlich mit den Interessen des Staates verbunden sei. Letzten Endes sei der Staat ja auch nicht dafür da, jemanden auf eine Höhe des Lebens zu heben, die ihm eine Fülle von Verbindungen ermögliche, und dann zuzusehen, wie der Betreffende abschwebe.

Auf eine Zwischenfrage des Admirals Krancke, wie denn der Staatsdiener, der Erfindungen mache, behandelt werden solle, meinte der Führer: Wenn ein Staatsdiener eine epochale Erfindung mache, dann werde sie eben vom Staat übernommen, und er erhalte vom Staat eine angemessene Entschädigung in Staatspapieren. Auf die weitere Frage des Admirals, ob denn auch verabschiedeten Offizieren der Übertritt in die Privatwirtschaft verwehrt werden solle, erklärte der Führer: Er bezweifle, ob ein verabschiedeter Major das Zeugs habe, um in der Wirtschaft auch nur einen Buchhalterposten mit Erfolg auszufüllen. Mit der Verwendung verabschiedeter Offiziere in der freien Wirtschaft hätten wir nach dem Ersten Weltkrieg zur Genüge negative Erfahrungen gesammelt. Im übrigen müsse man beim Ausscheiden aus dem Staatsdienst unterscheiden, ob jemand wegen Unfähigkeit ausscheide oder ob jemand zwecks Übertritts zur Privatwirtschaft seinen Abschied nehme.

Um zu verhindern, daß Staatsdiener eines Tages ihren Übertritt zur Privatwirtschaft ins Auge faßten, müsse man bei allen großen Abschlüssen des Staates mit der Privatwirtschaft Monopolverträge ganz grundsätzlich unterbinden. Bei Groß-Abschlüssen seien immer drei bis vier Firmen am Wettbewerb zu beteiligen. Nur so könne man es verhindern, daß die mit geschäftlichen Dingen befaßten Staatsdiener sich zu bestimmten Firmen »goldene Brücken« bauten. Aus demselben Grunde müsse man dafür sorgen, daß über die Vergebung von Großaufträgen ein Konsortium entscheide, dessen Mitglieder man immer wieder wechseln lasse. Ins Waffenamt zum Beispiel solle man nur Leute von der Front holen, die durch keinerlei wirtschaftliche Beziehungen festgelegt seien. Und man solle sie wieder auswechseln, wenn der Versuch gemacht werde, sie durch alle möglichen Einladungen – insbesondere zur Jagd – auf eine bestimmte Richtung festzulegen. Er erwähne in diesem Zusammenhang ausdrücklich die Jagd, da sie für einen Offizier denselben Anreiz habe wie ein Diamantring für eine Frau. Die Privatwirtschaft wisse das genau, denn ihr Bestechungsraffinement fuße auf einer unglaublichen Fülle von Erfahrungen. Nur so sei es zu erklären, daß die Wirtschaft mit ihren Bestechungsversuchen so unverschämt dreist vorgehe. Selbst ihm habe man einmal eine Unterschrift abzugaunern versucht, habe ihm dafür ein Aktienpaket in Aussicht gestellt – für wohltätige Zwecke!!! –, und aus der Unterschrift des Führers würde man dann vermittels einer geschickten Reklame weidlich Kapital geschlagen haben. Der Goldmacher Tausend habe dadurch, daß Ludendorff auf ihn hereingefallen sei und eine Nennung seines Namens in Verbindung mit den Goldmacher-Experimenten geduldet habe, einem kleinen Kreis von Industriellen nicht weniger als drei bis viereinhalb Millionen abgeschwindelt, davon allein Herrn Mannesmann[456] 900000 Reichsmark.

Daß es nicht tunlich sei, einen wegen Unfähigkeit verabschiedeten Offizier auf die Privatwirtschaft loszulassen, beweise schon der Umstand, daß selbst Offiziere vom Format Ludendorffs auf alle möglichen Schwindler und Geschäftemacher hereingefallen seien. Auch bei dem Versuch Ludendorffs, mit Hauptmann Weiß[457] zusammen eine eigene Zeitung[458] herauszubringen, habe sich die geschäftliche Ungewandtheit des Offiziers so recht gezeigt.

Wie es im Wirtschaftsleben zugehe, zeige die Tatsache, daß selbst ein Geschäftsmann wie Roselius[459], der aus Kaffee Coffein herausziehe und für medizinische Präparate und Schokoladenerzeugnisse teuer verkaufe und dann auch noch den coffeinfreien Kaffee (Kaffee Hag) für einen erhöhten Preis in den Handel bringe, daß selbst solch ein Mann auf einen Schwindler hereingefallen sei,

456 Reinhard Mannesmann, Großindustrieller in Remscheid, war zusammen mit seinen Brüdern Erfinder der nahtlosen Stahlrohre und Schöpfer des Mannesmann-Konzerns (mit der Zentrale in Düsseldorf).

457 Hauptmann a. D. Wilhelm Weiß, Frontflieger des I. Weltkriegs mit EK I, Freikorpskämpfer gegen die Räteherrschaft in München, Hauptschriftleiter der Zeitung der bayerischen Einwohnerwehr seit 1920, Herausgeber des »Völkischen Kuriers« seit 1924, Chef vom Dienst des »Völkischen Beobachters« seit 1927 und seit 1938 sein Hauptschriftleiter. Weiß war zusammen mit General Ludendorff Teilnehmer am Hitlerputsch vom 9. November 1923.

458 1924 den »Völkischen Kurier«.

459 Ludwig Roselius (1874 bis 1943), einer der größten Kaffee-Importeure und Kaffee-Verarbeiter Europas, machte sich als Kunstförderer (man denke u. a. an die Böttcher-Straße in Bremen) einen internationalen Namen.

der vorgab, aus Dreckwasser auf natürlichem Wege bestes Trinkwasser herstellen zu können. Roselius habe den Mann nach der Machtübernahme bei ihm eingeführt. Leider habe er, der Führer, sich hierzu durch wiederholte Bitten von Roselius bereitfinden lassen. Er habe aber den »Erfinder« sofort an seinen Phrasen als Gauner erkannt und wieder hinausgesetzt.

Ausgerechnet der Kirchenminister[460] sei dann auf einen anderen angeblichen Erfinder hereingefallen, der vorgegeben habe, aus Kohle durch Behandlung mit Wasser Benzin herstellen zu können. Auch Keppler[460a] habe sich dreiviertel Jahre lang von diesem Spitzbuben hinhalten lassen, der bei seinen Experimenten an seine »Gläubigen« Benzin verabfolgt habe. Als es dann kritisch um ihn geworden sei, habe er sich vom Reichsführer SS einen Freibrief zu erschwindeln versucht. Der Reichsführer habe ihn aber – nachdem er zunächst selbst auch an die Sache geglaubt habe – ins Konzentrationslager überstellen lassen, damit er bis zur Vollendung seiner Erfindung in dieser sympathischen Atmosphäre Zeit und Muße zur Durchführung seiner Experimente finde.

Auf eine Bemerkung Reichsleiter Bormanns, wenn derartige Schwindeleien bei uns möglich gewesen seien, was möge dann erst in den USA auf diesem Gebiet fällig sein, schloß der Führer das Gespräch mit der Feststellung: Deutschlands Stärke liege darin, daß die Männer von Partei, Staat und Wehrmacht sich an privatwirtschaftlichen Unternehmen nicht beteiligten. Wer heute von diesen Männern noch Bindungen dieser Art habe, müsse sich daher eindeutig entscheiden: Entweder er verzichte auf diese Bindungen, oder aber er müsse hinaus aus seinen öffentlichen Funktionen.

195 — 27.7.1942 Rücksprache Bormann/Chef vor Tisch (Werwolf)

Vermerk Reichsleiter Bormanns.

Himmler und die SS

Die überragende Bedeutung des RFSS (Reichsführers der SS) sind nicht, wie es derzeit scheinen mag, die Waffen-SS oder die Polizeiverbände, sondern die Beauftragung des RFSS als Reichskommissar und Beauftragter der NSDAP für die Festigung deutschen Volkstums[461].

Damit ist RFSS verantwortlich beteiligt an der Zusammenlegung aller Zwergbesitze nach dem Kriege, an der Umsiedlung der Zwergbesitzer nach dem Osten. Der RFSS ist verantwortlich dafür, daß die Bauern, Büdner und Häusler (Kätner), dafür, daß die Bergbauern, soweit sie auf schlechtem Boden sitzen, umgesiedelt werden. Der schlechte Boden soll aufgeforstet werden.

Diese ganze Umsiedlung ist ein Riesenaufgabengebiet. Der RFSS ist deshalb auch verantwortlich beteiligt an der notwendigen Vereinfachung der Abschätzungen usw.; denn die bisherigen Katastermethoden usw. sind einfach unmöglich bei einer umfassenden Zusammenlegung, die nach dem heutigen Verfahren 300 Jahre dauern würde.

460 Hanns Kerrl, Kompanieführer des I. Weltkriegs mit EK I, dann Justiz-Oberrentmeister, evangelisch-lutherisch, wurde 1932 Präsident des Preußischen Landtags und 1934 Reichsminister für die kirchlichen Angelegenheiten.

460a Wilhelm Keppler (Chemiker und Ingenieur) war Wirtschaftsbeauftragter der Reichskanzlei (später des Auswärtigen Amtes) für neue Roh- und Werkstoffe.

461 Seit 7. Oktober 1939 war Himmler Reichskommissar für die Umsiedlung.

Neben dieser ungeheuren Aufgabe, die einfachsten Methoden für die Zusammenlegungen im Reich, für die Errechnung der Abfindungen zu finden, tritt die weitere Riesenaufgabe, Millionen von Familien in kürzester Zeit nach dem Osten umzusiedeln, dort für sie anständige Häuser und Höfe zu bauen, im Osten für sie die notwendigen Grundstücke abzugrenzen und so weiter.

Der RFSS soll künftig nach dem Willen des Führers in der SS wirklich die Besten der Partei und damit die Besten der Nation erfassen. Die SS soll noch viel härtere und strengere Maßstäbe an die Auslese anlegen, als dies die Partei tut. Auch soll die SS viel höhere Forderungen an den Charakter und an die Haltung der einzelnen im täglichen Leben stellen, als dies die Partei tut. Die SS soll viel weitgehender und wirkungsvoller ihr einzelnes Mitglied schulen, als dies die Partei zu tun vermag. Denn die SS ist ja wieder von der Gesamtpartei nur ein Bruchteil, und sie soll, damit die Auslese gewahrt bleibt, zahlenmäßig gering bleiben.

Keine gleiche Wertung des Mannes der Waffen-SS und der Partei-SS ist möglich. Heute werden an den Mann der Waffen-SS insbesondere soldatische Maßstäbe angelegt, und wahrscheinlich wird es auch in Zukunft so sein und sein müssen. Ist ein Mann der Waffen-SS ein besonders guter Soldat, so wird man unter Umständen es ihm sogar nicht nachrechnen, wenn er weltanschaulich nicht so überragend beschlagen ist.

Ebenso wird der Mann der Polizei in erster Linie nach seinen Qualitäten als Kriminalist oder als Staatspolizeiführer usw. zu werten sein, während auf der anderen Seite in der Partei-SS ausschließlich eine Wertung nach Haltung, Charakter und Leistung für das Volk erfolgt.

In der Partei-SS soll RFSS sammeln und führen die Besten der Partei und die Besten der Nation. In der Waffen-SS soll er daneben sammeln und zum Gedanken des Großdeutschen Reichs erziehen eine militärische Truppe, deren Männer weltanschaulich völlig gefestigt sind und werden.

Kommt hinzu der Riesenauftrag, im Reich den obengenannten Kreis von Menschen für die Siedlung nach dem Osten frei zu machen, nach dem Osten zu überführen und dort in der richtigen Weise anzusetzen. Kommt hinzu der weitere Auftrag, nicht nur aus dem Reich, sondern auch aus den Niederlanden, aus Dänemark, aus Norwegen usw. Siedler nach dem Osten zu führen.

196 — 27.7.1942 abends (Werwolf)

Der Wandertrieb der Russen

Beim Abendessen berichtete Gesandter Hewel, daß nach Mitteilung des hiesigen Stadtkommissars Russen in großer Zahl in den Sprechstunden seiner Dienststelle vorstellig würden, um Marsch-Erlaubnisscheine zu erhalten. Offensichtlich wollten sie nach der Krim. Zum Teil seien sie schon mit Kind und Kegel von Leningrad ganz heruntergewandert.

Der Chef bemerkte hierzu mit erregtem Ton, das sei ja eine tolle Sache. Er wolle die Krim frei machen, und die Ortskommandanturen stempelten Angehörigen aus allen Teilen der besetzten Ostgebiete Marsch-Erlaubnisse nach der Krim ab! Durch solch einen Zufall erführe man dann von solch einem Unsinn!

Habe man sich denn schon überhaupt Gedanken gemacht, warum große Teile der einheimischen Bevölkerung wanderten?

Zunächst sei es natürlich der Zug nach dem Süden. Daß es auf der Krim wärmer sei als im Norden Rußlands, wüßten sie auch, zumal ihr Vorrat an Bekleidungsstücken nur dürftig und der letzte Winter hart gewesen sei. Hinzu komme, daß ihnen die Bodenständigkeit des deutschen Bauern völlig abginge. Schon in der Zarenzeit seien Millionen Menschen in diesen Gebieten hin- und hergewandert. Dabei habe sie nicht zuletzt die Hoffnung getrieben, anderswo keine Steuern zahlen zu müssen, so daß die Wanderei typisch immer dann ihren Anfang genommen habe, wenn die zaristischen Steuereinnehmer in den Dörfern aufgekreuzt wären.

Wenn man die Mentalität der einheimischen Bevölkerung in den besetzten Ostgebieten richtig beurteilen wolle, müsse man sich immer vor Augen halten, daß es sich bei ihr um eine Vielheit von Nomaden handele, daß der Wandertrieb im einzelnen ebenso drin liege wie beim Vieh, das auch – wenn es ein Stück Land abgegrast habe – nach besseren Weidegründen überzuwechseln suche. Nur so sei es auch verständlich, daß die Russen selbst eine solche Kostbarkeit wie einen Karren irgendwo stehenließen, wenn er ihr Wandern behindere.

Abschließend meinte der Chef etwas scherzhaft, man brauche eigentlich nur deutsche Organisationstalente auf diese Wanderei loszulassen, und das Wandern werde den Einheimischen schon vergehen. Er könne sich so richtig vorstellen, wie plötzlich Wanderbücher auf der Bildfläche erschienen, die an bestimmten Orten abgestempelt werden müßten, weiter Verbote, bestimmte Wege zum Wandern zu benutzen beziehungsweise überhaupt andere Wege als amtlich zugelassene Wanderwege zu bewandern und so fort. Als Clou werde man sich in Deutschland dann noch in die Haare kriegen, wer für dieses Organisieren des Wanderns zuständig sei: die Militärbehörde, politische Stellen oder auf die Gefahr hin, daß ein Wanderer über den letzten Grenzpfeiler des künftigen Riesenreiches hinausgerate, das Auswärtige Amt.

Stalin sichert den Sprung nach Europa

Beim Abendessen ließ sich der Chef über das politische Intrigenspiel der Sowjets in den letzten Jahren vorm Kriege aus. Das Bestreben der Sowjets sei ganz offensichtlich das gewesen, den Balkan in ihrem Sinne anzukurbeln und auf diese Weise eine günstige Absprungbasis gegen uns und damit gegen Gesamt-Europa zu erhalten.

Bis zur Erreichung dieses Zieles hätten sie versucht, uns durch wundervoll scheinende Handelsverträge hinzuhalten, um dann, sobald die Vorbereitungen zum Losschlagen gegen uns abgeschlossen seien, den Ölhahn abzudrehen.

Daß dem so gewesen sei, bestätige ihr Verhalten während des Krieges. Ihr Überfall auf Finnland im Winter 1939 habe kein anderes Ziel gehabt als die Gewinnung von Ostsee-Stützpunkten gegen uns. Rumänien als unseren einzigen nichtrussischen Öllieferanten wollten sie im Sommer 1941 kaputtmachen. Ihr heimtückisches Konzept sei ihnen aber durch die schnelle Durchführung des Westfeldzuges erschüttert und durch den Blitzfeldzug gegen Jugoslawien endgültig verdorben worden. Deshalb hätten sie sich da plötzlich auch demaskiert und, während Stalin unseren Botschafter mit den Worten: »Wir bleiben ewig Freunde«, umarmt habe, ihre gegen uns gerichteten sowjetisch-englischen Verhandlungen mit Mr. Cripps zum Abschluß gebracht.

Stalins politisches Ziel war laut seiner eigenen Erklärung vor dem Politbüro vom 19. August 1939 die Herbeiführung eines Erschöpfungskrieges zwischen Deutschland und dem anglo-französischen Block. Er selbst wollte in diesen Krieg erst nach entsprechendem Ausbluten beider Seiten – sozusagen als »lachender Dritter« – eingreifen. Den Beginn seiner – für die Dauer als unvermeidbar angesehenen – Auseinandersetzung mit NS-Deutschland konzipierte er auf frühestens 1942. Vorher war die Umorganisation der Roten Armee auf modernste, weitgehend genormte, in der Handhabung primitiv einfache und in der Wirkung äußerst brisante Waffen nicht möglich. Man denke an den Ersatz der alten russischen Panzer durch den winterfesten T 34, der alten Feldgeschütze durch die Katjuscha-Viel-Raketen-Geschütze (Stalinorgeln) und der alten Militärflugzeuge durch die Allzweck-Kampfflugzeuge Il-2.
Stalins »Botschafter«-Umarmung erfolgte am 13. April 1941 auf dem Moskauer Fernbahnhof bei der Verabschiedung des japanischen Außenministers Matsuoka durch Stalin. In Wirklichkeit umarmte Stalin aber im Überschwang seiner diplomatischen Gefühle nicht Deutschlands Botschafter, sondern erwischte nur dessen stellvertretenden Militärattaché, General (damals Oberst) Hans Krebs, der 1945 Hitlers letzter Generalstabschef wurde.

Wenn Churchill ein Schakal sei, so sei Stalin ein Tiger.

Wenn wir die Nutznießer des politischen Spiels der Sowjets seien und durch Eroberung weiter Gebiete im Osten fast alle für den Bestand eines Volkes notwendigen Rohstoffe erhielten, so könne uns das nur recht sein. Nur Nickel werde uns später noch fehlen, was er um so mehr bedauere, als Nickel für die Herstellung hochwertigen Stahls unbedingt unersetzbar sei. Es sei daher notwendig, uns im Frieden in Form von Nickelmünzen eine starke Nickelreserve zuzulegen.

Da Deutschland im II. Weltkrieg nur einen einsatzbereiten Nickelvorrat von zehn Monaten hatte, setzte Hitler zum Schutze des finnischen Petsamo-Nickels und zur Sicherung seines Abtransportes die 20. Gebirgsarmee des Generalobersten Dietl ein. Heute ist das riesige Nickelvorkommen unter dem Namen »Petschenga« sowjetisch.

Bei der Neugestaltung des Reichs müßten wir eines uns immer vor Augen halten, wesentlich sei, daß der Staat groß genug sei, um autark zu sein. Das sehe man in diesem Kriege wieder bei den Schwierigkeiten Italiens, dem die Kohle fehle, und Englands, dessen Existenz durch die Schiffsversenkungen gefährdet werde.

197 28.7.1942
(Werwolf)

Beim heutigen Erscheinen Hitlers in der Tür seines Blockhauses schien er mit seinem Diener Junge im Hader, da die schwarzen Hosen nicht lang genug waren, die er ihm zurechtgelegt hatte. Zu uns war er aber sogleich wieder von gewohnter Freundlichkeit.

mittags

Lebensmittelverteilung: landsmannschaftlich individuell

Beim Mittagessen wurde erörtert, ob ein in Morosowskaja in unsere Hand gefallener Getreidesilo mit 100000 Tonnen Getreide geräumt und das Getreide nach Deutschland abtransportiert werden solle; denn das gäbe 2 Millionen Zentner, also 40 Millionen 7-Pfund-Brote, zu denen je etwa 5 Pfund Mehl benötigt würden.

Der Chef meinte, 100000 Tonnen Getreide seien ihm ein Begriff, da er um diese Menge einmal für die Schwaben wie ein Löwe habe kämpfen müssen, damit sie auch weiterhin ihre Spätzle bekämen.

Er sei ja überhaupt dagegen, die Lebensmittelmengen durch das ganze Reich gleichmäßig zu verteilen. Man solle doch vernünftig sein und den Schwaben ihre Spätzle und den Münchnern ihr Bier lassen, dem Wiener etwas mehr echten Kaffee und vor allem weißes Brot und den Berlinern mehr Aufschnitt geben. Denn es sei nun einmal so, daß die Stimmung der Bevölkerung weitgehend von einem solchen verständigen Eingehen auf ihre Lebensgewohnheiten abhängig sei.

Bezüglich des Getreides von Morosowskaja halte er es für das beste, es abzutransportieren und auf die Arbeiterschaft der Schwerstbetriebe im Altreich zu verteilen.

Kriegsentscheidend sind immer die technisch besten Waffen

Man kam dann auf das Arbeiterproblem im I. Weltkrieg. Hitler sagte: Im I. Weltkrieg sind erst 1918 von der Wehrmacht rund 80000 Arbeiter für den U-Boot-Bau uk-gestellt worden, und die Freigabe der erforderlichen Anzahl von Arbeitskräften für den Bau von Panzerwagen ist noch 1917 abgelehnt worden.

Die militärische Führung des Krieges 1914–1918 hat damit einen Kardinalfehler gemacht; denn sie hat so auf eine Verbesserung der Kriegstechnik zugunsten des menschenmäßigen Volumens der Wehrmacht verzichtet. Entscheidend für das Gewinnen eines jeden Krieges ist aber, daß man stets die »technisch besten Waffen« besitzt.

Zu dem gleichen Problem erklärte US-Präsident John F. Kennedy am 20. August 1963: »Wir haben jetzt die waffentechnische Möglichkeit, in einer Stunde 300 Millionen Menschen zu töten!« Drei Monate später war er ermordet.

Für uns kommt es heute darauf an, den Vorsprung auf dem Gebiet der Kriegstechnik, der unsere bisherigen großen Erfolge ermöglicht hat, zu erhalten. So können wir auch weiterhin mit lediglich einem Drittel der uns vom Feind unterstellten Verluste den Krieg führen und siegreich beenden.

Dementsprechend hatte Hitler laufend Auseinandersetzungen mit dem Heereswaffenamt und anderen Rüstungsstellen. Er konnte gar nicht verstehen, daß sie ohne sein ewiges Drängen nie die 7,5 und 8,8-cm-Geschütze bei den Panzern und bei der Pak eingeführt hätten, ohne die den russischen Panzern überhaupt nicht beizukommen war. Ebenso hatte er den größten Ärger mit dem Rüstungsamt der Luftwaffe und mit Göring, daß die ihm im September 1943 in Insterburg vorgeführten Raketenjäger, Düsenjäger und Düsenbomber, insbesondere aber die ihm bis zum Februar 1944 fest zugesagten 1000 Messerschmitt-Düsenjäger nicht termingerecht fertiggestellt wurden. Da sie mit ihrer Überschall-Geschwindigkeit selbst fünffach überlegene feindliche Bomberpulks im Nu sprengten, wollte Hitler gar nicht verstehen, daß sie erst im Herbst 1944 in kleiner Stückzahl einsatzbereit wurden, d.h. zu einem Zeitpunkt, in dem die Treibstoffmisere die Kriegführung und den Einsatz von Flugzeugen bereits generell behinderte.

So gesehen ist es auch ein völliger Unsinn, die zum Militärdienst eingezogenen U-Boot-Spezialarbeiter in der Wehrmacht zu behalten. Das Ergebnis ist dann nur, daß wir aus Mangel an U-Booten einen englischen Geleitzug mit 1000 und mehr Panzern und ebenso vielen Flugzeugen nicht am Durchbrechen nach Archangelsk hindern können. Das in diesem Geleitzug mitgeführte Kriegsmaterial muß dann vom Heer und von der Luftwaffe in blutigen Einzelkämpfen erledigt werden und kostet uns auf diese Weise an Verlusten das x-fache von den für den U-Boot-Bau von der Wehrmacht freizugebenden Menschen.

Wenn im I. Weltkrieg von den 2 Millionen gefallenen Soldaten 500000 Fachkräfte beizeiten – etwa nach der Schlacht bei Cambrai[462] – für den Panzerbau, insbesondere für den Tankbau, eingesetzt worden wären, wäre die Gesamtgefallenenzahl sicher nicht über eine Million hinausgegangen. Dabei muß man sich außerdem vor Augen halten, daß das Sterben eine Angelegenheit von wenigen Minuten ist, ein Facharbeiter dagegen 360 Tage im Jahr am Bau der vollkommensten Waffen seiner Zeit arbeiten kann und dadurch Hunderten von Soldaten ihr Blutopfer erspart.

Ebenso dringlich wie der Bau von U-Booten sei übrigens der von Minenräumbooten. Denn ohne Minenräumboote könne die Erzzufuhr von Schweden nicht aufrechterhalten werden, da die Engländer die betreffenden Schiffahrtswege auf »Teufelkommraus« verminten. Die Folge eines Mangels an Minenräumbooten aber sei, daß das Erz für die Waffenherstellung knapper werde und durch erhöhte Blutopfer an der Front ausgeglichen werden müsse.

Außerdem würden, wenn wir es dem Engländer in Ermangelung einer ausreichenden Zahl von Minenräumbooten ermöglichten, die für unsere U-Boote wichtigen Fahrtrouten mit Minen zu verseuchen, englische Minen auch für unsere U-Boote zu einer besonderen Gefahr. Der Bau von Minenräumbooten und die Zurverfügungstellung der erforderlichen Fachkräfte sei deshalb eine ebenso zwingende Notwendigkeit wie die Freigabe der für den U-Bootbau erforderlichen Spezialarbeiter.

Bei der Durchführung dieser uk-Stellungen dürfe man schließlich nicht übersehen, daß – je mehr U-Boote und Minenräumboote in Dienst gestellt würden – auch desto mehr U-Boot-Reparaturen anfielen. Auch hierfür müßten die erforderlichen Arbeitskräfte freigegeben werden, wenn diese Waffen auf der kriegsnotwendigen Höhe bleiben sollten.

198 — 28.7.1942 abends (Werwolf)

Das Luft-Zeitalter und die Raum-Revolution

Der Chef bemerkte, es sei gut, daß er lediglich die Anfänge der Fliegerei miterlebe. Denn wenn die Entwicklungsmöglichkeiten erst sämtlich ausgeschöpft seien, werde die Luft voll von Flugzeugen sein. Wer all das Motorengeräusch und all das Hin und Her in der Luft miterleben müsse, wisse gar nicht, wie schön die Welt mal gewesen sei, als die Fliegerei eben noch in den Anfängen gesteckt habe.

Hitler meinte bei seinem Terminus »Raum-Revolution« vor allem die Entwicklung der Flüssigstoffrakete V2, deren Modellerprobung er 1940 in Peenemünde selbst getestet hatte. Der erste Prototyp-Start dieser 14 m langen und fast 13 t schweren Fernrakete mit 5500 km/h Geschwindigkeit und fast 100 km Steigfähigkeit erfolgte bereits am 13. Juni 1942. Mitte Oktober 1942 waren auch die – durch die verschiedenartigen Atmosphäreschichten bedingten – Steuerungsschwierigkeiten behoben. Aber erst am

462 In der Tank-Schlacht von Cambrai in Nordfrankreich (20. November bis 6. Dezember 1917) erfolgte der erste entscheidende Kriegseinsatz von Panzern im I. Weltkrieg.

8. September 1944 wurde die erste von insgesamt 1115 V-2-Raketen auf England abgefeuert. Am 7. Juli 1943 empfing Hitler die Erbauer der Weltraum-Rakete V2, den Oberst Walter Dornberger und den Diplomingenieur Wernher Freiherr von Braun, im FHQu, sah voller Begeisterung ihre V-2-Farbfilme und ernannte Dornberger zum Generalmajor und v. Braun zum Professor. Die Ernennungsurkunden unterschrieb er persönlich. Immer wieder betonte er seine Verehrung für den 1894 geborenen sudetendeutschen Professor Hermann Oberth, der mit seinen wissenschaftlichen Erkenntnissen und Berechnungen die Flüssigstoffrakete V2 und die späteren Weltraumraketen erst möglich gemacht hatte.

Über 2000 Wissenschaftler und Ingenieure ließ Hitler für die Entwicklung der Flugkörper-Feststoffrakete V1 und die der Flüssigstoffraketen V2 (= A 4) und A 9 vom Wehrdienst freistellen. Bis Anfang 1945 wollte er auch die – gegen die USA konstruierte – Fernrakete A 9 serienmäßig und zielsicher einsatzbereit haben. Er hoffte, mit dieser Interkontinental-Rakete die USA »friedensbereit« schießen zu können, zumal wenn er erst einmal den Raketenkopf mit mehreren kleinen Uranium-Bomben hätte bestücken können.

Ich habe aus militärischen Geheimhaltungsgründen Hitlers Raketen-Ausführungen seinerzeit nicht mitaufgezeichnet. Hitler äußerte sich z.B. am 5. Mai 1942 recht ärgerlich, daß die Peenemünder über alle möglichen Erfindungen und Entwicklungen ihre eigentliche Aufgabe, Raketen-Waffen zu bauen, vernachlässigten. Mit diversen Pressionen (Verknappung der Geldmittel, Beschränkung der Rohstoffzuteilungen usw.) suchte Hitler die Peenemünder zur Konzentrierung auf ihre Aufgabe der Waffenherstellung zu zwingen. Ab 15.9.1941 gab Hitler dem Raketenbau die Sonder-Dringlichkeitsstufe.

Hitler verdankte seine Raketen-Kenntnisse seinem alten Münchner Bekannten Max Valier. Dieser in Südtirol geborene Erfinder praktisch verwertbarer Feststoffraketen (also Vorläufern der V1) und Flüssigstoffraketen (also Vorläufern der V2) erprobte seine Konstruktionen mit Raketenschlitten, Raketenautos und Raketenflugzeugen weitgehend selbst und kam bei einer Autotest-Fahrt in Berlin-Britz 1930 ums Leben. Hitler beobachtete seine Forschertätigkeit seit 1927 und unterstützte sie, indem er im »Illustrierten Beobachter« 1929 und 1930 mehrere Artikel über Valiers Arbeiten veröffentlichte und zur Bereitstellung der notwendigen Geldmittel aufrief. Hitler kannte Valiers Konstruktionszeichnungen für die Raketenflugzeuge »Europa-USA« und für »Weltraum-Raketen« ebenso genau wie die Arbeiten Professor Oberths über »Atmosphäre-Raketen« und »Ätherraum-Raketen« (= Weltraumraketen). Bereits 1936 befahl Hitler daher dem Heereswaffenamt, eine Raketenbauanstalt zu errichten. Sie wurde 1937 in Peenemünde geschaffen.

Man müsse sich immer vergegenwärtigen, daß jede Bremse, jeder kleine Moskito in seinem Flug für das menschliche Ohr hörbare Geräusche verursache. Um wieviel weniger sei deshalb der Motor eines Flugzeuges ohne Spektakel denkbar. Er halte es für ein Unding, das Schrauben- beziehungsweise Propellergeräusch zu beseitigen. Und dann gar bei vier 4000-PS-Motoren unserer Großflugzeuge, die in ihrer Kraftleistung je einem Elektrizitätswerk einer 400000-Einwohner-Stadt gleichkämen.

Der Chef bemerkte zum Schluß, daß es eigentlich eine feine Sache sei, wenn sämtliche Außenminister Angelsportler seien. Denn die Beruhigung ihrer Nerven durch das Fischen sei wahrlich ein Segen für die Völker.

Die persönliche Freiheit im Kriege

Auf eine Bemerkung am gestrigen Abend zurückkommend, erklärte der Chef nach dem Abendessen:

»Sie erwähnten am gestrigen Abend kurz, die Einschränkung der persönlichen Freiheit dürfe nicht unerträglich werden.

Dies ist durchaus meine Auffassung. Ich möchte zu diesem Thema folgende Definition vorschlagen:

Ohne Einschränkung der persönlichen Freiheit ist eine Volksgemeinschaft nicht zusammenzuhalten! Der einzelne muß auf den anderen Rücksicht nehmen, muß sich Einschränkungen gefallen lassen; denn wenn jeder so leben wollte, wie er möchte, würde dies die Auflösung der Volksgemeinschaft wie überhaupt des ganzen volklichen Lebens bedeuten. Diesen Standpunkt habe ich bereits wiederholt vertreten.

Während des Krieges muß nun zweifellos eine viel stärkere Einschränkung der persönlichen Freiheit des einzelnen stattfinden; denn gebieterisch erfordern dies die Kriegsnotwendigkeiten. Die größte Einschränkung der persönlichen Freiheit muß der Soldat auf sich nehmen, und unter den Soldaten wieder die Frontkämpfer, deren Einschränkung der persönlichen Freiheit so weit geht, daß sie ihr eigenes Leben, ob sie wollen oder nicht, einsetzen müssen.

Angesichts dieses Einsatzes muß man auch von den Volksgenossen in der Heimat verlangen und verlangen können, daß der einzelne jede für den Sieg notwendige Einschränkung der persönlichen Freiheit willig auf sich nimmt. Der Volksgenosse in der Heimat kann und darf sich nicht über Einschränkungen der persönlichen Freiheit, die für die Volksgemeinschaft nun einmal notwendig sind, beklagen, sondern man muß im Gegenteil von jedem deutschbewußten Volksgenossen die notwendige Einsicht in die Notwendigkeit dieser Einschränkungen, denen sich der einzelne unterwerfen muß, verlangen.

Von ausschlaggebender Bedeutung ist, daß die Einschränkung der persönlichen Freiheit gleichmäßig erfolgt. Dies gilt innerhalb der Heimat, innerhalb der Wehrmacht, innerhalb der Fronttruppe. Die unterschiedslose, alle in gleichem Maße treffende Einschränkung der persönlichen Freiheit wird von der überwiegenden Mehrheit auch durchaus einsichtig als notwendig hingenommen. Zwar knurrt der einzelne mal über diese oder jene von ihm geforderte Einschränkung. Aber solange diese Einschränkungen alle Volksgenossen durchaus gerecht und gleichmäßig treffen, können Staat und Partei jede noch so harte Einschränkung verlangen. Eine vernünftige und gerechte Behandlung aller schließt im übrigen jede kleinliche Bevormundung, jede Schikane ebenso aus wie jede als ungerecht empfundene Bevorzugung!

Ständig unzufrieden über jede Beschränkung der persönlichen Freiheit ist nur ein verschwindend kleiner Prozentsatz! Von den hierzu gehörenden Menschen wird beinahe alles abgelehnt, was Staat oder Partei tun oder verlangen. Die zu diesem Klüngel gehörenden Menschen wissen alles besser, und keine noch so eindringliche und eingehende Erläuterung über die zwingende Notwendigkeit einer Maßnahme kann sie überzeugen. Diese Menschen lehnen jede Einschränkung ab, wenn nicht für sie und ihresgleichen Ausnahmen gemacht werden.

Demgegenüber steht – ich darf es noch einmal wiederholen – die breite Masse der Volksgenossen. Der Appell an die Einsicht der breiten Masse wird zu jeder Zeit solange wirkungsvoll sein, solange das Volk das notwendige Vertrauen zu seiner Führung besitzt. Dieses Vertrauen beruht wesentlich darauf, daß die geforderten Einschränkungen in gerechter Verteilung von allen Volksgenossen gefordert werden und auch die Führung sich ihnen unterwirft.«

199 29.7.1942 abends (Werwolf)

Malerei und Kleckserei

Beim Abendessen stellte der Chef vom U-Boot-Denkmal in Laboe (bei Kiel) fest, daß es mit seinem verkehrt herumgestellten Schiffsbug ein Kitschprodukt sondersgleichen sei. Wir könnten daher nur froh sein, daß wir in Professor Kreis[463] für die steinerne Symbolgebung dieses Krieges einen Künstler gefunden hätten, der wirklich überwältigende Entwürfe für die für jedes Schlachtfeld vorgesehenen Denkmäler gefertigt habe.

Der Chef betrachtete dann die von Reichsleiter Bormann vorgelegten Bilder der Biennale in Venedig, die stark an »entartete Kunst« erinnerten und von ihm nicht nur als technisch schlecht, sondern als geradezu unglaubliche Klecksereien bezeichnet wurden.

Für den Wert der Ausstellung – meinte er – sei es ja auch bezeichnend, daß nach einem ihm vorliegenden Bericht das Publikum beim Betrachten der Bildwerke verschiedentlich laut gelacht habe. Das gebe es bei der Ausstellung im Münchener Haus der Deutschen Kunst nicht.

Hitlers Bezug zur Malerei war durch seine Wiener und Münchner Jugendjahre bestimmt. Bekanntlich hatte er versucht, an der Wiener Akademie der Bildenden Künste, Meisterschule für Malerei Kunstmalerei zu studieren. Er war aber unter den 113 Bewerbern einer, dessen Aufnahme abgelehnt wurde. Nach der Klassifikationsliste hatten die Aufnahmeprüfung nur 28 Bewerber bestanden, 85 waren durchgefallen. Hitlers Aufnahme in die Mal-Akademie wurde mit der Begründung verweigert: »Probezeichnungen ungenügend, wenig Köpfe.« Und der Rektor der Akademie bestätigte ihm hinterher nach Durchsicht seiner – an den österreichischen Landschaftsmaler Rudolf von Alt angelehnten – Zeichnungen und Aquarelle, daß sein Talent in Richtung Architektur gehe, aber nicht in Richtung »schöpferische Malerei«. Er hatte recht. Hitlers künstlerischer Impetus war »gegenständlich« ausgerichtet. Für Nicht-Gegenständliches, d.h. Abstraktes in der Kunst hatte er keinen Sinn. Dementsprechend gehörte Hitlers Herz außer den alten deutschen, holländischen, flämischen und italienischen Meistern vor allem den Künstlern des 19. Jahrhunderts, insbesondere der Wiener und Münchner Schule: Rudolf von Alt, Hans Makart, Caspar David Friedrich, Ferdinand Georg Waldmüller, Moritz von Schwind, Adolph von Menzel, Carl Spitzweg, Franz von Defregger, Eduard von Grützner, Karl Blechen, Carl Rottmann, Anselm Feuerbach, Wilhelm von Kaulbach, Rudolf Gosekuhl, Arnold Böcklin, Heinrich von Zügel, Heinrich Bürkel, Wilhelm Leibl, Karl von Piloty usw.

Dementsprechend verlangte Hitler von der Malerei im Dritten Reich ein Höchstmaß an technischem Können und eine gegenständliche Interpretation der Thematik. Auf die Thematik selbst nahm er nicht in dem Maße Einfluß, daß er beispielsweise einen nationalen oder sozialistischen Realismus propagierte. Nur indirekt umschrieb er, was er wollte: »Kunst ist kein Mode-Artikel. Sowenig wie sich das Wesen und Blut unseres Volkes ändert, muß auch die Kunst den Charakter des Vergänglichen verlieren und statt dessen ein bildhaft würdiger Ausdruck des Lebensverlaufs unseres Volkes sein. Kubismus, Dadaismus, Futurismus usw. haben mit unserem deutschen Volk nichts zu tun… ›Kunstwerke‹, die nicht in sich verstanden werden können, sondern als Daseinsberechtigung erst eine schwulstige Gebrauchsanweisung benötigen, werden von jetzt ab

463 Professor Wilhelm Kreis (1873 bis 1955) war Architekt und Bildhauer in Berlin. Er erschien Hitler für die künftig zu errichtenden Helden-Denkmäler prädestiniert und entwarf für das Berlin-Neubauprogramm die – nie realisierte – »Soldatenhalle«, ein riesiges Militärmuseum mit Feldmarschall-Mausoleum und Ehrenmal des »Unbekannten Soldaten«.

den Weg zum deutschen Volk nicht mehr finden. Schlagworte wie ›Inneres Erleben‹, ›Kraftvolles Wollen‹, ›Zukunftsträchtige Empfindung‹, ›Erlebte Zeitordnung‹, ›Ursprüngliche Primitivität‹ werden keine Entschuldigung für ungekonnte Erzeugnisse mehr abgeben... Die Kunst ist eine erhabene, zum Fanatismus verpflichtende Mission. Wer von der Vorsehung ausersehen ist, die Seele eines Volkes der Mitwelt zu enthüllen, der steht unter der Gewalt eines allmächtigen, ihn beherrschenden Zwanges. Sein souveräner Geist wird tief hineingreifen in die Gesamtsumme einer artmäßig verwandten Kulturleistung der Jahrtausende und wird dennoch seinem künstlerischen Willen geschlossen Ausdruck geben... Das deutsche Volk des 20. Jahrhunderts ist das Volk einer neuerwachten Lebensbejahung, hingerissen von der Bewunderung des Starken und Schönen und damit des Gesunden und Lebensfähigen. Kraft und Schönheit sind die Fanfaren dieses Zeitalters, Klarheit und Logik beherrschen sein Streben!«

Dementsprechend war Hitler davon begeistert, wie Karl Truppe (Dresden) 1940 den »Ewigkeitsgedanken unseres Volkes« in seinem Gemälde »Sein und Vergehen« malerisch komponierte und wie Alfred Roloff (Berlin) 1940 »Kraft aus Blut und Boden« in seinem Ölbild »Pferde im Gewittersturm« versinnbildlichte. Derart zeitlose Arbeiten waren sein Traum. Gute Kriegsbilder interessierten ihn sehr, ebenso Bilder, die dem Industriegeschehen verhaftet waren. Über die Versuche, Partei-Vorgänge bildlich festzuhalten, lächelte er nur maliziös. Erstaunlich war, wieviel Zeit er auf die Betrachtung eines einzigen Bildes verwenden konnte. Selbst beim Duce störte es ihn, wenn dieser bei gemeinsamen Kunstbetrachtungen dauernd zum Weitergehen drängte.

Der Verkauf der jährlichen »Großen deutschen Kunstausstellung« bei bis zu zwei Millionen Besuchern war derart, daß mindestens zweimal, manchmal dreimal neu dekoriert werden mußte. Geschmack und Stil der Ausstellung dürfen nicht nach den Restanten beurteilt werden, die in den Depots liegenblieben. Die Preise wurden von der Generaldirektion des Hauses der Deutschen Kunst im Benehmen mit den Künstlern festgesetzt, und zwar so, daß die Bilder zwar für ein breites Publikum erschwinglich waren, daß der Künstler aber finanziell als »Repräsentant der deutschen Kultur-Elite« voll abgesichert wurde.

In der Ausstellung im Haus der Deutschen Kunst seien von den 10000 bis 12000 Einsendungen die 1200 Werke, die für die endgültige Ausstellung ausgewählt worden seien, unter allen Umständen erstklassig[464]. Die Strenge der Auswahl sei dadurch gewährleistet, daß nicht Künstler, sondern Männer wie Professor Hoffmann und Direktor Kolb[465] sie vornähmen. Künstler kämen doch zu leicht in Versuchung, weniger wertvolle Kunstwerke für die Ausstellung herauszusuchen, um mit ihren eigenen Sachen zu glänzen.

Der Wert der Ausstellung im Haus der Deutschen Kunst in München beruhe aber nicht nur darin, daß jeder, der aus ihr ein Bild erwerbe, es mit reinem Gewissen in seiner Wohnung aufhängen könne, sondern darüber hinaus darauf, daß sie beitrage, die Künstler zu erziehen. Dadurch, daß er rücksichtslos den Standpunkt vertrete, daß ein angeblicher Künstler, der irgendwelchen Mist einschicke, entweder Schwindler sei und deshalb ins Gefängnis gehöre oder ein Narr sei und daher ins Irrenhaus müsse oder aber – wenn sich das nicht einwandfrei klären lasse – im Konzentrationslager »umgeschult« und erst einmal wieder

464 Am Tag vor der Eröffnung einer Ausstellung im Hause der Deutschen Kunst kontrollierte Hitler die Jury-Auswahl persönlich. Schied er Kunstwerke aus, ging er mit seinen beratenden Sachverständigen in die Keller-Depots hinunter, um selbst die Ersatzstücke mit herauszusuchen, um auch unbekannten Könnern eine Chance zu geben. Die Ausstellung hatte 1937 bis 1944 alljährlich eine Besucherzahl von zwei Millionen Menschen.

465 Gemeint ist der Generaldirektor des Hauses der Deutschen Kunst, Karl Kolb, München. Der Jury gehörte u.a. auch der bekannte Berliner Kunst-Professor Georg Lebrecht an.

an richtige Arbeit gewöhnt werden müsse, sei die Ausstellung für Nichtskönner ein wahres Schreckgespenst.

Daß er vom deutschen Volk in diesem Vorgehen verstanden werde, freue ihn am meisten. Der Millionenbesuch der Ausstellung beweise es ihm immer wieder.

200 31.7.1942 mittags (Werwolf)

Konzentration der Partei

Der Chef bemerkte zunächst, daß die Bewegung später so aussehen müsse, daß auf einen organisierten Parteigenossen neun andere kommen müßten, die nicht in der Kartothek verzeichnet seien. Nur die politisch aktive Minorität müsse die Partei künftig in sich sammeln.

Englands Bevölkerungsmehrheit für Beendigung des Krieges?

Er kam dann auf die Verhältnisse in England zu sprechen und führte aus: Wenn heute einer käme und den Mut hätte, in England zu sagen, wir wollen jetzt ohne wesentliche Verluste Frieden schließen, würde er bestimmt sofort 80 Prozent der Bevölkerung hinter sich haben. Allein schon der Haß gegen die US-Amerikaner, der durch das Schicken von Negerbrigaden[466] nur neuen Stoff erhalten habe, lasse dem Großteil der englischen Bevölkerung den Kriegsschluß sympathisch erscheinen. Den verständigen Elementen Englands dürfte es auch klar sein, daß es sich bei dem Roosevelt-Regime in den USA um eine einwandfreie jüdische Organisation handle, in der die Negerbrigaden nichts anderes als GPU-Truppen seien (GPU = sowjet. Geheimpolizei von 1922 bis 1934).

Wenn man den Krieg in seiner Bedeutung für England unter diesem Blickwinkel betrachte, so sei er mit der Führung der früheren englischen Kriege überhaupt nicht vergleichbar. Früher sei ein Krieg für die Engländer lediglich die interessante Unterbrechung einer dumpfen Friedenszeit gewesen, hätten doch die Engländer selbst im Napoleonischen Krieg ein Kontingent von höchstens 30000 Soldaten ihres Blutes gestellt. Der erste größere Bluteinsatz Englands sei im Weltkrieg 1914–1918 erfolgt und habe ein so eindeutig negatives Ergebnis gehabt, daß die englischen Politiker übereinstimmend erklärt hätten, in einem künftigen Krieg dürfe ein gleicher Bluteinsatz keinesfalls mehr geleistet werden. Hinzu komme, daß dieser Krieg auch die Frauen auf den Plan rufe, da zum ersten Male in der englischen Geschichte durch diesen Krieg die Rationierung der Lebensmittel erforderlich geworden sei.

Schwedens soziale Struktur

Beim Abendessen kam der Chef noch kurz auf die soziale Struktur Schwedens zu sprechen. Er bemerkte, daß die Mittelschicht Schwedens sehr anständig sei, die Oberschicht aber nur als gänzlich verkalkt bezeichnet werden könne und daher der dünnen Judenschicht kolossalen Einfluß ermögliche. Die Unterschicht sei politisch völlig desinteressiert.

Die Gründe für eine derartige Entwicklung der sozialen Geschichte lägen darin, daß die Schweden, die an sich alle Grundlagen für ein weitgehend autarkes Dasein in ihrem Lande besäßen, von ihren Rohstoffen ausführten und dadurch, ebenso wie der Großteil der übrigen europäischen Nationen, von der Gefahr der Übervölkerung bedroht würden. Menschen, denen die Heimat auf diese Weise zu eng geworden sei, seien dann nach Amerika ausgewandert.

466 Hitler lagen entsprechende britische Zeitungsberichte vor.

Adolf Hitlers Geheimrede vom 23. November 1937

auf der Ordensburg Sonthofen im Allgäu zur »Deutschen Geschichte und zum Deutschen Schicksal« vor dem »Politischen Führernachwuchs«, mir mit Hitlers Zustimmung von Hitlers Sekretär, Reichsleiter Bormann, als Schlüssel für das richtige Verständnis der Hitlerschen Gedankengänge überlassen

Deutsche Geschichte und Deutsches Schicksal, mit Hitlers Augen gesehen

Das Problem des Lebensraumes

»Die relative Lage unseres Volkes der bekannten Umwelt gegenüber hat sich im Lauf der letzten 300 bis 400 Jahre fortgesetzt verschlechtert. Bei keinem Volk der Welt ist der Gegensatz zwischen der rein volklichen Bedeutung einerseits und der politischen andererseits so kraß wie beim deutschen Volk, man setze nur den *natürlichen Lebensraum* unseres Volkes von heute in Vergleich zu den Lebensräumen anderer Völker.

Die Welt wird heute beherrscht von gigantischen Weltmächten, an denen vor allem die raummäßige Bedeutung imponierend in Erscheinung tritt. An der Spitze: dem englischen Volk, das nahezu 34 Millionen qkm heute tatsächlich beherrscht und auf ihnen 445 Millionen Menschen. Dann Rußland mit 22 Millionen qkm und 150 bis 175 Millionen Menschen. Dann Frankreich mit 11 Millionen qkm und ca. 95 bis 100 Millionen Menschen. Die USA mit 8,4 Millionen qkm und 120 Millionen Menschen. China mit 8 Millionen qkm, Belgien mit 2,5 Millionen qkm, Holland mit etwas über 2 Millionen qkm, Spanien mit 850000 qkm, Portugal mit über 2,5 und Brasilien mit 8,5 Millionen qkm und dann zwei moderne Staaten: Japan mit 4 und Italien mit 3,7 Millionen qkm *beherrschten Lebensraums.* Demgegenüber steht Deutschland mit 540000 qkm, ein schreckliches Resultat einer jahrhundertelangen Entwicklung, da es eine Zeit gab, in der Deutschland die vorherrschende weiße Macht war.

Das Problem der Volkskraft

Dennoch ist kein Grund zum Verzweifeln gegeben, wenn man den Blick von den Lebensräumen und der Gesamteinwohnerzahl auf die tragenden volklichen Kräfte der Staaten lenkt.

Wenn man absieht von der nicht definierbaren Masse ostasiatischer Bevölkerungskonglomerate und sich den klarer bestimmbaren *weißen Imperien* zuwendet, so erkennt man die erstaunliche Tatsache: daß all diese *Riesengebilde von zum Teil fast unnatürlich kleinen weißen Rassekernen gehalten* werden. Das britische Weltreich zum Beispiel von 46 Millionen Engländern im Mutterland, das russische Reich von einer großrussischen Volksmasse von noch nicht einmal 61 Millionen Menschen, die USA von noch nicht einmal 20 Millionen Angelsachsen, das französische Imperium von 39 Millionen Franzosen und das italienische von 40 Millionen Italienern.

60 bis 65 Millionen Angelsachsen, 60 Millionen Großrussen, 39 Millionen Franzosen, 40 Millionen Italiener, 17 Millionen Polen, 7 Millionen Tschechen stehen in einem geschlossenen Siedlungsgebiet 85 Millionen Deutsche allein in Europa gegenüber[467]. Das zeigt, wie sehr wir macht- und damit raumpolitisch gesunken sind und wie sehr wir nach wie vor die allererste Voraussetzung zu wirklicher Weltmacht, wirklichem Weltreich besitzen, mehr wie jedes andere Volk.

Es ist die Frage: sind wir Deutsche unfähig zu einer solchen machtpolitischen Stellung? Das wird durch die Geschichte widerlegt. Denn *wir* waren *einmal vorherrschende weiße Macht und Rasse und haben große europäische Lebensräume zivilisiert und kultiviert.* Ohne deutsches Blut gäbe es weder einen russischen Staat noch die anderen Oststaaten, denn ihm verdanken sie die organisatorisch staatliche und kulturelle Form.

Das deutsche Volk hat auch den Drang zu einer solchen Mission in sich, denn alle seine organisatorischen Maßnahmen in anderen Völkern sind diesem unbewußten Drang nach Erweiterung der Machtposition zuzuschreiben. Es hat uns auch nicht der Mut zu den härtesten Konsequenzen gefehlt: Das ganze britische Weltreich ist noch nicht einmal mit soviel Blut gemacht worden, als wir im Ersten Weltkrieg an Toten hatten. In derselben Zeit, in der Britannien zum Aufbau seines Weltreiches 2,5 Millionen Tote hatte, hat Deutschland über 23 Millionen Tote gehabt; allein im 30jährigen Krieg ist es von 18,5 auf 3,6 Millionen gesunken.

Ursachen des deutschen Niedergangs: Zu langsame staatliche und vor allem volkliche Zusammenschließung

Die Ursachen unseres Schicksals sind andere:

1. Wir Deutsche sind nur sehr spät volklich eine Nation geworden. Die ersten offiziellen Berichte über das Auftauchen Deutscher zeigen ein Gemengsel einzelner Stämme, kommend und vergehend, erobernd und besiegt werdend, heute Herr, morgen wieder einem anderen unterworfen. Stämme, die ersichtlich nicht die Züge eines einheitlichen, tragfähigen, staatlich formbaren *Volksgedankens* besaßen und die sich nicht mehr zusammengehörig fühlten wie heute Deutsche und Engländer oder Deutsche und Skandinavier. All die Stämme, die in der Zeit Hermanns des Cheruskers in Erscheinung traten, sind 300 Jahre später als Stämme fast spurlos verschwunden. Im Brausen der Völkerwanderung ist fast nichts mehr auffindbar als politisch organisches Gebilde, was 400 Jahre vorher im Sinne einer höheren Zusammenfügung gleichblütiger Menschen deutsche Geschichte zu machen versprach.

Dies Konglomerat arisch-nordisch-germanischer Stämme hat auch später kein Gefühl für eine wirkliche politische Gemeinschaft besessen. Erst allmählich, zum Teil durch künstliche Methoden, durch das Ausleben des Herrscherdranges Einzelner und durch die Hereinnahme zum Teil fremden Ideengutes ist eine Plattform für das Zusammenfügen der Stämme geschaffen worden. Es ist dies das Zeitalter einer wirklich christlichen Mission, in dem das *Christentum* an die Stelle zahlloser divergierender Ideale, Interessen, Sprachen, das heißt besser: Dialekte, allmählich eine gewisse gemeinsame Grundlage schuf; ungewollt und unbewußt, da von den treibenden Kräften nicht beabsichtigt. Das Resultat war

467 Aus diesen 85 Millionen wurden bis 1940/41 insgesamt 112,5 Millionen Deutsche durch den Anschluß Österreichs, Elsaß-Lothringens, Luxemburgs, des Memellandes, Danzigs, des Sudetenlandes, Böhmens, Mährens, Teilen Polens sowie durch Umsiedlung »Volksdeutscher«.

der Versuch, zum Teil auch das Gelingen deutscher Staatsgründungen. Dieser Prozeß ist nicht schmerzlos vollzogen worden.

Aber wenn damals einzelne deutsche Eroberer *mit Gewalt* einzelne Stämme unter eine größere Gemeinschaft zwangen, so vielleicht schmerzlich für die jeweils Betroffenen, für die gesamte deutsche Entwicklung war es die Voraussetzung zur *Formung einer deutschen Nation*. Ohne dem würden wir heute vermutlich überhaupt nicht mehr existieren, sondern vom Osten, von Asien erdrückt und überschwemmt sein.

Also: die *gewaltsame Zusammenzwingung* der Deutschen war *notwendig,* wollte man nicht überhaupt auf dieses kostbarste Menschengut Verzicht leisten. Denn in seiner heillosen Zersplitterung, in seinem großen Überindividualismus der Einzelnen wäre ein Halten auf die Dauer nicht möglich gewesen.

Sind wir so auch sehr spät zu einer *staatlichen Formung* gekommen, so konnten wir den Sprung von der staatlichen zur volklichen doch leider nicht finden. Denn da dieses erste Gebilde nur staatlich war, mußte sich auch jede Erschütterung sofort in der Bildung neuer staatlicher Splitter auswirken. Es ist die Tragik unserer Geschichte, daß zu der Zeit, da auf ähnlich brutalem Wege ein französisches Volk entstand, das deutsche aufhörte, Ansätze zur Volksbildung zu verwirklichen und wieder zurückfiel in staatliche Zersplitterung, die zum Teil sich auch sogar stammesmäßig auszuprägen begann. Noch heute versucht man ja in Österreich eine Staatsidee gegen die deutsche Volksidee zu setzen. Wir sind *zu spät gekommen als Volk.*

Man hört sehr oft, daß der Deutsche im Ausland nicht sehr stolz seine nationale Würde wahre. Vergessen wir nicht, daß es eine solche deutsche nationale Würde für Millionen Deutsche vor 50, 60, 80, 100 Jahren nicht gab, daß noch heute Teile unseres Volkes von österreichischer Würde sprechen. Wie kann man erwarten, daß Menschen, die aus einer kleinen absolut sächsischen, württembergischen usw. Atmosphäre, aus einer absolut kleinen Begrenzung – sagen wir: von Schleiz-Greiz jüngerer oder älterer Linie – plötzlich nach Amerika: unter *ein* Banner kommen, in einen *gemeinsamen* Lebensrhythmus hineingestellt werden, daß die dann ihre Schleiz-Greizerische Herkunft 20 oder gar 100 Jahre aufrechterhalten. *Erst als Deutschland* selbst ein politisches und parallel damit ein *volkliches Gebilde* wurde, begann ein allmähliches *Stocken der Entnationalisierung* Auslandsdeutscher. Mit dem Blick auf die entstehende neue deutsche Staatsgröße und Reichsstärke fingen sie an, Widerstand zu leisten gegen den Versuch einer Assimilierung, einer Preisgabe des deutschen Gedankens und der deutschen Zugehörigkeit.

Wenn wir entgegen dem inneren Wert unseres Volkes keine analoge Bedeutung in der Welt hatten, so, weil nicht lächerlich kleine Stämme, Ländchen, Staatsgebilde oder Dynastien welterobernd auftreten können, sondern nur Rassen. *Rasse* müssen wir aber – zumindest im bewußten Sinne – erst werden.

Mangel an Konzentration der Volksenergie

2. In der Zeit, in der an sich durch die Erfindungen besonders auf verkehrstechnischem Gebiet eine Erschließung der Welt stattfand, in der man mit verhältnismäßig geringem Bluteinsatz große Lebensräume erwerben konnte, ist *Deutschland* innerlich am meisten *zerfallen,* nicht nur *in Stämme,* sondern außerdem noch *in religiöse Gruppen.*

Dieser religiöse Konflikt, den wir fast 100 Jahre fanatisch durchkämpften, den andere Völker teils überhaupt nicht hatten, teils sehr schnell überwanden, hat uns in einer Zeit beschäftigt, in der der größte Teil der übrigen Welt zur Verteilung reif war und verteilt wurde. Außerdem kam, als aus der religiösen Spannung heraus die letzten staatlichen großen Bindungen zerrissen, das Auflockern des Reichs in unsere kleinen Dynastiegebilde und damit jene heillose staatspolitische und damit auch machtmäßige Zersplitterung, die erst ein paar hundert Jahre später langsam wieder überwunden wurde.

Hier kommt vor allem etwas: *Deutschland,* das einst *in seiner ganz großen Zeit* irgendwie doch eine *Republik* war, wenn auch mit germanischer Auffassung, hat sein *Wahl-Kaisertum* im Laufe von Jahrhunderten gänzlich, auch ideenmäßig, preisgegeben und sich zur sogenannten Erbmonarchie bekannt.

Die *Erbmonarchie* hat biologisch eine in ihr bedingte Schwäche: Wir wissen, daß sich sehr, sehr häufig bei Erstgeburten eine Überquerung ergibt. Das erstgeborene Mädchen gleicht in der charakterlichen und sonstigen Veranlagung mehr dem Vater, der erstgeborene Sohn im allgemeinen der Mutter. Dies prägt sich sehr stark aus, wenn wir große, lange Zeiträume überblicken. Im allgemeinen können wir feststellen, daß das Gesetz der Erbmonarchie zu sehr schrecklichen Repräsentanten führt. Das kann nicht ersetzt werden durch Treue, Anhänglichkeit und Tradition. *Auf die Dauer wird eine Welt nur erobert durch Tatkraft und Energie.* Anhänglichkeit und Treue wirken im Gegenteil stabilisierend für die Schwäche. Wir haben als Deutsche oft den schnelleren Wechsel in anderen Staaten nicht verstehen können. Zweifellos waren diese anderen Staaten aber in ihrer gesamten Lebensführung und Lebensbehauptung erfolgreicher.

Bei uns wäre solch konzentrierte Energie notwendiger als anderswo, da wir aufgrund unserer europäischen Lage unter einer viel tragischeren Belastung stehen. Auf uns drückt eine Umwelt herein, die – an sich schwach – dadurch stark wurde, daß wir sie wie die ganzen Oststaaten gleichsam erst geboren oder zumindest doch organisiert, also mit jenem Druck hervorgerufen haben, der dann auf uns selber lastete.

Wie wahnsinnig war deshalb die Kriegszielsetzung des Jahres 1915, die Absicht, bei erfolgreichem Kriegsausgang eine Reihe Oststaaten mit deutschen Dynastien zu beglücken! Kein Zweifel, daß diese sogenannten deutschen Fürsten in ganz kurzer Zeit ihre deutsche Nation genauso vergessen haben würden wie so viele andere: sie wären Litauer, Esten, Polen geworden. Wir haben es so oft erlebt, daß deutsche Fürsten irgendwo hingehen und im Moment, in dem sie auch nur den Fuß auf ihre neue Erde setzen, bereits proklamieren, daß sie sich nun mit dieser neuen Erde vermählt und dem neuen Volk verbunden fühlen. Folge? Die baltischen Staaten, die aufgrund dessen – was sie heute besitzen – gar nichts sind, wären etwas geworden unter deutscher Führung und unter dem Zufluß jenes Blutes, das eine solche deutsche Führung die ersten 100 Jahre erfahrungsgemäß immer mit sich nimmt. Das hätte Staaten organisiert und um uns herum einen ganzen Gürtel von *lauter neuen Schweizen* gebildet. Der *Selbsterhaltungstrieb* erweist sich bereits in kurzer Zeit als *größer als die Erinnerung an die* höhere Aufgabe, an die *höhere Gemeinsamkeit.* Da es im Völkerleben nur natürliche, nüchterne Interessen gibt, ist in ihm weder auf Dankbarkeit noch auf verwandtschaftliche Beziehungen zu bauen. Verwandtschaftliche Beziehungen haben Preußen und Österreich, Deutschland und England nicht an Kriegen gehindert.

Wir haben in Europa schwerere Hemmungen zu überwinden, als sie zum Beispiel England gegeben waren, das nur seine Seeherrschaft brauchte und dann mit verhältnismäßig geringem Bluteinsatz große Lebensräume besetzen konnte.

Trotzdem: Wir hatten *Europa* schon einmal. Und wir haben es nur *verloren, weil uns* jene *Tatkraft der Führung fehlte,* die notwendig war, um – auf die Dauer gesehen – unsere Stellung nicht nur zu behaupten, sondern zu vermehren. Von den aus der Erbmonarchie gekommenen Führern der Nation konnten die wenigen glanzvollen Namen nur das korrigieren, was die zahllosen anderen schlecht gemacht hatten. Und diese Korrektur erreichte in Jahrhunderten oft nur einen Bruchteil dessen, was Unfähigkeiten oft in einem Jahrhundert beseitigt hat. Was wir in den letzten 100, 150 Jahren erreichten, war nur ein Bruchteil von dem, was einst war und durch die Unfähigkeit dieser Führungen zugrunde gegangen ist.

Monarchien sind höchstens geeignet, Erobertes zu bewahren. *Weltreiche werden nur aus revolutionären Kräften geboren.* Die bange Gesinnung, die in alternden Monarchien immer zu finden ist, genügt im günstigsten Fall, ein schwaches Gebilde noch irgendwie weiter zu konservieren, aber nicht, um einer ungenügenden Stellung in der Welt abzuhelfen, ein Reich zu vergrößern und eine neue Stellung zu erwerben und zu sichern.

Der einzige Vorteil, den unsere *Monarchien* hatten, ist der, daß sie allmählich Staatsgebilde schufen, die sich nicht mit unseren Grenzen der Stämme deckten. Sie haben *mitgeholfen, die Stämme zu überwinden.* Ihr Zusammenbruch hat die Voraussetzung geschaffen zur Bildung eines deutschen Volkes.

Heute vollzieht sich eine *neue Staatsgründung,* deren Eigenart es ist, daß sie *nicht im Christentum, nicht im Staatsgedanken die Grundlage* sieht, *sondern in der geschlossenen Volksgemeinschaft* das Primäre sieht.

Europas Zusammenschluß in einem Germanischen Reich Deutscher Nation

Es ist daher entscheidend, daß das »*Germanische Reich* Deutscher Nation« diesen tragfähigsten Gedanken der Zukunft nun verwirklicht, unbarmherzig gegen alle Widersacher, gegen alle religiöse Zersplitterung, gegen alle parteimäßige Zersplitterung usf. Denn auch dies war tragisch, daß wir in der Zeit, in der wir vielleicht doch noch manches hätten nachholen können, außer unserer allgemeinen staatlichen unzulänglichen Führung, begründet in der nicht richtigen Organisation, auch noch gehemmt waren durch die *Parteien,* die sich anschickten, *das Erbe der Konfessionen und der Dynastien* zu gleicher Zeit zu übernehmen.

Wir vollziehen heute, was 2000 Jahre vor uns an Bausteinen, Gedanken, Ideen und teils auch schon an Macht zusammengetragen haben. Alles, was währenddem geschehen ist, ist deutsche Geschichte, auf die wir Grund haben stolz zu sein. Wir dürfen daher ein neues Reich nicht datieren von 1933, genauso wie es wahnsinnig war, ein früheres Reich zu datieren etwa vom Jahre 1871 oder deutsche Geschichte unter preußisch-hohenzollernscher oder habsburgisch-österreichischer Perspektive zu sehen. *In unserer Walhalla* kann jeder einzelne Deutsche Platz finden, der in unserer Vergangenheit mitgewirkt hat, die Voraussetzungen zu schaffen, auf denen wir nun heute stehen. Wenn wir unsere deutsche Geschichte so ganz groß auffassen, aus unserer grauesten Vorzeit bis heute, sind wir das reichste Volk in Europa. Und wenn wir dann in größter Toleranz *alle unsere großen deutschen Heroen* aufmarschieren lassen, alle unsere großen Führer der Vergangenheit, alle unsere großen germanischen und deutschen Kaiser,

– ausnahmslos, wie sie auch waren –, dann muß England vor uns versinken.

Die Folge unserer heutigen Lage ist eine tragische. *Das Deutschtum* um uns *vermehrt sich nicht mehr,* sondern geht bereits ziffernmäßig zurück. Aber auch die Vermehrung des Deutschtums innerhalb der Reichsgrenzen kann nicht ewig anhalten. Der *kritische Punkt* liegt auf dem Gebiet der *Ernährung,* auf dem wir nicht durch geniale Pläne, brutale rücksichtslose Energie, durch Ansetzen unserer ganzen nationalen Volkskraft uns behelfen können. Wir haben einen Bedarf von 23 Millionen Tonnen Getreide pro Jahr zur Zeit, den wir im wesentlichen selbst produzieren. Eine Mißernte von 10% macht also die Ernährung unseres Volkes schon für die Dauer eines Monats unsicher. Ebenso beim Fleisch, Fett usw. Es ist nicht möglich, auf die Dauer unsere Nation auf 470000 oder 570000 qkm ernähren zu können.

Wenn Deutschland heute noch volklich aktiv ist, so, weil es von einem unendlichen *Glauben* erfüllt ist, es wird einmal schon anders werden. Sonst würde unsere volkliche Aktivität genauso absinken, wie in Österreich aus der Erkenntnis der Aussichtslosigkeit und Hoffnungslosigkeit der politischen Lage. Wehe uns dann! Denn dann gibt man nicht mehr diesen ungedeckten Wechsel, den jedes deutsche Kind heute darstellt, aus. Vor allem, wir leben jetzt in einer großen Epoche, die die Menschen mobilisiert, ihr Vertrauen erweckt, ihre Zuversicht stärkt. Das kann nicht ewig aufrechterhalten bleiben, wenn nicht eines Tages eine Einlösung dieser Hoffnungen erfolgt: *Unser Raummangel wird* daher *die Folge eines Volkstodes haben.*

Das einzige Plus, das wir den Feinden rings um uns gegenüber besitzen, die größere geschlossene Volkszahl, darf nicht absinken, da die Volksziffern um uns herum infolge der großen Lebensräume zu steigen vermögen und Frankreich allmählich den Schwarzen Kontinent mobilisiert, der auch Soldaten gibt. Über allen Einzelerfolgen des Alltags, in denen man sich sonnen möchte, dürfen wir daher die absolut trostlose *Generallinie* nicht vergessen, die die *Änderung des Raumproblems* verlangt.

Wenn ich eine Lösung des Problems ins Auge fasse, so zunächst eins: Was wir auch tun, alles hat erfüllt zu sein von der Erkenntnis, aus diesem Konglomerat deutscher Stämme, deutscher früherer Länder usw., Konfessionen und ehemaliger Parteien-Angehöriger müssen wir eine Gemeinschaft formen, schon äußerlich sichtbar. Daher: absolute Feindschaft gegen alle Erscheinungen einer Vergangenheit, die diese gemeinsame Nation nicht bejahen wollen, die sich nicht restlos unterordnen. Ich nehme lieber jede Schwierigkeit in der Zeit auf mich, um *der Nachwelt ein starkes Volk, das einheitlich leben, ja denken gelernt hat,* und damit ein starkes Reich zu *hinterlassen.*

Erst diese Zusammenfügung der deutschen Nation gibt uns die moralische Berechtigung, mit *Lebensansprüchen* vor die Welt zu treten. Es ist nun so, daß *das letzte Recht immer in der Macht liegt.* Und die Macht liegt im Völkerleben in der Geschlossenheit der Völker.

Staatsführung und Volksführung

Heute hat *die deutsche Nation* endlich das bekommen, was ihr jahrhundertelang fehlte, nämlich eine Organisation der *Volksführung.*

Wir müssen streng *unterscheiden* zwischen: *Volks-Führung* und *Staats-Leitung.* Schon dadurch, daß wir von Staats-, aber nicht von Volksgeschäften reden, machen wir schon einen Unterschied zwischen dem Staat als einer formellen Organisation und dem Volk an sich als der tragenden Substanz.

Der Staat von *einst* hatte keine Volksführung. Sie lag in sittlich-moralischer und letzten Endes dann doch auch in politischer Hinsicht ganz im Sinne der Bildung des deutschen Nur-Staates primär bei der Kirche. Das Christentum, die römische *Kirche* hat weder erlaubt noch geduldet, daß die *Volksführung* ihr irgendwie entwunden wurde. Sie hat immer gesagt: ›Der Staat bekommt von uns als Lehen die Erlaubnis, die Staatsgeschäfte wahrnehmen zu können, wobei wir auch dadurch primär unseren Einfluß sichern! Die Volksführung beanspruchen wir, das heißt, wir allein sind befugt, das Volk als solches – den einzelnen Mann und die einzelne Frau – zu führen. Die Lebensbeziehungen der Geschlechter regeln wir. Das Kind bilden wir und nicht der Staat.‹

Allmählich haben die Kirchen aufgehört, in puncto Volksführung diese tragende Rolle zu spielen, da

1. ihrer zu viele geworden waren,
2. viele ihrer Ideale im Laufe von über 1000 Jahren verblaßt und
3. neue Ideale und Erkenntnisse aufgekommen waren:

Über einen humanen Weltbegriff erhebt sich heute die Erkenntnis der *Bedeutung des Blutes und der Rasse,* und kein Unterricht kann das mehr aus der Welt schaffen. Das ist eine *siegende Idee*, die heute wie eine Welle über die ganze Erde hinweg strömt (Rußlands Bolschewismus, Spaniens Bürgerkrieg).

Insoweit sich die *Kirchen* mit überirdischen, übersinnlichen und *metaphysischen* Dingen beschäftigen, geben wir ihnen absoluten *Spielraum*. Niemand weiß hier etwas ganz genau. Es sind ihrer aber zu viele, die behaupten, daß sie es ganz genau wüßten, und darin liegt das Bedenkliche. Im Altertum war der Blick in die Vergangenheit sowohl als auch in die Umwelt begrenzt; da konnte man sehr wohl glauben, daß in einem bestimmten Volk die dort gepredigte oder gepflegte Gottesvorstellung die richtige, und zwar die allein richtige sei. Allein, heute ist der Blick sowohl geschichtlich in die Tiefe als auch in die Breite unendlich erweitert. Wir wissen nun, daß es sehr viele Gottesvorstellungen gibt, daß in jeder Gottesvorstellung Priester tätig sind, daß die Priester überall behaupten, sie allein wären diejenigen, die das genau wüßten, und nur das wäre das Richtige, was sie wüßten. In einer solchen Zeit beginnt die Wirksamkeit nicht etwa der Gottesvorstellung, sondern bestimmt ausgeprägter Definitionen zu verblassen. Heute müssen wir daher sagen: Wir geben euch unbedingte Freiheit in eurer Lehre oder in eurer Auffassung einer Gottesvorstellung. Denn wir wissen ganz genau: wir wissen darüber auch nichts.

Eines aber sei ganz klar entschieden: *Über den deutschen Menschen im Jenseits mögen die Kirchen verfügen, über den deutschen Menschen im Diesseits verfügt die deutsche Nation* durch ihre Führer. Nur bei einer so klaren und sauberen Trennung ist ein erträgliches Leben in einer Zeit des Umbruchs möglich.

Gottesglaube

Wir Nationalsozialisten sind in unserem tiefsten Herzen gottesgläubig. Eine einheitliche *Gottesvorstellung* hat es im Laufe vieler Jahrtausende nicht gegeben. Aber es ist die *allergenialste und erhabenste Ahnung des Menschen,* die ihn am meisten über das Tier heraushebt, nicht nur die Erscheinung außen zu sehen, sondern immer die Frage des »Weshalb«, des »Warum«, des »Wodurch« usw. aufzustellen. Und diese ganze Welt, die uns so klar ist in der äußeren Erscheinung, ist uns ebenso unklar in ihrer Bestimmung. Und hier hat sich die Menschheit demütig gebeugt vor der Überzeugung, einem ungeheuren Gewaltigen, einer *Allmacht* gegenüberzustehen, die so unerhört und tief ist, daß wir Menschen sie nicht zu fassen vermögen. Das ist gut! Denn es kann dem Menschen Trost geben in schlechten Zeiten, vermeidet jene Oberflächlichkeit und jenen Eigendünkel, der den *Mensch* zu der Annahme verleitet, er – eine *ganz kleine Bazille auf dieser Erde, in diesem Universum* – würde die Welt beherrschen und er bestimme die *Naturgesetze,* die er höchstens studieren kann. Daher möchten wir, daß *unser Volk demütig* bleibt und *wirklich an einen Gott glaubt.* Also ein unermeßlich weites Feld für die Kirchen. Sie sollen daher auch untereinander tolerant sein.

Unser *Volk* ist nicht von Gott geschaffen, um von Priestern zerrissen zu werden. Daher ist es notwendig, seine *Einheit durch ein System der Führung sicherzustellen.* Das ist die Aufgabe der NSDAP. Sie soll jenen Orden darstellen, der über Zeiten und Menschen hinwegreichend die Stabilität der deutschen Willensbildung und damit der politischen Führung garantiert. Sie muß bewußt die lebendige Verbindung zum Volk, das heißt zu den Millionen Männern, Frauen und auch den Kindern als dem werdenden Volk, besitzen. Das oberste Prinzip dieser Volksführung ist: das Volk in seiner Gesamtheit ist nicht fähig, seine gesamten Lebensprobleme zu überblicken. Wie soll ein Mensch, der in irgendeinem kleinen Ort steht, Lebensfragen überblicken, die über Kontinente gehen, die Sein oder Nichtsein einer Nation in 20 oder 30 Jahren betreffen. Das will das Volk auch gar nicht behaupten, daß es das kann. Es ist ja auch niemand, der nicht ein Automobil fahren kann, beleidigt, daß ein anderer es fährt und nicht er.

Es ist ganz klar, daß die *Führung eines Volkes,* das heißt seine Gesamtlebensgestaltung, eine Aufgabe ist, die mehr als ein Schneiderhandwerk bedeutet. Es ist daher eine Führung aufzubauen, die jene Elemente aus einem Volk primär herauszieht, die in dieser Richtung an sich eine bestimmte Befähigung zu besitzen glauben, und aus diesen Elementen dann eine Institution aufbaut, die diese Elemente steigend in eine feste Organisation nicht nur der Form, sondern auch der geistigen Auswirkung nach bringt.

Führungsauslese und Führungsautorität

Unsere *Demokratie* baut sich dann auf dem Gedanken auf, daß
1. an jeder Stelle ein *nicht von unten Gewählter, sondern* ein *von oben Auserlesener* eine Verantwortung zu übernehmen hat, bis zur letzten Stelle hin;
2. daß er *unbedingte Autorität nach unten und absolute Verantwortung nach oben* hat, zum Unterschied von sonstigen Demokratien, die jeden von unten aussuchen, nach unten verantwortlich sein und nach oben mit Autorität ausgestattet sein lassen, – eine vollkommen wahnsinnige Verkehrung jeder menschlichen Organisation.

Die *NSDAP* ist die größte Organisation, die die Welt je gesehen hat, *umfaßt* alles in allem *25 Millionen Menschen und* hat *3 Millionen Funktionäre.* Es ist ganz klar, daß eine Organisation, die 18 Jahre alt ist seit ihrer Gründung, nicht das sein kann, was sie in 100 Jahren wäre. Entscheidend ist aber, daß wir ihr das Gesetz mit auf den Weg geben, nach dem sie angetreten ist und das ihr bleiben soll. Eins ist ganz sicher: jede Bewegung besitzt eine treibende Kraft, die ihr gleichbleibt. Wenn sie mit dieser treibenden Kraft geboren wurde, wird sie sie behalten für immer, und erst nach 1000 oder 2000 Jahren wird nach dem Gesetz des Alterns auch das wieder schwach werden und, so Gott will, von etwas Besserem ersetzt werden. Wir haben daher hier den Grundsatz des *absoluten Gehorsams* und der absoluten Autorität. Ebenso wie die Armee – die Waffe – nicht ohne dieses Gesetz der *absoluten Autorität jedes einzelnen Vorgesetzten* nach unten und seiner absoluten Verantwortung nach oben bestehen kann, kann es auch nicht die *politische Führung* der Waffe. Denn letzten Endes, was Waffen schaffen, wird politisch verwaltet, und was die politische Verwaltung will, muß die Waffe besorgen. Auch die Volksführungen früher, die Kirchen, kannten nur dieses eine *Lebensgesetz: blinder Gehorsam und absolute Autorität.*

Dies Lebensgesetz ist richtig, denn wenn die Besseren zur Führung ausgesucht werden, werden die Untergebenen häufiger und leichter irren als die Führer, und da das ganze Leben eine fortgesetzte Fehlersammlung ist, sind alle geschichtlichen Erfolge ja nichts anderes als eine geringere Zahl von Fehlern gegenüber den anderen.

Wenn überhaupt irgendwo das *Talent* zu der ihm gebührenden Rolle kommen kann, dann nur in einem solchen *autoritären Regime,* da jeder in ihm weiß, daß er – wenn er einen talentierten Mann fördert – nicht selbst durch eine Abstimmung einer Mehrheit aus dem Sattel gehoben wird. Die Demokratie im üblichen Sinne dagegen ist der Todfeind aller Talente, da die Mehrheit stets untalentiert ist und daher stets Angst vor dem Talent hat. In ihr läuft der Ortsgruppen-Führer, der ein Talent heranholt, Gefahr, daß dies Talent die Ortsgruppe mobilisiert und eines Tages die sogenannte Generalmitgliederversammlung einberuft, die den alten Ortsgruppen-Führer im Wege der Abstimmung raussetzt. Ähnlich haben wir ja die *Demokratie mit der Demokratie besiegt.*

Wenn Führung und Volk geschlossen sind, spielt ein Irrtum keine Rolle, da es immer nur einen Weg gibt und damit selbst der Irrtum tausendmal besser ist als zwei Erkenntnisse, nach denen jeder tun kann, was er will, also der Zügellosigkeit aller.

Von der rein organisatorischen Seite der *Volksführung* abgesehen, kommt es vor allem darauf an, die Kunst der Weisheit oder die Weisheit der Kunst der Volksführung zu lehren. Zu erziehen in jener Weisheit, die aufgrund tausendjähriger Erfahrungen unter Berücksichtigung aller menschlichen Schwächen, Stärken, Leidenschaften usf. am Ende stets das zu erreichen weiß, was im Interesse der Erhaltung einer Volksgemeinschaft erreicht werden muß. Das sind ewige Erkenntnisse, die die Stabilität großer Staaten bedingten.

Wenn das alte Deutschland gestürzt ist, weil es nicht den nötigen *fanatischblinden Willen,* die *Ruhe, Sicherheit und Zuversicht* besaß: das neue Deutschland wird siegen, weil seine Führer diese Tugenden in sich aufgenommen haben. Denn ebensowenig, wie man aus einem patriotisch-bürgerlichen Verein plötzlich eine Kampftruppe von Heroen machen kann, sowenig aus der NSDAP, die auf Mut und Tatkraft aufgebaut hat, jemals einen bürgerlichen Verein. Und das ist ja auch die Hauptaufgabe dieser NSDAP-Ordensschulen, später die *Mutproben* auf dauernd einzuführen, das heißt, zu brechen mit jener Meinung: tapfer habe nur der Soldat zu sein. *Wer politischer Führer ist, ist stets Soldat.* Und wer nicht tapfer ist, kann das nicht sein. Er muß bereit sein, jederzeit sich einzusetzen. In der früheren Zeit, da mußte der Mut von vornherein schon die Voraussetzung sein, um den Weg zur Partei zu finden. Er war es auch. Heute müssen wir nun künstliche Hindernisse einbauen, künstliche Sprunggräben, über die einer nun drüber muß. Denn wenn er nicht tapfer ist, taugt er für uns nicht.

Wenn mir einer nun sagt, ja, aber es kommen nun auch andere, die Nur-Genies... Die *Genies* allein sind im politischen Leben gänzlich wertlos dann, wenn sie nicht *Charakter* besitzen. Beim politischen Führer ist der Charakter wichtiger als die sogenannte Genialität. *Tapferkeit* ist wichtiger als Weisheit oder Einsicht. Das Entscheidende ist, daß wir eine Organisation von Männern aufbauen, die *beharrlich, zäh,* aber auch – wenn notwendig – *rücksichtslos* die Interessen der Nation wahrnehmen. Das ist das Entscheidende.

Waffen-Staat

Dann kann man auch *sich Zeit lassen* und sagen, wir wollen noch soundso viele Jahre warten. Denn es wird durchgeführt werden, auch wenn der Einzelne nimmer lebt. Das ist im Gesetz dieser Bewegung, dieser Volksführung verzeichnet. So wird in Zukunft nicht die Politik verderben, was das Schwert erworben hat. Dann wird endlich aus dem Blut, das unser Volk vergossen hat, ein wirklicher Nutzen kommen; denn Blut hat unser Volk genug vergossen, nur die politische Führung hat es niemals auszuwerten verstanden. Dann wird dieser *Waffenstaat* entstehen, der uns Nationalsozialisten vorschwebt. Ein Waffenstaat, weil jeder nicht nur die Waffe trägt von Jugend an bis ins hohe Alter, sondern auch in seinem Geiste gewappnet und bereit ist, wenn notwendig: die Waffe zu übernehmen.

Noch eine besondere Aufgabe haben wir: die *Beseitigung all jener Minderwertigkeitsempfindungen, die in unserem Volke waren,* ihm künstlich angezüchtet wurden, da die früheren Regierungen sie notwendig benötigten und brauchten. Wir sind Todfeinde der sogenannten halben und falschen Bescheidenheit, die da sagt, wir wollen uns etwas zurückhalten, man braucht doch nicht immer so in den Vordergrund zu treten, wir wollen nicht immer von uns reden und alles übertrumpfen, wir wollen bieder bleiben, nicht übel auffallen, man soll uns mehr lieben, die anderen sollen uns nicht mit schiefen Augen ansehen. Im Gegenteil: *Wir wollen unser Volk ganz nach vorne führen! Ob sie uns lieben, das ist uns einerlei, wenn sie uns nur respektieren! Ob sie uns hassen, ist uns einerlei, wenn sie uns nur fürchten*[468]*!*

Wir dürfen uns nicht auf den Standpunkt stellen, die junge Generation soll es einmal besser machen. Wir haben schon alles zu tun, was notwendig ist, dann wird auch diese Jugend einmal ihre Pflicht erfüllen, so wie wir ihr das gezeigt haben.«

468 Hitler begann den II. Weltkrieg 1939 mit der damals modernsten Wehrmacht der Welt. Trotzdem war sein Unterfangen ein einziges Vabanque. Denn selbst als Kader für seine späteren Feldzüge, insbesondere gegen die UdSSR, war seine Wehrmacht von 1939 zu klein. Sei bestand lediglich aus 815000 Mann Heer, 278000 Mann Luftwaffe und 50000 Mann Marine sowie aus 21850 Artilleriegeschützen aller Art, 9300 Flak-Geschützen, 3834 Kampf- und Jagdflugzeugen, 3230 Panzern, 54 Überwasserkriegsschiffen und 57 U-Booten.

Allein die Schlacht von Kursk und Orel (Unternehmen »Zitadelle«), in der Hitler in der Zeit vom 5. bis 13. Juli 1943 zum letztenmal sein Kriegsglück in Rußland erzwingen wollte, erforderte den Einsatz von rund 900000 gut ausgebildeten Soldaten, von 2700 Panzern (darunter 200 »Panthern« und 90 »Tigern«), von 2000 Flugzeugen und fast 10000 Geschützen (darunter 800 Sturmgeschützen) usf.

Hierzu kam die fünfzehnfache Überlegenheit der amerikanischen, russischen und britischen Rüstungskapazität. Außerdem kämpfte der Treibstoff- und Rohstoff-Habenichts »Deutschland« ausgerechnet gegen die Treibstoff- und Rohstoff-Plutokraten dieser Welt. Derartige Differenzen ließen sich – wie Marschall Rommel Hitler noch kurz vor seinem Tode voll Bitterkeit sagte – auch nicht durch deutschen Heroismus und durch deutschen Erfindergeist ausgleichen.

Adolf Hitlers Geheimrede vor dem »Militärischen Führernachwuchs« vom 30. Mai 1942

»War der Zweite Weltkrieg für Deutschland vermeidbar?«

Vor dem Offiziernachwuchs der gesamten deutschen Wehrmacht – 10000 Leutnants – hielt Adolf Hitler im Sportpalast Berlins heute folgende Rede, die nicht veröffentlicht wird. Ich erhielt sie von Johanna Wolf, Hitlers dienstältester Sekretärin, die er von seinem Freunde Dietrich Eckart übernommen hatte und zärtlich »Wölfin« nannte. Sie war eine unaufdringlich elegante, mittelgroße, blauäugige Blondine, die ganz in ihrer Arbeit aufging, absolut treu und verschwiegen war und von uns als Kamerad ausnahmslos hochgeschätzt wurde. Wie sie mir sagte, hat Hitler die Rede ohne Notizen in einem Stück abdiktiert. Sie spiegelt somit seine persönlichste Überzeugung.

Kampf, Vater aller Dinge

»Meine jungen Kameraden!
Ein zutiefst ernster Satz eines großen Militärphilosophen[469] besagt, daß *der Kampf* und damit der Krieg *der Vater aller Dinge* sei. Wer einmal einen Blick in die Natur wirft, wie sie nun einmal ist, wird diesen Satz bestätigt finden als *gültig für alle Lebewesen und für alles Geschehen* nicht nur *auf dieser Erde*, sondern wohl weit darüber hinaus. Das ganze Universum scheint nur von diesem einen Gedanken beherrscht zu sein, daß eine *ewige Auslese* stattfindet, *bei der der Stärkere am Ende das Leben* und das Recht zu leben *behält* und der Schwächere fällt. Der eine sagt, die Natur sei deshalb grausam und unbarmherzig, der andere aber wird begreifen, daß diese Natur damit nur einem eisernen Gesetz der Logik gehorcht. Der davon Betroffene wird natürlich immer darunter zu leiden haben; er wird aber durch sein Leid und seine persönliche Einstellung das Gesetz nicht aus dieser Welt, wie sie nun einmal uns gegeben ist, zu schaffen vermögen. Das Gesetz bleibt bestehen. Wer glaubt, aus seinem Leid heraus, aus seiner Empfindung oder seiner Einstellung sich gegen dieses Gesetz auflehnen zu können, beseitigt nicht das Gesetz, sondern nur sich selbst.

Die Geschichte beweist uns, daß *Völker schwach geworden* sind. Sie haben nicht das Gesetz beseitigt, sondern sie selbst sind *spurlos vergangen*. Andere Völker sind stark geblieben. Sie haben auch ihre Opfer zu bringen gehabt, aber am Ende wurde ihnen doch in ihrer Gesamtheit das Leben gegeben.

Es ist notwendig, daß zunächst diese fundamentale Einsicht denjenigen beherrscht, der selbst gezwungen ist, im Angesicht des allmächtigen Schöpfers dieser Welten zu dem Gericht anzutreten, bei dem entschieden wird über die Güte oder die Schwäche der Menschen. Denn daß dieser Kampf kein leichter ist, ist Ihnen meine Kameraden, die Sie zum weitaus größten Teil ihn schon hinter sich haben, klar. Auch mir ist dieser Kampf bekannt. Über 4 Jahre lang

469 Hitler zitiert den griechischen Philosophen Heraklit von Ephesus (etwa von 540 bis 480 v. Chr.).

habe ich ihn mitgemacht. So wie Sie in diesem Kampf bisher nicht zerbrochen sind, bin auch ich damals in diesem Kampf nicht zerbrochen. Im Gegenteil, als *im Jahre 1918* die Fahnen sich senkten, da hat mein Glaube sich erhoben. Aber nicht nur *mein Glaube,* sondern auch *mein ganzer Trotz gegen den Gedanken einer Kapitulation* vor einem scheinbar unvermeidlichen Schicksal. Ich war im Gegensatz zu den anderen der Überzeugung, daß damit nicht etwa die Geschichte des deutschen Volkes ihren Abschluß würde finden können, es sei denn, das deutsche Volk wollte Verzicht leisten auf seine ganze Zukunft. So habe ich damals sofort in meinem Rahmen und nach meinem Vermögen einen Kampf wieder begonnen, der ganz meiner Überzeugung entsprach, daß auch im Innern unseres Volkes am Ende nur durch Kampf die Bewegung würde siegreich hervorgehen können, die geeignet sein konnte, das deutsche Volk auch nach außen wieder einmal zu erheben.

Weltordnung der Kraft und Stärke. Ablösung der schwach werdenden Völker durch stärkere Völker

Dieser Kampf, der uns überall umgibt, der keinen leeren Raum läßt, der bestimmt, daß, wenn einer fällt, ein anderer sofort an seine Stelle tritt, der es als sicher erscheinen läßt, daß, wenn Völker schwach werden, andere Völker sie ablösen, der es ohne Zweifel selbst im Falle des Versagens der ganzen Menschheit nicht zulassen würde, daß etwa die Erde leer würde oder andere Wesen an ihre Stelle treten würden – dieser Kampf führt in der Folge zu einer unentwegten und *ewigen Auslese,* zu der Auslese *der Besseren und Härteren.* Wir sehen daher in diesem Kampf ein Element des Aufbaues alles Lebenden und Lebendigen überhaupt. Wir erkennen das in der primitiven Natur. Wir wissen, daß, wenn der Kampf der Tiere untereinander plötzlich ein Ende fände, dann die Tiere selbst allmählich an einer Unterauslese zugrunde gehen müßten. Wir wissen, daß dieser Kampf immer nur den Schwächeren beseitigt, den Stärkeren aber noch mehr stärkt, ihn noch härter macht und daß dadurch die einzelnen Lebewesen selbst befähigt werden, auf lange Zeit hinaus gesehen, eine Vorwärtsentwicklung durchzumachen.

Es ist das die *Weltordnung der Kraft und der Stärke.* Es gibt keine Weltordnung der Schwäche und Ergebung, sondern nur ein Schicksal der Ergebung. Dieses Schicksal heißt Auslöschen und Vergehen. Seit es eine Welt gibt, herrscht dieses Gesetz. Seit es ein deutsches Volk gibt, hat es nach diesem Gesetz oft und oft antreten müssen. Und so schwer es auch dem Einzelnen fallen mag, es ist gut, daß er weiß, daß sein Schicksal kein anderes ist, als das Schicksal, das Generationen vor ihm auch auskosten und ausleiden mußten. Daß das Leid, das ihn trifft, Generationen vor ihm auch nicht anders getroffen hat, daß sich der Einzelne diesem Leben theoretisch entziehen kann, daß er aber dadurch das Leid nur auf die anderen abbürdet. So schwer auch im Einzelfall die Last auf einem Manne liegen mag, er muß sich doch darüber klar sein, daß diese Last vor ihm zahllose Generationen und Millionen von Männern genauso zu tragen hatten und daß, wenn diese damals nicht bereit gewesen wären, die Last zu tragen, er heute überhaupt nicht in der Lage wäre, als Repräsentant seines Volkes zu leben und – wie es die Not heute erfordert: zu kämpfen.

Wir alle vollbringen nichts, was uns etwa einmalig oder ausnahmsweise aufgebürdet ist, sondern uns allen ist nur ein *Schicksal* zugedacht, *das vor uns unzählige Generationen schon zu tragen hatten, und* das – das ist mein tiefster Glaube – *nach uns ebenso* zahllose Generationen werden tragen müssen.

Deutschland ist hier besonders unglücklich *durch seine Lage gezwungen*, vielleicht *mehr als andere Völker um sein Dasein zu kämpfen*. Unglücklich deshalb, weil uns der natürliche Schutz geographischer Begrenzungen im großen und ganzen fehlt, es sei denn, wir schaffen uns allmählich diesen Schutz. So sehen wir, daß unser Volk inmitten Europas seit dem Anbeginn einer klaren Erkenntnis seines geschichtlichen Daseins immer wieder um dieses Dasein ringen mußte, hart und bitter kämpfen mußte, und daß, wenn eine Generation in diesem Kampf versagt hat, die nächste oder die folgenden Generationen das wiedergutmachen mußten. Daß wenn eine Generation vorzeitig die Waffen streckte, viele andere Waffenträger dann erstehen mußten, um das zu korrigieren, was ein schwaches Geschlecht in einer schwachen Stunde versäumt oder schlecht gemacht hat.

Abwehrkriege gegen innerasiatische Völkerwellen: deutsches Schicksal

Seit unser Volk in den Bannkreis der geschichtlichen Erkenntnisse eintrat, sehen wir, wie unsere Vorfahren, *vom Osten bedrückt*, in eine bereits bestehende Welt des Westens vorstoßen mußten. Vielleicht sind wir den Völkern der antiken Welt als die Treibenden erschienen, während wir in Wirklichkeit doch nur die Getriebenen waren. Denn *hinter uns liegt der gewaltigste Kontinent der Erde mit seinem unerschöpflichen Rohstoff ›Mensch‹* bereit, der *immer neue Völkerwellen* ausschickt und auf den höher kultivierten, weil menschlich besseren Westen Europas drückt. Dieser ununterbrochene Fluß aus Asien, der sich in unserer geschichtlichen Epoche zunächst durch die hunnischen Völker bemerkbar machte, später durch die Mongolen, und den wir wieder heute erleben durch eine Organisation innerasiatischen Menschentums, dieser ununterbrochene Fluß hat uns besonders schwer belastet. Dem stand nun gegenüber ein deutsches Volk, das selbst erst geboren werden mußte.

Wir können nun gerade heute unter dem Eindruck der jetzigen Zeit uns nicht einiger Erkenntnisse erwehren, nämlich der Erkenntnisse, daß ohne die Durchführung der inneren Kämpfe unseres Volkes, das heißt ohne die *Organisation unseres deutschen Volkskörpers* an sich, die Widerstandsfähigkeit nach außen überhaupt nicht zustande gekommen wäre. Vielleicht hat hier unsere Geschichtsforschung die Vergangenheit nicht richtig begriffen, auch unsere neuere Geschichtsforschung nicht. Was sie als inneren Bruderkampf ansah, war in Wirklichkeit doch oft nichts anderes als zunächst das Durchsetzen der inneren Ordnung innerhalb dieser Sippen, der Geschlechter, der Stämme und später der einzelnen Länder und Dynastien. Denn seit 2000 Jahren nach dem Eintreten unseres Volkes in die Weltgeschichte sehen wir diesen *Prozeß der Volkwerdung*. Und es ist ein sehr harter Prozeß gewesen, den viele nicht verstehen konnten und die Zeitgenossen manchmal nicht glaubten verwinden zu können.

Deutsche Volkwerdung

Als sich zum ersten Male ein deutscher Einiger erhob, *Hermann der Cherusker*[470], hatte er vor sich ein Gemengsel von Stämmen. Aus diesen Stämmen versuchte

Hermann der Cherusker

470 Der Cheruskerfürst Arminius, Sohn des Segimer (17 v. Chr. bis 21 n. Chr.), organisierte den Aufstand der germanischen Stämme gegen die Herrschaft Roms, besiegte den römischen Statthalter Quintilius Varus mit seinen 3 Legionen und zahlreichen Hilfstruppen im Herbst des Jahres 9 n. Chr. im Gebiet des Teutoburger Waldes und schlug die Vergeltungsfeldzüge des römischen Feldherrn und Kaiser-Adoptivsohns Gajus Julius Cäsar Germanicus von 13 bis 17 n. Chr. erfolgreich zurück. 21 n. Chr. wurde er von verwandten politischen Gegnern ermordet. In den »Annalen« verewigte ihn der römische Geschichtsschreiber Cornelius Tacitus (55 bis 120 n. Chr.) als den »Befreier Germaniens«.

er eine *größere Einheit* zu bilden, nicht etwa mit dem freien Willen aller, sondern im Gegenteil *unter Anwendung so manches Mal sehr harten Zwanges,* denn die ihm zur Verfügung stehenden Bausteine dieses ersten größeren deutschen Volkskörpers hatten auch ein Eigenleben. Sie hatten eine eigene Tradition hinter sich, sie hatten Überlieferungen. Sprachlich waren sie sicherlich ebenfalls sehr getrennt. Wir bezeichnen es heute als Dialekte, damals konnte man fast von verschiedenen Sprachen reden. Und doch begriff Hermann der Cherusker, daß die Möglichkeit einer größeren Kraft und Kraftäußerung nur dann gegeben war, wenn es gelang, diese *verschiedenen Stämme zusammenzuzwingen.* Es mußte auch zum Teil mit Zwang geschehen.

Wir haben es nun geschichtlich erlebt, daß, nachdem dieser Prozeß glücklich vonstatten gegangen war, zum ersten Male sich eine deutsche Kraft offenbarte; aber in dem Moment, in dem der Schöpfer dieser Einheit fiel und die einzelnen Stämme wieder zu ihrer sogenannten Selbständigkeit zurückkehrten, begann das Schicksal wieder, über sie hinwegzurollen. *300 Jahre später* ist von diesen *Stämmen* nicht einmal mehr der Name bekannt, und in der Zeit der Völkerwanderung sind sie vollständig *vergessen.*

Seitdem war es nun das Schicksal jedes deutschen Führers, versuchen zu müssen, gegen den Widerstand einzelner, gegen den Widerstand überlieferter Traditionen, vererbter Erinnerungen usw. eine größere Einheit zusammenzufassen, um dadurch dem Volkskörper eine größere Kraft nach außen zu geben.

Karl der Große

1200 Jahre sind vergangen seit der Geburt des Mannes, der zum erstenmal in ganz großem Ausmaße unter Anlehnung an geschichtliche und historische Gegebenheiten die *deutschen Stämme mit blutigen harten Kämpfen* im Innern *zusammenfaßte in einem gewaltigen Reich: Karl der Große*[471]. Auch unsere neueste Geschichtsschreibung hat zum Teil den Sinn dieses Prozesses nicht begriffen. *Es mußte Härte angewendet werden, um Härte schaffen zu können.* Was damals für manchen den Verlust teuerster Überlieferungen und Traditionen bedeutete, war im Großen gesehen nur die *Formung eines Staatskörpers,* der allein geeignet war, den Widerstand gegen den fortgesetzt aus Osten drängenden und drohenden Feind aufzubauen. Nur diese erste große deutsche Staatsbildung konnte die Ostmark im Süden ins Leben rufen und damit eine Scheidewand gegen die dauernden Einbrüche dieser fremden Stämme errichten.

So haben wir seitdem diesen gleichen Prozeß auch im Innern miterleben müssen, als endlich das alte Reich zerfiel und zerbrach, sich auflöste in einem Kampf nicht nur der Dynastien, sondern endlich auch der Konfessionen untereinander.

Preußen

Da war es wieder ein ganz kleines Gebilde, *Preußen*[472], das eine neue Sammlung in Angriff nahm, eine *Sammlung durch Härte,* eine Sammlung, die nicht durch freien Willen vollzogen wurde, sondern die zahlreichen aufgezwungen werden mußte. In einem mühseligen Krieg war es gelungen, allmählich diesen preußischen Staat zur Hegemoniemacht innerhalb der deutschen Länder, Stämme und Staaten zu erheben.

Und aus ihr ist endlich *das Reich* entstanden, das im Jahre *1918 zugrunde ging*

471 Erläuterung zu Tischgespräch Nr. 22, S. 100f.

472 Näheres: Anmerkungen 447 und 448, Seite 463.

weil anstelle der einzelnen Sippen, Stämme, Dynastien und Konfessionen nunmehr die *Parteien* getreten waren. Nun mußte wieder ein *neuer Sammlungskrieg* seinen Anfang nehmen, ein Krieg, der es sich zur *Aufgabe* setzte, diese *Parteien zu beseitigen,* um über sie und die verschiedenen Weltanschauungen hinweg die deutsche Nation erneut und noch härter zusammenzufassen, um sie reif zu machen für die Erfüllung der ihr gestellten Aufgabe.

Abwehr des Bolschewismus: Hitlers Mission

Heute können wir nun einmal prophetisch aussprechen: *Wäre* im Jahre *1933* dieser Sieg einer Weltanschauung nicht errungen worden oder wäre es damals *nicht gelungen,* den Neubau des Reiches durchzuführen, die *Einheit des Reiches* restlos *sicherzustellen und* vor allem *die deutsche Wehrmacht aufzurichten, dann* würde, ob in diesem oder einem anderen Jahr, eine vollständig ungerüstete, wehrlose deutsche Nation das Opfer geworden sein eines Giganten, der wieder aus Asien über Europa hinweggezogen wäre.

Ein neuer Dschingis Khan wäre gekommen. Es ist natürlich kindisch anzunehmen, daß, wenn Deutschland nicht stark geworden wäre, dieser Riese im Osten niemals seine Kraft angewendet hätte, sintemalen hinter dieser Kraft als treibendes Element jener internationale Jude steht, der glaubte, daß jetzt die Zeit gekommen war, sein tausendjähriges Reich aufzurichten mit Hilfe einer um ihre nationale Intelligenz gebrachten anderen Welt. So stehen wir nun inmitten eines Kampfes, der seinen Vorläufer schon in den inneren harten Auseinandersetzungen gefunden hat, bei denen am Ende eine einzige Macht übrigbleiben mußte, um das ganze deutsche Volk zusammenzufassen.

Und nun stehen wir in diesem Kampf nach außen wieder mit der gleichen *Zielsetzung.* Wir haben in einem gewissen Lebensraum Europas nunmehr das Deutsche Reich zur führenden Macht zu erheben, wenn *wir nicht wollen, daß unser Volk und mit ihm* auch *Europa von dieser Bildfläche verschwindet.*

Es ist nicht so, daß solche Völkerstürme immer wieder überstanden werden können. Der Zusammenbruch der antiken Welt hat tausendjähriges Chaos über die Erde gebracht, der Zusammenbruch des heutigen Europa würde vielleicht 2000 bis 3000jähriges Chaos bringen. *Was anstelle dieses heutigen Europa* – von unser aller eigenen Heimat wollen wir gar nicht reden – *treten würde, weiß derjenige, der den Osten gesehen hat.*

Volk und Raum. Geburtenbeschränkung

Es kommt aber noch ein anderes Problem hinzu, das zwingend unseren Kampf bestimmt. *Jedes Volk tritt auf diese Erde mit dem Auftrag, sich zu vermehren,* und jedes Volk findet dabei eine Begrenzung in der Beschränkung des Lebensraumes. Hier entsteht nun der ewige Zwiespalt, will man ein Volk wachsen lassen, was das Naturgegebene und von der Vorsehung Gewollte ist, dann muß auch mit diesem Volk der *Lebensraum* zunehmen. Will man den *Lebensraum* nicht erweitern, dann muß eines Tages ein Mißverhältnis entstehen zwischen der Volkszahl, die dauernd wächst, und dem Lebensraum, der gleichbleibt. Das ist die *Absicht der Natur:* dadurch *zwingt* sie nämlich den Menschen *zu kämpfen,* genau wie jedes andere Wesen in der Welt. Es ist der *Kampf um die Ernährung,* der Kampf um die Grundlagen des Lebens, um *die Rohstoffe,* die die Erde bietet, *die Bodenschätze,* die unter ihr liegen, und *die Früchte,* die sie dem bietet, der sie bebaut.

Einem Volk, das nun diesem Kampf ausweichen will, bleiben nur ein paar andere Wege übrig: entweder Auswanderung, um seine Zahl dadurch zu beschränken, oder es wird durch den Hunger dezimiert. So geht es eines Tages den letzten Weg: nämlich den der künstlichen Dezimierung und der *Geburtenbeschränkung*. Der letzte Weg ist der grauenhafteste. Denn jeder Weg, besonders der der Dezimierung durch die Not, führt noch zu irgend einer Art von Auslese der Zurückbleibenden, während der Weg der *Geburtenbeschränkung* die noch nicht geborenen Wesen beseitigt, ohne zu ahnen, was in solch einem Wesen eines Tages für das Volk erwachsen kann.

Wenn wir unser eigenes Volk überblicken, wissen wir, daß die Zahl der größten Männer vielleicht um neun Zehntel vermindert werden würde, wenn unser Volk das Zweikindersystem schon früher gehabt hätte. Der größte Teil der bedeutendsten Köpfe unseres Volkes sind die dritten, sechsten, achten, zehnten, zwölften oder vierzehnten Kinder gewesen. Es ist nicht immer die Erstgeburt das bedeutendste, im Gegenteil. Weil das aber so ist, muß *ein Volk, das* von vornherein, ohne zu erkennen, was in Wirklichkeit geboren werden könnte, schon *die Geburt vorzeitig tötet,* verarmen an großen Köpfen und bedeutenden Männern.

Wenn wir aber nun das Nationalvermögen eines Volkes insgesamt betrachten, gibt es keinen Zweifel darüber, daß *das größte Nationalvermögen eines Volkes die Summe seiner bedeutendsten Köpfe* darstellt. Denn das wahre Nationalvermögen sind die unzähligen *Erfinder* und *Denker,* sind die *Dichter* ebenso wie die großen *Staatsmänner* und *Feldherren.* Alles andere kann man am Ende ersetzen. Wenn aber einem Volk diese Führung fehlt, ist ein solches Volk vollständig wehrlos, so wehrlos wie eine Kompanie, die in der kritischsten Stunde keinen Führer besitzt und wie ein Häuflein armseliger verschüchterter Menschen nicht mehr weiß, was sie zu tun hat.

So geht es dann den Völkern. Wenn eine Nation die Raumvergrößerung nicht wünscht, sondern den anderen Weg gehen will, geht sie damit den Weg zu ihrem eigenen Untergang. Was sie dadurch an Menschen verliert, steht in keinem Verhältnis – und das ist die große Gerechtigkeit der Natur – zu dem, was sie in einem einzigen Krieg überhaupt zu verlieren vermag. Wir haben seit dem Jahre 1918 fortgesetzt eine *Geburtenbeschränkung* vorgenommen. Das ist seit dem Jahre 1933 unterbrochen worden. Wäre unser Volk *seit 1918* normal fruchtbar geblieben und hätte man nicht diesen anderen Weg beschritten, dann würde Deutschland heute *zwölf Millionen Menschen* mehr zählen, die so *nicht geboren* worden sind. Allein gegenüber dem Standard des Jahres 1932 hat es die *nationalsozialistische Revolution* fertiggebracht, in wenigen Jahren etwas *über 2½ Millionen Menschen mehr* zur Welt bringen zu lassen. Der jetzige Krieg hat uns noch nicht 10% von dem gekostet, was dadurch allein mehr an Menschenleben in die deutsche Nation hineinfloß. Aber er hat bisher noch nicht einen Bruchteil überhaupt von dem gekostet, was wir dadurch verloren haben, daß wir vorher diese Geburtenbeschränkung betrieben.

Noch kein Volk ist im Kampf zugrunde gegangen, alle Völker nur entweder durch Niederlagen oder durch einen sogenannten dauernden Frieden, der mehr Opfer kostete durch Geburtenbeschränkung, Auswanderung, Hunger und Elend, als das je ein Kampf zuwege gebracht hätte. Wir haben hierfür ein *Beispiel,* das diese Tatsache mehr als alles andere beleuchten kann: *Indien.* In diesem Lande sind in manchen Jahren durch Hungersnöte 10, 15 und 20, ja in einem

Jahre etwas über 24 Millionen Menschen gestorben. Kein Kampf um die Freiheit hätte Indien jemals diese Opfer auferlegt!

Daher ist dieser Weg der Anpassung der Menschen- und Volkszahl an die Grundfläche der verderblichste, den es überhaupt gibt.

Eroberung des der Bevölkerungszahl entsprechenden Lebensraumes

Es kann nur einen anderen Weg geben: den Weg der *Anpassung der Grundfläche des Staates an die wachsende Volkszahl.* Dieser Weg ist gerecht, natürlich und damit selbstverständlich. Der beste Beweis dafür, daß dieser Weg der einzig richtige ist, liegt in der Tatsache, daß alle Völker, die den anderen Weg gingen, zugrunde gegangen sind und nur die Völker, die diesen härteren Weg zu gehen verstehen, dem Leben erhalten bleiben.

Wenn wir nun das deutsche Volk besonders in den letzten Jahrhunderten ansehen, müssen wir leider feststellen, daß wir nur den anderen Weg gingen. Die Ohnmacht des Reiches, die Zersplitterung und Auflösung in einzelne Länder, in die verschiedenen dynastischen Interessen und die dadurch bedingten Gegensätze und einzelnen Interessen, Konfessionen usw. haben uns daran gehindert, beizeiten unseren Anspruch auf diese Welt anzumelden. In den ein bis zwei Jahrhunderten, in denen die Erde verteilt werden konnte, hat unser Volk teils im Innern Krieg geführt, teils sich zerfleischt in gänzlich unfruchtbaren Diskussionen und Kämpfen über Weltanschauungen, konfessionelle Gegensätze usw., und in dieser Zeit hat nun *England* sich ein *Weltreich* geschaffen. In dieser Zeit hat auch *Rußland* den Weg bis nach *Ostasien* angetreten. In dieser Zeit ist es schließlich auch *Frankreich* gelungen, ein *Weltreich* aufzubauen, und in dieser Zeit ist zum Teil mit deutschem Blut die *amerikanische Union* entstanden. Alle diese Staaten zeichnen sich dadurch aus, daß sie *kaum 10 Menschen auf dem qkm* zu ernähren haben, jedenfalls dank der Kolonien selbst ein übervölkertes Mutterland zu ernähren vermögen, während *in Deutschland* allmählich die *Volkszahl* auf *140 pro qkm* anstieg.

Meine jungen Kameraden, Sie müssen sich dabei vor Augen halten, daß es auf die Dauer *unmöglich* ist, *140 oder gar noch mehr Menschen auf dem qkm zu ernähren.* Wir haben aus dem deutschen Boden herausgeholt, was denkbar ist. Unsere Ernteerträgnisse liegen weit über all dem, was andere Völker zu Wege brachten. *Aus einem schlechten Boden gewinnen wir* mehr als das Doppelte, ja zum Teil *das Dreifache gegenüber* den Erträgnissen, die z.B. *Rußland* auf dem allerfruchtbarsten Boden, überhaupt vielleicht der Welt, zu ernten vermag.

Das ist nur möglich dank dem Fleiß des deutschen Bauern, dank dieser Mittel, die wir nun künstlich anwenden, die aber eines Tages versagen müssen. Wir wissen heute schon, daß unsere ganze *Kunstdüngertätigkeit* früher oder später dazu führen wird, daß der deutsche Boden so verarmt an wirklich Leben spendenden Kräften, daß er eines Tages zwangsläufig zu streiken anfangen wird. Aber selbst ohnedem ist es schon so, daß wir kaum den Ausgleich zu finden vermögen. Eine Mißernte von nur 10% bedeutet schon über einen Monat praktischen Brotverlust, eine Mißernte von 25% würde schon ein Vierteljahr unsere *Brotgrundlage* ausschalten. Wenn sich das zwei- oder dreimal wiederholen sollte, steht unser Volk vor einer Katastrophe.

Lassen sich Deutschlands Ernährungs-Schwierigkeiten durch den Welthandel lösen?

Man kann nun nicht sagen, es sei da die Frage des *Handels,* um diese Probleme zu lösen. Ich will Ihnen hier Einblick in die Wirklichkeit geben. Eine andere *Welt baut sich* langsam *in ganz geschlossenen Wirtschaftskörpern auf.* Ich will nur einen Staat herausnehmen: die nordamerikanische Union. Diese Union könnte uns natürlich reichlich Getreide liefern. Allein wir sind nicht in der Lage, das irgendwie zu bezahlen. Gold oder Devisen besitzen wir nicht. Aber auch wenn wir sie hätten, würde das bald ein Ende nehmen; denn Geschäfte kann man nur machen durch den Austausch dauernder gegenseitiger Arbeitsleistungen. Die Arbeitsleistung aber, die wir Amerika geben könnten, würde in Industrieprodukten bestehen. Allein Amerika selbst hat 13 Millionen Erwerbslose in seiner Industrie gehabt. Es ist Selbstversorger. Wir können also mit dem Land gar keine Geschäfte machen. Es ist nicht imstande, deutsche Gegenleistungen anzunehmen. Es würde nur seine eigene Erwerbslosigkeit noch mehr steigern. Rohstoffe zum Export besitzen wir nicht, wir müssen sie zum Teil selbst importieren. Mit anderen Worten: *Wenn uns* ein solch *geschlossener Wirtschaftskörper entgegentritt, wie* es *Amerika* ist oder wie es seit der Ottawa-Konferenz[473] *England* ist *oder* wie es auch *Rußland* ist, *sind wir* – ich möchte es sagen – *armselige Bettler.*

Es kommt noch etwas hinzu: Ob ich zum Beispiel ein *Industrieprodukt,* eine Fabrikation aus Eisen oder Blech beziehungsweise eine Maschine verkaufen kann, hängt ganz von dem Willen des andern ab. Er muß ja nicht in einem Jahr eine neue Maschine kaufen, er muß nicht in einem Jahr soundso viel Eisen einführen.

Hier kann man sich einschränken, das heißt, wir sind nicht in der Lage, den *Preis* zu *gestalten.* Aber *derjenige, der* sein Leben nicht mehr sicherstellen kann und *Brot braucht,* der *ist hilflos* demjenigen *ausgeliefert,* der ihm das Brot verkauft. Der andere ist dann in der Lage, im Moment der Feststellung, daß ein Staat eine Minderernte besitzt, den *Brotpreis* auf das Zwei- bis Dreifache zu erhöhen. Und die Not wird ihn zwingen, auch das zu bezahlen. Denn ich kann – wie gesagt – ein Jahr lang darauf Verzicht leisten, Eisen oder Blech einzuführen, aber ich kann nicht ein Jahr lang eine fehlende Getreideeinfuhr nicht ergänzen.

Deutschlands finanzielle Lage 1933

Ich darf Ihnen nun noch einen ganz kurzen Einblick, meine Kameraden, in die Lage geben, in die Wirtschaftslage geben, wie sie im Jahre 1913 vor dem Kriege, im Jahre 1918 nach dem Kriege und schließlich, wie sie im Jahre 1933 an dem Tage war, an dem ich zur Macht kam. Vor dem Weltkrieg hatte Deutschland nicht nur seine Kolonien, sondern in der übrigen Welt etwa 25 Milliarden Goldmark-Guthaben an deutschen Werten, zu denen dann noch etwa 13 Milliarden an Devisen und Gold kamen. Als der Weltkrieg zu Ende war, hatte Deutschland im Jahre 1918 zwar die 25 Milliarden Auslandsguthaben verloren, von den 13 Milliarden blieben aber noch knapp 9 Milliarden Gold und Devisen im Innern übrig, also immerhin noch 9 Milliarden. Damit wurde nun – ich muß es schon sagen – gewüstet. Als ich zur Macht kam, da waren nicht mehr 9 Milliarden, sondern genau *83 Millionen* übrig. *Damit mußte ich* nun anfangen, *die deutsche*

473 In Ottawa, der Bundeshauptstadt Kanadas, fand 1932 die Konferenz des britischen Empire statt, die durch Vorzugszölle zwischen England und seinen Dominions pp. eine engere wirtschaftliche Zusammenarbeit anbahnte. (British Commonwealth = ¼ der Weltfläche und der Weltbevölkerung.)

Wirtschaft in einem Augenblick *wiederaufzubauen,* in dem die ganze Welt sich uns fast verschlossen hatte.

Europäische Binnenwirtschaft und Unabhängigkeit

Ich habe nun damals *alles umgestellt auf den Gedanken, Arbeitsleistung gegen Arbeitsleistung, Rohstoff gegen Arbeitsleistung, Produkte der Landwirtschaft gegen Produkte der Industrie.* Es ist mir gelungen, in jahrelanger Arbeit allmählich eine gewisse *Binnenwirtschaft* wenigstens *in Europa* aufzubauen. Allein gegen diese Binnenwirtschaft begann sofort wieder der alte Kampf Englands, das in dieser *Konsolidierung wirtschaftlich* gesehen den *Keim einer späteren politischen Zusammenarbeit* fühlte. Es begann daher zugleich der Kampf des ganzen Weltjudentums, das mit dem Ausschalten seiner bisherigen spekulativen Handelsmethoden einen Verlust nicht nur in Europa sah, sondern einen Verlust, der vielleicht die ganze Welt eines Tages betreffen könnte. Denn die Methoden, mit denen wir arbeiten, waren nicht patentiert. Auch andere Staaten begannen sich diesen Methoden zuzuwenden, und das Gold begann zu verblassen. *Amerika selbst* hat in diesen Jahren, da es nicht mit Produkten und Arbeit, das heißt mit Industrieprodukten bezahlt werden konnte, wohl seinerseits Industrieprodukte *exportiert, dafür aber nur Gold genommen* – nationalwirtschaftlich gesehen ein Wahnsinn, aber die Nationalökonomie war ja nicht mehr eine Lehre der Vernunft, sondern eine Lehre von Theorien. Man konnte nun tatsächlich Amerika mit Lebensmitteln nicht bezahlen, denn dieser Staat mußte ja ohnehin riesige Gebiete von der Größe Deutschlands und darüber hinaus stillegen und von der landwirtschaftlichen Produktion ausschließen, weil er so sehr im Überfluß lebte. Aber auch mit Rohstoffen und Industrieprodukten konnte Amerika nicht bezahlt werden. So begann also die amerikanische Union für ihre Arbeit Gold zu nehmen und dieses Gold in ungezählten Milliarden aufzuhorten, ein Element, das in dem Augenblick natürlich gänzlich wertlos zu werden drohte, in dem man bemerkte, daß sich eine *neue Welt* aufbaut, *die den Begriff Gold nicht mehr kennt, sondern an seine Stelle den Begriff Arbeit und Arbeitsleistung setzt* und die von vornherein ohne Gold die Arbeitsleistungen auszutauschen beginnt.

Nationale Einigung und militärgeographische Grenzverbesserungen seit 1933

Über unserem Volk begannen sich nun langsam wieder Gewitterwolken zusammenzubrauen. Bei uns selbst trat eine Erkenntnis immer mehr in den Vordergrund: Die *nationale Einigung* ist die Voraussetzung für jede spätere Kräfteanwendung, und zwar vor allem militär-geographisch gesehen. Die Zerreißung des deutschen Lebensraumes mußte uns jedem feindlichen Angriff wehrlos ausliefern. Daher schritt ich zur *Angliederung der Ostmark,* zur *Errichtung des Protektorats und* damit zur *Sicherstellung dieser militärisch-geographisch vollkommen zerrissenen Ostfront.* Im gleichen Sinne erfolgte das *Vorschieben der deutschen Militärgrenze im Westen an den Rhein,* alles Maßnahmen, die denen zuwiderliefen, die die Absicht hatten, bei gegebener Zeit Deutschland wieder mit einem Schlag um die Errungenschaften seiner fleißigen Arbeit zu bringen. Die Kräfte, die uns im Jahre 1939 den Krieg erklärten, waren ja genau die gleichen, die es 1914 taten. Damals war es die Monarchie – heute ist es der nationalsozialistische Staat. Damals war es der Kaiser – heute bin ich es. Damals war es der Militarismus – heute der Nationalsozialismus. Sie haben immer wieder einen neuen Begriff erfunden: Damals die Freiheit der kleinen Völker – heute die Demokratie. Ob sie nun die Weltwirtschaft, wie sie sie verstehen, oder den Goldstandard anführen, sie haben immer neue Modifizierungen eines alten Begriffs, der sich nie geändert hat. Und dieser Begriff basiert letzten Endes auf der *Aufrechterhaltung des sogenannten europäischen Gleichgewichtes, d.h.* auf der *Beherrschung des zerrissenen Europa,* auf der *Beseitigung jeder binneneuropäischen Konsolidierung,* auf der *Verhinderung einer Unabhängigwerdung Europas,* besonders in ernährungswirtschaftlicher Hinsicht, von diesem Ausland und damit auf der *Ohnmacht Europas* auch *für alle Zukunft.* Nun ergeben sich einige entscheidende Fragen, meine Kameraden:

1. War es nun richtig, daß wir trotzdem diese Wirtschaft betrieben?

2. War es richtig, daß wir trotz dem uns bekannten Wollen der anderen Welt die Konsolidierung Deutschlands vornahmen und seine machtpolitische und geographische Ordnung einleiteten?

3. War es richtig, daß wir die Aufrüstung durchführten?

4. War es richtig, daß wir von einem gewissen Moment ab sagten: Wir gehen von jetzt ab keinen Schritt mehr zurück?

Das Gespenst der bolschewistischen Revolution der erwerbslosen Masse, Zwang zur Basierung der Wirtschaft auf dem Austausch von Arbeitsleistungen

Die erste Frage ist leicht zu beantworten: Wenn wir im Jahre *1933* den Weg unserer neuen Wirtschaftspolitik nicht beschritten hätten, wären wir von der *bolschewistischen Revolution der erwerbslosen Massen* hinweggefegt worden. Es blieb uns gar kein anderer Weg. Wir hatten bereits *7 Millionen Erwerbslose!* Wenn der Hunger aber dann allmählich 10 oder 20 Millionen erfaßt, beginnt sich die Vernunft zu verirren. Dann regiert nicht mehr der Verstand, sondern die Leidenschaft. Dann ziehen die Massen auf die Straßen, zerschlagen den Staat, und das Deutsche Reich wäre zugrunde gegangen.

Es mußte also ein letzter *Ausweg* versucht werden, aus unserer wirtschaftlichen Not herauszukommen. Und das war nur die nationalsozialistische Wirtschaftspolitik: *Aufrichtung eines binneneuropäischen Systems des Austausches der Arbeitsleistung.*

Das war der einzige, letzte Weg.

Deutschlands machtpolitische Konsolidierung

2. War es nun richtig, die *Konsolidierung des Reiches in machtpolitischer Hinsicht und* geographisch gesehen, aber auch im Sinne der *Korrigierung unmöglicher Grenzen* vorzunehmen?

Auch diese Frage kann leicht beantwortet werden: Wer den ersten Weg ging, mußte damit rechnen, daß er diese ganze internationale jüdische Händlerbrut eines Tages zum Feind hatte. Den ersten Weg gehen und den zweiten nicht einschlagen, wäre das größte Verbrechen in unserer Geschichte gewesen.

Deutschlands Aufrüstung

Die 3. Frage: War es richtig, zu *rüsten*? Meine Freunde! Nicht rüsten hätte geheißen:

a) ein Wirtschaftssystem aufzubauen, das sich die Feindschaft des ganzen internationalen Weltjudentums zuziehen mußte,
b) eine europäische Konsolidierung vorzubereiten, die die Feindschaft Großbritanniens hervorrufen mußte und würde,
c) aber nun nicht dafür vorzusorgen, daß – wenn aus dieser Feindschaft ein aggressiver Angriff erwuchs – man auch dafür gerüstet war.

Die 4. Frage: War es richtig, daraus auch die letzten Konsequenzen zu ziehen?

Synthese von deutschem Nationalismus und deutschem Sozialismus im Führerstaat

Meine jungen Kameraden, hier müssen Sie sich meinen eigenen Werdegang vor Augen führen. Ich habe einst den Weltkrieg mitgemacht. Als dieser schon lange beendet war, war die deutsche Nation zerfallen: *Hier Nationalismus, dort Sozialismus.* Die andere Welt triumphierte: Im deutschen Volke bekämpften sich zwei Widersacher, zwei Gegensätze, von denen man behauptete, sie seien nie mehr miteinander *in Übereinstimmung* zu *bringen.* Der Nationalismus lasse sich nicht mit dem Sozialismus identifizieren. Der Sozialismus werde ewig ein Feind des Nationalismus sein. Ich mußte mir im Jahre 1918 sagen, daß dieser Gegensatz, wenn er sich immer mehr in unsere Nation hineinfrißt, ein lebendiges Gift ist, das für die kommenden Jahrhunderte die totale Zerreißung unseres Volkskörpers bedeuten würde.

Deutsche Revolution 1918. Rettung der Alliierten in höchster Krise

Ich habe damals gesehen, wie es einem Volke ergeht, wenn es in der entscheidenden Stunde nicht die notwendigen Männer hat. Viele Jahre später weilte auf meinem Berghof in Berchtesgaden *Lloyd George* bei mir zu Besuch[474], und ich sprach mit ihm den Weltkrieg durch, und da sagte er mir: »*Ihre Revolution* war damals *für uns die Hilfe in der letzten Minute.* 8 Tage vorher hatte Marschall Haig eine Denkschrift eingereicht, in der er nachwies, daß die alliierten Armeen nunmehr am Ende ihrer Kraft seien, der deutsche Widerstand sich aber so versteift habe, daß von der Befreiung der besetzten Gebiete keine Rede mehr würde sein können und daß frühestens im Sommer oder Frühsommer 1919 mit einer Fortführung dieser Angriffe würde gerechnet werden können.« Lloyd George sagte mir weiter: »Wir haben damals *alles auf* diese *eine einzige Karte* des Herbstes 1918 *gesetzt.* Wir haben alle anderen Transporte zurückgestellt. Die Lage war ernährungsmäßig so kritisch für uns, daß wir selbst vor einer Katastrophe standen, die in jedem Augenblick eintreten konnte – da bekamen wir die Nachricht, daß in Deutschland eine Revolution ausgebrochen sei.«

Hitlers innenpolitischer Machtkampf

Ein Wunder? Nein, meine jungen Freunde, das war kein Wunder, wenn man sich die damalige deutsche Führung vor Augen hält. Sie war unfähig. Es hat dieser damaligen Führung an Männern gefehlt, die geeignet waren, in einer solchen harten Zeit das Ruder des Reiches nicht nur fest in ihrer Hand zu behalten, sondern auch mit ihm zu steuern.

Als *ich mich* nun *als unbekannter namenloser Soldat* damals *entschlossen* hatte, *den Kampf gegen die Welt aufzunehmen* und *die verschiedenen Parteien zu zertrümmern* und aufzulösen, *die Gewerkschaften und Unternehmerverbände zu beseitigen,* das Reich auf eine neue Grundlage zu stellen, *die Länder aufzuheben und ihre Parlamente auszulöschen* und *die parlamentarische Zentralgewalt des Reiches* zu beseitigen und *durch eine autoritäre zu ersetzen* – da war das der Gedanke eines Mannes, den selbst die nächsten Bekannten im ersten Moment für verrückt halten konnten. Das alles ist uns nun nicht als ein Geschenk des Himmels in den Schoß gefallen, sondern ich habe den Kampf begonnen, einen *Kampf gegen* alles, was man sich überhaupt an Gegnern nur vorstellen konnte: Gegen die *Presse,* gegen das *Kapital,* gegen *Parteien, Traditionen, Überlieferungen,* gegen die alteingesessenen *Regierungskoalitionen* einzelner Länder *und* die *konfessionellen Verbände.* Es

474 Am 4. September 1936.

gab nichts, was sich nicht gegen mich zusammengefunden hätte und im Kampf gegen mich gestanden wäre. Trotzdem ist es mir im Laufe von 15 Jahren gelungen, Macht- um Machtposition meiner Gegner zu zerbrechen und aus dem Nichts heraus einen neuen Staat zu formen. Zu den ersten 7 Mann kamen allmählich 20, 50, 100 und bis zu 1000 Anhängern. Mit zahllosen Reden gelang es mir, unentwegt die Zahl zu vermehren, bis endlich die ersten 100000 Anhänger hinter mir standen und diese 100000 Anhänger sich zu einer Million erhöhten. Es gelang uns, in den Reichstag zu kommen, wo wir die ersten 12 Mandate erhielten[475], die sich bei der nächsten Wahl bereits auf 107 erhöhten[476]. So haben wir uns Wahl um Wahl hindurchgekämpft, haben Partei um Partei zerbrochen, bis endlich der Augenblick kam, in dem ich vom verewigten Reichspräsidenten mit der Kanzlerschaft betraut wurde. Nun begann erst die innere Ausräumarbeit. Nun mußten in wenigen Monaten die Gewerkschaften beseitigt, die Unternehmerverbände ausgelöscht, Parteien vernichtet, die einzelnen Länder mit ihren Parlamenten ebenfalls ausgeschaltet werden, und zugleich mit diesen Vorgängen begann der Aufbau einer neuen Binnenwirtschaft.

Hitlers Sendungsglaube

In dieser Zeit, meine Kameraden, habe ich auch noch eine andere Überzeugung gewonnen: Man darf *eine schwere Aufgabe, in die das Schicksal einen ersichtlich stellt,* nicht seinen Nachkommen überlassen. Als ich im Jahre 1918 meinen Kampf begann und 1919 beziehungsweise 1920 zum ersten Male in breiteren Kreisen bekannt wurde, wurde mir von bürgerlicher Seite immer wieder ein Satz entgegengehalten: »Wir sind auch einverstanden mit Ihren Gedanken. Sie mögen schon recht haben, aber die heutige Generation kann das nicht lösen. Das müssen wir unseren Kindern einmal überlassen. Sie werden das wiedergutmachen. Die heutige Generation kann das nicht.«

Ich habe mich aufgebäumt gegen eine solche feige Vorstellung, daß eine Generation sich freispricht von der Aufgabe, die nationalen Aufgaben zu lösen[477] und sie statt dessen kleinen Kindern überträgt, die einmal nachfolgen werden. Ich habe mich aufgebäumt gegen diese Feigheit, künftige Geschlechter verantwortlich zu machen für das, was man nicht selbst tut und zu feige ist, zu tun. *Ich habe mir vorgenommen, alles, was es zu tun gibt, solange ich lebe, auf mich zu nehmen und es auch durchzuführen.*«

475 Reichstagswahl vom 20. Mai 1928: 12 von 491 Mandaten (NSDAP: 809771 Stimmen).
476 Reichstagswahl vom 14. September 1930: 107 von 577 Mandaten (NSDAP: 6406379 Stimmen).
477 Hitlers »Germanisches Reich Deutscher Nation« umfaßte im Sommer 1942 rund 6,85 Millionen qkm, das heißt es war territorial fast so groß wie die USA (ohne die Pazifikstaaten). Mit 362,5 Millionen Menschen entsprach sein Bevölkerungsstand sogar dreimal der damaligen Einwohnerzahl der USA (ohne die Pazifikstaaten).

Namens- und Sachregister

* B. = Bildteil

* H.s = Hitlers